기독교 영성 사전

기독교 영성 사전
A Dictionary of Christian Spirituality

초판 발행 : 2002년 5월 30일
편집자 : 고든 S. 웨이크필드
옮긴이 : 엄성옥
발행처 : 도서출판 은성
등록 : 1974년 12월 9일 제9-66호
ⓒ1998년 도서출판 은성
주소 : 서울시 동작구 상도5동 129-8
전화 : 02)824-8000
팩스 : 02)813-9072

출판 및 판매에 관한 모든 권한은 본 출판사가 소유하고 있습니다. 출판사의 사전 서면 허락없이 상업적인 목적으로 번역, 재제작, 인용, 촬영, 녹음 등을 할 수 없음을 알려드립니다.

Printed in Korea
ISBN 89-7236-290-5 33230

Originaly published in English under the title of *A Dictionary of Christian Spirituality* edited by Gorden S. Wakefield published by SCM Press in 1983. All rights to this book, not specially assigned herein, are reserved by the copyrights owner. All non-English rights are contracted exclusively through SCM Press, 9-17 St. Albans Place, London N1 0NX, U.K.

A DICTIONARY OF
CHRISTIAN SPIRITUALITY

Edited by
Gordon S. Wakefield

translated by
Sung-Ok Eum

기독교 영성 사전

고든 S. 웨이크필드 | 편집
엄성옥 | 옮김

서문

우리 시대의 기독교인들 사이에서는 "영성"(spirituality)이라는 단어가 매우 유행하고 있다. 이 단어는 원래 프랑스의 가톨릭 교회에서 유래된 것이지만, 지금은 복음주의 개신교도들도 흔히 사용하고 있다. 최근의 경향에 '영성'이 부족하다는 비판을 받고 있는데, 그것은 예배를 위한 기간이 거의 포함되지 않았다는 의미이다. 블라디미르 로스키(Vladimir Lossky)의 저서의 제목 『동방교회의 신비 신학』(The Mystical Theology of the Eastern Church)에서 보듯이, 정교회에서는 "신비 신학"에 대해서 말하거나(여기에서 '신학'이란 추론적인 이성의 활동보다는 하나님에 대한 관상을 의미한다), 단순히 알렉산더 슈메만(Alexander Schmeman)처럼 "기독교적 삶"(Christian life)에 대해 말하는 편을 선호할 것이다.

모든 전통, 그리고 많은 비-기독교 신앙과 철학에는 기본적으로 존재의 근저와 목적과의 관계를 추구하는 인간 본성의 구성 요소가 있다는 의미가 함축되어 있다. 욥이 말한 것처럼, "인간의 내면에는 영이 있다." 욥의 경우와 마찬가지로, 기독교인들에게 있어서 이 영은 "전능자의 숨", 하나님의 성령이며, 성령이 감화하시는 활동이 기도이다. "우리는 마땅히 빌 바를 알지 못하나 오직 성령이 말할 수 없는 탄식으로 우리를 위하여 친히 간구하시느니라…"(롬 8:26). 그러나 기독교 신학과 경험 안에서 기도는 청원이나 탄원 이상의 행동이다. 그것은 하나님에 대해 우리가 소유하는 완전한 관계이다. 그리고 영성은 우리의 모든 행동, 행위와 생활 방식, 사람들을 대하는 태도에 기도가 영향을 미치는 방법에 관심을 둔다. 그것은 종종 전기들 안에서도 훌륭하게 관찰되지만, 분명히 그것은 교의를 형성하며 여러 가지 운동을 고취하며, 기관들을 세운다.

『기독교 영성 사전』에서는 주제의 발달 및 현재의 상태에 직접적인 접근을 제공하려 한다. 여기에서 제공되는 것은 전문가들이 요약하여 기록한 간결한 것들로서, 고등 학문에 대해서 즉각적이고 정확하고 생각하게 만드는 정보—그 중 일부는 아주 최근의 연구와 평가에서 얻은 정보이다—를 제공해 주며, 동시에 보다 깊은 연구와 독서를 향한 자극을 줄 것이다. 여기에 수록된 다양한 기독교 전통과 타 종교의 영성에 관한 항목들을 고려할 때, 이 사전이 얼마나 폭넓게 다루고 있는지 파악할 수 있다. 간간이 전체 기독교 역사에 등장하는 모든 학파의 영성을 다루는 항목들이 있어, 그 다양함과 무수히 많은 유형들을 지적해 준다. 독자들은 여기에 직접 수록되지 않는 것에 대해서도 앞뒤를 참조함으로써 어떤 통찰을 발견할 수 있을 것이다. 우리는 이 사전이 "기도하는 사람들의 인명록"이 되는 일을 피하려 했지만, 이 사전에는 거의 모든 위대한 영성 신학자들에 관한 항목들이 수록되어 있다.

이 책에서는 균형을 이루기 위해서 노력했다. 고전적인 가톨릭 영성과 개신교 영성과 더불어 정교회 영성이 두드러지게 다루어지지만, 어떤 사람들이 볼 때에 편향적인 것이라고 여겨질 것들도 수록되어 있다. 우리 시대에 발달된 현상들—여권주의, 해방 신학, 1960년대의 급진주의, 흑인 신학 등—도 다루어져 있다. 오늘날 기독교 영성을 다룬 기사에서는 앵글로-색슨 족의 관점은 물론이요 아메리카, 아시아, 아프리카의 관점이 다루어지며, 다른 종교들도 무시될 수 없다.

영국 신비가들에 대한 발견도 이루어졌다. 노리지의 줄리안은 특수한 기사에서 뿐만 아니라 다른 곳에서도 거듭 언급된다. 서방에서는 헬라 교부들에 대한 인기가 살아나고 있다. 옥스포드 운동에 대한 연구를 통해서 그 운동의 지도자들이 카파도키아 교부들의 영향을 받았음이 증명되었을 뿐만 아니라, 감리교의 기독교적 완전의 교리도 카파도키아 교부들과 유사성을 가지고 있다고 간주된다. 역사적인 일탈 현상들이 아니라 하나님께 이르는 길을 따르는 데 주된 관심을 가진 사람들이 볼 때에, 닛사의 그레고리와 같은 신학자들은 신비주의에 대한 서방의 잘못된 인식들을 시정해 주며, 카롤링거 시대의 신학자들, 캠브리지 플라톤주의자들, 그들의 정신을 이어받은 현대인들의 기질에 적합한 신학과 영성의 결합을 제공해 준다고 여겨졌을 것이다. 여기에서 신비주의가 다루어진 것은 특별히 중요하다. 갈멜 수도회, 특히 십자가의 요한의 위대함은 감소되지 않고 그대로 존속하고 있다. 그의 가르침은 혹시 그가 불교 신자가 아닌가 하는 의심을 일으킬지도 모른다. 그는 당시 생각했던 것보다 더 루터 및 종교개혁에 훨씬 더 근접한 인물이다. 이 책에 수록된 인물로서 상상 이상으로 큰 영향을 미친 인물은 엘리오트(T. S. Eliot)이다.

이 사전은 학생들과 학자들 뿐만 아니라 여러 계층의 사람들에게도 소중한 것이 될 것이다. 어거스틴의 『고백록』, 줄리안의 『계시』, 또는 『무지의 구름』을 알고 있는 사람들은 그들에 대해서 더 많은 것을 배울 수 있을 것이다. 또한 보급판으로 재판되지 않은 저서들도 대하게 될 것이다. 영국의 청교도들은 대중적인 영향력을 상실했다. 심지어 존 번연도 과거와 같은 지위를 누리지 못하고 있다. 여기에서는 그에 대해 많은 내용을 다룬다. 존 밀튼 역시 청교도 영성과 관련해서 특별하게 언급된다. 토머스 굳윈(Thomas Goodwin)은 오늘날 망각된 인물이지만, 그의 저서 『천국에 계신 그리스도의 죄인들을 향한 마음』(*Heart of Christ in Heaven toward Sinners*)은 예수의 마음에 대한 헌신을 가르쳐 준다. 월터 마샬(Walter Marshall)의 『성화의 복음적 신비』(*The Gospel Mystery of Sanctification*, 1692)는 금세기 초에 알렉산더 화이트(Alexander Whyte)가 활동한 에딘버러에서 소중히 여겨졌던 책이다. 그것은 칼빈주의 영성의 진수로서, 거기서 중요한 개념은 그리스도와의 연합이었다. 조지 왕조 시대에 활동한 가톨릭 주교인 리처드 챌러너(Richard Challoner, 1781년 사망)는 한 시대에 감화를 준 저술가로 여길 수 있다. 옥스포드 운동을 주도한 사람들 중에서는 퓨지(Pusey)가 영적/성례전적 능력의 보고이다. 이 책에는 수록되지 못했지만 훌륭한 고대, 중세, 현대의 인물들이 많다.

　이 사전은 교회일치운동의 산물이다. 우리 시대가 아닌 다른 시대에는 이러한 일이 이루어질 수 없었을 것이다. 150명 이상의 기고자들로 이루어진 국제적인 편집팀 및 많은 조언자들에게 감사한다. 사전을 편집한다는 것은 특색 있는 예술 형식이며, 전문가의 입장에서도 책을 저술하는 것보다 더 어려운 일이다. 특히 젊은 학자들의 반응과 작업은 특별한 보상이 되었다. 그들의 예리한 지성과 강한 헌신은 다가올 시대에 대한 희망으로 우리를 채워준다.

　이 책을 출판하는 데 있어서 필라델피아에 있는 웨스트민스터 출판사가 매우 큰 도움을 주었다. 제임스 히니와 마퀫(Marquette) 대학의 키스 이건(Keith Egan) 교수는 미국 내에서의 원고 수집을 맡아줌으로써, 이 일이 영국인 편집자만의 것이 되지 않게 해 주었다. 후자의 통렬함과 개인적인 저술들은 매우 귀중한 것이었다. SCM 출판사의 직원들은 인내하고 격려하고 열심히 일해 주었다. 그 중에서도 존 보덴(John Bowden), 그의 비서인 로저문드 베이컨(Rosamund Bacon), 그리고 마가렛 리더모어(Margaret Lydamore)에게 감사를 표한다. 함께 지내는 시간이 줄어든 것을 감수하며, 내 원고의 문제점들을 해결해 준 아내에게도 특별히 고맙게 생각한다.

　나에게 있어서, 다른 중요한 일이 많았고 자유 시간을 많이 빼앗겨야 했지만, 이 사전을 편집하는 일은 엄청난 특권이요 기쁨이었다. 이 사전이 매우 유익한 책이 되며 하나님께 큰 영광이 되기를 기대한다.

고든 S. 웨이크필드

약어표

ANCL Ante-Nicene Christian Library, Edinburgh 1864-
DACL *Dictionnaire d'Archeologie Chrétienne et de Liturgie*, 1903
DHGE *Dictionnaire d'Histoire et de Geographie Eccléliastiques* ed A. Johnson ane others, 20 vols and index 1937, Supplement 1944
DS *Dictionnaire de Spiritualité ascetique et mystique* ed M. Viller, SJ, and others, 1932
DTC *Dictionnaire de Théologie Catholique* ed A Vacant, E. Mangenot and E. Aman, 1903-50
EETS Early English Text Society
ERE *Encyclopaedia of Religion and Ethics* ed James Hastings, 1921
ET English Translation
ET *Encyclopedia of Theology. The Concise Sacraementum Mundi* ed K. Rahner, 1975
JRS *Journal of Religious Studies*
LCC Library of Christian Classics, 1953-
ODCC *Oxford Dictionary of the Christian Church* ed. F. L. Cross and E. A. Livingstone, 1974
PG *Patrologia Graeca* ed J. P. Migne, 1857-66
SC Sources Chrétiennes, Parid 1941-
TDNT *Theological Dictionary of the New Testament* tr. and ed. Geoffrey W. Bromiley, 1964-

*가 붙어 있는 단어는 그 표제나 비슷한 표제 하에서 별도의 항목으로 다루어진다는 것을 나타낸다.

글쓴이

Robin Aizlewood, *Teacher of Russian at Westminster School.*
George Appleton, *late Archbishop in Jerusalem.*
Robert Atwell, *formely Chaplain of Trinity College, University of Cambridge.*
Annie Barnes, *Honorary Fellow of St Anne's College, and formerly Reader in French Literature, University of Oxford.*
James E. Biechler, *Professor of Religion, La Salle College, Philadelphia.*
Peter D. Bishop, *Methodist Minister, Lecturer and Writer.*
Lionel Blue, *Rabbi (Reform), Lecturer at Leo Baeck College and Covenor of the Ecclesiastical Court of the Reform Synagogues of Great Britain.*
Gerald Bonner, *formerly Reader in Theology, University of Durham.*
Maria Boulding, *Benedictine nun of Stanbrook Abbey.*
John Bowden, *Editor and Managing Director, SCM Press.*
Sebastian Brock, *Lecturer in Aramaic and Syriac, Universtiy of Oxford, and Fellow of Wolfson College.*
Eluned Brown, *Senior Lecturer, Department of English Literature, University of Edinburgh.*
Judith M. Brown, *Beit Professor of History of the British Commonwealth, University of Oxford.*
Raymond Brown, *formerly Principal of Spurgeon's College, London.*
Christopher Bryant, *late Member of the Society of St John the Evangelist.*
John Burom, *former Vicar of Swaffham Prior, Cambridge, and Honorary Canon of Ely.*
Gerard J. Campbell, SJ, *Director of Woodstock Theological Center, Washington.*
Reginald Cant, *late Canon of York.*
Patrick W. Carey, *Professor, Department of Theology, Marquette University.*
John Carmody, *Adjucnt Professor of Religion, Wichita State University.*
Wesley Carr, *Dean of Bristol.*

기독교 영성 사전

Rex Chapman, *Canon Residentiary of Carlisle and Bishop's Adviser for Education.*
Benoit Charlemagne, *Priest and Member of the Capuchin Order.*
K. W. Clements, *Co-ordinating Secretary for International Affairs, Council of Chruches for Britain and Ireland.*
Walter E. Conn, *Professor of Religious Studies, Villanova University.*
Adrian James Cooney, OCD, *Master of Novices, Marylake Monastery, Little Rock, Arkansas.*
Lowrence S. Cunningham, *Professor of Religion, Florida State University.*
J. G. Davies, *late Professor of Theology in the University of Birmingham.*
J. H. Davies, *Vicar, St Margaret's, Anfield, Liverpool.*
W. R. Davies, *formerly Principal, Cliff College, Calver, Sheffield.*
Daniel DiDomizio, *Assocaite Professor of Theology, Marian College, Wisconsin.*
F. W. Dillistone, *late Fellow Emeritus, Oriel College, Oxford.*
Francis Dorff, O Praem, *Priest of Daylesford Abbey.*
Eric Doyle, OFM, *late Lecturer in Theology, Franciscan Study Centre, Canterbury.*
Benjamin Drewry, *formerly Biship Fraser Senior Reader in Ecclesiastical History, University of Manchester.*
Elizabeth Dreyer, *Assistant Professor, Department of Theology, Catholic University of America.*
Eamon Duffy, *Tutor and Director of Studies in History, Magdalene College, Cambridge.*
James D. G. Dunn, *Professor of Divinity, University of Durham.*
Keith J. Egan, *Professor and Chairman, Department of Religious Studies, St Mary's College, Notre Dame, Indiana.*
Harvey D. Egan, SJ, *Associate Professor, Department of Theology, Boston College.*
Carlos M. N. Eire, *Assistant Professor of Historical Theology, University of Virginia.*
E. Rozanne Elder, *Director, Institute of Cistercian Studies, Western Michigan University, and Editorial Director, Cistercian Publications, Kalamazoo, Michigan.*
Trond Enger, *Senior Lecturer, Halden College of Education, Norwat.*
Gillian Evans, *Fellow of Fitzwilliam College, Cambridge.*
Sydney Faircy, SJ, *Professor of Spiritual Theology, Gregorian University, Rome.*
John Ferguson, *late President, Selly Oak Colleges, Birmingham.*
Antony Flew, *Emeritus Professor of Philosophy, University of Reading.*
Kenelm Foster, OP, *Catholic Priest of the Order of Preachers.*
Matthew Fox. OP, *Professor of Spirituality and Culture, Holy Names College, California.*
George E, Ganss, SJ, *Professor Emeritus of Spiritual Theology and Director of the*

글쓴이

Institute of Jesuit Sources, St Louis University.
A. Raymond George, *formerly Warden of John Wesley's Chapel, Bristol.*
Mark Gibbard, *Member of the Society of St John the Evangelist, Oxford.*
Brian Golding, *Lecturer in History, University of Southampton.*
N. W. Goodacre, *late Spiritual Director, Spiritual Counsel Trust.*
R. W. Gribben, *formerly Ecumenical Lecturer at Lincoln Theological College.*
W. Jardine Grisbrooke, *lately Lecturer in Liturgy successively at the Queen's College, Birmingham and St Mary's College, Oscott.*
Robert T. Handy, *Henry Sloane Coffin Professor of Church History, Union Theological Seminary, New York.*
Alan Harrison, *Secretary, The Advisory Council for Religious Communities.*
Brian Habblethwaite, *Fellow, Dean of Chapel and Director of Studies in Philosophy and in Theology and Religious Studies, Queen's College, Cambridge; University Lecturer in Divinity, Cambridge.*
Charles C. Hefling, *Assistant Professor of Theology, Boston College.*
Michael Hennell, *formerly Canon Theologian of Manchester Cathedral.*
E. Glenn Hinson, *Professor of Religion, Wake Forest University, Winston-Salem.*
J. L. Houlden, *Emeritus Professor of Theology, King's College, London.*
Francis H. House, *formerly Archdeacon of Macclesfield.*
Edgar N. Jackson, *late Professor, Union Graduate School.*
M. J. Jackson, *formerly Vicar of St Mary's Nottingham.*
Eric James, *Director of Christian Action.*
Penolope D. Johnson, *Assistant Professor of History, New York University.*
John D. Jones, *Assistant Professor, Department of Philosophy, Marquette University.*
Owain W. Jones, *formerly Archdeacon of Brecon.*
Alistair Kee, *Professor in Religious Studies, University of Edinburgh.*
N. H. Keeble, *Lecturer in English, University of Sterling.*
Kosuke Koyama, *Professor of Ecumenics and World Christianity, Union Theological Seminary, New York.*
A. J. Krailsheimere, *Student of Christ Chruch, Oxford.*
Una Kroll, *Community Medical Officer.*
William S. Kurz, SJ, *Associate Professor of New Testament, Marquette University.*
M. J. Lanford, *Professor of Philosophy, Memorial University of Newfoundland.*
Erners E. Larkin, O Carm, *Lecturer and Writer.*
Sumeom Lash, *Lecturer in Biblical and Patristic Studies, University of Newcastle-upon-*

기독교 영성 사전

Tyne.
Jean Lecqlercq, OSB, *Benedictine monk of Clairvaux.*
Kenneth Leech, *Race Relations Field Officer, Board for Social Responsibility of the Church of England.*
Joseph T. Lienhard, SJ, *Associate Professor of Theology, Marquette University.*
A. Quentin Lister, OP, *Professor of Theology, Pontifical University of St Thomas Aquinas, Rome.*
Andrew Lockley, *Solicitor.*
R. Stuart Louden, *late Minister Emeritus of the Kirk of the Greyfriars, Edinburgh.*
Andrew Louth, *Lecturer in Divinity, University of Durham.*
John Macquarrie, *Emeritus Professor of Divinity, University of Oxford.*
Dominic Maruca, SJ, *Professor, Institute of Spirituality, Ponticical Gregorian University, Rome.*
E. Ann Matter, *Associate Professor of Religious Studies, University of Pennsylvania.*
Moelwyn Merchant, *Professor Emeritus, University of Exeter and Canon Emeritus, Salisbury Cathedral.*
Margaret R. Miles. *Associate Professor of Historical Theology, The Divinity School, Harvard University.*
Guerin C. Montilus, *Associate Professor, College of Lifelong Learning, Wayne State University, Detroit.*
John A Newton, *Warden, John Wesley's Chapel, Bristol.*
Aidan Nichols, OP, *Roman Catholic Chaplain, University of Edinburgh.*
Oliver Nicholson, *Junior Fellow, Dumbarton Oaks, Washington DC.*
Gerald O'Collins, SJ, *Professor of Fundamental Theology, Gregorian University, Rome.*
Diarmuid O'Laoghaire, SJ, *Visiting Lecturer at Milltown Institute of Theology and Philoshophy, Dublin.*
Martin Pable, OFM Cap, *Director of Novitiate, Province of St Joseph, USA.*
Parker J. Palmer, *Professor of Religion, Pendle Hill Quaker Study Center, Pennsylvania.*
Geoffrey Parrinder, *Emeritus Professor of Comparative Study of Religions, University of London.*
Joan Petersen, *formerly Editor, SPCK.*
Richard M. Peterson, *Lecturer, Department of Theology, Marquette University.*
John S. Pobee, *Head of the Department for the Study of Religions, University of Ghana.*
Leslie Price, *formerly Editor, The Christian Parapsychologist.*
Rosemary Rader, *Assistant Professor, History of Christianity, Department of Religious*

Studies, Arizona State University.

A. Michael Ramsey, *late Archbishop of Canterbury.*

Marjorie E. Reeves, *Honorary Fellow of St Anne's College, Oxford.*

Michael Richards, *Rector of St Mary's, Cadogan Street, London and Editor, The Clergy Review.*

Nancy C. Ring, *Assistant Professor of Systematic Theology, Weston School of Divinity, Cambridge, Massachusetts.*

Robert C. Roberts, *Associate Professor of Philosophy, Western Kentucky University.*

Edwin Roberts, *Minister of Heath Street Baptist Church, Hampstead.*

Brother Roger, *Prior of Taizé.*

W. Rordorf, *Professor of Patristics, Faculty of Theology, University of Newchatel, Switzerland.*

Geoffrey Rowell, *Bishop of Basingstoke.*

Norman Russell, *Priest of the London Oratory.*

Max Saint, *formerly Parish Priest.*

Philip Scharper, *late Editor-in-Chief and General Manager, Orbis Books, New York.*

Graham Slater, *Principal and Tutor in Theology, Hartley Victoria College, Manchester.*

S. S. Smalley, *Dean of Chester.*

Martin L. Smith, *Assistant Superior, Society of St John the Evangelist, Cambridge, Massachusetts.*

Placid Sperritt, *Monk of Ampleforth.*

C. E. Stancliffe, *Honorary Lecturer, Department of Theology, Durham University.*

David C. Steinmetz, *Professor of Church History, Duke University.*

Emmanuel Sullivan, SA, *Ecumenical Officer, RC Diocese of East Anglia.*

Donald K. Swearer, *Professor of Religion, Swartmore College, Pennsylvania.*

Colin P. Thompson, *Fellow of St Catherine's College and University Lecturer in Spanish Lieterature, University of Oxford.*

E. J. Tinsley, *late Bishop of Bristol.*

Ralph Townsend, *Headmaster, Sydney Grammar School, NSW.*

David Tripp, *Minister, United Methodist Church, USA.*

Geraint Tudur, *Minister of Ebeneser Congregational Church, Dardiff.*

Simon Tugwell, OP, *Regent of Studies, Blackfriars, Oxford.*

J, Munsey Turner, *formerly Lecturer in Chruch History, The Queen's College, Birmingham.*

A. R. Vidler, *late Honorary Fellow of King's College, Cambridge.*

기독교 영성 사전

Esther De Waal, *formerly Lecturer in History, Canterbury School of Misnitry and Tutor, The Open University.*
Geoffrey Wainwright, *Professor of Systematic Theology, The Divinity School, Duke University.*
Gordon S. Wakefield, *formerly Principal, The Queen's College, Birmingham.*
Roland C. Walls, *Brother-in-charge, Ecumenical Community of the Transfiguration.*
Benedicta Ward, SLG, *Fellow of Manchester College, Oxford.*
J. Neville Ward, *late Methodist Minister and Author.*
Kallistos Ward, *Fellow of Pembroke College, Oxford.*
Alan Webster, *formerly Dean of St Paul's Cathedral.*
Gerhard Wehr, *Writer, and Lecturer at the Diakonenschule, Rummelberg, Nuremeberg.*
James A. Whyte, *formerly Professor of Practical Theology and Christian Ethics, University of St Andrews.*
L. R. Wickham, *Vicar of Honley with Brockholes.*
Rowan Williams, *Bishop of Monmouth.*
Stephen F. Winward, *late Minister of Four Oaks Baptist Church, Sutton Coldfield.*
Richard Woods, OP, *Graduate Faculty, Institute of Pastoral Studies, Loyola University of Chicago and Blackfriars, Oxford.*

가난 | Poverty

1. 궁핍함을 겪는 것. 가난은 궁핍함, 한 존재가 처할 수 있는 결핍 상태를 말한다. 한 존재가 영구히 존재하는 것 이상의 상태를 획득할 수 없을 때(예를 들면, 움직일 수 없거나, 생각하는 능력을 박탈당하거나 권위를 획득하지 못하게 될 때), 가난은 절대적인 것이 된다. 하나의 존재가 (예를 들면, 육체적으로나 정신적인 장애로 인해, 또는 노예 상태나 다른 특권을 박탈당한 상태로 인해) 일시적으로 보다 나은 존재 상태를 획득하지 못하게 될 때에 가난은 상대적인 것이 된다.

생명이 있는 존재들은 본능적으로 가난을 거부하며, 가난은 하나의 위협이나 장애로 경험된다. 그들은 자신을 적응시키거나 억제함으로써 삶을 위해 노력한다. 그렇기 때문에 가난을 거부하는 것은 살아 있는 존재들의 진화를 지배하는 기본적인 생물학적인 자극으로 간주된다. 부정적으로 보면, 가난은 존재들이 완전한 성취를 실현하지 못하게 하며, 긍정적으로는 그들 자신 및 종족의 생존을 확보하기 위해서 자신을 초월하고 순응하게 한다.

생존하는 각각의 종족들은 어느 정도 자체를 방어하며 생존을 위해 무기를 고안하고 만들어낼 능력을 지닌다. 그들은 각기 주어진 질서, 적자생존에 기초를 둔 위계 질서 안에 자리를 잡는다. 각 종족은 처음에는 그 집단의 안전을 확보하기 위해 구성원들에게 힘을 전해줌으로써, 그 다음에는 자체의 생명과 그 혈족들의 생명을 위협하는 것들을 정복하고 제거함으로써, 진화하고 자신을 완전하게 하고 번성하는 경향을 지닌다. 우수한 것들은 열등한 것들, 적절한 방어책이 없는 것들을 제거한다. 인류의 역사는 스스로 자신의 결점에 대적하며 약자들을 희생시키면서 자신의 생존을 확보하는 데 적합한 표현과 행동의 수단(언어나 관습)을 만들어 내는 개인들(이들은 인종, 계층, 또는 신분에 따라 그룹을 지을 수도 있다)의 투쟁이다. 이런 식으로, 그들은 보다 나은 생존을 확보한다. 이 중요한 본능에서부터 약자들에게 고난, 반역이나 예속을 가져오는 불의가 생겨난다. 보다 나은 실존을 위한 이 기본적인 욕구와 생존을 위협하는 것들이 결합되어 점점 복잡한 사회—보다 깊은 상호 의존, 지구의 자원을 점점 더 강탈함—를 야기하며, 자신을 방어하지 못하는 사람들에게 손해를 입힌다. 약자들은 이 진보에 따른 논리적인 결과들을 감수해야 하며, 또 자신의 안전이 위협을 받을 경우에 자신의

가난 | Poverty

우월함을 보장하기 위한 방어책을 세우는 강자들에 의해 정복된다. 따라서, 진화의 정상에 도착한 인류는 하나의 분기점에 도달한다. 보다 나은 실존의 욕구를 충족시키기 위해서, 인류는 자신의 완전한 멸절을 야기할 수도 있는 위치에 처한다.

2. 영적인 가치로서의 가난. 모든 종교는 가난을 인간 생활을 초월하는 덕목으로 삼아왔다. 다른 사람의 가난은 인정하고 자신에 대해서는 부인한다— 부자에게는 가진 것을 나누어 주거나 구제해야 할 의무가 있지만, 부는 하나님의 축복의 증거로 간주된다(창 49:25; 신 28:3-8). 아니면 물질의 압박으로부터 자신을 해방하기 위해 가난을 추구하기도 한다. 이처럼 자발적인 가난 추구는, 사람의 가치는 그가 소유한 것에 의해서 판단되는 것이 아니라 그의 인간됨에 의해서 판단되어야 한다는 것을 지적해 준다. 자발적으로 선택한 가난은 가난한 사람들과 혜택을 받지 못한 사람들을 존중하며 그들과 제휴할 것을 요구한다. 그것은 극단으로 치달을 경우, 지구의 생존을 위협하는 권력욕을 상쇄해 준다. 사랑, 완전한 자아-성취로 이어지는 자기 사랑과 강압된 가난 때문에 성취의 가능성을 박탈당하며 생존을 위해서 마약 등을 의지해야 하는 사람들을 향한 사랑이 자발적인 가난을 선택하는 동기이다. 자발적인 가난을 받아들이면 어쩔 수 없이 가난을 참고 견뎌야 하는 사람들의 가난에 동참할 수 있으며, 그들이 자신을 성취하는 데 도움을 줄 수 있다. 이러한 상태에 있을 때에만, 자발적으로 가난을 선택할 수 있다.

3. 기본적인 복음의 상태로서의 가난: 하나님은 인간이 되심으로써 근본적으로 가난의 의미를 역전시키시며 자발적인 가난에 완전한 의미를 부여하신다. 하나님의 아들의 성육신은 진화의 법을 본질적으로 변화시키고, 완전한 의미를 부여하며, 완전히 성취되게 한다.

하나님은 인간이 되심으로써 자신의 신적인 특권들을 포기하신다(빌 2:6-8). 진화의 법에 뒤얽힌 상태에서 인간을 해방시키기 위해서, 하나님은 가난하게 되신다(고후 8:9). 그 분은 스스로 모든 사람이 거부하려 하는 고난을 당해야 하는 사람들과 동등하게 되셨다(사 53:1-6). 그분은 가난한 사람들을 "영적으로 복 받은 사람"으로 만들기 위해서 가난을 선택하신다(사 1:10-16; 10:2; 호 6:6; 렘 22:13; 암 5:24; 8:4-6). 예수님은 가난한 사람들을 교만한 자와 권세 있는 자들과 비교하시며, 어린아이들과 함께 우선적으로 부르신다(눅 2:8; 마 11:25; 18:3; 눅 1:52). 그렇기 때문에 가난한 사람들은 기성사회로부터 도태된 사람이 아니다. 그들은 각기 자신 안에 담고 다니는 인간적인 가난을 반영하며, 또 하나님의 아들이 자신을 그들과 동일시 하셨으므로 인류의 궁극적인 목적—그리스도 안에서 화목하여 하나님과의 연합함—을 획득하는 수단이 된다는 이유에서, 그들은 세상의 중심이다. 세상 안에서의 하나님의 현존은 우리가 성찬식 때에 사용하는 떡과 포도주—이것은 그리스도를 가난한 사람들과 동일하게 만드는 비천한 물건들이다—에 의해 상징된다.

4. 가난에 대한 신학적인 편견. 하나님의 아들의 성육신 안에 계시된 그의 가난은 삼위일체의 각 위격의 근본적인 가난에 기초를 두고 있다. 아버지 하나님은 절대적인 선물이시다. 그분은 자신을 위해서는 아무 것도 소유하지 않으시며, 아들을 위해서 자신의 모든 것을 포기하신다. 이 선물 앞에서 느끼는 아들의 엑스타시 역시 절대적인 선물을 낳는다. 그들 사이에서 이루어지는 교통, 또는 호흡이 성령이다. 그러므로 각기 나머지 두 위격과 관계를 갖는 삼위일체의 세 위격의 특징은 근본적인 가난이다. 그것이 삼위로 하여금 한 분 하나님 안에 공존하는 것을 허락한다. 완전한 가난을 낳는 완전한 선물은 완전한 사랑을 나타낸다. 그리스도는 성령 안에서 자신을 아버지께 바치는 하나님의 아들인 동시에, 가난한 사람들에게 하나님의 사랑을 전하기 위해서 스스로 가난한 사람들과 같이 되신 인간의 아들이시다(마 25:40). 하나님의 백성들의 공동체, 그리스도를 중심으로 모인 그리스도의 몸은 예수 그리스도께서 취하셨던 태도를 취한다(빌 2:1-5). 그렇기 때문에 교회의 우선적인 사명은 사람들에게 예수 그리스도의 방식으로 살도록 가르치는 것이다. 그들은 자신의 존재와 소유를 특혜를 받지 못한 사람들과 공유하며, 인류를 인도하여 하나님과의 연합 안에서 완전한 성취에 이르게 한다.

Conrad Boerma, *Rich Man, Poor Man–and the Bible,* 1979; Benoit Charlemagne, *A Camel in the Needle's Eye,* 1981, esp ch. 11.

BENOIT CHARLEMAGNE

가정 영성 | Family Spirituality

"가장은 가정을 경건의 학교로 삼아야 한다. 가장은 가정의 감독이 되어 가족들을 감독함으로써, 가정 안에 덕과 경

가정 영성 | Family Spirituality

건과 정직 외에 다른 것이 자리잡지 못하게 해야 한다." 토머스 베콘(Thomas Becon)은 *Catechism set forth dialogue-wise between the father and the son*이라는 책에서 아직 6살이 안 된 남자 아이에게 이야기한다. 그는 토머스 크롬웰(Thomas Cromwell)이 1536년에 저술한 *Injunctions to the Clergy*—이 책에서는 아버지를 가정의 통치자로 묘사하는데, 그것은 16세기와 17세기의 가정 신앙에 견고한 토대를 제공한 개념이다—에서 제시한 이상을 실천하고 있었다. "주님, 자녀와 하인들을 거느리게 된 것은 당신이 주신 축복입니다. 그러나 그들을 당신의 사역에 따라 가르치지 않으면 당신의 무서운 저주를 받아 마땅할 것입니다." 이것은 1553년판 소기도서에 수록된 가장을 위한 기도로서, 자녀들과 하인들이 모두 가장의 권위 하에 있다고 가정하는데, 그것은 그 시대 사상의 중요한 측면이다. 조지 허버트*는 *A Priest to the Temple*에서, 사제는 자녀와 하인들에 대해 동일한 자부심을 가져야 한다고 말한다. 왜냐하면 "정원사가 훌륭한 나무를 기르는 데서 기쁨을 느끼듯이, 자녀나 하인이 올바르게 성장하는 데서 기쁨을 느끼기 때문이다."

이처럼 가정을 다스리는 자요 가족들의 우두머리인 가장에게 큰 기대가 주어지므로, 가장이 통치의 중심이 되는 가정 기도회를 주관하면서 실질적인 도움과 조언을 주려 한 것은 당연한 일이다. 주로 청교도의 특별한 경건 서적들이 매우 인기가 있었다. 수도적인 생활 방법을 거부한 교회가, 가정의 틀 안에서 아침 기도와 저녁 기도를 행하면서 쉽게 사용할 수 있는 전통적인 자료를 활용한 것은 흥미로운 일이다. 어거스틴*의 글과 『그리스도를 본받아』는 성시집과 소기도서와 시편과 더불어 어느 때보다 인기가 있었다. 니콜라스 페라르(Nicholas Ferrar)*는 리틀 기딩 공동체의 놀랍고 특별한 경험을 통해서 대부분의 경건한 가정이 공통적으로 지닌 많은 요소들을 확대하고 깊게 만들었다. 그러나 일반 가정에서는 제레미 테일러(Jeremy Taylor)가 정한 기도 방식과 유사한 것을 따랐을 것이다: 판단, 죄고백, 용서, 주기도, 찬양, 시편, 신조, 본기도. 어린이들을 위한 기도에서 취한 다음과 같은 구절은 매우 뜻이 깊다: "그들에게 부모에게 순종하는 은혜를 주셔서, 해야 할 일을 행하면서 약속을 받을 수 있게 하여 주시옵소서."

식사를 시작하기 전이나 마친 후에

가정 영성 | Family Spirituality

는 항상 감사 기도를 했다. 그리고 40 내지 50개의 가정 요리문답을 토대로 문답식으로 가르치는 일이 널리 행해졌다. 그것은 암기에 의한 학습 방법이었다.

찰스 1세와 의회와의 분쟁 이후에 사람들은 규칙적인 가정 예배가 사라진 것을 아쉬워 했다. 1725년에 코벤트리의 주교는 다음과 같이 탄식했다: "과거에는 가정은 가장이 온 가족들과 함께 기도하는 작은 예배당이었다… 그곳은 덕과 경건의 모습을 유지하고, 사악함을 막기 위해 노력하는 장소였다." 그러나 18세기 말에 가정 예배가 다시 성행하게 되었다. 복음주의적 신앙부흥은 가정을 중심으로 삼았다. 부모의 권위와 아울러 교육의 장소로서의 가정의 역할이 강조되었다. 여기에는 매일 두 차례의 가정 예배, 경건 서적 읽기, 문답 교육으로의 복귀, 그리고 아이작 왓츠*의 *Divine Songs*—주로 부모에게 순종하는 덕을 가르치는 것에 관심을 갖는 교훈적인 내용의 시집이다—의 폭넓은 활용 등이 포함되었다.

어떤 가장들은 즉흥적인 기도를 즐겼지만, 대부분의 가장들은 인쇄된 지침서를 선호했다. 가장 전형적인 것은 1834년에 출판되어 20년 동안 30쇄가 발행된 헨리 손톤(Henry Thornton)의 『가정 기도서』(*Family Prayers*)이다. 19세기에는 전체적으로 기독교적인 가정생활의 강화가 꾸준히 지속되었다. 성경 읽기, 기도, 그리고 일찍부터 요리문답을 가르치는 것이 일반적인 형태로 자리잡았다. 주일은 경건한 국가의 방어 거점으로 간주되었고, 세속적인 서적들 대신에 교훈적이고 도덕적인 이야기, 대중적인 종교 잡지, 또는 선교 잡지를 읽게 했다. 부모의 뜻은 곧 하나님의 뜻으로 강조되었다. 어떤 부모는 이러한 거룩한 사명을 성취하려는 열심에서, 어린 자녀들이 죽음과 심판의 메시지를 절실히 깨닫게 하려는 목적으로 아이들에게 임종하는 장면이나 시체를 보여 주기도 했다. 그러나 윌버포스가 어린 자녀들을 심각하거나 불쾌한 일과 관련된 기도에 참여시키지 않으려 한 것은, 빅토리아 시대의 가정 영성에 대한 균형된 견해를 얻기 위한 교정책을 제공하려 한 것인 듯하다.

E. E. Kellett, *Religion and Life in the Early Victorian Era*, 1938; P. Sangster, *Pity my Simplicity. The Evangelical Revival and the Religious Education of Children*, 1963.

ESTHER DE WAAL

가톨릭 영성 | Roman Catholic Spirituality

가톨릭 영성
| Roman Catholic Spirituality

가톨릭 교회의 영성은 생명력의 가장 깊은 근원을 갈망하는 믿음(*fides quaerens cor suum*)이라고 묘사할 수 있을 것이다. 기독교인들은 예수 그리스도가 믿음의 근원임을 인정한다. 로마 가톨릭 신자들은 특히 성령을 말씀과 성례를 통해서 점진적으로 신자들을 예수 그리스도의 죽음과 부활에 연합하게 해 주시는 분이라고 규정한다. 제2차 바티칸 공의회 때에 교회는 신자들로 하여금 초대 시대로의 창조적인 복귀에 동참함으로써 이 영속적인 중심을 향하게 했다. 1963년 12월 4일에는 1614년에 교황 바울 5세가 승인한 *Rituale Romanum*을 대신하기 위하여 개정하고 수정한 성인 요리문답 제도를 회복할 것을 선포했다. 십 년 동안의 비평적인 연구와 목회적 실험을 거쳐, 1972년에 *Rite of Christain Initiation of Adults*가 발표되었다. 교회는 신앙 공동체 내에서의 성령의 활동의 중심성에 다시 관심을 집중함으로써, 영성이 실천되고 해석되는 주요한 중심으로서의 전례의 특별한 역할을 회복시켰다.

이 새로운 의식(*Rite*)은 가톨릭 영성의 요약이다. 그것은 과거의 원리들과 제2차 바티칸 공의회 기간 및 그 이후에 발달한 통찰들과 결합시킬 뿐만 아니라, 성령 안에서의 삶이 육성되고 성숙될 수 있는 모체를 제공한다. 이 살아있는 영성의 요소들은 풍부한 성경적 상징으로 표현되며, 의식(*Rite*) 안에서 조직적으로 통합된다. 규범적인 것을 체계적으로 설명하기 위해서 그것들을 다소 추상적인 용어로 전환할 때에는, 절대적으로 필요한 과정은 결코 정적인 개념으로 표현될 수 없다는 것을 염두에 두어야 한다. 영성은 우선적으로 성령 안에서 사는 것이다. 그 생생한 경험을 체계적으로 반추하고 해석하는 것은 부차적인 것이다.

세례를 받을 때에 시작되는 성령 안에서의 삶은 공동체적인 신비인 동시에 개인적인 일이기도 하다. 가톨릭 영성은 역사적으로 가시적이며 우리의 구속의 객관적인 차원을 이루는 집단적 실체인 한 백성 안에서 구현된다. 이 교회라는 몸을 통해서, 아버지께서는 끊임없이 예수 그리스도 안에서 주어지는 사랑의 선물을 받아들이라고 모든 사람을 초대하신다. 이 초대에 대해 자유롭고 단호하게 응답함으로써, 사람들은 성령에 의해서 그리스도의 몸에 결합된다. 각각의 신자가 생명을 주는 성령의 힘을 받아들이며 그리스

가톨릭 영성 | Roman Catholic Spirituality

도의 부활의 신비에 들어갈 때에, 하나님의 은혜와 인간의 관대함의 상호작용이 이루어진다. 이러한 삶에서의 성장은 회심, 조명, 변화라는 연속적인 단계로 이루어진다. 성령 안에서 산다는 것은 점진적이고 지속적이고 포괄적인 중요한 과정이므로, 움직임과 관련된 상징이 주로 사용된다. 우리가 영광이라고 부르는 사랑의 충만함을 향해 성령 안에서 여행하는 경험은 고립되어 이루어지는 것이 아니다. 그것은 각 단계를 의식적으로 활용하는 것을 지원하는 전체 공동체의 활동의 일부이다. 언제나 동일하신 성령께서는 공동체 안에 거하시며, 각 사람으로 하여금 보다 완전하고 즐겁게 생활할 수 있게 해 주신다.

이렇게 사망에서 생명으로 통과할 때에 취해야 하는 첫 단계는 회심이다. 그것은 각 사람에게 그리스도의 승리 안에 있는 몫을 주시는 성령에 의해 성취되지만, 인간의 신실한 반응이 요구된다. 사람들이 존재의 중심에 성령의 거처를 제공해야, 진리의 영이신 성령은 그들을 어두움의 권세로부터 해방시킬 수 있다. 영성의 각 단계에서 회심은 계속 중요한 요소로 남는다. 성령은 그리스도의 몸의 각 지체들이 일관성있게 하나님을 의지하기 위해서 주변 문화 안에 있는 모든 거짓되고 죄악된 것을 버리라고 요구한다. 이것은 하나님의 창조의 아름다움을 무분별하게 거부하는 것이 아니라, 세상에서 독특한 생활 방식을 택하는 것이며, 때로 세상의 분명한 지혜보다 그리스도의 복음의 어리석음을 택하는 것이다.

정신과 도덕의 변화 뿐만 아니라 개인의 모든 차원—인지적 차원, 감정적 차원, 그리고 사회적 차원—을 포함하는 포괄적인 갱신이 요구된다. 그리스도의 영의 능력에 의해서 산다는 것은 그분을 사변적으로, 또는 공평하게 보는 것과 관련된 것이 아니다. 우리는 마음을 다하여 사랑에 의해 고취되고 소망의 인도함을 받는 믿음에 의해 알려지는 새로운 실존 안에 들어가야 한다. 성령은 전인(全人)의 점진적인 변화를 이루려 하시며, 정신과 기억 뿐만 아니라, 상상력과 감정에도 영향을 주고 변화시키신다. 사람들이 모든 무질서와의 관계를 과감하게 끊을 때, 성령은 효과적으로 일하실 수 있다.

이처럼 분명한 이상과 활기찬 헌신의 증가를 가져오는 지속적인 회심은 고귀한 이상이요 벅찬 도전이다. 그것의 실현은 성령의 감화와 끈기 있는 인간적인 노력에 달려 있다. 이런 까닭에, 회개와 화해를 향한 갈망도 가톨릭 영성의 일관성있는 특징이다. 지극히 자비하신 아버지께서는 아들과 성령의 사역에 동참하는 교회의 사역을 통해서 용서와 평안을 주신다.

성령께서 회심 및 그에 따르는 성장을 성취하실 때에 사용하시는 도구는 성경과 성례전의 형태를 취한 하나님의 말씀이다. 제2차 바티칸 공의회 이후로, 교회는 말씀을 아버지의 창조적 능력이 인간 역사 안에 들어와 그것이 성취될 수 있게 해 주는 원천으로 이해해 왔다. 가톨릭 신자들은 예수님의 모친이자 교회의 원형인 성모 마리아를 하나님의 말씀을 받고 응답하는 방법을 보여 주는 본보기로 간주해왔다. 마리아는 먼저 완전한 믿음으로 흠이 없는 마음에 말씀을 영접했고, 그 후에 순종하는 응답에 의해 순결한 자궁 안에 그를 잉태하여 세상에 낳았다. 마찬가지로, 교인들은 하나님의 말씀을 소중히 하며 사랑의 봉사와 희생 안에서 다른 사람들을 전도함으로써 그것을 구현하기 위해서 기도와 예배 안에 하나님의 말씀을 받아들이라는 부름을 받는다. 말씀을 경청하는 것과 말씀의 방식과 일치하게 사는 것은 하나님의 은혜와 인간의 관대함이라는 하나의 신비 안에 있는 보완적인 요소들이다.

게다가 마음 속에 간직된 아버지의 말씀은 우리로 하여금 흔들림이 없이 십자가 밑에 설 수 있게 해 준다. 하나님의 말씀과 밀접하게 연합되는 것은 그의 사랑의 신비 안에 보다 깊이 이끌려 들어가는 것이다. 여기에는 십자가가 포함될 것이다. 왜냐하면 예수님은 십자가 위에서 자신의 성실함과 사랑을 충분히 드러내심으로써 아버지를 영화롭게 하셨기 때문이다. 십자가를 슬픔의 근원으로 여기지 않고 인간의 궁극적인 운명—아버지와의 교제에서 절정에 달하는 자아-초월—의 상징으로 여긴다. 기독교인이 믿는 주님은 항상 모순의 상징이므로, 성령 안에서 살려면 자기 부인이 필요할 것이다. 영성은 "그 이름을 위하여 능욕 받는 일"을 기뻐할 수 있게 해 주는 학습 과정이다.

세례 때 부어 주시는 그리스도의 영은 그 몸의 지체에게 세상에 증거하는 사역에 참여할 수 있는 힘을 준다. 사람은 각기 다른 방법과 다른 분량으로 창조 안에 있는 아버지의 사역의 선함을 유지하고 그리스도의 죽음과 부활의 초월적인 특성을 증거하라는 부름을 받는다. 성령의 풍성하심은 그의 다양한 은사에 반영된다. 교회 안에서 질서를 보존하는 직무를 맡은 사람이 그

가톨릭 영성 | Roman Catholic Spirituality

은사들을 장려하고 통합할 때에 성령의 통일성이 드러난다. 그리스도의 몸 안에서 건설적인 긴장을 유지하는 것이 성령의 기능이다. 공식적인 지도와 전통은 물론이요 카리스마적인 자발성과 주도권이 성령에게서 흘러나온다. 성령이 그리스도의 몸 안에서 고취하는 평화와 통일성이 은사들의 변증에서 흘러나온다.

오늘날 세상에서의 삶의 정황의 복잡성은 기독교인에게 중요한 선택을 요구한다. 기독교인들은 다양한 범주에서 선택해야 한다. 인생에서 직업과 관련된 것을 결정하는 것과 같은 개인적인 일들 뿐만 아니라, 사회 정의와 관련된 세계적인 문제들도 포함된다. 사람들의 마음에 대한 하나님의 통치를 증진하기 위해서 하나님의 영이 고취하고 있는 선택을 나타내 주는 표식을 어떻게 식별해야 하는가? 다양한 사람들이 시대의 징조들을 각기 다르게 해석하는 것처럼, 각기 다른 주장이 우리의 주의를 끌려 한다.

교회에서 분별(discernment)은 중요한 역할을 해왔다. 그것은 소중히 여겨지는 은사요, 하나님의 영으로부터 온 것을 식별하기 위해서 필요한 능력이다. 분별의 필요성에 대한 의식으로 인해 한동안 등한시되고 과소평가되어 온 영적 지도의 사역이 다시 존중되었다. 평신도와 성직자들 모두 믿음의 길을 가는 동료 순례자들을 지도하는 데 능한 사람들을 찾고 있다. 이와 같은 새로운 관심은 개인적인 책임의 포기를 가리키는 것이 아니라, 그리스도의 몸의 지체들에게는 그들을 성령에게 인도해 주고, 성령께서 믿음의 공동체와 각 사람의 마음에서 말씀하시는 것을 이해하는 법을 가르쳐줄 지혜로운 사람들이 필요하다는 것을 인정하는 것이다.

성찬식은 가톨릭 영성의 근원인 동시에 절정이다. 왜냐하면 우리가 지금까지 고찰해온 모든 요소들이 그 안에서 작용하기 때문이다. 흩어져서 일상생활을 하는 각각의 지체들은 신자들의 공동체로서 함께 모여 기도하고 예배한다. 그들은 회심으로의 부름, 이 거룩한 신비에 들어가는 데 합당하지 못하게 하는 모든 것을 멀리 하라는 부름을 받는다. 아버지께서는 성령의 능력에 의해 그들 가운데 선포된 말씀으로 그들을 조명해 주신다. 그들은 아버지께 감사와 찬송을 드리면서 그리스도와 연합함으로써 응답하며, 아버지는 주님의 몸과 피로 그들을 먹여 주시고 성령에 의해서 그들의 일치를 깊게 해 주신다. 주님의 고난과 죽으심의 성례를 통해서, 그의 지체들은 모든 궁핍한 사람들을 섬기면서 기꺼이 고난받으려는 마음을 나타낸다. 이것은 기독교인의 특징적인 표식이요, 성령의 탁월한 나타나심이다. 가톨릭 영성의 삼위일체적 구조는 성찬식을 거행할 때에 분명히 표현된다. 교회는 성령 안에서 그리스도를 통해서 아버지께로 인도된다.

이와 같은 가톨릭 영성의 소생으로 인해 초대 교회의 특징이었던 일치와 균형이 회복되었다. 중세 시대에 발달한 영성신학은 지방의 고립과 수도원적 질서 안에서 일어났고, 대학 강의실에서 체계화되었다. 신학자들은 성경과 전통과 교사들의 가르침 안에 간직된 교리적 원리를 근거로 하여 완덕에 접근하는 데 관한 법을 만들었다. 영적 지도자들은 사람들을 성성(聖性)의 고지로 이끌어줄 수 있는 검증된 관습들을 가르쳤다. 이와 같이 영성에 대한 공식적인 접근 방법, 또는 구조적인 접근 방법은 개념적인 명료성, 일관성, 함축성 등을 지녔지만, 그 삼위일체적 역동성을 상실했기 때문에 쉽게 추상적이고 개인주의적인 것이 되었다.

현대 가톨릭 영성은 현대 생활의 중심, 사회적·경제적·정치적 긴장 관계의 복잡함 안에 자리하고 있으며, 다소 귀납적인 방법을 취한다. 교구 사람들이 성령 안에서 살 수 있게 하기 위해 실질적으로 필요한 것은 무엇인가? 성령은 어떻게 그들의 기쁨과 슬픔, 좌절과 실패, 갈등과 승리 안에 들어가시는가? 현대 역사를 형성하며 사람들의 삶을 형성하는 사건들이 현대 영성을 표현하는 방법을 결정한다. 이 기능적인 접근 방법은 그 원리들을 현대의 행동과학이 발견한 사실들과 결합하고 새로워진 기독론, 성령론, 교회론, 인간론, 종말론이 지닌 함축된 의미들을 소개함으로써 과거의 체계를 보완해 준다.

지금까지 출현해온 영성 신학은 고난의 시대를 통과하여 순례하는 하나님의 백성들을 삼위 하나님과 가깝게 해 주는 힘찬 신학이다. 홍수와 기근, 전쟁, 그리고 정치 세력의 부침에 의해 수백만 명이 목숨을 잃었다. 가톨릭 영성은 신자들의 마음을 믿음의 근원으로 인도함으로써 그들이 희망을 가지고 살아갈 수 있게 해 준다: "보좌 가운데 계신 어린 양이 저희의 목자가 되사 생명수 샘으로 인도하시고 하나님께서 저희 눈에서 모든 눈물을 씻어 주실 것임이라"(계 7:17).

Sacra Congregatio Pro Cultis Dinino, *Rite of Christian Initiation of Adults*, 1972; Aidan Kavanagh, *The Shape of Baptism*, 1978; Karl

Rahner, *Theological Investigations*, vols II, VII, XVI, 1974-1981; Pierre Teilhard de Chardin, *Le Milieu Divin*, 1960.

DOMINIC MARUCA, SJ

간디, 모한다스 카람찬드
| Gandhi, Mohandas Karamchand

마하트마라고 알려진 간디(1869-1948)는 사회적, 정치적, 종교적인 활동 때문에 영적으로 위대한 사람이었다. 그는 정통적인 힌두교의 상인 계층의 가문에서 태어났다. 그의 부친은 탁월한 관리였고, 라즈코트의 수상이었으며, 후일 반카네르의 수상을 지냈다. 그의 어머니는 아버지의 네번째 부인이었으며, 규칙적으로 예배하고 금식하는 신앙이 깊은 여인이었다. 그의 가족들은 금욕적이고 술을 입에 대지 않고 채식을 하며 비폭력을 실천하는 자이나교의 승려들과 빈번히 접촉했다.

13세 때에 모한다스는 카스투르바이와 결혼했다. 3년 후에 부친이 사망했는데, 그 동안에 간디는 아내와 함께 지내기 위해서 아버지의 곁을 떠나 있었다. 이 일로 인해 간디는 죄책감을 느꼈다. 그는 영적 성장의 전제조건으로 독신 생활을 고려하게 되었으며, 24년의 결혼 생활 끝에 그는 독신 생활을 선언했다. 말년에 그는 자신의 극기와 육신을 제어하는 영의 힘을 증명하기 위해서 벌거벗은 처녀들과 함께 잠을 자기도 했다.

1888년, 간디는 가족들의 기대와는 달리 법률 공부를 하기 위해서 영국으로 갔다. 그는 사람들의 충고에도 불구하고 고기와 술을 먹지 않았다. 영국에 있으면서 그는 바가바드 기타와 성경을 읽었는데, 특히 산상수훈에서 감명을 받았다.

1893년부터 1914년까지, 간디는 주로 남아프리카에서 지냈다. 이곳에서 그는 두 권의 책을 접했다. 그 중 하나는 톨스토이의 『당신의 내면에 있는 하나님의 나라』(*The Kingdom of God Within You*)라는 무정부주의적이고 무저항주의적인 책이었다. 간디는 그 책의 "독립된 사고, 심오한 도덕, 그리고…진실됨"에 대해서 말했다. 또 하나의 책은 러스킨(Ruskin)의 『이 최후의 것』(*Unto this Last*)으로서, 간디는 이 책에서 개인의 선은 모든 사람의 선 안에 포함된다는 것, 모든 일은 동등한 가치를 지닌다는 것, 농부나 기술자의 삶도 가치 있는 삶이라는 것 등의 통찰을 얻었다. 간디는 공동 생활 안에서 실질적인 실험을 시작했다. 또 불의에 대해 비폭력으로 저항하는 방법을 실천하기 시작했다.

갈멜 수도회 영성 | Carmelite Spirituality

그는 인도에 돌아온 후 30년이 넘도록 이러한 생활 방식, 공동 생활, 물레로 작업하는 것을 장려한 것, (불가촉천민들을 포함하여) 학대받는 사람들을 위한 비폭력 운동, 금식과 투옥, 기도와 헌신 등은 계속되었다. 그는 인도의 독립을 위해 일하다가, 1948년 1월 30일에 힌두교 광신자에 의해 암살되었다. 그가 남긴 마지막 말은 "하나님, 하나님"이었다.

간디는 육체적인 것은 영적인 것보다 열등하다고 생각했다. 그는 기도와 금식을 자신의 행동의 필수적인 부분으로 삼았다. 그의 업적은 실질적인 비폭력의 영성으로서, 인도의 불살생계(不殺生戒)와 기독교적인 사랑을 결합한 것이다.

The Selected Works of Mahatma Gandhi, ed S. Narayan, 6 vols, 1968; Peter D. Bishop, A Technique for Loving, 1981; R. Iyer, The Moral and Political Thought of Mahatma Gandhi, 1973; V. Mehta, Mahatma Gandhi and his Apostles, 1977.

JOHN GERGUSON

갈멜 수도회 영성

| Carmelite Spirituality

갈멜 수도회는 1155년 경에 다른 은수사들과 함께 갈멜 산에 정착한 성 베르톨드(St. Berthold)에 의해 설립된 듯하다. 13세기에 De institutione primorum monachorum에 표현된 바와 같이, 갈멜 회의 전통에서는 일부 교부들의 견해에 의하면 수도원 운동의 창시자라고 알려진 엘리야 이후로 갈멜 산에서 활동한 수도사들에 대해 말한다. 이 수도회의 기원에 대해서는 17세기 말까지 논란이 계속 되었지만, 현재 엘리야를 이어받았다는 주장은 전설에 불과하다고 간주된다.

갈멜 산에서의 은둔 생활을 위한 적절한 틀을 제공하기 위해서, 예루살렘의 엘버트(Albert of Jerusalem)가 1206-1214년에 작성한 엄격한 규칙에서는 오랜 기도 생활을 명한다. 이 공동체는 1187년에 기독교인들이 패배한 후에도 얼마 동안 갈멜 산에 머물러 있었지만, 13세기에는 그 곳을 포기하고 유럽으로 피신했다. 그후 1631년에 다시 갈멜 산에 정착했다.

1229년에 그레고리 9세는 갈멜 수도회를 탁발 수도회로 인정했으며, 1247년에는 규칙을 수정하여 설교와 교육을 포함하는 활동적인 생활을 채택했다. 이 수도회는 도미니크 수도회*나 프랜시스 수도회*만큼 많은 수도사를 얻지는 못했지만, 점차 퍼져 갔고, 계속 공주 수도회로 남았다. 여러 도시와

갈멜 수도회 영성 | Carmelite Spirituality

대학 도시에 수도원들이 세워졌다. 영국 최초의 수도원은 13세기 중엽 켄트 주 에일즈포드에 세워졌다. 후일 갈멜 수도사들은 위클리프를 눈에 띄게 대적했다. 15세기에 존 소레트(John Soreth)가 총장으로 재임하는 동안, 최초의 갈멜 수녀원이 저지대 국가에 세워졌고, 곧이어 이탈리아, 스페인, 프랑스에도 설립되었다.

다른 수도회들이 그렇듯이, 15세기와 16세기 초에 기강이 해이해진 공동체들을 개혁하려는 시도들이 있었지만, 갈멜 수도회에 지속적인 영향을 미치지는 못했다. 그러나 이미 여러 해 전에 갈멜 회에 입회했으며 엄격한 생활로 복귀해야 할 필요성을 느끼고 있던 아빌라의 테레사*는 1562년에 아빌라에 최초의 맨발의 갈멜 수녀회를 세웠는데, 그것은 그녀가 예견하지 못한 결과를 낳았다. 그녀는 연속적으로 17개의 수녀원을 세웠으며, 역시 갈멜 회 수사인 십자가의 요한*의 사역을 통해 15개의 남자 수도원을 세웠다. 그녀의 개혁은 수도회 내의 일부 사람들로부터 엄청난 적대감을 일으켰으며, 그로 인해 두 사람은 고난을 당했다. 요한은 8개월 동안 투옥되었고, 테레사는 지치도록 여행해야 했고 교회 정치와 싸움에 휘말렸다. 그녀의 사후, 특히 초대 총대리인 니콜라스 도리아(Nicolás Doria) 때에 개혁파 내에 심각한 불화가 생겼고, 십자가의 요한은 냉대 속에 죽었다. 1592년에 맨발의 갈멜 수도회는 규율이 완화된 갈멜 수도회와 공식적으로 결별했다. 그러나 개혁은 점점 더 융성해져서 스페인과 이탈리아로부터 저지대 국가들, 프랑스, 중부 유럽, 그리고 신세계로 퍼져갔다. 테레사 다음 세대에 활동한 주도적인 인물인 예수의 토머스(Tomás de Jesús, 1564-1627)는 갈멜 수도회의 "광야"를 세우면서 은둔 생활을 회복시켰다.

갈멜 수도회의 신학적 전통은 주로 토머스 아퀴나스주의였지만, 영국인 신학자 존 베이컨토르프(John Baconthorpe, 1346년 사망)와 볼로냐의 마이클(Michael of Bologna, 1416년 사망)을 통해 해석되었다. 맨발의 갈멜 수도회의 주된 신학적 업적은 1631년부터 1701년 사이에 아퀴나스에 관한 방대한 주석의 형태의 신학적 과정을 만들어낸 Salmanticenses의 것이다. 이 수도회는 전통적으로 성모 마리아를 숭배하며, 성모 마리아의 원죄 없는 잉태를 강력히 옹호했다. 이 수도회에서는 짙은 갈색 수도복, 갈색 어깨걸이, 그리고 흰색 외투를 착용한다. 갈멜 수도회의 성인으로는 파지의 마리 막달렌(St. Mary Magdalen of Pazzi, 1566-1607)과 리주의 테레사(St. Therese of Lisieux)*를 들 수 있다.

갈멜 수도회의 영성은 십자가의 요한과 테레사 성녀의 영향을 깊이 받았다. 그들은 이 수도회 영성의 고전적인 형성을 대표하며, 서방 신비주의 전통의 정상에 있다고 말할 수도 있다. 두 사람 모두 시를 썼는데, 요한의 시는 매우 수준 높은 것이다. 그들의 가르침은 산문으로도 전개되는데, 이 분야에서는 구어체 형식으로 비유를 사용한 테레사 성녀가 탁월하다. 그 두 사람은 성품과 배경이 매우 다르며, 교리적으로 견해의 차이가 있지만, 기도에 관한 가르침은 서로 보완적이다. 그들의 영성은 자연적인 지식의 세계를 버리고 믿음의 어두움 속에서 사랑으로 하나님을 향해 팔을 뻗어야 할 필요성을 강조하는 감성적인 영성이다. 두 사람 모두 과거에 시도되지 않았던 방법으로 여러 가지 기도의 상태를 탐구하고 해석한다. 그들은 초자연적인 현상들의 경험에 대해서는 회의적이다. 왜냐하면 이것들은 모든 감각적인 인식과 이미지를 초월하는 신비한 여행—적나라한 인간의 영혼이 들려 올라가 그것을 창조한 신적 본질과 연합하는 것—의 목표가 아니기 때문이다(이 여행의 목적은 하나님뿐이다). 이 연합은 하나님께서 소수의 사람에게만 허락해 주시는 것으로서, 이 세상에서 복된 이상의 즐거움을 미리 맛보는 것이다.

그들이 남긴 공적은 두 가지로 볼 수 있다: 하나는 기도 생활 및 그에 수반되는 경험 내의 많은 단계들의 순서를 정하고 분류하고 분석한 것이다. 또 하나는 다양한 묵상의 상태와 관상의 수동적인 주입을 분명히 구분한 것이다. 십자가의 요한은 한 가지 방법에서 다른 방법으로 이동하는 순간의 표준적인 징후들을 제시한다(Ascent II.13-14): 묵상할 수 없게 되고, 그 결과 건조하게 됨; 오직 하나님만 갈망함; 독거를 즐거워하며 사랑으로 하나님을 주목함. 두 사람 모두 매우 순수한 형태의 신비적인 기도를 가르치는데, 그 기도의 가장 높은 상태에 이르면 모든 보조물들을 버리게 된다. 또 영적 교만이 가장 큰 위험이므로, 그들은 겸손의 필요성을 끊임없이 강조한다. 이런 까닭에 참으로 하나님 중심의 기도가 그것을 실천하는 사람에게 미치는 결과를 강조하고, 또 자기 기만의 위험을 강조한다.

20세기에 십자가의 요한과 테레사

감리교 영성 | Methodist Spirituality

제공했다. 반에서 발언된 것들은 비밀로 지켜졌다. 초기 감리교에서는 반에 입회할 때에는 다음과 같은 질문을 했다: "당신은 자신의 모든 허물을 숨기지 않고 편안하게 말하려 합니까?" 웨슬리는 규칙적인 참회 훈련인 자기 성찰을 위한 형식도 제공했다. 속회의 본래 목적은 감리교 사역을 위한 기금을 거둘 수 있는 그룹들을 만드는 데 있었다. 지도자, 협력자, 설교자 등의 책임을 맡은 사람들은 이러한 모임들을 은혜의 수단으로 보았다.

믿음의 성장을 위한 다른 기회들도 있었다. 다양한 집단 기도의 기회들은 비옥한 토양을 제공했다: 정기적으로 행하는 애찬(Love-Feast)*은 주로 간증을 위한 모임으로서, 다과를 함께 나누었다. 매년 행하는 언약 예배(Covenant Service) 때에 신자들은 하나님과의 관계를 엄숙하게 갱신했다. 섣달 그믐날 밤에는 늦게까지 기도하고 간증했다. 자주 설교를 듣고 읽고 토론하는 것이 복음적 신앙의 표식이었는데, 감리교에서는 웨슬리의 44편의 설교를 공식적인 교리적 표준에 포함시킨다.

찬송은 사적인 기도와 공적인 예배에 가장 지속적인 영향을 미친다. 1780년에 존 웨슬리는 주로 동생 찰스 웨슬리가 지은 *Collection of Hymns*을 편찬했다. 그 찬송집의 색인은 마치 하나의 신조 같다: 기뻐하는 신자들을 위한 찬송, 싸우는 신자들을 위한 찬송, 기도하는 신자들을 위한 찬송, 일하는 신자들을 위한 찬송, 고난 받는 신자들을 위한 찬송, 완전한 구속을 위해 애쓰는 신자들을 위한 찬송, 구원 받은 신자들을 위한 찬송, 세상을 위한 중보의 찬송 등이 포함되어 있다. 찬송들은 "신앙 생활의 즐거움"과 "하나님의 선하심", 그리고 심판 및 그 결과들을 묘사하기 위한 것이었다. 배교자들을 격려하는 내용도 발견된다. 모임과 속회에 필요한 것을 공급해 주는 내용도 있다. 또 하나의 중요한 찬송집은 166개의 찬송이 수록된 *Hymns for the Lord's Supper*(1745)이다. 감리교인들은 찬송을 통해서 교리를 배웠고, 삶의 본보기를 발견했다. 그들은 찬송을 부르는 데 그치지 않고, 찬송가로 묵상하고 기도했다. 그들은 임종할 때에 성경 말씀 뿐만 아니라 찬송가 가사도 회상하곤 했다.

존 웨슬리가 사망한 후(1791)에도 이러한 형태가 계속 감리교의 특징으로 지속되었지만, 그가 행하던 모임들과 그 지도자들에 대한 개인적인 감독은 더 이상 행해지지 못했다. 구조와 영성

감리교 영성 | Methodist Spirituality

성녀의 저술을 접할 수 있게 되면서, 갈멜 수도회 영성의 영향력이 증가되어 왔다. 그들은 생전에는 정통성과 가르침의 신빙성을 의심받았지만, 오늘날 가톨릭 교회의 박사들은 그들을 인정하고 있다. 교황 요한 바오로 2세가 십자가의 요한의 영향을 받았음은 잘 알려진 사실이다.

J. B. de Lezana, OCC, *Annales Sacri, Prophetici et Eliani Ordinis Beatae Virginis Mariae de Monte Carmeli*, 4 vols, 1645-1656; *Constitutiones Fratrum Discalceatorum Congregationis S. Eliae Ordinis Beatissimae Virginis Mariae de Monte Carmelo*, 1638; *Monumenta Historica Carmeli Teresiani*, Teresiamun, 1973-; L. van den Bossche, *Les Carmes*, 1930; David Knowles, *The Religious Orders in England*, 3 vols, 1948-1959; R. McCaffrey, OCC, *The White Friars*, 1926.

COLIN P. THOMPSON

감리교 영성 | Methodist Spirituality

1730년대 초기에 옥스포드 대학에서 "신성클럽"(Holy Club)을 구성했던 청년들은 자신의 종교의 관습에 진지하게 접근했기 때문에 "Methodist"라는 별명을 얻었는데, 이 별명이 그들의 지도자인 존 웨슬리*와 찰스 웨슬리*가 세운 교회에 적용되었다.

그들의 초기의 규칙에서는 성찬에 자주 참석할 것, 성경 및 종교 서적 연구를 위한 모임, 서로 윤리적인 행동을 권면할 것, 규칙적으로 감옥을 방문하고 가난한 사람들을 위해 봉사할 것 등을 요구했다. 이처럼 균형을 이룬 "조직적인"(methodical) 영성이 그 운동의 특징이다. 존 웨슬리가 생존해 있는 동안의 규칙과 관습을 요약한 *Large Minutes*는 "은혜의 수단들"을 열거한다. ① 기도: 사적인 기도, 가정 기도, 공적 기도; ② 성경을 읽고 묵상하고(이를 위해서 홀* 주교와 리처드 백스터(Richard Baxter)*의 방법을 추천했다) 들음; ③ 기회가 있을 때마다 성찬에 참석함; ④ 금요일마다 금식함; ⑤ 동료 신자들과의 대화. 감리교 신자들을 이러한 수단들을 추구하면서 매 주일 국교회 예배에 참석하고 오전 5시에는 그들 자신의 예배에 참석했다. 주 중에는 다섯 차례의 기도가 있었다. 한 가정의 가장은 혼자 기도하고, 또 정규적으로 가족들과 함께 기도했다. 웨슬리는 각각의 기도를 위한 공식집을 출판했다.

그리고, 감리교인들의 교제에 "신중한 수단들"(Prudential)이 있었다. 모든 감리교인들은 소속되며, 보다 열심이 있는 반에 속한다. 속회와 반은 각자 영성 생활의 나눔과 검증 등에 있어서 비국교도들과 가깝고 강력한 신앙부흥 운동의 경향을 지닌 몇 개의 새로운 집단들이 생겼다. 그들이 개최하는 야외 천막 집회에서는 회심을 위한 설교와 열렬한 기도가 행해졌다. 주일 저녁 예배를 마친 후, 열심있는 신자들은 남아서 기도하고 찬송했다.

비록 이러한 신앙의 표현에는 큰 흥분 상태가 동반되었지만, 감리교 운동을 단순한 감정주의로 결론짓는 것은 잘못이다. 감리교인들은 죄사함과 영혼 구원을 위해 사람들을 그리스도께 인도하려 했다. 이러한 유익들이 감정적으로 느껴졌으며, 성화에는 정신의 평화라는 측면이 있었다. 그것은 성품의 변화를 이루었지만, 실질적으로 극단적인 감정적 상태로 나타나지는 않았다. 그럼에도 불구하고, 감리교인은 안정적으로 쾌활한 상태, 삶의 단순성을 지녔다.

감리교 운동은, 열광주의를 수반하는 새로운 운동은 결국 제대로 된 질서를 갖추며 유사한 집단들과 적절한 관계를 유지하는 하나의 교파가 된다는 주장에 신빙성을 부여한다. 그러나 그 운동이 최초에 지녔던 특성 중 일부는 오늘날에도 남아 있다. 영국 감리교회에서는 설교 중심의 예배, 성찬 거행, 언약 예배, 찬송, 즉흥적인 기도가 지금도 시행되고 있다. 애찬, 섣달 그믐날 밤 기도회와 속회도 발견된다. 금식은 영적 훈련이라기보다 세계의 기아를 확인하기 위해 행해진다. 가정 기도회와 소그룹 기도회는 점차 감소되어왔다. 감리교 운동은 20세기의 에큐메니칼, 신학적, 전례적인 운동들의 영향을 받아왔다. 그러나 다른 전통들과의 접촉으로 인해, 감리교인들은 그들의 뿌리를 찾으며, 함께 공유해야 할 유산을 드러내려는 용기를 갖게 되었다.

R. Davies and E. G. Rupp (eds), *History of the Methodist Church in Great Britain,* vol I 1965; with A. R. George (ed), vol 2 (1978), vol 3 1983; R. Davies, *Methodism,* 1976; G. S. Wakefield, *Methodist Devotion,* 1966.

R. W. GRIBBEN

감성적 영성 | Affective Spirituality

이것은 감정을 억제하지 않은 상태에서 그리스도의 인성과 수난 안에서 우리를 향한 인자하심과 관심에 의해 감화하시는 하나님께 사랑을 향하는 헌신의 단계, 또는 유형을 지칭하기 위해 사용하는 용어이다. 그것은 클레르보의 버나드*가 가르친 기도이며, 프랜시스 수도사들*, 노리지의 줄리안*과

거룩 | Holiness

같은 영국 신비가들*에게 나타나며, 특히 17세기에 현저했다. 영국 청교도들*도 본보기들을 제공한다. 어거스틴 베이커(Augustin Baker)*는 『거룩한 지혜』(Holy Wisdom)에서 "의지의 감정적인 행위들"에 대해서 기록한다. 그 기도는 수덕 훈련에 의해 감상적인 상태에서 벗어난다. 진정한 가톨릭 영성에서, 그것은 기독교적 삶의 시작 단계에서 "그리스도와 사랑에 빠지는 것"이 아니라 진보하는 영혼의 성숙한 헌신이다. 가톨릭 저술가들은 그것이 정신적인 기도 다음에 이어지는 관상을 향하는 단계라고 보는데, 그 단계에서는 정신이 절대적이고 독재적으로 통제하지 않으며 말은 거의 사용하지 않는다. 그것은 "단순한 관심의 기도", "사랑의 관심"이다. 그러나 그것은 단순히 비-지성인들을 위한 기도가 아니고, 또한 생각에 싫증난 사람들을 위한 기도도 아니다. 마틴 손튼(Martin Thornton)은 영국 영성*을 이해하기 위한 실마리로서 "감성적-사변적 종합"을 주장하며, 안셀름*에 관한 웹(C. C. J. Webb)의 말을 인용한다―"열심히 하나님께 헌신하는 섬김 속에서 형이상학적인 진리를 사심없이 추구할 수 있다는 것을 그만큼 감동적으로 보여 준 사람은 없었다."

Augustin Baker, *Holy Wisdom*, 1972; F. P. Harton, *Elements of the Spiritual Life*, 1931; Martin Thornton, *English Spirituality*, 1963.

편집자

거룩 | Holiness

모든 종교의 중심에는 거룩함이 놓여 있으며, 그 중심으로부터 거룩함을 방사한다. 거룩은 종교의 중심에 위치하기 때문에, 항상 신비의 요소와 미지의 요소, 그리고 초자연적인 요소를 소유한다. 루돌프 오토(Rudolf Otto)는 그의 저서 *The Idea of the Holy*에서 거룩함이 일으킬 수도 있는 두려움, 경이, 충격, 놀람, 경악 등을 묘사한다. 거룩은 *mysterium tremendum et fascinans*이다. 그것은 우리를 당황하게 한다. 우리는 그것이 지닌 초월적인 가치를 인정하며 그것을 존중한다. 그것은 우리로 하여금 훌륭한 예술 작품들을 만들게 하기도 하고, 깜짝 놀라게 하기도 한다.

가장 원시적인 형태의 거룩은 윤리적인 내용을 거의 내포하지 않는다. 거룩한 것과 접촉한 사람은 급사한다(삼하 6:1-8). 그러나 구약성서에서 인간과 거룩한 것 사이의 윤리적인 관계가 점차 중요해진다. 예를 들어, 이사야는 여호와를 보고, 이사야 자신과 자기 민

거룩 | Holiness

족이 범죄했다는 의식에 압도되었다(사 6장). 그러나 이사야는 구별된 거룩한 것, 또는 성전만 채운 거룩만 본 것이 아니라, 궁극적으로 하늘과 땅 전체를 채우는 거룩을 보았다. 거룩하신 분께서 그를 불러 거룩한 분의 종으로 삼으시고 능력을 주셨다.

사람—개인과 민족들, 장소, 시간, 사물 등이 거룩한 것과 관계를 갖게 된다. 그것들도 거룩한 것들과 마찬가지로 구분되고 성별된다. 이것이 종교의 본질이다.

이스라엘의 역사는 거룩한 백성, 성별된 백성의 역사이다. 그러나 그 역사는 거룩을 배반한 역사이기도 하다. 그러나 거룩하라는 하나님의 부르심 다음에는 그것을 배반한 데 대한 하나님의 심판이 따른다. 거룩은 "공의를 행하며 인자를 사랑하며 겸손히 행하는 것"을 요구한다(미 6:6-8).

성경에서 거룩은 예수 안에서 절정에 달한다. 그분은 거룩하시며, 매력적이시며, 사랑과 긍휼 안에서 모든 사람을 자기에게로 이끄신다. 그러나 그분은 경이와 놀람, 두려움과 떨림의 원인이시기도 하다. 거룩은 예수 안에서 자기를 내어 주시는 사랑으로 계시된다. 그분은 자신을 거룩하게 하신다. 우리는 섬기는 자로서 우리 가운데 오신 것, 제자들의 발을 씻어 주신 것, 그리고 십자가에서 돌아가심으로써 친구들을 위해 생명을 내어 주신 것 안에서 그분의 영광을 본다.

하나님의 이스라엘인 기독 교회는 하나님의 거룩한 백성이다. 성령은 예수께서 계시하시고 구현하셨던 거룩을 기독교인들 안에 재현하신다. "거룩한 백성을 위한 거룩한 것들"이라는 옛 표현은 기독교 공동체의 거룩의 갱신을 위한 도구인 성찬을 언급한다. 세례—거룩한 세례—하나님의 말씀—거룩한 성경, 기도 등은 모두 우리가 거룩함 안에서 성장하여 성도들의 교제에 들어가는 데 없어서는 안 될 것들이다.

거룩이라는 기독교의 개념과 금기(taboo) 체계 사이에는 공통점이 거의 없다. 구약성서에서 거룩은 종종 금제(禁制)된 화제, 절대로 바라보아서는 안 될 하나님이다. 그러나 예수님의 강림은 그것을 근본적으로 바꾸어 놓았다. 그분은 "사랑이라는 가장 좋은 새 이름"을 가진 분의 계시; 구유 안에 나타난 거룩의 계시, 목수의 아들, 죄인으로 십자가에 달려 죽으신 분이시다. 그분은 거룩한 시대에 태어나셨다가 죽으신 것이 아니라, 그분의 생활하시고 죽으신 방법에 의해 그 시대가 거

게르송, 장 | Gerson, Jean

룩해졌다. 그분이 거룩한 땅에서 사신 것이 아니라, 그분이 생활하신 방법에 의해 그 땅이 거룩해졌다. 그분은 일상적이고 평범한 것으로 자신의 거룩을 만드셨다. 그 이후로 시대와 장소와 신분에 상관없이, 하나님에 대한 응답으로 거룩한 것들을 조성할 때 사용해야 할 자료가 우리에게 주어진다.

그러므로 기독교인들에게 있어서 거룩한 것이란 교회, 예배당, 성소 등 소수의 사람들만 들어갈 수 있고 나머지 사람들은 들어갈 수 없는 장소가 아니다(조지 허버트*는 "7일 중 하루가 아니라 칠 일 동안 내내 당신을 찬양하오리이다"라고 말한다). 거룩한 것이란 거룩한 남자나 여자만을 의미하는 것이 아니다. 성별된 시간과 장소와 인물 등은 주로 세상에서 실천되는 우리의 거룩함의 자원으로서의 기능을 지닌다. 그러나 그것들을 "거룩의 소재지" 등으로 여기는 일은 드물다.

대부분의 사람들은 독신 생활보다는 결혼 생활을 통해서, 가정이나 이사회나 노동조합 등에서 내려야 하는 결정들을 통해서, 인종들 간의 관계와 가난하고 굶주리고 직장이 없는 사람들과의 관계, 그리고 이웃과의 관계에서 거룩을 실천해야 한다.

우리는 날마다 거룩을 적용해야 한다. 그러나 만일 거룩이 "두렵고 떨림으로 너희 구원을 이루라"고 요구한다면, "자기의 기쁘신 뜻을 위하여 너희로 소원을 두고 행하게 하시는 하나님"을 기억하고 의지할 것을 요구할 것이다(빌 2:12). 그것을 보여 주는 탁월한 증거는 그리스도의 거룩, 그리고 우리가 성인들이라고 부르는 사람들의 거룩이다.

J. G. Davies, *Everyday God*, 1973; Donald Nicholl, *Holiness*, 1981; Rudolf Otto, *The Idea of the Holy*, 1923.

ERIC JAMES

게르송, 장 | Gerson, Jean

게르송은 1363년 12월 14일에 르텔 근처의 게르송-레-바비(Gerson-lez-Barby)에서 태어났으며, 14세기 말부터 15세기 초까지 프랑스 교회 생활에서 가장 탁월한 인물이다. 그는 1377년부터 1392년까지 파리에서 공부했고, 1395년에는 피에르 다일리(Pierre d'Ailly)의 후임으로 파리 대학 학장이 되었다. 그는 1429년 7월 12일에 리용에서 사망할 때까지 이 직위를 유지했지만, 아르마냐크 당(Armagnacs)과 부르군드 족(Burgundians) 사이의 분쟁에 연루되어 콘스탄스 공의회 이후로는 파리로 돌아가지 못했다.

게르송, 장 | Gerson, Jean

게르송은 1408년에 아비뇽과 로마에서 각기 교황이라고 주장하는 두 명의 경쟁자들에게 파견되어 대분열을 자발적으로 해결할 것을 촉구한 사절들 중 한 사람이었다. 그는 피사 공의회에는 참석하지 못했지만 그 합법성을 옹호했다. 콘스탄스 공의회에서, 그는 프랑스 대표단을 이끌었고, 공의회가 교황보다 우위에 있음을 주장하는 사람들의 편에 섰다.

게르송은 『그리스도를 본받아』의 저자로 간주되기도 했다. 그는 보나벤투어*, 성 빅톨 수도원의 휴와 리처드, 어거스틴*, 클레르보의 버나드*, 아레오파고의 디오니시우스* 등의 감화를 받아 영성 생활에 관해 60편 이상의 글을 저술했다. 게르송의 견해에 의하면, 신비 신학이란 사랑의 결합을 통해 발생하는 경험적인 신지식(神知識)이었다. 사변신학은 참된 것을 대상으로 하는 지적 능력 안에 거하며, 신비 신학은 선을 대상으로 하는 감정적 능력 안에 거한다. 신비 신학은 연역적인 추론에서 이론적인 결론을 이끌어내는 과정이 선행하지 않는다는 의미에서 합리주의적인 것이 아니지만, 이성적인 정신 구조들을 와해시키지 않으며 정신이 이론적인 이해를 초월하는 지혜를 획득하도록 정신의 최고의 능력들을 고양시킨다는 의미에서는 비이성적인 것이 아니다. 신비 신학은 사랑의 엑스타시를 통해 하나님과 연합하는 데 관심을 갖는다. 엑스타시 상태의 영혼은 하나님의 존재 안에서 자신의 존재를 상실하지 않는다. 한 방울의 물이 한 통의 독한 포도주 속에 흡수되는 것처럼 되는 것이 아니라, 의지의 일치를 통해서 하나님과 한 영이 되는 순간에도 자체의 정체성을 그대로 유지한다. 이 점에 있어서, 게르송은 얀 반 루이스브렉(Jan van Ruysbroeck)의 견해에 반대하며, 그의 저서 *De ornatu spiritualisum nuptiarum*을 비평했다.

영성 생활에 대한 게르송의 태도, 그리고 실질적이고 목회적인 관심사와 동떨어진 신학적 질문들을 싫어한 것 등은 대학 개혁을 향한 그의 이상에 영향을 주었다. 그는 *Contra curiositatem studentium*(1402)이라는 논문에서, 신학자들로 하여금 이성의 능력으로는 판단할 수 없는 문제들에 대해 생각하게 만드는 헛된 호기심에 대해 경고했다. 더욱이, 그는 프랜시스 수도사들이 보나벤투어의 건전한 가르침을 버리고 파리의 스코투스 파의 유익하지 못한 견해를 택하려는 태도에 대해 당혹감을 표현했다. 신학자, 교육자,

겸손 | Humility

신비가이자 종교회의 이론가로서 그의 탁월함 때문에, 그는 중세 시대 말 유럽에서 영성 생활에 관해 가장 유명한 사람이 되었고, 그의 글은 자주 인용되었다.

Jean Gerson, *Oeuvres complètes*, ed P. Glorieux, 1960-1973; A. Combes, *La theologie mystique de Gerson*, 1963-1964; J. L. Connolly, *John Gerson: Reformer and Mystic*, 1928.

DAVID C. STEINMETZ

겸손 | Humility

기독교의 덕인 겸손은 하나님의 본성에 대한 이해에 기초를 두고 있다. 사람들의 거부와 죽음에 직면하신 그리스도의 겸손은 자신을 낮추는 사람이 장차 높아질 것이라는 가르침을 반영했고(마 23:11f.), 인간적인 형태로 표현된 하나님의 속성에 대한 기독교적 묵상의 기초이다. 바울은 그리스도의 부요와 가난이라는 비유에서 이것을 암시했으며(고후 8:9), 하나님의 본체이신 예수께서 겸손히 자기를 비우셨고, 그 결과 존귀하게 되셨다는 사실을 깨달았다(빌 2:1-11). 하나님께서 인간의 형체를 취하신 성육신의 역설은, 내면에 하나님이 거하시는 인간은 하나님께 대한 전적 의존을 표현한다는 것이다(막 14:36 참조). 따라서 인간의 형체를 취하신 하나님의 겸손은 하나님 자신의 겸손을 표현한다고 추론할 수 있다. 사람들에게 믿음 안에서의 자유—자기가 원하는 데 따라 반응하거나 반응하지 않을 자유—를 허락하는 데 있어서, 하나님께서는 그들을 인간으로서 진지하게 대하시며 겸손의 특징인 사랑과 존경으로 대하신다고 말할 수 있다.

기독교 영성에서, "하나님의 형상"으로 존재하라는 소명을 성취하려는 노력에는 하나님을 의지하는 생활을 하신 그리스도의 겸손에 동참하려는 노력이 포함된다. 기독교적 겸손의 주된 특징은 창조자요 구속자이시며 모든 생명의 처음이자 마지막이신 하나님께 대한 전적·절대적·철저한 의존을 인정하는 것이다. 인간이 자유로이 하나님에 대한 믿음을 인정하고 표현한다는 점에서, 이것은 미숙한 의존이 아니라 성숙한 의존이다. 이것은 자기 중심적이거나 다른 사람 중심이 아니라 하나님 중심적으로 되는 것으로 묘사된다(시 131; 146:1-3). 그것이 기도의 중심이다. 교회에서는 그것을 동정녀 마리아의 주요한 덕으로 간주하며, 마리아의 노래는 겸손에 대한 성경적 가르침의 핵심을 표현한다(눅

1:46-55). 많은 신자들을 마리아를 하나님 앞에서 인간의 겸손—"주의 계집 종이오니 말씀대로 내게 이루어지이다"(눅 1:38)—과 그리스도를 받아들이려는 교회의 본질적인 겸손의 상징으로 여긴다.

성숙한 의존의 태도인 하나님을 향한 겸손은 인간의 장점과 약점에 최소한 두 가지 결과를 초래한다. 첫째, 모든 인간적인 장점과 업적의 근원이 하나님의 은혜 안에 있는 것으로 간주된다. 바울은 자신의 수고와 관련하여 "내가 아니오 오직 나와 함께 하신 하나님의 은혜로다"(고전 15:10)라고 말함으로써 이것을 간명하게 표현한다. 둘째, 인간적인 약점에 직면했을 때에, 정신의 영속적인 평안은 하나님께서 주시는 능력 및 어리석음과 실족함에 대한 용서에서 생긴다는 것을 인정하는 것이다.

겸손은 본질적으로 하나님을 향한 태도이지만, 사람들을 향한 태도도 포함된다. 예를 들면, 허례 허식과(마 6:5; 눅 14:7-11), 높은 지위에 대한 관심(눅 22:24-27)을 피하는 것, 그리고 특히 사람들을 섬기려는 태도(요 13:3-17) 등을 포함한다. 그러나 그것은 개인적인 열등감을 수반하지 않는다.

겸손은 자신을 향한 태도가 아니라 하나님의 향한 태도, 하나님의 사랑을 받는 사람으로서 하나님 앞에서의 자신의 독특한 지위에 대한 의식을 동반하는 성숙한 의존 의식이다. 하나님의 형상 안에 존재하므로 존경받아야 하는 사람들을 향한 태도가 여기에서부터 생긴다.

D. M. Baillie, *God Was In Christ,* ²1956; J. A. T. Robinson, *The Human Face of God,* 1973; Lord Longford, *Humility,* 1969; John Macquarrie, *The Humility of God,* 1978; St. Benedict, *Rule for Monasteries,* ch. 7; Jean-Pierre de Caussade, *Self-Abandonment to Divine Providence*; Thomas à Kempis, *The Imitation of Christ;* William Law, *A Serious Call.*

REX CHAPMAN

경건주의 | Pietism

필립 야콥 스페너(P. J. Spener, 1635-1705)와 프란케(A. H. Francke, 1663-1727)라는 두 명의 대표적 인물에 의해 표현된 고전적인 독일 경건주의는 칭의를 법정적인 행위로 해석한 루터교의 해석에 대한 반작용으로 이해되어야 한다. 죄는 정죄되고 죄인은 무죄로 방면되지만 죄는 남았다. 따라서 신자는 의롭다함을 받았지만 여전히 죄인이었다. 경건주의는 죄로 인한 죄책

경건주의 | Pietism

으로부터의 해방 뿐만 아니라, 죄의 세력으로부터의 해방도 가능하다고 주장한다. 이것이 경건주의 영성의 중심이 되어야 한다. 왜냐하면 구원은 인간 안에 있는 하나님의 형상의 회복, 즉 죄의 정복으로 이해되어야 하기 때문이다. 하나님의 형상에 참여하는 것은 인간으로 하여금 선을 행할 수 있게 해 주는 능력에 참여하는 것이다.

인간은 거듭나면서 죄를 정복하는 능력을 얻는다. 따라서 우리는 경건주의 신학과 영성의 중심에서 거듭남의 개념을 발견한다. 하나님은 회심한 사람만 은혜와 구원을 맛보도록 섭리하셨다. 그러므로 사람이 죄를 정복하고 구원을 얻을 수 있게 해 주는 믿음을 소유하려면, 먼저 회개해야 한다. 죄 속에서 잠자던 사람이 하나님의 부르심을 받고 깨어나면, 변화되기로 결심하지만 죄가 너무 강력하여 제거할 수 없다는 것을 발견한다. 동시에 그는 죄 사함을 갈망한다. 이런 상태에서, 그는 "내가 너를 치료해줄 것이다"라는 복음을 들을 수 있다. 그는 복음의 능력을 경험한다. 그것이 은혜의 순간, 즉 거듭남의 순간이다. 그는 이미 본성의 상태로부터 구원받아 은혜의 상태에 도착했다. 따라서 하나님의 사랑을 남용하고 이신칭의의 교리를 왜곡하는 것이 방지된다. 거듭남의 개념은 전적인 변화를 표현한다. 그 결과는 신의 성품에 참여하는 것이다(벧후 1:3f. 이 구절은 경건주의자들이 즐겨 사용하는 구절이다). 신의 성품에 참여한다는 개념은 신비적인 것으로 이해하기 보다는 윤리적인 것으로 이해되어야 한다. 거듭남의 경험, 즉 신의 성품에 참여하는 경험은 세상을 구원하시려는(그리고 지금 나를 구원하시려는) 하나님의 자비하신 행위를 경험하는 것이다. 그러므로 신의 성품에 참여한다는 하나님의 활동, 구원의 행위에 참여하는 것을 의미한다.

거듭남이란 인간이 새로운 성품을 얻는 것, 그리고 죄의 세력이 파괴되는 것을 의미하지만, 죄가 없는 상태로 옮겨간 것을 의미하는 것은 아니다. 이제 죄인은 복음과 믿음의 능력을 획득했고, 성장할 수 있으며 반드시 성장해야 한다. 그는 거듭났으며, 이제 성장해야 한다. 성장이란 주로 실질적이고 구체적인 죄와 싸워 물리치는 관계 안에서 이해되어야 한다. 궁극적인 구원은 이 싸움에 의존한다. 궁극적인 구원은 악한 행위로 인해 상실될 수 있지만, 선한 행위가 궁극적인 구원을 얻을 수 있는 자격을 주는 것은 아니다.

경건주의(그리고 이것과 흡사한 운

동인 영국의 감리교 운동)처럼 죄를 대적한 싸움과 성화가 중요한 역할을 하는 기독교 신앙은 다소 교육적인 방향을 지향한다. 심지어 그러한 신앙의 결과들 중 하나인 경건주의는 기독교에 교훈주의의 증가를 초래했다. 경건주의자들은 인간은 (거듭남을 통해서 새로운 본성을 획득했기 때문에) 영적으로 성장할 수 있고 성장(죄를 물리침과 성화)을 목표로 삼을 뿐만 아니라, 그에 필요한 수단들도 소유하고 있다고 확신했다:

죄와의 싸움에서 필요한 기본적인 수단은 기도이다. 그러나 우리가 하나님과 이웃을 사랑할 때에만 기도가 의미있는 것이 된다. 성령의 역사인 사랑은 본질적으로 하나의 끊임없는 기도이다.

죄와의 싸움에서 기도 외에 효과적인 수단은 인간의 의지의 훈련이다. 인간이 하나님께서 원하시는 일을 행하려면 제멋대로 행하려는 자기 고집이 파괴되어야 한다. 물론 이것은 인간의 의지 자체를 파괴하는 것이 아니다. 왜냐하면 죄와의 싸움에서 인간의 의지가 결정적인 역할을 하기 때문이다. 우리에게는 자신의 고집을 파괴할 강력한 의지가 필요하다. 구체적인 순종이 죄를 대적하는 가장 훌륭한 수단으로 간주된다.

죄와의 싸움에서 중요한 것은 자신을 시험하는 것이다. 구원이란 죄를 정복하는 것이고 영성 생활에서 성화가 매우 중요한 역할을 한다면, 은혜의 상태는 가시적인 것이 된다. 그 상태를 보여 주는 표식들이 있다. 예를 들면, 특정의 행위가 당신을 죄에 연루시킬 것인지 아닌지를 확신할 수 없을 때, 당신은 자신의 본성적인 성향을 거스르는 것을 선택해야 한다. 보다 특별한 표식은 믿음, 사랑, 겸손, 인내, 자기 고집의 포기, 기쁨, 기도, 자신이 처해 있는 상황에 만족함 등이다. 믿음과 은혜는 실제로 눈으로 볼 수 있는 능력을 방출한다. 그것을 시험하는 것은 호혜적인 것으로서 중요한 교회론적인 결과들을 지닌다. 경건주의 운동의 급진적인 진영에서는 매우 신중하게 이것들을 다룬다: 참된 교회는 가시적인 교회가 되었다.

경건주의 운동의 주류 안에서 그러한 시험을 통과한 신자들의 작은 비밀 모임(conventicle)이 등장했다. 그들이 중시한 단어는 "신중"이었다. 명백한 죄가 없이 은혜의 상태 안에 머물려면, 세상과의 관계에 신중을 기해야 한다. 본성과 은혜는 서로 협력하는 것이 아니라 첨예하게 대립되는 것으로

경험 | Experience

간주되었고, 이것은 원칙적으로 문화에 대한 부정적인 태도를 가져왔다. 원래 비밀 모임은 세상에 대한 완전한 대안, 보편적인 개혁, 세상에 있는 모든 부패함과 불행의 정복을 제공하기 위한 기술적인 방안이었다. 이것은 인간이 실현할 수 없는 것이었으며, 오직 하나님의 은혜를 통해서만 성취될 수 있었다. 그것을 가로막는 장애물인 인간의 자죄(actual sin)는 새 사람, 거듭난 사람 안에서 구체화된 은혜의 능력을 통해서, 그리고 민족적·교파적 경계를 초월하며 경건주의 운동을 개신교 내의 최초의 에큐메니칼 운동으로 만들어준 경험 안의 교제 안에서 극복될 수 있었다.

M. Schmidt and W. Jannasch (eds), *Das Zeitalter des Piestismus*, 1965 (texts); M. Schmidt, *Piestismus*, 1972.

TROND ENGER

경험 | Experience

만일 세상이 영혼을 만들어 가는 골짜기라면, 어떤 의미에서 보면 실제로 하나님에 대한 경험이 아니라도, 모든 경험이 종교적으로 중요한 경험이 된다. 그러나 그 중요성은 신앙인만이 분명히 알 수 있다. 종종 믿음은 분명히 종교적인 경험—*mysterium tremendum et fascinans*의 경험, 하나님과의 개인적인 만남의 경험, 또는 중생의 경험—에 의해 자극을 받는다. 반면에, 신자들 모두가 분명한 회심의 순간을 지적할 수 있는 것은 아니다. 그들은 자기가 하나님을 기억하는 한 하나님을 알고 있는 것이며, 회심하는 만큼 하나님과의 교제를 누리고 있다고 주장할 수 있다. 그러나 한 번 태어난 사람과 두 번 태어난 사람 사이의 교제 뿐만 아니라, 각 그룹 내에서의 교제에 이르기까지 그러한 교제의 본질에 대해 대한 기사들은 매우 다양하다.

이 문제 및 이와 관련된 많은 문제에 대해 신학자들, 정신의학자들, 종교 철학자들 등이 논의해왔다. 그러나 그것들과 영성의 관계에 대한 체계적인 탐구는 거의 이루어지지 않고 있다. 개신교와 가톨릭 교회에서의 믿음과 경험의 차이점에 주목하라. 믿음은 지식이 아니며, 증명할 수 없는 곳으로 기꺼이 나아가려는 태도를 포함한다. 그런 의미에서 믿음은 경험을 초월한다. 그러나 믿음은 때로는 복음의 메시지에 의해 형성된 신뢰로 이해되고, 어떤 때는 성경이나 교회에서 보증하는 명제들을 인정하는 것으로 이해된다. 성경의 권위와 교회의 권위가 공격을 받게 된 후로, 두 가지 견해 모두 공격을 받아

경험 | Experience

왔다. 그러나 기독교 역사에는 하나님의 권위는 하나님 자신이며, 모든 신자는 개인적인 지식을 토대로 하여 하나님에 대해 말할 수 있다고 주장하는 사람들이 있었다. 이 견해를 따르면, 믿음과 경험을 단순히 대조하는 것은 정당화되지 못한다.

연대순으로나 다른 방법으로 분리되었을 집단들—예를 들면 몬타누스파, 가톨릭 신비가들, 퀘이커 파, 경건주의자들—이 이 신념에 의해 연합된다. 그들 모두는 기독교적 생활에서 성경적 계시의 위치를 핵심적인 문제로 다룬다. "계시"와 "경험"은 동일한 실체에 대해 이야기하는 상이한 방법으로서, 전자는 신적인 것을 강조하고 경험은 인간적인 것을 강조하는가? 만일 그렇다면, 현대 기독교인들의 경험은 성경에 기록된 경험과 어떻게 연결되는가? 만일 그렇지 않다면, 성경에서, 그리고 오늘날 성경과 믿음의 관계는 어떤 것인가? 어떤 경우든, 현대의 경험이 성경을 확인하는 것 이상의 일을 할 수 있는가? 이러한 질문들은 기독교의 믿음과 실천에 있어 중요한 문제를 가리킨다.

문제는 "세속화"에 대한 논의에 의해 복잡해져왔다. 1960년대에는 현대인은 하나님에 대한 경험을 소유할 수 없지만, 믿음에 의해서, 하나님이 죽지는 않았지만 감추어져 있는 세상에서 예수의 길에 헌신함으로써 살 수 있다고 거듭 주장되었다. 그러한 주장들은 결정적인 것처럼 보였다. 그러한 주장들은 동양과 서양에서의 신비주의에 대한 관심의 급증, 오순절 운동*과 은사 운동*의 성장 등의 도전을 받아왔다. 전자는 종교를 영성으로 이해하기 위한 종교 언어 연구, 즉 "하나님"이라고 불리는 존재의 실존을 가정할 필요가 없는 영적 발달을 위한 기법의 발달과 시기적으로 일치한다. 후자는 기독교의 제자도를 두 단계로 분석하는 방법을 대중화시켰다: 믿음에는 방언에 의해 증명되는 성령 세례가 따른다. 그러나 가장 중요한 결과는 믿음의 생활을 포함하여 삶 전체에 미치는 사회적 환경의 영향을 점차 인식하게 된 것인 듯하다.

기독교의 계시에서 예수 그리스도가 차지하는 위치와 관련된 난제들이 있다. 하나의 역사적인 인물이 어떤 의미에서 현대적 경험의 대상이 될 수 있는가? 복음서를 탁월한 인물의 전기로 간주할 때에는 문제가 심각하지 않았다. 즉 역사적인 예수를 배경으로 하여 "경험된" 그리스도를 점검할 수 있었다. 실제로 레이븐(C. E. Raven,

경험 | Experience

1885-1964)은 그렇게 하려고 노력했던 것 같다. 그러나 이제 예수에 대해 얼마나 많이 알 수 있는가에 대해 끊임없이 논의되고 있으므로, 예를 들어 그분의 현존하는 교제에 동참한다는 것과 같은 주장은 문제가 된다. 그러나 우리는 에블린 언더힐(Evelyn Underhill)*과 같은 사람들의 증언들을 무시할 수 없다: "나는 휘겔 백작에게 갔다…그분은 내가 유니테리언 교도와 다를 바가 없다고 말씀하셨다. 그분은 기도에 의해서인지 다른 방법에 의해서 나로 하여금 그리스도를 경험하게 만드셨다."

성령과 그리스도를 경험한 후에, 아버지 하나님에 대한 경험은 어떻게 되는가? 부버(Buber)의 "나-당신"(I-Thou)이라는 용어를 많이 사용하는 "만남"의 신학은 광범위하게 영향을 미쳐왔다. 두 가지 주된 근거—하나님의 실존을 독립하여 점검할 수 없으므로 그와 같은 경험은 그릇된 것일 수 있다는 것, 그리고 하나님은 우리를 마주 보는 또 하나의 인격이 아니라 초월적인 실재라는 것—에서, 그것은 언어 철학과 신학의 비난을 받았다. 이러한 비평들은 결정적인 것은 아니지만, 경험은 우리가 작성하는 단순한 자료가 아니라 개념적인 구조에 입각하여 주어진 사실을 해석한 결과라는 사실을 강조한다. 따라서 경험의 타당성은 사용된 개념이 적절한 것이냐에 달려 있으며, 경험으로부터 배운다는 의미는 주의깊게 분석되어야 한다.

오늘날 영성 생활을 이해하는 데 사용되는 두 가지 개념적인 구조—신비가들이 사용하는 완전의 사다리(Ladder of Perfection)와 복음주의자들이 사용하는 구원의 계획(Plan of Salvation)—를 연구하고 평가하되 신중하게 적용해야 한다. 영적 지도의 목표는 피지도자로 하여금 미리 결정된 규칙서로부터 교훈을 이끌어 내게 하는 것이 아니라, 앞으로 나아가야 할 길을 발견하도록 도와주는 것이다. 또한 영적 성숙의 과정에서, 습관적인 예배 경험은 신비적 각성의 순간과 마찬가지로 소중히 평가된다. 왜냐하면 그러한 상황에서는 우리의 능력 안에 있는 것을 강조해야 하기 때문이다. 동시에, 하나님이 세상에 현존하시면서 삶의 일상적인 활동들을 풍부하게 하신다는 것을 확인하려는 욕구도 존재한다.

John Baillie, *Our Knowledge of God*, 1939; F. W. Dillistone, *Religious Experience and Christian Faith*, 1981; Peter Donovan, *Interpreting Religious Experience*, 1979; Allister Hardy, *The Spiritual Nature of Man*,

1979; W. R. Inge, *Christian Mysticism*, 1899; William James, *The Varieties of Religious Experience*, 1902; A. J. Krailsheimer, *Conversion*, 1980; Olive Wyon, *Desire for God: A Study of Three Spiritual Classics*, 1966.

GRAHAM SLATER

계약 | Covenant

1. 약속의 교환에 의해서 이루어진 상호 헌신의 관계. 구약성서에서 계약(*berith*)을 나타내는 비유적인 표현은 중동 지방에서 조약을 맺는 관습과 의식에서 파생되었다. 조약의 형식은 ① 발기인의 신분에 대한 진술; ② 조약을 맺게 만든 사건들의 열거; ③ 쌍방의 의무 진술; ④ 신의 재가를 기원함 등으로 이루어진다. 조약 당사자들의 관계에 따라서 사용되는 용어가 달랐다. 쌍방이 대등한 관계일 때에는 동등한 조약(parity-treaty), 강대국이 약소국가에게 강요한 조약일 때에는 봉신 조약(vassal-treaty), 약소 국가가 안전을 위해 강대국과 맺는 조약일 때에는 복종 조약(submission-treaty)이라고 한다. 계약이라는 비유적인 표현은 우정(삼상 18:3), 결혼(잠 2:17)에서도 사용되었다.

2. 하나님의 택한 백성과 창조 세계 전체에 대한 하나님의 은혜로우신 헌신. 하나님께서 자기 백성에게 헌신하신다는 개념은 구약의 종교와 신학의 핵심이다. 하나님은 자신을 출애굽의 하나님으로 밝히신다(출 20:2); 그러므로 이스라엘은 예배와 사회 윤리 안에서 하나님께 거룩한 생활을 해야 한다(출 20:3ff.). 계약을 맺는 것은 ① 하나님의 신분과 의지의 선포; ② 복종하겠다는 백성들의 동의; ③ 계약의 희생제사를 드림 등으로 구성된다(출 20-24). 계약의 인간적인 측면은 실패로 인해 손상되었지만(왕상 19:10; 렘 11:3; 겔 15:69 등), 반복된 충성에 의해서 갱신될 수 있다(왕하 11, 23). 계약의 신적인 면은 종교 제도와 사회 제도에 의해 증명된다(안식일, 희생제사, 성전, 제사장 제도). 각각의 영혼이 개인적으로 하나님을 아는 새로운 계약이 이루어질 전망이 있다(렘 31). 이러한 사상들의 복합체는 창조주와 창조 세계 전체의 생명 사이의 계약에 관한 사상으로 확대된다(창세기 9장의 노아 언약).

신약 성서에서, 예수는 죽으심(고전 11:25; 막 14:24; 마 26:28), 부활하시고 승천하심(히 12:24), 그리고 성령을 선물로 주심(행 2:33)에 의해서 약속된 새 언약(New Covenant)을 중재하신다. 이제 모든 민족들은 그리스도를 통

계약 | Covenant

해서 하나님(하나님과의 계약 관계)께 나아갈 수 있다(롬 5:2; 엡 2:18). 이 개념이 발달되어, 온 우주를 위한 하나님의 점진적인 은혜의 계획 안에 있는 연속적인 단계들을 묘사한다(롬 9:4; 갈 4:24). 둔스 스코투스(Duns Scotus)는 성례전을 거행할 때마다 성례전을 존귀하게 하시는 하나님의 신실하심을 나타내는 데 사용했다.

3. (개신교 내에서) 교인들의 상호 헌신. 영국의 국교회로부터의 분리주의자인 로버트 브라운(Robert Browne)은 『모든 참 기독교인의 생활과 태도를 보여 주는 책』(*Booke which shewth the Life and Manners of all true Christian*, 1582)에서 개 교회는 두 가지 측면을 가진 계약에 의해서 모여야 한다고 묘사한다: 우리가 불순종에 의해서 하나님의 통치를 포기하지 않으면 하나님이 우리의 하나님이요 구주가 되신다는 약속이 있다. 또 우리가 하나님의 백성이 되면, 하나님은 우리 후손의 하나님이 되시겠다는 약속이 있다. 또 내적인 소명과 경건을 증진하기 위해서 자녀들에게 성령을 선물로 주신다. 인간적인 측면이란 "우리가 하나님의 교회와 백성이 되기 위해서 우리 자신을 포기하고 헌신해야 하며, 우리 자녀들과 후손들도 포기하고 바쳐야 한다"는 것이다. "우리는 자신을 하나님의 법과 통치에 복종시킴으로써 하나님의 백성이 된다고 고백해야 한다." 그는 『참되고 간단한 선언』(*True and Short Declaration*, 1583[?])이라는 글에서, 개 교회 계약의 성립에 대해 묘사한다: "이전의 악습들을 교정하기 위해서, 더욱 순종하면서 주님을 붙들기 위해서 정해진 날에 정해진 절차를 취했다. 그리하여 계약이 이루어졌고, 서로 계약을 지키기로 상호 동의했다. 성경에 의해서 몇 가지 요점을 그들에게 증명해 주는데, 그것들을 권면과 더불어 그들에게 열거해 주면, 그들은 '동의합니다' 라는 말로 자신이 동의한다는 것을 표현한다." 이와 같이 하나님과의 집단적인 계약은 인간 편에서 계약을 맺는 사람들 사이의 새로운 관계를 암시하는데, 현대 에큐메니즘에서는 하나의 전통에 속한 교회들, 또는 상이한 전통들에 속한 교회들 사이의 직접적인 유기적 연합이 없이 서로를 인정하고 보다 밀접하게 교제하겠다는 약속으로서 이러한 계약을 채택해왔다.

4. 영혼이 개별적으로 하나님께 헌신함. 유대교와 기독교의 입문식에서 계약의 형식이 발견된다. 유대교에서 개종자들에게 세례를 주는 과정은 교훈-결

정-입문 허가이다. 수도 운동이나 개혁운동에서는 전형적으로 세례 때의 서원을 갱신하고 재확인한다(수도서원, 롤라드 파, 루터, 청교도, 로욜라, 웨슬리 형제). 성공회 영성에서는 견신례와 성찬식이 세례의 계약을 갱신하는 것으로 해석해왔다(Beveridge, Secker). 회심의 경험을 확실히 하기 위한 개인적인 계약들은 대체로 청교도의 전기와 조언에서 등장한다. R. Alleine과 J. Alleine, P. Doddridge 등은 모범 계약 기도문을 제공했다. 웨슬리는 R. Alleine과 J. Alleine의 기도문을 채택했고("…이제 당신은 나의 계약 상의 친구가 되셨습니다. 그리고 나는 당신의 무한한 은혜로 인해 당신의 계약 상의 종이 됩니다." cf. Ignatius of Loyola's *Suscipe, domine*), 거룩한 성찬 전에 행하는 집단 기도로 사용했다. 교구 사역의 절정인 세례의 약속의 갱신은 1955년에 가톨릭 교회의 부활절 철야 예배 의식에 도입되었다.

J. Alleine, *An Alarm in Uncoverted Sinners* and R. Alleine, *Vindiciae Pietatis*, both reprinted in Wesley's Christian Liarary, vols. 14, 30; K. Baltzer, *The Covenant Formulary*, ET 1970; P. Doddridge, *The Rise and Porgress of Religion in the Soul*, ²1854; F. Gavin, *The Jewish Antecedents of the Christian Sacraments*, 1928; G. E. Mendenhall, *Law and Covenant in the Ancient Near East and in Israel*, 1955; A. Peel and L. H. Carlson (eds), *Writings of Robert Harrison and Robert Browne*, 1953; T. Secker, *Lectures on the Catechism of the Church of England*, ²1840; D. H. Tripp, *The Renewal of the Covenant in the Methodist Tradition*, 1969.

DAVID TRIPP

공동 생활체 | Communes

기독 교회 안에는 풍부한 공동 생활의 전통이 있다. 사도행전 2:42-46과 4:32-35은 서로의 유익을 위해서, 그리고 가난한 사람들을 위해서 자신의 물건(또는 판매 수익)을 나누어 사용한 최초의 기독교인들이 묘사되어 있다.

교회사에서 일찍부터 수도회의 주된 구조는 공동 생활 집단이었다. 종교 개혁 이후 삶의 방식으로서 공동 생활 방식을 받아들였는데, 그리하여 그것이 개신교 전통 안에 도입되었다.

일찍이 유럽 중부에서 활동한 공동 생활 집단은 조셉 후터(Joshep Hutter)의 이름을 딴 재세례파 집단인 후터 파가 있다. 후터 파는 4세기 동안 분리주의자로서 정착한 여러 국가에서 박해를 받았다. 그들의 초기 지도자인 피터 리드먼(Peter Riedemann)은 1540년에 후터 파가 초대 교인들의 삶에 기초를 두었다고 간주해온 공산주

공동 생활체 | Communes

의적 관습을 제시했다. 후터 파는 지금도 북아메리카에서 활발히 활동하고 있다. 영국에서는, 17세기의 혼란으로 인해 리틀 기딩과 정치적 성향을 띤 디거즈(Diggers)와 같은 공동체들이 사라졌다. 리틀 기딩은 니콜라스 페라르*를 비롯한 여러 사람이 노동과 예배가 균형을 이루는 공동체를 발전시키기 위해 노력하는 데서 생긴 것이다. 디거즈(이들은 그 지역 주민들의 반감 때문에 좌절하고 말았다)는 공화국 치하의 영국에 본보기 역할을 할 협동 원리를 가진 공동체를 건설하기 위해서 셔리에 콥햄 공동체(Cobham Common)를 세우려 했다.

디거즈의 기독교적 삶의 기초는 공산주의인 반면, 역시 공동 생활을 한 셰이커 파(Shakers)는 천년왕국을 더 중요시했다. 셰이커 파는 18세기 중반에 앤 리(Mother Ann Lee)가 세웠다. 추종자들은 그녀를 묵시록에 나오는 여인(계 12장)으로 간주했다. 초기 그들은 열광적인 예배(이 때문에 shakers라는 명칭을 갖게 되었다) 때문에 박해를 받게 되었으며, 후일 이 예배는 춤으로 의식화되었다. 셰이커 파는 적대적인 세상을 대적하여 서로를 지원하기 위해서 공동체 내에 결속되어 있었다.

사회학 이론에서는 이러한 소수 집단에 속한 사람들의 견해를 확인하고 지원하기 위한 수단으로서 공동체 생활의 역할을 강조한다. 이러한 분석은 종종 세속 사회를 대적하는 현대 기독교 공동체에도 적용된다. 그러나 최근에 공동체들이 성장한 데는 기독교 전통, 로버트 오웬(Robert Owen)과 같은 사상가들의 유토피아적 사회주의가 크게 기여했을 뿐만 아니라, 세속적인 영향력들도 크게 작용했다. 제2차 세계 대전 이후에 몇 개의 공동체들이 등장했고(떼제*, 이탈리아의 포코라레[Focolare], 브뤼셀의 라 푸드레에레[La Poudreirre], 독일의 Laurentiuskonvent), 1930년대에 디트리히 본회퍼*는 판켈발데에 공동 생활 방침에 입각하여 독일 고백교회 신학교를 운영했지만, 공동체들이 꽤 많이 생겨난 것은 1967-1968년 "청년 혁명"(youth revolution) 때이다. 최근의 기독교 공동체들의 공통된 요인은 삶에 필요한 물건을 나누어 씀, 단순함, 경건 훈련 등이다. 1960년대 말과 그 이후의 세속적인 공동 생활 집단들의 특징이었던 반 계층적인 구조, 완전한 물질적 공동체의 억제 등은 새로운 기독교 집단에게로 전달되었다.

아마 그러한 특성을 가진 최초의 집

공동 생활체 | Communes

단은 기독교 학생 운동에서 성장하여 1969년에 런던 남부의 블랙히스와 에딘버러의 뉴헤이븐에 세워진 집단일 것이다. 그 집단들은 정치적 변화를 위한 일에 헌신했다. 거의 같은 시기에 아쉬람 공동체(Ashram Community)가 태어났다. 원래 감리교 신학자인 존 빈센트의 사상에 의해 고취된 아쉬람 공동체는 가난한 지역에 숙소를 세웠다. 그곳의 거주자들(때로는 자격을 갖춘 전문가들) 역시 놀이 집단, 상담 센터, 지방 정치, 주거 문제 등의 지역 활동에 관여하고 일했다. 프랑스와 이탈리아, 그리고 라틴 아메리카에서는, 인접 지역을 토대로 하여 활동하는 "기초 공동체"(base community)라고 불리는 수백 개의 단체들이 성장했는데, 그것들은 소속 회원들이 속해 있는 로마 가톨릭 교회의 성직자들과 긴장 관계에 있다. 이렇게 인접 지역에 관여하는 것이 1970년대에 사회 정의를 위해 일하는 기독교 공동체들의 일반적인 방식이었지만, 기독교 공동체들은 개인적인 복음 전도, 육체적·정신적 장애인들을 보살피는 것, 농사, 화해 등의 분야에서도 적극적으로 활동해 왔다.

1970년대에 영국에 세워진 두 개의 집단은 성장하면서 세 개의 공동체가 되었다. 도르셋에 있는 포스트 그린 공동체에 속한 집단들과 컴브래 섬에 있는 찬양의 공동체(Community of Celebration)는 은사 운동*의 선봉이었으며 텍사스 주 휴스턴에 있는 대속자의 교회(Church of Redeemer)의 생활 영향을 크게 받았다. 영국에 있는 또 하나의 큰 공동체는 노스햄프턴셔의 벅스브루크에 있는 침례교회에 기초를 두고 있다. 그곳에서는 500명 이상의 회원들이 위계 조직을 갖추고 엄격한 공동체 규율 하에 물건을 통용하는 공동 생활을 하고 있다.

1970년대 말에 특별한 지역 교회에 기초를 둔 공동체들이 눈에 띄게 증가했지만 오래 지속되지 못했고 회원들도 유동적이었다. 영국 선교사 협회인 USPG의 후원을 받은 Root Group들은 18세부터 30세 사이의 청년들에게 일 년 동안 교구에서 공동 생활을 할 기회를 제공한다. 지역 교회에 있는 공동체들이 성장하는 데 작용한 주요 요인은 교회의 집단 생활을 강조한 데 있다. 그리하여 몇 해 전에만 해도 주류에서 벗어난 활동이었던 공동 생활은 교회의 주류에 흡수되었다.

David Clark, *Basic Communities*, 1977; Andrew Lockley, *Chirstian Communes*, 1976.

관상 | Contemplation

ANDREW LOCKLEY

관상 | Contemplation

기독교에서 사용될 때에, 이 단어는 일반적으로 정신이 추론적으로 기능하지 않으며 한 가지에 초점을 두고 단순하게 주의를 집중하는 상태가 되는 기도를 지칭한다. 묵상(meditation)*을 할 때에, 정신은 어떤 기독교적 진리나 성경 구절, 또는 개인적인 경험에 관해 깊이 생각하며, 고찰되는 진리를 보다 완전히 이해하거나 개인적으로 응용하여 적용하려는 목표를 가지고 단어나 심상들을 다소 논리적인 순서로 사용하거나, 하나님의 뜻에 대한 의식이나 믿음의 재언명 등과 관련된 결정을 하기 위해서 기독교 신앙에 비추어 경험들을 다룬다.

논리적으로 전개되는 단어와 사상, 신선한 통찰이나 결정에 이르려는 목표를 가지고 행하는 깊은 생각은 정확히 말해서 정신이 원하는 것이 아니라, 정신을 방해하는 것들이다. 정신이 바라는 것은 단지 자신이 바라고 신뢰하고 감사하고 사랑하는 것을 되도록 간단한 말로 하나님께 표현할 기회이다. 이러한 간단한 단어들은 여러 번 반복되는 경향이 있다. 반복은 그 단어들의 의미와 실용성을 꾸준히 감소시키는 결과를 낳는다. 기도하는 사람에게 보다 심오한 갈망이 드러나는 순간이 임한다. 단편적으로 표현된 사랑이나 감사가 하나의 봉헌이 된다.

기도와 관련된 문헌에서는 묵상으로부터 관상으로의 이동을 몇 가지 제한적인 조건 하에서 기대해야 하는 발전으로 취급되어 왔다. 관상은 단계적으로 도달할 수 있는 상태이며, 폭넓게 실천해온 묵상이 신비하게도 고갈되기 시작한 사람들만이 성취할 수 있는 상태이다. 이 점진주의적인 개념 역시 관상을 이해하는 데 있어서 중요한 역할을 해 왔다.

고전적인 글에서 관상은 다양한 명칭을 지닌 단계들을 지니며, "영적 결혼"이라고 불리기도 하는 하나님과의 몰아적 연합에서 절정에 달한다. 존 카시안*, 『무지의 구름』*의 저자, 십자가의 요한*, 아빌라의 테레사*, 프랜시스 드 살* 등은 방대한 주석과 해석을 통해 신비 신학의 일부로서 관상을 계속 연구했다. 관상은 기술적이고 모호하기도 하다.

20세기에 관상이라는 주제와 관련하여 일반인들이 관상적인 기도 방식을 배우는 데 도움을 주려는 목표를 지닌 또 다른 종류의 문학이 발달했다. 이 두 가지 방식은 어떤 면에서는 서로

관상 | Contemplation

중복된다. 예를 들어 『무지의 구름』과 코사드*의 저서는 많은 사람들이 접근할 수 있는 글인 듯하다. 지난 20년 동안 묵상과 관상에 대한 각성과 관심이 부흥했으며, 그것을 우리 시대의 중요한 성령 운동으로 간주할 수 있다. 이 부흥은 기독교회에만 한정된 것이 아니며, 교회 안에서 시작된 것이 아니라, 동방의 관상적인 기도의 형태들에 대해 비교적 정보를 갖지 못한 채 가설적으로 탐구한 것이다. 이러한 관심은 마하라시 마헤시 요기(Maharishi Mahesh Yogi)의 초월 명상*과 관련된 열심으로 표현되고 계속되었다. 한편 특별히 기독교적인 형태들은 그리스도 중심의 관상 기도를 배우기 위해 모이는 초교파적 단체들의 비체계적 네트워크인 (신비가인 노리지의 줄리안의 이름을 딴) 줄리안 집회에 의해서 예증된다.

관상에 대한 전통적인 수덕 신학(Ascetic theology)의 특징적인 이해보다 더 융통성이 있고 덜 교리적인 이해가 우리 시대에 적합할 것이다. 어떤 사람은 기독교적 삶을 시작하면서부터 본성적으로 관상을 향하는 경향을 나타낼 수 있다. 지역 교회 차원에서의 기도에 대한 가르침으로도 충분히 관상을 행할 수 있으며, 오랫동안 기도를 지배해온 상상력이 없이 해석된 청원과 중보에의 집착에서 해방될 수 있다. 현재 중보 기도는 관상의 형태로 간주되고 있다.

기독교적 관상에는, 그리스도, 그의 진리, 그리고 성령의 인도하심 아래 그리스도의 이름으로 생각되고 발언되고 행해진 모든 것을 깊이 생각하는 것을 의미하는 기독교적 묵상이 필요하다. 묵상이 없으면, 관상은 특별히 기독교적인 활동이 되지 못하며, 신앙의 체계와 관련이 없는 듯이 보이는 초월 명상과 더 가까우며, 영적 실재에 대한 의식의 증가로 이어지지 못하고, 실천하는 사람의 지적·감정적인 삶과 관계를 갖지 못한다.

신앙 생활에서 양육의 근원인 관상과 묵상은 서로를 필요로 한다. 관상은 그 자체만으로는 변동이 많으며, 세상과 육신이 되신 말씀과의 접촉을 상실할 수 있고, 분석과 자기-조회를 필요로 한다. 묵상은 그 자체만으로는 답답하고 지루하며, 자기 도취에 빠지기 쉬우며, 말없이 사랑하는 자유가 필요하다. 모든 영성이 그렇듯이, 여기에도 신비의 요소가 존재한다. 그리스도를 사랑하는 사람들 모두가 기도의 소명을 받는 것이 아니며, 하나님을 원하는 사람들 모두가 기도의 소명을 받는 것은 아니다. 기도하는 사람의 영적·정서적 성숙과 기도의 관계는 쉽게 식별되거나 확립되지 않는다. 그렇기 때문에 십자가의 요한은 "저녁 때에 그들이 사랑으로 당신을 조사할 것이다"라고 말했다.

John Chapman, 'Contemplative Prayer', *Spiritual Letters*, 1944.

J. NEVILLE WARD

교회학과 영성
| Ecclesiology and Spirituality

영적 선구자들, 즉 우리가 막연하게 신비가라고 부르는 종교적인 천재들과 제도적인 교회의 관계는 유동적이다. 제도가 영을 소멸한다는 의식이 있다. 모든 종교적 통찰 안에는 저항의 요소들과 교회 조직의 독재에서 벗어나고픈 갈망이 들어 있으며, 기성 교회들과 성직 제도 때문에 다가가지 못하는 거룩함의 고지에 대한 공격이 있다. 칼 라너는 교회 안에는 불가피하게 불편함이 존재한다고 여겼다. 조지 폭스*는 모든 종교적인 건물을 "뾰족탑-건물"이라고 비난하고, 사도들의 시대 이후의 교회사 전체가 배교의 역사라고 정죄했다. 갈멜 수도사들*은 동료 종교인들로부터 많은 핍박을 받았으며, 개혁의 동역자들로부터 학대를 받고 종교재판의 위협도 받았다. 도미니크 수도사로서 교회사가요 신비주의의 해석자인 데이비드 놀즈(David Knowles)는 순종이란 "목적을 향하지 못하고 벗어나는 순간 터무니없는 것이 되는" 수단에 불과하다고 했다. "정신은 결국 진리(Truth)에 순종할 수 밖에 없다…성 베네딕트*는 수도원장이 바꿀 수 없는 수도생활의 틀이 필요하다고 가정했다. 참된 영적 순종은 그 두 가지 모두를 초월하며, 그것은 나보다 더 계몽된 사람에게만 주어질 수 있다."

화려하게 장식된 교회와 우아한 의식이 거행되는 분위기에서만 영적 선구자들이 활발하게 활약하는 것이 아니다. 경험의 종교와 느낌의 종교가 하등 종교에 속하듯이, 초자연적인 현상, 공중 부양, 기적, 엑스타시 등의 외적 보조물들은 영성의 하위 단계에 속한다.

그러나 결국 많은 사람들을 이끌게 될 영적 지도자나 고독한 모험가는 제도적인 기관에 의해 육성되며, 그러한 기관에서 배출된다. 또 종종 그의 사역의 결과가 제도화되기도 한다. "말년에 폭스는 자기가 지도하는 사회를 정상적이고 효율적으로 조직했다. 청교도들이 그의 퀘이커주의를 혐오했던 것처럼, 그는 이 조직을 더 개혁하는 것을 싫어했다."(G. F. Nuttall). 감리교는 많은 사람에게 자유를 가져다 주고, 예배 안에 교권 정지 명령을 감소시키고 악한 관습들로부터 구출해 주었지만, 결국은 엄격히 중앙집권적인 조직으로 화했다. 19세기에는 감리교의 "본래의 복음주의로 돌아가며 민주적인 권리를 주장하려는" 시도 때문에 불명예스럽고 지독한 분열이 있었다.

제도가 영성 생활을 제한할 수도 있지만, 그것이 없으면 영성 생활 자체가 존재하지 못할 수도 있다. 그리고 제도를 전복시킬 세력들이 제도를 필요로 한다. 자제되지 않은 열심은 불화를 일으키거나 파괴를 초래할 수도 있다. 카리브 지역의 감리교는 웨슬리의 찬송과 공동기도서를 통해서 부절제와 히스테리에서 빠져 나올 수 있었다. 은사 운동*은 개신교회보다 가톨릭 교회에 더 유익을 주었을 수도 있다. 그것은 견고한 교회 정치와 예배 형태를 파괴할 수는 없었지만, 경건에 활력을 불어넣었다. 1937년에 찰스 스미스(Charles Smyth)는 "영이 없는 형태는 무가치하다…그러나 형태가 없는 영 역시 비참할 것이다"라고 말했다. 엘리오트의 고전적인 역설—"영은 죽이지만 문자는 생명을 준다"— 안에는 생각할 점이 많다.

종교적인 천재도 집을 필요로 한다. 아빌라의 테레사는 마지막 성찬을 받을 때에 안심하고 기뻐하면서 "주님, 나는 교회의 딸입니다"라고 외쳤다.

V. A. Demant (ed), *Prospect for Christendom*, 1945; T. S. Eliot, *The Idea of a Christian Society*, 1939; Ronald Knox, *Enthusiasm*, 1950; G. E. Nuttall, *The Holy Spirit in Puritan Faith and Experience*, 1946.

편집자

국교 기피, 국교 기피자
| Recusancy, Recusants

엘리자베스 여왕이 통치 기간 동안의 영국의 가톨릭 공동체의 윤곽은 분명하지 않았다. 국교 기피(교구 예배에 참석하지 않음) 현상은 좀처럼 출현하지 않았고, 아마 "옛 종교"에 공감하는 사람들 중 소수의 사람들 사이에서만 지속되었을 것이다(1603년에는 약 4만 명). 통치 초기 20년 동안에는 사제들은 소수에 불과했고 제대로 된 조직도 없었다. 외딴 농촌 지역(랭커셔, 웨일즈)의 신앙은 주로 전통주의적이었다.

로마 가톨릭 경건은 사제들이 주관하는 미사와 통과 의례, 그리고 매년 지키는 축일과 금식일에 중심을 두었

국교기피, 국교기피자 | Recusancy, Recusants

다. 축일에 일을 하지 않고 고기를 삼가는 것이 공동체의 특징을 결정하는 데 기여했다. 전통적인 기도문을 반복하여 사용하는 것, 묵주기도*, 성물 사용(십자가 고상, 메달, 성유물, 성수 등), 축귀, 그리고 일부 지역에서의 종교적 순례 여행도 중요했다. 『그리스도를 본받아』(*Imitation of Christ*), 라틴어나 영어로 된 『소기도서』(*Primer*), 메리 여왕 시대의 몇 권의 저서 등 중세 시대의 저서들이 보급되었다.

이 시대의 대표적인 대중 신앙은 *Jesus Psalter*이다. 원래 토머스 모어와 에라스무스의 친구인 휫포드(Whitford)의 저서인 이 일련의 청원기도들은 예수의 이름으로 된 약 150개의 기원문으로서 "예수여, 모든 죄인들을 불쌍히 여기소서. 그들의 악을 덕으로 바꾸시며, 그들이 진실로 당신의 법을 준행하고 당신을 사랑하는 사람이 되게 하옵소서. 그들을 영원한 영광 안에 있는 축복으로 인도하옵소서"라는 후렴을 포함한다. 150개의 성모송들처럼, 청원기도들은 15권으로 나뉘고, 다시 영성 생활의 단계들—정화의 단계, 조명의 단계, 합일의 단계—을 나타내는 세 종류의 기도문으로 나뉜다. 끊임없이 개정되고 수정된 *Jesus Psalter*는 국교기피 시대 내내 대중적으로 사용되었다.

1570년경부터, 그 무리는 다소 조직적이 되었다. 영국의 상황에 맞추어 수정된 신앙 서적의 필요성은 1583년에 *Manual of Prayers*가 출판되면서 충족되었다. 베레패우스(Verepaeus)의 *Precationes Liturgicae in Dies Septem Digestae*에 기초를 둔 그 지침서는 평신도들을 위한 교훈과 기도문을 수집한 것으로서 중세 시대의 전거들 뿐만 아니라, 최근의 작가들(예를 들면 토머스 모어)의 글을 인용했다. 그 책은 1583년부터 1800년 사이에 80판이 인쇄되었고, 빈번하게 수정되었다. 그 책에는 교회력, 로마 가톨릭 교회의 신앙, 죄고백과 성찬을 위한 가르침, 연도, 찬송, 요일별로 배열된 기도문과 묵상문, 매일 기도 시간에 드리는 기도문 등이 수록되어 있다. 또 수난의 복음서, 참회의 시편, 그리고 *Jesus Psalter*도 포함되어 있다.

1599년에 영어로 된 최초의 트렌트 공의회의 소기도서(*Tridentine Primer*)가 출판되었다. 이 기도서는 전례적 영성의 창고를 가톨릭 신자들에게 제공했다. 이 책 역시 이 시기 동안 계속 사용되었다. 사제를 의지할 수 없을 때에, 지침서와 소기도서는 가톨

국교기피, 국교기피자ㅣRecusancy, Recusants

릭 교회의 중추를 마련했고, 중세 시대 경건과 반-종교개혁 경건 사이를 이어주는 고리를 형성했다.

16세기 후반에 가톨릭 교회 경건은 예수회의 『영신수련』*의 지배를 받았다. 윌리엄 앨런(William Allen)과 로버트 퍼슨즈(Robert Persons)는 이그나티우스의 경건이 영국에 전파되는 것을 촉진했다. 16세기의 마지막 몇 년 동안에는 이 전통에 속한 저서들의 원본과 번역본들이 출판되었다. 이 책들은 신비적인 것이 아니라 수덕적이었으며, 『영신수련』의 방법으로 행하는 체계적인 묵상을 가르쳤고, 그 본보기들을 제공했다. 그러한 저술가들 중에서 가톨릭 신자들은 물론 개신교인들에게 가장 인기가 있었던 사람은 스페인의 도미니크 수도회 수도사인 루이스 데 그라나다(Lewis de Granada)였다. 그의 저서인 『기도와 묵상에 관하여』(Of Prayer and Meditation)는 1582년에 번역되었고, 『기독교적 삶의 기록』(Memoriall of a Christian Life)은 1586년에 번역되었다. 그러한 저서들 안에서 발견되는 바 그리스도의 생애에 있었던 사건들을 상세하고 열정적으로 환기시킨 것은 마음을 움직이고 의지를 변화시키기 위한 것이었다. 그 책들로 인해 그 시대의 훌륭한 영적 저술 형식이 영국에 확립되었다. 영국에서 이러한 장르에 속한 가장 훌륭한 본보기는 로버트 퍼슨즈의 『결단의 책』(Book of Resolution)이다. 이 책은 1582년에 출판되었으며, The Christian Directory라고 불리기도 한다. 볼튼의 개신교 목사였던 에드문드 버니(Edmund Bunny)는 1584년에 이 책을 표절하고 무단으로 내용을 삭제했다. 『버니의 결단』(Bunny's Resolution)은 튜더 왕조와 스튜어트 왕조 시대에 가장 영향력있는 책이었다. 리처드 백스터*는 그 책의 영향을 받은 사람들 중 하나이다.

이 책들은 영국의 가톨릭 신자들에게 역종교개혁 정신을 전파했다. 제수잇들이 지도 신부로 정착한 상류 사회 가정의 경건 안에 이 새로운 정신이 소중히 간직되었다. 뉴캐슬에 있는 도로시 로슨(Dorothy Lawson)의 가정이나 배틀에 소재한 몬태뉴 부인의 가정은 개인적인 지도, 잦은 고해성사와 성찬, 이그나티우스의 묵상과 영적 독서 등을 포함하는 풍성한 영성 생활을 누렸다. 1578년에 카니시우스(Canisius)의 요리문답이 번역된 것, 그리고 이 묵상 전통 안에 묵주 사용을 도입하려는 의도로 저술된 가스파르 로아르트(Gaspar Loarte)의 『묵주

국교기피, 국교기피자 | Recusancy, Recusants

의 신비를 묵상하는 방법』(*How to Meditate the Misteries of the Rosary*)과 같은 책들이 출판된 것은 이 새로운 정신의 발전을 보여 준다. 그러나 두 가지 형태의 가톨릭 신앙—부유한 사람들의 가정 경건, 그리고 북부와 서부에서 특히 유행한 전통적인 무식한 사람들의 신앙—사이의 차이를 과장해서는 안 된다. 부자와 가난한 사람들, 유식한 사람들과 무식한 사람들이 단순하게 구분되지 않았다. 도로시 로슨은 제수잇 고해신부를 두고 그 지방 어린이들에게 요리문답 교육을 했지만, 출산하는 부인들에게 성유물을 가져다 주기도 했다.

영국이 역종교개혁 경건에 특징적으로 공헌한 것은 박해 경험에서 생긴 일련의 저서들이다. 이 저서들 중에는 토머스 모어의 『위로의 대화』(*Dialogue of Comfort*), 로버트 사우스웰(Robert Southwell)의 『위로의 편지』(*Epistle of Comfort*, 1587), 그리고 엘런의 『12명의 사제들의 영광스러운 순교』(*Briefe historie of the Glorious Martyrdom of XII reverned priests*) 등이 포함되어 있다. 순교 이야기들을 기록한 사본들이 보급되었고, 엘리자베스 여왕과 그 후계자들 시대에 박해를 받은 사람들의 유물이 보존되어 숭배의 대상이 되었다.

국교기피 운동에 속하는 가장 위대한 문학 작품은 그레고리 마틴의 Reims-Douai Bible(신약 1582년, 구약 1609년)이다. 그것은 종종 문학적으로 지나치게 라틴적이라고 간주되기도 하지만, 개신교 교리를 논박한다. 각각의 국교기피 작가들(Gother, Challoner)은 자신이 성경에 몰두해 있었음을 보여 주지만, 가톨릭 경건에서 Douai 역본은 흠정역 성경이 개신교인들 사이에서 차지한 것과 같은 지위를 차지하지 못했다.

17세기 초에 이그나티우스의 정신이 사라지고, 프랜시스 드 살*의 정신이 그 자리를 차지했다.『경건 생활 입문』(*Introduction to a Devout Life*)은 출판되고 나서 5년 후인 1613년에 번역되었다. 정신적인 기도와 영적 지도자에 대한 순종에 뿌리를 둔 프랜시스의 경건은 곧 특히 재속 성직자들과 그들을 의뢰하는 사람들 사이에 자리를 잡았다. 선교 사제들은 베륄*과 빈센트 드 폴과 관련된 성직자의 이상의 회복을 경험하고 있었다. 또 리스본에 있는 영국 신학교는 상류층 뿐만 아니라, 가난한 사람들을 대상으로 하는 프랜시스의 경건을 모방한 신앙을 장려하는 사제들을 배출했다. 그 대표적인 책은 윌리엄 클리포드의 『가난한 사람의 매일 기도 지침서』(*Little Manual of the Poor Man's Daily Devotion*, 1667)이다. 그 책에는 지침서가 지녀야 할 요소들, 그리고 가난한 사람들과 무식한 사람들도 사용할 수 있음을 강조하는 삶의 묵상 방법에 대한 가르침이 수록되어 있다. 그것은 매우 실질적이다. "천국은 학문이나 관상에 의해서만 획득되는 것이 아니라 행동에 의해서 획득되어야 한다."

그러한 저서들 안에 구체화된 전통이 영국에서 가장 훌륭하게 표현된 것은 리스본의 사제 존 고터(John Gother)의 저술이다. 그의 저서에는 미사에서 사용되는 모든 서신과 복음서에 관한 가르침, 미사와 고해성사를 위한 기도문, 일상 생활을 위한 기도문의 형태를 취한 묵상집과 소심한 신자들을 위한 조언을 목표로 한 저서들이 포함되어 있다. 고터의 저서에는 개신교 독자들을 소외시킬 만한 내용은 거의 들어 있지 않다. 예를 들면, 성인들을 중보자로 강조하지 않는다. 그의 저서에서는 중세 시대의 방법으로 행하는 묵상을 유도하기 위한 가시적인 조처를 사용하기보다는 다소 적극적인 가톨릭 신앙을 장려했다. 그것은 18세기를 지배한 가톨릭 교회의 관습의 도착을 나타낸다. 이것은 요리문답 교육, 영적 독서, 규칙적인 죄고백과 성찬, 다소 추론적인 형태의 기도 등의 필요성을 강조했다. 리처드 챌러너*의 저서에 이 18세기의 전통이 가득하다. 18세기 말, 그리고 국교기피 시대가 끝날 무렵, 가톨릭 신앙은 민주화되었고, 부자들과 가난한 사람들의 신앙의 틈은 대체로 제거되었다. 라틴어 전례에 앞서 지침서나 고터와 같은 저자들의 글을 개작한 영어 기도문들이 사용됨으로써, 평신도들은 연도와 응답송에 활발히 참여하게 되었다. 국교 기피 공동체는 영국의 특징적인 가톨릭 신앙을 만들어냈다.

영국의 가톨릭 신자들 사이에서 신비주의는 그다지 발달하지 못했다. 베네딕트 수도사인 어거스틴 베이커(Augustine Baker)*는 유럽 수준의 신비주의를 가르쳤다: 그의 제자인 세레누스 크레시가 편집한 *Sancta Sophia*는 그리 중요하지 않은 고전이다. 유럽 가톨릭 교회의 목회적 활동의 창조적 활력이 메리 와드(Mary Ward)의 복음적이고 교육적인 저서인 *Institute of the Blessed Virgin Mary*에 표현되었다. 그러나 이 책은 성직자들의 맹렬한 반대를 받았다. 수도회들의 가장 특징적인 업적은 평신도들에게 호소력을 가진 특별한 기도를 후원한 것이다.

스튜어트 왕조의 왕후들의 가톨릭 신앙은 역종교개혁의 영광, 18세기에 일부 훌륭한 가문에서만 접할 수 있었던 전례적 풍부함을 어렴풋이 보여 준다. 후일 스튜어트 왕조의 가톨릭 신앙은 존 어스틴(John Austin)의 『옛 성무일과 방식의 기도』(Devotions in the Ancient Way of Offices)라는 경건 서적을 배출했다. 오늘날 이 책은 매우 평범한 것처럼 보이지만, 충성선서 거부자*들이나 존 웨슬리*와 같은 개신교인들은 이 책을 표절하여 재판했다.

J. C. H. Aveling, *The Handle and the Axe*, 1976; J. M. Blom, *The Post-Tridentine English Primer*, 1982; J. Bossy, *The English Catholic Community*, 1975; P. Caraman, *The Other Face*, 1960; *The Years of Siege*, 1966; A. C. Southern, *Elizabethan Recusant Prose*, 1950.

EAMON DUFFY

굳윈, 토머스 | Goodwin, Thomas

토머스 굳윈(1600-c. 1679)은 비국교파의 지도자로서, 그의 방대한 저술들은 청교도 영성*을 전형적으로 해석해 준다. 그는 "타락한 본성 안에도 자연적인 빛"이 있지만(VII, 44), 영적 각성을 창출하기 위해서는 "율법이라는 큰 망치"가 상술되어야 하며, 그렇게 되어야만 "복음을 전파할 수 있다"고 생각했다(V, 6). 우리가 의무를 행함으로써 하나님과 그리스도의 은총을 획득하기를 기대할 수 없지만(III, 472), 그리스도께 헌신한 후의 선행은 새로운 삶 및 그것을 확인하는 것의 표현으로서 특히 중요하다. 선행은 믿음의 딸들로서 어머니를 마음에 품지만, 처음부터 그런 것은 아니다(IV, 13). 기독교는 "신앙의 조항들"일 뿐만 아니라, 우리가 행하고 실천해야 할 일들의 일정이기도 하다(I, 132). 그리스도께서 부활하신 것처럼, 기독교인들은 성령에 의해서 생명에 이르며(IV, 33), 성령은 신자들에게 확신을 전달해 준다(VIII, 364; I, 231). 굳윈은 확신이라는 주제를 교회의 성례전 생활에 대한 자신의 이해와 연결했다. 주님의 만찬 때에 성령은 우리를 따라 성례전에 임하시며, 그 잔 안에서 우리를 향해 미소지으시는 그리스도의 얼굴을 보여 준다(VI, 107-108; cf. VII, 312). 성화는 사탄을 몰아내며 영혼 안에 새로운 성향을 만들어 내시는 하나님의 사역이다(I, 356). "사람들의 마음을 지배하고 다스리는 자애(自愛)"도 제거된다(I, 384). 성화는 점진적인 변화이지만(IV, 339), 중단되기도 한다. "하나님께서는 일시적으로 택한 자의 영혼에서 은혜를 거두어 가실 수도 있다." 굳윈의 열렬한 목회적 관심은 『어둠 속에서 행하는 빛의 자녀』(*A Child of Light Walking in Darkness*)에 반영되어 있다(III, 231-350). 신자에게 "하나님께서 자신에게 자비를 베푸실 것인지에 대한 의심이 가득차며"(III, 242), 그러한 상태로 여러 날, 또는 여러 해를 보낼 수도 있다(III, 237). 그러나 이러한 일은 하나님을 영화롭게 하며, 기독교인으로 하여금 "이러한 어둠이 없었다면 결코 볼 수 없었을" 영적 자원을 활용할 수 있게 해 준다(III, 303). 이러한 단계를 거친 신자들은 한층 진지하게 기도하게 되며(III, 306), 그럼으로써 동일한 시련에 처한 사람들을 도울 준비를 갖추게 된다(III, 289). 신자는 외로움 속에서 하나님에 대한 신뢰를 갱신해야 하며, "정신은 하나님께서 오시지 않는다고 해도 복종하겠다는 믿음을 표현하면서 조용히 만족하면서 하나님이 오시기를 기다린다"(III, 330). "마귀는 세상과 선한 교제와 성례전과 기도가 무익하다는 말을 속삭임으로써 그것들을 멀리하게 하려고 노력하므로, 은혜의 방편이 특히 중요하다"(III, 331). 굳윈은 자신의 장서의 대부분을 태워 버린 대화재(1666) 후에, 『갑작스럽고 쓰라린 시련을 당할 때의 인내와 그 완전한 역사』(*Patience and its Perfect Work, under Sudden and Sore Trials*)를 저술했다. 신자가 무엇을 잃든지, "하나님은 여전히 우리가 넉넉히 소유하는 하나님이시다"(II, 441). "기도는 산파이다. 기도에 의해서 어머니인 믿음은 마음 속에 인내를 낳는다"(II, 464). 그리고 "모든 새로운 시련에 대비하여, 하나님은 새롭고 특별한 힘을 주신다"(II, 466). 매우 어려운 시대에 형성된 굳윈의 영성은 신비적인 견해보다는 직접적인 목회적 욕구에 의해 조성되었다.

Thomas Goodwin, *Works*, 12 vols, 1861-1866; William Haller, *The Rise of Puritanism*, 1938; Peter Lewis, *The Genius of Puritanism*, 1975.

RAYMOND BROWN

규칙 | Rules

1. 교회법에 의한 규칙. 규칙이란 보통 어느 수도원이나 수도회의 창시자가 작성한 문서로서 공동체의 특별한 목적 및 그 목적을 달성하기 위한 주요한 수단을 결정하며, 그 공동체에 속한 사람들의 삶을 이끌어갈 규범과 규정이 담겨 있다. 현대의 교회법에서는 규칙(rule)과 규약(constitution)을 구분

한다. 규약은 규칙의 실질적인 적용을 상술하는 특별법이다. 규약은 수정할 수 있지만, 규칙은 수정할 수 없다.

보다 특별한 의미에서, 규칙은 교회가 인정하는 네 가지 주요한 규칙의 하나를 언급할 수 있다. 제2차 라테란 공의회(1139)는 세 가지 규칙―성 베네딕트의 규칙, 성 바질의 규칙, 성 어거스틴의 규칙―을 인정했고, 제4차 라테란 공의회(1215)는 새로운 수도회의 설립을 금지했다. 그것은 어떤 수도회도 새로운 규칙 아래 설립될 수 없다는 의미로 이해되었다. 따라서 수도회의 설립자들은 이미 교회가 인정한 규칙을 선택하고서(예를 들어, 성 도미니크는 성 어거스틴*의 규칙을 선택했다), 그 규칙을 자기 교단에 적용하는 데 필요한 규정들을 추가했다. 예외적으로 성 프랜시스의 규칙은 인정을 받았다. 이노센트 3세(1210년)와 호노리우스 3세(1223년)는 아씨시의 프랜시스가 작성한 규칙을 승인했기 때문에(*Rugula primitiva*와 *Regula bullata*), 프랜시스의 규칙은 교회가 인정한 네번째 규칙이 되었다. 16세기 이후에 세워진 수도회들(예를 들면 예수회)과 회중들은 일반적으로 규칙을 소유하지 않고 규약만 소유했다.

동방교회에서는 성 바질의 규칙이 존중되었지만 규범적인 것은 아니었다. 베네딕트 수도회*, 카르투지오 회*, 시토 회*, 트라피스트 회* 등은 베네딕트의 규칙을 따랐다. 성 어거스틴의 의전 수도회, 쁘레몽트레 회, 도미니크 회, 성 어거스틴의 은둔자들 등은 어거스틴의 규칙을 따랐다. 프랜시스 수도회와 회중들은 성 프랜시스의 규칙을 따랐다.

2. 역사적 규칙. 수덕주의자들이 다른 교인들로부터 분리하여 혼자서 살거나 자유로이 선택한 스승을 중심으로 하여 무리를 지어 살기 시작하면서 기독교회에서 항상 실천되어온 수덕주의(asceticism)*는 수도원 운동이 되었다. 젊은 은둔자들은 나이 든 은둔자나 경험이 많은 수도사에게서 조언을 받으려 했다. 그러한 조언이 규칙의 첫 단계였다. 최초의 수도원 규칙의 저자는 파코미우스(346년 사망)였다. 그는 공주수도원 운동의 창시자로서, 수도사들이 한 수도원장 밑에서 살면서 그에게 순종하도록 조직했고, 자신의 수덕적 강령을 성문화했다. 수도사들은 수도원장의 지도 하에 이 규칙에 순종해야 했다.

고대 수도원 규칙은 종종 세 부분으로 이루어졌다: 수도사들을 위한 교훈, 기도의 순서, 징계와 관련된 규정

규칙 | Rules

들. 그러나 규칙이라고 불리는 현존하는 초대 교회의 문서들은 그 분량과 내용과 특성이 크게 다르다.

346년 이전에 콥트 어로 기록된 파코미우스의 규칙은 현존하는 유일한 이집트 문서이다. 가장 잘 알려진 동방의 규칙은 가이사랴의 바질(379년 사망)의 규칙이다. *Asceticon parvum*이라고 불리는 초기의 문서(370년 이전에 기록됨)가 헬라어로 보존되어 온다. 바질의 규칙은 수덕적 원리들 및 공동 생활을 하는 사람들을 위한 조언들을 모은 것이다. 시리아 교회는 에뎃사의 랍불라(Rabbula, 435년 사망)가 작성한 세 개의 짧은 규칙을 소유했다.

서방의 수도원 규칙들의 발달에서 어거스틴의 전통은 중요한 위치를 차지했다. 이 규칙들은 어거스틴의 것으로 간주되었지만, 확실하지는 않다. 423년 경에 쓴 어거스틴의 편지 211에는 수녀원을 위한 규정이 포함되어 있다. *Regula secunda* 또는 *Ordo monasterii*의 주요한 부분은 395년 이전에 어거스틴의 친구인 알리피우스(Alypius)가 기록한 것일 수도 있다. 만일 그렇다면, 그것은 가장 오래된 라틴어 규칙이다. *Regula tertia* 또는 *Regula informatio*는 편지 211을 사용하고 있는데, 아마 15세기에 이탈리아에서 작성된 듯하다. *Regula prima* 또는 *De regula puellarum*은 편지 211을 고쳐 쓴 것이며, 두번째 규칙과 세번째 규칙은 17세기에 스페인에서 작성된 듯하다. 존 카시안(c. 435 사망)*의 *De institutis coenobiorum*의 처음 네 권 역시 본질상 하나의 규칙이다. 그 밖에 서방에서 발달된 수도원 규칙들은 모두 네 명의 저자—파코미우스, 바질, 어거스틴, 존 카시안—의 영향을 크게 받았다.

레렝(Lérins)의 섬-수도원 전통들은 5, 6세기에 고올 지방에서 작성된 많은 규칙에 영향을 주었다: *Regula quattuor patrum, Regula Macarii, Regula patrum secunda, tertia*(이것들은 모두 5세기 후반에 작성되었다); 아를르의 케사리우스(Caesarius)가 작성한 두 개의 규칙(499년과 512-534년에 작성됨); 우제스의 페레올루스(Ferrolus)가 작성한 규칙; 그리고 *Regula Tarnatensis*(6세기).

이탈리아에서는 어거스틴의 전통이 강력했다. 그것은 *Regula Orientalis*(5세기 말), *Regula Pauli et Stephani*(6세기 초), *Rule of the Master, Rule of St. Benedict* 등에 영향을 주었다. 성 베네딕트의 규칙은 교회사에서 가장 중요한 규칙이다. *Rule of the Master*

는 오랫동안 베네딕트의 규칙을 멋대로 수정한 것으로 간주되어 등한시되어 왔지만, 1930년대 이후로 베네딕트의 규칙의 저자가 *Rule of the Master*를 전거로 사용하고 그것을 모방했다는 데 의견의 일치가 이루어졌다. 두 가지 규칙 모두 6세기에 이탈리아에서 기록되었을 것이다.

스페인에서는 세빌의 레안더(600년 사망), 세빌의 이시도레(636년 사망), 브라가의 프룩투오수스(665년 경 사망) 등이 규칙을 작성했다. 마지막으로 유럽 대륙으로 건너간 아일랜드 수도사들이 아일랜드 수도원 운동의 전통 안에서 규칙을 작성했는데, 가장 중요한 인물은 콜룸바누스(615년 사망)*와 그의 제자인 왈데버트(Waldebert of Luxeuil, 670년 사망)이다.

수도원 규칙의 역사에서 카롤링거 왕조의 문예부흥은 하나의 전환점이었다. 아니안의 베네딕트(Benedict of Aniane, 821년 사망)는 경건한 루이(Louis the Pious)의 요청을 받아 루이가 다스리는 지역 내의 수도원들을 개혁했다. 그리고 베네딕트의 영향을 받아, 816년과 817년에 개최된 아헨의 종교회의에서는 베네딕트의 규칙을 수도사들을 위한 유일한 규칙으로 정했다. 베네딕트는 다른 수도원 규칙들을 모은 집록(*Codex regularum*)을 작성했고, 베네딕트의 규칙 주해서를 저술했다. 아니안의 베네딕트의 시대 이후에는 새로운 수도원 규칙이 작성되지 않았다.

수도원 규칙 외에, 의전 수도사들을 위한 규칙들도 있다. 가장 오래되고 잘 알려진 것은 멜츠의 크로데강(Chrodegang of Melz, 766년 사망)의 것이다. 816년의 아헨 종교회의 역시 의전 수도회를 위한 규칙을 공포했다. 11, 12세기에는 의전 수도회를 위한 규칙이 크게 발달했다.

서방 수도원 규칙에 대한 기술적인 정보를 다룬 책: E. Dekkers, *Clavis patrum latinorum*, 1961; H. J. Frede, *Kirchenschriftsteller*, 1981. 번역서: *The Ascetic Works of St. Basil*, tr W. K. L. Clarke, 1925; Saint Basil, *Ascetical Works*, tr M. M. Wagner, 1950; John Cassian in *Nicene and Post-Nicene Fathers* II, XI, 1894; *The Rule of the Master*, tr L. Eberle, 1977. 베네딕트의 규칙의 번역본은 여러 가지가 있다. 가장 최근의 것은 *RB 1980: The Rule of St. Benedict in Latin and English* ed T. Fry, 1981이다.

JOSEPH T. LIENHARD

그레고리 1세 | Gregory I, St.

대 그레고리(Gregory the Great)는 540년경에 로마 원로원 의원의 아들로 태어났다. 그는 교황으로 재임하는 동안(590-604)에 외적인 혼란—전염병, 기근, 홍수, 그리고 롬바르드 족의 이탈리아 침입—과 자신의 병약함에도 불구하고, 597년에는 어거스틴이 이끄는 선교단을 영국에 파견함으로써 교회의 영향력을 확대했으며, 자신이 영성 생활의 위대한 스승임을 드러내는 많은 글을 남겼다.

그레고리의 영성은 두 가지 중요하면서도 상호 의존적인 특징을 지니고 있다. 즉 그의 영성은 성경에 뿌리를 두고 있으며, 수도원적이다. 성경에 대한 방대한 지식 및 성경적인 견해의 주된 원천은 개인적인 영적 독서(*lectio divina*)였다. 영적 독서는 수도사들이 날마다 행해야 할 의무로서, 눈뿐만 아니라 음성도 사용했다. 그레고리는 이것(*legere et miditari*)을 일찍부터 실천했을 것이다. 거기에는 시각뿐만 아니라 음성의 활동도 포함되므로, 성경의 의미가 읽는 사람의 정신 속 깊이 스며 들게 해 주었다. 그레고리의 중요한 영적 가르침은 성경에 관한 두 권의 저서—*Moralia in Hiob*와 *Homiliae in Ezichielem*—에서 발견된다. 그 책들은 수도사들과 성직자들, 그리고 소수의 경건한 평신도들을 대상으로 한 것이었다. 그레고리는 자신이 관상 생활을 선호하는 것, 그리고 이로 인해 발생하는 개인적인 갈등을 숨기지 않는다(*Dialogue* I, pref.). 그는 관상 생활이 활동적인 생활보다 우월하다고 생각하지만, 두 가지 생활 모두 기독교 설교자들을 위한 제자도의 길임을 인정한다(*Hom. in Ezech.* I. 3. 9). 그레고리는 감독의 직무에 관한 지침서인 *Liber regulae pastoralis*에서 감독의 소명을 받은 사람은 관상 생활을 사랑한다는 이유로 이웃을 등한시해서는 안 된다는 점을 분명히 한다(I. 6; II.1.5).

관상에 관한 그레고리의 가르침은 양심의 가책에 관한 가르침과 밀접하게 연결되어 있다(*Dialogues* III. 34). 그것은 한편으로는 어거스틴*과 암브로스에 의해 예증되는 서방의 전통; 다른 한편으로는 바질, 폰투스의 에바그리우스, 존 크리소스톰 등에게 파생된 것이다. 그레고리는 존 카시안*의 저술을 통해서 이 동방의 가르침에 접한 듯하다(*Collationes* IX.26, 28-29; *Institutiones* XII.18). 그레고리도 카시안처럼 관상의 단계에 앞서 정화(*purgatio*)가 필요하다고 강조한다. 그는 카시안의 가르침을 더욱 발전시켜 의인이 자신의 죄에 대해 나타내는 가책의 네 가지 형태와 네 가지 태도를 열거했다(*Moralia* XXIII. 41; cf.

V. 51).

그레고리는 헬라어를 전혀 모르는 것은 아니었지만 헬라어 문서를 읽을 정도는 아니었다. 그러나 그의 영성은 사막 교부들*의 저술을 포함한 동방 기독교의 혜택을 크게 입고 있다. 그는 카시안의 저술들과 라틴어로 번역된 동방 사람들의 저서를 통해서 동방 기독교에 대한 지식을 얻은 듯하다. 6세기 말에는 동방과 서방 사이의 언어학적인 구분이 증가하고 있었지만, 공통된 신학적·철학적 사상들이 존재하고 있었다.

E. C. Butler, *Western Mysticism*, ³1967, J. H. Richards, *The Popes and the Papacy in the Early Middle Ages 476-752*, 1979; *Cousul of God*, 1980.

JOAN PETERSEN

그레고리 팔라마스
I Palamas, St. Gregory

그레고리 팔라마스(c. 1296-1359)는 그리스 교회의 가장 중요한 세 명의 신학자들—신학자 존, 나지안주스의 그레고리, 그리고 시므온— 중 한 사람은 아니지만, 역시 중요한 인물이다. 팔라마스는 아토스 산에서 헤시카즘(Hesychasm)*을 배웠고, 그것을 설명했다. 그는 1347년에 데살로니카의 대주교가 되었지만, 터키 군대의 공격과 서방 스콜라주의의 영향을 받은 칼라브리아 출신의 그리스 수도사인 발람(Barlaam)과의 신학적 논쟁으로 인해 많은 변화를 경험했다.

팔라마스는 인간 본성은 정신적·신체적인 통일체라고 가르쳤다. 그렇기 때문에, 헤시카스트들이 기도할 때에 행하는 육체적인 훈련이 중요하고 합법적인 것이 된다. 그는 신적인 빛(Divine Light)은 하나님의 에너지들을 전달해 주므로, 변화될 때에는 육체의 눈으로 그 빛을 볼 수 있으며, 이런 방법으로 우리는 신적 본성에 참여하는 자가 될 수 있다고 믿었다. 그는 신의 본질과 에너지들을 구분했다. 하나님은 본질상 접근할 수 없는 분이시지만, 우리는 그 분의 에너지를 통해서 신화된다. 즉 그 분의 빛 속에서 빛을 본다. 이것은 삼위일체의 교리와 비슷한 이율 배반이다. 하나님은 하나인 동시에 셋이다. 그 분은 또한 "참여에 대해서 배타적이며, 어떤 의미에서는 개방적이다." 발람은 하나님의 완전한 타자성(Otherness), 키에르케고르의 "무한히 질적인 거리"를 주장하면서 이에 도전했다. 일부 현대 개신교 신학자들은 팔라마스가 하나님을 지나치게 추상적으로 여기게 만들며, 하나님과 인간 사이의 틈을 제거하는 교제라고 묘사할 수 있는 통일체를 가능하게 하시는 부활하신 주님의 인성을 진지하게 다루지 못한다고 여겼다. 그러나 동방교회 신학은 그레고리를 지지하며, 그레고리는 1368년에 성인으로 시성되었다.

B. Drewery in P. Brooks (ed) *Christian Spirituality*, 1975, pp. 32-62; Vladimir Lossky, *The Mystical Theology of the Eastern Church*, 1957; E. L. Mascall, *The Openness of Being*, 1971, esp. Appendix 3, pp. 217ff.; John Meyendorff (ed), *Gregory Palamas: The Triads*, 1983.

편집자

그리스도를 본받음
Imitation of Christ

기독교 영성사에서 그리스도를 본받는다는 사상은 양의적인 위치를 차지한다. 그것은 한편으로는 기독교의 영성 생활 및 그 안에서의 그리스도의 역할의 특징을 규정하는 표준적이고 규범적인 방법으로 간주되어 왔다. 다른 한편으로는, 주로 개혁주의 전통에서 그리스도를 본받는다는 사상은 기독교의 은혜의 교리와 그리 조화를 이루지 않으며 일종의 펠라기우스주의 도덕적인 노력과 같은 것을 감추고 있다고 생각한다.

그리스도를 본받는다는 것은 그리스도를 하나의 본보기로 간주할 수 있는 방법에 대한 질문을 야기할 수 있으므로, 그리스도에 대해서 본받음이라는 용어를 사용하는 데에는 어려움이 있다. 신약성서에서 그리스도를 본받음은 나사렛 예수의 역사적인 생활의 면모를 재현하는 일일 수 없다. 다소의 바울은 자신이 그리스도를 본받는 자라고 믿었지만(고전 11:1), 예수의 역사적인 삶에 대해서는 아무 것도 언급하지 않았다. 신약 시대의 신자들에게 있어서 그리스도의 삶은 과거에 존재했던 나사렛 예수 뿐만 아니라 현존하시는 그리스도와 장차 오실 그리스도를 의미했다. 그러므로 그리스도라는 본보기는 몇 가지 특별한 특징을 지녔다. "그리스도"는 과거의 역사적인 인물, 현존하는 실재와 종말론적인 완성을 동시에 지칭하는 복합적인 용어였다. 신자가 본받아야 할 대상인 그리스도는 인간이 복음서의 이야기를 묵상하면서 상상하는 인물, 그리고 그리스도를 따르는 사람들이 그리스도의 표식들(온유, 겸손, 사랑, 순종 등이 사도 바울이 지적한 성품이다)을 나타낼 때에 그들에게 식별되는 그리스도였다. 이것은 나사렛의 역사적 예수 안에서 식별되어야 하는 신적 현존을 지적해 주는 성품들의 점검표이다. 루터의 표현을 빌자면, 기독교인들은 이런 식으로 일종의 그리스도가 되며, 가난하고 고통받는 사람들 안에서 그리스도의 표식이 식별될 수 있어야 한다.

그리스도의 부활, 그리고 그리스도에게 속한 사람들의 삶에서 그리스도의 일을 계시하시는 성령의 역사 때문에, 그리스도를 본받는 것에는 주관적인 차원과 객관적인 차원이 있다. 예배나 묵상 때에 그리스도와 복음서의 이야기에 집중하는 형태가 있고, 은혜 안에서의 지속적인 활동을 통해서 하나님의 형상으로 지음받은 사람을 하나님의 형상이신 그리스도와 비슷하게 해 주는 성령의 사역이 있다.

이 양극성은 그리스도를 본받는다는 이상이 역사적 과거를 재현하려는 낭만적인 시도로 전락하지 못하게 막아준다. 캐드베리(H. J. Cadbury)는 그것을 다음과 같이 표현한다: "그리스도를 본받는다고 하면서 1세기의 역사와 본질에 속한 사상들을 모방하는 것은 필요하지 않으며, 또 갈릴리 예수의 음식과 의복을 모방하는 것 역시 필요하지 않다."

영성사에서, 특히 중세 시대에 그리스도를 본받는 이 두 가지 차원이 망각되고, 그 이상은 문자적으로 해석되었다. 클레르보의 버나드*는 그리스도의 생애에 있었던 장면들을 차례로 묵상함으로써 그리스도의 거룩한 인성에 헌신하는 관습을 발달시켰다. 아씨시의 프랜시스*는 복음서에 묘사된 그리스도의 옷차림까지 상세하게 재현했으며, 자신도 그리스도처럼 벌거벗은 채 무덤에 매장되었다.

그리스도를 본받는다는 이상의 발달에서 중요한 전환점을 이룬 사람은 마틴 루터*였다. 그는 그리스도를 문자 그대로 모방하려는 시도의 어리석음을 증명했을 뿐만 아니라, 그러한 시도의 배후에는 은혜를 부인하고 행위를 존중하는 교리가 감추어져 있다고 의심했다. 루터는 "본받음"(imitation)이라는 개념보다는 "일치"(conformity)라는 개념을 선호했고, 이 두 개념의 차이점에 대한 생각을 다음과 같이 요약했다: "본받음이 우리에게 하나님의 아들로서의 권리를 가져다 주는 것이 아니라, 우리가 하나님의 아들이 되었기 때문에 본받음이 가능하다." 그러므로 루터의 견해에서 그리스도를 본받는 것은 은혜의 열매이다.

또 하나의 중요한 단계는 복음서에 적용된 역사비평의 등장이었다. 여기서부터, 복음서는 상세한 전기가 아니라 제자들을 위한 그리스도의 묘사라는 확신이 등장했다. 이것은 복음서들은 그리스도를 본받음이라는 모티프가 그리스도의 이야기와 관련하여 작용하는 방법을 보여 주는 초기의 본보기라는 견해를 강화해 주었다. 그리스도가 제자들의 삶에서 구현된다는 가정이 나사렛 예수에 대한 신약성서 자료의 전달에 영향을 주었을 것이다.

그리스도를 본받음은 항상 그 종말론적인 배경에서 유지되어야 한다. 그러므로, 그리스도를 닮아간다는 것은 과거의 본보기를 되돌아보는 것이 아니라 장차 성취될 목표를 지닌 과정으로 간주되어야 한다. 기독교인들은 자신이 성령의 역사를 통해서 그리스도처럼 되는 과정 안에 있다고 자신하지만, 그리스도를 완전히 닮은 것은 장래에 이루어질 일이다(요일 3:2). 가브리엘 마르셀의 말처럼, 그리스도는 "장래의 기억"이다.

본받음이 지닌 본보기라는 측면과 비슷한 형상으로 성장한다는 측면은 세례와 성찬 안에서 이루어지는 그리스도와의 성례전적인 연합 안에서 가장 잘 드러난다. 이것은 그리스도를 본받는 것이 단순한 도덕적인 노력이 아니라 성령에 의해서 그리스도를 통해서 이루어지는 일치임을 분명히 해 준다. 그리스도를 성례전적으로 본받는 것은 그것이 지닌 집단적 특성의 표현이다: 공동체 안에 구현되시는 그리스도와 그리스도의 몸이 되는 공동체. 이 성령의 사역을 통해서, 그리스도는 그리스도인의 본받음의 과정의 주체인 동시에 대상이 되신다.

Edward Malatesta SJ (ed), *Jesus in Christian Devotion and Contemplation*, 1974; *Imitating Christ*, 1974; D. Bonhoeffer, *Ethics*, 1955; E. J. Tinsley, *The Imitation of God in Christ*, 1960.

E. J. TINSLEY

그리스 영성 | Greek Spirituality

그리스 종교 및 그것이 헬라어의 영향을 받는 사람들에게 미친 가장 결정적인 요인의 특징은 신적인 것은 아름다운 것이라는 인식이었을 것이다. 일반적으로 종교들이 그렇듯이, 초기 단계의 그리스 종교는 예측할 수 없는 것, 미지의 것 안에서 신적인 것을 보았다. 신적인 것은 인간과 그의 노력을 위협하는 미지의 세력이었다. 그것은 인간에게는 본질적으로 두려운 것이었다. 그러나 고대 그리스 시대에 이르러, 신들은 더 이상 기괴하게 두려움을 주는 것이 아니라 아름다운 것으로 묘사된다. 특히, 신들은 아름다운 인간들, 본질적으로 완전히 균형을 이룬 힘과 형

그리스 영성 | Greek Spirituality

태를 나타내는 벌거벗은 인간으로 묘사된다. 그러한 신들은 두려움을 주지 않으며, 인간의 관심을 끌며, 인간이 응시해야 할 대상이 된다.

그리스 종교의 역사와 영향을 이해하려면, 크세노폰(Xenophanes)이나 플라톤과 같은 철학자들이 종교와 신화에 대해 가한 비평에 의해 그리스인의 의식에 초래된 분열을 이해해야 한다. 그리스 철학자들은 히브리 예언자들과는 달리 종교의 정화를 요구하지 않았고, 그것을 신화와 우화의 세계에 위임했다. 그리고 종교가 사회의 원활한 흐름을 위해 지닌 가치를 인정하면서도, 진리의 영역에서 종교에 타당성을 부여하기를 거부했다. 종교는 단지 습관적인 의식과 관습과 관련된 것이 되었으며, 진리는 철학의 관심사가 되었다. 그러나 종교에 대한 이러한 철학적인 비판은 우리가 주장해온 것이 그리스 종교에 대한 근본적인 통찰, 즉 신적인 것을 아름다운 것을 보는 인식의 표현이라는 것도 깨달아야 한다. 만일 신적인 것이 아름다운 것이며 두려운 것이 아니라는 인식이 신들을 인간화하여 호머와 헤시오드에 인간적인 형태로 등장하는 것을 허락한다면, "적합하지 않은 것"은 신적인 것으로 간주할 수 없다는 철학적인 원리를 고

취하고, 혼란의 가능성을 초월하는 고요함을 소유한 순수한 미의 균형과 조화를 순수하고 초월적인 형식으로 표현하는 철학자들의 신 개념으로 이끌어간 것은 신적인 것은 아름답다는 개념이다. 그리스 철학자들이 볼 때에, 진리는 경외심을 고취하는 것이다. 그것은 관조의 대상이다. 월터 페이터(Walter Pater)의 표현처럼, 플라톤에게 있어서 철학자는 "눈에 보이지 않는 것을 사랑하는 사람, 그러면서도 가시적인 현실 세계에 속한 모든 것을 지적인 이상 즉 테오리아의 세계로 가져가는 사람이다…진리는 끝까지 존재할 것이다."

A.D. 2세기에 순교자 저스틴(Justin Martyr)은 기독교로 개종한 후에도 계속 철학자의 옷을 입고서 철학으로서의 기독교를 가르쳤다. 그는 기독교라는 종교는 하나의 철학, 즉 진리를 찾고 이해하는 길이라고 주장함으로써 그리스의 의식 안에 있는 이러한 분열을 치유했다. 참 종교인 기독교를 믿는 거짓된 이방 종교들을 거부하는 것을 의미했다. 기독교는 진리, 즉 철학의 지위를 요구하는 주장과 더불어, 사람들이 진리를 추구하면서 발견한 모든 것을 기독교가 성취했다고 주장한다. 그리하여 기독교는 사람들에게

그리스 영성 | Greek Spirituality

참된 관상의 대상을 제공했다. 그것은 신적인 것, 아름다운 것의 윤곽을 식별할 수 있었다. 또한 기독교는 관상에 이를 수 있는 방법을 보여 주었다.

그리스 철학은 아름다운 것의 형태를 취한 신을 추구하는 그리스 종교의 가장 심오한 감화에 대한 반응이었다. 아름다운 것의 형태를 취하고 있는 진리를 추구하는 것이 곧 종교적인 추구였다. 파르메니데스의 시대 이후로 철학적 탐구에 대한 이야기에서는 그것을 신들이 직접 전하는 계시로 인도하는 것으로 여기면서 종교적인 용어로 묘사한다.

플라톤 및 그 이후의 많은 사람들은 철학적 모험 이야기를 표현하기 위해서 신비 종교의 언어를 사용한다. 의식적 정화, 저급한 신비에서 고등한 신비로 올라감 등의 종교적인 주제가 철학적인 것으로 바꾸어 표현되었다. 의식적인 정화는 도덕적·지적 정화이다. 이 두 가지 개념에는 신이 자신을 아름다운 것으로 나타내신다는 사상이 들어 있다. 만일 신이 자신을 아름다운 분으로 나타내신다면, 자신의 내면에 그러한 아름다움을 자기 것으로 실현하기 위해 노력해온 영혼들에게 나타내실 것이다. 도덕적 정화에는 균형과 조화라는 미학적인 관념이 들어 있다.

플라톤은, 영혼의 이성적인 부분과 정욕적인 부분과 갈망하는 부분들이 균형과 질서를 이루어야 한다고 가르친다. 정의와 신중, 용기와 절제 등의 덕목들은 영혼을 균형있는 완전에 이르게 해 준다. 아리스토텔레스는 도덕적인 덕은 상극인 것들 사이의 균형을 이루는 수단이라고 본다. 스토아 철학자들은 수금이라는 비유에 의해 영혼을 생각하며, 덕이 그것을 조율해 준다고 보았다. 특히 플라톤의 견해에 의하면, 지적 정화는 영혼으로 하여금 진리와 아름다움의 세계의 특징인 균형과 조화라는 원리를 이해할 수 있게 해 준다. 영혼의 덕의 추구를 진리의 관상에 반드시 필요한 첫 단계로 보는 이러한 심미적인 이해는 그리스 전통 전체에서 발견된다. 플로티누스는 조각가가 조각상을 만들듯이 영혼이 자체를 만든다고 말한다(*Enn.* I.6.9). 목표는 순수하고 아름다운 영혼이 순수한 미를 관상하는 데 있다.

기독교가 자체를 참된 철학으로 사람들에게 제공할 때에, 이 목표가 성취된다고 주장된다. 이 점에 있어서, 기독교 영성 안에서 그리스인들의 유산을 발견한다. 그것은 망각해서는 안될 중요한 전통이며, 모든 신비하고 관상적인 전통을 감화한다: 이 전통에서 기독교의 *Deus semper maior*는 미에 대한 우리의 개념들을 초월해야 한다는 인식에 대해 응답하는 방법이 신적 암흑이라는 주제이다. 이 전통의 유산은 단테나 십자가의 요한*과 같은 사람의 시, 보다 복잡한 미적 직관들을 탐구하려 한 파스칼*, 솔로프예프(Solovyev)와 페기(Péguy)*의 시도에서도 발견된다.

H. U. von Balthasar, *The Glory of the Lord*, ET 1983-; A.-J. Festugiere, *Personal Religion among the Greeks*, 1954; W. K. C. Guthrie, *The Greek and their Gods*, 1954.

ANDREW LOUTH

그리피스, 비드 | Griffiths, Bede

비드 그리피스는 1906년 12월 17일에 태어났고, 옥스포드의 Chirst's Hospital and Magdalen College에서 교육을 받았다. 그는 1933년에 가톨릭 교회에 받아들여졌고, 프린크나쉬 수도원에서 베네딕트 수도사가 되었다. 그리하여 1940년에 사제가 되었고, 판보러(Farnborough) 수도원장이 되었다. 1955년에 그는 인도에 가서 관상 공동체를 세웠고, 1958년부터 1968년까지 케랄라에 있는 산티바남, 쿠리수말라 아쉬람(Kurisumala ashram)에서 지냈다. 1968년 이후 두 명의 프랑스 가톨릭 신자가 힌두교의 아쉬람을 모방하여 세운 타밀 나두에 있는 사키다난다 아쉬람에서 지내면서 기독교의 예배와 사상 체계를 인도 문화라는 상황에 맞추어 조정했다. (기독교 아쉬람 운동은 인도적인 기독교를 전파하고 실천하려는 관심, 그리고 힌두교 전통의 통찰들이 기독교적인 사고와 예배를 풍성하게 해 줄 수 있다는 확신에서 비롯된 것이었다. 아쉬람에 소속된 사람들은 영적 지도자와 더불어 단순한 공동 생활을 하면서 영혼의 내면 깊은 곳에서 하나님 체험을 추구했다).

산티바남은 숲 속에 작은 오두막집들, 교회당, 식당, 그리고 여러 종교의 서적들을 구비한 도서관 등으로 이루어져 있다. 회원들의 생활은 기도, 공부, 육체 노동으로 이루어진다. 육체 노동에는 땅을 경작하는 일에서부터 보육원과 공장을 운영하면서 인근 마을 사람들을 돕는 일이 포함된다. 회원들은 힌두교 아쉬람의 생활 방식을 좇아 노란 옷을 입고 맨발로 다니고 채식을 하며, 바닥에 앉아서 기도하고 식사한다.

그리피스는 아쉬람의 지도자로서 뿐만 아니라 서방에서도 널리 읽힐 수 있는 서적들의 저술가로서 널리 영적 영향력을 발휘했다. 힌두교와 기독교의 관계에 대한 그의 인식을 보여 주는 가장 유명한 책은 *Return to the Centre*(1976)와 *Marriage of East and West*(1982)이다.

그리피스는 기독교 신자이지만, 모든 종교들이 증거하는 진리와 모든 존재의 근원인 신비(Mystery)의 이상에 대해 특정 종교들의 특수한 계시와 교리를 초월한다. 그는 신비는 모든 존재와 개별적인 존재의 근저이며, 이성적인 사고에 의해서 이해되는 것이 아니라 직관과 이상에 의해 이해될 수 있다고 가르친다. "이것이 구속, 즉 감각과 물질 세계로부터 해방되며 내면에 있는 하나님의 말씀인 자아(Self) 안에서 자기들의 근거(Ground)와 근원(Source)을 발견하는 것이다." 인간의 타락은 이 근저, 자유와 불멸의 중심으로부터 떨어져 감각과 물질 세계에 예속되는 것이다"(*Return to the Centre*, p. 16). 이것은 물질이 실체를 가리며, 그렇기 때문에 감각은 망상적인 것이라는 힌두교의 가르침(*advaita*)과 흡사하다. 망상으로부터의 자유는 자아의 죽음을 의미하므로 두려운 것이다. 죄는 인간의 무가치함(nothingness)을 거부하며, 인간의 힘이 인간 자신에게서 나오는 것인 듯이 행동한다. 그리고 인간을 자기 존재의 근거와 다른 사람들부터 고립시킨다. 구원은 개인적인 일이 아니라 유기적이고 우주적인 과정으로서, 사람들이 자신의 참된 존재 및 서로와의 통일성을 깨닫는 과정이다. 신비(Mystery)의 두려움 및 그것이 요구하는 가치관의 전도(顚倒)에도 불구하고, 인간은 초월적 실재(Reality)를 사랑하고 인식하도록 지음을 받았으며, 궁극적으로 그것만이 그를 만족시켜 줄 것이다.

그리피스에게 있어서, 종교 세계에서 기독교의 위치, 그것의 특별한 이상과 영광은 말로 표현할 수 없는 진리를 인간적인 형태로 증명한 것이다. "그것은 그리스도 안에 있는 신적 신비의 계시이다. 영원한 진리, 말로 표현할 수 없고 알 수 없는 진리가 나사렛 예수의 삶과 죽음과 부활 안에서 상징된다. 역사의 이 시점에서, 베일이 갈라지고, 그 사이로 신비가 빛을 비춘다"(*Return to the Centre*, p. 73). 이 교리적으로 배타적이기보다 절충적이고, 포용적인 신앙의 언명에는 하나님을 찾는 영혼의 내적 움직임을 가능하게 하며 신뢰의 직관적인 반응을 장려하고 이성적인 규칙들을 포기할 것을 권장하는 관상적 영성이 동반된다. 그는 아침과 저녁에 한 시간 동안 명상

금식 | Fasting

하고, 하루에 세 번 공동 기도를 한다. 이런 면에 있어서 힌두교의 명상 방법과 예배 방식으로부터 많은 도움을 받았다. 그리고 신비의 본질에 대해 각 종교가 가지고 있는 특별한 통찰로 예배자를 조명하기 위해서 다른 종교의 경전들을 읽는다.

그리피스를 비평하는 사람이 없는 것은 아니지만, 인도의 종교적 유산에 대한 서방 세계의 관심이 증가하면서 그리피스와 산티바남에는 외국인들을 포함하여 많은 사람들이 찾아온다. 그는 많은 사람들을 종교적인 규칙에서 해방시키고 살아계신 하나님에 대한 새로운 이상을 주었다.

JUDITH M. BROWN

금식 | Fasting

이것은 거룩한 절기 때에 종교 집단이나 개인이 종교적인 이유로 음식을 절제하는 것이다. 일부 기독교 전통, 이스라엘, 그리고 이슬람교(라마단)에서는 부부 관계의 억제도 포함된다. 특별히 종교적인 금식은 치료나 체중 조절을 위해 음식을 절제하는 것과 구분된다. 또 정신을 맑게 하고 의지를 통제하기 위한 금식은 영적 의도와 결합될 수 있다.

고대 이집트, 페르시아, 그리스, 로마의 종교, 일본의 신도, 도교, 유교, 힌두교, 이슬람교 등에서 금식이 입증된다. 기독교는 유대교로부터 금식의 전통을 물려받았다. 기독교의 금식은 예수님의 교훈과 모범에 권위를 두고 있다. 옛 기독교 전통에서는 금식이 인정된 관습이었다. 금식이 공로가 되는 행위라는 것은 부인한 종교개혁 시대의 교회는 법으로는 그것을 존속시켰지만 실제로는 등한시해왔다. 금식은 복음주의 운동, 성례전적인 운동, 경건주의 운동, 은사 운동* 등의 갱신 운동에 의해서 되살아났다.

유대교에서는 금식이 특별한 시기와 결합되어 있었다. 예를 들면, 애도(삼상 31:13; 삼하 1:2; 대상 10:12; 삼하 12:21ff.); 전쟁에서 치욕을 당한 후(삼상 7:6); 위험에 처했을 때(삿 20:21); 과거의 위험과 구원을 기념할 때(에 4:16; 슥 7-8); 회개할 때(욜 1:14; 욘 3:5; 렘 36:9); 큰 일을 앞두고(스 8:21); 중재를 구할 때(느 1, 4) 등. 이러한 중요한 시기는 제도적으로 규정되거나(예를 들면 레위기 23, 24-32에서 속죄일을 정한 것), 관습적인 것이거나(유월절 전날 밤에 장자들이 금식하는 것), 또는 누가복음 18:12에서 바리새인이 일 주일에 두 번 금식

금식 | Fasting

한 것처럼 자발적인 것일 수도 있다.

금식은 바리새주의, 그리고 메시아를 맞을 준비를 위해 사람들이 회개하고 거듭하게 하는 일에 헌신한 세례 요한의 영성의 상징이었다. 그리스도께서 오실 때는 축일로 상징되었지만, 예수님의 제자들은 금식할 때를 알아야 했다. 신약성서에서 금식을 분명히 언급한 것은 새로운 사역을 시작하기 전, 열심히 기도할 때이다(행 13:2-3). 그러나 마가복음 2:18에서는 부활절 전에 금식하는 것이 초대 교회의 의식이었다고 암시적으로 언급한다. 중세 시대 서방 교회에서는 사순절 전에 40일 동안 금식했다. 성탄절이나 오순절 전에도 40일 금식을 했다. 성인들의 축일을 앞두고, 세례나 성직 임명을 앞두고도 며칠 동안 금식했다. 기독교 전통에는 연례적으로, 또는 특별한 때에 공적으로 금식하는 관습이 존재한다. A.D. 1세기의 문헌인 『디다케』에서는 매 주 수요일과 금요일에 금식을 행했음이 증명된다.

거의 모든 전통에 속한 신자들은 성찬식, 세례, 때로는 성직 임명을 앞두고 회개하면서 기다리는 행위로서 금식을 해왔다.

단 기간의 금식(최대 72시간)을 할 때에는, 물 외에는 아무 것도 마시지 않는다. 오랫동안 금식하는 사람들은 매일 한 끼만 먹어야 한다. 서방 교회는 특히 금식에 관해 복잡하고 다양하게 규제해 왔으나, 현재는 많이 단순해졌다. 노인이나 어린 사람, 병자, 임산부, 여행 중인 사람, 업무가 과중한 사람은 금식에서 제외된다.

자신을 산 제물로 바치는 요소인 기독교의 금식의 의도와 해석이 중요하다(롬 12:1). 그것은 몸으로 기도하는 것이며, 기도에 강조점과 강력함을 제공해 주며, 특히 하나님과 그의 뜻을 향한 갈망을 표현한다. 그것은 일시적으로 창조 세계의 유익을 누리는 일을 포기함으로써 창조의 선함을 옹호하며, 그렇기 때문에 항상 감사의 요소를 포함한다. 그것은 기독교적 훈련, 특히 탐식이라는 죄를 억제하기 위한 훈련이다. 또한 인류가 그리스도를 거부하고 십자가에 못 박은 것에 대한 회개의 표현이다. 그것은 금식의 길을 가신 예수를 따르는 것이다. 그것은 자기를 죽이는 것이요, 그리스도의 죽음 안에서 자아의 죽음을 받아들이며, 그로써 부활을 믿는 행위이다.

금식은 정결 의식으로서 깊은 심리학적 근거를 가지고 있으며, 그렇기 때문에 자연스럽게 기도의 행위가 되기 쉽다. 그러나 마술, 자기 학대, 과장된 자기 부인 추구, 형식주의 등에 빠지지 않도록 조심해야 한다. (터툴리안 이래) 금식과 구제를 병행한 것은 이기적인 태도를 방지하기 위한 조처였다. 예수님의 금식은 제자들을 인간적인 상황에서 오는 시험(육체적인 피로, 병적인 쾌감, 낙심 등), 특히 종교적인 소명에서 오는 시험(자기 과시, 하나님을 시험함, 악과 타협함: 마 4:1-11)에 대면하게 하는 훈련의 본보기였으며, 아울러 시험이 있는 곳에 구세주께서 이미 계셨었고 지금도 계신다는 다짐이었다.

Augustine, *Sermons* (205-211) on Lent; Leo the Great, *Sermons* (39-50) on Lent, (12-20) on the Fast of the Tenth Month, (88ff.) on the Fast of the Seventh Month; Tertullian, *On Fasting*; A. J. Maclean, 'Fasting and Abstinence', in *Liturgy and Worship*, ed W. K. L. Clarke, 1932, pp. 243-56; R. Nelson, *A Companion to the Fasts of the Church of England*, London, 1703.

DAVID TRIPP

금욕, 극기 | Mortification

금욕(라틴어 *mortificare*에서 파생됨)이라는 단어는 구약성서와 신약성서에 등장하며, 문자적으로는 "죽음", 즉 순수한 에너지와 애정을 가지고 하나님과의 관계—인간의 궁극적인 유익—를 추구하기 위해서 저급한 것들을 추구하는 것에 대해 죽는 행동을 의미한다. 금욕은 역사적인 기독교 신앙에서 뿐만 아니라, 다른 종교들의 영성에서도 일관성있게 강조되어온 영성 생활의 특징들 중 하나이다. 기독교 전통에서, 4세기의 사막 교부들, 중세 시대의 수도원 출신 저자들, 그리고 마이스터 엑하르트*, 줄리안*, 리처드 롤*과 같은 14세기의 저자들은 20세기의 수도사인 토머스 머튼*과 의견을 같이 한다: "영적인 기쁨은 십자가에 의존한다. 자신을 부인하지 않는 한, 우리는 모든 것 안에서 자신을 발견하지 못할 것이며, 그것이 불행이다." 영성 훈련에 몸을 포함시키는 금욕적인 관습에서는 몸의 상태가 영혼의 상태에 영향을 준다고 가정하며, 영혼에게 상습적인 방어적 태도를 효과적으로 제거해 주는 육체적인 훈련이 전인의 영적 행복에 필요하다고 가정한다.

수덕 신학에서는 종종 영혼에 접근하기 위한 수단으로서 육체적 훈련의 필요성을 묘사하기 위해서 몸과 영혼을 구분하며, 인간이 지닌 이 두 가지 측면이 상호 작용한다고 가정한다. 따라서 기독교 수덕주의의 본보기는 이 두 측면 중 하나가 나머지 하나를 대적하는 적대적인 갈등이 아니라, 통합된 전인이 의도적으로 최고의 선을 향하는 것이다.

기독교 역사에서 금욕의 방법과 목표는 하인리히 수소*, 폴리뇨의 안젤라, 아씨시의 성 프랜시스*의 엄격한 훈련에서부터 일상 생활에서 습관과 중독 증세를 제거하는 것을 목표로 하는 보다 관대하고 일시적인 관습들에 이르기까지 매우 다양하다. 이 다양한 방법들과 목표들은 공통적으로 사랑과 봉사를 위한 정화에의 헌신과 하나님 사랑 안에 있는 동기 부여를 지닌다.

일반적인 사회화의 습관화와 일상 생활의 습관들은 기독교 신앙의 새로운 삶을 받아들이고 경험하며 사람들에게 전달하는 능력을 죽인다. 금욕은 성, 권력, 재산 등을 습관적으로 추구하는 것에 대한 체계적인 죽음이다. 효과적인 금욕을 하려면, 강박적으로 집착하는 습관이나 대상물을 스스로 또는 영적 지도자에 의하여 분별해야 하며, 이러한 성향에 대처하거나 제거하기 위해 고안된 금욕적 관습을 처방해야 한다. 금욕의 목적은 사물들을 거부하거나 박탈하는 것이나 쾌락과 즐거움을 거부하는 것이 아니며, 하나님 안에서 즐거워하는 것과 이 즐거움에서부터 자발적으로 흘러나오는 사랑의 봉사를 방해하는 애착을 확인하는 데 있다.

David A. Fleming, *The Fire and the Cloud: An Anthology of Christian Spirituality*, 1978; Margaret R. Miles, *Fulness of Life: Historical Foundations for a New Ascetism*, 1981; 'Mortification', *DS*, X, cols 1791-9; Donald Nicholl, *Holiness*, 1981; Henri J. M. Nouwen, *With Open Hands*, 1972; Daniel Rees, *Consider Your Call: A Theology of Monastic Life Today*, 1978.

MARGARET R. MILES

급진적 영성 | Radical Spirituality

급진적 영성은 공통점이 거의 없는 듯이 보이는 것, 일반적으로 양립할 수 없다고 생각되는 두 가지를 결합한다. 여기에서 "급진적"(radical)이란 정치적으로 급진적인 것을 의미한다. 이런 의미에서 급진적인 기독교인은 정치적인 의식이 강한 동시에 적극적이다. 그들은 사회적으로 비판적이기 때문에, 사회의 제도화된 악이라고 간주하는 것을 폭로하고 비난하고 대적했다. 이러한 행동주의는 그룹, 때로는 대학이나 국가적인 기구의 대학 지회 참여를 통해서 이루어졌다. 1960년대 이후 영국의 SCM (Student Christian Movement)이 가장 두드러진 본보기이다. 그러나 반드시 종교적인 것이 아니라 결과 지향적인 집단들과 연합하여 지역적인 활동이 이루어지기도 한다.

이 모든 것은 "영성"이라는 용어와 관련하여 일반적으로 연상되는 것들과 대조가 된다. 영성 생활에 깊이 헌신한 사람들은 급진적인 사람들보다 나이가 많고, 육체적으로나 태도에 있어서 싸움을 멀리하는 사람일 것으로 기대될 것이다. 그들에게 있어서 영성 생활은 세상이 배제되는 사적인 생활일 수도 있다. 사회적인 문제들에 대한 비판적인 의식이 부족한 것이 하나의 덕으로 간주될 수도 있을 것이다. 1970년대 초에, 이 두 가지 주장의 정당성이 도전을 받았다. 급진적 영성은 그것들을 변증적으로 초월하려는 시도를 대표한다.

1964년부터 1970년 사이에 미국과 유럽에 새로운 형태의 관념론이 등장했다. 젊은 미국인들에게 중요한 것은 생활 방식과 그 안에서 구현되는 가치관이었다. 베트남은 전쟁 상태의 논리적인 성취였다. 유럽에서는 젊은 마르크스의 재발견으로 인해 국가나 산업이나 교육에 있어서 관료주의적 통제를 멀리하게 되었다. 많은 기독교 청년들이 이러한 운동에 관여하게 되었고, 적극적으로 참여하는 것이 기독교인의 책임의 일부라고 간주했다. 그러나 그 시대가 끝날 무렵에 그러한 상황에 대한 불안이 증가했다. 젊은 신자들은 활동적이었지만 비판적인 차원에서 기독교적인 투입이 전혀 없는 것 같았다. 그들은 기독교적이 아닌 운동에 휩쓸려 있었으며, 전통적인 신학이나 영성의 형식으로부터의 지원을 기대할 수 없었다. 많은 경우, 기독교 전통과 제도들은 문제 해결에 도움이 되기보다는 걸림돌이 되는 것 같았다. 사회적·정치적 행동주의만으로는 충분하지 못했다.

급진적 행동주의의 경험은 거부된 것이 아니라 부적절한 것으로 간주되었다. 그러나 전통적인 영성은 대안을 제공하지 못했다. 근본적으로 영성은 순수히 변증적 운동이다. 전통적 영성에는 사회적·정치적인 행동이 포함되지 않는다. 그것은 기독교적 책임에 필요한 일부로 간주되기에 이르렀다. 최악의 경우, 그것은 기독교의 청지기 직에 주의를 집중하지 않은, 다소 퇴폐한 형태의 기독교라는 아편일 수도 있다. 그러므로 급진적 영성은 행동과 관상의 새로운 종합으로서, 그 안에서 행동과 관상 모두가 변화된다. 행동주의는 변화되어왔다: 정치적 목적을 위한 정치적 행동만으로는 충분하지 못하다. 행동이 신속하게 변화를 이루어 내지 못하는 곳에서, 또는 새로운 질서가 옛 질서의 불의들을 모방할 때에 "체념의 씨"가 뿌려진다. 어떻게 해야 믿음이 소망 속에서 지속되며 절망을 극복할 수 있는가? 전통적 영성도 변화될 때에 가능하다. 아마 성경의 하나님은 종교보다는 세상의 삶에 더 관심을 가지실 것이다. 이것을 보여 주는 강력한 본보기는 하나님으로부터 부름을 받아 왕들에게 기름을 붓고 역사의 흐름을 변화시키라는 명을 받은 선지자 엘리야이다. 그 일은 엘리야의 힘만으로는 불가능했을 것이다. "일어나서 먹으라 네가 길을 이기지 못할까 하노라." 새로운 영성은 기독교인이 책임 있는 행동을 하라는 하나님의 부르심을 성취하기 위한 자원을 성찬 안에서 발견한다. 영성 생활의 발달은 개인의 유익이나 구원을 위한 것이 아니라, 세상에서 하나님의 뜻이 이루어지게 하기 위한 것이다.

급진적 영성은 정치화된 영성이다. 정치 신학이 일반적으로 종교의 독점을 종식시킨다면, 급진적 영성은 종교 생활의 독점을 종식시킨다. 성찬은 집단적인 행위이다. 한 무리가 성경을 자세히 살펴 볼 때에 성경은 그들에게 말하고 판단하고 부르고 명령한다. 기도와 관상은 그러한 요구를 받았을 때에 순종하는 데 도움을 주며, 그리스도께서 공생애를 시작하시기 전에 광야로 가신 것을 상기시켜 준다.

이 새로운 영성이 기독교적 일치의 원천이 되었어야 했다. 유럽과 아메리카에서는 가톨릭 영성과 개신교 행동주의의 새로운 만남에서부터 이것이 형성되었다고 말하는 것은 완전히 틀린 말은 아니지만 지나치게 도식적일 것이다. 라틴 아메리카의 오순절 운동이 비슷하게 발달하여, 성령의 은사들은 기독교인들만의 유익만을 위해서가 아니라 그들로 하여금 공동체 안에서 하나님을 섬길 수 있게 하기 위해서 발휘된다는 증거가 있다. 이 경험은 전통적인 교회들과의 관계를 위한 새로운 기초를 제공해 주었다. 새로운 영성은 자칫하면 서로 의심할 수도 있는 기독교인들 사이를 이어주는 유대가 될 수도 있다. 내면에 새로운 영성이 지닌 두 가지 차원 모두를 소유한 사람은 놀라운 사람일 것이다. 종종 그것은 집단적인 경험이 되기도 한다. 그러나 대니얼 베리건(Daniel Berrigan)과 토머스 머튼*의 관계는 행동주의자와 관상자의 상보성을 보여 주는 중요한 본보기이다. 양측이 자신의 강조점의 부족함을 겸손하게 인정할 때, 그들은 함께 새롭고 창조적인 관계를 향해 전진할 수 있다.

Tissa Balasuriya, *The Eucharist and Human Liberation*, 1977; Daniel Berrigan, *The Dark Night of Resistance*, 1971; *America is Hard to Find*, 1973; Chi-Ha Kim, *The Cry of the People*, 1975; Alistair Kee (ed), *Seeds of Liberation*, 1974; Thomas Merton, *Contemplation in a World of Action*, 1971; William D. Millere, *A Harsh and Dreadful Love*, 1973; Brother Roger, *Struggle and Contemplation*, ²1983.

ALISTAIR KEE

기도 | Prayer

1. **경모**(adoration). 경모는 종교의 중심을 차지하는 기도의 형태이다. 경모의 특징을 이루는 단어는 "절대적인"(absolute)이다. 한편으로는 하나님의 절대적인 요구라는 의식이 존재한다. 경모의 기도를 주도하고 요구하는 것이 바로 이 요구이다. 하나님은 그 절대성에 있어서 특이한 분이시며, 그렇기 때문에 창조된 유한한 모든 것들과 다르다. 그렇기 때문에, 경모는 하나님께만 드려야 한다. 기독교인은 성인들을 존숭하고 그들의 기도를 기원할 수 있으며 또 그렇게 하지만, 아무리 심오한 존숭이라도 상대적인 것이며 성도들 안에 계신 하나님의 현존에 의해서 불러 일으켜진다.

유한한 존재를 경모하는 것을 그 존재를 절대적인 것으로 오해하는 것이 되며 우상숭배가 될 것이다. 따라서, 교회는 하나님께만 드리는 경모(*latreia*)와 성인들에게 바치는 존숭(*duleia*)을 구분해왔다. 성모 마리아는 그 특별한 지위 때문에 성인들 중에서도 큰 존숭(*hyperduleia*)을 받는다. 그러나 초대 시대부터 제2차 바티칸 공의회에 이르기까지, 성모 마리아에 대한 지나친 신앙은 억제되어 왔으며, 이것은 마리아 존숭이 성육하신 아들과 관련된 것임을 분명히 해 준다.

경모를 세상 통치자에 대한 경의와 같은 것으로 생각해서는 안 된다. 그것 역시 하나님의 절대적인 존재의 특성과 경모의 독특한 특성을 간과하는 것이 될 것이다. 우리는 하나님의 능력이나 선하심 때문에 하나님을 경모하는 것이 아니라, 우리의 유한한 경험 안에 있는 모든 경탄할 만한 것들을 초월하는 한계로서 경모한다. 하나님은 지극히 거룩한 분이시다. "거룩한"이라는 형용사에는 힘과 선과 자비 등의 완전함이 포함될 뿐만 아니라, 우리의 이해 능력을 초월하는 초자연적인 것의 신비도 포함한다. 신비주의 저술가들은 하나님은 힘이나 선이나 아름다움을 초월하신다고 선언해 왔다. 이것은, 이러한 특징들은 우리에게 하나님을 가리켜 주지만 그것들이 절대적인 것을 나타낼 때에는 우리의 인식을 초월한다는 것을 이야기하는 방법이다. 하나님을 봄은 세상에서 가장 아름다운 것과 가장 감명적인 광경들을 무한히 능가한다. 그러나 이와 같은 심미적 경험과의 유비는 우리가 이미 거부한 경외라는 유비보다는 경모의 본질에 보다 적합한 듯하다. 숭고한 것(the sublime)은 거룩한 것과 그리 다르지 않다. 칸트는 숭고한 것을 "모든 위대한 것을 초월하는 것"이라고 정의했다. 이것은 종교와 예술의 관계, 그리고 오늘날 종교를 믿지 않는다고 말하는 사람들이 예술 속에서 숭고한 것을 추구한다는 사실을 설명하는 데 도움이 될 것이다. 인간은 경모하려는 욕구, 즉 불가해하고 절대적인 것과 관계를 가지려는 욕구를 가지고 있다.

경모를 받는 분은 존재의 한계에 서며, 우리의 완전한 이해를 피하기 때문에, 경모의 표현은 결국 한계에 도달한다. 그러므로 경모의 기도는 종종 침묵이 된다. 물론 이것은 말로 표현할 수 없는 충만을 지닌 침묵이다. 그러나 말로 표현하지 못할 때에, 다른 형태의 언어가 그 역할을 한다. 경모는 전형적인 몸짓들—절, 무릎을 꿇음, 한쪽 무릎을 꿇고 앉음, 엎드려 부복함—로도 표현된다. 이러한 행동들은 경모되는 대상의 절대적인 요구를 인정한다. 신약성서는 예수 그리스도의 신성에 대해 직접적으로 말하는 것을 삼가지만, 물(C. F. D. Moule)이 지적하는 바에 의하면 마태복음 28:17에서 제자들이 엎드려 경배한 것처럼 예수께 대한 경모의 몸짓들이 기록되어 있다.

이제 경모의 다른 측면—경모하는 자의 절대적인 자기 포기—에 대해 살펴 보려 한다. 하나님의 절대성 앞에서는 절대적인 반응만이 적절하다. 슐라이어마허가 표현한 것처럼, 인간은 자신의 "절대적인 의존성"을 의식하게 된다. 물론 이것은 자신의 자율성을 존중하라는 가르침을 받은 현대인의 비위를 거스른다. 그러나 고립되어 있는 인간은 하나의 파편에 불과하며, 우리는 모두 다른 사람들이나 사물들을 의지한다. 절대적인 의존이란 무엇을 의미하는가? 이것은 경의가 아니며, 결코 압제적인 것이 아니다. 그것은 우리로 하여금 처음으로 참된 자아가 되게 해 준 절대적인 것과 관계를 갖는 것이다. 애디슨(Addison)은 경모의 의미를 다음과 같이 파악했다: "내가 경이, 사랑, 찬양 안에 몰입되어 있다는 견해에 도취된 것." 강력한 경모는, 경

기도 | Prayer

모하는 사람이 자신에게서 벗어나 사랑과 아름다움과 완전함 안에서 자신을 초월하는 현실에 놓여 경이와 감사로 가득차게 되는 일종의 엑스타시 상태를 가져온다. 테이야르 데 샤르댕도 비슷한 증언을 한다: "경모한다는 것…그것은 깊이를 알 수 없는 것 안에 몰입하는 것, 다함이 없는 것 속에 뛰어드는 것, 썩지 않는 것 안에서 평화를 찾는 것, 측량할 수 없는 것 안에 몰두하는 것, 투명한 것에게 자신을 바치는 것, 자신의 의식하게 되면서 점차 자신을 멸절하는 것, 끝없는 깊음을 가진 분에게 자신의 가장 깊은 곳을 바치는 것이다." 샤르댕이 말하는 몰입이란 자아가 사라지는 것이 아니라 자아가 정화되고 강화되는 것을 의미한다. 사람이 자신을 발견하려면 자신을 잃어야 한다는 것이 신약성서의 역설이다. 하나님에 대한 관상에 몰두하는 사람은 거룩한 영광에 속한 것을 반영하기 시작하며, 그리하여 그가 지닌 하나님의 형상이 그의 존재 안에서 보다 분명해진다.

마지막에 지적한 사실은 중요하다. 왜냐하면 그것은 기독교적 삶에서 경모와 성장의 관계를 강조하기 때문이다. 경모하면서 절대적인 것을 접하는 것은 인간을 자신의 하찮음에서 끌어내는 데 도움이 되며, 하나님과의 교제 안에서, 그리고 참된 공동체 안에서 살기에 적합한 수준에 이르게 한다.

K. E. Kirk, *The Vision of God*, 1931; P. Teilhard de Chardin, *Le Milieu Divin*, 1960.

JOHN MACQUARRIE

2 죄 고백. 만일 어린 아이 같은 순진함이 조금이라도 있다면, 사회는 사랑과 배려하는 마음에서 죄의식을 주입함으로써 그것을 파괴할 것이다. 그러나 어린 아이는 곧 자신이 의도적으로든 아니든 불순종의 상태에 있다는 것을 배우게 된다. 『독일 신학』(*Theologia Germanica*)*에서 자의식은 "나, 그리고 방종함과 다른 사람들을 지배하는 힘에 불을 붙이는 본능들"이라고 정죄한 것이기 때문에, 이러한 상태는 성장한다. 역사의 잔인함 앞에서 공포에 사로잡힌 민감한 영혼은 보편적인 죄책이 있다는 것, 세상의 병폐의 대부분은 나의 죄에 기인한다는 것, 그리고 내가 자신의 유식한 가난의 혜택과 특권들을 누린다는 것을 깨닫는다. 죄를 느끼지 못하는 것은 비기독교적이며 비인간적이다. "영국 교회의 연도에서 네 번 되풀이하는 응답—"불쌍한 죄인들인 우리를 불쌍히 여기옵소서"—이 자신에게 무의미하다고 선언하는 것은 기독교에 대해 전혀 이해하지 못하거

기도 | Prayer

나 기독교를 배교했다는 선포가 된다.

그러나 만일 내가 영원히 죄의식에 시달린다면, 괴로워하다가 죽을 것이요, 무익한 인간이 될 것이다. 게다가, 한층 더 나쁜 죄에 빠질 수도 있을 것이다. 이미 죄의식에 압도된 사람이 죄를 범한다. 만일 내가 영속적인 자기 성찰에 의해서 죄를 정복하려 한다면, 나는 자기 도취에 빠질 뿐만 아니라 나의 죄에 매료되거나 사랑하게 될 수도 있다.

기독교인은 모든 죄는 궁극적으로 하나님을 거스린다고 믿는다. 왜냐하면 죄는 창조 안에 있는 하나님의 목적을 전복시키며 우리의 운명인 하나님과의 사랑의 연합을 파괴하기 때문이다. 그러나 "만일 우리가 죄를 고백한다면, 신실하시고 의로우신 하나님은 우리의 죄를 용서하시고 모든 불의에서 깨끗하게 해 주실 것이다." 하나님께서 는 전능하시고 자의적인 힘의 명령에 의해서 이렇게 행하시는 것이 아니라, 비록 전쟁이나 고난이 끝나지는 않았지만 그리스도의 생명과 죽음 안에서 우주적인 악이 극복되었으며, 새로운 인류가 창조되고 있기 때문에 이렇게 행하신다.

죄고백은 우리의 죄를 인정하는 것, 우리가 실족하고 또 실족한다는 것을 정직하게 인정하는 것이다. 그것은 죄를 우리의 정신 속 깊이 파묻어 주는 것이 아니라 드러내 주며, 우리를 종말에서 구해 준다. 그렇게 할 때에 용서와 새 생명과 영원한 소망이 있다.

죄고백은 개인적으로 직접 하나님께 행할 수 있다. 대리인들이 방해가 된다고 느끼는 사람, 즉 사제에게 죄를 고백하거나 마리아와 성인들에게 도움을 구하는 것이 마치 한 사람의 공무원에게서 다른 공무원에게 의뢰하는 것과 같아서 결코 주님을 만나지 못한다고 느끼는 사람들이 있다. 어떤 사람들은 성례전적 확신을 받지 못한다. 그리스도께서 친히 직접 마음에 말씀하시지 않는 한, 세월이 흐르는 동안 발달해온 교회의 정교한 과정들은 쓸모가 없을 것이다. 이것은 루터*나 번연*의 영적 갈등과 낙심을 설명해 준다. 성경은 그들에게 개인적으로 믿음과 평화를 주었다.

사람들은 인간적인 도움을 필요로 한다. 야고보는 "너희 죄를 서로 고하라"고 말한다. 감리교회의 속회는 지나치게 엄격하기도 하고 지루한 간증의 반복으로 전락하기도 했지만, 이러한 치유적 정직을 장려한다. 본회퍼*는, 홀로 자기의 죄와 함께 거하는 사람은 완전히 고독한 사람이며, 기독교

기도 | Prayer

의 교제는 허물이 없는 체 하지 않고 용감하게 죄인이 되려는 사람들의 교제라고 주장했다. 왜냐하면 하나님은 죄는 미워하시지만 죄인을 사랑하시기 때문이다. 이것은 죄고백이 반드시 그룹 활동이 되어야 한다는 의미는 아니며, 대부분의 사람들은 장차 "영혼의 친구"(soul friend)가 될 사람의 도움을 환영할 것이다. 죄고백은 우리가 자신의 허물을 이해하며, 자신을 보다 잘 알며, 어디에 위험이 도사리고 있는지를 분별하고, 하나님과 용서의 의미를 아는 데 도움이 되어야 한다.

교회의 공적인 예배 때에 죄고백을 생략해서는 안된다. 왜냐하면 언제나 특별히 죄사함을 필요로 하는 사람이 있을 것이며, 우리는 하나님 앞에 나아가기 전에 발에서 먼지를 털어야 하기 때문이다(Cf. Charles Péguy's poem in *The Mystery of the Holy Innocents*). 하나님의 손님으로서 정중한 행동인 죄고백과 주님이 우리를 용서하시고 환영하신다는 보증을 받은 후에, 하나님의 말씀에 대한 응답으로 더 많은 죄고백이 필요할 수도 있는데, 그것은 죄의 본성과 재앙을 새롭게 인식하게 해 준다. 정교회 영성에서 "주여, 불쌍히 여기소서"라고 반복하는 예수기도는 정죄받은 사람이 사망으로부터의 구원을 애원하는 외침이 아니라 하나님께서 주셔야 할 모든 것을 구하는 기도이다. 왜냐하면 그의 자비는 곧 그의 온전하심이며(마 5:48; 눅 6:36), 그의 자비하심이 비추어줄 때에, 우리는 그의 영원한 기쁨 속에 받아들여지기 때문이다.

Dietriech Bonhoeffer, *Life Together*, 1954; Edwyn C. Hoskyns, *Cambridge Sermons*, 1938, 1970; William Telfer, *The Forgiveness of Sins*, 1959.

편집자

3. 중보기도. 중보기도는 다른 사람, 사람들의 무리, 또는 세상과 함께 그들을 위해서 행하는 기도이다. 참된 중보를 하려면, 중보기도자는 하나님과 협력해야 한다. 즉 신실하게 믿음을 실천하는 삶을 살려고 노력해야 한다. 신약성서에 의하면, 중보자는 예수 그리스도와 연합하여 산다: "하나님은 한 분이시요 또 하나님과 사람 사이에 중보도 한 분이시니 곧 사람이신 그리스도 예수라 그가 모든 사람을 위하여 자기를 속전으로 주셨으니"(딤전 2:5). 그러므로 중보는 세례와 믿음의 생활을 통하여 그리스도와 연합한 중보자가 예수님의 화해의 삶에 들어가는 최초의 행동이요 생활 방식이다. 예수님의 중보는 성육신과 함께 시작되며(요 1:4),

기도 | Prayer

그분을 요단 강에서 세상의 죄 속에 잠기게 하고(마 3:13), 죽음과 부활 안에서 고독을 통과하게 하며(마 27), 우리를 위해 중재한다(롬 8:34).

또 다른 차원에서, 중보는 단순히 다른 사람(병자, 믿음이 없는 자, 환난 중에 있는 자)을 위한 기도, 또는 어떤 목적(세상의 어느 지역의 평화, 논쟁의 해결, 특정 국가 내의 정의)을 위한 기도로 간주된다. 여기에서 현대 사상은 무엇이 시도되고 있는지를 질문한다. 하나님의 뜻을 변화시키는 것인가, 아니면 하나님께 그의 의무를 상기시켜 주는 것인가? 일반적으로, 그 대답은 그리스도께서 화해하시면서 세상에 들어오신 것처럼 중보자도 하나님의 계획, 구원의 경륜의 일부라는 것이다. 예수님은 "구하라 그러면 너희에게 주실 것이요"라고 말씀하시면서 그 방법은 설명하지 않고 다만 하나님의 아버지 되심을 언급하신다.

중보는 다른 사람들을 위한 사역이다. 그것은 하나님, 그의 보살핌, 선하심 등에 대한 믿음의 행위이다. 그것은 하나님의 신비와 인간의 자유 안에 포함되어 있다. 우리는 사랑하시는 아버지 하나님, 직접 일하실 뿐만 아니라 사람들의 협력을 사용하여 일하시는 하나님을 믿기 때문에 다른 사람들을 위해 중재한다. 중보는 말에 의존하는 것이 아니라 믿음 생활에 의존한다. 우리는 존재 전체로 중보하며 하나님을 위해 문을 열고, 통로가 되고, 아론처럼 사람들을 하나님께 데려간다(출 28:29). 우리는 모든 사람과 주제들을 위해 중보할 수 있다. 중보의 결과는 이따금 알게 될 뿐이지만, 모든 중보는 "내 뜻대로 마옵시고 아버지의 뜻이 이루어지이다"라는 의미를 함축한다.

중보의 역사는 구약성서에서 시작된다. 예를 들면 아브라함이 소돔을 위해 간청한 것(창 18:22-23), 모세가 자주 중재한 것, 엘리야 등이 있다. 예수님은 베드로를 위해(눅 22:32), 제자들의 성화를 위해(요 17), 일치를 위해(요 17:20-23), 자기를 죽이는 사람들의 용서를 위해(눅 23:34) 기도하셨다. 오순절 후에, 교회는 감옥에 갇힌 베드로를 위해 기도했으며(행 12:5), 바울은 에베소 교회 신자들을 위해 기도했고(엡 1:16), 야고보는 사람이 병들었을 때에 어떻게 행동해야 하는지에 대해 말해 주었다(약 5:13-17). 예수님이 세상에 계실 때에, 사람들은 예수님과 함께 중보기도를 했다. 백부장은 자기의 하인을 위해(눅 7:1-10), 마리아와 마르다는 나사로를 위해(요 11:1-4) 기도했다.

기도 | Prayer

중세 시대 교회는 그리스도를 통해서 직접 기도했을 뿐만 아니라 천사들, 성모 마리아, 성인들에게 자기들을 위해 중재해 줄 것을 기원했다. 칼빈, 루터, 그밖의 다른 개혁자들은 하나님이나 그리스도 외에 다른 사람에게 기도하는 것을 하나님을 모독하는 행위라고 주장하면서 이것을 강력하게 거부했다. 심지어 어떤 사람은 하나님은 우리가 구하기 전에 이미 우리의 원하는 바를 아시며(마 6:8) 그리스도께서 모든 것을 성취하셨으므로 어떤 종류의 중보도 필요하지 않다고 생각한다.

로마 가톨릭 교회에서는 성도들의 교제가 있다는 것, 우리는 서로를 위해 기도할 수 있다는 것, 그리고 유일한 중보자이신 예수 그리스도로부터 주의를 돌리지 않고서도 천사들과 성인들에게 우리의 기도를 지원해줄 것을 요청할 수 있다는 견해를 강조한다. 성모 마리아와 성인들에게 기도하는 관습은 수백 년 간 순례의 장소와 성지에서 분명히 행해졌다. 사람들은 그러한 장소에서 자기 자신과 다른 사람들을 위해 기도했다.

가장 흔한 형태의 중보기도는 죽은 자들을 위한 기도이다. 그 가장 초기의 예는 카타콤의 벽에서 발견되며, 키프리안, 터툴리안 등이 이 관습을 지지했다. 한편 4세기에 아리우스는 그러한 기도의 효과를 거부했기 때문에 정죄되었다. 영국에서는 교회 경내에 창시자들과 후원자들과 그 가족들의 명복을 기리기 위한 부속 예배당이 많았다. 종교개혁 시대에는 이러한 관습이 억제되었다. 그러나 가톨릭 교회에서는 고인을 위해 기도하고 미사를 드리는 관습이 오늘날까지 계속되고 있다.

중보에는 대리 봉헌이라는 측면이 있다. 이것은 특히 관상 수도회, 선교사들, 가난한 사람들과 문둥병자와 죄수들과 함께 생활하는 사람들에서 현저하게 나타난다. 리주의 성녀 테레사는 마지막으로 병에 걸렸을 때에 자신의 고통스러운 걸음을 선교사들을 위해 바쳤고, 콜베 신부는 다른 죄수를 대신하여 가스실에서 죽기를 자청했고, 문둥병자들을 위해 헌신한 다미엔 신부는 문둥병자가 되었다.

은사 운동*이 교파를 초월하여 성장하면서 보다 많은 중보기도 집단, 특히 병자를 위한 안수기도 집단이 생겼고, 치유를 위한 기도가 널리 행해졌다.

영국 국교회는 항상 중보의 가능성을 보유해왔다. 그 예는 공동기도서에 있다: 연도, 감사기도, 여왕을 위한 기도. 복음주의 진영과 가톨릭 진영 사이에는 견해의 차이가 있지만, 양측 모두 나름대로 중보기도를 계속 사용해온다. 영국 국교회, 감리교회, 그리고 로마 가톨릭 교회에서는 성찬 예식을 개정하면서 중보기도의 범위를 넓혔다.

Maurice Nédoncelle, *The Nature and Use of Prayer*, 1964.

MICHAEL HOLLINGS

4. **청원기도.** 청원기도는 요청하는 기도이다. 이 기도는 종종 고양이가 젖을 달라고 칭얼대는 것처럼 저급한 차원의 기도로 간주되며, 이기적인 것이 될 수도 있다. 어떤 영적 저술가들은 우리는 장성하여 청원기도를 벗어나야 하며 응답을 기다리지 말아야 하고, 만일 그런 것을 기대한다면, 바알의 선지자들이 하늘로부터 불이 내려오게 하기 위해서 칼로 자기들의 몸을 찌른 것처럼 우리도 낙심하고 죄의식으로 자신을 괴롭힐 수도 있다고 생각한다. 청원기도가 하나님과의 교제라는 것, 우리 자신과 원하는 것의 충족을 요구하는 것이기보다는 악을 대적하려는 하나님의 뜻을 지원하는 것임을 알아야 한다.

이러한 견해를 갖는 사람들은 "구하라 그러면 너희에게 주실 것이요 찾으라 그러면 찾을 것이요 문을 두드리라 그러면 너희에게 열릴 것이라"(눅 11:9)는 예수님의 가르침에 당황한다. 주님의 기도는 청원기도이며, 예수님은 끈질기고 무례하게 졸라대는 사람의 요구를 기도의 본보기로 제시하신다(눅 11:5ff.; 18:1-8).

청원기도란 우리가 하나님을 완전히 의지하고 있음을 인정하며 세상은 하나님의 것이며 우리는 심지어 빵 부스러기를 취하기 전에도 하나님의 허락을 요청해야 한다는 것을 의미한다. 청원기도를 할 때에 우리는 자신이 고독한 개인이 아니라 한 가정의 가족들이라는 것, 그리고 내가 요청하는 것이 다른 사람 때문에 부인될 수도 있다는 것을 인정해야 한다. 그것은 믿음의 기도이며, 가장 단순한 초기 단계의 기도가 아닐 수도 있지만, 대단한 영적 성숙을 요구하는 기도이다. 근본적인 것은 하나님은 우리의 믿음을 시험하기 위해서 뿐만 아니라, 우리의 삶 전체가 하나님과의 관계 안에 놓이기를 원하시기 때문에 우리가 요청하기를 기다리신다는 믿음이다. 우리 자신의 욕구에 몰두하지 말고, 하나님과 그의 무한한 자비와 사랑에 몰두해야 한다.

예수님은 우리가 그리스도의 이름으로 구하면 하나님께 주실 것이라고 약속하셨다. 이것은 기도를 마칠 때에 "예수 그리스도로 말미암아"라는 말을 덧붙이는 것 이상의 의미를 지닌다.

기도 | Prayer

그것은 그리스도께서 기도하시는 것처럼 기도하는 것, 그리스도께서 구하시리라고 생각되는 것만 구하는 것을 의미한다. 요한복음 15장에서, 예수님은 그것을 달리 표현하신다: "너희가 내 안에 거하고 내 말이 너희 안에 거하면 무엇이든지 원하는 대로 구하라 그리하면 이루리라." 만일 그리스도께서 우리 안에서 우리의 이름으로 기도하는 것을 허락한다면, 그것은 한층 더 단호한 조건이다. 그러나 우리가 요청하는 데에는 하나님께서 항상 우리가 기도하는 것 이상의 것을 들으실 준비가 되어 있으며, 우리가 원하는 것보다 많은 것을 주시리라는 확신이 있다. 하나님께서는 우리가 받아야 할 것보다 더 많이 주신다는 것은 쉽게 믿을 수 있다. 하나님께서 우리가 원하는 것보다 더 많이 주신다는 것은 믿기 어려울 수도 있다. 그러나 예수께서는 우리 아버지 하나님은 인간 부모보다 더 관대하시다고 보장하셨다: "너희가 악한 자라도 좋은 것으로 자식에게 줄 줄 알거든 하물며 하늘에 계신 너희 아버지께서 구하는 자에게 좋은 것으로 주시지 않겠느냐"(마 7:11). 누가복음 11:13에서는 "하물며 너희 천부께서 구하는 자에게 성령을 주시지 않겠느냐"라고 하셨다. 우리에게 가장 필요한 것, 궁극적으로 필요한 것은 하나님이다. 따라서 우리의 근본적인 기도는 "오 하나님, 우리에게 당신 자신을 주십시오"가 되어야 한다. 토머스 아퀴나스*는 십자가 고상 앞에서 묵상하면서 "너는 나에 대해서 훌륭한 글을 썼다. 어떤 상을 받기 원하느냐?"라는 음성을 들었다. 그는 "주님, 당신 외에는 아무런 상도 원하지 않습니다"라고 대답했다. 우리는 하나님의 선물이 아니라 선물을 주시는 분을 갈망하고 그것을 위해 기도해야 한다.

이사야 11:2을 보면 선물과 선물을 주는 분을 분리할 수 없는 것처럼 보인다: "여호와의 신 곧 지혜와 총명의 신이요 모략과 재능의 신이요 지식과 여호와를 경외하는 신이 그 위에 강림하시리니." 기독교인들은 갈라디아서 5:22-23에 언급된 덕목들을 달라고 기도할 수도 있다: "사랑, 희락, 화평, 오래 참음, 자비, 양선, 충성, 온유, 절제." 바울은 이것들을 성령의 내주하심의 열매로 생각한다.

야고보서 1:5에서는 솔로몬처럼 지혜를 달라고 기도하라고 촉구한다: "너희 중에 누구든지 지혜가 부족하거든 모든 사람에게 후히 주시고 꾸짖지 아니하시는 하나님께 구하라 그리하면 주시리라."

청원기도와 중보기도—다른 사람을 위한 청원기도—를 항상 쉽게 구분할 수 있는 것은 아니다. 그러나 이 둘은 분리되어야 한다. 청원기도는 우리의 관심사를 직접 하나님께 구하는 것이며, 중보기도는 우리 자신을 하나님과 세상 사이에 두는 것이다.

GEORGE APPLETON

5. 감사기도. 기독교 영성에서 감사와 찬양은 밀접하게 연결되어 있다. 때때로 기독교인들은 하나님의 존재 때문에 하나님을 찬양하며 하나님이 행하신 일 때문에 하나님께 감사한다고 말한다. 그러나 그 개념들은 서로 스며들어 있다. 왜냐하면 하나님께서 행하신 일에 대한 감사와 하나님의 존재에 대한 기쁨을 분리하기 어렵기 때문이다. 구약성서에서 찬양은 언제나 동일한 하나님의 계시된 성품을 의미하는 하나님의 이름을 향해 드린다. 그러나 하나님의 이름은 역사 안에서의 하나님의 행위 속에서 알려지므로, 하나님의 이름을 찬양하는 것은 하나님의 행위에 대한 감사와 혼합된다. 이것은 시편 중 마지막 여섯 편의 시편에서 생생하게 볼 수 있다.

찬양과 감사의 주제들은 예수 그리스도의 복음에 의해 초래된 축복에 대한 감사와 하나님의 주권과 아버지되심에 대한 새로운 인식과 더불어 계시되신 하나님에 대한 찬양과 함께 구약성서에서부터 신약성서로 전달된다. 기독교적 삶에서의 감사에 대해 말한 최초의 기독교 저술가는 바울이다. 그의 서신들은 종종 감사의 표현으로 시작되며(살전 1:2; 살후 1:13; 고전 1:4; 롬 1:8; 빌 1:3; 골 1:3), 그러한 문맥에서 기도하면서 요청한다. 그는 감사기도를 한다. 복음의 사건들, 바울 및 바울이 편지를 받을 교회들에게 주신 축복들, 그리고 최근에 발생한 특별히 감사해야 할 일들에 대해 감사한다. 골로새서와 에베소서에서는, 전례적인 형식과 다르지 않은 운율적인 형식으로 감사를 표현한다. 바울의 주장에 의하면, 감사는 기독교인의 삶에서 반복해서 나타나는 특징이다. 항상 모든 일에 대해 감사해야 한다(살전 5:16; 살후 2:13; 빌 4:6; 골 3:8; 엡 5:26). 하나님께 대한 감사는 참 종교와 거짓 종교를 분리한다. 왜냐하면 하나님께 대한 감사를 무시하는 것이 이교 신앙의 특징이기 때문이다(롬 1:26). "감사"라는 단어는 매우 실질적인 방법으로 기독교인과 하나님의 관계에 대해 말하는 데 반해, "영화롭게 하다"(glorify)라는 단어는 이 감사가 지닌

기도 | Prayer

깊은 신학적 의미에 대해 말한다. 모든 일은 하나님의 영광을 위해 행해져야 한다.

공관복음에서는 예수님의 사역에 의해서 유발된 하나님 찬양에 대해 말한다. 이러한 찬양은 누가복음에서 가장 두드러지며, 예루살렘 성전에서 제자들이 계속 하나님을 찬양한 것과 더불어 복음서가 끝난 후에 사도행전의 이야기에서 계속된다(눅 24:23). 마태와 누가는 예수께서 "천지의 주재이신 아버지여 이것을 슬기로운 자들에게는 숨기시고 어린 아이들에게는 나타내심을 감사하나이다"(마 11:25; 눅 10:21)라고 말씀하신 감사의 격발을 각기 상이한 맥락에서 기록한다. 여기에서 "감사하다"라고 번역된 동사는 축복을 인정하는 동시에 죄를 인정하는 데 사용된 것으로서 "고백하다", 또는 "인정하다"를 의미한다. 요한복음에서 감사의 주제는 영광을 돌림이라는 주제 안에 흡수되는 듯하다. 왜냐하면 예수께서 아버지의 영광, 성령에 의해서 신자들 안에서 재현되어야 할 영광을 위해 살고 죽으시기 때문이다.

기독교 역사에서 마지막 만찬 때에 떡과 포도주와 관련하여 드린 예수님의 감사보다 더 중요한 감사의 행위는 없다. 예수께서 떡과 포도주를 놓고 드린 감사는 유대인들이 유월절 식사나 유월절 전날 밤에 드리는 친숙한 감사였다. 이 친숙한 감사에, 예수님은 떡과 포도주를 자신의 몸과 피와 동일시하는 말을 추가하셨고, 그럼으로써 제자들과 장래의 신자들이 그의 죽음을 기념하며 행할 의식을 만들어 내셨다. 이 새로운 의식을 행하면서, 기독교인들은 복음의 구원 사건들에 대해 감사하며, 예수의 죽음을 기념하며, 그리스도를 영적 양식으로 삼으며, 자신을 예수와 연합한 감사의 제물로 드린다. 일찍이 성찬, 감사라는 단어는 성례전적 의식을 묘사하는 호칭이 되었다.

이처럼 감사는 기독교인의 기도와 삶과 예배에서 중요한 요소이다. 기독교의 기도에서 감사가 탁월한 위치를 차지하는 것은 그러한 기도의 본질적인 특성과 연결되어 있다. 마태복음에서 예수께서 제자들에게 기도의 본보기로 주신 주님의 기도는 "하늘에 계신 우리 아버지여 이름이 거룩히 여김을 받으시오며 나라이 임하옵시며"라는 말로 시작된다. 여기에서는 하나님의 아버지 되심과 초월성, 그리고 주권적인 목적을 기억한다. 그리고 이 기억에는 기독교인이 청원을 하기 전에 드리는 감사가 포함된다. 왕이자 아버지이신 하나님께 드리는 기도에는 감사의 신뢰가 함축되어 있으며, 그 다음에 청원이 따른다. 감사는 예수의 아버지이신 하나님께 대한 기독교인의 반응에 반드시 필요한 부분이다.

수세기 동안 성찬의 전례, 모든 교회의 예배, 그리고 기독교인의 개인적인 기도에서 감사가 두드러진 위치를 차지해왔다. 이 각각의 범주에서, 특별한 축복에 대한 감사와 창조주요 구주이신 하나님의 행위에 대한 감사가 연결된다. 모든 기도가 그렇듯이, 감사도 성령의 능력 안에서 예수 그리스도를 통해서 아버지께 드린다. 그가 "아바, 아버지"라고 기도할 때에, 성령은 기독교인들의 내면을 감화하여 그들로 하여금 청원 못지 않게 감사하게 만든다. 감사는 말 뿐만 아니라 침묵으로도 표현된다. 그리고 감사에는 행복과 기쁨 못지 않은 경이와 경외가 포함되므로, 침묵이 강조되어야 한다.

A. Michael Ramsey

기도의 심리학

| Prayer, The Psychology of

기도는 하나님과의 교제 안에 들어가는 것이며, 따라서 부분적으로 심리학의 권한을 초월하는 종교에 속한다. 그러나 기도는 하나의 인간적인 경험이며, 그런 점에서 심리학적 조사의 주제가 된다. 융(C. G. Jung)은 인간에게는 하나님이나 어떤 사람, 또는 거룩한 특성을 가지고 있는 것으로 제시되는 원인에게 무조건적인 권위를 부여하려는 경향이 있다고 주장했다. 이러한 경향은 활동을 하지 않고 있다가, 어떤 상징이 계기가 될 때에 활동하게 된다. 공적인 예배의 기능 중 하나는 이처럼 잠재적인 경향을 깨우는 것이다. 기도는 하나님을 향한 이러한 갈망을 깨우고 표현한다.

이 "하나님-본능"(God-instinct)을 깨우기 위해 많은 상징들이 사용되어 왔다. 기독교인들을 위한 주된 상징은 예수 그리스도이다. 그는 인간적인 연약함과 죄의 혼란 상태 속에 내려오시며 인류를 자기의 자녀로서 자기와 연합하게 하려고 스스로 인류와 동등하게 되시는 창조주의 강력한 상징이다. 상징은 그 자체를 무한히 초월하는 실체를 암시하는 것 이상의 역할을 할 수 없다. 우리는 상징에 대해 기도하는 것이 아니라 그 상징이 나타내는 것에게 기도한다. 기도하는 사람은 상징을 통해서, 또는 상징으로부터 벗어나서 상징이 가리키는 알지 못하는 분을 바라본다. 기도할 때에 사용되는 말은 상징이며, 말로는 암시하는 정도로밖에

기도의 심리학 | Prayer, The Psychology of

표현할 수 없는 신비한 실체에게로 정신을 인도해 준다.

잘 알려져 있는 구분—경모, 죄고백, 감사, 청원, 중보—을 살펴봄으로써 기독교의 기도 경험을 살펴볼 수 있다. 경모는 하나님의 탁월한 실체를 인정하는 것이며, 그 기능은 부분적으로는 신적 실체에 대한 의식을 깨우고 표현하는 것이다. 여기에는 굴욕이라는 요소가 들어 있다. 기도하는 사람은 초월하시는 신의 임재 안에서 자신이 무(無)라는 의식을 표현한다. 그러나 그가 예배하는 하나님은 그를 사랑하시며 그의 존재를 유지해 주시는 아버지라는 믿음이 이 굴욕과 균형을 이룬다. 따라서 경모의 굴욕은 자연스럽게 즐거운 찬송과 중요하다는 의식의 증가로 변화된다.

죄고백의 기도는 죄 의식의 표현이며, 용서와 치유를 위한 외침이다. 그것은 하나님으로부터의 소외 의식에서부터 솟아난다. 그것은 개인적인 죄의식 및 집단적인 죄의식을 표현한다. 현대의 정신 의학은 과장된 죄의식은 치료되어야 할 병적인 상태일 수도 있다는 지식을 보급했다. 이 신경과민적 죄의식의 원인은 집단적인 범죄, 이기적이고 불의한 사회에 속한 데 따른 불가피한 결과들에 대해 자신을 책망하는 것일 수도 있다. 그러나 회개는 건전한 것일 수 있다. 칼 융은 다음과 같이 기록했다: "사람들이 자신의 죄책을 발견하는 것이 얼마나 영적으로 부요하게 하는 것인지, 영적으로 얼마나 권위있고 영광스러운 것인지를 안다면 얼마나 좋겠는가!" 이 부요함은 죄책을 인정하는 것은 참된 생활로부터 소외되어 있는 인류와의 결합을 인정하는 것이라는 사실에서 생긴다. 주님의 기도도 개인과 동료들의 결속을 강조한다. "우리가 우리에게 죄 지은 자를 용서함 같이 우리를 용서해 주옵시고." 회개의 외침에는 비굴한 아첨이 필요 없다. 회개하는 사람은 자신의 개인적인 실수는 물론이요 폭력과 잔인함과 탐욕과 증오라는 인류의 죄에 자신이 동참했음을 인정한다.

감사 기도는 믿음과 감사의 표현이다. 그것의 효과는 그 참됨에 비례하여 하나님에 대한 의존 의식과 신뢰를 강화해 준다. 인생에서 누릴 수 있는 모든 것에 대한 감사는 모든 선한 것을 지으신 분에 대한 피조물의 의존 의식을 강화해 준다. 그러나 큰 환난 속에서도, 악을 선으로 만드는 사랑 때문에 감사할 수 있다. 기독교인들의 감사의 초점은 십자가에 달려 돌아가셨다가 부활하신 예수 그리스도이다. 신자들

-92-

이 상상하는 그리스도는 감사, 하나님과 그 나라를 위해 살려는 에너지를 발산하신다. 집단적으로, 그리고 성찬 안에서 성례전적으로 표현되는 구속에 대한 감사는 기도에 영향을 미치며 즐거움이라는 특징을 부여해 준다.

청원기도와 중보기도는 인간 생활에 개입하여 도와 주시려는 하나님의 뜻과 능력에 대한 신뢰를 표현한다. 지적인 사람들을 놀라게 하기 쉬운 청원기도에는 순수성, 어린 아이같은 특성이 있다. 그러나 성숙한 의식의 차원 밑에는 어린 아이와 흡사한 원시적인 감정의 샘이 존재한다. 청원기도는 이 어린 아이와 같은 것을 일깨워 기도에 포함시킨다. 더욱이 우리 안에는 회의적인 사회에 의해 육성된 의심과 불신의 억압을 치유하는 힘이 작용하고 있는 듯하다. 자신감있는 청원은 불신의 벽을 깨는 데 도움을 주며, 그럼으로써 삶을 새롭게 하는 에너지를 만든다. 공간적인 거리와는 상관없이 정신이 무의식적으로 정신과 접촉하며 정신 속으로 흘러 들어간다는 뜻을 함축하는 정신감응이라는 신비한 사실은 사적인 기도가 지닌 집합적인 본질을 조명해 준다. 사람의 깊은 곳을 개방하는 확신의 청원은 고통의 신호나 치유의 욕구를 초래하며, 무의식의 차원을 장려할 수도 있는 듯하다. 이것은 확신을 가지고 기도하는 사람들이 기록한 상세한 기도의 응답들을 설명하는 데 도움이 될 것이다.

C. G. Jung, *Collected Works*, vol X, para 461 ²1970; G. S. Spinks, *Psychology and Religion*, 1963.

CHRISTOPHER BRYANT, SSJE

기도회 | Prayer Meeting

18세기의 복음적 신앙부흥 운동의 전통에 기원을 둔 자발적인 예배를 위한 모임. 예배를 위한 모든 모임은 어떤 의미에서 기도회이며, 따라서 그러한 모임의 장소는 "기도의 장소"이다. 성령의 살아계신 현존의 표현인 자발적인 예배는 초대 교회의 주요한 공동전례 안에 존재하고 있었고, 그 때문에 질서와 지도가 필요했다: "너희가 모일 때에 각각 찬송시도 있으며 가르치는 말씀도 있으며 계시도 있으며 방언도 있으며 통역함도 있나니…모든 것을 적당하게 하고 질서대로 하라"(고전 14:26, 40). 공적인 예배가 점차 형식을 갖추게 되면서, 자발적인 교제는 수덕자들을 위한 것이 되었다.

자유롭고 개방적인 기도를 행하는 헌신을 위한 모임들은 특히 경건주의 운동과 복음적 신앙부흥에서 기원했

기도회 | Prayer Meeting

다. 선교사들의 설교를 듣는 사람들은 중보기도에 의해 선교를 지원하고 개종자들의 영적 성장을 강화하며, 회심의 경험을 구하는 사람들을 지원하기 위한 작은 모임을 만들어 모이기 시작했다. 하나님에 대한 지식을 구하는 사람들은 이러한 모임에서 기독교적 예배의 첫 경험을 발견했다. 이러한 모임들은 신앙부흥 설교자들이 방문하지 않은 지역에서 생겼고, 어떤 경우에는 공적인 설교가 시작되기 전에 신앙부흥의 중심이 되었다. 신앙부흥 이후 독립 교회 내에서 기도회는 중요한 제도가 되었다. 기도회는 복음적 선교와 관련하여 에큐메니칼한 예배로서 소중한 것으로 증명되었다.

기도회는 문자 그대로 참석한 사람들이 성령께서 원하신다고 생각하는 대로 자유로이 기도하는 것일 수도 있다. 제도화된 행사로서의 기도회에서 회원들은 성경을 읽거나 찬송을 부르거나 연설을 한다. 가르침의 요소가 도입되면서 전례적인 틀이 필요하게 된다. 모임의 절차를 이끌어 나가며, 발언할 사람을 결정하고, 경솔하고 무식하고 비기독교적인 발언을 억제하고, 약한 회원들을 돌보기 위한 지도자의 중요성이 대두되었다.

어떤 사람들은 기도회를 불확실한 일들과 시험이 포함된 순례의 초기 단계로 간주하기도 한다: "마귀는 기도회를 싫어한다. 그 이유는 무엇인가? 그것은 기도회에 참석하기 시작하는 것은 마귀를 섬기는 일을 포기하고 그리스도의 군사가 된다는 것을 공개적으로 선언하는 것이기 때문이다" (*Wesleyan-Methodist Magazine*, May 1877). 이러한 우호적인 환경에서 그리스도에 대한 개인적인 헌신이 발생하고, 기도를 통해 표현되는 믿음과 소망과 사랑의 발휘에 의해서 그 헌신이 성장한다. 기도회에 참석한 사람들은 그리스도의 몸에 속한 자비하고 담대한 지체로서 사랑하라는 권면을 받는다. 그리고 이 훈련된 교제 안에서 각 사람에게 주어지는 성령의 은사들이 육성되며 그것들을 적용하는 데 대한 가르침이 주어진다.

어떤 교구나 회중 안에서 기도회는 교회의 변화된 삶이 지니는 또 하나의 특징에 불과하지만, 다른 곳에서는 소수의 사람들만이 기도회를 당연한 것으로 여긴다. 후자의 경우에 분열을 일삼는 경건주의적 파당이 출현할 수도 있다. 기도회는 교회의 유기적 통일성 안에서 개최된다면, 주 단위로 되풀이되는 예배에 추가되는 주요한 요소가 되거나, 예배 전·후에 추가되는 부속 요소가 될 수도 있다. 때로 기도회는 공적인 예배라는 환경에서는 행하기 적절하지 않은 카리스마적 은사들을 발휘하는 데 적합한 장소가 된다. 복음주의의 공적 예배는 종종 기도회(예를 들면 천막 집회)를 모방했다.

P. R. Akehurst, *Praying Aloud Together*, 1972; C. Buchanan, *Encountering Charismatic Worship*, 1977; J. Gunstone, *The Charismatic Prayer Meeting*, 1975; R. Petitpierre, *Meeting for Prayer. A Practical Guide*, 1967; J. H. Ritson, *The Romance of Primitive Methodism*, 1909.

DAVID TRIPP

기온, 잔느-마리 부비에 데 라 모트
I Guyon, Jeanne-Marie Bouvier de la Motte

기온 부인(1648-1717)은 1664년에 나이 차이가 많은 부유한 남자와 결혼했으나, 1676년에 사별했다. 그녀는 독서와 경험을 통해서 얻은 영적 가르침을 알리는 일에 헌신하려는 소명을 느꼈다. 제네바의 주교는 처음에는 그녀에게 우호적이었지만 곧 적대적으로 변했다. 그러나 그곳과 사보이에서 그녀의 영향력은 커졌다.

1685년에 그녀는 몇 년 전에 저술한 *Moyen court et très facile pour l'oraison*을 출판했다. 1686년 이후, 그녀는 파리를 중심으로 활동했다. 그녀는 자신의 지도자인 페레 프랑소아 라콩베(Père François Lacom-be) 신부와 함께 파리로 갔다. 파리의 대주교 (François de Harlay de Champ-pvallon)는 조카의 아들과 기온 부인의 딸의 결혼이 성사되지 않자, 정적주의라는 혐의로 두 사람을 감옥에 가두었다. 라콩베 신부는 1687년에, 기온 부인은 1688년에 투옥되었다. 기온 부인은 Maintenon 부인 덕분에 석방된 후에 페넬론(Fénelon)*을 만났으며, 페넬론의 일생에 큰 영향을 미쳤다.

모든 사람들이 형식적인 목표나 구분 없이 하나님에 대한 순수한 관상에 이르는 쉬운 기도 방법을 사용할 수 있게 하려는 갈망, 그리고 자신의 판단이 옳다는 확신과 자신의 사명에 대한 확신 때문에, 사람들은 그녀를 의심하고 질투하고 반대하기 시작했으며, 그것은 그녀의 가르침을 정죄하는 결과로 나타났다.

기온 부인은 1703년까지 바스티유 감옥에서 지냈다. 말년에, 그녀의 영적 영향력은 그녀를 계속 지지하고 그녀의 가르침을 소중히 여긴 가톨릭 신자들 뿐만 아니라 개신교인들에게도 전파되었다. 기온 부인은 그녀의 글들과 충동적이고 과민하며 때로는 유치하기도 한 성품으로 인해 불리한 평판을

길버트 | Gilbert of Sempringham

받기도 했지만, 그녀가 평생 동안 나타낸 진정한 인내, 체념, 사랑을 간과해서는 안 된다.

그녀의 가르침의 핵심은 그녀를 라인란트-플랑드르 지방과 스페인의 신비가들에서 비롯된 17세기 프랑스의 전통 안에 둔다. 상상적이거나 개념적이고 사변적인 묵상을 거의 강조하지 않으며, 심지어 그리스도의 인성에 주의를 집중하는 것도 강조하지 않는 기도, 하나님의 역사적 계시보다는 하나님의 편재에 기초를 두는 기도에서는, 신비적 연합이란 영혼 자신과 하나님 사리를 구분해 주는 능력을 완전히 잃을 정도로 인간의 의지와 하나님의 의지가 결합하는 것이라고 본다. 기온 부인의 가르침에서, 순수한 사랑이란 영혼과 하나님을 분리시킬 수 있는 모든 것을 제거하는 것을 의미한다.

영혼은 부정의 방법에 의해서, 하나님의 현존 체험이 부족하지 않은 단순한 기도를 통해서, 십자가의 요한*과 베네딕트 깡펠드(Brnrdict Canfield)를 연상하게 하는 용어로 묘사된 영적 죽음의 단계들을 통과한다. 연합의 마지막 상태는 거룩한 무관심으로서, 이 상태의 영혼은 하나님의 뜻 외에 다른 것은 원하지 않는다.

Oeuvres, ed. Poiret, 1712-1720; ed. Dutrit, 1767-1791; Louis Cognet, 'La Spiritualité de Madame Guyon', *XVIIe Siècle*, 12-13-14, 1951-1952, 269-75; T. C. Upham, *Life*, 1848, 1894.

MICHAEL RICHARDS

길버트 | Gilbert of Sempringham

길버트(c. 1083-1189)는 링컨셔에서 태어났으며 아버지는 노르만 족 기사였고 어머니는 앵글로색슨 족이었다. 그는 청년 시절 파리에서 공부했다. 그가 귀국한 직후, 아직 사제가 아니었음에도 불구하고 그의 아버지는 그에게 서부 토링톤과 셈프링험의 교회들을 주었다. 그는 이곳에서 인근의 어린이들에게 초등 교육을 실시했고, 곧 경건하다는 명성을 얻었다. 1122년경, 그는 링컨 교구 주교의 서기가 되었는데, 주교는 그에게 사제가 되라고 설득했다. 하지만 길버트는 주교의 제안을 거절하고 1130년경에 셈프링험으로 돌아왔다. 그곳에서 여성 은둔자들의 조언자가 되었고, 그들을 교구 교회 부속 수도원에서 생활하게 했다. 그는 친구인 리보의 수도원장 윌리엄의 충고를 받아, 공동체에게 필요한 것을 공급하기 위한 작은 평신도 자매-형제회를 설립했다.

길버트에게는 이 단체를 확장하려

길버트 | Gilbert of Sempringham

는 의도가 없었지만, 그에게 땅을 기부하는 사람들을 막을 수 없었다. 그는 1147년에 시토 회 수사들이 그의 작은 수도원을 인수하고 자신의 은퇴를 허락해 주기를 기대하면서 시토에서 개최된 총회에 참석했다. 그러나 성 버나드*는 교황 유게니우스 3세(Eugenius III)의 격려를 받아 길버트가 새로운 수도회의 규칙을 작성하는 일을 도와주었다. 이로 인해, 동일한 경내에 수녀원과 의전수도회가 존재하게 되었다. 그들을 다스리기 위해 작성된 규정들에 의하면, 각각의 소 수도원들은 여자 수도원장이 맡았다. 규칙은 절충적이었다: 수녀들은 베네딕트의 규칙을 따랐고, 수도 참사회원들은 어거스틴의 규칙을 따랐으며, 평신도 형제 자매들을 위한 규칙은 시토 회의 규칙을 토대로 수정한 것이었다.

길버트가 영국에 돌아오면서 많은 소 수도원들이 설립되었고, 그가 임종할 무렵에는 13개의 소 수도원에 1500명의 수녀와 700명의 수도 참사회원들이 활동하고 있었다. 길버트는 1202년에 시성되었다.

현재 길버트의 저서는 하나도 남아있지 않다. 지금은 유실되어 없지만 그가 저술한 *De Constructione Monasteriorum*은 길버트의 규칙을 일부를 구체화한 것인 듯하다. 1186년부터 임종하기 전까지 말톤 수도원의 수도 참사회원들에게 보낸 편지가 유일하게 보존되어 왔다. 그 편지에서 그는 자신이 허약하여 그들을 방문할 수 없는 안타까운 마음을 표현하면서, 자신이 작성한 규칙의 규정들을 지키며 서로 화평하게 살라고 촉구했다.

길버트의 성품과 가르침에 대한 지식은 다른 전거들, 특히 그가 세상을 떠난 직후에 저술된 전기와 그가 행한 기적 이야기를 모아놓은 것에서 발견해야 한다. 그 중 일부에는 전승들 및 그의 말년에 대한 이야기들이 보존되어 있다. 그것들은 그가 자신이 마지못해 창립한 수도회 안에서 한 번도 완전히 편안하게 지낸 적이 없는 사람, 건축하는 일을 돕고 자주 금식하고 검소한 옷을 입고 결코 수도원 밖에서 잠을 자지 않는 생활에서 만족을 느끼는 사람이었음을 보여 준다.

그럼에도 불구하고, 그의 생전에 그 수도회가 크게 성장한 것은 그의 가르침, 특히 여성들을 향한 가르침의 호소력을 증명해 준다. 그가 큰 업적을 남길 수 있었던 것은 12세기의 영성 생활에서 여성들의 역할이 크게 성장했기 때문이다.

B. Golding, 'St. Bernard and St. Gilbert' in

노리지의 줄리안 | Julian of Noerwich

Benedicta Ward (ed), *The Influence of St. Bernard*, 1976; R. Graham, *S. Gilbert of Sempringham and the Gilbertines*, 1903.

BRIAN GOLDING

나지안주스의 그레고리
| Gregory of Nazianzus

카파도키아 교부들을 보라

냉담 | Accidie

헬라어로 *akēdia*이며, 싫증, 나태, 냉담을 의미한다. 기독교 영성과 관련된 기술적인 용어로 이것을 처음으로 사용한 사람은 폰투스의 에바그리우스(Evagrius of Pontus)이다. 그는 이것을 여덟 가지 악한 "생각들" 중 하나로 열거했다(*Practicus* 12). 대 그레고리*는 그것을 일곱 가지 대죄에 포함시켰다(*Moralia* xxxi, 87. 여기서는 *tristitia*라고 언급됨).

"냉담"에 대한 표준적인 묘사는 존 카시안*의 *Institutes* 제10권, 존 클리마쿠스*의 *Ladder* 13에서 발견할 수 있다. 중세 시대에 서방에서 그 용어를 어떻게 다루었는지 보려면, 토머스 아퀴나스*의 『신학대전』을 보라. 그것은 공동체 내의 수도사들보다는 은둔자들이 직면하는 시험이었다. 그것은 한낮 더울 때 가장 심하게 공격하므로, 에바그리우스는 그것을 "백주에 황폐케 하는 파멸"(시 91:6)과 동일시했고, 그것을 "가장 견디기 힘든 마귀"라고 부른다. 그것은 수도사를 게으르게 하고, 일이나 기도에 집중하지 못하게 하며, 수도 생활을 포기하려는 욕망으로 채운다.

냉담과 반대되는 덕은 인내, 또는 견인이며, 그것을 대적하는 가장 훌륭한 무기는 육체 노동, 죽음을 생각함, 부지런히 기도하는 것 등이다.

A. and C. Guillaumont, *Evagré le Pontique: Traité Pratique ou Le Moine* (SC, 170-1), 1971, I, pp. 84-90, II, pp. 520-7; S. Wenzel, *The Sin of Sloth: Acedia in Mediaeval Thought and Literature*, 1967.

KALLISTOS WARE

노리지의 줄리안 | Julian of Norwich

영국의 가장 대중적인 신비가인 줄리안(c. 1342-1420)은 노리지에 있는 성 줄리안 교회 근처에서 은둔생활을 했다. 아마 그녀의 이름도 여기에서 유래되었을 것이다. 원래의 교회는 1942년에 폭격으로 파괴되었으나 성공회 수녀회에서 기도의 장소로 재건했다. 그녀는 같은 시대 사람인 린의 마저리 켐프(Margery Kempe of Lynn)에 의해 언급되기는 하지만, 그녀의 삶에 대해서는 거의 알려진 바가 없다.

중세 시대 후기에, 많은 사람들은 정규적인 수도회에 가입하기보다는 은둔자가 됨으로써 종교적인 욕구에 대한 해답을 발견했다. 특히 잉글랜드 동부와 플랑드르 지방에서 이러한 현상이 두드러졌는데, 노리지는 이 지방과 상업적으로 관련이 있었다. 13세기부터 종교개혁 시대까지, 노리지에는 50명의 은둔자들이 있었고 린에는 약 13명이 있었다고 기록되어 있다. 이것은 런던에 약 20명의 은둔자가 있었던 것과 비교된다. 노리지는 영국에서 비공식적으로 종교적 여성 단체가 존재했던 유일한 도시로 알려져 있다.

줄리안은 1373년 5월 8일에 최초의 환상을 보았다. 『하나님의 사랑의 계시집』(Revelations of Divine Love)에서의 사려 깊은 해석이 완성되기까지 여러 해가 걸렸다. 오늘날 성공회의 교회력에서는 5월 8일을 줄리안의 날로 기념하며, 줄리안을 기념하는 집단에서는 그녀의 묵상집을 침묵 기도의 출발점으로 사용한다.

『하나님의 사랑의 계시집』 덕분에 줄리안은 영국에서 가장 훌륭한 여류 문인이자, 교회의 가장 위대한 여성 교사로 간주된다. 그녀는 중병에 걸렸을 때에 그리스도의 수난의 육체적인 표식을 달라고 기도했다. 그 후 그녀는 연속적으로 16개의 계시를 받았다. 그녀는 "나는 무식하고 연약하고 허약한 여인입니다"라고 말했지만, 그녀의 저서는 그녀 특유의 문체로 프랑스 문화와 앵글로색슨 문화를 결합하고 있는 강력한 산문이었다. 그녀는 성경적인 사상, 특히 사도 바울과 요한의 사랑을 훌륭히 교육받았고, 교부 신학 및 위 디오니시우스에 대한 지식도 있었다. 그녀가 본 생생한 이미지들—개암 열매, 바람에 날리는 옷, 해저에 대한 환상—은 그녀가 잉글랜드 동부 지방에서 주위의 삶을 돌아보면서, 자신이 지으신 세상 안에서 역사하시는 하나님을 보았음을 암시한다. 이러한 접근 방법은 신학적 통찰과 생태학적 통찰을 결합하는 사람들에게 영감을 준다. 그녀는 그리스도의 머리에서 떨어지는 핏방울이 청어 비늘처럼 둥글다고 묘사했다.

줄리안은 신비 체험, 하나님과의 관계와 이웃과의 관계에서 사랑의 탁월한 위치, 아버지 하나님과 예수 그리스도, 우리 아버지와 주님은 물론이요 우리 어머니에게 기도할 수 있다는 사실의 중요성 등에 신학의 기초를 둔다. 그녀는 하나님의 자비와 공손에 대해

뉴먼, 존 헨리 | Newman, John Henry

저술했다. 이러한 통찰들 때문에 그녀의 저서는 인내의 안내서로 간주되었으며, 세속적인 직업에 종사하는 많은 신자들은 그 책을 체계적인 논문으로 사용한 것이 아니라 그들의 어머니 하나님(Mother God), 자비한 주님에 대한 소망의 근원으로 사용했다. 줄리안은 "나는 네 기도의 기초이니라"는 음성을 들었다. 15년 동안 깊이 생각한 뒤에, 그녀는 주께서 자신에게 "너는 이 일 안에 있는 주님의 의미를 잘 알게 될 것이다. 사랑이 그분의 의미였다…이것을 굳게 붙들어라. 그러면 너는 사랑을 더욱 더 많이 알고 이해하게 될 것이며, 다른 것은 알지도 않고 배우지도 않을 것이다!"라고 말씀하셨음을 깨달았다.

그녀는 하나님의 속성은 생명과 사랑과 빛이라고 본다. 그리스도께서 줄리안에게 계시하신 성 삼위일체의 본질은 언제나 창조적이고 구속적이고 권능을 부여하는 것이었다. 사랑의 필수 조건은 겸손이다. 줄리안은 죄를 피할 수는 없지만 우리에게는 사물의 본질적인 진실에 동의하고 응답할 수 있게 해 주는 불멸의 경건한 의지가 주어진다고 믿었다. 하나님은 사랑하시고 용서하신다. 그녀는 자신이 살던 혼란스러운 시대의 고난, 흑사병, 잉글랜드 동부의 사회적 불안, 그리고 위클리프 파의 도전 등을 경험함을 통해서 천박한 낙관주의에서 벗어났다. 그리스도는 구속적인 행위 안에서 모든 사람의 고난에 동참하시며, 그의 구원은 모든 피조물을 위해 계획된다. 그녀는 "장차 구원받을 모든 것 안에서 지음 받은 것과 모든 것의 조성자가 이해된다. 하나님은 인간 안에 계시며, 따라서 인간 안에 모든 것이 존재한다." 종, 즉 우주적이지만 세상에 알려지지 않은 그리스도에 대한 그녀의 이야기는 인간의 딜렘마를 인정한 것이다. 그러나 그녀는 "모든 것이 잘 될 것이며, 온갖 종류의 일이 잘 될 것이다"라고 결론짓는다. 그녀는 영원 전부터 지구와 인류에게 부어져온 하나님의 자비하신 사랑을 강조하는 행복한 신비가이다.

Revelations of Divine Love, tr Clifton Wolters, 1966; *Julian of Norwich Showings*, tr Edmund College and James Walsh, 1978; Frank Sayer (ed), *Julian and her Norwich*, 1973; Alan Webster (ed), *A Light in the Darkness*, 1980.

ALAN WEBSTER

뉴먼, 존 헨리 | Newman, John Henry

존 헨리 뉴먼(1801-1890)의 영성의 발

뉴먼, 존 헨리 | Newman, John Henry

달은 일관성있는 주제를 보여 준다. 뉴먼은 1833년부터 1844년까지 옥스포드 운동*에 참여했으며, 1845년부터 임종할 때까지는 로마 가톨릭 신자들 중에서 가장 학구적이고 지적인 재능을 갖춘 사람이었다. 뉴먼의 영성은, 종교적인 믿음은 정신은 물론이요 마음에 속한 것이라는 원리에 기초를 두었다. 뉴먼의 전기들은 그가 학자, 교사, 사제로서 얼마나 단련된 사람이었는지 이야기한다.

그가 1830년대에 옥스포드의 대학 교회 교구 목사로 재임하는 동안에 행한 설교집 *Parochial and Plain Sermons*는 일반인들의 영적 문제에 대해 매우 실질적인 방법으로 이야기한다. 그는 기도를 의무가 아니라, 하나님에 대한 개인적인 의존 의식에서 시작되는 특권으로 이야기한다. 그는 영성 생활의 성장을 교회의 주기적인 예배라는 맥락 안에 두며, 기독교인들의 집단 생활과 개인 생활에서의 풍성함과 융통성을 위한 기회가 전례력 안에 있음을 강조한다. 기독교적 삶은 흥미로운 신비이자 모험으로, 뉴먼이 *Apologia Pro Vita Sua*(1864)에 묘사한 것처럼 "평화보다는 거룩"함을 위한 추구로 인식된다. 그의 설교는 기도가 지닌 사회적 특성에 대한 강력한 의식, 즉 중보기도가 자아와 이웃 사이의 간격을 메워 준다는 의식을 전달한다. 기독교인은 교회라는 몸 안에서의 역할을 이해함에 따라, 자신의 개인적인 도덕적 책임을 의식한다.

뉴먼의 영성은 17세기 찰스 1, 2세 시대의 국교회 신학자*들의 영향을 크게 받았다. 그는 그들을 통해서 옛 교부들에게로 거슬러 올라갔다. 알렉산드리아의 아타나시우스*의 신학은 특히 그에게 강력한 영향을 주었다. 신적인 내주하심, 즉 모든 신자의 마음 속에 예수께서 살아 계신다는 심오한 의식에 근거하여 항상 기도하는 법을 배우는 교리에 관한 뉴먼의 설교는 그의 영성을 동방 정교회의 영성과 연결해 준다. 마찬가지로, 집단 기도 안에서의 영성 생활과 신학의 초점으로서 성찬을 강조한 것, 그리고 기도를 통해서만 분별되는 감추어진 하나님의 섭리에 대한 그의 의식은 교부적인 특성을 나타낸다. 기도에 깊이 들어간 신자는 자신과 하나님의 관계, 그리고 하나님 안에 있는 신비를 의식한다. "육체에 맥박과 호흡이 필요하듯이, 영성 생활에는 기도가 필요하다"(*Parochial and Plain Sermons*, VII, 1842-1843, p. 209). 뉴먼이 몸과 영혼의 성장을 비유한 것은, 동방 교부들이 말하는 "마

닐, 존 메이슨 | Neale, John Mason

음의 기도"를 상기시킨다.

기도에 관한 뉴먼의 저술은 이론적이라기보다 실질적인 것이었다. 그는 기도의 체계를 피했고 기도의 진정한 효용에 대해서 신중했다: "누구도 성급하게 영성 생활을 위해 기도하게 하지 말라"(*Sermons of Subjects of the Day*, 1843, p. 48). 뉴먼의 영성은 공식적인 기도, 특히 성찬의 훈련 안에서, 그리고 하나님과의 개인적이고 도덕적인 교제에 대한 매우 발달된 의식 안에서 양성된 실질적인 거룩의 추구를 강조한다. 그가 자신의 표어로 택한 프랜시스 드 살*의 "마음은 마음에게 말한다"(*Cor ad Cor Loquitur*)는 뉴먼의 영성의 특징을 구체적으로 보여준다.

Owen Chadwick, *Newman,* 1983; R. W. Church, *The Oxford Movement 1833-1845,* 1892; C. S. Dessain, *John Henry Newman,* 1980; *Newman's Spiritual Themes,* 1977; Hilda Graef, *God and Myself,* 1967; W. Ward, *Life of Cardinal Newman,* 2 vols, 1913.

R. D. TOWNSEND

니체, 프리드리히
| Nietzsche, Friedrich

하나님의 죽음(Death of God)을 보라

닐, 존 메이슨 | Neale, John Mason

닐(1818-1866)은 캠브리지의 트리니티 대학에서 교육을 받았고, Cambridge Camden Society를 세우는 데 크게 기여했다. 이 단체는 고딕식 건축과 중세시대의 전례적 상징주의를 옹호했는데, 이것은 19세기 영국 국교회의 건축과 예배에 현저한 영향을 주었다. 그는 1846년부터 사망할 때까지, 사역 기간의 대부분을 서섹스 주 이스트 그린스테드에 있는 색크빌 대학(Sockville College) 학장으로 지냈다. 덕분에, 그는 동방교회의 전례와 찬송학과 역사에 대한 자신의 학문적인 관심을 자유로이 추구할 수 있었다. 1959년부터 그는 전례에 축복기도를 포함시켰는데 (이것은 영국 국교회 최초의 일이다), 이로 인해 감독의 불만을 야기했다. Society of St. Margaret를 세운 일 역시 비난을 초래했다.

그는 고대 그리스어 찬송과 라틴어 찬송을 번역함으로써 영국의 예배를 풍성하게 하고 영국 국교회 영성에 크게 기여했다. *English Hymnal*에 수록된 찬송의 10퍼센트 이상이 닐이 번역한 것이다.

닐은 동방 교회의 역사와 전례적 유산에 대해 알고 있었기 때문에, 그리스도의 부활의 승리, 변화로서의 기독교적인 삶, 천국의 영광 등을 강력하게 의식했다. 중세 시대의 성경 주석들을 폭넓게 읽고 심오한 지식을 가졌던 닐은 설교할 때에 성경에 대해 극단적으로 풍유적이고 예표론적인 해석을 했다. 그러나 공상적인 수비학적 주석 외에, 성경의 상징들에 대한 깊은 동조, 그리고 기도와 예배에서 성상과 상징의 중요성에 대한 강력한 의식을 가지고 있었다. 그는 성상파괴론에 대해 저술하면서, 성상파괴론자들을 "가만히 기어들어오는 마니교"의 예라고 정죄했다. 그는 여러 권의 설교집을 출판했는데, 그 중 대부분은 이스트 그린스데드의 수녀들에게 행한 것으로서, 그의 강력한 긍정의(via affirmativa) 영성을 증거해 준다. 교회 예술과 고딕식 건축에 대한 그의 상징적인 해석은 영국 국교회 예배의 변화에 기여했고, 옥스포드 운동*의 성례전적 이상들을 널리 보급시켰다.

A. M. Allchin, *The Silent Rebellion*, 1958; A. G. Fough, *The Influence of John Mason Neale*, 1962; G. Rowell, *The Vision Glorious*, 1983; J. F. White, *The Cambridge Movement*, 1962.

GEOFFREY ROWELL

닛사의 그레고리 | Gregory of Nyssa

카파도키아 교부들을 보라

백스터, 리처드 | Baxter, Richard

리처드 백스터(1615-1691)는 청교도 신학자이며, 많은 글을 저술한 저술가이다. 그는 1638년에 감독으로 임명되었고, 정치적 공백기(*Inter regum*)에 키더민스터에서 활동했다. 그는 왕정 복고 시대에 포괄적인 교회 환경을 위해 일했지만, 통일령(Act of Uniformity, 1662)으로 인해 실패했다. 그는 국교회를 떠나 비국교회 신자들의 지도자가 되었다. 1680년대에는 그의 생각의 절충주의, 신학의 진보주의, 그리고 종합의 보편성 등의 특징을 나타내기 위해서 "백스터주의"라는 용어가 사용되었다. 평화로운 기질의 소유자인 그는 모든 불화를 일으키는 문제에 관해서 "평범함만이 안전한 길이다"라고 주장했다. *Richard Baxter's catholick Theologie*(1675)는 칼빈주의와 아르미니우스주의의 화해를 추구했다. 그는 대주교 제임스 어셔(James Ussher)의 *Reduction of Episcopacie unto the Form of Synodical Government*(1636)의 방침에 따라 교회 정체(polity)에 타협하는 것을 거듭 옹호했다. 특히, 그는 견해 상의 차이점의 불가피성, 그리고 불합리성을 강조했다. 그는 사람들의 헌신의 방향을 교의, 전례적 관습, 교리적 신앙고백에서부터 성실한 신앙고백, 그리고 십계명, 사도신경, 주기도문 등의 실천으로 옮기려고 노력했다. 이 보편적인 기독교, 또는 순전한 기독교는 레렝의 빈센트(St. Vincent of Lérin)의 유명한, "quod ubique, quod semper, quod ab omnibus creditum est"(모든 곳에서 믿어지는 것은 항상 모든 사람에 의해서 믿어진다)는 말로 표현되며, 모든 교파적 장벽을 초월하여 교제를 확대했다.

교리적 당파주의와 종교적 박해의 시대에 "하나님은 인간의 피부색을 판단하지 않으시며 얼굴도 판단하지 않으신다"는 관용적인 태도는 거의 찾아보기 힘들었다. 각 사람의 복잡한 개성에 대한 동일한 감수성이 기독교적 삶에 대한 백스터의 가르침의 특징을 형성하는데, 그것은 경험적인 기준을 회심의 본보기로 규정하거나 예정의 표식들의 분명한 목록을 제공하거나 중생의 증거로서 특수한 의무 수행에 의존하는 것 등을 거부한다. 백스터는 모든 능력을 그리스도께 진지하게 헌신하는 것을 의지했다: 인간의 내면에 있는 이성적인 것이나 감정적인 것을 거부하는 것은 본성적인 생활을 메마르게 만들며, 따라서 영적인 생활을 메마르게 한다.

그는 청교도주의처럼 매일 기독교를 실천하는 것을 강조하고 수도원주의를 거부했지만, "우리는 미신적인 독거를 너무 멀리했기 때문에 관상적 헌신의 독거마저 버리고 말았다"고 경고했다. 그는 저술한 선도적인 기독교 변증서에서 "인간은 이성적인 피조물이며 기독교는 이성적인 종교"라고 주장하지만 "이해력이 영혼의 전부가 아니라는 것"을 인정하며, 자신이 "악한 감각은 짐승들의 내면에 있는 것이기 때문에, 그러한 감각을 반대한다"고 선언했다. 자연의 아름다움, 시(특히 조지 허버트*의 시)에 공감했던 백스터는, 『영원한 안식을 누리는 성도들』(*The Saints Everlasting Rest*)에서 담대하게도 인간의 육체적인 상태가 경건에 관련된다고 주장했다. "저급한 것인 감각적인 것에서부터 고등한 것으로 나아가며 주장하듯이" 우리는 감각적인 쾌락에서부터 천국의 지복을 넌지시 알 수 있을 것이다. 불안한 극기가 유일한 기독교적 삶의 길이라고 생각하는 사람들은, 비록 불완전하지만 현실 세계의 아름다움과 지상의 기쁨을 묵상함으로써 그 은혜로운 창조주께 기쁨으로 헌신하며, 복된 환상의 말할 수 없이 완전한 기쁨을 얻기 위해 열심히 기도하게 된다.

백스터는 청교도들의 금욕의 개념을 논박했다: "감각은 상상력에 이르는 자연스러운 길이요, 이해에 이르는 자연스러운 길이다. 감각적이고 본성적인 즐거움을 소유하지 못하는 사람은 영적 즐거움도 소유하지 못할 것이다."

The Saints Everlasting Rest, 1650(abridged J. T. Wilkinson, 1962); The Life of Faith, enlarged edn, 1670; Poetical Fragments, paraphase on the Psalms, 1692; Reliquiae Baxterianae, 1696 (abridged by J. M. Lloyd Thomas as The Autobiograpy, ed N. H. Keeble, 1974); Practical Works, 4 vols, 1707 (ed W. Orme, 23 vols, 1830); N. H. Keelbe, Richard Baxter: Puritan Man of Letters, 1982; H. Martin, Puritanism and Richard Baxter, 1954; G. F. Nuttal, Richard Baxter, 1965.

N. H. KEEBLE

다드리지, 필립 | Doddridge, Philip

필립 다드리지(1702-1751)는 리처드 백스터*와 존 하우(John Howe)*의 뒤를 이은 비국교도 신학자이다. 그의 주된 목회지는 노스햄튼의 캐슬 힐(Castle Hill)이었다. 그는 자신이 교장으로 있던 비국교도 목회자들을 위한 학원을 그곳으로 옮겼다. 그는 비국교도라는 불리한 위치에 있었음에도 불구하고, 교제의 폭이 넓었다. 그는 옥스포드와 켐브리지에 상당한 영향력을 발휘했고, 교회와 비국교도들이 강단을 서로 교환하자는 견해를 두고 대주교인 헤링과 대화를 시작하기도 했다. 그는 많은 편지를 썼으며, 영적 보편성을 가지고서 침례교인, 유니테리언 파, 존 웨슬리* 등도 포용했다. 그는 정통성을 시험하는 가장 확실한 기준은 정확인 공식이 아니라 그리스도의 사랑이라고 여겼다.

그의 신앙은 기쁨의 신앙이었으며, 즐거움으로 가득한 찬송으로 적절히 표현했다: "즐거운 소리를 들으라, 구주께서 오시는 소리"; "주의 말씀 받은 그 날". 그의 저서 『영혼 안에서의 신앙의 성립과 발전에 관하여』(On the Rise and Progress of Religion in the Soul, 1745)는 타밀 어와 시리아 어를 비롯하여 9개 언어로 번역된 책으로서 복음적 영성의 안내서로 크게 사용되었다. 영국 국교회에서는 그가 지은 성찬 찬송이 크게 사랑을 받아왔다. 이 책은 기독교인의 삶의 회심에서부터 죽을 때에 하나님께서 존귀하게 하시는 데 이르는 과정을 추적한다.

떼제 | Taizé

다드리지는 교회의 의식, 특히 성만찬을 중히 여겼지만, 그것을 하나의 은혜의 수단으로서 존중했다. 그는 "그는 여기 계시지 않고 부활하셨기" 때문에, 성찬 안에 그리스도가 "부재"한다고 했다. 그는 항상 하나님의 임재 안에서 살았다. "나는 아침에 일어날 때에 하나님께 인사하고 하나님과 대화하며, 촛불을 켜고 옷을 입으면서 하나님께 말을 건다. 내가 잠에서 깨어 방을 나오기까지 약 15분 동안에 하루 종일, 또는 한 주일 내내 누리는 것보다 더 많은 즐거움을 누리기도 한다. 하나님은 나의 서재에서, 가정 예배 때에 나를 만나 주신다." 그의 아홉 자녀 중 다섯이 어려서 죽었지만, 그로 인한 슬픔이 기쁨을 감소시키지는 못했다. 그는 그 시대의 주도적인 교육자요 자선가요, 해외 선교의 선구자였다.

G. F. Nuttal (ed), *Philip Doddridge 1702-51. His Contribution to English Religion*, 1951.

편집자

떼제 | Taizé

내가 떼제에 공동체를 세운 데에는 하나님의 백성들의 교제의 상징이 되기 위해서 독신 생활과 공동 생활에 헌신하려는 사람들을 모으려는 것 외에 다른 목적이 없었다.

공동체 안에서의 생활은 교회의 소우주이다. 그것은 전체 하나님의 백성들의 실체를 축소한 이미지를 제공해 준다. 오늘날의 세상은 개념들보다 더 많은 이미지들을 필요로 한다. 개념은 가시적인 실체의 지원을 받을 때에 신뢰할 수 있는 것이 되며, 그렇지 못하면 이데올로기에 불과하게 된다. 우리는 매우 구체적인 것을 열정적으로 추구하고 있다. 즉 소수의 사람들의 삶 속에 구현된 교제의 비유이다. 나는 1940년에 떼제에 정착했을 때 이미 그러한 생각을 가지고 있었다: 교회 연합의 소명에 응답하는 방법으로서, 우리는 자신의 삶에 의해서 분열된 교회라는 반죽 안에 교제라는 효모를 삽입해야 한다.

우리 중에 개신교회나 영국 국교회에 속한 사람이 있다는 것, 그리고 가톨릭 형제들도 우리의 교제에 속할 수 있다는 것은 우리의 삶 속에 구분이 존재한다는 것을 의미하는 것이 아니다. 믿음의 교제는 전례의 기도를 통해서 더딘 성장 과정을 통해 형성된다. 우리는 결코 단순하게 수도 생활을 개신교회에 통합시키려 하지 않았다. 그것은 기독교인들의 교제를 방해하는 교파들 사이의 평행 관계를 굳게 할 뿐이다. 복음은 기독교인들에게 지체하지 말고 즉시 화해하라고 부른다. 개인적으로 나는 내면적으로 개신교에서 기원한 믿음과 가톨릭 교회의 믿음을 화해시킴으로써 나 자신의 정체성을 발견해왔다.

우리는 자신의 상황에 의해 주어진 자유를 가지고 있으므로 우리보다 먼저 공동 생활의 소명을 받은 사람들을 참작하지 않아도 된다. 우리는 떼제가 교회라는 큰 나무에 접붙여진 하나의 싹에 불과하다고 생각한다. 이런 점에서, 떼제 마을이 클뤼니와 시토 사이에 위치한다는 것은 매우 의미가 있다. 우리의 한편에는 접촉하는 모든 것을 인간화 한 베네딕트 전통인 클뤼니가 있다. 가시적인 공동체에 속한 클뤼니는 통일성을 가지고 세워진 공동체이다. 클뤼니는 의식적으로든 무의식적으로든 내적 통일과 화해를 추구하는 사람들이 모이는 중심지이다. 우리의 다른 편에는 시토가 있다. 시토는 성 버나드*가 16세기에 폭발하게 될 개혁의 열심을 앞질러 나타낸 곳이다. 그는 복음의 완전함을 절충하려 하지 않았고 개혁자로서 발언했다. 또 그는 현재의 욕구보다는 역사적인 연속성에 더 많은 관심을 가졌다. 우리의 입장에서 보면, 여러 세대들이 보장한 연속성의 의식과 긴박성의 의식을 융합하는 것이 공동의 창조를 허락해 주는 비길 데 없이 훌륭한 요소이다.

우리는 처음부터 한 가지 사실을 확신해왔다: 하나님의 절대적인 것을 실천하며 살고자 하는 사람은 인간의 불행이라는 상황에서 그 절대적인 것을 실천해야 한다. 나는 전쟁 때에 홀로 생활하면서, 정치적인 난민들, 특히 유대인들에게 거처와 은신처를 제공했었다. 그 후에 형제들이 모여 들었고, 우리는 아시아, 아프리카, 북아메리카와 남아메리카에서 가장 가난한 지역에 작은 공동체들을 시작했다. 이렇게 모든 대륙에서 형제들이 활동하는 것은 서구적인 해결책 안에 존재하는 과정을 재활성화하려는 것이 아니었다. 우리는 어떤 동기를 감추고 어느 지역으로 가지 않는다.

1960년대 이후, 전 세계 여러 국가에서 수십 만 명에 달하는 청장년들이 우리 공동체를 방문해왔다. 오늘날 도처에서 젊은이들이 하나님을 찾고 있다. 이 젊은이들은 각성의 시기, 큰 공허의 시기를 통과하고 있다. 과거에 그들에게는 희망, 정의에 대한 인간적인 희망이 있었다. 그러나 우리는 과거에 소망했던 것들이 이루어지지 않았다는 것, 인간 공동체는 많은 사람들이

도미니크 수도회의 영성 | Domonican Spirituality

원했던 것과는 다르게 발달해왔다는 것을 인정해야 한다. 이 젊은이들은 세계의 평화는 부분적으로 지구 상의 모든 민족에게 나타내는 동일한 신뢰에 달려 있다는 것, 또한 부유한 국가와 가난한 국가에 물질이 공평하게 분배되는 데 달려 있다는 것을 알고 있다.

결국, 우리의 관심을 사로잡는 것은 인류라는 가족 전체의 화해이다. 만일 기독교인들이 교회 안에서의 화해를 추구한다면, 그것은 다른 공동체들에 대항하여 보다 튼튼해지기 위한 것이 아니라, 인간 가족이 해체되고 있는 장소에서 화해의 효소가 되어 그들을 불러 모이기 위한 것이 되어야 한다. 그들이 화해할 때, 기독교인들은 전쟁과 증오라는 결정론을 뒤집을 수 있고, 피동성과 낙심, 그리고 무의미한 삶에 빠져 있는 사람들에게 새로운 희망을 줄 수 있다.

Brother Roger, *Dynamic of the Provisional*, 1981; *Festival without End*, 1983; *A Life We Never Dared Hope For*, 1980; *Living Today for God*, 1980; *Parable of Community*, 1980; *Rule of Taizé.*, 1965; *Struggle and Contemplation*, ²1983; *Violent for Peace*, 1981; *The Wonder of a Love*, 1981; *Praise: Prayers from Taizé*, 1979; *Praise in All Our Days*, 1979; José Balado, *The Story of Taizé*, 1981; Rex Brico, *Taizé: Brother Roger and his Community*, 1978.

BROTHER ROGER

도미니크 수도회의 영성
| Dominican Spirituality

도미니크 수도회는 1216년에 성 도미닉 구즈만(St. Dominic Guzman)에 의해 설립되었다. 이 수도회는 프랑스 남부에서 이단을 공격하는 설교 운동을 통해서 성장했으며, 그 목적은 처음부터 사도적이었다. 이 수도회의 영성의 특징은 "이웃의 영혼에 유익을 주려는" 관심이다. 1254년부터 1263년까지 이 수도회의 원장이었던 홈버트(Humbert of Romans, 1277년 사망)는 "설교의 은혜"를 가진 사람들은 다른 영적 훈련보다 설교를 선호해야 한다고 주장했다.

도메니코 카발카(Domenico Cavalca, 1342년 사망), 시에나의 캐더린(Catherine of Siena, 1380년 사망)*, 존 도미닉(John Dominic, 1419년 사망) 등은 영성 생활의 정당성에 대한 기준을 사람들이 사용할 수 있게 만들었다. 이 수도회는 자체의 법과 관습이 새로운 상황과 요구에 부응할 수 있기를 원했다. 성 도미닉은 엄격한 가난과 탁발을 채택했지만, 이것은 설교에 부수되는 것이었으며, 후일 수정되었다.

도미니크 수도회의 영성 | Dominican Spirituality

1475년에 식스투스 4세는 이 수도회가 수도원과 가구 외에 재산을 소유하는 것을 인정했다.

이 수도회는 교단의 총장에 대한 순종의 서원에 의해 결합된다. 세심하게 규칙을 지키거나 상세한 생활 일정을 따르는 것보다는 자기를 희생하는 것이 도미니크 회의 순종의 핵심이다. 도미니크 수도회는 자기들의 법이 양심 안에서 구속력을 가진다고 선포하지 않는다. 이것은 개인의 봉사의 자발성을 보호해 주는 것으로 설명된다. 사람들을 자신의 연약함으로부터 보호해 주려는 전통적인 수도적 관심 대신에 개인에 대한 신뢰와 하나님에 대한 신뢰가 중시된다. 훔버트는 설교자의 보호받지 못하는 생활에 포함된 위험을 인정했고, 그들의 선행의 공덕이 그들이 활동적인 생활에서 어쩔 수 없이 발생하게 될 죄를 능가할 것이라는 근거로 그것을 정당화했다.

수도회의 전체 역사에는 관습적인 관상 생활과 사도직의 요구 사이의 긴장이 존재해왔다. 흑사병이 창궐한 이후 종교적 열심의 현저한 감소에 대한 반응으로, 정규 계율에 대한 충성심을 회복하려는 개혁 운동이 연이어 벌어졌지만, 이러한 운동들은 종종 광신주의로 인해 손상되었다. 20세기에 설교와 관상 중 어느 것이 수도회의 주된 목표인가에 대해 논쟁이 있었지만, 설교가 수도회의 목표이며 관상은 설교 생활의 중요한 일부분이라고 인정되고 있다.

수도회의 사도직은 교리적인 것으로 의도되었으며, 따라서 도미닉 시대부터 신학 공부가 강조되었다. 1259년 이래로 철학도 공식적으로 수도회의 학문의 일부가 되었다. 전통적으로 수도원에서 행하던 육체 노동 대신에 지적인 일을 주로 행했다. 도미니크 수도회의 영성은 일반적으로 감정적 영성이 아니라 지성주의적이다. 도미니크 수도사들은 영적으로 고등한 상태는 정상적인 정신의 작용과 양립할 수 없다는 개념을 배격해왔다(예를 들어 베드로 데 마리아 울롤라[Pedro de S. Maria Ulloa]는 1688년에 갈멜 수도회의 교리를 공격했다는 이유로 갈멜 수도사들의 비난을 받았다). 도미니크 수도회에서 "관상"은 종종 "연구"를 의미한다. 프랜시스코 데 빅토리아(Francisco de Victoria, 1546년 사망)는 "참된 관상이란 성경을 연구하는 것을 의미한다"고 주장했으며, 카제탄(Cajetan, 1469-1534)과 토마소 캄파넬라(Tomaso Companella, 1568-1639)는 학문적인 탐구를 의미하기 위해서 그 단어를 사용했다.

도미니크 수도회의 신학자들은 일반적으로 단순하고 실질적인 기도의 교리를 채택했다. 그들은 간단하게 자주 기도하는 것을 권했고, 말을 많이 하고 조직적으로 행하는 개인 기도 방법을 반대했다. 또 광명파(Alumbrados), 에라스무스 파, 그리고 나중에는 몰리노스*의 추종자들(예를 들면, Augustin de Esbarroya, Juan de la Cruz, Francisco Posadas)이 제안한 기도에 대한 부당한 영적 개념들을 거부했고, 전형적으로 은혜의 상태에 있지 않은 사람의 기도와 은혜의 상태에 있는 사람의 기도 등 기도의 두 등급만 인정했다(Bartolome Carranza[1558-1576], Noel Alexandre).

도미니크 수도사들은 용감하게 기도하는 것을 영적 진보의 기준으로 삼으려 한 16세기의 경향에 저항하고, 사랑만이 참된 기준이라고 주장했다. 도미니크 수도사들 중에서도 전통적인 신비 신학에 관여한 사람들은 (Arintero[1928년 사망], Garrigou-Lagrange[1964년 사망]) 기독교적 완전은 과학적으로 알 수 없는 경험이나 현상에 의지하는 것이 아니라 사랑에 의존하는 것임을 강조한다.

이 수도회와 관련된 다양한 기도의 형태가 있다. 13세기에 도미니크 수도사들은 예수의 거룩한 이름의 기도를 보급했다. 코르도바의 알바로(Alvaro of Cordoba, 1430년 경 사망)는 십자가의 길을 유럽에 소개했는데, 이것이 발달하여 신자들이 순례하는 14곳의 예배 장소가 되었다. 특히 15세기 말 이후로, 묵주의 기도*가 도미니크 회의 전형적인 기도 관습이 되었다.

성 도미니크는 그 당시의 일반적인 수도 생활보다 더 엄격한 수도 생활을 할 수 있게 하기 위해서 남자 수사들의 공동체 외에 몇 개의 봉쇄 수녀원(제2회)을 세웠다. 1285년에, 참회의 도미니크 수도회가 설립되었고, 거기서부터 활동적인 도미니크 수녀들, 수도원에서 생활하는 제3회 수녀들, 그리고 도미니크 회 평신도들이 배출되었다.

W. Hinnebusch, *Dominican Spirituality,* 1965; Simon Tugwell, *The Way of the Preacher,* 1979; *Early Dominicans: Selected Writings* (Classics of Western Spirituality), 1983; V. Walgrave, *Dominican Self-appraisal in the Light of the Council,* 1968.

SIMON TUGWELL, OP

독신주의 | Celibacy

기독교 전통에서, 독신주의는 하나님께 완전히 헌신하기 위해서 결혼하지 않고 지내려는 것으로 이해된다. 거기에는 모든 성적인 행동을 포기하려는 의지가 함축되어 있다. 종교적 공동체에서는 흔히 순결의 서원을 하면서 이러한 결정을 공개적으로 공언한다. 세속에 머물려는 기독교인들은 사적으로 그러한 서원을 할 수 있다. 11세기 이후로, 서방의 가톨릭 교회는 사제들에게 독신으로 지낼 것을 요구해왔다. 동방 교회의 규정은 약간 다르다: 결혼한 사람들도 사제로 임명될 수 있지만, 이미 임명된 사제나 부제는 결혼할 수 없다.

일반적으로 사람들은 그리스도께서 마태복음 19:10-12에서 제자들에게 독신 생활의 이상을 제시하셨다는 데 동의한다. 제자들은 결혼은 파기할 수 없다는 가르침을 받은 후에, "만일 사람이 아내에게 이같이 할진대 장가들지 않는 것이 좋삽나이다"라고 말했다. 이에 대해서 예수님은 "사람마다 이 말을 받지 못하고 오직 타고 난 자라야 할지니라 어미의 태로부터 된 고자도 있고 사람이 만든 고자도 있고 천국을 위하여 스스로 된 고자도 있도다. 이 말을 받을 만한 자는 받을지어다"라고 대답하셨다.

신학자들과 영적 저술가들은 독신 생활의 영적인 가치를 세 종류로 나눈다: 기독론적인 가치, 교회론적 가치, 그리고 종말론적(또는 예언적) 가치. 기독론적인 가치는, 예수께서 친히 독신 생활을 하셨다는 실존적인 사실과 더불어 시작된다. 교황 바오로 6세는, "예수는 독신 생활을 하시면서 인류에게 거룩에 이르는 새로운 길, '인간이 직접적으로 완전히 주님께 매달리며 오직 주님 및 주님의 일에만 관심을 갖는 방법'을 열어 놓으셨다"고 했다 (*Encyclical on Priestly Celibacy*, 1967, n. 25). 그러므로 기독교인은 독신 생활을 받아들임으로써 그리스도를 가까이 따르며 그분의 생활 방식에 동참할 수 있다.

독신 생활의 교회론적 가치는, 독신 생활은 사람을 결혼과 가정 생활의 의무로부터 해방시켜 준다는 사실에서 발견된다. 그러나 이것은 이기심이나 고립을 조장하려는 것이 아니다. 독신 생활을 하는 사람은 사랑으로 하나님의 백성을 섬기는 일에 자신의 에너지를 헌신할 것이라고 가정된다. 이상적인 것은, 독신자의 사랑하는 능력이 방해를 받지 않고, 오히려 정화되고 확대되어 잊혀질 수도 있었던 사람들을 포용하게 되는 것이다.

독신주의의 종말론적인 가치는, "부활 때에는 장가도 아니 가고 시집도 아니 간다"(마 22:30)는 신약성서의 개념에 기초한다. 독신주의는 성적인 관계가 초월되고 "하나님이 만유 안에 계시게 될"(고전 15:28) 내세의 상징이라고 생각된다. 최근의 저술가들은 보다 성육신적인 방법을 취하면서 이것을 항의의 예언적 표현으로 번역한다. 성적 만족이 절대적인 욕구로 가정되는 문화에서, 독신주의는 복음에 기초한 대안 가치를 증거해 주며, 그 문화의 기본적인 가정들에 대한 질문을 제기한다. 자유로이 독신 생활을 선택하는 사람은, 인생에서 "우리 주 예수 안에 있는 하나님의 사랑"(롬 8:39)보다 중요한 것은 없다고 확언한다.

오늘날 독신 생활은 특별한 은사로서, 사람들은 자기에게 이 은사가 있는지 주의깊게 식별해야 한다고 인정된다. 이런 까닭에 가톨릭 교회에서는 독신 생활이 성직 임명에 보편적으로 필요한 조건이어야 하는지에 대해 논란이 계속 되고 있다. 어쨌든, 영적 저술가들은 독신주의를 찬양하면서 결혼 생활을 모독하지 않도록 조심해야 한다. 결혼 생활과 독신 생활 모두 참된 기독교적 소명이며, 세상에서 하나님의 사랑과 현존의 완전한 신비를 표현하는 데에는 두 가지 모두 필요하다고 인정된다.

D.Goergen, *The Sexual Celibate*, 1974; E. Schillebeeckx, *Celibacy*, 1968; A. Van Kaam, *The Vowed Life*, 1968.

MARTIN PABLE, OFM Cap

독일신학 | *Theologia Germanica*

이것은 1350년 경에 프랑크푸르트 암마인에서 "하나님의 친구들"에 속한 익명의 저자가 저술한 신비한 논문으로서, 1516년에 루터가 발견하여 출판했고, 1518년에 방대한 사본을 토대로 하여 재판되었다. 문체가 부드러우며 후대에 교정된 듯한 이 방대한 사본은 1497년에 인쇄되었고(뷔르트부르크), 파이퍼(Pheiffer)에 의해 재판되었다(1851, 1855년), 1874년에 수재너 윙크워스가 영어로 번역했다. 이 두 개의 개정판은 그 논문의 교리를 수정하며 아레오파고의 디오니우시우스*의 신비주의에 맞추어 재편성하려 했다. 이 책의 제목은 루터가 붙였다. 루터는 그 책에서 많은 영향을 받았으며, 그 글을 자신의 글처럼 인용하곤 했다.

이 책에서는 신비적 탐구가 당연한 것으로 간주된다: "…정화되고, 징계를 받고 해방되기 전에는 누구도 조명을 받을 수 없음에 주목하라. 마찬가지로, 조명을 받지 않은 사람은 하나님과 연합할 수 없다. 그렇기 때문에 세 단계가 존재하는 것이다. 첫 단계는 정화요, 다음은 조명이요, 세번째 단계는 연합이다"(제12장). 그리고 "신비적 탐구"에 따르는 위험을 인정한다. 구도자는 쉽게 표면적인 의무의 실천을 벗어버리며, 그럼으로써 미혹되어 자신이 성령의 지배를 받고 있다고 생각하지만 실제로는 악령의 지배를 받을 수 있다. 참 빛과 거짓된 빛이 있다(제20장). 이러한 망상의 근원은 자기를 신뢰하는 데 있다. 하나님과의 연합을 향한 신비적 탐구에는 위험이 따르지만, 그러한 연합은 가능하다. 신비가들은 하나님의 본질을 알 수 있다. "하나님은 단순한 선이요, 내면의 지식과 빛이시므로, 동시에 우리의 의지와 사랑과 의가 되시며, 모든 덕 중에 가장 깊은 덕인 진리가 되신다"(제30장).

『독일신학』은 두 가지 요소—죄와 기독론—을 강조함으로써 매우 기독교적인 맥락에서 이러한 확신을 제시한다. "아담은 그의 주제넘음, 자기중심적인 태도 때문에 그런 행동을 했다…" "내 것"이라고 부르는 모든 행동은 나의 불순종한 상태를 강화해 준다. 동시에, 내가 없으면, 하나님은 활동하지 않으신다. "하나님은 이 피조 세계 안에서, 그리고 이 세계를 통해서만 위대한 사역과 이적을 행하셨으며, 앞으로도 그리하실 것이다. 심지어 선하신 하나님은 그것들이 나의 외부에 머물러 있는 한 나를 축복하지도 않으실 것이다"(제9장).

새로운 아담이신 그리스도는 이 딜레마의 해결책이시다. 기독론은 하나님에 대한 교리이다. "그분은 인간화되셨고, 인간은 신화된다"(제3장). 인류의 분열된 충성은 그리스도 안에서 화목된다(제7장). 그분은 지옥을 통과하는 길을 승리의 길로 변화시키신다(제11장). 그분은 인간을 새롭게 하셨다: "아담 안에서 멸망하고 죽었던 모든 것이 그리스도 안에서 다시 일어나 소생했다. 그리고 아담 안에서 일어나 살았던 모든 것은 그리스도 안에서 멸망하고 죽었다"(제13장).

근본적인 해결책은 자기-신뢰를 부인하는 것, 즉 믿음이다. 우선적으로 필요한 것은 주님을 예비하는 길을 갈망하는 것, 그 길에 대한 부지런하고 견고한 결심이다. 그것은 십자가의 길이다. "당신이 그분을 따르려면, 십자가를 져야 한다. 십자가는 생명이신 그리스도와 동일한 것이며, 본성적인 사람에게는 쓰라린 십자가이다"(제52

독일 영성 | German Spirituality

장). 그것은 지옥을 받아들이는 것이기도 하다: "그리스도의 영혼은 천국에 가기 전에 지옥을 방문해야 했다. 인간의 영혼도 그 길을 가야 한다." "…하나님이 내 안에서 인간이 되셔야 한다. 이것은 하나님께서 내 안에 있는 모든 것을 담당하셔야 한다는 의미이다. 그렇게 되면 내 안에는 하나님께 저항하거나 그분의 일을 방해하는 것이 없게 된다"(제3장).

자아가 복종하면, 하나님께서 영혼 안에서 영혼을 통해서 일하시는 것을 허락하게 된다. 심지어 말썽꾸러기 자아도 목적을 발견한다. 내적인 복종은 영혼에게 안정—"하나님과의 참된 연합이 우리의 존재의 깊은 곳에서 발생할 때, 속사람은 영원히 그 연합 안에 뿌리를 내린다"(제26장)—을 주며, 현재의 성장에 대한 희망—"알기를 원하는 사람은 자신이 알고 있는 것과 같은 존재가 될 때까지 기다려야 한다"—과 영원에 대한 희망—"결국 지옥은 떠나가지만, 하나님의 나라는 남아 있을 것이다"—을 준다(제11장).

B. Hoffmann, *The Theologia Germanica of Martin Luther*(Classics of Western Spirituality), 1980; S. Winkworth, *Theologia Germanica*, 1874.

DAVID TRIPP

독일 영성 | German Spirituality

영적이고 종교적인 생활은 보다 넓은 상황에서 다루어져야 하며, 많은 상이한 요소들이 그러한 생활에 영향을 미친다는 것을 기억한다면, 독일 영성에 대한 글을 쓰는 데 몇 가지 문제가 있다. 그러나 모든 민족은 각기 나름의 사고 방식과 문화적 역사에 의해서 그 영성에 특별한 흔적을 남긴다는 사실을 부인할 수는 없다. 19세기에 헤겔의 제자인 칼 로젠크란츠(Karl Rosenkranz)는 이것을 염두에 두고 "독일 신비주의"(German mysticism)라는 용어를 만들어 낸 듯하다. 그는 마이스터 엑하르트(Mesiter Eckhart, c. 1260-1328)*와 그를 중심으로 한 집단의 신비적 사고를 "독일 정신"(German Spirit) 발달의 초기 단계라고 이해했다.

엑하르트는 이러한 종류의 영성에서 최초의 중요한 인물이다. 그러나 엑하르트에 대해 다루기 전에, 기독교적 신비주의를 향한 강력한 자극들이 많은 독일 수도원들로부터 발산되었음을 기억해야 한다. 먼저 베네딕트 회의 수녀인 빙겐의 힐데가르트(Hildegard of Bingen, 1179년 사망)를 언급해야 한다. 그녀는 내적 경험의 풍부한 전통을 의지하고 있지만, 젊었을 때에 시작된 영적 경험에 기초를 둔 이상을 가지고 있었다. 힐데가르트는 자신의 내적인 지식을 의학과 약학의 범주에까지 확대하여 표현할 수 있었다.

12세기 후반의 "성 트루드베르테르 찬가"(St. Trudberter Hohe Lied)는 신비적인 시로서, 신랑이신 그리스도가 영적인 사랑 안에서 마리아를 만나며, 인간의 영혼과 친밀한 대화를 하신다는 내용이다. 마그데부르그의 메히틸드(Mechthild of Magdeburg)는 많은 신비적인 수녀들 중에서 가장 뛰어났다(그녀는 1300년 경 사망했다). 1250년에 도미니크 수도사인 할레의 하인리히의 도움을 받아 북부 독일어 방언으로 지은 "흘러나오는 하나님의 빛"(The Flowing Light of the Godhead)은 하나님에 대한 경험적인 사랑을 노래한 것으로서 서정시의 형태를 취하고 있다.

영혼 안에서의 하나님의 탄생이 중세 독일 신비주의의 큰 주제이다. 그것은 마이스터 엑하르트가 이끄는 도미니크 수도사들에 의해 표현되었다. 엑하르트의 제자들 중에서 가장 유명한 사람은 요한네스 타울러(Johannes Tauler)*와 하인리히 수소(Heinrich Suso)*이다. 엑하르트는 파리와 쾰른에서 가르쳤고, 그곳의 도미니크 수녀원에서 설교했다. 그는 인간 영혼과 하나님의 가까움의 신비를 매우 사색적인 방법으로 고찰했다. 이 중요한 독일 신비주의의 대표자는 그의 라틴어 저술들은 물론이요 독일어 설교와 논문들 때문에 종교 재판을 받았다. 타울러의 설교들은 의지를 강조하면서 신비적 경건이 지닌 남성적인 요소를 표현하는 데 반해, 수소는 경건한 신앙의 감정을 표현한다.

이 초기 독일 신비주의는 현재의 독일의 경계를 넘어 스위스까지 전파되었다. 스위스에서는 수소와 "하나님의 친구들"(Freinds of God)의 대표자들이 활동했다. 문제의 시기에, 네덜란드도 독일 신비주의의 영역에 들어왔다. 이곳에서는 얀 반 루이스브렉*이 『영적 결혼 예찬』(The Adornment of the Spiritual Marriage)을 저술했다. 14세기 말, 네덜란드와 북부 독일에 소위 "현대 경건 운동"(Devotio Moderna)*이라고 불리는 수도적 특성을 지닌 공동체가 세워졌다. 그 공동체는 "공동 생활 형제단"의 형태를 취했다. 토머스 아 켐피스*의 이름으로 보급된 『그리스도를 본받아』는 가장 널리 읽히는 경건 서적이다. 프랑크푸르트 출신의 튜톤 족 사제가 익명으로 저술한 『독일 신학』*이라는 신비 서적도 그에 못지 않게 중요하다. 마틴 루터(1483-1546)는 그 책을 매우 소중히 여겼고, 여러 번 출판되어(1516년과 1518년) 널리 알려졌다. 루터는 "나는 성경과 성 어거스틴의 책 외에 내게 도움을 줄 책을 발견할 수 없었다…감사하게도 나는 독일어로 나의 하나님을 발견하고 그 음성을 들을 수 있게 되었다"고 말했다. 젊은 루터는 타울러의 신비주의와 『독일신학』에 심취했고, 자신이 발견한 것을 친구들에게 전해 주었다.

종교개혁 시대에 신비주의의 정신을 나타낸 사람은 토머스 뮌쩌(Thomas Müntzer, 1525년 사망)였다. 그는 후일 루터의 대적자가 되었다. 뮌쩌를 독일 농민 전쟁(1524-1525)의 지도자들 중 한 사람으로만 여겨서는 안 된다. 그의 저술들, 특히 유명한 "제후들에게 행한 설교들"은 그의 행위의 궁극적인 자극은 신비주의에서 온 것이었음을 분명히 해 준다. 그는 기독교인은 성경 밖의 세계에서 "내면의 말씀"을 감지해야 하며 "영혼의 심연 속에서 하나님의 계시를 받아야 한다"고 생각했다.

16세기와 17세기의 독일 영성은 단순히 내적 경건의 영역에만 머물지 않는다. 자연, 점성술, 연금술 등에 대한 그 시대의 견해를 현대 과학의 표준에 의해 판단할 수는 없다. 그것들은 현실의 영적인 차원을 표현한다. 르네상스 철학(마르실리오 피치노, 피코 델라 미란돌라 등) 이후, 자연은 종교적 지식을 위한 탐구 영역에 포함되었다. 이러한 연구에 참여한 사람들 중 하나가 파라켈수스(Paracelsus, 1541년 사망)이다. "하늘과 땅"의 상호관계에 대한 고대 연금술의 견해에 의하면, 소우주인 인간은 대우주인 세계와 조화를 이룬다. 인간이 창조의 신비로운 깊이를 관통하여 그것이 지닌 유익한 능력들을 발견할 때에, "자연의 빛"이 그를 비추어준다. 이것은 "은혜의 빛", 위로부터 오는 성령의 은사를 무시하는 것이 아니다.

발렌틴 바이겔(Valentin Weigel, 1533-1588)은 루터의 신학, 자연에 대한 파라켈수스의 견해, 그리고 신비적 경건(『독일신학』)을 받아들인다. 그는 종교개혁 이후의 정통주의의 희생자가 되지 않으려고 생전에는 자신의 사상을 공개적으로 표현하지 않았지만, 그의 사후에 그의 저술들이 출판되어 널리 보급되었다.

야콥 뵈메(Jakob Boehme, 1575-1624)*에게로 이르는 사상의 계보는 파라켈수스와 바이겔 뿐만 아니라 연금술과 신비 철학에 관련된 저자들에게서 추적할 수 있다. 실레지아(Silesian) 출신의 구두 수선공인 뵈메는 많은 신비적이고 견신론적인 글을 저술했고, 수세기 동안 유럽의 영적이고 종교적인 삶에 누구보다 많은 영향을 미쳤다. 그의 저서들 중에서 가장 큰 영향을 미친 것은 『오로라, 또는 여명』(Aurora or the Breaktin of the Dawn, 1612)이다. 이 책을 비롯한 여러 책에서, 뵈메는 하나님과 인간과 세상에 대해 묘사하는데, 그 안에는 모호함과 돌연한 섬광이 가득하다. 헤겔은 그를 "진정한 독일인"이라고 칭했다. 뵈메의 이상과 견해는 네덜란드에서 큰 영향을 발휘했으며, 그의 저술들 모두가 처음으로 출판될 수 있던 곳도 네덜란드였다(1682년 이후). 그의 저서들은 영국에서 존 스패로우(John Sparrow)와 윌리엄 로(William Law)에 의해 번역되었다. 뵈메의 최초의 추종자들 중에는 존 포르다게(John Pordage, 1607-1681)와 제인 리드(Jane Leade, 1623-1704)가 있다. 1620년에 미국으로 건너간 영국의 청교도들(Pilgrim Fathers)은 뵈메의 저서를 신세계로 가져갔다. 존 밀튼(John Milton, 1608-1674)과 윌리엄 블레이크(William Blake)는 자기들의 시와 예술에 뵈메의 사상을 받아들였다.

프랑스에서는 루이 클로드 드 생 마르탱(Louis Claude de Saint-Martin, 1743-1803)이 뵈메의 저술을 번역하고 옹호했다. 뵈메에 대한 관심은 18세기와 19세기에 러시아에서도 발견할 수 있었다.

실레지아 출신의 시인 요한 쉐플러(Johann Scheffler)는 시적이고 신비적인 입문서인 『천사같은 방랑자』(Cherubinischer Wandersman, 1657)를 저술했는데, 이 책은 오늘날도 인기 있다. 한편, 18, 19세기에 뵈메는 고국에서 다시 널리 인정을 받았다. 슈바벤(Swabian) 지방의 신학자이자 사제인 프리드리히 크리스토프 외팅겔(Friedrich Christoph Oetinger, 1702-1782)은 기독교의 견신론, 연금술, 유대교 신비주의를 결합하여 인상적인 견해를 만들어 냈다. 그의 계획의 주제는 "하나님의 일의 목표는 구체성이다"였다. 바바리아의 가톨릭 철학자인 프란츠 크사버 폰 바데르(Franz Xaver von Baader, 1765-1841)는 셸링과 함께 뮌헨의 낭만주의 작가들의 수장이다. 뵈메가 루드비히 티엑(Ludwig Tieck)과 프리드히리 폰 하르덴베르그-노발리스(Friedrich von Hardenberg-Novalis, 1772-1801)에게 미친 영향은 오늘날까지 확대되어 러시아의 철학자 솔로프예브(Solovyev)와 베르쟈예프(Berdyaev), 에른스트 블록(Ernst Bloch)을 포함하는 마르크스 진영에 미치고 있으며, 괴테를 통해서 루돌프 스타이너(Rudolf Steiner)의 인류학, 칼 융에 이르는 심리치료학과 심층 심리학에 영향을 미쳤다.

독일 영성의 또 다른 경향은 장미십자회(Rosicrucians)이다. 뵈메와 같은 시대 사람인 요한 발렌틴 안드레(Johann Valentin Andreae)는 1614년부터 1616년 사이에 세 개의 성명서— *Fama, Confessio, Chymische Hochzeit Christiani Rosenkreuz*—를 익명으로 발표했다. 그것들은 백과사전적 지식이라고 묘사할 수 있는 영적 태도에서 생긴 것이었다. 내면을 향하는 신비적 운동(내향성, 자기 인식)에 외면을 향하는 화학적인 운동(외향성, 세상에 대한 지식)이 추가된다. 이 영성의 중심에 인간의 변화와 영적 갱신의 신비가 놓여 있다. 안드레의 장미십자회 만트라에는 이 과정이 간단한 공식으로 요약되어 있다:

> 우리는 하나님으로부터 태어났다;
> 우리는 그리스도 안에서 죽는다;
> 우리는 성령에 의해서 거듭난다.

신비주의적인 프리메이슨단(Freemasonry)을 포함한 일련의 비밀 단체들이 이러한 개념들을 채택했다. 그것들은 특별한 욕구에 따라서 변화되거나 재형성되었다. 독일 신비주의, 연금술, 뵈메의 견신론, 그리고 장미십자회 등은 모두 은밀한 기독교, 즉 내적 경험에 기초를 둔 기독교의 발달을 반영한다.

이처럼 영적인 환상, 경험, 그리고 속 사람의 변화에 관심을 갖는 내밀한 접근 방법은 수세기 동안 배척을 받아왔다. 개신교 정통주의와 이성주의는 이 영성의 대표자들을 지하로 몰아 내고 있다. 간단히 말하자면, 이 억제 과정은 마틴 루터의 시대부터 칼 바르트 및 한 때 다음과 같은 논쟁적인 공식을 만들어낸 그의 변증신학 학파의 시대로까지 확대되었다: "신비주의와 하나님의 말씀 중 택일"(브룬너). 1933년부터 1945년 이후 독일 교회의 특별히 정치적인 상황은 폴 틸리히와 같은 신학자들이 거의 기회를 갖지 못했음을 의미한다. 신비 영성은 금기였다.

바르트, 불트만, 본회퍼 이후로 어떤 변화가 초래되었는지를 판단하는 것은 미래의 교회사가들이 해야 할 일이다. 어쨌든, 몇 가지는 관찰할 만한 가치가 있다. 칼 바르트가 『로마서』(*The Epistle to the Romans*)에서 호되게 비난한 종교 체험이 다시 존중되었다. 많은 사람들은 다양한 형태의 묵상은 변화—이것은 정치 신학의 형태를 취해야 한다—라는 큰 주제를 소홀히 하게 만들지 않으면서 내면생활을 향하는 방법이라는 것을 발견했다. 도로테 죌레(Dorothe Sölle)가 표현한 것처럼 "종교를 가지려는 열망"이 완전히 사라진 것은 아니라, 진지한 숙고에 종속되었다. 특히 젊은 세대 사람들은 (마약이나 인도로의 여행을 통해서) 신비 전통에 참여하는 여러 가지 방법이 있다는 것을 발견했다. 이런 까닭에, 우리는 종교 체험의 증거에 대한 관심이 증거하는 것을 이해할 수 있다. 많은 사람들은 기독교 신비주의에 대한 교육이나 강연을 제공하는 교회 장년 교육에 참여한다. 야곱 뵈메와 외팅거처럼 오랫동안 망각되어온 사람들이 재발견된다. 물론 분명한 시대의 징조들이 있다. 여기에는 역사 안에서, 그리고 현재의 위대한 기독교 영성의 전통들에 대한 새로운 고찰이 포함된다. 인류가 직면한 위대한 도전들을 고려할 때에, "변화는 내면에서 시작된다"는 표어가 필요하다.

Emil Brunner, *Die Mystik und das Wort*, 1924; Gordon Rupp, *Patterns of Reformation*, 1969; Dorothee Sölle, *The Inward Road and the Way Back: texts and reflections on religious experience*, ET 1978; Gerhard Wehr, *Deutsche Mystik*, 1980; *Martin Luther*, 1983; *Rudolf Steiner*, 1982; (ed), Angleus Silisius, *Der Cherubinsche Wandersmann*, 1977; Frances A. Yates, *The Rosicrucian Enlightment*, 1972.

GEHARD WEHR

돈, 존 | Donne, John

젊어서는 가톨릭 신자였던 돈(1571/2-1631)은 1615년에 성공회의 성직자가 되었고, 1621년부터 사망할 때까지 세인트 폴의 부감독으로 재직했다.

 그는 모든 점에서 유식하고 인유(引喻)를 많이 사용하는 형이상학적인 시인이었다. 그의 시는 육체적인 것과 영적인 것을 결합했다. 그의 견해에 의하면 성육신은 가장 재치있는 형태의 신학, 자연과 초자연, 인간적인 것과 신적인 것, 인간의 연약함과 하나님의 전능 등의 불가해한 연합이었다. 돈의 세속적인 시와 거룩한 시 사이에 궁극적인 구분이 없다는 사실은 일부 현대 독자들을 혼란스럽게 한다. "이 벼룩에 주목하라"는 의외로 사랑의 시를 전개한다. 그것은 벼룩이 두 연인들의 피를 빨아 먹는다는 관찰에서부터 시작하여 벼룩의 작은 몸이 그들의 "결혼의 침대요 성전"이라는 결론으로 나아가며, 또 두 연인과 벼룩의 연합에서부터 벼룩을 죽이는 것이 "셋을 죽이는 세 가지 죄"라는 결론으로 나아간다.

"삼위 하나님이시여, 내 마음을 상하게 하십시오"라는 시에서는 거룩한 삼위일체와 그것의 물질적인 유비를 더욱 진지하게 추적한다. 그 시에서는 하나님이 시인의 의지를 정복해 주기를 구하는 표현이 세 가지로 전개된다: "두드리고, 호흡하고, 비추어 주십시오", "깨고, 때리고 불 태우십시오".

이 시는 다음과 같은 역설로 결론을 맺는다: "당신이 내 마음을 사로잡지 않으시면, 내 마음은 결코 자유롭지 못할 것이요, 당신이 내 마음을 강탈해 가지 않으시면, 내 마음은 결코 순결하지 못할 것입니다."

이 재치있는 영성은 "아버지 하나님께 드리는 찬송"에서 가장 강력하게 나타난다. 시인은 죽음을 두려워하면서 인류의 타락 안에 있는 자신의 몫을 용서해 주시고 구속해 주시기를 요청한다: "내가 태어날 때부터 지녔던 죄, 내가 태어나기 전에 범해졌음에도 불구하고 나의 죄 진 부분을 용서해 주시렵니까?"

그 다음에 그는 자신이 지은 개인적인 죄를 씻어 달라고 간청한다: "내가 범한 죄, 후회하면서도 지금도 여전히 범하는 죄를 용서해 주시렵니까?"

시의 첫 부분에서 존 돈은 자신을 타락한 아담과 연결했다. 만일 이 재치있는 형이상학적 영성이 거룩한 시와 세속적인 시를 결합한다면, 산문에서도 동일한 결실을 맺을 것이다. 이러한 기지를 확대한 『묵상 27』(*Meditation XVII*)은 인간의 상태에 대한 특색 있는 자연적 유비로 끝을 맺는다: "어떤 사람도 섬에 완전히 홀로 거할 수는 없다…나는 인류 안에 포함되어 있으므로, 모든 이의 죽음이 나를 죽게 한다. 그러므로 누구의 죽음을 애도하는 종이 울리는지 알려고 사람을 보내지 말라. 종은 당신의 죽음을 알리려고 울리고 있다."

아마 이러한 비유 중 가장 훌륭한 것은 그가 임종하기 얼마 전에 행한 "죽음의 결투"라는 설교의 끝 부분일 것이다: "우리는 당신을 떠나고 당신은 복된 믿음 안에서 십자가에 달리신 분께 매달릴 것입니다…"

MOELWYN MERCHANT

동물과 영성 | Animals and Spirituality

성경적 전통과 기독교 전통에서는 동물들에 그다지 관심을 기울이지 않고

동물과 영성 | Animals and Spirituality

있다. 성경에서 동물들에 대해 가장 매력적인 글은 지혜 전승에서 발견된다. 지혜 전승은 시편 104편처럼 본질적으로 국제적인 것이며 흔히 이집트에서 유래된 것으로 여겨진다(이런 종류의 저술은 중세 시대의 아씨시의 프랜시스*와 견줄 수 있다). 그 외의 경우, 동물들은 정결법이나 다양한 희생제사와 관련하여 가장 자주 언급된다. 성경의 지혜 문학 안에도 실질적으로 상세한 동물 우화는 존재하지 않는다: 새와 짐승은 예화로서 언급될 뿐이다.

그러나 교부 시대 이후로, 자신의 목적을 위해서 고대 자연주의자들의 업적을 채택한 기독교 신학자들은 동물들에게 기독교적인 종교적이고 영적 의미를 부여했다. A.D. 4세기 이전의 책인 *Physiologus*는 중세 시대에 유행한 동물 우화집의 궁극적인 원천이며, 거기에서부터 펠리칸이나 피닉스와 같은 전통적인 신앙의 상징들이 생겼다. 4세기의 성 암브로스와 6세기의 세빌의 이시도어는 그것에 대해 상세히 설명했고, 경건한 내용을 가다듬었다.

중세 시대의 동물 우화집은 동물의 왕국에 관한 진지하고 사실적인 주해서로 의도된 것으로서 직접적인 관찰보다는 동물들의 창조에 대한 상상력과 경신성(輕信性)을 더 의존했다. 환상과 사실이 혼합되어 있었다. 시야가 서유럽 세계에 한정된 사람들이 볼 때에, 유니콘이나 용은 고래나 코끼리와 마찬가지로 합리적이다. 자연 현상을 직접 관찰할 수 있을 때에도, 그것들에 대한 해석은 과학적이기보다 신학적이고 도덕적이었다.

동물들의 행위에 대한 이해의 발달과 생물학에 비추어 보아, 동물우화집이라는 현상은 시대에 뒤떨어진 것이며 중세 기독교의 기이한 특징으로 간주하고 싶을 수도 있다. 그러나 그렇게 하는 것은, 20세기의 동일한 현상을 무시하는 것이 될 것이다. 작가들은 가장 넓은 의미에서의 인간 영성 내에 있는 가장 심오하고 가장 파악하기 어려운 요소를 표현하고자 할 때에 종종 동물 상징을 사용하는 듯하다. 물론 그들은 중세 시대 사람들보다는 훨씬 세련된 방법을 사용한다.

그 예로 케네스 그래험(Kenneth Grahame)의 『버드나무에 부는 바람』(*The Wind in the Willows*, 1908)과 "새벽의 문 앞에서 피리를 부는 사람"(The Piper at the Gates of Dawn)을 들 수 있다. 마저리 윌리엄즈(Margery Williams)의 『솜털이 난 토끼』(*The Velveteen Rabbit*, 1992)는 사랑과 현실에 대한 감동적인 책이다. 톨킨(J. R.

R. Tolkien)의 위대한 신화적 영웅담인 『반지의 제왕』(The Lord of the Rings, 1954-1955)의 주인공은 난쟁이 요정 호빗(hobbit)이다. 호빗을 동물로 분류하기를 주저하는 사람들도 있지만, 호빗이 인간이 아닌 것은 분명하다. 토끼들의 세계를 다룬 리처드 애덤즈(Richard Adams)의 Watership Down(1972)은 기독교 신비주의와 흡사하다. 윌리엄 호우드(William Horwood)는 Duncton Wood(1980)에서 두더지의 세계를 창조함으로써 유사한 경향을 탐구한다. 이것들은 소설이지만, 직접적이고 단순하게 해석해서는 안 되며, 최소한 어떤 종류의 영성을 향한 심오한 현대적 노력의 증거로 여겨야 한다.

만화나 TV과 같은 미디어 세계에서의 표현의 가능성은 훨씬 더 제한되어 있다. 그러나 상업주의가 TV 인형극(이것은 오늘날 우리가 접하는 것 중에서 중세 시대의 동물 우화와 가장 근접한 것으로서 그 배후에 진정한 공동체가 놓여 있다) 프로그램에 등장하는 동물들이 지닌다고 여겨지는 심오한 통찰들을 싸구려로 만들지는 않았다. 마지막으로, 스누피(Snoopy)라고 불리는 사냥개가 미키 마우스(Mickey Mouse)보다 인기있는 국제적인 동물 캐릭터가 된 것은 개에게로 가는 것이 완전히 나쁜 것이 아니라는 것을 증명해 준 하나의 방법이다.

상상적인 동물들의 세계가 아주 강력한 것이 될 수 있다. 동물 상징은 본질적으로 영성을 제공하기에는 부족하며, 감상주의로 전락하지 않도록 신중하게 제어해야 한다. 그러나 그것을 사용하는 것이 과학적인 세계관의 지배 때문에 꽉 막힌 상상력 안에 통로를 만들어 내는 듯하다.

JOHN BOWDEN

래스터패리언주의 | Rasterfarianism

래스터패리언주의(에티오피아 황제 하일리에 셀라시에를 신으로 신봉하는 자메이카의 흑인 운동)는 1930년대에 자메이카의 가난한 흑인들 사이에서 시작되어, 먼저 카리브 해의 영어권 주민들에게 전파되었고, 카리브 사람들의 이민을 통해 대영 제국과 미국으로 전파되었다. 이 운동의 뿌리는 기독교, 유대교, 그리고 그 당시 발달된 자메이카인들의 기원이 아프리카에 있다는 새로운 의식에 있었다.

래스터패리언주의라는 명칭은 1930년에 하일리에 셀라시에 황제로 즉위한 이집트 왕의 이름인 Ras Tafari에

래스터패리언주의 | Rasterfarianism

서 취한 것이며, 그 신자들은 Rastafarians, Rastamen, 또는 Rastas라고 불린다. 래스터패리언들은 하일리에 셀라시에를 "만왕의 왕, 만주의 주, 유다의 사자", 참 유대인인 흑인들을 다스리려고 시온(에티오피아)에 오신 하나님으로 믿는다. 이 "택함을 받은 백성"의 고대사는 이스라엘의 열두 지파가 흩어지던 때로 거슬러 올라간다. 그 때에 여호와의 영과 솔로몬이 에티오피아로 갔다. 라스타스는 솔로몬과 유대인 지파가 흑인이었다고 믿으며 (그들은 이 사실이 아가서에 지적되어 있다고 여긴다), 흑인들이 백인보다 우월함을 증명한다. 에티오피아는 시온이며, 세상의 다른 지역에 사는 흑인들은 과거의 죄에 대한 형벌로 추방되어 바벨론에 거한다. 백인들은 하나님의 형벌의 대리인들이다. 그리고 래스터패리언들은 귀환을 기다리면서 로마의 통치 아래 유배 생활을 한다. 그것은 파괴자요 압제자이며, 흑인들을 지배하고 노예 상태로 묶어두기 위해서 무덤 저편의 보다 나은 삶에 대한 약속과 성경을 사용하는 거짓된 백인 교회들의 자리요 원천이다.

하일리에 셀라시에라는 사람으로 나타난 신은 신앙의 대상이 아니라 지식의 대상이다. 그는 1966년에 자메이카를 방문했을 때처럼 그들이 보고 만지고 말하고 알 수 있는 대상이었다. 그는 모든 것을 알며, 그에게 드리는 기도는 응답된다. 그는 생명의 근원이므로, 그 운동의 신자는 죽음을 부인한다. 하일리에 셀라시에 황제가 왕위에서 물러난 것과 죽은 것은 그 운동의 추종자들에게는 장애물이 되지 않는다. 그 황제가 죽은 것을 믿지 않으려는 사람들이 있다. 어떤 사람들은 그의 통치의 종식과 죽음을 받아들인다. 그들은 황제를 하나님의 72번째 현현, 흑인들에게 하나님의 계획 안에서 자신의 참된 위치를 상기시켜 주시는 분으로 본다. 하나님은 다시 오셔서 활동하실 것이며, 그 동안에 흑인들은 자기들이 세상을 다스리게 될 때를 위해 준비한다.

이 운동의 추종자들은 시온의 목적을 위한 평화로운 용사로서 특징적인 생활 방식을 지닌다. 머리털을 가늘게 따서 오글오글하게 한 긴 머리는 그들을 구약성서의 용사들이나 아프리카의 마사이 족 사람들과 동일시 하는데 도움을 준다. 자연과 조화롭게 산다는 것은 머리털이 자라는 대로 내버려 두는 것을 의미한다. 따라서 이 운동의 추종자들의 턱수염과 머리털은 그들의 헌신의 진지함을 보여 준다. 그들은

래스터패리언주의 | Rasterfarianism

채식주의자들로서 양식을 위해 짐승을 죽이는 것은 옳지 않으며 하나님께서는 자녀들의 생명을 유지하는 데 충분한 과실과 채소를 주셨다고 믿는다. 이러한 선물들 중에 가장 위대한 하나님의 선물, "민족들의 치유를 위한 생명나무의 잎", 간자(마리화나)가 있다. 자메이카와 카리브 해 지역에서는 간자를 피우는 것은 불법이다. 자메이카에서는 간자 재배를 근절하기 위한 단속을 벌이며, 간자를 피우는 것이 그 운동의 추종자들과 경찰 사이의 갈등의 원천이다. 그 운동의 추종자들에게 있어서 간자를 피우는 것은 유사-성례전적인 가치를 지니며, 집회는 참석한 사람들이 일치와 치유의 표현으로 간자 파이프를 돌리는 것에서부터 시작된다.

이들은 성경을 선택적으로 사용한다. 예언서, 시편, 율법서, 복음서, 계시록 등의 일부 구절들만 라스 타파리 안에 계시된 진리를 증거한다고 믿는다. 그것들만이 참된 흑인들의 성경 번역을 제공할 수 있다. 백인들이 번역한 성경은 흑인들을 정복하고 노예로 삼기 위한 것이다. 그것은 백인 세계의 위선의 일부이다.

래스터패리언주의는 자메이카의 흑인 경험의 시적인 해석이다. 그것은 처음에는 래스타 집단에서 소통되다가, 후에는 신화, 상징, 때로는 레게 음악에 의해 널리 전파되었다. 형벌, 추방, 귀환, 그리고 라스 타파리라는 인물 등에 관한 신화들을 통해서 전달된 이데올로기는 강력한 희망의 표현이며, 정체성의 추구요, 존재의 주장이다.

이 운동의 신봉자들의 사회 철학은 혁명적인 철학이 아니다. 그들은 시온으로의 귀환을 바라면서 산다. 시온은 에티오피아나 다른 아프리카 국가를 의미한다. 이들은 다른 종교를 멸시하며, 아프리카 서부 해안으로부터 노예들에 의해 전달된 부족 신앙은 영들을 다루기 때문에 거짓 신앙이라고 간주하여 관계를 갖지 않으려 한다. 그들은 하나를 제외한 모든 교회는 로마가 흑인들을 예속 상태로 묶어 두기 위해 만들어 낸 것이라고 간주한다. 또 오순절 운동*은 백인 교회로부터 도입된 감정적이고 내세적인 종교로 간주하여 거부한다. 유일한 예외는 하일리에 셀라이세의 교회인 에티오피아 정교회로서 그 기원은 콘스탄틴 황제 이전 시대로 거슬러 올라간다.

Joseph Owens, *Dread: The Rastafarians of Jamaica,* 1976; M. G. Smith, R. Augier and R. Nettleford, *The Rastafari Movement in Kingston, Jamaica,* 1960.

M. J. JACKSON

러시아 영성 | Russian Spirituality

도스토에프스키는 러시아 백성들이 "성성(聖性)을 최고의 덕목으로 인정하며" 러시아 교회 내에서의 공식적인 성인 시성은 대중적이고 집단적인 존숭을 확고히 해 준다고 주장했다. 러시아 영성은 특히 러시아의 성인들 안에서 설명된다. 키에프의 공작인 성 블라디미르(St. Vladimir)는 기독교의 사회적이고 집단적인 의미를 강조했다. 최초로 시성된 러시아의 성인은 그의 아들인 성 보리스(St. Boris)와 어린아이 같은 성 글렙(St. Gleb)이었다. 그러나 그들은 믿음을 위한 순교자가 아니라 1015년에 자기 형제에 의해 살해된 정치적인 희생자들이었다. 그들의 성성은 자발적으로 그리스도의 수난에 참여한 것, 고난을 통해 얻은 그리스도의 자기 비하(신성 포기)에 대한 통찰 안에서 인식되었다. 그 후 러시아 교회는 고난을 당하면서도 저항하지 않은 사람들의 전통을 특히 사랑했다. 그것은 특히 부활 신앙의 능력에 의해 보완된 느낌이었다. 물질 안에 영적인 것이 완전히 육화되었다는 의식이 러시아 영성의 근본 주제이다. 그것은 땅에 대한 러시아 농부의 감정, 그리고 러시아 교회에서 입을 맞추고 예배하는 이콘이나 십자가, 그 밖의 성물들 안에 신이 현존한다는 의식 안에 함축되어 있다.

성 테오도시우스(St. Theodosius, 1074년 사망)는 그리스도의 수난보다는 그분의 가난과 자기 비움 안에 있는 신성 포기의 개념을 따랐다. 그는 수덕적 이상을 고상하게 만들고, 블라디미르의 사회적 강조를 계속 유지했다. 그는 조각조각 기운 옷을 입었고, 그리스도를 위한 어리석음과 흡사한 가난과 사회적인 비천함 안에서 그리스도의 자기 비하의 사상을 표현했다. 그리스도를 위한 어리석음은 중세 시대에 러시아에서 두드러졌으며, 소중히 기억되었다. 그리스도를 위한 바보는 이 세상의 사회적이고 지적인 유대들을 포기하고 극단적인 치욕을 받아들인다. 자기 비하의 사상은 자돈스크의 티콘(St. Tikhon of Zodonsk, 1724-1783)의 삶과 저술에서 표현되며, 현대 러시아 사상에서 세르기우스 불가코프(Sergius Bulgakov)는 이 사상에 교리적인 기초를 제공했다. 불가코프는 이 사상이 거룩한 지혜 안에 세워지고 실현된다고 보았다. 또 그는 그리스도의 상징을 예술적으로 해석하는 순수히 러시아적인 방법을 식별했다. 겸손의 이상은 톨스토이, 도스토에프스키, 레스코프와 같은 작가들과 민간 전승에서 자주 등장한다.

가장 위대한 국가적 성인이자 "러시아의 건설자"인 라도네즈의 세르기우스(Sergius of Radonezh, [?]1314-1392)는 은둔적이지만 북부 러시아의 숲으로 확대된 운동을 지도한 인물이다. 몇 년 동안 홀로 고독하게 지낸 후, 세르기우스 및 그가 세운 교회를 중심으로 하나의 공동체가 성장했는데, 이것이 성삼위일체 수도원이 되었다. 사회적으로 비천하고 외적인 권위도 없고 거친 옷을 입은 세르기우스는 테오도시우스의 자기 비하적 상징을 가다듬었다. 그리고 비잔티움의 헤시카스트 운동과 흡사하게 신비한 기도와 거룩한 환상 경험을 통해서 러시아 영성을 심화시켰다. 러시아 영성과 종교 예술의 황금시대가 도래했다. 성 안드레이 루블레프(St. Andrei Rublev, [?]1370-[?]1430)가 제작한 "거룩한 삼위일체"라는 이콘은 세르기우스를 기리기 위해 그린 것이었다. 그 이콘은 "원래의 조화와 아름다움을 회복한 물질의 구체적인 예…변화된 우주의 일부"라고 불린다. 볼로스크의 조셉(St. Joesph of Volotsk, 1439-1515)의 말에 의하면, 루블레프는 "정신과 영을 비물질적인 거룩한 빛에게로 고양시킨다." 러시아에서 Odigitriya라는 이콘보다 Umilenie라고 알려진 이콘을 선호하는 것은 러시아 영성의 일면을 보여 준다. 러시아인들은 특히 하나님의 모친을 정신과 육체의 이상적인 조화를 성취하여 창조주의 진정한 동역자가 된 인간으로 여겨 사랑하고 존숭한다.

세르기우스에게서 통합되었던 사회적 주제들과 신비적 주제들은 16세기에 분리되었다. 그것은 볼로스크의 조셉과 소라의 닐루스(St. Nilus of Sora)와 관련된 분열이었다. 볼로스크의 조셉의 전통은 제3의 로마인 모스크바라는 메시아적 이상과 관련된 반면, 닐루스의 전통은 은둔적이고 신비적이며 세상의 소유를 부인했다. 닐루스는 예배에 대한 심미적인 반응을 거부한다. 그러한 심미적 반응은 러시아 예배의 특징이며, 또한 참 종교를 추구하는 러시아인들이 콘스탄티노플에 있는 성 소피아 교회에서 거룩한 전례의 아름다움에 압도되면서 정교회 신앙을 받아들이는 데 결정적인 역할을 했었다. 세상적인 재산의 포기는 strannichestvo, 즉 방랑의 전통으로 이어질 수 있는데, 이것 역시 러시아 영성의 특징적인 경향이다. 장로(starets)의 지도 하에 예수기도를 실천한 농부의 방랑생활을 묘사한 19세기의 『순례자의 길』(*The Way of a Pilgrim*)은 대단한 인기를 얻었다.

러시아에서 19세기는 영적 지도자인 장로들의 정교회 신앙의 황금시대였다. 최초의 가장 위대한 장로는 사로프의 세라핌(St. Seraphim of Sarov, 1759-1833)이었다. 그에게서 러시아 영성의 종말론적인 경향은 새로운 형태의 영성, 자발적인 사랑과 고난을 통한 변화의 이미지로 발달했다. 세라핌은 사막으로 들어갔고(그는 바위 위에 움직이지 않고 선 채 끊임없이 기도하면서 수많은 밤을 보냈다), 그 후에 은둔자로서 침묵 생활을 하다가, 하나님의 모친의 가르침을 받고서 세상으로 돌아와 세상을 떠나기 전까지 7년 동안 치유자, 선견자, 영적 지도자로 생활했다. 그는 기독교적 삶의 목표는 성령을 받는 것이라고 정의했다. 그의 영적 아들인 모토빌로프는 그의 몸이 거룩한 빛에 의해 변화되는 것을 목격했다: "태양의 중심에서, 정오의 눈부신 햇살 속에서 당신에게 말하는 사람의 얼굴을 상상해 보십시오."

그 후 19세기 내내, 장로들의 전통의 중심지는 옵티노(Optino)라는 은거지였다. 일련의 작가들과 사상가들은 그곳에서 영적인 지도를 발견했다. 그리하여 19세기와 20세기에 장로들은 러시아의 풍부한 저술과 사상의 전통에 직접적인 연결로를 제공했다. 이 전통에 속한 일부 작가들은 러시아 영성의 특별한 주제에 관심을 가진 데 반해, 톨스토이, 도스토에프스키, 로자노프, 쉐스토프, 베르자예프와 같은 사람들은 이러한 주제들과 관련하여 중립적인 태도를 취했다.

톨스토이는 신비적인 의미가 전혀 없는 도덕적인 극좌파 사회주의에 접근한 반면, 도스토에프스키는 근본적으로 종교적 의식과 관련된 문제에 관심을 가졌고 인간 영혼 안에 있는 선과 악이라는 상극을 탐구했다. 도스토에프스키의 추종자인 로바노프는 윤리적인 것을 강조하지 않으며 우주 중심적인 개성주의를 지향했다. 그는 이 세상의 진리와 아버지 하나님에 대한 친밀한 의식은 분리할 수 없다고 느꼈고, 하나님을 출산과 연결함으로써 문화적 창조성이라는 근본적인 과정에 대한 영적 해석을 발달시켰다. 도스토에프스키의 영향은 쉐스토프와 베르자예프에게서 강력히 감지된다. 쉐스토프는 인간에게 자유와 하나님에 대한 권리를 돌려주기 위해서 절대적인 비합리주의를 주장하며, 베르자예프는 자유와 창조성 대신 개성을 옹호한다. 그리스도의 구속 사역에 의해 인간 안에 주어지는 윤리적인 자유에 대한 그의 소망에는 종말론적인 주제, 보편적이고 완전한 변화라는 러시아적인 이상이 배어 있다.

19세기 중반에 이반 키레프스키(Ivan Kireevsky)와 코미아코프가 이끄는 슬라브주의자들(Slavophiles)에 의해 러시아 영성의 특수한 주제들이 확립되었다. 코미아코프는 사회적인 내용을 함축하는 유기적인 통일체라는 주제에 *sobornost*라는 명칭을 부여했다. 그는 키레프스키를 좇아 믿음과 이성을 통합하지만, 개인은 교회의 유기적 통합을 통해서만 사랑에 의해 유지되는 살아있는 사회적 유기체인 교회를 이해할 수 있다. 따라서 코미아코프의 견해에 의하면, 역사는 하나의 영적인 과정이었다. 그는 역사의 보편적인 발달 속에서 러시아가 취해야 할 특별한 길을 보았다. 후대의 슬라브주의자들 중에서 레온테프(Leont'ev)는 염세주의적이고 거의 묵시적인 자세로 영성과 정치적-문화적 형태에 대해 언급한다.

19세기의 마지막 25년 동안, 위대한 러시아 사상가인 블라디미르 솔로프에프(Vladimir Solov'ev)는 러시아 영성에 거룩한 지혜(Saint Sophia)라는 명칭을 부여했다. 영적인 것이 물질적인 것 안에 완전히 육화되어 있다는 것과 창조 전체의 통일성이라는 근본적인 러시아 영성의 주제와 거룩한 지혜의 이름 하에 보편적 변화를 바라는 희망이 화해했다. 소피아에 대한 신비적 이상이 솔로프에프의 삶과 사역을 고취해 주었다. 그는 사회적 이상을 위한 종교적-영적 기초의 필요성을 깨달았고, 신-인의 사상에 기초를 둔 유기적이고 철학적인 종합을 시도했다. 그는 소피아는 피조 세계의 감추어진 영이며, 인류 전체의 역사는 그리스도 안에서 실현된 신인(God-man)을 향한다고 보았다. 그는 거룩한 지혜와 하나님의 모친을 받아들였으며, 러시아 교회와 성상학 안에서 이에 대한 지원을 발견했다. 솔로프에프는 중년기에는 정교회와 가톨릭 교회의 화해를 희망했지만, 말년에는 묵시적이고 예언적인 이상을 전개했다.

페도로프(Fedorov)는 19세기 후반에 활동한 특이하면서도 상징적인 러시아 사상가이다. 그의 주요 저서인 *The Philosophy of the Common Task*는 그의 사후에 출판되었다. 그의 사상은 하나님의 나라와 세상의 구원을 향한 갈망에 의해 고취되어 있었다. 그는 기독교적 삶의 역사 안에서 공동의 과업은 보편적인 구속—모든 사람들이 부활을 통해 질병과 불화와 죽음을 이기고 승리하는 것—을 성취하는 것이라고 보았다.

금세기에 파벨 플로렌스키(Pavel Florensky)와 세르기우스 불가코프(Sergius Bulgakov)는 솔로에프가 제시한 지혜를 향하는 성향을 한층 발달시켰다. 플로렌스키는 신학자이자 사제인 동시에 훌륭한 수학자였다. 그는 종교적 교의에 대한 자신의 접근 방법의 기초를 살아 있는 종교적 경험에 두었다. 그의 주요한 저서인 『진리의 기둥과 터』(*The Pillar and Foundation of the Truth*)에는 이러한 경험, 성인들의 전기와 전례 본문에서 취한 인용문들, 그리고 성상학적 자료 등이 이 생생하고 풍부하게 들어 있다. 우주를 살아있는 완전체로 간주한 플로렌스키의 신비적 인식은 피조된 소피아, "완전한 피조물의 완전성의 뿌리"라는 교리로 이어진다. 그것은 피조물을 하나님의 삼위일체적 생명 안에 둔다. 그는 소피아를 교회와 일치시키며, 솔로프에프의 견해를 좇아 하나님의 모친과 일치시킨다.

이처럼 소피아의 신학으로의 이동은 결국 불가코프에게로 이어진다. 그는 마르크스주의와 관념론 철학을 거쳐 정교회 사제가 되었다. 그의 근본 사상은 만물 안에 있는 하나님의 계시이다. 불가코프는 플로렌스키의 영향 하에 지혜론적인 문제에 직면했다. 그는 소피아의 개념을 신학으로 발달시켰고, 신-인의 교리 및 신적인 지혜와 피조된 지혜 사이의 내적 통일성의 교리를 만들었다. 거룩한 지혜는 하나님과 세상을 결합해 주는 연결로이며, 소피아는 교회를 통해서 세상에 드러난다. 교회는 되어감의 과정에 있는 소피아로서 만물이 종말론적으로 성취될 때에 피조된 것을 안에서 거룩한 지혜가 성취된다.

N. Berdyaev, *Dream and Reality*, 1948; *The Russian Idea*, 1948; S. Bulgakov, *A Bulgakov Anthology*, ed J. Pain and N. Zernov, 1976; G. P. Fedotov, *The Russian Religious Mind* (2 vols), 1946-1966; *A Treasury of Russian Spirituality*, 1950; N. Gorodetzsky, *The Humiliated Christ in Modern Russian Thought*, 1938; P. Kovalevsky, *St. Sergius and Russian Spirituality*, 1979; P. Pascal, *The Religion of he Russian People*, 1976; V. Solov'ev, *A Solovyev Anthology*, ed S. L. Frank, 1950; T. Ware, *The Orthodox Church* (revd edn) 1980; V. Zander, *St. Seraphim of Sarov*, 1975; N. Zernov, *The Russians and their Church*, 1945; *The Russian Religious Renaissance of the Twentieth Century*, 1963.

ROBIN AIZLEWOOD

로렌스 | Laurence of the Resurrection

부활의 로렌스(Nicholas Herman)는 맨발의 갈멜 수도회의 평수사요 신비가였다. 그는 1611년에 프랑스 동부의 로렌 지방에서 태어났고, 1691년 2월 12일에 파리에서 사망했다. 그는 18년 동안 군인으로 복무했고, 얼마 동안 왕실 회계국 장관인 윌리엄 드 푸뤼베(William de Fruibert) 밑에서 일했다. 그 후 파리에 있는 갈멜 수도회에 들어가서 눈이 멀어 일할 수 없을 때까지 30년 간 요리사로 봉사했다. 그리고 약 80세 때에 갈멜 형제들에게 둘러싸여 임종했다.

조셉 드 뷰포트(Joseph de Beaufort) 수도원장은 로렌스의 글들을 수집했는데, 거기에는 16편의 편지, 그의 수실에서 발견된 영적인 메모와 금언이 포함되어 있다. 뷰포트는 자신이 로렌스와 나눈 대화들에 대한 기록을 추가했다. 이 대화집 중 네 가지가 유명한데 그 중 첫번째 것은 1666년 8월 3일에 시작되고, 마지막 것은 1667년 11월 25일에 끝난다. 그는 이것들을 로렌스의 어록과 함께 출판했다.

로렌스의 가르침을 연구해 보면, 프랑스 영성의 전통에 의해 알려진 그의 사상이 드러난다. 프랑스 영성*의 전통은 페넬론(François de Salignea de la Mothe Fénelon)*과 예수회 수사인 장-피에르 드 코사드*의 저술에서 깊이 발달되었다. 그러나 이 겸손한 갈멜 수도사는 이들 저자들 못지 않다. 거룩한 것에 대한 그의 경험은 그로 하여금 내면 생활의 심오한 진리들을 간단히 설명할 수 있게 해 주었다.

그는 삶의 의미를 파악하는 데 관심을 가졌고, 하나님에 대한 의식이 깊어지고 근심으로부터 해방되는 데 있어서 일상 생활이 제공하는 기회들의 중요성을 강조한다.

로렌스의 교리의 특징은 자아가 은혜를 통해서 고등한 상태의 기도에 이를 수 있다는 것을 강조하는 데 있다. 그는 다른 신비가들의 다소 진보된 진술들을 피하지만, 그의 직접적이고 실질적인 가르침은 하나님 현존 의식으로 이어지는 길을 설명해 준다. 그는 자신의 경험을 이야기하면서 분심(分心)의 상태에서 직면하는 위험을 지적하고 심오한 하나님 의식을 통해서 획득하는 유익들을 지적한다.

로렌스는 어느 경건한 사제에게 보낸 편지에서 자신이 하나님께 나아가는 방법을 묘사한다: "내가 가장 자주 사용하는 방법은 단순히 하나님께 집중하고 사랑으로 응시하는 것입니다. 나는 종종 아기가 어머니의 품에 안길 때보다 더 행복하고 만족스럽게 하나님과 결합되어 있음을 느낍니다. 실제로 말로 표현할 수 없는 행복을 경험했기 때문에, 이 상태를 '하나님의 가슴'이라고 부르고 싶습니다."

그는 편지에서 수도원 안에 사는 사람들과 세속 사회에서 사는 사람들의 일상 생활의 문제들에 대한 가르침을 준다. 현존하는 세 편의 편지는 평신도에게 보낸 것이고, 나머지 13편의 편지는 종교인들에게 쓴 것이다. 이 편지들은 모두 끊임없이 기도함으로써 하나님과 연합할 수 있음을 강조한다.

Nicholas Herman, *The Practice of the Presence of God*, tr D. Attwater, 1962.

ADRIAN JAMES COONEY

로버트 리튼 | Leighton, Robert

스코틀랜드 혈통인 로버트 리튼은 1611년에 런던에서 알렉산더 리튼의 아들로 태어났다. 부친은 1587년에 성 앤드류스 대학을 졸업한 개신교 목사요 의사였다. 로버트 리튼의 어린 시절에 대해서는 거의 알려져 있지 않다. 그는 17세 때에 에딘버러 대학에 입학하여 1631년에 졸업하면서 개혁주의 교회에서 사역할 수 있는 학문적인 자격을 갖추었다. 졸업 후 10년 동안 잉글랜드와 유럽 대륙을 여행하면서 얀센주의와 포트 로와이얄(Port Royal)의 영향을 받았다.

리튼은 개인적으로 그 시대에 인정받고 있던 칼빈주의를 믿었고, 진보적인 경향을 지니고 있었기 때문에 가톨릭 신학과 예배에 대해 호의적이었다. 흄 브라운(Hume Brown)은 그를 "기독교 신학자라기보다는 기독교화 된 철학자"라고 평했다. 그는 공리주의적이고 인도주의적인 견해를 가지고 있었고, "종교는 인간 생활에서 매우 바람직한 모든 것으로 안내할 뿐만 아니라 가장 유쾌하고 즐거운 것으로도 안내한다"고 말했다.

1641년에 로티안의 백작(Earl of Lothian)은 그를 뉴배틀 교구에 임명했다. 그는 성직에 임명되고 스코틀랜드 교회의 사역자로 받아들여졌다. 그는 종종 교회의 의무에 태만했지만, 학문과 경건으로 인해 존경을 받았다. 그러나 그는 교회 정체(政體)와 관련된 일에 대한 무관심 때문에 비판을 받았다.

1610년에 스코틀랜드 교회 안에 감독제도가 회복되었고, 장로제도-감독제도 사이의 논쟁과 갈등은 1638년의 국민 맹약(National Covenant)에서 절정에 달했다. 리튼은 기도와 온유함

로버트 리튼 | Robert Leighton

을 가르침에 있어서 목회적 직무가 중요하며, 경쟁하는 두 가지 교회 정치 체계들은 복음의 사역과 무관하다고 간주했다.

맹약 운동으로 인한 심각한 분열과 논쟁 속에서, 리튼은 에딘버러 대학 학장직을 사임하고 학생들에게 자신의 초세속적인 신앙을 전하려 했다.

찰스 2세의 왕정복고와 스코틀랜드 교회 내에서의 감독제도의 재도입 이후, 리튼은 1661년에 던블레인의 주교가 되었다. 이 교구가 스코틀랜드의 교구들 중에서 가장 작고 급료가 가장 적은 곳이었기 때문에, 그는 이 직무를 받아들였다. 그는 감독 제도와 비슷한 것은 모조리 피하려 했다. 또 1672년에 잉글랜드로 은퇴하기 전에는 거의 거주한 적이 없는 글래스고우의 대주교직을 받아들였고, 그곳에서 1684년 6월 25일에 갑자기 세상을 떠났다.

리튼의 영성은 예수를 위해 온유하게 화평을 이루는 자의 영성이었다. 그는 토머스 아 켐피스*의 『그리스도를 본받아』를 성경 다음으로 훌륭한 책으로 여겼다. 그의 기독교적인 온유함은 예정의 교리에 대한 그의 이해를 수정했다. 그는 그 시대의 편협함과 완고함으로부터 피할 길을 찾으며 종교적인 관용을 구했다.

리튼은 성령의 영역에서는 교회 정치가 중요하지 않다고 간주했지만, 주교로서 장로 제도와 감독 제도 사이의 화해를 진작시키기 위해 노력했다. 그는 스코틀랜드 교회의 번영을 위해 두 제도 사이의 타협을 옹호했지만, 정치는 예배와 믿음에 종속되어야 한다고 여겼다. 그의 사랑과 우애의 정신을 통해서, 경건한 개인적인 믿음에 의해서, 그리고 보편적인 경건한 예배에 대한 편애 때문에, 로버트 리튼은 스코틀랜드의 장로교회와 감독교회 사이에 가능한 화해의 상징으로 존재했다. 그의 영적인 중요성과 영향력은 모든 사역에 대한 이해에서의 관대한 목회적 강조에서, 그리고 화해의 복음 구현을 위해 요구한 에큐메니칼한 차원에서 생긴다. 그는 스코틀랜드가 배출한 순수하고 겸손하고 거룩한 인물이었다.

콜리지(S. T. Coleridge)는 그가 정경적인 성경의 기자들을 제외하고는 가장 영감을 받은 저술가라고 했다. 1857년에 그의 묘지에 세워진 묘비에는 다음과 같이 새겨져 있다: "분쟁과 싸움의 시대에, 그는 거의 저술 전체에 살아 있는 거룩한 생활과 온유하고 사랑하는 정신으로 하나님의 교리를 장식했다."

Sermons, 1692; *Select Works*, 1746; E. A.

Knox, *Robert Leighton, Archbishop of Glasgow*, 1930.

R. STUART LOUDEN

롤, 리처드 | Rolle, Richard

리처드 롤(c. 1300-1349)은 요크셔 주 토른톤에서 태어났고 옥스포드에서 수학했다. 그는 18살 때에 학문을 중단하고 은둔자가 되었다. 처음에는 친구인 존 달튼(John Dalton)의 영지에서 생활했고, 그 후 잉글랜드 북부의 여러 곳에서 생활했고, 햄폴(Hampole)에서 시토 회 수녀원 근처에서 생활하다가 죽었다. 그는 설교자요 신비가로서 널리 존경을 받았고, 17세기 말에 영국에서는 "고해신부요 은둔자인 복된 리처드"라고 알려졌다.

롤은 영어와 라틴어로 많은 글을 저술했다. 대표적인 저서인 *Incendium Amoris*와 *Emendatio Vitae*는 중세 시대 영어로 번역되어 널리 보급되었다. 그는 종교적인 서정 시인으로 잘 알려져 있다. 논평가들은 그의 기도 경험을 조심스럽게 다루어왔으며, 그 당시에도 어느 정도 의심을 받았다. 그는 "감정적 신비주의"를 주장했으며, 감각적인 기도의 경험을 의지했다고 주장된다. 그는 자신의 기도 경험을 *calot, dulcor et canor*(뜨거움, 감미로움, 그리고 노래)라는 용어로 묘사했다:

"내가 회심하여 특별한 목적을 갖기 시작했을 때, 나 자신이 연인의 사랑을 그리워하는 작은 새와 같다고 생각했다. 그는 연인이 와서 즐겁게 노래할 때에 즐거워한다. 나이팅게일은 자신과 결합한 수컷을 즐겁게 하기 위해서 밤새도록 노래한다고 한다. 그렇다면 나는 내 영혼의 신랑인 예수 그리스도를 위해서, 장차 임할 밝음과 비교할 때에 밤과 같이 어두운 현세에 사는 동안 훨씬 더 많은 감미로운 노래를 불러야 할 것이다. 그리하여 그리움 때문에 쇠약해지고, 사랑 때문에 죽어야 한다."

롤은 이런 식으로 영의 경험을 나타내기 위해서 감각적인 상징들을 사용하며, 그의 삶을 완전히 바꾸어 놓은 기도의 경험을 인간적인 용어로 표현하려고 노력했다. 그러나 롤은 신학자도 아니고 이론가도 아니었다. 그리고 그의 저서는 신비 신학으로서는 불완전하지만, 분명하고 민감한 개인적인 경험의 기록이다. 그를 확실한 기도의 인도자로 다루지 말고 사랑이 많은 기도의 사람, 성경을 읽음으로써 말로 전할 수 없는 개인적인 경험을 획득한 사람으로 다루어야 한다.

English Prose Treatises of Richard Rolle of

Hampole, ed G. G, Perry, EETS xx, 1866; *Richard Rolle of Hampole and his English Followers*, ed C. Horstman, 2 vols, 1895-6; *English Writings of Richard Rolle*, ed H. E. Allen, 1931; *The Fire of Love*, tr. Clirton Wolters, 1972.

BENEDICTA WARD, SC

루르드의 베르나데테

| Bernadette of Lourdes

제분업자의 6남매 중 맏이였던 마리 베르나르 수비루(Marie Bernerde Soubirous)는 애칭으로 베르나데테라고 불렸다. 그녀는 성모 마리아를 봄으로써 자기의 고향인 루르드를 온 세상 사람들의 순례지로 만들었다.

그녀는 1844년에 태어나 가난하게 자랐다. 그녀는 18살 때에 루르드 근처의 마사빌레 록(Massabielle Rock)에서 성모 마리아의 모습을 보았다. 이때에 본 마리아의 환상은 원죄 없는 잉태의 환상이었다. 그 환상에는 몇 가지 기적적인 사건이 동반되었는데, 후일 이것들 모두가 세심하게 조사를 받았다. 한 번은 기적의 샘이 그녀에게 계시되었고, 또 한 번은 특정 장소에 교회를 세우라는 명령을 받았다. 이러한 현상들은 19세기 초에 다시 유행하게 된 중세 시대 경건의 일부였다. 이 농촌 처녀의 경험들은 당시 영국의 페이버(F. W. Faber)나 프랑스의 개스톤 주교(Gaston de Ségur)와 같은 유명한 인물들이 장려한 그 시대의 대중 신앙과 조화를 이루었다. 성모의 원죄 없는 잉태의 환상도 1854년에 교황 피우스 9세로 하여금 선포하게 만든 대중의 요구와 일치했다. 그 시대의 경건은 그리스도와 그의 모친에게 집중되어 있었지만, 곧 마리아 숭배로까지 치달았다.

베르나데테는 아주 온건한 의미에서 이러한 신앙을 가지고 있었다. 그녀의 환상들은 대중의 호기심을 일으켰고, 그녀는 지속적인 심문과 대중적인 평판에 시달렸다. 이러한 상태에서 탈피하여 영성 생활을 발달시키기 위해, 그녀는 네베르스에 있는 노틀담 수녀원에 들어가 1879년 사망할 때까지 그곳에서 지냈다. 그녀는 1925년에 교황 피우스 9세에 의해 시복되었고, 1933년에 시성되었다. 프랑스에서는 2월 18일을 그녀의 축일로 지키며, 어느 지방에서는 4월 16일을 그녀의 축일로 지킨다.

베르나데테가 활동한 19세기 중엽의 새로운 경건한 경향들은 교황권 지상주의의 전개와 관련되어 있었지만, 이러한 경향들의 경건한 표현은 한심했다. 그 시대의 많은 볼품없는 찬송과 무미건조한 경건 서적들에 의해서 판단할 수 있듯이, 그것의 선한 의도들은 평범함과 악한 취향에 맞설 보호 장치가 되지 못했다. 그것은 의심스러운 전거들, 예를 들면 성인들에 대한 전설에서 지나친 영감을 끌어냈다. 또 개인주의적이고 율법주의적인 도덕을 명하는 도덕법의 준수를 지나치게 강조했다. 이처럼 개인주의적 경건을 강조하기 때문에, 이미 성경이나 전례와의 접촉을 상실한 많은 사람들의 관점이 더욱 좁아졌다. 그러나 그것은 18세기에 이미 완전히 성장한 이신론(Deism)에 근접한 쇠약해진 기독교에 대한 훌륭한 반작용이었다. 규칙적인 고해성사의 강조, 자주 성찬에 참여하라는 권면, 가톨릭 신앙의 성례전적인 특성에 대한 관심, 구유에 누운 아기 예수나 성심(Sacred Heart)을 강조한 것 등은 모두 기독교의 중심에 있는 실체에 관심을 기울이게 했다. 그리스도의 재발견은 그의 모친 마리아 존숭의 부활로 이어졌다.

베르나데테는 마리아의 환상을 본 사람들 중에 가장 유명한 사람이었지만, 최초의 사람은 아니다. 그녀가 본 마리아의 출현은 모두 프랑스에서 이루어졌고, 성직자들 사이에 마리아 존숭이 성행하는 계기가 되었다. 캐서린 라부레(Catherine Labouré)에게 마리아가 나타난 것(1830)은 소위 "기적을 행하는 메달의 서사시"의 시작이었다. 베르나데테는 루르드의 기적의 치료법이라는 것을 시작했다. 그 후로 로마 가톨릭 교회는 두 사건을 염두에 두고 지나친 기대와 요구를 통제해왔다.

André Ravier, *Bernadette*, 1981.

EDWIN ROBERTSON

루이스브렉, 얀 반

| Ruysbroeck, Jan van

루이스브렉(1293-1381)은 브뤼셀에서 주로 세인트 구둘 대학 교회와 관계를 유지하면서 여러 해를 보냈다. 그는 젊었을 때부터 신비적인 경향을 나타냈으며, "정신을 하나님께 들어올린 상태로 브뤼셀 거리를 돌아다녔다"고 한다. 그러나 그는 자유로운 영의 형제들(*Brethren of the Free Spirit*)—이들은 교회의 권위로부터 독립했고 범신론의 경향을 나타냈다—같은 분파들과 충돌했다. 그는 1343년에 대학 교회를 떠나, 삼촌 및 동료 사제와 함께 관상 공동체를 세웠다. 후일 이 공동체는 어거스틴 의전수도회의 규칙을 채택했다.

루이스브렉의 영성은 매우 형이상

루이스브렉, 얀 반 | Ruysbroeck, Jan van

학적인 언어로 표현되곤 한다. 그것은 바깥 자연 세계에 대한 개방성에서 파생되거나, 성경 연구에서 파생되는 것이 아니었다. 그것은 자기 성찰, 의식, 발견 등에서 생겨나는 것으로서 내면적이고 내향적인 삶의 영성이었다. 그것은 내면, 즉 모든 존재의 근저가 되시는 하나님, 바닥을 헤아릴 수 없는 심연이신 하나님을 내려다 본다. 그것은 모든 개념들과 미리 예상된 사상들을 벗어버릴 것을 요구한다. "심상이 없는 벌거벗음의 상태, 즉 하나님에게로 내려가라." 이것은 강력하면서도 위험한 말처럼 들린다. 실제로 그것은 거짓 명제들, 그리고 하나님과 우리 사이에 들어와 완전한 연합을 향한 우리의 움직임을 방해하는 장애물들로부터 해방되는 길이다. 우리의 인성에 의한 하나님과의 본질적인 일치가 있다. "이 일치는 우리를 성인으로 만들어 주지 않으며, 축복하지도 않는다. 왜냐하면 모든 사람들은 선한 것이든지 악한 것이든지 내면에 그것을 가지고 있기 때문이다. 그러나 그것은 거룩과 축복의 첫째 원인이다. 이것은 우리의 영, 우리의 적나라한 본성 안에서 이루어지는 하나님과의 만남이요 일치이다." 또한 본질적인 일치의 결과로 이루어지며 기억과 지성과 의지라는 삼위일체의 사역을 통해서 하나님의 영이 지시하는 지도 원리를 학습하는 "적극적인" 일치가 있다. 이것은 적극적인 일치와 내면적인 일치를 초월하는 "초 본질적 일치"로 이어진다. "우리는 피조될 때에 여기에서부터 흘러 나왔으며, 우리의 본질에 따라서 그 안에 거하며, 사랑에 의해 그곳으로 돌아가려고 노력한다." 이것이 관상*, 하나님을 보는 생활이다. 그러나 루이스브렉은 봄(vision)이라는 표현만 사용하는 것은 아니다. 그는 물, 강, 샘, 분출, 흐름, 물에 잠김 등의 비유를 즐겨 사용한다. 영원한 축복은 "우리 자신으로부터 영원히 나아가는 것"이다. "하나님께로 내려가는 것"이 우리의 참된 생활이 나아가야 할 방향이지만, 우리가 추구하는 일치란 우리가 완전히 하나님께 몰두하여 더 이상 하나님이 아닌 다른 존재가 되지 않는다는 의미가 아니다. "우리는 자신에게서 벗어나 하나님을 향할 뿐만 아니라 형제애를 가지고 충성되게 모든 선한 사람들을 향해야 한다."

루이스브렉의 영성은 그의 교회론과 상충되지 않는다. 외적인 순종과 훈련에 내면 생활이 동반되어야 하며, 우리가 내적 연합을 원하는 대상이신 신랑이 날마다 성례 안에서 우리에게 오

셔야 한다

Eric Colledge (tr), *The Spiritual Espousals,* 1952; C. A. Dom (tr), *The Adornment of Spiritual Marriage, The Sparkling Stone, The Book of Supreme Truth,* 1916; John Francis (tr), *The Twelve Beguines,* 1913; P. S. Taylor (tr), *The Seven Steps of the Ladder of Spiritual Love,* 1944; Ray C. Petry (ed), *Later Medieval Mysticism* (LCC XIII), 1957, pp. 285-320; Evelyn Underhill, *Ruysbroeck,* 1915.

편집자

루터포드, 새뮤얼 | Rutherford, Samuel

새뮤얼 루터포드(c. 1600-1661)는 스코틀랜드에서 활동했으며, 종교개혁 이후 두번째 세대에 속하는 주도적인 인물이다. 그는 30세 이전에 갤로웨이에 있는 앤워스 교구의 목사가 되었다. 목회 사역을 통해서 그의 경건하고 신실한 생활 방식이 발달했고, 스코틀랜드에서 그의 위대한 영적 영향력이 형성되었다. 아침 일찍 행하는 공부와 기도는 근면한 목회적 돌봄과 심방을 뒷받침해 주었다. 그는 그리스도의 사랑스러움에 대해 말하면서 교인들을 매료시킨 설교에 의해서 교인들을 양육했다. 그의 신학은 그 시대에 유행한 칼빈주의*였으며, 그는 성경의 축자영감설을 받아들였다. 그는 성경 안에 있는 하나님의 말씀이 기독교인들의 믿음과 삶의 척도라고 주장했고, 교인들의 삶과 성품은 복음에 의해 형성되어야 한다는 갈망을 가지고 사역했다. 앤 로스 카즌(Anne Ross Cousin)의 찬송은 루터포드의 글에서 취한 구절들을 편집한 것이다:

이 세상 지나고 저 천국 가까와…
사랑의 구주 예수 단 샘물 내시니
목마른 나의 영이 이 샘물 마신다.

루터포드는 1639년에 신학 교수가 되었고, 후일 세인트 메리 대학 학장이 되었으며, 장로교의 위대한 주창자들 중 하나로서 가르치고 저술했다. 그는 웨스트민스터 회의(1642-1647)에 파견된 여덟 명의 스코틀랜드인 사절 중 한 사람이었다. 그의 저술들은 전제주의를 공격했으며 동시에 엄격한 장로교회를 옹호했다. 1638년에 국민 맹약(National Covenant)을 맺은 이후 혼란한 시대에 교회와 국가에 대한 논쟁이 장로제도와 감독제도에 대한 논쟁과 동일시되었지만, 루터포드의 경건한 생활과 경건한 저술들은 그가 앤워드에서 교구 목사로 사역하면서 발달시킨 마음과 정신에 기초를 두고 유지되었다. 또한 그는 장로회가 거룩한 권리를 지닌다고 믿었고, 각각의 교구에서 봉사하며 말씀과 성례전을 거행하는 목사의 존재가 교회 정체와 관련된 문제들보다 중요하다고 간주하면서, 목사의 직분의 사도적 계승을 강조했다. "영혼들의 치료", 지역 공동체 이해가 그의 영성의 핵심이었다.

거의 2세기 동안 스코틀랜드의 가정에서 성경 다음으로 널리 읽힌 경건 고전은 루터포드가 세상을 떠나고 3년 후에 출판된 『서신집』(Letters)이었다. 그의 경건한 저서가 지닌 부드러움은 가톨릭 찬송이 지닌 결혼 신비주의와 흡사하다. 그의 경건이 지닌 이러한 경향은 엄격하고 율법적이 되기 쉬운 복음적 신앙에 온유하고 부드러운 특성을 주입해 주었다. 루터포드의 폭넓은 영향력은 열정적인 사랑의 영성을 낳았다. 스펄전(C. H. Spurgeon, 1834-1892)은 그의 『서신집』을 "사람이 쓴 모든 저술 안에서 발견할 수 있는 것으로서 영감에 가장 근접한 것"이라고 간주했다.

예수님에 대한 개인적이고 다정한 사랑과 천국을 향한 갈망이 루터포드의 영성의 본질이며, 이는 부분적으로 그의 영속적인 영향력을 설명해 준다. 이 영적 특성은 루터포드의 말에서 증명된다: "내가 아는 완전한 샘은 단 하나입니다. 내가 구입해야 할 가치가 있다고 생각하는 것은 천국뿐입니다. 만일 그리스도와 천국이 비교된다면, 나는 천국을 팔아 그리스도를 사렵니다…나는 이 세상에서 예수님을 마음껏 소유하기 위해서, 그리고 내 백성들에게 그리스도를 제공할 기회를 소유하기 위해서, 그리고 많은 사람들을 그리스도께 인도하기 위해서, 천국을 소유하는 것을 여러 해 뒤로 미루겠습니다."

Joshua Redivivus or Mr. Rutherford's *Letters* ed A. A. Bonar, 1848 and 1891; A Collection of *Sermons* preached at Sacramental Occasions, on several Subjects and in Different Places, 1802; *Quaint Sermons of Samuel Rutherford*, 1885; Adam Philip, *Devotional Literature of Scotland* 1922.

R. STUART LOUDEN

리보의 아엘레드 | Aelred of Rievaulx

아엘레드는 클레르보의 버나드*와 성 티에리의 윌리엄*과 거의 같은 전통에 속한 인물이다. 아엘레드(1109-1167)는 헥스험의 색슨족 사제의 가정에서 태어났고, 젊었을 때에 스코틀랜드의 데이비드 왕의 궁정에서 지내면서 노르만 족의 문화를 이해하게 되었다. 그는 참회 왕 에드워드의 전기를 썼고, 1147년에 시토 회의 리보 수도원 원장이 되었다. 그는 유명한 영적 작가였으며, 종종 영국 신비가들* 중에 포함된다. 그의 저서들은 어거스틴의

『고백록』을 비롯한 여러 저술의 영향을 많이 받았고, 버나드의 열정으로 가득차 있다. 그에게는 사람을 사귀는 재능이 있었다. 그의 회심은 무절제한 세상적인 애착과 이별의 두려움에서부터 하나님 사랑으로의 회심이었던 것 같다. 수도 규칙에 대한 그의 해석은 엄격했는데, 그 이유는 수도사들이 자유로이 신적인 사랑을 소유할 수 있게 하려는 데 있었다.

그는 그 시대의 방식을 따른 학자였으며, 주제들, 특히 안식일에 대한 주제를 수집하고 전개하기 위해 성경과 교부들의 글을 깊이 연구했다. 그의 저서 『사랑의 거울』(The Mirror of Love, I. 8)에는 아벨라르(Abalard)의 찬송 O quanta qualia를 연상시키는 내용이 많고, 어거스틴*의 De Genesi ad litteram에서부터 시작된다. 아엘레드는 그 시대의 주석가들이나 그 이전의 주석가들보다 체계적이었다. 그는 안식일의 휴식을 성부와 성자의 사랑―요한복음에서 약속된 평화―안에 들어가는 것과 동일하게 여겼다.

그는 주님의 육적인 매력에 관심을 기울임으로써 현세의 욕망을 승화시키려 했지만(그는 그리스도의 유아기를 숭배했으며, 구속주의 삶에서 발생한 모든 기록된 사건 앞에서 육체적으로 현존할 수 있게 해 주는 묵상을 소유한 사람들의 선구자이다), 인간적인 우정의 순수한 즐거움을 피할 수는 없었다. 우정의 즐거움과 위로를 그만큼 서정적으로 노래한 사람은 없을 것이다.

그는 『영적 우정』(Spiritual Friendship)이라는 저서에서 대화에 의해서 문제를 탐구하려 한다. 그 책은 키케로의 영향을 많이 받았다. 아엘레드는 이교 철학자들을 완전히 무익하다고 여길 수 없었다. 그 책은 아가서*에 대한 신비적 해석과 사랑(philia)에 대한 요한복음의 담화를 결합한다는 점에서 신학적으로 탁월한 책이다. 그는 입의 접촉이 아니라 마음의 애정에 의해서 주어지는 영적 입맞춤에 대해 말한다. 따라서 그리스도는 우리 친구들의 사랑 안에서 우리에게 입 맞추신다.

아엘레드의 영성은 우정의 영성이다. 우정은 하나님의 선물이며, 하나님께로 가는 길이다. 우리는 친구를 포옹하는 거룩한 사랑에서부터 그리스도를 포옹하는 사랑으로 나아간다. 아엘레드에게는 에로티시즘이 없다. 그의 글을 읽을 때에는 새무얼 루터포드(Samuel Rutherford)*의 글을 읽을 때에 느끼는 혐오감은 전혀 느낄 수 없다. 성에 대해 강박관념을 가진 이

시대, 친구를 사귀는 것이 불가능한 시대에, 우리는 아엘레드의 저서에서 많은 것을 배워야 한다. 그것은 분명히 아엘레드 자신의 경험과 영적 투쟁에서 비롯된 것이며, 그의 경우에 결국 사랑이 어떻게 모든 것을 이기는지를 보여 준다.

Aelred, *De Spirituali Amica: Christian Friendship*, 1942; Eric Colledge, *The Medieval Mystics of England*, 1962; Charles Smyth, *The Friendship of Christ*, 1945, 1968; Aelred Squire, OP, *Aelred of Rievaulx: A Study*, 1969.

편집자

리주의 테레사 | Thérèse of Lisieux

테레사(Marie Françoise Thérèse Martin)는 1873년 1월 2일에 노르만디의 알렝콘(Alençon)에서 태어났으며, 다섯 살 때부터 리주에서 살았다. 15살 때에 갈멜 수도원에 들어가서 아기 예수와 거룩한 얼굴의 테레사 자매(Sister Thérèse of the Child Jesus and the Holy Face)라는 이름을 받았다. 그리고 1897년 9월 29일에 24세의 나이로 세상에 알려지지 않은 채 숨을 거두었다. 갈멜 수도회에는 세상을 떠난 수녀의 간단한 전기를 다른 수녀들에게 보내는 관습이 있었다. 테레사 수녀는 규칙에 순종하여 죽기 전에 자신의 영적 전기를 저술했는데, 이것이 1898년에 갈멜 수도원 전체에 퍼졌고, 그 후 갈멜 수도원 외부로 보급되어 직접적인 영향을 미쳤다. 1925년에는 그녀의 전기가 전 세계에 알려졌고, 그 해 5월 17일에 교황 피우스 11세는 그녀를 성녀로 시성했다.

갈멜 수녀원 내에서 테레사는 아주 평범하고 단순한 인물이었던 듯하다. 그러나 그녀는 죽기 전 7월 16일에 아그네스 수녀에게 "이제 곧 나의 사명, 영혼들에게 나의 작은 길을 가르치는 사명이 시작될 것이라고 느껴집니다"라고 말했다. 아그네스 수녀는 "그대가 영혼들에게 가르치려 하는 이 작은 길은 무엇입니까?"라고 물었다. 테레사는 "그것은 영적인 어린 아이의 길, 신뢰와 절대적인 복종의 길입니다"라고 대답했다.

많은 저술가들은 테레사의 특별한 영적 업적은 단순성, 영적 가난, 신뢰, 사랑, 또는 일련의 덕에 기초를 두고 있다고 주장해왔다. 그러나 영적인 어린 아이의 태도는 모든 덕이 솟아나는 근본적인 태도이다. 그녀는 다음과 같이 설명한다:

"그것은 영적 어린 아이의 길, 하나님께 대한 신뢰와 포기의 길입니다. 나는 나에게 완전히 성공적인 것으로 입증된 그 작은 방법을 사람들에게 가르치고 싶습니다…그것은 우리가 자신의 무가치함을 인정하는 것, 어린 아이가 아버지에게서 모든 것을 기대하듯이 우리가 선하신 주님에게서 모든 것을 기대하는 것, 아무 것에 대해서도 근심하지 않고 다만 희생의 꽃을 모으려 하는 것, 그리고 그 꽃들을 주인께 바쳐 기쁘시게 하려 하는 것을 의미합니다. 그것은 우리가 실천하는 덕을 우리의 것으로 간주하는 것이 아니며, 우리에게 무슨 일을 할 능력이 있다고 믿지 않으며, 다만 선하신 주인이 그 귀중한 보물을 자기의 어린 자녀의 손에 쥐어 주심으로써 그가 필요할 때에 사용할 수 있게 해 주시지만, 그것은 항상 하나님의 보물이라는 것을 의미합니다. 마지막으로 그것은 우리가 자신의 허물 때문에 낙심해서는 안 된다는 것을 의미합니다. 왜냐하면 어린 아이들은 자주 넘어지기 때문입니다."

(*Novissima Verva*)

테레사는 그 길이 새로운 지름길이라고 말했다. 그 길에는 복잡한 것들이 없다. 그러므로 우리는 자신의 영직 가난을 인정하고 받아들인다. 우리가 무한한 사랑이신 하나님께로 가는 길은 똑바른 지름길이며, 하나님은 우리가 할 수 없는 일을 우리 안에서 이루신다. 그것은 완전히 하나님의 자비하신 사랑에 의존하기 때문에 새로운 길이다.

Autobiography of a Saint tr R. A. Knox, 1958; *The Story of a Soul* tr M. Day, 1973; *Collected Letters*, 1979; A. Coombes, *Introduction à la spiritualité de Saint Thérèse de l'enfant Jesus*, 1948; François Jamart, *Complete Spiritual Doctrine of St. Thérèse of Lisieux*, ET 1961.

MICHAEL HOLLINGS

마귀 | Devil

악령의 개념은 유대교와 기독교에서 널리 입증된다. 포로기 이전에도 그러한 존재에 관한 원시적인 견해를 암시적으로 보여 주는 것들이 있었지만(레위기 16장의 아사셀), 사탄은 엄격히 말해서 귀신과 관련된 적이 아니다 (욥; 슥 3:1ff.; 대상 21:7). 그러나 포로기는 유대인들 사이에 하나님의 거룩함의 의식을 증가시켰고, 그것은 다시 천사들과 악마들에 대한 새로운 관심을 일으켰다.

천사들에게는 다양한 이름이 있지만, 악령들의 경우에 명칭은 주로 하나의 인물에게 주어지는 듯하며(사탄, 벨리알), 그의 정확한 역할은 묘사되지 않는다. 그는 점차 인간의 원수(사

마귀 | Devil

탄)만이 아니라 하나님의 원수가 되며, 하나님과 인간 사이의 모든 관계를 파괴한다. 따라서 그는 미혹자로, 때로는 파괴자로 간주된다. 그러나 히브리 종교에서는 하나님 자신이 모든 선한 것과 악한 것의 근원이라는 믿음을 포기하지 않았으며(암 3:6; 사 45:7), 이 적대적인 인물을 악의 존재에 대한 유일한 설명으로 삼는 것을 허락하지 않았다. 따라서, 그와 악마들과의 관계가 철저히 밝혀지지 않는다.

마귀에 대한 기독교적인 신앙은 대체로 구약성서에서 파생된 것이 아니라 신·구약 중간 시대의 유대교에서 파생된 것이다. 천사들의 타락에 대한 두 가지 주요한 전승이 발달되었다. 첫째 전승은 창세기 6장에서 유래된 것으로서, 그것에 의하면 하나님의 아들들(천사로 간주된다)이 사람의 딸들을 아내로 삼아 거인들을 낳았는데, 그들의 후손이 인류에게 재앙을 주는 마귀들이다. 또 하나의 견해에 의하면, 타락한 천사들은 사탄에게 충성을 맹세한 자들인데, 사탄은 세상이 창조되기 전에도 하나님의 주권에 도전했다고 한다. 그는 천국에서 추방되었고, 따라서 하나님 앞에서 사람들을 고발하는 중요한 자가 되며 하나님의 백성을 강력하게 공격한다. 유대인의 사상에서는 첫번째 전승이 더 중요하며, 초기 기독교에 상당한 영향을 미쳤다. 그러나 점차 하나님과 사탄, 선과 악 사이의 직접적인 충돌이라는 강력한 의식을 담고 있는 두번째 전승이 우세해졌다. 기독교 사상에 미친 또 다른 영향력은 쿰란 공동체로부터 온 것인데, 그곳에서는 벨리알이 하나님의 강력한 원수, 사람들을 유혹하는 악령들의 왕으로 간주된다.

복음서에서도 예수가 하나님의 나라를 대적하는 마귀들과 충돌하며, 사탄의 시험을 받으며 마귀들의 왕인 바알세불에 대해서 말씀하시는 것으로 제시된다. 기독교인들은 개인적으로 비슷한 싸움에 사로잡히지만(벧전 5:9; 약 4:7), 보다 큰 규모로 두 시대, 또는 두 세계 사이의 싸움이 벌어지는 것으로도 해석된다. 때로 마귀에게는 이것들 중 하나를 지배하는 주권이 주어진다. 요한복음 12:31에서 마귀는 이 세상의 왕이며, 고린도후서 5:5에서 사탄은 잘못을 범하는 기독교인들을 맡아 처리하는 죽음의 대리인이다. 공중의 권세 잡은 자(엡 2:2)는 이 사상을 미혹자라는 개념과 융합한 것일 수도 있다. 골로새서와 에베소서에서 언급된 정사와 권세는 아마 악한 세력이 아닐 것이다. 그러나 에베소서 6:12에서는 그것들이 마귀와 그의 유혹과 연결되어 있으며, 따라서 그의 악한 군대의 일부가 된다. 일반적으로 신약성서에서 마귀의 활동은 하나님의 사역을 방해하는 것이며(살전 2:18), 기독교인을 속이는 것이지만(고전 7:5), 궁극적으로 하나님의 지고하심은 의심을 받지 않는다(롬 16:20; 계 20).

신약시대 이후, 기독교 사상과 관습에서 마귀가 한층 현저하게 등장하며, 악이 널리 행해진다는 의식이 증가하는 듯하다. 축사(exorcism)는 이 세상에서 하나님의 큰 능력의 증거로 제공되지만, 마귀의 힘도 증가한다고 본다. 이 과정의 기원은 세례 의식에서 추적할 수 있다. 종종 인류는 마귀의 소유로 간주되며, 구속함이 어떻게 해서 중요하게 되는가 하는 문제가 중요하게 된다. 이 문제에 대해서 마귀에게 지불되는 속전, 또는 미혹자들의 괴수인 마귀가 오히려 속임을 당하는 하나님의 속임수라는 방식으로 반응한다. 그러나 초대 교회 내에 구속의 교리가 하나밖에 없었던 것이 아니며 또 오늘날 이러한 관념들을 반대하는 견해를 제시하는 사람들이 있다는 점에 유의해야 한다.

중세 시대에는 마귀에 대해, 주로 마귀가 타락한 이유 및 그가 구원받을 수 있는가에 대해 스콜라적인 사변이 있었다. 이것과 병행하는 대중적인 신앙이 있었는데, 그것은 사탄 숭배를 낳기도 했다. 종교개혁자들은 마귀의 존재를 의심하지 않았지만, 잘못된 신앙에 대한 개인적인 강력한 책임 의식을 발달시켰고, 선과 악의 싸움을 내면화하는 경향을 나타냈다.

오늘날 교회 내에서는 마귀와 악한 세력에 대한 강력한 믿음과 아울러 완전한 회의주의가 발견된다. 많은 사람들은 마귀라는 인물과 결부시키지 않은 채 악의 인격적인 힘이 세상에 존재한다고 인정할 수 있는 듯하다.

H. A. Kelly, *Towards the Death of Satan*, 1968; E. Langton, *The Essentials of Demonology*, 1948; T. Ling, *The Significance of Satan*, 1961; J. B. Russel, *The Devil. The Perception of Evil from Antiquity to Primitive Christianity*, 1977.

WESLEY CARR

마그데부르그의 메히틸드
Mechthild of Magdeburg, St.

독일 영성을 보라

마니교 | Manichaeism

A.D. 3세기에 페르시아에서 생겨난 종교 운동. 본질상 마니교―영지주의의

마니교 | Manichaeism

일종—는 계시된 종교적 진리에 대한 지식을 통해 구원을 제공하는 이원론적인 종교였다. 이 종교의 근본적인 원리는 존재론적인 이원론이었다. 그것은 조직화된 교회의 구조와 제도들을 가지고 있었다.

마니교라는 명칭은 그 창시자인 마니(Mani, 또는 Manes)의 이름에서 온 것이다. 마니는 216년에 남부 바빌로니아(오늘날의 이라크)에서 태어났다. 마니의 아버지는 종교에 깊은 관심을 가지고 있었는데, 마니가 어렸을 때에 엄격한 금욕 생활 및 매일 세정식을 행하는 유대화한 기독교 집단인 엘카시아 파(Elkhasites)로 개종했다. 그리하여 마니도 기독교의 영향을 받게 되었다. 24세 때인 240년에, 그는 공개적으로 엘카시아 파와 결별하고, 자신의 새로운 종교를 선포했다. 마니는 자신이 일련의 거룩한 예언자들 중 마지막 예언자라고 주장했는데, 그 예언자들 중에는 아담, 조로아스터, 부처, 예수 등이 포함되어 있었다. 얼마 동안은 그가 페르시아 제국 내에서 공개적으로 자신의 종교를 전파하는 것이 허락되었다. 그러나 공식적인 종교인 조로아스터 교의 대표자들은 그를 체포하고 고문하여 죽음에 이르게 하였다. 이 사건은 마니의 십자가 처형이라고 알려졌다. 그는 274년부터 277년 사이에 사망했다. 마니는 자신이 받은 계시들을 기록해 두었지만, 현재 그의 저술들은 남아 있지 않다.

마니교는 인간이 처한 상황의 괴로움을 출발점으로 삼았다. 인간은 악의 위협을 느끼지만, 육체나 세상, 시간보다 우월하다. 인간은 자신의 참 자아와 진리와 선이신 하나님 사이의 유사성을 깨닫는다. 하나님은 고의적인 악을 소유하실 수 없다. 이런 까닭에 악은 다른 악한 원리에서 오는 것임이 분명하다. 구원은 몸과 세상과 시간이라는 악으로부터 도망쳐서 하나님께로 돌아오는 것이다.

마니는 자신의 종교를 기초를 이러한 인식 위에 두고서, 선과 악의 갈등에 대한 정교한 신화론적인 설명을 전개했다. 그는 두 개의 영원한 원리인 선과 악을 빛과 어두움, 영과 물질, 진리와 오류 등으로 묘사했다. 그러나 어느 순간에, 어두움은 빛의 나라를 공격하려 했다. 위대한 아버지(Father of Greatness)는 생명의 어머니(Mother of Life)의 중재를 통해서 자신에게서 한 아들, 최초의 인간(Primal Man)을 불러 내셨다. 최초의 인간은 다섯 명의 아들을 동반하고 지옥의 심연으로 내려갔다. 다섯 아들은 그곳에서 삼킴을 당했고, 그럼으로써 빛의 분자들이 어두움과 섞였다. 빛의 분자들은 빛의 나라로 돌아가려고 노력한다. 빛과 어두움의 혼합물인 인류는 두 귀신의 후손이다. 고행주의―간음, 생식, 살인, 농사, 육식, 술 마시는 것 등을 삼감―에 의해서, 인간은 자신의 참 자아를 어두움, 몸, 물질 등에서 해방시킬 수 있으며, 죽을 때에 빛의 낙원으로 돌아간다. 만일 그렇지 않으면, 그는 저주를 받아 계속 환생하게 된다.

마니교는 교사들, 주교들과 사제들 정교한 전례, 금식일, 마니의 고난과 승천을 기념하는 제의적인 식사, 그리고 세례 의식 등을 갖춘 매우 조직적인 교회이다. 마니교는 모든 신자들에게 엄격한 금욕을 요구하지는 않았다. 완전히 금욕적인 생활을 하는 "택한 자들" 외에, 택한 자들을 경제적으로 지원하며 궁극적인 구원을 기대하는 사람들(hearers)이 있다.

마니는 자신의 종교가 매우 에큐메니칼한 운동이라고 생각했다. 그것은 다른 모든 종교를 초월했고, 또 흡수할 수 있었다. 마니교 신자들은 열광적인 설교사요 선교사였으며, 자기들이 복음화하는 각 지역의 종교적인 신념과 관습에 따라서 마니교의 형식을 조정했다.

마니교의 세력은 특히 4세기에 서로마 제국에서 강력했다. 히포의 어거스틴*도 9년 동안 마니교의 신자였으며(hearer), 후일 마니교를 반박하는 글을 12편 이상 저술했다. 마니교는 이란에서도 성행했고, 7세기에는 중국에까지 전파되었다. 마니교는 세 개의 기독교 분파들―7세기에 아르메니아에서 발흥한 바울파, 10세기에 불가리아에서 생긴 보고밀 파, 그리고 12세기에 프랑스에서 생긴 카타리 파(또는 알비파)―의 기원일 수도 있지만, 그들의 관계는 확실하지 않다.

C. R. C. Allberry (ed), *A Manichaean Psalmbook,* 1938; J. P. Asmussen (ed), *Manichaean Literature: Representative Texts Cheifly from Middle Persian and Parthian Writings,* 1975; F. C. Burkitt, *The Religion of the Manichees,* 1925; L. J. R. Ort, *Mani: A Religio-Historical Description of His Personality,* 1967; J. J. Rickaby, *The Manichees as Saint Augustine Saw Them,* 1925; S. Runciman, *The Medieval Manichee: A Study of the Christian Dualistic Heresy,* 1947; G. Widengren, *Mani and Manichaeism,* 1965.

JOSEPH T. LIENHARD

마리아 숭배 | Marian Devotion

제의적인 성모 마리아 숭배는 2세기의 기독교 신앙에서 발견된다. 기독교

마리아 숭배 | Marian Devotion

의 위경 중에는 성모 마리아의 생애와 죽음에 대한 글이 상당히 포함되어 있다. 이 문헌들은 마리아의 신성한 능력에 대한 관심과 믿음의 감화를 받은 것일 수도 있다. 마리아에 관한 위서(僞書)들은 예수의 생애와 일치하는 원리에 입각하여 신약성서에서 다루지 않은 마리아의 삶에 대해 언급함으로써 마리아에게 거룩하고 특별한 탄생과 죽음을 부여하며, 그녀를 인간들의 영역으로부터 구분한다.

성모 마리아에 관한 비정경적인 저술들 중에서 가장 영향이 큰 것은 『야고보의 원복음』(*Protevangelium of James*)과 『위-멜리토』(*Pseudo-Melito*)라고 알려진 것이다. 전자는 마리아의 의붓 아들인 야고보가 저술했다고 주장되는 것으로서 마리아의 잉태와 탄생에 대해 묘사하며, 천사들의 방문과 거룩한 아기가 행할 구속적인 역할에 대한 약속이 가득하다. 후자는 마리아의 죽음에 대한 환상적인 이야기를 제공하며, 마리아가 죽은 후에 몸과 영혼이 하늘로 들려 올라가서 아들과 재결합했다고 묘사한다.

이 이야기들은 가장 유서깊은 마리아 축일인 성모 마리아 탄생 축일(9월 8일)과 성모 몽소승천 축일(8월 15일)의 전례적이고 제의적인 발달과 밀접하게 연결되어 있다. 많은 교회의 지도자들은 이 축일들이 거룩하게 제정되었다거나 교리적으로 건전한 것으로 인정하려 하지 않음에도 불구하고, 마리아를 숭배하는 사람들은 이 축일들을 열광적으로 지킨다. 성모 마리아 탄생 축일을 중심으로 한 신앙에서부터, 마리아가 신을 잉태할 *theotokos*로서의 역할을 예비하기 위해서 그 어머니의 태에서 성화된 상태로 특별하게 잉태되었다는 사상이 발달되었다. 이러한 관습들의 제도화는 서서히 이루어졌다. 1854년에 성모 마리아의 원죄 없는 잉태가 하나의 교의로 선포되었고, 성모 몽소승천의 교리는 1950년에 역시 교의로 선포되었다.

가장 오래된 마리아 숭배는 헬레니즘의 여신 숭배 제의들의 영향을 받았을 수도 있다. 하늘의 여왕 이시스(Isis)의 의상 장식에 성모 마리아가 묘사되곤 하며, 4세기에 에베소에서는 다이아나 여신 숭배가 강력한 마리아 숭배 신앙으로 변화되었다. 4세기에 그리스도와 전적인 신성을 주장한 아리우스 논쟁은 기독교의 신앙 생활에서 성모 마리아의 위상을 한층 높여 놓았다.

중세 시대에, 성모 마리아 숭배의 주요한 측면들이 완전히 자리를 잡았다.

마리아 숭배 | Marian Devotion

동방교회와 서방교회에서 마리아에 대한 찬송과 기도가 널리 사용되었고, 마리아의 중보 능력에 대한 신앙이 널리 퍼졌다. 9세기에는 마리아에게 드리는 기도의 회수를 세는 데 사용되는 묵주*가 사용되었고, 15세기에는 도미니크 수도회의 사제들, 특히 알라누스 데 루페(Alanus de Lupe, 1475년 사망)에 의해 대중화되었다. 성모송은 수태고지의 장면에서 천사 가브리엘의 말(눅 1:32-33)과 마리아가 사촌 엘리사벳을 방문했을 때에 그녀가 한 말을 합성한 것이다(눅 1:42). 성모 마리아 찬송 중에서 가장 널리 오래도록 사용된 11세기의 *Salve Regina*는 마리아라는 인물이 지닌 모성적인 측면과 위엄 있는 측면을 결합한 것이며, 마리아가 인간의 필요와 갈망을 위한 천상의 중재자로서 묘사한다.

마리아 숭배 신앙은 마리아에게 천국에서 자기를 따르는 사람들의 죄를 위해 중재하는 능력을 부여하는 것 외에, 그녀를 기적을 행하는 능력을 지닌 예수의 모친으로도 묘사한다. 15세기에는 성모의 놀라운 행동에 대한 전설들이 많았다. 카롤링거 왕조의 대머리 찰스(Charles the Bald)가 샤르트르 대성당에 바친 베일과 같은 성모 마리아의 유물에는 특별한 능력이 있다고 여겨진다. 911년에 이 유물은 공격해 오는 노르만 군대를 도망치게 만들었다. 1194년에 그 성당이 완전히 불에 타버렸지만 이 유물은 손상되지 않은 상태로 발견되었고, 그로 인해 새로 성당을 건축하게 되었다. 이 건물을 성모 마리아에게 헌정된 최초의 고딕식 성당이며, 오늘날도 주요한 순례지이다.

16세기 이후, 성모 마리아가 사람들에게 나타난 장소들을 중심으로 하여 활발한 마리아 숭배 형태가 형성되었다. 이러한 환상들을 받은 사람들은 기독교 공동체에서 가장 비천한 사람들, 어린이와 가난한 사람들이었다. 성모 마리아가 사람들에게 나타나 전한 메시지들은 모두 거의 비슷했다. 마리아는 회개, 현대 사회의 폭력과 물질주의를 버릴 것, 교회의 성직자들에 대한 헌신, 묵주 기도* 등을 요청했다. 이 메시지가 지닌 보수성에도 불구하고, 교회는 마리아가 나타난 사건의 신빙성을 인정하는 데 있어서 신중을 기했다. 마리아가 나타난 가장 유명한 성지인 과달루페(멕시코), 루르드(프랑스), 파티마(포르투갈) 등에 순례자들이 모여들었기 때문에, 이 지역의 마리아 숭배를 공식적으로 인정하게 되었다. 그러나 네케다, 위스콘신, 베이쇼, 롱아일랜드, 라 탈로디에드 등지에 마리아가 나타났다는 주장들은 그것을 믿는 사람들의 열광적이고 조직적인 반응에도 불구하고 공식적으로 인정되지 않고 있다.

현대의 마리아 숭배 현상은, 기독교 영성에서 여성, 특히 모성적인 인물에 대한 욕구가 지속적인 특성임을 보여 준다. 마리아 숭배의 역사는 대중 신앙이 교회 당국자들에게 끈질기게 가하는 압박을 보여 준다.

오랫동안 마리아를 숭배해온 가톨릭 교회와 정교회에서는 이 신앙이 스스로 시대와 장소에 맞추어 조정하면서 21세기까지 이어져온다.

종교 개혁 때에 신앙을 재평가하면서 기본적으로 마리아 숭배를 거부한 개신교에서도 이 현상에 대한 관심이 증가하고 있다. 궁극적으로 마리아 숭배가 지닌 일부 측면들을 하나님의 여성적인 원리를 주장하기 위한 중요한 도구로 여겨 받아들일 수도 있을 것이다.

Juniper B. Carol, *Mariology*, 2 vols, 1954; Hilda Graef, *Mary: A History of Doctrine and Devotion*, 2 vols, 1964; Edgar Hennecke and Wilhelm Schneenelcher, *New Testament Apocrypha*, vol I, *Gospels and Related Writings*, 1963; Michael O'Carroll (ed), *Theodokos: A Theological Encyclopaedia of the BVM*, 1982; Montague Rhodes James, *The Apocryphal New Testament*, 1926; Rosemary Radford Ruether, *Mary–The Feminine Face of the Church*, 1977; Victor and Edith Turner, *Image and Pilgrimage in Christian Culture*, 1978; Marina Warner, *Alone of All Her Sex: The Myth and the Cult of the Virgin Mary*, 1976.

E. ANN MATTER

마약 | Drugs

아주 오래 전부터 정신에 영향을 미치는 마약을 영적인 목적으로 사용해왔다. 힌두교의 경전 리그베다(Rig Veda)의 10 퍼센트 정도에서 *soma*라는 마약이 언급되는데, 그것은 흔히 *amanita muscaria*라는 버섯과 동일시된다. 일부 학자들은 그것이 마리화나였다고 생각한다. 마리화나는 많은 옛 문서의 종교적인 문맥에서 언급된다. *amanita* 버섯은 광범위한 기도 요법의 기초로 간주되어 왔다. 알레그로는 그것을 기독교의 시작과 연결짓기도 하는데, 이것은 그다지 지지를 받지 못하는 견해이다. 술이 아니라 마약을 종교 의식이나 성례에 사용하는 일은 유대교 전통이나 기독교 전통 외부에서 흔하다. 미국 인디언 교회에서는 여러 해 동안 선인장에서 채취한 환각제(peyote)를 사용해왔다.

1902년에 윌리엄 제임스는 종교적인 각성을 강화하고 의식의 수준을 높이는 데 있어서 특정 마약들이 지닌 가치에 대해서 논하면서, 자신이 마취제로 인해 경험한 일에 형이상학적인 의의를 부여했다. 후일 올더스 헉슬리(Aldous Huxley)는 메스칼린(용설란에서 뽑은 흥분제)과 관련된 동일한 질문들에 대해 논했다. 1960년대 초에 헉슬리는 하버드 대학에서 동료들과 함께 실로시빈(LSD와 비슷한 환각제)을 가지고 실험을 했다.

그러나 서방에서 영적 발달에서 이러한 약물들이 지니는 역할에 대해 널리 논의된 것은 1960년대에 LSD-25가 널리 사용된 것 때문이다. "사이키델릭"(psychedelic)이라는 용어는 1957년에 험프리 오스몬드가 이러한 마약들과 관련하여 처음으로 사용했고, 1960년대 중반에는 일반적으로 사용되게 되었다. LSD의 주요한 효과는 다음과 같다: 현실을 달리 인식하게 함; 일시적으로 자아의 한계가 와해됨. 따라서 사람들은 LSD 및 그와 비슷한 마약들이 영적 성장을 돕는 데 상당히 가치가 있다고 주장하며, 그러한 마약을 사용했을 때의 경험과 신비적 작가들이 묘사한 경험들을 비교하기도 했다. 이 분야에서 가장 상세한 저서는 판키(Phanke)의 것이다.

그러나 1960년대 이후로 마약을 규칙적으로 사용하는 것의 가치를 절하하는 경향이 현저하게 나타났다. 많은 영적 교사들은 하나님께 이르기 위해 마약을 의지하는 것에 대해 경고해왔다. 어떤 사람들은 이러한 마약이 지니는 주된 가치는, 물질주의적이고 화학적인 문화 안에 거하는 사람들로 하여금 등한시되고 억제된 의식의 영역으로 들어갈 수 있게 해 주는 데 있다고 주장한다. 그러나 마약을 계속 사용하면 영적 몰락으로 이어지기 쉽다. 이런 까닭에 영성에 접근하는 방법으로서 마약을 의지하지 않고 비-화학적인 방법에 관심을 두었다. 그러나 일부 마약이 영적 지각의 보조물로서 기여했음을 배제해서는 안 될 것이다.

종교를 아편이나 마취제로 비유하는 것의 기원은 18세기로 올라간다. 정신 약리학이 발달함에 따라, 헉슬리가 "화학적인 황홀 상태"라고 정의한 것이 한층 정교해졌다. 종교와 마약 사용의 관계는 과거 무감정하고 결정론적인 작가들이 생각했던 것보다 한층 더 복잡한 것으로 여겨지기에 이르렀다. 종교적 상황에서의 마약 사용은 화학적 변화와 인격의 관계, 몸과 영의 관계에 대해 광범위한 문제들을 제기하는데, 이것은 모든 성육신적 종교의 근본적인 질문이다.

J. M. Allegro, *The Sacred Mushroom and the Cross*, 1970; William Braden, *The Private Sea; LSD and the Search for God*, 1968; W. H. Clark, *Chemical Ecstasy: Psychedelic Drugs and Religion*, 1969; Aldous Huxley, *Heaven and Hell*, 1956; William James, *The Varieties of Religious Experience*, 1902; Timothy Leary et al, *The Psychedelic Experience*, 1966; Kenneth Leech, *Youthquake*, 1973; R. E. Masters and J. Houston, *The Varieties of Psychedelic Experience*, 1966; R. E. Schulutes and A. Hofmann, *Plants of the Gods: Origins of Hallucinogenic Use*, 1979; R. G. Wasson, *Soma: Divine Mushroom of Immortality*, 1971; Brian Wells, *Psychedelic Drugs*, 1973; R. C. Zaehner, *Drugs, Mysticism and Make-Belive*, 1972.

KENNETH LEECH

마음의 기도 | Prayer of the Heart

초기 그리스 영성에서는 종종 기도를 주로 정신이나 지성(*dianoia, nous*)의 활동으로 간주했고, 때로는 마음(*kardia*)의 활동으로 간주했다. 4세기에 기도를 정신이나 지성의 활동으로 본 전형적인 인물은 에바그리우스와 닛사의 그레고리이다. 에바그리우스는 인간을 플라톤적 견해로 보면서 기도는 "하나님과 지성의 교제"로 정의한다(*On Prayer* 3). 그러나 그가 말하는 지성(*nous*)은 추론적인 이성일 뿐만 아니라 보다 근본적으로 영적 진리에 대한 인간의 직접적이고 직관적인 이해를 의미한다. 그레고리의 견해에 의하면, 인간은 그 정신에 의해서 하나님의 형상 안에 있다. 그는 정신에 의해서 창조주와 교제하며, 마음은 그를 몸과 연결해 주며 정념들과 관련된다(*On the Creation of Man*, 5, 8, 12).

그러나 4, 5세기의 다른 작가들, 예를 들면 마카리우스의 설교집의 저자와 포티케의 디아도쿠스는 기도를 마음의 활동으로 본다. 그들은 "마음"을 주로 감정과 느낌으로 이해하지 않고, 성경에서처럼 인간의 도덕적·영적 중심, 지혜와 지성의 소재지, 인간이 가장 인격적으로 되는 동시에 하나님과 가장 가까이 가는 장소로 본다. 그러한 저자들에게 있어서, 마음의 기도는 단순히 느낌과 관련된 감정적인 기도가 아니라 전인적인 기도이다. 동일한 의미가 존 클리마쿠스*와 그의 제자인 시나이의 헤시키우스에게서 발견된다. 클리마쿠스는 "나는 마음을 다해 외쳤다. 즉 내 몸과 혼과 영으로 외쳤다"고 했다(*Ladder* 28).

13, 14세기의 헤시카스트들은 특히 마음을 강조한다. 그들의 가르침에 의하면, 기도할 때에 우리는 지성과 함께 마음 속으로 내려가려고 노력해야 한다. 따라서 우리의 기도는 단순히 "정

신/지성의 기도"가 아니라 "마음의 기도", 보다 정확하게 말하자면 "마음 안에 있는 지성의 기도"이다. 이 때에는 특히 육체적인 방법을 사용하면서 예수의 이름으로 기원하는 것이 도움이 된다. 마카리우스*의 설교집에서 알 수 있듯이, 여기에서 마음은 인간을 하나의 완전체로 통일시켜 주는 중심으로 이해된다. 그레고리 팔라마스*에 의하면, 그것은 "지성의 보고이며…지성과 영혼의 모든 생각이 거주하는 은혜의 보좌이며…주요한 기관이다" (*Triads* I, ii, 3; II, ii, 28). 따라서 "마음 속으로 내려가는 것"은 재통합, 원래의 완전의 회복이다.

마음의 기도는 통합된 사람의 기도, 기도하는 사람이 기도의 행동과 완전히 동화되는 상태의 기도를 의미한다. 게다가, 마음은 인간의 중심일 뿐만 아니라 하나님의 거처―피조된 것과 피조되지 않은 하나님 사이의 만남의 장소―이므로, 마음의 기도는 하나님께서 인간만큼 활동하시는 상태의 기도를 의미하며, 따라서 서방 교회에서 말하는 "주부적 관상"이 포함된다.

KALLISTOS WARE

마카리우스, 이집트인
Macarius the Egyptian

영성 생활에 관한 몇 개의 상이하면서도 상호 관련된 설교 모음집이 이집트인 마카리우스, 또는 "알렉산드리아의 마카리우스"의 것으로 간주된다. 현재, 이 설교집의 기원은 이집트가 아니라 시리아나 메소포타미아라고 인정된다. 이 설교집은 4세기 말이나 5세기 초의 것인 듯하다.

이 설교집은 대략 100 편의 설교로 이루어져 있다: "위대한 편지"와 다른 두 편의 편지, 약 20편의 대화, 50편의 설교, 그리고 30개의 금언. 중세 시대의 그리스어 사본은 네 개의 상이한 집록을 제공한다: 집록 I(64개의 본문: 첫째 본문은 Jaeger가 편집한 Great Letter, 2-64까지는 Berthold 편집. Great Letter와 닛사의 그레고리의 것으로 간주되는 *de instituto chirstiano* 사이에는 문학적인 연결 관계가 있다. 현재 Great Letter가 더 오래된 것으로 간주된다). 집록 II (50개의 본문. *PG* 34에 수록된 것으로서 가장 잘 알려진 집록이다; Dörries, Klostermann, Kröger 등이 작업한 교정판. 두 개의 사본에서 발견되는 7개의 추가 본문들은 Marriott가 편집한 것이다), 집록 III(43개의 본문; 집록 II에 없거

마카리우스, 이집트인 | Macarius the Egyptian

나 그 설교들과 상이한 것들은 Klostermann과 Berthold가 편집한 것이다), 집록 IV(26개의 본문; 이 개정판의 이문들이 집록 I에 수록되어 있다). 초기의 판들은 자료들을 상이하게 결합하고 있다.

설교에 다메섹의 존이 인용하고 정죄한 *Messalian Asceticon*과 어느 정도 일치하는 내용이 포함되어 있음을 발견했기 때문에, 일부 학자들은 이 설교집이 메살리아 파에서 기원한 것이 아닌지 의심하기도 하며, 그리하여 이 설교들은 메살리아 파인 메소포타미아의 시므온의 것으로 간주된다. 이 설교집은 후일 메살리아 파가 정죄받은 원인이 된 경향들 중 일부를 나타내지만, 메살리아 파에서처럼 성례전을 거부하지는 않는다. 따라서, 이 설교집은 메살리아 파가 분리하여 나가기 전에 소속되어 있던 집단에서 생긴 것으로 볼 수도 있다.

이 설교집은 에바그리우스와 디오니시우스의 글이 취하는 지적인 접근방법과는 아주 다르게, 영성의 경험적인 전통에 속하는 대표적인 헬라어 저술이다. 이 설교집은 체계적인 교훈을 제공하지 않지만, 영성 생활의 내면화와 같은 몇 가지 주제가 되풀이하여 나타나며, 부지런한 기도와 성령의 활동이 강조된다. 영성 생활은 "어두움과 나라와 빛의 나라" 사이의 우주적인 투쟁이다. 세례 자체는 마음에서 악을 제거하지는 않지만, 그러한 일이 발생할 가능성을 제공해 준다. 자유의지는 끊임없이 선과 악을 분별하고 은혜와 협력해야 할 것이다. 기도는 본질적으로 분별을 위한 장소이며, 분별의 기본적인 기준은 하나님 사랑과 형제 사랑이다. 인간의 노력이라는 협력이 주어질 때, 성령은 다양한 형태의 은사로 나타내실 것인데, 그 절정은 "참된 기도"을 주시는 것, 성령세례와 불세례라고 언급되는 경험이다.

마카리우스의 설교집은 대중에게 널리 읽혀왔고, 16-18세기에 영어, 네덜란드어, 독일어 등 여러 나라 언어로 번역되었다.

I. V. Desprez, *PS. Macaire, Oeuvres spirituelles* I (SC 275), 1980, and (with M. Canevet) in *DS*, X, cols 20-43; H. Dörries, *Die Theologie des Makarios/Symeon*, 1978; G. A. Maloney, *Intoxicated with God: the Fifth Spiritual Homiles of Macarius*, 1978; A. J. Mason, *Fifty Spiritual Homilies of St. Macarius the Egyptian*, 1921.

SEBASTIAN BROCK

루터, 루터의 영성

|Martin Luther, Lutheran Spirituality

어거스틴 수도회의 수사요 비텐베르크 대학 신학 교수였으나, 개신교 종교개혁의 지도자요 대변인으로 등장한 마틴 루터(1483-1546)는 주로 교회 지도자, 개혁자, 혁신가로 간주된다. 그러나 그의 개혁 조처의 기초가 되는 교리에 대한 가장 긴박한 질문들은 영성 생활의 기초에 관한 것이므로, 그를 영성 신학의 해석자로 여기는 것이 가장 타당할 것이다. 그의 매우 실존주의적인 접근 방법에서는 신학을 하나의 목회적 학문으로 취급한다. 그의 신학을 단순히 주관적인 것이나 이기적인 것으로 간주하고픈 유혹을 받을 때에, 이 점을 기억해야 한다.

삶의 목적과 의미는 하나님을 예배하는 것, 유일하신 하나님 외에 다른 신을 섬기지 않는 것이다. 그러나 인간의 영은 이 하나님께 접근할 수 없다: "진실로 주는 스스로 숨어 계시는 하나님이시니이다"(사 45:15)라는 의미가 루터의 사상 전체에 흐르고 있다. 피조물의 한계와 인간의 불순종의 영속적인 결과 때문에, 그리고 신의 초월적 본성 때문에, 중재 없이는 신적 본성을 볼 수 없다. 그러나 신의 본성이 그러한 것이기 때문에, 하나님에 대한 지식이 신의 뜻에 의해 선정된 조건 하에서만 인간에게 주어진다. 인간이 자기의 뜻을 포기하고 하나님께서 인간 영혼을 향한 과분한 사랑 안에서 그의 신적인 자아가 되는 것을 허락할 때에만 하나님을 알 수 있다.

교회와 믿음의 생활에 대한 루터의 주장을 통해서, 루터가 믿음을 어떻게 여겼는지 이해할 수 있다. 믿음은 감정적인 상태가 아니며, 인간이 지닐 수 있는 다양한 가능성 안에 있는 하나의 특별한 영적 자세도 아니다. 그것은 하나님으로부터 오는 선물, 아들이신 하나님의 성육신에 의해 인간이 이용할 수 있게 된 것이다.

루터의 견해에 의하면, 그리스도는 하나님께서 친히 중보자로 선택하신 인간이시다. 그가 육신으로 오신 것은 본질적으로 우리에게 하나님을 계시해 주며 우리를 향한 사랑이 되시는 신적 은혜의 행동이다. 루터는 그리스도가 우리의 용사라는 과거의 상징을 다시 사용한다. 이런 까닭에 루터의 신학이 지닌 부활의 주제는 그가 지은 "Christ Jesus lay in death's string bands"라는 부활 찬송에 훌륭히 요약되어 있다.

이 단계에서 신자는 하나님의 정죄에 대한 자신의 의식조차도 말씀이신 그리스도의 사역의 일부, 그에게 평화를 가져다 주는 은혜의 전략의 일부임을 깨닫는다.

믿음의 삶은 사회적으로나 역사적으로 시작된다. 개인은 부활하여 승리하신 그리스도께서 모든 사람에게 자기의 말을 전하기 위해 보내 주신 교회 안에 담겨 있는 세계 안에서 기독교적 삶을 시작한다. 이 교회는 아무리 부패해도 주님의 은혜에 의해 새롭게 되며, 결코 그 의무를 게을리 하지 않는다. 말씀과 성례전 안에서 은혜의 제공을 약속하며, 그 자녀들을 율법을 통해서 복음의 빛 가운데로 인도하며, 그들의 소명의 성취 안에서 그들의 믿음을 표현하고 지원한다.

신자들은 각기 하나의 소명을 소유한다. 첫째 살아 있는 믿음 안에서 하나님의 자녀가 되는 것이며, 두번째는 감사함으로 하나님을 섬기는 사제가 되는 것이다. 이것은 교회의 직제 안에 있을 수도 있지만, 인생에서 도덕적으로 받아들일 수 있는 모든 상태는 기독교적 소명의 성취요 일반적인 제사장직의 형태이다.

교회의 성례전들은 하나님의 현존에 의해 믿음을 일으키며 믿음의 요구들을 충족시켜 주는 하나님의 행위들이다. 세례는 약속되고 주어진 거룩한 사랑에 대해 명백하게 말한다. 루터가 그랬듯이, 의심에 시달리는 신자는 하나님이 약속하신 사랑에 기초를 두고서 두려움에 도전할 권리를 지닌다: "나는 세례를 받았다!" 미사 역시 존재하지 않는 것의 상징을 기억하는 것이 아니다: 현존하시는 그리스도께서 "이것은 내 몸이다"라고 말씀하시며, 은혜 안에서 용서의 계시로서, 그리고 믿음으로 자기를 찾는 사람들과 연합하는 분으로서 자신을 주신다.

복음, 그리고 복음에 의해 계시되고 충족되는 인간적인 욕구는 교회에게 교리를 가르쳐야 할 책임을 명한다. 따라서 루터 영성의 기초인 소요리 문답은 세 부분으로 이루어진다: 1. 계명—하나님의 법, 우리는 그것을 성취하지 못하며, 그것의 요구 앞에서 겸손을 배운다; 2. 신조와 성례전—말씀과 상징 안에 있는 복음, 공로없이 주시는 하나님의 은사에 기초를 둔 신앙 생활; 3. 우리 아버지—아버지와 용서받은 자녀의 교제로서의 신앙 생활로서, 기쁨과 서원과 주위 세상을 향한 배려에 동참한다.

교회는 십자가의 승리를 기뻐한다. 기독교적 삶에서 순교*는 자연스러운 것이다.

믿음의 길에는 하나님에 대한 두려

움이 수반된다. "하나님은 본성과 위협에 있어서 우리의 적이시다; 그분은 율법 안에서 요구하시고, 범죄자는 죽을 것이라고 위협하신다. 그러나 그가 우리의 연약함을 나누어 지시고 우리의 본성—그리고 우리의 죄와 모든 악—을 입으실 때에…자신을 참 하나님으로 우리에게 주시며 우리의 제사장과 구주가 되신다"(WA 39/1, 370). 하나님에 대한 참된 두려움은 두려움을 줄 수도 있지만, 우리의 눈을 열어 하나님의 자비를 보게 해 준다.

믿음의 길을 열어 주는 필요 의식은 자신이 죄인이라는 지식이다.

자신이 죄인이라는 의식과 균형을 이루는 것이 구주이신 그리스도라는 의식이다. "그리스도는 죄인들 안에만 거하신다. 이 이유 때문에, 그리스도께서 죄인들 가운데 거하시기 위해서 의인들과 함께 거하시는 하늘로부터 내려오셨다"(WA 1, 33-6).

믿음은 철저히 능동적인 동시에 철저히 수동적이다. 하나님의 지고한 사랑은 전능하게 주시는 것이므로 믿음은 받을 수만 있다는 점에서 철저히 수동적이다. 또한 믿음은 담대하게 그리스도를 붙잡기 때문에 철저히 적극적이다: "그리스도의 생명, 사역, 죽음, 부활 등이 진실로 당신의 것이다. 그리스도의 존재 전체, 그리스도가 소유하신 모든 것, 그리스도께서 행하실 수 있는 모든 것이 당신의 것이다"(WA 40/1, 291).

"우리의 죄가 그리스도의 의로 변화됨에 의해서" 그리스도와의 기적적인 교환이 발생한다(WA 5, 311). 이것은 논쟁의 주제였다. 만일 단순히 법적인 가정에 의해서 그리스도께서 죄인들 가운데 하나로 열거되며, 그리스도의 선하심이 우리의 것이 된다면, 하나님의 도덕적인 의는 어디에 존재하는가? 이에 대한 많은 논의에서는, 루터의 기독론은 하나님에 대한 교리라는 사실을 간과해 왔다. 하나님은 자격이 없는 우리를 사랑하시고, 우리의 죄 짐을 감당하신다. 이런 까닭에 루터는 "결혼신학"(nuptial theology)이라는 용어를 사용한다.

이 새로운 은혜의 관계는 날마다 새로워진다: 교회는 우리가 날마다 보살핌과 치료를 받는 여관이다(선한 사마리아 인 이야기를 참조하라).

신자는 자유를 안다. 세상적인 관계에서, 이것은 권력과 특권에 대한 세속적인 표준을 혁신하는 결과를 낳는다: "기독교인은 누구의 종이 아니며, 누구에게 예속되지도 않는다. 그러면서도 그는 모든 사람의 종이며 모든 사람에게 예속된다"(*The Liberty of a Christian Man* 1).

기독교인은 영성을 가꾸어가는 순례자가 되기를 기대해야 한다. 그러나 그에게는 외부의 세상과 그 자신의 내면의 근심이라는 두 가지 반대에 도전하면서 자신감을 가지고 살아갈 권리가 있다: "하나님의 도시는 없어지지 않고 존속한다."

기도에 관한 루터의 가르침은 1535년에 자신의 이발사인 피터의 요청을 받아 저술한 소책자에서 발견된다. 표준적인 수덕적 원리들에 이어 상대적으로 관계가 적은 준비 항목들(우선순위들의 선택, 의지의 훈련 등)이 제시된다. 즉각적으로 준비해야 할 것은 계명, 신조, 주기도문의 시연—율법, 복음, 실천된 믿음—이다. 정신적인 기도는 하나 또는 여러 개의 본문들을 취하여 그것을 "네 가닥으로 된 화환을 만든다. 즉, 나는 각각의 계명을 취하되, 처음에는 하나의 가르침으로 취하며, 그 안에서 우리 주 하나님께서 내게 요청하는 것이 무엇인지 깊이 생각한다. 둘째, 그것을 하나의 감사로 사용한다. 셋째로는 하나의 신앙고백으로 간주하며, 네번째에는 하나의 기도를 간주한다…"

루터교는 개신교의 다른 주요 교파보다도 그 교파의 명칭의 유래가 된 영웅의 유산의 지배를 받아왔다. 루터파의 영성은 주로 루터가 남겨 놓은 윤곽을 장식하는 경향을 나타내왔다. 17세기에는 믿음을 하나의 훈련된 정신적 동의로 축소하는 경향을 띠었다 (이것은 주로 로마 가톨릭 교회로부터의 주관주의라는 비난과 광신주의 분파들로부터의 보호를 위한 것이었다).

대중 신앙에 대한 최초의 루터파 저서인 『진정한 기독교』(*Four Books on True Christianity*)의 저자 요한 아른트(Johann Arndt, 1555-1621)는 균형을 회복했다: 보수적인 루터파 사람들은 그의 감정에의 호소와 실질적인 거룩에 대한 기대를 비판했지만, 그의 주장은 찬송과 기도문 저술, 그리고 경건주의 운동 전체에 놀라운 영향을 미쳤다. 폴 게르하르트(Paul Gerhardt, 1607-1676)는 특히 재앙과 학대(30년 전쟁) 속에서의 신앙에 대한 루터교의 확신을 서정적으로 표현하고, 자연에 대한 기쁨이라는 차원을 추가했다.

18세기에 할레(Halle)를 중심으로 일어난 경건주의 덕분에 루터파 신앙은 주요한 사회적 변화의 시대에 대처할 수 있었다. 개인적인 견해의 강조로 인해 루터교 신앙은 하나의 안정된 문화와 동일시되는 것을 피할 수 있었다.

루터, 루터의 영성 | Martin Luther, Lutheran Spirituality

19세기에 빌헴름 뢰헤(Willhelm Löhe)가 기도에 대한 전례 자료들의 재발견을 수반하는 "가톨릭 신앙 부흥"을 주도했다. 19세기 말과 20세기의 비평적 신학도 루터교 영성을 풍부하게 해 주었다. 그 하나의 예는 다음과 같은 기도문으로 끝맺는 아돌프 폰 하르낙(Adolf von Harnack)의 『어느 학자의 유언』(A Scholar's Testament)이다: "…나에게 진리와 지식을 향한 갈망, 그리고 도덕적인 고결함에 대한 갈망을 주신 당신께 감사합니다. 무엇보다도 주 그리스도를 선물로 주시고, 내가 그리스도 같은 사람으로서 대할 수 있는 이웃을 주셔서 감사합니다. 이 모든 일들 가운데서 나는 당신의 선물들만을 발견하는 것이 아니라 당신 자신을 발견합니다…"

또 하나의 예는 하나의 영성 신학을 만들려고 한 폴 틸리히(Paul Tillich)의 시도이다. 그것은 우리 존재의 깊은 곳에 디오니시우스의 하나님과 같은 것이 있다고 주장하지만 실질적으로 루터교 믿음의 원동력이다: 우리의 궁극적인 관심사이신 분을 굳게 붙들며, 우리 자신의 불확실성이라는 현실을 받아들이며, 하나님께서 사랑 안에서 신자를 새로운 존재로 만드실 수 있다는 확신을 가지고서 우리의 개인적인 기초를 뒤흔드는 모든 일을 견딜 준비를 갖춘다.

한층 더 놀라운 것은 또 다른 두 명의 루터파 저술가들—죄렌 키에르케고르*와 디트리히 본회퍼*—의 증언이다: 죄렌 키에르케고르는 개인으로서의 자신에 대해서 생각할 수 없는 일들을 대면함으로 인해 하나님을 신뢰할 준비를 갖춘 사람이다. 본회퍼는 복음의 메시지와 현대 사상 사이의 기초적인 접촉은 신뢰할 수 없다고 간주했고, 유일한 방법은 순교에 이르기까지 단순하게 예수를 따르는 것이라고 보았다.

WA= *Dr Martin Luther Werke,* 1883 onwards; ET=*Works of Martin Luther,* 1955; *Martin Luther,* ed E. G. Rupp and B. Drewery in series *Documents of Modern History,* 1970; C. C. Eastwooe, *The Priesthood of All Believers,* 1960, ch 1; W. Herrmann, *The Communion of the Christian with God, Described on the Basis of Luther's Statements,* ET ²1906 reissued 1972; A. Nygren, *Agape and Eros,* ET 1957, ch 6; E. G. Rupp, *The Righteousness of God,* 1953; P. S. Watson, *The State as Servant of God,* 1946; *Let God be God!,* 1947; J. Wicks, 'Luther, Martin, doctrine spirituelle' in *DS,* IX, cols 1218-42; G. Wingren, *Luther's Doctrine of Vocation,* ET 1955. 루터교 영성에 대해서는 다음을 보라: G. Cassalis, J.-L. Klein, 'Lutheriennes (Spirituelités)' in *DS,* IX, cols 1243=59; R. Prenter, 'The Lutheran Tradition' in M. Chavchavadzee (ed), *Mans's*

모라비아 영성 | Moravian Spirituality

Concern with Holiness, 1969, pp. 123-44.

DAVID TRIPP

메카 | Mecca

이슬람을 보라

모라비아 영성 | Moravian Spirituality

모라비아 교회는 오늘날도 존재하고 있으며, 유럽, 영국, 북아메리카와 남아메리카 등지에 신자들이 있다. 이 교회의 영국 지부는 1982년의 Covenanting for Unity Proposals를 전심으로 지원했다.

1730년대에, 모라비아 교도들은 많은 사람들이 매력을 느끼는 영성을 제공했다. 그들은 가톨릭 신자들이 필요로 하는 모든 것을 소유하고 있는 것처럼 보였다: 교회의 공포, 칼빈주의의 엄격한 하나님과 이신론적인 경향, 그리고 일부 국교도들의 해이함과는 달리, 그들은 규율이 있으면서도 자유로우며 친밀하고 따뜻하고 부드러웠다.

그들은 1467년에 설립된 보헤미아 형제단의 후계자들로서, 체코 사람인 피터 첼키키(Peter Chelcicky, 1460년 사망)의 가르침을 따랐다. 피터도 종교개혁 이전의 많은 개혁자들처럼 교회가 예수의 단순함을 상실했고 산상수훈에 무관심해왔다고 느꼈다. 후일 그들은 항상 가깝게 지내온 루터파와 제휴하려 했지만, 독립된 방침을 유지하면서 때로는 박해를 받고 때로는 번영하면서 탁월한 지도자요 교육자인 요하네스 아모스 코메니우스(Johannes Amos Comenius, 1592-1670)를 배출했다. 결국 그들은 니콜라스 루트비히 폰 진젠돌프(Nicholas Ludwig von Zinzendorf, 1700-1760) 백작의 주도 하에 헤른후트에 정착하여 부흥했다. 진젠돌프 백작은 자신의 영지를 오스트리아 이민들에게 내어 주고, 모라비아 신자들의 감독 신앙을 받아들였다. 그의 지도 하에, 그들의 선교 사역은 널리 확대되었다. 그들의 호소에는 다섯 가지 특징이 있다:

1. 분명하고 명확하고 통제된 교회의 직제. 그들은 주교와 사제와 부제라는 삼중 사역을 유지하며, 자기들이 사도적인 계보에 속해 있다고 주장한다. 그들의 규율은 확고하며, 예배는 전례적이다. 그들은 기독교의 믿음은 구두로 행하는 간명한 발언이 아니라 예배 안에서 고백된다고 믿는다. 그들의 교리적 상징은 "부활절 연도"(Easter Litany)—부활절 아침 예배 때에 낭송하는 것으로서 사도신경과 성경 구절

모라비아 영성 | Moravian Spirituality

이 결합된 것—이다. 그들에게는 부활절 새벽에 공동묘지에서 나팔을 부는 것 등의 관습이 있다.

2. 친밀한 교제. 그들은 애찬*, 세족식, 헤른후트처럼 수도원운동의 부자연스러운 특징 없는 공동 생활의 실현 등을 주장한다. 그들에게는 독신 여성을 위한 수도원이 있으며, 수도원들이 붕괴된 이후로 영혼들에게 결여되어 온 것을 회복시켜 주었다. 그들의 조직은 반과 그보다 작은 규모의 모임으로 나뉜다. 이런 점에서 모라비아 교회는 감리교 운동에 직접적인 영향을 주었다. 예배와 공동 생활에서는 찬송이 중요한 위치를 차지한다.

3. 선교의 열심. 그들은 아메리카 대륙, 그리고 그린랜드에서부터 남아프리카에까지 복음을 전파했다. 그들은 평온하면서도 대담하게 선교 여행에 임했는데, 이러한 태도는 1735년에 조지아 주로 항해하는 도중에 폭풍을 만났을 때에 웨슬리*에게 감명을 주었다. 웨슬리는 자신에게 부족한 믿음과 확신을 그들이 가지고 있다고 느꼈다.

4. 그리스도와 그의 수난에 대한 신앙. 그들은 대속자의 사랑을 찬양하며, 그의 거룩한 인성을 경모하며 그의 상처 안에서 도피처를 발견해온 사람들을 계승한다. 그들은 지옥불보다는 피 흘리시는 구세주의 사랑을 전한다. 나치에 저항하던 마틴 니묄러(Martin Nimoller) 목사는 설교할 때에 진젠돌프가 즐겨 불렀던 "예수여, 당신의 피와 의는 나의 아름다움이요 영광스러운 옷입니다"라는 찬송을 종종 인용했다.

5. 단순성. 어린 아이같은 순진함과 그리스도에 대한 전적 의존이 기독교인의 표식이다. 우리는 있는 모습 그대로 그리스도께 나아간다.

모라비아파가 지닌 위험 중 하나가 정적주의*였다는 것은 단번에 알 수 있을 것이다. 그러나 그들은 경건주의의 영향을 받은 몰리노스*의 제자들이었다. 초기의 감리교 신자들 중에는 모라비아 교도들의 삶과 활동의 평화로움이 자기들의 시끄럽고 흥분된 분위기와는 달리 편안하고 신선하다고 생각한 사람들도 있었다. 그러나 웨슬리는 아메리카에서 크게 감명을 받았고 모라비아 교도인 피터 뵐러(Peter Böhler)의 영향을 받으며 1738년 5월 24일에 올더스게이트 거리의 작은 모임에 참석했다가 복음적인 회심을 경험했음에도 불구하고, "은혜의 방편"에 대한 무관심과 정적주의에 대해서는 의심스럽게 생각했다. 그는 헤른후트를 방문한 후에 그 점에 환멸을 느

몰리노스 | Molinos, Miguel de

졌고, 진젠돌프 백작에게 지나치게 큰 영적 지도자의 위치가 주어졌다고 생각했다.

모라비아 교회의 영성이 어떤 사람들에게는 불쾌감을 주고 지나치게 유약하다는 느낌을 주었을 수도 있었을 것이다. 리처드 세실(Richard Cecil)은 모라비아 교도들은 "집요하게 기독교 신앙을 강요한 것처럼 보인다. 그들은 기독교가 어떤 것인지—그 정적, 온유, 인내, 영성—를 발견해낸 듯하다. 그러나 그들은 불을 원한다"고 썼다.

J. E. Hutton, *A History of the Moravian Church*, 1909; 'The Moravian Contribution to the Evangelical Revival in England 1742-1745' in T. F. Tout and J. Tait (eds), *Historical Essays*, ²1907, pp. 427-8; Edward Langton, *History of the Moravian Church*, 1956; C. W. Towlson, *Moravian and Methodist*, 1957; John Walsh, 'The Cambridge Methodists' in Peter Brooks (ed), *Christian Spirituality*, 1975, pp. 263-7.

편집자

몰리노스 | Molinos, Miguel de

몰리노스(1640-1697)는 스페인의 사라고사 근처에서 태어났으며, 신학 교육을 마친 후인 1663년에 로마로 파견되었다. 그는 곧 인기있는 지도자가 되었고 고위직 사람들과 친구가 되었다. 1675년에 유명한 *The Spiritual Guide which leads the Soul to the Fruition of Inward Peace*를 출판했다. 그의 가르침은 신플라톤주의자들*과 아레오파고의 디오니시우스*의 전통 안에 있는 신비가들의 가르침과 다르지 않으며, 『무지의 구름』*이 제기하는 질문들보다 예리한 질문을 제기하지도 않는다. 자아에게서 하나님에 대한 모든 이미지들을 제거하는 부정의 방법은 기독교 신앙과 양립하는가? 그리스도의 경우는 어떠한가?

몰리노스는 수녀들에게 모든 종교적인 그림과 조각상들을 없애고, 교회에서의 지나친 봉사와 복음서에 대한 체계적인 묵상을 중지하라고 했다. 그러나 성찬은 거의 매일 받으라고 권했다. 그는 하나님은 우리의 지식과 생각을 초월하신 분이라고 말했다. 그의 표현을 빌자면, "이성적으로 논의하거나 지성으로 이해하는 방식으로 하나님을 사랑하는 사람은 참 하나님을 사랑하는 것이 아니다."

그러나 그는 침묵의 중요성을 강조했다. 말, 사상, 경건 훈련 등은 정신을 산만하게 하며, 중요한 것은 의도이다. 우리의 의도가 하나님을 향하고 있다면, 다른 것은 문제가 되지 않는다. 악한 생각이나 유혹의 공격을 받을 때에는 그것들을 대적하여 싸우기보다 무시해야 한다. 왜냐하면 의식적으로 저항하는 것은 마귀를 인정하고 존중하는 것이며, 곧 마귀의 점령을 받게 되기 때문이다. 심지어 죄도 저항할 수 없는 본성의 힘에 기인하는 것이며 우리의 의지가 동의하지 않은 것이라면 죄가 아닐 수 있다. "욥은 하나님을 저주했지만, 입으로 범죄하지 않았다. 이것은 마귀가 그의 안에서 강력하게 역사했기 때문에 발생했다." 죄고백과 참회의 행동은 악에 대항하기 위한 것이지만, 자칫하면 오히려 악을 장려하는 것이 될 수도 있다. 이것은 미묘하고 위험한 가르침이었다.

몰리노스는 개인적으로 대단히 다정다감한 사람이었다. 그의 하인들을 그를 존경했고, 여인들은 그를 매우 따랐다. 그는 그가 살았던 시대보다 20세기의 분위기에서 보다 잘 이해될 수 있을 것이다. 그는 회개한 두 여인이 위로가 되는 육체적인 교제를 갖는 것을 허락했다. 또 만일 마귀의 역사가 영혼으로 하여금 완전히 하나님을 의지하게 만든다면, 그것은 하나님께 영광이 될 수도 있으며, 따라서 죄가 항상 연합을 와해시키는 것이 아니라 오히려 더 긴밀하게 만들 수도 있다고 생각했다.

몰리노스가 자신의 영적 지혜를 과신하고 자만하는 뻔뻔스러운 사람이었다고 생각하기는 어렵다. 그는 종교재판을 받았는데, 그를 대적하는 사람들은 앙심을 품고 보복하려 했지만, 재판은 공정했던 듯하다. 그는 냉정하고 품위있는 태도로 선고를 받고, 평생 동안 감옥에 갇혀 지냈다. 그는 독일 개신교도들과 경건주의자들에게 영향을 미쳤다.

Owen, Chadwick, 'Indifference and Morality' in Peter Brooks (ed), *Christian Spirituality*, 1975, pp. 206-30; J. H. Shorthouse, *John Inglesant*, 1881, p. 268; R. A. Knox, *Enthusiasm*, 1950, pp. 295-318.

편집자

무감각 | Impassibility

하나님의 무감각성에 대한 전통적인 정통적 주장과 수세기 동안 기독교인들의 영적 경험과 찬송과 기도를 감화해온 하나님의 본성에 대한 신념들 사이에는 분명한 부조화가 존재한다.

표준적인 설명에 의하면, 하나님의 무감각성의 교리는 모든 외적인 작인에 대한 피동성(passivity)으로부터의 자유를 주장한다. 그것은 양태론(Modalism)—구속 안에서 아버지와 아들의 연합을 주장한 교리들—을 배격하는 정통 교리의 특성이다. 많은 교

무감각 Impassibility

부들은 그러한 교리들은 하나님의 내재적인 안정성과 절대적인 신성을 주장하지 못한다고 생각했다. 교부들의 철학적인 신학에서는 존재의 근원이요 순수한 행위이신 하나님은 반드시 무감각해야 한다고 결론지었다.

프레드리히 폰 휘겔*은 1926년에 출판된 "고난과 하나님"(Suffering and God)이라는 유명한 논문에서 그 교리를 옹호했다. "하나님은 본질적으로 순수한 기쁨, '한 방울의 죄나 고난도 섞이지 않는 기쁨의 바다'이시다. 이 순수한 기쁨은 '철저히 자비하시고 긍휼하시지만' 그럼에도 불구하고 종교 자체는 하나님 안에서 고난을 배제하는 하나님의 초월성을 요구한다."

그 교리에 대한 표준적인 진술들은 성자께서 성육신을 통해 인간의 본성을 취한 결과로서 감수성을 지니게 되었지만, 이 감수성은 단지 그의 인성과 관련된 것이며, 부활하신 후 영화롭게 되신 그리스도는 그의 신성은 물론 인성에 있어서도 무감각하게 되셨다고 주장한다.

이와 같이 무감각성의 교리에 대한 주장들과 신약성서에 기록된 구속의 복음에 대한 많은 현대 신학자들의 이해, 기독교 영성의 고전들의 표현과 대중적인 찬송과 기도의 표현 사이에는 큰 차이가 있다. 그 교리를 비평하는 사람들로서 근래에 영국의 신학적인 견해에 영향을 주어온 사람들 중에는 윌리엄 템플(William Temple)*, 위르겐 몰트만(Jürgen Moltman), 데이비드 젠킨즈(David Jenkins), 밴스톤(W. H. Vanstone) 등이 있다.

윌리엄 템플은 그 문제를 다음과 같이 묘사했다: "아리스토텔레스가 묘사한 '냉담한(apathetic) 하나님'은 사람들의 정신 안에서 깊이 존경을 받고 있는데, 그것만큼 제거하기 어려운 우상이 없다는 것을 깨달아야 한다… 그리스도께서 계시하신 하나님은 창조주요 지고한 분이므로 격정이 없으시며, 자신의 동의 없이 어떤 일이 발생하는 것을 허락하지 않는다는 의미에서 결코 수동적이 아니시다. 또 그분은 감정에 휘둘리지 않으신다…그러나 '무감각'이라는 용어는 실질적으로는 '고난을 당할 수 없음'을 의미하며, 그런 의미에서 하나님에 대해 예언하는 것은 완전히 거짓이다…하나님은 자신은 편안히 거하시면서 세상이 고난 당하게 버려 두시지 않는다. 세상의 모든 고난은 하나님의 것이다"(Christus Veritas, 1924).

위르겐 몰트만은『십자가에 달리신 하나님』(The Crucified God)이라는 책을 저술했는데, 그 책에서 다음과 같이 주장했다: "오늘날 기독교 신학에서 가장 중요한 진보는 '냉담의 원리'(apathy axiom)를 극복하는 데서 이루어지고 있다…십자가에 달리신 그리스도 안에서 하나님을 인식하는 것은 곧 하나님에 대한 삼위일체의 역사를 파악하는 것이다…하나님은 죽으신 것이 아니다. 죽음은 하나님 안에 있다. 하나님은 우리에 의해 고난 받으신다. 하나님은 우리와 함께 고난 받으신다. 고난은 하나님 안에 있다."

밴스톤은, 인간의 사랑의 경험을 깊이 생각하면서, 하나님의 사랑은 흔히 생각하는 것보다 무한히 비싸고 위험하고 노출되어 있다고 말한다(*Love's Endeavour, Love's Expense*, 1977).

데이비드 젠킨즈는 『기독교의 모순』(*The Contradiction of Christianity*, 1976)에서 "하나님의 초월하시는 존재 방법은 막연하거나 독재적이거나 자기 보존적인 것이 아니다…특히 하나님은 인간에 대한 인간의 잔학 행위로 인한 고난 속에 현존하신다"는 믿음을 진술한다.

이러한 신학적인 주장들은 기독교 영성을 분명히 표현하는 많은 기도문과 시와 찬송 등과 조화를 이룬다. 상이한 시대와 전통에 속한 많은 신비가들과 경건한 작가들은, 예수 그리스도 안에서 자신을 계시하신 하나님의 중심에 고난받는 사랑이 놓여 있다는 확신을 표현해왔다.

Leonard Hodgson, *For Faith and Freedom*, 1968, II, pp. 78ff.; J. K. Mozley, *The Impassibility of God*, 1926; *Doctrine in the Church of England*, 1938, pp. 55ff.

FRANCIS H. HOUSE

무정념 | *Apatheia*

이는 다음과 같은 의미를 가진 헬라어이다: 1. 하나님과 관련해서는 정념들의 부재, 즉 무감각*; 2. 인간과 관련해서는 정욕들을 이기고 제어함.

두번째 용례의 배경은 스토아 철학에 있다. 이런 의미에서 무정념이라는 용어는 저스틴(Justin)이 사용했으며, 그 단어를 전문 용어로서 규칙적으로 사용한 최초의 기독교인은 알렉산드리아의 클레멘트이다(*Strom*. VI, 9를 보라). 닛사의 그레고리와 에바그리우스는 그 용어를 자주 사용했으며, 에바그리우스의 경우에 그것은 *praktiké*, 즉 활동적인 삶의 궁극적인 목표였다. 고백자 막시무스(Maximus the Confessor)도 에바그리우스를 인용하면서 무정념을 중심적인 것으로 여기고, 그것을 다시 네 단계로 나누었다(*To*

무정념 | *Apatheia*

Thalassius 55, *PG* 90, 544C). 그러나 오리겐*이나 키루스의 테오도렛(Theodoret of Cyrrhus)과 같은 사람은 의도적으로 그 단어 사용을 삼갔다.

*apatheia*의 정확한 의미는 저자가 *pathos*(정념)라는 단어에 대한 질문에서 부여한 의미에 의존한다. 어떤 헬라 교부들은 아리스토텔레스의 견해를 따라 정념을 본질적으로 선하지도 않고 악하지도 않은 중립적인 충동이지만, 인간이 어떻게 사용하느냐에 따라 선한 것이 되기도 하고 악한 것이 되기도 한다고 간주한다. 예를 들어 테오도렛은 정념을 인간 본성에 필요하고 유익한 부분으로 취급한다(*PG* 83, 952B). 정념에 대해 이러한 견해를 취하는 사람들은 전반적으로 무정념을 하나의 이상으로 추천하는 일을 삼간다. 혹시 추천할 경우에, 그것은 단지 정념들의 완전한 제거가 아니라 그 지향하는 방향의 재설정을 의미한다.

그러나 정념에 대해 스토아주의적 견해를 취하여, 그것들을 자연스럽지 못하고 본질적으로 악한 영혼의 "질병"으로 간주하는 그리스 저자들도 있다. 알렉산드리아의 클레멘트는 정념을 이런 의미로 이해하면서, 진실로 선한 사람에게는 정념이 없다고 말하며(*Strom*, VII.11), 존 클리마쿠스(St. John Climacus)*는 하나님은 정념들의 창조자가 아니라고 주장한다(*Ladder* 25). 이러한 문맥에서, 무정념은 정념들의 제거라는 의미에 가깝다. 간혹 메살리안 파(Messalians)에서 볼 수 있듯이, 그 단어가 결함이 없이 완전함, 사람이 더 이상 시험에 빠지거나 범죄하지 않는 상태라는 극단적인 의미를 취하기도 한다. 그러나 대부분의 저자들은 그러한 의미를 배제한다: 포티케의 디아오쿠스(St. Diadochus of Photice)는 "무정념이란 마귀의 공격으로부터의 자유가 아니라…마귀가 공격할 때에 패배하지 않는 것이다"라고 했다(*Cent*. 98).

정념에 대해 스토아적 견해를 취하는 에바그리우스도 *apatheia*를 완전히 부정적인 것으로 보지는 않는다. 왜냐하면 그는 그것을 아가페(*agapē*)와 밀접하게 연결하기 때문이다. 그것은 무감동(apathy), 무관심, 무감각—이런 의미를 나타내기 위해서 에바그리우스는 *akēdia*, 또는 *anaisthesis*를 사용한다—이 아니라, 욕정을 사랑으로 대치하는 것이다. 그것은 욕망의 억제가 아니라 욕망의 정화이다. 그렇기 때문에 존 카시안(John Cassian)*은 에바그리우스의 가르침을 서방으로 전달하면서 *apatheia*를 "마음의 깨끗함"이라고 번역했다. 디아도쿠스는 그것의 역동적인 특성을 강조하면서, "*apatheia*의 불"에 대해 말한다(*Cent.* 17). 클리마쿠스는 그것을 "몸의 부활에 앞선 영혼의 부활"이라고 정의한다. 이러한 작가들은, *apatheia*를 느낌의 부재로 본 것이 아니라, 하나님의 은혜로 주어지는 재결합과 영적 자유의 상태라고 본다.

G. Bardy, in *DS.* I. cols 727-46; J. E. Bamberger, *Evagrius Ponticus: The Praktikos: Chapters on Prayer* (Cistercian Publications 4), 1970, pp. 81-87; A. and C. Guillaumont, *Evagre le Pontique: Traité Pratique ou Le Moine*(SC, 170-1), 1971, I, pp. 98-112; T. Rüther, *Die sittliche Forderung der Apathiea in den beiden ersten christlichen Jahrhunderten und bei Klemens von Alexandrein*, 1949.

KALLISTOS WARE

무지의 구름 | Cloud of Unknowing

『무지의 구름』은 14세기에 영국에서 저술된 탁월한 영적 논문이다. 이 책의 저자에 대한 논란은 아직 해결되지 않고 있으며, 다만 그 책이 영성 생활에 대한 지도를 찾는 사람의 요청을 받아 카르투지오 회 소속 사제가 저술했다는 데 어느 정도 의견의 일치가 이루어져 있다. 저자가 많은 독자를 염두에 두고 저술했을 수도 있지만, 이 사실은 이 책이 지닌 개인주의적인 성향을 설명해 줄 수도 있다. 동일한 저자가 저술한 저서로 *Letter of Privy Counselling, Letter on Prayer, On Discerning of Spirits*가 있고, 번역서로 *Denys Hid Divinity, The Pursuit of Wisdom, Letter on Discretion*이 있다.

『무지의 구름』은 14세기에 영국에서 전개된 영적 운동의 산물이다. 그 운동에 속한 저서는 다음과 같다: 리처드 롤*의 *Ancrene Riwle**, 월터 힐튼(Walter Hilton)의 *Scale of Perfection*, 노리지의 줄리안*의 *Showings*, 그리고 마저리 켐프의 전기. 이 시대는 사회적・정치적・교회적 혼란의 시기였기 때문에 영국 영성은 신선함과 구체성과 기쁨을 특징으로 한다. 이미 대분열이 이루어졌고, 백 년 전쟁이 벌어지고 있었으며, 1381년에는 농민 반란이 시작되었고, 흑사병이 창궐하고 있었다.

『무지의 구름』은 부정의 신학의 본보기가 되는 책이다. 이 책의 저자는 아레오파고의 디오니시우스*의 사상에 크게 의존하고 있으며, 심지어, 이 책의 제목도 디오니시우스의 『신비 신학』(*Mystical Theology*)에서 따온 것이다. 『무지의 구름』의 표현은 활기차고 우아하며, 독창적이고 강력한 사상을 드러내준다. 이 책은 초서(Chaucer)가 사용한 영국 중부 지방 동북부의 방언으로 저술되었으며, 열정, 유모어, 생생한 표현, 문학적인 아름다움을 지니고 있다. 이 책의 합리적인 논증, 은혜와 인간의 의지의 상호 작용이라는 어거스틴의 신학을 발달시킨 것 등은 토머스 아퀴나스*가 지닌 스콜라적 사상의 영향을 받았음을 암시한다. 『무지의 구름』은 빅톨 수도원 수도사*들의 유산을 의지하고 있으며, 성경적인 비유적 표현을 많이 사용한다.

『무지의 구름』에서는 관상기도 방법에 관한 저자의 견해를 실절적으로 상세히 설명한다. 그는 자신이 관상 생활의 소명을 받은 사람들을 위해 저술하고 있음을 분명히 밝힌다. 그러나 그는 활동적인 생활을 무시하지 않으며, 그것이 내적 차원에서는 관상적 활동에 참여한다고 본다(서언). 완전한 관상에 이르는 길은 부정의 길이다. 거기에서의 우선적인 일은 세상과 피조물을 망각의 구름(cloud of forgetting) 속에 버려둠으로써 그것들로부터 자신을 분리하는 것이다. 이 일은 자신의 죄와 그리스도의 수난을 묵상함으로써 성취된다. 감각에 속한 모든 것을 망각해야 하며, 심지어 자아 및 그것이 지닌 영적 기능들도 버려야 한다. 관상은 오직 하나님과의 관계이다.

망각의 구름 너머에 무지의 구름이 있다. 이 구름은 하나님과 관상자 사이에 있다. 이 구름은 오로지 "적나라한 의도"(naked intent), 또는 의지의 "맹목적인 동요"(blind stirring)에 의해서만 꿰뚫을 수 있다. 이 적나라한 충동은 하나님과의 직접적인 연합을 경험하기 위해서 그 구름을 뚫고 올라가기를 갈망하는 사랑의 날카로운 화살처럼 솟아오른다. 영혼은 관상으로의 소명을 알려주는 강력한 갈망과 동경에 의해 움직인다. 연합의 길에서 (특히 믿음으로 인해 얻는 영적인 시각 안에서) 지성은 중요한 역할을 하지만, 연합의 단계에서 작용하는 것은 감성적인 능력이다. 하나님과의 연합으로 가는 길에서는 사랑의 맹목적인 동요만이 무지의 구름을 공격할 수 있다.

초기 단계에서 모든 생각과 분심을 몰아내며 그것들을 망각의 구름 아래 속박하려면 엄청나게 노력을 해야 한다. 이 엄청난 수고가 은혜, 하나님께서 영혼에게 작용하실 수 있는 길을 공급해 주는데, 그것이 사랑의 각성이다. 저자는 연합을 구하는 사람은 분심을 망각의 구름 속에 가두고 위에 있는 어두움의 구름을 공격하기 위해서 자신의 갈망을 "하나님"이나 "사랑"

과 같은 간단한 단어로 표현해야 한다고 주장한다. 그러나 사랑의 관상 사역은 궁극적으로 신적 행위의 은사이며, 그 은사가 어느 정도 존재할 때에만 연합을 갈망하는 것도 가능하다.

『무지의 구름』에서는 영 분별의 중요성도 강조한다. 지도를 받지 않거나 정직하지 못한 초심자는 특히 망상과 사이비 경험에 미혹되고 길을 잃기 쉽다. 관상자는 참회의 성례를 정화의 근원으로 여긴다. 이 성례는 관상자가 하나님과의 몰아적 연합에서 절정에 달할 일을 시작하는 데 도움을 준다. "초심자들과 조금 진보한 사람들"은 연구와 깊은 묵상과 기도를 계발해야 한다. 독서와 생각과 기도는 하나의 통일체로 간주되어야 하는 상호 의존적인 활동들이다. 하나님의 말씀에 주의를 기울이지 않는 사람은 높은 단계로 전진할 수 없다.

관상의 궁극적인 목표는 사랑의 기적과 은혜를 통해서만 완전히 경험할 수 있다. "인간의 지식으로는 피조되신 분이 아닌 하나님을 완전히 이해할 수 없지만, 각 사람은 사랑을 통해서 각기 상이한 방법으로 하나님을 파악할 수 있다." 하나님은 그 초월성 때문에 이성에 의해서는 알기 어렵다. 하나님께 이르는 탁월한 방법은 직관적이며 말로 표현할 수 없는 신비한 지식, 또는 감추인 지식의 길이다. 하나님은 어두움과 무지의 구름 너머에 계시며, 적나라한 사랑의 충동을 지닌 의지로만 그 구름을 꿰뚫고 통과할 수 있다.

『무지의 구름』은 무지에 의해서 하나님을 찾는 것을 강조하지만, 아주 기독론적인 초점을 가지고 있다. 그것은 관상의 목표는 삼위일체이신 하나님—인간은 그분의 형상으로 창조되었다—과의 연합이라고 주장하면서 삼위일체께 드리는 기도로 시작한다. 저자는 독자들이 관상적인 작업에서 도움을 발견하기 위해서 예수님과 그분의 사랑을 의지하게 한다. 관상자는 그리스도의 구속의 고난에 동참한다: "완전하게 그리스도를 따르려는 사람은 인간 가족 안에 있는 모든 형제자매의 구원을 위해 영적 사랑의 사역에 헌신할 각오가 되어 있어야 한다."

복음서에서 우리에게 모든 복음적 덕의 완성에 이르라고 하신 분은 주 예수 그리스도이시다. 그리스도께서 본성적으로 완전하신 것처럼, 우리는 은혜에 의해서 완전해져야 한다. 그러나 『무지의 구름』의 저자에게 있어서 궁극적인 관상 경험은 겸손과 무(無), 내적 감각과 외적 감각의 초월, 지적인 기능과 영적 기능의 초월이다: "따라서 어느 곳에도 존재하지 않는 이 무 (nothingness) 안에서 계속 일하며 당신의 육체적 감각이나 그 대상들을 개입시키려 하지 않는 것…하나님에 대한 가장 거룩한 지식은 무지에 의해서 알려지는 지식이다."

P. Hodgson, critical edition of all works by author of *The Colud*, 2 vols, 1958: J. Wash (ed), *The Cloud of Unknowing* (Classics of Western Spirituality), 1981; W. Johnston, *The Mysticism of the Cloud of Unknowing*, 1967; D. Knowles, *The English Mystical Tradition*, 1961; E. Colledge, *The Medieval Mystics of England*, 1961; C. Pepler, *The English Religious Heritage*, 1958; J. Walsh (ed), *Pre-Reformation English Spirituality*, 1965.

ELIZABETH DREYER

무차별, 무관심 | Indifference

이것은 신자의 궁극적인 목표인 하나님께 이르기 위해서 피조물을 적절히 사용하거나 사용하지 않는 것에 관한 기독교의 기본적인 자세이다. 엄격히 말해서, 무차별은 하나님을 보다 잘 섬기는 것과 관련된 신중하고 절제있고 지적인 피조물의 사랑이다. 그것은 성경에 근거를 두고 있지만, 영성사에서는 그것의 참된 의미가 왜곡되어왔다.

1. 성경에는 무관심의 태도를 지칭하는 단어가 없다. 아브라함이 아들을 제물로 드리려 한 것(창 22), 욥이 불행 중에 여호와를 찬양한 것(욥 1:12), 사무엘이 깨어 하나님의 부르심을 들은 것(삼상 3:9), 시편 기자의 기쁨의 외침이나 탄식 등은 구약 성서에 등장하는 무차별의 본보기들이다. 신약성서의 본보기는 다음과 같다: 마리아가 천사의 메시지를 받아들인 것(눅 1:38); 예수께서 아버지의 뜻을 완전히 받아들이려 하신 것(눅 22:42; 요 6:38), 그리고 의인들과 불의한 사람들을 향한 아버지의 무차별(마 5:45).

그리스도께서 우리를 이 세상 권세들로부터 자유하게 하시고(골 2:15), 사랑이 많으시고 모든 것을 예비해 주시는 하나님을 계시해 주셨으므로, 기독교인은 삶의 필수품에 대해서 무관심할 수 있다(마 7:25f.). 예수께서 역사 안에서 하나님의 절대적으로 필요한 작용, 이 세상의 구조의 섭리적인 본질, 그리고 우리를 기다리고 있는 여호와의 날 등을 드러내신 것 역시 기독교적 무관심의 근거가 된다. 그것의 종말론적인 지향은 기독교인들로 하여금 이 세상 물건들을 사용하는 것이나 사용하지 않는 것을 허락한다.

2. 스토아 철학자들은 정념을 모조리 악한 것으로 간주했다. 큰 불행 속에서도 무정념(*apatheia*)*을 유지하는 것이 이상이 되었다(플로티누스). 동방

무차별, 무관심 | Indifference

교회 교부들은 무정념이라는 단어가 지닌 스토아적 의미를 인간화하고 기독교화하여 동방교회 영성의 표준 단어로 삼았다. 완전한 기독교인은 하나님과 부활하신 그리스도의 무감각에 참여한 완전한 무정념(apatheia), 냉정(ataraxia), 냉담(eithetes)에 의해서 모든 피조물에 대해 무관심했다.

동방 교부들은 정념들을 길들임으로써 영적 안식, 내적 자유, 사랑 등의 결과를 가져온다고 강조함으로써, 무관심의 종말론적인 차원을 변화시켰다. 그들은 무정념을 몸의 부활에 앞선 영의 부활로 보았다. 그것은 마음을 모든 피조물보다 높이고, 감각을 이성에 순종하게 하고, 영혼을 모든 덕 안에 확립시켰다. 어떤 교부들은 무정념을 불완전한 것과 완전한 것으로 구분하기도 했다. 카시안(Cassian)*, 에바그리우스, 닐루스(Nilus) 등은 그것을 분심이 없는 완전한 관상과 연결했다. 대부분의 교부들은 하나님의 뜻과 다른 사람들을 향한 무정념을 강력하게 거부했다. 완전한 무정념의 상태에서도, 유혹에 대한 인간의 노력과 갈등은 계속된다. 어떤 교부들은 고행을 통해서 물질을 부인했고, 어떤 개인적인 유익(예를 들면 결혼)은 구원과 무관하다고 지적했다.

반면에, 서방 교회의 교부들은 무정념을 실현할 수 없는 이상, 완전히 바람직하지 않은 것, 또는 이단적인 것으로 간주하여 그리 강조하지 않았다. 토머스 아퀴나스*는 정념들 자체는 악한 것이 아니며 덕으로 이어질 수도 있다고 강조했다.

3. 이그나티우스 로욜라*의 『영신수련』*은 어떤 사람을 위한 하나님의 뜻을 구하여 발견하기 위해서 "무절제한 애착들"로부터 그를 해방시켜 주는 데 중심을 둔다. 그는 자신을 무관심하게 만들어야 하며, "우리 주 하나님을 섬기고 찬양하며 영혼의 영원한 구원"을 위한 올바른 수단을 선택하기 위해서 스스로 무관심해야 한다(23, 157, 170, 179). 이그나티우스는 토머스 아퀴나스*에게 기초를 두고서, 올바른 선택을 위해 필요한 자유 의지의 상태를 강조한다. 또 우리의 자유의지의 선택에 맡겨진 것과 금지되지 않은 것들에 대해 무관심해야 하는 범위를 제한한다. 모든 일에 있어서 우리가 피조된 목적을 획득하는 데 가장 도움이 될 것들만을 바라고 선택하기 위해서는, 건강, 질병, 부, 가난, 수명 등에 대한 무관심이 필요하다. 사람들은 "순수히 거룩하신 하나님에 대한 찬양과 섬김"으로 이끌려 훈련을 한다. 수련자는 무

무차별, 무관심 | Indifference

관심을 일으키기 위해서, 종종 자신의 소원과 반대되는 것을 위해 기도해야 한다. 의지는 완전한 균형 상태를 획득해야 하며, 오직 위로부터 오는 사랑에 의해 움직여야 한다.

신비하게 또는 금욕적으로 무관심을 획득할 수도 있을 것이다. 사람이 영적 위로로 인해 하나님의 사랑으로 타올라 "만물을 지으신 창조주 안에서" 피조물을 사랑할 수 있을 것이다(316). 『영신수련』에서, "나는 그리스도를 위해서 무엇을 해야 하는가?"(53), 그리스도의 부르심을 듣지 못하는 자가 되지 않는 것, 가난과 치욕과 고난이라는 그리스도의 표준 아래 놓이고자 하는 갈망, 거룩하신 하나님을 섬기고 찬양하는 데 유익할 것으로 여겨지는 것만 받아들이는 사람들, 그리고 그리스도의 삶과 죽음과 부활에 관한 4주 동안의 관상 등은 이그나티우스가 제시한 무관심이 지닌 그리스도 중심적인 차원을 강조한다. 그것은 "그리스도와 함께 있으면서 섬기기 위해" 더 좋은 것을 인정하고 받아들이려는 의지이다. 이 완전하고 절대적인 무의지는 지극히 작은 신적 자유의 움직임에도 민감하게 반응하는 자유의 행위이다(G. Fessard).

이그나티우스의 무관심은 그 자체가 목적이 아니며, 하나님께서 자신을 보다 잘 섬기고 찬양하기 위한 수단들을 나타내신 후에는 비-무관심으로 변화되어야 하는 하나의 수단이다.

4. 이그나티우스의 전통에서, 최초의 주석가들은 어떤 장소나 사역이나 일에 봉사한다는 예수회 헌장의 이상에 무관심을 적용하는 범위를 제한하려는 경향을 나타냈다. 대부분의 주석가들은 무관심의 역할을 하나님의 뜻에 일치하는 것이나 순수한 하나님의 사랑으로부터 구분했다. 파티오(G. Fatio)와 시렝(J. J. Surin)은 하나님의 뜻과 하나님을 보다 잘 섬기는 것 외에 모든 것에 대해 무관심한 상태, 완전한 균형 상태에 있는 의지라는 이그나티우스의 유비를 발달시켰다. 다른 사람들은 무관심을 인간의 본성적 은사와 초자연적인 은사, 기도의 상태 등에 대한 내적인 체념과 동일시했다.

5. 17세기에 이그나티우스의 『영신수련』과 프랜시스 드 살의 저술로 인해 무관심이라는 표현은 금욕적이고 신비적인 의미로 널리 사용되었다. 때로 그것은 아무 것도 거부하지 않고 아무 것도 요구하지 않는 것을 의미하기도 했다. 프랜시스 드 살은 특히 영적으로 건조한 때에 "성 무관심", 어려울 때나 평안할 때나 하나님을 섬기기

위한 강력한 체념을 권장했다. 그는 "무관심과 영의 자유", "자기 의지의 포기나 무관심", 그리고 "거룩한 자유와 무관심의 영"에 대해 말했다. 그는 이그나티우스만큼 섬김을 지향하지는 않았으며, "무관심한 마음"은 하나님의 섭리로 임하는 것을 받아들이기 위해 자신을 포기하는 것이라고 본다. 그는 교회의 의식과 법과 계명을 통해서 알려진 하나님의 뜻, 종교 생활의 규칙, 윗사람의 명령 등에 복종하는 것과 하나님의 선하고 기쁘신 뜻을 통해서 발생하는 예견되지 않는 사건들에 대해 무관심하는 것을 구분한다. 드 살은 기독교적인 삶 전체는 하나님 안에서 다른 것은 사랑하지 않는 가장 거룩한 무관심의 영성이라고 간주했다.

6. 페넬론(Fénelon)*은 "성 무관심의 상태"를 체계화하고 분명하게 했다. 완전히 균형상태에 있는 의지는 하나님의 평형력만 받아들인다. 무관심은 수동성, 포기, 일치, 관상, 몰아적이고 거룩한 사랑 등과 가깝다. 그러나 페넬론은 우리는 하나님의 뜻에 대해 무관심할 수 없으며 또 교회의 법과 교훈에도 무관심할 수 없다고 분명히 주장했다. 몇 가지 부적절한 표현들, 그리고 그가 아무런 비판도 없이 기욘 부인을 받아들인 것 때문에, 종종 그는 정적주의*의 무관심을 주장한다는 비난을 받아왔다.

7. 15-16세기 메살리아 파, 12세기의 헤시카스트들, 13세기의 베긴들(Beguines), 엑하르트, 기욘 부인, 그리고 미구엘 드 몰리노스* 등의 정적주의는 무관심을 내면화하고 보편화하여 완전한 포기와 절대적으로 사심 없는 하나님의 사랑을 의미하는 것으로 만들었다. 그것은 모든 인간적인 노력을 향한 욕구, 과거의 죄에 대한 후회, 자기 성찰, 덕을 위한 노력, 유혹에 맞섬, 모든 내면 활동 등을 파괴하는 지속적인 기도의 상태를 요구할 수도 있다. 이 상태는 객관적으로 죄악된 행위와 일치할 수도 있다. 그럼으로써 그 사람은 자신과 하나님의 관계, 거룩, 덕, 유혹, 죄, 천국, 지옥, 그리고 자신의 영원한 구원 등에 무관심하게 된다.

8. 기독교 전통 전체에서, 무관심은 무관심-무정념, 무관심-섬김을 위한 선택, 무관심-일치, 무관심-순수한 사랑 등을 지향해왔다. 그러나 진정한 기독교적 무관심은 순수히 수동적인 내면성(정적주의), 세상으로부터의 도피, 냉담, 선과 악에 대한 무관심, 따분한 체념, 숙명론 등과는 전혀 관계가 없다. 그것은 본질적으로 하나님께 대한 영의 민첩성과 개방성이다. 세상에

묵상, 정신적 기도 | Meditation, Mental Prayer

서 하나님을 섬기기 위해 그리스도와 함께 거한다는 것은 무관심과 선택, 영의 자유와 적극적인 헌신, 마음으로 경청하는 것과 사랑으로 구체적으로 응답하는 것 사이의 뗄 수 없는 활력을 의미한다. 하나님을 섬기는 새로운 방법들에 대한 이 내적인 개방성은 어떤 대가를 치르더라도 역사의 역학 안에서 하나님의 인도하심을 따른다. 무관심은 세상을 크게 사랑하시는 아버지의 뜻의 역사적 화육이신 분을 섬기는 데 적절한 방법을 선택하라는 그리스도의 부르심에 응답하는 영적 민첩성이다.

G. Bardy, 'Apatheia', *DS*, I, cols 727-46; G. Bottereau and A. Rayez, 'Indifference', *DS*, VII, cols 1688-1708; E. Niermann, 'Indifference', ET, pp. 699-700.

HARVEY D. EGAN, SJ

묵상, 정신적 기도
| Meditation, Mental Prayer

기독교 전통에는 묵상이라는 단어와 개념이 잘 알려져 있다. 최근 몇 세기 동안 영적인 작가들은 구송기도(vocal prayer)와 구분되는 정신적 기도라는 개념을 도입해왔다. 17세기에 어거스틴 베이커*가 말했듯이, 엄격히 말하자면 "이 구분은 부적절한 것이다"

(*Holy Wisdom*). 16세기에 베네딕트*가 성무일과에 대해 말하면서 분명히 진술한 것처럼, 모든 참된 구송기도에는 정신이 포함되어야 한다. "시편으로 기도할 때에는 우리의 정신이 음성과 조화를 이루어야 한다"(*Rule*, 19.7). 그러나 어떤 형태의 기도에서는, 단어들을 낭송하거나 노래하는 데 더 많은 시간이 할애된다. 그런 경우에, 우리는 침묵기도를 "정신적 기도"라고 말할 수 있을 것이다. 전통적으로 이것은 영적인 기도 생활의 실천으로 이해되어온 묵상과 일치하며, 사람들을 향한 자선 사역으로 나타나는 유형적인 금욕주의와 고결한 삶이라는 수덕 생활과는 구분된다.

기독교에서 묵상이라는 단어는 정신의 활동을 정의하기 위해 사용되어 왔으며, 서로 밀접하게 관련된 두 개의 전통—성경과 고대 그리스-라틴의 전통—에서 기원한다. 성경과 랍비 학교에 의하면, 묵상은 단어나 구를 크게 반복하여 발음하는 데 기초를 둔 기억 훈련이다. 라틴 전통에서는 인식 능력이 보다 강조된다. 묵상의 역사적인 발달에 세 단계가 있다.

1. 비-조직적인 묵상(non-methodical meditation). 11세기에 이르기까지, 묵상은 거룩한 독서(*lectio divina*)와 밀

묵상, 정신적 기도 | Meditation, Mental Prayer

접하게 연결되어 있었다. 성경 및 성경 주석에 의해서 전달된 하나님의 말씀에 정신을 집중한다. 거룩한 본문에 의해서 주의력이 자극을 받고 유지된다. 이러한 묵상은 기도(oratio)를 일으킨다. lectio, meditatio, oratio 등 세 가지 활동은 논리적인 명확함을 위해서 구분될 수 있지만, 실질적으로 그것들은 하나이며, 각각의 활동은 자연스럽게 다른 활동으로 이어진다. 그것들은 관상(contemplatio)이라고 불리는 적극적인 영적 태도 안에서 결합된다. 이 형태의 기도는 시간의 제한을 받지 않으며, 어떤 확정된 방법에 의해서 계발될 수도 없다. 그것은 본질적으로 자유로운 활동이다.

성경을 읽으면서 하나님의 자기 계시와 친숙해짐에 의해서 발생하는 기쁨, 하나님의 거룩한 현존에 대한 자연스러운 사랑의 반응은 묵상을 기분 좋고 즐거운 것으로 만들어 준다.

그러나 일반적으로 인간의 본성은 되도록 어렵지 않은 활동을 선호하는 경향이 있으므로, 그러한 기도를 꾸준히 하려면 어느 정도의 금욕이 필요하다. 이와 같은 노력과 하나님의 은혜의 도움으로, 묵상은 하나님과의 연합으로 이어지며, 기쁨과 평화라는 열매를 맺는다. 또한 묵상에는 끈기와 반복이 필요하다. 이런 까닭에, 종종 본문의 완전한 맛, 하나님의 감미를 완전히 맛보려면 본문을 반복하여 읽고 조명해 보아야 한다고 주장된다.

2 기도의 본문이 되는 묵상. 몇몇 성경 본문들, 예를 들면 시편이나 신약성서의 찬송들은 하나님에 대한 것을 찬양한다. 어거스틴*의 『고백록』과 같은 후대의 저술에서, 하나님의 사람은 영적 경험의 열매로서 자신의 글을 읽는 사람들에게 전해 주고자 하는 자신의 묵상을 기록했다. 7세기와 8세기 이후, 사적인 기도를 위한 공식들이 크게 증가하고 정교해졌고, 아일랜드의 기도서들과 카롤링거 왕조 시대의 기도서들에 의해 보급되었다.

11세기 후반에, 페캉(Fécamp) 수도원 원장인 존은 하나의 "신학적 고백"—어거스틴의 묵상집으로 알려져 온 긴 관상기도문—을 연속적으로 세 번 개정했다. 12세기 초에, 성 안셀름(St. Anselm)*은 묵상과 기도문 선집을 저술했다. 뒤이어 성 티에리의 윌리엄*의 묵상 기도집과 프랜시스 영성 학파에서 기원한 비슷한 서적들이 출판되었다. 베네딕트 수도회의 개혁자인 루이 바르보(Louis Barbo)는 *Foma orationis et meditationis*를 저술했다. 그 이후로 그러한 문헌들이 계속

묵상, 정신적 기도 | Meditation, Mental Prayer

저술되고 사용되었다. 그리하여 묵상과 기도는 성경이나 성경 주석에 기초를 두지 않고, 자신의 영적 경험과 기도와 묵상을 독자들과 공유하는 독자의 저술에 의존하게 되었다.

3. 조직적인 묵상 (Methodical meditation). 12세기 이후, 성 빅톨의 휴(Hugh of Saint-Victor)와 카르투지오 수도사인 기게스 두 폰트(Guigues Du Pont, 1297년 사망)를 중심으로 묵상을 체계화하고 보다 쉽게 만들기 위한 기도의 방법들이 발달되기 시작했다. 묵상이 지닌 여러 측면과 다양한 대상이 분명히 구분되었다. 14세기에 제럴드 그루테(Gerard Groote)는 "묵상해야 할 네 종류의 사물들에 관하여"라는 논문을 저술했다. 15세기 이후의 묵상을 위한 글에서는 앞의 두 단계가 하나로 융합되었고, 그 결과 위대한 영적 대가들의 내용이 풍부한 훌륭한 문헌이 배출되었다: 이그나티우스 로욜라*, 프랜시스 드 살*, 어거스틴 베이커*, 17세기의 앤드류즈*, 돈*, 덴트, 홀*, 백스터*, 번연*, 18세기의 웨슬리*, 버틀러, 로우 등 성공회와 개신교 신학자들.

지난 수십 년 동안에는 12세기 이후로 발달되어 온 방법은 그다지 강조하지 않고 성경 읽기에 기초를 둔 성경적 묵상의 단순함으로 복귀해왔다. 또 교회의 교부들의 성경 주석으로도 복귀하고 있다. 왜냐하면 참된 성경 읽기는 전통—과거에 시작되어 오늘날까지 계속되는 역동적이고 생생한 과정—에 의해서 주어진 해석과 일치해야 하기 때문이다. 그러한 성경 해석이나 신학 저서들은 하나님의 말씀을 통찰하는 데 도움이 되며, 묵상과 관상적 독서를 위한 양식을 제공한다.

오늘날 묵상을 실천하는 사람들에게 어려움이 없지는 않지만, 그것은 사랑의 믿음과 성실한 사랑으로 묵상함으로써만 극복될 수 있다. 현대의 학문적인 주석과 주의 깊은 독서 사이의 균형을 이루는 것과 관련된 주요한 장애물들이 있다. 현대 문화와 심리학적 분석의 와중에서 마음의 단순성을 유지해야 하며, 성경과 전례에 뿌리를 둔 개인적인 기도와 대중 예배 참석의 조화를 이루어야 한다. 또 하나의 중요한 어려움은, 성령에 의해 활력을 부여받으며 예수 그리스도 안에 있는 하나님의 계시에 기초를 둔 기독교적 기도의 특별한 정체성을 잃지 않으면서, 기독교의 것이 아닌 묵상 방법들, 특히 힌두교*와 불교*의 방법들을 올바르게 사용하는 것이다.

JEAN LECLERCQ, OSB

묵상의 시 | Meditation, Poetry of

새무얼 존슨(Samuel Johnson)*은 "형이상학적인 시"라는 표현을 만들어냄으로써, 돈(Donne)*의 학파의 방법과 목표를 만족하게 요약한 듯하다. 신학과 자연과학, 경쟁적인 법률 체계, 서로 다투는 정치 체계들(찰스 1세가 왕위와 목숨을 잃게 된 투쟁) 사이에서 새로운 관계를 모색하던 혼란스러운 시대에, 시 속에 배어 있는 학식과 재치있는 강인함은 하나의 대답을 제공하는 듯했다. 그러나 사회적인 대 격변을 반영하는 이 강인한 시의 근저에는, 튼튼한 묵상 체계에 기초를 둔 특별한 영성에 대한 의식적인 추구가 자리잡고 있었다.

1521년부터 1541년 사이에 출판된 이그나티우스 로욜라의 『영신 수련』(Spiritual Exercises)*은 유럽의 묵상 관습에 영향을 미쳤으며 오늘날도 강력한 영향을 미치고 있다. 그 다음 세기 초에 살레지오 회의 묵상 체계가 영국에 알려졌고, 1606년에 조셉 홀(Joseph Hall)*이 『거룩한 묵상의 기술』(Art of Divine Meditation)을 출판했다(헬렌 화이트는 Tudor Books of Private Devotion, 1951에서 경건한 지침서들을 열거했다). 이 묵상 관습의 영적 특성은 돈의 Devotions upon Emergent Occasions(1624)에서 찾아볼 수 있다. 그 책의 표지에서는 하루 동안의 묵상 방법과 과정을 다음과 같이 요약하여 제시한다:

1. 우리 인간의 상태에 대한 묵상
2. 하나님과의 토론
3. 여러 가지 일에 대해 하나님께 기도함

이러한 종류의 영성에 대한 지식이 증가하면서, 형이상학적인 시를 재평가하게 되었다. 루이스 마르츠(Louis Martz)의 비평서인 『묵상의 시』(The Poetry of Meditation, 1954)는 묵상의 실천과 시를 저술하는 것 사이의 관계를 위한 새로운 비평적 용어를 제공했다. 살레지오나 이그나티우스의 묵상은 결국 기도가 되고, 시인이 묵상적 방법을 사용하면 하나의 시가 된다고 말할 수 있을 것이다.

조지 허버트*와 헨리 버건(Henry Vaughan)*은 이 관계를 분명하게 증명하며, 이따금 시의 제목과 성경적 전거 안에서 묵상과 시를 도입하는 성경적 주제를 정확하게 밝힌다. 허버트의 "진주: 마태복음 13:45"은 천국이 독자를 모든 재산을 포기하고서 차지해야 할 값비싼 진주라는 개념으로 돌아가게 한다. 그러나 그 시는 제목 외에 다른 곳에서는 진주를 언급하지 않고,

묵주 | Rosary

포기해야 할 것들만 언급한다("나는 학문의 길…명예의 길…쾌락의 길을 압니다"). 그는 "내가 어떤 대가를 치러야 당신의 사랑을 소유할지"를 알며, 결론적으로 "당신에게 올라가기로" 결정한다.

"Easter-Wings"에서, 부활에 관한 허버트의 묵상은 실질적으로 가시적인 형태를 취하여, 각 연들의 윤곽이 한 쌍의 날개의 형태를 취한다. 가장 복잡하고 애매한 것은 "The Collar"이다. 여기에서 첫번째 성경 구절은 그리 쉽게 결정되지 않는다. 시의 첫 부분은 탕자를 암시한다. 그러나 "포도주", "곡식", "피", "가시" 등은 그리스도의 고난과 최후의 만찬 안에서 기원한 성찬을 암시한다. 그러나 그 시는 다시 반전되며, 반항적인 내용에 이어 다음과 같은 내용이 등장한다:

> 누군가 "애야!"라고 부르고,
> 나는 "내 주여"라고 대답한 것 같았습니다.

그 다음에는 다시 탕자의 비유의 분위기가 등장한다.

헨리 버건은 항상 묵상의 성경적 전거를 밝히지만, 시를 쓰는 과정은 다소 개인적인 경향을 나타낸다. 그는 어느 시에서 자신이 묵상을 위해 떼어 놓은 아침 시간에 대해 말한다: "어제 나는 (기도하기 위해) 걸어서 들로 나갔습니다…"

"기도하기 위해"라는 간 곳은 고요한 예배당이나 서재가 아니라 "들"이다. 여기서는 봄에 돋아나는 새로운 생명과 겨울의 죽음에 의해서 자연적인 피조물과 신적 계시의 대조를 언급한다. 다른 시에서는 자연적이고 성경적인 계시의 연합을 노골적으로 언급한다:

> 어젯밤에 나는 영원을 보았습니다.
> 그것은 순수하고 끝없는 빛의 큰 고리 같았습니다.

그러나 그의 성경적 묵상의 출발점은 "The Dawning"에서 발견되어야 한다. 이 시의 주제는 심판 날의 비유에서처럼 신랑이 오심이다. 그것은 언제 어디에 이루어질 것인가? 시인은 그 마지막 날에 천사들이 자기 집 앞산에 내려올 것인지 궁금해 한다.

MOELWYN MERCHANT

묵주 | Rosary

기도나 묵상을 할 때에 기도한 회수를 세기 위해 사용하는 염주. 서방 기독교에서는 4세기부터 기도의 회수를 세기 위한 다양한 보조물이 사용되었다. 묵주는 10세기 경에 등장하기 시작했

묵주 | Rosary

다. 묵주는 열 개 씩 다섯 벌의 구슬로 이루어져 있는데, 열 개가 새로 시작되는 부분의 구슬은 다른 구슬보다 크다. 여기에 하나의 큰 구슬과 세 개의 작은 구슬, 그리고 또 다른 큰 구슬과 십자가 고상으로 이루어진 펜던트가 덧붙여져 있다.

그것을 사용하는 방법은 다양하다. 한 가지 방법은 다음과 같다: 펜던트 끝에 달린 십자가 고상을 세면서 사도신경을 암송하고, 나머지 다섯 개의 구슬을 세면서 주기도문, 세 차례의 마리아의 기도, 그 다음에 영광송을 암송한다. 묵주와 펜던트가 연결되는 부분의 큰 구슬을 세면서 주기도문을 암송한다. 그 다음 열 개의 작은 구슬을 세면서 마리아의 기도를 열 번 암송한다. 그 다음의 큰 구슬을 세면서 영광송을 암송하고 처음 열 번을 끝내며, 다시 주기도문을 시작한다. 이렇게 다섯 번 반복하는 것으로 기도를 마친다.

이렇게 기도하는 것은 주님의 삶에서 이끌어낸 15가지 주제들과 성모 마리아 숭배에 관한 묵상의 구조와 결합된다. 이 주제들은 "신비들"이라고 알려져 있으며, 세 종류로 구분된다: 다섯 가지의 즐거운 신비들, 다섯 가지의 슬픈 신비들, 다섯 가지의 영광스러운 신비들. 이 주제들 중 하나를 염두에 두고 묵상하면서 열 개의 구슬을 세며, 그럼으로써 한 번 기도할 때마다 정신은 기독교적인 다섯 가지 위대한 의미를 고찰하게 될 것이다. 신비들의 주제들을 추론적으로 고찰하며, 묵주기도를 하면서 그것들을 자기 자신과 세상에 적용하는 것은 불가능하다. 사람들의 삶 안에 있는 하나님의 현존, 수난의 일부인 인간 실존, 하나님의 목적의 성취 등에 대한 생각은 대부분의 사람들이 할 수 있는 생각이다.

주제에 대한 상세하고 개인적인 고찰이라는 의미에서, 묵상은 기도를 벗어나서 관련된 성경 구절을 읽으면서 행해진다. 그리스도에 대한 각각의 이미지 안에서 식별해야 할 의미와 개인적인 의의는 무한히 다양하다. 그것을 상세히 드러내는 것은 그분이 우리의 삶 속에 보다 깊이 들어오시는 것을 허락하는 것이다. 그리고 그 결과로서 기도하면서 신비에만 주의를 집중하던 데서 벗어나, 말없는 사랑에 깊이를 부여하는 완전한 의미를 획득한다.

흔히 묵주기도는 로마 가톨릭 교회에서만 행해지는 것으로 간주하지만, 정교회에서도 묵주가 사용된다. 그것은 성공회 영성에서도 작은 주제로 존재하며, 20세기의 에큐메니칼한 경험의 영향을 받아 비국교파 교회에서도

물 | Water

사적인 기도에서 사용된다. 그것은 단순함과 심오함 때문에 경건한 훈련이다.

마리아의 기도를 반복하면서, 정신은 마리아의 이미지를 통해서 육신이 되신 말씀 안에 있는 기쁨, 교회에 대한 의식, 예수님이 하나님께 이르는 길이라고 믿는 모든 사람들의 기도에 대한 의존을 새롭게 한다. 그것은 삶을 단순화하여 기독교인의 직접적인 관심사, 현재의 상황, 그리고 이것 및 다른 모든 경험을 통해서 우리를 자신에게로 인도하시는 하나님의 목적을 이루는 두 가지 실체로 여긴다. 이런 방법으로 기도하는 것은 삶을 단순한 경험으로부터 변화시켜 고귀한 것으로 만들며, 기독교적 의미를 지닌 희망적인 것으로 만든다.

각각의 신비에 대한 묵상을 끝내 주는 영광송은 찬양으로 신비의 내용과 의미를 승인하는 것이다.

주기도문은 예수님의 기도이다. 묵주기도를 할 때에 주기도문은 당면한 욕구나 다음에 고찰해야 할 신비와 관련된 의도를 지닐 때도 있지만, 주된 의도는 그리스도의 정신, 인간의 욕망과 슬픔에 대해서 하나님께서 하시는 일에 대한 주님의 이해, 그리고 무엇이 적절한 기도의 내용이 되어야 하는지에 대한 주님의 통찰 등을 상기하는 것이다.

A. Farrer, *Lord I Believe*, 1958; J. Neville Ward, *Five for Sorrow, Ten for Joy*, 1970

J. NEVILLE WARD

물 | Water

인간 생활에 없어서는 안 되는 물은 고대에는 우주를 구성하는 네 가지 요소 중 하나로 간주되었다. 그것은 주로 정화와 생명을 의미하는 상징이다. 역설적으로, 홍수의 경우에서 보듯이 물은 파괴적이며, 또한 생명의 근원이요 생명을 유지해 주는 것이기도 하다.

물은 여러 종교의 의식에서 사용된다. 예를 들면, 힌두교도들은 간지스강에서 몸을 씻고, 이슬람 신자들은 매일 기도를 하기 전에 목욕을 한다.

구약성서에서도 물은 탁월한 역할을 한다. 태초에 하나님의 영이 수면 위를 운행하셨다(창 1:2). 비는 하나님의 선물이지만(창 2:5), 세상의 악을 정화하기 위해서 혼돈의 물이 돌아온 대홍수에서는 징계의 도구이다. 홍수는 하나님과 모든 생물 사이에 언약을 초래하는 하나의 정화이다(창 6:5-9:17). 이스라엘의 하나님은 생명을 주는 생명수의 근원이시다(겔 47:1-12).

구약성서에서 하나님이 물의 주인이신 것처럼, 신약성서에서는 예수님이 물의 주인이시다(마 8:23-27; 막 4:35-41; 눅 8:22-25). 예수님은 물 위를 걷기도 하신다(마 14:22-23; 막 6:42-52; 요 6:16-21). 예수님의 삶에서 물은 중요하면서도 매우 상징적인 위치를 차지한다. 예수님은 세례 요한에게서 물로 세례를 받으려 하신다(마 3:13-17; 막 1:9-11; 눅 3:21; 요 1:29-34). 가나에서 물을 포도주로 변화시키신 것은 "처음 표적"이다(요 2:1-11). 요한복음 3장에 기록된 세례에 관한 가르침 뒤에는 야곱의 우물에서 만난 사마리아 여인의 이야기가 따른다. 그곳에서 예수님은 여인에게 "물을 좀 달라"고 말씀하신다(요 4:7). 예수님은 마지막 만찬 때에 제자들의 발을 씻기신다. 신약성서에는 이처럼 물, 그리고 옆구리에서 피와 물이 흘러나오신 예수님(요 19:34)에 대한 언급이 가득하다.

바울은 세례에 대한 교리에서 물이 죽음을 초래하기도 하고 생명을 주기도 한다고 본다(롬 6:3-11). 세상의 교회에서의 세례는 죄를 씻어주며(고전 6:11; 행 22:16), 거듭남을 통해서 생명을 준다(요 3:5-8). 세례반에 담긴 거룩한 물은 세례의 물을 상기시켜 준다.

그러나 세례가 성령의 생활을 시작하게 해 주며 영성 생활의 근원이요 중심이라는 의식의 회복은 주요한 목회적으로 주요한 도전을 제기한다.

기독교의 영적 저자들은 물을 주요한 상징으로 사용한다. 아씨시의 프란시스*는 「태양의 노래」에서 "유익하고 겸손하며, 귀하고 순수한 자매 물"을 주신 주님을 찬양한다. 십자가의 요한*과 아빌라의 테레사*도 물이라는 상징을 자주 사용했다. 아빌라의 테레사는 이렇게 말했다:
"몇 가지 영적 경험들을 설명하는 데에 물이 가장 적절하다는 것을 깨달았습니다…나는 이 요소를 무척 좋아하기 때문에 어떤 것보다 더 주의깊게 관찰해왔습니다"(『내면의 성』 IV, 2, 2).

기도의 성장에 대한 이해에서 거치는 과정으로서 네 종류의 물을 상징으로 사용했다(*The Book of her Life*, 11-2). 육체적이면서도 상징적인 실체인 물인 눈물의 은사는 현대 영성에서는 제대로 이해되지 않고 있지만, 철저하게 살펴볼 필요가 있다.

오랫동안 물은 치료 효과 때문에 인정되어왔지만, 영성에서는 물이 지닌 치료하는 특징에 충분한 관습을 기울이지 않고 있다. 칼 융은 물을 무의식

믿음 | Faith

을 나타내는 상징으로 본다. 물은 여성적인 상징, 다산과 출생의 상징이기도 하다. 지금까지 물이 지닌 정화의 특성들을 지나치게 강조해왔으므로, 영성에서는 물이 지닌 여성적 특성을 회복해야 할 필요가 있다. 시편에서는 물을 기본적인 상징으로 사용한다. 엘리오트*는 "우리의 내면에 강이 있고, 우리 주위 사방에 바다가 있다"고 쓴다. 기독교 영성에서 가장 두드러진 것은 성령을 나타내는 상징적 표현으로 생명의 물이라는 표현을 사용한 것이다(요 7:38-39).

F. Cabrol, 'Eau, usage de l'eau dans la liturgie; eau bénite', *Dictionnaire d'Archéologie Chrétienne et de Liturgie*, 4-1, 1921, cols 1680-90; J. Caillard, 'Eau'. *DS*, 4-1, cols 8-29.

KEITH J. EGAN

믿음 | Faith

영성이라는 맥락에서, 믿음에는 적어도 인간적 경험의 네 가지 측면이 포함된다.

1. 응답을 요구하는 믿음, 한 사람이 믿는 것을 묘사하기 위한 기초가 되는 신념들의 핵심. 기독교인에게 있어서, 이 핵심은 그리스도 안에 있는 하나님의 계시에 대한 성경의 증언에서 초래되며, 신앙 고백과 교회의 가르침으로 표현된다. 예를 들어, 유다서는 독자들에게 "믿음의 도를 위하여" 힘써 싸우라고 권면한다. 진리의 진술인 믿음은 주로 정신과 지성으로 받아들여진다. 종종 믿음에 대한 반응의 일부로서 지적인 질문과 의심이 대두된다.

2. 믿음을 가진 사람의 표식인 개인적인 신뢰의 반응. 이것은 사람들을 자신에게로 부르시는 하나님께 마음과 정신과 인격을 다하여 응답하는 것이다. 그것은 매우 개인적인 것이며, 하나님에 대한 응답으로서 경험된다. 바울은 로마서에서 깊이 있게 이 믿음을 탐구한다: "누구든지 하나님을 믿는 자는 구원을 받으리라." 신자는 내면에서 역사하시는 하나님의 은혜에 의해 역사하는 믿음을 통해서 하나님과 화목하게 된다(롬 5-8장). 요한복음(20:24-29)에서 도마가 부활하신 주님께 보여 준 믿음의 반응을 묘사한 일화는 객관적인 믿음과 무엇인가에 대한 믿음이 얼마나 밀접하게 연결되어 있는지를 보여 준다. "나의 주시며 나의 하나님"이신 예수에 대한 믿음은 예수님이 주요 하나님이시라는 믿음을 함축한다. 그러나 이것이 반드시 역으로도 성립되는 것은 아니다. 기독교 영성에서, 교회의 일반적인 믿음과 결합하는 것

은 일종의 닻과 같은 역할을 하여 개인적으로 의심이 일어날 때나 하나님의 현존 의식이 부족할 때에 우리를 붙들어 줄 수 있다.

3. **믿음은 행동 안에서 인정되고 행동을 통해서 표현된다.** 신약성서 중에서도 특히 야고보서는 믿음이 지닌 이러한 측면을 깊이 다룬다. "행함이 없는 믿음은 그 자체가 죽은 것이라"(약 2:17). 믿음의 행위를 강조하는 야고보서와 개인적인 믿음을 통해 하나님과 화목하는 사람을 강조하는 바울 서신 사이에 존재하는 분명한 견해의 차이에 대해 많은 논란이 있었다. 그러나 바울도 "사랑으로써 역사하는 믿음"(갈 5:6)의 중요성을 알고 있다. 기독교 영성에서 신자의 개인적인 믿음에는 말과 행동과 대인관계에 나타나는 공적인 측면도 있다(요일 4:20f. 참조).

4. **신자의 성품에 미치는 결과.** 특별한 믿음의 체계를 가지고 살아가는 것, 믿음의 대상을 신뢰하는 것, 그리고 믿음의 체계에 따라서 행동하며 그 체계를 통해서 얻는 개인적인 믿음에 따라서 행동하는 것 등은 표식을 남긴다. 여기에서 믿음은 신실함이 된다. 기독교 영성에서, 계속 견고한 믿음을 소유하려고 노력하는 믿음의 사람은 그의 내면에서 역사하는 하나님의 성령의 열매들 중 하나를 누리는 사람이다(갈 5:22). 다른 열매들 역시 기독교적인 성품의 표식이다.

이와 같은 믿음의 네 가지 측면들은 하나의 통일체를 형성한다. 기독교 신앙에는 믿어지는 것의 진리를 인정함(믿음), 개인적으로 그 진리를 경험함(하나님에 대한 신뢰), 거기서 흘러나오는 사랑(행동하는 믿음), 그리고 지속적인 접근(신실함) 등이 포함된다.

John Austin Baker, *The Foolishness of God*, 1970; Karl Barth, *Dogmatics in Outline*, 1949l Leonard Hodgson, *For Faith and Freedom*, 1968; Hans Küng, *On Being A Christian*, 1977; Wolfhart Pannenberg, *The Apostles' Creed*, 1972; Karl Rahner, *Foundations of Christian Faith*, 1978; the report of the Church of England Doctrine Commission, *Christian Believing*, 1976; the so-called "Dutch Catechism', *The New Cateceism*, 1967.

REX CHAPMAN

바가바드 기타 | Bhagavad Gita

힌두교의 중요한 경전인 바가바드 기타는 마하바라다(Mahabharata)라는 인도의 대 서사시의 일부이다. 그것은 경전으로서 이론적으로는 sruti(계시된 것)보다는 염(念, smriti)으로 간주되며, 따라서 베다(Vedas)만큼 중요하지 못하다. 그러나 실제로 바가바드

바가바드기타 | Bhagavad Gita

기타는 힌두교의 종교적 저술 등에서 가장 잘 알려진 작품이며, 그 영향력이 대단히 크다.

바가바드 기타(지고자의 노래)는 B.C. 2세기부터 A.D. 3세기 사이에 편찬되었다. 이 이야기는 인도 북부의 두 집단, 판다바 족과 카우라바 족 사이의 전쟁이 시작된 시기를 다룬다. 판다바의 왕자 아르주나(Arujuna, 人間)는 적의 병사들 중에 자신의 동족이 많으며 그들과 싸워야 한다는 사실을 깨닫고 혐오감을 느꼈다. 그의 전차를 몰던 크리슈나(비수뉴 신의 여덟번째 권화 [avatara])는 그에게 용사로서의 그의 의무는 싸우는 것이며, 그 의무가 다른 조건들보다 우선해야 한다고 설득한다. 100,000구(句)로 구성된 마라바라타 중 700구를 차지하고 있는 기타는 대체로 아르주나와 크리슈나의 대화의 형태를 취하며, 크리슈냐의 말이 본문의 대부분을 차지한다. 크리슈나의 연설에는 삼키아(Samkyha) 철학, 그리고 인도인들이 자신이 속한 신분의 법을 따르는 것의 중요성 등에 대한 많은 언급이 포함된다. 생의 법(jati dharma)을 매우 강조하기 때문에, 일부 학자들은 기타가 불교에 반대하는 논문이라고 간주해왔다. 신분 제도의 의무에 대한 관심이 부족한 불교도들은 힌두교 신화를 위협하는 것처럼 보이기도 했다.

기타는 해탈에 이르는 세 가지 방법을 제안한다. 첫째는 즈나나 요가(jnana yoga)로서 그루들에 의해 전해져온 고대의 본문들과 가르침의 이해에 기초를 둔 지혜의 길이다. 둘째는 카르마 요가(karma yoga), 즉 결과를 두려워하거나 상을 기대하지 않고 옳은 일을 행하는 행동 방법이다. 나시카마 카르마(nishkama karma)라고 알려진 사심없는 행동이 기타의 메시지의 중요한 부분을 이루며, 마하트마 간디*의 비폭력 저항에 관한 가르침의 중심이었다. 세번째 방법은 박티 요가(bhakti yoga), 즉 인격적인 신에 대한 사랑의 헌신이다. 이것은 영적 과정의 가장 효과적인 방법으로 제시되며, 이것을 강조하기 때문에 기타는 인도에서 경건한 신앙 생활을 위한 중요한 본문으로 존재해왔다. 기타는 다양하게 해석되어 왔지만, 기타가 인도 영성에 기여한 가장 큰 공적은 은혜로운 신께 복종하는 것을 옹호한 점이다.

박티의 중요성은 크리슈나가 아르주나에게 신의 형태로 자신을 계시하는 장면을 다룬 제2장의 묘사에서 고조된다. 이 신현현은 두려운 것이지만, 은혜로 백성들을 구원하는 자애롭고 인격적인 신을 계시한다.

기타는 여러 나라 언어로 번역되었으며, 서방에도 잘 알려져 있다. 그것은 크리슈나 신 숭배와 관련된 서방의 분파들을 위한 중요한 경건이 된다.

E. Arnold, *The Song Celestial*, 1961; A. L. Basham, *The Wonder that Was India*, ³1967; J. Mascaro, *The Bhagavad Gita*, 1962; R. C. Zaehner, *Hindu Scriptures*, 1978.

PETER D. BISHOP

바울의 영성 | Pauline Spirituality

기독교인으로서의 바울의 영성은 다메섹 도상에서의 경험에서부터 시작된 이후로 완전히 그리스도를 지향했다. 그 사건이 있기 전에 그는 바리새 전통 안에 있는 열렬한 유대교인이었다(갈 1:14; 빌 3:5-6). 그러나 다메섹 밖에서 그는 예수를 보았다. 죽은 자들로부터 부활하신 그리스도가 그에게 나타나셨다(고전 9:1; 15:8). 이 "예수 그리스도의 계시"(갈 1:12)는 그의 삶의 기초인 믿음과 가치관을 완전히 변화시켰다. "내 주 그리스도 예수를 아는 지식이 가장 고상한 것이 되었기 때문에"(빌 3:8), 그는 이제까지 소중히 여기던 것들을 배설물로 여겼다. 그 후로는 "그리스도 안에" 거하는 것이 그의 노력의 출발점이요, 목표의 요약이 된다. 바울 서신에 "그리스도 안에"라는 표현 및 그와 밀접하게 관련된 표현("주 안에서", "그리스도로 말미암아" 등)이 자주 등장하는 것(대략 150회)이 그것을 증명해 준다.

이 최초의 경험에서부터 바울 영성의 주요한 특징들이 성장해 나왔다.

그의 견해에 의하면, 복음은 존재하지 않는 것을 존재하게 하시며 죄인을 용납하시고 죄책을 사면해 주시는 하나님에 대한 것이다(롬 4:5, 17). 인간의 어리석음과 부패함은 하나님으로부터 독립하려는 욕망에서부터 생겨나는 데 반해, 구원은 인간은 결코 독립할 수 없다는 인식에서부터 출발한다. 하나님을 의지하지 않으면 사물을 의지하게 되기 때문이다(롬 1:21-23). 그러므로 믿음은 창조주의 자비와 능력의 피조물인 인간 자신의 전적인 궁핍함을 인정하는 것으로 이루어진다 (2:4-5). 십자가가 주는 메시지에는 그것이 자신의 가치를 평가하며 그러한 자기 평가의 기초 위에서 생활하려는 모든 시도를 못 박는다는 내용이 포함되어 있다(갈 6:14-15). 만일 그리스도가 못 박히셨다면, 만일 하나님께서 십자가의 치욕을 통해서 구원을 제공하신다면, 만일 생명이 죽음을 통해서만 임한다면, 그것은 인간이 하나님의 은

바울의 영성 | Pauline Spirituality

총을 받을 자격이 있음을 나타내려는 모든 시도의 종식을 의미한다. 피조물은 다만 자신을 그렇게 지으신 창조주에게 복종하는 일만 할 수 있다. 죄인은 기독교적 순례가 끝날 때까지 하나님의 은혜에 의존하면서 항상 죄인으로 존재할 것이다. 자신의 연약함과 실패 때문에 낙심한 사람들, 또는 구원을 특별한 훈련과 결부시키거나 특별한 민족이나 인류나 집단에만 주어지는 것으로 제한하는 전통에 갇혔다고 느끼는 사람들에게 있어서, 바울의 복음은 바울이나 루터에게 자유를 주었던 것과 마찬가지로 자유를 주는 복음이다.

그리스도의 부활은 마지막 부활의 시작이다(롬 1:4; 고전 15:20-23). 세례를 통해서 그리스도의 죽음 안에서 그리스도와 하나가 된 사람들은 결정적인 단계를 취한 사람들이다(롬 6:1-11). 그들은 죽음과 함께 사라질 욕망과 가치관이 현재 자신이 살아야 하는 방법을 결정하는 주요 결정 요소인 듯이 살아서는 안된다는 것을 깨달은 사람들이다(롬 6:12-23). 그러나 비록 그리스도의 죽음 안에서 그리스도와 하나가 되었지만, 현세가 지속되는 한, 그들은 그리스도의 부활 안에서 그리스도와 완전히 하나가 될 수 없다(롬 6:5, 8; 8:11). 그들은 이미 부활하신 그리스도의 능력, 죽음을 초월한 그리스도의 생명의 능력을 경험하기 시작했지만, 아직은 "이 사망의 몸"에서 완전히 해방된 것은 아니다(롬 7). 따라서, 영적 성장은 그리스도의 고난에 참여하는 것, 그리스도의 죽음 안에서 그리스도를 닮는 것, 그의 부활의 능력을 경험하는 것(롬 8:17; 빌 3:8-11)—은혜는 연약한 데서 완전히 표현된다는 진리(고후 4:7-12; 12:7-10)를 항상 새롭게 깨닫는 것—으로 이루어진다. 그러므로 믿음의 생활은 육체 안의 생활이기도 하며(갈 2:10), "그리스도 안에서" 살기 위해서 부활하신 그리스도로부터 능력받음과 이 육체적 실존의 욕망과 연약함 사이의 긴장의 생활이기도 하다(롬 6-8).

이 종말론적인 긴장의 첨예한 표현은 신자의 내면에서 경험되는 성령과 육체 사이의 싸움이다(롬 8:12-14; 갈 5:13-26). "성령 안의" 생활은 "그리스도 안에 있는" 생활로서 기독교인들을 위한 기초이다. 왜냐하면 이것들은 하나님의 은혜로 영위되는 삶을 묘사하는 방법들이기 때문이다. 성령을 소유하는 것은 그리스도의 소유가 되는 것이며, 신자가 성령을 소유하지 않는다는 것은 모순이다(롬 8:9). 그러나 성령의 은사, 은혜의 효과적인 흐름의 개방(바울은 "성령"과 "은사"를 거의 동의어처럼 사용한다)은 기독교적 삶의 시작(롬 8:23; 갈 3:3), 구원과 구속이라는 하나님의 목적의 최초의 설치요 보증에 불과하다(고후 1:21-22; 엡 1:13-14). "그리스도 안에서", "성령 안에서" 사는 것, 구원 받는 과정은 이상적으로는 완전을 향한 꾸준한 성장, 그리스도처럼 되는 과정이 되어야 한다(고후 3:18; 골 3:10). 그것은 그리스도의 죽음 안에서 그리스도처럼 되는 것을 의미한다. 그리스도의 죽음이 죽을 육체 안에 완전히 반영될 때에만 그리스도의 다시 사심이 성령의 몸 안에서 완전히 표현될 것이다(롬 8:10-11, 18-23; 고전 15:44-50; 빌 3:21). 육체의 연약함과 인간의 자기 기만 능력을 고려해 보면, 그 과정은 고통스러운 과정이다. 만일 로마서 7장이 하나의 지침이 된다면, 신자는 좌절과 실패에서 면제되지 않을 것이다. 이 세대에서 신자가 "육체 안에" 있는 한, 그럴 수밖에 없다. 이 세대가 지속되는 동안에는, 지속적인 승리나 영적인 전쟁, 또는 완전함이 아니라, 좌절이 영성 생활의 표식이다. 이런 까닭에, 성령 안에서 그리스도를 통해서 행하는 기도(골 3:17; 엡 6:18)는 특히 예수께서 세상에 계실 때에 외치신 "아바"라는 표현을 특징으로 지니며(롬 8:15-16; 갈 4:6), 우리가 연약하여 분명히 발음하지 못하여 성령께서 하나님의 뜻에 따라 우리를 통해서 중보하시는 것을 허락할 때에 가장 효과적이다(롬 8:26-27).

신자의 이미 이루어졌으면서도 아직 이루어지지 않은 실존, 그리스도와 신자 자신의 부활과 죽음 사이에서 정지된 실존은 하나의 윤리적인 긴장으로서 표현된다. 바울의 견해에 의하면, 죄는 신자가 그리스도처럼 되지 못하게 하려고 육체의 연약함과 율법의 불변성을 사용한다(롬 6:14; 7:7-11; 8:3). 죄의 세력은 성령의 능력에 의해서만 물리칠 수 있다(롬 7:6; 8:2-4). 그러므로 신자는 "육체에 따라" 살거나 기록된 법에 의해 결정된 대로 살지 말고 "성령에 따라" 살아야 한다(롬 7:6; 8:4-13; 갈 5). 바울은 율법주의와 방탕함을 피하는 내적인 자유를 영성과 사역의 표식으로 간주하며(롬 2:28-29; 고후 3:6-17; 빌 3:3), 그리스도의 영성을 본보기로 삼는다(롬 6:17; 고전 2:16; 갈 5:14; 빌 2:5; 골 2:6).

"그리스도 안에" 거한다는 것은 그리스도의 몸의 지체가 되는 것을 의미하기도 한다(고전 12:13). 바울은 제멋대로 분방한 영성에 대해 경고한다(고전 14; 고후 12:1-10). 몸의 지체인 신자는 다른 지체들을 통해서 공급되는 은혜에 의존하며, 또한 다른 지체들에게 은혜를 전해 주는 수단이 되어야 할 책임도 지닌다. 신자는 홀로 존재할 수 없으며 스스로 존재할 수도 없다 (고전 12). 몸의 통일성은 지체들이 성령 안에 함께 참여하는 데서 생겨나며 하나의 떡을 나누어 먹는 것으로 표현되듯이(고전 10:16-17), 은혜의 사역과 현현을 통해서 성장한다. 물론 집단적인 성숙의 척도 역시 그리스도이시다 (엡 4:11-16).

M. Bouttier, *Christianity according to Paul*, 1966; A. Deissmann, *Paul*, 1957; C. H. Dodd, *The Meaning of Paul for Today*, 1920; J. D. G. Dunn, *Jesus and the Spirit*, 1975, chs 8-10; C. F. D. Moule, *The Phenomenon of the New Testament*, 1967, ch 2; A. Wilkenhauser, *Pauline Mysticism*, 1960.

JAMES D. G. DUNN

박티 | Bhakti

박티는 인격적인 신을 향한 절대적인 사랑의 헌신을 강조하는 힌두교의 대중 신앙으로서 예배, 춤, 노래, 순례 등으로 표현된다.

인도의 박티 신앙은 비슈누 숭배(Vaishnavism)와 시바 숭배(Saivism)의 두 가지 형태가 있다.

비슈누 신자들은 비슈누 신을 직접 숭배하거나, 그의 배우자인 라크쉬미나 그의 권화(avatara)들을 통해서 숭배한다. "권화"의 문자적 의미는 "세상에 내려온 자"라는 의미이며, 비슈누 신앙에서는 비슈누 신이 연속적으로 세상에 내려왔다는 교리를 발달시켰다. 주요한 비슈누 신앙의 전통에서는 10개의 권화가 있는데, 그 중 하나가 장차 세상에 올 것이라고 가르친다. 그러나 바가바타 프라나(Bhagavata Purana)는 22개의 권화를 열거하며, 벵골의 비슈누파 학교에서는 24개를 열거한다. 권화의 교리는 권화들이 사회의 안정에 대한 위협이나 도덕적이고 종교적인 법의 파괴에 맞서기 위해서 거듭 세상에 내려와야 한다는 개념뿐만 아니라 여러 가지 중요한 측면에서 기독교의 성육신 교리와 다르다. 비슈누 신의 권화들 중에 가장 잘 알려진 것은 라마(Rama)와 크리슈나이다. 박티 신앙에서 특별히 중요한 신인 크리슈나는 원래 인도 남부의 지방신이었을 것이며, 그의 이야기가 바가바타 푸라나에 등장한다. 크리슈나의 이야기에는 호색적인 모험 이야기, 특히 라다(Radha)와의 연애 이야기가 포함되어 있으며, 신과 인간 사이의 사랑을 나타낸 비유로 간주된다. 크리슈나에 대한 보다 절제된 묘사가 훨씬 초기의 바가바드 기타* 본문에서 발견된다. 비슈누 신앙은 알바르(Alvar)들에 의해 표현된다. 알바르란 A.D. 7-10세기에 타밀 지방에서 활동한 시인-성인을 말한다. Nalayiram에 수록되어 있는 알바르들의 시는 크리슈나 신에 대한 강력한 신앙을 표현하며, 신분 계층에 상관없이 모든 사람이 은혜에 의해서 해탈할 수 있다고 가르친다. 11세기에 라마누자(Ramanuja)는 비슈누 신앙과 힌두교 철학을 절충하여 영혼이 몸 안에 거하듯이 세상 안에 존재하는 인격적인 신이 있다고 가르치는 체계를 세웠다. 14세기에 라마누자 학파의 회원이었던 라마난다는 신을 지칭하기 위해 라마라는 명사를 사용했고, 신분에 상관 없이 사람들이 자기 학교에 입학하는 것을 허락했다. 16세기 초에, 벵골 사람 차이타냐가 크리슈나를 직접 숭배하는 감정적인 종교 운동을 고취했다. 차이타냐는 해탈을 얻는 방법으로 크리슈나의 이름을 부르는 것이 가치가 있다고 가르쳤다.

시바 숭배는 일신론적 신앙이며, 시바 신을 세상의 창조자요 파괴자로 간주한다. 시바 신은 주로 창조와 파괴의 우주적 춤에 몰입한 춤의 신으로 묘사된다. 특히 시바의 배우자인 두르가와 칼리에게서 시바의 무서운 측면이 예증된다.

A.D. 7세기부터 인도 남부에서 발달한 중요한 시바 숭배 학파는 Saiva Siddhanta로서 기독교 신앙과 유사한 점을 많이 지니고 있다. 이 학파에서는 신을 구원자로 의지하는 데서부터 해탈이 임한다고 가르치며, 신의 사랑의 위대함을 강조하고, 죄를 깊이 의식한다.

서양에서는, 박티가 주로 크리슈나 숭배 신앙의 형태로 등장했다. 물론 그것들은 서구적인 형태를 취하기는 했지만 인도의 박티의 부분적인 반영에 불과하다.

R. G. Bhandarkar, *Vaisnavism, Saivism and Minor Religious Systems*, 1980; M. Dhavamony, *Love of God according to Saiva Siddhanta*, 1971; W. E. O'Flaherty, *Hindu Myths*, 1975; A. K. Ramanujan, *Speaking of Siva*, 1973.

PETER D. BISHOP

방언 | Glossolatia

방언으로 말하는 것은 오순절파와 은사 중심의 경건 생활의 특징이다. 그것은 성령 충만을 받았다고 생각하는 기독교인들이 행하는 것이지만, 기독교

방언 | Glossolatia

에만 있는 현상은 아니다. 슈바이처(E. Schweizer)는 고린도 교인들에 대한 글에서 "방언이나 다른 몰아적 경험들과 같은 초자연적인 현상들은 이교도들 사이에서도 발생했다"고 했다(*The Church as the Body of Christ*, 1965). 오순절파의 신자들은 성령의 감동을 받아 방언을 하는 것이 그리스도를 영화롭게 하며 그리스도의 교회를 든든히 하는 데 도움을 준다고 말하지만, 악하거나 육에 속한 가짜 현상들도 지적한다.

오순절의 경험을 자기 것으로 주장하며 방언을 하는 일부 신자들은 성령 세례를 받거나 성령 충만을 받을 때에 처음으로 방언을 한다고 한다. 그러나 방언은 성령 세례 다음에 올 수도 있지만, 전혀 방언을 하지 않는 사람들도 있다고 주장하는 사람들도 있다. 일상적으로 방언을 하는 사람들은 경건 생활에서 계속 그 은사를 활용한다.

방언을 하는 것은 고린도전서 12:8-10에서 언급된 영적 은사들 중 하나이다. 그러한 방언들은 알려져 있는 언어들인가? 비록 방언에서 언어학적인 형태와 운율을 식별할 수 있지만, 방언이라는 단어는 이미 알려져 있는 언어를 가리키는 것이 아니다. 그것은 단순히 알아들을 수 없는 말을 하거나 혀를 굴리는 것이 아니다(A. Bittinger, *Gifts and Grace*, 1967을 보라). 던(J. D. G. Dunn)은 "바울은 방언을 천국의 언어로 말하는 것이라고 생각했다"고 말한다(*Jesus and the Spirit*, 1975). 그러나, 오순절파 내에는 자기들은 알지 못하지만 회중 내의 다른 사람들은 이해하는 언어로 말하는 사람들을 보았다고 주장하는 사람들이 있다.

오순절에 주어진 방언의 목적은 하나님의 강하신 일들을 전달하려는 것이었던 듯하다(행 2:6-11). 후일 초대 교회 생활에서, 방언의 은사는 개인적이거나 공적인 헌신의 상황에서의 기도와 찬양으로 등장한다(고전 14:14).

오순절파와 은사파 신자들은 방언의 은사를 개인적으로, 그리고 공적으로 사용한다. 개인적으로 행하는 방언은 신자의 덕을 세워 준다고 한다. 방언을 하는 사람은 정신을 예수님께 집중하고서 성령의 언어로 하나님께 기도하고 찬양한다(고전 14:2). 그는 그렇게 행하면서, 자신이 드리는 기도의 의미를 이해하지 못해도 그것이 하나님의 감화를 받은 것이라고 믿는다. 신자가 특정 상황에서 어떻게 기도해야 할지 확실히 알지 못할 때에 이 은사는 특별한 가치를 지닌다고 생각된다: 성령의 언어로 기도하는 것은 올바른 기도이다.

이 은사가 공적으로 사용될 때에는, 본질상 예언적이거나 찬양이 될 수도 있는 해석이 따라야 한다. 방언 해석은 방언으로 드린 기도에 대한 하나님의 응답이라고 생각된다. 오순절파 신자들은 해석과 번역을 분명히 구분한다. 해석은 이성적으로 이해되는 것이 아니라 본능적으로 감지된다.

본질적으로 방언을 하는 것은 추상화나 초현실주의적 시나 음악과 비슷한 방법으로 의사소통을 하는 매체이다. 성령의 감동을 받은 인간의 영은 이해할 수 있는 단어들을 초월하는 방법으로 방언 안에 존재하는 표현을 발견한다. 개스톤 델루츠(Gaston Deluz)는 그것을 "일종의 음악"이라고 묘사한다(*A Companion to I Corinthians*, 1963).

신자들은 꿈 같은 상태에서 방언을 하는 것이 아니다. 그들은 자신의 기능들을 완전히 통제하며, 자신의 뜻에 따라서 그 은사를 사용하기도 하고 중지하기도 한다. 또 방언이 몰아적인 것일 수도 있지만, 반드시 그런 것은 아니다. 많은 사람들은 감정적이지 않은 태도로 방언의 경험을 증거한다.

종종 전혀 해석이 없이 공적으로 방언을 하는 이유에 대한 질문이 제기된다. 선행하는 방언이 없이 해석을 하는 것이 바람직하지 않은가? 오순절파나 은사파의 예배에서는 방언을 할 때에 회중들이 주의를 집중하므로, 주어지는 해석을 잘 받아들인다.

성령 안에서 노래하는 현상도 있다 (고전 14:15). 이 때에 예배자는 알지 못하는 곡조와 알지 못하는 가사로 노래한다. 그러한 찬양 소리는 아름답고 조화가 있으며 감동적이다. 그것은 부드럽게 시작되어, 점점 커지다가 마지막에는 완전한 침묵으로 끝난다. 오순절파 신자들은 이 침묵을 하나님의 임재가 충만한 침묵이라고 묘사한다.

방언은 하는 많은 신자들은 자기가 받은 은사는 자신이 하나님께 말할 때 사용하는 사랑의 언어라고 묘사해왔다. 오순절파와 은사파에서는 이 영적 은사를 사용할 때에는 고린도전서 14장의 원칙의 지배를 받는다고 주장한다.

방언은 오순절파의 영성을 가진 신자들이 실천하는 신비적인 찬양과 기도의 체험이라고 묘사하는 것이 가장 적합한 듯하다.

J. Junstone, *Greater Things Than These*, 1974;
J. Sherrill, *They Speak with other Tongues*, 1965.

W. R. DAVIES

버건, 헨리 | Vaughan, Henry

헨리 버건(1621-1695)은 쌍둥이 형제 중 형으로서, 브레컨셔에서 태어나서 그 지방에서 교육을 받았다. 그 후 옥스포드의 지저스 대학(Jesus College)과 법학 대학에서 공부했다. 법관이 되려는 소원은 찰스 1세와 의회와의 분쟁 때문에 좌절되었지만, 그가 왕당파 군인으로 복무한 기록이나 그의 최종적인 직업인 박사로서의 자격을 인정하는 확실한 기록은 존재하지 않는다.

왕당파가 패배한 후에 그는 브레컨셔에 살면서, 그 지방에 살았던 옛 브리튼 족의 명칭을 따서 "실루리아 사람"(Silurist)이라는 호칭을 채택했다. 그는 주로 은퇴와 독거에 관한 많은 산문체의 논문을 번역했고, 『감람산』(The Mount of Olives)과 같은 경건서적을 저술했다. 1650년에는 그의 시 중에서 가장 위대한 Silex Scintillans를 출판했다. 그는 이 시집의 머리말에서 자신이 문학적으로나 종교적으로 조지 허버트*의 영향을 크게 받았음을 인정했다. 경건 서적들과 연금술에 관한 저술들 연구 및 개인적으로 친한 사람들을 잃은 것(동생의 죽음, 또 다른 동생과 성직자인 친구들이 거주지에서 추방당한 것)은 그로 하여금 더욱 열심을 내게 해 주었다. 버건이 연금술의 영향을 얼마나 받았는지는 논의해야 할 문제이지만, 그 무엇도 그를 영국 국교회 전통에 대한 충성에서 떼어나지 못했다.

『감람산, 또는 고독한 기도』(The Mount of Olives of Solitary Devotions, 1652)는 가르침을 위한 교본이 아니라, 주로 공동기도서와 친숙한 예배를 박탈당한 국교회 신자들을 대상으로 하는 기도문과 묵상문을 모아놓은 것이다. 기도문에는 복잡한 성경적 인유(引喩)가 사용되어 있으며, 각각의 기도문들은 하루, 또는 기독교적 삶의 중요한 순간들에 맞추어 배열되어 있다. 버건은 종종 절망을 표현한다.

Silex Scintillans에 수록된 많은 시들은 상실과 박탈감을 나타낸다. 버건은 족장들이 누렸던 하나님과의 친밀함이나 어린 시절에 누렸던 친밀함을 동경하지만, 주로 죽은 자들이 누리는 "빛의 세상"을 동경한다. 자연계는 여전히 "당신의 거룩한 길"에 대해 말하지만, 버건은 안개나 휘장이 없이 보게 될 것을 기다린다. 그가 지은 많은 시들은 심판 날에 자연계가 회복되고 성취될 것을 기대한다. 때때로 자연은 풍유적으로, 또는 영광의 비밀 문자로 다루어지지만, 버건은 삶을 "나의 하나님께서 입 맞추신 급소"로 나타내는 특별한 재능을 지니고 있다. 그는 "당신께서 모든 것을 다시 새롭게 하실 때…당신의 솜씨들 가운데서 당신을 사랑하고 당신의 얼굴을 찾았던 사람을 그 가운데 자리하게 해 주십시오"라고 말한다. 이 순간, 하나님의 빛이 "당신의 피조물들을 관통하여, 모든 것이 맑은 거울처럼 될 것입니다." 그가 지은 시들은 다소 명상적이고 교훈적이지만, 생명력, 작열하는 빛, 위대한 종, 자연의 교향곡 등에 대한 그의 시각은 보편적으로 이용될 수 있다.

L. C. Martin (ed), *The Works of Henry Vaughan*, revd edn 1957; R. Garner, *Henry Vaughan Experience and the Tradition*, 1959; F. E. Hutchinson, *Henry Vaughan. A Life and Interpretation*, ²1971; L. Martz, *The Paradise Within*, 1964; E. C. Pettet, *Of Paradise and Light*, 1960; A. Rudrum, *Henry Vaughan*, 1981; J. D. Simmons, *Masques of God*, 1972.

ELUNED BROWN

번연, 존 | Bunyan, John

존 번연(1628-1688)은 침례교 목사이며 『천로역정』의 저자이다. 그는 자기의 가정이 "비천하고 멸시받는 계층"에 속해 있었다고 했다. 그는 베드포드셔 주 엘스토우에서 성장하여 땜장이가 되었다. 그는 의회파 군대에 복무하는 동안(1644-1647) 급진적인 청교도들과 접촉했는데, 이것이 후일 그의 영적 자서전이라 할 수 있는 *Grace Abounding to the Chief of Sinners* (1666)에서 묘사한 오랜 영적 위기의 원인이었을 수도 있다.

1655년에 그는 베드포드에 있는 존 기포드(John Gifford)의 침례 교회에 등록했고, 많은 연약함을 지닌 채 개인적으로 자신의 은사를 발견하기 시작했다. 이듬 해, 그는 특별한 부름을 받아 공적인 설교자로 임명되었는데, 이 일로 퀘이커 교도들과 충돌하게 되었다. 이 논쟁의 결과로 그는 *Some Gosper-Truths Opened*(1656), *Vindications*(1657)를 출판했고, 1659년에는 그의 계약 신학을 완전히 해설한 *The Doctrine of the Law and Grace Unfolded*를 출판했다.

1660년에 찰스 2세가 즉위하면서, 번연은 비밀 집회를 금하는 엘리자베스 여왕의 법에 의해 투옥되어 1672년 3월에 찰스 2세의 신교 자유 선언이 반포될 때까지 계속 갇혀 지냈다. 그로부터 2개월 후에, 번연은 베드포드 교회의 목사로 선출되었다. 번연은 감옥에 갇혀 있는 동안(1677년에도 잠시 투옥되었다) 계속 글을 썼다. 그는 신성에 대해서 실질적이고 논쟁적인 약 60편의 글을 저술했다. 그가 이러한 논문에

번연, 존 | Bunyan, John

서 거듭 "나의 교리는 도서관에서 빌려온 것이 아니다. 나는 인간의 말을 의지하지 않는다. 나는 그것을 진리의 성경 안에서 발견했다"고 주장했다. "나는 아리스토텔레스나 플라톤의 학교에 다닌 적이 없다"는 것과 "나는 삼단논법이나 상징에 대해 아는 바가 없다"는 도전적인 주장은 급진적 청교도 전통의 반-스콜라주의와 일치한다. 사실, 그는 초등 교육을 받았으며 루터*, 폭스*의 『순교자들의 책』(Book of Martyrs)을 비롯하여 청교도 신학의 표준적인 저서들을 알고 있었다. 그러나 그의 저서에서 "인간적인 학식"은 성경적인 감화, 직접적인 표현, 강력한 경험 등에 비해 그다지 중요한 역할을 하지 못했다.

이러한 특성들은 청교도적 저술의 다른 곳에서도 예시될 수 있지만, 영어로 저술된 기독교 영성의 가장 인기있는 책인 『천로역정』은 가장 탁월한 예이다. 번연은 청교도 설교학의 특징인 일화, 예화, 도덕적 전형들을 지속적인 알레고리로 발달시키기 위해 자신이 가지고 있던 논문(아마 *The Heavenly Footman*, 1698일 것이다)을 포기했고, 성경을 통해서 친숙하게 알고 있는 여행의 상징(특히 아브라함의 전설, 출애굽 설화 및 히브리어로 된 해석)과 젊었을 때에 독서를 통해 접한 민속이야기와 연애소설 등을 심리학적이고 상세한 현실주의와 결합하여 칼빈주의 신앙을 극화했다.

이 책의 성공에 힘을 얻은 번연은 후편인 *Mr. Badman*(1680), 더 야심적인 풍유 서적인 *The Holy War*(1682), 그리고 『천로역정』의 제2부(1682)를 저술했다. 문학사가들은 이러한 저서들 안에서 미숙한 초기 단계의 소설을 발견하지만, 번연의 견해에서 보면 허구는 목적이 아니라 독자로 하여금 거룩한 가나안을 향해 가게 만드는 수단이었다. 거룩한 가나안은 모든 신앙인에게 개방되어 있지만, 불확실하고 무상하고 도덕적인 혼란함을 지닌 이 세상이라는 광야를 통과해야만 도달할 수 있는 곳이다.

John Brown, *John Bunyan*, revd F. M. Harrison, 1928; G. B. Harrison, *John Bunyan: a study in personality*, 1928; O. L. Winslow, *John Bunyan*, 1961; Monica Furlong, *Puritan's Progress*, 1975; John Tindall, *John Bunyan: Mechanick Preacher*, 1934; U. M. Kaufmann, *The Pilgrim's Progress and Traditions in Puritan Meditation*, 1966; Richard L. Greaves, *John Bunyan*, 1969; Henri Talon, *John Bunyan: the Man and his Works*, ET, 1951; Roger Sharrock (ed), *John Bunyan: a Casebook*, 1976; Vincent Neewey (ed), *The Pilgrim's Progress: Critical and Historical Views*, 1980.

N. H. KEEBLE

베네딕트 | Benedict of Nursia

베네딕트(c. 480-547)는 서방 수도원 운동의 창시자이며, 오늘날까지도 베네딕트 회*와 시토 회*에서 채택하고 있는 『규칙』(*Rule*)의 저자이다. 그는 혼란한 시대에 살았다. 5세기에 내부로부터 망해가고 있던 로마 제국은 야만인들에 의해 유린되었다. 535년 이후, 비잔틴 제국의 황제인 유스티니안이 이탈리아를 탈환하려 함에 따라, 이탈리아는 다시 전쟁으로 인해 황폐해졌다. 기근과 약탈이 횡행했다.

베네딕트는 로마 동북부의 누르시아(오늘날의 Norcia)에서 태어났다. 아마 귀족 가문이었을 것이다. 그는 청년 시절에 공부하기 위해 로마로 갔다가 그 도시의 도덕적 방탕함에 환멸을 느꼈다. 그는 혼자서 고독한 생활을 하기 위해서 에피데(Effide)로 갔고, 후에는 수비아코(Subiaco)로 들어가서 3년 동안 동굴에서 은둔 생활을 했다. 그가 생활하던 곳 가까이에 있던 수도사들의 공동체에서 그에게 그들의 수도원장이 되어달라고 부탁했지만, 그들의 생활 방법과 그의 생활 방법 사이의 차이로 인한 갈등으로, 결국 그를 독살하려는 일도 벌어졌다. 결국 베네딕트는 그곳을 떠나 수비아코로 돌아왔다. 그곳에서 많은 제자들이 그와 합류했기 때문에, 그는 12개의 수도원을 세웠다. 그러나 그 지방 사제의 질투 때문에 쫓겨난 베네딕트는 몇 명의 제자들과 함께 로마에서 남쪽으로 80마일 거리에 있는 카시눔(Casimun)으로 이주했다.

525년 경에 그는 카시노 산(Monte Cassino)에 유명한 수도원을 세웠다. 그는 그곳에서 평생 동안 지내면서 기적과 예언을 행했고, 때로는 악의 세력이나 이교 숭배의 세력과 맞서 싸웠고, 전쟁에 시달린 농부들의 사랑을 받았다. 그곳에서 『규칙』(*Rule*)을 저술했는데, 그것은 1,400년이 넘도록 영향력을 발휘하고 있다.

베네딕트의 삶의 윤곽을 알 수 있는 유일한 전거는 593-594년경에 저술된 교황 그레고리*의 『대화』(*Dialogues*) 제2권이다. 그레고리가 그것을 저술한 목적은 현대적 의미에서 전기를 저술하려는 것보다는 도덕적인 덕을 함양하려는 데 있었다. 그는 베네딕트의 일생을 네 개의 주기로 제시하는데, 각 주기는 죄나 유혹과의 대면이 있은 후에 영적 승리가 제시된다. 그러한 승리를 통해서 베네딕트의 덕이 발휘되고 그의 영향력이 보다 널리 비추게 되는 새로운 상황이 전개된다. 그러나 보다 큰 영향을 발휘하는 것은 악과의 새로운 대면 상황이다. 베네딕트는 이처럼 시련과 유혹을 통해 성장하여, 마침내 카시노 산의 높은 촛대 위에서 타오르는 등불처럼 되었다. 그는 "모든 거룩한 사람들의 정신으로 가득차" 있었다. 그에게는 회심과 관상과 영광이 구체화되어 있다.

『대화』안에 있는 인위적으로 고안된 균형, 이중어, 그리고 과거의 성경적 본보기를 닮은 점들 때문에 그레고리의 문서의 역사적 가치에 대한 의심이 제기되어 왔다. 그레고리의 교훈적인 목적과 결합된 대중적인 전설과 문학적 관습들은 전통을 아름답게 윤색했지만, 대부분의 학자들은 그레고리가 신빙성 있는 정보를 제공하고 있다고 인정한다. 최소한 전통적으로 『성 베네딕트의 규칙』이 베네딕트의 것이라고 간주하는 것은 타당한 듯하다. 그것을 토대로 하여 그의 개인적인 특성을 예측할 수 있다. 그레고리가 말한 것처럼, 이 거룩한 사람은 자신의 삶에 의해서 사람들을 가르쳤다.

John Chapman, *St Benedict and the Sixth Century,* 1929; J. McCann, *St Benedict,* ²1958; A. de Vogüé and P. Antin, *Grégoire le Grand: Dialogues,* 3 vols, 1978-1980.

MARIA BOULDING, OSB

베네딕트 영성
| Benedictine Spirituality

여기서 베네딕트 영성이란 우선적으로는 『베네딕트의 규칙』(*Rule of St Benedict,* RB)에서 식별해낼 수 있는 것을 의미하며, 이차적으로는 1400년이 넘는 세월이 흐르는 동안 그것을 사용함을 통해서 발달되어온 것을 의미한다.

최근 학계에서는 베네딕트를 독창적인 천재로서 존경하기보다는, 거의 200년 동안 발달해오고 있었던 강력하고 다채로운 수도원 운동과 관계 있는 인물로 여긴다. 카시안의 저술들은 4세기 이집트의 영성을 남부 고올 지방을 거쳐 서방으로 전달했다. 6세기에 이탈리아에서 작성된 듯한『스승의 규칙』(*Rule of the Master,* RM)도 동일한 전통 안에 있었다. 베네딕트는 두 가지 규칙을 모두 알고 있었다. 『베네딕트의 규칙』의 용어는 대부분 『스승의 규칙』과 동일하다. 대부분의 학자들은 『스승의 규칙』이 시대적으로 앞선 것이라고 인정한다. 그러나 보다 공동체적 성향을 지닌 전통들 역시 베네딕트에게 영향을 주었다. 특히 지역 교회에 중심을 둔 사회적 의식을 지닌 수도원운동의 창시자인 카파도키아의 바질(Basil of Cappadocia)의 전통이

베네딕트 영성 | Benedictine Spirituality

베네딕트에게 많은 영향을 주었다. 공주 집단들은 4세기에 파코미우스(Pachomius)의 주도 아래 이집트에서 융성했다. 그리스도의 몸 안에 있는 관계들이라는 어거스틴의 교리는 수도원 운동의 공동체적이고 교회적인 특성을 강조했다.

베네딕트는 이 유전되어온 지혜를 완전히 흡수했기 때문에, 중요한 것을 추려내고 본질적인 것들을 단순하면서도 폭넓게 종합하여 전달할 수 있었다. 그는 『스승의 규칙』을 약 2/3 정도로 축소하여, 공동체 생활의 대부분의 측면에 대한 실질적인 지시와 영적 교훈을 결합한 짧고 분명한 규칙을 만들었다. 그레고리의 말에 의하면, 『베네딕트의 규칙』은 "판단력이 탁월하다." 그것은 원리들을 실제 상황에 적용하는 데 있어서 대범하게 유연성을 추구하며, 많은 부분을 수도원장의 판단에 맡긴다.

『베네딕트의 규칙』이 가르치는 근본적인 영적 태도는 겸손, 그리고 하나님께 대한 무조건적인 순종이다. 『베네딕트의 규칙』에서 전례적 기도라고 부르는 "하나님의 일"은 하나님의 임재와 거룩함을 의식하면서 행해져야 하며, 동일한 의식이 수도 생활에 항상 베어 있어야 한다. 이것과 밀접하게 관련된 것이 수도사 자신의 죄와 연약함, 그리고 하나님의 자비의 필요성 등에 대한 의식이다. 즉 두려움이 아니라 사랑받는 아들의 자신감을 동반한 마음의 가책이다. 기도는 자애로운 사랑과 지속적인 하나님 임재의 의식에 따르는 지극히 정상적이고 불가피한 결과가 되어야 하기 때문에, 베네딕트는 그것에 대해서는 특별한 가르침을 거의 제공하지 않는다. 베네딕트는 사막의 교부들*과 어거스틴*의 신비적 가르침을 잘 알고 있었음에도 불구하고, 그 문제에 대한 언급을 자제한다. 그러나 그의 객관성은 사람들의 인간적인 자유와 신비한 다양성을 깊이 존중하는 태도와 균형을 이룬다. 베네딕트는 제자들의 일치보다는 그들의 내적 태도에 더 관심을 기울였다. 청결한 마음, 준비된 청취자의 사랑의 반응 안에서 순종이 주어져야 한다.

『베네딕트의 규칙』이 요구하는 침묵은 수도사가 하나님의 말씀에 주의를 집중하기 위해 필요한 긍정적이고 수용적인 태도로서, 그것이 그의 모든 기도와 활동을 다스린다. 영적 독서(*lectio divina*), 또는 성경이나 다른 책들을 통해서 주어지는 말씀을 깊이 생각하게 하는 신앙심 깊은 기도는 강력한 형성적 습관으로서, 그로 하여금 자신의 삶의 근원인 전통과 접촉하게 해 주며, 하나님의 말씀에 대한 감수성 안에서 그를 가르친다.

하나님과 수도사의 관계는 그를 수도원장에게 묶어주는 사랑, 신뢰, 순종 안에 분명히 표현된다. 『베네딕트의 규칙』에서는 수도원장을 일종의 그리스도의 성례로 간주한다. 그는 "강한 자는 노력하여 추구할 대상을 소유하며 약한 자가 실망하여 퇴각하지 않도록 모든 일을 조절"해야 한다. 그러나 베네딕트는 『베네딕트의 규칙』의 수직적인 개념에 형제애의 관계를 보완한다. 하나님 사랑과 형제 사랑은 분리될 수 없다. 수도사들은 물질적 박탈, 자기의지의 포기, 상호 순종, 용서, 그리고 상대방의 연약함에 대한 무한한 긍휼 등을 갖추어야 한다. 베네딕트는 사막 교부들의 지나친 개인주의에 반발했으며, 공동 생활 고유의 수덕주의, 수도사들을 완전한 사랑으로 이끌기 위해 타협하지 않고 요구한 안정성을 신뢰했다.

수도사의 생활은 기도, 노동, 영적 독서의 세 부분으로 이루어진다. 정신적인 것이든 육체적인 것이든 노동은 『베네딕트의 규칙』의 영성에 반드시 필요한 것이며, 종종 베네딕트 수도사들의 삶에서 두드러지게 나타나는 온전함의 원인이 된다. 건전하고 인간적이며, 넓은 의미에서 성례전적인 『베네딕트의 규칙』은 인간이 성장하고 하나님께 응답하기 위해서 필요한 조건들을 현실적으로 받아들인다. 『규칙』은 수도사가 공동체 내에서의 독신 생활에 복음을 적용하는 데 도움을 주며, 성령께 순종할 수 있는 마음의 자유를 얻게 하려는 것이다.

카롤링거 제국 내에 『베네딕트의 규칙』이 하나의 표준으로 정해지기 전까지, 대부분의 수도원들은 그다지 규칙에 얽매이지 않았다. 그러나 그것이 표준이 된 후로, 베네딕트 영성은 중세 유럽에서 수도사들과 수녀들, 그리고 수도원에서 교육을 받거나 영향을 받은 많은 사람들의 영적 형성에 중요한 역할을 하게 되었다. 그 표현들 중에서 중요한 것은 10-12세기의 매우 전례적인 클뤼니 운동, 그리고 12세기 이후로 계속되어온 시토 회의 개혁이다. 시토에서는 다시 육체 노동을 강조하고 신비적 요소들을 발달시켰다. 8세기에 보니페이스에서부터 종교개혁 이후의 영국 회중을 거쳐 오늘날 아프리카의 오틀리엔 회중에 이르기까지 선교 사역은 베네딕트 영성의 감화를 받아왔다. 17세기 영국 베네딕트 수도사들이 역종교개혁에 의해 대중화된 사변적인 기도 방법에 대한 반작용으로 강조한 관상기도는 특히 어거스틴 베이커*와 관련되어 있다. 베이커는 중세 영국 신비가들의 전통이 지속적으로 영향을 발휘하게 만들었다.

베네딕트 영성이 활발했던 기간 중에 불리한 조건이나 인간들의 평범함이나 태만함 때문에 쇠퇴한 시기도 있었다.

베네딕트 수도사들의 영성이 항상 베네딕트 영성과 동의어로 사용된 것은 아니다. 왜냐하면 매우 폭넓고 단순한 후자는 많은 "영성들"에 대해, 때로는 자체의 향상에 대해 훨씬 우호적이었기 때문이다. 그러나 세상의 많은 문화권과 많은 지역에서 무엇인가 식별할 수 있는 것, 어느 정도 평신도들이 적용하여 사용할 수 있는 영성이 존속했으며 새롭게 구체화되어왔다고 주장할 수 있다. 그것은 성경적이고 중보적이고, 관상적이며, 기질에 있어서 비-분석적인 것으로서, 기도하고 일하고 피조물을 사랑하고 존중하며 평화를 이루는 공동체의 삶 속에 구현된다.

C. Butler, *Benedictine Monachism*, 1919; Timothy Fry (ed), *RB* 1980, 1981; David Knowles, *The Monastic Order in England*, 1963; Columba Marmion, *Christ, the Ideal of the Monk*, 1934; C. Peifer, *Monastic Spirituality*, 1966; A. de Vogüé, *La Règle de Saint Benoît*, 7 vols, 1972-1977; *La commaunauté et l'abbé dans la Règle de saint Bonoît*, 1961; D. Ress (ed), *Consider Your Call*, 1978.

MARIA BOULDING, OSB

베륄, 피에르 | Bérulle, Peirre de

피에르 데 베륄(1575-1629)은 외교관이요, 성직자들의 개혁자요, 추기경이었다. 그는 영성과 관련된 "프랑스 학파"의 창시자이다. 그는 유서 깊은 가문에서 태어났고, 예수회 수사들*에게서, 그리고 솔본느에서 교육을 받았다. 1594년 이후, 그는 아카리 부인 (Madame Acarie)을 중심으로 모인 사람들의 영향을 받았는데, 그 중에는 캉펠드의 베네(Benet of Canfeld)와 도미니크 수도사인 뷰카즌(Dom Beaucousin)도 있었다. 뷰카즌은 그의 영적 지도자가 되었고, 그를 격려하여 최초의 저서인 *Brief Discours de l'abnéga-tion intériuere* (1597)를 출판하게 했다. 베륄은 1599년에 사제로 임명되었고, 1601년에는 시여물 분배 관리자가 되었다. 개혁을 갈망했던 그는 1604년에 파리에 스페인 갈멜 회를 설립했다. 그러나 그의 주된 사역은 1611년에 성 필립 네리(St. Philip Neri)*의 오라토리오 회를 모델로 하여 프랑스 오라토리오 회를 설립한 것

베륄, 피에르 | Bérulle, Peirre de

이다. 둘 사이의 주된 차이점은 프랑스인 신부들은 논쟁과 교육에 헌신했다는 데 있다. 베륄의 저서 중 가장 유명한 것은 *Discours des Grandeur de Jésus*(1623), *Elévations sur l'Incarnation*(1625), *Elévation sur Sainte Madeleine*(1627)이다. 1627년에 베륄은 외교적 업적을 인정 받아 추기경이 되었지만, 1629년에 리슐리에의 대외정책을 반대했다는 이유로 해직되었고, 그 해에 세상을 떠났다.

베륄은 그리스 교부들, 플랑드르 신비가들, 그리고 그 시대의 예수회 수사들 등을 절충적으로 의지하면서, 강력한 그리스도 중심의 영성을 발달시켰다. 그리스도는 세상에서 다양한 "상태들"(탄생, 감추어진 생활, 공생애 등)을 통과하고 이제 "천국에서 새로운 영구적인 상태"에 거하시면서 완전한 "종"이요 지고하신 대제사장으로서 아버지께 영구히 존경과 제물을 바치신다. 영성 생활의 목표는 그리스도의 "상태들"을 모방함으로써 그리스도의 찬미와 종됨을 재현하는 것이다(이는 아들만이 진실로 아버지를 찬미할 수 있기 때문이다). 그리스도와 기독교인의 관계는 말씀과 육신의 관계와 거의 같다. 베륄은 심지어 기독교인의 소멸에 대해서도 이야기한다. 그는 "나는 예수의 영이 나의 영이 되며, 그분의 생명이 나의 생명이 되기를 원한다"고 말한다.

이와 같은 그리스도와의 전적인 동화는 그분의 지상에서의 "상태들"을 묵상함을 통해서 부분적으로 실현되며(베륄은 말씀을 강조했지만 아울러 예수의 인성에 대한 훌륭한 의식을 가지고 있었다), 또 성찬을 받음으로써 부분적으로 실현된다. 세상적인 것과 천상의 것이 연합된 상태인 성찬은 성육신의 복사본이다. 성찬을 통해서 신비적 몸의 머리의 생명이 지체들에게로 흘러 들어가 그들을 신화한다. 그러나 조금이라도 장애가 되지 않으려면 완전한 자기-포기가 필요하다.

이런 식으로 신자의 생활 방식은 하나의 예배 행위가 된다. 베륄이 기도할 때에 즐겨 사용한 단어는 "고양"(elevation)이다. 찬미, 자기-봉헌, 그리고 종 됨(마지막 용어는 디오니시우스가 성직제도를 나타내기 위해 사용한 용어이다) 등은 그리스도와의 친밀한 연합 안에서 그리스도의 영원한 제사에 참여하게 해 준다.

안타깝게도, 베륄은 갈멜 회원들과 오라토리오 회원들에게 예수와 마리아를 섬기겠다는 서원을 하게 함으로써 자신의 영성을 강요하려 했으나 쓰라림을 맛보았다. 이 일로 인해 그가 임종할 때에 성인으로 간주되는 것이 방해되지는 않았으나, 그의 가르침의 수동적인 측면들이 얀센주의자들*에게 우호적인 것으로 간주되었기 때문에 그의 시성 과정은 정지되었다. 그럼에도 불구하고, 그는 오라토리오 회와 쉴피스 회에 막대한 영향을 미쳤다.

Oeuvres complètes, ed. F. Bourgoing, 1644; ed with corrections by J. P. Migne, 1856. *editio princeps*는 1960년에 재판되었다. 가장 유익한 연구서는 다음과 같다: P. Cochois, *Bérulle et l'école française* (Maîtres spituels), 1963; J. Dagens, *Bérulle et les origines de la restauration catholique*, 1952 (with and excellent bibliography); M. Dupuy, *Bégulle. Une spiritualité de l'adolation*, 1962; F. Guillén Preckler, *Bérulle aujourd'hui 1575-1975. Pour une spiritualité de l'humanité du Christ*, 1978; A. Molien, *DS*, I, cols 1539-81; J. Orcibal, *Le Cardinal de Bétulle. Evolution d'une spiritualité*, 1965.

NORMAN RUSSELL

베이커, 어거스틴 | Baker, Augustin

웨일즈 태생의 어거스틴 베이커(1575-1641)는 1603년에 가톨릭 신자가 되었고, 1605년에 베네딕트 회 수도사가 되었다. 그는 잉글랜드에서 몇 년 간 목회사역을 한 후, 1624년에 웨일즈 지방에 있는 수녀원의 영적 고문 역할을 했다. 1633년에는 두아이(Douai)에 있는 수도원으로 옮겼고, 1638년에는 잉글랜드로 돌아왔다.

그는 웨일즈와 두아이에서 영성에 관한 약 60편의 논문을 썼는데, 그것들은 대부분 특수한 독자들의 소집단을 위한 것이었다. 세레너스 그레시(Serenus Cressy)는 1657년에 『거룩한 지혜』(*Sancta Sophia*)라는 제목으로 요약판을 출판하면서 답답하고 두서없는 문체를 어느 정도 가볍게 만들었다. 베이커의 글은 방대하고 절충주의적이다. 그의 논문들은 그 시대 및 이전 시대의 저서들을 자유로이 이용하면서 아레오파고의 디오니시우스*의 부정의(apophatic) 전통의 관점에서 그것들을 해석했다. 그는 중세 시대 영국의 신비적 저서들, 특히 『무지의 구름』*의 가르침과 본문을 보존하는 데 기여했다.

그는 모든 기독교인은 "거룩한 사랑을 갈망해야 할 뿐만 아니라 자신의 몇 가지 상태와 소명을 완성해야 한다"(*Holy Wisdom* 1.1.11)고 주장하면서, 독자들에게 항상 성령의 내적 자극에 주의를 기울이며, 독자 자신이 은혜의 조명을 받아 자신의 경험과 이성에 비추어 유익하다는 것이 증명될 때에만 영적 지도자와 서적들을 활용하라고 권고한다.

베일리, 존 | Baillie, John

진지한 기도에는 자기-의지를 죽이는 일이 동반되어야 한다. 베이커는 불가피하게 행하는 극기보다는 자발적인 수덕적 관습을 선호했으며(2.1.5), 꼼꼼함 때문에 괴로움을 겪는 사람들에게 건전하고 현명한 충고를 해 준다 (2.2.8-12).

그는 사람들이 체계적인 묵상에 의해 정신적인 기도(mental prayer)의 생활을 시작하며, 상상력과 지성을 사용하여 의지의 갈망을 자극하기를 기대한다. 또한, 그는 자신이 관상이라고 부르는 의지의 내적 기도에 의해서 하나님과 연합하라는 소명을 가진 사람들은 조만간 이러한 훈련에 흥미를 잃을 것이라고 예상한다(3.3.1). 그는 묵상의 예비 단계를 생략하고 곧바로 하나님과 연합하고픈 갈망을 선언하는 "부자연스러운 행위"를 권한다. 이러한 부자연스러운 행위는 점차 사라지고, 대신에 쉽게 자연적으로 성령에서 나아오는 갈망이 자리할 것이다(3.4.2). 베이커는 부자연스러운 행위와 자연스러운 갈망을 적극적인 관상으로 분류한다. 그것들에 이어 수동적인 관상, 또는 연합의 순간이 임하는데, 그 때 영혼은 하나님을 의지하고 하나님과 관계함에 의해서 하나님 안에서 소유하는 참된 존재 안에서 자신의 존재와 다른 피조물의 존재를 경험한다" (3.4.6).

베이커를 추종하는 독자들은 한정되어 있지만 꾸준하다. 그들은 베이커가 영의 자유를 지켜 주는 사람으로서 그들이 "하나님의 뜻에 완전히 복종하여, 자신이나 다른 피조물에게 임하는 모든 일을 받아들이게" 해 준다는 것을 발견한다(3.4.6).

Augustine Baker, *Holy Wisdom*, 1972; Anthony Low, *Augustine Baker*, 1970; Placid Spearritt, 'The Survival of Mediaeval Spirituality among the Exiled English Black Monk', *American Benedictine Review* XXX, 1974, pp. 287-316.

PLACIE SPEARRITT

베일리, 존 | Baillie, John

존 베일리(1886-1960)는 미국의 여러 신학교에서 가르치다가 고향인 스코틀랜드로 돌아가 1934년부터 1956년에 은퇴할 때까지 에딘버러 대학교의 교수로 재직했다. 그는 칼 바르트를 비롯하여 여러 사람이 주도한 신학적 혁명의 시대에 활동했으며, 많은 새로운 통찰, 특히 하나님의 주도권을 강조한 것 및 그에 따르는 19세기 진보 신학의 인문주의적 편견에 대한 비판을 환영했다. 그러나 베일리는 성경의 계시를

베일리, 존 | Baillie, John

떠나서는 하나님에 대한 참된 지식이 없다는 바르트의 견해에 찬성할 수 없었다. 그는 인간은 하나님에 대한 지식에 접근할 수 있다고 믿었고, 이 문제를 가지고 씨름하면서 영성에 크게 공헌했다.

그의 주요 저서는 『우리의 신 지식』(Our Knowledge of God, 1939)과 『하나님의 임재의 의식』(The Sense of the Presence of God, 1962)이다. 『우리의 신 지식』에서 그는 바르트의 주장의 지나친 점들을 비판하면서, 동시에 우리의 신지식은 추론에 의한 것이 아니라 직접적인 것이라는 근거에서 전통적인 자연 신학의 병폐도 비판한다. 우리는 하나님의 존재를 증명할 필요가 없다. 우리는 하나님의 임재를 의식하고 있다. 하나님은 세상에서 자신을 드러내시며, 모든 사람에게 일반 계시가 개방되어 있다. 물론, 베일리는 하나님의 계시를 과소평가하지 않지만, 이 계시가 진정한 하나님의 임재의 의식을 배경으로 발생했다고 주장한다. 그는 이러한 신지식과 우리가 다른 사람들에 대해 아는 지식 사이에 비슷한 점이 있다고 주장한다. 누구도 상대방의 존재를 증명하지 않는다. 우리는 다른 사람들의 존재에 대해 알지 못하는 때는 존재한 적이 없다. 그것을 부인하는 것은 비 이성적인 유아론(唯我論)일 것이다. 그는 사후에 출판된 책에서 세상에서의 신적 임재 의식을 더 자세히 분석하고 옹호했다. 그는 특히 실증 철학이 인간적 가능성들을 박탈한다고 공격했다.

베일리는 스코틀랜드 북부에서 성장했다. 그의 사상에서 고대 켈트 영성*의 영향력을 찾아보는 것도 괜찮을 것이다. 켈트 영성의 중요한 특징은 강력한 하나님 임재의 의식이었다. 베일리는 자신이 평생 그 임재를 알지 못하고 지낸 적이 없다고 말한다. 또 신적 초월성이 매우 강조된 시기에, 베일리는 신적 내재성을 제대로 인정하지 않으면 하나님이 멀리 계시다는 결론에 이를 것이라고 주장했다. 이렇게 주장한 부분적인 원인은 그의 신학적인 균형 의식에 있다. 그러나 그것은 부분적으로는 하나님이 세상에 임재하신다는 영성을 반영한다. 베일리에게서는, 고대 영성이 정교한 신학과 결합되었다. 언젠가 그는 데이비드 흄과 새뮤얼 존슨*은 불완전한 사람이라고 말하면서, 흄은 영성이 없는 이성주의자요, 존슨은 비판적인 기능이 결여된 영성인이라고 했다. 그 불평은 원래 칼라일이 표현한 것이었으며, 베일리는 그러한 불화를 치유하는 데 성공했다.

벤슨 | Benson, Richard Meuxz

J. Baillie, *A Diary of Pirvate Prayer*, 1937;
Invitation to Pilgrimage, 1942.

JOHN MACQUARRIE

벤슨 | Benson, Richard Meux

퓨지(Pusey) 박사의 제자요 옥스포드 대학 크라이스트 쳐치 출신인 벤슨(1824-1915)은 카울리의 교구목사로 시무하면서 1886년에 성공회 최초의 남성들을 위한 종교 공동체인 복음서기자 요한의 회(Society of St. John the Evangelist)를 세웠다. 그는 지칠 줄 모르고 설교, 피정, 선교, 영적 지도를 행하며, 20권 이상의 책을 저술함으로써 결정적인 영향력을 발휘했다. 성경에 관한 영적 주석서들 중에서 특히 예수님의 수난과 부활 이야기를 다룬 『마지막 유월절』(*The Final Passover*)과 시편 주석서인 『평화의 왕의 전쟁 노래』(*War Songs of the Prince of Peace*)가 탁월한데, 그 중 일부는 성찬 예배 때에 낭독하는 성구를 기초로 한 것이다. 그의 영성은 매우 성경적이며, 그의 복음적인 유산 및 히브리어에 대한 지식에 뿌리를 두고 있다. 전례생활이라는 상황에서 매일 성경을 묵상하는 것이 그가 염두에 둔 영적 훈련의 기초이다. 또 놀라운 것은, 그의 가르침, 신학과 영성의 통합, 정설(正說)과 삶이 지닌 교부적인 특성이다. "신학적인 신비들에 대한 관상은 거룩한 기쁨의 은사를 우리 것으로 만드는 데 사용되는 실질적인 성결 생활의 기초이다." 이러한 신비들 중에 주요한 것은 "하나님의 세 위격적인 존재", "신적 생명의 순환하는 행위"이다. 구원은 성령 안에서 승천하신 그리스도와의 연합을 통해서 삼위일체의 생명에 참여하는 것으로서, 세례 안에서 시작되고 성찬 안에서 갱신된다. 성무일과에서부터 관상기도에 이르기까지 모든 기도는 성령에게서 시작되며, 그리스도의 몸의 모든 지체를 통해서 다양화된 예수님의 영원한 기도에 참여하는 것이다. "공동체는 하나님의 생명"이기 때문에, 하나님의 형상으로 지음을 받은 인간은 새로워진 사회, 즉 성도들의 교제 안에서만 참 운명을 획득할 수 있다. 벤슨은 콘스탄틴 대제의 기독교 공인 이후 교회가 세상에 적응한 것, 그리고 그 중생하지 못한 권력구조들을 거부했다. 복음은 규모나 부귀를 의지하지 않고 승천하신 주님만 의지하며 사회를 대적하는 예언적 자세를 취하는 신앙고백적인 교회를 요구한다. 그의 금욕적이고 도덕적인 가르침, 그리고 과격한 수도원주의의 전통 안에서 영적 전쟁을 강조한 것은 장차 박해와 순교의 시대가 도래할 것을 예시한다. 『어린 양을 따르는 사람들』(Followers of the Lamb), 그리고 그의 사후에 출판된 『종교적 소명』(The Religious Vocation)과 같은 가르침은 "은사들을 실현하고 강화하는 것, 교회에 속한 에너지들의 실현"을 의도로 하는 소우주인 종교적 공동체들과 이러한 주제들의 관계를 보여 준다. "모든 기독교적 삶의 근본적인 특징은 하나님을 바라보며 사탄을 대적하여 싸우는 관상 생활이다." 그들의 선교와 봉사 사역은 관상 생활에서 흘러나온다. 왜냐하면 기도에 의해 하나님의 생명 안에 이끌려 들어가는 것은 곧 "신적인 사랑의 흐름" 속에 휩싸이는 것, 성령이 계속 부어져 세상에서 활동하는 것이기 때문이다. 거룩은 본질적으로 자체적으로 전달되는 성향을 지닌다.

Martin L. Smith SSJE (ed), *Benson of Cowley*, 1980.

MARTIN L. SMITH, SSJE

변모 | Transfiguration

공관복음에 기록된 변모의 이야기는 수세기 동안 기독교 영성에 많은 영향을 미쳐왔으며, "변화하다"라는 동사가 기독교적 삶의 한 가지 측면을 묘사하게 되었다. 복음서의 이야기에 의해 이 영적 추이는 때로 그 이야기의 정확한 해석과 그다지 긴밀한 관계를 갖지 않기도 했다.

마가복음(9:2-8)에서, 그 이야기는 베드로가 신앙고백을 하고 예수님이 고난을 받고 죽으실 것이 처음 예고되고 나서 엿새 후에 발생한 것으로 묘사된다. 예수님은 베드로와 요한과 야고보를 데리고 높은 산에 올라가시고, 그들 앞에서 모습이 변화되신다. 그들은 강하고 밝은 빛 속에 계신 예수님을 본다. 모세와 엘리야가 예수님과 함께 대화를 하고 있고, 구름(출애굽기에서처럼 거룩한 임재의 구름)이 나타나 그들 모두를 덮는다. 그리고 예수님이 하나님의 아들이심을 선포하는 음성이 들려온다. 이 장면은 예수님의 고난과 죽음이 임박했음에도 불구하고 예수님이 예고된 재림 때에 누리실 영광의 예시로서 영광 속에 계신 모습으로 보여진다는 의미를 전달하는 듯하다. 마태복음의 기사는 마가의 기사를 따르며, 시내 산의 모세와 변화산에서의 예수의 차이점을 강조한다. 누가복음의 기사는 다른 기사들과는 약간 다르다. 누가는 그 장면이 사건이 발생했을 때에 예수님이 기도하고 계셨다고

변모 | Transfiguration

말하며, 모세와 엘리야는 "장차 예수께서 예루살렘에서 별세하실 것"에 대해 이야기하는 것으로 묘사된다. 물론 이것은 예수의 죽음 뿐만 아니라 그가 죽음을 통과하여 영광에 이를 것을 암시한다. 신약성서의 저술들 중에서 가장 마지막 문서인 베드로후서 1장에는 변모의 장면에 대한 간단한 기사가 포함되어 있다. 일부 학자들은 베드로전서 5:1의 "그리스도의 고난의 증인이자 나타날 영광에 참예할 자"는 그것을 기록한 사람이 경험한 변모의 사건을 언급한다고 생각한다.

변모의 이야기는 기독교 영성의 많은 주제를 불러일으켰다. 기독교인들은 고난과 죽음의 도상에서 영광 중에 계신 예수를 본 이야기에 이끌린다. 이 점에서 히브리서 2:9이 비교가 된다. 어떤 사람들은 베드로가 산 위에서 영광의 임재 속에 머물고 싶어 한 것과 평야로 돌아가 죽음으로 이르는 길을 따르라고 하신 예수님의 부름을 대조했다. 또 어떤 사람들은 기도할 때에 이따금 하나님과의 연합을 동반하는 육체적인 변모의 한 예로서 산 위에서 드린 예수님의 기도를 강조하며, 또 다른 예로서 성 프랜시스*가 받은 오상을 인용했다.

기독교적 삶의 묘사인 변모라는 개념은 기독교의 가르침에서 자주 등장한다. 몇 가지 예가 변모의 이야기와 분명한 관계 없이 신약성서에 등장한다. 고린도후서 3장에서, 바울은 기독교인들이 하나님의 영광이 예수 안에 거울처럼 반영되며, 그들이 성령의 내주하심에 의해서 그의 모습으로 변화되어 영광에서 영광에 이른다고 묘사한다. 요한일서 3:1-2에서는 기독교인들이 예수처럼 되며 그의 계신 그대로 본다고 묘사한다. 두 구절에서는 예수를 보는 것과 그의 모습으로 성장하는 것이 연결되어 있다. 로마서 12:1-2에서, 바울은 기독교적 삶의 변화를 신랄하게 묘사한다.

동방 정교회에서는 변모가 특히 중요하게 다루어진다. 따라서 동방 교회에서 8월 6일에 지키는 변모의 축일(Festival of the Transfiguration)은 부활절과 주현절과 함께 중요한 축일이다. 고대 교부들과 동방의 신비주의 작가들은 제자들이 산에서 본 빛은 창조된 것이 아닌 신의 빛이며, 변모는 인류와 우주가 신의 모습으로 재창조되는 것에 대해 말한다고 가르쳤다. 고대 교부들 중 일부에서 발견되는 이 주제는 특히 14세기부터 성 그레고리 팔라마스*와 그의 학파에서 다루어졌다.

A. M. Allchin, *The World is a Wedding*, 1975;

V. Lossky, *The Mystical Theology of the Eastern Church*, ET 1957; A. M. Ramsey, *The Glory of God and the Transfiguration of Christ*, ²1967.

A. MICHAEL RAMSEY

보나벤투어 | Bonaventure

보나벤투어(1217-1274)의 사상의 근본 구조는 방사(emanation), 표본주의(exemplarism), 복귀라는 삼중의 운동에서 찾아볼 수 있다. 모든 사물은 창조주에서 나와, 그분의 형상 또는 유사물로서 그분을 닮으며, 하나님과의 연합으로 돌아가는 것을 궁극적인 목표로 삼는다. 사람들은 죄 때문에 뒤틀려져 있으며, 하나님을 닮은 모양으로 성장하기 위해서는 은혜가 필요하다. 믿음은 성직 계급의 개혁과 하나님께로 올라가는 과정으로 간주되는 영성 생활의 모퉁이돌이다. 보나벤투어는 영성 생활을 영혼이 하나님께로 가는 여정으로 비유하면서, 영성 생활을 묘사하기 위해서 정화(purgation), 조명(illumination), 완전(perfection)이라는 잘 알려진 표현을 사용한다. 첫 단계는 타락한 상태의 교정인데, 여기에는 신학적인 중요한 덕목들이 포함된다. 둘째 단계에서는 고결한 생활을 보다 용이하게 만들기 위해서 성령의 은사들이 작용한다. 마지막 단계인 완전은 인간을 기쁨과 안식의 상태로 인도해 주는 축복들에 의해서 촉진된다. 각 단계들 사이에는 연속성과 역동적인 통일성이 존재한다. 각 단계의 활동들은 영적 여정의 나중 단계에서도 계속 존속한다는 점에서 반복된다. 영적 여정의 작용에는 은혜를 받는 수단인 기도, 의롭게 되기 위해 사용하는 고결한 생활, 지식에 이르는 묵상, 그리고 지혜 안에서 종식되는 관상이 포함된다.

영성 생활에 대한 보나벤투어의 이해는 그의 신학에 대한 이해와 밀접하게 연결된다. 보나벤투어의 견해에 의하면, 신학의 존재 이유는 하나님과의 연합이다. 파리 대학의 교수이자 신학자였으며, 후일 프랜시스 수도회의 총장이 된 보나벤투어의 사상은 그가 지적인 생활을 얼마나 소중히 여겼는지를 증명해 준다. 영성 생활의 지성적인 차원과 감성적인 차원은 서로 고립되어 작용하지 않는다. 신학과 기독교적 삶의 목표는 지혜이며, 그것은 하나님과의 연합에서 오는 직접적이고 감정적이고 경험적인 지식이나 이해의 조명을 언급할 수 있다. 여정은 믿음에서 시작되어 조명해 주는 지식에 이르고, 감성적인 연합에서 절정에 달한다. 연합의 상태에 이른 영혼은 지적인 작용

보나벤투어 | Bonaventure

들을 초월하여 신비한 평안에 도달하기 위해서 지적인 작용들을 가라앉힌다. "하나님을 아는 가장 좋은 방법은 그분의 달콤함을 경험하는 것이다. 그것이 지적인 탐구보다 훨씬 더 선하고 고귀하고 감미롭다"(*3 Sentences*, 35. 1). 보나벤투어는 영적 여정을 모든 기독교 신자들의 활동 영역으로 보지만, 신비주의의 절정—엑스타시의 경험—에 도달한 사람은 거의 없다. 이 상태에서는 모든 것을 망각한다. "그것은 여전히 이 세상 뿐만 아니라 영혼 자체를 초월해야 한다"(*Itinerarium mentis in Deum*, 7.2). 이 절정의 상태에는 사랑 안에서의 연합만이 존재한다. 이 경험은 감추어진 것이며 말로 형언할 수 없는 것이다. 그것은 어두움을 조명해 주며, 어두움으로 가득차 있다. 모든 기능은 잠잠하며, 감성만이 깨어 지킨다.

보나벤투어의 영성은 기독론적이고 삼위일체론적이라고 묘사할 수 있다. 그리스도는 모든 창조가 반영되고 지탱되는 것을 보여주는 탁월한 본보기이시다. 모든 육체 안에 반영되어 있는 삼위일체는 완전의 토대로 간주된다. 말씀은 넘쳐흐르는 선을 나타내는 성부 하나님의 완전한 표현이다. 영혼은 아들을 통해서만 하나님과 연합으로 복귀한다. 성령은 배우자와 연인의 연합을 향한 영적 여정을 가능하게 해주는 은사들을 주신다. 가장 고귀한 형태의 지혜의 은사, 즉 믿음의 지혜는 모든 유형의 지혜들을 결합하고, 하나님의 선에 대한 경험적 지식을 제공하며, 하나님에 대한 관상을 허락한다. 하나님은 믿음에 의해서 알려지시며, 사랑 안에서 사랑 받으신다. 이 가장 고귀한 기독교적 지혜의 상태는 마음과 정신이 신비한 사랑의 연합에 의해 하나님 안에서 소유하는 황홀함이며, 이 상태는 성령의 은혜에 의해서만 획득할 수 있다.

보나벤투어의 영성에서, 십자가에 달리신 그리스도는 여정의 출발점에 놓여 있으며, 여행의 수단이며, 여정의 궁극적인 완성이다. 보나벤투어가 십자가에 달리신 분을 강조한 것은 그의 사상이 성 프랜시스*의 전통의 영향을 받은 핵심적인 방법을 반영해 준다. 보나벤투어의 영성의 대작인 *Itinerarium mentis in Deum*은 프랜시스의 방법의 핵심인 이 주제를 분명히 드러낸다. 여정은 프랜시스가 알베르노 산에서 성흔을 받은 것과 신비적 경험과 더불어 시작되어 십자가 위에서 그리스도와 함께 누리는 신비적 잠으로 끝난다. 그의 시나 영적 논문에서, 십자가는 결코 시각과 거리가 먼 것이 아니다. 보나벤투어의 영성은 성경에 의지하는 것, 자연을 하나님의 임재와 능력의 상징으로 여겨 주의를 기울이는 것, 가난과 겸손에 중요한 역할을 부여한 것, 하나님과 영혼의 사랑을 나타내는 표현과 상징이 가득한 언어를 사용한 것 등에 있어서 프랜시스의 방법을 따른다.

보나벤투어는 프랜시스의 영향을 가장 많이 받았지만, 어거스틴*, 아레오파고의 디오니시우스*, 버나드*, 빅톨 수도원 수도사들 등의 사상들을 물려받아 자신의 체계와 통합했다. 또 그는 영적인 영역에서 영혼이 하나님을 보고 접촉하고 감미를 맛보고 냄새 맡는 "영적 감각들"의 신학을 발달시킨 것으로 알려져 있다.

보나벤투어의 세계관의 통일성 때문에, 그의 사상의 다른 측면들을 언급하지 않은 채 한 가지 측면을 고려하기는 어렵다. 그러나 하나님과의 감성적인 연합으로 이어지는 영성 생활이 모든 실체의 기초요 종착점이라는 점에서, 영성 생활은 탁월성을 지닌다. 모든 실체가 하나님과 하나가 될 이 여정을 벗어나서는 무엇도 의미를 지니지 못한다. "만일 이것들이 어떻게 실현되는지 알기를 원한다면, 학문이 아니라 은혜를 구하며, 이해가 아니라 갈망을, 부지런한 독서가 아니라 기도의 신음을, 교사가 아니라 신랑을, 인간이 아니라 하나님을, 명확함이 아니라 어두움을, 빛이 아니라 우리를 완전히 태워 하나님께로 인도해줄 불을 구하라"(*Itinerarium*, 7.6).

Saint Bonaventure, *Itinerarium mentis in Deum; De triplici via; Soliloquium; De perfectione vitae ad sorores; Lignum vitae; Collationes in Hexaemeron*, II and XVIII; *3 Sentences*, q. 23, 24, 26, 35, in *Opera Omnia*, Quarrachi, 10 vols. 1882-1902; *S. Bonaventura*, 1274-1974; 5 vols., 1974; J. Bonnefot, *une somme bonaventurienne de théologie mystique*, 1934; J.-G. Bouterol, *Introduction to the Works of Bonaventure*, 1964; E. Cousins, *Bonaventure and the Coincidence of Opposites*, 1978; *Bonaventure* (Classics of Western Spirituality), 1978; G. Tavard, *Transiency and Permanence: The Nature of Theology According to St Bonaventure*, 1954; Z. Hayes, *The Hidden Center*, 1981.

ELIZABETY DREYER

보로메오, 찰스 | Borromeo, St Charles.

찰스 보로메오(1538-1584)는 밀란의 대주교로서, 16세기 가톨릭 교회의 개혁가들 중 한 사람이다. 그는 귀족 가문의 둘째 아들로서 일찍부터 성직자가 될 운명이었다. 그는 삼촌인 피우스

보로메오, 찰스 | Borromeo, St Charles

4세의 궁궐에서 매우 빠르게 승진하여 22세 때에 추기경이 되고 총무처 장관이 되었다.

1562년 형의 죽음은 그의 인생의 전환점이 되었다. 그는 평신도 신분으로 복귀하여 형의 뒤를 이으라는 부모님의 요청을 거부하고, 사제직에 헌신하기로 결심했다. 1563년에 이그나티우스의 피정에서 지울 수 없는 영향을 받은 후, 사제로 임명되었고, 후에 주교가 되었다. 그는 1564년에 밀란의 대주교로 지명되었지만, 3년 동안 교황에게 청원하여 그의 관구에 거주하라는 허락을 받았다. 그는 밀란에 부임한 후, 트렌트 공의회의 개혁 이행에 대한 반대에 맞서 지칠 줄 모르고 일했다. 대교구 회의와 주교회의의 개최, 그리고 신학교들의 설립 등은 점차 성직자들의 생활을 변화시켰다. 밀란에 있는 주요한 신학교의 학생들은 정규 학습 과정을 이수해야 할 뿐만 아니라, 보로메오 자신이 행한 것처럼 날마다 시간을 내어 정신적인 기도(mental prayer)와 양심 성찰을 해야 했다.

보로메오 대주교는 자기 교구에 예수회*, 테아틴 회, 바나바 회 등 새로운 수도회를 세웠고, 또 후일 성 찰스의 수도사들(Oblates of St. Charles)이라고 알려진 조력자들의 교단을 세웠다. 그는 그 지방을 자주 방문하고, 목회자의 우선적인 의무는 자기 양떼를 아는 것이라고 확신했다(이 점에서 그가 본보기로 삼은 사람은 로체스터의 주교인 존 피셔이다).

그는 오랫동안 묵상한 후에 신중하게 설교를 준비하지만 즉흥적으로 설교를 하는 유능한 설교자였다. 그는 설교하면서, 기도의 실천, 자주 성례전에 참여할 것, 그리고 피정과 순례 여행 등을 장려했다. 그는 실질적인 일들을 등한히 하지 않았고, 구빈원, 고아원 등을 세우고, 심지어 가난한 사람들에게 이자 없이 돈을 빌려주는 은행도 세웠다. 보로메오는 살아 있을 때에도 가톨릭 교회 전체에 큰 영향을 미쳤고, 지금도 선한 목회적 주교의 본보기로 존재한다.

Opere complete de S. Carlo Borromeo ed. G. A. Sassi, 1747, reprinted 1758; *S. Caroli Borromaei Orationes XII* ed. at the request of Paul VI for Fathers of Vatican II, 1963; S. Sylvain, *Histoire de Saint Charles Borromée* (3 vols), 1884, C. Castiglioni, *DS*, ii, cols 192-700; R; Mols, *DHGE*, XII, cols 486-534 and *New Catholic Encyclopedia* 2, pp. 710-12; M. Yeo, *A Prince of Pastors, St. Charles Borromeo*, 1938.

NORMAN RUSSEL

보슈에, 자크-베닌
| Bousset, Jacques-Bénigne

보슈에(1624-1707)는 28세 때에 사제가 되었다. 그의 영적 형성 및 가난한 사람들을 향한 관심은 성 빈센트 드 폴(St. Vincent de Paul)의 영향을 받은 것이다. 그는 1659년부터 파리에서 설교를 통해 명성을 얻었고, 1669년에는 황태자를 가르치는 교사가 되어 1681년까지 그 일을 계속했고, 그 해에 메오(Meaux)의 주교가 되었다.

그의 가르침은 사순절 설교, 장례식 설교, 황태자 교육, 교회의 일치 회복에 관한 토론, 학문적···철학적·도덕적·영적 논쟁, 개인적인 묵상과 서신을 통해서 해설되었다.

보슈에는 트렌트 공의회 이후의 바로크 영성의 위대한 해설자로서, 하나님의 말씀의 능력과 권위를 표준적으로 표현한 것으로 유명하다. 그는 사순절 두번째 주일에 행한 설교에서(1661/6) "그리스도의 몸이 복된 성례 안에 현존하듯이, 예수 그리스도의 진리는 복음의 설교 안에 현존한다"고 선포하고, 교부들의 글을 인용하면서 자신의 주제를 예증하고, 말씀을 듣는 사람들에게 주어지는 개인적인 소명인 순종의 깊이를 분명히 했다. 20세기의 신학은 보슈에가 대구법을 사용하여 행할 수 있었던 것보다 더 말씀과 성례의 계속성을 분명히 했겠지만, 보슈에의 가르침은 그것들의 역동적인 관계와 말씀의 주권에 근거하여 영속적인 힘을 갖는다. 그의 설교들은 역종교개혁 시대 수사학의 탁월한 본보기로서 학생들의 관심을 끌고 있다.

평화적인 의도로 저술된 보슈에의 *Exposition de la Doctrine de l'Eglise Catholique*는 온건하면서도 진보적이기 때문에, 교황을 비롯하여 주교들이 인정했지만, 개신교도들은 그것을 진정한 것으로 인정하지 않았다. 그것은 교회일치주의적 화해가 전반적으로 추진되어온 시기에 읽을 수 있는 소수의 논쟁적 저술 중 하나이다. 그는 일치의 증진을 갈망했기 때문에 라이브니츠(Leibniz)와 교류했지만, 트렌트 공의회의 권위를 받아들이는 문제로 깨지고 말았다.

보슈에는 정적주의*에 관한 논쟁, 그리고 로마 교회가 귀온 부인*과 페넬론*의 영적 가르침을 정죄한 것 등과 관련된 논쟁에서 빠져 나오지 못했다. 위험할 정도로 모호하고 비이성적인 교리라고 생각되는 것을 용납하지 못한 그는, 개인적인 영향력과 격렬한 논쟁학 저술(*Relation sur le Quiétisme*)을 통해서 그러한 가르침을 믿을 수 없는 것으로 증명하려 했고, 그 후 여러 해 동안 대중으로 하여금 신비주의를 의심하게 만드는 데 성공했다.

그의 *Méditations sur l'Evangele*와 *Elévations sur les Mysteres*는 그의 교리적 심오함, 그리고 그가 자신의 믿음을 감동적이고 서정적으로 우아하게 표현했을 잘 알 수 있게 해 준다.

Oeuvres ed. F. Lachet, 31 vols, 1862-1866; T. Goyet, *L'Humanisme de Bousset,* 1972; Jacques le Brun, *La Spiritualité de Bousset,* 1972; E. E. Reynold, *Bousset,* 1963; J. Truchet, *La Prédication de Bousset,* 2 vols, 1960.

MICHAEL RICHARDS

복음주의 영성 | Evangelical Spirituality

복음주의 영성의 주요 요소는 아침에 일찍 일어나는 것, 기도, 그리고 성경공부였다. 윌버포스(Wilberforce)는 매일 아침 식사를 하기 전에 두 시간 동안 기도하고 성경공부를 했으며, 두 시간을 채우지 못할 때에는 자신을 질책했다. 그는 일기에 다음과 같이 썼다:

"너무 늦게 일어났기 때문에, 아침에 나 자신에게 투자한 시간은 30분 밖에 되지 않는다. 적당한 개인 기도를 하지 않는 영혼이 점차 빈약해진다는 것은 선한 사람이라면 누구나 경험하는 사실이다."

복음주의자들은 최근의 사건들을 기록하기 위해서가 아니라 그러한 일들을 성찰하여 미래에 적용하기 위해서 일기를 썼다. 그것은 일종의 고해성사와 같은 것이었다. 윌버포스와 시므온은 자신의 일이 방해를 받지 않을 때에만 금식했다. 시므온은 1807년 어느 금식일에 대해 다음과 같이 적었다:

"나는 목회자가 금식하는 것은 부적당하다고 생각해왔다. 왜냐하면 금식함으로써 해야 할 일을 제대로 하지 못하게 될 위험이 있기 때문이다. 그러나 다른 이유 때문에 금식을 소홀히 했을 때에, 나는 기도와 금식을 하면서 이 날을 거룩히 하나님께 바쳐야 하는 열 배의 의무를 지게 되었다."

기도에 관한 복음주의 서적들은 많지 않다. 그러나 시므온이 편집한 벤자민 젠크스(Benjamin Jenks)의 『복음적 묵상집』(*Evangelical Meditations*, 1702)이 인기가 있었고, 한나 모어(Hannah More)의 『기도의 영』(*Spirit of Prayer*, 1836)은 10판이나 출판되었고, 에드워드 비커스테트(Edward Bickersteth)의 『기도에 관한 논문』(*A Treatise of Prayer*, 1826)은 여러 해

동안 복음주의 저자들이 가장 유익한 기도 지침서로 여겼다. 이 책에는 기도의 신학 서론, 공적인 기도와 사적인 예배의 관계가 포함되어 있으며, 분심과 느낌의 부족으로 야기되는 문제들에 대해 논한다. 가정 예배, 그리고 가정에서 사적으로 사용할 수 있는 예배의 형태도 다루어져 있다. 이 부분은 따로 분리되고 증보되어 『가정 기도』 (*Family Prayers*)로 출판되었다.

모든 복음적 가정에서는 가정 기도를 행해야 한다고 생각했다. 가장은 매일 아침과 저녁에 가족들과 하인들을 한 자리에 모아 놓고, 성경을 읽고 기도한다. 헨리 손톤이 편찬한 또 다른 가정 기도서는 비커스테스의 것보다 더 널리 읽혔다. 그러나 점차 이러한 기도의 형태는 사라지고 즉흥적인 기도가 나타났다.

기도회는 성공회의 복음주의의 한 부분이었다. 존 뉴턴(John Newton)은 "나는 기도회는 기독교인이 행할 수 있는 가장 유익한 훈련이라고 생각한다. 그것은 세상적인 시시한 정신을 죽이며, 우리가 염려하는 모든 일에 하나님의 축복을 임하게 하며, 형제들 가운데 거룩한 사랑의 불을 밝혀준다"고 기록했다.

주일 성수 역시 복음주의 영성의 필수적인 부분으로 간주되었다. 윌버포스는 주일 오후에는 손님들을 내버려 둔 채 백스터의 저서나 다른 영적 고전을 들고 나가곤 했다. 그는 노년에 "종종 홀우드를 방문하여 사람들의 신분과 지위에 대한 잡다한 말을 들을 때면, 나도 그런 것들을 추구하고 싶은 생각이 들 때가 있다. 그러나 주일 날 홀로 한적한 곳에 가 있으면 원래의 상태를 회복한다"고 말했다.

윌버포스는 주일 날 자신이 얻은 유익을 공동체의 다른 사람들도 얻어야 한다고 생각하여, 사람들과 함께 주일 성수를 위한 모임을 만들었다. 1809년에 당시 수상이었던 스펜서 퍼케발(Spencer Perceval)은 국회 의원들이 주일 날 여행하지 않도록 하기 위해서 월요일에는 회의를 개최하지 않았다. 기록을 보면 주일에 공원, 동물원, 박물관 등을 여는 것에 항의하는 기사들이 수록되어 있다. 어린이들은 토요일 저녁이면 성경으로 시를 지을 준비물과 성경 그림책을 제외하고는 모든 장난감과 책을 치워야 했기 때문에 주일 날은 답답한 날이라고 불평했다.

세상과 기독교인들 사이의 경계를 정의하는 것은 쉽지 않았다. 자녀들에게 춤을 가르쳐야 하느냐는 문제에 대해 부모들의 의견은 나뉘어져 있었으

복음주의 영성| Evangelical Spirituality

며, 많은 사람들은 춤을 추는 것은 이 세상의 허영 중 하나라고 생각했다. 빅토리아 여왕 시대의 복음주의자들은 대체로 춤을 추지 않았다. 문서에는 성직자들이 사냥하고 춤을 추는 것을 개탄하는 내용이 기록되어 있으며, 때로 무도회와 사냥에 참석한 사람들의 이름도 기록되어 있다. 소설을 읽는 것 역시 금지되었다. 존 벤(John Venn)과 윌버포스는 Waverly 소설을 즐겨 읽었는데, 다음 세대 사람들은 그 책들을 매우 해로운 것으로 정죄했다. 극기는 선행을 강조한다는 이유로 좋아하지 않았다. 1860년대에 딘 클로스는 완전한 금욕을 찬성했다.

케스윅 대회(Keswick Convention, 1875)는 개인적인 성결을 위한 운동을 만들어 냈다. 일부 복음주의자들은 죄없는 완전함을 믿었고, 또 다른 사람들은 기독교적인 삶에 회심과 성화의 두 단계가 있으며 알려져 있는 죄를 극복하고 승리할 수 있다고 믿었다. 프랜시스 리들리 해버갈(Frances Ridley Havergal, 1836-1879)은 자신이 지은 찬송에서, 핸들리 물 주교(Bishop Hadley Moule, 1842-1920)는 자신의 경건 서적에서 그 운동을 해석했다.

케스윅 대회 이후로, 복음주의의 보수적인 진영은 세상을 한층 더 부인하게 되었다. 기독교인들은 완전히 복음에 전념해야 한다고 생각되었는데, 흔히 그것은 해외 선교사로 봉사하라는 소명에 응답하는 것을 의미했다. 택함을 받은 사람들은 정치가나 화가, 또는 배우가 되는 것은 세속성에 굴복하는 것으로 간주했다. 심지어 20세기에 케스윅 전통에 속한 어느 사람은, 윌버포스는 노예매매를 폐지하기 위해 시간을 보낼 것이 아니라 사람들을 회심시키는 데 보냈어야 했다고 말하기도 했다.

20세기에 Anglican Evangelical Group Movement라고 알려진 진보적인 복음주의 운동이 등장했다. 그 운동의 중심은 매년 개최되는 Cromer Convention이었다. 이 운동은 케스윅에서 부인한 것들을 인정하고, 케스윅의 성경적 근본주의를 부인했다. 1928년의 Cromer Convertion에서는 개인적으로나 공적으로 사용하기 위한 기도와 묵상집의 초고를 작성하여『하나님의 영광』(The Splendour of God)이라는 제목을 붙였다.

복음주의 영성은 처음 등장할 때의 형태―아침에 일찍 일어나서 기도하고 성경을 공부하는 것―를 유지해왔다. 흔히 보수적인 복음주의 교구에서는 주중에 성경공부와 기도회가 개최된다. 성경공부를 시작할 때에 드리는 기도에는 짧은 본기도가 포함되지만, 성경 공부를 마친 후에 드리는 기도는 즉흥적인 기도이다. 성경은 주로 근본주의적인 관점에서 해석하며, 대부분의 해석은 풍유적이다. 복음적인 오순절파 성공회에서도 동일한 방식을 따른다. 그러나 그들은 치유 예배에도 초점을 둔다.

영국 국교회 가톨릭 파 교구의 중심 인물은 주중에 행하는 성찬식에 참석하는 사람들로 구성된다고 한다. 복음주의적 교구에서의 중심은 주중에 행하는 성경공부와 기도회에 규칙적으로 참석하는 사람들로 이루어진다.

1946년에 켈크(W. A. Kelk)는 복음주의적 성공회 신자들의 책들을 편집했다. 주로 교리적인 주제들을 다룬 것이었지만, 프랭크 채드윅의 『내면 생활』(*The Inner Life*)도 포함되어 있었다. 맥스 워렌(Max Warren)은 성찬에 관해 『기이한 승리』(*Strange Victory*)라는 책을 저술했는데, 그 책은 경건서적인 동시에 교리 서적이다. 그는 복음주의적 유산을 크게 이용하는데, 특히 에드워드 비커스테트의 『주님의 만찬에 관한 논문』을 인용했다. 성 폴 문고(St. Paul Library)를 위해 저술한 사람들은 여러 가지 관점을 지닌 복음주의 학자들의 모임인 Evangelical Fellowship of Theological Literature의 회원들이었다. 그 중에는 프랭크 콜쿤(Frank Colquhoun)도 포함되어 있는데, 그의 저서인 *Parish Prayers*는 널리 사용되고 있다.

70년대 초에 보수적인 복음주의 진영에 하나의 혁명이 일어났다. 보수적인 복음주의자들은 존 스토트(John Stott)의 지도 하에 케스윅 대회에서 가르친 세상을 부인하는 태도를 버리기 시작했다. 많은 복음주의자들은 세상을 인정했고, 정치적·사회적인 관심을 갖는 것이 복음으로부터 동떨어진 일이 아니라 기독교적 관심사의 일부로 간주되었다. 이제 그들은 새로운 열심을 가지고 문화와 예술에 접근하고 있다.

Ian Bradley, *The Call to Seriousness*, 1976; Reginald Coupland, *Wilberforce*, 1945; Michael Hennell, *Sons of the Prophets*, 1979; *John Venn and the Clapham Sect*, 1958; George W. E. Russell, *The Household of Faith*, 1906; *Seeing and Hearing*, 1907.

MICHAEL HENNELL

본회퍼, 디트리히 | Bonhoeffer, Dietrich

본회퍼는 1906년 2월 4일, 독일 브레슬라우에서 태어났다. 그는 루터교 신학

본회퍼, 디트리히 | Bonhoeffer, Dietrich

자로서, 일찍이 세계교회운동에 참여했고, 민족적 사회주의의 민족주의적이고 인종차별주의적인 견해를 대적하는 고백교회의 싸움을 지도했다. 그는 런던에 거주하는 독일인들의 교회—이곳에서 그는 치체스터의 벨 주교와 성공회 종교 공동체들의 영향을 받았다—를 섬긴 후에(1933-1935), 독일로 돌아와 핀켄발데에 있는 신학교를 지도하면서 하나의 신앙 공동체(House of Brethren)를 구성했다. 그는 전쟁 기간 동안에 목숨이 위태했음에도 불구하고 미국으로 가기를 거부하고 독일로 돌아와, 히틀러를 대적하는 정치적 저항 운동에 합류했다. 그는 세상에서의 마지막 2년 동안은 여러 감옥에서 지내다가 1945년 4월 9일에 플로스젠뷔르크에서 처형되었다.

그는 교회가 인종차별주의라는 악습에 대처하지 못한 것을 강력하게 비판했고, 전쟁 기간, 그리고 교회의 투쟁 시대에 자신이 가르쳤던 학생들이 영성 생활을 유지하게 하기 위해 힘이 닿는 한 서신거래를 했다. 그는 감옥에서 지낸 2년 동안에도 계속 편지를 썼는데, 이 편지들은 전후 유럽, 아메리카, 제3세계에서 신학의 발달에 심오한 영향을 주었다.

기도, 종교 생활, 세상에서 기독교인과 기독교 공동체의 역할 등에 관한 그의 가르침은 그리스도와 교회에 대한 그의 신학적 이해와 관련되어 있다. 그는 이전 시대의 윤리를 대신할 새로운 윤리적 태도들을 만들어내기 위해 노력했다.

1. 그는 기독론에 관한 강의를 했는데, 1933년에 민족적 사회주의, 그리고 아돌프 히틀러가 제3제국의 수상으로 선출되면서 그는 그 강의를 마치지 못했다. 그는 그 강의에서 기독교적 경험에서 그리스도의 위치에 대한 견해를 정의했다. 이 강의에서는 인간적 경험을 이해할 수 있는 유일한 수단이 되시는 분, 인간의 경험의 중심인 그리스도, 그리고 그리스도에 의해서만 역사를 해석할 수 있는 인간 역사의 중심, 그리고 그리스도 안에서만 의미를 지니는 자연의 중심이 되시는 그리스도에 대해서 다루었다. 그 강의에서는 말씀, 성례, 그리고 공동체 안에서의 그리스도의 진정한 임재도 다루었다.

2. 그는 개인적으로 1937년에 게슈타포에 의해 폐쇄된 핀켄발데 공동체에게 보내는 글인 『함께 하는 삶』(Life Together)이라는 저서에서, 공동 생활의 특권인 하나의 이상을 희망적인 꿈이 아니라 신적인 실체로 묘사했다. 그리스도는 그러한 구성원들이 서로 사

랑함에 의해서 그러한 공동체 안에 현존해 계시다. 그는 공동체의 결속을 위해서 절제있고 규칙적으로 성경을 읽는 것을 옹호했다. 이 점에 있어서, 그는 영국에 있는 퀠험 공동체와 어필드 공동체를 잠시 방문한 일의 영향을 크게 받았다. 당시 그는 그곳에서 예배 때에 시편을 절제있게 사용하는 것에 감명을 받았다. 그는 수도원같은 공동체를 옹호할 뿐만 아니라 성찬식 전에 행하는 죄고백을 옹호함으로써 동료 루터교인들을 놀라게 했다. 서로 죄를 고백하고 용서하고 나면, 주님의 만찬 날은 기독교 공동체를 위한 기쁨의 날이 된다."

3. 본회퍼는 주로 인생의 마지막 2년 동안 감옥에서 지내면서 에베르하르트 베트게(Eberhard Bethge)와 주고 받은 『옥중 서신』(*Letters and Papers from Prison*)에서, 교회에 대한 비판과 교회 구조의 갱신을 위한 제안 외에 새로운 신학 노선을 발달시켰고, "종교-없는 기독교", "성년이 된 인간", "세속적인 거룩" 등의 표현을 보급했다. 그는 이미 장성하였으므로 "하나님이 없는 듯이 세상에서 사는 법"을 배워야 하는 인간의 자율성을 주장했다. 인간적인 성숙이란 자신이 범한 잘못의 결과로부터 하나님에 의해 구출되는 것이 아니라, 인간적이고 책임있는 존재가 되는 법을 배우는 것이다. 그는 하나님은 세상의 갱신을 성취하기 위한 도구로서 인간을 필요로 하신다고 가르쳤다. 그는 편지, 시, 소설이 희곡 등에서 이러한 주제들을 개진한다.

Eberhard Bethge, *Dietrich Bonhoeffer: Theologian, Christian, Contemporary*, 1970; Mary Bosanquet, *The Life and Death of Dietrich Bonhoeffer*, 1968.

EDWIN ROBERTSON

부버, 마틴 | Buber, Martin

현대 유대인 사상가들 중에서 가장 유명한 인물이라고 할 수 있는 부버(1878-1965)는 세상을 대하는 인간의 이중적 태도를 강조하면서, 그것을 나-당신(*I-Thou*)과 나-그것(*I-It*)으로 나타냈다. 나-당신(*I-Thou*)의 태도에서, 인간은 자신의 세계나 이웃을 '당신'(*Thou*)으로 대하며, 거꾸로 자신도 '당신'(*Thou*)으로 언급되는 것을 허락한다. 이것은 상호 간의 인격적인 만남, 대화, 교제의 관계이다. '나-그것'에서, 그는 자신의 세계를 '그것' ―과학적인 분석에서 가장 공평한 것으로 간주되는 관찰과 묘사의 태도―으로 간주한다. 두 가지 태도가 모두 필요하지만, 인간이 진정으로 인간다운 것은 '나-당신'의 태도를 취할 때이다. "진정한 삶은 만남이다."

가장 심오한 '나-당신' 관계는 결코 '그것'이 될 수 없는 '영원하신 당신'이신 하나님과의 관계이다. 하나님은 설명적인 개념이나 정의에 의해 이해될 수 없으며, 오직 인격적인 만남 안에서만 언급될 수 있다. 이것은 기도와 예배와 영성 생활과 관계가 있으며, 현대 기독교에도 최소한 유대교에 미친 만큼의 영향을 주어 왔다. 그러나 역설적으로, 네 가지 주된 이유에서 부버는 "영성"이라는 용어를 의심스러운 용어로 보았다:

1. "영"(spirit)은 각 사람에게 속한 것이 아니라, '나-당신' 관계 안에 있는 사람들 사이에 놓여 있다. 영은 사람들로 하여금 용납과 대화의 상호성으로 들어갈 수 있게 해 주는 해방의 사건이다. 그러므로 참된 영적 실존은 고립된 개인적인 것이 아니라 공동체적인 것이다.

2. 우리와 하나님의 관계는 우리가 누리는 다른 모든 관계나 활동과 병존하거나 거기에 추가되는 것이 아니다. 세상과 상관없이 하나님을 만날 수 없고("피조 세계는 하나님께 가는 것을 방해하는 장애물이 아니라 하나님께로 가는 길이다"), 우리 모든 각각의 '당신'을 통해서 영원하신 '당신'을 만날 수 있을 것이다. 기도는 존재 전체를 하나님과의 관계 안에 모아 들이는 것이며, 일상적인 세상을 거룩하게 하는 것을 의미한다. 여기서 부버는 유럽의 신비적 경향을 띤 유대교 하시디즘의 영향을 크게 받았다.

3. 다른 사람이나 하나님과의 '나-당신'의 만남을 발생시키기 위한 규정이나 준비는 있을 수 없다. 그것은 마음을 열고 기다려야 하는 것이다. 영적 훈련이나 '내면 생활'의 계발은 순전한 "현존"(Presence)의 순간과 무관하며, 신적인 '당신'이 우리를 만나 주시는 특별한 형태를 예측할 수 없다.

4. 이 만남은 의식이나 예식을 통해서 계속 보존될 수 없다. "인간이 자신의 능력과 매일의 한도에 따라서 세상에서 하나님을 새롭게 깨달아야만" 보존할 수 있는 순수한 관계를 예배가 대신하게 되었다.

신비주의란 자아가 신적인 것 안에 흡수되는 것을 의미한다면, 부버는 신비가가 아니다. 신적인 '당신'과의 직접적인 관계 안에 '나'가 보존된다. 기독교의 성육신적이고 성례전적인 관점에서 볼 때, 하나님과의 만남이 특별한 형태들을 그처럼 거리낌없이 초월할 수 있는지 질문해 보아야 한다. 그러나 '현재 기독교계에서는 나-당신'의 관계라는 용어가 널리 받아들여지고 있다.

Martin Buber, *I and Thou*, 1937; *Between Man and Man*, 1973; *The Eclipse of God*, 1953.

K. W. CLEMENTS

불 | Fire

불은 인간 생활의 보편적인 특징이며, 고대 사상에서는 우주를 구성하는 네 가지 요소 중 하나이다. 그것은 역설적으로 정화와 생명을 의미하는 자연적인 상징이다. 초대 교회에서 불은 신성한 것이었으며, 특히 신적인 것과 결합되어 있었다. 세계의 종교들의 의식은 흔히 불과 관련되어 있다. 로마에서는 베스타(Vesta) 여신을 섬기는 처녀들이 성화를 지켰다. 불은 고대 신화에 자주 등장하는 상징이기도 하다. 불 타고 남은 재에서 불사조가 생긴다. 프로메테우스는 하늘에서 불을 훔쳐다가 인간에게 주었다(Thomas Merton, 'Prometheus: A Meditation' in *Raids on the Unspeakable*, 1966을 보라). 불은 하나님의 사랑, 하나님의 임재, 하나님의 초월성과 거룩, 정화를 통한 변화, 형벌, 인간적인 사랑과 열정 등 여러 가지 의미를 가진 복합적인 상징이다.

불은 구약성서에서 중요하게 사용되는데, 특히 하나님의 임재의 상징으로 사용된다. 광야에서 여호와께서 자기 백성 앞에 행하사 "낮에는 구름 기둥으로 그들의 길을 인도하시고 밤에는 불기둥으로 그들에게 비춰셨다" (출 13:21). 구약성서에서 불은 신 현현의 요소이기도 하다: 아브라함에게 (창 15:17-18); 타는 떨기나무 속에서 모세에게(출 3:2-3); 시내 산에서 모세에게(출 19:18-19). 그러나 하나님이 호렙 산에서 엘리야에게 나타나실 때에는 불 속에서 나타나시지 않았다(왕상 19:12). 이사야(사 6:6-8)와 에스겔 (겔 1:27)의 소명에서도 불이 등장한다. "여호와의 불"이 내려와 엘리야의 번제물을 태웠고(왕상 18:38), 엘리야는 불 수레와 불 말들 속에서 하늘로 올라갔다(왕하 2:11). 엘리사의 종은 산에 불말과 불병거가 가득한 것을 보았다(왕하 6:17). 제단 위의 불은 꺼지지 않게 보존했는데(레 6:12-13), 이것은 히브리인들을 위해 하나님께 드리는 끊임없는 기도를 상징한다. 이사야는 "여호와의 불이 시온에 있고 여호와의 풀무는 예루살렘에 있다"고 말한다(사 31:9).

신약성서에서, 세례 요한은 예수께서 "성령과 불로 세례를 주실 것"이라고 말한다(눅 3:16). 불의 혀는 오순절의 성령 강림을 상징한다(행 2:3-4). 불에 의한 심판은 신약성서에 등장하는 주제이다(살후 1:8; 벧후 3:7; 계 15:2; 고전 3:12-15; 13:3). 여호와께서 "유황과 불을 비같이 소돔과 고모라에게 내리셨다"(창 19:24). 애굽 사람들에게 내린 일곱째 재앙에는 불이 포함되어 있었다(출 9:23-24). 예수님을 영접하지 않은 사마리아인들의 마을에 불이 내리기를 원한 야고보와 요한을 예수님은 꾸짖으셨다(눅 9:51-16). 묵시 문학에서도 불이 등장한다. 게헨나(지옥)는 불의 장소로 묘사된다(마 5:22; 18:9; 약 3:6). 기독교 전통에서 불은 연옥과 지옥의 형벌을 나타내는 상징이다.

기독교의 영적 작가들은 불이라는 상징을 꾸준히 사용한다. 존 카시안*은 관상기도를 묘사하기 위해서 불을 사용한다(*Conferences* 9, 10). 아씨시의 프랜시스*는 「태양의 노래」에서 "밤을 밝히는 형제여, 하나님을 찬양하라. 하나님은 지극히 강하시고 사랑스러운 분이시다"라고 노래한다. 십자가의 요한*의 글에서 "살아 있는 사랑의 불길"이라는 상징은 "영혼을 영광에 젖게 하고 신적 생명으로 소생시키며" 변화시키시는 성령이신 사랑의 불을 말한다. 요한의 견해에 의하면, 불은 인간적인 욕망, 환난, 정화, 타오르는 사랑을 나타낸다. 기독교에서는 예배 때에 촛불을 밝히는 것처럼 의식에서 불이 사용되기도 한다.

기독교 영성에서 신과 인간 관계의 엄청난 힘을 제공하는 시인들이 사용하는 기본적인 상징은 불이다. 엘리오트*는 "불과 장미가 하나가 될 때" 하나님에 대한 거룩한 관상 속에서 해결되는 고난과 사랑의 역설을 본다. 기독교 영성은 윤리적인 차원에서만 생각되어온 현대 유대인 대학살의 의미를 받아들여야 한다.

J. Gaillard, 'Feu', *DS*, v, cols 247-73.

KEITH J. EGAN

불교 | Buddhism

불교는 기원전 4, 5세기에 인도에서 후일 부처(깨달은 사람)라고 불린 고타마(Gautama)의 가르침에서부터 시작되었다. 그는 많은 종교 교사와 구도자들 중 하나였으며, 그 자신도 유명한 대가들의 지도를 받았다. 동시대의 것으로서 불교와 비슷하지만 보다 금욕적인 종파는 자이나교였다. 자이나교

불교 | Buddhism

의 지도자들은 자이나들(Jinas), "정복자들"이며, 현재 인도에는 약 삼백 만 명의 신자들이 있다.

불교는 약 1500년 동안 인도에서 번영하다가 힌두교*와 이슬람*의 부흥과 더불어 인도에서는 거의 사라졌다. 인도의 불가촉천민들 사이에서 불교가 부흥하기도 했다. 불교는 오래 전에 아시아 대륙으로 뻗어간 성공한 초기의 포교운동이 되었다.

불교 신자들은 과거에 많은 부처들이 있었으며, 고타마는 여러 부처들 중 한 사람이며, 장차 종말론적인 부처인 미륵불이 올 것이라고 믿는다. 이 점에 있어서, 불교의 신앙은 힌두교의 권화(avataras) 사상과 흡사하다. 그러나 남 불교 신자들은 고타마가 유일한 부처라고 확신했다. 만일 부처가 하나 이상이라면 현재 그들을 따르는 사람들이 각각일 것이며 또 세상은 두 명의 부처의 무게를 견뎌낼 수 없을 것이라고 한다.

불교는 신, 영혼, 초자연적인 은혜, 그리고 물질적 삶의 가치 등에 대한 신앙을 거부한다는 점에서 세계의 종교들 중에서 예외적인 종교인 듯하다. 멜포드 스피로(Melford Spiro)는 불교가 "놀라운 문제"를 제시한다고 말하지만, 불교 신자들이 일반인들과 다르지 않기 때문에 그것이 하나의 "유사-문제"에 불과하다는 것을 발견했다. 불교 신자들은 지고의 창조주 신을 믿지 않는다. 왜냐하면 세상은 윤회의 순환으로 일어났다가 없어진다고 생각하기 때문이다. 그러나 각각의 세상의 순환에서 으뜸이 되는 신들의 우두머리가 있을 수 있는데, 그는 힌두 신처럼 브라마라 한다. 불교의 신화에는 부처를 수행하는 많은 나한들이 등장하므로, 불교는 무신론이 아니다. 부처 자신은 신들 중 하나가 아니지만, 신들보다 훨씬 위에 존재하는 "신들을 초월하는 존재"요 "신들과 인간들을 가르치는 자"이다. 실제로, 모든 절, 탑, 가정에는 불상이 비치되어 신자들의 숭배를 받는다. 서양에서 종종 제기되는 것처럼 불교는 자력 구원이 아니라 전능한 부처에 의한 영원한 진리의 계시이며, 구원은 그의 지혜와 은혜에 의존한다고 본다.

영혼, 또는 자아에 대한 불교의 개념 역시 복잡하다. 부처는 두번째 설교에서 "무아의 표식들"에 대해 말했다. 다섯 가지 육체적·정신적 요소(五蘊)―색온(色蘊), 수온(受蘊), 상온(想蘊), 행온(行蘊), 식온(識蘊)―가 있는데, 이것들은 모두 병들어 죽으므로 영혼이 아니다. 에드워드 콘즈(Edward

Conze)는 부처는 한 번도 자아는 "존재하지 않는다"고 가르치지 않고 다만 "이해될 수 없다"고 가르쳤다고 말한다. 후일 하나의 몸에서 다른 몸으로 환생한다는 것을 부인하게 되었지만, 이것이 밀란다 왕의 질문들의 단언이기도 한다. 이들을 연결하는 고리를 업(karma)이라 한다. 한층 더 정의하기 어려운 것이 불교 신자들이 도달하려는 목표인 열반이다. 열반은 많은 천국들 중 하나가 아니라 멀리 높은 곳에 있으며, 형태나 기간, 설명이나 비유에 의해 지적할 수 없지만, 어쨌든 열반은 존재한다.

불교의 인간의 상태 분석에 의하면, 고난은 보편적인 것인데, 그 원인은 욕망에 있고, 그 욕망을 제거할 때에 고난이 치료되며, 정신적·도덕적 깨달음에 이르는 방법으로써 팔정도(八正道)를 말한다. 이 가르침을 따르는 사람들을 상하(僧: Sangha)라 하는데, 전통적인 불교 국가에서 그들은 젊은 사람들을 교육하고 늙은 사람들을 지도하는 일을 하는 성직 계층이다.

불교는 처음에는 출가한 선택된 무리와 함께, 하나의 종교라기보다 윤리학으로 시작되었건 아니건 간에, 곧 종교적인 특징으로 발전했다. 최초의 추종자들은 불(佛), 법(法), 승(僧)에 대한 삼귀의(三歸依)—귀의불(歸依佛), 귀의법(歸依法), 귀의승(歸依僧)—을 청한다. 오늘날도 이 경문을 매일 수차례 외운다. 불교 신자들은 자기를 부인하려고 노력하지만, 오계(五戒)를 따름으로써 실존을 누리려 한다: (1) 살생하지 말라, (2) 훔치지 말라, (3) 음행하지 말라, (4) 거짓말하지 말라, (5) 술 마시지 말라.

불교는 발전하면서 여러 종파로 나뉘었는데, 크게 테라바다(Theravada)와 대승불교로 나뉜다. 테라바다는 경쟁자들이 명명한 소승불교라는 명칭을 거부한다. 이는 동남 아시아의 다섯 국가—스리랑카, 버마, 태국, 캄보디아, 라오스—에서 활발하다. 이 지역에는 탑, 사리탑, 사원 등 고승들의 사리를 모시고 있기 때문에 많은 사람들이 찾아와 예배하는 건축물들이 많다. 신자들은 꽃이나 연등, 향 등을 바친다. 신자는 합장하고 불상 앞에 엎드려 절한다. 필요할 때에는 불경을 외운다.

불교 철학을 불가지론이라고 간주한다면, 다른 종교에서와 마찬가지로 불교에서도 예배가 중심이 된다. 그것은 힌두교 예배처럼 푸자(puja)라 하며, 경전을 외우고 향을 태운다. 부처를 명상하는 내적인 예배가 있는데, 그것은 기독교의 "관상기도"에 비유되어 왔다. 개인적으로나 가족들이 절을 찾아가는 것 외에, 행진을 하거나 거룩한 음식을 나누어 주는 특별한 공적인 의식이 행해지며, 거룩한 곳으로 순례를 행하기도 한다. 부처의 탄생, 출가, 깨달음, 열반 등의 사건을 기념하는 정규적인 축일이 있다. 그 외에 공식적인 종교에서는 거의 사용되지 않은 과거의 토착적인 의식들과 결합된 축일들이 있다.

중국, 티베트, 한국, 일본, 베트남 등지에는 대승불교가 전파되었다. "대승"이란 보다 큰 수레라는 의미이다. 이 가르침은 A.D. 2세기 경에 묘법연화경(법화경)에서부터 시작되었다. 여기에서, 석가모니라는 이름으로 불린 부처는 히말라야 산맥의 한 봉우리에 앉아서 수천 명의 제자들과 보살들과 신들에게 이야기한다. 그는 자기를 숭배하는 모든 사람에게 해탈을 제공하므로, 한 신자의 기도는 그와 교제하는 모든 사람을 구원할 것이다. 이러한 보편적인 은혜와 믿음의 교리는 인도를 가로질러 아시아로 전파되었다.

법화경은 보살들, "깨달은 사람들"의 개념을 소개하는데, 그들은 중생이 구원받을 때까지 자신의 열반을 연기하겠다고 맹세한다. 초기에 새로운 부처들이 나타나기 시작했다. "광명"이라는 뜻인 아미타불은 서방 극락 세계를 다스린다. 그 외에도 무수히 많은 부처들과 보살들이 있다.

불교에는 숭배의 대상이 많기 때문에, 사원과 탑들이 많다. 대승불교는 티베트와 한국에서는 도교*와 혼합되었고, 중국에서는 유교와 혼합되었고, 일본에서는 이중적인 신도(神道)를 형성했다. 불교는 공산 치하의 중국에서 많은 공격을 받았는데, 최근에 박해가 완화된 것은 불교가 지금도 중국과 티베트에서 큰 힘을 가지고 있음을 드러내 준다. 몇몇 사원, 불상, 또는 그림 등이 보존되고 있으며, 순례를 하는 것도 묵인된다.

절에서는 중들이 예불을 거행하고, 불경을 외운다. 불교 신자들은 염주를 사용한다. 일반적인 염주는 108개의 구슬로 이루어져 있지만, 더 많은 구슬로 이루어진 것도 있다.

대승불교는 몇 개의 파가 있다. 정토종에서는 서방 정토에 있는 아미타불에게 직접 기도하며 단순히 믿음에 의한 성불을 강조하는데, 이것은 힌두교의 박티에 비유할 수 있다. 불교 신자들은 명상을 행한다. 특히 선불교에서는 경전이나 지식에 의존하지 않고 직접적인 깨달음을 얻기 위해 명상을 실천한다.

Noah S. Brannen, *Soka Gakkai,* 1968; Edward Conze, *Buddhist Scriptures,* 1959; *Buddhist Thought in India,* 1962; Richard F. Combrich, *Precept and Practice,* 1971; Raymond Hammer, *Japan's Religious Ferment,* 1961; Paul Levy, *Buddhism: a 'Mystery Religion'?,* 1957; Melford E. Spiro, *Buddhism and Society,* 1971.

GEOFFREY PARRINDER

브레몽, 앙리 | Bremond, Henri

앙리 브레몽(1865-1933)은 프랑스의 기독교 영성사가요 학자이다. 그는 자신의 두 형제들과 마찬가지로 예수회에 입회했다. 그는 브리튼에서 수련수사 생활을 하면서 케블(J. Keble),* 뉴먼,* 조지 엘리오트, 매튜 아놀드 등 경건한 영국인들에게 깊은 관심을 갖게 되었으며, 이들은 그의 초기의 저술의 주제가 되었다. 그는 자신이 예수회 수도사로서 너무 제한되어 있음을 깨닫고서 1904년에 교단을 떠났고, 그 후로는 재속 사제로서 문학과 학문에 헌신했다.

그는 1924년에 프랑스 한림원 회원이 되면서 문필가로서의 명성을 인정받았다. 그는 몇몇 가톨릭 근대주의자, 특히 티렐(G. Tyrrell), 로이지(A. Loisy), 폰 휘겔(F. von Hügel),* 블론델(M. Blondel)과 절친한 친구였다.

그가 그들, 특히 로이지와 어느 정도 공감하고 의견이 일치했는지는 그의 사후에 드러났다. 그는 스콜라주의 신학자들의 이성주의에 대한 불쾌감을 감추지 않았다. 그는 여러 번, 특히 1909년에 티렐의 장례식에 참여한 일로 교회의 비난을 받았다. 그러나 그는 교회 안에 머물기로 결심했기 때문에, 압력을 받을 때에는 항상 복종했다. 근대주의 논쟁과 관련된 문제들은 그의 주된 관심사가 아니었다.

그는 자신이 신비 체험을 한 적이 없다고 주장했지만, 주로 일반적인 종교와 전통적인 기독교 내의 신비적 요소에 관심을 가졌고 우선적인 중요성을 부여했다. 그의 주요 저서는 여러 권으로 이루어진 *Histoire littéraire du sentiment réligieux en France* (1915-1932)이다. 이것은 17세기 이후의 프랑스 영성을 다룬 미완성의 역사서로서 기도와 관련된 유명한 사람들이나 잊혀진 사람들을 생생하게 묘사하고 그들의 말을 인용한다.

브레몽은 매력적인 경건한 인문주의자들을 즐겨 묘사했다. 그는 엄격한 엄정주의(puritanism)를 지향하는 프랑스 가톨릭주의 내의 얀센주의* 경향을 혐오했다. 따라서 정적주의*에 대한 보슈에*와의 유명한 논쟁에서 페넬론*의 주장을 지지했다. 그리고 과거 프랜시스 드 살*과 샨달 부인의 교제를 옹호했던 것처럼, 페넬론과 귀욘 부인*의 교제를 옹호하는 글을 저술했다.

그의 저술에는 기지와 아이러니가 가득하기 때문에, 정통주의의 옹호자들은 그를 의심스러운 시선으로 바라보고 그를 경박하다고 비난했다. 그 시대의 많은 사람들은 그를 매력적이면서도 수수께끼 같은 사람이라고 여겼다. 그러나 사심없는 사랑(pur amour)의 탁월한 가치에 대한 그의 가르침은 매우 심각하게 의도된 것이었음이 확실하다.

André Blanchet, *Henri Bremond 1865-1904*, 1975; Jean Dagens and M. Nédoncelle, *Entretiens sur Henri Bremond*, 1967; Emile Giochot, *Henri Bremond, historien du sentiment religieux*, 1982; Henry Hogarth, *Henri Bremond: the life and work of a devout humanist*, 1950.

A. R. VIDLER

비드 | Bede

가경자 비드(Venerable Bede, 672/3-735)는 오늘날 『영국 교회사』(*The Ecclesiastical History of the English People*)의 저자로 기억되고 있지만, 중세 시대에는 특히 풍유적 성경 해석 방법을 사용하여 독자들의 영적인 덕을 세우는 데 기여한 성경 주석가로 존경을 받았다. 그는 7살 때부터 더햄의 웨어무스 수도원에 소속되어 있었는데, 후일 재로우에 있는 자매 수도원으로 옮겨 가서 평생을 보냈다. 『교회사』(V, 24) 끝 부분의 자전적 묘사로 판단하건대, 그는 매우 행복했던 것 같다. 유명한 편집자인 찰스 플럼머(Charles Plummer)는 그를 "학자-사제의 거룩한 본보기"라고 칭했다. 그의 저술들은 그가 존경한 대 그레고리*, 성 아이단(St. Aidan), 성 커드버트(St. Cuthbert) 등이 발휘한 목회적 돌봄의 표현이었다. 비드의 신앙 고백은 그의 사상에 영향을 준 어거스틴*의 영성에 수도적인 경향을 추가했다. 웨어무스와 재로우에서 준수된 규칙은 그 창시자가 편찬한 것이었지만, 베네딕트 회의 주교인 비드는 베네딕트의 규칙을 알고 있었고, 베네딕트 영성의 전통 안에 서 있었다. 맘즈베리의 윌리엄(William of Malmesbury)는 비드를 "그의 저술을 읽는 사람들은 이 가장 유식하면서도 가장 겸손한 사람의 의견에 동의할 것이다"라고 묘사했다. 비드의 선함과 인격적인 매력 때문에 그의 가르침의 근본적인 엄격함이 가려져서는 안될 것이다. 비드도 스승인

비밀 학문 | Disciplina Arcani

어거스틴처럼 피조물은 본질상 선하다고 인정했지만, 피조물 자체를 소중히 여기는 것은 유혹이라고 간주했다. 이 완전히 정통적인 주장 때문에 비드의 가르침에서는 세속적인 것과 종교적인 것의 진정한 화해가 이루어지지 못했다. 그는 성 오스월드(St. Oswald)와 같은 기독교 통치자를 크게 존경했지만, 기독교적 삶에 대한 그의 이상은 노덤브리아의 에델트리스 여왕처럼 세상을 버리고 남편도 버리고 수도원으로 들어가는 데 있었다. 비슷한 이유 때문에, 비드의 심오한 학문은 신학에 이바지했으며, 특별히 기독교적인 문화를 위한 규정을 만들지는 않았다. 물론, 비드는 중세 시대 영성의 전형적 인물이었으며, 평신도와 성직자를 포함하여 다른 신자들을 향한 사랑과 관심에 있어서도 전형적인 인물이었다. 성 보니페이스(St. Boniface)가 말한 "교회의 촛불"이라는 표현을 그에게 적용할 수 있을 것이다.

Peter Hunter Blair, *The World of Bede*, 1970; M. T. A. Carroll, *The Venerable Bede: His Spiritual Teachings*, 1946, Felix, Vernet, 'Bède le Vérérable', *DS*, I. cols 1322-9.

GERALD BONNER

비밀 학문 | Disciplina Arcani

기독교인들은 3세기 동안 간헐적이기는 하지만 심한 박해를 받았다. 그들은 신비 종교들의 세계에서 살았다. 두 가지 사실이 기독교인들이 자신의 신앙과 의식을 이교 사회로부터 감추는 데 작용했다. 예비 신자들에게는 성경과 설교를 듣는 것이 허락되었지만, 그들은 주기도와 성찬을 포함하여 신자들의 기도회에는 참석할 수 없었다. 4세기의 예루살렘과 같은 일부 중심지에서 예비 신자들을 위한 교육은 주로 윤리적인 것이었으며, 그들이 세례를 받고 교회의 완전한 예배 생활에 받아들여진 후에야 성례전에 대해 설명해 주었다. 오늘날 밀란에서는, 입문하지 않은 사람이 참석한 경우에는 주기도와 성찬 제정의 말을 하지 않고 지나친다.

옥스포드 운동*의 지도자들은 초대 교회의 이 비밀 교육을 잘 이용했고, 부분적으로 감리교와 복음주의 진영의 개방성에 대한 반작용으로 "종교적 지식의 전달의 보류"라는 교리를 가르쳤다. 여기에는 낭만주의적 경향이 있다.

"아름다움은 수줍은 것이다"(케블)
"자연은 인간의 시야에서 물러간다.

자연의 빛의 보물들"(아이작 윌리엄즈)

따라서 과거에 예수께서 변화되시고 승천하실 때에 구름과 어두움이 예수를 둘러쌌듯이, 거룩하신 하나님을 둘러싼다. 예수는 고난을 받으신 후에 자신을 세상에게 보이신 것이 아니라 제자들에게 보이셨다. 무질서하고 소란스럽게 십자가를 전파하는 것으로부터의 급격한 변화가 있었다. 아이작 윌리엄즈는 "기독교 교리들 중에서 가장 고귀하고 신성한 교리를 무분별하게 모든 사람 앞에서 주장하며 설명하는 것"을 개탄스러운 일이라고 여기는데, 괴테에게도 비슷한 감정을 발견할 수 있다.

복음 안에는 "메시아의 비밀", 예수께서 메시아로 인정받기를 주저하시며, 자신이 고쳐 주신 사람들의 찬양을 받으신 내용이 있다. 또 마가복음 4:10-12에서 제자들은 하나님 나라의 비밀을 아는 입문자들이며, 외부에 있는 자들은 비유—모든 것을 분명히 해 주는 이야기가 아니라 그들의 정신을 한층 더 어둡게 만들 수도 있는 수수께끼—에 만족해야 한다고 주장한다.

비밀한 것에 무한한 매력을 느끼는 기질의 소유자들은 항상 존재할 것이다. 그런 사람들은 알기 쉽고 명료함은 환원주의적인 것이며, 존 웨슬리의 "평범한 사람을 위한 평범한 진리"는 우주의 핵심에 놓은 신비에 부적합하다고 느낀다. 이신론자인 존 톨랜드(John Tolland)의 『신비하지 않은 기독교』(Christianity not Mysterious)는 시적인 것을 부인하며 하나님을 제한하므로 지적 · 영적 자극을 주기에는 부족할 것이다. 이것은 교리적으로 정통적인 기독교인들이 야곱 뵈메(Jakob Boehme)*와 같은 신비주의 작가에 매료되는 이유를 설명해 준다. 켐브리지 대학 영문학 교수인 프랭크 커모드(Frank Kermode)는 "설화 해석에 관하여"라는 부제목이 붙은 『비밀의 창세기』(The Genesis of Secrecy, 1979)에서 마가복음을 하나의 문학 작품으로 살펴 보았다. "신비"(mystery)는 마가복음 4장 이후에서 거듭 등장하는 주제이며, 제자들의 어리석고 우둔함, 가이사랴 빌립보와 변화산에서 베드로, 무덤 앞에서의 여인들에게서 이것을 받아들이지 않으려는 태도가 발견된다. 우리가 복음서에서 발견하는 것은 "단순화할 수 없지만 영속적으로 해석되어야 하는 것, 차례로 발견되어야 하는 비밀들이 아니라 비밀성이다." 커모드의 결론은 따분하고 활기가 없다—책들도 세상과 마찬가지로 "다수이며, 끝없이 실망시킨다." 커모드에 대한 헬렌 가드너(Helen Gardner)의 호된 비평은, 해석이 중요한 것이 아니며 본문 해석자가 중요한 것도 아니라는 기독교적인 신념에서 비롯된 것이다. 복음 밑에는 사건과 사실의 층이 있는데, 호스킨즈(E. C. Hoskyns)는 그것을 "미완성의 조야한 역사"라고 부른다. 신비한 것의 유혹은 분별력을 어둡게 하며 혼동과 환상으로 이끌고, 마지막에는 절망으로 이끌어 갈 수도 있다. 그러나 종교의 비현실적이고 영적인 측면에 대처할 능력이 부족한 것은 심각한 것이다. 뉴먼*의 강력한 특징들 중 하나는, 그가 동시대 사람인 스탠리(Dean Stabley)와는 달리 "눈에 보이지 않는 것들"에 대한 대단한 의식을 소유하고 있었다는 점이다. 종교와 관련된 모든 것에 대한 그의 심오한 존경심 안에는 특별한 것이 있었다. 기독교는 신자들 개개인의 삶이나 집단 생활에서 그리스도 안에 선포된 "공공연한 비밀"과 전달할 수 없는 신비 앞에서의 존경과 자제를 필요로 한다.

20세기에 디트리히 본회퍼*의 영향으로 인해 비밀 학문의 개념이 부흥했다. 그는 "세상적인 거룩"을 가르쳤는데, 그것은 기독교인을 고통스럽고 애매한 정치 활동으로부터 제거하지 않으며, 인간이 하나님의 대리인으로서 자연의 힘을 지배하는 것이다. 또 행복을 누리는 것의 합법성을 부인하지 않는다. 그러나 인문주의의 배후에는 성경과 개인적인 신앙의 유산에 기초를 둔 경건의 학문이 존재해야 한다. 이것은 꾸준히 선전되지 않는다는 점에서 분명히 비밀한 것임이다. 왜냐하면 바리새적인 과시는 비기독교적인 것이며, 또 아직도 하나님의 궁극적인 말씀을 받을 준비가 되어 있지 않으며 그리스도 안에서 태어나지 못하고 도중에 유산될 수도 있는 사람들이 있기 때문이다.

편집자

빙겐의 힐데가르트
| Hildegard of Bingen

독일 영성을 보라

사랑 | Love

사랑은 하나님 자신의 존재요 활동이므로, 기독교의 최고의 덕이다. "하나님은 사랑이시라"(요일 4:8). "하나님이 세상을 이처럼 사랑하사 독생자를 주셨으니 이는 저를 믿는 자마다 멸망치 않고 영생을 얻게 하려 하심이니라"(요 3:16). 하나님의 사랑이 우리의 사랑보다 선행하며, 우리의 사랑을 창조하신다. 우리는 하나님의 사랑에 대한 보답으로 사랑하며, 하나님을 향한 우리의 사랑의 표식은 하나님의 대리인인 동료 기독교인 가족들을 사랑하는 것이다. 그것이 요한의 전승이다. 공관복음에서 예수님은 "내가 너희를 사랑하였으니 서로 사랑하라"고 말씀하시지 않고, 보다 폭넓게 "네 이웃을 네 몸과 같이 사랑하라"고 명령하신다. 또 "원수를 사랑하라"고 말씀하신다. 그러나 신약성서 어디에서도 "모든 사람들을 사랑하라"고 명하지 않는다. 그러한 명령은 사랑을 너무나 일반적인 것으로 만들어 특별하고 직접적이고 실질적인 사랑이 되지 못하게 한다.

신약성서에서는 특별히 아가페(*agape*)라는 헬라어를 사용하는데, 그것은 기독교에서 이해하는 사랑은 일반적인 용어를 사용할 수 없는 독특한 사랑임을 암시한다. 즉 그것은 사랑받을 자격이 없는 사람들에 대한 사랑이다. 종종 성적인 것이나 욕망과 관련된 인간적인 사랑인 에로스(*eros*)가 과연 어느 정도 기독교적 사랑의 유비가 될 수 있는지는 풀기 어려운 문제이다. 구약성서는 하나님의 사랑을 아내, 부정한 아내를 향한 남편의 사랑과 비교하며, 또 다윗과 요나단의 우정처럼 뜨거운 우정을 찬양한다.

친구에 대한 사랑인 필리아(*philia*)도 요한이 사용한 개념이다. "그것은 호혜적인 관계, 의식의 두 중심을 하나로 연결하는 유대라는 점에서 아가페나 에로스와 다르다. 그리고 성경은 그것을 다윗과 같은 사람과 요나단과 같은 사람을 함께 결속해 주는 인간적인 관계로만 여기지 않는다. 모세의 율법의 배후에는 이스라엘을 하나님의 백성으로 만들고 여호와를 그들의 하나님으로 만드는 언약이 놓여 있다. 십자가 위에서 상하신 몸 너머에는, 세상의 기초가 놓이기 전에 아버지께서 아들을 사랑하신 사랑, 우리가 하나인 것처럼 십자가에 달리신 분의 모든 친구들이 하나가 되고…당신이 나를 사랑하는 사랑이 그들 안에 거하고 내가 그들 안에 거하기 위해서 그들이 이루어야 하는 완전한 통일체이다"(John Burnaby).

앤더즈 니그렌(Anders Nygren)은 『아가페와 에로스』(*Agape and Eros*)에서, 에로스를 인간적인 추구와 노력과 열성과 관련된 것, "수고와 자기 학대에 의해 하나님께 도달하려는 고통스러운 갈망, 참 기독교에 해로운 것"

사랑 | Love

으로 간주한다. 그는 요한의 가르침도 인정하지 않는다. 왜냐하면 여기에는 하나의 형이상학이 존재하는데, 그것은 복음의 오염의 시작이며, 우리가 친구들을 사랑한다는 주장 안에서 에로스 및 우리가 애착하는 사람들에 대한 사랑이 시작되는 문을 열어 주기 때문이다. 니그렌은 어거스틴이 말한 카리타스(caritas)는 루터의 "코페르니쿠스적인 혁명"으로 "우리가 아직 죄인이었을 때에 그리스도께서 우리를 위해 죽으셨다"는 진리의 완전한 의미를 회복하기 전까지 중세 시대가 의지해 온 에로스와 아가페의 종합이라고 주장한다.

니그렌의 저서는 강력하고 감동적이며, 복음의 위대한 진리를 강조한다는 점에서 필요한 것이지만, 인간의 경험은 물론이요 기독교적인 경험에 충실하지 못하고 극단적이다.

그보다는, 기독교적 사랑에는 특징이 있으며 에로스는 정욕적이고 육욕적이고 호색적인 사랑을 언급할 수도 있다는 점에서 오해를 초래할 수도 있기 때문에, 신약성서에서는 아가페라는 단어를 사용했다는 오리겐의 견해가 더 그럴 듯하다. 본성적인 사랑은 정화되어야 한다. 그것은 자기 만족 및 다른 사람 위에 군림하려는 욕망일 수

도 있다. 그러나 어거스틴*과 클레르보의 버나드*는 에로스 자체가 아가페의 창조물이라고 암시한다.

기독교의 영적 저술들은 대부분 사랑의 분석에 관심을 가지며, 심오한 심리학을 포함하고 있다. 우리는 사랑할 때에 우리 자신을 사랑하지 말아야 하는가? 우리의 사랑은 어떤 단계들을 거쳐 완전함을 향해 성장하고 진보하는가? 갈등이 없이 하나님과 그의 피조물을 사랑하려면 어떻게 해야 하는가? 분심이 없이 하나님을 사랑하려면, 세상적인 사랑을 어디까지 부인해야 하는가? 사랑의 예언자이신 예수께서는 자기를 따르는 사람들에게 가장 사랑하는 사람들을 미워하라고 말씀하시지 않았는가? 그것을 그분의 사역의 위기와 이웃에 대한 지고한 충성의 요구로부터 분리할 경우, 그것은 하나님께서 자기 안에서 우리에게 주신 사람들을 사랑해야 한다는 의미가 아닌가? 이것만이 가족들의 사랑을 이기심으로부터 구하며, 우리의 친척과 친구들을 변함이나 죽음으로부터 안전하게 지켜줄 사람들의 수중에 둔다.

하나님의 사랑은 현대 기독교 사상을 크게 지배해왔다. 로버트 브라우닝(Robert Browning)과 같은 시인은 하나님의 전능을 당연한 것으로 간주했

다. 그는 "사울"(Saul)이나 "사막에서의 죽음"(A Death in the Desert) 등의 시에서 전능하신 능력은 무한한 사랑이라고 주장한다. 하나님은 그리스도 안에서 자신의 능력을 비우시며, 따라서 그리스도 안에는 사랑 외에 다른 것은 존재하지 않는다. 그 다음에 사랑은 능력을 되찾는다. 최근의 신학에서는 하나님의 전능을 마지막 때에만 계시될 종말론적인 개념으로 간주하기도 한다.

이 오랜 역사 안에서 우리가 하나님에 대해서 보는 것은 십자가에 달리신 그리스도, 오직 사랑의 힘만 소유하신 분이시다. 그분은 구약성서의 왕이 아니고, 자기의 권리를 주장하기 위해서 감언이설로 속이고 부정하게 조종하거나 타협하는 그리스인도 아니다. 그분은 "악인들, 약한 사람들, 죽은 사람들의 무게에 압도된" 분이시다(본회퍼).

우리는 하나님에 대한 전통적인 개념을 고수함으로써, 하나님을 우리 자신보다 사랑이 없으신 분으로 만들 수도 있다. 인간의 사랑을 하나님의 사랑의 유비로 여겨 무시하고 아가페와 에로스를 무자비하게 구분하면, 하나님에 대한 용납할 수 없는 교리가 남고, "하나님은 사랑이라"는 선포를 진지하게 대하지 못할 수도 있다. 끝까지 유비를 추구하게 되면, 십자가를 그리스도의 핵심으로 받아들이게 되며, 복음이 비극과 얼마나 근접해 있는지 이해하게 된다. 그것은 고난이 기독교의 전문 분야이며, 우리가 사랑을 배우고 죽기까지 사랑하면서 사는 방법을 배우지 않는 한 세상이 구원받지 못할 것이라는 인식을 준다.

John Burnaby, *Amor Dei*, 1938; M. C. D'Arcy, *The Mind and Heart of Love*, 1945; Julian of Norwich, *Revelations of Divine Love*; Anders Nugren, *Agape and Eros*, ET 1953; W. H. Vanstone, *Love's Endeavour, Love's Expense*, 1977; D. D. Williams, *The Spirit and Forms of Love*, 1968.

편집자

사막, 사막 교부들 | Desert, Desert Fathers

피터 다미안(Peter Damian)과 같은 초기 수도적 저술가들은 수도 생활의 기원은 엘리야와 같은 구약의 성인들이 사막으로 들어간 데 있다고 말한다. 세례 요한도 최초의 수도사로 언급되었다. 중세 시대의 작가들은 1세기에 필로가 묘사한 유대인 테라퓨테(*therapeutae*)는 외딴 곳에서 독신 생활을 한 기독교 은둔자들이라고 생각했다. 여기에는 역사적인 관점이 결여되어 있지만, 그렇다고 해서 완전히 잘

사막, 사막 교부들 | Desert, Desert Fathers

못된 생각은 아니다.

사막에서 생활한다는 이상은 기독교의 독창적인 것이 아니었다. (호세아서와 예레미야서와 같은 예언 문학에서 몇 가지 주제를 취하는) 종말론적인 유대교 신앙에서, 사막은 계약 공동체가 거듭나고 정화되는 장소였다. 이스라엘이 처음으로 토라를 받은 장소는 광야였다. 사막으로 도피하는 것은 국가와 종교의 부패에서 벗어나 그 원천으로 복귀하는 것이 되었다. 또 엘리야 같은 선지자나 마카비와 같은 저항자들의 경우에, 사막은 피난처였다. 불신자들의 공격을 피해 광야로 들어간 공동체는 하나님의 보호를 받았다. 이 모든 것이 사해 분파의 이데올로기를 이루었고, 유대 기독교에 영향을 남겼다(계 12:14). 복음서 기자들이 볼 때에 예수께서 사막에서 지내신 것은 이스라엘이 출애굽 이후에 겪은 시련과 유혹의 시기를 재현한 것이었으며, 따라서 언약의 근본적인 갱신이었다.

오리겐*은 이스라엘 백성이 광야에서 방랑생활을 한 것을 죄와 정욕으로부터의 분리, 세상으로부터의 이탈, 유혹과의 씨름을 통한 성장 등의 특징을 지닌 기독교 영성 생활의 전형으로 해석했다(그의 민수기 설교 27을 보라). 오리겐의 시대에 이집트에는 이미 문자 그대로 사회로부터 분리된 생활을 하는 기독교 신자들이 있었을 것이다. 269년 경에 젊은 안토니*가 가난과 금욕 생활의 소명을 받았을 때, 그의 주위에는 가르침을 받을 수 있는 은둔자들이 있었다. 그러나 280년대에 안토니 자신이 동료들과 접촉할 수 없는 사막 깊은 곳으로 들어가면서부터 새로운 기독교적 관습—가장 심오한 인간적 긴장 관계들 및 독거의 약점들에 대처하기 위해서 인간 사회로부터 도피하는 것—이 확립되었다.

오랫동안의 철저한 고립 생활을 마친 안토니를 중심으로 제자들의 무리가 형성되었다. 그가 생을 마칠 무렵(355년경), 이집트의 사막에는 파코미우스가 상부 이집트에 세운 조직적인 공주 수도원의 형태에서부터 북부 지역(니트리아 호수 주위의 지역, 그리고 흔히 스케티스 사막이라고 불리는 Wadi el Natroun)의 체계적으로 형성한 작은 집단들에 이르기까지 다양한 형태의 금욕적 공동체들이 있었다. 그 운동이 인기가 있었던 것은 콘스탄틴이 기독교를 공인한 데도 어느 정도 원인이 있다. 기독교적 이탈을 나타내는 최고의 상징인 순교를 할 수 없게 되었으므로, 수도원 운동이 그 자리를 대신한 것이다. 수도원 운동은 교회와

사막, 사막 교부들 | Desert, Desert Fathers

세상이 지나치게 쉽게 화해하는 것에 대한 항의였다고 한다. 그런 의미에서, 그것은 쿰란 공동체처럼 종말론적인 현상이었다.

사막은 적대적인 영들이 가득한 장소로 간주되었고, 초기 수도사의 주된 소명은 마귀들의 기만하고 파괴하는 능력에 대처하는 데 있었다. 때로 폐허가 된 이교 신전에서 지내면서 그곳에서 섬김을 받는 악령들의 간계와 싸우기도 했다. 또 참 종교 체험과 거짓 종교 체험을 식별하는 방법을 배워야 했다. 즉 극도로 굶주리고 고립된 상태에서 위안을 주는 환상과 계시의 진위를 파악하는 방법을 배워야 했고, 마귀가 제공하는 눈을 부시게 하는 영적 드라마(천사의 음성이 들리거나 찾아오는 것 등)에 현혹되지 않으면서 지루함과 낙심, 그리고 좌절을 신실하게 견뎌내는 방법을 배워야 했다.

그러므로 사막은 망상을 극복하고 욕망을 정화하는 장소이다. 마카리우스*, 피멘, 모세와 같은 4세기의 수도원 운동의 지도자들, 그리고 보다 지적이고 철학적인 에바그리우스*는 한결같이 참된 독거란 자신의 계획에 다른 사람들을 거두어 주기를 거부하는 것—그들이 표현을 빌자면, "형제들을 판단하기를" 거부하는 것—을 의미한다. 이것은 실질적으로 사람들의 영적인 삶을 해석하고 지도하는 데 있어서의 융통성을 의미하기도 한다. 수련 수사는 작은 무리의 원로(gerōn), 사부(abba)의 지도를 받으며, 사부의 말과 행동을 절대적으로 하나님이 주시는 것으로 여겨 받아들인다. 그러나 사부 역시 자신이 보살피는 사람들의 다양한 욕구를 민감하게 의식해야 한다(이점은 바질과 베네딕트*의 수도원 규칙에서 매우 강조된다). 이러한 형태의 생활 방식의 특징을 『사막 교부들의 금언』(Sayings of the Fathers)—수련생이 가르침을 요청하면서 시작되는 일화들과 부수적 의견들을 편집한 것—에서 찾아볼 수 있다. 같은 시기에 카시안은 Conferences와 Institutes—이 책들은 사막의 전통을 표준적인 베네딕트주의에 전달한 주요한 수단들이다—에 교부들의 가르침을 요약했다.

중세 시대 서방에서 이루어진 대부분의 수도원 개혁 운동의 핵심은 "사막의 이상"을 지향하면서 지리적으로 사람들이 접근할 수 없는 장소로 은거하는 것이었다. 그 중에서 이 전통을 다소 상이하게 해석한 특별한 사례를 언급해야 할 것이다. 13세기에 팔레스틴의 갈멜 산에 기초를 두고서 엘리야를 자기들의 시조로 간주하던 은둔자들의 공동체가 점차 조직을 갖추고 갈멜 수도회가 되었다. 그러나 그들의 원래의 은둔적인 본성은 결코 완전히 망각되지 않았다. 16세기에 있었던 그 수도원의 개혁에서는 사도적 활동과 사막으로의 은둔의 균형을 확보하려 했다. 즉 정기적으로 고립된 피정의 장소에서 생활하게 하려 했다.

프랜시스 수도회*의 지파인 카푸친회도 비슷한 규정을 마련했다. 따라서 최초의 수도사들의 삶보다 세상에서의 사역에 한층 밀접하게 개입된 종교 생활에 "사막 경험"을 통합할 수 있는 가능성이 확보되었다. 우리 시대에 샤를 드 푸꼬(Charles de Foucauld)*와 같은 예언적인 인물의 외로운 증언과 사하라 사막에서의 죽음은 예수의 작은 형제 자매단(Little Borthers and Sisters of Jesus)에게 감화를 주어 진지하고 철저한 관상 생활과 가난하고 소외된 사람들을 대상으로 하는 사역을 결합하게 했다.

토머스 머튼*은 진보된 소비 사회의 망상에 관한 관상적인 관점의 필요성에 대해 많은 글을 썼다. 그리고 위안을 주는 계획으로의 유혹과 공허함에 맞서 정직하게 헌신적으로 대처하려는 사람—사회라는 사막의 궁핍함과 병폐, 그리고 공정하고 자비하게 살려는 소망의 범주를 분명히 깨달을 수 있는 독거라는 사막을 만들려는 사람—이 있는 한, 그러한 사회는 자체의 황폐함과 자기 기만에 빠지기 쉽다는 것을 깨달을 것이라고 주장했다. 이것은 제도적인 관상가들만이 해야 하는 일은 아니다. 사막 교부들이 인정했듯이, 사막 소명의 어떤 측면은 모든 신자들의 소명에 속한 것이기도 하다.

Peter Anson, *The Call of the Desert,* 1973; Derwas Chitty, *The Desert A City,* 1966; Thomas Merton, *Conjectures of a Guilty Bystander,* 1965; *Raids on the Unspeakable,* 1966; René Voillaume, *Seeds of the Desert,* Benedicta Ward, *The Sayings of the Desert Fathers,* 1976.

ROWAN WILLIAMS

사막 교부들의 금언집 | Apophthegmata

경구(警句)를 의미하는 "apophthegm"에서 파생된 용어로서, 헬라어로는 *Gerontikon* 또는 *Paterikon,* 라틴어로는 *Verba Seniorum,* 영어로는 *The Saying of the Desert Fathers*라고 알려진 초기 수도원과 관련된 자료 선집을 일컫는다. 여기에는 대체로 4-5세기의 이집트, 특히 니트리아(Nitria)와 스케티스(Scetis)에서 유래된 일화들과 경구들이 담겨 있으며, 사부 푀멘

(Abba Peomen)과 그의 제자들이 중심을 이룬다. 4세기 말 이전에. 이미 최초의 헬라어 금언들이 구전으로 유포되어 있었으며, 초보적인 형태로 기록되기 시작했었다. 5세기말이나 6세기 초에 존재한 주요 선집들은 거의 현재와 같은 완전한 형태를 취하고 있었다.

사막 교부들의 금언집은 수도사의 이름을 언급하는 것으로 시작된다: "사부 안토니오 말씀하시기를…", "한 형제가 사부 아르세니우스에게 묻기를…". 또는 익명으로 언급되기도 한다: "어느 원로가 말하기를…", "그 원로가 말하기를…"

그 금언집은 크게 두 가지 형태를 취한다: (1) 특별한 사막 교부들의 이름을 취하는 본문들을 알파벳 순서로 수록한다; (2) 본문들을 주제별로 배열한 것(정적, 양심의 가책, 겸손 등). 헬라어 금언집 외에도 콥트어, 라틴어, 고대 시리아어, 그루지아어, 아르메니아어, 에디오피아어로 된 것도 남아 있는데, 종종 헬라어 판에는 없는 본문들이 수록되어 있다.

금언집은 에바그리우스와 같은 유식한 그리스인들의 체계적인 가르침보다는 주로 무식한 콥트 출신 수도사들의 단순하면서도 실질적인 지혜를 반영한다(그러나 에바그리우스는 자신의 저서에 금언 자료를 포함시켰다). 사막 교부들의 금언집은 신랄하고 인간적이고 매우 읽기 쉬우며, 원시 사막 영성의 정신을 어느 전거보다 생생하게 전달해 준다.

Texts: alphabetical–B. Ward, *The Sayings of the Desert Fathers* and *The Wisdom of the Desert Father*, 1975; systematic–H. Waddell, *The Desert Fathers*, 1936; Studies: W. Bousset, *Apophthegmata*, 1923; J.-C. Guy, *Recherches sur la tradition grecque des Apophthegmata Patrum*, 1962.

KALLISTOS WARE

사순절 | Lent

부활절을 준비하면서 참회의 훈련을 하는 40일의 기간을 말한다. 동방 교회에서는 *Tesarakoste*라 하며, 서방 교회에서는 *Quadragestima*라고 한다.

1. 기원과 발달. 기독교의 초기 시대에는 부활절 직전에 24시간 동안 금식을 했음이 입증된다. 그 기원을 증명하는 것이 2세기 말의 유월절 논쟁의 주제였는데, 그 근저에는 기독교와 그 모체인 유대교의 관계라는 문제가 놓여 있었다. 4세기에 확립된 사십 일 금식은 부활절 금식이 발달된 것 이상의 현상이었지만, 부활절 전례에서 절정에 달하는 참회와 준비 기간을 규정하는 선례를 제공한 것은 부활절 금식이

사순절 | Lent

다.
 40일이라는 기간은 예수께서 세례받으시기 전 사십 일 동안 금식한 것을 모방한 것이다. 3세기 초에 아프리카에서 터툴리안은 세례와 그 준비를 부활절 축일과 그리스도의 매장이라는 주제를 연결했다. 초대 교회의 입문자 교육의 절정은 사십 일이었다. 3세기에 세례 받은 신자들이 장차 신자가 될 사람들과의 중보적 교제의 행위로서 사십 일 동안 준비하는 경건한 관습이 있었다. 기독교인들이 겸손과 거룩함의 성장에 헌신하는 것, 그리고 4세기에 세속 당국자들이 교회를 받아들인 데 따른 결과들이 이 호의적인 관습이 신자들의 집단 전체를 위한 참회의 영적 갱신의 제도화된 관습으로 발달한 과정에 도움을 주었다.
 사순절의 성장과는 상관없이, 부활절 금식이 발달하여 성 주간(Holy Week)이 되었다. 동방 교회와 서방 교회에서의 사순절과 성 주간의 관계는 상이하다. 복잡한 발달을 거쳐 다음과 같은 상황에 이르렀다: 동방교회에서의 사순절 금식은 성 주간 이전이며 토요일과 주일을 제외한다. 서방교회에서는 사순절에 성 주간이 포함되어 토요일도 금식일이다. 종교개혁 교회들 중에서 루터 파와 성공회에서는 사순절을 지켰지만, 그것을 지키는 것이 공로가 된다는 것은 부인했다. 급진적인 개혁자들은 그 정당성 자체를 의문시했다. 계몽주의적 진보주의가 개신교에서의 전통적인 위상을 훼손했다. 전례 운동(Liturgical Movement)은 기독교의 보편적인 유산으로서의 사순절의 탁월함을 회복시켜 주었다.
 2. 의식. 입문자 교육의 발달로 인해 세례 지원자들을 위한 "검사", 축귀의 날이 도입되었다. 일반적인 관심은 주일에 성경을 읽는 제도에 있었다. 개정된 가톨릭 교회 성구집에서는 과거에 흔히 사용되던 형식을 복원했다: 사순절 1, 시험; 사순절 2, 변화; 사순절 3, 마른 무화과 나무; 사순절 4, 탕자; 사순절 5, 간음하다가 잡혀온 여인. 전례적으로 고려된 사순절은 그리스도의 삶의 본보기요 근원이 되는 예수의 삶이 제자들에 의해 시연된 것이며, 그리스도의 삶과 제자들의 삶의 절정은 희생과 부활이다. 사 복음서의 최종 형태는 이 구조에 기초를 두고 있으며 기독교의 부활절 준비를 위해 고안된 것일 가능성이 있다.
 회중의 삶의 전례적인 구조 안에서, 개인적으로나 집단적으로 사순절을 지키는 데에는 세 가지 요소가 있다: 금식이나 다른 형태의 부인 행위; 기도; 기독교적 봉사 행위(예를 들면 구제). "기도, 자비, 금식―이 세 가지는 하나이며, 서로에게 생명을 준다. 금식은 영혼의 기도이고, 자비는 금식의 생명이다. 누구도 그것들을 분리하지 말라. 그것들은 서로 분리될 수 없다"(St. Peter Chrysologus, *Sermon* 43).

대 레오(St. Leo the Great)는 사순절 기간 동안 묵상과 영혼의 형성을 위한 주제들을 요약했다(*Sermons* 39-40). 사순절은 영적 전투의 시기, 시험과 자아를 극복하고 자기를 제어하는 훈련의 시기이다. 사순절의 특징은 은혜로 말미암는 영적 승리에 대한 확신이다. 육의 시험 뿐만 아니라 분노와 교만과 같이 교묘한 정신의 시험들을 확인하고 그것들을 대적하여 싸운다. 시험하는 자는 자신이 잃은 것을 되찾으려 할 것이므로, 사순절은 투쟁의 시기가 될 것이다. 그것은 개인적인 성장을 위한 기회를 의미하는데, 이 성장은 표면적인 선과 이웃에게 미치는 선한 결과들 안에 반영될 것이다. 사순절은 기독교인들에게 보다 훌륭한 배우자, 부모와 자녀가 되라고, 가정 생활에서 새로운 조화를 발견하라고 요청한다. 생각과 개인적인 관계들 안에 새로운 순수함이 있다. 종교적 수행에 따르는 독선과 위선과 같은 특별한 시험들을 확인하여 대적해야 한다. 사순절은 이성적인 삶, 변화하는 상황에 따른 욕구와 의무에 자신을 적응하는 훈련이 될 것이다. 무엇보다도, 사순절은 화해의 시기이다. 공적인 참회자들이 다시 교회의 교제 안에 들어올 뿐만 아니라, 모든 신자들이 용서의 축복 안에서 즐거워하며, 영적으로 용서해 주는 사랑을 부여받는다. 부활절에 기념되며 세례 안에서 전달되는 구속의 기쁨이 사순절 때에 예시되고 새로워진다.

R. Buckler, *The Perfection of Man by Charity*, 1953; Leo the Great, *Sermons* 39-50; Lorenzo Scupoli, *The Spiritual Combat*; H. Thurston, *Lent and Holy Week*, 1904.

DAVID TRIPP

사심없는 사랑 | Disinterested Love

16세기에 스페인의 익명의 작가가 쓴 단시(短詩)가 있다. 그것을 예수회 회원인 프랜시스 사비엘이 썼다고 하지만, 그것은 잘못된 것이다. 그 시에서는, 천국이 없고 영혼이 깊은 지옥에 떨어진다 해도, 하나님의 사랑 자체가 보상이 될 것이라고 선언한다. 그러한 사심이 없는 공평함이 중세 시대 기독교 영성의 특징이 되었다. 그것은 어거스틴에게는 관심의 대상이 아니며, 예수님의 가르침에 비하면 부끄러운 것이지만, 키케로의 *De Amicitia*(이것은 특히 리보의 아엘레드에게 큰 영향을 주었다)에서는 친구들의 사랑은 사심 없는 사랑이어야 한다고 주장한다. 아벨라르(Abelard)*와 시토회 수도사들은 하나님은 우리에게 행하시는 일과는 상관없이 우리가 사랑해야 할 영원한 친구라고 생각했다. 이러한 사상이 16세기 말과 17세기에 널리 퍼졌고, 프랜시스 드 살*의 가르침에서 발견할 수 있다.

처음부터 이것을 반대하는 사람들이 있었지만, 궁극적으로 묵스의 주교 보수에와 켄터베리 대주교 페넬론* 사이의 추한 논쟁이 벌어진 후인 1699년에 교황은 *Cum alias*에 의해 그것을 정죄했다. 페넬론은 순수한 사랑의 사도로서 *Explication des Maximes des Saintes*라는 저서에서 그러한 사상을 전개했다. 원수들도 굴복한 그의 사상과 인격의 심오함을 의식하고, 자비한 사랑의 성직자였던 그 자신의 기록을 볼 때에 그에게 매료되지 않을 수 없다. 돌이켜 보면, 그 정죄는 정당한 듯하다. 사심없는 사랑은 소망*과 사랑*을 부인할 뿐만 아니라 비기독교적으로 개인주의적이다. 이는 비록 자신을 위한 보상을 구하지 않고, 그리스도 없이 천국에 가는 것보다 그리스도와 함께 지옥에 가는 편을 원한다고 해도, 나는 사람들의 구원과 축복을 원해야 하며, 하나님 나라의 승리를 원해야 하기 때문이다. 그것이 하나님을 사랑하는 사람의 과장된 표현이 아니라면, 그것은 하나님 안에 흡수됨의 영성이다. 그리고 비록 개인주의적이고 엘리트주의적이지만, 역설적으로 하나님 안에서 자아의 상실로 이어진다.

그것은 17세기 가톨릭 신앙에서 많은 영혼들을 억압했던 죽음과 저주에 대한 강박적인 두려움을 제하지 못했지만, 어느 정도 완화시켜 주었다. "반대가 없는 승리를 허락받음에 의해서, 가능한 최악의 결과를 받아들임으로써 두려움이 극복된다. 그러나 그 결과는 하나님의 수중에 있으며, 하나님은 사랑이시다"(John McManners). 그것은 드 코사드의 신적 섭리에 맡김의 사상으로 복원되었다.

John Burnaby, *Amor Dei*, 1938; R. A. Knox, *Enthusiasm*, 1950; John McManners, *Death and the Enlightment*, 1981; D. D. Williams, *The Spirit and Forms of Love*, 1968.

편집자

생스터, 윌리엄 에드윈
| Sangster, William Edwin

생스터(1900-1959)는 대단한 능력을

지닌 감리교 설교자였으며, 그의 기본적인 메시지는 거룩이었다. 그는 1939년부터 1955년까지 Central Hall Westminster의 목사였으며, 제2차 세계대전 때에는 방공호에서 훌륭한 사역을 행했다. 그러나 그가 주로 연구한 것은 성성(聖性)이었고, 그의 전형적인 저서는 『마음이 청결한 자』(The Pure in Heart, 1954)이다. 그의 특유의 설교 형식으로 저술된 그 책은 거룩을 향한 갈망이 역사와 시대와 전통과 사회적 지위에 상관없이 모든 기독교인을 하나님의 사랑 안에 결합하는 방법을 보여 준다. 이 책에서는 매우 광범위한 영성사에서 취한 예들을 살펴보고 사용한다. 저자는 성성이 무엇인지를 설명하고, 성령의 열매들을 연구함으로써 그것에 대해 상세히 묘사하려 한다. 그 책은 모든 사람들을 거룩함을 향한 모험에 초청한다. "우리는 하늘 멀리서 성인들이 눈처럼 흰 곳에서 움직이는 것을 본다…그리고 그 뒤를 따른다. 누구든지 그곳에 올라갈 수 있을 것이다."

Paul Sangster, *Doctor Sangster*, 1960.

편집자

샤르트르의 필베르 | Fulbert of Chartres

샤르트르의 필베르(c. 970-1028)는 클뤼니의 오도(Odo of Cluny, 942년 사망) 이후로 마리아 숭배와 마리아 탄생 축일을 기념하는 전통에 가장 크게 기여한 인물일 것이다. 이 전통은 11세기 말과 12세기 초에 캔터베리의 안셀름*의 기도문과 클레르보의 버나드*의 설교를 통해서 풍성해졌다.

그의 초기의 삶에 대해서는 거의 알려진 바가 없다. 필베르가 지은 두 편의 자서전적인 시는, 그가 가난한 집의 아들로서 혈연이나 재산의 도움이 없이 주교가 되었다는 것을 말해 준다. 아마 그는 프랑스 북부에서 태어났으며, 10세기의 말에 활동한 위대한 변증학과 수학 교사인 제르베(Gerbert of Aurillac, 후일 교황 실베스터 3세)의 제자였던 것같다. 그가 수도사였다는 증거는 없으며, 그는 샤르트르의 학교 교사로서 그 학교를 유명하게 만들었다. 그는 주로 문법과 언어학의 문학적인 특성들을 가르친 듯하다. 그는 1006년에 주교에 임명되었다. 1020년 대에 그의 서신들의 대부분이 사라졌기 때문에, 이 시기의 그의 주교직에 대해서는 분명히 파악할 수 없다. 1020년 9월, 샤르트르 성당이 화재로 소실되었고, 필베르는 성당 재건에 착수했지만 그의 생전에는 완공되지 못했다. 1022년 말에, 필베르는 로마로 순례 여행을 떠났다. 주교가 주로 행정적인 일을 해야 하던 시대에, 그는 양심적인 성직자였던 듯하나 개혁자는 아니었다.

그 시대 사람들은 그를 유식한 사람으로 간주했지만, 현존하는 그의 저서를 보면 그는 학자라기보다는 목회적이고 경건한 저술가였다. 그의 편지들은 행정가의 면모 뿐만 아니라 자신이 맡은 영혼들에 대한 관심이 가득하여 회개를 권면하는 목회적인 면모를 보여 준다. 그의 저서인 *Contra Judaeos*에도 그의 강력한 영성을 반영해 주는 내용이 많다.

하나님의 신성과 그리스도의 임재에 대한 그의 의식은 동정녀의 위엄과 거룩, 신부로서의 영광, 그리고 중보자로서의 역할 등을 강조한 것을 보완해 준다.

F. Behrends (ed), *Letters and Poems of Fulbert of Chartres,* 1976; L. C. Mackinney, *Bishop Fulbert and Education at the School of Chartres,* 1957; P. Viard, 'Fulbert de Chartres', *DS,* V. cols 1605-11.

GILLIAN EVANS

샤를 드 푸꼬
|Foucauld, Charles Eugène de

샤를 유게네 드 푸꼬(1858-1916)는 부유한 귀족 가문 출신이었다. 그는 아프리카에서 기병대 장교로 복무하면서 사하라 사막을 향한 열정을 품었다. 그는 몇 차례의 탐험, 특히 모로코 탐험을 한 후, 위벨렝(Huvelin)* 수도원장의 감화를 받아 가톨릭 신앙을 되찾았고, 성지 순례에 나섰다.

1890년에 네제의 노틀담에 있는 트라피스트 수도원에 들어갔지만, 그곳의 생활보다 더 고독한 생활을 원했기 때문에 나사렛에 있는 가난한 클라라 수녀원에서 생활하다가 후에는 예루살렘에서 생활했다. 1900년에 푸꼬는 프랑스로 돌아왔고, 이듬 해에 사제가 되었다. 그는 가난한 자들과 하나가 되기를 원했지만, 아무리 엄격한 수도원도 이 일을 행하는 데 도움을 줄 수 없음을 발견했다.

그리하여, 그는 은둔 생활을 하기 위해 알제리로 갔다. 처음 1901년부터 1905년까지는 베니 아베스(Beni Abbès)에서 생활했고, 1905년부터는 사하라 사막의 중심부에 있는 타맘라셋에서 회교도인 투아레그인들과 함께 생활했다. 가정 생활, 농사, 건강, 위생, 교육, 문화 등 투아레그인들의 관

샤를 드 푸꼬 | Foucauld, Charles Eugène de

심사는 곧 푸꼬의 관심사가 되었다. 그는 투아레그어를 공부하고, 투아레그어 사전을 편찬하고, 그 언어로 번역하기도 했다. 그는 그들 중에서 은둔자 생활을 하면서 "기도와 회개와 자선 활동"으로 시간을 보냈다. 그는 프랑스 군인들과 회교도들로부터 존경을 받았지만, 한 사람도 개종시키지는 못했다. 푸꼬는 1916년 사하라에서 투아레그인에 의해 암살되었다.

푸꼬는 모든 사람은 구속의 은혜에 의해 동일한 천국에서 행복하게 살아야 하는 하나님의 자녀, 그리스도의 형제들로 간주했다. 그런데 보편 교회 내에서 아랍인들, 터키인들, 아르메니아인들이 라틴어 전례를 이해하지 못한다는 사실이 그를 괴롭혔다. 그는 사제들과 종교인들이 주위 사람들의 삶에 동참하는 것을 보고자 했다. 그는 복음의 전파에서 평신도들이 보다 큰 역할을 해야 한다고 생각했다. 그의 이상은 말과 예식에 의해서가 아니라, 순수한 선과 따뜻한 마음과 관대함에 의해서; 종교나 하나님을 반드시 언급해야 하는 것이 아니라 다만 '하나님이 인내하시므로 인내하며 하나님이 사랑하시므로 사랑하며, 온갖 원한이나 생색을 내는 태도를 피함으로써 기독교가 전파되는 것이었다. 그는 자신의 교회를 초월하여 다른 기독교인들, 유대인, 그리고 회교도들까지 포용할 수 있었다. 그리스도는 모든 사람들에게 오셨으므로, 회교도들에게 전파하는 데 대해 문제가 없어야 했으며, 문제시하는 것은 그들을 소외시키는 결과를 초래할 것이었다. 투에레그 족 추장, 뭇사의 숙모가 임종할 때에, 그들은 푸꼬에게 사람을 보내어, 와서 그녀를 위로해 달라고 부탁했다. 두 사람의 마음에는 혼동이 없었으며, 서로 상대방을 존중했다. 그들은 신을 믿는다는 공통의 근거에서 만났다.

푸꼬는 암살되기 전에 "작은 형제회"와 "작은 자매회"를 위한 규칙서를 편찬했지만, 아무도 그에게 동조하지 않았다.

푸꼬가 죽은 후, 르네 보알롬(René Voillaume)과 그의 친구 몇명은 엘 아비오드 시디 세이크에서 이 규칙에 따라 생활하려 했다. 그들은 제2차 세계대전으로 인해 흩어졌다가, 1945년에 그곳으로 돌아왔다. 그 공동체는 성장하여 전 세계로 퍼져갔다. "예수의 작은 형제회"라는 공동체 안에는 매우 관상적인 요소가 있었다. 그들은 푸꼬가 세운 규칙에 따라 그 지방의 경제와 환경에 순응하여 살았고 공장에서 일하는 사람이나 농부나 어부들처럼

노동복을 입었다. 르네 보알롬은 작은 형제회라는 이름에 알맞은 태도를 지녀야 한다는 점을 설명해 주었다:

"우리가 이루어야 할 과업 앞에서 우리는 작습니다. 사람들이 볼 때에도 우리는 작습니다. 우리는 평생 동안 무익한 종으로 남을 것이며, 또 그러한 대접을 받기를 원해야 합니다."

르네 보알롬이 사하라 사막에 예수의 작은 형제회를 세운 해에(1935), 프랑스의 몽뻬리에에 '성심의 작은 자매회'가 세워졌다. 1939년에는 투구르에 예수의 작은 자매회가 설립되었다. 1958년과 1965년에 복음의 작은 자매회와 자매회가 각기 설립되었다.

이 독거 생활을 사랑하는 형제 자매들은 유럽의 비기독교화한 프롤레타리아와 제3세계의 환경에 쉽게 적응하기 위해서 푸꼬가 작성한 원래의 규칙을 수정해야 했다. 1939년에 이미 "자매회" 부분이 개정되기 시작했다.

푸꼬의 추종자들은 푸꼬가 회교도 세계에서 육체적인 보호를 받지 못한 채 자신의 삶의 모범을 통해서 예수의 메시지를 실현하려 한 것을 장래의 기독교적 삶의 상태에 대한 예언으로 간주했다.

Elizabeth Hamilton, *The Desert My Dwelling Place*, 1968.

EDWIN ROBERTSON

설교와 영성 | Preaching and Spirituality

기독교 설교자의 영성에서 중요한 요인은 강력한 소명 의식이다. 구약성서의 "예언적 소명" 이야기와 신약성서에 수록된 자서전적인 구절들은 하나님의 목적과 인간의 반응을 예증해 준다(암 3:7-8; 7:10-15; 사 6:1-8; 렘 1:4-19; 겔 1:1-3:27; 행 22:6-16; 26:12-18; 고전 9:16-27; 15:8-11). 초기 기독교 문헌에서는 충실하게 자원하는 마음과 본성적으로 내키지 않는 마음 사이의 심리학적인 긴장이 두드러지게 나타난다.

중세 시대의 대 그레고리*는 이사야와 예레미야를 대조하면서 독자들에게 "설교의 직무를 간절히 원하는 사람들이 있는 반면에, 강요에 의해서 설교하게 된 사람들도 있다"고 상기시켰다(*Pastoral Care*, I, 7). 그레고리는 잠재적 설교자 중에는 지나치게 겸손한 사람들이 있다고 생각했다. "설교를 하여 훌륭한 결과를 발휘할 수 있으면서도 그렇게 하기를 꺼리는 사람들에게는 죽어가는 영혼들에게 생명의 약을 감추는 것에 대해 경고해 주어야 한다"(ibid., III, 25). 나지안주스의 그레고리는 자신이 "어떻게 나에게 주어진 것이 아닌 직무를 원하지 않고, 직무가 주어졌을 때 거부하지 않으면서 두려움의 균형을 유지했는지"에 대해 설명한다. 그는 자신이 "어떤 일에 대해서든지 적극적으로 돌격하는 사람들보다 소심하며, 모든 일을 회피하는 사람들보다는 담대하다"는 것을 발견한다(Oration II, *In Defence of His Flight*, 112). 가이사랴의 바질(Basil of Caesarea)은 하나님께서는 "그 종들이 도망치려고 노력할 때에도 피할 수 없는 은혜의 그물 안에 종들을 가두신다"고 암필로키우스 주교에게 말했다(*Letters* CLXI).

설교자에게는 훌륭한 말 이상의 것이 요구된다. 즉 꾸준히 모범을 보여야 한다. 바질은 "기독교인에게 사는 방법에 대해 가르치려면 말이 아니라 매일의 모범이 요구된다"고 주장했다(*Letters* CLI). 대 그레고리는 "자기 얼굴에 종기가 나 있는 설교자가 무슨 근거로 주제넘게 병자를 고치려 하느냐"고 묻는다(*Pastoral Care*, I, 10). 수세기 후에 리처드 백스터*는 *Reformed Pastor*라는 저서에서 동일한 진리를 표현했다: "가식이 없는 말을 하는 사람은 자신이 말한 대로 행동할 것이다"(cf. George Herbert*, *Priest to the Temple*, 2-3).

설교자가 직면하는 위험 중의 하나는, 어떤 일에 대해서 설교할 때에 무의식적으로 자신이 그것을 실천했다고 상상하는 것이다. 백스터는 "우리 자신의 책망의 소리로 인해 완고해지는 것"에 대해 경고한다. 어거스틴*은 설교자는 자신의 설교를 경청해야 한다고 말했다: "자신의 내면의 소리를 듣지 않는 사람은 하나님의 말씀을 소유하지 않는 무익한 설교자이다"(Serm. 129, 1).

그러나 설교자가 자신의 설교를 듣는 것만으로는 충분하지 않으며, 기도해야 한다. 랜슬롯 앤드류즈(Lancelot Andrewes)*도 6세기 북아프리카의 주교인 풀겐티우스(Fulgentius)와 같은 견해를 취하여, 설교자는 "유창한 말보다는 경건한 기도에 의해서" 훌륭하게 사역을 할 수 있음을 깨달아야 한다고 여겼다. 그는 "갈급한 영혼을 하나님께 들어올려야 한다. 그렇게 함으로써 하나님으로부터 받아 마신 것을 사람들에게 나누어 줄 수 있다"고 말했다('A Caution and a Prayer before Preaching', *Preces Privatae*, 1648). 규칙적으로 하는 기도는 설교자의 영적 자원을 상기시켜 줄 뿐만 아니라, 회중의 욕구에 보다 민감하게 해 준다. 스펄전은 기도가 없는 설교가 얼마나 궁핍한 것인지 묘사했다. 진정한 뉘우침은 분명히 필요하지만, 설교자는 편협함을 피해야 한다. 환난을 경험하는 것은 설교자에게는 무한히 귀중한 영적 자원이다. 실패도 성화시키는 효과를 지닐 수 있다. 실패는 그 고통 때문에 영혼이 연단되지 않았으면 행할 수 없었을 위대하고 고귀한 일을 행할 수 있게 해 주기도 한다. 영적 겸손도 필요하다.

설교자의 영성의 실질적인 표현은 어려운 일을 행할 수 있는 능력이다. "설교는 선천적인 능력이 아니라 후천적으로 획득하는 능력이므로 언변이 유창한 사람도 항상 노력해야 한다. 비록 높은 수준에 도달했다고 해도 꾸준히 그 능력을 적용하고 발휘함으로써 계발하지 않으면, 그 능력이 그를 저버릴 수도 있다"(John Chrysostom, *On the Priesthood*, V. 5).

설교자에게는 회중의 인정을 받는 것보다 하나님 앞에서 책임질 수 있는 행동이 더 중요하다. 그는 자신의 사역의 모든 부분에 대해 대답할 수 있는 하나님의 청지기이다.

W. E. Sangster, *The Approach to Preaching*, 1951; C. H. Spurgeon, *An All Round Ministry*, 1973.

RAYMOND BROWN

섭리 | Providence

providence라는 단어는 "예지"(豫知)를 의미하는 라틴어 *providentia*에서 유래했다. 그러므로 엄격히 말해서 하나님의 섭리는 세상에 대한 적극적인 개입보다는 하나님의 선험적 지식과 예비하심을 언급하지만, 실제로는 주로 하나님의 예지와 통치를 언급한다.

기독교의 섭리의 교리의 주된 원천은 성경에 묘사된 하나님의 통치이다. 비록 원래의 기자들이 후대에 이루어진 구분들을 인식하지는 않았겠지만, 이 전반적인 통치 안에서 몇 가지 요소를 감지할 수 있다. 창세기에서 특별히 자세히 언급된 하나님의 창조 행위; 세상이나 인간을 지탱하시는 하나님의 행위(사 41:10); "일반 섭리"라고 불리게 된 행위, 즉 불의한 자와 의로운 자에게 비가 내리는 것과 같은 자연의 현상 안에서 이루어지는 하나님의 사역; 하나님께서 예언자에게 말씀하시거나 어떤 특별한 행동을 통해서 역사하시는 바 후일 "특별 섭리"라고 불리게 된 것; 마지막으로, 순수히 자연적인 설명을 허락하지 않는 특별한 행위로서 후일 "기적"이라고 불리게 된 것 등이 있다. 넓은 의미에서 보면, 이 활동들은 모두 섭리의 범주에 들어가지만, 좁은 의미에서 보면 일반 섭리와 특별 섭리만 섭리에 속한다.

구약성서에서 하나님의 통치는 우주적인 것으로 간주된다. 예를 들면, 자연의 영역에서는 기후를 결정하시는 것, 인간의 영역에서는 바로의 마음을 강퍅하게 하신 것, 역사의 영역에서는 하나님께서 전쟁의 결과를 결정하신 것(예를 들면 수 6:2)이다. 이 우주적 섭리의 견해는 인간의 자유와 충돌하기 때문에, 후일 심각한 문제들을 제기했다. 그러나 고대의 다른 민족들과 마찬가지로, 히브리인들은 하나님께서 모든 것을 결정하신다는 견해와 인간은 책임있는 존재라는 견해를 받아들였다.

신약성서에서는 섭리를 의미하는 그리스 *pronoia*가 인간의 선견을 언급하기 위해서 단 한 번만 사용되지만(행 24:2), 비슷한 우주적 섭리가 함축되어 있다. 그러나 강조점의 중요한 변화가 있다. 역풍이 복음 전파를 방해한 경우에서처럼(행 27:7ff.), 자연은 보다 독립된 것으로 간주된다. 더욱 중요한 것은 세상이나 역사가 직접 변화되는 방법보다는 하나님께서 구속함을 통해서 인간의 변화를 도우시는 방법이 강조된다는 것이다. 하늘나라는 내면에 있고, 이스라엘 군대의 승리보다는 십자가 안에 하나님의 승리가 나타난다. 이것은 고난받는 종의 주제에서처럼 후대의 선지자들이 깨닫기 시작했던 것이지만, 하나님의 섭리적 통치에 대한 새로운 이해를 암시한다.

마찬가지로, 초대 교회는 보편적 섭리의 이론을 받아들였지만(예를 들면 어거스틴은 『고백록』에서 하나님이 어거스틴의 마음, 그리고 그를 로마로 몰아간 바람을 다스리신다고 증거했다), 인류의 구속 안에 있는 하나님의 활동이 다시 강조된다. 여기서는 하나님이 영혼 안에서 역사하신다고 주장되므로, 기독교 영성에서 이것은 심오한 의미들을 함축한다. 이것은 사람이 기도할 때에 성령께서 그와 함께 기도하신다는 사도 바울의 언급(롬 8:26)에서 분명히 드러나며, 어거스틴의 글에서도 자주 되풀이 되는 주제이다. 하나님은 우리의 생각을 조명해 주실 뿐만 아니라, 하나님의 은혜가 우리 안에서 일하신다는 맥락에서 우리는 "하나님의 동역자들이다"(*De natura et gratia*, XXXI, 35). 그러므로 기독교인의 영혼은 실제로 하나님의 섭리적 활동에 동참할 수 있다. 여기에서 영성 생활에 대한 기독교의 견해와 선(the Good)에 참여한다는 주제를 지닌 플라톤주의 전통이 직접 연결된다.

중세 시대의 교회에서, 자연 철학에

서의 점진적인 변화는 섭리의 교리에 중요한 결과를 초래했다. 자연은 점차 나름의 상대적인 자율성을 지닌 하나의 "질서"로 간주되었다. 그것은 "첫째 원인"인 하나님의 자유로운 창조성의 표현이었기 때문에, 이 질서는 이슬람-신플라톤주의 철학에서처럼 선험적으로 발견될 수 없었고, 경험적인 과정에 의해 후천적으로 발견되어야 했다. 미구에 이 기독교 철학은 세상에 대한 학문적이고 경험적인 연구를 위한 길을 예비했지만, 이미 아퀴나스는 하나님께서 만물 안에서 일하시는 섭리와 "자연의 영역 밖에서 발생하는" 기적을 구분했다. 일부 중세 시대의 작가들은 이미 제시된 경향에 따라 일반 섭리와 특별 섭리를 구분했지만, 아퀴나스는 그렇게 하지 않았다.

인간에 대한 하나님의 통치 방식과 관련하여, 기독교 전통은 나뉘어 왔다. 칼빈주의자들 및 어거스틴의 예정의 교리를 따르는 사람들은 하나님의 주권을 강조했기 때문에, 인간의 자유와 책임이 자리 할 공간을 마련하기 어렵다. 아퀴나스와 그의 추종자들은 보에티우스과 신플라톤주의 전통에서 발견된 주장을 택했으며, 하나님은 하나님의 영원하신 관점에서만 인간적인 사건들을 아시므로 엄격히 말해서 하나님이 "미리 아시는 것"이 아니라고 주장함으로써 문제를 해결하려 했다.

현대의 많은 기독교인들은 보다 과격하다. 예를 들어, 기독교 과정철학자들은 자연이나 인간이나 역사와 관련된 하나님의 통치가 강압적인 것이 아니라, 설득적인 것이라고 본다. 또한 그들은 종종 전적인 신 지식을 부인하며, 그럼으로써 인간의 사건들과 역사적인 사건들 안에 있는 우연성을 허용한다.

현대 기독교 사상에도 섭리의 견해에 영향을 주는 문제들에 대한 근본적인 설명이 포함되어 있다. 예를 들어, 불트만과 기독교 실존주의자들은 하나님의 활동을 인간의 영역으로 한정하며, 자연과 역사는 자율적인 것으로 남겨 둔다. 그 외에 많은 사람들은 섭리와 기적을 나눈 아퀴나스의 구분을 부인하고, 어느 사건이든지 자연을 초월한다고 말할 수 있는지에 대해 질문을 제기한다.

이러한 문제들은 기도에 중요한 영향을 미친다. 예를 들어, 불트만의 견해를 근거로 하면, 하나님과의 개인적인 만남을 표현하거나 이야기하는 경우가 아닌 한 자연적인 사건이나 역사에 관한 중보 기도는 부적절한 듯하다. 반면에, 화이트헤드(A. N. Whitehead)처럼 기독교적 확신을 가진 과정철학자들에게 매력을 느끼는 사람들은 중보기도에 대한 전통적인 접근 방법을 정당화할 수 있다. 원칙적으로, 우리의 기도는 하나님의 설득력이 효과를 발휘할 수 있는 상황을 변화시킬 수 있다.

중보기도에 대해 어떤 견해를 취하든지 간에, 영성 생활에 있어서 섭리의 교리는 중요한 위치를 차지한다. 거기에는 인간 영혼의 내면에서 이루어지는 값 없이 주시는 은혜와 사랑의 사역인 동시에 인간의 고결함과 자유를 존중하는 사역인 하나님의 활동이라는 사상이 포함되어 있다.

Augustine, *De ordine;* Aquinas, *Summa Theologiae*, 1a, qs. 19-25, 103-5; P. R. Baelz, *Prayer and Providence*, 1968; M. J. Langford, *Providence*, 1981; M. Wiles (ed), *Providence*, 1969.

M. J. LANGFORD

성 | Sexuality

역사적으로 인간의 성은 항상 특별한 문화적·종교적인 맥락에서 의미를 취한다. 이런 까닭에 기독교 영성에서 성의 역할은 특별한 문화적 관점과 신학적 관점에서 생긴다.

1. 히브리 성경과 기독교 성경은 긍정적인 관점에서 인간의 성을 인간생활에 필요한 것으로서 교제와 번식을 찬양하는 하나님의 선물로 제시하지만, 긍정적이지 않은 의미도 함축되어 있다. 예를 들어 신명기 저자는 성을 하나의 금기(신 15, 17, 21), 성적 접촉을 통해 의식적으로 부정하게 되지 않기 위해서 이따금 피해야 하는 인간적인 현상으로 간주한다. 신약성서의 종말론적인 내용에는 성을 포함한 모든 인간적 현실은 주님의 궁극적인 강림과 관련하여 중요성을 취한다는 의미가 들어 있다.

2, 3세기 경의 기독교인들은 성경의 자료들을 그리 긍정적이지 않은 맥락에서 해석하는 경향이 있었다. 때로 극단적인 금욕주의의 표현으로 인해 성적인 접촉 및 결혼까지 피하는 분파들이 생겼다. 마니교에서는 성을 인간의 죄악됨의 가장 깊은 원천 중 하나로 간주했다. 어거스틴은 그러한 극단적인 태도는 피했지만, 그의 태도 역시 인간의 성에 대한 강력한 불안과 의심을 드러냈다. 성에 대한 어거스틴의 견해는 중세 시대 및 그 이후의 기독교 영성에 강력한 영향을 발휘했다.

수도원 운동이 기독교적 생활 방식으로 표현되면서, 가난, 순결, 순종 등 세 가지 서원이 기독교 영성의 특징이

성 | Sexuality

되었다. 수도원 운동은 기독교의 종말론적인 차원을 증거하고, 그럼으로써 하나님 나라에 대한 헌신의 필요성을 증거하려 했다. 이 통찰은 수도원 운동의 진수를 나타내준다. 그러나 조만간 이 *fuga mundi*(세상으로부터의 도피)*는 기독교인들 사이에서 "세상일"에 대한 깊은 불신과 결합되어 모든 기독교 영성의 모범이 되었다. 이 영성의 표현은 어거스틴 이전에 기독교적 경험에 맞추어 조정된 신플라톤주의에서 손쉬운 표현을 발견했다.

이 영성에서 성의 역할에는 엄격한 논리가 추가되었다. 완전을 추구하는 사람들을 위한 표준은 순결 서원이었다. 교회는 공식적으로 결혼 생활을 기독교적 생활 방식으로 찬양했지만, 실질적으로 결혼은 완전의 사다리를 오르는 저급한 방법으로 간주되었고, 성의 실체에 대한 이러한 인식이 중세 시대 이후 기독교 영성을 지배해왔다.

16세기에 마틴 루터* 및 다른 개혁자들은 결혼을 기독교적 거룩의 정상적인 방법이라고 재확인함으로써 이러한 관점과 극적으로 결별했다. 그러나 기독교인들은 계속 성에 대한 양의적 태도를 나타냈다. 인간의 몸의 거룩이라는 의식에 대해 반대되는 태도들이 거의 모든 기독교 신앙 공동체 안에 나타났다. 어느 시대에나 성과 관련된 분야에서 여성들은 항상 종속적인 지위에 머물었다. 성 차별은 히브리 족장 시대의 산물들 중 하나이다.

그러므로 위에서 묘사된 신학적 틀 안에서, 특히 하나의 육적인 실체로 간주된 성은 기독교 영성 생활에 대한 심각한 장애물로 간주되어왔다.

2. 성에 대해 근본적으로 다른 견해는 창세기 1:27에 기록된 인간의 창조에 대한 서정적인 묘사에 기원을 둔다고 주장된다: "하나님이 자기 형상 곧 하나님의 형상대로 사람을 창조하시되 남자와 여자를 창조하시고." 여기에서 성은 인간이 서로를 보완하기 위해서 결합할 때에 하나님의 형상이 된다고 주장하는 하나님이 주신 선물이라는 것을 강조한다. 성과 성욕은 구분되어야 한다. 성은 육체를 가진 인간으로서 관계를 가질 수 있는 능력을 언급하며, 성욕은 성의 생식적인 표현으로 간주된다.

인간 생활에 대한 이러한 견해는 인간의 완전과 거룩을 동일시한다. 기독교의 거룩을 향한 추구는 완전한 인간적 통합으로의 부름이다. 인간은 예수 그리스도의 생명과 죽음과 부활을 통해서, 지음 받은 하나님의 형상을 더욱 엄밀하게 반영하라는 부름을 받는다.

영성은 신자가 삶의 모든 측면을 통합하는 방식이다. 그 때에, 육체를 가진 인격체인 다른 사람들과 관계를 확립할 수 있는 인간의 능력인 성은 거룩함을 향한 여정에서 중요한 역할을 한다. 거룩함으로의 부름에는 기독교인이 자신의 성을 포용하며, 그것을 이해하려고 노력하며, 이 성의 선물이 약속하는 잠재력을 완전히 이루도록 성장할 것이 요구된다. 따라서 이러한 신학적 지향은 긍정적이며 매우 인본주의적이다.

역사적으로 성에 대한 이러한 견해의 근원은 창세기의 창조 기사에 있을 뿐만 아니라, 수세기 동안 상당한 논란의 주제가 되어온 특별한 문학인 아가서에도 있다. 현대의 주석가들은 이 시는 우선적으로 인간의 연가이며, 부차적으로 하나님과 그 백성 사이의 관계를 묘사하는 알레고리라고 여긴다. 이러한 이해에 의하면, 아가는 가장 신성한 인간적 사건들, 두 사람 사이의 사랑을 이야기하기 때문에 정경에 속할 자격을 갖는다. 아가의 심미성과 에로티시즘은 성적인 사랑을 찬양한다. 이 문학적 해석이 유대교 주석가들과 기독교 주석가들의 강력한 반대에 직면한다는 사실은 성에 대한 부정적 견해가 지닌 깊은 영향력을 증거해 준다.

오늘날 일부 신약 학자들은 이보다 긍정적인 방법을 염두에 두고서, 예수님의 성이라는 금기시 되어온 주제를 언급한다. 여기에서 논의의 초점은 예수님의 성생활이 아니라, 사람들과 관계를 맺으실 수 있는 예수님의 능력에 두어진다. 실제로, 예수님의 삶의 움직임을 관찰할 때에, 우리는 모든 계층의 사람, 남성과 여성 모두와 신뢰할 수 있는 깊은 관계를 맺으실 수 있는 인자(人子)의 능력에 감명을 받는다. 창녀에서부터 율법을 준수하는 유대인까지, 어부에서부터 세리에 이르기까지, 모든 사람들이 이 매력적인 인물에게 이끌렸다. 실제로 예수는 그들이 회개, "사물을 새롭게 봄"의 과정에 들어가며, 하나님의 구원을 받아들이는 계기가 되었다. 그러므로 예수의 구속 사역에서 그의 성은 애매하고 하찮은 요인이 아니다.

성에 대한 이 긍정적인 견해는 성경 연구 뿐만 아니라 인문주의적 심리학 및 인간의 발달 과정에 대한 연구에서 취한 통찰들을 채택한다. 남성과 여성은 서로와의 관계 안에서 성장하여 완전함에 이른다. 상대방과의 친밀함 안에서의 성장 안에서 개인적이고 내면적인 추구를 보완해 주는 것이 발견된다. 죄와 개인적인 부적합성에 대한 의식은 자신이 육체를 가진 인격임을 인정하는 것과 균형을 이룬다. 성적-영적 여정에서, 건전한 감각을 통해서 육체를 찬양하며, 성적 금기로부터의 자유를 성취하는 것은 각기 하나의 이정표가 된다.

마지막으로, 융의 심리학에 대한 연구는 남녀 양성 구유—진실로 온전하고 거룩할 수 있는 사람 안에 남성적 특성과 여성적 특성이 모두 구비된 것—의 개념을 추가했다. 우리는 창조 행위 안에서 부름을 받은 완전함을 발견하면서, 사랑이 많으시며 영원히 창조하시는 하나님도 발견한다. 이 성육신적인 원리는 기독교 영성의 본질이다.

영성에서의 성의 역할에 대한 이러한 견해에는 독신 생활, 결혼 생활, 금욕 생활이라는 방식이 포함된다. 모든 사람들은 자신의 성이라는 배경 안에서 자신의 참 자아와 하나님을 발견해야 하는 근본적인 의미를 가지고 있다. 이 견해는 성경에 기원이 있다고 주장하지만, 기독교 영성사에서 비교적 최근에 발달된 견해이다.

E. Dufresne, *Partnership: Marriage and the Committed Life*, 1974; H. Gollwitzer, *Song of Love*, 1979; R. Haughton, *The Mystery of Sexuality*, 1972; *Transformation of Man*, 1967; U. Holmes and R. T. Barnhouse (eds), *Male and Female: Christian Approaches to Sexuality*, 1976; A. Kosnik et al, *Human Sexuality*, 1977; J. Nelson, *Embodiment*, 1978; J. Ohanneson, *And They Felt No Shame*, 1983.

DANIEL DIDOMIZIO

성경의 영성 | Bible, Spirituality of the

이 주제는 유어(類語) 반복, 또는 하나의 정신을 포함하는 듯이 보일 것이다. 성경이 곧 영성이 아니고 무엇이겠는가? 교부 시대와 중세 시대에 풍유적으로 해석되었든지, 또는 그보다 덜 공식적인 영적 해석 방법으로 해석되었든지, 성경 중에서 가장 자비롭지 못한 부분도 기도의 도구로 사용되어 왔다. 인간에게 주신 하나님의 말씀, 기록된 계시는 시편 기도문을 낭송할 때처럼 직접 인용하거나, 아니면 감정적인 기도를 염두에 두고 복음서의 장면들을 상상속으로 재구성할 때처럼 묵상함으로써 인간이 하나님께 접근하기 위한 기초로 사용될 수 있을 것이다. 개인적인 기도에 관한 한, 성경의 다른 부분은 시편이나 복음서만큼 두드러진 역할을 하지 못했다. 그러나 성경의 거의 대부분은 전례가 공급해 주는 심상과 말에 의해서, 직접적인 독서와 기도나 다른 형식의 인용을 통해서 기독교의 기도의 성장에 참여해 왔다. 이러한 성경 사용은 무차별적이고 통합적인 경향을 취한다. 단순히 하나님의 말씀으로 간주할 때, 성경은 하나의 음성으로 이야기하며, 배경이나 시대나 저자의 다양성에는 관심을 기울이지 않는다.

역사 비평은 상이한 접근 방법을 지적한다. 그것은 자료를 문학적 장르와 역사적 기원에 의해서 분석하는 데서부터 시작한다. 이것을 토대로 하면, 성경의 특정 부분들만이 영성으로, 즉 기도에서 솟아난 것이거나 기도로 사용될 의도를 가진 것으로 간주되어야 한다. 그러나 이처럼 막연하게 정의되는 분야에서 자료의 분류가 간단한 것은 아니다. 예를 들어, 최초의 창조 이야기(창 1:1-2:4)를 신화나 교리로 간주할 수 있지만, 그것이 만물이 절대적으로 의지하는 포괄적이고 과단성있는 하나님에게 집중하는 정신으로 지어진 것이라고 믿기는 어렵다.

성경 안에도 자료의 용도가 변화되어 원래의 용도와 구약 시대 후반에서의 기능이 상이하게 되는 경향이 있다. 특히, 원래 궁중의 의식과 공적인 활동에 사용될 목적을 지녔던 자료가 한층 더 대중적인 용도와 개인적인 용도로 이동하는 경향이 있다. 시편의 다수는 기독교에서 계속 사용되기 훨씬 전에 그러한 변화를 거쳤을 것이다(예를 들면 시편 2, 72, 93, 97, 110편 등). 시편 51편과 같은 참회의 시편은 후기 유대교에서 이미 공식적인 전례보다는 개인적인 헌신의 행위의 특성을 획득했다.

그러한 발달과 함께, 외적인 요소들을 영적인 의미로 해석하려는 운동이 병행되었다. 왕의 원수들은 영혼을 공격하는 영적 세력으로, 정치적인 전쟁은 도덕적인 싸움으로 해석되었다. 개인이 하나님의 백성의 일원으로서 찬양할 때에 하나님의 구원하시는 행위의 이야기를 담은 이스라엘의 역사는 개인의 소유가 되었다. 인간의 마음은 하나님과 그 백성의 관계가 이루어지는 광장이 되었다. 또 시편은 78, 105, 106편과 같은 역사적인 자료를 포함하여 놀라운 본보기를 제공해 준다.

이스라엘의 역사는 구약 영성에서 가장 독특하고 영속적인 분위기를 제공해 주었다. 그것은 예배 형식들의 적용과 용도를 내면화하고 개인화하려는 경향에도 불구하고 살아 남은 집단적이고 민족적인 특징을 구약 영성에 제공했다. 이 요소는 절기 때에 가장 전형적으로 표현되는데, 그것은 출애굽의 다양한 측면들을 기념하는 것으로 간주되었다. 신명기 26:5-11에 기록된 전례적 형식은 유대교 영성의 이 근본적인 측면을 생생하게 나타낸다.

시편들이 후일 유대교 신앙에서 어떻게 사용되었건, 시편의 원래의 배경은 성전 예배와 관련되어 있었다. 시편 84편과 122편은 성전 자체에 중심을 둔 헌신을 예증해 준다. 그러나 예배의 역할, 특히 율법에 규정된 희생제사 체계의 역할은, 기원전 6세기에 바벨론 포수에 의해 그것과 상관없이 영성이 발달하기 전에도 종종 논란이 되었다는 표식이 있다. 포로기 이전 선지자들(사 1:12-17; 미 6:6-8)의 신탁에서는 다른 도덕적이고 영적인 우선적인 사항들이 강조되며, 일부 시편에 그 흔적을 남겼다(시 40:6-8; 51:16-19).

시편은 구약 성경을 위한 가장 풍성한 원천이요, 이스라엘의 하나님 의식의 표현이자 규범으로 발달해왔지만, 종종 예언서와 역사서에는 시편과 비슷하거나 동일한 자료가 포함되어 있다(예를 들면 삼상 2:1-10; 삼하 22; 렘 17:7ff.). 이스라엘의 종교 생활 내의 다양한 요소들은 서로를 풍부하게 해주었다.

구약성서의 기도의 특징은 직접성과 솔직성이다. 왕들, 시편 기자들, 그리고 선지자들은 자신이 하나님의 가족이라는 의식을 가지고서 친근하게 하나님께 말하고 자신의 요청을 제시한다. 정치적·군사적인 동기를 가진 열왕기하 19:15-19, 그리고 다윗 왕국과 관련된 야망과 결합된 하나님 자신의 이해 관계에 호소하는 사무엘하 7:18-29를 보라. 구약성서에는 하나님이 자기 백성들의 편에 계신다는 가정이 빈번하게 등장한다. 백성들, 혹은 그 지도자들은 자신만만하게 하나님께 접근하며 하나님과 토론할 수 있다. 기도는 주로 아침에 가까운 찬양과 혼합된 청원이다. 그러나 이사야 6:5이나 욥기 42:1-6에서처럼 하나님의 엄위한 거룩과 능력에 압도되는 의식도 있다. 예를 들어, 예레미야는 하나님을 섬기는 데 따르는 고통과 번민을 인정했다(렘 20:7-18). 특히 포로기 이전의 선지자들은 하나님이 불순종하는 백성을 위협하시며 회개를 구하시는 것으로 보았다(암 2:6ff.; 호 4:1ff.; 사 1:2ff.; 렘 18:13-17). 후기의 기독교 용어에서는, 사심없는 찬미, 또는 인간에게서 가려져 있기 때문에, 친히 은혜의 행위에 의해 자신을 알리시지 않는 한 접근하기 어려운 하나님께 점진적으로 올라간다는 의식이 비교적 드물게 나타나지만 결코 부족하지는 않다. 출애굽기 33:17-23; 열왕기상 19:9-14; 시편 42, 63, 84; 이사야 6:1-8; 에스겔

1:4-28을 보라. 에스겔 1:4-28은 후일 유대교 신비주의의 탁월한 전거였다.

넓은 의미에서, 구약성서는 두 가지 대조적인 영성의 측면을 입증한다: 하나는 소망과 확신이고, 다른 하나는 위기와 갈등이다. 전자는 하나님께서 자기 백성에게 확실한 은총을 베푸시고 함께 하시겠다는 표식으로서 이스라엘의 역사에 대한 호소와 많은 시편에 등장한다. 후자는 불순종과 자기 만족에 대한 예언적 항의, 그리고 하나님의 백성의 운명으로서의 고난에 대한 의식에서 등장한다. 양자 간의 긴장은 욥기에서 개인적인 차원에서 훌륭하게 해결되며, 시편 22편과 이사야 53장에서도 해결된다.

신약성서에서, 초기 기독교 영성은 다양한 방법으로 나타난다. 바울의 찬양의 서신 안에 일반적으로 인정되는 두 가지 예가 있는데, 그것들의 존재는 골로새서 3:16과 에베소서 5:19에서, 그리고 플리니의 편지들에서 입증된다. 이것들은 빌립보서 2:6-11과 골로새서 1:15-20에서 발견되는데, 이 두 구절의 구조는 엄격하게 운율적인 것은 아니지만 규칙적이며, 그 문맥에서 분리할 수 있다. 두 구절이 바울의 것인지, 또는 일부는 바울이 과거에 사용되던 것을 이어받은 것인지에 대해서는 의견이 일치하지 않는다. 만일 후자가 옳다면, 그것들은 아주 초기 단계의 고귀하고 교리적 정교한 기독교의 시 문학을 증거해 준다. 이 저술, 특히 전자는 일반적인 의미에서 신앙고백적인 것으로 볼 수도 있다. 그것들은 그리스도의 신적 사명에 대한 신앙의 요약이다. 그러나 그것들을 찬양과 헌신의 표현으로 간주할 수도 있다.

후일 교리, 그리고 영성 또는 전례—신앙을 진술하는 공식들과 기도를 표현하는 공식들—로 분화된 것이 신약성서의 바울 서신 및 다른 서신에서 인사말 뒤의 축복이나 감사말에서 발견된다. 전통적으로 헬레니즘 시대의 편지에는 간단한 감사의 공식이 사용되었다. 기독교에서는 유대교의 축복의 공식의 영향을 받아 편지의 목적이 적절한 자료를 추가함으로써 감사의 공식을 정교하게 가다듬었다. 고린도후서 1:3 이하와 베드로전서 1:3 이하에서는 "축복"의 공식이 사용된다. 어떤 경우에, 바울은 특별한 청원에 의해 감사를 개진한다(롬 1:10; 빌 1:4; 골 1:3; cf. 살전 1:2).

신약성서에는 그 밖에도 찬송과 관련된 자료들이 있다. 에베소서 5:14은 초대교회의 세례 때에 선포되는 말을 제공하는 것일 수도 있다. 요한에게 주어진 계시에는 주로 송영 같은 특징을 가진 찬송을 닮은 진술들이 많다. 즉 그것들은 하나님, 또는 그리스도에게 영광을 돌리는 것이다. 그것들은 자체의 문맥과 밀접하게 연결되어 있지만, 기록자의 교회가 사용하는 전례적인 기도를 증거하는 듯하다(예를 들면, 계 5:12; 7:12; 19:1).

우리에게 알려진 가장 오래된 기독교의 기도는 고린도전서 16:22에서 발견된다(참조 계 22:20) : "주 예수여 오시옵소서." 그것은 초기 기독교 신앙과 기도의 종말론적인 특징에 관심의 초점을 둔다. 그들은 종말을 기대하고 바라며, 그리스도의 강림에 초점을 두고 기도했다. 주기도문*에서도 동일한 것이 강조된다. 이 기도의 기원에 대해서는 논란이 있다. 어떤 사람들은 그것이 복음서 기자 마태가 예수님의 설교의 전통 안에서 발견할 수 있는 진술들을 토대로 하여 구성한 것이라고 주장한다. 확실히 그것은 예수님의 선포의 핵심을 기도 형식으로 표현하고 있다. 그러나 만일 그것이 성문화된 복음서의 배후를 거슬러 올라가는 공식이라고 가정한다면, 그것의 원래의 형태에 관한 질문에 직면한다. 주기도문은 마태복음 1:9-13과 누가복음 11:2-4에 기록되어 있다. 복음서 구성의 일반적인 이론에 의하면, 이것들은 공통의 자료(Q문서)에서 파생된 것이며, 마태복음의 것보다 짧고 간단한 누가복음의 주기도문이 그 자료에 보다 근접하며, 따라서 그 기도의 원본에 더 근접한 듯하다. 그러나 두 가지 기도문 모두 복음서 기자가 관심을 가진 종교적인 이해 관계와 문체의 표식들을 나타내며, 각각의 기도문의 문맥은 거의 확실히 그 복음서 기자의 작품이다(마태의 가르침은 신앙의 기본 의무들에 대한 가르침이고, 누가의 가르침은 이상화된 배경 안에서 하나님의 관대함에 의존하라는 가르침이다). 이 문제들에 대한 해답이 무엇이든, 그 기도의 요점은 여러 가지 청원이 지적해 주는 것처럼 다수가 아니라 하나이다. 누가의 기도문("우리에게 날마다 일용할 양식을 주옵시고")은 기독교인의 매일의 실존에 그 기도를 적용하는 경향이 있지만, 이것은 예수께서 친히 선포하시고 시작하신 하나님의 목적들의 충만한 계시인 하나님의 나라의 도래를 지적하는 원래의 의도에서 벗어나는 듯하다. 최초의 만찬 이야기들 안에서도 동일한 것이 강조되는데(막 14:25; 고전 11:26), 고린도전서 10:16과 11:16 이하에서 바울의 염려가 보여 주듯이 그것이 초기 기독교 신앙에서 때때로 문제가 되었다.

그러한 신앙이 지향하는 방향이 종말론적인 것이었다면, 그것은 기독론적인 것이기도 했다: 우리 주여, 오시옵소서. 예수는 크게 갈망해온 나라를 이룩하기 위한 하나님의 대리인으로 간주되었다. 이 문장에서도, 초기 기독교의 기도는 완전히 초기 기독교 신앙의 표현이었다. 예수는 세상과 하나님의 백성을 위한 하나님의 목적들의 성취를 이루실 분이셨다. 또 바울의 영성은 완전히 그리스도 중심이었다(갈 2:20; 빌 1:21). 이것은 희망과 관련된 일인 동시에 경험에 속한 일이기도 했다.

예수님에 대한 초대 교인들의 이해는 기도의 형태 뿐만 아니라 하나님께 접근하는 방법에 대한 의식에서도 그들의 영성의 핵심에 근접해 있었다. 이러한 관점에서 보면 각각의 복음서는 영성의 표현으로 볼 수 있을 것이다. 각각의 복음서를 초대 교회 내의 특별한 관점의 경향을 반영하는 교리 문서, 또는 종교 문서로 여겨 해석하는 것이 상례가 되었다. 그러나 미숙한 형태를 취하고 있는 다양한 복음서 안에서 출중하고 기독교 역사에서 중심적 의미를 지니게 된 영적 견해를 찾으려 하는 것은 망상도 아니고 무익한 일도 아니다. 따라서, 옛 법과 새 법에 의해 상세히 설명된 기독교적 삶에 대한 의식을 가지고 있는 동시에 그리스도의 임재가 주입되어 있는 마태복음은 수도적 규칙에 자원하여 꾸준히 순종하는 것에 중심을 둔 기독교적 제자도의 형태와 본질적으로 다르지 않다. 항상 복음을 다른 모든 세력들—이것들은 항상 복음의 조력자라기보다 경쟁자인 듯하다—과 대조하는 사람들은 마가가 하나님 나라의 중심적 요구를 지지하면서 유대교 율법을 거부한 것을 이어받았다. 예수와 기독교적 교제에 중심을 두며, 그 둘이 옛 이스라엘과 연속성을 가진다는 점을 강력하게 의식하고 있는 누가는, 예수의 종교적 중심성이 유지되는 한 복음에 대한 모든 이성적인 보조 수단들을 광범위하게 받아들이는 것이 타당하다고 여기는 사람들에게 이야기한다. 요한은 하나님의 존재와 목적의 표현으로서의 예수의 중요성을 체계적이고 포괄적으로 묘사한다. 그는 하나님의 마음의 계시를 해결하는 열쇠이며 또 아버지와 연합하는 길이 되시는 예수에 중심을 두면서도 지성인들의 관심사와의 통합을 추구해야 하는 영성을 소유한 최초의 인물로 볼 수 있을 것이다.

J. Jeremias, *The Prayers of Jesus*, 1967; J.

Lowe, *The Lord's Prayer,* 1962; H. Ringgren, *The Faith of the Psalmist,* 1963; J. T. Sanders, *The New Testament Christological Hymns,* 1971; C. Westermann, *The Praise of God in the Psalms,* 1966.

J. L. HOULDEN

성공회 영성 | Anglican Spirituality

만일 우리가 자신을 다루는 방법 및 다른 사람들과 함께 존재하는 방법이 하나님과 함께 거하는 방법에 달려 있다는 것, 그리고 우리가 하나님과 함께 거하는 방법은 그리스도를 통해서 계시된 하나님이 우리와 함께 하시는 방법에 대한 진리를 인정하는 데 달려 있다는 것을 지적하기 위해서 영성이라는 단어가 사용된다면, 15, 16세기의 혼란 중의 유럽에서 출현한 성공회 영성에 대한 연구는 먼저 성경적인 문헌, 교부들의 저술, 성 베네딕트의 규칙과 성서 사용, 그리고 중세 시대 서방의 가톨릭 교회의 전반적인 정서에 대한 이해에 의존하고 있음을 인정해야 한다. 이러한 의존성과 연속성을 판정하는 하나의 시금석은 예배 때에 시편을 사용하는 것이다.

우리에게 전해져온 풍부한 경건 서적들 덕분에, 우리는 400년이 넘도록 개인이 날마다 이웃들과 접촉하는 것을 이끌어온 사상들과 표면적인 종교적 관습의 토대가 되어온 영적 훈련을 관찰할 수 있다. 종교개혁 시대의 특징으로 간주되는 각성과 번역, 질문과 비판 덕분에 영국 교회는 새로운 것이든 낡은 것이든 소중한 것들을 나타낼 수 있게 되었다. 그 근저에는 개인적인 기도의 기초는 전례적인 것이라는 가정이 놓여 있었다. 1539년에 로체스터의 주교 존 힐시(John Hilsey)의 주도 하에 『소기도서』(*Primer*)라고 불리는 중세 시대의 기도 안내서의 개정판이 출판되었다. 1545년에 출판된 *King's Primer*에 이어 1549년에는 『공동기도서』(*Book of Common Prayer*)가 출판되었다. 영어 성경이 새로 출현하는 개혁주의 회중의 상상력에 미친 영향력은, 토머스 베이컨(Thomas Bacon)이 저술한 『기도의 향료』(*A Pomander of Prayer,* 1553)와 존 브레드포드의 『사적인 기도와 묵상』(*Private Prayers and Meditations,* 1559)에서 찾아 볼 수 있다. 성경 말씀은 문맥에서 크게 벗어났을 때에도 특별한 힘을 지닌다는 사상이 증가했다. 이러한 저술들에는 죄의 무서움과 하나님의 진노에 대한 두려움에 대한 깊은 의식이 스며 있다. 신자들은 끊임없이 하나님의 현존 안에서 살며 날마다 발생하는 모든 사건을 기도로 성화시켜야 한다. 이런 종류의 책에 대한 욕구가 있었다는 것은 엘리자베스 1세 때에 80권 이상의 개인 기도 모음집이 있었다는 사실에 의해 증명된다. 종교개혁자들은 자기들의 사역의 장래를 평신도들에게 맡겼고, 평신도들은 기꺼이 영적인 책임과 지적인 책임을 받아들였다.

거의 2세기 동안 개인적인 신앙에 미친 깊고 넓은 영향력은 1612년에 뱅골의 주교인 루이스 베일리(Lewis Bayly)가 『경건의 실천, 하나님을 기쁘시게 하는 방법에 대한 가르침』(The Practice of Piety, Directing a Christian how to walk that he may please God)을 출판하면서부터 드러나기 시작했다. 이 책은 후일 찰스 1세가 된 찰스 왕자에게 헌정되었다. 존 번연*은 자신이 이 책의 영향을 받았다고 인정했다. 그 책은 기도 안내서인 동시에 대중 신학 지침서의 형태를 취하고 있었으며, 종교개혁자들이 영향을 미치려 했던 영국 중산층의 종교적인 견해 형성에 영향을 주었다. 청교도들은 성공회 영성의 복합체 안에 특히 성경 사랑, 도덕 강조, 하나님 앞에서 개인의 강력한 책임 의식, 그리고 신령한 종교에 대한 욕구 등의 중요한 요소를 남겨 주었다.

그러나 17세기가 도래하면서, 전례와 기도에 관해 글을 쓰는 사람들은 중세 시대의 일부 통찰과 관습들의 타당성을 재확인했고, 동방 교회의 교리와 전례 안에서 그것들을 이끌어낼 근거를 발견했다. 랜슬롯 앤드류즈 주교*의 『사적인 기도』(Private Devotions)는 그가 다양한 전거를 사용했음을 드러내준다. 존 돈(John Donn)의 『긴급한 상황에서의 기도』(Devotions upon Emergent Occasions), 조지 허버트*의 시와 산문도 사용된 전거의 다양성을 나타내준다. 1627년에 존 카즌(John Cosin)이 A Collection of Private Devotions in the Practice of the Ancient Church called Hours of Prayer as they were after this manner published by authority of Queen Elizabeth 1556을 출판하면서 망각되어온 보물에 대한 관심이 회복되었다. 보편적인 감수성을 지닌 성공회 신자들의 욕구는 결국 1650년에 제레미 테일러*가 『거룩한 삶』(Holy Living)을 출판하고, 이어 1651년에 『거룩한 죽음』(Holy Dying)을 출판하면서 충족되었다. 후에 이 두 책은 한 권으로 인쇄되었다. 존 웨슬리*는 옥스포드 시절에 이 책을 읽고, 처음으로 자신이 구원의 상태에 있는지에 대해 의심하기 시작했는데, 그것이 그의 회심의 출발점이었다. 존 케블(John Keble)*은 1817년 처음으로 그 책을 읽었는데, 그 때의 경험을 자신의 신앙 생활의 신기원이라고 묘사했다. 성경과 공동기도서를 제외하고 이 책만큼 성공회 경건에 깊고 지속적인 영향을 준 책은 없을 것이다. 그의 문체에서는 즐겁고 활기찬 재능이 번뜩인다. 이 책은 종교적인 것과 세속적인 것 사이에 구분이 없다는 것을 강조하면서 영성 생활에 대한 성공회의 표준적인 이해의 본질을 분명히 표현한다. 은혜로 인해 우리의 "본성적인 행동"은 "종교적인 행동"으로 변화될 것이다.

제레미 테일러가 고통 중에 있는 교인들을 격려하기 위해서 저술했다는 것을 기억해야 한다. 이미 대주교에 이어 왕이 처형되었고, 공동기도서 사용이 금지되고, 주교들은 추방되고, 질서 있는 교회 생활은 파괴되었다. 동시에 이 불안한 교회 안에 한 신비가가 숨어 있었는데, 그의 저술들은 1674년에 그가 사망한 후에 비로소 알려졌다. 그는 토머스 트래헌(Thomas Traherne)*이었다. 그는 『묵상의 세월』(Centuries of Meditations)에서, 하나님은 만물 안에 계시며 만물이 하나님을 찬양한다고 보았다.

왕정 복고와 함께, 교회의 치유와 방향을 재정립하는 데 있어서 1657년에 출판된 익명의 저서가 크게 도움을 주었다. 그 책의 제목은 『인간의 완전한 의무』(The Whole Duty of Man)로서 1790년까지 28판이 출판되었다. 존 웨슬리는 이 책을 사용하고 추천했다. 그는 견진 지원자들에게 그 책을 주었다. 그 책에서는 신앙보다 행위, "성결의 평범한 길"을 강조한다. 18세기에 성공회 신앙에서는 교리와 성경과 기도서를 중시했고, 실제로는 『인간의 완전한 의무』를 중시했다. 그 책은 이상이나 즐거움이 없음에도 불구하고 "도덕이 없는 종교는 미신에 불과하다는 것, 기독교는 일련의 신조가 아니라 생활 방식이라는 것"을 강조하면서 중요한 역할을 발휘했다.

왕정 복고는 가톨릭적인 동시에 개혁주의적인 것으로 이해되는 교회의 경건한 정신과 신학적 통찰의 구현인 공동기도서의 회복을 알리는 신호였다. 다음 세기에 공동기도서에 대한 이해를 회복시키고 그 활용을 진작시키기 위해 일련의 책들이 저술되었다: 안토니 스패로우(Anthony Sparrow)의 『공동 기도서에 관한 이론적 설명』(A Rationale on the Book of Common Prayer, 1655); 토머스 콤버(Thomas

성공회 영성 | Anglican Spirituality

Comber)의 『성전으로의 동반자』(*A Companion to the Temple*, 1684); 로버트 넬슨(Robert Nelson)의 『축일과 금식일』(*Festivals and Fasts*, 1704); 윌리엄 니콜(William Nicholl)의 『공동기도서에 대한 논평』(*A Comment on the Book of Common Prayer*, 1710); 조지 스탠호프(George Stanhope)의 『경건의 진작을 위한 서신서와 복음에 관한 논평과 의역』(*Paraphrase and Comment upon the Epistles and Gospels...Designed to Excite Devotion*, 9th ed, 1775). 1세기 후에 케블, 뉴먼*, 퓨지* 등은 옥스포드 운동의 목표가 혁신이 아니라는 증거로서 공동기도서에 초점을 둔 성공회 영성의 표현에 호소했다.

윌리엄 로(William Law, 1686-1761)의 『경건하고 거룩한 삶으로의 진지한 부름』(*A Serious Call to a Devout and Holy Life*)가 출판되면서, 1728년에 제레미 테일러*의 『거룩한 삶과 거룩한 죽음』(*Holy Living and Holy Dying*)의 전통에 대한 관심이 회복되었다. 이 기독교적인 대작은 같은 형식의 이전 저술들만큼 폭이 넓지 못했지만, 성격 유형들을 생생하게 묘사함으로써 그 특성을 조명해 주었다. 로의 『진지한 부름』은 영국인들의 양심에 강력하게 호소했다. 그가 살던 노스햄튼셔에 있는 작은 공동체는 그 전 세기에 유명했던 리틀 기딩의 가족 공동체를 상기시켜 준다.

18세기에 종교를 하나의 행동의 규범으로 전락시키는 경향을 나타낸 냉정한 지성주의와 메마른 형식주의를 타파하는 일이 두 사람에게 주어졌다. 그 중 한 사람인 윌리엄 윌버포스(William Wilberforce)는 "위대한 사건들에 적합한 위대한 인물들을 찾아낸" 시대의 가장 유력한 인물들 중 한 사람이었다. 그는 기독교 신앙에는 두뇌의 반응 뿐만 아니라 마음의 반응도 필요하다고 확신하고, 1797년에 출판된 『신앙을 고백한 신자들의 종교 체계에 대한 실질적인 견해 …』(*A Practical View of the Prevailing Religious System of Professed Christians...contrasted with Real Christianity*)에서 믿음을 실질적이고 활동적인 것으로 만들려 했다. 그 책은 모든 계층의 사람들에 의해 널리 읽히고, 여러 나라 언어로 번역되었다. 이 책이 19세기 성공회 영성에서 복음적인 요소의 발달에 미친 영향은 아무리 강조해도 지나치지 않을 것이다. "그의 저서는 그의 삶에 대한 가장 훌륭한 설명이며, 그의 삶은 그의 책에 대한 가장 훌륭한 주석서이다." 깊고 뜨거운 경건을 일으키는 데 기여한 두번째 작가는 존 케블*이다. 1827년에 익명으로 출판된 그의 시집 *The Christian Year*는 1873년에 저작권 시효가 만료될 때까지 140판이나 출판되었다. 이 두 사람 모두 공동기도서와 그 훈련을 존중했고, 아울러 십자가 상에서 인내하며 당하신 고난을 상기함으로써 예수의 인격에 대한 개인적인 신앙도 존중했다.

종교 내의 지적 요소와 형식적인 요소를 비롯하여 감정을 발달시킨 이 운동에서, 개인기도나 예배 때에 찬송을 널리 사용했지만, 성공회 예배의 기초 저음의 연속체는 항상 신학적인 기도였다. 어느 신학 대학교 교장은 학생들에게 "신학적으로 기도하라"고 충고했다. 성공회 신자들의 특징적인 신앙에 대해 질문하는 사람에게 "공동기도서에 수록된 본기도문들을 공부하라"고 말하는 것은 분명한 대답이 아니다.

일반적으로 막연하게 이야기하는 것은 사실을 왜곡하는 것이지만, "경건하고 의롭고 건전한 삶"을 사는 것이 기독교인의 의무라는 공동기도서의 묘사는 성공회의 영성의 본질을 어느 정도 지적해 준다. 이 원리들은 되풀이하여 등장한다. 목표는 기독교인답게 사는 것이다.

신학에 있어서와 마찬가지로, 영성에 있어서도, 영국 국교회는 성경적 문헌과 수세기 동안의 교회 공동체들의 경험과 이성과 건전한 학문의 비판적인 보호 등 세 가지 사이의 대화의 중심지였다. 다른 전통들에 대한 개방성은 성공회의 방법이 배타성이나 광신주의에 빠지지 않게 해 주었다. 인간 영혼의 위대함과 죄책, 사실과 느낌, 개인적인 것과 공동체에 속한 것 등은 거룩함의 성장에는 우리가 하나님과 함께 하는 방법, 우리가 자신과 함께 하는 방법, 그리고 특별한 시대와 상황에서 우리가 이웃과 함께 하는 방법들을 결합하는 것 및 개인의 유전적이고 심리적인 본성의 자료를 가지고 일하는 것이 필요하다는 확신을 가지고서 교회 생활의 틀 안에서의 상호 작용 속에서 유지되어 왔다. 래티머 (Latimer, 1555년 사망), 앤드류즈*, 돈 (Donne, 1631년 사망), 테일러, 틸롯슨 (Tillotson, 1694년 사망)과 같은 사람들의 설교에 익숙한 사람이라면, 수백 년 간 교구 교회에서 매 주 행해지는 설교들이 성공회 영성의 형성에 지속적으로 미친 영향을 과소평가하지 못할 것이다.

지난 150년 동안, 성령에 관한 일들

성공회 영성 | Anglican Spirituality

에 대한 성공회의 인식을 변화시키고 발달시킨 몇 가지 영향력이 있었다. 그 중 몇 가지를 언급하자면, 규칙에 따라 생활하는 베네딕트 수도회*와 같은 유형의 변형 공동체들의 부흥(관상적인 공동체, 교육과 복지 사역에 적극적으로 참여하는 공동체 등); 신학 대학에서의 교육, 평신도와 성직자들이 피정을 할 수 있게 됨; 개인적인 영적 카운셀링; 수도원에서 친교와 회의와 기도회 모임이 개최됨 등을 들 수 있다. 앨런 에클레스톤(Alan Ecclestone)의 *Yes to God*(1974)와 윌리엄 밴스톤(William Vanstone)의 *Love's Endeavour, Love's Expense*(1977)는 현대의 인식을 반영하고 있다.

그 외에 독일의 Maria Laach와 프랑스의 Solesmes에서 시작되어 가브리엘 허버트의 『전례와 사회』(*Liturgy and Society*, 1935)에 의해서 영국인들의 의식에 침투한 전례 부흥의 영향도 추가해야 할 것이다. 이러한 생각은 교구에서의 성찬식을 주일 예배의 중심 활동으로 삼으려는 운동으로 표현되었으며, 이로 인해 1980년에 대체 예식서(Alternative Service Book)가 출판되었다.

이 시기에 참된 기독교적 내향성을 추구하는 성공회 신앙회 흐름에 중세 시대, 종교 개혁, 역종교개혁 등에서 기원한 영성 생활의 고전에 대한 훌륭한 지식이 유입되었다; 에블린 언더힐의 연구와 저술과 피정에 의해 종교 안에 있는 신비적 요소를 크게 의식하게 되었다; 동방 정교회 신자들이 서방 국가로 유입되면서 그들과 상호 교환할 수 있는 기회가 증가되었다.

처음에는 식민지에 전파되고 이어 보다 넓은 지역과 제국으로 전파된 성공회 신앙이 성공회 영성에 미친 영향을 평가하기는 어렵지만 간과할 수도 없다. 최근에 개정된 공동기도서와 더불어 1980년 판 대체 예식서를 연구하면 유익할 것이다. 제3세계에서 성공회 소속의 원주민 교회가 성장하면서, 미술, 음악, 춤, 공동체의 유형, 역사의 구속을 그다지 받지 않는 자발성 안에서 기독교적 반응을 새롭게 해석할 수 있게 되었다. 이 모든 것은 이전 교회에서의 오순절적인 기도와 찬양의 표현과 함께 우리 선조들은 꿈도 꾸지 못했던 신앙적 반응의 가능성을 열어 준다. 과거 어느 때보다 많은 사람들이 말 없는 기도와 관상 기도의 방법을 탐구하고 있으며, 기도하는 자세의 중요성을 인정하며, 침묵과 단순함 안에서 하나님을 찾는다.

C. J. Stranks, *Anglican Devotion*, 1961; Martin

성도들, 성화 | Saints, Sanctify

Thornton, *English Spirituality*, 1963.

SYDNEY H. EVANS

성도들, 성화 | Saints, Sanctify

신약성서, 특히 바울 서신에서 "성도들"은 교회의 신자들을 지칭한다. 이 단어는 단수로 사용되는 일이 거의 없다. 성도들은 "성도들의 교제" 안에 통합된다. 개인의 거룩은 신자들의 교제에서 유래되며, 신자들의 성성은 거룩한 자요(막 1:24; 요 6:69; 행 3:14; 계 3:7) 거룩하게 하시는 분, 성도들을 부르시고 성별하시는 분(히 2:11; 요 17:17-19; 고전 1:30)이신 그리스도 안에 거하는 데 있다. 이 개념의 기원은 구약성서에 있다. 그것은 교회는 새 이스라엘이요, 성령의 소유요 성령에 의해 소생한 종말론적 공동체라는 의미를 지닌다. 이 "성도들의 교제"는 세상으로부터 분리되며, 세상에 대한 사명을 지닌다. 그것은 인류, 성별, 사회적 구분 등의 장벽을 초월하며, 강한 충성심과 서로 간의 사랑을 특징으로 한다. 그것은 제사장적인 예배 공동체로서, 단순한 마음으로 하나님의 완전하심과 선하심과 사랑을 구하라는 부름을 받는다. 수백 년 동안 성장해온 성인 숭배, 그리고 죽은 사람에게 특별한 거룩함이 있다고 간주하고 그의 중보에 특별한 효험이 있다고 여기며 교회력에서 하루를 지정하여 그 성인의 날로 기념하는 것은 성도들의 교제와는 아주 다른 것인 듯하다. 그러나 깊이 살펴보면 대부분의 경건한 관습에 적용되는 성경적인 토대를 발견할 수 있다. 마카비하 15:12에서 유대교에서의 선례가 발견된다. 유다 마카비는 꿈에서 과거에 대제사장이었던 오니아스가 "두 팔을 펴고 유대인들 전체를 위해 기도하며" 선지자 예레미야가 그와 합류하여 거룩한 도시의 백성들을 위해 기도하는 것을 본다. 신약성서는 교회는 각기 다른 기능을 지닌 지체들이 함께 일하며 서로를 지원하는 그리스도의 몸이라는 교리를 제시한다.

성인 숭배의 발달에서는 죽음이라는 냉혹한 사실이 결정적인 역할을 한다. 하나의 계속되는 세상에 있는 기독교인들의 역사 안에 있는 기독교 신앙과 예배 안에는 항상 그리스도의 승리에 대한 즐거운 주장과 우리의 삶이 여전히 죽음 안에 있으며 부활이 마지막 원수의 무서운 공격을 가시적으로 변화시키지는 않았다는 의식 사이의 긴장이 있다. 그 긴장은 오늘날에는 더 강력하다. 기독교인의 장례는 승리의 찬가인가(그럴 경우에, 장례식은 하나

성도들, 성화 | Saints, Sanctify

님께서 예수를 죽은 자들로부터 살리심으로써 행하신 것 안에 있는 영광보다, 완전한 진리가 알려지지 않은 고인의 삶에 대한 감사가 될 수 있다)? 아니면 우리의 슬픔과 두려움을 표현하며 인생의 유한함을 기억해야 하는가? 어린이가 죽었을 때에, 만일 그 아이가 죽지 않았다면 이 세상에서 그의 생명이 일그러지거나 불구가 되었을 것이라고 생각하여 그의 죽음에서 기쁨이나 위로를 발견해야 하는가? 사도 시대 이후 기독교인들 사이에서는 이러한 질문들이 제기되어왔다. 그들은 그리스도의 버려진 무덤 때문만이 아니라, 성도들, 특히 특별한 죽음을 당한 순교자들의 성소들이 신적 현존과 능력의 장소—하늘과 땅 사이에 드려진 휘장이 찢어진 장소—인 것처럼 보이기 때문에 희망을 가졌다. 어거스틴의 예정의 교리는 두려움을 가중시켰다. 사랑하는 사람을 성인이나 순교자들의 유골을 모신 곳 근처에 매장하는 것은 구원받은 자와 구원이 확실하지 않은 사람들의 구분을 분명히 해줄 수도 있다. 그러나 6세기에 투르의 그레고리와 베난티우스 포르투나투스는 "새로운 주제를 중심으로 한 예술과 예식과 시의 아름다움을 주의깊게 주장했다…두 사람 모두 고난에 따른 육체적 죽음이라는 주제를 변화시켜 그 시대에 가장 아름답고 세련된 모든 것을 압축하고 요약할 수 있는 주제로 만들었다"(Peter Brown).

대 박해 때부터 전해 내려오는 이야기들의 주인공들과 현대의 성인들을 존숭하는 관습이 성경의 성인들을 존숭하는 관습보다 선행했다. 그 이유 중 하나는 로마에 있는 베드로와 바울의 성소를 제외하고는 성경의 성인들과 관련된 장소가 없기 때문이다. *Theotokos*인 마리아 숭배는 4세기의 기독론 논쟁들로 인해 생겼다. 동방교회에서는 예배에서 마리아에게 특별한 위치를 부여하지만, 마리아가 잉태한 아기 때문에 존숭된다는 것을 항상 강조해왔다. "모친과 아들은 분리되어서는 안 된다. 그러나 마리아론을 기독론의 확장으로 이해해서는 안 된다"(Kallistos Ware).

서방 교회에서는, 대 그레고리*부터 토머스 벡킷에 이르기까지 600년 동안 새로운 시성이 이루어지지 않았다. 그 후에 많은 숭배 관습이 등장했고, 교회가 육성했던 대중 신앙은 역사적 실체 및 후대에 과학적인 것으로 간주될 것들과의 접촉을 상실했다. 가짜 성유물, 전설적인 기적, 가짜 성인들이 많았다. 예배의 주제들보다 성인들의 축일이

성도들, 성화 | Saints, Sanctify

더 많았다. 악습과 미신들이 많았기 때문에, 많은 숭배 신앙들을 무차별적으로 제거하고 성경으로 돌아가려 한 개신교 종교개혁자들의 반응은 충분히 이해될 수 있다. 교황 피우스 5세는 1568년에 성무일과를 개혁하고 1570년에 미사전서를 개혁하면서 성인들을 기념하는 날을 158개로 줄였다. 그러나 제2차 바티칸 공의회가 개최될 무렵, 그 수는 338개로 증가했다. 1969년에 대단한 수정이 이루어졌고, 현재 가톨릭 교회력에는 191개의 성인이 포함되어 있는데, 그중 95개는 지역 공동체가 원할 경우에 무시할 수 있다. 성인들의 축일 목록은 이제 보편적이고 국제적인 것이 되었다. 일요일은 주님의 축일로서, 이 날에는 다른 성인을 기념하는 일을 안 된다.

로마 가톨릭 교회는 성성(聖性)이 사도들과 함께 죽은 것이 아니라고 믿고서 계속 성인들을 시성한다. 그러나 그 과정이 길고 율법주의적이며, 성성이 초자연적으로 현현된 증거, 그리고 분명히 기독교적인 덕목의 증가가 있어야 한다.

정교회의 방법은 한층 단순하고 검소하고 비공식적이다. 그렇기 때문에 보편적인 교회력에 포함시킬 필요가 없는 지방의 성인들을 시성하기 쉽다.

또한 정교회는 단순하고 무식한 사람들, 거룩한 어릿광대들의 성성을 중시해왔다. 이것은 마태복음 11:25의 정신 안에 들어 있으며, 톨스토이의 '세 명의 은둔자들'의 이야기에서 예증된다. 그 은둔자는 주님의 기도를 배우지 못했지만 물 위를 걸을 수 있었다. 이성적인 개신교에서는 이 점을 걱정한다. 어린 아이같은 단순함은 천국에 속한 것이며, 하나님의 지혜 안에는 어리석음이라는 요소가 들어 있으며, 정신적으로 모자라는 사람들이 하나님의 사랑에 대해 가르칠 것이다. 그들을 무시해서는 안 되며 죽여서도 안 된다. 성인들은 초인이 아니다. 대부분의 성인들에게는 엉뚱한 면이 있긴 하지만, 정신 이상은 두려운 것이며 그 자체가 찬양되어서는 안 된다.

개신교는 성인 숭배를 의심쩍게 여겼기 때문에 극단적인 행위를 피했다. 감리교 역사가 워크먼(H. B. Workman, 1955년 사망)은 개신교가 "참새들을 구하기 위해서 독수리를 몰아내곤 했다"고 말했다. 그것은 종교개혁 이후 보이지 않는 세상이 덜 현실적인 세상이 되었음을 의미했다. 많은 청교도 회중들은 가톨릭 교회보다는 정교회의 것과 흡사하며, 옛 족장들과 함께 죽은 성도들을 기념하는 나름의 교회력을 가지고 있었다. 성인들에게 기도하는 것은 그리스도의 유일한 중보자 됨의 영화로운 위로를 공격하는 것으로 느껴졌다. 그러나 성도들과 함께 하는 기도는 일상적으로 행해졌다.

성인숭배의 역사는 거룩하고 높으신 구속자이신 하나님의 높으신 위엄만으로는 부족하다는 사실을 증명해 준다. 살아 있을 때, 그리고 특히 죽을 때에 우리에게는 사람들이 필요하다. 우리는 예수님을 소유하고 있지만, 만일 그 분이 우리를 우리의 친구와 그 분의 친구들의 교제 속으로 데려가지 않으신다면, 그리고 우리가 세상에 사는 동안 그리스도의 사랑을 계시해 주었던 사람들의 모습 속에서 그분의 거룩한 얼굴을 보지 못한다면, 과거의 안개 속에서 그 분을 잃어버릴 수도 있다.

Peter Brown, *The Cult of the Saints*, 1981; Pierre-Yves Emery, *The Communion of Saints*, 1966; Owen E. Evans, *Saints in Christ Jesus*, 1975; Geoffrey F. Nuttall, *Visible Saints*, 1957; John Saward, *Perfect Fools*, 1980.

편집자

성령 | Holy Spirit

성령과 관련된 영성 문제를 다룰 때에는 가장 초기의 기독교적 가르침은 물론이요 유대교-기독교 신앙에서 성령에 대한 가장 초기의 이해를 염두에 두어야 한다.

"영"(Spirit)이라는 단어는 구약성서 배후의 고대 전통에서부터 보이지 않고 신비한 하나님의 능력, 바람(출 10:13, 19), 생기(창 6:3; 시 104:29-30), 카리스마적 지도자와 예언자의 탁월한 능력(삿 6:34; 13:25; 삼상 10:6, 10) 등으로 나타난 능력을 지칭한다. 특히 하나님의 창조적 에너지와 인간 자신의 내적 생명력 사이의 연속성이라는 의식이 모든 영성의 근본이다. 인간 존재의 감추어진 깊은 곳에서 우리의 생명이 이 3차원적 세상에서 유지된다는 의식이 하나님의 우주적 능력의 영향을 받고 활력을 얻을 수 있다. 이와 같이 하나님의 창조적인 능력과 인간의 내적 존재 사이의 연속성이라는 인식은 성경의 여러 곳에서 하나님의 성령(Spirit)으로 번역할 것인지 인간의 영(spirit)으로 번역할 것인지 구분하기 어려운 이유를 설명해 준다. 그러나 둘 사이의 연속성이 동일성이 되는 것은 아니다. 인간은 하나님의 성령의 수용자이므로, 단순한 인간의 영이 되지 않는다. 영적인 사람은 항상 자신이 하나님의 영으로서 영을 의지하고 있음

성령 | Holy Spirit

을 의식한다: "주의 성신을 내게서 거두지 마소서"(시 51:11); "내가 주의 신을 떠나 어디로 가며 주의 앞에 어디로 피하리이까"(시 139:7).

유대교에서, 성령은 전형적으로 예언의 영(느 9:20, 30; 사 59:21; 겔 2:2; 미 3:8)이었다. 이 때 "예언"은 단순히 장래를 예고하거나 논쟁적인 문제에 관하여 직선적으로 발언하는 것이 아니라 성경의 감화 아래 발언하고 행동하는 것이다. 옛 예언자들의 특징은 다른 생각을 거부하는 신의 강권이라는 의식이었다(렘 20:9; 암 3:8). 신약성서에서 성령의 선교의 영으로 강조한 데서도 감화와 강권의 결합이 분명히 나타난다(요 20:21-22; 행 1:8; 고전 2:4-5; 히 2:4; 벧전 1:12).

기독교는 이 예언적 전통 안에서 출발했다. 최초의 기독교인들은 성령의 기름부음을 받은 자에 대한 예언적 소망이 예수 안에서 성취될 것이라고 믿었고(사 11:2; 61:1-3), 오순절 날에 모든 하나님의 백성에게 성령에 내릴 것을 믿었다(욜 2:28-29; 행 2). 이 두 가지 사실은 하나님께서 인류를 다루시는 데 있어서 하나의 신기원의 시작을 나타내므로, 기독교 영성의 기본이 된다.

1. 예수는 특별히 잉태되고 기름부음을 받은 분이다(마 1:18; 막 1:10-11). 그의 기름부음은 세상에서의 하나님의 마지막 통치의 능력을 구체적으로 표현하며(마 12:28), 하나님의 구원하시는 목적이 온 세상으로 확대될 것을 염두에 두고 있다(마 12:18-21; 눅 4:16-27). 그러나 그의 기름부음이 장래 세대에 성령에 속한 사람들의 원형이 된 것처럼(요 3:34), 성령은 분명하게 "예수의 영"으로 정의될 수 있으며(행 16:7; 빌 1:19; 벧전 1:11), 성령의 감화와 은혜의 표식이 예수님의 영성의 특징이 된다.

2. 새로운 세대에 예수님의 제자들의 교제 안에 들어가는 통로가 되는 결정적인 믿음의 행위는 성령과 관련되어 이해된다: 성령의 은사, 성령을 받음, 성령 세례 등(요 7:37-39; 행 2:38, 11:15-17; 롬 8:9; 갈 3:2-3; 히 6:4). 여기에서 이 은사는 유일한 첫 열매, 하나님의 완전한 구원의 첫번째 정착이라는 인식이 필요하다(롬 8:23; 고후 1:21-22; 엡 1:13-14; 빌 1:6). 중간기에 있는 신자는 여전히 이 세상에 속해 있으므로, 신자로서의 그의 경험은 성령의 생활과 이 세대, 영과 육의 전쟁에 속한 데 따른 결과 사이의 영적인 긴장이다(갈 5:13-26). 그러한 긴장은 불편함의 표식이 아니라 생명의 표식

성령 | Holy Spirit

이며, 고난과 패배도 희망의 상징이 될 수 있다(롬 5:3-5:7-8; 고후 4:7-5:5).

신약성서에서는 신자의 삶에 성령이 오시고 임재하신다는 경험적인 특성이 두드러지게 나타난다. 누가는 특히 성령에 대한 이 최초의 경험의 몰아적인 특징을 강조한다(행 2:1-4; 4:31; 19:6). 초대 교회에서는 성령의 직접적인 감동을 받아 말하는 예언자들이 중요한 역할을 했다(행 11:27; 고전 14; 엡 2:20; 살전 5:19-20; 계 1:3; 19:10; 딛 11-13). 바울의 주장에 의하면, 믿음의 공동체는 성령에 대한 공동의 경험에서 성장해 왔으며(고전 12:13; 고후 13:13; 엡 4:3; 빌 2:1-2), 각처에 있는 그리스도의 몸은 본질적으로 카리스마적이었고, 몸의 기능을 이루는 특별한 행위와 말로 각 사람을 자극하는 성령에 의지하고 있었다(롬 12:3-8; 고전 12:4-26). 하나님과 신자의 실질적이고 직접적인 관계에 대한 예언적 소망이 실현되었다는 믿음 역시 중요한 것이었다(요 4:13-14; 고후 3:3-6; 히 8). 따라서 신자는 기록된 법에 의존하는 영성과 행위와는 달리, 성령의 인도하심을 받아 살아가라는 격려를 받을 수 있었다(롬 7:6; 8:4; 갈 5:16, 25).

성경적 전통에서 성령을 예언의 영으로 강조한 데는 거짓 예언의 위험에 대한 인식이 동반된다. 자신이 영적 감동을 받았다고 확신하는 사람이 그 권위를 다른 사람에게 부과하려 할 때에, 하나님의 능력을 영의 차원에 맞추려는 시도는 온갖 종류의 자기 기만과 영적 오만을 낳을 수 있다. 신자는 성령을 따라 사는 것과 육체를 따라 사는 것 사이의 경계선이 아주 좁다는 것을 기억해야 한다(롬 8:12-14; 12:2). 바울은 이 위험에 대해 아주 민감했으며, 그의 조언은 영속적인 가치가 있다. 따라서 성령의 감화를 받았다는 주장은 반드시 검증되어야 한다(고전 14:29; 살전 5:19-22). 그것을 시험하는 한 가지 방법은 영감된 발언이 복음의 기본적인 원리에 일치하는지 알아보는 것이다(고전 12:3). 또 하나의 방법은 그 영감이 완전히 자아를 초월하는 사랑 안에서 발휘되고 또 그러한 사랑을 낳는지 알아보는 것이다. 성령의 은사들과 성령의 열매는 큰 위기에 처했을 때에만 분리될 수 있다(고전 13; 갈 5:16-23). 또 다른 방법은 신령한 은사들이 개인적인 지위의 확장을 위해서가 아니라 다른 사람들을 섬기기 위해 주어졌음을 인식하는 것이다(고전 12:5, 7; 14). 믿음의 공동체 안에서 행해지는 성령의 기도도 내 이웃에게 유익을 주는 기도인지 검증되어야 한다(고전 14:12-19). 자신이 성령의 인도하심을 받는다거나 하나님으로부터 특별한 경험을 체험했다고 주장하는 사람은, 영성을 시험하는 기준은 그것이 신자의 내면에서 예수님께서 누리신 것과 같은 하나님과의 관계를 증진하는지(롬 8:14-17), 그리고 신자를 그리스도의 삶과 일치하게 하는지(고후 12:1-10; 빌 3:8-14) 알아보는 것임을 망각해서는 안 된다.

요한의 저술에서, 성령에 대한 이해는 매우 비슷하다: 예배와 가르침 안에서(요 4:21-24; 14:26; 요일 2:27) 성령의 직접성(요일 3:24; 4:13)은 이미 그리스도 안에 계시된 진리와의 긴장 관계 안에 유지되어야 한다(요 16:13-15; 요일 2:24).

성령이 활동하는 곳에는 항상 긴장이 있을 것이다: 옛 전통들과 신선한 감화의 직접성 사이의 긴장, 제도적인 직무와 개인적인 예언자 사이의 긴장, 육과 성령 사이의 긴장. 교회사에서 성령을 강조한 운동들—고대의 몬타누스 파와 메살리안 파, 최근의 오순절 파—이 의심스러운 운동으로 간주되어 온 것은 그리 놀라운 일이 아니다. 그러한 갈망을 억제하지 말고, 성령의 은사들의 다양성이 성숙한 사랑에 의해 유지되고 제어된다는 것을 인정하는 환경 안에서 그것을 장려해야 한다.

H. Berkhof, *The Doctrine of the Holy Spirit*, 1965; J. D. G. Dunn, *Baptism in the Holy Spirit*, 1970; *Jesus and the Spirit*, 1975; T. Hopko, *The Spirit of God*, 1976; C. F. D. Moule, *The Holy Spirit*, 1978; A. M. Ramsey, *Holy Spirit*, 1977; E. Schweizer, *The Holy Spirit*, 1981; T. A. Smail, *Reflected Glory*, 1975; L. J. Juenens, *A New Pentecost?*, 1975; J. V. Taylor, *The Go-Between God*, 1972.

JAMES D. G. DUNN

성령의 열매 | Fruit of the Spirit

이 표현은 갈라디아서 5:22-23에서 인용된 것이며, 다음과 같은 아홉 가지 항목으로 정의된다: "사랑, 희락, 화평, 오래 참음, 자비, 양성, 충성, 온유, 절제.

신약성서에서 사랑*(아가페, *agapē*)은 주로 그리스도 안에서 표현되고, 신자들에 의해 경험되며, 다른 사람들을 향한 사랑 안에 넘쳐 흐르는 거룩한 사랑을 의미한다(예를 들면, 롬 5:5; 8:38-9; 고후 5:14; 갈 5:13-14). 그것은 단순히 감정적인 경험이나 사회적인 행동주의가 아니다(고전 13:13). 그것은 그 둘 모두—감정적인 복종, 그리고 하나님께 대한 헌신과 이웃에 대한 관심을 지탱해 주는 헌신—를 포함한다.

바울의 경우, 희락은 동료 신자들과의 교제 안에서 누린 큰 기쁨과 즐거움, 그리고 개종자들에 대한 소식처럼 서로 나누어 갖는 것(롬 15:31; 고후 1:15; 2:3; 빌 1:4; 2:29; 4:1; 살전 2:19-20), 박해와 고통으로도 없앨 수 없는 것이었다(고후 7:4; 살전 1:6). 화평은 단순히 다툼의 부재가 아니라, 하나님과 인간, 영적·사회적인 복지를 위한 인간과 인간 사이의 긍정적이고 유익한 관계를 말한다(롬 5:1; 14:17, 19; 고전 7:15; 엡 2:14, 17).

인내는 좋지 않은 환경에 직면했을 때에 굴하지 않고 견고하게 버티는 것, 또는 자신에게 부당한 일이 가해질 때에 성 내거나 복수하지 않고 참고 견디는 것을 의미한다(엡 4:2; 골 1:11; 딤후 3:10). "자비"와 "양선"이라고 번역된 헬라어들은 번역된 단어와 마찬가지로 일반적인 것을 언급한다(골 3:12; 살후 1:11).

충성은 "믿음"으로 바꾸어 사용할 수도 있으며, 자신을 충실하게 헌신하는 것, 상호관계에서의 "신뢰성"을 나타낸다(롬 3:3; 딛 2:10). 온유는 오만하고 자기를 내세우는 특성과 반대되는 것으로서 다른 사람들을 인정하고 배려하는 것을 지칭한다(고후 10:1; 갈 6:1; 딛 3:2). 절제는 자신의 욕망과 욕구를 제어하는 것으로서(고전 7:9; 9:25), 신자가 하나님의 능력 안에서 깨어 경성해야만 가능하다(롬 6:12; 7:5-6; 13:11-14).

"육체의 일"(갈 5:19)과 "성령의 열매"의 차이는 매우 미묘하다. 열거된 성품들은 신자가 행하거나 생산해야 하는 것이 아니다. 그것들은 성령을 소유함, 즉 하나님의 능력에 의해 확립되고 유지되는 하나님과 신자의 적극적인 관계에 따른 부산물이다. 이것은 그 과정에서 신자는 완전히 수동적이라는 의미가 아니다. 왜냐하면 성장이라는 은유에는 은혜의 자극과 능력 부여에 대한 신자의 적극적인 협력과 반응이라는 사상이 포함되기 때문이다. 이 타적인 자발성과 직접성이라는 요소는 "육체의 일"과 "법"(5:23)의 대조에 의해서도 강조된다. 열매는 법제화되거나 의식화될 수 없으며, 오직 성장할 수만 있다.

또 "열매"가 단수로 사용된 것도 의미심장하다. 개인적으로 독립하여 행할 수 있는 "육체의 일"과는 달리, "성령의 열매"는 단일한 성장, 상이한 관계들과 상황들 안에 동일한 성령께서 감화하신 성품에 대한 반응이다. "성령의 열매"는 죄악된 본성의 이기적인 지배 앞에서 자신의 취약성을 의식하며, 그렇기 때문에 한층 더 하나님을 의지하면서 살려는 사람의 성품을 묘사한다.

W. Barclay, *Flesh and Spirit*, 1962.

JAMES D. G. DUNN

성령의 은사 | Gifts of the Spirit

"성령의 은사"란 *charismata*라는 헬라어를 번역한 것이며, "charisms"라고 번역되기도 한다. 그것이 기독교적인 어휘로 사용된 것은 바울 때문이다. 그러므로 바울이 사용한 용례가 그 의미를 결정하는 요소가 된다. 근본적으로 카리스마(*charisma*)는 *charis*(은혜)에서 파생된 것이다. 따라서, 카리스마는 은혜를 구체적으로 표현해 주는 것, 하나님께서 후하게 주시는 것을 표현하고 구현하는 것이라고 정의할 수 있다. 그것은 구원과 영생의 은사를 요약하기 위해서 사용될 수 있지만(롬 5:15-16; 6:23), 보통 하나님의 은혜의 특별한 개인과 능력 주심이라고 생각된다(고전 7:7; 고후 1:11). 여기에서 복수형이 사용된 것은 로마서 12:4-8과 고린도전서 12:4-11, 28-31절에서 언급된 은사들을 염두에 둔 것이다. 이 목록들은 완벽한 것도 아니고 결정적인 것도 아니며, 다만 규칙적으로 나타나거나 특별한 타당성을 지니는 은사들을 항목별로 열거한 듯하다.

1. 목록에는 계시의 은사들—전반적인 상황이나 특별한 상황에서의 하나님의 뜻이나 계획에 대한 통찰이라고 할 수 있는 '지식'과 '지혜'—이 포함된다(고전 8; 31:2; 14:6; 고후 1:20-25; 2:6-11; 6:5). 또 바울이 고린도후서 5:13과 12:1-7에서 말한 환상적이고 몰아적인 경험들, 성령의 인도함을 받는 현세적인 경험(롬 8:14; 갈 5:18), 또는 어려운 선택을 하거나 윤리적인 판단을 할 수 있도록 주어지는 분별력(롬 12:2; 14:22; 빌 1:10) 등도 포함된다.

2. 치유의 은사들도 포함된다. 은혜는 하나님의 능력의 작용이므로, 카리스마는 특별한 경우에(고전 12:9, 28, 30) 이루어지는 신적 에너지의 효과적인 발로이다(고전 12:6). 바울이 이 은사와 연결한 "믿음"은 특별한 경우의 특별한 신뢰, 하나님께서 원하는 치유를 이루실 것이라는 확신으로 이해해야 할 듯하다(행 3:6-7; 14:9-10). 바울은 믿음과 치유가 병행하며, 치유의 능력의 효과적인 발휘는 믿음의 은사에 의존한다고 생각했을 수도 있다(롬 12:3; 14:23). 바울이 이곳에서 언급하는 "기적들"(고전 12:10, 28-29)에는 치

성령의 은사 | Gifts of the Spirit

유 외에 다른 것들도 포함되는 듯하다.

3. 가장 빈번하게 언급되는 은사는 영감된 말씀—복음 전파(고전 2:4-5: 살전 1:5-6), 가르침(고전 14:6, 26), 권면(롬 12:8), 찬미(고전 14:15; 엡 5:19; 골 3:16), 그리고 기도(롬 8:15-16, 26-27; 고전 14:14-17; 엡 6:18)—이다. 바울이 가장 중요하게 여긴 것은 예언(롬 12:6; 고전 12:10; 14:1; 살전 5:19-20), 즉 필요한 통찰을 공급하고 격려하고 위로하며 믿음의 공동체를 세우기 위해 성령께서 주시는 말씀(고전 14:2, 6, 24-26, 30-31)이다. 이 은사는 중요한 것인 만큼, 남용되거나 조작될 위험이 크다. 그렇기 때문에 바울은 영들을 분별하는 은사(고전 12:10)에 대해 언급하며, 모든 예언적인 발언은 선지자들이나 사람들에 의해 평가되어야 한다고 주장한다(고전 14:29; 살전 5:19-22). 방언의 은사는 정신을 무시하기 때문에 한층 남용되기 쉬운 은사이다(고전 12:10, 28, 30). 바울은 방언의 은사가 그것을 발휘하는 사람에게 주는 유익을 의심하지 않지만(14:2-5, 18), 방언 해석의 은사가 동반되지 않는 한 회중 내에서 그 은사를 사용하는 것을 억제한다. 방언 해석의 은사는 알지 못하는 언어의 내용을 자국어로 옮기는 것인 듯하다(14:3, 5-19, 23, 27-28).

4. 보통 전술한 은사들에 관심의 초점이 주어지지만, 바울이 봉사 행위도 은사로 생각하고 있다는 데 주목해야 한다(롬 12:7; 벧전 4:11 참조). 여기에 로마서 12:8에 언급된 구제와 나눔, 또 고린도전서 12:28에 언급된 서로 돕는 것과 다스리는 것도 포함될 것이다.

바울의 견해에 의하면, 카리스마는 육신을 위한 은사들로서, 개인을 통해서 전체 회중에게 은혜의 방편으로 주어진다(고전 12:7). 그것들은 개인의 즐거움이나 명예를 위해서 주어지는 것이 아니며, 봉사의 행위를 특징으로 지닌다(12:5). 이런 까닭에, 사랑이 없는 은사는 비방을 받으며(고전 13:1-3), 고린도전서 14장에서는 사람들에게 유익을 주는 것을 강조하는데, 그 때문에 예언이 방언보다 한층 귀중하게 여겨진다. 바울은 그것들을 몸의 "기능들"(롬 12:4)로 묘사하기도 한다. 그 요점은 각각의 지체가 나름의 기능을 지니는데, 그 기능은 정규적으로나 간헐적으로 발휘되고 대단히 큰 책임을 지닐 수도 있고 비교적 적은 책임을 지닐 수도 있지만, 몸 전체의 건강을 유지하려면 모든 기능이 필요하다는 것이다(고전 12:12-31). 바울은 정규적인 사역의 중요성을 알고 있지만

(흔히 사도들, 선지자들, 그리고 교사들로 언급된다—롬 12:6-7; 고전 12:28; 엡 4:11), 그것들에게만 한정하여 사역을 생각하거나 다른 모든 지체들의 일시적인 사용을 예리하게 구분하는 것은 모순일 것이다. 단어의 의미상, 그리스도의 몸의 지체들은 모두 하나님의 은총을 입은 자들이다. 그리고 현상으로서의 은사들이 독특하게 기독교적인 것이 아니므로(고전 12:2-3 참조), 바울은 그리스도 안에 계시된 은혜의 특성과 일치하기 위한 카리스마적인 공헌의 필요성을 강조한다(고전 13; 고후 12:1-10).

성경 이후 시대에는 은사에 대해 그다지 언급하지 않았고, 보다 두드러진 은사들을 언급했다(예를 들면 Irenaeus, *Haer*, 2.32.2; Tertullian, *Marc*, 5.8). 그러나 그러한 은사들을 사도 시대에 속하는 것으로 간주하려 했으며, 전통적인 신학에서 "성령의 은사"라는 표현은 이사야 11:2의 성령의 기름부음을 지칭하기 위해 사용되었다. 반면에, 교회사의 여러 시대에 치유, 예언, 몰아적인 현상 등이 있었다는 증거가 상당히 많다. 특히 몰아적인 현상은 천년주의 운동과 열광주의 운동(N. Cohn, *The Pursuit of the Millienium*, 1957; R. A. Knox, *Enthusiasm*, 1950)이나 기독교 신비주의에서 빈번하게 나타난다(H. Thurston, *The Physical Phenomena of Mysticism*, 1952).

금세기에, 오순절 운동*의 출현, 그리고 1960년대 이후로 오래된 교회들 내에서 진행되어온 은사 운동*의 부흥 등은 바울의 가르침을 다시 표면화했다. 오순절 운동에서 방언을 두번째 성령세례 경험의 표식과 동일시함으로써 방언이 강조되었다. 많은 사람들은 방언을 하는 것이 덕을 세워주는 개인적인 예배 경험이 되는 것을 발견했다. 치유자들이 성공적인 프리랜서로 자리잡음에 따라, 치유 역시 중요한 사역이 되었다. 그러나 은사의 부흥에 있어서, 주요한 강조점은 은사 공동체의 개념과 실천, 그리고 회중 내에서의 봉사로서의 카리스마에 두어져왔다.

A. Bittlinger, *Gifts and Graces*, 1967; J. D. G. Dunn, *Jesus and the Spirit*, 1975; J. Koenig, *Charismata: God's Gifts of God's People*, 1978; M. T. Kelsey, *Healing and Christianity*, 1973; K. McDonnell, *Charismatic Renewal and the Churches*, 1976; S. Tugwell, *Did You Recieve the Spirit?*, 1972.

JAMES D. G. DUNN

성모송 | Ave Maria

성모송은 동정녀 마리아에게 드리는 기도의 명칭이다. 기도문의 내용은 다음과 같다:

"은혜를 받은 자여 평안할지어다 주께서 당신과 함께 하시도다. 여인 중에 당신이 복되며, 당신의 태의 열매 예수가 복되도다. 거룩한 마리아, 하나님의 모친이시여, 지금, 그리고 우리가 죽을 때에 죄인인 우리를 위해 기도해 주소서."

이 기도의 전반부는 누가복음 1:28, 42에 기록된 가브리엘과 엘리사벳이 마리아에게 문안한 말을 약간 편집하여 융합한 것이며, 후반부는 16세기 이후의 것인 듯하다. 주기도문과 마찬가지로, 성모송도 비공식적인 기도문으로 자주 사용된다. 이 기도문은 예수의 수태를 기념하는 삼종(三鐘) 기도와 묵주 기도(Rosary)*와 같은 경건한 관습에서도 사용된다. 음악으로 표현된 것도 많은데, 가장 유명한 것은 슈베르트와 구노의 것이다.

JOHN MACQUARRIE

성무일과 | Hours, The

성무일과(The Hours, The Offices)는 하루 동안 시간적인 간격을 두고 행하는 비-성례전적인 예배들을 말한다. 성공회의 공동기도서에서는 하루에 두 차례의 기도를 언급하며, 가톨릭 교회에서는 일곱 차례의 기도와 밤 기도를 언급한다.

신자들이 기도를 위해 모이는 공식적인 모임의 배후에 있는 근본 사상은 성경, 특히 시편에 기록된 하나님의 말씀을 함께 듣고, 세상의 구원을 위해서 그리스도께서 아버지께 드린 기도 안에 더욱 깊이 자리잡기 위해서이다. 성무일과를 행하는 데 있어서 중심적인 요소는 성시집의 활용이다. 두번째 요소는 성경의 다른 부분을 읽는 것이고, 세번째 요소는 본기도나 연도 때에 성무일과를 기도를 요약하기 위해서 특별히 소리내어 기도하는 것이다. 하루 중 특별한 간격을 두고 이러한 형태의 기도를 드리는 데 따르는 결과는 시간의 성화라는 개념이다. 규칙적인 간격을 두고 기도함으로써 함께 모인 하나님의 백성들이 하나님의 말씀에 기울이는 이 특수한 관심이 흘러나와 나머지 시간으로 흘러들어가서 하나님 나라의 차원을 부여한다.

초대 교회에서는 아침과 저녁에 모여 이러한 형태의 기도를 했다. 기도가 유일한 일이었던 4세기의 수도원 세계에서는, 계속 시편과 나머지 성경을

성무일과 | Hours, The

읽는 것이 수도사 생활의 중심 요소가 되었다. 이것은 기도를 위한 공식적인 모임에 지속적인 기도 생활에서 생기는 공동적으로 실천하는 개인적인 기도의 특성을 제공했다. 그러므로 수도사들은 성무일과를 사용하는 것을 특별한 활동으로 여기지 않고 수도사의 지속적인 기도의 일부로 간주했으며, 수도사들보다는 성직자들의 특권으로, 수실에서의 기도로부터 벗어난 기도로 간주했다. "키프러스의 주교 에피파니우스는 팔레스틴에 있는 수도원을 방문했을 때에 그곳 수도원장에게서 다음과 같은 말을 들었다: "우리는 정해진 시편 영창을 소홀히 하지 않으며, 주의 깊게 삼시과, 육시과 구시과를 행합니다." 그리고 나서 에피파니우스는 '만일 당신이 기도를 중지한다면, 당신은 하루동안의 다른 성무일과에 대해 신경을 쓰지 않는 것입니다. 참 수도사는 마음 속으로 끊임없이 기도하고 시편을 노래해야 합니다'라고 말해 주었다."

성무일과를 대하는 수도사들의 방법은 교회 전체에서 끊임없이 성경을 읽는 것을 규범으로 만듦으로써, 그리고 하루 동안의 성무일과와 밤 기도를 모두 행하는 것을 신자들과 성직자들의 이상으로 만들었다. 중세 시대에는 아침 기도와 저녁 기도에 삼시과, 육시과 구시과가 보충되었고, 여기에 수도사들이 행하는 새벽 기도와 밤 기도, 그리고 자정 기도가 추가되었다. 성무일과 기도에 참여하고픈 평신도들의 갈망 때문에 그들이 사용하기 위한 성무일도서가 등장했다. 대중 신앙에서는 각각의 기도 시간이 성경의 사건들과 결합되었다. 예를 들면, 삼시과는 오순절의 성령강림과 연결되었고, 육시과는 그리스도께서 십자가에 달리신 것과 연결되었고, 구시과는 그리스도의 죽으심 및 매장과 연결되었다.

교구 교회, 대성당, 그리고 수도원에서는 음악과 예식을 성무일과에 병행했다. 성무일과에 단성율 성가를 사용한 초기의 전통 대신에 다성음악이 사용되었다. 신자들이 성무일과를 지키는 것을 매우 중시했기 때문에, 특정 시대와 특정 장소(예를 들면 11세기 클뤼니)에서는 하루종일 성무일과를 거행했으며, 결과적으로 이러한 형태의 수도원적 기도가 공적으로 행해졌다. 이 기도는 본질적으로 공동체의 활동이지만, 중세시대 말에는 사적인 기도가 되었고, 홀로 여행하는 수도사나 사제도 낭송할 수 있도록 성무일과서가 낱 권으로 정리되었다. 최근에 성무일과의 내용과 구조가 개정되었지만,

그것은 여전히 다양한 형태를 취하여 교회의 공식적인 기도로 존재한다.

P. Bradshaw, *Daily Prayer in the Early Church*, 1981; J. D. Crichton, *Christian Celebration: The Prayer of the Church*, 1976; G. Dix, *The Shape of the Liturgy*, 1945; P. Salmon, *The Breviary through the Centuries*, 1962.

BENEDICTA WARD, SLG

성 빅톨 수도원 사람들 | Victorines

성 빅톨 수도원은 파리에 있었고, 12세기에 유능하고 영향력이 있는 영적 신학자들과 학자들을 배출했다. 아담(Adam, 1185년 경 사망)은 전례 속창(續唱)을 작곡했고; 삭소니 출신의 휴(Hugh, 1142년 사망)는 "새로운 사상들을 풍부하게 소유하고 있으며 옛 사상들을 새롭게 제시한 저술가이며; 아일랜드나 스코틀랜드 출신인 리처드(Richard, 1173년 사망)는 매우 신비적인 인물이었다.

성 빅톨 수도원 사람들은 묵상을 중시함으로써 영성 신학에 독창적으로 공헌했다. 그들은 기도를 세 단계로 구분한다: "한가한 사람의 한가한 생각", 즉 백일몽에 불과한 침잠의 기도; 묵상; 그리고 관상. 리처드는 이사야서 40:31에서 힌트를 얻어 침잠의 기도는 다소 목표 없이 방황하는 것; 묵상은 "목표에 집중하여" 높은 고지를 찾는 것; 관상은 독수리처럼 날개를 펴고서 한 눈에 모든 것을 내려다 볼 수 있는 높은 하늘로 날아 오르는 것으로 묘사한다.

빅톨 수도원 사람들은 묵상을 강조할 때, 개성을 소멸하지 않으면서 기도에 질서를 도입할 뿐만 아니라, 기도와 지적인 추구를 나누는 잘못된 구분을 제거했다. 자연적인 지식을 무시해서는 안 되며, 경건과 학문은 서로 상반되는 것이 아니다. 휴는 "모든 것을 배우라. 당신은 결국 불필요한 것은 없다는 것을 발견할 것이다"라고 말한다. 정신의 훈련은 관상의 준비 단계가 될 수 있다. 이 모든 것의 배후에는 창조의 교리와 성육신의 교리가 놓여 있다. 왜냐하면 태초에 말씀이 하나님과 함께 계셨고 그리스도 안에서 육신이 되셨기 때문이다. 휴는 묵상의 범위를 클레르보의 버나드*의 영성의 특징이었던 거룩한 인성에 집중하던 것보다 더 확대한다. 여기에서 켐브리지 플라톤주의자들*의 신학, 그리고 자연신학과 기독교적 계시가 반대된다는 것 및 우리는 주위 세상에서부터 예수 그리스도의 아버지이신 하나님에 대해 아무 것도 배울 수 없다는 주장을 반대한 12세기의 테넌트(F. R. Tennant)와 레이

성상 | Images

븐(C. E. Raven)의 신학을 미리 맛볼 수 있다.

리처드는 베냐민의 이야기를 신비적 길의 단계들을 설명해 주는 것을 해석한 풍유주의자이다. 그는 관상에 여섯 단계가 있다고 보았다. 자연적 지식을 다루는 처음 세 단계는 낮은 예비 단계이다. 마틴 손튼(Martin Thornton)은 그것을 예배로 연결될 수도 있는 사물에 대한 단순한 의식; 창조 안에 있는 아름다움과 계획을 보다 깊이 의식하는 심미적 단계; 피조물의 내적 실체를 찾고 인식하는 성례전적인 단계라고 묘사했다. 디오니시우스*가 그의 뒤를 잇는다. 자연적인 기능들은 점차 망각되며, 우리는 이성을 초월하는 진리들, 그리고 이성과 반대되는 진리들을 이해한다. 마지막으로, 만일 우리가 하나님의 엑스타시에 참여한다면, 자연적 지식은 헛된 것처럼 보일 것이다. 그러나 실상은 그렇지 않다. 우리가 혼동되지 않고 평화로우신 하나님을 추구할 때에, 그것은 우리를 훈계해 준다. 그러나 "거짓되고 기만적인 물건에 생각을 집중하는 것보다는, 어떤 방식으로든지 참된 선에 대해 묵상하며, 그럼으로써 그 선을 향한 마음의 갈망을 타오르게 하는 것이 낫다."

Clare Kirchberger (ed), *Selected Writings on Contemplation,* 1957; Kenneth E. Kirk, *The Vision of God,* 1931; Martin Thornton, *English Spirituality,* 1963; F. Vernet, 'Hugues de Saint-Victor,' *DTC,* VII, cols 240-308.

편집자

성상 | Images

지하 동굴에 그림을 그렸던 시절부터, 인간은 외부 세계에 있는 생물이나 무생물을 표현해왔다. 이러한 행위를 하게 만든 최초의 동기가 무엇이었는지는 알 수 없다. 그러나 오늘날 그림, 조각, 사진 등 많은 성상들이 존재한다. 그것들은 사람들이 직접적인 경험으로부터 이탈하며 자신을 초월한 세계의 중요한 현상들을 상상하려는 시도이다.

에드윈 베번(Edwyn Bevan)은 종교적 실재에 대한 견해를 표현하는 것들을 지칭하기 위해서 거룩한 형상들이라는 용어를 사용했다. 개인이나 공동체와 관련된 것처럼 보이는 현상을 인식할 때마다, 그것을 어떤 표면적인 형태로 표현함으로써 기억하려는 욕구가 생기곤 했다. 이런 욕구는 자연의 대상물(물, 바위, 떡, 포도주)을 거룩하게 만들고, 성상을 만들고, 소리를 만듦으로써 성취되었다. 이러한 수단들

성상 | Images

중에서 무엇을 선택할 것인지는 문화에 따라 상이하다.

히브리 문화, 특히 예언 전통에서는 성상을 만드는 것은 거룩한 실재를 표현하는 데 적절하지 못한 것으로 간주하고, 언어적 표현에 주의를 집중했다. 이슬람교에서도 마찬가지였다. 인도와 그리스에서는 시각적인 형상들이 종교 생활에서 중요한 역할을 했다. 기독교 역사에서는 현저한 양의성이 존재한다. 러시아 정교회에서는 아름다운 성상들이 초월적 실체들과 연결되어 존중되어온 반면, 개신교에서는 성상을 거부하거나 파괴해 왔다. 기독교에서 성상을 대하는 데 있어서 크게 네 가지 태도를 취해왔다.

1. 십계명 중 제2계명에 호소함으로써 지지되는 타협을 모르는 성상파괴론.

2. 성상들이 초자연적인 은혜를 중재하는 역할을 한다고 가정하며, 성상 숭배를 장려하는 태도.

3. 무식한 사람들을 가르치며 그들의 신앙을 자극하기 위한 소중한 수단으로 여겨 옹호하는 태도.

4. 보이지 않는 하나님의 특별한 형상이신 그리스도의 성상에 집중하는 태도(골 1:15).

이러한 태도들은 신약성서에서 그리스도의 외적인 형상을 만드는 것이 옳은 일인가하는 중요한 질문에 대한 답변에 영향을 주어왔다. 어떤 사람들은, 인간적인 그리스도의 형상을 만드는 것은 인간의 상상력을 발휘하는 가장 고귀한 활동일 수 있다고 주장해왔고, 또 어떤 사람들은 본질적으로 신이신 분을 묘사하려는 모든 시도를 배격해왔다. 대부분의 사람들은, 하나님의 아들이 사람과 같이 되셨으므로(빌 2:7) 그분을 아기로, 청년으로, 교사로, 그리고 십자가에 달리신 분으로 묘사할 수 있다는 견해를 갖는다.

어떤 성상이 부활하신 그리스도, 승천하신 그리스도, 통치하시는 그리스도를 적절하게 나타낼 수 있는지는 대체로 그것들의 물질과 정신의 본질에서 취한 견해에 달려 있다. 예배 때에는 정신적인 이미지들이 필요하다. 어떤 사람들은 외적인 형태를 취한 이미지들을 묵상하는 것이 유익하다고 여기며, 어떤 사람들은 표면화하는 것은 단순하고 제한된 표현에 고정될 수도 있다고 염려한다. 이러한 다양한 견해들은 존중되어야 한다.

Edwyn Bevan, *Holy Images*, 1940; A. C. Bridge, *Images of God*, 1960; Austin Farrer, *The Glass of Vision*, 1948; K. E. Kirk, *The Vision of God*, 1931.

F. W. DILLISTONE

성상학 | Iconography

기독교 예술의 발흥은 기독교의 중심적인 사실들에 따른 자연적인 결과로 볼 수 있을 것이다. 나사렛 예수의 삶과 생활 방식이라는 가시적인 형태로 드러난 하나님의 계시(여기에는 그분의 죽음과 부활하신 후의 신비한 모습도 포함된다)는 그러한 사실들을 가시적인 예술로 표현하기 위한 길을 열어놓았다. 초기 교부들 중에는 예술을 금지한 사람들도 있었지만, 기독교의 초기 몇 세기의 신자들은 하나님의 형상을 만들지 말라고 한 구약성서의 명령이 성육신으로 대치되었다고 생각했다. 어쨌든, 인간의 형태와 얼굴을 종교적 경험의 현장으로 간주하는 고대 말기의 정서를 반영하는 다소 진보적인 유대교는 성경의 계시를 프레스코 화로 요약하여 표현하려는 회당 미술을 발달시켰다. 그것은 교회의 모범으로 사용될 수 있었다. 기독교 성상학의 기원은 대중적이며 불분명하지만, 그렇다고 해서 교회 당국과 개별적인 교사들(신학자들)의 영향을 벗어난 것은 아니다.

곧 예술 작품에 대한 보다 큰 관심과 집중과 이해를 산출하기 위해 모티프들이 보다 정교하게 다루어졌다. 그러나 세월이 흐르면서, 해석하려면 성경과 성인전에 대한 상당한 경험이 필요한 상징적인 예술이 등장했다. 이것은 모든 위대한 예술적 전통이 지니는 특징이다. 왜냐하면 세월이 흐르면서 형성된 관습들 안에서 그러한 전통은 본질적으로 점증적이거나 경험적이기 때문이다. 각각의 기독교 예술가들은 전통에서 벗어나 자기 나름의 독창적인 작품을 만들어 왔지만, 그 작품들이 성경 안에 있는 기독교 영성의 원천과 강력한 관계를 지니고 있는 한, 그것들은 단순히 종교적인 작품이 아니라 순수히 기독교적인 작품들로 간주될 수 있다.

각각의 상이한 시대(원시 기독교, 비잔틴, 로마네스크, 고딕, 르네상스, 바로크, 낭만주의, 현대)의 기독교 예술의 문체의 특성은 부분적으로 그 시대의 세속적인 예술에서 사용할 수 있는 어휘들에 의해 결정된다. 그러나 각 시대의 영성이 지닌 주도적인 경향의 표현 역시 중요하다(예를 들면, 로마네스크 시대, 승리하신 그리스도, 고딕 시대의 치욕을 당하신 그리스도). 각 시대는 기독교가 지닌 신비에 대한 정신의 다양한 이해를 느끼는 데 있어서 나름대로 공헌한다. 이런 면에서, 성상들은 단순히 결과가 아니라, 그것들을 바라보는 사람들의 영성을 반영하고 형성해 주는 원인이라고 볼 수도 있다.

때로 하나의 성상학적 전통이 홀로 영적 가치를 지니는 것으로 간주하려는 시도가 행해진다. 기도 생활에서 여러 종류의 성상이 지닌 영감을 주는 능력은 이러한 시도들을 반대한다. 이런 점에서, 기독교 성상학의 역사는 곧 기독교 공동체 전체의 경건한 정신의 역사라고 할 수 있다.

'Art et spiritualité', DS, I, cols 899-934; 'Images', DS, VII, cols 1503-19; 'Images et imagerie de piété', DS, VII, cols 1519-35; A. Grabar, Christian Iconography: a study of its origins, 1969.

AIDAN NICHOLS

성육신 | Incarnation

성육신의 교리는 기독교 영성에 심오한 영향을 미쳐왔다. 하나님께서 아들의 위격 안에서 사람들 가운데 오심으로써, 그리고 인간의 육체적이고 정신적인 상황 뿐만 아니라 적대감과 잔인한 죽음까지도 직면하게 하심으로써 자신을 알리시고 인간들과 화목하게 하셨다는 믿음이 신지식에 대한 기독교적인 접근 방법과 세상에서의 기독교적인 생활 방법을 형성했다. 기독교 영성과 기독교 윤리는 성육신 안에서 하나님의 인성에 의해 유도된다.

우리의 신지식이 성육신에 의해 결정된다는 것은 말씀이 육신이 되셨으므로(요 1:14) 예수를 본 사람은 곧 아버지를 본 것(요 14:9)이라는 요한의 신학, 그리고 바울이 제시한 "그리스도로 말미암아" "그리스도 안에서" (고후 3:3; 5:17) 형성되는 신지식과 기도의 신학에서 분명해졌다. 마찬가지로, 하나님과 인간 사이의 묵상의 요점은 그리스도의 인성 안에 있는 하나님의 겸손 안에 있다는 어거스틴의 주장은 기독교 영성을 플라톤주의와 구별해 주었다(Confessions VII. 18). 동일한 요점이 클레르보의 버나드*의 신비 신학의 핵심을 표현해 준다. 버나드는 그리스도가 "다른 방법으로는 알 수 없는 하나님의 깊음에 접근하는 길을 열어 주기 위해서"(E. Gilson) 성육하셨다고 생각했다. 토머스 아퀴나스*도 인간의 정신은 연약하기 때문에 감각적인 대상들을 통해서 하나님의 사랑과 지식으로 인도되어야 하며, 그러한 대상들 중에 으뜸이 되는 것이 그리스도의 인성과 수난이라고 주장했다(ST 2a2ae 82.3). 이 주제가 서방 신비주의의 중심이라는 것은 노리지의 줄리안(Julian of Norwich)*에 의해 예증된다. 줄리안의 견해에 의하면, 육신 안에 계신 그리스도께서 우리를 천

성육신 | Incarnation

국으로 인도하신다(*Revelations of Divine Love* 55). 서방 전통에서 성육하신 아들의 수난과 십자가를 강조하는 경향을 나타내왔다면, 우리도 칼 라너처럼 결국 우리의 유한한 존재는 그리스도의 영화롭게 된 인성 안에서 영원히 살아계신 하나님께 자신을 열게 된다는 것을 기억해야 한다.

부활하신 그리스도의 영화롭게 된 인성 안에서 성육신의 영속성을 우리의 신지식의 도구로 여겨 강조하는 것이 동방 정교회 영성의 특징이라고 여길 수 있다. "신화"(deification)를 인간의 구원으로 보는 개념의 기원은 이레네우스*, 아타나시우스*, 카파도키아 교부들에게서 볼 수 있다. 그러나 이 개념에 우리의 피조물성의 상실이 포함된다고 보지 말고 하나님과 우리의 관계가 아버지와 그리스도의 관계에 일치하게 된다고 해석해야 한다. 그것은 "하나님의 말씀이신 우리 주 예수 그리스도께서 우리를 그리스도처럼 만들기 위해서 우리처럼 되셨다"(Irenaeus, *adv. Haer.* 5)는 의미다. 정교회의 전통에서, 성령은 우리를 그리스도의 몸과 연합하게 하시며 삼위일체의 거룩한 생명 속으로 이끌어 가시지만, 이 성화의 과정에서 중재해 주는 초점은 그리스도의 인성이다.

기독교 신학이 우리의 신지식을 위한 성육신의 중심성에 대한 이러한 통찰들을 유지하는 데 항상 성공했던 것은 아니다. 십자가의 요한(John of the Cross)*에게서 절정에 달한 기독교 신비주의의 흐름에서는 그리스도의 인성의 중재를 초월하여 하나님을 직접 경험하는 형상이 없는 공허를 강조해 왔다. 한편, 성육신 안에서 인간과 하나님의 연합은 범신론적 정체성과 다름없는 용어로 일반화 되어 왔고, 헤겔과 같은 철학자 뿐만 아니라 엑하르트*와 뵈메*도 비난했다.

성육신적 종교는 윤리와 영성을 쉽게, 또는 적절하게 분리하지 못한다. 초기 수도원 운동의 창시자인 가이사랴의 바질(Basil of Caesarea)은 "겸손은 곧 그리스도를 본받는 것이다"라고 했다 (*On Renouncing the World* 211C). 그리스도께서 자기를 비우신 방식(빌 2:7), 그분의 섬김의 생활, 그리고 십자가의 길이 기독교적인 삶과 활동의 형태를 결정해왔다. 그러나 그리스도를 본받는다는 사상이 항상 균형있게 표현된 것은 아니다. 토머스 아 켐피스의 『그리스도를 본받아』에서는 내적 위로를 지나치게 강조한다. 성육신적인 신앙의 결과에 대한 훌륭한 통찰은 그리스도께서 성육하심으로써 동일하게 되신 인류의 집단적인 본성을 강조하는 사람들에 의해 나타난다. "형제애의 법이 그리스도의 법이라는 사실에 의해서 기독교적 사회주의라고 부를 수 있는 것이 존재한다"(C. Gore). 마찬가지로, 성육신의 종교는 물질 세계에 대한 높은 평가와 우주에 대한 성례전적인 견해를 수반한다고 주장되어왔다.

K. Barth, *The Humanity of God*, 1961; K. Leech, *The Social God*, 1981; E. Malatesta, SJ (ed), *Jesus in Christian Devotion and Contemplation*, 1974; E. L. Mascall, *Christ, the Christian and the Church*, 1946; P. A. Micklem, *Values of the Incarnation*, 1932.

BRIAN HEBBLETHWAITE

성인전 | Hagiography

성인전은 기독교의 거룩한 남녀를 주제로 하는 문학과 비평적 전승으로 이루어진다.

1. **문학적 성인전**. 문학적 성인전에는 세 장르가 있다. ① 가장 초기의 성인전 문학은 순교자들의 행적 및 순교자들의 전례적 목록(순교자 열전)이다. 폴리캅이나 저스틴과 같은 초기 순교자들의 행적은 그들의 증언과 처형을 이야기하는 단순한 이야기이다. 그 뒤의 행적들에는 대화, 환상, 극화된 고난의 이야기가 가미되어 있다.

② 수덕적 운동의 발흥이 동반된 새로운 형태의 성인전. 아타나시우스*의 『성 안토니의 생애』(*Life of Antony*, 357)와 술피키우스 세베루스(Sulpicius Severus)의 『마틴의 생애』(*Life of Martin*, 397)가 대표적이다. 이 장르는 곧 수덕 운동의 범주를 초월하여 전파되었고, 몇 가지 관례를 발달시켰다: 태어날 때에 하나님의 은총을 보여 주는 특별한 징조가 나타남, 어린 시절부터 거룩한 품성을 나타냄, 세상을 부인함, 마귀를 대적한 싸움, 금욕주의, 기적, 죽을 것을 미리 알고 기쁘게 죽음을 맞이함 등.

③ 세번째 장르는 천국의 성인들의 개입에 기인한다고 간주되는 기적 이야기들이다. 초기의 예는 어거스틴의 『하나님의 도성』(*City of God*, XXII, 426)이다. 이러한 기적들은 무덤이나 유물처럼 신적 능력이 거주하는 물리적인 장소를 통해서 발생하며, 중세 시대 성인 숭배의 중요한 측면이다.

이 세 가지 장르가 6세기부터 성인전에서 사용되고 있으며, 투르의 그레고리(Gregory of Tours, 594년 사망)와 대 그레고리*에 의해 가장 활발히 사용되었다. 중세 후반의 수집물들(전설들)은 성인들의 축일 일정에 따라서 조직되었다. 중세 시대의 가장 유명한 것은 제이콥(Jacob of Voragine, 1298년 사망)의 『황금의 전설』(*Golden Legend*)이다.

기독교가 역사적인 인물들을 통한 하나님의 현현에 기초를 두고 있는 한, 문학적인 성인전은 기독교 내의 자연적인 발달 현상이다. 성인들은 히브리 성서의 족장들과 선지자들의 후손이며, 신약시대의 사도들과 제자들의 후손이다. 문학적 성인전도 복음서처럼 전기나 역사서로 기록된 것이 아니다. 역사적인 정확성보다는 전례, 요리문답, 경건, 논쟁 등의 목적이 우선한다.

문학적 성인전의 의도는 교회의 믿음을 세우는 것이다. 이 목적을 위해서, 순교자나 성인에 대한 묘사는 두 가지 상호관련된 특징이 있다.

① 성인은 기독교적 거룩의 본보기로 제공된다. 따라서 문학적 성인전은 도덕적이고 종교적 완전에 대한 기독교적인 이해에 심오한 영향을 미쳐왔다.

② 성인들의 완전함은 하나님과의 특별한 관계의 원인인 동시에 결과이다. 성인전 문학의 압도적인 특징인 기적 이야기들이 이 관계의 증거로 제시된다. 그러므로 성인은 내면에서 하나님을 만나는 인물로 묘사된다. 성인들은 교회의 생활에서 성례전적인 기능을 한다.

2. 비평적 성인전. 비평적인 성인전은 문학적·역사적·신학적 비평 방법들을 사용하는 문학적 성인전 연구이다. 성인들 및 그들을 숭배하는 신앙의 신빙성에 대한 관심은 4세기부터 나타나지만, 비평적 성인전은 로스웨이드(H. Rosewyde, 1629년 사망), 반 볼란드(J. van Bolland, 1665년 사망), 그리고 그들을 추종하는 볼란드 파에 의해서 확립되었다. 19세기 중반 이후로 문학적, 역사적, 신학적인 방법이 정교해지면서, 비평적 성인전 작업이 크게 증가되어왔다. 중요한 업적에는 신빙성 있는 성인전 본문들의 편집, 그리고 역사적 정보와 신학적 내용을 위한 성인전 문헌 연구 등이 포함된다.

Acta Sanctorum, 64 vols, 1643–; D. Attwater and H. Thurston (eds), *Butler's Lives of the Saints,* 4 vols, 1956; D. Attwater, *The Penguin Dictionary of Saints,* 1965; *Bibliotheca Sanctorum,* 13 vols, 1961-1970; P. Brown, *The Cult of the Saints,* 1981; H. Delehaye, *The Legends of the Saints,* 1962; D. H. Farmer, *The Oxford Dictionary of Saints,* 1978; H. Musurillo, *The Acts of the Christian Martyrs,* 1972.

RICHARD M. PETERSON

성전 | Holy War

신약성서에서는 전쟁과 관련된 표현과 운동 경기에 대한 표현이 혼동되기 쉬우며, 제자는 군사로 묘사된다. 때로 전쟁보다는 씨름 경기장을 염두에 둔다. 초기의 수덕자들은 그리스도의 군사라기보다는 경주자였다. 물론 신약성서에는 하나님의 전신갑주를 입으라(엡 6:13)는 명령처럼 분명히 군인과 관련된 구절들이 많다. 그리고 콘스탄틴 대제가 회심한 후로 로마 군대는 명목상으로 교회의 편이 되었으며, 군복무에 관한 비유들을 적절히 사용할 수 있게 되었다. 서유럽에 신성 로마제국이 자리를 잡기 전의 전쟁 기간에는 그리스도를 싸우기 위해 무장하신 하나님의 아들로 간주했다. 십자군 원정도 기독교적 삶이 거룩한 전쟁으로 간주되는 데 기여했다. 1552년의 기도서에서는 "이 세상에 있는 전투적인 교회"를 위한 기도문이 수록되어 있다. 이그나티우스 로욜라*는 원래 군인이었으며, 그가 저술한 『영신수련』*의 첫 부분에서 그는 그리스도의 군대와 악의 군대가 대적하고 있는 모습을 상상하라는 요청을 받는다. 프랜시스 드 살*은 『경건생활 입문』에서 이 장면을 인용한다. 번연*은 순례하는 기독교인을 무장시킨다. 그는 『천로역정』 못지않게 위대한 저서 『거룩한 전쟁』(Holy War)을 저술했다.

1589년에 로렌조 스쿠폴리(Lorenzo Scupoli)는 『영적 전투』(The Spiritual Combat)를 저술했다. 이 책은 끊임없이 잔인하게 자신과 싸워야 얻을 수 있는 기독교적 완전에 관한 책이다. 이 책은 정신적 기도(mental prayer)가 현저했던 서방의 16세기의 전통에서 대단히 중요한 책이다. 정교회에서는 니코데무스(Nicodemus the Hagiorite, 1748-1809)가 이 책을 편집했으며, 1796년에 스쿠폴리의 다른 저서인 『낙원에 이르는 길』(The Path to Paradise)과 함께 『보이지 않는 전쟁』(Unseen Warfare)이라는 제목으로 출판했다. 그 다음 세기에, 은둔자 테오판(Theophan the Recluse, 1815-1894)이 그 책을 개정하여 출판했다. 『보이지 않는 전쟁』과 스쿠폴리의 원래의 저서의 차이점은 역종교개혁에 대한 정교회의 비판, 그리고 동방 영성과 서방 영성의 차이점을 지적해 준다. 서방 교회에는 훨씬 더 많은 "정신적인 싸움", 정신의 기능들의 조직이 존재한다; 동방 교회에서 기도는 긴 계획된 원정에 필요한 기독교인의 무기가 아니라 삶 자체이다. 그것은 명상적인 분석이 아니라 관상, 즉 순수한 기

성찬 | Eucharist

도이다. 테오판은 "중요한 것은 하나님 앞에서 마음 속에 정신을 가지고 서는 것, 그리고 죽을 때까지 밤낮으로 쉬지 않고 하나님 앞에 서는 것이다"라고 즐겨 말했다. 여기에서 중심이 되는 것이 예수기도*이다. 갈등과 싸움은 강조되지 않는다.

교회 안에서 평화주의가 훨씬 더 큰 영향력을 발휘하는 시대에, 전쟁이라는 상징이 기독교적 삶에 적절한 것인지 의심할 수도 있을 것이다. 그러나 현대 심리학에서는 인간의 공격성에 대해 분석해왔고, 개인적인 범주에서 우리 자신 및 하나님과 씨름하는 것과 거룩한 전쟁이라는 개념이 유효한 것일 수도 있다. 한편, 영혼과 사회 내의 악은 영적 무기를 사용하여 대적하여 제거해야 한다.

E. Kadloubovsky and G. E. H. Plamer (ed), *Unseen Warfare*, ET 1952; T. R. Glover, *The Diciple*, 1942.

편집자

성찬 | Eucharist

가톨릭 교회와 정교회의 영성은 비록 형태는 다르지만 모두 성찬의 지배를 받고 있다. 정교회에서는 거룩한 제단 주위에 모인 사람들을 더 강조한다. 반면에 서방에서는 초대 교회의 애찬*을 회복하려 노력하지만 성례전 예배는 개인적이다. 일부 경건한 가톨릭 신자들에게 있어서, 성찬은 탁월한 관상의 기회였다. 트렌트 공의회 이후 비밀과 침묵을 지닌 미사 운동과 그 수직적 차원에서, 사람들의 제물을 바칠 뿐만 아니라 그리스도께서 내려오기 위해 사용하시는 수단이 되게 하기 위해서 그들에게 등을 돌리고 축성하는 사제를 통해서 그들의 기도는 하늘로 올라가거나, 또는 "나는 그분을 바라보고, 그분은 나를 바라보신다"고 말한 농부처럼 개인적으로 성찬을 받으면서 기도를 드릴 때에 관상의 기회가 되었다.

개신교회에서는, "기독교는 복된 성례이다"라고 말하는 것이 옳지 않을 수도 있다. 그러나 성찬이 성직자의 능력의 상징이며 교권주의의 표식이요 폭넓은 충성의 약속이 필요하다는 표식임에도 불구하고, 종교개혁자들은 그것을 거부하지 않았다. 칼빈과 일부 영국 분리주의자들은 매주 성찬식을 행하기를 원했고, 스코틀랜드 교회처럼 일 년에 두 차례만 성찬을 행하는 곳에서는 준비를 철저히 하고 엄숙하게 의식을 거행했다. 감리교 운동은 성례전적 신앙부흥이었으며, 웨슬리*는 주님의 만찬이 확인하는 의식일 뿐만

성찬 중심주의 | Sacramentalism

아니라 회개하게 하는 의식이라고 믿었다. 제자들은 처음 다락방에서 성찬을 받았을 때에 거의 회개하지 않았다. 신앙고백 25조에서는 성례전은 믿음을 강화할 뿐만 아니라 소생하게 하기 위한 것이라고 주장한다.

성찬에는 사람을 잡아끄는 사랑스러움이 있다. 그 때문에 많은 경건 서적들이 배출되었는데, 어떤 것은 종이에 기록되었고, 어떤 것은 겸손한 신자의 기도와 삶에 기록되었다. 그것은 풍부한 묵상과 단편들과 시를 공급했다. 그것은 그 자체로서, 그리고 그것을 주셨으며 경모하는 신자와 연합되시는 분 때문에 사랑을 받아왔다. "성찬의 떡과 포도주는 우리를 십자가에 못 박는다. 즉 그것들에 의해서 우리는 힘과 덕, 심지어 그분의 옆구리에서 흐르는 피까지도 찾아낸다…신실하게 성찬을 받는 사람의 정신은 '오 나의 하나님, 당신은 참되십니다. 오 내 영혼아, 네가 복되도다'라는 생각만 해야 할 것이다"(리처드 후커).

성찬의 영성의 기본 요소는 기념과 감사이다. 존 돈*은 학습을 기억 안에 둔 플라톤의 말을 인용하여 모든 종교를 기억 안에 둔다. 한편 포스터(E. M. Forster)는 프랑스의 소설가 프루스트(Proust)의 걸작들의 제목은 "과거사"가 아니라 "과거의 일들의 기억"이라고 평했다. 마찬가지로, 성찬은 기독교인들이 믿는 것은 그리스도의 십자가 죽음과 부활이라는 구원의 사건이라는 것을 꾸준히 상기하고 다시 생각하는 것이다. 이는 찬양하게 만든다. 하나님 앞에서 그리스도를 기억하는 것 자체가 감사의 제물이며 성찬 기도이다. 한편 성찬을 먹고 마시는 것은 동시에 하나님의 은혜의 선물을 받는 것, 그의 생명을 부여받는 것, 그가 마치시고 계속하시는 일에 참여하는 것, 그리고 천국 잔치를 미리 맛보는 것이다.

Gregory Dix, *The Shape of the Liturgy*, 1945; Philip Martin, *Earnest Pennies*, 1973; N. Micklem (ed), *Christian Worship*, 1936; J. E. Rattenbury, *The Eucharist Hymns of John and Charles Wesley*, 1948; A. Schmemann, *The World a Sacrament*, 1966; Massey H. Shepherd (ed), *Holy Communion*, 1960; Geoffrey Wainwright, *Eucharist and Eschatology*, ²1981; *Doxology*, 1980.

편집자

성찬 중심주의 | Sacramentalism

이것은 기독교 예배와 삶의 중심이 되는 규범적인 행위인 성찬*에 기초를 둔 영성과 구분되어야 한다. 많은 사람들은 플라톤주의 정신과 일신론 신학을 받아들여 현상 세계를 하나님의 영

성 티에리의 윌리엄 | William of Saint-Thierry

광을 감추고 있는 베일로 간주해왔다. 영국의 낭만주의 시, 특히 워즈워드와 셸리의 시, 그리고 엘리자베스 배럿 브라우닝의 시에서 많은 예를 찾아볼 수 있다. 이것은 자연 신비주의(Nature Mysticism)*와 밀접하게 연결되어 있으며, 제랄드 맨리 홉킨스*에게서 발견된다. 그러나 그것은 종종 제도적인 기독교를 냉담하게 대한다. 왜냐하면 제도적인 교회는 권위주의와 엄격함에 의해서 상상력을 죽이고, 교회 안에 제한되어 있는 계시 밖에 있는 영광에 대한 감수성을 둔하게 만들기 때문이다. 현대 퀘이커 교도들은 자연 신비주의의 옹호자였다. 그들은 삶 전체가 성례전적이라는 믿음에 맞추어 재해석된 교회의 성례전들을 사용하지 않는다. 레이븐(C. E. Raven, 1885-1964)은 호수 지방의 산에서, 공원에서 사랑을 속삭이는 연인들에게서, 리버풀의 슬럼가에서 하나님의 영광을 감지했고 친구의 병실에서 부활하신 그리스도를 감지했다. 이것은 생물학과 조류학에 대한 관심, 그리스도 안에 계신 하나님은 진화의 과정 밖에서 들어온 신적인 침입자로 생각하기를 거부한 것, 또는 세상을 단순히 구속의 드라마를 위한 무대로 생각하기를 거부한 것, 그리고 종교와 자연과학의 화해를 위한 그의 노력 등을 설명해 준다.

Anne Fremantle (ed), *The Protestant Mystics*, 1964; W. R. Inge, *The Platonic Tradition in English Religious Life*, 1926; C. E. Raven, *Natural Religion and Christian Theology*, vols I and II, 1953; *A Wanderer's Way*, 1928; Pierre Teilhard de Chardin, *Le Milieu Divin*, 1960.

편집자

성 티에리의 윌리엄
| William of Saint-Thierry

렝스(Reims) 근처에 있는 성 티에리의 수도원장인 윌리엄(1701[?]-1147/1148)은 학창 시절에 수도 생활을 시작했다. 그는 1120년 경에 클레르보의 버나드*를 만났고, 버나드와 시토 수도원 운동 안에서 새롭게 떠오르는 원시 사막의 정신을 보았다. 그는 그 영향을 받아 인간이 하나님을 닮지 않은 상태에서 하나님의 형상으로 돌아가는 단계를 탐구하기 시작했다.

윌리엄은 자신이 받은 어거스틴 수도회의 교육을 토대로 하여 기본적인 형식을 만들었다. 인간은 하나님의 형상으로 피조되었고, 기억과 이성과 의지라는 삼위일체적 특징을 부여받았지만, 하나님을 배반했으며, 피조물에 애착함으로써 하나님께서 의도하셨던 존재보다 못한 존재가 되었다. 인간은

성 티에리의 윌리엄 | William of Saint-Thierry

자신의 본성의 이끌림을 받고 그리스도의 사랑의 자극을 받아, 하나님의 끈질긴 부르심에 응답할 수도 있다. 의지가 뜨거워지면 이성에 의해 균형을 이루는 사랑이 되고, 그 후에 다시 하나님 자신의 사랑으로 성장한다. 인간은 하나님의 사랑 안에서 지혜, 즉 하나님 체험을 성취하는데, 윌리엄은 그것을 "하나님을 대면하여 보는 것"이라고 표현했다.

윌리엄은 중년기(1135년)에 시토 회 수도원으로 옮겨가면서 버나드의 축복을 요청했지만 거절당했다. 그곳에서 그는 이 주제를 다양하게 변화시켜 표현한 성경적 주석을 저술했다. 그는 피터 아벨라르(Peter Aberard)의 *Theologia Scholarium*을 접하게 되었는데, 그것을 계기로 교리의 요점들을 설명했으며, 그 과정에서 인간이 이 세상에서 하나님을 알 수 있는 범위와 수단에 대해 다시 생각하게 되었다.

『믿음의 거울』(*The Mirror*)과 『몽듀의 형제들에게 보낸 편지』(*The Letter to the Brothers of Mont Dieu*)는 그의 성숙한 영성을 체계적으로 제시한다. 그는 이 두 권의 책에서 세 단계의 인간을 다룬다: 동물적 인간(믿음의 단계); 이성적인 인간(이성), 그리고 영적인 인간(사랑). 영혼을 가지고 있지만 야만적인 동물적 인간은 하나님께 돌아가기를 원하기 때문에 하나님께서 성경 안에 계시하신 것을 믿어야 한다. 그는 하나님에 대한 지식을 얻기 위해서 자신의 육체적인 감각과 상상력을 의지한다. 그는 이 감각들을 훈련해야 할 뿐만 아니라, 하나의 복합적인 존재로서 육체적 본성과 영적 본성의 조화를 이루어야 한다.

인간의 특징은 감각에 있는 것이 아니라 이성에 있으므로 이 기초 단계는 반드시 필요한 단계이지만, 이 단계를 초월해야 한다. 인간은 이성적 탐구를 통해서 물질적인 것을 초월하는 실체를 인식하는데, 이것은 신적인 개념에 대한 인간의 최초의 인식이다.

그러나 이성도 역시 보다 위대한 인식 능력, 즉 하나님과 가장 흡사한 능력인 사랑에 복종해야 한다. 하나님을 향해 뻗어나가는 인간의 사랑은 사랑이신 하나님을 만나게 되며, 사랑은 영혼을 하나님과 일치하게 해 준다. 이러한 존재의 닮음이 이 세상에서 하나님에 대해 가능한 최대한의 이해를 제공해 준다.

윌리엄은 하나님에 대한 이해의 성장은, 영원히 각 사람을 감싸고 유지해 주시는 하나님의 임재 의식이 깊어지면서 단계적으로 연속적으로 발생하

성 티에리의 윌리엄 | William of Saint-Thierry

는 것이 아니라고 경고한다. 수도생활이 제공하는 훈련은 죄, 자기 기만, 하찮은 것들에 몰두하는 것 등으로 인해 하나님의 내주하심을 보지 못하게 만드는 부자연한 무질서를 몰아내며, 그 사람으로 하여금 하나님의 형상을 따라 개심하게 해 준다.

윌리엄은 수도원 전통으로부터 감추어진 의미를 전달해 주는 단어들에 대한 사랑을 물려받았다. 그 시대의 사람들과 마찬가지로, 윌리엄은 논리학을 사랑했으며, 논리학 덕분에 주어진 구절 안에서 명료함을 제공해 주는 구분을 할 수 있었다. 그는 시토회 수도사들과의 교제를 통해서 전통적인 가르침을 개인적인 경험에 의해 해석하며, 독거와 단순함과 자기 인식을 존중하는 법을 배웠다.

윌리엄이 하나님 경험을 나타내기 위해서 즐겨 사용한 은유는 "보다"였지만, 그는 중세 시대 후반의 의미에서 환상가가 아니었다. 조각된 대접 받침이 수도원 건축에 대한 버나드의 이론과 일치하지 않는 것처럼, "하나님의 봄"이라는 개념도 감각적인 시각과 상상은 가장 기초적인 기능에 속한다고 확신하는 사람에게는 어울리지 않는 것이었을 수도 있다. 마찬가지로, 윌리엄은 신중하고 엄격한 신학자였으며,

이성적인 탐구를 행할 능력이 있는 사람에게는 이성적 탐구의 의무가 있다고 생각했지만, 초-이성적인 실재에 대한 이성적인 설명들은 도구로 사용한 뒤에 버려야 하며, 불변의 진리로 간주하지 말해야 한다고 주장했다. 우리는 나눌 수 없고 영원하신 삼위 하나님에게 가까이 감에 따라서, 인간이 하나님에 대해 배우는 데 반드시 필요한 성경에 기록된 하나님의 말씀에 대한 묵상, 하나님의 사랑을 이해하는 데 반드시 필요한 성육하신 하나님의 말씀에 대한 묵상조차 포기해야 한다. 육체적, 정신적, 영적으로 엄격한 수덕주의에 의해서만, 인간은 아버지와 아들 사랑의 사랑, 즉 성령 안에 참여하게 된다. 이 "영의 통일성"은, 인간 안에 내재하고 있으며 의지의 닮음에 의해서 증가되는 하나님의 모양을 완전하게 해 준다. 그것은 성령의 사역일 뿐만 아니라, "영 자체, 사랑이신 하나님이다." 인간은 그 거룩한 사랑 안에서 "은혜에 의해서 본성적으로 하나님처럼 된다"(*Epistola aurea*).

지난 반 세기 동안 윌리엄에 대한 연구가 활발히 이루어져 왔는데, 주로 그의 신비 신학에 중심을 두었으며, 최근에는 그의 일대기와 그가 사용한 전거들, 특히 그 시대 사람들이 그리 사용

하지 않은 그리스 어 전거들에 대한 연구에 초점을 두었다.

D. N. Bell, *The Image and Likeness. The Augustinian Spirituality of William of Saint-Thierry*, 1983.

E. ROZANNE ELDER

성화 | Icons

그리스도, 마리아, 성인들을 묘사한 성화는 동방 정교회 영성*과 분리할 수 없으며, 교회나 가정의 장식물로 사용되기도 한다. 성화대(iconostasis)는 제단(천국)과 회중석(세상)을 구분하는 역할을 하는 것으로서, 4세기 말과 5세기 초에 그리스 교회와 러시아 교회에서 발달한 듯하다. 성화대에는 성화들이 그려져 있다.

성화는 세상적인 것과 거룩한 것을 전달하고자 하는 독특한 양식의 그림이며, 서방의 표준에서 보면 약간 과장된 것처럼 보일 수도 있다. 성화에는 인간적인 관심이 결여되어 있다. 성화는 신비한 능력을 지니는 것이 아니라 성례전적인 능력을 지닌다. 성화는 성육신을 표현하며, 창조 전체가 구속함을 받는다는 진리의 상징이다. 성화는 믿음을 가르쳐 주며, "가난한 사람들의 성경"이며 탁월한 "시각적 보조물"로서 크게 존중되고 존숭된다. 신자들은 전례나 성무일과 때에 성화 앞에 무릎을 꿇고, 촛불을 켜며, 분향한다. 그러나 성화를 예배하지는 않는다. 성화에 대해 나타내는 헌신은 성화를 만든 재료인 나무나 돌이나 물감이 아니라 그것들이 표현하는 대상을 향한 것이다. 성화는 "아름다움과 예술을 통해서 피조물을 구속하는 인간의 영적 능력의 역동적인 표현…변화된 우주의 일부"라고 묘사된다(Nicholas Zernov). 성화를 제작하는 것도 성화를 관상하는 것만큼 중요한 헌신 행위이다.

V. Lasareff, *Russian Icons*, 1962; T. Ward, *The Orthodox Church*, 1963; N. Zernov, *The Russians and their Church*, 1945.

편집자

수덕주의 | Asceticism

다양한 문화 안에서, 그리고 전체 역사를 통해서 인간들은 일반적으로 자기의 정체성과 자기 인식을 추구해왔다. 그러한 추구에는 자아를 초월하는 것, 인간 실존의 참된 의미를 드러내 주는 지식에 대한 동경과 탐구가 포함되어 있었다. 역사적으로 이러한 자기의 정체성과 "타자"의 정체성의 경험에 이르는 과정은 여러 가지 형태를 취해 왔다. 기독교 전통 안에서는 수덕주의

수덕주의 | Asceticism

(훈련을 의미하는 헬라어 askesis에서 파생됨)의 다양한 관습과 이론은 자아와 하나님에 대한 지식에 이르는 길로서 중요하게 여겨져왔다.

수덕주의가 기독교만의 독특한 개념이나 관습이 아니라는 것은 역사적으로 증명된다. 그리스도보다 최소한 1000년 전인 초기 힌두교* 시대에도 기도, 명상, 가난, 이탈 등이 생활화되어 있는 수도승들이 작은 암자에 모여 살았다. 또 그레코-로마 시대의 철학 학교나 종교 단체에서도, 개인이 신에게 응답하고 교제하는 데 있어서 수덕주의가 필요하다고 간주되었다. 특정의 수덕적 관습들이 행해진 동기는, 인류는 원래 완전한 상태를 누리고 있었으나 죄 때문에 그 상태를 몰수당했다는 믿음과 밀접하게 연관된다. 인간은 다양한 수덕적 관습들에 의해서 신적인 것과의 교제와 연합을 가능하게 해 주는 상태로 회복될 수 있었다. 이런 까닭에, 기독교 이전이나 같은 시대에 등장한 다양한 종교 전통들 안에서, 원래의 순수하고 복된 상태로의 복귀를 초래하는 데 필요하거나 유익하다고 생각되는 많은 수덕적 관습들이 생겼다. 엣세네파와 Therapeutae와 같은 유대인 공동체들은 천상의 것, 즉 감각의 세계 너머에 있는 천상의 것을 추구하는 활동과 독거 생활에 헌신했다. 4세기의 교회사가인 유세비우스(c. 260-340)는 이러한 유대 공동체들이 그의 시대에 유행한 수덕적 기독교 운동의 선구자라고 보았다(Hist. Eccl. 2.17).

그러나 기독교인들이 영적 목표를 달성하기 위해서 최초로 수덕주의를 활용한 것이 아니라 해도, 그들은 다른 종교 문화와는 비교할 수 없을 정도로 수덕적 이론과 관습을 체계화했다. 초기 기독교인들에게 있어서, 수덕주의는 구원의 확신을 획득하는 가장 효과적인 방법이 되었다. 영혼은 세상, 육, 마귀의 세력 등의 시험을 극복하기 위해 싸우면서 하나님께 다시 올라갈 수 있었다. 처음부터 기독교는 수덕적인 신앙을 참된 기독교적 삶을 영위하는 가장 효과적인 방법으로 여겼다. 초기 기독교 복음 전도자들은 하나님 나라의 도래, 그리스도의 임박한 재림이라는 종말론적 메시지를 전파했다. 종말에 대한 기대에는 물질 세계에 속한 것들로부터의 이탈 의식이 동반되었다. 산상수훈에서는 성령의 일과 하나님의 나라를 획득하기 위해서 자기를 낮춰야 한다고 강조했다. 바울을 비롯하여 여러 사람들은 그리스도의 재림을 준비하는 데 더 많은 시간을 할애

수덕주의 | Asceticism

하기 위해서 결혼 생활의 염려로부터 벗어나라고 권고하면서 종말론적인 소망을 나타냈다.

수덕적인 이상을 추구하게 한 동기는 그리스도께서 "아무든지 나를 따라오려거든 자기를 부인하고 날마다 제 십자가를 지고 나를 좇을 것이니라"(눅 9:23)고 하신 것과 같은 권면에 기초를 두고 있었다. 실제로, 수덕 생활은 참 기독교인의 표식으로 간주되었다. 예를 들어, 많은 순교 이야기들은 수덕주의가 영생을 얻는 데 필요한 전제 조건이라는 믿음을 보여 준다.

초기 기독교 회중들 안에는 기도, 금식, 구제, 선행 등을 기초로 하는 수덕 생활을 실천하는 경건한 여인들의 집단들이 있었다. 2세기 말에, 기독교의 신앙과 관습을 비판적으로 조사하는 비-기독교 저술가들이 우선적으로 언급한 것이 그러한 수덕적인 집단들의 존재였다. 1, 2세기에 시리아에서는 수덕적인 운동, 또는 은둔 운동이 시리아 기독교의 중요한 부분이었다는 강력한 증거가 있다. 시리아 수덕주의에서는 약간 후대에 이집트 수덕주의의 중요한 요소가 된 바 인간이 영과 혼으로 이루어졌다는 이원론을 강조하지 않았다. 시리아 기독교는 종말, 세상 끝에 이루어지는 그리스도의 궁극적인 강림을 가속화하는 보조 수단으로서 수덕적인 관습을 크게 강조했다. 복음의 조화에 관한 타티안의 논문 등의 저술들은, 시리아의 수덕주의가 근본적인 가난, 기도의 필요성, 성령 안에서의 삶의 중요성 등을 묘사하는 성경적인 이미지에 뿌리를 두고 있었음을 지적한다. 독신 생활*은 수덕적인 생활 방식의 근본적인 요소였고, 시리아의 일부 집단들에서는 세례를 위한 선결 조건으로 독신 생활을 요구했을 수도 있다.

3, 4세기에, 이집트의 사막 시대에 많은 개인적인 수덕자들이나 수덕자들의 소집단이 활발하게 활동했다. 유명한 독거자들 중 한 사람인 안토니(c. 250-350)*는 자신의 운명은 순교가 아니므로, 최초의 순교자인 그리스도를 본받아 날마다 자기를 죽이는 독거자로서 일생을 보내기로 결심했다(Vita Ant. 3). 안토니는 수덕 생활이란 날마다 고난받으시는 그리스도를 본받아 육을 억제하고 의지를 발휘하는 일종의 순교로 보았다. 많은 독거자들은 이 개념을 표준적인 것으로 여겼고, 그들 중 일부는 교회는 점진적인 제도화 과정을 통해서 세속 사회에 적응함으로써 성경에 정의된 참 기독교에 대한 이상을 잃고 있다고 느꼈다. 이들

수덕주의 | Asceticism

수덕자들은 자기들이 사회를 떠나는 것이 원래의 이상과 관습에서 이탈한 기독교에 대한 항의라고 여겼다. 사막 이야기에 의하면, 수덕적인 관습에는 육체적인 엄격함(금식, 더위나 추위에 노출됨, 성적 금욕, 수면 부족 등) 뿐만 아니라, 악한 욕망과 생각을 제거하기 위해서 그것들의 본질을 이해하는 데 필요한 정신 훈련도 포함된다.

수덕적인 경험을 묘사하면서 철학적인 용어와 신학적인 용어를 처음으로 사용한 기독교 저술가인 폰투스의 에바그리우스는, 참 기독교인이 되려는 사람이 제거해야 할 여덟 가지 악한 생각을 열거한다: 탐식, 정욕, 탐욕, 우울, 분노, 싫증, 허영, 교만 (*Praktikos*). 에바그리우스는 이 생각들이 하나님과의 직접적인 교제인 기도를 방해하는 장애물이라고 주장한다.

도시와 그 주민들로 인한 소음과 시험이 없는 고요한 장소는 독거자들이 참된 하나님의 경주자가 되기 위해 훈련하는 운동장이었다. 독신 생활과 가난은 육욕을 제어할 수 있게 해 주는 중요한 훈련이었다. 수덕자는 성욕이나 물욕과 같은 본성적인 욕망을 억제함으로써, 영적인 일에 대한 관상, 특히 하나님과의 연합 추구에 보다 쉽게 전념할 수 있었다. 개중에는 지나치게 인간 본성을 무시하는 사람들이 있었지만, 시리아와 이집트에서 유래된 대부분의 초기 사막 이야기에서는 무절제하게 엄격한 수덕적 관습에 대해 경고한다. 그런 일은 마귀의 술책으로서 이기주의와 거짓 경건을 낳는다고 간주되었다. 목적을 얻기 위한 수단이 오히려 장애물이 되는 것을 허락하지 말라고 거듭 경고된다. 수덕자들의 훈련은 영생에 필요한 것, 즉 그리스도와 함께 그리스도 안에 있는 생명의 충만을 획득하지 못하게 하는 내적인 힘과 외적인 힘을 대적하여 행해진다. 기도, 금식, 두 손을 사용하여 일하는 것, 그 밖의 여러 가지 고행의 관습은 그리스도는 흥하고 개인은 쇠하게 해 주는 과정에서 사용되는 훈련 장비였다.

3세기 말과 4세기 초의 문헌에 의하면, 수백 명의 사람들이 도시 변두리의 한적한 장소나 사막으로 들어가서 생활했다고 한다. 그들은 영적 전투에서 엄격한 훈련을 통과하여 지혜를 획득했다는 명성을 지닌 영적 스승 주위에 모여 살았다. 초심자는 얼마 동안 정기적으로 영적 지도자와 상담하고, 절제 있게 기도와 작업과 금식의 생활을 한 후, 혼자서 더 깊은 사막으로 들어가 마귀들과 싸우곤 했다. 그런 사람 주위

수덕주의 | Asceticism

에 사람들이 모여들면서, 수덕적 공동체의 수가 증가했다.

4세기 초에 기독교인들에게 보다 많은 종교적 자유가 주어지고, 그리스도를 따르는 가장 완전한 방법인 순교의 기회가 감소되면서, 거의 모든 곳에서 동시에 기독교 공동체가 생겼다. 비록 은둔 생활은 여러 지역에서 여전히 융성했지만, 공동의 수덕주의, 즉 수덕주의의 원칙과 관습 안에서 경험되는 영적 지도자의 지도 하에 공동체 구성원들의 매일의 일과를 규정하는 일이 급속히 성장했다. 공주생활(共住生活)이 지향하는 기본 방향은 극기, 마음의 청결, 마음과 정신을 다한 완전한 회심 등의 복음적인 교훈에 뿌리를 두고 있다는 점에서 사막의 독거자들의 방향과 흡사했다. 그러나 공주 생활은 이웃을 내 몸처럼 사랑하라는 계명이 일상적인 생생한 경험이 되는 공동체 내에서 사람들과 함께 생활하면서 "날마다 자기에 대해서 죽는 것", 상호 봉사의 생활을 지향했다. 결국, 은둔자들의 가난과 독신 생활의 관습에 특별한 공동체 내의 안정과 생활 방식의 전환이 추가되었다.

4세기 말과 5세기 초에, 홀로 수덕 생활을 하는 개인주의 대신에 공동체 형태의 수덕 생활이 활발해졌다. 수도 공동체의 창시자나 지도자들(예를 들면, 파코미우스, 아모운, 바질, 카시안*, 베네딕트*)은 목표들의 상호 의존성 위에 세워진 이러한 지원 집단의 가치를 깨달았다. 자기 극복을 추구하는 일이 거부되지는 않았지만, 하나님과의 보다 큰 연합을 유도하는 환경을 만들면서 상호 봉사하는 상황에서 이루어졌다. 세상을 버리고 침묵의 세계로 들어가는 것은 주께로 돌아가기 위해 반드시 필요한 일이었지만, "불순종으로 인한 나태함 때문에 떠나온 분에게로 돌아가게 해줄 순종의 수고" (Prologue, *Rule of Benedict*)가 동반되었다. 여러 규칙에서는 수덕적 업적보다 적절한 훈련 수단을 더 강조했다. 공동체의 형제들을 향한 사랑은 수도 가족들 내에서의 조화로운 삶의 발달의 핵심이 되었다. 수도사들의 삶은 수덕적인 삶이어야 하지만, 개인적인 측면보다는 공동적인 측면, 개인의 소유보다 물건의 공유, 어떤 사람에게 애착하기보다는 독신 생활, 자기의 뜻에 매달리는 것보다는 상대방의 뜻에 순종하는 것을 더 강조하는 수덕주의에 뿌리를 두었다.

바질(Basil, c. 330-379), 암브로스(c. 340-397), 어거스틴(c. 354-430),* 대 그레고리(Gregory the Great, c.

수덕주의 | Asceticism

540-604)* 등은 교회 내의 수덕 운동들을 지도하고 적절한 수덕적 관습(예를 들면, 자선 행위, 금식, 기도) 등을 장려했다. 그러한 적절한 관습들은 모든 신자들의 보편적인 의무에 관한 교훈으로 인식된 반면, 수도사들의 완전함의 권고(독신 생활, 가난, 순종, 안정)는 원래의 신성한 질서를 재확립하고 거룩함을 크게 진보시키기 위한 탁월한 수단으로 칭송되었다. 수도 운동 전체는 그 활동과 문헌을 통해서 감화함으로써 교인들의 영성 생활에 크게 기여했지만, 그것을 존중한 결과로서 결혼 생활과 평신도들의 삶의 가치를 축소시키는 부정적인 결과가 야기되기도 했다.

특히 수도 공동체들이 많은 토지를 소유하고 방대한 봉토를 유지하는 일에 몰두해야 했던 중세 시대에는 종종 수도 공동체 안팎으로부터 개혁 요구가 제기되었다. 기록을 보면, 부의 증가 때문에 수도원 내에서 수덕적 수행이 소홀히 되고 훈련이 쇠퇴했다. 이따금 특별한 공동체들의 해이함에 대한 반발이 제기되었고, 공동체 내에서 그 창시자의 수덕적 이상들로 복귀하기 위해서 한 집단이 분리하는 일도 발생했다. 많은 개혁자들은 기존의 공동체들은 더 이상 하나님과의 활동적인 영적 관계에 들어가게 해 주지 못한다고 생각했기 때문에 새로운 공동체를 건설했다. 아씨시의 프랜시스*는 복음서의 단순함과 가난으로 돌아갈 것을 촉구했고, 도미니크*는 엄격한 공부와 하나님의 말씀 전파에 수덕적인 가치를 두었다. 의전 수도회(Canons Regular)와 제3회는 기도와 자선 사업에 중심을 둔 평신도 수덕 생활의 중요성을 강조했다. 설교, 참회(금식, 재산을 포기하거나 나누어 주는 것, 순례, 매일의 시련을 인내함), 그리고 기도 등은 복음서의 그리스도를 본받는 대중적인 형식이 되었다.

이 시기에 하나님에 대한 참 지식에 이르는 가장 좋은 방법은 신학자들이 하듯이 그리스도에 대해 생각하는 것을 통하는 것이 아니라 그리스도를 개인적으로 경험하는 것이라고 주장하는 신비주의 체계와 학교가 발달했다. 마이스터 엑하르트*, 아빌라의 테레사*, 십자가의 요한*, 야곱 뵈메* 등은 예수의 인성에 헌신할 것을 강조하면서 동시에 그 인성에 포함된 것을 완전히 이해하기 위해서 피조물 및 피조물이 주는 위로에서 이탈할 것을 촉구했다. 강력한 하나님 체험 및 하나님과의 연합을 획득하는 수단은 주로 경성함, 즉 모든 외부의 것들로부터 마음을 깨끗하게 함, 내적인 침잠, 자아를 하나님의 활동에 맡김, 궁극적이고 영원한 하나님과의 연합을 기대하면서 인내함 등에 의해서 하나님의 사랑에 대해 마음을 여는 것이었다.

르네상스와 개신교 종교개혁 시대에는, 수덕적인 이상을 참된 기독교적 삶의 가장 탁월한 표식으로 여기는 데 대한 현저한 반발이 있었다. 마틴 루터*를 비롯한 개혁자들은 누구든지 값없이 주시는 하나님의 은혜에 의해 얻을 수 있는 구원의 은사를 강조하기보다는 구원을 위해 필요한 행위를 더 강조한다는 이유에서 수덕적인 수행을 반대했다. 중세 시대 기독교 전통의 필수적인 것이 되었던 수덕주의 대신에, 성경에 설명된 하나님의 말씀에 집중함, 그리고 동일한 정신을 가진 신자들(회중)의 이상을 따름으로써 자신의 도덕적인 삶을 실천하는 것이 강조되었다. 이런 까닭에, 일부 개신교 지역에서는, 과거에 결혼한 사람들을 이류 시민으로 간주하던 데서 벗어나 결혼을 보다 존중되는 위치로 회복하기 위한 조처로서 수도원들을 해체했다. 로마 가톨릭 교회는 수도 공동체들을 교회 구조의 필수적인 부분으로 유지했지만, 개신교 전통에서는 성직 계급 구조에 의해 촉발된 분열적인 사회적 계층화를 제거하기 위한 방편으로서 성직계급구조를 축소하고 분산해왔다.

1875년 이후, 비교종교와 종교 심리학 등의 학문이 등장하면서, 수덕주의에 대한 새로운 이상과 실천이 출현했다. 동양의 종교에 대한 관심은 내적 조화의 발달을 목표로 하는 명상적 수행의 통합으로 이어졌다. 현대 심리학, 인간학, 사회학 등에 대한 관심 때문에 몸과 영혼이라는 이원론적 개념 대신에 전인(全人)의 통합을 강조하는 경향이 나타났다. 오늘날 다원주의와 소외의 세계에서는 단순성과 평화를 추구한다. 종종 하나님을 찾는 일이 자기 정체성과 자기 성취를 추구하는 데 필요한 부분으로 간주되기도 한다. 하나님과 영혼의 관계의 상징인 반응적 관계를 강조하는 데서부터 공동체적인 측면이 발달된다.

현대 사회에서 전통적으로 육체를 멸시하거나 불신하는 태도 대신, 상식적인 훈련 방식(예를 들면 채식주의, 매일 운동하는 것, 올바른 묵상 자세)이 등장했다. 이러한 관습들은 완전히 균형잡힌 생활을 함으로써 이기적인 충동과 욕망을 억제할 수 있다는 신념에 의해 야기되었다. 덕이란 어떤 것을 부인하는 것이 아니라 인간적인 모든 것을 인정하고 받아들이는 것이라고 간주된다. 그러므로 몸과 영혼은 균형 잡힌 완전한 기독교인의 상호 의존적인 측면들이다.

개인이 구원받는 방법에는 다른 사람들의 궁핍과 고난에 헌신하는 것이 포함된다는 사실은 사회정의 활동가들의 활동의 증가에 의해 증명된다. 그들의 기독교적 의무에는 노동 쟁의에 참여하여 행진하는 것에서부터 제3세계 희생자들에게 불의에 대항하여 싸우는 방법을 가르치는 일에 이르기까지 모든 일이 포함된다. 현대의 기독교 수덕자의 실천 방법은 대체로 자신이 처한 특수한 문화적 상황 안에서 완전함을 구축하는 것이 되었다. 많은 현대 수덕주의 이론가들의 견해에 의하면, 인간적인 온전함의 결과로서만 영적 완전함이 가능하다. 비록 이 개념은 현대의 독특한 개념은 아니지만, 그 철저한 강조 때문에 그것은 20세기 영성의 특색이 된다.

전체 기독교 역사에서, 수덕주의에 대한 통일된 정의나 실천은 한 번도 존재하지 않았지만, 항상 그 기초가 되는 동기는 하나님을 사랑하고 이웃을 사랑하라는 복음의 명령을 성취하는 데 방해가 되는 것들을 극복하려는 것이었다. 그것을 실천하는 방법이 변화하고 강조되는 정도도 다양했지만, 4세기에 트무이스의 세라피온(Serapion of Thmuis)이 드린 감사기도에는 각기 다른 시대와 장소에 사는 다양한 사람들의 보편적인 갈망이 표현되어 있다: "우리로 하여금 진실로 살아 있게 하여 주옵소서."

Owen Chdawick, *Western Ascetism*, 1958; Thomas M. Gannon and George W. Traub, *The Desert and the City: An Interpretation of the History of Christian Spirituality*, 1969; Margarete R. Miles, *Fullness of Life: Historical Foundations for a New Asceticism*, 1981; William Skudlarek (ed), *The Continuing Quest for God: Monastic Spirituality in Tradition and Transition*, 1982; Anselm Stolz, *L'Ascese Chrétienne*, 1948.

ROSEMARY RADER

수도원 영성, 수도원주의
|Monastic Spirituality, Monasticism

수도원 운동(Monasticism)이란 *monos*에서 파생된 용어로서 사람들이 한정된 기간, 또는 평생 동안 실천하는 금욕적인 생활 형태를 묘사하기 위해 사용된다. 그것은 정상적인 사회의 유대 밖에서 이루어지며, 동반자가 없이 독신으로 영위하는 생활이다.

기독교 수도사들은 구약성서와 신약 성서에서, 특히 그리스도와 성모 마리아의 삶에서 금욕 생활의 본보기를 발견해왔다. 그들은 또한 하나님께 헌신한 처녀들과 과부들과 사도들을 자기들의 전통의 일부로 여겼다. 그러나 수도적인 생활 방법은 4세기에 기독교회 안에 완전히 정착했다. 가장 초기의 기록들은 이집트, 시리아, 그리고 팔레스타인과 관련되어 있으며, 또한 몇몇 감독들의 가정과 관련되어 있다. 이집트에서는 세 가지 주요한 형태의 수도 생활이 출현했다: 공주 수도원; 서로 돕기 위해 근처에 함께 모여 사는 독거자들의 무리; 완전히 홀로 생활하는 은둔자들. 시리아에서는 개인적인 수덕주의의 극단적인 본보기들이 기독교적 삶의 이상인 수도 생활의 개념과 연결되었으며, 그것은 후대의 수도신학에 영향을 미쳤다. 팔레스타인의 수도원들은 이집트의 근본적인 수덕적 전통을 따르면서, 제롬*, 루피누스, 존 카시안* 등의 작업을 통해서 수도원 운동의 주요한 문헌을 배출했다.

4세기에 일부 감독들의 가정에서는, 사막이라는 수덕적 이상이 전례 기도와 궁핍한 사람들을 위한 실질적인 봉사와 결합되었는데, 이것은 사회와 근접한 형태의 수도원 운동이었다. 몇몇 중심지들은 사막으로부터, 그리고 사도행전(2:42)에 기록된 사도적 무리에서 영감을 얻었다. 수도적 저술들 중에서 가장 영향력이 있는 책, 알렉산드리아의 아타나시우스*가 저술한 『성 안토니의 생애』에는 수덕 생활이 분명히 언급되어 있다.

초기 수도원 운동의 이상과 실천은 존 카시안과 같은 수도적 변증가들의 저술을 통해서, 그리고 팔라디우스와 루피누스처럼 이집트를 방문한 사람들의 목격담을 통해서 서방에 알려졌다. 6세기에 누르시아의 성 베네딕트*는 이탈리아의 카시노 산(Monte Cassino)에 거주하는 수도사들을 위한 『규칙』(Rule)을 편찬했다. 그것은 초기 수도원 운동의 이상들에 기초를 두고, 그 이전의 문서들, 특히 Rule of the Master를 이용한 것이었다. 베네딕트의 규칙은 서방의 수도자들을 위한 간단하고 실질적이며 영적으로 타협하지 않는 지침을 제공해 주었으며, 9세기 말에는 실질적으로 지중해 북부 지역에 이르는 수도원들을 위한 유일한 규칙이 되었다. 이러한 형식을 벗어난 것은 켈트 족의 수도원 운동뿐이었다.

일부 작가들, 특히 에바그리우스와 존 카시안은 초기 수도사들의 실질적인 관습을 토대로 하여 기독교 수도원

수도원 영성, 수도원주의 | Monastic Spirituality, Monasticism

운동을 위한 변증서를 작성했다. 그들은 수도사란 그리스도의 죽음과 부활의 형식에 따라서 찾기 위해서 잃는다는 변증 안에서 그리스도를 따르라는 근본적인 소명을 추구하는 사람들이라고 묘사했다. 여기에 수도원 영성이 분명하게 표현되어 있다. 수도사의 삶 전체는 하나님의 나라, 그리고 영혼 안에 그리스도의 생명이 확립되는 것을 지향한다. 이것은 이상론이 아니라 실질적이고 생생한 전통이다. 이 전통은 수도사들로 하여금 수도원 운동의 특징인 관습—금식, 침묵, 독거, 묵상, 가난, 단순한 생활 방식—에 따라서 생활하게 했다. 이 기도 생활의 중심적인 활동은 혼자서, 그리고 전례적인 환경에서 끊임없이 성경을 묵상하는 것이다. 이것은 다시 수도원 운동으로 하여금 기록된 성경의 본문 안에 있는 하나님의 말씀의 발견에 기초를 둔 특별한 종류의 학문에 관심을 갖게 했다. 수도사들은 자신의 생활 방식을 보호하고, 죽을 때까지 전적 회심의 생활을 계속할 자유를 확보하기 위해서, 독신 생활, 가난, 순종, 그리고 안정을 통해 하나님께 삶을 헌신하기로 서원했다. 이와 같이 기도와 수덕주의를 통한 회심의 생활이라는 개념을 근거로 하여, 수도사들은 기도, 공부, 가르침과 설교, 또는 형제들이나 방문객이나 궁핍한 사람들을 가시적으로 보살피는 적극적인 사랑을 통해서 이웃에게 봉사하려는 갈망을 갖는다.

수도원 영성은 어느 시대, 어느 국가에서도 발견할 수 있는 생활을 만들어내며, 그 생활을 실질적으로 상세히 추구하는 것과 분리될 수 없다. 그러나 그것은 그러한 생활을 택한 사람들이 속해 있으며 관계를 맺는 사회에 따라서 각기 다른 형태를 취했다. 그러한 생활 방식에는 배타주의와 완전주의, 즉 세상에 대한 이원론적인 견해에 기초를 두고서 교회 안에 완전한 자들을 위한 하나의 작은 교회를 만들어내려는 위험이 항상 존재한다. 수도원 영성의 기초인 수도적인 포기(renunciation)는 피조된 질서를 부인하라는 것이 아니다. 보다 상세하게 말해서, 그것인 정상적으로 결혼 생활, 재산의 활용, 봉사의 사역 등을 통해서 실현되는 인간적인 성취를 거부하는 것이 아니라, 그리스도의 사랑 안에 있는 관계 안에서 성장하기 위해서 자아의 상실을 달리 해석하는 것이다. 그것은 그리스도의 부활에 의해 획득된 구원의 영의 능력에 의한 기대하는 것이다: "오직 우리의 시민권은 하늘에 있는지라"(빌 3:20).

L. Bouryer, *The Meaning of the Monastic Life*, 1955; D. Chitty, *The Desert a City*, 1966; C. Marmion, *Christ the Life of the Monk*, 1926; Thomas Merton, *The Climate of Monastic Prayer*, 1969; *Contemplation in a World of Action*, 1971; J. Peifer, *Monastic Spirituality*, 1966; D. Rees (ed), *Consider Your Call. A Theology of the Monastic Life Today*, 1978.

BENEDICTA WARD, SLG

수소, 하인리히 | Suso, Heinrich

하인리히 수소는 1295년 경에 콘스탄스 호수 근처에서 태어났고, 1366년 1월 25일에 다뉴브 강변의 울름에서 사망했다. 그는 마이스터 엑하르트*와 요한네스 타울러*와 함께 독일 신비주의의 대표자이다. 그가 13살 때에, 그의 부모는 그의 양육을 콘스탄스의 도미니크 수도사들에게 맡겼고, 그는 도미니크 수도사가 되었다.

그가 처음으로 지닌 종교적이고 수덕적인 이상은 자신에게 가혹한 매질을 가하는 것이었다. 그러나 그는 곧 이러한 금욕주의가 내면성으로 이어지지 않는다는 것을 깨달았다. 설교자요 목회자였던 그는 이 통찰을 도미니크 수도원 안에서 전했다. 이러한 활동으로 인해 그는 도미니크 수도회 내에서 영성을 추구하는 많은 수녀들, 특히 디센호펜 근처에 있는 성 사타리넬달 수녀원과 스위스의 빈테르투르 근처에 있는 퇴스 수녀원에 있는 수녀들과 접촉하게 되었다. 경건한 신비가이며 수소의 전기를 저술한 엘스베스 스타겔(Elsbeth Stagel)이 이곳에 있었다. 수소는 그녀의 영적 지도자였다.

1348년부터 1366년까지 수소는 울름에 있는 도미니크 수도원에서 지냈다. 이곳에서 그는 자신의 저술들을 모아 소위 *Exemplar*라는 모음집으로 만들었다. 이 책은 4부로 되어 있다: 1. 전기, 수소의 삶; 2. 영원한 지혜의 작은 책; 3. 진리의 작은 책; 서신들을 모든 작은 책.

그는 스승인 마이스터 엑하르트나 도미니크 수도사인 요한네스 타울러와는 다른 독특한 영성을 소유하고 있다. 그는 자신의 풍부한 신비 체험 모두를 표현했고, 자신이 생각하는 것을 영혼의 활동으로 전환했다. 그의 저술들은 인간들 및 피조물들과의 즐거우면서도 고통스러운 공감을 표현한다. 그는 영적 지도자로서 냉정을 권했다. 그의 견해에 의하면, 신비적 노력의 목표는 환상이나 강력한 엑스타시의 느낌이 아니다. 따라서 그는 제자인 엘스베스 스타겔에게 "초심자들이 즐기는 상징들의 위로를 초월해야 한다"고 제안했다. 아무리 종교적인 것이라도 상

수피즘 | Sufism

징들은 창조 세계에서 취한 개념들을 토대로 한다. 그러므로 노련한 사람, 즉 영적으로 성숙한 사람은 "심상이 없는 환상"을 동경한다. 그가 의미하는 바는 엑하르트가 표현한 것처럼 신의 순수한 존재, 순수한 무(nothingness) 속에 잠기는 것으로서, 이 점에 있어서 그는 그 이전의 신비주의의 대가들과 의견을 같이 한다. 수소의 신비한 가르침은 영적 지도자가 필요 없게 되는 지점, 내면의 여행을 하는 제자가 하나님이나 그리스도를 통해서 직접 지도를 받기 때문에 지도자가 침묵할 수 있는 지점까지 확대된다. 이런 까닭에 수소는 다음과 같이 말한다:

"피조물과 작별하며, 장차 당신의 질문들에게 작별을 고하라. 단순히 당신의 내면에서 하나님이 말씀하시는 것을 경청하라."

많은 상징들과 비유를 사용한 시적인 표현 때문에, 하인리히 수소는 독일 신비가들의 음유 시인이라고 불리곤 했다. 비록 독일 신비주의의 시대 이후로 금욕주의의 형태는 크게 변화되었지만, 수소는 자신의 경험 때문에, 내면 여행을 하면서 가혹한 금욕주의 때문에 스스로에게 해를 끼칠 위험에 처한 사람들에게 호소한다.

Heinrich Suso, *Deuche mystische Schriften*, ed George Hofmann, 1966; Louis Cognet, *Gottes Gelburt in der Seele. Einführung in die deutsche Mystik*, 1980; Gehard Wehr, *Deutsche Mystik, Gestalten und Zeugnisses religioser Erfahrung von Meister Eckhart bis zur Reformationszeit*, 1980.

GERHARD WEHR

수피즘 | Sufism

이슬람교 안에서 발달한 초기 신비주의 운동은 이 예언적이고 정복적인 종교의 두드러진 특징 중 하나이다. 모든 회교도 신비가들에게 적용되는 "수피"(Sufi)라는 명사는 기독교 수도사들을 모방하여 입은 흰 양모로 짠 외투를 지칭하는 *suf*라는 단어에서 유래된 것이다. 신비 생활에 헌신한 사람의 행동은 *Tasawwuf*라 했다. 수피가 *sophia*라는 헬라어에서 파생되었다는 주장은 인정되지 않는다.

수피들은 마호메드가 신비가였다고 주장하지만, 그들을 비판하는 사람들은 그것을 부인한다. 성공한 군인이자 관리자인 이 예언적인 인물은 심오한 종교적 경험을 했다고 주장했지만, 그것들을 신비주의로 간주할 수 있는지 여부는 경건한 종교 생활과 신비한 방법 사이의 근본적인 구분에 달려 있다. 마호메드는 40세 때에 고독을 사랑하여 종종 메카 근처에 있는 히라 산의 동굴 속에 들어가 기도하곤 했는데, 그곳에서 가브리엘로부터 예언하라는 신의 명령을 받았다. 계시를 받을 때 그는 겉옷으로 머리를 가렸고, 시각적·청각적 경험을 했다. 그는 신의 위대하심과 가까이 계심, "혈관보다 더 가까이 계심", 고개를 돌리는 모든 곳에 계신 신의 얼굴에 대해 이야기했다. 수피들은 마호메드가 환상 속에서 천국에 올라간 것을 영혼이 신께 올라가는 것을 나타내는 상징으로 해석한다.

마가렛 스미스(Margaret Smith)는 『신비가들의 길』(*The Way of the Mystics*, 1976)에서 기독교가 수피즘의 출현에 미친 영향을 추적했다. 이슬람교는 많은 은둔자들과 수도사들이 있었던 중동 지방에서 발달했다. 코란*에서는 기독교인들 중에 사제들과 수도사들이 많으므로 기독교인들은 회교도들과 가장 가깝다고 말한다. 그러나 주석가들은 하나님께서 기독교인들에게 "수도원주의"를 주셨는지, 아니면 기독교인들이 그것을 만들어 냈는지를 진술하는 듯한 다른 본문에 대해 해석을 달리한다. 책의 백성(People of the Book)은 자신의 종교를 자유로이 실천해야 한다는 이슬람의 원리는, 이슬람 군대가 도착했을 때에 기독교인들이 용서를 받았음을 의미했다. 기독교 수도원들은 초기 이슬람 신비가들에 대해 개방적이었으며, 그들의 경건 서적을 연구할 수 있었다. 후일 종교들 사이의 경계가 보다 엄격하게 정해졌다.

서방의 작가들은 수피들 개개인에게 관심을 집중해왔지만, 트리밍험(J. S. Trimingham)은 『이슬람교 내의 수피 교단들』(*The Sufi Orders in Islam*, 1971)에서 이 교단들의 조직적인 측면, 실질적인 훈련, 그리고 의식 행위 등을 강조한다. *faqir*는 페르시아에서 회교 금욕파의 탁발 수도사를 지칭하는 아랍어이다. 수피들은 스승(*murshid*)과 제자(*murid*)의 관계 안에서 조직과 예배의 도(*tariqa*)를 가르쳤다. 각 단체는 명상(*dhikr*), 특별한 호흡 방법이나 염주를 사용하면서 단어나 구절을 반복하여 암송하면서 신을 찬양하는 것, 단계를 거쳐 전진하여 신적 실재에 대한 경험으로 나아가기를 구하는 것 등의 형식을 가지고 있었다. 초기의 신비주의 집단들은 조직이 제대로 갖추어지지 않았고, 회원들은 이 스승, 저 스승을 찾아다녔다. 그러한 방랑자들을 위한 집이 발달하여 수도원과 수녀원이 되었다. 이들의 수도원은 폐쇄적인 기독교 수도원보다 훨씬 개방적이었다. 마호메드가 했

수피즘 | Sufism

다는 "이슬람교 안에는 수도원이 없다"는 말은 오늘날 출처가 불분명한 것으로 간주된다. 수피즘 안에도 독신자들이 있었지만, 이슬람교도 유대교처럼 결혼 생활과 감각 세계를 존중했으며, 종종 수피들은 결혼을 했다.

남성들은 물론 여성들도 수피의 길을 따랐다. 초기의 유명한 신비가인 바스라의 라비아(Rabi'a of Basra)는 독신녀였다. 그녀는 다른 수피들처럼 신의 공평한 사랑, 또는 신을 사랑하는 사람의 "일치"(tawhid)로 이어지는 뜨거운 갈망을 가르쳤다. 3세기의 페르시아인 아부 야지드(Abu Yazid)는 "일치의 몸"(body of unity)과 "일치의 나무"(tree of unity)에 대해 말했지만, 바그다드의 주나이드(Junayd)는 이 명백한 범신론에 반대했다. 주나이드는 영혼은 신과 연합해도 멸절되지 않는다고 주장했지만, 부 야지드는 신 안에서의 "망각" 또는 "멸절"(fana)을 추구했다. 페르시아의 신비가인 할라즈(Hallaj)는 "나는 실재자이다"라고 주장했는데, 그 말이 신을 모독하는 말로 간주되어 922년에 순교했다. 수피즘 내에 명백한 범신론이나 일신론이 존재하는 것은 비-이원론적인 힌두교 철학의 영향이라고 주장되어 왔지만, 제시된 증거에 대해서는 논란이 되고 있다.

할라즈의 전기를 저술한 작가들은 할라즈가 예수처럼 자기를 처형하는 사람들을 위해 기도했다고 주장한다. 그는 예수님을 신비 생활의 모범으로 간주했고, 예수님의 가난을 강조했다. 페르시아에는 위대한 신비가들이 많았다. 하피즈(Hafiz), 아타르(Attar) 등의 시인들은 신의 사랑과 인간의 사랑을 노래했는데, 이것은 오마르 카얌(Omar Khayyam)의 시에서 추적할 수 있다. 12세기의 철학자 가잘리(Gazali)는 신과의 일치를 tawhid라고 가르치면서 신비주의를 정통적인 것으로 만들었다고 한다. 13세기 페르시아에서 가장 유명한 신비가는 루미(Rumi)였다. 그는 신의 한 줄기 빛이 상이한 종교들 안에 나타났고 모든 피조물은 신의 사랑을 통해 구원을 받을 것이라고 가르쳤다. 루미는 음악에 맞추어 천천히 원을 그리며 춤을 추면서 황홀 상태에 들어가는 Whirling(Dancing) Dervishs라는 집단의 창시자라고 전해진다.

신비 교단들 중 일부는 타락하거나 미신적으로 변했으며, 이슬람 근대주의자들의 공격을 받아왔다. 터키에서는 그 교단들이 금지되었지만, "빛의 자녀들"(Nurculars)과 같은 새로운 운동들이 생겨났고, 터키에는 Whirling Dervishs가 계속 존속하고 있다. 이란에서부터 이집트에 이르는 지역에서 호전적인 이슬람 근본주의와 반 신비적인 회교도 단체들, 그리고 보다 영적인 수피즘이 부흥하고 있다. 그 길은 대가를 치를 준비가 된 소수의 사람들을 위한 것이지만 인류의 영적 행복에 반드시 필요한 것이라고 말한다.

Kenneth Cragg, *The Wisdom of the Sufis*, 1976; Geoffrey Parrinder, *Mysticism in the World's Religions*, 1976; R. C. Zaehner, *Hindu and Muslim Mysticism*, 1960.

GEOFFREY PARRINDER

순교, 순교자 | Martyrdom, Martyrs

믿음을 위해서 목숨을 버린 사람들은 교회에서 특별히 존중되어왔으며, 계시록 3:14에서 "아멘이시오 충성되고 참된 증인"이라고 불리신 예수 그리스도를 계승한다. 기독교에는 "학자의 잉크가 순교자의 피보다 더 가치 있다"는 아랍의 금언과 비슷한 것은 없다. 세례 받지 않은 사람의 순교는 물세례만큼 유효한 피의 세례였다. 일찍이 순교자 숭배가 시작되어 전례에서 큰 영향력을 발휘했다. 순교자들의 무덤 위에 제단과 성소가 세워졌고, 사도들을 기념하거나 성인들을 숭배하는 관습이 정착되기 오래 전부터, 순교자들이 태어난 날이나 사망한 날에 예배를 보며 그들을 기념했다. 콘스탄틴이 기독교를 인정하여 더 이상 순교자들이 배출되지 않게 된 후에는 성인 숭배가 유행했다. 1170년에 토머스 베킷(Thomas Becket) 대주교가 살해되면서 순교자와 성인 숭배가 되살아났다.

16세기 종교개혁 때에는 양측에서 순교자들이 배출되었으며, 그들의 이야기는 두려움과 비통함을 영속화시켰다. 존 폭스의 『순교사』(*Acts and Monuments of matters happening in the Chruch*, 1563)는 수세기 동안 개신교에서 가장 대중적이고 강력한 신화학적 저서들 중 하나였다. 가톨릭 순교자들이 파괴적인 세력의 대리인들이었으며 종교적인 이유보다는 정치적인 이유 때문에 죽음을 당한 반면에, 개신교 개혁자들은 이신칭의의 교리를 위해서 화형을 당했다는 차이가 있다. 그러나 오늘날 이데올로기와 정치가 혼동되듯이, 그 시대에는 종교와 정치가 혼동되었으며, 우리가 교리적으로 잘못된 것으로 생각하는 신앙 속에서 죽은 사람들의 영적인 거룩함을 거부하기보다는 에큐메니즘의 정신으로 자신의 신념을 위해 죽은 사람들의 용기와 희생을 존중하는 것이 옳다. 루터

순례 | Pilgrimage

의 제자도에 대한 이해에서는 순교가 중요한 위치를 차지한다.

20세기에는 나치 강제 수용소, 소련의 종교적인 박해, 전 세계에서 행해진 암살 등으로 인해 19세기보다 많은 순교자들이 발생했다. 1982년 5월, 교황 요한 바울 2세가 켄터베리 대성당을 방문했을 때, 교회를 대표하는 일곱 사람이 우리 시대의 성인들과 순교자들의 기념관 앞에 촛불을 세우고, 교파를 초월하는 순교자—막시밀리안 콜베, 디트리히 본회퍼*, 야나니 루붐, 마리아 스코브트소바, 마틴 루터 킹, 오스카 로메로, 그 밖에 알려지지 않은 사람들—들을 열거했다. T. S. 엘리오트*의 『대성당에서의 살인』(Murder in the Cathedral, 1935)은 순교의 영성에 공헌한 매우 중요한 작품이다.

Peter Brown, *The Cult of the Saints*, 1980; Johannes-Baptists Metz, Edward Schillebeeckx (ed), 'Martyrdom Today', *Concilium,* March 1983; J. F. Mozley, *John Foxe and his Book,* 1940; E. G. Rupp, *Stuides in the Making of the English Protestant Tradition,* 1947.

편집자

순례 | Pilgrimage

모든 고등 종교의 영성이 지닌 중요한 특성은 거룩한 장소를 찾아가는 순례의 관습이다. 힌두교도들은 다양한 성지로 여행하며, 이슬람교도들은 메카를 찾아가며, 유대인들과 회교도들과 기독교인들은 예루살렘을 찾는다. 기독교인들은 1170년에 캔터베리 대성당에서 순교한 토머스 벡켓과 같은 순교자들과 성인들의 무덤으로 순례한다. 근본적으로 특정 장소에서 신의 임재와 활동의 계시가 거룩한 것의 현현, 또는 하나님의 본성을 증명해 주는 사건들의 계시로서 발생한 일 때문에 그 장소가 특별한 영적 능력을 지닌다는 믿음이 존재한다. 순례의 여행에는 고난이 포함되며, 훈련이 요구된다. 순례자는 스스로 어려움을 만들어 내면서 여행을 하기도 한다. 때로는 평생 모은 돈을 순례하는 데 사용하기도 한다. 순례는 혼자서 하거나 여럿이 함께 할 수도 있고, 관광 여행으로 전락하거나, 남용되어 휴가 여행이 될 수도 있다.

4세기에 성지들이 발견된 직후에 에저리아(Egeria)가 예루살렘을 여행한 것에 대한 기록은 예루살렘 교회의 전례와 성 주간의 기원에 대해 묘사하고 있다는 점에서 매우 흥미롭다. 그로 인해 멀리 떨어진 남-서유럽 교회들은 예루살렘 교회의 관습들을 모방하려는 시도를 했다.

종종 믿음을 강화하기 위한 훈련이

나 서원을 이행하기 위해서가 아니라, 병 고침을 받기 위해서 루르드를 찾는 것처럼 어떤 이익을 위해서 순례를 하기도 했다. 육체적인 병고침의 기적이 아닌 정신적인 유익을 얻기도 했다. 목표를 갖는 것, 영적이고 초월인 능력의 대상을 향해 희망을 가지고 여행하는 것은 영성을 위해 중요한 일이다. 장소나 대상은 멀리 떨어진 천국의 상징이 된다.

필연적으로, 아브라함이 믿음으로 나아간 것, 이스라엘 백성이 광야를 방황한 것, 바벨론 포로 생활로부터의 귀환 등에서부터 보나벤투어*의 *Itinerarium mentis in Deum*을 거쳐 번연*의 『천로역정』에 이르기까지, 순례는 기독교적 삶의 알레고리로 간주된다. 그것은 매우 성경적인 것처럼 보인다—하나님의 백성이 나라를 찾는 것, 요한복음에서 제자들을 위해 아버지의 집에 머물 곳을 예비하러 가시는 영적 안내인이신 예수. 특히 히브리서는 유한한 생명의 전이를 의식하고 있다. 우리는 이 세상에는 머물 곳이 없는 나그네요 순례자이다. 따라서 사라져 버릴 것에 투자하거나 머뭇거려서는 안 된다. 그 표현은 초기 종말론을 수정하여 보여 준다. 우리는 더 이상 주님의 임박한 재림을 기다리지 않으며, 이미 그분의 거룩한 도성이나 나라의 시민이요 그 성문 앞에 서 있음에도 불구하고, 그 거룩한 도시나 나라를 찾아 모험을 한다. 교통 수단에 의해 신속하게 여행할 수 있는 시대에 사는 우리가 볼 때, 과거에 사용하던 비유는 시대에 뒤떨어진 것처럼 보일 수도 있다. 그러나 관광객들의 관심을 끌지 못하거나 현대 전쟁 무기에 의해 훼손될 위험에도 불구하고, 성지는 존재한다. 엘리오트*는 순례자와 탐험가의 관계를 추적했다. 그는 *Four Quartet*에서, 우리는 결국 처음 출발했던 집으로 돌아와 있음을 발견한다고 선언한다.

Peter Brown, *The Cult of the Saints*, 1981; A. Kendal, *Medieval Pilgrims*, 1970; Jonathan Sumpton, *Pilgrimage, and Image of Mediaeval Religion*, 1975.

편집자

스코틀랜드 영성 | Scottish Spirituality

스코틀랜드 칼빈주의의 지적이고 논쟁적인 특성을 아는 사람이라면, 그처럼 냉혹한 환경에서 어떻게 영성의 꽃이 피어날 수 있는지 의아해 할 것이다. 그러나 처음부터 맹렬한 신학적 논쟁이나 무미건조한 칼빈주의 정설의 변론과 아울러 구세주에 대한 깊고 부드럽고 사랑이 가득하고 감상적인 헌신이 찬송이나 성가, 그리고 개인적인 서신 안에 표현되었다. 스코틀랜드의 정신을 알려면, 첫째 측면만이 중요한 것이라고 생각해서는 안 되며 두번째 측면도 기억해야 한다. 스코틀랜드 종교개혁자들은 논쟁적이고 비틀리고 편협했지만, 지적인 논쟁에 목숨을 바친 것이 아니라 주님께 헌신했다.

어느 성공회 신학자는 16세기의 도덕적·영적 성장에 대해 저술하면서 "어떤 의미에서 종교개혁은 순수한 손해를 야기했다"고 했다. 이 말은 영국의 경험과 스코틀랜드의 경험의 차이점을 훌륭히 증명해 준다. 스코틀랜드인의 입장에서 보면, 종교개혁은 복음의 재발견이었으므로 순수한 이익이었다. 이것을 훌륭하면서도 기분 좋게 증명해 주는 책은 제임스 웨더번, 존 웨더번, 로버트 웨더번 형제가 편찬하여 1542년에서 1546년 사이에 출판한 *The Guid and Godlie Ballatis*이다. 이 책은 스코틀랜드 종교개혁의 비공식적 성가집이었다. 제임스 멜빌(James Melville)은 자신이 1570년에 몬트로스에서 학교에 다닐 때에 처음으로 "웨더번의 성가집을 접하고, 많은 곡조를 배웠다"고 말했다. 그 책에는 독창적이고 교훈적이고 경건한 시들 외에 시편과 다른 성경 구절을 번역한

것, 루터의 찬송들을 번역한 것 등이 수록되어 있었다. 구원의 이야기를 말하는 교훈적인 시들은 중세 시대의 캐롤 형식을 따른다. 장난을 좋아하는 "하나님께서 모든 사제와 아내, 그리고 모든 수녀와 남자를 보내신다"는 시에서 알 수 있듯이, 논쟁적인 시에 유머가 전혀 없는 것은 아니다. 시편을 번역한 것들 중에는 매우 감동적인 것도 있지만, 그 책에 수록된 것들 중에서 가장 영감이 적은 시들이다. 성가들 중 일부는 세속적인 연가(戀歌)를 개작한 것처럼 보인다. 여기에서는 구주에 대한 사랑, 신뢰, 기쁨, 위로가 단순하고 감동적인 상징으로 표현되어 있다. 그 신학은 이신칭의의 신학이다. 찬송은 기독교인의 영혼이 복음에 응답하는 것이다.

*Ballatis*의 표현은 지극히 스코틀랜드적이다. 그런 것이 오랫동안 스코틀랜드 영성의 표현이 되지는 않았다. 스코틀랜드인들은 자기들의 언어로 된 성경 역본이나 예식서를 소유한 적이 없었다. 제네바 성경과 낙스(Knox)의 제네바 의식서는 영어로 된 것이었고, 그것들은 1611년의 흠정역 성경과 1645년의 웨스트민스터 예배 규칙서로 대치되었다. 스코틀랜드 장로교회와 가정에서는 성경 읽기와 기도가 공

존했다. 가장은 가정 예배를 인도할 때에 흠정역의 영어를 사용했다.

새무얼 루터포드(1600-1661)*는 지적인 신학과 감정적인 영성의 공존을 누구보다 훌륭히 증명해 준다. 칼빈주의자요 스코틀랜드 종교개혁자요 *Lex Rex*의 저자인 그는 17세기의 종교적 갈등과 정치적 갈등의 중심에 있었다. 그는 자기 마음의 신앙을 편지에 쏟아 놓았다 루터포드의 신앙의 에로틱한 이미지가 얼마나 건전한 것인지, 또 그가 무엇을 걱정하면서 거듭 항의했는지 규명하기는 어렵다.

스코틀랜드 장로교회는 가정 예배를 경건의 중심으로 삼으려 했고, 그 관습을 장려하고 지원했다. 1647년 총회에서는 가정 예배와 Directions for Secret를 다른 모든 의무를 위한 준비로 간주하여 인정했다. 기도의 본보기들이 제공되었다. 자발적으로 모여 임의로 임명한 지도자를 중심으로 집단에서의 예배가 아니라 가정에서 가장이 인도하는 예배가 강조되었다. 기도 엘리트들이 분파적인 잠재력을 크게 염려했다. 그럼에도 불구하고, 장로회의 발달의 결과로서, "기도회"(praying society)들이 발달하기 시작했고, 특히 온건한 목사들이 재직하는 교구는 복음주의적 신앙의 온상이 되었다.

스코틀랜드 저지(低地)에서는 그러한 집단들이 분리 교회(Secession congregations)의 핵심이었다. 북부 고지 사람들은 1843년까지는 국교회 안에 머물러 있었으며, 평신도 지도자들이 복음적으로나 영적으로나 규율상으로 강력한 힘을 제공했다. 친교를 위한 모임에서는 그들만이 공적으로 발언하고 기도했다. 그들은 주님의 만찬과 안식일을 엄격히 지켰는데, 이러한 관습은 점차 바리새적이 되었다. 또한 영성을 삶의 한 분야로 보지 않고 전체로 보기도 했다.

19세기에 보다 열정적이고 진보적인 복음주의가 출현했다. 그것은 구세주에 대한 신앙에 있어서 스코틀랜드의 전통적인 영성과 한층 더 조화를 이루는 듯했다. 잉글랜드의 영향력도 상당했다. 매튜 헨리의 책과 다드리지*의 *Rise and Progress of Religion in the Soul*을 소장한 가정이 많았다. 정해진 형식이 없고 기도의 보조 도구도 거의 갖지 못했던 교회에서는 찬송가가 사적인 기도 지침서가 되었다.

스코틀랜드 교회에서는 성찬은 드물게 거행된다. 그렇다고 해서 스코틀랜드 영성이 성례전적이 아니라고 추론하는 것은 잘못일 것이다. 성찬은 식탁에 앉아서 받아야 한다는 완강한 스

시리아 영성 | Syrian Spirituality

코틀랜드 교회의 주장은 우리가 주님의 손님이요, 하나님의 아들이요, 은혜로 말미암아 하나님의 잔치에 부름을 받은 왕이요 제사장이라는 확신에서 생긴 것이다. 성례전을 드물게 거행하는 것은 그 중요성의 척도이며, 교회의 규율은 기뻐하고 믿고 순종하는 공동체를 주님의 식탁에 모으기 위한 것이었다.

모든 이상을 부패하게 마련인데, 이 이상 역시 하나의 거룩한 행사로 전락했다. 성찬 예배가 보다 빈번하게 거행되고 보다 비공식적인 것이 되었으므로, 이 점에서는 큰 유익이 되었다. 그러나 가정 행사라는 의미는 그대로 남아 있다. 스코틀랜드 영성의 핵심에는 주님의 식탁에 모인 가족이라는 이상이 존재한다.

JAMES A. WHYTE

시리아 영성 | Syrian Spirituality

기독교의 초기 몇 세기 동안, 시리아는 여러 분야에서 독창성의 중심지로서, 그리스와 고대 시리아 어(아람어 방언)로 영성에 관한 문헌을 배출했다. 이 시대를 크게 셋으로 나눌 수 있다: 대략 A.D. 400년까지, 5-6세기, 그리고 7-8세기. 5세기에 발생한 기독론 논쟁을 계기로 시리아 기독교는 두 개의 집단, 즉 동방 교회와 시리아 정교회로 분열되었다. 그러나 분열된 교회의 경계가 신비주의 저술에 영향을 미치지는 않았다.

1. 대략 A.D. 400년까지의 기간. 이 시기의 주요한 시리아 어 저술들은 다음과 같다: 2세기 말의 짧은 종교적 서정시인 솔로몬의 송가(Odes of Solomon); 3세기의 도마의 행전(Acts of Thomas); 기도 및 성령의 내주에 관한 글들이 포함되어 있는 아프라하트의 논증들(Demonstrations of Aphrahat, 4세기 중엽), 에프렘의 저서들(주로 찬송), *Liber Graduum*(단계의 책)이라고 알려져 있는 영성 생활에 관한 30편의 설교(이것은 마카리우스의 설교집과 동일한 환경에서 생겨났을 것이다).

이 시대의 시리아 기독교의 특성은 매우 히브리적이었고, 그리스의 사고 방식의 영향을 그다지 받지 않았다. 그것은 함께 모여 생활하는 수덕자들의 작은 집단들에 기초를 두고서 나름의 독특한 원시 수도원 운동 형태를 발달시켰다. 이집트 양식의 수도원 운동은 4세기 말이 되어서야 감지되었다.

그리스도를 본받는다는 기독교적 삶의 이상은 다양한 형태로 재현된다.

세례를 영혼과 그리스도의 약혼으로 보는 견해, 그리고 기독교적 삶은 결혼을 하지 않는 천사들의 생활을 본받아야 한다는 견해 때문에 동정(童貞)이 크게 강조되었다. 세례는 낙원에 다시 들어가는 것이요 아담이 타락하면서 잃어버린 "영광의 옷"을 되찾는 것이라고 간주되었다. 그러나 종말론적인 낙원에서 의는 신화(神化)로 보상될 것이므로, 이것은 순환하는 과정은 아니다.

『단계의 책』(Liber Graduum)은 "하위 계명들"(활동적인 사랑)을 지키는 "고결한 사람들"과 "보다 큰 계명들"도 지키는 "완전한 사람들"을 구분하는 것 등 몇 가지 독특한 교리를 제공한다. 또 세 가지 교회―가시적인 교회, 마음에 속한 눈에 보이지 않는 교회, 그리고 천국에 있는 보이지 않는 교회―에 관한 가르침도 특별하다.

2. 5-6세기. 이 시기에 배출된 가장 중요한 문서들은 다음과 같다: 그리스어로 저술된 마카리우스의 설교집(Macarian Homilies), 독거자 존(John the Solitary)과 필로제누스(Philoxenus), 그리고 스테펜 바르 수다일리(Stephen bar Sudhaili)의 시리아 어 저술들.

이 시기에 시리아 저술가들은 시리아 어로 번역된 그리스 저서들, 특히 이집트의 수도적 문헌, 마카리우스의 설교집, 에바그리우스, 그리고 아레오파고의 디오니시우스*의 것으로 알려진 저술들의 영향을 크게 받았다. 에바그리우스의 지성주의적 영성은 특히 필로제누스를 비롯한 시리아 작가들 모두에게 영향을 주었다. 553년에 그가 오리겐주의 때문에 정죄받은 것 때문에 유실된 그의 몇 가지 헬라어 저서는 시리아 어(그리고 아람어) 역본으로 보존되어 있다.

독거자 존(또는 아파메아의 존, 5세기 초)은 영성 생활에 관한 몇 가지 대화와 편지를 저술했다. 그는 영성 생활을 "몸의 생활, 영의 생활, 그리고 혼의 생활"로 분류했는데, 이 방식은 후대의 저술가들에게 영향을 미쳤다. 그는 세례를 부활의 선행적 현상이라고 강조했다. 그의 신비주의는 "소망의 신비주의"이다.

시리아 정교회의 대 신학자인 필로제누스(523년 사망)는 영성에 관한 몇 권의 저서, 특히 13편의 설교를 저술했다. 그는 그리스적 요소들과 시리아 본래의 요소들을 독창적으로 종합했다. 후자의 특징은 세례, 그리고 인간 의지와 성령의 은혜의 협력의 필요성을 강조한 것이다. 그는 두 단계로 이루어진

시리아 영성 | Syrian Spirituality

영성 생활의 유형을 따른다.

스테펜 바르 수다일리는 *The Book of the Holy Hierotheos*의 저자일 것이다. 그것은 정신의 상승에 관한 저서로서 종말론적인 범신론이 특징이다.

3. 7-8세기. 이 시기의 저자들은 6세기에 인상적인 수도적 부흥을 경험한 동방 교회에 속한다. 많은 저자들이 있지만 특히 두드러진 사람은 네 사람이다: 마르티리우스(Martyrius), 니느웨의 이삭(Issac of Nineveh), 조셉 하자야(Joseph Hazzaya), 달랴타의 존(John of Dalyatha).

마르티리우스(또는 사도나, 7세기 초)는 칼케돈 공의회적인 기독론 때문에 동방 교회에서 축출되었다. 그의 저서인 『완전의 책』(*Book of Perfection*)은 성경적인 것을 강조하며 마음을 영적 중심지로 여긴다는 점에서 이 시대의 다른 저술들과 구분된다.

니느웨의 이삭(7세기 후반)은 그의 저서가 9세기에 그리스 어로 번역되었기 때문에 가장 알려져 있는 시리아 신비가이다. 그 시대의 대부분의 사람들처럼, 그도 에바그리우스의 지성주의적 전승들과 아레오파고의 디오니시우스의 것으로 간주된 저술들, 그리고 마카리우스의 설교집과 시리아 본토의 저술가들(특히 독거자 존)의 경험적인 저술들을 인용한다. 그는 자아를 포함하여 세상을 절대적으로 포기할 것과 겸손을 강조한다. 성령의 사역을 묘사하는 몇 가지 훌륭한 구절들이 있다.

조셉 하자야(8세기)는 조로아스터교에서 개종한 사람이다. 그는 영성 생활의 세 단계에 대한 체계적인 해설서의 저자인 듯하다. 이것은 독거자 존, 에바그리우스, 그리고 아레오파고의 디오니시우스의 저술에서 제시된 다양한 세 가지 분류를 종합한다. 그의 저술들 중 몇 가지는 그의 형 압디소(Abdiso)의 것이라고 간주된다.

달랴타의 존(8세기)도 그 이전의 사람들과 마찬가지로 북부 이라크의 수도 단체에 속한다. 그의 주요 저서들은 설교집과 서신집이며, 서신집에는 몇 가지 신비 체험에 대한 묘사가 포함되어 있다.

초기 이슬람교*의 수피즘*이 동방의 시리아 신비 단체들의 영향을 받았을 가능성이 있지만, 어느 정도 영향을 받았는지는 분명하지 않다.

그 이후의 작가들 중에서 두드러진 인물은 박식한 바르헤브라에우스(Barhebraeus, 1286년 사망)이다. 그는 노년에 *Enticon*이라는 제목의 기독교적 삶을 위한 체계적인 지침서, 그리고 영적 지도자를 갖지 못한 수도사들을 돕기 위한 *Book of Dove*를 저술했다. 이 저술들은 그가 이슬람 신비주의의 영향을 받았음을 보여 준다.

R. Beulay, *La Collection des lettres de Jean de Dalyatha* (Patrologia Orientalis 39), 1978; E. A. W. Budge, *The Discourses of Philoxenus*, 1894; F. S. Marsh, *The Book of the Holy Hierotheos*, 1927; A. Mingana, *Early Christian Mystics*, 1934; A. J. Wensinck, *Mystic Treatises by Issac of Nineveh*, reissued, 1969; Bar Hebraeus's *Book of the Dove*, 1919; S. P. Brock, *The Holy Spirit in the Syrian Baptismal Tradition*, 1979; A. Guillaumont, *Les 'Kephalaia Gnostica' d'Evatre le Pontique et l'histoire de l'Origenisme chez les grecs et les syriens*, 1962; R. Murray, *Symbols of Church and Kingdom*, 1975; A Vööbus, *History of Asceticism in the Syrian Orient*, I, II, 1958, 1960.

SEBASTIAN BROCK

시에나의 캐더린 | Catherine of Siena, St.

캐더린 베닌카사(Catherine Beninicasa)는 1347년 경에 시에나에서 염색업자의 딸로 태어났다. 그녀는 12살 때 그리스도께 순결을 서원했고, 16살 때에 도미니크 수도회의 평수녀가 되었다. 후일 그녀는 자신의 고해 신부인 카푸아의 레이몬드에게 자신은 사람들에게서는 구원의 길에 대해서 아무 것도 배우지 못했고, "오직 영혼의 신랑이신 주 예수 그리스도"에게서 배웠다고 말했다. 그럼에도 불구하고, 두 가지 이유 때문에 그녀와 도미니크 수도원과의 관계는 무척 중요하다. 첫째, 교회 내에서 탁월한 권위와 특권을 지닌 교단의 후원 덕분에 특별한 영적·지적인 사도직을 부여받았다. 둘째, "관상되어진 것들을 전달한다"는 도미니크 회의 이상이 "감미로운 첫번째 진리", 하나님의 영광에 대한 지식을 주려고 육신이 되신 말씀이신 그리스도에 대한 캐더린의 접근 방법에 적합했다. 캐더린이 이 지식의 은사를 어떻게 생각했는지에 대해서는 나중에 살펴볼 것이다.

캐더린은 3년 동안 은둔 생활을 한 후, 1368년에 그리스도의 명령에 따라서 공적 생활을 시작했다. 그녀의 공적 생활을 세 시기로 나누어진다: 1368년부터 1374년 여름까지; 그 때부터 1378년 11월까지; 그 때부터 1380년 4월 29일에 임종할 때까지. 시에나에서만 보낸 첫번째 시기에 그녀를 중심으로 친구들과 제자들의 "가족"이 형성되었다. 이것은 그녀의 사랑의 방향과 표현의 변화를 나타냈다: 지금까지는 가난한 사람들과 병자들에게 중심을 두었지만, 이제 그녀가 교사와 상담자로서의 소명을 의식하면서 점차 교리적인 것이 되었다. 그리하여 그녀는 자신의 "가족"들 중에서 선택된 서기들에게 구술하여 편지를 쓰기 시작했다(1370년경). 곧 그녀는 오스만 제국을 대적한 십자군 원정과 같은 당시의 계획을 비롯하여 공적인 문제들을 편지에서 다루기 시작했다.

그러나 캐더린이 잇달아 두 가지 급한 일—1375년부터 1378년 7월까지 지속된 플로렌스와 교황청 간의 갈등, 그리고 1378년 9월에 시작된 대분열—에 관여하면서 그 문제는 점차 잊혀졌다. 두 가지 문제는 교회의 개혁을 향한 그녀의 강력한 소원을 자극했다. 플로렌스와 교황청 사이의 갈등과 관련하여 그녀의 주된 관심사는 교황청과 이탈리아 평신도들이 화해하는 것이었지만(캐더린은 평신도들의 불평에 공감했다), 대분열이 시작되면서 그녀는 교회의 일치와 우르반 6세의 권위를 우선적으로 고려했다.

그녀는 우선적으로 성직자들에게 순종을 호소했다. 그녀는 교회의 필수불가결성, 교회의 통일성이 여기에 달려 있다고 생각했다. 즉 그것은 죄인을 위해 십자가에서 흘려진 피가 각각의 죄인들에게 유용하게 되는 매개체라고 생각했다. 교회는 거룩한 교회의 목회자들을 통해서 우리에게 도달하는 피의 열쇠를 쥐고 있다. 교회는 오직 그리스도의 피의 기능 안에만 존재한다. 우리는 이것을 가지고서 교회가 이해하는 성육신이 계시하시는 하나님에 대한 지식으로 돌아간다. 이렇게 계시된 하나님은 성부와 성자와 성령이지만, 특별히 인간과의 관계 안에서 창조주로 간주되며, 또 인간이 타락하여 죄에 빠졌기 때문에 재창조하시는 분으로 간주된다. 이 재창조는 사랑에 의해 역사하는데, 그것의 최고의 표현은 십자가에서 흘리신 피이다. 하나님께로 가는 길은 상징을 통해서 하나님의 사랑을 의식하는 데서부터 시작된다. 그러나 캐더린은 이 의식이 자기-인식을 전제로 한다고 강조한다.

Catherine of Siena: The Dialogue (Classics of Western Spirituality), 1980; Raymond of Capua, OP, *The Life of Catherine of Siena*, 1980, K. Forster, OP and M. J. Ronayne, OP, *I, Catherine* (tr of 60 letters and a part of the *Dialogue*), 1980.

KENELM FOSTER, OP

시토 회 영성

|Cistercian Spirituality, Cistercian

시토회라는 명칭은 그 수도회의 최초의 수도원이 시토에 위치했기 때문에

주어진 것이다. 1098년에 몰레스메 (Molesmes)의 로버트가 이끄는 한 무리의 수도사들이 자기들이 원래 속해 있던 수도원에서보다 더 충실하게 성 베네딕트의 규칙을 따르려는 의도를 가지고 시토회를 세웠다.

시토에는 다른 수도원들도 세워졌지만, 1112년에 버나드(Bernard)*와 그의 동료들이 그곳에서 수도사가 되면서부터 급속히 성장했다. 2년 후에 버나드는 클레르보에 있는 새로운 수도원의 원장으로 파견되었다. 12세기가 끝날 즈음에는 530개의 수도원이 세워졌다. 이 수도원들은 1119년에 스테픈 하딩(Stephen Harding)이 입안한 헌법 Carta Caritatis에 의해 생활했다.

『성 베네딕트의 규칙』의 전통 안에서 단순한 수도 생활을 추구하려는 시토회 창시자들의 목표는 그 다음 세대에, 특히 클레르보의 버나드의 압도적인 영향에 의해서 확대되고 확장되었다. 시토 회의 영성은 12세기에 서유럽에서 작용한 일반적인 경건의 조류로부터 분리할 수 없으며, 또 성 버나드의 천재성과도 분리할 수 없다. 그러므로 그것은 이 두 가지 요소의 맥락 안에서 고찰되어야 하며, 시토 회의 특별한 주제들은 기독교 영성의 전반적인 전통을 배제하는 것이 아니라 포함하는 것으로 이해되어야 한다. 이것을 염두에 둘 때, 시토 회 수도사들의 저서와 생애에 등장하는 특별한 주제들이 있다.

첫째, 동일한 생활 방법에 전념하는 집단이 취하는 수도 생활은 세상의 분리라고 보는 개념이다. 이 집단적 독거가 시토에서의 최초의 정착의 형태였으며, 이는 다른 수도 단체에서도 지속되었다. 이러한 수도원들은 마을에서 떨어진 곳에 위치하여 수속 수도사들이 아닌 다른 사람들에 대해 배타적이었다. 이 집단적 독거의 이상은 시토 회 영성의 다른 두 가지 특성과 연결되어 있다: 그 중 하나는 독거 집단들이 서로에 대한 사랑으로 결속되어 수도회를 이루는 것으로서, 그 안에서 독특한 형태의 수도원 영성인 시토 회의 정신을 식별할 수 있다.

둘째, 외부의 도움을 받지 않고 문명 생활과 동떨어진 곳, 사람의 발길이 닿지 않는 땅을 사용한 것은 시토 회가 다른 수도원들보다 더 육체 노동을 강조했음을 의미하며, 또한 시토 회에서 많은 땅을 경작했으며 그러기 위해서 평수사(conversi)들을 고용했다는 것을 분명히 나타낸다. 임명된 성직자도 아니고 성가대원도 아니고 성가의 의

시편 | Psalms

무를 그다지 지지 않는 공동체의 구성원인 평수사 제도는 시토 회 분위기에 비 지성적인 경향을 부여했다. 또한 그것은 시토 회의 또 다른 특성, 즉 단순한 헌신 및 영혼과 하나님의 관계에 대한 보다 개인적이고 그리스도 중심적인 접근 방법의 일부를 형성했다.

시토 및 그와 관련된 수도원에서의 수도 생활의 목표는 침묵, 육체 노동, 가난 등의 금욕적인 수행을 강조하면서 시토 회의 규칙과 관습에 복종하는 생활을 통한 영혼과 하나님의 연합에 있었다. 성 버나드는 『사랑에 관하여』(On Loving)라는 논문에서, 그리고 성 티에리의 윌리엄*은 『신앙의 수수께끼』(The Enigma of Faith)에서 기도의 개인적인 측면을 상세히 분석했다.

시토 회의 가장 유명한 산물은 전통적으로 평수사들이 매일 밤 기도 후에 부르는 Salve Regina로서, 그리스도와 그의 모친 마리아에 대한 시토 회의 헌신을 개인적인 사랑과 의존에 의해 나타낸다. 초기 시토 회의 내면화된 경건은 그들의 그리 공적인 것이 아닌 저술에서 표면적인 기적과 기사가 아니라 상징과 표적 안에서 보여지는 내적인 회심의 기적에 대한 관심에 의해 반영된다. 특히 평수사들의 경건과 성성은 흔히 모든 사건, 또는 행위의 중요성을 강력하게 의식하는 세계에서 천사들과 성인들을 개인적으로 접촉하는 것에 의해서 묘사되었다.

시토 회 수도사들이 감독직이나 교황직을 사용한 것은 교회 안에서 이러한 생활 방식이 존중되었음을 지적한다. 물론 전통적으로 그러한 일은 그들의 소명과는 거리가 먼 것으로 간주되어 왔다.

후대의 시토 회원들은 새로운 압력과 책임에 직면했다. 양을 기르는 일의 발달로 인해 그들은 교역에 개입하게 되었고, 이것은 다시 사회와의 관계 단절과 집단적 가난에 대한 강조로부터의 퇴보로 이어졌다. 트라피스트 수도사들*은 유럽과 아메리카에서 활발해진 시토 회 영성의 특별한 강조점을 제공한 반면, 정규 계율을 지키는 시토 수도회는 다른 방법, 특히 교육과 교구 사역에 관여함으로써 발달했다.

Louis Bouyer, *The Cistercian Heritage*, 1958;
Louis Leckai, *The White Monks*, 1953;
Thomas Merton, *The Silent Life*, 1957.

BENEDICTA WARD, SLG

시편 | Psalms

"제2 성전의 찬송집"인 시편은 히브리 영성에서 기독교 영성에게로 전해진 유산이다. 예수님은 논쟁하실 때에 시편을 인용하여 기도하시고, 예수님 자신의 삶과 고난과 자신을 위한 하나님의 목적을 예고하시면서 시편을 인용하셨다. 복음서에 기록된 수난 이야기들은 모두 시편 22편의 영향을 받은 것이다. 마가복음과 마태복음에 의하면, 그리스도께서는 십자가 위에서 시편 22편을 인용하셨다.

한 주일, 한 달, 또는 하루 동안에 걸쳐 시편으로 노래하거나 기도하는 관습은 수도원에서 시작되었지만, 처음부터 시편은 기독교 예배의 구성 요소였다. 어떤 사람들은 기독교인 회중에게 부적절한 저주를 반복하는 것을 거슬리게 생각했지만, 다른 사람들은 하나님의 원수들을 우리의 죄로 비유하고, 그들에게 하나님의 복수가 임할 것이라고 여겼다. 또는 히브리 시인의 분노 속에서 우리가 종종 위선적으로 억누르는 노골적인 증오, 또는 기독교인들이 악에 대해 느껴야 하는 "완전한 증오"의 본보기를 발견했다. 어떤 사람들은 시편에 불평이 가득하고, 너무 슬프고 독선적이고 자기 연민이 가득하기 때문에 그리스도에 의해 구속함을 받은 사람들에게는 적합하지 못하다고 간주하기도 했다.

시편 사용을 무작정 반대하기보다는 시편을 의역한 찬송으로 대체할 수도 있을 것이다. 독백, 또는 하나님과의 대화인 기독교의 기도는 시편, 그리고 시편을 많이 인용한 어거스틴이 『고백록』의 혜택을 많이 받고 있다. 어거스틴의 경험은 시편에 의해서만 표현될 수 있었다. "그것은 질투하시는 하나님, 인간의 운명을 마음대로 처리할 준비가 되어 계신 하나님께 아뢰는 인간의 언어이다. 시편 기자도 고대 세계의 감정을 가진 신사들과 같은 "마음"을 가지고 있었지만, 그는 "뼈"—단순한 감정의 저장소가 아니라 영혼의 중심, 하나님께서 직접 다루시는 부분—도 가지고 있었다(Peter Brown). 시편은 자신의 거룩하고 고귀한 테오스(*Theos*)와 함께 사변적인 천국에 거주하고 있는 기독교인 철학자를 땅으로, 그리고 케에르케고르*의 *Fear and Trembling*에 등장하는 하나님과 같은 하나님에게로 끌어 내린다. 그분은 우리의 도덕적인 범주나 지적인 범주에 포함시킬 수 없는 분이시며, 그분 때문에 "윤리적인 것의 목적론적인 정지"가 이루어진다. 그것은 스코틀랜드의 소작인들처럼 성경에 몰두한 사람들에게 위로를 주기도 했다. 그들은 성경에 자기들의 상태가 상세히 묘사되어 있다고 생각했다. 그들은 많은 시편들을 다윗의 삶과 그보다 더 위대한 아들에게 연결시킬 수 있었기 때문에 도움을 발견했다. 스코틀랜드 장로교회에서는 시편 사용을 특히 소중히 여긴다.

토머스 머튼*은 "그리스도께서 기도하시면서 자기 영혼을 아버지 하나님과 연합시키시므로" 시편이 완전한 기도라는 것을 증명한 사람들에 대해 기록했다. 디트리히 본회퍼도 유럽의 전쟁과 나치의 독재라는 상황 속에서 시편이 "교회를 위한 그리스도의 대리기도"가 되는 것을 발견했다.

Peter R. Ackroyd, *Door of Perception: A Guide to Reading the Psalms*, ²1983; P. F. Bradshaw, *Daily Prayer in the Early Church*, 1981; R. E. Prothero, *The Psalms in Human Life*, 1903.

편집자

신비주의 | Mysticism

mysticism이라는 단어의 헬라어 어근은 'mu-'로서 폐쇄된 것을 의미한다. 여기에서부터 *mystikon, mysterion, mystes* 등 그리스의 신비 종교들과 관련하여 사용되는 일련의 단어들이 생겼다. 이것은 플라톤에게 발견되며, 그 기원은 파르메니데스에게로 거슬러 올라간다. 그것은 우리가 기대하는 만큼 많은 정보를 제공하지는 않는다. 이 단어가 기독교에서 사용된 것을 찾기 위해서는, 기독교 어휘에서 신비(*mysterion*)라는 단어의 의미를 살펴보아야 한다. 왜냐하면 그리스 교부들은 *mystikos*라는 단어를 사용하면서 그것을 언급하고 있기 때문이다.

신비(*mysterion*)란 비밀을 의미하지만, 신약 성서에서는 특별하게 그리스도 안에서 계시된 우리를 향한 하나님이 사랑의 비밀을 언급한다. 그것은 선포되고 알려져야 하는 것임에도 비밀로 간직되기 때문이 아니라, 우리를 위한 하나님의 사랑의 계시와 관련된 것이기 때문에 비밀이다. 기독교에서 *mystikos*라는 단어는 그리스도 안에 있는 우리를 향한 하나님의 신비와 관련된 것을 의미한다. 따라서 그것은 세 가지 의미를 지닌다:

1. 성경의 신비한 의미에 대한 언급.
2. 기독교 성례전의 신비한 의의에 대한 언급.
3. 신비 신학. 그리스도 안에 계시된 하나님을 알고, 신비한 교제에 속하며(엡 3:9), 세례 안에서 우리와 통합되고 믿음과 소망과 사랑 안에서 성례전적인 생활과 성장으로 인해 우리 안에서 결실을 맺는 신비의 생활화이다.

교부들의 저술에서 "신비"는 대체로 성경의 감추어진 영적 의미를 언급한

신비주의 | Mysticism

다. 감추어진 영적 의미란 자의적이고 풍유적인 의미를 말하는 것이 아니라, 우리가 그리스도의 신비를 파악하는 성경 이해를 말한다. 이런 점에서 대부분의 교부들이 추종하는 오리겐*은 성경의 신비한 의미는 인간의 이성에 의해 발견되는 것이 아니라, 기도하고 사랑하면서 자기에게 말씀하시는 하나님의 말씀 듣기를 갈망하면서 성경에 접근하는 사람에게 밝혀지는 것이라고 본다. 교부들은 성경을 이해하는 것을 단순한 학문적인 일로 여기지 않았다. 성경 이해는 기도와 정화, 겸손과 사랑으로 준비해야 하는 것이었다. 성경에 주의를 집중함으로써, 성령의 능력에 의해서 하나님의 형상이신 아들과 일치하며, 그럼으로써 아버지를 볼 수 있게 된다. 이것이 교부들의 신비주의이다.

따라서, 성경에 대한 "영적 해석"과 "신비주의"나 "신비 신학" 사이를 분리하려는 것은 잘못이다. 또 성례전들과의 관계에서, 그것들의 "신비한" 의미에 대해 말하는 것은 곧 성례전이 우리로 하여금 참여할 수 있게 해 주는 실체—그리스도의 신비, 그의 복음과 부활의 신비—에 대해 말하는 것이다. 또 개인과의 관계에서, "신비한" 생명이란 하나님 안에 그리스도와 함께 감추어진 생명(골 3:3), 세례 안에서 이루어진 하나님과의 연합이 우리 안에 심겨진 생명, 그리스도의 죽음에 참여하며 그의 부활의 생명의 표식들을 보여 주는 생명 안에 나타남에 따라 결실을 맺는 생명이다.

아레오파고의 디오니시우스*는 이 모든 것을 요약했다. 그의 저술에는 교부들의 신비한 유산들이 수집되어 있으며, 후대에 큰 영향을 주었다. 그는 *mystikos*라는 단어의 의미에는 세 가지 범위가 있다고 여긴다: 하나님께서 자기의 사랑의 신비를 계시하시는 성경의 심오한 의미, 신자들이 이 신비에 참여하는 통로가 되는 성례전의 중요성, 그리고 수단보다는 영혼이 하나님께 복종하며 사랑의 신비를 파악하기 위해 사용하는 상징들과 개념들의 의미 속으로 들어가며, 스스로 그 사랑 안에서 파악되고 그 사랑으로 변화되는 곳을 지향하는 신비 신학. 우리도 디오니시우스처럼 정화, 조명, 연합이라는 세 가지 방법이 규칙적으로 사용되는 것을 발견한다. 이 삼중 구조의 기원은 그리스의 신비 종교에 있지만, 하나님과 관계를 갖는 세 가지 단계를 언급한다: 최초의 타락의 결과로서 초래된 인간의 운명인 죄와 무지로부터의 정화의 단계, 인간이 은혜의 생명으

신비주의 | Mysticism

로 회복되는 조명의 단계, 그리고 인간이 낙원의 생활을 되찾는 연합의 단계.

낙원의 회복을 미리 맛보는 것이라는 신비 생활의 개념은 그와 관련된 몇 가지 현상을 타당하게 해 준다: 짐승들과의 교제, 사람들의 생각을 파악하는 능력, 신비주의와 관련된 육체적인 현상.

서양에서 디오니시우스의 영향력은 부분적이었으며, 그것은 아빌라의 테레사*에서 절정에 달한 중세 신비주의에서 발견되는 강조점의 변화에서 드러난다. 이것은 교부들에게서 발견되는 주관적인 현상에는 특별한 관심을 기울이지 않으면서 그리스도의 신비 안에 객관적으로 참여하는 것에서부터, 신비가의 영역인 주관적인 신비 체험에 대한 관심으로의 변화이다. 그러한 변화는 서방에서의 개인 및 개인의 개성이 분명하게 표현되는 개인적인 감정에 대한 관심을 향한 전반적인 문화적 변화의 일부인 듯이 보일 수도 있다.

서방에서 12세기 이후 디오니시우스의 영향력이 증가한 것은 특히 영혼이 상징들과 개념들을 초월하여 사랑의 엑스타시 안에서 하나님이 알려지는 어두움 속으로 이동한다는 내용으로 이해되는 그의 『신비 신학』의 영향력 때문이다. 이러한 강조점의 변화에서 중요한 인물들은 클레르보의 버나드*와 성 빅톨 수도원의 수도사들이며, 그러한 내적이고 개인적인 경건 체험의 양상들과 내면성과 관련하여 분명히 나타난다(종종 성례전과 교회의 생활을 배제하는 듯이 보이기도 한다). 종종 반-지성주의가 나타나며, 따라서 신학과 영성 사이의 분열의 초기 현상이 나타난다. 또 감정적 신비주의, 특히 스웨덴의 브리짓(Bridget), 시에나의 캐더린*, 노리지의 줄리안* 등의 여성 신비가들의 저술은 환상적인 경험에 대해 무척 개방적인 태도를 나타낸다. 줄리안의 Showings에서 명시된 그리스도의 죽음과 승리의 신비에 참여한다는 특성은 이것들을 "비 신비적인 것"으로 간주할 수 없게 만든다.

이러한 강조점의 변화의 원인이 되는 것을 아빌라의 테레사의 저술에서 발견할 수 있다. 그녀의 저술에서 각 단계의 정신적인 특성을 언급함으로써 여러 단계의 기도—침잠의 기도, 침묵 기도, 연합의 기도—를 구분하려는 시도를 발견한다. 교부시대에도 이와 유사한 것들이 존재했지만, 그것은 무질서한 욕망과 정념의 상태에서부터 무정념(apatheia)*과 사랑*의 상태—이 상태에서 영혼은 하나님께서 의도하셨던 원래의 상태를 회복하며, 순수한 기도 안에서 자유로이 하나님과 교제하게 된다—로 진보한 분량에 따라서 평가된 영혼의 여러 가지 상태와 관련된 것이었다. 그것은 주관적인 경험보다는 객관적인 상태와 관련된 것이다. 그러한 분석에서 주된 관심은 영혼 안에서 하나님의 행위에 굴복하는 자유를 획득할 수 있는 방법을 추적하는 데 있다. 테레사는 이것을 알고 있었지만, 하나님의 행위의 결과들과 심리적으로 정의된 특정 상태들을 동일시함으로써 혼동을 초래했다.

십자가의 요한*은, 어두운 밤*의 두 단계—감각의 밤과 영의 밤—안에서 영혼이 자신을 정화하고(적극적인 정화) 하나님의 정화하시는 행위에 복종함으로써(수동적인 정화) 하나님께 응답하는 방법을 엄격하게 정의한다. 요한의 분석은 영혼이 하나님의 행위에 대해, 궁극적으로는 하나님—우리의 이해를 초월하시는 행위의 소유자이신 하나님—과의 연합에 대해 자신을 개방할 때에 겪는 일에 대한 신학적 이해의 지배를 받는다.

성 테레사는 신비 생활의 핵심—사랑 안에서 이루어지는 하나님과의 연합—에 관심을 갖지만, 여러 상태의 기도가 지닌 정신적인 특징에 따라서 기도의 상태를 분석하는 개념을 사용했기 때문에 그녀 자신도 인정하기 어려운 결과를 초래했다.

신비주의를 일종의 정신적인 상태로 생각하게 되면, 신비주의는 종교적 동물인 인간에 대한 연구의 일부가 되며, 많은 신비가들의 저술의 매력 때문에 대단히 기분 좋은 연구가 된다. 계몽주의 및 그 이후의 사상에서 경험의 가치 입증을 점차 강조하게 되면서, 신비 체험 연구는 종교적인 주장을 확립하거나 평가하는 방법이 되었다.

그 밖에 또 하나의 요인이 등장했다: 만일 신비 체험이 영혼 안에서 이루어지는 믿음의 신비에 의해 정의되지 않고 현상학적으로 관찰된 정신적인 상태들에 의해 정의된다면, 여러 가지 믿음을 가진 신비가들과 믿음을 갖지 않은 신비가들 사이의 교차 문화적인 비교가 가능하다. 이와 아울러, 20세기에 "신비주의"는 다음과 같은 의미를 갖게 되었다: 특정의 교의적인 구조를 고려하지 않는 종교의 가상 본질, 또는 신-의식에 대한 연구. 따라서 에블린 언더힐*은 "모든 인류와 신조를 신봉하는 신비가들에게 적용할 수 있는 교의적 표현을 초월하는…절대자의 열렬한 사랑"에 대해 말했다. 그러한 주장에 대해 비판적이었던 재너

(R. C. Zaehner)도 "다양한 종교들이 배출한 신비적 저술들을 비교하는 것은 비슷한 것들끼리의 비교이다"라고 말했다. 보다 최근의 저술들은 그러한 가정에 대해 의심을 제기하며, 각각의 신비가들의 교의적인 구조와 그들이 주장하는 경험의 관계에 관심을 기울이는 경향을 나타내고 있다. 그러나 아직 초기 단계에 불과한 그러한 연구의 결과와는 상관없이, 그것은 "신비주의"라는 용어의 기원인 교부들의 객관적인 "신비 신학"과는 거리가 멀기 때문에, 그것이 동일한 주제인지 의아하게 여기는 사람들도 있을 것이다.

Ruth Burrows, *Guidelines for Mystical Prayer*, 1976; Cuthbert Butler, *Western Mysticism*, ²1927; John Chapman, *Spiritual Letters*, 1935, and art on 'Mysticism (Christian, Roman Catholic)' in *ERE*; Friedrich von Hügel, *The Mystical Element of Religion*, ²1923; Steven T. Katz (ed), *Mysticism and Philosophical Analysis*, 1978; K. E. Kirk, *The Vision of God*, 1931; David Knowles, *What is Mysticism?*, 1967; Vladimir Lossky, *The Mystical Theology of the Eastern Church*, 1957; *The Vision of God*, 1963; A Plé et al, *Mystery and Mysticism*, 1956; Anselm Stolz, *Théologie et la mystique*, 1939; Evelyn Underhill, *Mysticism*, 1911; R. C. Zaehner, *Mysticism: Sacred and Profane*, 1957; *Hindu and Muslim Mysticism*, 1960.

ANDREW LOUTH

신앙의 척도 | Regula Fidei

*Regula fidei*는 이레내우스가 처음으로 사용했으며, 그와 터툴리안*의 신학에서 가장 중요한 개념이다. 그 개념은 다른 용어로도 표현될 수 있다. *Regula fidei*는 기독교인의 규범적인 믿음, 그리고 기독교인의 신앙에 대한 간결한 진술을 의미한다. *Regula fidei*는 항상 원래의 것을 언급한다: 사도들과 선지자들에 의해 선포되고 성경에 기록된 교회의 가르침. *Regula fidei*와 *Regula veritatis*가 동의어라는 사실이 이 점을 분명히 해 준다: 진리의 척도는 있을 수 없다; 진리 자체가 표준이다. 이런 의미에서, *Regula fidei*는 케리그마와 동일하다. 이레내우스는 다음과 같이 기록한다: "우리는 진리를 하나의 척도로서 소유한다"; 그리고 "우리는 진리의 척도인 하나님의 말씀을 소유한다"(*Adversus haereses* 2, 28, 1; 4, 35, 4). 초대 시대의 작가들은 신앙의 척도에는 교리 뿐만 아니라 도덕적 원리들, 의식들, 그리고 관습들이 포함된다고 가정한다(cf. Eusebius, *Ecclesiastical History*, 5, 24, 6).

신앙의 척도는 후대(3세기 중반)에 발달된 세례의 신조들과 동일한 것이 아니다. 신조들과는 달리, 신앙의 척도는 언어적으로 고정된 형식을 취하지

신앙의 척도 | Regula Fidei

않았다. 글을 쓰는 사람이 자신이 당면한 필요나 의도에 따라서 그것을 개작했다. 또 신앙의 척도는 성경과 어긋나서는 안 되지만 성경과 동일한 것은 아니며, 성경 해석의 지침이 된다. 이레내우스는 영지주의자들은 신앙의 척도를 소유하지 않으며 비유들을 해석하기 위해 애매한 표현들을 사용한다고 기록한다(*Adv. haer.* 1, 9, 4; 2, 27, 1; 3, 12, 6; 3, 15, 1).

척도(*regula*)라는 단어의 원 의미는 "전통"—즉 교회 안에서 처음부터 전해 내려온 것—이다(*I Clement* 7, 2를 보라). 역사적으로 보면, 신앙의 척도가 신약 정경 형성을 유도했다.

이레내우스는 *Adv. haer.* 1, 22, 1에서 그 척도에 대해 상세하게 진술하면서, 만물의 창조주요 아브라함의 하나님이요, 예수 그리스도의 아버지이신 유일하신 하나님을 강조한다. 다른 곳에서, 그는 그 척도에 대해 삼위일체적으로 요약한다(*Adv. haer.* 1, 10, 1; 3, 4, 2; 4, 33, 7; *Proof of the Apostoloc Preaching* 3).

터툴리안은 신앙의 척도가 지닌 규범적이고 구속력이 있는 특성을 강조한다. 그것은 구원하는 교리의 유일한 규범이다. *De praescriptione haereticorum* 13-14는 그 척도에 대한 그의 가장 분명한 진술이다: 창조주이신 한 분 하나님; 그의 아들이신 말씀, 족장들이 보았고 예언자들이 들었고, 마리아의 자궁 안에서 육신이 되신 분; 새로운 법과 새로운 약속을 선포하신 분; 십자가에 달렸다가 부활하시고 승천하신 분; 장차 부활 때에 심판주로서 다시 오실 분. 터툴리안은 다음과 같이 결론을 내린다: "그 척도에 반대되는 것은 알지 않는 것은 곧 모든 것을 아는 것이다." *Aeversus Praxean* 2와 *De virtinibus velandis* 1에도 신앙의 척도에 대한 진술이 있다. *De Prae. haer.* 35-47; *De spectaculis* 4; *Contta marcionem* 4, 5를 참고하라.

신약성서 정경의 중요성과 선언적 신조의 중요성이 증가하면서, 신앙의 척도라는 개념의 명확성은 감소되었다.

Iranaeus's *Adversus haereses* in Ante-Nicene Fathers I; *Proof of the Apostolic Preaching*, tr J. P. Smith, in Ancient Christian Writers 16, 1952. D. Van den Eyned, *Les normes de l'enseignment chrétueb dans la littérature patristique des trois premiers siècles*, 1933; R. P. C. Hanson, *Origen's Doctrine of Tradition*, 1954(chs on the *regula* in Clement and Origen); *Tradition in the Early Church*, 1962 (esp ch 3, 'The Rule of Faith'); E. Flesseman-van Leer, *Tradition and Scripture in the Early Church*, 1953.

JOSEPH T. LIENHARD

신플라톤주의 | Neoplatonism

신플라톤주의는 철학자 플로티누스(Plotinus)* 및 근본적으로 그의 가르침을 신봉하는 사람들을 언급한다. 중요한 신플라톤주의자로는 포르피리(Phophyry, 233-306), 프로클루스(Proclus, 412-484)*, 아레오파고의 디오니시우스(Denys the Areopagite, c. 500)*, 보에티우스(Boetius, c. 480-524) 등이 있으며, 이들의 신플라톤주의는 아리스토텔레스의 영향으로 크게 수정되었다. 신플라톤주의는 고대 세계 최초의 위대한 철학적 전통이며, 중세 사상의 형성에서 결정적인 역할을 한다.

신플라톤주의의 가르침 중 중요한 몇 가지를 간단히 요약해 보겠다. 존재 전체는 신플라톤주의자들이 신으로 간주하는 일자(一者, the One, Good)에 따라서 배열된 하나의 계급 제도로서 존재한다. 태양이 광선을 발사하듯이, 또는 다함이 없는 샘이 물을 뿜어내듯이, 일자는 방사를 통해서 모든 존재를 낳는다. 그리하여 생산되는 최초의 영역은 순수한 지식인들과 지성적인 것들을 포함하는 지성적인 우주이다. 영혼은 이 영역에서 출현하며, 그 다음에 물질적 우주가 생성된다(플로티누스의 세계의 질서—일자, 지성, 그리고 영혼이라는 구분된 위격들—은 후대의 신플라톤주의자들에 의해 정교하게 구분된 존재의 등급들로 변화된다). 인과관계의 우주 구조는 체류, 발현, 그리고 역전이다. 이것은 하나의 원인, 특히 비물질적인 원인으로서 본질적으로 감소되지 않고 존속하며, 자체로부터 결과들을 생산한다(발현). 결과들은 원인에게로 돌아옴으로써, 즉 원인과의 유사성을 획득함으로써 존재를 성취한다. 모든 사물은 하나의 원인에서 출현하므로, 각기 적합한 방법으로 모든 사물 안에 존재한다.

영혼, 그리고 개별적인 인간 영혼들은 실체의 모든 영역을 통과한다. 영혼의 가장 고귀한 부분은 순수한 지성이며, 그것을 넘어서면 일자와 신비적으로 연합한다. 영혼의 가장 저급한 부분은 물질적 질서에 휘말려 있다. 신플라톤주의자들은 물질적 질서가 본래 악한 것이라고 간주하지 않지만(그러나 플로티누스는 종종 그러한 제안을 하는 듯하다), 플라톤의 견해를 따라 물질계를 멸시한다. 따라서 진정한 실존을 향한 영혼의 탐구는 지성과 일자와 연합되기 위해서 물질계에 대한 애착으로부터의 자유를 획득하는 데 있다. 일자와의 연합은 신비적 관상을 통해서 성취된다. 그러한 관상은 지적이거나 순수이성에 의한 관상과 구분되어야 한다. 왜냐하면 그것은 일자에 대한 탁월하게 지성적(super-intellectual)인 인식이 아니라, 초-지성적(trans-intellectual)인 경험, "지성의 눈"이 닫히고 자아 의식, 일자로부터의 구분 의식이 중지되는 상태이기 때문이다.

일자, 또는 선(Good)에 대한 신플라톤주의 가르침은 그 자체로 중요하며, 또 그것이 미친 역사적인 영향력 때문에 중요하다. 일자라는 개념은 대체로 플라톤의 *Parmenides*의 Hypothesis I 및 플라톤의 대화의 여러 측면들에 대한 해석에 기초를 두고 있다. 일자, 모든 존재를 낳는 분화되지 않은 무제한한 능력은 존재의 시작이자 마지막이다. 왜냐하면 존재들은 통일성의 덕택으로 존재하기 때문이다. 더욱이, 거기에는 결정적인 특징들이 적용되지 않는다. 예를 들면, 플로티누스는 일자에 관련된 존재나 생각을 부인한다. 심지어 그것을 일자나 선이라고 부를 수 있다는 것까지도 부인한다. 위-디오니시우스처럼 기독교 전통의 영향을 받은 후대의 신플라톤주의자들은 무한한 존재의 근원을 일자에게로 돌린다. 그럼에도 불구하고, 일자는 하나의 존재로 간주될 수 없다. 그러나 한편 일자는 모든 존재를 낳으며, 모든 존재들에게 임재하며, 모든 존재들 안에서 이해될 수 있으므로, 그것은 모든 존재이다. 일자의 역설적인 위치는 일자 자체는 "무"이지만 모든 존재라고 표현된다.

신플라톤주의는 종종 범신론이라거나, 일자와 존재들 사이의 차이를 제거한다는 비난을 받는다. 그러나 신플라톤주의자들은 일자와 존재들 사이의 차이점을 주장하지만, 그 차이가 본질적인 것으로 이해될 수 있다는 것은 부인한다. 따라서, 만일 신플라톤주의가 의미하는 것이 일자는 다른 존재들로부터 독립된 존재로서 존재한다는 것이라면, 신플라톤주의는 유신론이 아니다. 또한 일자와 존재들이 실질적으로 동일하다는 의미라면, 신플라톤주의는 범신론일 수가 없다.

신플라톤주의는 중세 시대의 사상과 그 후의 전통들, 특히 사변적 신비주의 안에 스며 들었다. 신플라톤주의의 가르침은 아레오파고의 디오니시우스, 보에티우스, *Liber de Causis*, 그리고 성 어거스틴* 등의 저술을 통해서 중세 시대로 전달되었다. 신플라톤주의는 중세 시대의 기독교 사상, 예를 들면 아퀴나스*와 단테에게 심오한 영향을 미치면서도, 정통적인 기독교 신앙과 쉽게 양립하지 못했다. 신플라

신화 | Deification

톤주의의 급진적인 경향의 영향을 받은 사람들, 예를 들면 존 스코투스 에리우게나(John Scotus Eriugena)와 마이스터 엑하르트*는 이단적인 인물로 간주되곤 했다. 정교회는 분명한 범신론적인 경향, 신비적 연합 안에서 영혼과 하나님 사이의 구분의 폐지, 그리고 창조 안에서의 신적 자유의 부인한 것 때문에 신플라톤주의라는 의심을 받는다.

오늘날 영성에 대한 전반적인 관심의 증가와 아울러 신플라톤주의에 대한 관심이 되살아나고 있다. 예를 들면 스즈키(D. S. Suzuki)와 같은 학자들은 급진적인 형태의 플라톤주의가 동양의 선불교에 상응하는 것이라고 간주한다. 또 하이덱거와 엑하르트 사이의 관계가 확립됨으로 말미암아, 신플라톤주의는 하이덱거가 서양의 형이상학을 겨냥하여 퍼붓는 비판을 피하고, 신비 체험과 사유에 대한 하이덱거의 개념 사이의 관계를 탐구하려는 시도가 행해졌다.

A. H. Armstrong (ed), *The Cambridge History of Later Greek and Early Mediaeval Philosophy*, 1959; Beothius, *Theological Tractates* and *Consolation of Philosophy* (Loeb), 1918; Denys the Areopagite, *The Divine Names and Mystical Theology*, ET 1980; Plotinus, *Enneads*, ET ²1957; Proclus, *The Elements of Theology*, ET 1933.

JOHN D. JONES

신화 | Deification

대부분의 서방 기독교인들은 이 단어를 의심스럽게 다루는데, 그 이유는 중세 시대와 16세기의 분파적이고 종말론적인 무리들이 스스로 본질적으로 하나님과 결합했기 때문에 죄를 지을 수 없다고 주장했기 때문이다. 이 주제에 대한 논의 역시 신화의 교리들과 인간 영혼이 지닌 피조되지 않은 신적인 "핵"(core)에 대한 생각의 혼동 때문에 큰 방해를 받아왔다.

신화를 직접적으로 언급하는 유일한 성경 본문은 베드로후서 1:4이다. 거기서는 기독교 신자의 운명을 "신의 성품에 참예하는 자"가 되는 것으로 묘사한다. 그러나 다른 구절(롬 2:7; 딤후 1:10)에서는 기독교인이 썩지 않는 신적인 특성—유한한 세상의 무질서하고 붕괴되는 경향으로부터의 자유—을 부여받는다고 말한다. 여기에서는 분명히 그리스 종교의 어휘를 사용하는데, 이것은 신약성서 뒷 부분에만 한정된 현상이 아니다.

그러나 초기 기독교는 "성령"이 내주하심을 통해 그리스도와 결합한다는 교리를 발달시켜왔다. 기독교인들의 특징은 예수처럼 아버지 하나님과 관계를 갖는 권리였다. 이것을 아버지와 아들이 신자의 내면에 거처를 만드신다고 표현할 수 있다(요 14:23). 따라서 기독교인은 하나님과의 무한히 친밀한 관계에 들어간다. 요한의 전승에서 이 관계는 하나님의 생명 안에 있는 영원한 현실로 존재한다. 왜냐하면 태초부터 말씀이 하나님과의 관계 안에 있었고(요 1:1), 세상이 만들어지기 전에 아들이 아버지의 영광에 참여하기 때문이다(요 17:5). 신자에게 주어진 영광과 영생은 이 관계에 참여하는 것이다.

신화에 대한 고전적인 교부들의 견해를 형성하는 두 가지 조류가 있다. 하나는 신화를 신적인 속성들의 전달이라고 보는 견해이며, 나머지 하나는 신적인 것 안의 관계에 참여하는 것으로 보는 견해이다. 그 중 어느 견해가 두드러지는가를 관찰함으로써 한 작가의 사상의 일반적인 성향을 파악할 수 있지만, 교부들은 이 두 가지 견해가 서로 상반된다고 보지 않았다. 오리겐*은 이 두 가지 견해를 훌륭하게 종합했다. 그의 주장에 의하면, 인간의 목표는 영혼과 영원하신 로고스의 연합의 순수한 상태, 아버지에 대한 변치 않는 이성적인 관상의 상태, 자신의 내적인 합리성을 하나님께 안전히 반영하는 상태로 돌아가는 것이다. 오리겐에게서 출발하는 전통에서, 신화는 경험적인 영혼의 정욕적이고 불안정한 부분을 버리는 것, 그리고 영혼이 원래의 순수성을 회복하는 것과 밀접하게 연결되어 있다. 4세기 말에 폰투스의 에바그리우스의 저술에 이러한 구도가 훌륭하게 표현되어 있다.

4, 5세기의 다른 저술가들은 영혼의 선재설을 암시하는 이러한 구도를 회피했다. 알렉산드리아의 키릴과 어거스틴은 양자됨과 아버지의 주도하심에 대해 자유로이 사랑으로 반응하는 능력 안에 존재하는 신적 형상의 회복이라는 주제에 관심을 가졌다. 어거스틴의 *de Trinitate*에서는 그리스도의 은혜와 그리스도 안에 연합됨에 의해서 정신의 능력들(우리의 내면 생활의 모든 과정)의 대상이 하나님이 될 때에 이 형상의 궁극적인 회복이 이루어진다고 말한다. 그 때에 하나님은 영혼의 적극적인 실체를 정의하시고 결정하셔서 영혼이 하나님을 보지 않을 수 없게 하신다. 이것이 하나님과의 완전한 관계에 의한 신화이다.

4, 5세기의 기독론 논쟁에서는 신화가 중요한 역할을 했다(그리스도가 우리에게 나누어 주는 것이 신적인 생명이라면, 그리스도는 분명 하나님이시

신화 | Deification

다). 그로 인해, 니케아 공의회 이후 동방 교회는 그리스도의 "본성적인" 아들됨과 우리가 의지와 은혜에 의해 거기에 합병되는 것을 구분해야 했다. 7세기에 고백자 막시무스는, 인간은 은혜에 의해서 본성적으로 하나님과 같이 될 수 있지만, 그 일은 성육신 안에서 하나님의 자기를 비우시고, 또 우리로 하여금 그에 응답하여 자기를 비울 수 있게 하심을 통해서만 가능하다고 주장했다.

그러므로 그리스도 안에, 그리고 그리스도의 백성 안에는 신성과 인성이 서로를 관통하는 움직임이 있다. 두 본성이 혼동되거나 섞이지 않으며, 두 본성의 행위들이 서로 관계를 맺는다. 그리고 하나님의 사랑하시고 자기를 주시는 행위가 침투함으로써 인간적인 본성이 변화된다. 막시무스도 4세기의 닛사의 그레고리 등의 저술가들처럼, 신화란 하나님의 추상적이고 정적인 속성들을 나누어 갖는 것이 아니라 하나님의 특징적인 활동 형태(자비, 자기 포기)를 취하는 것을 의미한다고 보았다. 속성들을 나누어 받는 것은 활동에 동참하는 차원으로만 번역할 수 있다. 그렇지 않다면 신화란 초월성을 지닌 신적 본성에 직접적으로 융합되는 것을 의미할 것이다.

이것은 4세기 데살로니카의 대주교인 그레고리 팔라마스(Gregory Palamas)와 관련된 이론의 기초가 된다. 그 이론은 하나님의 본질과 하나님의 에너지를 구분한다. 본질은 단순하고 나눌 수 없고 공유할 수 없는 데 반해, 에너지는 다수이며 나누어 가질 수 있다. 신화는 신적인 행위나 작용과의 연합, 가까이 갈 수 없는 근원에서 나오는 광선들과의 연합이다. 팔라마스의 체계는 전인의 변화에 대한 사실주의적인 견해와 연결되어 있었다. 성인의 신령해진 감각들은 피조되지 않은 빛(예수님의 변용 때에 나타난 빛)을 감지할 수 있으며, 성인의 몸에서는 동일한 빛을 발산할 수 있다. 이것이 오늘날에 이르기까지 동방 정교회 영성의 중요한 주제였다.

일반적으로 서방 전통에서는 토머스 아퀴나스가 체계화한 어거스틴의 방법을 선호했다. 즉 공식적인 의지와 이해의 대상이 하나님이 될 때에 신화가 이루어지며, 그리하여 하나님은 영혼이 사랑하고 이해하는 것을 완전히 결정하신다(이것은 때로 "의도적인" 연합이라고 불린다). 그러나 이것은 결코 포괄적이고 실질적인 변형의 신학, 인간의 영을 그 근원에서부터 재구성하는 것을 배제하지 않는다. 제대로 이해한다면, 의도적인 연합은 그러한 신학을 요구하고 지향한다. 십자가의 요한*은 토머스 아퀴나스의 토대 위에서 연합의 사태를 기술했다.

19세기 말에 가톨릭 교회의 신비 신학이 부흥한 것, 그리고 쉐벤(Scheeben)과 같은 신학자들이 은혜란 삼위일체 하나님의 내주하심이라는 교부들과 중세 시대 초기의 이해를 재발견한 것으로 말미암아 이 분야에 대한 관심이 되살아났다. 그리고 이것은 금세기에 정교회의 신학적 부흥, 그리고 스타닐로에(Staniloae)와 로스키(Lossky)와 같은 사람들이 막시무스와 팔라마스를 효과적으로 재조명한 것으로 인해 더욱 촉진되었다. 일부 정교회 학자들은 칼 라너(Karl Rahner)의 초월적 인간론이 신화의 고전적인 표현에 더 근접하는 것으로 여긴다. 한스 우루스 폰 발타사르(Hans Urs von Balthasar)는 신적 아름다움과 그리스도 안에서 그것이 우리에게 전달됨의 신학에서 서방 교회의 관점 뿐만 아니라 동방의 관점도 이용했다. 현대 신학과 그리스도를 닮은 자유의 영성—성부와의 관계에 의존하지만 그 권위와 창조성, 그리고 자기를 내어 주는 능력에 있어서 신적인 자유—을 구성하는 데 있어서 "신화"의 전통을 사용할 수 있는 귀중한 단서들이 있다.

A. Louth, *The Origins of the Christian Mystical Tradition*, 1981; Vladimir Lossky, *The Vision of God*, 1963.

ROWAN WILLIAMS

십자가 | Cross

십자가 상징은 터툴리안(Tertullian)* 때부터 사용되었다: "한 걸음 앞으로 나아가거나 움직일 때마다, 밖에 나갈 때나 들어올 때, 옷을 입을 때나 벗을 때…일상 생활의 모든 평범한 관습에서, 십자가 상징을 추적할 수 있다." 어거스틴*은 모든 성례전적 행동에 십자가 상징이 필요하다고 생각했지만, 중세 시대에 개혁자들은 대체로 그것을 거부했다. 그러나 공동기도서에서는 그것을 제한적으로 해석하여 사용하는 것을 허락하며, 루터교에서도 널리 보급되어 있다. 본회퍼*는 루터의 가르침을 따라서 아침 기도와 저녁 기도 때에 그것을 유익하게 사용할 수 있다고 증거했다.

기독교의 상징인 십자가는 예술과 건축물에서 많이 사용된다. 그 기원은 콘스탄틴 대제가 기독교로 개종하기 전에 밀비안 다리에서의 전투를 앞두고 본 환상에 있다. 후대의 전승에 의하면, 콘스탄틴의 모친 헬레나는 예루살렘에서 그리스도가 지셨던 십자가를 발견했다고 한다.

호전적인 콘스탄틴과 관련되었기 때문에, 수백 년 동안 십자가는 그리스도의 승리와 기독교인의 전투의 상징이었다. 그것은 슬픔의 인자(Man of Sorrow)가 치욕을 당한 고통스러운 도구가 아니라,『고난의 십자가의 꿈』(Dream of the Rood)에 묘사된 것처럼 금과 보석으로 장식된다. "그것은 흉악한 죄인의 교수대가 아니었다. 그것은 거룩한 영혼들의 시선을 사로잡았다." 하나님이신 젊은 용사가 능력 있는 나무에 올라가셨다. 일찍이 베난티우스 포르투나투스(600년경 사망)는 라틴어 찬송 Vexilla regis prodeunt와 Pange lingua에서 갈보리의 영광스러운 전투를 찬양했고, 구속의 나무인 십자가를 노래했다.

중세에는 십자가 고상이 흔히 사용되었고, 고난 당하시는 주님과 오상(五傷)과 예수 성심(聖心)*을 신봉했다. 예술은 대체로 본회퍼의 경구를 사실적으로 무섭게 표현한 것이었다: "고난 당하시는 하나님만이 도울 수 있다." 이것은 가톨릭 종교개혁과 트렌트 공의회 이후에 더 현저해졌다. 이그나티우스의 훈련을 비롯한 묵상훈련들은 십자가 고상 앞에서 행해졌다.

돈(Donne)*이 영국 교회 안에 십자가 대신에 왕실의 문장을 비치한 성상파괴적 개혁자들에 항의하여 "십자가"라는 시에서 말한 것처럼, 꾸밈없는 십자가는 여전히 많은 비난을 받는 상징이었다.

개혁주의 기독교는 성상들 및 가시적인 신앙의 보조물들을 싫어했다. 그들의 방법은 서방의 카톨릭 교회나 동방 정교회보다 더 지적이었고 어떤 면에서는 더 영적이었다. 개혁주의 신학자들은 그리스도의 수난을 말로 표현했고, 십자가에 대한 찬송을 불렀다. 훌륭한 웅변가인 청교도인 토머스 애덤즈는 어느 설교에서 "대단히 정교한 조각가가 새긴 아름답고 사랑스러운 십자가 고상, 육적인 숭배를 증가시키기 위해 돌이나 나무나 놋쇠로 만든 것이 아니라 우리 구주 예수 그리스도가 당하신 고난과 그분의 자비를 상기시키기 위해 새겨진 십자가"라고 언급했다(Workes, 1630).

존 다드(John Dod, 1550-1645)는 십자가 고상이 그리스도와 강도들 사이에 차이점을 만들지 못하지만 "그리스도의 형상을 보려면, 가난한 신자들을 바라보아야 한다"고 했다(On the Commandments, 1604). 존 번연*은 고전적인 개신교 신앙을 요약하는데,

그것은 20세기의 해방 영성의 정서에 반영되어 왔다. 기독교인은 십자가 앞에서 등에 지고 있는 짐이 벗겨질 때에 이렇게 노래한다: 십자가를 찬양하라, 무덤을 찬양하라! 나를 대신하여 수치를 당하신 분을 찬양하라!"

J. A. W. Bennett, *Poetry of the Passion*, 1982; Gorden Heulin, *The Cross in English Life and Devotion*, 1972; Louis Martz, *The Poetry of Meditation*, 1954; C. E. Pocknee, *The Cross and the Crucifix*, 1962; G. S. Wakefield, *Puritan Devotion*, 1957; John Wilkinson (ed), *Egeria's Travels*, 1071.

편집자

십자가의 요한 | John of the Cross, St.

십자가의 요한은 1542년에 카스티야 왕국의 폰티베로스에서 태어난 스페인의 성인이요 신비가이다. 그는 1564년경에 갈멜 수도사가 되었고, 유럽에서 아주 훌륭한 대학인 살라만카에 있는 갈멜 수도회의 대학에서 공부했다. 그곳에서 닦은 철학과 스콜라 신학의 기초는 그가 신비 체험을 분석하는 데 있어서 소중한 토대가 되었다.

그는 1567년에 사제로 안수받았고, 같은 해에 아빌라의 테레사*를 만났다. 이것은 아주 중요한 사건이었다. 테레사는 그의 도움을 받아 수도사들을 엄격한 최초의 규칙으로 돌아가게 함으로써 갈멜 수도회의 개혁을 촉진했다. 그는 두루엘로(1568년)에 맨발의 갈멜 수도원을 세운 것을 시작으로 하여 15개의 수도원 세웠다.

요한도 테레사처럼 개혁을 위해 일생을 보냈다. 그러나 개혁 반대파에서는 1577년 12월에 그를 체포하여 톨레도에 있는 갈멜 수도원의 독방에 감금했다. 8개월 후 어느 캄캄한 밤에, 요한은 자신이 지은 시를 가지고 그곳을 탈출했다. 그 후에 여러 가지 주석서를 저술했는데, 그 중 중요한 것은 『영적 아가』(*Spiritual Canticle*), 『갈멜 산 등정』(*Ascent of Mount Carmel*), 『영혼의 어두운 밤』(*Dark Night of the Soul*), 『살아 있는 사랑의 불길』(*Living Flame of Love*) 등이다. 그는 1580년대 중반에 저술을 중단했고, 안달루시아의 수도원에 유폐되어 지내다가 1591년에 사망했다. 그의 저술들은 원래 출판할 의도로 저술된 것이 아니었지만 중세 시대에 널리 읽혔다. 그의 거룩함은 널리 알려졌다. 그는 1675년에 시복되고, 1726년에 시성되었으며, 1926년에는 교회의 박사로 선포되었다.

그의 시는 스페인 문학의 탁월한 서정시에 속하며, 열정적인 상징들이 가득하다. 그의 시는 한 연이 다섯 행으

아가 | Song of Songs

로 이루어지는 형식(*lira*)을 취하지만, 발라드와 *copla*와 같은 전통적인 스페인 시의 형식을 취한 것도 있다. 『아가』와 『불길』은 시적 본문과 밀접하게 연결된 주석서이며, 『등정』과 『어두운 밤』은 "어느 어두운 밤에"라는 시에 기초를 두고 저술한 신비적 기도에 관한 공식적이고 체계적인 논문이다.

"어두운 밤"은 요한의 상징들 중에서 가장 유명한 것이며, 아레오파고의 위 디오니시우스에게서 기원한 것이다. 그것은 적극적인 형태와 수동적인 형태의 감각과 영에 관련된다. 적극적인 밤은 영혼의 관상과 연합을 위한 준비를 다루며, 수동적인 밤은 이러한 은사들의 주입 안에서 하나님만이 행하실 수 있는 것을 다룬다. 영은 수동적인 밤에 하나님의 부재를 심각하게 경험하지만, 그럼에도 불구하고 그러한 밤은 연합의 문턱, 아침 동이 트기 전의 가장 어두운 밤이 된다. 밤의 측면들은 모두 함께 경험될 수 있으므로, 순차적으로 생각할 필요가 없다.

20세기에는 십자가의 요한의 시에 대한 이해가 증가했고, 그의 신비적 논문들은 여러 전통에 속한 신자들의 영성에 막대한 영향을 발휘하게 되었다.

The Complete Works of St. John of the Cross tr E. Allison Peers, 3 vols, revd edn 1953; A Benedictine of Stanbrook Abbey, *The Mediaeval Mystical Tradition and St. John of the Cross*, 1954 ; G. Brenan, *St. John of the Cross: His Life and Poetry*, 1973; E. W. Treuman Dicken, *The Crucible of Love*, 19631 E. Allison Peers, *Spirit of Flame*, 1943.

COLIN P. THOMPSON

아가 | Song of Songs

일반적으로 기원전 3세기의 것으로 추정되는 연애시 모음집으로서, 외설적이지는 않지만 매우 관능적이다. 일반 랍비들은 유대교 정경에 이것이 포함된 것에 당황하지만, 그것은 "노래들 중의 노래", 즉 지존자에게 드리는 가장 아름다운 노래라는 설명에 의해 옹호된다. 이것은 알레고리적 해석으로 이어지는데, 구약의 나머지 책들과 함께 그 책을 물려받은 기독교인들은 그러한 해석을 채택했다. 몰론 몹수에스티아의 테오돌(Theodore of Mopsuestia, 428년 사망) 이후로 그것을 문자 그대로 해석해야 한다고 주장하는 사람들도 있었다. 유대교 알레고리는 연인들의 언어를 이스라엘에 대한 하나님과 관계에 적용했고, 결국 유월절 전례와 결합되었다. 기독교인인 힙폴리투스는 부활절에 아가서 3:1-4을 설명했다. 오리겐*은 아가서를 그리스도와 영혼의 신비적 연합의 이야기로 간주하는 전통의 출발점이다.

오리겐은 구약 성서에서 기독교인의 삶의 일곱 단계에 상응하는 일곱 개의 노래를 발견했다. 첫째는 이스라엘이 홍해를 건넌 것에 의해 예표되는 세례이고, 마지막은 영적 여정의 절정인 아가서이다. 오리겐은 문자적 의미 때문에 혼란을 겪지 않았다. 육적인 의미에 상응하는 영적 의미들이 있다. 그의 플라톤주의는 성육신도 우리가 하나님의 얼굴을 대면하여 보기 전에 희미하게 보는 거울에 불과하다는 것을 의미한다. 그의 해석은 흡수, 또는 엑스타시의 신비주의를 가르치지 않는다. 그는 학자요 한 인간으로서의 자신의 경험에 비추어 거룩한 연인이 오고 간다는 것, 그리고 사랑은 완전히 성취되지 않은 갈망—지적 갈망—의 열기로 인한 상처를 참고 견딘다는 것을 알고 있었다. 그러나 믿어지지 않은 어두움이란 없다.

닛사의 그레고리의 주석은 사랑의 절정은 한층 치열한 갈망으로 영혼을 꿰뚫기 때문에 그 자체가 상처라고 주장한다는 점에서 오리겐의 주석과는 다르다. 영혼은 항상 하나님을 따르며, 항상 위로 올라간다. 이처럼 위로 올라가는 것은 결코 고독한 것이 아니다. 시녀들을 거느린 신부처럼, 영혼은 항상 하나님 때문에 자기를 따르는 사람들을 동반한다.

아가서의 기독교적 신비주의가 교회를 염두에 두지 않고 있다고 결론지어서는 안 된다. 클레르보의 버나드*의 해석은 가장 유명하고 유력한 해석이다. 종종 기이한 풍유가 등장하지만, 그 심리학은 매우 심오하다. 그는 신부를 교회로 간주하는 해석과 건전하지 못한 에로티시즘을 장려하지 않은 개인으로 여기는 해석 사이를 오간다. 관상과 활동의 일치와 강력한 도덕적인 분위기가 존재한다. 그러나 전반적으로 영화되었지만 여전히 "지상에서 행하시던 인성 안에서 알려지신" 예수에 대한 사랑이 존재한다. 십자가의 요한*도 그의 저술에서 아가서의 비유적 표현을 방대하게 인용했다.

아가서에 대한 가장 많은 글을 쓴 신학자는 17세기의 청교도들이다. 그들은 버나드를 크게 존경하여 그의 저서를 인용했다. 주류 청교도들은 독립적인 경향을 지닌 사람들보다 아가서의 표현을 사용하는 데 있어서 신중했다. 리처드 십즈(Richard Sibbes, 1577-1635)는 "모든 신자가 동일하게 기독교적인 은총을 소유하므로…모든 기독교인의 영혼은 그리스도의 배우자인 동시에 교회의 배우자"이지만, 신

아니마 크리스티 | Anima Christi

부는 교회라고 주장한다. 거룩한 연인의 입맞춤은 성찬 안에 있는 그리스도의 임재요, 성례전은 그의 사랑의 표식이다. 영혼은 그리스도를 갈망하며, 한 번 맛볼 때마다 영혼의 갈망은 더 강해지지만, 영혼은 신랑이 정하신 방법으로 신랑을 영접한다.

콘월 출신 평신도로서 하원 대변인이었던 프랜시스 루스(Francis Rous, 1579-1659)는 장로교인이었으나 독립교회로 옮긴 사람이다. 그는 『신비적 결혼』(The Mystical Marriage)이라는 논문에서 개인의 영성에 큰 관심을 두었으며, 십즈만큼 표현을 억제하지 않았다. 이 책은 매우 윤리적이며, 관상에 대한 지혜로운 조언들이 가득하다. 또 그는 영적 방종을 권장하지 않는다. "그리스도와 그의 사랑을 당신의 것이라고 여기거나 느끼지 않을 때에, 그것들은 당신의 것이다…그리스도와 그의 사랑은 보고 느끼는 것 이상의 것이다."

찰스 웨슬리*가 아가서 1:7에 기초를 두고 저술한 훌륭한 서정시, "Thou Shepherd of Israel and mine"은 아가서에 대한 전통적인 이해를 훌륭히 요약하고 있다. 그것은 그리스도와 개인의 교제를 신자들의 교제 안에서의 삶과 연결시키며, 아가서에서 목자가 휴식하는 "정오"를 갈보리와 연결함으로써 그리스도의 고난과 부활의 능력의 교제 안에서 엑스타시의 비밀을 발견한다.

현대의 주석에서는 알레고리를 사용하지 않으며, 아가서가 오늘날도 유용하게 간주되는지는 의문이다. 그러나 많은 사람들은 그것의 자연적 의미를 소중히 여기며, 성경에서 아가서가 차지하는 위치는 하나님께서 성(性)을 만드셨다는 사실을 증거하는 것으로서 소중히 간주된다. 남성과 여성이 상호 관계를 누리는 것은 "타락한 세상에서 성과 사랑을 되찾는 방법에 대해 새로운 것을 가르쳐 줄 수도 있다"(Marcia Falk). 칼 바르트는 그것을 성경의 정점이라고 간주했다.

Marcia Falk, *Love Lyrics from the Bible,* 1982; Kenneth E Kirk, *The Vision of God,* 1931; Anerew Louth, *The Origins of the Christian Mystical Tradition,* 1981; H. H. Rowley, *The Servant of the Lord,* 1952, pp. 189-234; G. S. Wakefield, *Puritan Devotion,* 1957.

편집자

아니마 크리스티 | Anima Christi

"그리스도의 영이여, 나를 성화시켜 주십시오. 그리스도의 몸이여, 나를 구원해 주십시오"로 시작되는 기도. 이것은 이그나티우스 로욜라(Ignatius Loyola)*의 『영신수련』(*Spiritual Exercises*)* 첫머리에 수록되어 있기 때문에, 로욜라의 것으로 간주되기도 하지만, 실제로는 그보다 훨씬 과거, 아마 14세기의 것일 가능성이 크다. 왜냐하면 그것은 독일의 신비가 마가렛 에브너(Margaret Ebner)가 1344년에 쓴 일기에서 언급되며, 1364년에 세빌에 세워진 알카자르 입구에 인용되어 있기 때문이다. 그것은 중세 시대의 고난받는 그리스도 숭배를 상기하게 해 주며, 미사 준비에 사용되었다. 그것은 『여자 은둔자들을 위한 규칙』(*Ancrene Riwle*)*과 동일한 장르에 속하며, 그리스도의 상처를 바위의 갈라진 틈과 같은 은둔처로 생각한다. 영국 조합교회 신학자인 나타니엘 미클렘(Nathaniel Micklem)은 1935년에 Myrtle 강의에서 이것을 아주 훌륭하게 설명했다.

Nathaniel Micklem, *Prayer and Praises*, 1941, frequently reissued; Herbert Thurston, *Familiar Prayers*, 1953, pp. 38-53.

편집자

아레오파고의 디오니시우스
| Denys the Areopagite

아레오파고 전집(Areopagitical Corpus)은 사도 바울이 아테네의 아레오파구스에서 행한 설교를 듣고(행 17:34) 기독교인이 된 디오니시우스가 저술했다고 추정되는 글 모음이다. 그러나 그것은 5세기 말에 저술된 듯하며, 프로클루스*와 같은 후기 신플라톤주의*의 영향을 받은 듯한 특징을 지닌다.

그 전집은 6세기 초에 단성론자들과 정통주의의 논쟁에서 처음으로 등장한다. 정통주의자들은 처음에는 그것을 거부했지만 곧 그것의 영적인 능력을 감지하여 신빙성이 있는 것으로 받아들였다. 그의 저술은 『신의 이름들』(*Divine Names*), 『신비 신학』(*Mystical Theology*), 『천상의 계급제도』(*Celestial Hierarchy*), 『교회의 계급제도』(*Ecclesiastical Hierarchy*)와 열 개의 편지로 이루어져 있다. 그 글들은 하나의 궁극적인 목표를 가지고 있다. 즉 디오니우스가 즐겨 표현한 대로, 모든 피조물이 그 지으신 하나님과 연합하는 것, 피조된 질서가 완전함을 획득하거나 신화될 연합을 목표로 한다. 이 연합은 정화와 조명과 연합이라는 세 단계의 과정 중 최종 단계이다.

아레오파고의 디오니시우스 | Denys the Areopagite

그의 저서들은 각기 다른 방법으로 이 목표가 어떻게 성취되는지를 설명한다. 『신의 이름들』에서는 우리의 하나님 찬양이 완전하게 되는 방법을 이야기한다. 하나님께서 첫째는 복 되신 삼위일체로서, 그 다음에는 선하심에서부터 시작하여 통일성에 이르기까지 신적 속성들을 통해서 자신을 나타내시는 다양한 방법이 탐구된다. 이처럼 창조 세계와 성경에서 이끌어낸 하나님에 대한 긍정적인 단언들을 통한 신지식을 긍정의 신학(cataphatic theology)이라고 한다.

계급 제도에 관한 두 가지 저서에서는 의식적으로 하나님을 섬기고 찬양하며 하나님과 연합되기를 추구하는 피조된 질서의 아름다움을 탐구한다. 천상의 계급 제도는 천상의 세 가지 계급으로 이루어지며, 각 계급은 다시 세 등급으로 구성된다: 스랍(치품 천사), 그룹(지품 천사), 좌품 천사; 주품 천사, 능품 천사, 권품 천사; 역품 천사, 대천사, 천사. 교회의 계급제도 역시 세 계급으로 이루어지고, 각 계급은 다시 세 등급으로 세분된다. 첫째는 전례적 의식들로서 세례와 성찬과 기름의 신비이고; 둘째는 거룩한 목회자들로서 주교와 사제와 부제로 이루어지며; 마지막은 목회자들의 섬김을 받는 대상으로서 수도사들과 평신도, 그리고 성례전에 참여할 수 없는 요리문답자와 참회자이다. 이 두 가지 계급 제도는 하나님이 정점을 이루는 삼각 구조의 하층 구조를 이룬다. 계급 제도는 "되도록 하나님과 흡사하게 통합된 거룩한 질서와 지식과 활동, 하나님으로부터 주어지는 조명에 응답하여 나름대로 하나님을 닮으려는 거룩한 질서와 지식과 활동이다." 계급 제도의 체계는 서로 지원하고 지원을 받는 천사들과 인간들의 사회를 묘사하는데, 이것에 의해서 전체 사회가 하나님과 연합하여 하나님의 다함없는 영광을 되도록 완전하게 발산할 수 있게 된다. 계급 제도들은 정적이다. 다시 말해서 그것들은 상승의 사다리가 아니라, 등급이 정해진 존재들의 계급으로서, 각 단계에서 피조물들은 자기의 소명을 완벽하게 성취함으로써 하나님과 연합한다. 인류에 관한 한, 이것은 질서 있는 거룩한 사회는 모든 사람이 하나님과의 연합으로 이끌려가며 피조물을 향한 하나님의 사랑의 도구가 되는 통로인 전례에 의해서 자신의 소명을 성취한다는 의미이다. 성직 계급제도의 신학은 상징의 신학이라고 불리는데, 이는 전례 안에 상징적인 실체가 드러나기 때문이다. 그러나 디오니시우스는 긍정의 신학과 상징의 신학을 다루면서, 그것들이 어떻게 자기를 초월하는 것을 지적하는지 나타내기 위해 고심했다. 왜냐하면 긍정적인 단언으로는 하나님을 표현할 수 없으며, 상징들을 이해하려면 상징들 자체를 초월하여 그것들이 드러내는 실체(상징들과 그것들이 상징하는 것들 사이에 자연적인 유사성이 없을 때에 보다 분명히 나타나는 것. 이런 이유로 디오니시우스는 "닮지 않은 상징들"이라는 용어를 선호한다)에 도달해야 하기 때문이다.

긍정의 신학과 상징의 신학은 그 자체를 초월하여 부정의 신학을 가리킨다. 짧지만 강력한 저술인 『신비 신학』의 주제는 부정의 신학이다. 여기에서 영혼은 감지하거나 알 수 있는 모든 것을 초월하여 하나님이 계시는 어두움 속으로 들어간다. 영혼은 "완전히 말이 없는 상태"로 들어가 "완전히 알 수 없는 분과 수동성 안에서 연합한다. 영혼은 지식을 초월하는 방식으로 안다." 이것이 신적 어두움, 무지의 구름이다. 디오니시우스는 필로와 닛사의 그레고리와 같은 옛 저술가들이 전개한 이 주제를 인용했으며, 디오니시우스 자신도 후대의 전통에 강력한 영향을 미쳤다. 영혼은 어두움 속에서 자신의 활동을 포기하고, 연합을 이루시는 하나님께 복종하는 법을 배운다. 여기에서 디오니시우스는 "신적인 것들의 고난, 영혼이 자체를 벗어나서 존재를 초월하는 신적 어두움의 광선과 연합하는 상태인 엑스타시의 고난"에 대해 말한다. 그러나 여기서 그의 지배적인 생각은 이것이 사랑의 연합이라는 것이다. 영혼은 하나님을 향한 사랑 안에서 자신을 향한 하나님의 사랑을 알며 하나님과 연합된다.

부정의 신학은 디오니시우스의 신학의 절정이지만, 긍정의 신학과 상징의 신학을 손상하는 것이 아니라 확립해 준다. 이 세 가지 신학의 근저에는 "만물 안에서, 만물과 상관없이 알려지시는 분…"의 불가지성의 인식이 놓여 있다.

Good, complete tr into French by M. de Gandilac, 1943: Text and tr of *Celestial Hierachy* in SC, 58, *bis* (with good biography); R. Roques, *L'Universe dionysien,* 1954, and his srticles on *Contemplation* and *Denys* in DS, II, cols 1885-1911; III, cols 243-86; H. U. von Balthasar, Herrlichkeit II/1, 1962, pp. 147-214; F. von Ivánka, *Plato Christianus,* 1964, pp. 225-89.

ADEREW LOUTH

아르스의 주임 사제 | Ars, Curé d'

장-밥티스테-마리 비아니(Jean-Baptiste-Marie Vianney, 1786-1859)는 40년 동안 리용 근처에 있는 아르스의 교구 목사로 봉사했다. 그는 그곳에서 목회하면서 매년 수천 명의 고해성사를 들었다. 거기에는 농부에서부터 정부 관리에 이르기까지 프랑스 전역에서 몰려온 온갖 계층의 사람들이 포함되어 있었다. 그의 장례식에는 육천 명이 참석했다. 그는 1924년에 로마의 성 베드로 성당에서 교구 사제들의 수호성인으로 시성되었다.

그는 책을 저술한 적이 없고, 그의 설교 노트를 연구해 보아도 아무런 성과가 없지만, 그를 알고 사랑했던 사람들은 그의 영성의 특징들을 증명해 준다. 그가 강조한 것은 "넘쳐 흐르는 격류처럼 모든 것을 휩쓸어가는" 하나님의 사랑이었다. "우리의 허물들은 마치 하나님의 자비의 큰 산 옆에 있는 하나의 모래알과 같다." "사랑에 의해 창조된 인간은 사랑이 없이는 살지 못한다. 인간은 하나님을 사랑하거나 자기 자신을 사랑하거나 세상을 사랑한다." "하나님과 함께 거하는 순수한 영혼은 어머니 품에 안겨 있는 어린 아이와 같다. 아이는 어머니를 얼싸안고 어루만지며, 어머니도 아이를 안고 어루만져 준다." "태양이 없으면 땅이 아무 것도 생산하지 못하는 것처럼, 선하신 하나님의 은혜가 없으면 우리는 선을 행할 수 없다. 하나님의 은혜는 어린 아이의 손을 잡고 가는 부모의 손과 같다." "내면 생활은 우리가 뛰어들 수 있는 사랑의 목욕탕과 같다."

그러나 그의 가르침은 감상적인 것이 아니었다. 그는 미사, 묵상, 일과 기도, 요리문답 교육, 고해성사 청취 등으로 이루어진 엄격한 일정을 지키면서 금욕적인 생활을 했기 때문에 수면 시간이나 식사 시간이 거의 없었고, 물론 휴식 시간은 없었다. 그는 종종 참회하는 사람이 회개의 증거를 제시하지 않으면 면죄를 연기했다.

그는 죄는 "선하신 하나님을 십자가에 못 박는 일"이라고 묘사했다. 십자가는 "내 죄들이 하나님께 입힌 상처를 보상하기 위해서 주님이 대가로 치르셔야 한다." "고난 받으시는 하나님, 죽으시는 하나님." "포도주 틀에 좋은 포도를 넣으면 좋은 포도즙이 나올 것이다; 십자가라는 포도주 틀 안에서 우리 영혼은 영양과 힘을 주는 즙을 낸다." "우리가 하나님의 작품이라는 것을 이해하기는 쉽지만, 하나님이 십자가에 달린 것이 우리의 솜씨라는 것은 정말 이해하기 어렵다."

그의 개인적인 영성 생활은 미사와 그리스도의 임재에 초점을 두었다. 그는 성모 마리아와 성인들, 특히 그의 수호 성인인 필로메나를 숭배했다. 그는 사람들이 그의 업적이라고 간주하는 육체적 치유나 영적 치유의 기적들을 이 성인들의 기도 덕분으로 돌렸다.

그의 경건의 표면적인 형태는 종교개혁 이후 시대에 활동한 많은 프랑스 사제들이 전형적으로 취하던 형태였다. 그는 무식하지만 매우 겸손했다. 그러나 그는 사람들의 특성과 영적인 욕구를 통찰하는 특별한 은사, 죄의 참회에 대한 깊은 동정심, 그리고 회개하는 사람들을 영적인 길로 끌어올려 주는 능력을 가지고 있었다.

Henri Ghéon, *The Secret of the Curé d'Ars*, 1929; Alfred Mounier, *The Curé of Ars*, 1861, ET 1927; Francis Trochu, *The Curé d'Ars*, ET 1927(abridged 1955).

FRANCIS H. HOUSE

아메리카 영성 | American Spirituality

아메리카 영성은 유럽에서 도입된 요소들과 아메리카 고유의 요소들이 섞여서 이루어진 혼합체이다. 개신교적인 특징과 가톨릭 교회의 특징들이 견고하게 자리잡지는 않았지만, 주요한 유형의 교회들—주류 개신교, 복음주의적 개신교, 로마 가톨릭, 성공회, 정교회 등—은 이제 분명한 경계선을 나타내지 않는다. 전반적인 특징은 다음과 같다:

1. 다양성. 개신교 영성은 처음부터 다양성을 나타내왔지만, 아메리카라는 상황은 그것을 더욱 고조시켰다. 성공회 영성, 가톨릭 영성, 정교회 영성 역시 다원주의적인 문화의 영향을 목격해왔다. 그러나 그 영성들은 전통에 굳게 뿌리 내리고 있기 때문에 이러한 영향을 상쇄할 수 있었다. 한편 교회연합과 관련된 일들은 전통적인 영성들과 다양성에 대한 새로운 인식을 일으키게 될 것으로 보인다.

2. 유동성. 기술적인 현대 사회에서의 가속화된 변화, 다원주의, 그리고 현대의 에큐메니즘 등은 영성을 계속 변화시킨다. 대학생들 사이에서는 동양이나 서방의 신비 체험에 대한 관심이 높다. 동시에 전통적인 영성으로의 복귀의 움직임도 나타나고 있다.

3. 개인주의-협조 조합주의(corporatism). 아메리카의 개신교 영성은 매우 개인주의적이었지만, 지금은 변화되고 있다. 전통적인 개신교의 견해로 보면, 성령은 개인의 의지를 통해서 직접 역사하여 순종을 낳는다; 따라서 성례전, 사제, 참회의 제도 등의 수단

이 그다지 필요하지 않다. 그러나 제2차 바티칸 공의회* 이후로, 개신교인들과 가톨릭 교인들 모두 변화되고 있다. 가톨릭 신자들은 개인주의적인 방향을 지향하며, 개신교인들은 협조 조합주의적 방향을 지향한다. 따라서 현재 많은 사람들은 영적 지도를 구하며, 영적 형성에 대해 호의적으로 말하며, 전례적 영성을 인정하며, 영적 성장을 위한 수단을 채택하며, 가톨릭 교회나 감독 교회에서 운영하는 피정 센터나 수도원에서 피정을 한다.

4. 인지적-감성적(Cognitive-Affective). 처음부터 성경 읽기, 설교, 정신적인 기도 등을 통해 인지적 기능들을 배양하려는 경향을 띠었던 개신교 영성은 감성적 능력을 발달시키는 방법을 찾기 위해 노력해왔다. 각성으로 인해 감정적인 관심사들이 고조되면서, 예배 때의 개인적인 열정과 음악이 이를 위한 주요한 수단이 되어 왔다. 그러나 최근에 아메리카의 개신교인들은 균형을 이루기 위한 방법으로써 전례적이고 성례전적인 영성에 대한 관심을 회복하고 있다.

5. 개인적-사회적(personal-social). 매우 개인주의적이었던 아메리카 영성은 점차 사회적인 감수성을 크게 나타내고 있다. 예를 들어 최근에 기념되는 미국의 성인들 중에는 1968년에 암살된 흑인 민권운동 지도자인 마틴 루터 킹 목사가 포함된다. 격동의 1960년대에, 설교와 논문들은 물론이요 기도와 찬송도 강력한 사회적 자세를 취했다.

현재의 에큐메니칼한 환경에서, 아메리카 영성의 기초가 되는 전통적인 가정들을 검토해야 할 필요가 있다.

1. 칭의를 강조해야 하는가, 아니면 성화를 강조해야 하는가? 감리교인들, 또는 그 전통에서 생긴 집단들을 제외한 개신교들은 칭의를 강조해왔고, 성공회와 가톨릭 신자들은 성화를 강조해왔다. 교회의 권위자들이 개인들을 조종하는 것을 염려한 개신교인들은 칭의를 자비하신 하나님께서 죄인을 무죄 방면하는 것으로 해석해왔고, 우리 안에 거하시면서 삶을 변화시키시는 성령의 능력을 강조한 가톨릭의 주장에 대해 의문을 제기해왔다. 성화에는 그다지 관심을 갖지 않는 개신교 영성은 많은 사람들을 영적 유아기에 머물게 하는 경향이 있다.

2. 은혜는 하나님께서 공로 없이 주시는 은총으로 이해해야 하는가(개신교의 견해), 아니면 영혼 안에 주입되는 성령의 능력으로 이해해야 하는가(가톨릭 교회의 견해)? 개신교 영성에

아메리카 영성 | American Spirituality

서 후자를 배제하면, 본회퍼가 "값싼 은혜"라고 말한 것, 상응하는 요구가 없이 주어지는 신의 용서를 장려하게 된다.

3. 성도 됨에 여러 단계가 있는가? 개신교인들은 사도 바울이 "성도"라는 단어를 모든 신자들에게 적용했다고 지적하며, 성도됨의 본보기로 몇 가지를 선택하는 것을 비판해왔다. 그 결과, 기독교의 제자도를 단 하나의 수준, 그리고 피상적인 영성으로 전락시켰다.

일찍이 다양성이 나타났다. 왜냐하면 청교도들이 뉴잉글랜드 식민주들을 지배하고 성공회 신자들은 남부 지방을 지배했지만, 중부의 식민주들(뉴욕, 뉴저지, 펜실베니아, 델러웨어)은 수적으로 두드러진 집단 없이, 퀘이커, 침례교, 개혁주의, 장로교, 루터교 등으로 구성되어 있었다. 청교도들과 성공회 신자들의 다소 사회적 의식을 갖는 영성과 병행하여, 소수 집단과 비국교 집단들의 사생활 중심주의 영성이 존재했다. 청교도들과 성공회 신자들은 경건한 시민이나 거룩한 공화국, 또는 비국교도 집단들이 교회의 모임이나, 가정에서의 모임, 그리고 개인적인 기도를 통해서 개인적인 신앙을 강화하는 일을 의지하게 하는 법을 제정했다.

개신교의 관상가들이라고 불릴 만한 "하나님의 친구들", 또는 퀘이커 교도*들은 영성에 관한 많은 논문을 작성했다. 윌리엄 펜(William Penn)*이 런던 탑에 갇혀 있던 1969년에 저술한 『십자가 없이 면류관도 없다』(No Cross, No Crown)는 아메리카에서 경건주의의 고전으로 인정받았다.

"대각성"(1730-1760)은 아메리카 영성사의 새로운 장을 열었다. 그것은 종교적 무관심과 쇠퇴의 시대를 차단했고, 처음에는 뉴저지의 네덜란드 개혁파와 장로교인들 사회에서, 그 다음에는 뉴잉글랜드의 회중교회 교인들 사회에서 죽은 정통주의에 도전했다. 대각성의 결과로서 13개 식민주 전체에서 거의 모든 교파들이 회심, 헌신의 갱신, 교회 생활의 활력 회복, 설교의 열정 증가, 교인들의 증가 등을 경험했다. 모두가 새로운 형식을 인정한 것이 아니라, 선조들의 절제있고 억제된 영성을 강조하지 않고 "종교적인 감정"을 강조하는 사람들만이 인정했다. 매서추세츠 주 노스햄튼에 있는 회중 교회의 목사 조나단 에드워즈*는 『하나님의 놀라운 역사에 대한 신실한 이야기』(A Faithful Narrative of the Surprising Work of God, 1737), 『데이

비드 브레이너드의 일기』(*The Diary of David Brainerd*, 1743), 『종교적인 감정에 관한 논문』(*A Treatise on Religious Affections*, 1746)을 출판하여 이러한 논조를 표현했다. 『데이비드 브레이너드의 일기』에서, 에드워즈는 27세 때에 델러웨어 인디언들을 위해 헌신한 선교사 브레이너드(1715-1742)를 미국의 성인으로 지명했다. 브레이너드는 "하나님의 놀라운 역사"에 대한 개인적인 기사에서 청교도적 훈련과 뜨거운 복음주의적 경험을 선교적 열정과 결합했다. 모라비아 선교사들이 독일 경건주의의 요소들을 도입하고, 웨슬리 형제와 조지 휫필드가 성결 운동을 도입함에 따라, 이러한 특성들의 결합은 거의 표준적인 위치를 획득했다. 중세 시대에 유럽에서 순교자들과 수도사들이 행했던 역할을, 18, 19세기 아메리카에서는 열정적인 선교사나 복음전도자들이 행했다.

이 영성의 주요한 변형은 퀘이커 교도들에게서 발견할 수 있었을 것이다. 그들은 관상적 경건을 사회적 활동과 결합했다. 그들의 본보기는 존 울먼(John Woolman, 1720-1772)이다. 그가 노예제도를 폐지하기 위해서, 그리고 가난한 사람들과 학대 받는 사람들을 위해서 기울인 고요하면서도 혁명적인 노력은 현대의 관심사를 2세기 전에 미리 표현한 것이었다. 1787년 이후로 미국의 퀘이커 교도들 중에는 노예를 소유한 사람이 하나도 없었다.

미국 독립전쟁(1776-1781)과 개척지는 아메리카 영성이 지닌 다양하고 개인주의적이고 경험주의적인 특징을 한층 더 증진시켰다. 개척지에서의 신앙부흥운동의 특징은 열정적이고 감정적인 설교, 솔직한 간증, 대각성 때에 발달된 형태를 이어받는 경험적인 회심 등이었다.

계몽주의에 의해 가속화된 경험적인 강조는 지식층에서 뉴잉글랜드 초월주의(transcendentalism)의 형태로 나타났다. 그 대표적인 인물은 오레스테스 브라운슨(Orestes Brownson)과 존 그린리프 휘티어(John Greenleaf Whittier, 1807-1892)이다. 초월주의는 일종의 자연 신비주의(nature mysticism)를 육성했다.

그러나 개척 시대에도, 미국 영성이 개인주의적인 틀에 완전히 적합했던 것은 아니다. 1774년에 영국에서 도입된 세이커 교(Shakers), 1842년에 독일에서 도입된 아마나 회(Amana Society)와 같은 공산주의 운동들은 공공연하게 개인주의를 거부하고, 베네딕트 전통과 흡사하게 일과 기도의 결합을 특징으로 하는 훈련된 수도적 영성을 선택했다. 이러한 운동들의 대부분은 천년왕국설을 신봉했는데, 예수의 임박한 재림의 기대가 쇠퇴함에 따라 이러한 운동들 역시 쇠퇴했다. 그것들은 많은 사람들의 지지를 받지 못했다.

그럼에도 불구하고, 남북 전쟁 이후 국가가 점차 산업화되고 도시화됨에 따라, 아메리카의 영성은 강력한 사회적 의식을 취했다. 종교는 사적인 영역에 제한되어야 한다는 계몽주의 신념과 조화를 이루는 개인주의적 신앙이 주도적이었지만, 그 신앙은 주요 도시의 "어둡고 악한 공장들" 안에서는 단점과 부적합함을 드러냈다. 찰스 셸던(Charles M. Sheldon)은 『예수라면 어떻게 하실까?』(In His Step)에서, 이 "사회적 각성"을 위해서 종류가 다른 성도, "예수라면 어떻게 하실까?"라고 질문하며 그의 발자취를 따르려는 성도를 묘사했다. 월터 라우쉔부쉬(Walter Rauschenbusch)와 워싱턴 글래든(Washington Gladden)과 같은 지도자들은 사회적 각성을 위한 기도문과 찬송을 지었다. 글래든의 "Where Cross the Crowded Ways of Life"은 미국인들의 종교적 양심에 깊은 감명을 주었다. 감리교에서 개종한 아이작 헥커(Isaac Hecker, 1819-1888) 신부는 미국으로 이민온 가톨릭 교인들을 섬기는 일에 헌신하는 선교 수도회인 Paulists를 설립했다.

본질적으로 영성에 관심을 둔 두 가지 운동, 성결 운동과 오순절 운동*은 사회 복음 운동과 거의 동시에 출현했다. 그 두 운동은 주로 감리교 신앙 및 존 웨슬리*의 성화에 대한 관심에 뿌리를 두고 있었지만, 각기 반대 방향으로 나아갔다. 성결 운동은 훈련을 강조했고, 오순절 운동은 방언을 통한 성령 체험을 강조했다. 그 두 운동 모두 주로 노동자 계층의 지지를 받았다.

두 차례의 세계 대전, 경제 불황, 한국과 월남에서의 평화 유지를 위한 군사 활동, 그리고 농촌 사회로부터 도시 사회로의 급격한 이동 등은 20세기 아메리카 영성에 깊은 영향을 미쳤다. 이러한 위기에 직면하여 개신교 영성의 취약점이 드러남에 따라, 새로운 강조점들이 출현했다. 디트리히 본회퍼(Dietrich Bonheoffer, 1906-1945)*의 사상에 응답하는 세속적 영성은 "세상적인 거룩"(worldly holiness)에 의해서 거룩한 것과 세속적인 것 사이의 틈을 채우려 했다. 하나님은 "밖"(out there)에 계시는 것이 아니라, 우리의 삶의 한복판에 계시는 초월자이시므로, 우리는 세속 도시 안에서 하나님이 일하시는 곳에서 하나님을 만나야 한다. 기도한다는 것은 사람들과 함께 거하면서 교제하고 봉사하는 것, 다른 사람들을 위하는 사람이 되는 것이다.

오순절 운동보다 사회적-경제적으로 몇 단계 위에 위치한 카리스마적 영성은 반대 방향을 향하면서 형식주의적이고 합리주의적인 종교에 대한 대안을 제공해 준다. 특히 젊은 대학생들에게 인기가 있는 동양적 영성은 동양의 묵상 방법들—선, 초월 명상*, 요가—을 도입했는데, 많은 사람들은 그것이 서구의 학문과 기술이 지닌 비인간화하고 비인격화하는 경향을 개선해 주기를 기대했다. 한편 제2차 바티칸 공의회 기간 및 그 이후에 새로 에큐메니칼 운동이 전개되면서, 중세 시대의 다양성을 지닌 전통적인 영성에 대한 관심이 회복되었다. 개신교인들과 가톨릭 신자들 모두 본회퍼, 테이야르 데 샤르뎅*, 토머스 머튼*, 마틴 루터 킹 등의 저서를 환영하여 받아들인다.

Sydney E. Ahlstrom, *A Religious History of the American People*, 1972; Robert T. Handy, *A History of the Churches in the United States and Canada*, 1977; William G. McGloughlin, *Revivals, Awakenings and Reform*, 1978.

E. GLENN HINSON

아빌라의 테레사 | Teresa of Avila, St.

테레사(Teresa de Cepode y Ahumada)는 1515년 3월 28일에 아빌라에서 태어났으며, 1535년경에 성육신의 갈멜 수녀원(Carmelite Convent of the Incarnation)에 들어갔다. 그녀는 오랫동안, 특히 1538-1539년에 중병을 앓았는데, 그 때 프랜시스 수도사인 오수나(Osuna)의 저서 *Third Spiritual Alphabet* 및 마음의 침잠과 고요의 기도에 관한 가르침의 영향을 받았다.

그녀는 몇 년 동안 완화된 규칙 아래 살면서 이따금 초자연적인 경험을 했지만, 1555년 경에 "제2의 회심"을 하면서 그녀의 내면 생활은 특별히 신비적인 방향을 향하게 되었다. 그녀의 고해신부들은 그녀가 빈번하게 경험하는 환상과 황홀 상태는 마귀가 초래한 것이라고 믿었지만, 그녀는 애써 노력한 끝에 하나님의 인도하심을 확신하게 되었다. 1559년에는 그리스도께서 창으로 그녀의 가슴을 찌르는 일련의 환상을 보았다.

이 무렵에 알칸타라의 피터(St. Peter of Alcántara)가 그녀를 영적으로 격려하고 조언해 주고, 원래의 엄격한 규칙을 따르며 관상 생활에 헌신하는 맨발의 갈멜 수도원을 세우려는 그녀의 계획을 지원했다. 그녀는 1562년

아빌라의 테레사 | Teresa of Avila, St.

에 아빌라에 성 요셉 수녀원을 세웠다. 그리고 그녀의 영적 지도자들의 부탁을 받아 자신의 전기를 저술하기 시작했다. 그 책에서는 기도 생활을 인간의 노력이 점진적으로 감소되는 네 가지 물 주는 방법으로 비유하며, "네 종류의 물"—우물, 수차, 시냇물, 비—이라는 상징이 사용된다.

1565-1566년에 수녀들을 위해 저술한 『완전의 길』(*Way of Perfection*)에는 주님의 기도에 관한 관상적 주석이 포함되어 있다. 그녀는 1567년부터 시작하여 17개의 맨발의 갈멜 수녀원을 세웠다. 그녀가 세운 수녀원들의 전기라고 할 수 있는 *Book of Foundations*에서는 특히 1575년 이후에 그녀가 당한 어려움들에 대해 기록한다. 그녀는 십자가의 요한*을 설득하여 갈멜 수도사들의 개혁을 시작하게 했다. 두 사람은 서로를 크게 존경했다.

기도에 관한 테레사의 중요한 저서는 『내면의 성』(*Interior Castle*)이다. 영혼은 성(城)의 형태를 취한 투명한 공의 바깥 마당부터 출발하여 성 안에 있는 일곱 개의 저택 안으로 나아간다. 방황하는 짐승들은 초기 단계의 방해와 분심을 상징하지만, 영혼이 그 중심에 다가감에 따라 그것들의 세력은 쇠퇴한다. 처음 세 개의 저택은 정화의 길(purgative way)과 일치하며, 네번째 저택은 고요의 기도에 선행하는 침잠의 기도를 가르친다. 다섯번째 저택은 연합의 기도와 영적 약혼으로 이어지며, 영혼을 누에고치를 탈피하여 나오는 흰 나비로 아름답게 묘사한다. 마지막 두 개의 저택은 이전에 묘사한 단계들을 초월하며, 십자가의 요한의 어두운 밤과 비슷한 고통을 소개한다. 그러나 일곱째 저택은 영혼의 중심 안에 영적 결혼 및 하나님과의 다소 영속적인 연합의 상태를 가져다 준다. 이 마지막 부분에서는 환상과 황홀 상태를 상세히 분석한다.

테레사는 1582년에 사망했고, 1614년에 시복되었으며, 1622년에 시성되었고, 1970년에는 교회의 박사로 선포되었다. 1588년에 그녀의 글을 편집한 루이스 데 레온(Luis de León)은 "그녀의 꾸밈없는 우아함"에 대해 기록했다. 그녀의 글은 오랜 활동적인 삶과 가장 고귀한 관상자의 경험이 특별하게 결합된 그녀의 활력있고 직선적인 성품을 드러내준다.

The Complete Works of Saint Teresa of Jesus tr E. Allison Peers, 1963; E. Allison Peers, *Mother of Carmel*, 1945; E. W. Treuman Dicken, *The Crucible of Love*, 1963.

COLIN P. THOMPSON

아쉬람 | Ashram

아쉬람 | Ashram

힌두교에서 아쉬람은 원래 한 사람이 부모와 가장으로서의 의무를 이행한 후에 숲 속에 들어가 살면서 평화와 강력한 영적 집중을 통해서 모든 존재의 근원인 실재(Reality)와의 연합과 이상을 추구하는 것을 의미한다. 그러한 생활을 통해 거룩하다고 알려진 은둔자 주위에는 제자들이 모여 들었다. 그들은 그를 자신의 조명의 경험에 의해서 제자들로 하여금 조명이나 깨달음을 얻을 수 있게 해 주는 영적 스승, 또는 그루(guru)로 여겨 크게 존경했다.

현대적 의미에서, 아쉬람은 공식적인 설교, 사적인 대화와 조언, 장 기간의 개인적이거나 공동의 묵상을 통해서 신을 경험하기 위해 한 사람의 스승을 중심으로 모인 제자들과 방문객들로 구성된 자유로운 공동체를 말한다. 현대 힌두교 아쉬람들은 19세기 말에 일종의 힌두교 문예부흥의 일부로서 나타나기 시작했다. 현재 인도를 비롯한 여러 나라에 많은 아쉬람이 존재하는데, 힌두교 전통 안에 있는 다양한 분파와 교리적인 입장을 반영한다.

각 사람의 내면 깊은 곳에서 신을 찾으려 하며 관상적 영성을 강조하는 이 힌두교의 종교 조직은 20세기 초에 인도에서 기독교인들에게 영향을 주기 시작했다. 20세기 후반에 그 영향력은 인도 외의 지역까지 미쳐, 서구의 기독교적 사고와 관습에 새로운 차원을 추구했다.

초기의 기독교 아쉬람(은둔처)들은 개신교적인 경향을 나타냈다. 그것들은 과거의 선교사들이 힌두교 신앙과 관습을 정죄했던 것과는 달리, 성령은 역사 안에서 여러 가지 방법으로 말씀하시며 특히 기독교적인 계시는 진리에 대한 힌두교의 심오한 갈망과 인식을 파괴하기보다 오히려 완전하게 성취할 수 있다고 믿은 인도인 신자들과 외국 선교사들에 의해 설립되었다. 인도에서는 기독교가 외래 종교이며 영국 제국주의의 이데올로기적 시녀로 간주될 수도 있었다. 따라서, 초기의 기독교 아쉬람에서 생활한 사람들은 민족주의적 정서의 상징인 카디(khadi: 손으로 짠 옷)를 입었다. 또 어떤 사람들은 마하트마 간디*와 같은 민족 지도자들과 함께 일하기도 했다.

인도가 독립한 후, 기독교 아쉬람의 영감의 원천으로서 민족주의와 조화를 이루려는 기독교인들의 욕구는 쇠퇴했고, 기독교인들은 기독교의 사고와 관습을 풍성하게 하기 위해 힌두교의 영적 자원을 보다 깊이 의식하게 되었다. 특히 가톨릭 교회 신자들은 아쉬람 생활에 기초를 둔 갱신을 옹호하고, 인도인 신자들이 믿고 기도하는 토착적인 기독교적 방법을 발달시키기 위해 자기들의 영적 유산을 의지할 것을 장려했다(예를 들면, 베네딕트 수도사인 Henri Le Saux, Francis Mahieu, Bede Griffiths*는 인도 남부에 아쉬람을 만들고 지원했다. 인도와 해외에서 기독교 아쉬람을 알린 또 다른 사람은 성심 수도회의 반다나 수녀이다. 그녀는 인도 서부에 있는 초교파 아쉬람에서 얼마 동안 생활했다).

아쉬람 생활의 특징은 사람들을 불필요한 염려와 소유의 짐에서 해방시켜 주는 표면적인 고요와 단순성, 공동체의 생활을 지탱하는 데 필요한 노동에 묵상과 예배를 결합하는 훈련, 엄격한 규칙의 적용을 받는 서양의 수도원에서보다 더 쉽게 하나님께 다가갈 수 있게 해 주는 개방성과 유연성이다.

아쉬람에는 지도자가 있으며, 지도자의 역할은 기독교적인 상황에서 토론을 열어 주는 것이다. 사람들은 기독교인은 결코 힌두교적 의미에서 구루(스승)가 될 수 없으며 그리스도만이 하나님을 보여 주고 하나님과의 연합을 가능하게 할 수 있고 제자들에게 완전한 순종을 요구할 수 있다고 말할 것이다. 아쉬람 경험의 중심에는 상징과 묵상 방법, 침묵, 경배의 말 등을 사용하면서 하나님의 임재에 자신을 개방하는 고요한 기다림이 있다. 그러나 교회 안에는 아쉬람 운동이 힌두교의 표현과 상징을 사용하며 내재하시는 하나님을 경험하기 위한 각 영혼의 내면의 운동을 강조함으로써 그리스도의 중요성을 소극적으로 다룬다는 이유로 비판하는 사람들이 있다.

Sister Vandana, *Gurus, Ashrams and Christians*, 1978.

JUDITH M. BROWN

아시아의 영성 | Asian Spirituality

각각의 영성은 그 문화적 배경과 분리하여 생각할 수 없다. 또 그 문화는 영성의 힘에 의해서 의미있는 것이 된다. 영성은 문화와 상호 의존하고 교제한다. 일본어가 일본 문화에 의해 정의되듯이, 일본의 영성은 일본어로 표현된다. 영성은 "인격"(personality)을 소유한다. 여기서 인격이란 스스로 만들어낸 상징들을 사용함으로써 자신을 표현하는 능력을 말한다.

지리적으로 광활한 아시아에는 문화적으로 언어, 관습, 인종 집단, 종교 전통 등이 무척 다양하며, 다양한 경제 수준 때문에 영적인 경향도 다양하다. 혹 아시아 영성을 다원적인 실체, 영성들로 생각할 수 있을 것이다: 즉 아시아 불교 영성, 아시아 이슬람 영성, 아시아 기독교 영성이 있다고 생각할 수 있을 것이다. 아시아 불교 영성 안에도 태국의 소승불교가 있고 일본에서 발견되는 대승불교가 있다. 또 파키스탄과 인도네시아에서 발견되는 이슬람 영성에는 미묘한 차이가 있다. 힌두교 국가인 인도의 기독교 영성은 스페인의 점령을 받은 적이 있는 필리핀의 영성과는 매우 다르다.

아시아인들의 영적·지적인 생활에는 중요한 차이점이 있다. 아시아의 대표적인 유서 깊은 문명 국가인 인도와 중국은 예리한 문화적 차이점을 나타낸다. 인도는 보편적인 것을 강조하고, 상세한 내용들은 경시하며, 부정의 행위 안에서 독창성을 발견한다. 반면에 중국에서는 구체성, 상세한 내용, 실질성을 선호한다. 이와 같은 문화적 차이점은 두 민족의 영적인 성향에서도 나타날 것이다. 간디*는 인도의 정신을 "진정한 의미에서, 문명은 필요한 것을 증가시키는 것에 존재하는 것이 아니라 그것을 의도적이고 자발적으로 감소시키는 데 존재한다"라고 표현했다.

인도에는 인간 생활의 물질주의적 구조를 받아들이는 것을 방해하는 영적인 유산이 존재하며, 반면에 실질적인 중국인들의 문화에는 그러한 유산이 상대적으로 부족하다. 따라서 인도와 중국의 상징적인 생활은 크게 대조를 이룬다.

이러한 다양성에도 불구하고, 아시아 영성의 공통적인 기초를 생각하는 것이 불가능하지는 않다. 아시아 영성을 서양 영성과 관련지어 조사해 보면, 그것을 보다 쉽게 파악할 수 있을 것이다. 거꾸로 말하면, 아시아 영성과 비교해볼 때에 서양 영성의 특징아 분명해진다. 아시아 영성은 창조 이전의 분화되지 않은 상태에 관심을 두지만, 서양 영성은 창조 이후의 분화된 상태에 관심을 갖는다. 스즈키는 세계적으로 유명한 두 명의 시인, 즉 일본인 바쇼(Basho)와 영국인 테니슨(Tennyson)을 비교한다:

나는 조심스럽게
울타리 옆에 피어 있는 나주나(nazuna) 꽃을 본다
담장 금이 간 틈에 피어 있는 꽃
나는 그 꽃을 뿌리채 꺾어 손에 쥔다
작은 꽃이여, 만일 내가 너를 뿌리까지 샅샅이 이해한다면

하나님이 어떤 분이며 인간이 어떤 존재인지도 알련만.

이 관찰은 문화적·영적인 의미에서 유익하다. 아시아인들은 꽃을 볼 때에 창조 이전의 느낌 안에서 보지만, 서양인들은 창조 이후의 꽃의 형태를 자세히 조사한다. 아시아 영성은 만물이 분화되기 이전의 원초적 이미지에 관심을 갖는다는 점에서 우주론적이지만, 서양 영성은 자연의 완전성(우주)은 종말론적인 심판에 예속되어야 한다는 점에서 종말론적이다.

이 종말론적인 경향이 서양의 독창적인 것이 아니라는 것을 알아야 한다. 그것은 아시아 대륙의 서쪽 끝에서 탄생한 성경적 유산(유대교, 기독교, 그리고 이슬람)에서 유래된 것이다. 이 종말론적인 (분화된) 단절 의식은 (분화되지 않은) 아시아 영성과 대조적인 요소이다. 일반적으로, 아시아 영성은 우주론적인 반면에 서방 영성은 종말론적이라는 데, 두 영성의 근본적인 차이가 있다. 우주론적인 영성은 보편적이기도 하다. 그러나 서양인들은 주로 기독교의 역사적인 존재 때문에 종말론적인 요소를 소유한다. 우주론적 영성은 "나의 도움은 하늘과 땅에서 온다"고 선포하지만, 종말론적인 영성은 "나의 도움은 하늘과 땅을 지으신 여호와에게서 온다"(시 121:1)고 말할 것이다.

아시아 영성과 아시아 문화 사이에 상호 관계가 있듯이, 아시아 영성과 아시아의 종교성 사이에도 상호 관계가 있다. 아시아 영성이 특정한 종교적 교리들을 통합할 때, 그것은 아시아의 종교성이 된다. 예를 들어, 자연계의 순환에 정통한 힌두교 영성은 생사의 지루한 순환과 고통으로부터의 궁극적인 해방을 가르치는 열반의 교리가 발달할 수 있는 상황이 되었다. 종교적인 규정을 궁극적으로 가치있는 것으로 여길 때에 영성은 종교성이 된다. 습지에서 싹을 내는 갈대라는 이미지에 표현되는 자연의 생명력에 대한 일본인들의 사랑은 "식물학적인 영성"인 일본 영성의 특징을 암시해 준다. "싹을 내는 갈대"라는 이미지는 일본인들의 영혼에 긍정적인 감명을 준다. 이러한 자연의 이미지를 즐겨 사용하는 것이 "신도"(神道)라고 알려진 일본인들의 자연 숭배의 종교성의 기본이다. 또 다른 예로 중국인들이 기(氣)에 매료된 것을 들 수 있다. 깨끗한 공기는 위로 올라가고 오염된 공기는 내려간다는 것이 중국인들의 경험을 해석하는 원리이다. 이것이 중국인들에게 우주론적인 종교성을 부여해왔다. 아시아 영성은 자연의 순환이나 식물의 생명력이나 대기의 움직임 등 자연의 행위에 매료된 데 뿌리를 두고 있다. 그러한 매료됨은 시간과 공간 안에서의 자기 정체성에 대한 욕구를 충족시켜 주므로, 영적인 것이요 문화적인 것이다. 이러한 경험들이 종교적인 문장이나 교리로 표현되어 순환적 실존(윤회), 유한한 삶에 대한 투쟁, 또는 우주의 구성 요소들에 대한 체계적인 논쟁의 극복을 암시할 때, 아시아 영성은 아시아 종교성의 특성을 취한다.

우주론적 영성과 종말론적 영성의 차이를 다음과 같이 확대하여 설명할 수 있을 것이다:

1. 아시아 영성에는 무로부터의 창조(*creatio ex nihilo*)라는 것이 없다. "창조"와 "무"라는 개념이 자연의 틀을 초월하는 것이 아니라 그 틀 안에 놓인다는 의미에서, 아시아 영성은 우주론적이다. 그것들은 종말론적으로 정의되는 것이 아니라 우주론적으로 정의된다. 아시아 영성의 종말론에서는 창조-유지-와해-창조라는 우주적 순환 안에 있는 하나의 중요한 순간을 묘사한다. 종말론이 우주 자체를 대면하지는 않는다. 우주의 순환은 시간의 규칙성, 연속성, 그리고 예측 가능성을 상징한다. 불규칙성, 불연속성, 예측불가능성 등은 무로부터의 창조라는 개념을 이해하지 못하는 아시아 영성에서는 생소한 것이다. 이러한 관찰은 본질상 지적인 관찰에 불과한 것이 아니라, 아시아 영성을 확정해온 것이다. 예를 들어, 아시아인의 기도는 종말론적인 것이 아니라 우주론적이다. 기도는 자연과 단절된 어느 존재(Someone)에게 드리는 것이 아니라 감명적인 자연 전체에게 드리는 것이다. 『베다』의 표현을 사용해 보면, 기도는 자생적인(self-generative) 우주적 열기(*tapas*)에게 드리는 것이다. 열반(절대적인 정적)에 대한 대승불교의 교리와 보살의 서원(절대적인 자비)에 관한 소승불교의 교리가 무로부터의 창조라는 철학적이고 영적인 메시지에 상응하느냐는 문제는 여기에서 논할 수 없다.

2. 아시아 영성은 다신교적 영성이다. 우주는 생명과 사망 사이의 선택권을 가지고 우리를 대면하지 않는다(신 30:19). 반대로, 우주는 모든 사물과 모든 가능성을 포용한다. 대면하지 않고 포용한다는 이미지는 우주 지향적인 영성에 적절한 이미지이다. 우주에는 많은 신들이 있다. 18세기의 일본인 학자인 모투리 노리나가(Motoori Norinaga)는 "거기에 인간들이 포함된다

아시아의 영성 | Asian Spirituality

는 것은 말할 필요가 없다. 새, 짐승, 나무. 식물, 바다, 산 등도 포함된다"고 했다. 아시아 영성은 우주 안에서 많은 신들을 본다. 홀로 제시되는 신은 없다. 아시아에서는 진리가 남성과 여성, 하늘과 땅, 낮과 밤 등의 대응 원리로 묘사되곤 하는데, 그러한 진리는 포괄적이며 연속적이다. 반면에, 배타성은 대항적이다. 이것을 달리 표현하자면, 서양에는 선한 것과 악한 것을 완전히 아시는(창 3:5) 하나님("하늘과 땅을 지으신 여호와")이 계시다. 하나님은 모든 역사적인 상황에 타당한 궁극적인 도덕 원리를 표현하신다. 이 "배타성"은 아시아 영성에서는 생소한 것이다. 우리 모두는 자연으로부터 선한 것과 악한 것에 관한 가르침을 받는다.

3. 아시아 영성은 우상 파괴적 영성이 아니다. 아시아 영성은 종말론적 영성이 취하는 것과 같은 방법으로 우상들을 판단하지 않는다. 아시아 영성은 인간적인 것과 신적인 것 사이의 경계가 쉽게 교차되는 신화(神化)의 문화를 받아들인다. 아시아 영성에서는 우상이 우상에 대해 논평하거나 비판한다. 초월적인 하나님의 관점에서 우상숭배를 정죄하지 않는다. 시편 기자는 우상 숭배에 대해 다음과 같이 말한다: "자기 영광을 풀 먹는 소의 형상으로 바꾸었도다"(시 106:20). 만일 "풀을 먹는 소의 형상"이 인류에게 해를 끼친다면, 아시아 영성은 비판적인 논평을 할 것이다. 아시아의 성현인 붓다는 인간의 탐욕을 매우 통찰력 있게 비판했다. 붓다는 소가 풀을 먹는다면 전혀 문제가 되지 않는다고 항의했을 것이다. 다만 인간의 탐욕을 충족시키기 위해서 그 상징을 왜곡할 때에만 비판할 필요가 생긴다. 그러나 붓다의 비판은 이 구절 전반부 "자기 영광을…바꾸었도다"를 고려하지 않은 채 행해진다. 아시아 영성은 하나님의 영광에는 관심을 갖지 않으며, 신화(神化)와 우상들을 받아들인다. 아시아 영성은 우상 파괴적 영성이 아니다. 여기에 동양과 서양의 심오한 차이점이 있다.

그러나 아시아 영성의 역사는 고립된 상태로 머물지 않았다. 아시아 영성은 네 가지 주요한 역사적 사건에서 간접적으로나마 종말론적 영성을 만났다.

1. 현대화. 특히 과학에 기초를 둔 기술 분야와 마르크스주의의 사회적 경제 이론 분야에서 현대화에 의해 도입된 대단한 효용으로 인해 아시아인들의 삶의 일반적인 방식이 급격히 변화되었고, 아시아 영성의 전통적인 관습과 표현에 도전이 임했다. 예를 들어,

1969년에 미국인들이 달 표면에 착륙했을 때에 인도네시아의 발리 섬 주민들의 우주론적 신앙은 심각한 혼란에 직면했다. 세속적인 종말론적 희망을 지닌 마르크스주의의 성급한 주장은 우주론적 경향을 지닌 참을성 있는 영성을 뒤흔들어 왔다.

2. 이슬람과 기독교의 영향. 강력한 종말론적인 경향을 지닌 두 개의 세계적인 종교, 즉 기독교와 이슬람의 존재 및 성장이 아시아 영성과 종말론적 영성의 직접적인 만남을 제공해 주었을 것이다. 이러한 만남을 평가하려면 신중한 역사적 조사가 필요하지만, 지금까지 그러한 조사는 이루어지지 못했다. 그러한 연구를 할 때에는 16세기 초부터 금세기 초까지에 이르는 아시아의 식민지 시대를 다루어야 할 것이다. 또 1945년에 히로시마에 원자폭탄이 투하되어 많은 아시아 국가들이 정치적인 독립을 획득한 것, 그리고 1949년에 중국에 공산주의 국가가 등장한 이후로 아시아에서 기독교와 이슬람이 계속 전파되어 왔다는 사실도 역사적으로 중요하다. 그 후 30년 동안, 군국주의, 정치적 전제주의, 인종 분규, 기아와 가난 등으로 시달리는 아시아 지역에 기독교와 이슬람의 종말론적인 메시지가 전파되어 왔다. 이처럼 대단히 복잡한 역사 속에서, 아시아 영성은 종말론적 영성을 접하고 있다.

3. 생태학적 관심. 우주론적 영성인 아시아 영성은 근본적으로 생태학적인 경향을 띤다. 자연을 무자비하게 개발하는 동안, 우주론적 신앙은 인류에게 그 생태학적 신념을 증명하기 시작한다. 이러한 상황에서, 아시아 영성은 종말론적 영성의 세계에 대한 실질적인 교정책인 듯하다. 아시아 영성은 인류가 자연을 지배하기 보다는 자연과 조화를 이루며 살기를 바란다. 아시아의 우주론적인 영성이 종말론적인 영성보다 이 지역에서의 하나님 나라 이해에 더 기여할 것인지는 앞으로도 살펴 보아야 할 문제이다. 아마 이것은 아시아 영성과 종말론적 영성의 만남이 이루어지는 가장 극적인 상황 중의 하나일 것이다.

4. 핵 파괴의 가능성에 대한 불안. 핵무기에 의한 전 세계 인류의 멸망 가능성에 대한 불안은 우주론적 영성과 종말론적 영성으로 하여금 진지한 자기 성찰을 하게 만드는 두 전통의 만남을 야기하고 있다.

아시아 영성은 우주론적 영성이 종말론적 영성을 통해 의미있는 말을 하고, 종말론적 영성은 우주론적 영성을 통해서 의미있는 말을 할 수 있는 방법으로 두 영성을 통합하라는 도전에 직면해 있다. 그러한 통합을 위한 신학적 근거는 사람들의 고난과 소망이라는 주제가 되어야 한다. 우주론적 영성과 종말론적 영성은 사람들의 고난과 희망을 통해서 통합되어야 한다. 이것은 아시아적인 십자가의 신학(*theologia crusis*)의 필요성을 암시한다. 아시아의 기독교 영성은 "우리는 십자가에 못 박힌 그리스도를 전하니 유대인에게는 거리끼는 것이요 이방인에게는 미련한 것이라"(고전 1:23)는 바울의 말에 응답해야 한다. 아시아의 기독교 영성의 미래는 이 도전에 대한 응답 안에 놓여 있다.

Tissa Balasuriya, *The Eucharist and Human Liberation*, 1979; H. B. Earhart, *Religion in the Japanese Experience*, 1974; Douglas J. Elwood (ed), *Asian Christian Theology*, 1980; Abraham J. Heschel, *The Sabbath*, 1951; KosukeKoyama, *No Handle on the Cross*, 1977; Hajime Nakamura, *Ways of Thinking of Eastern Peoples*, 1974; Daisetz Suzuki, *Zen and Japanese Culture*, 1959.

KOSUKE KOYAMA

아일랜드 영성 | Irish Spirituality

아일랜드는 로마 제국에 속하지 않은 이교 국가였다. 그러나 이 나라는 로마로부터 새로운 종교를 받아들였고, 완전히 아일랜드적 형태의 기독교가 그곳에 자리잡았다. 아일랜드 고유의 구전 전승과 기독교적인 라틴 문화의 놀라운 통합이 이루어졌다.

또 성 패트릭(St. Patrick)은 자신의 『고백록』(*Confessions*)에서 수도사와 그리스도의 동정녀가 되고자 하는 많은 새 신자들에 대한 놀라움을 표현한다. 이들은 그 다음 세기에 아일랜드 교회의 삶과 구조를 놀랄 만큼 수도원적으로 만들게 될 많은 사람들을 예시해 주었다.

왕이 다스리는 백여 개의 작은 주들로 이루어진 지방 사회에서는 수도원이 종교생활과 교육의 중심지가 되었다. 토착적인 것과 새로운 것이 융합되면서, 이교의 유산에 대해 크게 관용했으며, 수도사들과 그 후계자들은 꾸준히 저술했다. 그들의 주된 지식은 성경적인 것이었다. 이와 같은 이교에 대한 이해는 그들이 해외에서 복음을 전하는 데 도움을 주었다. 이 수도사들 역시 분명하고 아름다운 시를 남겨 주었다.

성직자나 평신도들의 영혼을 지도하는 데에는 고해 규정서(*Penitentials*)가 사용되었다. 다양한 범죄에 대해 적절한 속죄가 규정되었다. 아일랜드 수도사들이 도입한 이 제도는 곧 공적인 속죄를 대신하게 되었다. 한 가지 병폐는 반대되는 것에 의해 치유된다는 것 즉, 탐식은 금식에 의해서 치유된다는 것이 반복되었다. 영적 친교(anamchairdeas), 각 영혼이 영적인 친구(anamchara)의 지도를 받는 것이 널리 행해지고 존중되었다. 이런 까닭에, "영적 친구가 없는 사람은 머리가 없는 몸과 같다"는 말이 생겼다. 이러한 개인에 대한 배려는 동일한 수도원 내에서의 수도적 훈련의 다양성을 관용한 이유를 설명해 준다. 세속 공동체와 수도적 공동체로 이루어진 사회는 옛 문헌에서 종종 언급되는 교회가 그리스도의 몸이라는 것을 이해하는 데 도움을 주었을 것이다. 당대의 아일랜드의 사상과 영성의 대표자라고 생각할 수 있는 성 콜룸바누스(St. Columbanus)*는 그리스도의 몸 안에 있는 민족들의 통일성에 대한 자신의 이해를 훌륭히 표현한다.

우리는 고대 국가와 수도원에서 전통적인 아일랜드 기독교와의 이중의 연결 고리를 발견한다. 하나님과 그리스도는 여전히 왕이라고 언급된다. 고대 아일랜드에서 왕은 많은 백성들과 밀접한 관계를 가지고 그들 가운데서 살았으므로, 왕이라는 용어는 아주 친밀한 용어이다. 실제로, 옛 시에서는 하나님을 "내 작은 연인"이라고 언급된다.

이와 같은 결합의 실현과 느낌은 고대에 사용된 갑옷이나 시로 표현된 기도문을 통해서 드러난다. 사람들은 그러한 기도문을 사용하며 기도하거나 신·구약 성서의 성인들의 중보를 구한다. 교회는 하나님의 백성이라는 성경적인 용어로 불리기도 했다.

고대 영성은 특히 성경적이었다. 9세기 초에 완성된 켈스의 책(The Book of Kells, 라틴어 복음서)은 하나님의 말씀 및 그것과 기독교인들의 생생한 관계를 크게 존중했음을 증거해 준다. 구약시대의 성인들이 존중되었다. 히브리어, 그리스어, 그리고 라틴어를 존중했다. 시편은 훌륭한 기도문이었다. 9세기의 시에서, 성경에 명한 금식이 하나님이 기뻐하시지 않는 다섯 가지 금식으로 언급된다. 환대라는 덕목은 마태복음 25장의 유명한 구절에서 언급되었다. 손님은 항상 그리스도였다. 특히 성 패트릭의 짤막한 글들에는 성경, 특히 사도 바울의 글을 많이 인용했다.

아일랜드 영성의 영속적인 특징은 친밀함이다. 8세기의 어느 시인은 사랑하는 아들의 죽음으로 인해 슬퍼하는 성모 마리아를 위로할 수 있도록 마리아가 자기에게 오시기를 요청한다. 시인은 그분이 천국 백성들에게 돌아가시며 눈물을 흘리신다고 말한다. 9세기의 어느 시에서는 거룩한 아기를 귀여워하며 그에게 어머니처럼 이야기하는 성 이데(St. Íde)를 묘사한다. 18세기의 어느 시인은 천국의 사도들이 잘못을 범한 수도사가 돌아온 것을 축하하며 춤추는 것을 묘사한다.

수도원 생활은 엄격했지만, 우선적으로 하나님과 이웃 사랑이 강조되었다. 참회의 기도를 할 때에는 무릎을 꿇고 부복했다. 그리스도의 사랑을 위해 모든 것을 포기하는 것의 최종 형태는 순례였다. 오늘날 아일랜드에는 과거에 은둔자들이 독거를 추구했던 장소로서 Díseart(황량한 곳)이라고 불리는 곳이 80곳이 넘는다. 우리는 다시 밤낮으로, 숲속이나 산에서 기도하는 성 패트릭을 상기하게 된다. 참회의 순례의 장소 중 두 곳이 성 패트릭과 관련되어 있다.

Ludwig Bieler, *The Life and Legend of St. Patrick,* 1949; Nora K. Chadwick, *The Age of the Saints in the Early Celtic Church,* 1963; Robin Flower, *The Irish Tradition,* 1947; Françoise Henry, *Early Christian Irish Art,* 1963; Kathleen Hughes, *The Church in Early Irish Society,* 1966; Michael Maher (ed), *Irish Spirituality,* 1981; Charles Plummer, *Irish Litanies,* 1925; *Bethada Naém nÉrenn* (lives of the saints), 1922; *Vitae Sanctorum Hiberniae* (lives of the saints), 1910; G.S. M. Walker, *Sancti Columbani Opera,* ²1970.

DIARMUID O'LAOGHAIRE, SJ

아프리카 영성 | African Spirituality

아프리카 영성을 적절하게 묘사하기 어려운 이유가 네 가지가 있다.

1. 전거 문제. 이 대륙의 대부분의 주민들이 문맹이므로 많은 전승들이 구전으로 전달되며, 그러한 전승에 대한 보편적인 접근은 거의 불가능하다. 수집하고 분석되어야 할 상당한 양의 구전 신학이 있다. 성문화된 것은 외국인, 선교사, 선교회 등의 관점에서 기록된다. 그러나 아프리카인들, 특히 선교의 선구자인 아프리카 신자들의 관점에서 교회사가 기록되어야 한다.

2. 북대서양으로부터 복음화 된 아프리카 교회가 그 지역의 전통과 규범과 관습과 관례에 의해서 형성되어 왔다는 의미에서 아프리카 교회들의 북대서양 포수(North Atlantic Captivity). 아프리카 교회들은 조직, 정체, 예배, 훈련, 그 정서 등과 비교하여 서구적 기원을 반영한다. 따라서 북대서양 지방의 로마 가톨릭 영성과 개신교 영성이 지금도 아프리카에서 분명히 나타난다. 전례, 영적 독서, 신학, 음악 등에는 아직도 북

아프리카 영성 | African Spirituality

대서양에서 기원한 요소들이 존재한다. 지금도 아프리카의 성공회 신자들은 영국 국교회의 공동기도서를 사용한다. 가톨릭 교회에서는, 로마 의식의 미사가 거행된다. 이런 것들이 토착어로 번역된 후에도 계속 그레고리 찬가나 독일어 영창에 맞춰 노래한다. 루터 교도들은 아우구스부르크 신앙고백을 계속 신봉하며, 루터의 두 왕국 신학에 의해서 정치적인 신학을 논한다. 아프리카 교회들은 기독교 신앙에 대한 하나의 가상의 정의와 더불어 시작한다. 최소한 부분적으로나마 교회의 북대서양 포수에 대한 항의를 표현하는 독립 아프리카 교회들도 여전히 북대서양이나 남 유럽의 형식과 관습들을 보유하고 있다. 따라서 대주교, 총대주교 등의 호칭이 흔히 사용된다. 아프리카 교회에서는 북대서양에서 유래한 우아한 의상을 스스럼 없이 사용한다.

3. 아프리카적이라는 개념이 지닌 복잡함과 난해함. 거대한 대륙인 아프리카는 "모든 종류의 사람들과 온갖 종류의 상황"을 받아들인다. 예를 들면, 1652년과 1820년 이후로 아프리카를 고향으로 삼는 남아프리카 태생의 백인들과 영국인들; 아랍인들, 원주민인 부시 족, 베르베르 족, 함 족 등을 들 수 있다. 토착 아프리카인들은 서구 문화, 기독교, 이슬람 등 외래 세력의 지울 수 없는 흔적을 지니고 있기 때문에, 어느 정도 정체성의 위기를 가지고 있다. 그러나 다양성과 불확실성과 정체성의 위기에도 불구하고, 아프리카 특유의 현상들이 존재한다: 종교적 존재론과 인식론, 신비의 편재 의식과 병행하는 유한함의 의식, 공산주의, 그리고 의식 존중주의. 이러한 요소들이 아프리카의 영성을 특징짓는다.

4. 아프리카에는 다양한 기독교 전통들이 반영되어 있다. 크게 동방 교회와 서방 교회가 발견된다. 서방 교회는 다시 로마 가톨릭 교회와 개신교회로 나뉘는데, 개신교회는 매우 다양하다. 이것들은 각기 특유한 형태의 영성을 소유하고 있는데, 종종 북대서양 지역으로부터 큰 영향을 받은 것도 있다.

영성은 "인간과 하나님의 개인적인 관계"(Sudbrack), 아프리카인들이 그리스도의 구원의 사역을 적용하는 방법으로 이해될 수 있다. 아프리카 대륙의 다양성과 기독교 전통의 다양성을 감안한다면, 여러 가지 아프리카 영성을 발견할 수 있을 것이다.

아프리카 대륙에 관한 구체적인 역사적 문제점들을 간단히 개관하는 것은 아프리카 영성의 윤곽을 묘사하는 데 도움이 된다.

역사상의 교회들은 종교 생활에서의 관계성을 강조해왔다. 따라서 "영적인 것"은 지적인 것과 병행한다. 기독교의 지성화는 신학 논문들 및 신학생들과 신자들이 교회의 대변인 자격이 있다는 판단을 받기 위해 따라야 하는 서적들에 의해서 입증될 뿐만 아니라, 신조가 정통 교리의 다림줄이라고 주장하는 것에 의해서도 입증된다. 대화보다는 설교가 교회의 전통을 전달하는 방식이 된다. 따라서 아프리카의 역사적 교회들의 신앙은 "모호한 것들의 신비주의"(Sudbrack)와 양립할 수 있으며 영적인 것에 대해 적당히 조절하여 말하는 것으로 이어지는 지적인 과정이 되는 경향을 나타냈다.

무식하고 기술적으로 단순한 아프리카 사회, 종교가 생각보다는 춤으로 표현되는 사회에서는, 중압감을 주는 지적인 신학은 퇴락한다. 결과적으로, 아프리카 교회에서는 신학과 신학 교육에 대한 헌신이 극히 드물다. 그리고 설교보다는 대화를 선호한다. 특히 감리교 전통에서는 서정시의 진가가 인정되고 있는데, 그 이유는 그것이 대화를 가능하게 하기 때문이며, 또 독백과 같은 측면이 적기 때문이다. 서정시는 아프리카인들의 경건을 유지하고 육성해 주는 노래로 충분히 기독교 예배를 표현한다. 또한, 아프리카 교회의 믿음은 생각이 아니라 축제로 표현된다. 이런 까닭에 종교 내의 비 이성적인 요소를 강조하는 것, 그리고 인간의 감정적인 본성을 과장하는 경향, 분석할 수 없는 자유로운 행동과 헌신을 강조함 등의 현상이 나타난다. 따라서 아프리카 영성에서는 깊은 생각보다는 개인, 헌신, 행위 등의 예측할 수 없는 역할이 강조된다.

전통적인 것이든 기독교적인 것이든, 아프리카 신비주의는 사람이 세상에 사는 동안에 신적인 것을 경험하는 것이다. 아프리카 영성에서는 인간의 현세의 상태를 변화시킬 수 있는 구원을 추구한다.

북대서양에서 유래한 역사적인 교회들은 개인주의를 신성시한다. 하나님의 도전은 주로 개인을 향하며, 인간은 하나의 개체로서 응답한다. 인간은 하나의 개체로서 구원받는다. 인간은 세례의 신조를 하나의 개체로 인정한다. 예를 들어, 루터와 아프리카 루터교인들은 신자의 개체성을 강조하면서 개인의 양심 및 성경을 의지함으로써 예수 그리스도께 직접 나아가는 것을 중요시한다.

개인주의는 아프리카 독립 교회에도 영향을 미쳤다. 하나님께 직접 접근한다는 신학, 그리고 개신교 전통의 특징인 개인이 성경에 접근할 수 있다는 것이 독립 교회들의 분열하는 본질을 유발했다. 공인된 사제가 성경을 해석하기보다는, 용납할 수 없는 많은 하찮은 사람들이 등장하여 성경을 해석하고, 공식적인 교육을 제대로 받지 못한 사람들이 교회를 맡고 있다. 따라서, 특히 개신교회로부터 유전된 개인주의는 분파들에 의해서 받아들여지고 적용되며, 그 분파들의 분열적인 본성을 나타내는 요소가 된다. 이것은 로마 가톨릭 교회와 성공회 내에서는 분파들이 흔하지 않은 이유를 부분적으로 설명해 준다. 이들 교회에서는 개인주의는 부차적인 것이며, 아프리카에서처럼 의식중심주의가 성상을 중시하는 성례전적인 사회의 정서적 욕구를 충족시켜 준다.

전술한 것은 전체적인 묘사의 일부에 불과하다. 아프리카인들이 개인주의에 만족하지 못한다는 증거가 있기 때문이다. "나는 혈연에 의해 관계를 유지하기 때문에 존재한다"고 요약할 수 있는 전통적인 아프리카의 인식론에서 출발하는 아프리카 영성에서는 소속감을 강조한다. 전통적인 아프리카 사회에서의 신비 생활은 개인을 공동체로부터 분리하지 않으며, 오히려 일상 생활 안에서 자신을 보다 완전히 실현하게 해 준다. 아프리카 기독교에도 이것이 반영되어 있다. 그 세 가지 예를 들어 보겠다.

1. 아프리카에서 발달한 장례 문화. 사람들은 장례식에 참석하기 위해서, 특히 친척이나 친구, 심지어 그다지 관계가 많지 않았던 직장 동료의 장례 의식에 참석하기 위해서 여러 날, 혹은 여러 주일 동안 일을 하지 않을 것이다. 기독교 장례 의식은 공동체 의식을 표현하는 중심이 된다. 공동체에는 산 자들 외에 죽은 자들도 포함된다.

2. 사제의 개념. 한 마음의 기독교인 사제나 목회자는 의식을 집전하고 중보하는 역할만 하는 것이 아니라, 사람들이 영적인 문제나 세속적인 문제를 가져와서 충고와 해결책을 얻는 가문의 지도자이다. 그는 일종의 공동체의 지도자, 하인들의 우두머리이다.

3. 도시로 이주한 사람들의 사례. 종종 그들은 도시 교구에서 편안함을 느끼지 못한다. 따라서 그들은 도시에 정착하기 전까지는 교회 내의 분파적 사제에게 애착한다. 회중은 대리적인 종교적 혈연 집단이 되며, 사제는 그 혈연 집단의 수장이 된다.

그러나 이러한 소속감에는 불 분명한 점이 있다. 사람들은 물질이나 돈이 많이 소요되는 일에 대해서는 부정적인 태도를 취한다. 그러나 비 인간화하는 상황이나 충격을 완화해 주는 일은 환영한다.

그들이 물려받은 기독교 영성은 바울이 고린도후서 2:6; 8:7에서 말한 것처럼 영과 육의 긴장을 반영하는 이원론을 가지고 있다. 영적인 싸움터에서는 물질적인 염려가 깨끗이 제거된다. 이것은 육체는 변화와 부패를 나타내고 영은 영속성과 연속성을 나타내는 전통적인 아프리카의 인식론에 의해 강화된다. 물질에 관심을 갖는 성직자는 세속적이고 영적이지 못하다고 간주된다. 교회에서 투자에 대해 말하는 것은 무례한 행동이다. 정치와 경제는 신앙심이 깊은 사람들에게 적합하지 못한 비속한 분야이다. 이러한 태도는 18세기 경건주의를 멋대로 고치고 취사선택한 것이지만, 삶 전체에 대한 하나님의 주권을 부인하는 이원론적 이단이다.

그러나 이러한 이원론과 병행하여, 거룩한 것의 경계가 서구 사회에서보다 훨씬 광범위한 전통적인 아프리카 문화와 성경에서처럼 세속적인 것과 거룩한 것이 서로에게 쉽게 흘러들어가는 또 하나의 전통이 있다. 무사마 디스코 크리스토 교회(Musama Disco Christo Church)의 예배에는 월경하는 여인은 참석할 수 없다. 토착 전통에서 성화되지 않은 약이 없기 때문에, 기독교인들은 병을 치료하기 위해 원주민 의사들을 찾는다. 따라서 그들은 영적인 것을 언급하지 않는 전문적인 서구의 의학에 만족하지 못한다. 어쨌든, 아프리카 신자들은 모든 질병의 배후에는 영적인 힘이 있다고 믿는데, 이것은 아프리카 독립 교회들이 편의상 받아들이는 개념이다. 따라서 여기에는 한 사람이 세상과 융합되며 모든 것 안에서 종교적인 차원을 보는 전통적인 아프리카 문화의 영향력이 있다. "인간이 세상에 반드시 필요한 부분이요 그 형상이요 모델이라는 느낌 안에 아프리카 영성의 본질이 살아 있다. 그는 이 세상의 순환하는 삶 속에 자신이 필연적으로 개입되어 있다고 느낀다"(Zahan).

아프리카 기독교 영성의 구조와 지향하는 방향은 구약성서와 매우 흡사하다. 가족, 환대, 집단적인 인격 등의 가치관이 매우 흡사하다. 구약성서에서 사용된 상징들이 아프리카 영성에서 전용되고 그 가치가 인정된다. 예를 들어, 해방과 구원을 논의할 때에는 특히 출애굽이라는 모티프가 자주 사용된다. 아프리카의 찬송에서 예루살렘,

아프리카 영성 | African Spirituality

혹은 거룩한 도성이라는 모티프는 궁극적인 구원의 희망을 나타내기 위해 사용된다. 아프리카 기독교는 그 접근 방식이 매우 율법주의적이며, 유대교의 율법주의를 따른다.

아프리카 영성에서는 기쁨이 강조된다. 많은 독립교회의 특색있는 행사인 거룩한 춤(sacred dance)은 주님 안의 기쁨을 표현하려는 시도이다. 많은 아프리카인들이 볼 때에 역사적인 교회들의 관습들이 지닌 음울함이 문제거리였으므로, 그들은 만족을 찾기 위해 분열해갔다. 아프리카 교회 내의 새로운 음악은 전통적인 아프리카 선율을 취했으며, 즐거운 음악에 기독교적인 가사를 붙였다. 기쁨의 음색은 신에게 소유되었음을 나타내는 외적인 표식으로 간주된다.

아프리카 기독교에서는 거룩한 사람을 중시한다. 이것은 소속감의 일부로서, 목회자가 가문의 수장, 육체적으로나 영적으로 그 집단 구성원들의 보호자요 수호자가 된다. 여기에서 초점은 아프리카 교회사에서 무명의 영웅인 전도사의 특별한 창조에 두어진다. 그는 선교사나 사제가 활동할 근거를 제공하고, 회중을 양육하고 영혼들을 교회로 인도하며 민중과 함께 거하는 교사였다. 그는 기독교 공동체의 초점이 되는 거룩한 사람이었다.

아프리카 교회의 가장 두드러진 특징은 아프리카 독립교회의 등장, 그리고 역사적인 교회 안에 은사 운동이 등장한 것이다. 아프리카 독립교회의 유형은 매우 다양하다. 각 분파의 다양한 명칭은 다양한 강조점을 나타낸다: 아프리카 독립 교회, 이디오피아 교회, 오순절 운동*, 신령한 교회, 마술퇴치 운동 (Witchcraft Eradication Movements), 메시아 운동, 시온주의 운동, 예언적 운동, 분리주의 운동, 혼합주의 운동. 이 모든 분파의 공통점은 그리스도께서 자기의 영을 보내시겠다고 하신 약속을 구하고 믿는 경험적 초자연주의이다. 종교적 존재론과 인식론을 가지고 있으며 온갖 종류의 영을 믿는 세계에서는 이것은 자연스러운 현상이다. 그 현상은 성령의 모든 현현을 공식적인 제도로 만들며 모든 제도를 카리스마와 동일시하고, 율법과 제도를 영성과 동일시하려는 역사적 교회들의 성향에 대한 항의이다.

가나의 F'Eden Church의 창시자이요 지도자는 가나 장로교회 및 다른 역사적 교회 안에 성령의 임재의 표식인 능력이 부족하다고 불평한다. 그것은 부분적으로는 악령들에 대한 아프리카 특유의 만성적인 두려움에 대한 반응이다. 전통적인 사회에서 모든 악은 악의 인격적인 힘에 기인하는 것으로 간주된다. 마술퇴치운동으로 축사(逐邪) 사역을 통해 행한다고 약속하는 재난으로부터의 보호를 제공할 것으로 기대된다. 더욱이 마술 신앙은 혈연 집단들 내의 긴장을 반영한다. 그러므로 혈연 집단을 떠나 교회를 찾는 것은 가족들의 악한 음모로부터 보호해 주는 새로운 가정을 찾는 일로 간주된다.

마지막으로, 이러한 독립된 운동들 중 일부는 종교를 가장한 정치 운동들이다. 흑인들이 학대받고 있는 남아프리카에서는, 시온주의 운동, 에디오피아주의 운동, 메시아 운동 등이 도피와 자유의 희망으로서의 특성을 발휘한다. 이들 교회에서는 예루살렘이라는 모티프가 강력하게 작용한다. 현재의 고통은 그들로 하여금 종말론적인 구원, 때로는 정치적 해방을 강조하게 만든다.

성령을 강조하는 현상은 아프리카 교회들이 삼위일체 중 제3위를 그리스도보다 더 중시한다는 것을 나타내 준다. 그리스도는 승천하셨고, 이제는 성령이 역사하고 계시다. 어떤 의미에서, 그의 역사는 전통 사회 내에서 영들의 작용과 함께 계속된다.

아프리카 독립 교회들은 기독교의 복음주의적 진영, 특히 개신교와 결별한다. 앞에서 언급한 것처럼, 그것은 부분적으로는 하나님께 직접 접근하는 신학의 결과이다. 그러나 그 외에도 인습적이고 성례전적인 아프리카의 문화 안에서, 많은 사람들이 볼 때 개신교는 너무 말이 많고 추상적인 것으로 여겨진다. 따라서 분파들의 의식존중주의는 지나치게 말이 많은 것과 추상적인 것에 대한 항의일 뿐 아니라, 적극적인 성례전적이고 인습적인 공동체로서 자신을 실현하려는 시도이기도 하다.

아프리카에서의 기독교 영성은 다양한 전통의 층을 보여 주며, 대단히 유대적인 성경적인 기독교, 그리스 전통, 유럽과 아메리카의 전통, 아프리카적인 요소 등이 혼합되어 있음을 보여 준다. 아프리카의 토양에서 기독교를 배양하는 일은 이미 시작되었지만, 앞으로 역사적인 교회 안에서 결실을 맺어야 한다.

C. G. Baeta, *Prophetism in Ghana*, 1962; *Christianity in Tropical Africa*, 1968; D. Barret, *Schism and Renewal in Africa*, 1968; (ed), *African Initaitives in Religion*, 1971; D. M. Backmann, *Eden Revival Church*, 1975; Ram Desai, *Christianity in Africa as Seen by Africans*, 1962; A. Hastings, *Church and Mission in Modern Africa*, 1967; E. Fashole-

Luke et al. *Christianity in Independent Africa*, 1978; J. S. Pobee, *Religion in a Pluralistic Society*, 1977; *Toward an African Theology*, 1979; H. S. Sawyer, *Creative Evangelism*, 1967, A. Shorter, *African Christian Spirituality*, 1978; J. Sudbrack, *Spirituality' in Encylopaedia of Theology*, 1975; J. V. Taylor, *The Primal Vision*, 1963; D. Zahn, *The Religion, Spirituality and Thought of Traditional Africa*, 1979.

J. S. POBEE

알렉산드리아의 아타나시우스
 Athanasius of Alexandria

아타나시우스(c. 296-373)는 328년부터 알렉산드리아의 감독으로 활동했다. 그는 아리우스 파를 대적하여 그리스도의 신성을 강력하게 주장했고, 신성을 단계적으로 받아들였다는 해석을 거부했기 때문에 논쟁에 휩싸여 다섯 차례나 자신의 주교구에서 추방되었다. 지금까지 전해지고 있는 그의 저술들은 모두 이러한 투쟁을 반영하고 있다. 그리스도는 인류를 도덕적·육체적 부패함으로부터 구하기 위해 인간의 몸을 취하신 하나님의 말씀이요 영원하신 아들이라는 확신은 『아리우스파를 공격한 연설집』(*Orations against the Arians*)과 『성육신에 관하여』(*On Incarnation*)에 표현되어 있다. 아타나시우스의 논거들은 논리적으로 불완전했다. 즉 그는 그리스도의 의식적 자아가 하나님의 말씀이라고 여겼고, 그리스도가 인간적인 혼을 가지고 있다고 생각하지 않았다. 그러나 그의 메시지는 교회를 사로잡았고, 그 때까지 받아들여져온 그리스도에 대한 인식을 뒤집어 놓았다. 그리하여 그는 기독교 교리 안에 영속적인 변화를 일으켰고, 악과의 싸움에서 자신을 위해 신적인 영광을 얻으려 하며 인간의 틀 안에 거주하는 천사를 만들어 내는 신을 닮은 영웅이 아니라 육신을 입은 하나님의 아들이 기독교 영성의 관상의 주제가 되게 했다. 그는 성례전이나 사적인 헌신에 대한 글은 거의 쓰지 않았다. 그의 저서에서 영성에 관련된 것을 세 가지 주제로 요약할 수 있을 것이다.

1. 인간의 상태. 육과 불멸하는 영의 복합체인 인간은 하나님의 형상 안에 있으며, 하나님의 합리성과 안정성을 반영한다. 실제로, 아담의 죄로 말미암아 인간은 신적인 생명인 안정성을 상실했고, 마귀들이 지배하는 육욕과 우상숭배에 정복되었다.

2. 신의 개입. (완전히 상실된 것이 아닌) 하나님의 모양을 회복하기 위해서 말씀이 세상이 오셨고, 그 접촉에 의해서 연약해지고 죽어가는 인간적인 본

성에 활력을 부어 주셨다. 마귀의 세력은 물러가고 인간의 본성은 원래 아담이 지녔던 상태가 된다. 게다가, 그리스도의 사명은 인간을 하나님의 자녀로 만들고 신화하는 것, 즉 그들을 보다 높은 영적 수준으로 끌어올려 하나님과 일치하게 하는 것이다. 하나님이신 그리스도만이 모든 사람을 위해 이일을 이루실 수 있다.

3. 기독교 수덕주의. 아타나시우스가 저술한 『성 안토니의 생애』(Life of St. Anthony)는 사막의 수덕자 안토니의 신념보다는 아타나시우스 자신의 신념을 반영하고 있다. 신앙 생활의 목적은 이성의 지배를 받는 영성이 건강한 몸의 정념들을 통제하는 자연스러운 상태를 회복하는 것이다. 그것은 평범한 사람들 가운데서 철학자들의 꿈을 실현한다. 수덕주의는 그리스도의 사역을 계속하면서 초자연적인 기능을 발휘하며 마귀들을 정복한다. 또 그것은 한 사람을 다른 사람들 및 교회 전체에 대한 은혜의 방편으로 만든다. 이 기독교 수덕주의는 자기 학대가 아니다. 하나님의 은혜의 필요성이 가정되지만 강조되지는 않는다. 선은 선한 의지를 필요로 하며, 자연적이거나 정상적인 의지는 선한 것이다. 정상 상태는 그리스도 안에서 주시는 하나님의 선물이다.

St. Athanasius on the Incarnation, tr. by A Religious of CSMY, 1953; *Select Works and Letters* (Library of Nicene and Post Necene Fathers), 1891; C. R. B. Shapland, *The Letters of Saint Athasasius Concerning the Holy Spirit*, 1951; G. L. Prestige, *Fathers and Heretics*, 1940.

L. R. WICKHAM

애찬 | Love-Feast

교제의 식사, 어떤 상황에서는 아가페를 의미하기도 한다.

1. 초대 교회에서 경건한 목적이나 자선의 목적으로 교제의 식사가 행해졌음이 터툴리안(북아프리카)과 알렉산드리아의 클레멘트(이집트), 3세기의 메토디우스 올림푸스(Methodius Olympus)에 의해 증명된다. 그것은 그리스도의 몸인 교회의 생활 안에서 특히 가난한 사람들과 나눔을 갖는 행사였다. 그것은 교회가 인기가 없던 시대에 단결을 강화하기 위한 것이기도 했다. 화합을 위해 행하는 이교의 종교적인 식사에서처럼, 애찬에서는 합창과 자발적인 가르침이나 기도가 행해졌다. 그것은 저녁 기도의 초기 역사에 영향을 주었지만, 속사도 교회 및 성찬과의 관계에서 애찬의 위치는 매우 불분명하다. 사도행전 2:42-47, 4:32, 6:1-

6, 고린도전서 11:17-34, 유다서 12 등을 보라.

2. 갱신된 모라비아 교회(Renewed Moravian Church)는 일치와 상호 간의 영적 지원을 촉진하기 위한 교제의 식사를 제정했다. 예를 들면, 새로 선교사들을 파송하기 전에 행하는 언약의 잔(Cup of Covenant)이 그것이다. 이것의 영향을 받은 영국 복음주의 신앙부흥에서는, 신자들이 하나님의 용서하시는 사랑과 지도와 보호하심에 대한 의식을 서로 나누기 위한 행사로서 빵과 물을 함께 먹는 애찬을 행했다. 이렇게 함으로써 미숙한 신자들은 격려와 보호를 받고, 성숙한 신자들은 상호 간의 사랑의 돌봄의 성장을 점검했다. 이러한 몸된 교회에 대한 책임의식에 의해서 신앙부흥 체험의 분열적 경향에 대처하고, 개인적인 은사들이 육성되고, 회원들의 상호 의존이 증진되었다(찰스 웨슬리의 "큰 은혜로 묶어 주신 구주를 기리자"라는 찬송은 일치, 은사의 나눔, 예수의 이름 안에 있는 안전한 조화를 찬양한다). 이것은 사도적 관습의 부흥이며 메시아의 잔치의 예시로 느껴졌다.

3. 로마 가톨릭 교회의 개입 이후로, 에큐메니즘은 상호 교제의 문제를 해결할 수 없게 되었다. 이러한 상황에서, 아가페는 때로는 성찬의 교제 대신으로, 때로는 아직 성찬으로 표현되지 못했지만 공유된 삶의 확인으로, 그리고 그러한 성찬의 교제가 기독교인들이 기도하는 목표에 반드시 필요한 것임을 하나님 앞에서 함께 인정하는 것으로서 경험되었다. 제자들이 부활하신 그리스도와 함께 식사를 하면서 교제한 것(눅 24:28-35, 28:40-49; 요 21:1-14)이 하나의 본보기로 간주된다.

어쨌든, 그러한 행사와 성찬을 세심하게 구분하는 것이 바람직하다. 모임의 조직은 다양하게 이루어지지만, 보통 집단에 참여하면 그 집단의 지도에도 참여하며, 각 집단에서는 나름의 성경 읽기와 해석, 찬송, 영적 성장과 선교에서의 일치를 위한 기도를 행한다. 이러한 상황에서, 일치의 추구는 거룩함의 추구라는 쿠투리에(Couturier)의 주장이 효과적인 지침이 된다.

F. Baker, *Methodism and the Love-Feast*, 1957; P. Batiffol, 'Agapés', *DTC*, I, pp. 551-6; R. L. Cole, *Love-Feasts. A History of the Christian Agape*, 1916; H. Leclerq: 'Agape', *DACL*, I/1, pp. 775-848; A. J. Maclean, 'Agape', *ERE*, I, pp. 166-75.

DAVID TRIPP

앤드류즈, 랜슬롯 | Andrewes, Lancelot

일찍이 청교도 신앙을 지녔던 앤드류즈(1555-1626)는 생전에 영국 교회의 영성 안에서 가장 선하고 아름다운 것을 구현했다는 평판을 받았다. 벨라민 추기경에 맞서 제임스 1세를 변호한 변증가인 그는 맹렬한 반-칼빈주의자였다. 왕실의 특별한 은혜를 받은 그는 넉넉한 수입에 대한 관심이 없지 않았다. 그는 설교자로서 명성을 누렸다. 그는 꾸밈없고 유머가 있었지만, 청교도적인 수수함과 명료함과는 완전히 다른 문체와 유창함과 기발한 착상을 발휘했다. 그는 엘리오트(T. S. Eliot)*에게 큰 영향을 주었다. 엘리오트의 "동방 박사들의 여행"(Journey of the Magi)은 그의 설교 한 편을 인용함으로써 시작한다.

그가 개인적으로 사용하기 위해 마련한 것으로서 1648년에 출판된 *Preces Privatae*는 매일 기도문을 제공해 주며, 성경과 헬라 교부들과 전례 기도를 인용하거나 암시적으로 인용한다. 이들은 짧은 문장들로 이루어져 있다. 그는 교회에서 향, 제단의 불 등을 사용했다. 그는 세상을 위해 간청하는 기도를 소홀히 하지 않으면서 정신을 하나님께 들어올리는 놀라운 능력의 소유자였다.

F. E. Braightman (ed), *Preces Privatae*, 1903; T. S. Eliot, *For Lancelot Anerewes. Essays on Style and Order*, 1928, pp. 131-32; J. P. Wilson and J. Bliss (eds), *Works* (Library of Anglo-Catholic Theology), 11 vols, 1841-1854.

편집자

야곱 뵈메 | Boehme, Jakob

뵈메(1575-1624)는 독일의 비천한 가문에서 태어난 루터교인이었고, 직업은 제화공이었다. 그가 삼십 대에 겪은 신비 체험을 토대로 하여 매우 난해하고 엄청난 영향력을 가진 견신론적인 글들을 저술했다. 어렸을 때부터 우주의 신비들과의 연계를 동경해온 종교적 천재인 뵈메는 스콜라적인 루터주의, 그리고 안타깝게도 분열을 일삼는 제도적 기독교로부터의 도피를 꾀했다.

그가 그러한 지식을 획득한 경위는 불확실하다. 그의 가르침은 스위스인 의사요 연금술사인 파라셀수스(Paracelsus, 1541년 사망), 그리고 라인 지방의 신비주의와 유사하다. 뵈메와 조지 폭스* 사이에는 신학적인 차이점이 있지만, 확실한 심리학적 유사점들도 있다. 뵈메는 하나님 아버지를 *Ungrund*, 또는 근본 원인, "깊이를 알 수 없는 심연", 측량할 수 없으며 초-

얀센주의 | Jansenism

도덕적이면서도 선과 악의 가능성을 모두 포함하고 있는 분이라고 생각했다. 따라서 창조 세계 안에 재현된 하나님 안에는 하나의 이원론이 존재하는 듯하다. 루이스 보이어(Louis Bouyer)가 고통스러운 "분리"라고 말한 것에 의해서이기는 하지만, 하나님의 아들 그리스도는 빛이요 지혜요 구원에 이르는 길이시다. 따라서 선과 악은 대조되는 것으로 간주되며, 만물의 궁극적인 통일은 그리스도와의 연합을 통해서만 가능하다. 인간의 성격은 수태와 임신 기간에 별들의 운행에 의해서 결정되는데, 이는 인간이 자신을 정복자로 만들어 주며 천국으로 데려갈 연합에 들어갈 수 없다는 의미가 아니다. 성령은 인간 생활에 들어오신 하나님의 표현이자 확장이다.

뵈메의 가르침은 찰스 1세, 켐브리지 대학의 플라톤주의자들*, 퀘이커 교도들*, 아이작 뉴튼, 그리고 그 다음 세기의 인물인 윌리엄 로 등 다양한 사람들에게 자극을 주었다. 존 웨슬리*는 그가 "기독교적 경험, 이성, 성경, 그리고 그 자신"에게 모순되며, 그의 가설들은 증거가 없는 난해한 것이라고 비난했다.

그러나 독일의 헤겔은 그의 영향을 받았으며, 20세기의 러시아 신학자인 불가코프와 베르쟈에프도 그의 영향을 받았는데, 그 이유를 어렵지 않게 알 수 있다. 보이어는 세 가지 매력적인 요소를 구분한다: 그가 유형적인 우주에 부여한 종교적 의의; "인간적인 생명 뿐만 아니라 우주적인 생명, 심지어 신적인 생명"에 대한 그의 비극적인 의식—러시아인들은 이것에 대해서 본성적인 친화감을 느낄 것이다: "신적인 생명이 인간에게 전해질 가능성이 창조주가 피조물의 생명에 효과적으로 참여하는 가운데 설명되는 매우 담대한 방법".

C. J. Backer, *Prerequisities for a Study of Jacob Boehme*, 1920; Louis Bouyer, *A History of Christian Spirituality*, vol 3, 1969.

편집자

얀센주의 | Jansenism

얀센주의라는 명칭은 루뱅의 신학자로서 1636년에 이프레스의 감독으로 승진한 코넬리우스 오토 얀센(Cornelius Otto Jansen, 1585-1638)의 이름에서 유래한 것이다. 그의 사후인 1640년에 출판된 『어거스틴』(*Augustinus*)은 어거스틴의 은총의 신학을 제시한 책으로서, 예수회 측으로부터 즉각적이고도 거센 적대감을 불러 일으켰다. 얀센의 절친한 동료로서 생 시랑 수도원장인 장 두베르기어 드 하우란(Jean Duvergier de Hauranne, 1581-1643)의 제자 안토안 아놀드(Antoine Arnauld, 1612-1694)가 얀센을 변호했다. 아놀드의 친척 몇 명은 원래 시토 회에 속했다가 1627년 이후 독립한 포트 로와이얄 수도원에 있었다. 이 수도원은 생 시랑의 영적 가르침을 따랐고, 얀센주의의 초점은 『어거스틴』의 신학적으로 전문적인 것 이상의 것들에 두어졌다. 원래 포트 로와이얄이 있었던 곳 근처에 서원의 구속을 받지 않는 독신 남성들의 공동체가 세워졌고, 학교와 피정지와 종교적인 저술을 통해서 얀센주의가 대중에게 보급되었다. 그 주요한 가르침은, 은혜는 불가항력적이라는 것, 의인들도 은혜가 부족하면 범죄할 수 있다는 것, 성례전 훈련에서는 엄격한 표준을 준수해야 한다는 것, 그리고 기독교인의 도덕적 생활이 자아에게 양보되어서는 안 된다는 것(예를 들면, 극장에 가는 것이나 사치는 정죄되고, 자선 행위가 요구된다) 등이다. 인간 중심의 예수회 신학에 대한 적대감이 첨예화되었고, 무자비한 박해로 인해 그들의 태도는 더욱 강화되었다. 아놀드는 1657년에 정죄되어 1679년에 추방되었다. 그가 죽은 후 지도자가 된 오라토리오 회의 퀘스넬(P. Quesnel)은 네덜란드에서 분열을 야기한 *Unigeitus*(1713) 교서의 주된 공격 대상이 되었다. 포트 로와이얄은 계속 박해를 받아, 1709년에는 공동체가 와해되었고, 건물들은 이듬 해에 파괴되었다. 얀센주의는 19세기까지 계속 존속했지만, 독선과 파벌적인 정신 때문에 결국은 자멸을 초래했다. 그러나 그들이 옹호한 문제들은 하찮은 것이 아니라 근본적인 것이었다.

N. J. Abercrombie, *The Origins of Jansenism*, 1936; A. Adam, *Du mystecisme à la révolte*, 1968; L. Cognet, *Le Jansénisme*, 1961.

A. J. KRAILSHEIMER

어거스틴 | Augustine of Hippo, St.

어거스틴(354-430)의 영성은 근본적으로 헬라 교부들의 영성과 다르지 않지만(아타나시우스, 카파도키아 교부들을 보라), 그들로부터 직접적인 영향을 받았는지는 확실히 알 수 없다. 어거스틴은 헬라어를 그리 잘 알지 못했으므로 동방의 신학자들을 직접 알고 지내지는 못했지만 헬라어에 능숙한 성 암브로스와 같은 라틴 저자들과 번역본을 통해서 그들의 사상에 접할 수 있었을 것이다. 그러나 성경이라는 공동의 배경, 그리고 후기 교부 시대에

어거스틴 | Augustine of Hippo, St.

유행한 플라톤주의* 때문에 어거스틴과 헬라 교부들이 비슷한 견해를 갖게 되었을 것이다. 그 후, 대 그레고리*의 저술을 통해 보급된 어거스틴의 가르침은, 비록 9세기에 존 스코투스 에리우게나가 번역한 아레오파고의 디오니시우스*의 가르침과 12세기에 성 버나드의 그의 학파의 가르침에 의해 보완되기는 했지만, 중세 시대의 서방 영성을 지배했다. 따라서 어거스틴의 영성을 서방 기독교의 전통 안에 두는 것이 정당하다.

어거스틴의 개인적인 종교 체험의 문제에 대해서는 논란이 많다. 일부 학자들은 그를 위대한 신비가로 여기며, 다른 학자들은 그렇지 않다고 주장한다. 그는 『고백록』(7, 10, 16; 7, 17, 23)의 두 부분에서 그가 회심하기 직전, 386년에 밀란에서 그의 정신이 하나님께 올라간 일을 묘사한다. 소위 오스티아의 환상, 387년 그가 어머니 모니카가 죽기 직전에 함께 한 묵상 역시 신플라톤주의*의 영향을 나타내고 있지만 하나의 신비 체험으로 간주되어왔다 (Paul Henry, *La vision d'Ostie*, 1938을 보라). 이 사전적인 구절들은 어거스틴을 신비가로 간주하는 것을 지지하는 주요한 증거가 된다. 그의 시편 41편 주석은 신비적 관상에 대한 기록으로 이해되며(*Enharr, Ps.* 41), 『고백록』보다 거의 10년 전인 388년에 저술된 *De Quantitate Animae*(30, 70-77)는 정신이 하나님께 올라가는 것에 대해 『고백록』(7, 17, 23)의 묘사에 버금가는 묘사를 제공한다. 비슷한 묘사가 어거스틴의 다른 저서에도 등장한다 (*De Gen. con. Man.* 1, 24, 42; *Doctr. Chr.* 2, 7, 9-11; *Trin.* 12, 15, 25). 그것들을 개인적인 경험의 증거로 받아들이는 것과 관련하여 문제는, 그것들을 인간적인 인식으로 이해할 수 있느냐는 것이다. 따라서 어거스틴이 관상에 대한 기록을 제공하는 것인지, 아니면 인식론적인 이론을 작성하고 있는지 분명하지 않다. 이에 대한 설명은, 어거스틴의 경우에 두 과정을 분리할 수 없다는 것인데(Étienne Gilson, *Introduction à l'étude de saint Augustin*, ⁴1969, pp. 311f.를 보라), 이 설명은 그의 개인적인 종교적 체험들은 일종이 초자연적인 조명을 포함하고 있기는 하지만 엄격히 신학적인 의미에서 신비적인 경험이 아니라는 것을 암시한다 (David Knowles, *The English Mystical Tradition*, 1961, pp. 25-9를 보라). 분명한 것은, 어거스틴의 영성에는 항상 지적인 요소가 포함된다. 어거스틴의 신학에서 사랑이 탁월한 위치를 차지하지만, 하나님께로 올라가는 것은 감정적이고 정서적인 여정인 동시에 정신적인 여정이다.

이것은 어거스틴이 신플라톤주의의 영향을 어느 정도 받았느냐는 문제를 제기한다. 어거스틴은 신플라톤주의가 그의 회심에서 발휘한 역할을 감춘 적이 없으며(*Conf.* 7, 9, 13-15; *contra Acad.* 2, 2, 5; *Beata Vita* 1, 4), 평생 동안 플로티누스*의 지성주의적 요소가 그의 신학에 영향을 미쳤다(*Doctr. Chr.* 2, 40, 60; *Civ. Dei* 10, 2). 그럼에도 불구하고, 어거스틴은 신플라톤주의가 거부하는 성육신의 교리를 통해서 기독교와 신플라톤주의 사이의 근본적인 차이점을 깨달았다(*Conf.* 7, 9, 14; *Civ Dei* 10, 29; see Henry, op. cit., pp. 115-27).

성육신은 어거스틴의 신학의 중심이었다. 그리스도는 중보자이시며, 우리는 그 분에 의해서 하나님께로 간다. "하나님이신 그리스도는 우리가 지향하여 가는 본향이다. 인간이신 그리스도는 우리가 걸어가는 길이다. 우리는 그분에게로 가며, 그분에 의해서 간다. 어찌하여 길을 잃을까 염려하는가?" (*Serm.* 141, 4, 4; cf. *Conf.* 7, 18, 24; *Doctr. Chr.* 1, 34, 38; *Civ Dei* 9, 15). 어거스틴의 영성은 그리스도 중심이며, 그것은 어거스틴의 정신을 이해하는 데 도움이 되는『고백록』의 개인적인 분위기를 설명하는 데 도움이 된다. 『고백록』에서 하나님은 아들보다는 아버지로 언급된다. 그러나 어거스틴은 아들을 통해서 아버지께 직접 말할 수 있었다. "플로티누스는 한 번도 어거스틴이『고백록』에서 행한 것처럼 유일자에 대해 말한 적이 없다"(E. R. Dodds). 어거스틴의 개성주의의 영향을 안셀름*의 *Proslogion*과 보나벤투어*의 *Itinerarium mentis in Deum*에서 발견할 수 있다. 이들의 저서에는 묵상과 철학적 논증이 전형적인 어거스틴의 방식으로 결합되어 있다.

묵상과 철학적인 탐구는 성경 공부에 의존한다. 어거스틴도 모든 교부들과 마찬가지로 성경을 하나님이 영감하신 말씀으로 여겼다. 그의 영적 가르침은 성경 주석, 특히 *Sermons on the Psalms*과 *Tractates on the Gospels of John*에 나타난다는 점이 의미심장하다. 성경은 우리가 하나님 자신을 위해서 하나님을 사랑하며, 하나님을 위해서 사람들을 사랑하는 데 사용되는 방편이다; 성경은 사랑이라는 거룩한 덕을 되풀이하여 가르친다(*Doctr. Chr.* 1, 35, 39-36, 40; 2, 7, 10). 어거스틴은 사람들이 믿음과 소망과 사랑에 있어

어거스틴 | Augustine of Hippo, St.

어느 정도 완전함을 획득하여 성경을 갖지 않고서도 은둔 생활을 할 수 있는데, 그것은 그들이 이미 성경을 통해서 그러한 상태에 도달했기 때문이라고 말한다(Ibid., 1, 39, 43).

그리스도는 목표요 길이다. 성경은 그리스도에게로 가는 길을 지적해 준다. 그러나 이것은 세상에서 모든 사람의 기독교적 삶이 동일하다는 의미가 아니다. 어거스틴은 구약에서는 레아와 라헬로(Con. Faust. 22, 52-57), 신약에서는 마리아와 마르다(Serm, 103; 104), 베드로와 요한(Io. Ev. Tr. 124, 5)으로 상징되는 활동적인 생활과 관상 생활의 고전적인 구분을 인정한다. 어거스틴은 관상 생활은 영원한 것이므로 활동적인 생활보다 우월하다고 간주하면서도, 관상의 완성은 다음 세상에서만 가능하다고 주장한다. 그는 자신의 수도 규칙에서 독거 생활의 관상보다는 공동 생활 안에서 사랑의 덕을 적극적으로 계발하는 것, 그리고 천국에서의 성도들의 생활을 사회적인 생활이라는 점을 강조했다(Civ. Dei 19, 5).

그럼에도 불구하고, 관상은 이 세상에서도 기독교적 삶의 일부이며, 어거스틴의 관상의 특징은 내면성이다. "이 모든 일에 의해서 나 자신에게로 돌아가라는 권면을 받았으므로, 나는 인도자이신 당신과 함께 나의 내면 깊은 곳으로 들어갔습니다. 당신이 나를 도우시는 분이셨기 때문에 이 일을 할 수 있었습니다"(Conf. 7, 10, 16; cf. Acad. 2, 2, 4). 어거스틴은 정신에서 육욕적인 심상들을 제거하는 내성(內省)의 과정에 의해서 하나님을 만났다(En. Ps. 41, 7-8). 이 내적인 탐구는 자기 인식(cf. Sol. 1, 2, 7; 2, 1, 1), 죄악된 영혼 안에 있는 하나님의 형상이 변형되었으며 오직 하나님의 은혜에 의해서만 완전한 형상으로 회복될 수 있다는 의식을 낳는다(Trin. 15, 28, 51. G. B. Ladner The Idea of Reform, 1967을 보라). 형상의 회복은 그리스도의 중재 때문에 가능해진 하나님 안에 참여함에 의해서 성취된다(De Gen. ad Litt. Lib, imp. 16, 57-60; Trin. 14, 12, 15). 참여는 플라톤주의적 개념이지만, 어거스틴은 그것을 기독교화하여 보편적인 교리와 조화를 이루게 했다(James F. Anderson, St. Augustine and Being, 1965, pp. 54-60을 보라). 하나님이시며 그의 본성 안에 완전히 머물러 계시는 그리스도께서 우리의 본성에 동참하는 자가 되심으로, 우리도 본성 안에 머물러 있으면서 하나님의 본성에 참여할 수 있게 되었다(Ep.

140, 4, 10; cf. *Enchir.* 28, 106; *Civ. Dei* 11, 12). 이러한 참여의 교리로부터 때때로 그리스 신학의 특징으로 언급되는 신화(deification)의 교리로 쉽게 이동한다. "하나님이셨던 분이 인간이었던 자들을 신으로 만들기 위해서 인간이 되셨다"(*Serm.* 192, 1, 1; *Victorino Capánaga in Augustinus Magister*, ii, 745-54를 보라). 그러나 신화는 양자됨에 의한 것이지 본질적인 것이 아니다:

"만일 우리가 하나님의 아들들이 되었다면, 또한 신들이 된 것이다. 그러나 이것은 양자됨의 은혜에 의한 것이지 자연적인 생식에 의한 것이 아니다. 하나님의 아들, 우리 주 예수 그리스도만이 태초부터 계신 말씀, 하나님과 함께 계신 말씀, 곧 하나님이신 말씀이시다. 그 외의 사람들은 신의 본질을 가지고 태어난 것이 아니라 하나님의 은혜에 의해서 신처럼 된다. 따라서 은총에 의해서 하나님께 나아오며 그리스도와 함께 공동 상속자가 되어야 한다"(*En. Ps.* 49, 2).

어거스틴이 겸손의 덕을 꾸준히 강조하는 것은 우연한 일이 아니다. "하나님은 이미 겸손하시지만, 인간은 여전히 교만하다"(*Serm.* 142, 6, 6).

John Burnaby, *Amor Dei. A Study of the Religion of St. Augustine*, 1938; Cuthbert Butler, *Western Mysticism*, ³1967; F. Cayré, *La contemplation augustinienne*, ²1954; Pierre Courcelle, *Recherches sur les Confessions de saint Augustin*, 1950; Ephraem Hendrikx, *Augustins Verhältnis zur Mystik*, Würzburg 1936; E. I. Watkin in *A Monument to Saint Augustine*, 1930

GERALD BONNER

어두운 밤, 어두움 | Dark Night, Darkness

"하나님은 빛이시라 그에게는 어두움이 조금도 없으시니라"(요일 1:5). 이러한 성경 본문들 때문에 일부 기독교 작가들은 관상을 행하면서 하나님께로 올라가는 것을 어두움 속으로 전진하는 것으로 말하기를 주저한다. 그러나 필로(Philo) 이후로 유대-기독교의 관상 전통에서는 모세가 시내 산에 올라간 이야기를 성숙하고 있는 영혼을 나타내는 상징으로 간주해왔다. 출애굽기 19장과 20장에서 모세는 하나님을 만나기 위해서 구름과 어두움 속으로 들어간다.

"어두움"(*skotia*의 반의어인 *gnophos*는 매우 부정적인 의미를 함축한다)은 하나님의 측량할 수 없는 초월하심을 나타내거나 하나님과 대면한 인간적 이해의 맹목성을 나타내는 비유이다. 그러나 둘 사이에서 분명하고

어두운 밤, 어두움 | Dark Night, Darkness

빈틈없는 차이점을 찾으려는 것은 잘 못된 일이다. gnophos를 비난 받아야 할 무지, 영적인 고집, 또는 미숙함으로 보는 사람들이 있고, 몸의 그늘 속에 있는 동안에는 피할 수 없는 지력의 상태로 보는 사람들도 있고, 또 상징들과 개념들의 방해로부터의 해방으로 보는 사람들도 있다.

세 가지 해석 중 마지막 것은 닛사의 그레고리의 해석이다. 그는 출애굽기의 "구름"을 아가서의 "밤", 사랑이 완성되는 어두움과 결합한 최초의 인물이다. 우리는 신의 성품은 결코 정의될 수 없으며 이해되거나 파악될 수 없다는 것을 배울 때에, 하나님을 아는 것은 정신만의 영역이 아니라 갈망과 사랑과 적극적인 제자도와 관련된 일이라는 것을 배운다. 하나님에 대한 우리의 경험의 어두움은 그분의 다함없음의 계시이며, 따라서 그것은 무한한 동경의 성장, 자기 초월을 유도한다. 그러므로 우리는 피조물 및 물질적이거나 정신적인 목표에 대한 애착에서 해방됨에 따라, 초기의 빛(회심의 조명)에서부터 "빛나는 어두움" 속으로 이동한다.

어두움이 하나님에 대한 참 지식이 지닌 특성이며 상태라는 사상을 완전히 표현한 사람은 아레오파고의 디오니시우스*이다. 디오니시우스는 애써 ghophos와 skotos를 구분하지 않는다. 그는 『신비 신학』에서 하나님이 "어두움의 광선"(ray of darkness)을 내 보내시는데, 자아를 망각하는 자아는 이것과 연합된다고 말한다. 하나님에 대한 긍정적인 표현과 부정적인 표현 너머에는, 자기를 초월하시는 하나님의 몰아적 사랑을 대면하는 몰아적 상태에서 이름을 짓거나 비유할 수 없는 것과 만나는 어두움이 있다. 블라디미르 로스키가 주목한 것처럼, 디오니시우스의 표현은 하나님께서 자신을 빛으로, 근본적으로 상상할 수 없고 다함이 없는 존재로, 어두움으로 전달하신다는 개념들을 결합하고 있다. 이 역설은 기독교의 화법이 무한히 변증적이라는 것을 확인해 준다. 하나님에게는 전달할 수 있는 부분과 전달할 수 없는 부분이 있다고 가정함으로써 그 문제를 해결하려는 시도는 효력을 발휘하지 못할 것이다. 조명(illumination)이란 우리가 하나님이라고 언급하는 것에 대해 말할 때 결론에 이르지 못하는 것, 도전, 질문 등의 모든 차원의 계시이다.

동방 교회에서는, 빛이라는 상징이 비잔틴 시대의 신비주의 저술들을 지배했다. 그러나 중세 후반에 서방에서

어두운 밤, 어두움 | Dark Night, Darkness

는 "신적 어두움"이라는 디오니시우스의 표현이 다시 사용되었다. 타울러*와 루이스브렉*은 관상의 밤에 대해 언급했고, 『무지의 구름』*은 두 개의 구름 사이에서 기도하는 영혼의 모습을 전개한다. 밑에 있는 것은 망각의 구름, 피조물에 대한 관심과 저급한 사랑들을 감추어 주는 베일이다. 위에 있는 것은 무지의 구름이다. 즉 석탄의 불티처럼 불을 붙여 주는 "갈망하는 사랑의 화살"에 의해서만 뚫고 통과할 수 있는 하나님의 어두움이다.

그러나 타울러와 루이스브렉은, 문제의 어두움은 앎을 방해할 뿐만 아니라 느낌도 방해한다는 점을 강조한다. 따라서 "밤"은 감정적인 건조함—이것은 "사막"과 바꿔 사용할 수 있는 비유적 표현이다—의 경험이기도 하다. 따라서 타울러는 수난 주간 설교에서 "이해할 수 없는 거친 사막"에 대해 말하는데, 그곳은 모든 형태를 초월하는 곳이며 형태가 없으신 하나님의 감추인 어두움에 속한 곳이므로, 어떤 형태나 길도 발견할 수 없다. 어두움과 사막은 관상자의 근본적인 혼미의 경험을 상징하며, 그것은 처음에는 자아의 실체와 가치를 완전히 잠식하는 것으로 나타난다.

어두움을 체계화한 사람은 십자가의 요한*이다. 그는 닛사의 그레고리와 마찬가지로 아가서의 밤과 관련된 상징을 출발점으로 삼고, 밤을 세 부분으로 나눈다. "감각의 밤"의 어두움이 증가되는데, 그 상태에서 자아는 외적인 목표를 갈망하기보다 하나님만 갈망한다. 그러나 밤의 가장 어두운 부분은 "영의 밤"(일반적으로 영혼의 어두운 밤이라고 불린다)이다. 이 상태에 있는 자아는 잔존하고 있는 모든 영적 만족과 위로해 주는 상징을 빼앗긴다. 이것을 초월해야만 조명의 새벽이 임하여 궁극적인 연합을 밝혀준다.

이것들은 연속적으로 이어지는 상태라고 생각되지는 않는다. 그것들은 서로 중복되고 상호작용한다. 두 가지 밤 모두 적극적인 면과 수동적인 면을 지닌다(갈등과 수용성). 요한은 영의 밤에 발생하는 것을 묘사하기 위해서 "멸절"(annihilation)이라는 표현을 사용하는데, 그가 자유로이 인간의 의지로 동의하는 것을 전제로 하고 있음을 기억해야 한다. 자아가 은혜에 철저히 정직하게 되는 마지막 단계는 일종의 우주 의식 안에 합병되는 것이 이니다. 토머스 머튼*은 그 과정을 선(禪)의 깨달음, 초탈하고 전능한 문제 해결자로서 자아나 정신의 모습을 체계적으로 파괴하는 어두운 밤에 의해 획득되는 완전한 반응에 비유한다. 요한은 "밤"을 영적 교사가 기술에 의해서 강요하는 것이 아니라, 외부의 환경, 하나님에 대한 우리의 경험이 필연적으로 형태가 없다는 점, 지적·영적 만족에 대한 의심, 궁극성과 업적을 제안하는 개념이나 느낌 등의 결합에 의해서 강요되는 것으로 본다.

17세기에 어거스틴 베이커*와 18세기에 활동한 드 코사드* 등 후대의 작가들은 영의 밤에 포함된 직무 태만 의식을 탐구했다. 웨슬리 형제와 윌리엄 로 사이의 뜨거운 논쟁에서 이러한 부정의 경험들에 대한 긍정적인 해석의 문제가 거론되었다. 존 웨슬리*는 말년에 십자가의 요한의 견해에 근접한 견해에 도달했다. 20세기의 저술가들 중에서 이 주제를 가장 훌륭하게 해석한 사람은 존 채프먼 수도원장일 것이다. 이 주제는 현대의 종교적인 시—엘리오트*의 *Four Quartets*, R. S. 토머스, 제프리 힐—에서도 중요하게 다루어진다.

John Chapman, *Spiritual Letters*, 1935; A. Cugno, *St. John of the Cross*, 1982; Vladimir Lossky, '"Darkness" and "Light" in the Knowledge of God in *In the Image and Likeness of God*, 1975; A. Louth, *The Origins of Christian Mystical Theology*, 1981; Thomas Merton, *New Seeds of Contemplation*, 1963; *On Zen*, 1976.

ROWAN WILLIAMS

언더힐, 에블린 | Underhill, Evelyn

에블린 언더힐은 영성 생활에 관한 많은 글을 저술했고, 많은 사람들을 지도한 사람이다. 그녀는 1875년에 중류층 가정에서 태어났지만, 가정에서는 종교적인 양육을 받지 못했다. 그러나 시와 소설 등 그녀가 초기에 출판한 저술들은 기독교적 상징들이 가미되어 있으며 하나님이 우주에 편재하신다는 신학을 보여 준다.

1907년에 어느 수녀원을 방문한 일을 계기로 그녀는 회심하여 성육신적이고 성례전적인 믿음을 갖게 되었다. 그 사건은 처음에는 그녀를 로마 가톨릭 교회로 인도하는 듯 했지만, 그녀는 근대주의 저술가들에 대한 가톨릭 교회의 태도와 남편(그녀는 1907년에 스튜어트 무어와 결혼했다)의 의견을 고려하여 영국 국교회에 머물렀다.

1921년에 그녀는 공식적으로 폰 휘겔* 남작의 지도를 받게 되었다. 휘겔은 그리스도 중심의 신앙 및 가능한 한 관심을 넓게 가질 것을 장려했다. 그녀는 *Essays Catholic & Missionary*(1928)에 기고한 글에서 세계적인 종교들 가운데서 기독교의 특성을 확립하려 했으며, 복음은 그 종교들을 초월한다고 주장했다. "십자가에 의해 계시된 실체의 한 복판에는 기독교만이 있다." 그녀는 개인적인 종교 체험을 통해서 다른 신앙들이 기독교 신앙과 아주 가깝게 느꼈으며, 그 시대의 기독교에 침묵이 부족한 것, 그리고 종교를 사회 생활에 적용하지 못하는 것을 비난했다. 1936년에 출판된 저서 『예배』(Worship)는 깊은 에큐메니즘과 공동의 전례 예배에 대한 인식을 보여 준다.

그녀는 주로 세 분야에서 영성에 기여했다. 1900년대에 그녀는 거의 독학으로 서방 신비주의 문학의 권위자가 되었다. 그녀는 『신비주의』(Mysticism, 1911) 및 다른 소책자에서 신비주의를 그 시대의 심리학과 철학과 연결했고, 또 이탈리아의 프랜시스 회 수도사인 야코폰 다 토디(Jacopone da Todi), 플랑드르 출신의 루이스브렉*, 영국의 신비가 월터 힐튼, 리처드 롤*, 『무지의 구름』* 등을 소개했다.

그녀는 소녀 시절에 사회주의를 선언한 이후로 항상 사회 정의와 가난한 사람들의 고통에 대해 민감했다. 제2차 세계 대전이 임박했을 때, 그녀는 완전한 평화주의를 받아들였고, 그것이 신비적 전통에 대한 자신의 가르침과 경험 안에 함축되어 있다고 보았다. 그녀는 사망하기 직전인 1941년 6월에 『교회와 전쟁』이라는 소책자를 출판했다.

에블린이 기여한 두번째 분야는 영적 지도 사역의 소명에 있다. 그녀는 기도의 기술 및 그것을 일상 생활과 연결짓는 데 대한 조언을 요청하는 모든 사람들의 청에 응했다. 그녀는 인터뷰와 서신 왕래에 의해서 집에서도 사람들을 영적으로 지도했다. 그녀의 지도는 건전하고, 실질적이고, 고무적이며, 사람들의 욕구에 적합한 것이었다.

세번째 분야는 그녀의 영적 지도 사역과 제휴되어 있는 동시에 분리되어 있다. 1924년부터 그녀는 에섹스 주의 플레시에서 피정을 인도했다. 그녀는 특히 피정의 침묵에 익숙하지 않은 사람들을 지도하기 위한 기초 강연을 힘들여 준비했다. 후일 그 강연들의 다수가 출판되었다.

Margaret Cropper, *Evelyn Underhill*, 1958; Lucy Menzies (ed), *Collected Papers of Evelyn Underhill*, 1946; Charles Williams (ed), *The Letters of Evelyn Underhill*, 1943.

REGINALD CANT

에드워즈, 조나단 | Edwards, Jonathan

조나단 에드워즈(1703-1758)는 미국의 회중교회 목사요 가장 위대한 신학자

에드워즈, 조나단ㅣEdwards, Jonathan

였다. 그는 특히 로크의 심리학의 요소와 도르트 종교회의(1618-1619)의 칼빈주의와 일치하는 신학을 결합하여 그 시대를 위한 기독교 영성 신학을 배출했다. 목회 생활을 하는 동안 내내, 특히 대각성 기간 동안, 에드워즈는 청교도들의 중심적인 질문— '성령의 임재를 어떻게 분별할 것인가?' — 에 몰두해 있었다. 에드워즈는 참된 신앙은 "거룩한 척 하는 태도"(holy affection) 안에 존재한다는 신앙부흥운동 반대자들의 견해에 반대했을 뿐만 아니라, 신앙을 거짓된 감정주의로 전락시킨 광신자들에 반대하여 참된 종교적 태도를 시험하는 기준을 제공했다. "종교적인 태도"에는 감정과 욕망과 의지가 포함되지만, 근본적으로 그것은 한 사람을 움직여 하나님의 위엄을 받아들이게 만드는 것을 말한다. 사랑은 중요한 감정이요, 외적인 태도는 물론 내적인 태도들의 기초였다.

에드워즈는 성령의 열매를 공개적으로 시험할 수 있는 확실한 징후가 없다는 것은 인정하면서도, 구원의 은혜의 임재를 발견하는 데 있어서의 길잡이로서 개인에게 도움이 되는 몇 가지 징후를 식별했다. 영성은 분명히 내적인 경험이지만 실천할 때에는 어쩔 수 없이 외적인 것이 되므로, 어느 정도 공적이고 증명할 수 있는 것이 된다. 에드워즈는 『종교적인 태도』(*Religious Affectations*, 1746)에서, 성령의 임재를 분별하는 데 도움을 줄 수 있는 성경에서 발견한 12 가지 징후와 이유를 묘사했다. 어떤 징후는 감정의 원인을 가리키고, 어떤 것은 감정 자체를 가리키며, 또 어떤 것은 감정의 결과를 가리킨다. 감정이 영적인 것일 때(새로운 영적 의미—영혼의 본성 안에 놓인 새로운 기초—를 만들어 내시는 성령에서 난 것일 때), 그 감정은 거룩하며; 하나님의 영광의 탁월한 본성 외에 다른 것을 의도하지 않는 참된 사랑을 하나님께 나타내며; 신적 아름다움에 대한 헌신과 취향을 소유한 계몽된 정신에서 생기며; 인간의 본성을 변화시켜 죄를 버리고 거룩함으로 돌이키게 하며; 온유, 고요, 용서, 자비 등의 덕을 낳으며; 두려움과 기쁨의 균형을 낳으며; 영혼으로 하여금 영적인 것을 갈망하게 하는 신령한 소원을 증가시키며; 세상에서의 행위가 현실에 대한 기독교적 이상에 일치하는 기독교적 실천의 열매를 낳는다. 물론, 기독교적인 실천은 단순한 믿음의 실현이 아니라, 내면적이고 종교적인 성령 체험의 본질적인 부분이다. 실제로 기

독교적인 행위는 세상에서의 참된 영
성과 활동의 원인이 아니라 표식이다.
감정은 보다 궁극적인 것—하나님과
성령—의 표식이었다.

 기도와 금식은 이 세상에서 영위되
는 기독교적 삶의 필수적인 표식이었
다. 따라서 에드워즈는 기도와 금식을
은밀하게 행하는 것, 소그룹으로 행하
는 것, 그리고 공적인 예배 때에 행하
는 것을 거룩한 감정을 나타내고 새롭
게 하는 주요한 수단이라고 여겨 장려
했다. 기도와 금식은 예수 그리스도께
서 명하셨고, 성령의 도움을 받았고,
마음을 뜨겁게 하고, 경건을 증가시키
며, 하나님의 영광과 인간의 연약함을
드러내며, 하나님의 언약을 새롭게 하
고 튼튼하게 하며, 세상에서 그리스도
의 나라를 발전시키는 데 있어서 성령
의 충만하심을 간절히 원하는 것이었
다. 에드워즈의 견해에 의하면, 기독교
적인 삶의 갱신이 그렇듯이, 세상의 거
듭남 역시 하나님의 성령이 새롭게 부
어 주시는 데 따르는 결과였다.

S. E. Dwight (ed), *Work of President Edwards*, 10 vols, 1829-1830; P. Miller and J, E. Smith (eds), *Works of Jonathan Edwards*, 6 vols, 1957ff.; C. Cherry, *The Theology of Jonathan Edwards: A Reappraisal*, 1966; *Nature and Religious Imagination: From Edwards to Bushnell*, 1980; P. Miller, *Jonathan Edwards*, 1949.

PATRICK W. CAREY

에버라드, 존 | Everard, John

신비하고 매력적인 인물인 에버라드
(1575-c. 1650)는 부분적으로 17세기
의 영적 암흑기의 사람이다. 그는 패밀
리스트(사랑의 가족, Familist)*의 영
향을 받았다.

 그는 50년경부터 290년까지의 글 모
음집인 *Hermes Trismegistus*를 번역
했다. 그 책은 신플라톤주의, 스토아주
의, 이집트와 동양의 종교 사상들을 융
합한 책이었으며, 영혼이 행성들의 일
곱 영역을 통과하여 하나님께로 올라
간다고 묘사한다. 그는 아레오파고의
디오니시우스*의 책과 『독일 신학』*
도 번역했다.

 그는 자주 감옥에 갇혔다. 그는 항상
"죽이는 죽은 문자"와 생명을 주는 거
룩한 영을 대조한다. 때로 그는 강력한
반-역사 중심주의를 드러내어, 성경에
기록된 일들이 실제로 일어난 일이라
는 사실을 부인한다는 비난을 받을 수
도 있었다. 기적적인 잉태에서부터 십
자가에 이르기까지 그리스도의 삶에
서 발생한 모든 사건에 상응하는 것이
우리 안에 있어야 한다. "동정녀 마리
아를 구원한 것은 그녀의 태 속에 있
었던 그리스도가 아니라, 그녀의 마음

에큐메니칼 영성 | Ecumenical Spirituality

속에 있었던 그리스도이다." "그리스도가 본디오 빌라도에게 고난을 받을 때에 그리스도의 고난이 지나갔다고 생각하는 것은 잘못이다." 묵시록은 영적 거듭남을 묘사한다. 에버라드는 문자를 파괴하려 한 것이 아니며, 문자는 성령의 도구이다. 우리가 그러한 거룩한 인(seal)을 소유하고 나면, 더 이상 문자를 버릴 수 없는 것은, 사람이 사랑하는 아내를 죽일 수 없는 것과 같다. 성경은 깊이를 알 수 없는 바다와 같으며, 성경 전체가 우리의 경험 안에 들어와야 한다. 그러나 이 "검은 문자들" 안에 하나님의 말씀이신 그리스도의 강력하고 영원한 위엄을 담을 수는 없을 것이다.

에버라드의 신학은 그리스도 중심이며 삼위일체 신학이다. 그도 어거스틴처럼 성령은 아버지와 아들 사이의 사랑의 행위, 또는 사랑의 결속이라고 보았다. 그는 주로 비천한 사람들에게 설교했고, "개신교 윤리"에 대해 비판적이었다. 토머스 브룩(Thomas Brook)과 같은 청교도들은 그를 인정했다. 하나님의 사랑, 그리고 이 세상에서 누리는 그리스도와의 연합 등에 관한 그의 설교는 지금도 강력한 영향을 미친다.

"영광은 이미 시작된 은혜요 완전해진 은혜이다. 믿음에 의해서 예수 그리스도와 연합하여 하나가 된 사람은 장차 영원히 누릴 영광과 기쁨을 어렴풋이나마 실제로 소유한다."

Rufus M. Jones, *Spiritual Reformers in the Sixteenth and Seventeenth Centuries*, 1914, p. 239ff.

편집자

에큐메니칼 영성
| Ecumenical Spirituality

에큐메니칼(세계교회주의) 영성은 서로 분리된 교회에 속한 기독교인들이 공유하는 공통된 생활을 표현한다. 그것은 기독교인들은 세례와 그리스도에 대한 헌신에 의해서 교회의 신자가 된다는 인식이다. 예수께서 말씀하신 화해와 일치의 복음이 비 기독교인들에게도 타당성과 신빙성을 지니려면, 예수를 따르는 사람들은 이러한 공통된 기독교적 생활을 나타내야 한다. 많은 신자들은 복음의 정신 안에서 함께 생활해야 할 자신의 의무를 재발견함으로써 현대 에큐메니칼 운동을 고취해왔다.

이 운동의 핵심은 영적 세계교회주의이다. 기독교인들이 만나고 상호 작용함에 따라서 서로 교제하고 받아들이는 분위기가 형성된다. 그들은 각기

에큐메니칼 영성 | Ecumenical Spirituality

상대방의 신앙과 관습이라는 실제 상황에서 요구되는 진리와 공정함에 일치하지 않는 말이나 판단이나 행동을 제거해야 할 필요성을 의식하게 된다.

에큐메니칼 영성은 기도와 예배 생활, 특히 일치를 위한 기도에 초점을 둔다. 요한복음 17장에 기록된 예수님의 기도는 에큐메니칼 운동의 특별한 기도가 되었다. 거기서 예수님은 아버지께 "세상으로 믿게 하기 위해서" 제자들이 하나가 되게 해 달라고 부탁하신다. 주류 기독교회에서는 기독교 일치를 위한 기도 주간을 정하고 기도한다. 기독교인들은 그리스도께서 원하신 일치를 위해서, 그리스도께서 선택하신 수단에 의해 함께 기도한다. 이렇게 함으로써 기도의 의도가 그리스도의 정신 및 성령의 운동과 한층 밀접하게 연결된다.

오랫동안 분리되어 있던 교회들을 향한 성령의 지속적인 활동을 인정해야 한다. 그것을 인정하면, 다양한 교회들과 기독교 공동체 안에서 발견되는 특별한 영적 은사와 관습들을 평가하고 인정하게 된다. 그러한 전통들을 성령께서 주시거나 보존하시는 은사라고 인정된다. 다양한 기독교회들이 복음에 충실하게 자체를 개혁하고 쇄신하려 할 때에, 성령께서는 참 기독교적 삶에 적절한 통찰과 영적 은사들을 주셨다. 그러한 은사들과 통찰들은 장차 가시적으로 통일된 교회의 생활을 위해 의도된 것일 수도 있다. 영적 에큐메니즘은 다양한 은사를 가지고 다양한 사역을 행하는 하나님의 백성들을 일치시키시는 성령의 사역을 존중한다.

에큐메니칼 영성은 다른 교회에 속한 신자들을 대하는 마음의 변화나 회심을 필요로 한다. 이것은 교회 생활의 필수 요소들이 표면화되고 기독교 일치를 위한 길을 마련하기 위해서 자신이 속한 교회나 공동체의 갱신을 위해 일하고 기도하는 일에 헌신하는 형태를 취한다. 그것은 기도를 통해서 믿음, 그리고 기독교적인 신앙과 생활을 표현해 주는 데 반드시 필요한 것을 재발견하려는 것이다. 그러한 발견은 풍성하고 심오하며 가시적인 신앙의 일치를 배제하지 않는 기독교적 삶의 다양성을 표현해야 한다. 에큐메니즘에 대한 영적인 접근 방법은 단순한 경건 그 이상이다. 에큐메니즘이 표현하는 다양성 안의 통일성은 세상을 향한 교회의 보편적인 사역을 나타낸다 (마 28:19-20). 그것은 그리스도의 몸된 교회의 지체로서 그리스도와 하나가 되는 완전하고 생생한 경험을 새롭

에큐메니칼 영성 | Ecumenical Spirituality

게 추구하는 것이다.

에큐메니칼 영성은 희망의 영성이다. 그 영성의 활력과 효력의 기초는, 하나님의 화목하게 하시는 능력이 "우리로 화목을 얻게 하신"(롬 5:11) 예수 그리스도 안에서 세상의 중심에서 이미 역사하고 있다는 신뢰에 있다. 교회의 일치는 그리스도 안에서 인류가 하나가 될 것을 예고해 준다. 예수께서는 하나님 나라의 특징을 이루는 생활을 시작하신다. 예수님 안에서 하나님의 통치가 시작되었다(눅 17:21). 예수님의 제자요 교회의 지체로서 예수님과 연합한 사람들은 그 나라의 생활을 나타낸다. 그러한 일치는 제도적인 결집이나 충성 이상의 것이다. 그것은 그리스도와 화목하게 하는 사랑의 능력과 효력을 증명해야 한다. 일치는 사랑을 위한 것이다. 예수께서는 이것을 분명하게 명령으로 표현하셨다. 예수님의 사랑의 교훈은 참 제자도의 상징이다(요 15:12, 17). 에큐메니칼 운동의 짧은 역사 안에 등장한 이 사랑의 특별한 형태는 기독교적인 친교이다. 친교는 기독교 일치의 과정에 반드시 필요한 것으로 증명되었다. 화목하게 하는 사랑의 실천에 의해 형성된 희망은 그 범위가 우주적이며, 모든 사람에게 미친다. 기독교인들 사이의 상호 관계, 행위, 태도 등에 대한 말은 유대인 공동체 및 다른 신앙을 가진 사람들에게도 적절한 용어로 적용되어야 한다. 우리는 이스라엘의 종교와 믿음 안에 뿌리를 두고 있다. 하나님과의 교제 추구는 우리로 하여금 다른 신앙을 가진 사람들과 같은 동료 구도자요 순례자로 만든다.

에큐메니칼 영성의 발달에 중요한 것은 영성 갱신이다. 갱신이란 우리 자신과 우리가 속한 교회를 향한 그리스도의 뜻을 분별하기 위해서 자신과 교회를 정직하게 살펴 보려는 태도이다. 그것은 개인적인 생활과 교회의 생활을 복음이라는 거울에 비추어 본다. 기독교적 일치와 거룩은 특별한 관계를 지닌다. 왜냐하면 거룩은 그리스도의 매력적인 능력을 나타내며, 평범한 것들을 변화시키며, 가장 진실되고 심오한 갈망의 성취인 인류의 마음에 직접 호소하기 때문이다. 공동의 성경 연구는 이 분야의 기독교적 삶에서 주요한 작용이다. 그것은 하나의 믿음을 공유하고 표현하고 전달하는 데 사용된 공통의 관용어를 제공해 준다. 그것은 에큐메니칼 영성의 기본적인 구성 요소들—언약, 화해, 그리스도 안에서의 일치, 성령에 의해 만들어진 일치와 다양성, 갱신—을 특별한 방법으로 반영한

에큐메니칼 영성 | Ecumenical Spirituality

다.
　예수님은 구약성서의 계약* 개념을 사용하셨다. 이것은 하나님께서 자기 백성 사이에 밀접한 관계를 세우기 위해서 주도권을 쥐시고 행하신 엄숙한 일이었다. 계약에서 이스라엘 백성이 해야 할 일은 하나님의 뜻과 목적을 여러 민족들 사이에서 실천하는 것이었다(출 19, 24; 마 26:26-28; 막 14, 22-24; 히 9:15). 오늘날 교회들은 종종 지역적인 차원이나 국가적인 차원에서 긴밀하게 역사하고 생활하는 관계를 갖기 시작한다. 이 성경적인 개념과 비슷한 유비에 의해, 이러한 관계들은 계약들이라고 부를 수도 있을 것이다. 그러한 계약 하에서 교회들은 보다 깊은 에큐메니칼한 관계를 이끌어내며, 궁극적으로 교회를 위한 그리스도의 뜻에 따른 완전한 교제를 이끌어 낼 것으로 기대되는 특수한 행동 방침에 따라 함께 활동한다. 교회들 사이의 활동의 이면에는 사랑과 중보의 영적인 관계가 놓여 있다.
　계약이라는 개념에는 화해가 따른다. 하나님께서 신실하시지만, 그의 백성들은 하나님과의 믿음, 자기들 사이의 믿음을 파괴한다. 따라서 계약을 갱신해야 할 필요가 생긴다. 만일 일치가 하나님의 것이며 그리스도 안에 존재한다면, 하나님의 백성은 화해되어야 한다. 화해는 기독교적 삶의 기본 개념이며(마 5:23-24), 바울 서신에서도 강조된다(고후 5:16-21; 골 1:20). 하나님은 화해의 행위자이시며, 그리스도는 그 수단이시다. 그리스도를 통한 하나님의 행동 때문에, 사람들, 즉 유대인과 이방인들이 소외되고 적대적인 상태를 극복할 수 있다(엡 2:14-16).
　그리스도 안에서의 일치는 교회를 이해하는 데 있어서 반드시 필요한 것이다. 신약성서에서, 이것은 요한복음 15장의 포도나무와 가지의 비유처럼 여러 가지 상징으로 표현된다. 바울 서신에서는 "그리스도 안에 거함"이라는 개념으로 신학적으로 표현된다(롬 6; 갈 3). 교회는 서로 봉사하면서 세워주는 다양한 지체를 가진 그리스도의 몸으로 묘사된다. 세상의 생활을 위한 그리스도의 풍성한 은혜는 은사와 사역의 교환을 통해서 증거와 사역의 통로를 발견한다. 기독교 공동체 안에서 사랑의 생활은 완전해진다(고전 12-13; 벧전 3:8; 4:8-10; 엡 4:1-16).
　새 일을 행하시고, 우리를 충만한 진리로 인도하시며, 만물을 새롭게 하시겠다는 하나님과 예수님의 약속에서부터 갱신이라는 요인은 솟아난다(사 43:18-21; 요 14:26-27; 16:13; 벧전

엑하르트 | Eckhart, Meister

2:9-10; 계 2:7; 21:5). 하나님은 우리의 분열과 분리 때문에 형성된 죄악된 상태를 고쳐 주시며, 동시에 그리스도 안에 있는 우리의 관계를 새롭게 해 주신다(갈 6:15). 따라서 교회가 세상을 위해 봉사할 수 있는 새로운 삶의 질서를 도입해 주시는 성령의 능력에 의해서, 어느 시대, 어떤 상황에서든지 교회는 새롭게 될 수 있다. 그것은 화해와 일치의 질서이다.

결과적으로, 에큐메니칼 영성의 발달은 모든 교회가 실천해야 할 명령이며, 그리스도 안에 있는 우리의 생활의 공통적이고 본질적인 요소들을 나타낸다(고전 1:10-13).

Peter Brooks (ed), *Christian Spirituality*, 1975; Geoffrey Curtis, *Paul Courturier and Unity in Christ*, 1964; Matthew Fox (ed), *Western Spirituality: Historical Roots, Ecumenical Routes*, 1981; Michael marx (ed), *Protestants and Catholic on the Spiritual Life*, 1965; Evelyn Underhill, *Worship*, 1936; Gordon Wakefield, *The Life of the Spirit in the World of Today*, 1969.

EMMANUEL SULLIVAN, SA

엑하르트 | Eckhart, Meister

도미니크 수도회의 신비가요 예언자인 마이스터 엑하르트는 1260년에 독일 에르푸르트 근처의 호흐아임에서 태어났다. 그는 1329년에 17 가지 주장 때문에 교황청의 재판을 받은 후 실질적으로 정죄를 받기 전에 세상을 떠났는데, 그 장소는 알려져 있지 않다. 오늘날 학자들은 그가 부당하게 정죄를 받았다는 데 동의하며, 1980년에 도미니크 수도회는 공식적으로 모든 견책을 제거해 달라고 교황청에 요청했다.

엑하르트는 그 시대에 베긴즈라고 불리는 여성 평신도 운동을 지지했으며, 농민들에게는 "하나님께서 그들을 매우 아름답게 지으셨기 때문에 그들 모두가 귀족"이라고 말해 주었다. 그는 당시 동 유럽과 서 유럽의 교역의 중심지인 쾰른의 "상인 정신"을 비판했다.

그가 정죄를 받으면서, 루터*와 요한 타울러*, 급진적 개신교 운동들, 십자가의 요한*, 노리지의 줄리안*, 쿠사의 니콜라스, 조지 폭스 등을 통해서 영향을 미치던 그의 사상은 지하로 숨어 들어갔다. 그러나 기독교의 주류에서는 근본적으로 심오한 우주적 신비주의와 예언적 의식을 결합한 통전적인 영성을 발달시키려는 그의 노력이 상실되었다. 그 대신에 기독교 외부에서 그의 영향력이 더욱 깊이 감지되었다: 칼 마르크스, 칼 융, 마틴 하이덱거, 에리히 프롬 등은 엑하르트의 영향을 많이 받은 사람들이다. 스즈키 박사는 에그하르트를 서방에서 가장 위대한 선(禪) 사상가로 간주한다.

엑하르트는 창조 중심의 영적 전통의 위대한 대변인이었다. 그는 지혜서와 예언서의 사상에 몰두했고, 복음서 기자들이 복음서를 기록한 것처럼 무의식적으로 축복, 우주, 창조, 자비, 아름다움, 치유, 어두움, 공허, 창조성, 찬양, 정의, 유모어 등 창조 중심의 주제에 심취하여 설교를 저술했다. 그는 아씨시의 프랜시스*처럼 라인 강 지역의 켈트 전통*, 그리고 빙겐의 힐데가르드와 마그데부르크의 메히틸드의 영향을 강하게 받았다. 그는 파리 대학을 졸업하고 파리 대학과 쾰른에서 교수 생활을 했다. 그는 스트라스부르크와 쾰른에서 베긴들을 대상으로 사역하면서 크게 회심했다.

엑하르트의 영성은 세상 안에 있는 영성, 사회 정의에서 절정에 이르는 정치적 의식을 지닌 영성이었다. 그는 "내가 정의에 대해서 하는 말을 이해하는 사람은 내가 해야 하는 모든 말을 이해한다"고 했다. 동시에 그는 영성 생활은 심리학적인 여정과 깊이 관련되어 있다고 이해했다.

엑하르트는 신플라톤주의*에서 제시하는 정화와 조명과 연합이라는 세 가지 길을 거부하고 다음과 같은 네 가지 길을 지지했다:

1. 긍정의 길(Via Positiva): 창조. 엑하르트는 "있음(Isness)은 곧 하나님이다"라고 선언한다. 창조는 하나님께 기쁨과 즐거움을 주므로, 우리는 창조 안에서 기쁨과 즐거움을 얻어야 한다. 엑하르트는 충분히 다듬은 즐거움의 신학을 소유하고 있었으며, 따라서 감사와 찬양의 신학을 소유하고 있었다. "당신이 평생 동안 행한 기도가 '하나님 감사합니다' 뿐이라도 충분할 것이다." 모든 피조물은 하나님의 말씀이다. 하나님의 말씀은 끊임없이 사물을 새롭고 아름답게 만드는 창조적인 에너지이다. "하나님은 누구도 흐름을 막거나 멈출 수 없는 커다란 지하수이시다." 만물은 끊임없이 "창조되기 시작하는 과정 안에" 있다. 인간은 하나님의 형상이며, 그리스도는 우리를 구속하시기 위해서라기보다 우리에게 이 형상을 상기시키기 위해서 오셨다. 왜냐하면 참된 구속은 우리가 하나님의 혈연이라는 것을 기억하게 하는 데서 발견되기 때문이다.

2. 부정의 길(Via Negativa): 무관심(Letting go)과 내버려둠(Letting be). 하나님은 창조의 하나님이실 뿐만 아니라, "하나님이 아니고(not-God), 사

엑하르트 | Eckhart, Meister

람이 아니고(not-person), 사물이 아니고(not-thing), 모든 이름의 부인이며, 이름 없는 무이며, 초 본질적인 어두움이다." 이 하나님을 경험하려면 어떻게 해야 하는가? 무관심하고 내버려둠으로써, 하나님 안에 빠져듦으로써 가능하다. "우리는 무관심과 내버려둠에서부터 하나님 안으로 빠져들어간다." 엑하르트는 참된 긍정의 길이 없이는 참된 부정의 길이 없다고 생각한다. 그는 어린 아이같은 자발성 대신에 자만심을 드러내는 금욕적인 고행을 용납하지 않는다. 물질이 나쁘기 때문에 물질에 대해 무관심해야 하는 것이 아니라, 우리가 그것들에 매달리고 싶어하기 때문에 무관심해야 한다. "매달림과 집착이 끝나는 곳에 하나님이 계시기 시작한다." 우리는 어두운 자신의 내면 깊은 곳으로 빠져들어간다. "영혼의 근저(ground)는 어둡고", 어두움이나 무(無)와 친근하다. 우리의 무는 심리학적인 것이 아니라 형이상학적이다. 무는 만물의 근원이다: 존재하기 전의 나는 무였다. 엑하르트는 정념을 죽이는 것 대신에 노염이나 욕망이라는 정념들을 우리가 나아가야 할 방향으로 이끌어갈 "사랑의 굴레"로 권했다.

3. 창조의 길(Via Creativa): 출산(Birthing). 모든 것은 무로부터 만들어진다. 하나님과 우리의 연합은 효과적인 연합이며, 관상적인 응시가 아니라 상호 발생하고 출산하는 행위이다. 여기에서 우리의 신성이 계시된다. 우리 자신의 창조성과 접촉하는 것은 곧 우리의 신성에 접촉하는 것이다. 왜냐하면 하나님은 본질적으로 출산자(birther)이시기 때문이다: "하나님은 종일 무엇을 하시는가? 하나님은 출산하신다." 우리는 출산에 의해서 외향적인 묵상 훈련과 기술을 발달시켜야 한다. 왜냐하면 이것이 예언적 영성이기 때문이다. 어른들의 영성에서 사람들에게 능력을 부여해 주는 데 중요한 것은 자신의 심상들을 신뢰하는 것이다: "적절한 의미를 지닌 상태로 표현될 수 있는 것은 사람의 외부에서부터 나와 내면으로 들어가는 것이 아니다. 그것은 반드시 내면에서부터 생겨야 한다." 우리는 출산할 때에 하나님과 하나님의 아들을 출산한다. 출산 안에서 "당신은 모든 축복을 발견할 것이다." 그러나 출산을 소홀히 하면, 모든 축복을 소홀히 하게 된다.

4. 변화의 길(Via Transformativa): 자비와 사회 정의에 의한 새로운 창조. 창조성은 우리 자신을 위한 것이 아니다. 그것은 보다 완전한 목표―누가복

음 6:36에서 예수께서 자비라고 묘사하신 것—를 향해야 한다. 첫째, 자비(compassion)는 상호 의존 의식과 관련된 것이며, 주관과 객관이라는 이원론의 끝이다. "모든 것은 서로 의존한다"고 엑하르트는 말했다. 게다가 "존재하는 모든 것의 본질은 관계이다." 다음으로, 자비는 이 상호 의존을 중심으로 행동하는 것과 관련된다. 사람들은 치유의 행위, 특히 정의를 이루는 행위에 의해서 자비를 행한다. 왜냐하면 불의는 우주와 모든 인간 관계 안에 있는 기본적인 불화이기 때문이다. 정의는 윤리 이상의 것이며, 우리의 존재 자체를 다룬다. "의로운 사람은 살기 위해서 정당하게 행동한다. 실제로 정의는 그의 생명, 살아 있음, 존재이다. 창조적인 작업은 우리의 존재에서 나오는 것이므로, 우리의 존재가 의롭다면, 우리가 행하는 일도 의로울 것이다. 자비의 세번째 차원은 찬양(celebration)이다. 자비는 우리의 기원이다(하나님이 우선적으로 행하시는 것은 자비이다). 하나님이 자비이시므로, 모든 피조물은 자비의 양수(fetal water)인 신적이고 우주적인 자궁 안에서 찬양한다. 하나님이 우리를 통해서 자비를 행하시지 않으면, 우리는 영혼을 소유하지 못한다. 우리는 영적으로 아직 태어나지 못한다.

첫째 길에는 엑하르트의 창조와 성육신의 신학이 있다. 두번째 길에는 십자가의 길이 있다. 세번째 길에는 부활의 신학이 있다. 네번째 길에는 성령의 신학이 있다. 왜냐하면 성령은 "변화의 영"이기 때문이다.

E. Benz, J. Koch et al (eds), *Meister Eckhart: Die lateinischen Werke*, I-IV, 1938-1975; J. Quint (ed), *Meister Eckhart: Die deutschen Werke*, I, II, III, V, 1968-1976; M. Fox, *Breakthrough: Meister Eckhart's Creation Spirituality in New Translation*, 1980; *Meditations with Meister Eckhart*, 1982; A. Mauer, *Master Eckhart: Parisian Questions and Prologues*, 1974; R. Schürmann, *Meister Eckhart: Mystic and Philospher*, 1978.

MATTHEW FOX, OP

에프렘 | Ephrem Syrus, St.

시리아의 성 에프렘은 306년 경 니스비스에서 태어나 373년 6월 9일에 에데사(터키 남동부)에서 사망했다. 그는 매우 독창적인 종교 시인이다. 그의 저술들은 몇 권의 성경 주석, 이단을 공격하는 산문체의 논문, 두운체의 산문 작품, 그리고 찬송시들로 구성되어 있으며, 모두 시리아어로 저술되었다. 에프렘의 것으로 알려진 헬라어와 라틴어로 된 저술들이 많지만, 그의 것이 아니다.

에프렘 | Ephrem Syrus, St.

에프렘은 시리아 기독교의 가장 중요한 대표자이다. 그의 접근 방식은 그리스의 사고 형태와 철학적인 전제의 영향을 거의 받지 않았다. 또 그의 표현과 사상의 틀은 그 시대의 카파도키아 사람들의 것과 매우 다르지만, 그의 신학적 통찰들은 놀랍게도 그들의 것과 유사하다.

에프렘의 구세론은 그의 시에서 풍부하게 나타나는 의복과 관련된 비유에 의해서 간명하게 표현될 수 있다. 아담과 이브는 타락하면서 원래 입고 있었던 "영광과 찬양의 예복"을 상실했다. 이 상태를 고쳐 주기 위해서, 말씀이신 하나님이 "아담의 몸/인성을 입으셨고", 세례를 받으실 때에 인류가 다시 입을 수 있도록 영광의 예복을 요단 강에 맡겨 두셨다. 그러므로 세례는 잠재적으로 낙원에 다시 들어가는 것이다. 종말론적인 낙원은 최초의 낙원보다 훨씬 더 영광스러운 것으로 증명될 것이다. 왜냐하면 아담/인류는 그곳에서 신성을 획득할 것이기 때문이다. 에프렘에 의하면, 기독교적 삶의 목표는 이 세상에서 "영광의 예복"이라는 세례의 은사를 실현하는 것, 그리하여 종말론적 낙원의 부활의 생명을 미리 맛보는 것이다. 그러한 삶의 주된 특징은 찬양과 경탄의 태도이며, 모든 인간의 행위는 하나님 사랑의 역설적인 결과에 대한 이러한 반응에서 비롯되어야 한다.

하나님으로 하여금 성육하시는 순간 뿐만 아니라, 성경과 자연이라는 두 증인을 통해서 계속 자신을 계시하심으로써 창조주와 피조물 사이의 존재론적인 틈을 메우게 만든 것은 사랑이었다. 자연과 성경에는 상징들과 예표들이 주입되어 있어, 이 세상과 천상의 것, 구약성서와 신약성서, 신약성서와 교회의 성례전적인 생활을 연결한다. 믿음의 눈은 이러한 상징들을 의식함으로써 하나님께서 자신을 계시해온 무수히 많은 장소들과 그의 궁극적인 불가지성과 감추임 사이를 연결할 수 있게 된다. 이러한 상징들은 결코 공허한 것이 아니며, 그 자체 안에 실제로 그것들이 가리키는 고등한 실재를 어느 정도 포함한다. 그러므로 상징들이 주입된 물질 세계의 가치는 크게 강화된다.

자유 의지를 악용함으로 말미암아 피조 세계와 그 고유의 중요성에 대한 참된 인식이 상실되었다. 이 인식을 되찾을 수 있는 수단은 성육신에 의해 제공되며, 피조물과 창조주 사이의 회복된 관계의 본보기는 성찬 안에 계속 현존한다. 에프렘의 견해에 의하면, 기독교적인 삶은 변화된 물질 세계에 대한 이러한 시각에 따라서 영위되어야 한다.

S.P. Brock, *The Harp of the Spirit: Eighteen Poems of St. Ephrem*, 1983; R. Murray, *Symbols of Church and Kingdom*, 1975.

SEBASTIAN BROCK

엑스타시 | Ecstasy

자기 자신에서 벗어나 사도 바울처럼 셋째 하늘로 들려 올라가서 어떤 고등한 힘과 결합되는 것과 관련된 의식. 이 단어는 흔히 성 관계의 황홀감을 묘사하기 위해서 사용되기도 한다. 예를 들어 돈(Donne)*의 시「엑스타시」에서 그것은 단순히 "황홀한 기쁨"이 아니라 연인들로 하여금 사랑의 신비를 통찰할 수 있게 해 준다. 그러한 연합은 육체적인 행위나 정신적인 행위의 절정이라기보다 관상의 절정이며, 신비 체험과 비슷한 것을 제공해 준다. 신플라톤주의자인 플로티누스*는 돈과는 달리 심리적-육체적인 조화에서 엑스타시를 발견하는 것이 아니라, 육체로부터의 구원에서 엑스타시를 발견한다.

엑스타시가 항상 하나님과 관련되거나 기쁨과 관련되는 것은 아니다. 영문학에서는 공포의 엑스타시(ecstasy of terror)나 불안의 엑스타시(ecstasy of anxiety)도 다루어진다.

필로는 네 가지 형태의 엑스타시를 구분하는데, 그 중 네번째 엑스타시는 신비적 연합이 아니라 예언적 영감이다. 하나님의 영이 정신을 내쫓은 데 따르는 결과는 영감된 열광이다. 이것은 영속적인 상태가 아니라, 하나의 목적을 위한 일시적인 상태이다. 엑스타시가 지나간 후에, 예언자는 정상적이고 이성적인 존재가 되며, 아무런 초자연적 지식도 소유하지 않는다.

일부 기독교 교사들은 엑스타시에 대해 의심을 나타낸다. 바울은 자신이 신비하게 하늘로 올라갔던 경험보다 "육체의 가시"를 더 중시했고(고후 12), 고린도 교인들에게 은혜로 인해 거만하게 행하지 말라고 경고한다. 닛사의 그레고리는 엑스타시란 노력하여 얻는 상태가 아니라고 말한다. "이것은 참으로 하나님을 보는 것이다. 결코 그분을 보려는 갈망 안에서 만족하지 말라"(*Life of Moses* 239).

어거스틴*은 엑스타시의 경험 안에서 세상에서 천국의 기쁨을 어렴풋이 맛본다는 것을 발견했다. 그러나 그는 엑스타시란 신적인 빛과 아름다움의 섬광으로서 우리의 갈망 안에서 생기며 영적 추구의 시작이라고 말했다. 루터*는 "인간이 믿음을 통해서 자신을 초월한 상태로 이끌려 올라가 장래에 있을 선한 것들을 보게 되는" 엑스타시의 순간들을 알고 있었다(WA 4, 237). 켐브리지 플라톤주의자들*은 관상을 목표로 삼지 않았다. 엑스타시는 영감을 주어 행동하게 하며, 도덕적인 결과를 낳아야 한다. 헨리 모어는 흔히 사용되는 비유를 사용하면서 "신적 생명의 감미로운 의식에 도취된" 영혼에 대해 말한다. 그러나 이것은 온전한 정신 상태보다 더 온전한 상태로서, 인간을 이성과 덕으로 돌아가게 해준다. 청교도들의 설교와 기도의 서정적인 구절에서 발견되며 17세기와 18세기를 이어주는 "환희의 기도"가 있다. 이성의 시대는 환희의 시대이기도 했다. 조셉 버틀러는 관상 기도의 가장 높은 경지에 도달할 수 있었다. 웨슬리*도 애디슨(Addison)처럼 "경탄과 사랑과 찬양에 몰입할" 수 있었다. 한편 다드리지는 "기쁨은 잔잔함이 아니라, 환희, 도취, 엑스타시이다"라고 말했다(G. F. Nuttal).

아레오파고의 디오니시우스*는 "이제는 내가 산 것이 아니요 오직 내 안에 그리스도께서 사신 것이라"는 바울의 말에서 발견한 엑스타시를 묘사하면서 두려움 없이 에로틱한 표현을 사용한다. 그는 담대하게 하나님 자신의 엑스타시를 말한다. 그의 사상을 확대하여 창조, 섭리, 성육신 등은 모두 신적인 엑스타시에 속하며, 하나님이 친히 사랑의 주도권을 쥐시고서 우리와 영원히 연합하시기 위해 인간이 되셨다고 말할 수 있을 것이다.

Anne Freemantle (ed), *The Protestant Mystics*, 1964; Marghanita Laski, *Ecstasy*, 1961; Andrew Louth, *The Origins of the Christian Mystical Tradition*, 1981; Gordon Rupp, 'A Devotion of Rapture in English Puritanism', in *Reformation, Conformity and Dissent*, ed R. Buick Knox, 1977; R. C. Zaehner, *Mysticism, Sacred and Profane*, 1957.

편집자

엘리오트 | Eliot T. S.

엘리오트(Thomas Stearns Eliot, 1888-1965)는 미조리 주 세인트 루이스에서 태어나, 하버드, 솔본느, 옥스포드에서 교육을 받았다. 그는 비평, 편집, 그리고 시와 드라마 등을 통해서 강력한 영적 탐구를 추진했다. 그는 1922년에 '비평'(The Criterion)을 세우고, 그것을 통해서 비중있는 문학적·신학적인 글들을 출판했다. "황무지"(*The Waste Land*)의 초판도 거기서 출판되었다. 그는 1927년에 성공회 신자가 되었고, 영국 시민권을 취득했다.

황폐함에 직면해본 영성 안에는 특별한 가치가 있다. "황무지"는 그러한 영성의 가장 완전한 표현으로서, 황폐한 풍경으로부터 시작하여 "이해를 초월하는 평화"라는 결론에 도달한다. 이처럼 노력을 필요로 하는 영성으로의 서정적인 여정은, "'어두운 숲에서' 부터 시작하여 인간적 오류의 연옥을 가로질러 빛 가운데서 끝나는 서정시를 쓰려는" 에즈라 파운드(Ezra Pound)의 목표를 반향한다. 엘리오트는 1930년에 출판된 "재의 수요일"(Ash Wednesday)에서 이 목표에 도달했다. "공허한 사람들"(The Hollow Men)에서는 '죽음'이 다스리는 다른 나라를 탐험한다. 더듬거리며 주기도문을 찬양하지만 실망과 낙심에 이를 뿐인 사람들, 기도하려 하지만 실패하는 사람들은 허수아비(모양이 없는 형상, 색깔이 없는 그림자)들이다. "재의 수요일"의 기독교적 결단—엘리오트의 신앙에의 몰입—은 이 유한한 삶의 긴장에서 벗어나 말 없는 형식과 어조로 표현되어야 한다.

순교를 찬양하는 "대성당에서의 살인"(Murder in the Cathedral, 1935)은 한층 더 완전한 결단에 이른다. 벡켓이 자기를 죽이려는 자들 앞에서 수도사들에게 "나는 위험한 상태에 있는 것이 아니라 죽음에 가까이 있을 뿐이다"라고 외친 것은 십자가 처형과 스데반의 순교가 지닌 영적 역설을 전달한다. 외관상 분명히 세속적인 희곡인 "가정의 재결합"(Family Reunion)은 순교를 향한 순례를 다루는 것으로서 그리스 비극의 분위기와 암유를 사용하여 기독교적인 고난의 초월을 표현한다.

엘리오트의 영적 탐구의 훌륭한 결실은 "사중주"(Four Quartets, 1944)에서 발견된다. 여기에서도 이전의 작품에 등장했던 세 가지 주요 관심사가 되풀이된다: 시간과 공간의 성례전적인 중요성; 성육하신 말씀과 인간의 표현 가능성과의 관계; 그리고 거룩을 향한 평생의 추구. 시인이면서 평론가인 그는 당연히 언어의 정확성에 관심을 기울였다. 그는 풍자적인 Sweeney Agonistes에서 비꼬면서 "당신에게 말을 걸 때에, 나는 단어를 사용해야 합니다"라고 말한다. "사중주"는 "의미의 부정확함"에 대한 항의이지만, 궁극적인 영적 통찰은 공허하고 텅 빈 것처럼 보이는 우주의 침묵을 단어들이 꿰뚫을 수 있다는 지식이다. 그 침묵 속에서 도착하는 정상은 "리틀 기딩", 구도자가 또 다른 방식으로 새로

여성 영성 | Feminine Spirituality

워지고 변화될 수 있는 장소이다. 니콜라스 페라르*가 세운 공동체인 리틀 기딩의 주택과 예배당은 조지 허버트가 온 힘을 기울일 수 있었던 묵상의 장소일 뿐만 아니라 하나의 성소, 역사적인 전환점이기도 했다. 도망자였던 찰스 왕은 그곳에서 한 순간의 안식을 발견했다. 이 시에서, 엘리오트의 탐색, 직무 태만, 영광의 환상, 시적인 심상 등 모든 것이 해결된다.

MOELWYN MERCHANT

여성 영성 | Feminine Spirituality

기독교적 형식 안에 있는 인간적 영성은 그리스도의 신비, 주로 예수 그리스도의 죽음과 부활의 신비에 대한 한 여성이나 남성의 반응이다. 이 신비는 되풀이 되며, 창조, 성육신, 영 등 모든 기독교 신비에게 의미를 제공한다.

그러나 그리스도에 대한 이러한 반응은 개인의 성별, 그리고 그가 처한 역사적 상황에 의해 형성되고 제한을 받는다. 따라서 여성들의 하나님 경험은 남성들의 경험과는 분명히 다르지만, 남성들의 경험과 분리되는 것은 아니다. 두 가지 경험은 상호 보완적이다. 각각의 경험은 상대방의 경험 안에 있는 그리스도에 대한 반응의 본질적인 요소들을 진술하고 요청한다. 따라서, 여성 영성의 특징들은 여성의 생활 경험에 의해 시작되지만 여성들만의 독점 영역은 아니다.

한 여인의 육체적인 경험은 신적인 경험에 대한 그녀의 반응을 이해하는 데 반드시 필요하다. 생물학적으로, 여성은 생명을 잉태하고 출산하는 역할을 한다. 따라서, 그녀의 삶 전체는 출산 및 그 후에 태어난 생명을 양육하기 위한 준비이다. 실제로 생물학적으로 출산을 했든 그렇지 않든 간에, 모든 여성의 정신과 영과 혼은 이러한 육체적인 의무의 영향을 받는다.

그러나 생물학적으로 지워진 특별한 여성의 태도와 정서와 반응을 생물학의 역학과 동일시하는 함정을 피해야 한다. 그렇게 하는 것은 물리적인 현상이 지적해야 하는 초월적인 것보다 그 현상의 특이성이 우선하는 것을 허락하는 것이 될 것이다. 이것은 내면성에 의해 성취된 의미에 기초를 두기보다는 구체성에 대한 외향적 이해에 기초를 둔 일종의 영적 실증주의로 이어질 수도 있다. 그것은 경험을 특정한 사람이 특별한 시기에 경험한 특별한 일로 제한함으로써, 인간 경험의 상호주관성을 부인할 것이다.

기독교 신앙에서 하나님에 대한 여

여성 영성 | Feminine Spirituality

성의 반응은 그 생물학적인 기초에서 해방되었으며, 남성과 여성 모두가 이용할 수 있게 되었다. 따라서, 상징적으로 이해된 여성 영성의 특성들은 영적인 것이기보다는 초현세적인 것이요, 특수한 것이기보다는 일반적인 것이요, 실존적인 것이기보다는 비 본질적인 것이라고 묘사할 수 있다. 여성들의 구체적인 경험의 목직은 모두가 참여할 수 있는 초월성이다.

이러한 견해에 따르면, 남성과 여성에 의해 전용된 여성 영성의 특징은 수용성, 감정적인 반응, 기다림이나 주의 깊음, 고통을 생명의 출산하는 데 반드시 필요한 것으로 여겨 받아들임 등이다. 게다가 여성이 출산의 운명을 성취하기를 바라는 남성의 욕구 외에, 육적인 과정과 삶의 리듬의 연결에서 생기는 육체적인 교섭을 향한 본성이 있다.

이러한 특성들은, 하나님의 주도에 대한 인간의 수용성에 의해 이루어지는 하나님과의 연합의 경험인 관상기도에 적합하다. 전통적으로 그러한 수용성은 수동적인 것이라고 묘사되어 왔지만, 그것을 무력함과 관련된 수동성과 동일시할 수는 없다. 그것은 은혜의 움직임에 대해 점점 크게 반응하는 창조적인 수동성이다. 그것은 하나님이 주도하여 인간이 자신의 품위를 의식함으로써 매일의 현실을 새롭게 보고 해석하게 된다는 의미에서 창조적이다. 그러한 사람의 시야는 확대되어 전에는 고려하지 않았던 삶의 가능성들을 포함하게 된다. 아빌라의 테레사*와 시에나의 캐더린*의 글은 그러한 기도를 묘사한다. 현대인의 입장에서 보면, 그들이 묘사하는 것은 특별한 영적 경험이라고 할 수 있지만, 그렇다고 해서 그들이 묘사하고 있는 기도의 기본적인 힘을 인정하지 않을 수는 없다: 하나님의 주도하심에 대한 반응으로서 종종 성적인 상징으로 묘사되는 연합으로 이어진다.

하나님께 대한 이러한 수용성을 가진 사람은 자기 자신과 다른 사람들 안에 새로운 생명을 낳는다. 과거의 생활 방식, 하나님께 대한 적절하지 못한 반응을 포기하며 새 생명의 출산을 허용하는 데에는 아픔이 따른다. 이것이 죽음으로부터의 생명의 신비, 예수 그리스도의 죽음-부활에 부여된 의미에 대한 여성적인 반응이다. 따라서, 출산의 창조성 및 미지의 것을 대면하는 그 과정에 포함된 위험은 기독교의 중심적인 신비를 향하며 또 그것에 의해 입증된다. 매일 새 생명을 양육하는 일은, 옛 것은 새 것에 담을 수 없다는 지식에 의해서 유지된다. 옛 것은 포기되어야 한다.

이와 같이 상대방에 대한 수용성, 출산 과정, 그리고 양육하는 일 등은 직선적인 상징들보다는 원형의 상징들 안에 뿌리를 둔다. 여성 영성의 원형적인 측면을 묘사하기 위해 사용되는 순환적인 상징은 그릇, 원, 달, 바다 등이다. 이 상징들은 구원사에 대한 일시적인 이해가 아니라 하나님의 영원한 창조성의 신비를 가르쳐 준다. 교회사에서 이 상징들은 비유적으로 예수의 모친 마리아와 동일시되어왔다. 마리아는 지금도 여성 영성의 탁월한 상징으로 사용된다.

필리스 트리블(Phyllis Trible)은 『하나님, 그리고 성의 수사학』(*God and the Rethoric of Sexuality*, 1978)에서, 유대교 성경 안에 하나님에 대한 여성적인 상징들, 기독교인의 언어학적 의식을 형성해온 남성 지배적 문화에서 간과되어온 상징들이 포함되어 있음을 지적했다. 그러나 다양한 저자들의 하나님에 대한 반응에서 생긴 이러한 상징들의 존재를 인정하며, 또 하나님의 형상(*imago dei*)이라는 교리를 신봉한다 해도, 교회가 적절한 방법으로 그리스도 안에서 하나님께 반응하려면 기독교 영성 안에서 남성적인 것과 여성적인 것이 함께 발달해야 할 것이다.

Nor Hall, *The Moon and the Virgin, Reflection on the Archetypal Feminine*, 1980; Mary Esther Harding, *The Way of all Women*, 1975; Helen Luke, *Women Earth and Spirit: The Feminine in Symbol and Myth*, 1981.

NANCY C. RING

여성 은둔자를 위한 규칙
Ancrene Riwle, The

여자 은둔자들이 많았고, 그들의 삶에 종교적인 유혹이 많았던 13세기 초에 기록된 여자 은둔자들을 위한 규칙. 이 규칙은 유럽의 감성적 영성에 속한 여성 운동의 영국적 표현일 수도 있다.

이 규칙은 신비적 논문이 아니라, 신비주의가 꽃 필 수 있는 독거 생활 지도 원리를 기록한 것이다. 그것은 생생하고 재치가 있으며, 현실적이고 실질적이다. 그것은 여덟 개의 항목으로 나누어져 있다: 1. 경건 훈련; 2. 마음을 지키면서 감각을 다스리는 것; 3. 도덕적인 교훈과 본보기; 4. 유혹과 유혹을 피하는 방법; 5. 죄고백; 6. 참회와 시정; 7. 사랑; 8. 가정에서의 의무와 사회적 의무.

규칙들은 인간적이며 균형을 이루고 있다. 지나친 엄격함이나 채찍질은 없고, 한담이나 잡담에 대한 경고들이 수록되어 있다. 일곱 가지 대죄를 새끼를 거느린 동물에 비유하여 흥미롭게 다룬다. 냉담*은 여덟 가지 새끼를 거느린다: 무감각, 나약, 따분한 마음, 게으름, 인색함과 불평, 죄가 아닌 다른 일로 인한 슬픔, 태만, 절망. 이 미지의 저자는 독거생활이 세월이 흐름에 따라 점점 더 어려워질 수도 있다는 것, 그리고 우리의 거룩함이 진보할수록 하나님께서 우리를 더욱 더 시험하신다는 것을 잘 알고 있다. 그러나 "결국에는 큰 기쁨이 임한다." 사랑은 율법의 완성이며, 사랑의 권고는 온유하지만 확고하게 기록된다. "여러분이 연합되어 있으면 원수가 당신을 해칠 수 없습니다…만일 원수가 여러분 사이에 분노를 심어 놓는다면, 예수 그리스도께서 그것을 금지하실 것이며, 그 분노를 버리지 않는 한, 누구도 그리스도의 몸과 피를 받을 수 없습니다…만일 분을 품게 만든 사람이 자리에 있다면, 겸손히 그 사람의 용서를 구한다고 말해야 합니다."

M. Day, *The Ancrene Riwle* (EETS, orig series 225); M. B. Salu, *The Ancrene Riwle* (tr. mod Eng), 1955.

편집자

연합의 길 | Unitive Way

완전한 자의 길이라고 불리기도 한다. 많은 옛 영적 지도자들은 연합의 길을 영적 여정의 삼 단계 중 마지막 단계로 이해했다. 나머지 두 단계는 초심자의 길인 정화의 길(purgative way)과 숙련된 사람들의 길인 조명의 길(illuminative way)이다.

현대의 영적 작가들은 이 구조가 지나치게 엄격하다고 여기는 경향이 있다. 왜냐하면 각 단계에 명칭을 부여해 주는 특별한 특성들, 즉 회개의 심화, 믿음과 이상의 확대, 하나님과 이웃 사랑 안에서의 성장 등은 영적인 여정 내내 현존하는 중요한 특성들이기 때문이다. 더욱이, 사람들은 각기 자신의 기질, 초기의 경험, 현재의 상황, 그리고 특별한 소명 등에 따라서 여러 가지 다른 길로 이끌림을 받는다. 사람은 때때로 하나님 안에 있는 자신의 영적 종착점에 도착하기 위해 생소한 꼬불꼬불한 길을 여행하기도 한다. 그러나 이것을 염두에 두고서 그 구조를 융통성있게 이해한다면, 그것은 영적 지도자에게 도움이 될 수도 있다. 왜냐하면 사람들은 실제로 그 단계들을 거치기 때문이다. 영적인 초심자가 있고, 노련한 사람들이 있으며, 하나님을 향한 여정에서 크게 진보된 사람들이 있으며,

연합의 길 | Unitive Way

그들의 욕구는 각기 상이할 것이다.

연합의 길은 영적 여정에서 크게 진보된 사람들의 특징인 일련의 동기들과 목표들이라고 묘사할 수도 있다. 영성 생활의 주된 목표는 하나님과 그의 뜻과 하나가 되는 상태로 성장하는 것이다. 기독교인은 많은 동기들의 자극을 받는다: 죄와 죄책에 대한 두려움, 내적 자유와 평화에 대한 갈망, 받은 은혜에 대한 감사 및 그에 응답해야 한다는 의무감, 하나님을 기쁘시게 하려는 갈망 등. 그가 영적 여정을 진행함에 따라서, 하나님을 향한 사랑의 감정과 그를 기쁘시게 하려는 갈망이 다른 동기들보다 우세해지기 시작한다. 이 지배적인 동기는 그보다 저급한 동기들을 파괴하는 것이 아니라, 서서히 그것들을 변화시켜 하나님과의 하나님 및 그의 뜻과 일치하려는 소망에 일치하게 만든다. 하나님을 향한 사랑은 부부 간의 사랑, 부모 자식 간의 사랑, 또는 친구들 사이의 사랑과 비교될 수 없다. 하나님을 향한 사랑은 사랑 안에서 이기적이고 독점하려는 요소들을 감소시킴으로써 참 사랑을 강화시켜 준다. 한 사람과 하나님과의 교제 의식이 성장함에 따라, 그는 모든 사람들, 자연 세계 전체를 자기의 친구인 하나님의 것으로 여기고 느끼며, 피조 세계 전체에 대한 하나님의 관심에 동참하기 시작한다.

T. S. 엘리오트*는 피조 세계 전체를 향한 사랑 안에서 넘쳐 흐르는 하나님을 향한 사랑을 하나님이 주신 선물이라고 표현한다. 하나님께서 먼저 우리를 사랑하셨기 때문에, 우리는 하나님을 사랑한다. 우리는 하나님의 사랑을 의식하면, 그 사랑에 응답하는 사랑을 일으킨다. 연합의 생활에 속하는 한 가지 훈련은 이러한 깨달음을 강화하기 위해 노력하는 것이다. 사랑 안에서 자라기를 원하는 기독교인은 복음의 이야기, 특히 하나님의 사랑을 강력하게 표현하는 장면들과 상징들을 읽고 깊이 생각할 것이다. 특히 그리스도의 수난과 죽음에 대한 이야기, 그리고 십자가 위에서 적나라하게 드러난 인류를 향한 하나님의 사랑을 묵상할 수 있게 해 주는 십자가에 달리신 분에게 관심을 갖게 된다.

연합의 생활에서는 기도가 중심을 차지한다. 하나님을 사랑으로 신뢰하는 태도가 삶 전체에서 표현될 것이며, 특수한 기도의 시기들은 이와 같이 하나님을 향하는 태도에 초점을 두며, 또 그러한 태도를 강화해줄 것이다. 연합의 생활에서 이루어지는 전형적인 기도는 관상기도이다. 그것은 사랑으로 하나님을 향하는 기도라고도 묘사되어 왔다. 그것은 직관의 발휘, 하나님을 모시는 것, 경청하는 것, 인간의 이해력을 초월하는 실재를 바라보는 것이다. 관상은 하나의 선물이요 은혜로서, 우리가 명령하여 얻는 것이 아니라 인내하며 기다려야 받을 수 있는 것이다. 하나님 및 하나님의 뜻과 하나가 되기 위해 노력하지 않는 사람은 관상에 이를 수 없다.

하나님과 동행하기를 원하는 사람은 영적 여정의 모든 단계에서 어떤 형태로든지 십자가를 발견할 것이다. 목숨을 얻기 위해서 잃어야 한다는 그리스도의 말씀은 영적 여정의 출발점에서부터 종착점까지 적용되지만, 특히 연합의 생활에 적합한 말씀이다. 하나님을 향한 참 사랑과 신뢰는 내적인 안도감을 만들어 내며, 그것은 사람으로 하여금 자신의 평화를 위협하는 요인들에 대한 방어를 늦출 수 있게 해준다. 결국, 그는 여러 가지 방법으로 공격을 받는다. 그는 다른 사람들의 요구나 그들이 지우는 짐을 거부할 수 없음을 발견한다. 그러나 그는 자발적으로 다른 사람들의 요구와 욕구에 복종하면서도, 전보다 한층 더 자유로움을 느낀다. 그는 유아기의 고통스러운 경험에 뿌리를 두고 있으며 오랫 동안 억제되어온 감정처럼 외적인 시련보다 더 좋지 않은 시련들로부터 해방된다. 그는 방어 태세를 늦추면서 고독함과 거부감, 두려움과 분노, 천박한 성적 욕구, 낙심 등의 감정에 노출된다. 그의 정신은 하나님의 실재나 선하심 등에 대한 질문의 공격을 받기 쉽다. 자만심이 깨지고 하나님에 대한 반석 같은 신뢰로 다시 태어난다. 그는 내적으로 깨진 후에 다시 지음을 받는다. 그는 승리할 때나 재앙을 당했을 때나, 외적인 환경에서나 내면 생활의 영역에서나 기뻐하는 법을 배운다. 왜냐하면 그는 믿음으로 확신하기 때문에 만물 안에 전능하신 사랑의 하나님이 현존하시며 그 자신 및 다른 모든 사람의 영원한 유익을 위해 일하신다는 것을 알기 때문이다.

Christopher Bryant, *The Heart in Pilgrimage*, ch. 5, 1980.

CHRISTOPHER BRYANT, SSJE

영광 | Glory

"영광"이라고 번역된 히브리어와 헬라어는 신약성서와 구약성서에서는 흔히 하나님의 계시된 성품 및 예배와 행동으로 표현되는 백성들의 반응을 말하기 위해서 사용된다. "영광"과

영광 | Glory

"영광을 돌리다"라는 단어는 기독교 영성의 범위와 특성을 가장 잘 시사해 준다. kadod라는 히브리어는 "무게"를 의미하는 어근에서 파생되었으며, 한 사람의 힘이나 부유함을 나타내기 위해 사용된다. 그것은 하나님에게 적용되면 하나님의 위엄과 초월하심과 주권 뿐만 아니라, 하나님의 능력과 성품에 대해 말한다. 무게라는 개념 외에도, 종종 빛이라는 사상이 그 단어와 연결된다. 따라서 그것은 하나님의 눈부신 광채를 언급한다. 그 단어는 광야의 장막에서 이스라엘 백성들이 본 구름 속에 가려진 하나님의 임재를 나타내기 위해서도 사용된다. 하나님의 영광은 인간에게서 행동과 예배와 찬양이라는 반응을 일으키며, 하나님의 목적에 일치하여 살려는 반응을 일으킨다. 하나님의 백성들은 이 두 가지 방법으로 하나님을 영화롭게 하거나 하나님께 영광을 돌리라는 부름을 받는다.

히브리 종교에 그리스 문화와 언어가 유입되면서, 하나님의 kabod를 번역하기 위해 doxa라는 헬라어가 사용되었다. 이 단어는 일반적으로 견해(내가 생각하는 것), 또는 특징(사람들이 나에 대해 생각하는 것)을 의미했다. 신의 영광을 표현하기 위해서 이 단어를 사용한 것은 언어적으로 혁명적인 일이다. 따라서 하나님의 영광이라는 개념과 인간의 영광이라는 개념이 대조된다. 요한복음에서는 이 대조가 생생히 암시된다: "너희가 서로 영광을 취하고 유일하신 하나님께로부터 오는 영광은 구하지 아니하니 어찌 나를 믿을 수 있느냐"(요 5:44).

신약성서에서 "영광"(glory)이라는 단어와 "영화롭게 하다"(glorify)라는 단어는 예수 그리스도 안에서 하나님의 계시에 의해 심화되고 성취된 구약성서의 개념들을 표현한다. 바울 서신에서는 종종 예수 안에서, 특히 그의 부활에 의해서 알려진 하나님의 영광에 대해 말한다. 빛이라는 이미지가 주권이라는 주제 못지 않게 분명히 나타난다. 기독교인들은 하나님께 영광을 돌려야 한다. 바울 서신에는 영광의 찬양이라는 주제가 포함되어 있다. 그러나 기독교인의 반응은 삶의 모든 측면에 의해 나타난다. 왜냐하면 모든 일이 하나님의 영광을 위해 행해져야 하기 때문이다.

요한복음에서는 영광이라는 개념이 특히 예수와 연결된다. 요한은 예수의 삶과 가르침과 표적 안에서 하나님의 영광을 볼 수 있다고 말한다. 예수님은 세상에서 사역하시는 동안에 아버지

영광 | Glory

를 영화롭게 하며, 아버지께서는 그를 영화롭게 하신다. 따라서 아버지와 아들의 영원한 영광이 자기를 내어주는 사랑의 영광으로 계시된다. 이렇게 계시된 영광은 예수의 십자가 죽음에서 절정에 달하며, 요한은 그것을 패배가 아니라 자기를 내어주는 사랑의 승리로 묘사한다. 예수께서는 십자가에 달리시기 전날 밤에 자신의 죽음으로 아버지께서 자기를 영화롭게 하시고 자신은 아버지를 영화롭게 하게 해 달라고, 그리고 제자들에게 영광을 선물로 달라고 기도하신다(요 17장). 제자들이 영광을 받으면, 그들은 천국의 영광을 보게 될 것이다. 예수님은 마지막 만찬 때에, 성령께서 제자들 안에서 예수를 영화롭게 해 주시기를 기도하셨다. 요한복음에서는 기독교가 두 개의 중요한 사건을 가지고 있는 것으로 제시된다. 하나는 예수 안에서의 영광의 계시이고, 나머지 하나는 신자들이 그 영광을 자신의 것으로 만듦에 따라 이 영광이 신자들의 삶 속에 들어오는 것이다.

"영광"이라는 단어는 기독교 영성의 표현에서 중요한 위치를 차지하게 되었으며, 하나님의 위엄과 자기를 내어주심, 그리고 찬양과 교제와 예배와 삶으로 나타내는 인간의 반응에 대해 말한다. 인간은 천국의 영광을 목표로 삼고 하나님께 영광을 돌리기 위해 존재한다는 것이 기독교 신앙이다. 이 반응에는 경외심과 의지하는 마음으로 드리는 찬양, 그리고 사람들이 영광에 동참함으로써 영화롭게 되는 참여가 포함된다. 그러나 그러한 참여는 찬양자와 찬양을 받으시는 분, 구속함을 받은 사람과 구속자, 피조물과 창조주 사이의 구분을 흐리게 하지 않는다.

영광이라는 기독교적 개념이 지닌 이중의 특성은 히브리 동사의 어근에 대한 연구에 의해 밝혀진다. *kabod*는 능동의 의미와 수동의 의미를 지니는 히브리 단어들 중 하나이다: 영광받으시는 하나님이 자신의 영광을 증명하신다. 그러나 그것은 언어학적인 것 이상의 주제이다. 그것은 기독교 성인들의 경험에 속하는 것이며, 기독교 성인들의 가장 특징적인 것은 그리스도를 닮아 성장하는 것이다. 한편, 그리스도를 닮는 것은 결코 자아에 기인하는 것이 아니라 철저히 하나님께 기인하는 것이며, 하나님을 닮는 것과 하나님을 경모하는 이상이 하나가 되는 목표를 추구하는 것이다.

G. B. Caird, *The Language and Imagery of the Bible*, 1980; A. M. Ramsey, *The Glory of God and the Transfiguration of Christ*, London, ²1968.

영국 신비가들 | English Mystics

A. MICHAEL RAMSEY

영국 신비가들 | English Mystics

이것은 리처드 롤(Richard Rolle)*, 『무지의 구름』*의 저자, 월터 힐튼, 노리지의 줄리안* 등 14세기에 활동한 유명한 작가들에게 주어진 명칭이다. 이들 외에도 한두 명, 특히 1373년에 태어나 1430년대까지 살았던 마저리 켐프가 관련되어 있다. 그들은 20세기에 큰 영향을 미쳤으며, 또 오늘날 세상에서 관상 기도의 방법을 찾는 사람들에게 많은 말을 하고 있다. 아마 그 이유는 그들의 시대와 지금 우리가 사는 시대 사이에 많은 유사점이 있기 때문일 것이다. 그러나 14세기는 기술적인 성취의 시대였으며, 아울러 전염병, 사회적인 불만, 무질서, 가난, 전쟁 등으로 인한 큰 불안과 형이상학으로부터의 도피가 수반된 시대였다. 또 그 시대는 민족적인 자의식이 솟아오르고 있었고, 중세 영어의 위대한 시기가 임박해 있었고, 고딕식 성당들이 건축되던 시기였다. 그러나 개인적인 신앙을 대변한 영국 신비가들은 성직자들에게 유익을 주지 못한 것이 아니며 또 거룩한 교회에 불충하지도 않았고, 편협하게 비상상적이고 엄격한 계획들을 추진하지도 않았으며, 하나님의 사랑에 대해 개방적이었다. 그들은 거룩하신 분을 둘러싸고 있는 구름을 뚫고 올라가려 하면서 우리의 사랑의 갈망이 자유롭게 발휘되게 하려 했다.

이 영국 신비가들 중 두 사람은 여성이었다. 줄리안은 자신의 수실에서 나오지 않고 생활한 은수사이자 신학자였고, 14명의 자녀의 어머니였던 마저리는 항상 세상을 방랑했는데 심지어 로마와 예루살렘까지 찾아갔다. 그녀에게는 여러 가지 히스테리 증상이 있었기 때문에 많은 의심을 받았다. 그들의 방법이 매우 매력적이었으므로, 모든 사람이 그들의 방법을 사용할 수 있다고 생각하면서도 그 바탕에 있는 수덕 생활을 망각하기 쉽다. 그들의 어두운 밤은 세상적인 지성의 방황하는 정신이나 유행하는 의심이 아니며, 그들의 계시는 그들의 매우 고양된 글이 지닌 아름다움이나 신비한 미를 연구하는 데서 오는 멋진 느낌들이 아니다.

영국 신비가들은 관상가들이었다. 이것은 그들을 신비가라고 부르는 것보다 더 훌륭하게 묘사하는 방법일 수도 있다. 그러나 성 빅톨 수도원 사람들과 마찬가지로, 그들이 신비주의를 나타내기 위해 사용한 용어가 관상이었는데, 이것은 하나님을 향한 사랑의 상태, 그리고 이전에 경험한 것들과는 완전히 다르며 이성적인 사고 과정에 의해 얻을 수 있는 것보다 심오하고, 궁극적으로 말로 전달할 수 없는 신지식을 언급한다. 그것은 고난이 따르는 연단된 기도 생활의 최후를 장식하지만, 그것은 결코 인간에 의해 "시도되는 것, 획득되는 것"이 아니다. 그것은 완전히 하나님의 선물이다. 영국 신비가들은 "순수한 관상은 받는 것 안에 존재한다"는 십자가의 요한*의 말에 동의할 것이다. 결국, 기도는 우리에 "의해서"보다는 우리 "안에" 만들어진다.

그들 중에서 힐튼은 유일하게 학구적인 사람이었지만, 그들의 생활과 가르침의 근원은 세 가지였다. 그리고 그들의 신학은 대체로 그들이 호흡한 대기, 그들 주위의 영성으로부터 받아들인 사상, 그리고 그들이 때때로 읽거나 들은 책 안에 있는 것이었다. 그들은 성 빅톨 수도원 사람들이 형식화한 어거스틴주의의 혜택을 크게 받았다. 빅톨 수도원 사람들은 관상을 "반-지성적, 반-헌신적으로 은혜의 조명을 받아 기독교의 진리를 통찰하는 것, 오랫동안의 수덕적이고 정신적인 준비에 따른 정상적인 결과이며, 그 너머에 완전히 신비적이고 수덕적인 경험이 있다"고 보았다(David Knowles). 이것은 힐튼에게서 분명히 나타난다. 두번째로, 그들은 아레오파고의 디오니시우스*와 신플라톤주의의 영향을 받았다. 이것은 빛이 아니라 어두움을 통과하는 여정과 부정의 길을 의미했다. 이것은 『무지의 구름』에 주된 영향을 미쳤다. 세번째로, 사막 교부들*의 가르침 안에 처음으로 표현된 기도의 오랜 전통이 그들에게 영향을 미쳤다.

그리스도의 수난은 영국 신비가들의 경건의 핵심이다. 줄리안은 죽음을 제외한 그리스도의 고난에 동참하기를 원했으며, 그녀가 본 환상들(showings)은 그리스도의 찢어지고 피 흐르는 몸에 관한 것이었다. 줄리안의 지도를 받은 적이 있는 마저리 켐프는 예루살렘에서 십자가의 길을 따라 순례하면서 큰 슬픔과 비탄에 사로잡혔다. 그 때에 고함지르는 태도가 시작되었는데, 그것은 여러 해 동안 그녀를 부끄럽게 하고 몸을 약하게 만들었으며, 주변 사람들을 놀라게 했다. "이따금 십자가 고상을 보거나, 상처 입은 짐승을 보거나, 또는 어른이 아이를 때리는 모습을 보거나, 말이나 다른 짐승을 채찍질하는 모습이나 소리를 들을 때면, 그녀는 매 맞거나 상처를 입으신 주님을 보는 것 같았다." 힐튼의 견해에 의하면, 수난에 대한 신앙은 관상으로 들어가는 입구였다. 그 문으로 들어가지 않는 사람, 그리스도께서 당하신 비참함과 그리스도께서 그의 인성 안에 나타내신 자비를 알지 못한 채 다른 길을 찾는 사람은 도둑이며 강도이다.

이러한 정서는 힐튼이 일리노의 수도사 제임스의 저서인 *Stimulus Amoris*를 번역하고 주석한 책에 분명히 드러나 있지만,『무지의 구름』에서는 그것을 비난한다.『무지의 구름』에서는 고난에 대한 묵상은 영혼이 관상을 위해 비워지기 위해서 포기해야 할 분심들 가운데 포함된다. 저자는 그러한 묵상은 근본적으로 기초적인 것이라고 인정함으로써 이것을 바로잡아야 했지만, 그것은 신념에 관한 일이 아니라 인습적인 권고에 양보하는 것과 관련된 일인 듯하다. 무지의 구름을 꿰뚫기 위해서는, 그리스도의 고난에 대한 생각 및 정신의 모든 활동은 망각의 구름 밑을 통과해야 한다.

여기에서 많은 사람들이 반대를 제기할 것이다. 17세기의 영국 교회의 충실한 신자 클러랜던(Clarendon)은 영국인이 아닌 다른 신비가들을 알고 있었다. 그는 "활기찬 영들이 관상할 대상을 소유하기도 전에 관상에 관한 추상적인 문서들 때문에 의욕을 잃을 수도 있다"는 사실을 한탄했다. 이것은 그들로 하여금 "그 답답하고 게으르고 무기력한 상태에서 벗어나" 활력을 되찾을 수 없게 만든다.『무지의 구름』이 책을 여기 저기 읽는 사람들을 위해 서술한 책이 아니라고 대답한 것은 그리 지나친 답변이 아니다. 그 책은 특별한 기도의 소명의 진보된 단계를 다루고 있다. 그러나 관상적인 공(空)은 "내 손에 아무 것도 가져 오지 않고, 다만 당신의 십자가에 매달립니다"라고 하는 상태와 흡사하다.

그러나 우리는 영원히 십자가에 매달려서는 안 된다. 여기에 또 다른 어려움이 있다. 우리가 거룩한 인성과 고난 너머로 나아가야 한다고 가정하는 것, 그리스도와 그의 십자가가 단순히 우리가 지금까지 올라왔지만 앞으로 다시는 필요하지 않을 사다리라고 여겨지는 축복의 영역이 있다고 가정하는 것은 복음에 대한 오해가 아닌가? 이것은 우리를 혼란하게 만든다. 그러나 그것은 정신착란 상태의 불쌍한 마저리를 슬프게 만들었던 그리스도의 고난과 육체적인 공포에 영원히 사로잡히지 않을 것임을 의미할 수도 있다. "나를 만지지 말라 내가 아직 아버지께로 올라가지 못하였노라 너는 내 형제들에게 가서 이르되 내가 내 아버지 곧 너희 아버지, 내 하나님 곧 너희 하나님께로 올라간다 하라 하신대…" 예수님은 그 시대의 마저리와 같은 여인 막달라 마리아의 마음을 아프게 하셨다. 우리는 그리스도의 영광에 이르기 위해 그리스도를 따라가는데, 줄리안의 경우처럼 육체적인 광경이 이해로 변화되며, 이해가 다시 설명할 수 없는 관상으로 변화된다. 그러나 줄리안은 신비가들 중에서 가장 관상적이지 못한 사람이요, 철저히 그리스도 중심이요 삼위일체적인 신비가였다. 우리는 『무지의 구름』에 대해서 그다지 긍정적일 수도 없지만, 그 책에는 하나님은 사랑이라는 요한의 믿음이 가득차 있다.

네 사람의 영국 신비가들은 예수의 고난에 전념했음에도 불구하고 "은혜의 낙관주의"라고 불리는 것을 생각나게 해 준다. 물론 이것이 중세 시대 서방 기독교의 비애의 다른 면이었다. 그 시대는 세련된 지혜의 시대인 동시에 음유시인들의 시대였다. 마저리 켐프는 눈물을 흘리면서도 쾌활할 수 있었다. 그녀에게는 순박하고 소탈한 유머어가 있었고, 그것이 많은 사람들의 마음을 끌었다. 롤은 육체적인 현상과 천사들의 환상에 수반되는 황홀함에 지나치게 열중했던 듯하다. 월터 힐튼은

"천사들의 노래는 영혼의 가장 큰 기쁨이 아니라" 부수적인 즐거움이라고 말한다. 영혼의 참된 기쁨은 하나님의 사랑 안에 있다.

Eric Colledge (ed), *The Mediaeval Myths of England,* 1962; David Knowles, *The English Mystical Tradition,* 1961.

편집자

영국의 영성 | English Spirituality

잉글랜드는 대륙의 영향을 크게 받아왔지만, 받아들인 것을 자신의 것으로 만들어왔다. 그 예로 1611년의 성경과 공동기도서를 들 수 있다. 또 14세기의 신비가들 중 일부가 잉글랜드 중부 지방, 또는 이스트 앵글리아(East Anglia)에 살았다는 사실도 중요한 것일 수 있다. 한편 청교도들도 이스트 앵글리나 비국교도들의 비밀 집회가 가능한 칠턴 지방(Chilterns)에 살았다. "하나님이 글러스터 지방에 확실히 계시다"는 말은 하나님의 영광보다는 인간적인 부의 증거일 수도 있는 찬란한 교회들이 많다는 말이다. 웨슬리의 감리교 운동은 런던, 뉴캐슬, 브리스톨, 콘월 등지에서 활발했다. 여기에는 경제적, 육체적, 인간적 지리학이 완전히 통합되어 있다. 그것의 현대적 예증은 오딘(W. H. Auden)의 "석회암을 찬

양하며"와 Amor Loci에서 발견된다. 이 두 가지 글에서는 석회암으로 이루어진 풍경을 찬양하며, 그 고독함과 황량함으로부터 하나님에 대한 의식을 끌어낸다.

마틴 손톤(Martin Thornton)은 『영국 영성』이라는 연구서에서, 14세기부터 윌리엄 템플* 이전까지의 분열의 시기의 밑에서 흐르는 연속성을 식별해냈다. 그러나 그는 기독교적인 삶에 대한 영국인들의 해석 전체가 아니라 특정한 유형의 영성만을 다루고 있다. 이것이 지닌 일곱 가지 특징을 가려낼 수 있을 것이다.

1. 그리스도의 수난에 대한 헌신. "십자가 상의 예수의 꿈"(The Dream of the Rood, 8세기)라고 불리는 오래된 영국 기독교 시가 있다. 거기서 그리스도는 젊은 용사로 묘사되는데, 그는 고난 당하기 위해서 용감하게 십자가에 오른다. 12세기에 베넷(J. A. W. Bennet)이 "유럽 역사상 가장 큰 감정의 혁명"이라고 부른 일이 발생했고, 고통하는 구세주, 십자가에 달려 슬픔에 잠겨 고개를 떨구고 두 팔을 펼친 채 상처에서 피가 흐르고 있는 그리스도에게 신앙심이 집중되었다. 이러한 현상은 중세 시대 내내 나타났는데, 특히 노리지의 줄리안*에게 현저하게 나타났으며, 17세기를 거쳐 복음주의 신앙부흥에 이르기까지 계속되었다. 아이작 왓츠(Isaac Watts)*가 지은 찬송 "주 달려 죽은 십자가"는 그 전형적인 예이다. 1552/1662년의 기도서의 성찬 예배는 구속의 희생에 중점을 두고 있다.

그 외에 토머스 브라운(Thomas Browne)*, 존 밀튼, 켐브리지 플라톤 주의자들*에 의해 대표되며 18세기까지 지속되는 이성주의적인 전통이 있다. 한편 옥스포드 운동*은 부활하신 영광의 주의 영성, 그리고 나중에는 성육신의 영성으로 발전했다.

2. 자비, 감정적인 경건. 일부 저지대 국가 출신 칼빈주의 신학자들은 청교도들을 "영국 신비가들"이라고 혹평했고, 그들의 영성은 칼빈주의의 엄격함과는 대조적으로 "온건 노선의 감정 배양"이라고 비난했다. 리처드 백스터*는 조지 허버트의 "마음의 작업"에 대해 기록했다. 번연의 표현을 빌자면, 그 영국인의 눈에는 종종 눈물이 어려 있었는데, 공립 학교 전통에서는 그것을 경멸했다. 중세 시대에는 "눈물은 부끄러운 것이 아니라 은혜로 간주되었다"(J. A. W. Bennet). 돈(Donne)은 십자가 앞에서 울곤 했고, 앤드류즈*의 Preces Privatae는 손으로 만져 더러워지고, 그가 흘린 회개의 눈물로 얼

룩져 있었다.

3. 검소함. 16세기부터 가정 예배가 중심이 되었다. 번연의 글에서 순례자들은 교회나 성당이 아니라 가정들을 방문한다. 영국 영성은 지나치게 수식적이거나 화려하지 않으며, 또 학교나 성직자, 또는 체제에만 적용되는 것도 아니다. 검소하고 천한 여인 마저리 켐프, 신비한 불길을 거대한 화염으로 만든 번연, 퀘이커 파*, 감리교의 순회 전도자 등이 영국 영성에 큰 공헌을 했으며, 그들 중 일부는 다른 전통에서라면 관상자들이라고 불렸을 것이다.

4. 성례전적인 의미. 비드(Bede)*는 영국인들이 성찬에 자주 참여하지 않는 것을 책망했다. 옥스포드 운동*이나 전례 운동(Liturgical Movement)이 전개되기 전에는 대부분 국교회의 신자들은 일 년에 3-4차례만 성찬에 참여했다. 한편 청교도 전통과 감리교 전통에서는 영국 국교 가톨릭파의 로마 가톨릭 교회를 향하는 성향에 놀라서 말씀에 최고의 권위를 부여했다. 그러나 종종 주위 세상에서 성찬에 주님의 살과 피가 실제로 현존한다는 사상이 발견되었다. 한편 백스터는 우리가 "떡을 먹고 잔을 마실 때에, 대부분의 사람들이 성찬의 성례를 사용할 때에 소유하는 것보다 더 완전하게 그리스도와 천국을 맛보는 법을" 배울 수도 있다고 믿었다.

5. 지적인 완전함과 윤리적인 관심. "예수님은 내 마음의 소원을 확증해 주시며/당신을 위해 일하시고 말씀하시고 생각하십니다"(찰스 웨슬리*). 줄리안은 자신이 본 계시들에 대해 의심을 제기하며, 병 중에 있을 때에도 환상과 진실을 구분하며, 평생 자신의 경험이 의미하는 것을 이해하려고 노력하면서 지낼 수 있는 능력을 나타냈다. 안셀름*에서부터 켐브리지 플라톤주의자들과 하노버 왕조와 빅토리아 왕조 시대의 도덕가들에게로 이어지는 철학적 경향이 있다. 조셉 버틀러와 윌리엄 윌버포스는 도덕 신학자요 박애주의자의 두드러진 예이다. 그들은 형식적인 종교와 참된 기독교의 차이에 대한 실질적인 견해를 다룬 유명한 논문을 썼다.

6. 성경적인 기원. 크랜머(Cranmer)는 성무일과를 개정하여 말씀의 예배로 만들었고, 매일 성경을 읽고 듣는 것이 개신교의 이상이 되었다. 성경을 존중하는 것은 건전한 성경적인 학문과 양립해왔다. 성경적인 학문에서는 정직한 주석은 믿음을 잠식하지 않는다는 믿음을 가지고서 비판적인 방법을 사용해왔다. 근본주의(fundamen-

talism)는 원래 영국 전통 안에 있었던 것이 아니라 미국의 신앙부흥주의로부터 도입된 것이다.

7. "은혜의 낙관주의". 이것은 "모두가 잘 될 것이며, 모든 것이 잘될 것이며, 모든 종류의 일이 잘될 것이다"라는 줄리안의 말에서 훌륭하게 표현된다. 이것은 켐브리지 플라톤주의자들, 빅토리아 시대의 인물인 쳐치(R. W. Church)의 준엄한 국교회 신앙, 서정성과 사회적 관심을 지닌 감리교 영성, 그리고 제2차 세계 대전 때까지 지속되어온 로버트 브라우닝(1809-1889)의 막대한 영향력 등 안에서 여러 가지 형태로 반복하여 나타났다.

제1차 세계대전은 제국주의의 자만하는 영성을 파괴하는 데 크게 기여했다. 그것은 하나님의 무감각을 매도하는 스터더트-케네디(G. A. Studdert-Kennedy)의 글에서처럼 고난의 신앙을 부흥시켰다. 다시 고난과 두려움 안에서 갈보리를 바라보게 되었다. 웨일즈 출신의 아버지와 켄트 주 출신 어머니 사이에서 태어난 데이비드 존스(David Jones)는 그리스도를 무력한 희생자가 아닌 용사로 간주했으며, 전쟁은 죽음을 주제로 하는 전례로 간주했다. 그의 산문시 *In Parenthesis*와 *Anathemata*는 신조와 미사에 비추어 서방 문화 전체를 바라보는 만화경 역할을 한다.

새로운 영국 사회에서, 여러 인종들과 종교들은 전례없이 혼합되고 있으며, 기독교는 과거와 같은 힘을 소유하지 못하고 있다. 현재 공통된 성경 번역본이 없고, 새로운 전례와 찬송이 옛 것들을 밀어내고 있다. 은사 운동*과 강력한 성경적 근본주의 및 개인적인 경험을 강조하는 태도는 전통들이 전처럼 이해되거나 소중히 여겨지지 않음을 의미한다. 그러나 일부 사회에서는 줄리안의 글이 가장 많이 팔리고 있으며, "만세 반석 열리니"는 여러 인종이 뒤섞여 사는 빈민가의 신자들이 즐겨 부르는 찬송이다.

J. A. W. Bennet, *Poetry of the Passion*, 1982; Gordon Huelin, *The Cross in English Life and Devotion*, 1972; David Newsome, *Two Classes of Men*, 1974; E. G. Rupp, *Six Makers of English Religion*, 1957; C. J. Stranks, *Anglican Devotion*, 1961; G. S. Wakefield, *Puritan Devotion*, 1957.

편집자

영 분별 | Discernment of Spirits

영 분별은 성경적인 은사이며(고전 12:10), 교부적인 덕목(헬라어로는 *diakrisis pneumaton*, 라틴어로는 *discretio spirituum*)이다. 이것의 목적

영 분별 | Discernment of Spirits

은 소정의 인간적인 행위 안에서 하나님의 임재나 부재를 확인하는 것이다. "영"(spirit)이란 한 사람의 내면에 존재하는 감정적인 움직임들로서, "그의 열매로 그들을 알지니"(마 7:16)라고 한 복음의 원리에 따라 그것들이 지향하는 방향에 의해서 평가된다. 따라서 영들을 분별하는 것은 성령의 임재나 부재를 식별하기 위한 수단이다.

전통적으로 그러한 움직임의 근원은 하나님이나 마귀로서, 궁극적으로 천사나 마귀와 같은 외적 행위자를 통해서, 또는 인간의 내면에 있는 영의 원리나 육의 원리를 통해서 활동한다. 신학적인 범주와는 상관없이, 그것들은 분별이라는 실질적인 훈련과는 관련이 없다. 왜냐하면 그것은 원인들을 사변적으로 묘사하는 것이 아니라 삶의 선택에 대한 실질적인 판단과 결정이기 때문이다. 분별의 과정은 경험적이고 귀납적이다. 그것은 학문이라기보다 지혜이다. 따라서 분별은 오늘날 심층 심리학과 사회적인 분석의 통찰들과 같은 신학적인 이해에 있어서 새로운 발달 현상들을 받아들일 수 있다.

사막 교부들*은 분별에 관한 가르침을 발달시켰다. 존 카시안*, 존 클리마쿠스(649년 사망)*와 같은 사람들이 그러한 가르침들을 체계화했고, 후일 이그나티우스 로욜라*가 조목 별로 요약했다. 이 전통의 표준구(*locus classicus*)는 이그나티우스 로욜라가 피정 지도자들을 위한 지침서로 저술한 『영신수련』*이다. 이 책은 "영혼 안에서 만들어지는 상이한 움직임들을 이해하며, 또 인정해야 할 선한 움직임들과 거부해야 할 좋지 못한 움직임들을 식별하는 데 사용할 규칙들"이라는 부제를 가지고 있다. 초심자들을 위한 규칙(제1주)과 참으로 회심한 사람들, 영적 자유, 또는 무관심을 나타내는 생활을 하는 사람들을 위한 규칙(제2주)은 그 전통을 쉽게 요약하여 언급한다.

회심하지 않은 사람이나 갓 회심한 사람들의 내면에서는 감정적인 움직임들이 너무 불안정하기 때문에 하나님의 임재나 뜻을 가리키는 적극적인 지시자 역할을 하지 못한다. 그것들과 접촉하고, 그것들을 소유하는 것이 중요하며, 따라서 자기 인식과 겸손도 중요하다. 그러나 이 단계에서 해야 할 직접적인 일은 감정을 전체 인격에 통합하는 것, 그리고 행복한 느낌과 낙심되는 느낌의 동요 속에서 건전한 도덕적 규준에 따라 삶의 방향을 정하는 것이다.

제대로 표현하자면, 영 분별은 일반적인 규준들을 신중하게 적용하면서

영성 | Spirituality

생활하며 감정들을 민감하게 의식하는 것 이상의 일이다. 그것은 감각적이고 영적인 감정의 움직임들을 적극적인 방법으로 파악하려 한다. 다시 말해서, 성령이나 반대되는 힘의 영향을 나타내는 상징으로 파악하려 한다. 이 일은 제2주 과정에서 행할 수 있다. 왜냐하면 이제 감정은 직접적이고 비평을 받지 않는 방법으로 전인적인 반응으로 등록되기 때문이다. 특히 이제 감정들은 그 사람의 현재의 경험과 영적인 정위력의 조화, 또는 부조화를 나타낸다. 이러한 감정적인 반응들을 판단하는 것이 영 분별의 전통이다. "위로"는 하나님을 향하는 태도를 강화해 주며, "낙심"은 그 근본적인 태도를 대적한다. 여기에서 해야 할 일은 참된 위로와 낙심을 분별하며, 관련된 선택권들을 올바르게 해석하는 것이다.

분별은 하나님의 사랑의 체험(롬 5:5)과 미묘한 자기 인식의 상황에서 발생한다. 그러나 그것은 개인이나 공동체 외부에서, 때로는 영적 지도자로부터의 인정을 기대한다.

C. Floristan and C. Duquoc (ed), *Discernment of the Spirit and Spirits,* 1979; E. E. Larkin, *Silent Presence, Discernment as Process and Problem,* 1981.

ERNEST E. LARKIN

영성 | Spirituality

이것은 사람들의 삶에 활력을 부여해 주며, 그들로 하여금 초감각적인 실체들을 향하도록 도와주는 태도, 신앙, 관습들을 묘사하기 위해서 사용되어 온 단어이다. 이 단어가 항상 이러한 의미를 지녀온 것은 아니다. 15, 16세기에 이 단어는 사회의 독특한 계층인 성직자들을 상징했으며, 때로는 교회의 재산이나 수입을 나타내기도 했다. 후일, 이 용어는 물질적이거나 육체적인 것들로부터 영적인 것을 구분하는 데 사용되었다. 이 단어의 현대적 의미는 "경건"(Piety), 또는 제레미 테일러*의 "거룩한 삶의 척도와 훈련"에 포함되어 있다. 17세기 프랑스에서는 처음에 경멸하는 의미로 사용되었지만, Spiritualité가 사용되었다. 기욘 부인*의 La nouvelle spiritualité는 특히 지나치게 순화되고 정화되고 지상 생활과 그다지 연결되지 않았기 때문에 정죄된 신비주의였다. 그러나 "영성"은 보다 고등한 차원들과 신비적인 요소들을 암시하는 기도와 훈련 생활을 정의하는 흠잡을 데 없는 용어가 되었다. Pourrat 수도원장은 신학을 세 가지—교의 신학, 도덕 신학, 그리고 그것들을 초월하면서도 그것들에 기초를 둔 영성 신학—로 분류했다. 뉴튼 플루

(Newton Flew)의 *The Idea of Perfection in Christian Theology* (1934)는 영성 신학에 관한 논문이라고 주장된다. 그러나 그는 영성 신학은 다른 두 가지 신학의 합리적 공식들 위에 세워진다는 Purrat의 견해를 따르려 하지 않는다. "나는 장래의 교의 신학은 과거의 영성 신학 위에 세워질 것이라고 말하고 싶다"(p. xi).

"영성"이 반드시 기독교적인 것, 즉 그리스도 안에 있는 하나님의 계시로부터 파생되고 그것의 감화를 받은 것일 필요가 없다는 사실이 항상 인정되지는 않는다. 모든 종교가 나름의 영성을 소유하고 있다. 또 "영성"이 항상 선한 것은 아니다. 아돌프 히틀러는 영적인 존재, 신 들린 사람이었지만, 그의 영은 분명히 악한 영이었다.

오늘날 영성이라는 단어의 의미가 모호하고 혼란스러워졌기 때문에, 정교회 신학자인 알렉산더 슈메만 (Alexander Schmemann)은 "영성"이라는 용어 대신 "기독교적 삶"(Christian life)이라는 용어를 사용했다. 많은 사람들은 영성이 신비하고 독립된 활동, "영적 기법들"에 대한 연구에 의해 파고 들 수 있는 비밀을 의미한다고 생각한다. 영성과 신비주의에 대한 부산한 연구가 건전치 못한 것일 수도 있다. 기독교 영적 전통의 근원과 토대는 소란한 흥분 상태나 비 정상적인 현상, 또는 특별한 계시들이 아니라 "영적 절제"였다. 실제로 스스로 장로라고 자처하는 사람들과 영적 지도자들이 사람들을 영적으로 위험하고 치명적인 종착점으로 이끌어간다. 기독교 영성은 삶 전체에 관심을 가지고 포용한다. 바울이 말한 "새 생명"은 또 하나의 생명이 아니라 하나님께서 우리에게 주신 "성령에 의해서 새로워지고 변화되고 변용된 삶"이다(*Of Water and the Spirit*, 1976, p. 107).

이것은 기독교 영성은 단순히 "내면 생활"이나 내적인 사람을 위한 것이 아니라, 영혼과 육체를 위한 것이며, 하나님과 이웃을 사랑하라는 그리스도의 두 가지 명령의 이행을 지향한다는 의미이다. 실제로 우리의 사랑도 하나님의 사랑처럼 피조물 전체를 향해야 한다. 기독교 영성에는 인류와 자연이 포함된다. 수덕주의*, 본성적 욕망의 억제, 정신 훈련, 자기 부인, 때로는 큰 선을 위해 저급한 선을 포기하는 것 등이 필요하다. 그러나 지나친 이탈—"이 세상에서 살되 하나님과 그대의 영혼만이 있는 것처럼 살라. 그렇게 하면 그대의 마음은 인간적인 것에 붙잡히지 않을 것이다"—때문에 라인홀

영성 | Spirituality

드 니버(Reinhold Niebuhr)가 정죄한 십자가의 요한*도 "이웃을 사랑하지 않는 사람은 하나님을 미워하는 것이다"라고 선언하며, "하나님을 향한 우리의 사랑이 깊을수록, 이웃을 향한 사랑도 깊어진다"고 했다. 사랑이 하나님 안에 뿌리를 둘 때, 모든 사랑의 원인은 하나요, 모든 사랑의 이유도 하나이다." 그의 시에서는 자연에서 취한 많은 상징이 사용된다. 항상 깨어 있는 영적 감각은 하나님 사랑을 위해 포기한 것들을 돌려받아 누리는 듯하다.

특히 사로프의 세라핌(St. Seraphim of Sarov, 1759-1833)과 같은 사람에게서 보듯이, 정교회 영성*은 이 세상에서 크게 기뻐하며, 모든 피조물, 모든 식물과 동물을 즐겨야 한다고 여긴다. 토머스 트래헌은 옥수수를 "동양의 불멸하는 밀"이라고 감지하고 거리에서 노는 어린아이들을 "움직이는 보석"이라고 보았다. 청교도인 리처드 십즈만이 "세상은 하나님의 영광의 극장이다"라고 믿은 것이 아니다.

십즈의 말은 우리로 하여금 스콜라적이고 신비적 영성을 의심하며 우리가 올라가는 것이 금지된 갈멜 산은 속박의 시내 산이요 우리가 행하는 금욕은 죽은 행위일 수도 있다고 두려워하는 개신교 신학자들은 자연계에 대해 염세적이지 않으며, 자연계가 기독교적 삶에서 나름의 위치를 차지한다고 믿는다는 것을 상기하게 해 준다.

에드윈 호스킨(Edwyn Hoskyn, 1884-1937)은 옥스포드 운동*의 전통 안에서 성장했음에도 불구하고 기질적으로 경건주의 및 광신적인 신앙을 매우 싫어했다. 그는 당대의 영국 가톨릭 교회 신도들로 하여금 역사적인 문제와 비평적인 문제들 및 윤리를 무시하게 만들고 있는 영성으로 도피하는 것을 두려워했다. 그들은 진리나 행위보다 "헌신"을 더 중시하는 것 같았다. 그는 자기 성찰 지침서보다 *The Farmer and Stockbreeder*를 선호했다. 복음은 우리의 행위도 죄만큼이나 무익하다고 선포하면서도 새 하늘과 새 땅을 알린다. "…그 지고한 시점에, 주님이 십자가에 달리신 예루살렘에서, 온 세상이 그 모든 에너지 안에서 우리에게 돌아오며, 세상과 우리를 지으신 하나님의 영광과 사랑을 반영한다"(*Cambridge Sermons*, p. 93).

가톨릭 영성은 하나님을 향한 인간의 노력, 정화와 조명을 완성하는 연합의 노력을 강조하는 데 반해, 개신교 영성에서는 하나님의 의롭다 하시는 사랑을 강조한다. 이 사랑이 신비적 연합을 일으키는데, 이것은 우리 마음 속

영성 | Spirituality

에서 이루어지는 구원하시는 은혜의 첫번째 사역이다. 개신교 복음주의자들은 모든 것이 죄가 용서받는 즐거운 경험과 더불어 시작된다고 보지만, 가톨릭 신자들은 그것이 마지막에 실현된다고 여긴다. 성성(聖性)은 성직자인 지도자가 감독하는 계획적인 통치에 의해 획득되는 것이 아니라 삶 자체가 부과하는 훈련, 그리고 세상에서의 영적 여정에서 발생하는 모든 사건과 갈등 안에서 하나님의 섭리를 분별하는 은혜에 의해 획득된다. 이 일을 하는 데에는 목회자들과 영적 지도자들이 반드시 필요하다. 그들은 믿음의 지배자들이 아니라 기쁨을 누리도록 도와주는 조력자들이다.

가톨릭 영성과 개신교 영성의 차이점을 과장하는 것은 옳지 않다. 종교개혁자들은 중세 시대 서방의 전통을 버리지 않았고, 큰 토론을 할 때 어거스틴*이나 클레르보의 버나드*와 같은 성인들이 자기들의 편이 될 수 있다고 믿었다. 십자가의 요한은 어떤 면에서 보면 가톨릭 신자들 중에 있는 개신교인이었으며, 영혼과 하나님의 관계에 대한 이해에 있어서 루터*나 키에르케고르*의 견해와 흡사한 점이 있다고 지적된다. 칼 라너와 같은 우리 시대의 영성 신학자는 이신칭의의 교리를 충분히 이해하고 있다. 그러나 문화와 교회론의 차이점은 존재하며, 특히 권위의 본질에 관한 차이점이 존재한다.

기독교 영성은 많은 발달 단계를 거쳐온 하나의 종합이다. 1천년대의 기독교 영성은 신플라톤주의* 철학과 수도원 운동*의 영향을 깊이 받았다. 루터교인인 앤더즈 니그렌(Anders Nygren)과 같은 20세기 개신교 철학자는 『아가페와 에로스』(*Agape and Eros*)라는 저서에서 히브리적 이해에 기초를 둔 성경적 순수함으로의 복귀를 추구했으며, "아테네인들은 예루살렘과 어떤 관계를 가지고 있는가?"라는 터툴리안*의 질문을 반영한다. 그러나 이 시도는 두 가지 이유 때문에 실패한다. 첫째, 살아 있는 유기적인 종교는 다양성과 논쟁에 직면하더라도, 그리고 상이한 방향으로라도 발달해야 하며, 한 번 출발한 후에는 처음으로 돌아갈 수 없다. 둘째, 사해 사본과 신·구약 성서의 배경 자료들을 자유로이 접할 수 있게 된 최근의 학계는 여러 가지가 혼합되어 있는 태피스트리에서 하나의 진정한 성경적 요소를 분리해 내려 하지 않는다. 성경의 통일성은 하나의 신화이다.

앞으로 수십 년 안에 기독교 영성과

다른 종교의 영성과의 관계가 중요한 문제로 대두될 것이다. 영향력도 있고 유사성도 있다. 십자가의 요한의 글은 때로 불교도의 글과 흡사하며, 기독교인들 중에서도 유대교*, 불교*, 이슬람교* 등 타 종교에서 훌륭한 교사나 본보기를 만날 때에는 그 종교에 매력을 느끼는 사람들도 있을 것이다. 유대교와 이슬람교와 기독교의 근본주의자들은 다른 종교에 대해 그다지 호감을 느끼지 않으며, 지적인 구도자들에게 그리 매력을 느끼지 않는다. 로고스 신학은 그리스도 안에 성육하신 하나님의 말씀은 선과 진리가 있는 모든 곳에 현존하신다고 주장할 것이며, 모리스(F. D. Maurice, 1805-1872)와 같은 사상가의 영향을 받은 사람들은 그리스도가 인류의 머리이시며 그분을 알지 못하는 사람도 그의 구속함에서 배제되지 않을 것이라고 주장할 것이다. 그러나 간단히 수습할 수 없는 근본적인 차이점들이 있다.

기독교 영성은 부자들의 골치아픔을 겪고 있는 것처럼 보일 수도 있다. 혼합주의, 그리고 경건주의적이고 편협한 감상으로의 후퇴를 뉘우쳐야 한다. 마음을 중시해야 하지만, 정신 역시 강조되어야 한다. 정신도 나름의 수덕주의를 요구한다. 그리스도 안에서 하나님과 함께 거하는 것은 목표인 동시에 수단이다. 그러나 이것은 무한한 것 속에 흡수되는 것이 아니라 부활의 신비 안에 들려 올라가는 것이며, 활동하는 세상의 감당할 수 없는 긴장과 위험과 고난으로부터 우리를 구해 주지는 못한다.

L. Bouyer, et al. *A History of Christian Spirituality,* vols I, II, and III, 1968, 1982; Peter Brooks (ed), *Christian Spirituality,* 1975; V. A. Demant, *A Two-Way Religion,* 1957; F. Heiler, *Prayer,* ET 1932; A. L. Lilley, *Prayer in Christian Theology,* 1924; Andrew Louth, *Discerning the Mystery,* 1983; Anders Nygren, *Agape and Eros,* ET 1953; Rowan Williams, *The Wound of Knowledge,* 1979; P. Pourrat, *Christian Spirituality,* 3 vols, 1922-1927; R. C. Zaehner, *Mysticism Sacred and Profane,* 1957.

편집자

영성 일지 | Journal, Spiritual

유대교-기독교 전통에서, 영성 일지 기록의 원형은 성경이다. 성경은 한 민족 전체의 자기 분석을 반영한다: 그 민족의 두려움, 의심, 희망, 갈등, 발견, 기도, 소중한 경험, 오랜 경험에 의해 검증된 신앙과 전통, 하나님과 세상과의 관계, 인생의 의미와 목적에 대한 심오한 의식 등. 간단히 말해서, 성경에 포함된 글들은 신앙을 가진 한 민

영성일지 | Journal, Spiritual

족의 하나님을 향한 순례의 이야기를 반영한다. 예언서와 시편의 일부, 그리고 바울 서신의 많은 구절들처럼 매우 개인적이고 친밀한 형태를 취하는 글들도 있다. 또 역사적이고 법적인 구절이나 공관복음의 경우처럼 객관적인 형태, 또는 익명의 형태를 취하는 것도 있다. 그러나 신자들의 공동체는 이 글들 전체가 그 민족의 자서전에 해당된다고 인정한다.

성경을 원형으로 간주할 때, 영성일지 기록은 일반적으로 간주되는 것보다 훨씬 범위가 커진다.

1. 영성일지가 어떤 형태를 취하든, 그것은 근본적으로 영적 자서전, 인간 생활에서 하나님이 작용하시는 방법을 탐구하고 발견한 것을 정직하게 기록한 것으로 간주된다.

2. 거룩한 성경이 때로는 그 시대의 사건들을 연대순으로 기록하고, 때로는 과거의 경험들을 기억하거나 재구성하며, 때로는 기도하면서 마음 깊은 곳을 조사하고, 때로는 보이지 않는 미래를 상상하고, 때로는 사람들을 교육하고 가르치고 잘못을 고쳐 주고 정보를 제공해 주듯이, 영성일지 기록도 다양한 목적을 지닌다.

3. 성경 안에 이야기, 예언, 법, 잠언, 서신, 노래, 기도, 설교, 꿈, 환상 등이 포함되듯이, 영성일지는 다양한 문학 형식을 취할 수 있다.

4. 성경이 그렇듯이, 영성일지는 개인적인 것과 공동체적인 것, 세속적인 것과 거룩한 것을 결합할 수 있다.

따라서, 우리가 영성 훈련으로서의 영성일지 기록의 완전함 범위를 이해하려면, 성경이라는 원형을 염두에 두는 것의 중요성을 알아야 한다.

교부들 중에서 영적 성장을 위한 훈련으로서 일지 기록의 중요성을 가장 잘 구체화한 사람은 어거스틴*이다. 어거스틴은 『독백』(*Soliloquies*)에서, 자신의 진리 탐구를 활성화하기 위해서 마음 깊은 곳의 생각들 및 발견한 것들을 기록해 두라고 촉구하는 음성을 들었다고 한다. 그 음성이 그가 탐구를 통해서 알고자 하는 것이 무엇이냐고 물었을 때, 어거스틴은 "나는 하나님과 영혼을 알기를 원합니다"라고 대답한다. 어거스틴의 저술들은 이 갈망의 깊이와 어거스틴의 진지한 응답을 증명해 준다. 『고백록』은 어거스틴이 영성일지 기록 훈련에 헌신한 데 따른 가장 유력한 결실이지만 유일한 것은 아니다. 『고백록』 외에 초기의 변증적 저술들, 성경에 대한 매우 개인적인 주석들, 서신, 설교 등을 추가할 수 있다. 어거스틴의 생애와 저술들은 서로 조화를 이룬다. 어거스틴은 일지 기록을 단순한 문학 형식으로 보지 않았다. 일지 기록은 영적 성장과 사역을 위한 특별한 개인적인 토론의 장이었다.

수도원 전통에서, 일지 기록은 성경을 자기 것으로 내면화하려는 수도사의 시도를 표현하는 영적 훈련이 된다. 그것은 종종 성경 본문이나 영적 지도의 서신들에 관한 주의 깊은 주석이나 설교의 형태를 취한다. 성 버나드*, 성 티에리의 윌리엄*, 성 보나벤투어의 저술들 중 일부가 이 전통을 예증해 준다.

신비가들과 종교개혁 전통에서 개인적인 종교 체험을 강조했기 때문에, 일지 기록은 영적 훈련으로서 특별히 중요한 위치를 차지했다. 필그림들과 퀘이커 교도들(특히 조지 폭스*)의 일지들은 어거스틴의 자서전 형식의 재등장 및 개인적인 종교체험의 기록으로서의 중요성 회복을 증거해 준다. 청교도들은 고해성사 대신에 일지를 기록했다고 주장한다. 이 주장은 과장된 것일 수도 있지만, 영적 일기와 자서전적인 묵상(예를 들면, 번연의 *Grace Abounding*)은 청교도 신앙의 특징이다. 에제리아(384년 경), 마이스터 엑하르트*, 노리지의 줄리안*, 이그나티우스 로욜라*, 아빌라의 테레사*, 블레이즈 파스칼*, 리주의 테레사* 등의 일기, 자서전, 영적 논문들도 그 예로 포함될 수 있다.

19, 20세기의 자기 분석, 그리고 심리 분석의 출현은 자기 이해를 위한 통로로서, 그리고 특징적인 문학 형태로서의 일지 기록의 중요성을 강조하는 데 기여했다. 어떤 사람들은 현대의 일지 기록 형식이 지나치게 문학적이고 자기 중심적이고 세속적이기 때문에 영적인 것으로 간주하기 어렵다고 생각한다. 반면에, 그러한 글들은 20세기 중반에 경험되고 있는 영적 훈련으로서의 일지 기록의 부흥의 기초가 된다고 볼 수 있다. 이와 같은 일지 기록의 부흥은 안네 프랑크(Anne Frank), 교황 요한 23세*, 닥 함마슐드*와 같은 사람들의 일지에 반영되어 있고, 트라피스트 수도사인 토머스 머튼*의 저술에 구체화되어 있으며, 일지 기록 방법에 관한 서적과 논문들의 증가에서도 반영된다.

A. Boland, 'Journal Spirituel', *DS,* VIII, cols 1434-43; H. Brinton, *Quaker Journals: Varieties of Religious Experience Among Friends,* 1972; I. Progoff, *At a Journal Workshop,* 1975; *The Practice of Process Meditation,* 1980; T. Rainer, *The New Diary: How to Use a Journal for Self-Guidance and Expanded Creativity,* 1979; F. Vernet,

'Autobiographies spirituelles', *DS*, I, cols 1141-1159.

FRANCIS DORFF, O PRAEM

영성훈련, 영신수련 | Spiritual Exercises

로욜라의 이그나티우스*가 저술한 종교적 훈련 지침서의 제목이다. 이것은 그 지침서에 제시된 계획에 따라 진행되는 피정을 지칭하는 데도 사용된다. 이그나티우스는 1521년에 회심한 후 만레사에서 머무는 동안에 메모를 기록하기 시작하여 여러 해 동안 메모를 추가했다. 이 책의 초판은 1548년에 출판되었다.

『영성훈련』의 본문은 읽기 위한 것이 아니라, 영성 훈련 과정 실습자들을 지도할 지도자의 지침서로 사용되기를 바라는 의도로 저술되었다. 그 저서의 전거를 찾아내기 위해서 많은 노력을 기울여 왔다. 그의 영성은 현대 경건운동*과 비슷한 점들을 나타낸다. 또 그는 『그리스도를 본받아』*를 크게 존중했다. 그러나 이그나티우스의 저서는 그 자신의 연구와 경험에서 우러난 독창성을 가지고 있다. 그는 자신이 "자신의 영혼 안에서 관찰하고 유익하다고 생각한 것, 그리고 다른 사람들에게 유익할 것이라고 생각되는 것들"을 기록했다고 말한다.

영성 훈련은 노련한 지도자의 지도 하에 행해지는 일련의 종교적 활동들이다. 영성 훈련 과정을 완전히 경험하는 데에는 대략 30일이 소요된다. 이그나티우스는 각 사람의 욕구와 재능에 맞추어 그 경험을 조정하는 것을 허락했으며, 또 그것을 권장했다. 가장 엄격한 형태의 훈련은 일상적인 활동과 환경을 떠나 완전한 침묵 속에서 30일 동안 기도하는 피정의 형태이다. 그러한 피정에서 실습자의 하루는 지도자와 면담을 하고, 매일 행하는 전례에 참석하고, 4-5시간 동안의 기도로 이루어진다.

영성 훈련은 주(Weeks)라고 불리는 네 개의 단위로 나뉜다. 그러나 이그나티우스는 한 주가 반드시 7일 동안일 필요는 없다고 말한다. 제1주에 앞서 첫째 원리와 기초라고 불리는 일종의 서론이 진행된다. 이것은 창조, 인생의 목적, 사람과 나머지 창조 세계와의 적절한 관계 등에 대해 고찰한다. 제1주에는 죄와 그 결과에 대해 기도한다. 그 과정은 세상에서의 죄의 역사에서부터 시작하여 개인이 죄에 개입한 것, 그리고 죄인을 향한 하나님의 사랑으로 진행된다. 제2주는 세상을 다스리시는 그리스도의 왕권에 대한 관상으로 시작된다. 그 후에 마지막 만찬에

영적 결혼 | Marriage, Spiritual

이르는 그리스도의 삶의 신비들에 대한 일련의 관상이 이어진다. 이 주간에는 피정자가 자신의 삶의 방향에 대한 선택을 하는 것, 또는 이미 선택한 것을 보다 훌륭히 성취하도록 도와 주기 위한 다양한 훈련이 제시된다. 제3주에 피정자는 예수의 고난과 죽음에 동참하며 그분의 수난 안에서 구원하시는 사랑을 인식한다. 마지막으로 제4주에 피정자는 예수님이 부활하는 생명 속에서 제자들과 함께 나누신 기쁨을 경험한다. 마지막 훈련은 개인에게 주어진 하나님의 사랑의 많은 선물들을 깊고 친밀하게 경험하는 것이며, 그에 대한 보답으로 적절한 사랑의 응답을 하라는 초대를 받는다.

D. L. Fleming (ed), *The Spiritual Exercises of St. Ignatius*, 1978; D. M. Stanley, *A Modern Scriptural Approach to the Spiritual Exercises*, 1967.

GERARD J. CAMPBELL, SJ

영적 결혼 | Marriage, Spiritual

일반적으로 이 용어는 신비가들이 경험하는 가장 높은 단계의 관상기도를 묘사하는 데 사용된다. 이러한 용법은 16세기에 아빌라의 테레사*와 십자가의 요한*에 의해 확립되었지만, 그 역사는 그보다 훨씬 오래되었다. 영혼과 하나님의 연합을 묘사하기 위해 결혼이라는 상징을 사용한 것은 기독교 이전의 유대교와 플라톤주의 문헌에서 발견된다. 예를 들어, 알렉산드리아의 필로는 영혼과 하나님의 연합을 결혼 관계로 보았고(*De Cherubim*, 42-52), 영지주의의 저술들은 소피아와 주의 결혼 관계 안에서 영혼이 신과의 일치로 돌아오는 것을 묘사한다. 그러나 구약성서에서 이 상징은 이스라엘에 대한 하나님의 관계를 묘사하는 데 사용된다. 신약성서에서 이 주제는 새 이스라엘인 교회와 그리스도의 연합이라는 관계로 다시 해석된다(고후 11:2; 갈 2:20; 엡 5:25).

이 상징은 우선적으로 하나님과의 연합과 관련되지만, 그리스도와 영혼의 연합을 언급하기도 한다. 독신 생활에 의해 직접적으로 이 신비에 참여하는 수도사들의 경우는 이 상징을 바꾸어 사용하는 것이 아니라 확대하여 사용하는 것이다. 영혼은 세례에 의해서, 그리스도의 십자가 상의 죽음에 의해 이미 그리스도와 교회 사이에 확립된 결혼 관계 안에 들어간다. 토머스 아퀴나스*는 결혼의 성례에 대해 논하면서 "십자가 위에서 잠드신 그리스도의 옆구리에서 성례전들, 즉 물과 피가 흘러나왔다"고 말한다. 이 상징을 확대

영적 결혼 | Marriage, Spiritual

함으로써, 기독교인은 세례의 성례를 통해 이 "결혼"에 관계하게 된다.

그리스도께 기도하는 관계 안에 있는 영혼에게 결혼이라는 상징을 적용하는 전통은 아가서 주석가들로 인해 공식화되었다. 이 전통은 오리겐*과 닛사의 그레고리*부터 시작되어 성 버나드*를 거쳐 십자가의 요한에게로 이어진다. 그러나 영적 결혼에 대한 분석이 체계화된 것은 아빌라의 테레사의 『내면의 성』에서이다. 영혼과 하나님 사이의 연합은 마지막 단계인 일곱 번째 단계, 기도 생활의 절정에 이루어진다. 테레사는 이 단계를 우연한 경험으로 간주하지 않고, 영혼과 삼위 사이의 끊임없는 연합의 상태로 간주한다.

영적 결혼이라는 묘사는 십자가의 요한의 『영적 아가』(Spiritual Canticle)와 『살아 있는 사랑의 불길』(Living Flame of Love)에서도 발견된다. 그는 은혜에 의한 영혼과 하나님의 연합, 그리고 그가 "영적 결혼"이라고 부르는 서로 간의 사랑 안에서 이루어지는 영혼과 하나님의 직접적인 교제를 구분한다. 아빌라의 테레사처럼, 십자가의 요한도 이 연합을 감정적인 경험이 아니라 실질적인 것으로 간주한다. 그는 그것에 대해서 이렇게 말한다:

"신비 신학, 신령한 사람들이 관상이라고 부르는 은밀한 신 지식은…달콤하고 생생한 지식이다…사랑은 이 지식의 완성이며, 그것을 바람직하게 만들어 주는 것이다…그것은 지성에 속한 지식이며, 의지에 관한 것이다"(Spiritual Canticle, St 27.5).

하나님과 영혼의 관계는 죽은 후에도 계속되지만, 그 자체가 천국에 적합한 것은 아니다. 그는 이렇게 말한다.

"상호 간의 사랑은 실질적으로 결혼 관계의 결합처럼 하나님과 영혼 사이에서 이루어지며, 서로 복종함으로써 양자의 것(각자가 자발적으로 복종함으로써 소유하는 신적인 본질)을 양자가 함께 소유한다…이것은 내세에서도 계속되어 완전한 결실을 거둘 것이다. 그러나 비록 내세에서만큼 완전하지는 않지만, 이러한 연합의 상태에서 하나님은 영혼 안에서 이러한 변화의 행위를 일으키신다"(Living Flame of Love, St 3.79).

테레사와 십자가의 요한은 기도를 성경적이고 신학적으로 이해하며, 영적 결혼이라는 상징을 매우 금욕적인 의미로 사용한다.

다른 영적인 저술들, 그리고 특히 후대의 문헌들 중에서 "결혼"에 관한 환상적인 이야기들은 이 스페인 신비가들 안에 있는 이 교리의 견고한 신학적 기초를 흐리게 했고, 이 개념이 감정적이거나 신경증적인 것이라고 의심하게 만들었다. 그러나 그것은 사람들의 영혼 안에서 이루어지는 구속과 성화의 역사를 나타내는 근본적인 성경적 상징들 중 하나로 남아 있다. 그것은 유동적인 개념이며, 그리스도와 교회의 관계에 대한 기독교적 이해의 기초가 되는 상징에 의존한다.

St. Bernard of Clairvaux, *On the Song of Songs*, ET Killian Walsh, 1979-1980; St. John of the Cross, *The Spiritual Canticle* and *The Living Flame of Love*, ET E. Allison Peers, 1977, 1978; St. Teresa of Avila, *The Interior Castle*, ET E Allison Peers, ²1974; E. W. Trueman Dicken, *The Crucible of Love*, 1963; Marie-Eugène of the Child of Jesus, *I am a Daughter of the Church*, 1951.

BENEDICTA WARD, SLG

영적 독서 | Reading, Spiritual

영성이 하나님 의식을 감지하고 흡수하고 표현하며 형성하는 것이라면, 기독교인의 삶에서 영적 독서는 그러한 의식을 흡수하는 고전적인 방법들 중 하나가 된다. 이것은 세월이 흐르는 동안 기록되어온 위대한 영적 저서들 안에 구체화되어 있다. 모든 세대, 모든 국가가 그러한 저서들이 배출되는 데 공헌한다. 조지 허버트의 *A Priest to the Temple* 중에 "하나님의 종들 사이에서는 지식의 교환이 이루어진다. 그것은 사랑과 겸손을 심기 위한 것이다"라는 말이 있다.

영적 독서가 유대교-기독교 전통 안팎에서 광범위한 위치를 점유하게 된 것은 인간 정신의 구조와 메카니즘 때문이다. 따라서 비록 그 훈련에서 정신은 필수적인 도구이기는 하지만, 훈련의 목적은 지식 획득이 아니라 정신의 즐거움을 통한 마음의 기쁨이다. 즉 시편 119편 전체에서 반영되며, 궁극적으로 의지를 "사랑과 겸손"이라는 특징적인 행위로 이동하게 만드는 즐거움이다. 기본 원리는 "내 마음이 내 속에서 뜨거워서 묵상할 때에 화가 발하니"(시 39:3)에 포함되어 있다.

영적 독서의 궁극적인 목적은 사리를 아는 행동의 표현이지만, 영적 독서는 영적 건강에 중요한 세 가지 기능을 가지고 있다. 첫째, 그것은 준설선 역할을 하여, 우리의 심오한 감정들의 통로에서 침전물들을 제거하며, 우리의 능력을 확대하여 높이와 깊이를 알게 하며, 완전히 살아 있게 해 준다. 시편을 규칙적으로 낭송하는 것이 좋은 본보기이다.

둘째, 특별한 교리가 정신 뿐만 아니

라, 마음에도 절실한 것이 되게 하는 것이다. 이 점에서 영적 독서는 묵상과 아주 흡사하다. 교리는 부분적으로 순화된 경험이라고 할 수 있으므로, 다른 사람의 정신을 통해서 그러한 경험을 사려깊게 음미하는 것은 그 경험을 명백하게 하고 강력하게 해 주며, 그럼으로써 주요 교리들이 정신을 형성하는 구조와 지식이 되는 효과를 지닌다.

마지막으로, 기독교 전통, 특히 과거의 수도원 전통에서 주의를 집중하여 사랑으로 행하는 영적 독서는 관상기도를 위한 이상적인 준비를 제공해 준다. 관상 기도를 할 때에, 정신의 공통점이 없는 잡다한 생각과 인식은 하나의 직관적인 통찰의 흐름 속에 융합되어 들어가며, 마음은 연합의 행위 안에 굳게 자리잡는다. 『여성 은둔자를 위한 규칙』*은 그 본질을 잘 파악하고 있다:

"나태함의 치료책은 독서에서 비롯되는 영적 즐거움과 소망에서 오는 위로입니다…사랑하는 자매들이여, 그대들은 독서를 보다 많이 하기 위해서 틀에 박힌 기도문으로 행하는 기도는 줄여야 합니다. 독서는 훌륭한 기도입니다. 독서는 무엇을 위해 어떻게 기도해야 하는지를 가르쳐 줍니다. 그 다음에 기도가 그것을 성취합니다. 독서를 하는 동안 마음이 즐거워질 때에, 헌신의 영이 일어나는데, 그것은 많은 기도를 드리는 것만큼의 가치가 있습니다."

Jean Leclercq, *The Love of Learning and the Desire for God*, 1974, ch v.

JOHN BYROM

영적 사다리 | Ladder, Spiritual

사다리는 세계적인 종교들, 특히 기독교 영성에서 지속적으로 등장하는 주제였다. 기독교 영성에서, 사다리는 하나님과의 연합을 향한 진보를 나타내는 상징이었다. 그것은 덕목들, 사랑, 또는 관상의 사다리였다. 종종, 사다리는 동정녀 마리아, 십자가, 또는 예수 그리스도를 나타내기도 했다.

사다리라는 기독교적 상징은 원래 하늘까지 닿은 사다리 위로 천사들이 오르락 내리락 하는 것을 본 야곱의 꿈에서 기원한 것이다(창 28:12). 이 꿈은 하늘과 땅, 인간적인 것과 신적인 것 사이의 관련성을 확인해 준다. 후일 예수님은 자신을 야곱의 꿈에 나타난 사다리와 연결하셨다(요 1:51). 창세기에 관한 주석서들은 이 주제에 대해 상세히 설명해왔으며, 종종 논문에서 하나님께서의 여정의 단계들을 분명히 설명하기 위해서 이 주제를 다루어 왔다.

필로(Philo)의 영향을 받은 오리겐*은 성경 이후의 기독교 문학에 처음으로 십자가라는 주제를 도입했다. 동방에서 가장 알 알려진 논문은 존 클리마쿠스(649년 사망)*의 『거룩한 등정의 사다리』(The Ladder of Divine Ascent)이고, 서방에서는 귀고 2세(Guigo II, 1188년 사망)의 『수도사들의 사다리』(The Ladder of the Monks)이다. 귀고는 하나님께 올라가는 수도사들의 사다리는 독서, 묵상, 기도, 그리고 관상이라고 본다. 영어로 된 널리 알려진 서적은 월터 힐튼의 『완전의 저울』(The Scale of Perfection)이다. 개신교에서는 특히 루터*와 칼빈*이 사다리라는 주제를 사용했다.

사다리가 하나님과의 관계에서의 성장을 나타내는 상징으로 적합한지의 여부에 대한 현대의 비평은 사다리에 대한 문자주의적이고 개인주의적인 이해에서 비롯된 것이다. 물론 사다리가 지닌 하강이라는 측면에는 그리 관심을 두지 않고 상승의 측면만 강조되어 왔다. 따라서, 어떤 사람들은 사다리를 하나님을 향한 여정의 부정적인 특성과 연결짓고, 긍정적인 특성(창조와 성육신 안에 있는 하나님의 자기-전달과 계시)은 무시해왔다. 사다리라는 주제에는 한계가 있다. 그러나 그것은 하나님을 향한 인간의 여정과 하나님께서 인류에게 오시는 방법의 신비가 지닌 발전적이고 점진적인 특성들을 전해 주는 상징적인 주제이다.

사다리는 위로 오르는 길과 아래로 내려오는 길이 동일하다는 지혜, 십자가의 요한(Dark Night, II, 18-20)*과 엘리오트(Four Quartets)*에 의해 실현된 진리를 염두에 두고 있는 하강과 상승 운동의 신비의 입문에 불과하다.

E. Bertaud and A. Rayez, 'Échelle spirituelle', DS, IV-1, cols 62-86; K. J. Egan, 'Guigo II: the Theology of the Contemplative Life', The Spirituality of Western Christendom ed E. Rozanne Elder, 1976, pp. 106-115, 200-201.

KEITH J. EGAN

영적 아가 | Spiritual Canticle

이 제목은 흔히 십자가의 요한*이 저술한 스페인 문학에서 가장 서정적인 시 및 그에 관한 산문 주석에 부여된다. 그의 시와 주석은 두 가지 판이 있다. 원래의 시는 5행 씩 39개의 연으로 이루어져 있었으나 개정판은 40연으로 이루어져 있고 순서가 크게 바뀌어 있다. 이 시는 십자가의 요한이 감옥에

영적 아가 Spiritual Canticle

갇혀 있는 동안(1577-1578) 저술하기 시작하여 감옥에서 도망친 후에 몇 편의 시에 대한 주석과 함께 완성되었다. 그는 이것을 그 시에 관한 완전한 주석으로 발전시켰고, 후일 그것의 가르침은 정화-조명-연합이라는 전통적인 세 단계와 일치하도록 개정되었다.

그 시의 원천은 요한의 신비적 경험과 성경, 특히 아가서이다. 그는 아가서의 에로틱한 상징과 자연적인 상징들(연인, 암사슴, 언덕, 꽃, 향료, 미풍, 밤 등), 그리고 신랑과 신부의 정열적인 대화를 인용했다. 그는 이 요소들을 자유로이 개정했다. 보다 세속적인 스페인의 영향을 받았다는 표식들도 있다. 그것은 하나의 단편적인 이야기를 중심으로 풍부하고 아름답고 신비한 분위기를 만들어낸다. 그 이야기는 신부가 연인을 찾는 것처럼 고민스러운 질문과 외침으로 시작한다. 그가 잠시 나타날 때에 신부가 그의 아름다움을 찬양하면서 많은 상징들이 사용된다. 그가 다시 나타나는 것은 그들의 연합을 나타내며, 그것이 그 시의 마지막 단계의 주제이다.

영적 아가의 주석서의 두번째 개정판은 요한의 마지막 의도를 나타낸다고 주장된다. 그것은 상징들을 상세히 설명하며, 성경을 방대하게 언급하면서 결혼과 약혼이라는 상징 하에 기도 생활과 연결시킨다. 물론 서정적인 부분도 있지만, 문체는 분석적이며, 주도적인 신학은 스콜라적이다. 오늘날 일부 알레고리들은 자의적인 것처럼 보이지만, 그 배후에는 그리스도와 영혼 사이의 연가라는 아가서의 권위있는 전통이 놓여 있다.

이따금 요한은 그 시에 함축된 가르침을 체계적으로 이야기한다. 1-6연에서는 정화의 길, 즉 묵상과 고행에 대해 다루며, 6-13연에서는 영적 약혼과 그 결과로 이어지는 조명의 길에 대해 다룬다. 14-21연에서는 결혼에서 절정에 달하는 연합의 길에 대해 다룬다. 여기에는 하나님의 부재하심이라는 고통스러운 의식이 선행하는데, 이것은 『영혼의 어두운 밤』(Dark Night of the Soul)에서 상세히 설명된다. 마지막 구절에서는 하나님을 보는 복된 상태를 바라보며, 하나님과 영혼 사이의 사랑의 동등성, 그리고 하나님 안에 있는 영혼의 변화에 관한 중요한 구절들이 포함되어 있다. 이 주석서는 원문인 시의 본문의 구속을 받기 때문에 『갈멜 산 등정』(Ascent of Mount Carmel)이나 『영혼의 어두운 밤』처럼 체계적인 신비적 논문이 아니지만, 그의 가르침을 보다 완전히 이해하려면 그 책들과 연결하여 읽어야 한다. 그 시는 가장 고귀한 영적 경험이 감화할 수 있는 위대한 문학 작품으로서 저자가 의도한 의미를 거의 알지 못하는 많은 사람들을 감화시키고 있다.

The Poems of St. John of the Cross, tr Roy Camnbell, reprinted 1979; D. Alonso, *La poesia de San Juan de la Cruz,* 1942; E. Pacho, *Cántico espiritual,* 1981; C. P. Thompson, *The Poet and the Mystic,* 1977.

COLIN P. THOMPSON

영적 전기 | Biographies, Spiritual

구약성서는 어떤 의미에서 서유럽이나 아메리카의 소설을 앞질러 예고해 준다. 그러나 신약성서는 삶의 이야기 자체에는 그다지 관심을 나타내지 않는다. 복음서는 예수 그리스도의 전기가 아니라, 신학적 목표가 근저에 깔려 있는 이야기적 선포이다. 우리는 그리스도 및 그의 교회의 출발점과 관련해서만 그리스도 시대의 인물들에 대한 정보를 접한다. 그리스도의 전기들이 간헐적으로 유행하겠지만, 그것들은 그리스도의 유년 시절과 성인으로서의 일상 생활의 상상적 재구성에 의존해야 한다. 그것들은 회의적이거나 감상적인 것이 될 위험이 있으며 확실한 증거가 부족한 가정에 좌우될 소지가 있다. 가장 만족스러운 결과는 예수를 그가 처했던 문화적 상황에 둠으로써, 그리고 그 후로 그가 영향을 미쳐온 이야기를 계속함으로써 얻을 수 있을 것이다.

신약성서에서는 바울의 회심에 대해서 한 번 이상 언급한다. 바울은 자신을 변호하기 위해서, 또는 하나님의 섭리나 그리스도의 사랑을 확언하기 위해서 자기에게 발생했던 일들을 자세히 열거하며 또 자신의 경험을 토대로 자신의 신학을 예증한다. 그러나 그는 체계적으로 자신의 전기를 저술하지 않았고, 그의 종말이 어떠했는지에 대해서 아무도 말하지 않는다.

기독교는 사람들에게 관심을 둔다. 퍼페투아(Perpetua)와 폴리캅과 같은 인물들에게 발생한 일에 대한 이야기들은 그들의 시대에만 인기가 있었던 것이 아니다. 이교 철학자들의 영적 전기와 동일한 장르에 속하는 어거스틴의 『고백록』(397)은 오랜 내적 방랑 여행에 대해 말한 책이다. 많은 이교 서적들이 그렇듯이 기도의 형태를 취했으며, 시편을 길게 인용한 『고백록』은 지적인 탐구의 기록인 동시에 엄중한 심리학적 성찰의 책이다. 어거스틴은 회심한 후에는 10년 전처럼 저술 활동을 하지 않았을지도 모른다. 그는 회심만으로는 충분하지 못하다는 것을 깨달았다(Cf. Peter Brown, *Augustine of Hippo*, 1967, ch. 16).

존 번연*의 『죄인 괴수에게 임한 넘치는 은혜』(*Grace Abounding to the Chief of Sinners*)는 『고백록』과는 다른 시대의 저작이며 그만큼 유명하지 않지만, 그가 그리스도 안에서 확신을 발견하기 전까지의 내적 갈등과 고난에 대한 강력하고 엄중한 이야기이다. 그에게는 기운을 돋우거나 낙심하게 할 철학, 유식한 동반자가 없었다. 베드포드 침례교인들의 사랑과 기쁨도 그가 갈망하던 평화를 가져다 주지 못했다. 그는 손에 책을 들고 하나님 앞에 홀로 있었다.

사람들의 교육을 위해 전기가 저술될 때, 그 기록이 왜곡되고, 사실과 전설을 구분할 수 없게 될 수도 있다. 옥스포드주의자들의 『성인들의 전기』(*Lives of the Saints*)가 여기에 해당된다. 오늘날에는 비판 방법과 심리학적인 의심 때문에 성인전*을 저술한다는 것은 거의 불가능하다. 허물들을 캐내어 폭로하고, 도덕적인 잘못은 묵인되지 않는다. 최근의 폴 틸리히, 칼 바르트, 마틴 루터 킹 등의 전기를 살펴보라. 기독교 독자들은 중상적으로 허물들이 폭로될 때에 고소하게 여기거나 마음에 두지 말아야 하며(그렇게 행하는 것 역시 악한 성향의 표식이다) 슬픔과 충격을 견뎌내는 방법을 배워야 한다. 그리고 참되고 선한 것으로 인해 하나님께 감사하며, "죄인은 항상 회개함으로써 의롭다함을 받는다"는 루터의 말의 진리를 깨달아야 한다.

편집자

영적 지도 | Direction, Spiritual

영적 지도란 성령 하나님의 조명과 은혜와 능력을 통해서, 권고와 기도에 의해서 행하는 목회 활동이다. 영적인 길에서 지도자와 상담자로 행동할 수 있게 해 주는 이 은사를 받은 사람들이 있다. 헌신적인 영혼들은 이 사역을 통해서 큰 유익을 얻는다.

페레 그루(Père Grou)는 『영혼의 감추어진 생활』(*The Hidden Life of the Soul*)에서 다음과 같이 말한다:

"진정으로 하나님께 자신을 바치고자 하는 사람은 다른 사람으로부터 지도를 받는 것의 장점을 신중히 고려해야 한다. 왜냐하면 선하고 현명한 사람도 자신의 내면 생활은 보지 못하며, 아주 거룩하고 다른 사람들을 지도하는 데 적합한 사람이라도 자기 자신은

영적 지도 | Direction, Spiritual

효과적으로 지도할 수 없기 때문이다."

영적 지도자는 영혼의 의사, 은혜와 질병을 가지고 있는 영혼의 상태를 진단하여 성장하도록 도와 주려는 사람이다. 그는 판단자가 아니며, 독재자도 아니다. 그는 자녀의 행복에 관심을 가진 영적인 아버지이다.

영적 지도에는 독재라는 것이 없다. 영적 지도에 맹목적으로 따라서는 안 되며, 모든 종류의 지도는 양심과 성경과 교회의 가르침과 상식과 관련된 상황에 비추어 점검되어야 한다. 영적 지도에서 완력이 사용되는 것은 독재주의의 표식이다.

종교개혁 이후 영적 지도에서는 죄고백을 듣는 것과 영적 조언을 결합해 왔다. 이러한 종교 개혁 이후의 가르침의 시조는 프랜시스 드 살*이다. 그의 지도를 받은 샨달 부인은 언제든지 자신의 지도자와 대화할 수 있는 기회를 가졌다.

전쟁이 한창이던 1914년부터 1918년 사이에 영국 교회 안에서 이러한 형태의 영적 지도를 시작한 레지날드 서머셋 워드(Reginald Somerset Ward)*는 죄고백을 위한 시간 뿐만 아니라, 대화와 토론을 위한 시간도 허락했다. 기도대와 (사제를 위한) 한 개의 의자가 사라지고 기도대와 (회개자와 사제를 위한) 두 개의 의자가 등장했다. 모든 일은 비밀을 지킨다는 약속 하에 이루어진다. 제2차 바티칸 공의회 이후, 로마 가톨릭 교회는 사제와 회개자가 탁자와 의자가 있는 방에서 상담하는 방법을 발달시키기 시작했다.

영적 지도와 정신의학은 어떤 관계를 갖는가? 오늘날 성직자들과 의사들 사이에 신뢰가 있을 때에는 이 둘은 병행한다. 회개자는 정신의학적 도움이 필요할 때에 의사를 찾아가며, 나중에 사제와의 관계를 다시 갖는다. 영적 상담자들은 자신의 재능, 교육, 통찰 등에 의해서, 정신과 의사의 도움을 받으라고 조언해야 할 때를 알 수 있다. 죄고백의 비밀 보장이 위험에 처할 것처럼 보이지만, 의료 기록에서는 죄보다는 몸과 정신과 영의 건강치 못한 부분에 관심을 가지기 때문에 염려할 필요가 없다. 의사들도 성직자들과 마찬가지로 환자와 그의 일에 대해 분별력을 발휘한다.

20세기 정신의학 연구에서는 두려움과 도덕적인 실패(죄) 사이에 밀접한 관계가 있음을 밝혀냈다. 이것은 상담에 대한 요구를 크게 증가시켰고, 런던에 있는 웨스트민스트 상담 센터와 같은 세속적인 기관들이 주요 도시에 생졌다. 노팅엄에 있는 프랭크 레이크 (Frank Lake) 임상신학 센터에서는 영적인 욕구와 도덕적·사회적 실패 사이의 관계에 대해서 연구해왔다. 성직자들이 의뢰한 많은 환자들이 그 센터에서 도움과 치료를 받은 후 새로운 열심과 통찰을 가지고 정상적인 종교 생활을 할 수 있게 되었다.

모든 영혼에게 영적 지도가 필요한 것은 아니지만, 영적 지도는 많은 사람들에게 큰 도움이 될 수 있다. 신비적인 특징을 가진 기도를 하는 사람들에게 특히 영적 지도가 필요하다. 왜냐하면 영적 지도를 받지 않으면 그들은 두려워하고 낙심하고 자기 중심적이 될 수 있기 때문이다. 그들은 상담을 통해서 영적 균형을 발견할 수 있다. 또 특별히 빛이나 색깔, 냄새나 느낌이 나타나는 것, 그리고 환상을 보는 사람들에게도 그것들을 해석해 줄 영적 전문가가 필요하다. 과거에는 이러한 종류의 영적 통찰과 관련된 두려움으로 인한 오해나 마녀 사냥 같은 일이 발생하기도 했다. 성경에서는 마술을 행하는 것에 대해 경고한다. 종종 신비한 기도가 타락하거나 방향을 잃고 작용할 때에 마술이 되기도 한다.

영적 지도는 두 가지 영역에서 적극적으로 사용된다: 하나님의 빛 안에서 우리 자신을 이해함, 그리고 믿음과 기도 생활 안에서 성장함. 상담자는 영혼이 자신을 보도록 도와 주며, 지도를 통해서 완전함과 기쁨에 이르는 길을 보여 준다. 묵상*, 중보기도*, 관상* 등의 방법을 배워야 한다. 성숙과 통찰에 이르려면 여러 해 동안 기도 생활을 유지해야 한다. 우리의 노력으로는 이러한 은혜의 선물들을 얻을 수 없다. 하나님께서 우리 안에서 사랑과 빛을 얻으실 수 있도록, 우리도 하나님의 사랑과 빛 안에 머무는 법을 배워야 한다.

Frank Lake, *Clinical Theology: A Theological and Psychiatric Basis to Clinical Pastoral Care,* 1966; Kenneth Leech, *Soul Friend,* 1979; Reginald Somerset Ward, *A Guide for Spiritual Directors,* 1957.

N. W. GOODCARE

영지주의 | Gnosticism

영지주의란 2세기에 특히 활발했으며 유아기의 교회를 크게 위협한 다양한 운동들에게 주어진 명칭이다. 영지주의에 대한 전거들 중에는 교부들(특히, 이레내우스, 힙폴리투스, 터툴리안)과 셀수스와 플로티누스와 같은 이교 철학자들의 논박, 그리고 1945년에 낙 함마디(Nag Hammadi)에서 발견

영지주의 | Gnosticism

된 콥트어로 된 5세기 영지주의 문서들이 포함된다. *Corpus Hermiticum*의 글들도 영지주의적인 것이라고 말할 수 있을 것이다. 이 명사는 *gnosis*(지식)라는 그리스어에서 파생되었으며, 악한 우주로부터 도망칠 수 있으며, 이 세상에 알려지지 않는 참 하나님의 세계를 되찾는 데 사용할 수 있는 비밀 지식을 가지고 있다는 영지주의자들의 주장을 언급한다. 따라서 영지주의의 특징은 우주와 하나님 사이의 근본적인 이원론이다. 그것은 우주의 창조자를 무지하거나 악하거나 열등한 신으로 간주함으로써 표현된다. 유대교와 기독교의 전통, 그리고 헬레니즘의 주요 철학 체계에서는 이 신을 하나님으로 간주한다.

영지주의의 기원에 대해서는 논란이 많다: 중동 지방의 거의 모든 종교적·철학적 운동이 어느 정도 기여했다고 주장할 수 있다. 이 다양한 전통들은 모두 천상의 존재들의 혼란스러울 정도로 다양한 체계들 및 한층 더 혼란스러운 그들의 관계에 기여한다. 그러나 영지주의적 지식의 본질은 은밀한 것이며 공공연하게 활용할 수 없기 때문에, 우리가 소유하고 있는 것은 해석을 위한 자료임이 분명하다.

기독교와의 관계에서, 영지주의는 그 초기의 신앙을 유대교적인 근원으로부터 분리하여 순수한 구속의 종교로 제시하려 했고, 우주와 관련된 헬레니즘의 근본적인 낙관주의에 도전했다. 이 이중 공격의 최종 결과는 이미 교회와 헬레니즘 철학적 문화 사이에 형성된 관계를 더욱 깊게 한 것이었다. 악의 문제에 대한 민감성 때문에 영지주의는 항상 공격성을 지녔다. 교회사에서 그것은 마니교*, 카타리 파* 등으로 출현한다. 그러나 비밀 전승에 의해 중재된 고등한 지식을 소유한다는 영지주의적 주장은 알렉산드리아의 클레멘트와 오리겐*을 통해서 기독교 전통에 지속적으로 영향을 미쳐왔다.

오리겐을 찬양한 에바그리우스의 영향을 받은 수덕적 문헌에서 *gnosticos*라는 용어는 관상의 높은 비상(飛翔)을 아는 사람을 지칭하기 위해서, 그리고 그 전통 안에서 영지주의자들의 비밀 전통에 영속적인 영향을 미친 노련한 사람의 개인적인 주도를 강조하기 위해서 사용된다.

W. Forester (ed), *Gnosis: A Selection of Gnostic Texts*, 2 vols, ET 1972, 1974; R. M. Grant, *Gnosticism and Early Christianity*, 1959; H. Jonas, *The Gnostic Religion*, ²1963; S. R. C. Lilla, *Clement of Alexandria: A Study in Christian Platonism and Gnosticism*, 1971.

ANDREW LOUTH

예수님께 드리는 기도, 예수기도
| Jesus, Prayer to

이는 예수님의 이름으로 기도하는 관습이다.

1. 동방 기독교. 정교회 전통에서는 "예수기도"(Jesus Prayer)를 자주 반복함으로써 예수님께 기도한다. 이 기도의 표준적인 형태는 "하나님의 아들, 주 예수 그리스도시여, 나를 불쌍히 여기소서"이며, 때로 "나를" 앞에 "죄인"이라는 표현을 추가한다. 이 표현은 약간 바꾸어 사용되기도 한다. 기본적으로, 이것은 여리고 성 밖에서 장님이 드린 기도(눅 18:38)를 개작한 것이다. 이것을 세리의 기도와 비교해 보라(눅 18:13). 예수기도를 실천하는 것은 종종 헤시카즘*이라고 묘사되지만, 헤시카즘은 보다 넓은 의미를 지닐 수 있다.

예수기도의 기원은 4세기 이집트 영성에서 찾아야 한다. 니트리아와 스케티스에 거주하던 사막 교부들은 내면의 애통(penthos)과 하나님의 자비의 필요성을 특별히 강조했다. 그들은 끊임없이 하나님을 기억하기 위한 방법으로서 짤막한 기도를 사용하여 독백처럼 기도했다. 그러나 그들이 사용한 공식들 중에서, 예수의 이름이 특별히 탁월한 위치를 차지하지는 않는다.

보다 특수하게 예수님을 기억하거나 예수님께 기원한 형식은 안키라의 닐루스(St. Nilus of Ancyra, 430년 경 사망)와 포티케의 디아도쿠스에게서 처음으로 발견된다. 디아도쿠스는 이러한 기억이 상상력을 통제하고 기억을 통일함으로써 에바그리우스가 권장한 심상이나 생각이 없는 기도를 획득하는 방법이라고 여긴다. 따라서, 예수기도는 말로 기도하는 동안에 침묵으로 이어진다.

위에서 제시한 예수기도의 형태는 이집트의 『아바 필레몬의 생애』(Life of Abba Philemon)에서 처음으로 발견된다. "하나님의 아들"이라는 표현이 없는 형태가 성 바르사누피우스와 가사의 존(John of Gaza, 6세기 초)에게서 발견되며, 그로부터 얼마 후에 가사의 도로테우스(St. Dorotheus of Gaza)에게서 발견된다. 존 클리마쿠스* 및 그의 추종자인 성 헤시키우스(St. Hesychius)와 시나이의 필로테우스(St. Philotheus of Sinai)는 예수기도를 권장했다(8-10세기). 클리마쿠스와 헤시키우스는 그 기도를 호흡의 리듬에 맞춰서 했다.

예수기도에 관한 언급은 7세기부터 8세기까지의 콥트 문헌에서도 발견된다. 특히 콥트의 마카리우스 파에서 발견되는데, 거기서 그 기도는 호흡과 분명하게 연결된다. 그러나 고백자 막시무스, 니느웨의 아이작(St. Issac of Nineveh), 주상 성자 데오도레(St. Theodore the Studite), 신 신학자 시므온(St. Symeon the New Theologian)과 같은 동방 영성의 중요한 대표자들은 예수기도를 언급하지 않았다.

예수기도는 4세기에는 널리 사용되어 아토스 성산에서 발견되었다. 헤시카스트인 성 니세포루스(13세기 말), 시나이의 그레고리, 성 그레고리 팔라마스(St. Gregory Palamas)*, 성 칼리스토스(St. Kallistos), 이그나티우스 크산도토울로스(14세기) 등은 육체적인 기법을 제안했다: 고개를 숙이고, 시선은 가슴 위치에 두고, 천천히 호흡하면서 기도의 어구에 맞춘다. 동시에 헤시카스트는 내적으로 마음의 위치를 찾으며, 지성을 가지고 마음 속으로 내려가려 한다. 여기에는 요가나 수피즘*과 흡사한 점이 있다. 정교회 전통에서, 이 방법은 예수기도의 본질적인 요소가 아니라 하나의 부속품에 불과하다. 예수기도는 18세기에 『필로칼리아』*를 편집한 성산의 니코데무스(St. Nicodemus)에 의해 그리스 세계에서 대중적으로 사용되었다. 18세기 이후로 예수기도에 염주*가 함께 사용되었다.

러시아에서는 11세기 이후로 예수기도가 사용되어 왔다. 닐 소르스키(St. Nil Sorskii, 1509년 사망)는 예수기도를 가르쳤고, 특히 19세기에 사로프의 세라핌(St. Seraphim), 이그나티 브리안카니노프(Ignatii Braindhaninov), 은둔자 테오판(Theophan the Recluse), 『순례자의 길』(The Way of a Pilgrim)을 지은 익명의 저자가 이 기도를 권장하면서 대중화되었다. 아토스 산에서 생활하는 이미아스라프스키(Imiaslavsky, "예수의 이름을 영화롭게 하는 자들")라고 알려진 러시아 수도사들의 집단은 지나치게 예수의 이름을 숭배한다는 죄목으로 1913년에 정죄되었다. 과거 40년 동안, 그리스, 러시아, 루마니아, 그리고 정교회 디아스포라에서 모두 동일하게 예수기도라는 관습이 한층 폭넓게 성장해 왔다.

2. 중세 시대의 서방 세계. 클레르보의 버나드*는 아가서에 관한 15번째 설교에서 예수님의 거룩한 이름에 대한 신앙을 장려했다. 그것은 특히 영국 영성의 특징이었다: 오랫동안 버나드가 지은 것으로 알려져 온 예수의 이름에 관한 찬송은 아마 12세기 말에 영국에

서 저술된 듯하다. 요크셔의 은자인 리처드 롤*의 특징은 예수님의 이름에 대한 열렬한 사랑이었다. 대륙에서는 탁발 수도회들, 특히 도미니크 수도사인 하인리히 수소*가 그것을 권장했다.

정교회에서 예수님의 이름으로 기도하는 것은 주로 상상력을 잠 재우는 방법이요, 이미지가 없는 관상기도에 들어가기 위한 수단으로 간주된다. 반면에 중세 시대에 서방에서는 그것은 그리스도의 거룩한 인성 숭배와 밀접하게 연결되어 느낌과 감정의 기도, 감정적이고 상상적인 사랑의 기도로 간주되었다. 이런 점에서, 그것은 11세기부터 12세기에 안셀름*과 버나드와 더불어 서방 영성에 들어온 새로운 정신을 반영한다. 서방에는 정교회의 예수 기도에 상응하는 공식이 없다. 정교회에서는 "예수"라는 이름만을 사용하여 기도하는 경우가 극히 드물지만, 중세 시대에 서방에서는 "예수"라는 명사가 독자적으로 흔히 사용되었다. 서방에는 헤시카즘에서 사용하는 것에 상응하는 육체적인 방법이 존재하지 않는다.

지난 20년 동안 정교회의 예수기도 형태가 서방 세계에서 크게 보급되어 왔다.

P. Adnès in *DS,* VIII, cols 1126-50; I. Hausherr, *The Name of Jesus* (Cistercian Studies 44), 1978; K. Ware, *The Power of the Name,* 1974.

KALLISTOS WARE

예수님의 경험 | Jesus, Experience of

그리스도 모방(*imitatio Christi*) 영성의 형태는 예수님의 영성과 하나님 체험을 주제로 한다. 이것은 19세기의 슐라이어마허가 강조한 예수님의 '하나님-의식'(God-consciousness)과 헤르만(Herrmann)이 강조한 '예수님의 내면 생활'이 대표하는 진보 신학의 지원을 받았다. 20세기 학자들은 일반적으로 그러한 구절들에 표현된 견해에 반발했으며, 많은 사람들은 예수님의 내면 생활을 드러내는 것은 역사적 주석이 행할 일이 아니며 믿음의 근거에 입각한 것도 아니라는 불트만의 견해를 취하려 한다.

제4복음서가 예수님의 자기 이해와 하나님의 아들로서의 경험에 대한 정보를 제공하는 역사적인 전거를 제공하느냐 하는 기술적인 문제가 이것을 한층 복잡하게 만든다. 가장 개연성있는 대답은 상세한 대화나 설교는 예수님의 사역의 특성이나 주제들, 또는 그의 삶에서 발생한 사건들이나 특별한 이야기에 관한 묵상이라는 것이다. 공

예수님의 경험 | Jesus, Experience of

관복음과 제4복음서 사이의 상이함이 현저하기 때문에 학자들은 역사적인 예수가 하나님과 함께 선재해왔음을 의식하거나 하나님과의 관계에 대한 의식을 강력하게 의식하고 있었다고 결론지으려 하지 않는다. 요한복음이 이러한 점에 대한 역사적인 정보를 제공한다고 생각하는 사람들의 입장에서는, 그러한 예수가 어떻게 기독교인들이 모방할 본보기가 될 수 있느냐는 문제가 남는다.

공관복음에 관한 한, 19세기의 진보주의에 대한 불트만 진영의 반응은 지나치게 강력한 것이었던 듯하다. 실제로, 우리는 확신을 가지고 예수님의 경험에 대해 말할 수 있다. 예수님의 경험에서 하나의 발달 현상을 추적하려는 것은 지나치게 야심적인 시도일 것이다. 그러나 예수님의 말과 행동은 적어도 예수님 자신의 경험과 영성의 몇 가지 측면을 표현할 것이다.

예수님의 양육과 관련된 경건은 분명히 1세기 팔레스타인 유대교를 표현해줄 것이다. 예수님은 하루에 한 두 차례 세마(신 6:4)를 낭송하셨을 것이고, 테필라(18개의 기도문)와 카다쉬(Kaddish)도 잘 알고 계셨을 것이다. 또 예수님은 토라 교육을 받았고, 가능할 때에는 성전에 가서 명절을 지키셨을 것이다. 그러나 예수님의 초기의 관습과는 상관없이, 최소한 예수님의 사역 기간에는 몇 가지 독특하고 현저한 특징이 있다.

누가는 예수님에게 있어서 기도의 중요성을 강조한다(눅 3:21; 5:16; 6:12; 9:18, 28-9; 11:1; 22:41-45; 23:34, 46). 누가의 묘사는 예수께서 특히 위기에 처하거나 결단을 내려야 할 때 한적한 곳에서 홀로 오랫 동안 기도하셨다는 마가의 언급에 의해 더욱 확실해진다(마 1:35; 6:46; 14:32-42). 예수께서 하나님에게 말씀하시는 특징적인 방법은 친밀한 가족 관계를 나타내는 단어인 "아바"라는 표현을 사용하신 것이다. 이것은 예수님의 하나님 체험을 표현하는 것으로 볼 수 있다. 예수님은 아버지라는 친밀한 관계 안에서 하나님을 경험하셨고, 제자들에게도 이 경험에 동참하라고 격려하셨다(눅 11:2). 예수님께서 "아바"라는 표현을 사용하지 않은 곳은 십자가 위에서 뿐이었던 것 같다(막 15:34).

또한 예수님은 성령에 의하여 자신의 경험, 특히 이사야 61:1-2의 성취이신 자신의 경험을 표현하셨다(마 5:3-6; 11:2-6; 눅 4:18-19). 예수님에게 있어서, 성령은 이미 예수님 안에서, 그리고 예수님을 통하여 그의 치유(막

3:28-29; 마 12:28)와 선포 안에서 작용하고 있는 하나님의 궁극적인 통치의 능력이었다. 이런 까닭에, 그의 예언적 위임 의식(눅 13:33; 마 10:40; 15:24), "아멘"이나 "그러나 나는 너희에게 이르노니"(마 5:21-22; 막 2:10; 13:31) 등의 표현을 사용하신 가르침이 지닌 엄청난 권위가 드러난다. 이러한 구절들을 근거로, 예수님의 영감과 권위 의식에 대한 말이 정당화되며, 그것은 마태복음 11:27에 나타난 것과 같은 아들됨의 의식과 연결할 수 있다. 마가복음 1:22과 마태복음 7:28-29에는 그것이 지닌 직접성의 자연스럽고 카리스마적인 특징이 현저하게 드러나며, 마가복음 1:41, 6:34, 10:21에서는 도움을 필요로 하는 가난한 사람들을 향한 예수님의 깊은 관심이 드러난다.

복음서들은 예수께서 요단 강에서 성령의 부음을 받은 것을 예수님의 경험으로 제시하지 않지만, 그 이야기는 예수님의 사역의 근원이 된 근본적인 확신 안에 아들됨의 의식과 위임 의식이 결합되는 예수님의 결정적인 경험을 반영한다. 거기에는 그것이 환상적인 경험이라는 뜻이 함축되어 있다. 누가복음 10:18과 마태복음 4:1-11에는 다른 환상들이 지적되어 있다. 그러나 예수님을 환상가라고 부를 수는 없으며, 예수께서 신비적인 체험이나 몰아적인 체험을 추구하셨다는 증거도 없다. 예수님은 기도하실 때에는 자신을 연단하셨지만, 금식을 장려하거나 실천하시지 않았다. 예수님의 사역에는 인색하지 않은 잔치가 특징적으로 등장한다(막 2:17-19; 마 11:19; 눅 14:12-14). 예수님은 자신에게 고난을 가하려 하지 않으셨지만, 하나님의 뜻이라면 고난을 피하려 하지도 않으셨다(눅 12:49-50; 막 14:36).

공관복음에서는 예수님이 어떤 분이셨는지를 보여 주기 위해서 예수님의 말씀과 행위를 사용하며, 요한복음은 예수님과 아버지의 관계를 기독교 영성의 본보기로 제시하지만, 서신서에는 예수님의 경험이 본보기로 간주되었다는 힌트는 몇 가지뿐이다(요 14:12; 15:10; 17:21). 후대의 그리스도 모방(*imitatio Christi*)의 전통은 신약성서에 뿌리를 두고 있다.

J. D. G. Dunn, *Jesus and the Spirit*, 1975, chs 2-4; A. R. George, *Communion with God in the New Testament*, 1953, chs 2-4; J. Jeremias, *The Prayers of Jesus*, 1967; E. J. Tinsley, *The Imitation of God in Christ*, 1960.

JAMES D. G. DUNN

예수 성심의 신앙 | Sacred Heart

예수의 성심의 신앙은 12세기에 서방 교회에서 시작되었다. 당시 사람들은 엄격한 사회적 질서의 속박을 끊어 버리고, 신학자들이 주장하는 무감각성에도 불구하고 우리의 인간적 본성에 동참하신 하나님, 그리고 온유하시고 고난받으시는 그리스도를 동경했다. 그것은 예수님의 옆구리 상처에 대한 묵상에서 유래되었으며, 프랜시스 수도회의 신학자인 보나벤투어*가 그것을 표현했다. 중세 시대에 그것은 주로 수도원에서 실천되었고, 마그데부르크의 메히틸드(Mechtilde of Magdeburg)와 같은 수녀들이 본 환상의 주제였다. 노리지의 줄리안*의 열번째 계시에서, 그녀의 이해는 그리스도의 옆구리에 집중되었고, 주님은 "둘로 갈라진 복된 심장"을 보여 주셨다. 그것은 섬뜩하고 역겨운 광경이 아니라 말할 수 없는 기쁨을 주었다. 찢어진 옆구리와 상한 심장은 우리의 안전과 구원의 확실한 상징인 동시에 그분의 자비하시고 다함이 없는 사랑의 표식이다.

이 신앙은 17세기에 유행했다. 그것은 프랜시스 드 살*의 저술에서 발견된다. 그는 거룩한 교제 안에서 자기의 심장이 제거되고 그리스도의 심장으로 대치되기를 간절히 원했으며, 우리의 이웃은 "거룩한 구세주의 가슴 안에 있으므로" 이웃에게 허물이 있어도 사랑해야 한다고 가르쳤다. 1646년에 성 유드(St. John Eudes)는 마리아 성심의 축일을 제정했고, 1672년에는 예수 성심의 축일을 제정했다. 1673년부터 1675년 사이에 성 마가렛 마리 알라코크(St. Marguerite-Marie-Alacoque)는 파에리-르-모니알에서 풍부한 상급을 약속하는 계시를 받았다.

앙리 브레몽*은 유드의 신앙과 파레이의 신앙을 구분했다. 전자는 예수님의 내면을 구현하는 예수의 마음을 지향하는 신 중심적인 신앙이었고, 후자는 그리스도의 인간적 몸의 찢어진 기관에 집착하는 신앙으로서 가톨릭 교회 안에서 크게 유행해왔다. 신자들은 가정에 심장을 드러낸 예수님의 그림을 걸어 두곤 했다. 예수 성심의 축일을 거행하는 것은 1765년에 공인되었다. 피우스 9세(1856), 레오 13세, 그리고 피우스 11세 등은 그 관습을 확대했다. 레오 13세는 신학자들과 의논을 거친 후에 드로스테-비세링(Droste-Vishering) 수녀의 요청을 받아들여 예수 성심의 축일을 공표했다. 1969년에 그 축일은 가장 중요한 축일로 분류되었다.

이 대중 신앙이 지닌 지나친 육체적 현상들 때문에 거부감을 느끼는 사람들도 있겠지만, 이 신앙은 사랑 많으신 하나님과 인간의 인성에 대한 증거들을 원하는 인간적인 갈망을 심오한 기독교 신학과 지나치게 밀접하게 결합한다.

영국의 청교도 신학자들은 예수 성심, 그리고 "그 안에서 타오르는 강력한 사랑의 불"에 대한 글을 썼다(Issac Ambrose). 리처드 백스터*는 "그분의 얼굴이나 음성이나 두 손을 알지 못해도, 그분의 눈물과 피땀을 알지 못해도, 그분의 마음을 알 수 있을 것입니다. 치유된 상한 마음이 그분의 것이며, 영혼을 불쌍히 여기시는 마음이 그분의 것입니다. 사랑과 긍휼이 그 마음의 표식입니다"라고 말했다. 가장 중요한 글은 토머스 굳윈*의 『천국에서 세상의 죄인을 향하고 있는 그리스도의 마음』(The Heart of Christ in Heaven towards Sinners on Earth, 1643)이다. 그는 요한복음에 기록된 바 제자들을 향한 사랑을 드러내주는 예수님의 고별 설교에 관한 주석으로 그 글을 시작한다. 요한복음 17장은 천국에서 우리를 위해 중재하시는 그리스도의 제단이다. 둘째 부분은 한층 더 깊이 나아간다. 왜 하나님의 아들이 우리의 본성을 취하시고 인간의 마음을 소유하시고 그것을 자기의 영광 안에 보유하셨는가? 그분은 신적 본성이 아니라 인간적인 본성의 충만을 필요로 하시기 때문이다. 우리의 인간적인 사랑의 불을 붙이려면, 그분은 인간으로서 사랑하셔야 한다. "그분은 참된 인간이시며, 영적으로나 육체적으로 과거와 동일한 분이시므로, 영혼과 육체 안에 동일하게 참된 인간적인 감정들을 소유하신다."

1874년에, 어떤 사람은 Edinburgh Review에서 구원과 가톨릭 신앙 사이에 연결점이 있다고 주장했다. 그러나 그러한 영성 신학과 예수성심 숭배 사이에는 근본적인 차이점이 있다.

현대 가톨릭 신학자들, 특히 한스 우르스 폰 발타사르는 Das Herz der Welt에서, 칼 라너는 Theological Investitation에서 예수 성심 숭배를 다루었다. 발타사르는 하나님 안에 있는 고난의 문제와 씨름한다. 예수 성심 숭배가 기독교 신학에서 벗어나 감상주의에 빠진 건전치 못한 신앙이 되어서는 안 된다. 그것은 예수님의 상처 안에서 어떻게 하나님의 초월성을 보는지에 대한 문제를 제기한다.

칼 라너는 "마음"이라는 단어를 분석한다. 그것은 정의할 수 없으며 다른 것으로 대신할 수 없는 근원적이 것이다. 해부학자들이 연구하는 대상인 정신적인 마음은 실체를 나타내는 상징에 불과하다. 마음의 의미를 알아야 기독교의 복음을 이해할 수 있다. 예수성심의 신앙은 그리스도에 대한 신앙이다. 우리의 기도의 관심사는 우리가 죄 때문에 그리스도께 드려야 할 배상이 아니라 그리스도께서 아버지께 드린 충분한 배상 안에 있는 우리의 몫이다. 고난 받으시는 그리스도를 위로하려는 사람은 그분이 지금은 영화롭게 되셨다는 것을 망각한다. 그리스도의 신비한 몸이 함께 고난을 당할 때에 그리스도께서 위로를 받으실 수 있을 것이다. 그리스도는 자기 몸의 모든 지체들 안에서 지금까지 일어난 모든 일, 그리고 장차 일어날 모든 일에 참여하신다. 이것은 나의 기도가 그분의 상처에서 흐르는 피를 멎게 하거나 상한 심장을 낫게 할 수도 있다는 유치한 믿음과는 다른 것이다.

Dietrich von Hildebrand, *The Sacred Heart*, 1965; Louis Bouyer, *A History of Christian Spirituality*, 1963-1969, vol II *passim*, vol III, pp. 140ff.

편집자

예수의 이름 | Jesus, Name of

신약 시대 이후, 예수님의 인격과 그의 이름 사이에 밀접한 관계가 있다고 간주되어 왔으며, 예수님의 이름은 종종 하나의 "성례"와 예수님 자신의 능력과 생생한 현존의 효과적인 징표로 간주된다.

이 태도의 기원은 구약성서에서 하나님의 이름을 존숭한 것에서 발견된다. 하나님의 이름은 능력과 보호의 근원(시 8:1; 미 4:5), 그리고 은밀한 신비(창 32:29; 출 3:13-14; 삿 13:17-18)의 근원으로서 경외된다. B.C. 300년 이후 유대교에서는 하나님의 이름을 공경한다는 의식 때문에 야웨(YHWH, YHVH)라는 이름을 소리 내어 발음하지 않고, 그 대신에 "아도나이"(adonai)라는 호칭을 사용했다.

천사가 마리아에게 말해 준 예수라는 이름은(눅 1:31; cf. 마 1:21) "야웨의 구원", 또는 "야웨는 구원이다"라는 의미를 지닌 여호수아(Jehoshua)의 축약형인 예수아(Jeshua)의 라틴어 표기이다. A.D. 1세기에 "예수"라는 단어는 흔히 사용되는 명사였다.

신약성서에서는 예수의 이름이 현저하게 강조된다. 그러나 대부분의 경우에 그 이름은 "주"나 "그리스도"라는 호칭과 함께 사용된다. 예수 그리스도의 이름으로 마귀가 쫓겨나고(막 9:38-39; 행 16:18, 19:13), 병자들이 치유되고(행 3:6, 4:7, 4:30), 예수의 이름으로 세례가 주어진다(행 2:38, 8:16). 그리스도는 제자들에게 "내 이름으로" 기도하라고 명하시며(요 16:23-24), 사도들은 구원은 "나사렛 예수 그리스도의 이름" 안에서만 발견된다고 선포한다(행 4:10-12). 바울의 견해에 의하면, 기독교인들은 "모든 이름 위에"(빌 2:9) 뛰어난 "주 예수의 이름으로 의롭다 함"(고전 6:11)을 받는다. 따라서 그 이름은 능력이요 구원이다.

예수님의 이름을 공경하는 태도는 초대 교회에서도 계속된다. 2세기의 허마스(Hermas)는 "하나님의 아들의 이름은 위대하고 무한하며, 온 우주를 지탱해 준다"고 말했다(*Sim. ix*, 14). 오리겐은 예수의 이름에는 마귀들을 내어쫓고 질병을 고치는 능력이 있다고 말했고(*Against Celsus* i, 67), 『아가서 설교』(*Homilies on the Song of Songs*)에서는 예수의 이름에 대해 "당신의 이름이 연고처럼 흐릅니다"라고 표현하고, 『기도에 관하여』(*On Paryer*)에서는 "당신의 이름이 거룩히 여김을 받으시오며"에 대해 주석했다. 초기의 라틴 저자들 중에서 암브로스, 어거스틴, 그리고 특히 5세기의 피터 크리솔로구스(Peter Chrysologus) 등이 예수의 이름을 존숭했다(*PL* 52, 586 B.C.).

동방에서는 5세기부터 6세기에 이르기까지, 서방에서는 11세기부터 12세기까지, 거룩한 이름에 대한 신앙은 예수의 이름으로 반복하는 기도의 형태를 취해왔다.

H. Bietenhard in *TDNT*, V, pp. 242-81; W. Foerester in *TDNT*, III. pp. 284-93; I. Noye in *DS*, VII, cols 1109-26.

KALLISTOS WARE

예수회 | Jesus, Society of

예수회(제수잇)의 영성은 사랑을 통한 봉사를 지향하는 일련의 강조점들이다. 그것은 그 교단의 창시자인 이그나티우스 로욜라*의 세계관 또는 영적 시각에서 비롯된 것이다. 예수회는 로욜라의 가르침과 본보기를 적용하는 것을 목표로 하므로, 그들의 영성을 이해하는 가장 확실한 방법은 이그나티우스의 개인적인 종교 체험 및 그의 세계관을 공부하는 것이다.

약간 세속적인 바스크 귀족이었던 로욜라는 심오한 회심을 경험한 후에 신비가, 성인, 유력한 저술가, 그리고 사도적 교단의 창시자가 되었다. 1935년 이후 휴고 라너(Hugo Rahner), 조셉 데 기베르(Joseph de Guibert) 등의 연구로 인해 그의 영적 시각에 대한 우리의 지식은 크게 깊어졌으며, 그가 어거스틴*이나 아빌라의 테레사*와 같은 위대한 신비가들의 반열에 속하게 된 것은 신적으로 주입된 관상 덕분임을 보여 주었다. 이그나티우스는 1521년에 6개월 동안 요양하면서 삭소니의 루돌프가 지은 『그리스도의 생애』를 열심히 읽고 중요한 문장들을 기록해 두었다. 그 책은 경건을 육성하기 위해서 관상의 형태로 기록된 매우 성경적이고 교부적이고 신학적인 책이었다. 이그나티우스는 야코부스 데 보라진(Jascobus de Voragine)이 저술한 성인들의 전기, 특히 프랜시스*와 도미닉, 어거스틴 등의 전기도 읽었다. 그는 독서를 통해서 그리스도를 열렬히 사랑하게 되었다.

1522년에 완전히 하나님께 헌신한 새로운 생활을 하기 위해 로욜라를 떠났을 때, 이미 그는 생각보다 훨씬 깊이 하나님의 구속의 계획을 성취함에 있어서 그리스도와의 친밀한 협동을 염두에 두고 있었다. 이 때부터 그의 영성은 기독교적 복음의 메시지의 핵심에 초점을 두었다.

만레사에서 10달 동안 기도할 때에, 하나님은 이그나티우스에게 삼위일체, 세상 창조, 그리스도의 인성 등에 대한 많은 조명을 해 주셨다. "그의 이해력이 열려, 믿음과 지식에 대해 많은 것을 이해할 수 있게 되었다…조명이 무척 컸기 때문에, 모든 것이 새롭게 보였다"(Autobiography, 27-30). 그는 만레사에서 지내는 동안 다른 사람들이 비슷한 신앙을 갖는 데 도움을 줄 것이라고 생각되는 자신의 주요한 경험들을 기록해 두었다. 이렇게 기록한 것들을 모아 1548년에 『영신수련』*을 출판했다.

그는 1528년부터 1535년까지 파리 대학에서 지적인 기초를 쌓았고, 그곳에서 아퀴나스*를 존경하게 되었다. 그는 대체로 『영신수련』을 통해서 함께 예수회를 창시한 9명의 동료들의 사고 방식을 형성했다. 1537년에 그는 로마 근처의 라 스토르타에서 아버지 하나님이 자신을 아들과 긴밀하게 제휴시키는 환상을 보았다. 이것을 계기로 그는 수도회를 세웠고, 1540년에 교황 바오로 3세의 승인을 받았다.

그는 만물이 삼위일체에게서 나오며 각기 자신의 목적—하나님을 영화롭게 함에 의한 지복—에 이르기 위해 사용하는 수단이 된다는 영적인 견해를 가지고 있었다. 여기에서 영화롭게 한다는 것은 찬양을 의미하며, 봉사를

예수회 | Jesus, Society of

동반한다. 이런 까닭에, 이그나티우스는 자신의 모든 행동이 하나님께 대한 찬양을 일으키게 하기 위해 노력했다. 그가 여러 가지 대안들 중에서 하나를 선택하는 데 사용한 규준은 "어느 것이 보다 큰 하나님의 영광으로 이어질까?"였다. 그가 이 표현을 매우 자주 사용했기 때문에 하나의 표어처럼 되었다. 그는 다른 모든 것은 이 지고한 목적을 위한 수단으로 보았다.

이러한 세계관에서부터 그의 영성이 지닌 다른 많은 특징들이 생겼다. 그것은 성경적, 신학적, 삼위일체적, 그리스도 중심적, 관상적, 사도적, 교회적이다. 그것은 이그나티우스가 말하거나 행하거나 저술한 모든 것 안에 표현되었으며, 그럼으로써 많은 추종자들을 얻게 되었다.

이그나티우스는 『영신수련』에서 사람들이 스스로 하나님의 뜻을 발견하도록 도와주는 일에 자신의 세계관을 적용했다: 그들이 지혜롭고 신중한 결정에 의해서 하나님의 구원 계획에 협력하여 하나님께 더 큰 영광을 돌리게 하려면 어떻게 해야 하는가? 『영신수련』은 다음과 같은 사실을 제시하는 원리와 함께 시작된다:

1. 감화를 주는 목적, 즉 봉사를 통한 구원; 2. 그것을 위한 수단, 즉 피조물을 지혜롭게 사용함; 3. 선택을 위한 건전한 이유들이 발견될 때까지 결정을 중지함; 4. 결정을 위한 규준: 어느 것이 목적을 획득하는 데 가장 좋은 방법일까?

4주 동안 다루어야 할 주제들과 복음적 관상들 중 다수는 루돌프의 『그리스도의 생애』(*Life of Christ*)에서 선택한 것들이며, 그렇기 때문에 역사 안에서 전개되는 하나님의 구원 계획에 초점을 둔다. 그러나 이그나티우스는 『영신수련』의 목적—수련자로 하여금 자신의 삶을 하나님께 맞추며, 이 세상에서 하나님의 구원 계획에 한층 더 협력할 수 있게 하는 것—에 맞추어 그것들을 독창적으로 연결했다.

이그나티우스는 예수회 규약에서 자신의 세계관을 사도적이고 종교적인 교단을 세우고 다스리는 데 적용했다. 그는 특징적으로 목적과 수단에 초점을 두고서, 그 목적을 진술하는 데서부터 시작했다: 회원들로 하여금 자기 자신과 동료들의 영적인 발달을 위해 노력하도록 돕는 것(3), 그리고 그것이 하나님을 섬기고 찬양하려는 보다 큰 목적을 위해 행해져야 한다는 것(8, 133, 307). 세 가지 종교적 서원, 그리고 교황에 대한 특별한 순종의 서원 등 다른 모든 것은 이것을 얻기 위한 수단이다. 이 규약은 단순한 법전이 아니라, 장상들과 회원들이 여러 가지 대안들 중에서 하나님을 영화롭게 할 수 있는 선택을 분별할 수 있도록 돕는 영적인 지침서이기도 하다.

이그타니우스는 자신의 카리스마적인 본보기와 사역과 세계관을 통해서, 1540년부터 1556년 사망할 때까지 16년 동안 1,000명 이상의 수도 지원자를 모아들였다. 그리고 설교, 성례전, 영적 대화, 병자들을 돌봄, 청년들의 교육 등 중요한 사역을 형성했다. 이그나티우스의 규약에서는 거듭 사람과 장소와 시간에 따라 조정할 것과 선교 활동을 강조한다. 이로 인해 예수회 수사들은 인도, 일본, 아메리카 대륙 등지에서 복음을 전파했다. 사비에르, 바리그나노, 디 노빌리, 리치 등의 선구자들은 토착 문화에 맞추어 조정할 것을 강조했다.

1556년부터 오늘에 이르기까지 예수회 수사들의 영성에는 이그나티우스로부터 물려받은 전통에 충실하려는 끊임없는 노력이 포함되어 있다. 이 기간 동안, 모든 예수회 수사들은 이그나티우스의 『영신수련』에 의해 훈련을 받고, 그의 규약의 지배를 받았다. 그들은 모든 활동에 이 정신을 나타내왔다. 그들의 영성은 실질적으로는 이그나티우스의 정신과 동일했지만, 각 시대 나름의 사상적 경향과 논쟁과 문화적 추이에 따라 달리 표현되었다.

이 복합적인 역사는 다음과 같이 시기 별로 구분할 수 있다:

1. 1556년-1580년: 이그나티우스에 의해 교육을 받은 세대들은 그의 교리와 관습을 실제로 보고 생활했지만, 『영신수련』과 규약 외에는 출판된 문헌을 소유하지 못했다. 그리고 사도적이기 보다는 관상적인 과거의 영성으로 돌아가려는 위험에 처해 있었다.

2. 1581년-1616년: 아카비바(Aquaviva)의 지도 하에 일련의 영적 가르침이 형성되었다. 예들 들면 *Directory of the Spiritual Exercises*, 그리고 벨라민(Bellarmine), 라 푸엔테(La Puente), 로드리게즈(Rodríguez)와 같은 사람들의 저서가 있다.

3. 1617년-1773년: 얀센주의*나 정적주의*, 또는 중국의 의식에 관한 논쟁서, 그리스도의 사랑의 상징인 그리스도의 마음에 관한 것 등 옛 예수회의 서적들의 출판이 크게 증가되었다.

4. 1774년-1814년: 억압과 비슷한 상태의 시대. 이 시기에 사람들은 거의 수도회 안에 남아 있을 수 없었으며, 약 600명의 지원자들과 수도사들이 전통

을 보존했다.

5. 1815년-1899년: 19세기의 회복된 예수회는 과거의 활력을 되찾았다. 그 최초의 회원들은 옛 전통 안에서 교육받고 그 가르침을 고수했다. 그러나 그들은 주로 1600년대 이후의 저술들로부터 가르침을 받아야 했으며, 크게 변화된 상황에 따라 이것들을 적절히 조정하지 못하도록 방해를 받았다.

6. 1900년부터 현재까지: 초창기의 정신에 대한 통찰이 심화되었다. 1894년에 이르기까지, 초기 제수잇들의 저술들의 대부분은 필사본으로만 남아 있었다. 그러나 이후 그것들은 124권으로 이루어진 예수회의 역사적 전거들 (*Monumenta*)로 출판되었다. 이 자료에 대한 학문적인 연구에 의해서 이 영적 유산의 보화를 드러내는 많은 논문들이 출판되고 있다.

1521년 이후의 이러한 발달상들은 방대한 역사를 포함하고 있다. 그러나 그것들은 이그나티우스의 카리스마적인 세계관이 항상 예수회 영성의 생명을 주는 핵심으로 존재한다는 것을 분명히 보여 준다.

Ignatius of Loyola, *Autobiography, Spiritual Exercises, Spiritual Diary,* selected *Letters; The Constitutions of the Society of Jesus...with and Introduction and Commentary,* tr G. E. Ganss, 1970; H. O.

Evennett, *The Spirit of the Counter-Reformation,* 1968; J. de Guibert, *The Jesuits: Their Spiritual Doctrine and Practice,* 1964.

GEORGE E. GANSS, SJ

예술과 영성 | Arts, Spirituality and the

기독교는 영적 가치와 갈망의 표현인 예술에 대해 애매한 태도를 취해 왔다. 교회는 한편으로는 히브리 전통으로부터 "새긴 형상들"의 표현에 대한 불신을 물려받았다. 그러나 이것이 우상들과 우상숭배, 이성도 없고 감각도 없는 신들을 만드는 것을 금지하는 것인지, 아니면 말로 형언할 수 없는 것은 구체화될 수 없으며, 말로 표현할 수 없는 것에게 적당한 상징이 주어질 수 없다는 형이상학적인 결론인지 결정짓기 어렵다. 그리스도 안에서 말로 형언할 수 없는 것이 성육했기 때문에 기독교인들에게는 이 딜레마가 한층 더 강화되었다. 이스라엘 백성들은 시각 예술을 부인하는 것과 심오한 영적 진리를 표현하기 위해서 시와 음악을 의존하는 것 사이에서 갈등을 겪었다.

기독교 내에서도 청교도들은 정기적으로 시각적인 것을 거부하는 태도를 강화했다. 16세기의 「우상숭배의 위험에 대하여」(*Against the Peril of Idolatry*)라는 설교는 이러한 사상의 흐름을 간명하게 요약하고, 벽화, 조각, 의복 등의 범주로 분류했다. "사람들이 설교자들에게서 방향을 돌려 책과 교사들과 성경 그림을 향할 때, 그들은 다른 종류의 교훈, 부귀와 교만과 사치한 옷, 방탕함을 존중하라고, 혹은 우상숭배를 가르치는 거짓된 책을 발견하지 않겠는가?" 당연한 결과로서 성상파괴론이 대두되었지만, 위대한 시인들과 예술가들은 중도적 입장을 취했다. 그들의 사상 안의 한 가지 요소는 신적인 기술자이신 하나님을 예배하는 것에서 입증되었다. 이 전통은 "화가의 신적인 능력은 그의 정신을 변화시켜 하나님의 정신을 닮게 한다"는 레오나르도 다빈치의 주장에서부터, 인간은 기본적인 상상력을 반향함으로써 신적인 정신에 아주 가까이 접근한다는 콜리지의 관점에까지 영향을 미친다. 16세기에 이탈리아의 예술원에서는 신적 창조성의 표현인 다양한 예술의 탁월함에 대해서 논했고, 수학적인 건축가이신 하나님, 풍경의 창조자인 하나님, 형태를 만드신 하나님, 말씀의 최종 계시인 하나님 등의 하나님의 여러 가지 기능을 탐구했다. 레오나르도 다빈치는 *Il Paragone*이라는 논문에서 건축가, 화가, 조각가, 그리고 시인의 주장을 조사하고, 화가를 지지하는 결정을 내린다. 그는 시각적인 재능을 "하나님께서 창조하는 다른 모든 것보다 탁월한 것!"이라고 표현한다. 그러므로, 우리는 미켈란젤로의 폭넓은 재능은 예술가에 관한 이 준-신적인 통찰을 주장하는 데서 확실히 드러났을 것이라고 기대할 수도 있다. 따라서 그가 지은 두 편의 시에서 신으로부터 감화받은 통찰이라는 주장으로부터의 후퇴, 그리고 보다 신비적인 자세를 취한 것을 발견하게 되는 것은 놀라운 일이다. 첫째 시에서, 미켈란젤로는 "연약한 눈"(*occhi infermi*)—만용과 어리석음 때문에 유한한 사물에서부터 신적인 사물에게로 나아가지 못하는 감각—이라는 표현을 사용하여 우리를 당황하게 한다. 두번째 시에서는 한층 더 분명하게 표현된다:

"그림이나 조각으로는 십자가 위에서 우리를 안으려고 두 팔을 벌리신 거룩한 사랑을 의지하는 영을 잠잠하게 할 수 없다."

물론, 미켈란젤로가 예술가로서 이러한 체념의 말을 하기 전에, 그러한 신적인 사랑을 말이나 형상으로 표현했었음을 잊지 말아야 한다.

초기 기독교는 말씀이 육신이 되셨다는 것을 잊지 않았고, 카타콤의 단순한 상징, 또는 동양이나 이탈리아의 모자이크화로 그것을 표현했다. 스테인드 글래스가 기독교 예술에 투명함을 더해 주기 전까지는, 라벤나(Ravenna)의 장엄함, 산타 소피아 성당에 있는 그리스도의 위엄에 비길 만한 기독교 성화가 없었다. 교회의 내부에 여러 색의 빛이 가득한 것 자체가 천국의 광채의 상징이었다.

종교개혁, 문예부흥, 그리고 역종교개혁 등 세 가지의 영향을 받아, 논쟁에서 사용되는 용어들도 변화되었다. 이제 예술은, 단순히 현학적인 사람들이 성경적인 단어들로부터 모아들인 개념들을 무식한 사람들을 위해 벽화나 목판화나 유리에 구체적으로 표현하는 것에 머물지 않았다. 바로크 의식은 한층 포괄적이었다. 그러나 17세기의 예술가들은 보다 복합적이고 예리한 영성을 포함시키려 했다. 시와 음악에서 그에 대한 두 가지 예를 들어 보자. 로버트 해릭(Robert Herrick)는 "성 금요일"에 묵상하면서, 극장과 관련된 표현을 사용하여 골고다를 무대에 비유하고, 그리스도를 위대한 배우로 비유했다.

> 십자가는 나의 무대가 될 것이며, 넓은 들판이 너의 극장이 될 것이다. 너는 선택된 사람이다. 오늘 너는 그 비극을 상영할 것이다.

그들의 예술에서는 개념들이 강력하게 결합된다. 바하는 영적인 진리를 표현하기 위해서 한층 복잡하게 짜인 예술을 추진했다. Durch Adams Fall 이라는 합창에서는 음울한 단조의 선율과 낮은 음역의 반음계주의 속에서 아담의 원죄가 노래된다. 타락을 유도한 행위자인 뱀을 연상하게 하는 선율도 흐른다. 해릭과 바하의 예술, 몬테베르디와 세익스피어에서부터 18세기 초의 음악과 예술까지의 바로크 예술의 합류점은 종교적 표현의 번영이다.

르네상스 시대 이후로 영성과 예술의 관계는 예증적인 것이 되어, 종교적인 주제들도 고전적인 주제들과 마찬가지로 시각 예술의 대상이 되었다. 그러나 금세기 후반에 루오(Roualt), 마티스, 무어, 서더랜드(Sutherland), 헵워스(Hepworth), 파이퍼(Piper) 등과 함께 회화, 조각, 스테인드 글래스, 태피스트리 등에 있어서 영적 가치관에 대한 우리의 의식이 묵상의 대상으로 확대되면서 이러한 관계에 작은 변화가 있었다.

이러한 긍정적인 작업과 병행하여, 버려진 것의 탐구가 영성의 일부라는 의식이 있었다. 이러한 탐구에 있어서 문학 분야에서는 엘리오트*, 파운드(Pound), 조이스(Joice), 회화 분야에서는 피카소, 프랜시스 페이컨 등이 새로운 종합, 예술을 새로워진 영성의 도구로 이해하는 길을 개척했다.

MOELWYN MERCHANT

예언기도 | Prayer, Prophetic

예언기도는 프리드리히 하일러(Friedrich Heiler)*가 특정 형태의 신앙을 묘사하기 위해서 사용한 용어이다. 하일러에게 영향을 주어 결국 가톨릭 신앙을 버리고 루터교 신자가 되게 한 나단 죄더블롬(Nathan Söderblom)과 같은 저술가들은 두 가지 유형의 신비주의를 구분했다: 하나는 개성을 부인하는 무한-신비주의(infinity-mysticism), 느낌의 신비주의요; 나머지 하나는 개성을 긍정하는 인격적 신비주의, 의지의 신비주의, 예언 종교, 또는 계시의 종교이다. 하일러는 포괄적인 용어로서의 신비주의를 포기하고 두번째 유형을 마지막 두 가지 명칭, 즉 예언 종교와 계시의 종교라고 묘사한다. 그것은 성경에서 가장 잘 표현되며 예수님의 복음 안에서 표준적인 형태를 취하므로, 성경적 종교, 또는 복음적 종교라고 부르기도 한다.

조로아스터, 모세, 그리고 마호메드 등의 예언 종교는 원시 종교에서 생겼다. 그것들은 각 예언자들의 독창적인 경험들에 의해서 발달되어 일신론으로 성장했다. 그러나 조로아스터 교와 이슬람 교는 매우 율법적인 종교가 된 데 반해, 모세에게 주어진 계시는 오랫동안 발달되었다.

예언 종교는 확신 있는 믿음에 기초를 둔다. 그것은 삶을 긍정하며, 몰아적인 경험보다는 믿음과 확신을 소중히 여긴다. 그것은 사려 깊다기보다 소박하며, 금욕적이기보다 자발적이며, 여성적이기보다는 남성적이다. 그것은 살아 계셔서 활동하시며 자비하시고 자신을 계시하시며 역사의 한복판에 구원을 가져오시는 하나님을 생각한다.

예언 종교에서, 계시는 객관적이고 역사적인 사실이다. 위대한 성경적인 인물들은 계시의 전달자이다. 예언 종교는 계시의 권위에 대한 존경심과 개인적인 자유를 결합한다. 죄는 하나님께서 정하신 도덕적 가치 체계의 파괴요, 구원은 파괴된 교제의 회복이다. 의로운 행동 자체가 하나님과의 교제이다. 예언자들은 적극적으로 행동하며 하나님의 뜻을 선포하며 하나님 나라를 위해 일하라는 부름을 받는다. 그들은 교제를 양성한다. 그들은 인간 문화를 긍정적으로 보지만, 새 하늘과 새 땅을 바라본다. 그들은 극적인 이원론적인 긴장을 구현한다. 그들은 하나님과 인간 사이의 거리를 놓치지 않는다.

따라서 예언기도는 필요와 위기로부터 자발적으로 생긴다. 거기에는 불평, 질문, 청원, 개인들 뿐만 아니라 하나님 나라의 도래를 위한 중보도 포함된다. 예언기도는 하나님의 선하심에 호소하기 위해 다양한 방법을 사용한다. 의존 관계를 표현하며, 죄악됨을 고백하며, 신뢰와 복종과 감사와 찬양 등이 포함된다. 종종 예언기도는 기존의 기도 형식을 대적한다. 예언기도를 하는 사람들은 자신이 하나님의 자녀요 친구임을 안다. 하나님은 항상 현존하셔서 그들의 기도를 들으신다.

후일 하일러는 루돌프 오토(Rudolf Otto)가 사용한 "믿음-경건"(faith-piety)이라는 용어를 선호했다. 또 그는 신비주의에 대해 보다 고귀한 견해를 취했지만, 여전히 학문적인 연구를 위해서는 상반되는 두 유형의 신비주의를 구분해야 한다고 생각했다. 그의 용어 사용은 그리 큰 영향을 발휘하지 못했다. 지금도 종종 모든 심오한 영성은 신비 체험으로 이어진다고 가정된다. 이것의 진리는 신비주의에 대한 정의에 달려 있지만, 흔히 이해되는 신비주의의 특징들은 부족하지만 참되고 소중한 또 다른 유형의 영성이 존재한다는 것은 분명히 논증될 수 있다.

A. RAYMOND GEORGE

오라토리오 회 | Oratorians

최초의 오라토리오 회는 산 지롤라모 델라 카리타의 가톨릭 교회에서 필립 네리*를 중심으로 모인 평신도 집단이었다. 그들은 매일 오후 교회 다락방에 모여 두 시간 정도 독서, 토론, 설교, 찬송, 기도를 했다. 제단이 없었던 기도의 장소 때문에 이 비 공식적인 영적 훈련 집단에 "오라토리"(Oratory: 기도실)라는 명칭이 주어졌다.

1564년에 필립의 제자들이 그의 사역을 돕기 위해 성직에 임명되면서 오라토리오 회의 회중이 비공식적으로 존재하게 되었지만, 공식적으로는 1575년에 그들에게 발리첼라(Vallicella)에 있는 산타 마리아 교회가 주어지면서 그 회중이 설립되었다. 오라토리오 회의 이상, 서원을 하지 않은 재속 사제들과 성직자들의 회중은 매우 새로운 것이었으며 신속히 전파되었으며, 17~18세기에 이탈리아, 스페인, 라틴 아메리카 등지에 많은 오라토리오 수도원이 설립되었다. 프랑스에서는 카디날 데 베뤌(Cardinal de Bérulle)이 1611년에 독특한 형태의

오라토리오 회 | Oratorians

오라토리오 회를 발달시켰다. 19세기에 존 헨리 뉴먼*은 영국의 버밍험(1848)과 런던(1849)에 오라토리오 회를 세웠다. 20세기에 이 수도회는 독일과 미합중국으로 전파되었다.

오라토리오 회의 삶의 기조는 가정적인 특징이다. 숫자는 많지 않지만 각각의 가정은 독립되어 있다. 그리고 비록 서원은 하지 않지만 베네딕트 수도원처럼 안정에 헌신한다. 각 가정의 가장은 재산을 소유하지만, 매일 공동 식사를 하며 공동 기도 시간이 있다. 음악이 중요한 역할을 하는 전례적 전통에도 불구하고, 성무일과는 공동으로 행하지 않는다. 그것은 필립이 평신도들도 가장이 될 수 있도록 보장하려 했기 때문이다. 가장들은 설교, 죄고백 청취, 영적 지도 등을 우선적으로 행한다. 관대하고 쉽고 평신도 지향적인 영성이 오라토리오 회의 특징이었다. 필립은 자기 아들들이 회중 안에서 자유롭고 평안하게, 개인적인 영향력을 통해서 사역을 행하는 동시에, 공동 생활의 수덕적인 규율에 복종하기를 원했다.

1847년에 성 필립의 오라토리오 회에 정착한 뉴먼은 대학에서 교육을 받은 장성한 사람들에게 적합한 회중을 발견했다. 필립의 생전에도, 오라토리오 회는 청년들보다는 자리를 잡은 사람들을 위한 곳이었으며, 가장들은 공동체의 의무를 행하고서도 기도와 지적·문화적인 일을 추구할 시간을 가질 수 있었다. 가장 유명한 오라토리오 회 출신 학자는 바로니우스(C Baronius), 레이날두스(O. Raynaldus), 타이너(A. Theiner) 등이다. 영국의 오라토리오 회는 특히 피우스 9세로부터 지식층을 위한 사도직을 부여받았고, 뉴먼과 페이버(Faber)*는 저술을 통해서 많은 영향력을 발휘했다. 그러나 공동 생활과 어긋나는 일은 전혀 행하지 않았다.

오라토리오 회의 하나님께 이르는 길은 거룩한 사람들이 발휘하는 개인적인 영향력, 눈에 뜨이지 않는 수덕주의, 그리고 기도의 실천과 관련한 자유에 있다. 오라토리오 회원들 중에 복자로 시복된 사람은 네 사람이다: 페르모의 안토니 그라씨(Anthony Grassi of Fermo, 1592-1671), 투린의 세바스티안 발프레(Sebastian Valfre of Turin, 1629-1710), 고아의 조셉 바즈(Joseph Vaz of Goa, 1651-1711), 프리우리의 뤼기 스크로소피(Luigi Scrosoppi of Friuli, 1804-1881).

Raleigh Accington, *The Idea of the Oratory*, 1966; A. Cistellini; *DS*, IX, cols 853-76; Placid Murray, *Newman the Oratorian*,

²1980.

NORMAN RUSSEL

오리겐 | Origen

오리겐(c. 185-254)의 영성은 헬레니즘 문화, 특히 그가 객관적으로—다른 학파를 반대하는 학파의 논거들을 자신의 신학적 목적에 일치하도록 바꾸어—사용할 수 있었던 절충주의적이고 스토아적인 중기 플라톤주의 안에 성경적 계시를 받아들이려 한 시도를 반영한다. 이 과정들은 어떤 면에서는 그의 기독교적 통찰들을 흐리게 하고, 다른 면에서 조명하며, 동시에 교리와 윤리의 체계적인 조화를 위협하기도 했다.

1. 오리겐은 교묘하게 구체화 된 비인격적인 스토아적 개념들로부터 기독교의 섭리의 교리를 구분했지만, 암암리에 스토아적인 "자연법"과 인간의 양심의 "보편적인 직관들"을 받아들인다. 기독교 윤리는 자연적인 도덕이지만, 참 하나님을 향한 본성적인 동경에 의해 활성화된다. 이것이 출발점이다.

2. 오리겐은 가시적인 것과 이해할 수 있는 것, 또는 그것들 사이의 관계에 대한 해결되지 않은 문제를 지닌 영적 세계와 전자의 상태의 불확실성을 구분하는 플라톤주의의 구분을 취한다. 때로 이 세상에서의 삶은 단순히 영원한 실체의 상징이나 베일들의 덩어리이며, "우리는 되도록 빨리 지구로부터 천국으로 도망해야 하며, 도망친다는 것은 가능한 한 신속히 하나님처럼 되는 것이다"(*Theaet*. 176)라는 플라톤주의자들의 말, 그리고 그에 따른 오리겐의 역사 의식의 약화를 반향한다. 또 다른 경우에, 성육신의 중심성은 이 세상은 하나님의 지고한 의지와 피조물의 자유의지를 포함하는 진정한 도덕적 드라마의 배경이라는 것을 암시한다. 이 모든 것은 성경의 문자적 해석에 대한 오리겐의 일관성 없는 평가와 조화를 이룬다.

3. 오리겐은 하나님은 초월하시며, 불변하시며, 무감각하시며, 자신의 넘쳐 흐르는 선에 의해서 세상을 창조하시지만 아무 것도 필요로 하지 않으신다는 플라톤주의의 정의들을 취한다. 이러한 이상들을 모방하여, 기독교인은 금욕생활—철야, 금식, 매일의 성경공부, 결혼 생활의 자제, 세상의 책임들로부터의 이탈—과 무정념(*apatheia*)으로의 부름을 받는다. 스토아 철학자들은 무정념을 그레코-로마 문화의 윤리의 으뜸되는 주제로 만들었

다. 오리겐이 자기 몸의 일부를 손상시켰다는 이야기, 그리고 유세비우스가 묘사한 그의 생활 방식 등은 그의 삶 전체의 주도적인 금욕주의와 일치한다.

4. 오리겐은 창세기 1:26의 "형상"과 "모양"과 관련하여 일반적인 교부들의 구분을 채택한다: 인간은 창조 때에 "형상"의 권위(즉, 완전함을 획득할 수 있는 가능성)를 받았고, "모양"은 인간이 하나님의 은혜와 그 자신의 공로로 인해 "되도록 하나님처럼" 되는 마지막 때에 획득될 수 있다. 여기에서 오리겐은 "지적인 귀족"의 전통 안에서 "단순한 믿음"과 "완전히 믿음", 일반적인 기독교인과 "영지적", "영적", 또는 "완전한" 기독교인을 구분한다. 후자의 경우, 하나님께로 가는 길은 신비적인 등정으로서, 거기에는 마귀와 귀신들의 유혹으로 인한 내적인 고통과 그리스도의 영광에 대한 한층 고귀하고 순수한 환상이 주는 위로 사이의 끊임없는, 그리고 종국에는 승리하는 변증이 존재한다. 죄의 마귀는 빛의 천사로 가장할 수도 있기 때문에, 사도 바울의 "영 분별"은 필수적인 것으로 남는다. 그러한 시련들 안에는 특히 십자가 위에서 시험을 받으신 그리스도를 본받음이 있지만, 우리는 수덕

훈련을 통해서 꾸준히 변화의 산을 올라가며, 마침내 가려지지 않은 그리스도의 빛이 우리를 비추고, 아버지의 음성이 들리게 된다. 이 주제는 오리겐의 『아가서 주석』(*Commentary of the Song of Songs*)에서 절정에 달한다. 그 책에서, 신비적 등정은 그리스도-로고스와 영혼의 결혼에 의해 상징된다. 궁극적인 이상은 하나님과의 신비한 연합이며, 오리겐은 이것을 신화(神化)라는 용어로 공식화한다: "당신도 예수 그리스도 안에서 하나의 신이 되어야 한다."

5. 위에서 열거한 오리겐의 영성의 요소들은 그의 두 가지 실질적인 논문—『기도에 관하여』, 『순교로의 권면』—에서 찾아볼 수 있을 것이다. 『순교로의 권면』(*Exhortation to Martyrdom*)은 235년 막시무스 황제의 박해가 시작될 때에 두 친구를 위해 저술한 것으로서 순교를 참 기독교인의 의무로 강조한다. 하나님을 사랑하는 모든 사람은 하나님과 연합하기를 원하며, 그가 포기한 세상의 행복에 비례하여 상을 받을 것이기 때문이다. 순교는 하나님이 주신 축복에 대한 보답이며, 순교자는 자신의 영원한 축복을 확보할 뿐만 아니라 다른 사람들을 위한 용서도 확보한다. 순교자의 피는 구속

의 수단이 될 수 있다. 『기도에 관하여』(*On Prayer*)는 기도의 단계들—청원, 경모, 간구, 감사—을 통한 신비한 등정을 추적한다. 기도는 하나님을 보는 데서 절정에 당하며, 형제를 위한 중보기도로 흘러들어간다. 기도는 그리스도께 드리는 것이 아니라 그리스도를 통해서 하나님께 드려야 한다. 우리는 친히 기도하시는 분에게 기도할 수 없으며, 그리스도는 아버지 하나님만이 선하신 분이므로 그에 합당하게 경모되어야 한다고 주장하신다. 하물며 성인들에게는 더욱 기도를 드릴 수 없다.

기도를 위한 영혼의 내적 준비는 기도가 성령의 선물이라는 진리를 흐리게 하지 않는다. 성령은 우리 안에서 기도하시며 우리를 기도로 인도하신다.

W. Völker, *Das Vollkommenheitsideal des Origen*, 1931; von Balthasar, *Parole et Mystère chez Origène*, 1956; F. Bertrand, *Mystique de Jésus chez Origèna*, 1951; V. H. Crouzel, *Théologie de l'Imane de Dieu chez Origène*, 1956; M. Harl, *Origène et la Fonction Révélairce cu Verbe Incarné*, 1958; L. Bouyer, *The Spirituality of the New Testament and the Fathers*, 1960, pp. 276ff. Translations, etc of *Origen's Treatise on Prayer* by E. G. Jay, 1954, and *Martyrdom* by J. J. O'Meara, 1954; also by Oulton and Chadwick in *Alexandrian Christianity* (LCC II), 1954.

BENJAMIN DREWERY

오순절 운동 | Pentecostalsim

오순절파 영성은 역사적 교회의 안팎에서 신자들이 급속히 증가한 경험을 말한다. 가톨릭 교회와 개신교와 아울러, 오순절 운동은 기독교계의 세번째 주요한 요소로 간주할 수 있을 것이다. 그것은 초대 교회 영성을 재발견하려는 시도이다. 오순절파 신자들은 자기들의 신앙과 관습이 신약시대 교회에서 기원했다고 주장할 것이다.

오순절 운동의 역사의 기원은 기독교의 초기 시대에서부터 오늘날까지 추적할 수 있지만, 20세기 오순절 운동은 18세기의 웨슬리 신앙부흥, 19세기의 어빙 파 신자들, 그리고 19세기 후반의 성결 운동들과 직접적인 관련이 있다.

브루너(F. E. Bruner)가 지적했듯이, 기독교의 회심에 따르는 성화의 체험은 후일 오순절 운동에서 중요하게 간주된 성령세례의 체험을 예시했다. 한편 스트래헌(G. Strachan)은 에드워드 어빙(Edward Irving)을 오순절 운동의 "세례 요한과 같은 사람", "성령 안에서 세례를 받으신 그리스도를 믿는 모든 사람들의 선구자"로 본다.
 이 20세기의 현상은 간단히 두 가지 측면으로 나눌 수 있다: 20세기 초에 생긴 하나의 운동을 언급하는 오순절 운동과 기독교계의 모든 교회 안에 오순절 운동의 주요 특징들이 나타난 것을 언급하는 신-오순절 운동, 또는 은사 운동*. 전자 역시 고전적인 오순절 운동이라고 묘사할 수 있을 것이다.
 고전적인 오순절 운동은 성령 세례를 중심 교리로 삼았다. 신자들은 회심한 후에 성령 세례를 받을 수 있으며, 그 세례에는 방언이 동반되었다. 만일 방언을 성령세례의 최초의 증거로 간주한다면, 초대 교회가 경험했던 영적 은사들 중 한 두 가지가 성령 세례를 받은 신자들의 삶에서 기대되었다.
 20세기 초에 미국에서 일어난 고전적 오순절 운동은 유럽 및 세계의 다른 지역으로 전파되었고, 하나님의 성회(Assemblies of God), 엘림 교회(Elim Church), 사도적 교회(Apostolic Church) 등이 출현했다.
 신-오순절 운동, 또는 은사 운동*은 1950년대에 미국에 자리를 잡았고, 감독교회 신자들, 가톨릭 신자들, 루터교인들, 장로교인들, 침례교인들, 감리교인 등을 포함한다. 이 운동 역시 유럽 및 그 외의 지역으로 전파되었고, 정도의 차이는 있지만 대부분의 교회에 영향을 주고 있다. 가정교회 운동(House Church movement)은 대체로 이러한 교회들 안에 포함되지만, 독립하여 발달되었으며, 현재 추종자들의 반대에도 불구하고 독립된 교파가 되려 하고 있다.
 신-오순절파에서는 성령 체험을 여러 가지로 다르게 간주한다. 어떤 사람들은 고전적인 오순절파 사람들처럼 성령 세례를 두번째 경험 또는 회심에 따르는 축복이라고 믿는다. 또 어떤 사람들은 성령세례는 성령 충만이라고 묘사되는 경험을 수반하는 회심이라고 간주한다. 세번째 견해는 회심 및 그 후에 이어지는 것 모두를 성령 세례라고 부를 수 있다는 주장에서 생긴 것이다. 신학적으로 두 가지 경험 모두 성령 세례에 속한다. 그러한 경험들은 동시에 발생하거나 연속적으로 발생할 수 있지만, 신학적으로 말하자면 두 가지 경험 모두 성령의 사역을 언급한다. 경험의 실체는 성령의 은사나 열매에 의해 확인되겠지만, 참된 판단의 기준은 사랑이라는 데 모든 사람이 동의할 것이다.
 각 교파에서는 이 경험을 전통적인 신학에 의해 해석하려고 노력해왔다. 이런 면에서, 로드먼 윌리엄즈(J.

오순절 운동 | Pentecostalsim

Rodman Williams)는 문제의 핵심을 언급한다: "우리는 어떤 범주에도 속하지 않지만 전통적인 신학에 적용할 수 있는 성령의 활동을 지향해야 한다."

성령 세례나 성령 충만을 경험적으로 어떻게 묘사할 것인가? 이에 대해 쉽게 대답할 수는 없다. 성령세례나 성령 충만을 경험한 사람들은 자신의 존재 전체에 하나님의 영이 충만했다고 주장한다. 그러한 경험 안에 예수님이 한층 더 실재하시게 된다. 찬양, 사랑, 평화, 또는 기쁨, 또는 이것들 모두로 가득한 마음에 증거가 주어진다. 그것을 방언으로 표현하는 것은 그리 특별한 것이 아니다. 성경은 일상의 욕구에 대해 새롭고 생생한 방법으로 말하기 시작한다는 점에서 새롭게 된다. 모든 신-오순절파 신자들이 근본주의자들은 아니며, 대부분의 신자들의 성경관은 상당히 보수적이다. 일부 신-오순절파 신자들은 그들의 선구자인 고전적 오순절 신자들과 마찬가지로 방언을 성령이 임하신 증거로 간주하려 할 것이다. 그러나 대부분의 사람들은 이것을 많은 증거 중의 하나로 간주할 것이다.

오순절파의 예배와 기도의 특징은 자유, 자발성, 기쁨, 활력 등이다. 무릎을 꿇고 두 손을 모으는 등의 전통적인 표현 외에, 손뼉을 치고 춤 추고 두 손을 들고 찬송을 한다. 방언, 방언 해석, 예언, 환상, 지혜의 말, 지식, 치유 등이 중시된다.

일부 교회에서는 이러한 종류의 예배가 정상적인 전례의 구조 안에서 이루어지지만, 다른 교회에서는 그러한 구조가 목격되지 않으며, 예배 때에는 고린도전서 14:26-33에 묘사된 지침만을 따른다.

신 오순절파의 특징은 성경 말씀에 곡조를 붙인 성가를 많이 사용하는 것이다.

오순절 운동은 20세기의 합리주의에 대한 반작용이라고 볼 수도 있다. 어떤 사람들은 그것을 세속적이고 물질적인 시대 정신에 대항하는 운동이라고 보기도 한다. 그것은 "타자성", "초월성"에 대한 인간의 동경의 표현으로 볼 수도 있다. 오순절파 신자들은 그것을 하나님께서 교회를 회복하시고 새롭게 하기 위해 주신 은사라고 본다.

F. D. Bruner, *A Theology of the Holy Spirit*, 1971; J. D. G. Dunn, *Baptism in the Holy Spirit*, 1970; J. Gunstone, *A People for His Praise*, 1978; W. J. Hollenweger, *The Pentecostals*, 1972; T. A. Smail, *Reflected Glory*, 1975; G. Strachan, *The Pentecostal Theology of Edward Irving*, 1973; E. Sullivan, *The Pentecostal Movement and its*

Relation to the Ecumenical Movement, 1972;
S. Tugwell, *Did You Receive the Spirit?*,
1972; J. R. Williams, *The Era of the Spirit*,
1971.

W. R. DAVIES

옥스포드 운동 | Oxford Movement

1833년에 시작된 영국 고교회의 종교적 부흥 운동을 지칭하는 명칭이다. 전통적으로 그 운동의 기원은 1833년 7월에 존 케블*이 국가적인 배교에 대해 행한 설교에 있으며, 존 헨리 뉴먼*이 1845년에 가톨릭 교회로 옮겨가면서 옥스포드 시대는 끝났다. 그 후 그 운동의 영향력은 옥스포드 외부에서 더 중요하게 되었다.

부분적으로, 옥스포드 운동은 교회와 국가의 관계, 그리고 영국 국교회의 특성에 영향을 준 제도적이고 조직적인 변화에 대한 방어적인 반작용으로서 종교적인 부흥 운동 이상의 역할을 했다. 그 운동의 지도자인 케블, 뉴먼, 그리고 퓨지*는 역사적인 감독제도와 은혜의 수단인 성례전적인 예배를 통해 지속되어온 사도적 사역을 지닌 신적 사회인 교회의 정체성을 강조하면서, 자유주의적인 이성주의와 개신교 개인주의의 침입에 저항하려 했다. 그들은 기독교 복음, 그리고 인간의 언어를 초월하며 하나님께서 자기 계시에서 사용하셨던 방법으로 상징과 이미지들을 풍성하게 사용할 것을 요구하는 하나님의 거룩을 깊이 의식했다. 케블의 시와 뉴먼이 옥스포드 대학 교회에서 행한 설교들은 이러한 주제들 및 거룩함으로의 소명을 강력하게 표현하지만, 이 운동은 처음에 *Tracts for the Times*라는 논문집을 통해서 영향을 미쳤고, 그 추종자들은 Tractarians라는 명칭을 얻었다. 이 논문집 시리즈는 1841년 *Tract 90*을 끝으로 발행되지 않았다. 마지막 호에서, 뉴먼은 영국 국교회의 39개 신조가 가톨릭적인 해석의 여지가 있음을 지적하려 했다.

옥스포드 운동의 영성은 분열되지 않은 교회의 신앙과 헌신을 확립한 것으로서 교부들과 17세기 찰스 1, 2세 시대의 신학자*들의 영향을 크게 받았다. 그들은 세례에 의한 중생, 실재설(그리스도가 성찬 안에 실제로 임재함), 사도적 승계와 감독제도의 필요성, 성도들의 교제 등의 교리를 지지했다. 지적 진리 추구는 도덕적인 탁월함, 인간이 하나님을 보려면 필요한 거룩함의 추구에 종속되었다. 그리스 교부들의 영향력, 신의 성품에 참여하는 것이라는 구원의 주제의 영향이 크게 두드러졌다.

온전함, 완전함 | Perfection

18세기의 이성주의적 신학에 대한 옥스포드주의자들의 반응은 부분적으로 낭만주의라는 폭넓은 운동의 일례이지만, 그들이 교부들에게로 복귀한 것은 그 이상의 것을 시사해 준다. 그들의 가르침과 저술의 결과로서, 국교회의 예배는 현저하게 변화되었다. 성찬은 매우 중요한 위치로 회복되었고, 전례가 새롭게 인식되고, 보다 풍성한 형식들과 의식적인 표현이 요구되었다. 매일의 성무일과에서 사용되는 기도의 유형이 성직자들 가운데서 널리 관찰되었다. 성례전적인 죄고백과 경건한 생활이 부흥했다. 전통적인 예배의 형식에 대한 관심의 증가와 함께, 로마 가톨릭 교회에 대해 개방적인 태도를 나타냈으며, 동방 정교회에 대해서도 어느 정도 개방적이 되었다. 이로 인해, 이 교회들과의 통일을 꾀하려는 시도가 증가했다. 옥스포드주의자들과 그 후계자들이 채택한 교회의 "가지-이론"(branch-theory)에 입각하여, 이 교회들과 국교회 신자들이 가톨릭 교회를 형성했다.

후대의 의식주의 운동(Ritualist movement)은 옥스포드주의자들보다 더 기꺼이 로마 가톨릭 교회의 관습을 받아들이려 했다. 옥스포드주의자들은 가톨릭 교회의 일과 기도서를 사적으로 채택한 것 외에도 공동기도서를 옹호했고, 그 책이 근본적으로 보편적인 예배 형식이라고 믿었다. 비록 19세기의 종교적 논쟁에서 옥스포드주의자들과 복음주의자(저교회파)들은 반대를 받았지만, 이 두 운동은 마음의 종교에 대한 공동의 관심을 가지고 있었다. 옥스포드 운동의 많은 지도자들은 복음주의 신앙부흥에 의해 형성된 사람들이었다. 옥스포드 운동이 후계자들이 시행한 예배의 혁신은 1927-1928년에 기도서를 최초로 개정하는 시도로 이어졌다. 양 대전 사이에 영국 국교회-가톨릭 대표자들은 영국 국교회의 신학과 영성에서 옥스포드 운동에서 비롯된 전통의 성장과 힘을 증언했다.

Y. Brilioth, *The Anglican Revival*, 1933; O. Chadwick, *The Victorian Church*, I, 1970; *The Mind of the Oxford Movement*, 1960; R. W. Church, *The Oxford Movement, 1833-45*, 1892; E. R. Fairweather, *The Oxford Movement*, 1964; A. Härdelin, *The Tractarian Understanding of the Eucharist*, 1965; G. Rowell, *The Vision Glorious*, 1983.

GEOFFREY ROWELL

온전함, 완전함 | Perfection

"그러므로 하늘에 계신 너희 아버지의 온전하심과 같이 너희도 온전하라"

온전함, 완전함 | Perfection

(마 5:48). 정교회 전통에서는 신자들이 "신의 성품에 참여하는 자"가 된다는 베드로후서 1:4의 약속을 죽은 자들에게는 허락하지 않는다. 가톨릭 영성은 거룩이라는 사상의 지배를 받아왔으며, 성도들의 삶에서 하나님의 은혜가 행할 수 있는 것에 한계를 정하지 않았다. 완전론, 현세에서 죄가 없는 완전함에 도달할 수 있다는 믿음은 부분적으로는 주류 종교의 저급한 표준과 타협에 대해 저항하는 반 주류 분파들의 특징이다. 그 이유는 그 약속이 주류파들이 멸시하고 박해하는 고난 받는 가난한 사람들에게 희망을 주기 때문이었다. 중세 시대의 종교적인 최하층, 의회파 군대, 그리고 신앙부흥운동 등에는 무절제와 신성모독이라는 위험이 있었지만, 복음의 "장래의 명령"은 계속 살아 있었고, 활력과 힘의 비결이었다. 그것은 온전함이 의미하는 것에 크게 의존하며, 어느 정도는 현세에서 획득할 수 있다고 생각되는 것에 의존한다. 성인으로 시성된 사람들은 현세에서 그것을 획득한 사람들이다. 개신교 교사들은 보다 조심스러운 경향을 나타내왔다. 엘리자베스 1세 때에 드라이 드레이튼의 교구 목사였던 리처드 그런험(Richard Greenham)은 현세에서는 절대적으로 흠 없는 상태가 불가능하다고 믿었다.

"온전함이란 성경에서 완전함, 진리, 성실한 마음이라고 간주하는 것을 지칭하는 것을 말하지만…우리 자신에게 가능한 것 이상으로 의롭게 되려고 하지 말라. 우리는 진실한 마음, 하나님을 섬기려는 한결같은 소원 안에서 만족해야 한다. 왜냐하면 그분은 하나님이시며, 우리는 하나님에게 받아들여질 것이기 때문이다."

엘리자베스 시대의 가장 유명한 청교도 신학자인 윌리엄 퍼킨즈(William Perkins, 1558-1602)도 클레르보의 버나드*처럼 하나님의 사랑을 네 단계로 구분했다: "효과적인 소명"(effectual calling)—회개하는 죄인을 그리스도의 신비한 몸과 결합시켜 주는 단계; 칭의; 성화—"죄의 지배에서 구원받은 신자가 조금씩 새로워져 거룩하고 의롭게 되는 단계"; 영화—임종 때에 시작되지만 완전하게 이루어지지는 않으며, 마지막 심판 날에 완성됨." 찰스 공의 궁중 목사인 존 프레스톤(John Preston)은 거룩한 사랑의 신학자로서, 온전함은 성실한 마음이며, 인간이 피할 수 없는 부분인 약점들과 공존할 수 있다고 주장한다. 만일 그렇지 않다면 둘째 아담은 은혜를 주입함

온전함, 완전함 | Perfection

에 있어서 첫째 아담이 죄를 전달한 것보다 무력할 것이며, 새로운 창조 안에서의 하나님의 솜씨는 태초의 창조 때의 솜씨보다 못할 것이다. 그리스도는 마음에 완전한 씨앗, 완전하게 자라 꽃 피울 것을 원하는 씨앗을 심으신다. 그 씨앗의 성장은 좋지 않은 기후와 많은 해충들의 위협을 받겠지만, 우리가 터무니없이 하나님의 은혜를 요구하지 않는 한 그러한 위협들을 능히 극복할 수 있을 것이다. 온전한 사람은 평생 동안 자신을 깨끗이 하고 정화하며, 죄를 범했을 때마다 철저히 회개한다. 반면에 악의 지배를 받는 사람은 "시궁창에서 딩구는 돼지처럼" 죄 속에서 딩군다.

인간적인 주제넘음과 비슷한 깃조차 두려워하는 청교도들, 그리고 완전히 하나님의 사랑에 사로잡혀 있어 하나님과 그의 선하심에 대한 갈망이 모든 한계를 초월하며 자신의 소원이나 하나님의 대속하심에 한계를 두지 않는 사람들 사이에는 주요한 차이점이 있다. 청교도 신학에서의 쟁점은 하나님의 사랑이다. 물론, 하나님의 사랑으로 불 타는 사람들 모두가 이웃에 대해 사랑과 관심—요한에 의하면 이것이 그것을 검증하는 기본 원리이다—을 나타내는 것은 아니며, 이론상으로

는 하나님에 대한 믿음으로 인한 상태의 변화는 선행을 가능하게 하는 유일한 원천이며, 온전함을 추구함에 있어서 담대한 믿음 자체가 우리를 모든 금지로부터 해방시켜 준다. 그러나 1628년에 존 얼(John Earle)은 "완전히 믿음에 열중해 있기 때문에 사랑을 실천할 수 없는…완전한 위선자"에 대한 글을 썼다. 또 너털(G. F. Nuttal)은 "비평은 청교도 신앙 전체에 반대하는 힘을 지닌다"고 인정했다.

존 웨슬리*는 온전함의 약속을 자기의 운동의 존재 이유로 간주했다. 그는 조심스럽게 자신의 가르침을 방어했다. 기독교적 완전은 "거룩한 회개의 상태가 확립된 것이다. 그것은 고의적인 죄의 개연성을 배제하지 않지만, 그리스도로부터 분리시켜줄 죄의 위협에 대해서는 안전함을 느낀다." "온전함(완전함)이란 하나님과 이웃에 대한 회개하고 온유하고 겸손한 사랑이 우리의 성격과 말과 행동을 지배하는 것을 의미한다"(*Plain Account of Christian Perfection*, 1765). 윌리엄 텔퍼(William Telfer)는 이에 관해 "그러한 상태는 세례 받은 사람의 완벽함과 매우 흡사한 것을 반영할 수도 있다"고 말했다(*The Forgiveness of Sins*, 1959). 안타깝게도, 웨슬리는 자

기를 따르는 사람들이 유한한 삶의 한계 안에서 완전함을 나타내고 있다는 증거를 지나치게 갈망했다. 그가 사례를 수집하는 데 사용한 거의 "사회과학"적인 방법은 그가 확인하고자 한 사람들에게 영적인 유익을 주지 못했을 것이다. 물론 그는 하나님과 이웃을 향한 사랑, 분노와 미움과 질투와 원한으로부터의 자유가 유일한 판단 기준이라고 주장하고, "인자한 영혼도 은혜로부터 떨어질 수 있다"고 거듭 경고했다. 19세기에 돌연한 회심과 더불어 완전히 거룩한 상태에 들어갈 수 있게 해 주는 "두번째 축복"의 개념이 등장했다.

현대 개혁주의 신학자들은 완전함을 죄없음이라고 정의하려 하지 않는다. 영국 회중파 신학자인 포사잇(P. T. Forsyth, 1848-1921)은 『기독교적 완전』(Christian Perfection, 1899)에서 "영혼의 본질적 원리인 죄와 부수적인 사건인 죄, 본질적인 죄와 우발적인 죄"를 구분했다. 그는 "우발적으로 범죄하면서도 하나님과 교제할 수 있다"고 말한다. "믿음이 장성한 상태는 죄 없음이 아니라 사랑이다." "완전은 성성(聖性)이 아니라 믿음이다." "죄가 없다는 의식에 빠져 지내는 것보다는 겸손히 회개하면서 하나님을 신뢰하는 편이 낫다."

현대 영성이 죄가 없는 완전함에 대해 말하기를 주저하는 것은 무의식에 대한 심리학적인 의식, 그리고 죄는 충치처럼 제거되어야 할 부분이 아니며 또한 결국은 종식될 일련의 악한 행동이 아닌, 우리의 존재의 불구로 이해되어야 한다는 인식에 기인한다. 완전한 사회가 없이 완전한 사람이 존재할 수 있는지도 의심스럽다. 각 사람의 완전은 모든 사람의 완전에 의존하며, 종말을 요구한다. 고결한 사람이 될 수 있는 기회는 다른 사람들을 착취하거나 도덕적으로 결코 용납할 수 없는 파괴적인 무기를 사용하려는 태도에 의해 초래되는 자유에 의존할 수도 있다. 그러나 완전의 사상은 사라지지 않고 자기 만족의 치료책으로 남을 것이며, 영적 야심이 없는 세속적 삶에 대한 불만을 일으킬 것이다. 하나님께서 자기의 사랑을 드러내시고 하나님에 대한 우리의 관계를 변화시키기 위해서 성육하셨다는 선포에 복음이 완전히 포함되어 있는가? 아니면, 우리가 완전히 그리스도처럼 되지 않는 한, 우리의 인격이 그의 완전한 사랑으로 변화되지 않는 한, 그리스도의 사역은 완성되지 않는다고 말해야 하는가? 20세기의 몇몇 저술가들은 카파도키아 교부들의 견해를 따라 완전을 개선될 수 없는 완벽한 도덕적인 상태로 보지 않고 하나님과 인간에 대한 사랑 안에서 꾸준히 성장하는 삶으로 본다. 바울이 "내가 이미 얻었다 함도 아니요 온전히 이루었다 함도 아니라…좇아가노라"(빌 3:12)고 말한 것이 이와 비슷한 것이다. 감리교 학자인 로프트하우스(W. F. Lofthouse, 1965년 사망)는 그것을 역설적으로 표현했다:

"완전은 일종의 정신적 태도이다. 만일 그렇다면, 완전을 성취한 것과 성취하지 않은 것은 각기 그 반대되는 상태를 함축한다. 그것들은 동일한 것이다."

Marina Charcharadze, *Man's Concern with Holiness*, 1970; R. N. Flew, *The Idea of Perfection in Christian Theology*, 1934; William Law, *A Treatise on Christian Perfection*, 1726.

편집자

와이언, 올리브 | Wyon Olive

올리브 와이언은 1881년 3월 7일에 런던의 헴프스테드에서 경건한 가정의 5남매 중 첫째로 태어났다. 그녀는 영국 독립 교회의 배경 안에 있었지만 국교회의 성례전적 관습에 친숙했다. 와이언은 독일의 신학적 저술들을 번역한 인물로서 영국 교회에 두각을 나타냈다. 그녀는 특히 에밀 브루너(Emil Brunner)의 『중보자』(*The Mediator*, 1934)와 『신의 명령』(*The Divine Imperative*, 1937)을 번역하여 영어권 교회에 공헌했다.

이 신학적인 작업은 런던 선교협회에서의 봉사 사역, 그 후 에딘버러에서 세인트 콤즈 선교 대학의 전신인 기관에서 선교사 교육을 받으면서 받은 소명에 기초를 둔 것이었다. 그로부터 40년이 지난 1951년에 올리브 와이언은 세인트 콤즈 대학의 학장으로 부임하여 3년 동안 활동했다.

제네바에서 개최된 세계교회협의회를 포함하여 다양한 기독교적 봉사 생활에 따른 삶의 에큐메니칼한 접촉을 통해 올리브의 신비적 영성—이것은 공동체와 에큐메니칼한 양상에 의해서만 묘사하고 이해할 수 있다—은 깊어졌다.

특히 중요한 것은, 그녀가 제네바를 통해서 그랜드챔프 공동체(Community of Grandchamp)와 접촉한 것이다. 이곳에서 1931년에 개혁주의 교회에 속한 여성들의 소그룹이 기도와 침묵과 묵상을 위한 장소를 세우기 시작했는데, 이것이 발달하여 떼제의 성무 일과를 예배 방식으로 채택한 개신교

와이언, 올리브 | Wyon Olive

여성 수도회가 되었다. 그랜드챔프의 설립자를 기념하여 헌정한 와이언의 저서 *Living Springs*에서는 모든 기독교 영성에서 중요한 공동체의 요소에 대해 설명한다.

아이오나 공동체(Iona Community), Michaeilsbruderschaft, 그래일 협회(Grail Society) 등의 현대적 운동에 대한 연구에서, 와이언은 기도생활에는 체계적인 기독교적 교제와 공동체가 필요하다는 것을 관찰했다. 그녀는 기도와 활동의 올바른 관계, "독거와 침묵의 가치와 필요성", "남성과 여성이 그리스도 안에서 서로를 발견하며 일치의 정신의 확대를 위해 기도하고 일하기 시작하는 공동체"를 강조했다.

그녀의 신학은 청년 시절의 특징이었던 "이 세대에 세계의 복음화"를 향한 선교적 도전과 개신교주의에서부터 한층 더 에큐메니칼한 신학으로 발달했다. 그녀는 우리는 "하나의 거룩한 보편 교회의 지체들로서 보다 참되게 살아야 한다"는 도전을 받고 있다고 믿었다.

그녀는 개인적으로는 자신이 자라난 배경인 비국교회 신앙에서 발달한 예배보다는 전례적으로 질서있고 성례전적인 예배의 전통에 더 매력을 느꼈다. 와이언은 공동체 예배를 좋아했고, 거의 신비적인 특성을 지닌 예배와 기도에 참여하는 정신을 전달했다. 그러나 그녀의 영성은 세상에 뿌리를 두고 있었고, 그 특징은 행복이었다.

그녀가 1966년 8월 21일에 에딘버러에서 세상을 떠났을 때, 케네스 캐리 주교는 다음과 같은 글을 썼다:

"영원한 생명을 위해 그녀만큼 준비된 사람은 거의 찾아볼 수 없다. 그녀는 여러 해 동안 영원한 생명 속에서 그것에 의해 살았다. 그녀는 자신의 저술들, 사역, 그리고 자신의 존재에 의해서, 많은 사람들로 하여금 기독교인이 되는 것이 얼마나 영광스러운 일인지 깨닫도록 도움을 주었다."

Olive Wyon, *The School of Prayer*, 1943; *The Alter Fire*, 1954; *Prayer of Unity*, 2 vols, 1955-1956.

R. STUART LOUDEN

왓츠, 아이작 | Watts, Issac

비국교도 신학자인 왓츠(1674-1748)는 영국의 찬송가 작가로서 유명하다. 그가 지은 찬송은 서방 기독교 전체에서 사용되고 있다. "예부터 도움되시고"라는 찬송은 영국 역사에서 발생한 사건을 노래한 것이다. 왓츠는 탁월한 시적 재능을 가지고 있었다. 그의 찬송들은 신적 초월성, 천사들도 그 앞에서 얼굴을 가리는 하나님의 영광과 위엄 등에 대한 의식을 전달한다. 대부분은 시편을 풀어서 의역한 것이다. 몇 개의 찬송, 특히 성찬 찬송들은 그리스도의 십자가 안에서 인류를 구하신 은혜에 비하면 피조 세계의 기이한 일들은 아무 것도 아니라고 선포한다.

왓츠는 찬송 작가일 뿐만 아니라 17세기의 청교도의 계보 안에 있는 경건 생활의 지도자였다. 그는 사변신학자로서 자유로운 생각을 얻기 위해 노력했다. 말년에는 유니테리언 교로 기울어졌지만 그의 『기도 지침서』(*Guide to Prayer*)는 분별이 있는 책이다. 그 책은 주로 공적인 기도에 대해 다루면서 기도의 각 단계에 대해 충분하면서도 엄격하게 분석한다. 왓츠는 기도를 4-5단계가 아니라 여덟 단계로 구분한다: 1. 기원. 2. 경모. 3. 죄고백. 4. 청원. 5. 하나님께 간청하는 것(이것은 청원과 구분하기 쉽지 않다.). 6. 자아-헌신. 7. 감사. 8. 하나님을 찬미함. 기도서를 사용하는 것과 남용하는 것, 그리고 기도 자세에 관한 지혜로운 조언들이 있다.

A. P. Davis, *Issac Watts*, 1948; Donald Davies, *A Gathered Church. The Literature of the English Dissenting Interest 1700-1930*, 1978; John Laird, *Philosophical and Literary Pieces*, 1940.

편집자

요가 | Yoga

범어로 Yoga란 자세와 호흡을 가다듬고 정신은 통일, 순화시키고, 또는 초자연력을 얻고자 행하는 수행법을 가리키는 인도 고유의 수행법이다. 요가라는 말은 결합한다는 범어의 어근인 *yuj*(영어의 yoke에 해당)에서 파생된 것이며, 마음을 긴장시켜 어떤 특정한 목적에 상응, 또는 합일한다는 의미를 갖는다. 이것을 요가라고 부른 것은 우파니샤드 시대 이후이지만, 이런 수행법 자체의 기원은 매우 오래되었으며, 약 5천년 전의 유물로 추정되는 시바 신상에서 요가의 기본 자세인 결가부좌를 볼 수 있다. 기원전 천년 경에 쓰여진 바가바드기타에는 요가의 종류와 실천 방법이 적혀 있고, 파탄잘리가 쓴 요가 경전(주후 4세기경)에서는 요가와 수련과정을 8단계로 체계화하여 설명한다.

인도에서의 요가의 기원은 약 6,000~7,000년 전의 인더스 문명까지 올라가며, 이미 인더스 문명의 유적에 요가 수행을 본뜬 상(像)이 발견되었으므로 아리안 민족 침입 이전부터의 인도 고유의 것으로 생각된다. 그 수행법은

요가 Yoga

인도 아리안 종교에도 영향을 주었다. 고대의 바라문교나 불교에서도 요가를 실천하였는데, 그 후로 종교 대가와 성현들을 배출하면서 여러 유파가 발전하여 그 종류가 많지만, 다음과 같이 분류하고 있다. ① 박티 요가(Bhakti Yoga): 감정 순화에 의한 헌신의 요가; ② 즈냐나 요가(Jnana Yoga): 이성 개발에 의한 지식의 요가; ③ 라자 요가(Raja Yoga): 심리적 통제에 의한 심신 과학의 요가; ④ 카르마 요가(Karma Yoga): 사회 활동에 대한 행동 규제의 요가; ⑤ 탄트라 요가(Tantra Yoga): 욕정 통제에 의한 육신 해방의 요가; ⑥ 하타 요가(Hatha Yoga): 음양 조화에 의한 심신 조화의 요가; ⑦ 쿤달리니 요가(Kundalini Yoga): 신경력을 개발하는 요가; ⑧ 만트라 요가(Mantra Yoga): 발성 통제를 통한 성문(聖呪) 요가

요가의 목적은 명상에 의하여 정적(靜寂)인 신비경에 들어가 절대자와 합일을 실현함에 있다. 이 점이 신체를 괴롭히는 고행 tapas와 대조적이다. 이 경지는 많은 철학이 말하는 해탈의 경지와 일치하기 때문에 각 학파가 실천법으로서 요가를 설하지만, 특히 이를 중요시하며 수행법을 조직 대성한 것이 요가파이다. 사마디(Samadhi)·드야나(dhyana)는 요가의 한 방법으로 인정되지만 요가파에서는 이를 포함하여 단계적으로 8지설(支說)을 말한다. 불교에서도 선정(禪定)·삼매(三昧)를 포함한 뜻으로 요가를 말하며, 유식(唯識)파에서는 만법유식(萬法唯識)을 요가라 하며, 그 수행을 요가행이라 한다.

요가파란 인도 6파 철학의 하나이다. 요가의 수행에 의하여 해탈에 이르는 것을 가리키는 학파이다. 철학설로서는 상키아의 설을 채용했으나 푸루샤(Pursa)를 최상의 신과 동일시하는 점이 다르다. 근본 경전인 요가 수트라는 주후 400~450년에 편찬된 것이며, 파탄잘리의 저작이라 하지만 무신론적 샹키아설의 영향을 받아 신(神)도 명상 관념(觀念)의 수단이나 대상으로 된다. 해탈관도 거의 샹키아와 동일하지만 인생을 고(苦)로 보고, 그 원인을 보는 자인 신아(神我)와 보여지는 자인 근본 원질(原質: Prakriti)의 결합에 의한다고 하고, 그 결합은 무명(無明)에 의한다. 무명이 명지(明知; viveka)에 의하여 버려진 때에 신아(神我)는 물질적 속박에서 벗어나 독존(獨存; kaivalya)의 상태에 이르고 완전성을 회복한다. 이것이 해탈이다. 이 명지(明知)를 얻는 방법으로 요가

8支의 실천을 말하며, 점차 유상삼매(有想三昧)에서 무상삼매(無想三昧)에 들어가 완전히 마음의 작용이 없어진 때에 마음의 본성이 나타난다. 즉, 해탈한다고 한다.

요가파의 특징은 이 수행법을 조직 대성한 점이 있다. 수트라 성립 후 곧 브야사(Vyasa)가 완전한 주석을 만들고, 후에 바아챠스파티미슈라(Vachaspatimisra)가 복주(復註)를 만들어 이것들이 널리 사용되고 있다. 근세에 와서도 많은 주석이 만들어졌기 때문에 인도에 매우 유행했던 것을 알 수 있지만, 철학설에 독특한 것이 없기 때문에 학파로서는 현재 거의 세력이 없다.

편집자

요아힘 | Joachim of Foire

피오레의 요아힘(c. 1130-1202)은 칼라브리아에 있는 쿠라조 시토 수도원의 원장이었다. 그는 실라 산맥의 피오레에 있는 산 지오반니에 관상적인 수도원을 세우기 위해서 수도원을 떠났다.

후대의 전설에서는, 그가 영적 지혜의 은사를 받은 청년 시절의 신비한 환상에 대해 말한다. 그는 후일 부활절과 오순절 때에 신적 조명을 받은 두 가지 경험을 기록했다. 그는 이것이 성부와 성자와 성령의 세 가지 상태(단계)로 구현된 삼위일체의 세 가지 사역으로 해석된 역사의 의미를 이해하는 열쇠라고 생각했다. 첫번째 상태인 율법의 통치는 구약 시대 말까지 계속되었고, 두번째 상태는 은혜의 시대는 요아힘의 시대 직후에 끝날 것이며, 아직 임하지 않은 세번째 상태의 특징은 자유와 사랑, 보다 완전한 영적 조명일 것이다. 두번째 상태에서 세번째 상태로 이동하는 동안, 교회는 적그리스도로부터 큰 환난을 당할 것이다. 세번째 상태는 재림과 마지막 심판 안에서 역사가 종료되기 전 잠시 적그리스도가 부활하면서 끝날 것이다.

요아힘은 예표론에 기초를 둔 성경적 주석에 의해 이 "셋으로 이루어지는 패턴"을 확립했다. 구약 시대의 사람들과 사건들과 일치하는 것이 신약 성서 안에 있으며, 세번째 상태에 삽입될 수 있을 것이다. 예를 들어, 열 두 족장들, 열 두 사도들, 그리고 장차 도래할 열두 명의 지도자들이 그러한 관계를 형성했다. 노아가 날려 보낸 까마귀와 비둘기는 이방인들에게 파견된 바울과 바나바, 그리고 장차 교회를 성령 시대로 이끌어갈 신령한 사람들로 이루어진 두 개의 새로운 교단들을 나타내는 예표였다.

요아힘의 주요 저서들—*Liber Concordie, Expositio in Apocalypsim, Psalterium decem chordarum*—은 16세기 초에 베니스에서 출판되었다. 그는 삼위일체의 각 위격들을 각각의 상태와 연결했지만, 역사에서 세 위격들 모두가 함께 작용한다고 주장했고, 피터 롬바르드(Peter Lombard)를 공격하며, "셋은 하나다"(Three-are-One)라고 표현된 신비한 교리를 발달시키려 했다. 제4차 라테란 공의회(1215)는 롬바르드의 교리를 받아들이고 요아힘의 교리를 정죄했다. 요아힘은 세번째 상태에서, 그리스도, 신약성서, 그리고 현존하는 교회의 지위가 박탈되는 것이 아니라 새로운 방식으로 작용하면서 그리스도의 사역이 영적 지혜를 통해 성취될 것이라고 가르쳤다.

요아힘은 몰아적인 신앙과 깊은 영성으로 유명했다. 그의 제자인 코젠자의 룩(Luke of Cosenza)은 평소 시든 나뭇잎 같았던 그의 얼굴이 미사를 드릴 때면 신적인 빛으로 가득했다고 기록했다. 13세기에 그는 도미니크 수도사들과 프랜시스 수도사들의 선지자로 칭송을 받았다. 프랜시스 회의 열심파에서는 그의 역사 신학을 받아들였고, 다른 집단들은 자기들을 "새로운 신령한 사람들"이라고 생각했다. 장차 다가올 성령 시대에 대한 요아힘의 핵심 개념은 오늘날까지 강력한 이상으로 존재한다.

A. Crocco, *Gioacchino da Fiore e il Gioachimismo*, 1976; H. Grundmann, *Stüdien über Joachim von Floris*, 1927; H. de Lubac, *La Postérité spirituelle de Joachim de Fiore*, Vol. I 1977, Vol. II 1981; H. Mottu, *La manifestation de l'Esprit selon Joachim de Fiore*, 1977; M Reeves, *The Influence of Prophecy in the Later Middle Ages. A Study in Joachimism*, 1969; M. Reeves and B. Hirsch-Reich, *The Figurae of Joachim of Foire*, 1972; D. West (ed), *Joachim of Fiore in Christian Thought*, 1975.

MARJORIE REEVES

요한 23세 | John XXIII

안젤로 기세페 론칼리(Angelo giuseppe Roncalli)는 1881년 11월 25일에 베르가모에서 태어나자마자 세례를 받았다. 경건한 소년이었던 그는 7살 때에 성찬을 받는 것을 허락받았고, 이듬해에 견신례를 받았다. 그는 어린 시절부터 사제, 주교, 교황청 대사, 추기경, 교황으로 승진하는 동안 내내 단순하고 고지식한 신앙을 가지고 있었다. 그는 중세 시대의 신앙을 부활시킨 19세기 사람이었다. 그는 때로 답답하고 순진했지만, 세상의 그리스도와 그 모친에게 집중했다. 성모 마리아에 대한 그의 헌신에는 순결에 대한 갈망이 동반되었다.

그는 1904년에 사제가 되었다. 그로부터 10년 후, 그는 자신의 영성의 출현을 드러내는 말로 하나님께 감사를 표했다:

"10년 전, 처음으로 로마에 있는 성 베드로의 무덤에서 미사를 집전할 때, 나는 교황과 교회를 위해 하나의 위대한 생각, 하나의 뜨거운 기도를 가지고 있었다. 그 후 10년 동안 그 생각과 그 기도는 계속 뜨거워지고 커졌다. '오 주님, 국가들이 싸우고 다투는 이 험한 시대에 당신의 교회에 자유와 통일과 평화를 주소서.'"

1년 후, 그는 이탈리아 군대에 소집되어 복무했다. 1년 동안 전쟁에 참여한 후(그는 이 기간을 자신의 "바벨론 포수기"라고 표현한다), 그는 베르가모 신학교의 영적 지도자로 임명되었다. 그는 평생 이그나티우스*의 『영신수련』*에 애착을 가지고 경건 훈련을 했다. "순종과 평화"가 그의 표어였다. 그 후 불가리아 주재 교황청 대사로 지내는 동안에 일치에 대한 갈망을 키웠고(1925-1934), 정교회와도 접촉했다. 그 후 터키와 그리스 주재 대사로 도 활동했다. 그는 동방교회의 영성을 인정하고 받아들였다. 그는 계속해서 파리 주재 로마 교황 대사로 임명되었다(1944-1953). 그곳에서 그는 급진적인 가톨릭 사제들의 진지한 기독교적인 의도를 이해하게 되었다. 1958년에 교황이 되기 전에, 마지막으로 그는 베니스 주교구의 수장으로 활동했다.

그는 비잔틴의 섬세함보다 복음적인 단순함을 선호해야 한다고 생각했고, "복잡한 것을 단순하게" 만드는 것을 기뻐했다. 그는 "깊이 생각하지 않고서 어떤 일을 해결하는 방법에 대한 가르침을 발표하기보다는, 하나의 결론에 이르기 전에 다양한 제안을 기다리고 그것들의 성공 가능성을 평가했다." 그의 교황직 및 제2차 바티칸 공의회는 교회에 자유를 주었다: 동유럽에서의 꾸준한 활동과 파리에서 지내면서 얻은 원대한 이상 덕분에, 그는 교회들의 재연합을 장려하려는 희망을 가지고 교회를 개혁하려 했다. 그는 자신이 오래 살지 못할 것을 알고서 자신이 소집한 공의회의 안건들 중 일부를 결정했지만 그 결과는 보지 못했다. 그는 1963년 4월 11일에 동방과 서방 사이의 잠재적 일치를 나타내는 *Pacem in terris*을 발표했고, 그 해 6월 3일에 세상을 떠났다.

John XXIII, *Journal of a Soul*, ET 1965.

EDWIN ROBERTSON

요한의 영성 | Johannine Spirituality

여기에서는 제4 복음서와 요한 서신에 대해서만 논할 것이다. 이 문서들의 저자를 "요한"이라고 언급하는 것은 저자 문제에 대해 편견을 갖게 하려는 의도가 아니다. 요한의 영성을 탐구하려면 관련된 문학적 장르들 전체(하나의 복음서와 세 개의 서신)를 참작해야 한다. 거기에서 성령 안의 생활에 관한 요한의 통찰을 식별할 수 있을 것이다. "요한의 영성"에 대해 말하는 것은 요한의 전승과 그 해석에 역사적인 기초가 부족하다는 암시는 아니다.

1. 요한의 영성의 배경. 예수 그리스도의 복음에 대해 요한이 말한 모든 것은 궁극적으로 구원—요한은 그것을 "영생"이라고 묘사한다—에 관한 것이다. 이 생명은 성육하시고 죽으시고 부활하시고 승천하신 그리스도를 통해서 신자에게 주어지며(요 3:14f.; 요일 4:14), 성령 안에서 가능하게 되는(요 3:5, 8; 요일 4:13) 하나님의 선물(요 17:2; 요일 5:11)이다.

영생에 관한 요한의 신학의 특징은 하나님의 구원하시는 행위가 발생해 온 성례전적인 배경에 대한 그의 인식에서 기인한다. 요한복음과 서신의 사고 방식들은 상징적일 뿐만 아니라("빛과 어두움"이라는 모티프를 참고하라. 요 1:4; 8:12; 요일 1:5-7), 성례전적이다. 이것은 요한은 모든 기독교적 경험은 육신이 되신 말씀 안에 있는 물질적인 것과 영적인 것의 독특한 결합에서 파생되는 것으로 본다는 의미이다(요 1:14; 요일 1:1-3 참조). 예수님은 하나님과 함께 계시는 분이요 (요 10:30; 요일 5:20 참조); 육신을 입으셔서 인간과 하나가 되신 분이시다 (요 1:14; 요일 4:2; 요이 7 참조). 따라서 이 성육신의 결정적인 순간부터 역사는 새로운 의미를 취한다. 요한복음의 일곱 가지 징표가 생생하게 묘사해 주듯이, 일시적인 것이 영원한 것의 잠재적 매개자가 된다. 예수는 하나님을 새로운 방법으로 알리셨고, 이제 인간은 새로운 방법으로 하나님을 알 수 있고, 그분 안에서 그분을 위해 살 수 있다(요 1:18; 17:3; 참조 6:63; 요일 4:12).

이 기독론적인 초점이 그리스도의 사역에 대한 요한의 가르침의 기초이다. 예수께서 두 가지 본성(인성과 신성)에 완전히 참여하셨으므로, 그의 죽음과 영화(요 17:5)는 신자들이 사망에서 생명으로 통과하는 데 사용할 수 있으며(요 5:25; 요일 3:14), 빛 가운데 행하고 하나님의 자녀로서 살 수 있게 해 주는 방편이 되었다.

2. 요한의 영성의 내용. 요한이 기독교적인 경험을 해석하기 위해 사용하는 주요한 범주는 "거함"(abiding)이다. 하나님 아버지와 아들이신 예수 사이의 역동적인 통일성은 신자가 지속적으로 하나님과 연합하고(요 17:21; 요일 4:15f), 그리스도와 연합하고(요 15:4f; 요일 2:24), 성령과 연합(요 4:23f; 요일 4:2)할 수 있는 원천이다. 그것은 신자와 다른 신자들 사이의 통일성의 기초이기도 하다(요 17:21). 마찬가지로, 기독교인의 영성 생활은 신자의 내면에서 이루어지는 하나님의 영원한 임재(요 14:23; 요일 4:15f), 그리스도의 임재(요 14:18-20; 요일 3:24), 성령의 임재(요 14:16; 요일 4:13)에 의해 육성된다.

거듭난 인간이 영원한 신적 생명에 참여할 수 있다는 무한한 진리를 표현하기 위해서(요 3:5, 8 참조), 요한은 "사랑"이라는 표현을 사용한다(요 14:21; 요일 4:8f). 그 단어는 인간적인 것과 신적인 호혜적 체류(abiding)의 심오한 신비를 요약하여 표현한다: "하나님은 사랑이시라 사랑 안에 거하는 자는 하나님 안에 거하고 하나님도 그 안에 거하시느니라"(요일 4:16). 에블린 언더힐*은 이것이 요한이 기독교적 삶을 해석하는 데 가장 특징적으로 기여한 점이라고 간주한다(*The Mystic Way*, p. 252). 계속해서 에블린은 다음과 같이 언급한다:

요한은 사랑의 영이 진리의 영과 하나이며, 사랑하는 사람들만이 이해할 것이라는 사실을 발견했다. 이것이 기독교 신앙의 신비적 특성을 확립해 주었다. 요한은 신자의 하나님 체험에 세 가지 근본적인 요소가 있다고 간주한다.

① 예배. 요한복음에서 기독교의 예배에 대해 고찰할 수 있는 전거가 되는 구절은 요한복음 4:19-26이다. 거기서 예수님은 "신령과 진정으로" 하나님을 예배해야 할 필요성에 대해 말씀하신다. 이것은 표면적인 예배에 반대되는 순수히 내면적인 예배를 언급하는 것이 아니다. 전반적으로 신약 시대 교회에서와 마찬가지로, 요한의 공동체 내에서의 예배에는 세례와 성찬과 같은 의식들 뿐만 아니라 기도와 성경 해석(유대교 회당에서 유전됨) 같은 표면적인 활동이 포함되어 있었다(행 2:42). 예루살렘이나 그리심 산에서의 예배와 신령으로(이것은 인간의 영을

요한의 영성 | Johannine Spirituality

포함하지만, 주로 하나님의 영을 지칭한다) 예배하는 것의 대조는 세상과 천국이라는 두 차원이라는 요한의 친숙한 구분을 상기시켜 준다. 예수님은 자신이 보낸 성령이 성전에서의 종교적인 의식들을 대신하는 예배를 감화해 주신다고 말씀하신다(요 2:13-22 참조). 아버지께서는 거듭 나게 하시는 성령을 통해서 합당하게 예배받으실 수 있으며(요 3:5), 성령은 진리의 영이기도 하다(요 14:16f.; 15:26; 요일 5:6).

기도에 관한 요한의 가르침이 밀접하게 관련되어 설명된다. 요한의 설명에서, 기도의 수행과 결과는 기독교인들이 성령에 의해 예수를 통해서 하나님과 공유하는 친밀한 관계(abiding)에서 흘러나온다. 아버지(요 16:23-27)와 아들(16:16)과 보혜사(14:17)와의 가까움은 기도의 응답이라는 특권을 가져다 준다(16:23; 참조 요일 3:21f.; 5:14f.). 예수님의 이름으로 구하여 응답을 받는 요청들은(요 16:23f.) 일상생활에 필요한 것들 뿐만 아니라 보혜사를 통해 영성이 깊어지는 것과도 관련이 있다. 요한복음 17장에 기록된 예수께서 자신과 교회와 세상을 위해 드리신 성별의 기도(공관복음의 전통에서는 주님의 기도와 밀접히 연결되어 있다)는 기독교의 중보기도의 본보기가 된다.

② 봉사(Service). 요한복음에 나타난 기독교 영성은 경건한 것일 뿐만 아니라 실질적인 것이기도 하다. 예수님을 따르는 사람들은 예배할 뿐만 아니라 봉사해야 한다고 권유된다. 요한복음에서 봉사의 본보기는 예수께서 제자들의 발을 씻어 주신 사건이다(요 13장). 예수께서는 그 사건을 통해서 제자들에게 희생적인 겸손의 본보기를 보여 주셨다. 그 상황에서 예수님의 행동은 예수님 자신의 죽음과 고양(高揚)이 뗄 수 없이 연결되어 있다. 자기를 내어 주시는 예수님의 정신 안에는, 제자들은 다른 사람들을 존중해야 하며 서로 경험적으로 사랑을 증명해 나타내야 한다는 의미가 함축되어 있다(13:34-35). 여기에는 궁극적인 희생도 포함될 수 있다(15:12-13; 요일 3:11-18; 요이 5-6; 요삼 5-6). 요한은 그러한 섬김의 탁월한 본보기 뿐만 아니라, 그 방법도 예수님에게서 발견할 수 있다는 것을 증명한다. 왜냐하면 예수님은 하나님에게서 오신 분이시며(요 13:3; 17:5, 8), 또 아버지께 돌아가시기 전에 제자들에게 성령의 임재와 능력을 약속하신 분이시기 때문이다(요 14:16f.; 16:7; 17:11).

③ 선교. 사복음서의 기자에 의하면, 하나님을 예배하고 형제를 섬기는 신자는 예수님 안에 있는 생명의 좋은 소식을 세상에 전파해야 한다. 기독교 선교 신학에 대한 요한의 특별한 공헌은 아버지께서 아들을 보내신 것이 아들이 제자들을 보내시는 것의 본보기와 기초가 된다는 것을 보여준 데 있다(요 20:21; 참조 21:1-19). 요한의 사상에서 제자들의 선교와 능력 주시는 성령의 은사 사이에는 밀접한 관계가 있다(요 20:22; 참조 15:26-27). 따라서 예수님의 선교와 사역이 그렇듯이, 기독교인의 선교와 사역도 구원을 위한 것이 된다(요 6:39-40; 참조 20:31; 요일 5:11-13, 요삼 7).

요한의 가르침 안에 존재하는 기독교 영성의 이 세 가지 특징(예배, 봉사, 선교)은 각기 그의 구원신학의 기초인 그리스도와 신자 사이의 친밀한 관계에서 비롯된다(신자의 영성 생활은 예수의 성육신과 영화에 의해 가능하게 되며, 예수께서 아버지 안에 거하시는 것처럼 신자가 예수 안에 거하는 것에 의해서 지탱된다). 성령의 사역(하나님의 사역과 예수의 사역)은 이 세 가지 측면에서의 기독교인의 경험과 밀접하게 연결된다. 이것은 요한의 구세론이 개인적인 것일 뿐만 아니라 집합적이라는 것을 상기시켜 준다. 왜냐하면 성령은 신자를 교회 전체가 동참하는 새로운 삶의 차원으로 이끌어 가시기 때문이다(요 3:1-8; 14:16f.; 요일 3:24). 마찬가지로 요한복음에서 영생은 미래인 동시에 현재이다(3:16, 21; 5:21-29; 참조 요일 3:1-2). 따라서 기독교 영성은 내세에서 완성되지만 현세에서도 암시된다.

C. K. Barrett, *The Gospel according to St. John*, ²1978; R. E. Brown, *The Gospel according to John*, 2 vols, 1971; *The Community of the Beloved Disciple*, 1979; *The Johannine Epistles*, 1982; C. H. Dodd, *The Interpretation of the Fourth Gospel*, 1953; R. Law, *The Tests of Life: a Study of the First Epistle of St. John*, 1909; E. Malatesta, *Interiority and Covenant: a study of* einai en *and* menein en *in the First Letter of Saint John*, 1978; S. S. Smalley, *John: Evangelist and Interpreter*, 1978; *1, 2, 3, John*, 1984; E. Underhill, *The Mystic Way: Psychological Study in Christian Origins*, 1913; B. F. Westcott, *The Epistles of St. John*, 1966.

S. S. SMALLEY

우정 | Friendship

1. 고전적인 배경. 우정에 대한 그리스인과 로마인들의 견해는 특히 세 사람으로 인해 기독교의 영적 전통에 큰 영향을 미쳤다. 플라톤(Plato)은 *Lysis*와 『향연』(*Symposium*)에서 친구에게

우정 | Friendship

끌리는 육체적인 매력은 사랑(에로스)의 참된 의미를 발견하는 첫 걸음에 불과하다고 주장했다. 우리는 육체보다 영혼을 사랑해야 하며, 영혼은 궁극적인 선을 반영해야 한다. 이 교리에서부터, 친구들이 순수히 영적인 사랑 안에서 연합한다는 "플라토닉 우정"이라는 사상이 생겼다(그러나 엄격히 말해서 플라톤에게 있어서도 육체적인 매력은 우정과 상관이 없는 것이 아니라 부차적인 것이다).

두번째 저자는 아리스토텔레스(Aristotle)이다. 아리스토텔레스는 『니코마코스 윤리학』(*Nicomachean Ethics*) 중 두 권을 우정(*philia*)에 대한 논의에 할애했고, 몇 가지 구분을 했다. 우정은 청년들에게서 흔히 나타나는 것처럼 쾌락을 위한 것인지, 노인들에게서 나타나는 것처럼 이익을 위한 것인지, 또는 선을 위한 것인지에 따라 종류가 달라진다. 참된 우정은 선을 위한 것이어야 하며, 사랑이 교환되어야 한다. 참된 우정이 자신의 유익을 위한 것인지, 아니면 친구의 유익을 위한 것인지를 결정하는 문제에 있어서, 아리스토텔레스는 중간적인 입장을 택했다. 참된 친구는 "또 하나의 자신"이다. 따라서 우리는 친구를 위해서 친구를 사랑해야 하지만, 그를 사랑함으로써 자신의 가장 고귀한 부분을 사랑하게 된다.

세번째 저자는 키케로(Cicero)이다. 그의 저서『우정에 대하여』(*De amicitia*)는 아리스토텔레스를 따르면서도, 참된 우정의 결과가 주는 유익과 우정의 동기나 근원이 주는 유익을 구분한다.

2. 성경에서의 우정. 성경에 기록된 우정의 본보기들은 기독교인들이 검토해야 할 또 하나의 자료이다. 특히 중요한 것은 다윗과 요나단의 우정(삼상 18장, 삼하 1장), 그리고 예수님께서 요한, 나사로, 막달라 마리아 등과 나누신 교제이다. 이것들은 많은 기독교 저자들로 하여금 모든 사람을 사랑하라는 명령은 몇 사람과의 특별한 관계를 배제하지 않는다고 주장할 수 있게 해 주었다.

3. 기독교 전통에서의 우정. 최근까지 우정에 관한 기독교의 기사들의 주요 강조점은 같은 믿음을 가지고 있으면서 하나님을 찾는 구도의 길에서 서로를 지원해 주는 동성(同性)의 사람들 사이의 영적인 우정이다.

때때로 "영적 우정"은, 예를 들면 서신을 교환하는 두 수도사들의 관계처럼, 육체적인 접촉을 전혀, 또는 거의 포함하지 않는 관계를 지칭하는 기술적인 용어로 사용되기도 했다. 이러한 맥락에서, 그 용어에는 아씨시의 프랜시스*와 클라라의 관계처럼 남성과 여성의 관계도 포함될 수 있었다. 그러나 영적 전통에서는 남성과 여성 사이의 우정은 거의 강조되지 않다가, 17세기에 제레미 테일러*와 같은 작가들이 이 성에 대해 긍정적인 태도를 도입하면서 폭넓게 받아들여졌다(테일러는 우정에 관한 설교에서 "결혼은 우정의 여왕이다"라고 말한다).

"영적 우정"이 지닌 기술적인 의미에도 불구하고, 기독교 저술가들은 모든 참된 우정을 영적인 것으로 간주했다. 이것은 1147년부터 1167년까지 리보의 수도원장이었던 아엘레드에게서 분명히 나타난다. 그의 저서인 『영적 우정』(Spiritual Friendship)은 영적 고전 중 하나이다. 이 책의 형식은 키케로의 것과 가깝지만, 하나님의 사랑 위에 토대를 둔 사랑과 우정의 역할에 대한 기독교적인 통찰이 가득하다. 다른 작가들과는 달리, 아엘레드의 저술에서는 친구를 향한 사랑과 하나님 사랑 사이의 연속성을 발견할 수 있으며, 동시에 물욕이 순수한 사랑을 대신하는 거짓 사랑의 본보기들도 충분히 감지된다. 이 연속성이 그로 하여금 "하나님은 우정(amicitia)이시다"라고 선포하게 만들며, 우리가 하나님, 또는 예수님과 친구가 될 수 있다고 주장하는 데 도움을 준다. 예수님과의 우정―이것은 영성 생활의 핵심이다―은 우리의 인간적인 우정 안에 반영되고 예시된다(Leslie D. Weatherhead, *The Transforming Friendship*을 참조하라). 아엘레드의 또 다른 강조점은 의지와 이성과 감정의 역할인데, 이것들은 참된 우정 안에서 서로 협력할 수 있다. 그러나 아엘레드가 주로 강조하는 것은 의지이다(*Speculum caritatis* III, 20). 아엘레드는 우리는 모든 사람을 사랑하라는 명령을 받았지만 "두려움 없이 마음을 맡길 수 있는 몇 명의 친구를 갖는 것은 좋은 일이다"라고 되풀이해서 말한다.

아엘레드는 큰 영향력을 발휘했지만, 모든 사람들이 특별한 우정 때문에 그를 따른 것은 아니다. 예를 들어, 프랜시스 드 살*과 빈센트 드 폴은 수도원 안에서의 우정의 교제를 철저히 금지했다(어떤 사람들은 이것을 작은 공동체 내에서의 파벌의 위험에 대한 반작용으로 보지만, 아엘레드가 지도한 공동체의 구성원은 수백 명이나 되었다). 또 어떤 사람들은 인간적인 우정과 우리를 향한 하나님의 사랑이나 하나님을 향해 우리가 지녀야 하는 사랑

사이에 큰 간격이 있다고 본다(예를 들면, A. Nigren의 *Agape and Eros*). 이 문제와 관련하여 대부분의 영적 작가들은 아엘레드를 지지하며, 최고의 우정은 하나님의 사랑의 반영이며 그 근원은 하나님이라는 견해를 받아들인다. 하나님의 사랑은 우리의 사랑보다 무한히 크지만, 사람들은 하나님의 은혜를 통해서 우정 안에 어느 정도 그것을 반영할 수 있다.

전통에 비추어 볼 때, 기독교인과 기독교인이 아닌 사람, 또는 선을 대변한다고 말할 수 없는 사람 사이에 참된 우정이 가능한가에 대한 중요한 질문이 떠오른다. 그러한 경우에 영적인 친밀함은 불가능하지만, 우정에 관한 글을 저술한 전통적인 기독교 작가들은 그러한 우정의 심오함을 간과해온 듯 하다. 그러한 우정은 아리스토텔레스의 범주와 일치하지 않는다. 왜냐하면 그것은 쾌락이나 유익이나 선을 위해서 필요한 것이 아니기 때문이다. 그러나 친구를 있는 그대로 사랑하는 것도 영적 우정의 변형이라고 할 수 있다.

Aristotle, *Nicomachean Ethics*, VIII and IX; Aelred, *Spiritual Friendship*; Cicero, *De Amicitia*; C. S. Lewis, *The Four Loves*, 1960; G. Vansteenberghe, *Amitié*, in DS, I, cols. 500-529.

M. J. LONGFORD

우파니샤드 | Upanishads

기원전 800년부터 300년 사이에 저술된 힌두교 문헌의 총칭이다. 우파니샤드는 가르침을 받기 위해 스승 옆에 앉아 있는 제자라는 의미를 지닌 복합어이다. 우파니샤드는 베다 문헌 전체의 결론을 이루거나 그 목적을 지적한다고 한다. 이런 이유 때문에 그것들은 베단타(Vedānta), 즉 "베다의 끝"이라고 알려져 있다. 우파니샤드는 원래 매우 다양한 저서로 이루어져 있으며, 후대의 주석가들이 이 저서들을 우파니샤드라는 단수 명사로 지칭했다.

전통적으로 108개의 우파니샤드가 있다고 전하지만, 중요한 것은 10-14개 정도이다. 브리하다라난카(Brihadaranyaka)와 찬도가(Chandogya)를 포함하는 초기의 우파니샤드는 산문과 대화 형태로 저술되었고, 후대의 우파니샤드들은 시(詩)의 형식을 취한다. 주요한 우파니샤드는 널리 전파된 중요한 힌두교 사상의 가장 초기의 문학적 근원을 나타내기 때문에 인도 철학의 중요한 근원이 된다.

우파니샤드에서 윤회와 업(業)의 개념, 즉 영혼이 죽으면 다시 태어나며 영원한 환생의 순환을 거친다는 것, 그리고 개인이 환생하는 상태는 전생에서 행한 행동에 의존한다는 것 등을 암시하는 최초의 언급이 발견된다. 우파니샤드의 시대 이후, 윤회와 업의 개념은 힌두교에서 널리 발견되어 왔다.

우파니샤드는 궁극적인 실재, 또는 브라만에 대한 가르침에 있어서 초기의 베다와는 달리 발달되거나 변화된 것을 보여 준다. 우파니샤드는 많은 신들에 대한 초기의 베다 신앙보다는 하나의 참된 실재로서 간주되는 브라만을 강조한다. 사람들은 마야(māyā)—망상이나 기만을 의미하는 단어—때문에 세상에서 브라만의 실체와 작용을 인식하지 못한다. 마야가 인간을 둘러싼 무지가 제거되고 브라만과의 본질적인 일치를 경험할 때, 그는 탄생과 환생의 순환으로부터 해방된다(moksha).

우파니샤드의 가르침에서 중요한 요소는 개인의 영혼(아트만)과 브라만의 일치를 강조하는 범아일여(梵我一如)의 사상이다. 일부 우파니샤드, 특히 비교적 후대의 것인 스베타스바타라(Śvetāśvatara), 이사(Iśa), 카타(Katha)에서는 예배의 대상일 수도 있는 인격적인 신이요 창조자인 이사나 이스바라에 대한 언급을 통해서 현상 세계 안에 절대자가 출현할 가능성을 허용한다.

중요한 우파니샤드에는 다음과 같은 것이 있다: Aitareya, Brihadāranaka, Chāndogya, Iśa, Kauśitake, Kena, Katha, Mahānārāyana, Maitri, Māndūkya, Kundaka, Praśma, Śvetāśvatara, Taittiriya.

19세기 이후 우파니샤드는 특히 쇼펜하우어를 통해서 서방의 사상에 영향을 미쳐왔다.

A. L. Basham, *The Wonder that Was India*, ³1967; P. Deussen, *Philosophy of the Upanishads*, 1966; S. Radhakrishnan, *The Principal Upanishads*, 1968; R. C. Zaehner, *Hindu Scriptures*, 1978.

PETER D. BISHOP

워드, 레지널드 서머셋
I Ward, Reginald Somerset

레지널드 서머셋 워드(1881-1962)의 지도를 받은 사람들은 영성 생활을 시작하는 순간부터 영성 생활의 새로운 방식을 따른다. 그의 지도를 받은 사람들은 일 년에 세 번 그를 만났다. 만남은 약 30분 동안 진행되는데, 그 시간은 죄 고백, 조언, 영성 생활 및 특별한 문제에 대한 대화 등으로 이루어졌다. 그는 제1차 대전 후부터 약 40년 동안 기도에 관한 월간지 *Instruction*을 발행했는데 마지막 호는 457호이다. 그는 영성 생활과 관련된 모든 측면과 문제에 관해 수백 명—그중 다수가 성직자였다—과 서신 교환을 했다.

탁월한 교수, 훌륭한 조직가, 강사, 저술가이자 설교자였던 워드는 자신의 삶을 포기하고 영적 지도에 헌신하라는 하나님의 소명에 만족했다. 그는 1904년에 사제로 임명되었다. 하나님의 소명에 응답한 그에게 익명으로 집과 재정적인 지원이 제공되었으므로, 1915년에 그는 윈체스터 주교의 인정을 받아 영적 지도를 시작하여 임종할 때까지 충실히 그 일을 수행했다. 영혼의 상태 및 그에 필요한 것들에 대한 통찰력을 소유하는 것은 영적 지도자의 특별한 은사이다.

워드는 오랫동안 사역하면서 몇 가지 진리를 강조했다. 첫째는 위압적인 사람이 아니라 영혼을 치료하는 의사의 위치에서 영적 지도에 임해야 한다는 것이다. 그가 영국 국교회의 상담에 기여한 점은 두려움과 죄라는 종합적인 장애물을 강조한 것이다. 그는 선한 사제로서 죄를 두려워 했다. 두려움 및 그것이 삶에 미치는 피해를 알고 있었기 때문에, 그는 심리학의 최선의 것을 받아들였다. 그는 "1파운드의 영적 지도는 8온스의 기도와 3온스의 신학과 3온스의 상식과 2온스의 심리학으로 이루어진다"고 했다. 그는 시간의 중요성을 강조했다. "삶의 표준은 우리가 이 세상에서 가지고 있는 유일한 재산인 시간과 관련되어 있다."

워드의 도움을 받은 사람들 중 다수는 교회의 지도자들이었다. *The Way*(1922), *Following the Way* (1925), *The Way in Prayer*(1932) 등 약 20편에 달하는 그의 저술들은 모두 The Author of the Way라는 가명으로 저술되었다.

워드는 여러 해 동안 교회 안에서 지도자들을 위한 모임을 발달시켰는데, 거기서는 기도와 토론이 동일하게 강조되었다. 그는 항상 인간의 지적 총명보다는 하나님의 의지하는 것을 강조했고, 취미 생활을 권장했다. 그는 일과의 균형을 이룰 수 있는 활동을 개발하라고 권했다. 그는 말년에 건강이 그리 좋지 못했지만 집에서 계속 사람들을 만났고, 대주교 램지는 그에게 명예 학위를 수여했다. 그는 1962년 7월 9일에 81세로 세상을 떠났다.

E. R. Morgan, *Reginald Somerset Ward: Life and Letters*, 1963.

N. W. GOODACRE

웨더헤드, 레슬리 딕슨
| Weatherhead, Leslie Dixon

감리교 목사인 웨더헤드(1893-1975)는 1936년부터 1963년까지 런던에 있는 회중파 교회인 City Temple에서 시무했다. 그는 40년 이상 방송인 생활을 했으며, 목회생활에 정신병학 기법을 사용한 선구자이기도 하다. 그는 설교자로서 수천 명의 회중 하나 하나의 욕구에 직접 호소하는 능력을 가지고 있었다. 그는 기도의 교사이기도 했다. "하루에 10분"이라는 그의 기도 카드는 바쁜 사람들로 하여금 기도가 지닌 방대한 범위와 많은 측면에 대해 무엇인가를 배울 수 있게 해 주었다. 한편 그는 『개인적인 기도의 집』(A Private House of Prayer, 1959)에서 고전적인 방법을 소개했다.

그의 신학은 자유주의, 그리고 1920년대와 30년대의 인간 예수에 대한 관심과 더불어 시작되었고, 특히 고난의 문제에 대해 관심을 갖는다. 전쟁 기간 중에 그의 신학은 교리적인 방향으로 굳어졌지만, 그 후 사람들의 의심과 질문에 한층 예민하게 관심을 기울였다. 『기독교 불가지론』(The Christian Agnostic, 1965)은 약간 이단적인 책이었지만, 정통적인 조직이나 학문적인 신학의 도움을 구하는 사람, 그러면서도 만일 기독교가 그들의 의심을 수용하며 우주에 대한 현대적 이해가 자극한 생각을 파괴하지 않는다면, 기독교가 자기들에게 믿음을 제공할 수도 있다고 느끼는 사람들의 욕구를 의식하는 개방적이면서도 젊은 지성을 보여 준다.

Kingsley Weatherhead, *Leslie Weatherhead: A Personal Portrait*, 1975.

편집자

웨일즈 영성 | Welsh Spirituality

웨일즈 영성의 기록은 독특한 문화 안에 외부의 영향력들을 받아들여 6세기에 문학적 형태를 취하기 시작한 고유의 언어로 표현한 민족의 문학적 전통 안에서 찾아야 한다. 6세기의 시인 애네이린(Aneirin)은 전쟁 전날 밤에 참회를 위해 교회에 가는 군인들을 언급했는데, 이것은 확실한 기독교 전통을 보여 주는 증거이다.

1066년 이전 웨일즈 지방의 교회는 고립되어 가난했다. 필사실이 극히 드물었으며, 현재 남아 있는 사본들도 거의 없다. 그렇게 된 원인은 노르만 족 정복자들이 웨일즈 지방을 고립시킨 데 있었다. 중세 시대에 웨일즈 어로 된 많은 경건서적이 출판되었는데, 그것들은 그 시대의 저서들을 번역한 것이었다. 한 가지 예외는 *Y Gysegrlan fuchedd*인데, 거기서 사용된 상징은 그 이전의 중세 시대의 종교적 저술들을 배경으로 해야 이해할 수 있다고 한다. 이러한 저서들은 그 시대의 신비주의의 언어를 웨일즈 신비주의에 소개했다는 점에서 중요하다.

중세 시대의 시인들은 산문에 나타난 영성을 표현했다. 그것은 이 시대에 기록된 전기의 주인공인 많은 원주민 성인들을 숭배하는 신앙을 낳았다. 성인 숭배는 성인들과 관련된 지역을 찾아가는 순례에 의해 육성되었다. 성 데이비즈의 성지를 두 번 여행하는 것은 한 차례의 로마 순례와 동등하게 여겨졌고, 세 번 순례하는 것은 예루살렘을 한 번 순례하는 것과 동등하게 간주되었다. 웨일즈에는 사람들이 숭배하는 거룩한 우물들이 많았다. 성모 마리아에게 바쳐진 많은 교회들과 마리아의 이름이 주어진 많은 야생화들은 마리아 숭배를 보여 주는 증거이다. 그 시대의 시인들은 성모 마리아를 모든 부드럽고 선한 것의 구현으로 여겼지만, 그녀의 삶의 자세한 내용은 웨일즈 지방에서 잘 알려져 있는 위경적 전거들에서 취했다. 마리아는 항해하는 사람들을 안전하게 고향에 도착하게 해 주는 "바다의 주인"이었으며, 또 그녀가 지닌 치유의 능력 때문에 많은 사람들이 그녀와 관련된 성지를 찾았다. 어느 캐롤에서는 마리아를 세상에서 가장 아름다운 여인이라고 묘사한다. 하늘 나라의 순결한 여왕인 그녀는 위대한 중보자였다. 이러한 표현이 헨리 버건(1621-1695)*의 시에 반복해서 등장한다. 버건은 영어로 글을 썼지만, 어렸을 때에 어머니에게서 배운 웨일즈 전통을 물려받았다.

중세 시대의 시인들은 수난의 중요성을 깊이 생각했다. 유명한 십자가 위의 예수 상들이 있다. 또 그들은 성례전의 중요성을 강조했고, 산문체의 저술들로부터 미사를 위한 다섯 가지 기도와 성례전을 받는 것을 위한 일곱 가지 기도문을 찾아냈다.

종교개혁 이후에 성경과 공동기도서가 웨일즈어로 번역됨으로써 웨일즈 영성은 견고한 성경적 기초를 소유하게 되었다. 가정에서의 기도가 강조되었다. 그 목적을 위해서, 그리고 사람들을 과거로부터 전해져온 미신들로부터 벗어나게 하기 위해서 경건 서적들이 제공되었다. 『경건의 실천』(*The Practice of Piety*), 『인간의 완전한 의무』(*The Whole Duty of Man*), 그리고 제레미 테일러*가 웨일즈 지방에 머물면서 저술한 『거룩한 삶』(Holy Living) 등 대중적이고 영향력이 있는 영국의 경건서적들이 웨일즈어로 번역되었다. 한편 그리피스 존즈(Griffith Jones, 1683-1761)는 학교들을 순회하면서 거의 전국에 성경과 기도서를 읽는 법을 가르쳤다.

산문 번역본들의 영향력은 종교적인 시에 반영되어 있다. 에드먼드 프라이즈(Edmund Prys, 1544-1623)의 운율적인 시편에 의해 하나의 형식이 확립되었다. 출판 부수 면에서 중요한 것은 교구 목사인 프리차드의 *Canwyll Y Cymry*(웨일즈 사람들의 촛불)이다. 그 시대의 *cwndidau*와 *halsingod*에 오랜 캐롤의 전통이 보존되어 있었다. 두 가지 단어 모두 "캐롤"이라고 번역될 수 있지만, 두 단어 사이에는 미묘한 차이가 있다. *halsingod*는 성경적인 주제와 교리적인 주제를 운문으로 표현한 것이었다.

웨일즈 지방의 감리교 운동은 독립적으로 성장했고 칼빈주의적인 형태를 취했기 때문에 처음에는 영국의 영향을 받지 않았다. 그 운동은 많은 찬송가 작가들을 배출했다. 윌리엄 윌리엄즈, 판티켈린(William Williams, Pantycelyn, 1717-1791)은 가장 많은 찬송을 지은 유명한 사람이다. 기독교적 삶의 순례, 목표, 그리고 그 방법 등이 주요한 주제였으며, 웨일즈의 풍경과 산들과 변덕스러운 기후를 배경으로 하여 성경의 상징이 사용되었다. 앤 그리피스(Ann Griffths, 1776-1805)가 지은 찬송은 많지 않지만 중요하다. 그녀는 아빌라의 테레사*와 같은 과거의 위대한 신비가들에 비유되어 왔다. 그러나 윌리엄즈나 그리피스의 영성에 속한 분명한 학파는 없다. 앤 그리피스의 시는 성경과 기도서, 그리고 17세기의 경건 서적의 산물이다.

성육신의 교리와 성례전에 대한 굳건한 사랑 때문에, 앤 그리피스는 감리교 운동이 속한 복음주의 운동의 특징이었던 구속을 지나치게 강조하는 태도를 피할 수 있었다. 이러한 경향의 균형을 이루기 시작한 옥스포드 주의자들은 웨일즈 지방에서 상당한 영향력을 발휘했다. 웨일즈 교회의 찬송집인 *Emynau'r Eglwys*(1946)에 이러한 영향력이 반영되어 있다. 그 책에는 웨일즈 지방 고유의 찬송들 외에 영어와 라틴어 찬송을 번역한 것들이 수록되어 있다. 성례전과 성인들에 관한 부분은 16세기 이후로 웨일즈 영성에 존재한 공백을 채우기 위한 것이다. 그것은 과거의 경건한 전통에 대한 관심의 부흥을 지적해 준다. 그 전통은 약간 알

웨슬리, 존 | Wesely, John

기 어렵고 반 신비적이며, 4세기와 5세기의 웨일즈 성인들의 시대에 시작되었고, 중세 시대와 그 후 수세기 동안 문학적으로 표현되곤 했으며, 지금도 선더즈 루이스(Saunders Lewis), 게날트 존즈(Gwenallt Jones), 왈도 윌리엄즈(Waldo Williams), 유로스 바우엔(Euros Bowen), 토머스(R. S. Thomas)와 같은 현대 작가들의 시에 나타난다.

A. M. Allchin, *Ann Griffiths*, 1976; Geraint H. Jenkins, *Literature, Religion and Society in Wales 1660-1730*; Gwyn Jones (ed), *Welsh Verse in English*, 1977; R. Gerallt Jones, *Poetry of Wales 1930-1970*, 1974; Glanmor Williams, *The Welsh Church from Conquest to Reformation*, 1962.

OWAIN W. JONES

웨슬리, 존 | Wesely, John

존 웨슬리(1703-1791)는 영국 국교회의 사제였고, 동생 찰스와 함께 "전국에 성경적인 거룩의 전파"를 목표로 하는 감리교회를 세웠다. 근본적으로 이것은 지상 명령의 영성이었다. 다른 전통들은 하나님에 대한 직접적이고 관상적인 사랑이나 이웃을 향한 사랑과 개인적인 삶의 거룩을 강조했지만, 웨슬리는 균형을 유지했다. 두 가지 성경적인 법이 그에게 믿음이나 행위의, 신비주의와 행동주의를 대체할 교정책을 제공해 주었다.

그는 자신의 기도와 사명을 형성하기 위해 많은 전거들을 인용했다. 그의 가정, 특히 어머니 수잔나는 그에게 중요한 영향을 미쳤고, 엡워스 목사관은 가정 기도의 훈련장이었다. 이곳에서 매일 성경과 공동기도서(1662)를 읽었다. 그는 제레미 테일러*와 충성선서를 거부한 신학자*들, 특히 윌리엄 로의 엄격한 충고를 의지했다. 그러나 그 시대의 교회의 관습과는 달리, 웨슬리는 설교, 잦은 성찬, 그리고 즉흥적인 기도를 중시했다.

그러한 관습들을 개인 생활이나 공동 생활의 규칙으로 삼은 것, 하나님과의 언약 갱신을 위한 예배, 일지를 기록한 것, 주일을 엄격하게 지킨 것, 단순한 생활, 그리고 규칙적으로 양심을 성찰한 것 등에서 청교도 선조들의 영향을 찾을 수 있을 것이다. 그가 설교자들을 위해 마련한 영적 독서(*lectio divina*)인 『기독교 총서』(*Christian Lib-rary*, 50권)에서는 청교도 저자들이 많이 다루어진다.

그는 영성의 고전들을 탐독했다: 동방 교회와 서방 교회의 초대 교부들, 바질, 크리소스톰, 어거스틴*, 제롬* 등. 또 그는 시리아인 에프렘*과 이집트인 마카리우스(닛사의 그레고리의 제자)를 존중했다. 이 저자들로 인해 그는 더욱 확고하게 기독교적 완전, 또는 완전한 성화—이것에 의해서 하나님은 신자의 내면에 완전히 거하시며, 하나님과 이웃을 완전히 사랑할 수 있게 된다—를 추구하게 되었다.

토머스 아 켐피스*와 역종교개혁을 지지한 가톨릭 저술가들은 그에게 거룩한 헌신의 삶의 본보기를 제공해 주었고, 또 신비주의에 대한 태도를 분명히 하게 만들었다. 그는 프랑스인 렌티(de Renty)를 성인이요 박애주의자라고 여겼다.

역설적으로, 그는 "사회적인 거룩"을 낳지 않는 종교를 두려워했기 때문에, 그를 가장 불안하게 한 것은 모라비아 형제들의 "정적주의"였다. 그러나 그는 이 독일 경건주의자들*에게 특별한 은혜를 입었다: 1738년 5월 24일 런던의 올더스게이트에서 개최된 집회에서 그는 자신의 막대한 영적 독서가 개인적이고 경험적인 믿음으로 변화되는 체험을 했다. 그는 이렇게 기록했다:

"나는 구원을 위해서 그리스도만 신뢰한다고 느꼈다. 그분이 나의 죄들을 제거하셨으며 죄와 사망의 법에서 나를 구원하셨다는 확신이 주어졌다."

그는 신학적으로는 모라비아 교도*들과 의견을 달리 했지만, 그들의 거룩함 성품과 경건한 관습에 감명을 받았다. 그는 1738년 8월에 헤른후트를 방문하여 그들의 경건한 생활의 본보기를 목격했다. 이러한 관찰 결과들 및 다른 많은 전거로부터 발췌한 자료들이 감리교 조직—특히 거룩함의 성장을 증진하기 위한 목적으로 고안된 것으로서 속회와 반으로 이루어진다—의 기초가 되었다.

R. Davies and E. G. Rupp (eds), *A History of the Methodist Church in Great Britain*, vol 1 1965; A. C. Outler, *John Wesley*, 1964; G. S. Wakefield, *Fire of Love*, 1976.

R. W. GRIBBEN

웨슬리, 찰스 | Wesley, Charles

찰스 웨슬리(1707-1788)는 형인 존*과 함께 메도디스트 신앙부흥 운동을 이끈 동역자였으며, 영성에 있어서 그의 중요성은 그가 지은 찬송들에 있다. 약 50편 정도의 찬송이 모든 교파에서 공통적으로 사용되고 있으며, 감리교회에서 사용되는 찬송은 수백 편에 이른다. 1780년에 찬송 모음집에는 찰스 웨슬리가 지은 525편의 찬송 중에서 480편이 수록되어 있다. 존 웨슬리는 그것을 "참 기독교인"의 영적 자서전의 형

위로, 쓸쓸함 | Consolations, Desolations

태로 배열했다. 그것은 독립된 교파의 예배를 위한 것이 아니라, 모임의 예배를 위한 것이었다. 찬송에는 정통적인 교리가 가득했고, 믿음의 신비를 친근하게 다루었다. 또 개인적인 경험에 대한 강렬한 의식, 그리고 "동화도 아니고, 단독자가 단독자에게로 날아가는 것도 아닌" 신비주의가 들어 있다. 복음적이며, 복음주의자들을 위해 저술된 찬송들은 회심에서부터 완전한 사랑의 획득에 이르는 믿음의 순례를 추적하지만, 은혜의 수단들을 등한히 하지 않는다.

1744년에 웨슬리 형제는 『주님의 만찬에 관한 찬송집』(*Hymns on the Lord's Supper*)을 출판했다. 그 찬송은 대니얼 브레빈트(Daniel Brevint)의 『기독교 성례와 희생』(*The Christian Sacrament and Sacrifice*)을 운문으로 번역한 것이었다. 그의 찬송들은 모두 성경의 거의 모든 부분을 암시적으로 인용한 걸작들이다. 그 찬송들이 이 세대 사람들에게 옛날만큼 감명을 주지 못하는 이유는 오늘날 그것들이 무척 다양하게 현대화되었으며 아울러 우리의 성경 지식이 감소되고 있기 때문일 것이다.

F. Baker, *Representative Verse of Charles Wesley*, 1962; J. E. Rattenbury, *The Evangelical Doctrines of Charles Wesley's Hymns*, 1941; *The Eucharistic Hymns of John and Charles Wesly*, 1948; F. Whaling (ed), *John and Charles Wesley. Selected Writings and Hymns* (Classics of Western Spirituality) 1982.

J. MUNSEY TURNER

위로, 쓸쓸함 | Consolations, Desolations

구약성서는 하나의 국가인 이스라엘과 선택된 개인들로서의 이스라엘이 야웨의 위로하시는 임재와 쓸쓸한 부재를 경험했음을 증거한다. 메시아는 이스라엘의 위로가 되어야 했고(눅 2:25), 이스라엘이 메시아를 거부한 것은 이스라엘의 외로움으로 이어졌다. 예수님의 영은 그분이 위로를 주신 근접함의 근원이시다. 그리스도 안에 있는 사람들은 서로 위로할 수 있으며, 또 그렇게 해야 한다(롬 1:12). 실질적으로 모든 영적 작가들이 사랑이 눈물, 회개의 슬픔, 거룩한 것을 원하는 갈망, 하나님을 더욱 신속하게 섬기게 하며 믿음과 소망과 사랑을 강화해 주는 하나님의 따뜻하고 평화롭게 즐겁고 용기를 주는 방문에 대해 논의해왔다. 예수의 영의 외관상의 부재는 우울, 낙심, 슬픔, 혼동, 불안, 무감각, 세상적인 것을 향함, 그리고 믿음과 소망과 사랑을 상실하는 경향을 낳는다. 하나님,

선한 천사들, 악한 사자들, 그리고 자아는 수덕적으로, 또는 신비하게 한 사람을 구원의 길로 인도하는 위로, 또는 구원의 길에서 벗어나게 하는 쓸쓸함을 만든다. 영 분별을 위한 규칙들은 이러한 움직임들의 근원을 드러내주며, 하나님의 뜻을 발견하도록 도와준다(이그나티우스 로욜라*). 본질적인 위로, 또는 감정적인 동요에도 불구하고 하나님의 뜻을 찾고 행하려는 용기와 하나님 섬김을 촉진하는 일시적인 위로를 구분해야 한다. 열의가 없음, 겸손을 가르치고 본질적인 위로를 강화하려는 하나님의 소원, 또는 하나님의 신비한 정화(감각과 영의 어두운 밤*)로부터 쓸쓸함이 생길 수도 있다. 위로가 지닌 위험은 허영과 교만이고, 쓸쓸함에 내포된 위험은 낙심이다.

H. Egan, *The Spiritual Exercises and the Ignatian Mystical Horizon*, 1976; H. Martin, 'Désolation', *DS*, III, cols 631-45; L. Poullier, 'Consolation Spirituelle', *DS*, II, cols 1617-34; J. Toner, *A Commentary on St. Ignatius' Rules for the Discernment of Spirits*, 1982.

HARVEY D. EGAN, SJ

위벨렝, 앙리 | Huvelin, Henri

앙리 위벨렝(1838-1910)은 신학 교수, 또는 교회사가로서 명성을 얻은 사제로서 거의 모든 사역 기간을 파리 교구에서 보냈다. 그는 학생 시절에도 "걸어다니는 백과사전"이라고 불렸다. 그는 그리 매력적인 외모는 아니었고, 항상 병약했으며, 자살을 생각할 정도의 우울증에 시달렸지만, 탁월한 능력을 지닌 영적 지도자요 고해 신부로 알려졌다. 그는 무식한 평민들이 몰려오는 고해 청문석에서 오랜 시간을 보냈다. 그 자신은 그 시대의 유명한 사람들, 에밀 리트레(Emile Littré), Hyacinthe Loyson, 프리드리히 폰 휘겔*, 브레몽(Henri Bremond)*, 모리스 블론델(Maurice Blondel), 샤를르 드 푸꼬* 등의 영향을 받았다.

그는 다양한 사람들의 욕구를 이해했고, 그들이 공식적인 교회로부터 배척을 당했을 때에도 그들의 처지에서 그들을 만날 수 있는 비범한 능력을 가지고 있었다. 그는 자신을 찾아오는 사람들의 내면에서 하나님의 영이 일하시는 증거는 지적인 고결함과 양심에 충실한 것이라고 여겼다. 사제는 영혼 안에서 이루어지는 하나님의 역사를 도와야 했다.

그의 가르침은 대부분 그의 연설과 강연을 들은 사람들이 기록한 노트에 보존되어 있었다. 영성 생활에 대한 그의 가르침은 관습에 구애되지 않았고,

월, 시몬 | Weil, Simone

매우 신선했다(휘겔의 *Selected Letters*, pp. 58-63을 보라). 로이지(A. Loisy)는 위벨렝을 성인이요 현인으로 간주했지만, 그가 가톨릭 교회의 성인으로 시성되지 못할 것이라고 예언했다.

M. T. Louis-Lefebvre, *Abbé Huvelin, Apostle of Paris*, 1968; Lucienne, Portier, *Un précurseur: l'Abbé Huvelin*, 1979.

A. R. VIDLER

월, 시몬 | Weil, Simone

시몬 윌은 1909년에 파리의 유대인 가정에서 태어났다. 그는 Eccolé Nor o-male Supérieure에서 철학을 공부했고, 1931년에 그곳을 졸업했다. 1930년대 초에, 그녀는 프랑스에 있는 여러 학교에서 철학을 가르쳤고, 지적인 차원에서 사회적·정치적인 목적을 가지고 활동했고(그녀는 사회주의적이고 공산주의적인 정기간행물에 많은 글을 기고했다), 행동주의자로서 활동했다(그녀는 한동안 공장에서 일했고, 스페인 내란 때에는 좌익 군대에 복무했다). 1938년에 솔레스메의 베네딕트 수도원에 손님으로 머물면서 경험한 신비 체험(후일 그녀는 친구에게 "그리스도께서 내려와 나를 붙잡으셨다"고 말했다)을 계기로 그녀는 보편적인 기독교 신앙에 큰 관심을 갖게 되었지만, 세례를 받거나 공식적으로 어느 교파에 들어가지는 않았다.

1940년부터 1941년까지 그녀는 마르세이유와 그 근처에서 살면서 설교자 수도회의 페린(J. M. Perrin) 신부와 가톨릭 평신도 사상가요 저술가인 구스타브 티본(Gustave Thibon)과 가까이 지냈다. 1942년 5월에 그녀는 가족들과 함께 유대인을 반대하는 비시 정부를 피하여 북아프리카를 거쳐 미국으로 갔다. 1942년 말에는 런던으로 가서 자유 프랑스 군과 함께 일했다. 그녀는 1943년 8월 24일 켄트 주의 요양소에서 폐결핵과 굶주림으로 사망했다. 그녀는 병세가 심각함에도 불구하고 독일 군이 점령하고 있는 프랑스인들과의 유대를 표현하기 위해 단식했다.

그녀의 사후에 출판된 *Waiting of God*(1951), *Gravity and Grace*(1952), *The Notebooks*(1956) 등의 저서들은 구약성서와 로마 문화에 대한 반감과, 그리스 문화, 힌두교, 복음서들, 기독교 신비가들 등에 대한 그녀의 깊은 사랑에 의해 배양된 종교적이면서도 절충적인 영적 시각을 보여 준다. 그녀는 하나님이 피조 세계로부터 분리되어 계심, 고난의 영적 가치, 우리의 피조 세계와 하나님의 실재 사이의 간격, 십자가의 상징적 가치, 그리고 무신론의 시대에 인내하면서 하나님을 기다린다는 개념 등을 강조한다.

윌은 사회적 행동주의자들과 종교 사상가들에게 깊은 영향을 주었다. 비록 그녀의 저서들 중 다수는 변칙적인 논문, 노트에 기록한 메모, 완전한 저서를 위한 기초 자료에서 발췌된 것이지만, 그녀의 명쾌한 산문 형식과 지적인 진지함은 높이 평가된다. 그녀의 기독교적 정통성을 확신하지 못하는 사람들은 그녀가 신플라톤주의자들*과 마니교도*들에게 강력한 관심을 가지고 있었음에 주목해왔다. 그녀를 옹호하는 사람들은 시험적인 태도와 그녀가 사용한 언어의 보통과는 다른 본질을 강조해왔다. 그녀의 사상의 복합성은 그녀가 대니얼 베리건(Daniel Berrigan)과 엘리오트*와 같은 다양한 주석가들에게 영향을 미친 원인을 설명하는 데 도움이 된다.

Jacques Cabaud, *Simone Weil: A Fellowship in Love,* 1964; Simone Pétrement, *Simone Weil: A Life,* 1976; Richard Rees, *Simone Weil: A Sketch for a Portrait,* P1966; E. W. F. Tomlin, Simone Weil, 1954; G. A. White (ed), *Simone Weil: An Interpretation,* 1981.

LAWRENCE S. CUNNINGHAM

유대교 영성 | Jewish Spirituality

기독교 영성의 내용의 많은 부분과 병행하는 것이 유대교 안에 존재하지만, 유대인들은 "영성"이라는 단어를 잘 사용하지 않으며, 분명하게 다루지도 않는다.

탈무드 시대의 유대교는 하나님의 뜻을 행함으로써 거룩함을 얻는다. 그것은 다음과 같은 말로 시작되는 유대교의 축복 공식에서 지적된다:

"우주의 왕, 우리 주 하나님을 찬양하라. 그분의 명령을 행함으로써 우리가 거룩하게 되며…"

여기서 언급되는 명령은 성경에서 파생되고 16세기에 조셉 카로(Joshep Caro, 1488-1575)의 *Schlcham Aruch*에 명시된 613개의 명령이다. 그것은 이 권위 있는 법적 논문이 유대교 신비주의자의 저술임을 지적해 준다.

유대교 영성과 기독교 영성에서 달리 강조하는 점들은 다음과 같다:

1. 유대교의 작가들은 하나님과의 개인적인 관계에 대한 친밀한 이야기들을 그다지 다루지 않는다.

2. 유대교 신비주의의 위대한 저서인 조하르(*The Zohar*)에는 아가서 주석이 포함되어 있지만, 일반적으로 환상적이고 에로틱한 용어는 피한다.

3. 율법, 철학, 또는 신비주의라는 제

목 하에 영성을 다룬다.

4. 일부 중세 시대의 문헌을 제외하고는, 보통 영은 육에 반대되지 않으며, 동일한 용어들이 에로스와 아가페를 표현한다. 그리고 악을 의인화하지 않는다.

5. 유대교 영성에서는 아빌라의 테레사*가 묘사한 "주부적 기도"(infused prayer)와 같이 감정의 단계나 상태를 상술하지 않는다.

6. 유대교는 성육신의 가능성을 거부하므로, 연합이 유대교 영성의 목표가 될 수 없다. 그러므로 유대교에서는 획득할 수 있는 최고의 상태를 "하나님께 굳게 매달림"으로 여기고, 그것을 위해 노력한다.

7. 이 주제와 관련하여 일종의 주저함이 야기된다. 그것은 주관적인 것으로 느껴지며, 율법의 성취보다는 율법에 대한 도덕률폐기론적인 반대로 이어질 수 있다.

랍비 유대교에서 영적 극치를 향하는 지름길은 율법 연구이다. 그러나 율법 연구를 "당신 자신의 중요성을 나타내기 위한 왕관"으로 사용해서는 안 된다. 이 영적 독서는 모든 사람의 의무이며, 영적 즐거움이다. 그것은 기도보다 더 중요한 것이 될 수도 있다. 여기에서 요구되는 헌신은 미쉬나에 묘사되어 있다: "이것은 토라의 길이다! 당신은 소금을 넣은 빵 한 조각을 먹을 것이며, 일정량의 물을 마실 것이며, 땅에 누울 것이며, 당신 앞에 어려운 삶이 전개될 것이다. 그리고 당신은 토라 안에서 수고할 것이다. 이렇게 한다면, 당신은 이 세상에서 행복할 것이며, 다음 세상에서 당신은 행복할 것이다." 연구되는 법적인 문제들은 교묘하고 복잡했다. 그것들은 실질적인 타당성 때문에 중요한 것이 아니라 경건을 불러 일으키기 때문에 중요하다고 간주되었다.

이 영적 독서는 모든 사람들이 행해야 하는 것이었으며, 하루에 세 번 의무적으로 행하는 기도, 끊임없는 축복, 계명들의 준수와 함께 유대교의 삶에 일종의 영적 지지물을 제공해 주었다. 결혼 역시 의무였다.

이 영성은 예시바(Yeshivah, 탈무드 학원)에서 가장 집약된 형태를 취했다. 현대 히브리 시인 비알릭(Bialik)은 *The Matmid*(영원한 학생)라는 시에서 "율법에 헌신한" 삶 및 그에 따르는 희생을 묘사한다.

이 민주적 영성의 형태와 방법은 다양했다. 성구함(聖句函)은 필수적인 것이었다. 예배자가 호세아서 2:21을 낭송하는 동안 성구함으로 손가락 주위에 반지 모양을 만들었다. 가정에서의 의식은 가족들을 거룩하게 하고, 식탁을 제단으로 만들고, 가장과 아내를 제사장과 여제사장으로 만들었다. 각각의 방에 하나님이 임재하신다는 것을 나타내기 위해 문설주에 신명기의 구절을 적은 양피지를 달아 놓았다. 풍부한 짧은 축복들이 이 세상의 삶을 영원한 삶과 연결해 주었다. 음식과 의복도 의식적으로 적합해야 했으며, 의식적인 목욕(Mikveh)으로 청결은 물론 의식적인 정결을 확보했다. 오늘날도 이러한 랍비 영성의 표현들이 통용되고 있다.

모든 사람들을 구속하는 이 민주적 영성과는 상관없이, 유대교의 신비적 전통인 카발라에 기초를 둔 영성의 학파들이 생겼다. 18세기에 하시딤 운동에 의해 많은 신비적 교리와 관습이 대중화되기 전에는 유식한 엘리트들만이 카발라 무리에 속했는데, 그들의 가르침은 개인적인 것보다는 견신론적이었다. 그들은 창조의 문제, 즉 하나님 안에 있는 선과 악의 근원이라는 문제, 그리고 에스겔이 본 병거, 즉 하나님께로 올라감이라는 문제에 대해 깊이 생각했다. 인용된 본문들은 성경이나 랍비의 문헌이지만, 가르침과 방법은 신플라톤주의*에서 파생된 것이었다.

유대교 신비주의 전통에 속한 주요한 저서는 『조하르』(Zohar)이다. 현대의 학자들의 견해에 의하면, 그것은 스페인에 거주하던 유대인 모세 드 레온(Moses de Leon, 1250-1305)이 편찬한 것이다. 전통적으로, 그것의 기원을 랍비 시몬 바르 요카이(Shimon bar Yochai)에게서 찾는다. 그 안에는 견신론 체계가 상세히 설명되어 있으며, 방사의 체계 또는 Sephirot가 하나님과 그의 피조물, 무한자와 유한한 것들을 연결해 준다. 피조 세계 안에는 신성(divinity)의 불티가 존재하며, 하나의 피조물인 인간은 그것들을 속량하여 하나님께로 들어 올릴 수 있다. 정교한 묵상과 기도의 체계는 예배자가 불티들을 재결합하는 데 도움을 준다. 이같은 카바나(Kavanah)의 고귀한 영성은 랍비 이삭 라우리아(Isaac Lauria, 1534-1572)의 삶과 저서들에서 가장 잘 드러난다. 이스라엘의 사페드에 있는 그의 무덤은 많은 사람들이 찾는 순례지이다.

현대 유대교의 가장 큰 영성의 운동은 18세기에 폴랜드 남부에서 시작된 하시딤(Hasidim) 운동이다. 그 시대의 기독교 운동들과의 직접적인 관계를 증명할 수는 없지만, 웨슬리 형제의 감리교 운동, 정교회의 스타레츠 운동(Starets movement)과 유사한 점이 많다. 실제로『카라마조프의 형제들』에 등장하는 조시마 신부의 모습은 하시딤 파 유대인 학교 교사(rebbe)의 모습과 매우 흡사하다.

이 경건 운동은 예시바에서 공부하는 것보다 카르파티아 산맥에서 독거하면서 묵상하는 편을 선호했던 카리스마적인 인물인 바알 솀 토프(Baal Shem Tov, c. 1700-1760)에 의해 시작되었다. 그는 폴랜드 남부의 유대인 마을들을 유랑하면서, 회당이 아니라 들판에서 모인 사람들에게 연설을 하면서 핵심적인 대중적인 영성을 지적해 주었다. 빌나의 엘리야(Elijah of Vilna)라는 랍비는 그의 가르침을 범신론적인 것이라고 정죄했으나, 황제의 측근들의 중재 덕분에 그는 추방을 면했다.

사막 교부들*이나 아씨시의 프랜시스*에 관해 여러 가지 전설과 이야기가 있듯이, 그와 그의 제자들에 관해서도 많은 전설과 이야기와 금언들이 생겼다. 마틴 부버*는 그것들이 현대에 읽힐 수 있도록 예비하고 또 대중화했으며, 그들의 사상을 체계적으로 제시하고 그들의 사랑, 웃음 경건 등을 강조했다. 최근에 게르솜 숄렘(Gershom Scholem)과 그의 제자들은 그들의 도덕률폐기론적 요소, 메시아적 요소, 카발라적 요소 등을 강조했다.

바알 솀은 하나님의 내재성과 친밀성에 관심을 가졌다. 하나님은 특히 단순하고 무식한 사람들에게 가까이 계셨다. 그는 죄인들과 회개하는 사람들에 대해 개방적이었다. 이러한 가르침에 열심이 동반되었다. 이 유대교 신앙 부흥에서 기도는 노래와 음악으로 변화되었다.

하시딤 운동이 성장함에 따라 "의로운 사람들" 또는 Tsadikkim이라고 알려진 많은 교사들이 출현했다. 그들의 역할은 구루의 역할에 비교할 수 있으며, 그들 덕분에 제자들의 영혼이 고귀해질 수 있었다.

하시딤 파의 중요한 교사들 중에는 슈네우르 살만(Shneur Zalman of Lyday, 1747-1813)과 브라츠틀라프의 나만(Nahman of Bratslave, 1772-1881)이 있다. 전자는 초기 하시딤의 카리스마적인 특성들을 랍비 연구서에 재결합했다. 후자는 바알 솀 토프와는 달리 하나님과 인간의 거리, 악의 힘, 계시의 중요성, 그리고 메시아의 오심 등을 강조했다. 그는 자신의 신학과 영성을 심오한 상징적인 의미들이 가득한 이야기로 표현했다.

오늘날에는 정통주의, 경건, 영성 등을 가르치는 하시딤 운동들이 많으며, 각각의 운동은 그 창시자 및 그를 계승한 교사들에게서 기원한 나름의 접근 방법을 가지고 있다. 그 중에 몇 가지 예를 들면 다음과 같다:

1. 경건을 강조하는 루바비치 파(Lubavitcher): 이들은 유대인에게 복음을 전파하며, 지금까지 관습을 지키지 않는 사람들을 환영한다.

2. 게레 파(Gerer): 학문적으로 유명하다.

3. 브라트슬라브 파(Bartslaver): 신비적이며, 접근하기가 쉽지 않다.

이 외에도 각기 나름의 교사와 특징적인 영성을 가진 운동들이 많다. 하시딤 파가 아닌 현대의 탁월한 교사로는 라프 쿡(Rav Kook, 1865-1935)과 요수아 헤셀(Joshua Heschel, 1907-1972)이 있다. 보수파는 새로 전례를 개정하면서 개혁과 유대교 내의 진보적인 운동들, 개인적인 기도와 묵상 등을 크게 강조했다. Chavurah 운동은 새로운 형태의 예배와 종교적 조직에 관한 실험을 하고 있다.

Bahya Ben Joseph ibn Pakuda, *Duties of the Heart*, 1973; Nahman of Bratslav, *The Tales*, 1978; *Beggars and Prayers*, 1979; Shneur Zalman of Lyady, *Tanya* 1981; *The Zohar* (tr H. Sperling and M. Simon), ²1978; Martin Buber, *Tales of the Hasidim*, 2 vols, 1946, 1968; R. C. Musaph-Andriesse, *From Torah to Kabbalah*, ET 1981; Gershom Scholem, *Major Trends in Jewish Mysticism*, 1946.

LIONEL BLUE

유심론, 교령술 | Spiritualism

1. 철학에서 성령을 유일한 실체, 또는 주요한 실체로 간주하는 다양한 교리들 중의 하나이다. 2. 역사적으로 1848년에 뉴잉글랜드에서 시작되어 전 세계로 전파되었으며 영매들을 통해 죽은 자들과 교통할 수 있다고 주장하는 운동이다.

"현대 교령술"(Modern Spiritualism)이라는 용어는 그것을 고대 문화권 및 오늘날 베티(Beattie)와 미들튼(Middleton)과 같은 인류학자들이 연구한 원시 사회에서 발견되는 영매 행위와 구분한다. 로마 가톨릭 국가들에서는 앨런 카덱(Allan Kardec, 1803-1869)이 공식화한 형태인 심령술(spiritism)의 형태를 취한다. 카덱은 환생을 가르쳤는데, 앵글로-색슨 심령술사들은 처음에는 그 교리에 반대하다가 점차 받아들였다.

일부 기독교 작가들도 전 세계적인 운동 안에서 영성에 대한 주장을 거부

유심론, 교령술 | Spiritualism

하기 위해서 심령술이라는 용어를 채택한다. 그러나 터스턴(Thurston)이 지적했듯이, 교령술이라는 용어는 1852년에 사용되었다.

교령술은 무정형의 변화무쌍하고 혼합주의적인 감응력이다. 그것은 문화를 둘러싸고 있는 개념들, 특히 인간 본성, 과학, 그리고 사회적 진보 등에 관한 낙관론을 반영한다. 대 도시의 인기있는 중심지들을 제외하고는, 조직적인 교령술은 주로 노동자 계층을 중심으로 일어났는데, 그 운동의 반 기독교적인 수사학은 국교회에 대한 개신교의 비판과 흡사했다. 교령술을 행하는 사람들은 주로 완전한 기독교적 구조라고 생각되는 것―삼위일체, 성육신, 타락, 구속, 죽을 때에 영혼의 운명이 결정된다는 것―을 거부한다. 일부 교령술 권위자들은 예수 그리스도의 특별한 지위를 거부하며, 일부 권위자들은 아예 언급하지 않는다. 그러나 교령술을 신봉하는 교회들의 건축과 절차는 독립 교회들과 흡사할 수도 있다. 또한 소수의 기독교적 교령술사들도 존재하는데, 그들은 성경 및 세례와 같은 의식들을 사용한다.

1848년 이후로 "정신적 현상" (mental phenomena), 즉 황홀 상태에서 영매들을 통해 영들이나 다른 매체에 의해 전해지는 정보를 액면 그대로 받아들일 수 없게 되었다. 그리고 물체를 움직이기 위해 초자연적인 힘을 발휘하는 "육체적 현상"이 활발해질 수 있었다. 과학적인 관심 및 다른 진지한 지적인 관심으로 인해 1882년에 런던에 Society for Physical Research가 세워졌다. 그 후 1세기 동안 일부 영매들에 대한 지속적인 연구와 조사가 진행되었는데, 죽은 자들이 그 현상에 관련이 있다는 결정적인 증거는 찾아내지는 못했지만, 강력하고 다양하여 무시할 수 없는 증거를 찾아냈다. 과학적인 관찰자들은 죽은 자들과의 교신을 촉진한다고 알려진 전자 장치들의 효력을 인정하지 않는다. 영매가 제공하는 자료 중 많은 부분은 영매나 현장에 있는 다른 사람들―심지어는 현장에 있지 않은 사람―의 마음 속에서 생긴 것일 수도 있다. 인간의 정신 및 지금까지 알려지지 않은 정신감응 능력의 한계는 매우 복잡하다.

기독교인들은 현대 교령술의 등장에 즉각 반응하면서, 증거에 의해 그것의 결점, 사기 행위의 빈도, 사울 왕의 죄들 중 하나(삼상 28)가 부활한 것이 발휘할 수 있는 역할 등을 지적했다. 전쟁으로 인한 사별로 인해 교령술을 더욱 의지하게 되면서, 그리고 1960년

유심론, 교령술 | Spiritualism

이후 점성술이나 강신술이 증가함에 따라서 기독교의 비평도 증가했다. 그러나 조직화된 교령술은 역시 정신적인 능력을 사용하는 일부 새로운 신흥 종교들만큼 성공하지는 못했다.

세계적인 종교들은 전반적으로 영매처럼 영적 생활에 정신적으로 개입하는 것의 위험에 대해 진지하게 경고한다. 교령술 운동(Spiritualist Movement)은 주술과 중복되는 부분이 많으며, 주술사들과의 관계를 금지하는 명령이 성경에서 발견된다(신 18; 행 16:16, 19:19; 갈 5:20; 계 21:8). 교령술에 개입하는 것은 비-기독교적인 사상과 관습들(예를 들면 요가나 동양의 명상)과 접촉하게 하며, 기독교적 권위에 대한 의심을 자아낸다. 1960-1980년에 성령운동의 부흥은 교회로 하여금 영들을 분별해야 할 필요성을 상기하게 했다. 교령술은 현대 세계에서 악의 핵심이 아니지만, 목회적 책임을 맡은 사람들에게 알려진 지혜롭지 못한 정신적 모험에서 비롯된 피해들이 있다.

교령술에 대한 최종 평가 및 그것이 이론적으로 죽은 자들이 돌아오는 것을 허락하는지의 여부는 우리의 종말론에 달려 있을 것이다. 마지막 때에 대한 최근의 이론적인 기사들은 교령술의 증거의 문제들을 참작한다. (성찬에의 임재, 꿈, 또는 환상 안에서) 죽은 자의 귀환을 허용하는 신학을 주장하는 사람들은, 영매들을 통한 의사소통에 죽은 자들의 개입 가능성을 부인하지 않는 것이 지혜롭다고 여긴다. 물론 인간이 아닌 실체들이 육체적 현상을 지원한다는 증거도 있다. 현대 교회에서는 치유 사역이 회복되고 있는데, 치유 사역은 교령술의 특징적인 요소였다. 그러나 사랑하는 사람과 사별한 사람을 돌보는 것은 교회로서는 부적합한 일이며, 이 일이 보강되지 않는 한 교령술의 매력은 감소되지 않을 것이다.

교령술에 대한 기독교의 반응에서 교령술사들을 과장하거나 왜곡하거나 비인간화해서는 안 된다. 현대 교령술은 (생명이 없는 교회 생활, 냉담한 지도자, 이해되지 못한 신학 등에 대항한) 일종의 저항 운동이며, 대부분의 교령술사들은 결국 교회로 돌아갈 수 있다. 게다가 하나님께서는 정상에서 벗어난 종교 운동들(예를 들면 신약성서에서 사마리아인들)을 사용하여 교회로 하여금 간과된 분야와 통찰들을 상기하게 하신다.

John Beattie and John Middleton, *Spirit Mediumship and Society in Africa*, 1969; Slater Brown, *The Heyday of Spiritualism,*

1970; Alan Cauld, *The Founders of Psychical Research*, 1968; *Mediumship and Survival*, 1982; G. K. Nelson, *Spiritualism and Society*, 1969; Herbert Thurston, SJ, *The Church and Spiritualism*, 1933.

LESLIE PRICE

은사 운동 | Charismatic Movement

은사갱신운동(Charismatic Renewal Movement)은 세계적인 평신도 운동이며, 현재 모든 주요한 기독교 교파의 신자들 사이에서 발견된다. 그 특징은 신약성서(참조, 고전 12-14)에 묘사된 성령의 은사를 실천하는 것을 강조하는 것이다. 일반적으로 성령의 은사의 실천에는 오순절파의 용어로 "성령 세례"라고 부르는 영적 경험이 선행한다. 그것은 1960년대에 미국과 영국에서 시작되었고, 그 후 서유럽 국가들, 마지막으로 제3 세계를 포함하여 전 세계로 퍼진 운동이다. 믿을 만한 통계에 의하면, 신자들의 수가 11,000,000명이라고 한다.

이 운동은 1900년대에 있었던 "성령의 유출", 특히 1901년에 캔자스 주 토페카에 있는 찰스 파럼 성경학교에서, 1906-1909년에 로스앤젤레스의 아주사 거리 선교에서 있었던 현상과 구분되어야 한다. 그 현상들은 초기의 고전적 오순절 운동* 및 하나님의 성회와 오순절 성결교회와 같은 오순절파 교회가 세워지는 결과를 낳았다. 이 새로운 오순절파 신자들은 고전적인 오순절 운동의 신학적 개념들과 예배 형식을 폭넓게 사용했지만 자신의 교회 안에 머물러 있어야 한다고 확신했다.

이 초기 단계에 "성령 세례"를 받은 유럽이나 아메리카의 주류 개신교회 출신 신자들의 특징은 그러한 경험이 사적인 것이라는 점이었다. 그들은 주로 혼자서, 또는 성경 캠프에서, 가정 기도회에서, 때로는 자신의 무력함을 경험하면서 기독교적 삶을 살고 증거하기 위한 능력을 얻기 위해 성령을 의지해야 할 필요를 느끼는 순간에 성령세례를 경험했다. 결과적으로, 그들은 가족이나 친구들, 심지어 목사들로부터 오해를 받았고 배척을 당하기도 했다. 그들은 자신과 비슷한 경험을 한 사람들을 발견할 때에 놀라고 기뻐했다. 종종 가정, 직장, 그리고 대학 모임에서 작은 기도 모임들이 생겨났다.

은사 운동이 확장되는 데에는 다양한 요인이 있었다. 가장 초기의 요인은 1952년에 디모스 샤카리언(Demos Shakarian)이 세운 단체 Full Gospel Businessmen's Fellowship International이었다. 이것은 성령의 축복과 은사에 관해 전파하는 국제적인 초교파적 집단이다. 회원들은 주로 식당에서 모이는데, 유명한 연사의 담화와 간증에 이어 식사를 하고 기도를 부탁한다. 현재 이 집단은 TV 방송을 진행하며, 두 개의 잡지를 발행한다.

미국에서는 1960년대와 1970년대에 매스 미디어가 이 운동의 확장에 중요한 역할을 했다. 이 운동을 후원하는 방송국으로는 패트 로버트슨(Pat Robertson)의 Christian Broadcasting Network(CBN), 짐 배커(Jim Bakker)의 Praise the Lord Network (PTL), 앤젤리카의 Eternal Word Net-work 등이 있다. 그 밖에 많은 서적과 음악 테이프도 있다.

미국에서 치유 분야의 선구자는 애그니스 샌포드(Agnes Sanford)이다. 그녀는 여러 권의 책을 저술했고, 목회자들과 사제들과 평신도들을 대상으로 "기억 치유" 기법을 훈련하기 위해 목회사역 학교를 세웠다. 그녀는 사역을 하면서 전통적인 오순절파의 은사를 모두 사용했다. 그 밖에 이 분야에서 활동한 사람으로는 앤 화이트(Anne White), 룻 카터 스테플튼(Ruth Carter Stapleton), 바바라 슐레먼(Barbara Shlemon) 등이 있다.

1960년대에 Holy Spirit Teaching Mission은 플로리다 주 포트 로더데일에 데렉 프린스(Derek Prince), 돔 바샴(Dom Basham), 밥 멈포드(Bob Mumford)와 같은 연사와 저자들을 보내어 순회하면서 은사 운동에 관하여 가르치고 간증했다. 비슷한 일이 영국에서 마이클 하퍼(Michael Harper)가 이끄는 Fountain Trust에 의해 행해졌다. 곧 각 교파의 대표자들이 은사 운동에 합류한 것으로 알려졌다. 예를 들면 데니스 베넷과 그래험 퍼킹험(감독교회), 마이클 하퍼(성공회), 래리 크리스텐슨(루터교회), 해럴드 브레드슨(네덜란드 개혁교회), 로드먼 윌리엄즈(장로교회), 토미 타이슨(감리교회), 그리고 오순절교회 신자인 데이비드 두 플레시스 등이다. 이 사역에 참여한 여성은 코리 텐 붐, 캐더린 먀샬, 캐더린 쿨만 등이 있다.

가톨릭 신자들이 참여하면서 이 운동에 새로운 차원의 조직과 신학을 도입되었다. 그들은 그것들을 이 운동에서 행하는 예배 유형과 접목시키려 했고, 은사 운동과 관련된 주제에 관한 많은 책들을 출판했다. 점차 많은 가톨릭 신자들이 성령 세례를 받기 시작했으므로, 사우스 벤드에 National Service Committee가 세워졌고 많은 국제 회의가 개최되었다. 1970년대에 미국에서 구성된 International Communication Office는 1976년에 브뤼셀로 옮겼고, 1981년에는 로마로 옮겨갔다.

기성 교회에서는 이 운동에 대해 처음에는 "두고 보자"는 정책을 채택했지만, 결국 몇 가지 위험을 경고하면서 조심스럽게 인정했다. 1969년에 잘레스키 주교는 미국 내의 은사 운동을 연구하는 소임을 맡았다. 결과적으로 그는 이 운동을 긍정적으로 평가했고, 또 미국 주교들의 연례 회의에서도 긍정적으로 평가했다. 1975년에 벨기에의 말리네스의 수에넨스 추기경의 후원을 통해 교황 바오로 6세가 만 명의 은사파 신자들을 받아들이면서 교황청은 이 운동을 비공식적으로 인정했다. 후일 교황 요한 바오로 2세와의 모임으로 인해 이러한 인정이 더욱 공고해졌다. 세월이 흐르면서 개신교회와 정교회에서도 이 운동을 인정했다.

1972년 이후 바티칸은 매년 고전적 오순절 운동과 신오순절 운동의 대표들, 양측의 신학자들과 대화를 해 오고 있다. 1971년 11월에 개최된 회의에서, 그들은 다음과 같은 내용에 동의했다: "오순절 운동의 본질은 성령의 내주하심에 대한 개인적이고 직접적인 의식이다. 그것에 의해서 부활하시고 영화롭게 되신 그리스도가 계시되며, 신자는 사도행전과 서신에 묘사된 풍성한 생명을 가지고 증거하고 예배할 능력을 받는다. 오순절 경험은 도달해야 할 목표가 아니며, 서야 할 장소가 아니다. 그것은 성령 안에 있는 충만한 삶에 들어가기 위해 통과해야 하는 문이다. 그것은 생명의 길이 되는 사건으로서, 종종 그 안에 종종 카리스마적 현상들이 자리잡는다. 이 생명의 길의 특징은 하나님의 말씀에 대한 사랑, 그리고 성령의 능력에 의해 살려는 관심이다."

Walter Hollenweger, *The Pentecostals* (ch 1), 1972; Kevin and Dorothy Ranaghan, *Catholic Pentecostals*, 1969 and *As the Spirit Leads Us*, 1971; John Sherrill, *They Speak in Other Tongues*, 1964; David Wilkerson, *The Cross and the Switchblade*, 1964.

A. QUENTIN LISTER, OP

은혜 | Grace

헬라어 *charis*는 "기뻐함"이라는 기본 의미를 지닌 단어이다. *charis*는 객관적으로는 "매력", "미"를 나타내며, 주관적으로는 "자비", "호의", "감사"를 나타내고, 구체적으로는 "은총", "혜택" 및 그에 상응하는 "감사", "기쁨"을 나타낸다. 칠십인역에서는 *charis*

가 *hēn*으로 번역되는데, 이것은 우리가 하나님에게서 발견하는 은총(favour)을 말한다. 필로(Philo)는 특별히 자격있는 사람에게만 주어지는 *charites*와 일반적인 *charis*를 구분한다. 헬레니즘 시대의 헬라어인 코이니(koiné)에서 *charis*는 도시국가나 개인에게 수여된 은사나 은혜 안에 나타난 제국의 호의를 의미했으며, 제국의 제의가 성장하면서 유사-종교적 의의를 지니게 되었다.

*charis*는 예수님의 말씀이나 공관복음서에서는 발견되지 않고 누가복음에서만 발견되는데, 거기서는 세속적인 의미로 사용된다. 요한의 "은혜와 진리", "은혜를 위한 은혜"는 구약성서의 *hesed wā-hemeth*를 상기시키는데, 거기서 하나님에 대한 진리는 이스라엘을 위한 하나님의 "언약된 사랑"을 말한다. 그러나 이제 말씀이 육신이 되셨으므로, 하나님의 은혜는 율법을 순종한 데 대한 보상으로 주어지는 것이 아니라, 아들의 영광 안에서 구현된 이상을 통해서 값없이 주어진다. 이것은 이 용어가 바울에 의해서 복음— "우리 주 예수 그리스도의 은혜"—을 나타내는 기술적인 용어로 변화되었음을 암시해 준다.

사랑과 자비와 친절함이 의와 거룩함과 진리에 의해서 보완되는 하나님으로부터 흘러나오는 약속된 구원이라는 개념에 대한 바울의 지식은 그것이 예수 그리스도 안에서 완성되고 초월된다는 개념에 직면한다(롬 10:4). 바울은 그리스도의 인격과 사역을 나타내기 위해 특별히 적용할 수 있는 의미를 지닌 단어를 고쳐 사용했다. 바울의 견해에 의하면 은혜의 주된 의미는 "그리스도 안에서 인간에게 구원이 주어지고 새로운 축복의 세계를 열어 주는 하나님의 후한 사랑이나 은사를 말한다"(W. Manson). 은혜는 하나님께서 자기를 내어 주시는 행위, 그리스도의 인격과 십자가 안에 기초를 둔 결정적이고 궁극적인 종말론적인 역사에의 개입이다. 그것은 풍성하게 넘쳐 흐르며(롬 5:17ff.), 우리의 지혜(고전 1:17ff.)나 공로(고전 15:10)와 상관없으며, 현재를 약속된 구원의 시대의 조건과 관점으로 이동시킨다.

그러나 바울의 견해에 의하면, 은혜에는 믿음을 통해서 받아들여지고 표현된 파생 의미가 있다. 그것은 새로운 기독교적 지위의 원천으로서, 특별한 은사들을 수여하고(롬 12:6ff.), 새로운 소명과 의무를 강화해 준다(롬 1:5; 고후 8:1에서 팔레스타인 교회를 향한 마케도냐 교인들의 관대함). 그

은혜 | Grace

러한 은혜는 양적인 것이나 질적인 것이 아니라, 역동적인 것이며 하나님의 자기를 내어주심의 열매이다. 기독교인의 삶에서 이 은혜의 결과들(charismata)은 내재하는 비인격적인 원리(추상적인 은혜)가 아니라, 성령이 주시는 은사이다(고전 12:4; 히 10:29; 약 4:6 참조). 은혜는 결코 그리스도와 분리되지 않으며, 신자에게 비인격적으로 작용하지 않는다.

토런스(T. F. Torrance)는 속사도 교부 시대에 바울의 교리가 퇴보하면서 복음이 유대교의 율법주의와 그리스의 인문주의 세계로 이동해가며, 의를 얻을 자격이 있는 사람들을 돕기 위해서 하나님이 주시는 것, 영혼 안에 신비한 에너지를 주입하는 것을 의미하게 되었다고 보았다.

그리스 교부들, 특히 오리겐과 아타나시우스는 은혜의 신비한 매력은 섭리와 계시와 구속이라는 객관적인 사실들에 의한 본질적인 의지의 자유의 강화와 정신의 조명이라는 교리를 전개했다. 터툴리안을 비롯한 라틴 교부들은 보다 실질적으로 은혜란 의와 영생의 상급을 위해 역사하는 신의 유사-육체적 에너지로 간주함으로써, 후일 펠라기우스와 어거스틴* 사이에 인간의 자유의지의 위치와 공헌에 대한 논쟁이 벌어질 수 있는 여지를 남겨 놓았다. 펠라기우스는 은혜는 인간의 잠재력을 촉진하고 완전하게 해 주는 하나님의 도움으로 간주했다.

어거스틴은 회심과 선한 생활과 궁극적인 구원을 위한 전적인 책임이 *gratia gratis data*에게 있다고 보았다. 어거스틴은 펠라기우스의 윤리적인 도전에 대한 반응으로 이 주제를 자세히 다루면서 몇 가지 은혜를 구분했다 (선행적 은혜/후속 은혜, 협력하는 은혜/불가항력적인 은혜). 후일 토머스 아퀴나스*는 이것들을 크게 확대했다 (창조된 은혜/창조되지 않은 은혜, 외적 은혜/내적 은혜, 실질적 은혜/습관적 은혜, 충분한 은혜/효과적 은혜, 자연적 은혜/초자연적인 은혜, 의롭게 하는 은혜/성화시키는 은혜). 이러한 구분들은 기독교 영성의 윤곽을 그리는 데 매우 유익하다. 그러나 루터*와 은혜를 십자가에 달렸다가 부활하신 그리스도와 동일시하는 바울의 가르침으로 돌아가려 하는 현대의 성서신학의 재발견에서는 그것들을 바로잡기 위한 시도를 했다. "만일 한 분 하나님과 그의 아들 그리스도의 은혜와 관련된 문제라면, 우리를 위한 은혜는 오직 하나이다"(K. Barth). 특히, 에큐메니칼 운동과 제2차 바티칸 공의회에서는 특정 교회들에게 주어진 "언약된" 은혜와 나머지 교회에 주어진 "언약되지 않은 은혜"라는 비 성서적인 구분을 거부해왔다. 하나님의 은혜는 예수 그리스도 안에서 모든 교회와 세상에 "언약된 은혜"이다.

J. Moffatt, *Grace in the New Testament*, 1932; J. Oman, *Grace and Personality*, 1931; T. F. Torrance, *Doctrine of Grace in the Apostolic Fathers*, 1948; W. T. Whitley (ed), *Doctrine of Grace*, 1932; N. P. Williams, *The Grace of God*, 1930.

BENJAMIN DREWERY

음악과 영성 | Music and Spirituality

옛부터 예배에는 음악이 사용되어왔다. 일부 개혁주의 교회에서는 특정한 종류의 음악과 악기들의 사용을 부적절하게 여겨 금지하지만, 기독교 전통에서는 처음부터 자체의 찬송, "신령한 노래들", 그리고 음악적인 성찬의 환경 등을 조성해왔다. 특히 어려운 환경에 처한 기독교인 집단들은 음악을 통해서 자신의 고난을 표현하거나 경감하려 해왔는데, 가장 두드러진 것은 남아메리카의 흑인 노예들이 즐겨 부른 흑인 영가들이다.

그러나 르네상스 시대 이후로 기독교의 장엄한 개념, 분량, 연주자에 대한 요구 등이 교회의 생활을 초월하며 서방의 고전 음악의 레퍼토리를 형성하는 작품들을 고취했다: 바하의「마태 수난곡」과 「B단조의 미사」, 헨델의「메시아」, 베르디의「레퀘엠」, 엘가의 *Dream of Gerontius* 등이 그 예이다. 이러한 작품들의 연주는 현대 영성의 한 요소이며, 그 연주에 참여하거나 듣는 사람들에게는 심오한 영적 경험이 될 수 있다.

게다가 고전적인 레퍼토리를 산뜻하게 여러 장르로 분류할 수 없으므로, 영감이나 내용에 있어서 특히 종교적이며 기독교 전통과 동일시되는 표현이 담긴 작품에 의해서 뿐만 아니라, 교향곡처럼 순수한 음악에 의해서, 그리고 직접적인 종교적 내용을 소유하지 않은 가사와 오페라에 의해서도 심오한 경험이 촉발된다고 주장할 수 있다. 칼 바르트는 모짜르트의 음악이 하나님에게서 온 것으로서 하나님에 대해 말하는 것처럼 느꼈고, 다른 사람들도 베토벤, 와그너, 브루크너 등의 음악에서 초월적인 차원을 발견했다.

이것은 영성에서 음악이 차지하는 위치에 대해 중요한 질문들을 제기한다: 음악이 실질적으로 영성에서 하나의 위치를 차지하는지는 논하기 어려운 것일 수 있다. 그러한 위치를 정의

하는 것은 거의 불가능하다. 비록 질문을 "어떤 근거에서 어떤 음악이 신적인 것이나 초월적인 것과의 만남을 줄 수 있다고 주장할 수 있는가?"로 제한해도, 엄청나게 많은 문제들이 제기된다. 예를 들어 베토벤에서부터 티펫(Tippett)에 이르는 작곡가들이 작곡을 할 때 분명 그들 자신을 초월하는 영적 세계에 응답하거나 의지하고 있었다는 취지의 종교적 증언이 있다. 따라서 그들의 작품이 연주될 때, 청중 역시 그러한 반응 속으로 끌려 들어간다. 프랑스의 작곡가요 오르간 연주자인 메시앙(Messiaen)은 한 걸음 더 나아가 독창적인 방법으로 음악과 종교적 전통을 연결한다. 그러나 음악에 대해 완전히 알고 있는 전문인들은, 작곡가들이 자신이 행하는 것을 어떻게 생각하든지간에, 음악은 음악에 불과하다고 주장한다. 따라서 엄격히 음악적인 내용과 관계가 없는 내용이나 의미를 음악에 부여하는 것은 합당하지 못하다.

한스 켈러(Hans Keller)가 음악의 "형이상학적인 문제"라는 것을 논의하는 데 적합한 어휘나 개념이 없기 때문에, 이러한 견해의 차이는 상당히 오랫동안 지속될 듯하다. 음악학적인 분석을 초월하는 음악의 의미에 대해서는, 전문가들도 아마추어와 마찬가지로 당황하여 언급하지 못한다. 예를 들어, 말러(Mahler)의 제9 교향곡(Ninth Symphony)이 엄격히 음악적으로 언급할 수 있는 의미 외에 다른 의미를 갖지 않는다고 말하는 것은 분명히 넌센스이다. 의미를 말로 표현하려 할 때, 실제로 표현할 수 없는 것을 표현하는 일의 불가능성에 대면한다. 음악은 그러한 환경 안에 위치하며, 그러한 환경 안에서 말한다.

이런 맥락에서 가장 건설적인 접근방법은 음악이 모든 감정의 표현을 초월하는 것이라고 보는 것이다. 특히, 서방의 음계의 상이한 음조들의 음정관계는 즐거움과 고통이라는 두 가지 기본적인 범주에 초점을 둔 광범위하고 복합적인 감정들을 소개하는 데 기여한다. 작곡가들은 수백 년이 흐르는 동안 특별히 정서적인 연상 의미를 갖는다고 증명되어온 상이한 음정들을 통합한 작은 악절들을 전개하면서, 사상과 이미지, 단어나 그림이 없이도 인류를 감동시키는 근본적인 자극들을 경험하게 해 주는 작품을 만들어낼 수 있다.

만일 이 방법이 받아들여진다면, 영적 직관이나 신비한 직관은 음악적 언어라는 감정적인 용어로 표현될 수 있다고 주장할 수 있을 것이다. 그것은 십자가의 요한*의 저술들이 그의 신비한 경험을 구어체의 감정적 표현으로 나타내는 것과 같다. 그것은 결코 증명되는 것이 아니며, 그에 대한 반응은 한 사람이 여러 가지 상황에서 형성해온 신-인의 만남의 방식의 묘사에 의존한다. 그러나 자신만만하게 슈베르트의 *An Die Musik*을 세상의 위대한 감사 기도문들 속에 포함시키는 사람들도 있을 것이다.

Deryck Cooke, *The Language of Music,* 1959; *Vindications,* 1982; Wilfred Mellers, *Bach and the Dance of God,* 1980; *Beethoven and the Voice of God,* 1983; L. A. Reid, *Meaning in the Arts,* 1969; Michael Tippett, *Music of the Angels,* 1980.

JOHN BOWDEN

이그나티우스 | Ignatius of Antioch, St.

안디옥의 주교 이그나티우스의 것으로서 현존하는 일곱 편의 편지는 그가 순교하게 될 로마로 호송되는 동안에 저술된 것이다(A.D. 107-110). 그 편지들은 그를 지원한 소아시아의 몇몇 교회들, 서머나의 감독 폴리캅, 그리고 로마 교회에게 보낸 것으로서, 철학적인 신앙의 영향을 거의 받지 않은 2, 3세대 신자의 개인적인 영성을 보여 주는 특별한 글이다.

그가 염두에 둔 최고의 주제는 순교였다. 그는 로마 교회에게 보낸 편지에서 "내 하나님의 수난을 본받는 사람이 될 수 있도록" 자신을 위해 중재하지 말라고 간청한다(*Romans* VI. 3). 순교는 궁극적으로 그리스도와 일치하는 것이며(*Romans* V. 1), 따라서 그의 인성에 완전히 일치하는 것이다 (*Romans* VI. 2). 순교는 그리스도처럼 모욕과 고난을 받아들이는 것(*Ephesians* X. 1)과 교회 안에서의 겸손, 상호 공경, 적극적인 사랑(*Magnesians* VI, *Trallians* I, II), 그리고 인류를 향한 사랑과 자비의 기도(*Ephesians* X. 1)가 뗄 수 없이 연결되는 제자도의 절정이다. 교회 안에서의 순종과 감독을 존경하라는 거듭된 권면들은 이러한 관점에 비추어 읽어야 한다: 감독은 자기를 중심으로 교회를 모아 성찬을 거행함으로써 교회의 조화를 보장하는 인물이며, 이 조화는 하나님의 뜻, 또는 예수 안에 구현된 하나님의 정신과의 참된 조화의 보증이요 표현이다(*Ephesians* III-V, *Smyrnaeans* VIII, *Philadelphians* I).

순교, 즉 자기-봉헌은 교회 전체에게 주어지는 선물로서, 그리스도 안에서 자기를 내어 주시는 하나님과 연합하

이그나티우스 | Ignatius of Antioch, St.

는 것이다. 순교는 예수님처럼 되는 것, 예수 안에서 "순결한 빵"이 되는 것이다(*Romans*, IV). 그리스도의 고난의 실체를 믿지 않는 이단자들(아마 영지주의자들일 것이다)은 기독교의 집단 생활의 논리 전체를 손상시킨다. 만일 그리스도께서 고난 받으시고 죽지 않으셨다면, 순교자가 진정으로 고난을 당하는 것이 아니라고 할 수 있을 것이다(*Smyrnaeans* IV). 또 만일 이 값 없이 주시는 구속적인 고난이 역사 안에서 실질적으로 발생하지 않는다면, 그것을 통한 "불멸의 사랑"과 "썩지 않는" 생명—신자는 이것에 의해 살며 소망을 갖는다—과의 교제도 있을 수 없다(*Romans* VII. 3; cf. *Ephesians* XX). 따라서 이단자들이 사랑의 공동체를 파괴하고, 빈곤한 사람들을 불쌍히 여기지 않은 것은 그리 놀라운 일이 아니다(*Smyrnaeans* VI). 그들이 믿는 그리스도는 실재하지 않으며, 또 그들은 십자가에 달리신 사랑의 하나님과 교제도 없으므로, 그들의 삶은 환상적인 삶이다(*Smyrnaeans* II, *Trallians* X).

그러나 기독교인들은 진리 안에서 생활한다. 이그나티우스는 신자들에게 침묵을 권한다. 왜냐하면 "침묵하고서 존재하는 것이 말을 하고서 존재하지 못하는 것보다 낫기 때문이다"(*Ephesians* XV). 영지주의자들의 유창한 연설은 근본적인 착각을 보상하지 못하지만, 침묵하는 기독교 지도자는 삶 속에 하나님의 진리가 말하고 활동하게 한다. 삶 전체가 하나님의 침묵 안에서 이루어진 예수님의 경우가 그랬다(*Ephesians* XIX). 예수님은 말이나 개념으로 표현할 수 없는 하나님의 사랑을 말없이 증거하심으로써 진리와 생명을 전해 주신다. 예수님의 삶이 곧 말이요 증거이며, 기독교인의 존재도 그러해야 한다. "침묵"(*sigē*)과 "평정"(*hēsychia*)이라는 용어는 영지주의에서 흔히 사용되는 용어이지만, 이그타니우스는 이 말에 특징적이고 성육신적인 의미를 부여했다.

그의 편지들은 초대 교회에 잘 알려져 있었다(오리겐*은 로마에 보낸 편지를 언급한다). 이그나티우스가 사용한 상징들은 후대의 시리아 문헌에서도 등장한다. 그러나 이그나티우스는 한 "학파"의 창시자가 아니다. 그의 중요성은 복음을 지나치게 영적으로 해석하거나 비 역사화하는 것을 막을 수 있는 성육신적이고 성찬적인 신앙의 근거를 제시한 데 있다.

Ignatius' *Letteres* in *Early Christian Writings*(Penguin Classics), 1968; H. U. von Balthasar, 'The Word and Silence', *Word and*

Revelation, Essays in Theology I, 1964; Rowan Williams, *The Wound of Knowledge*, 1979, ch. 1.

ROWAN WILLIAMS

이그나티우스 로욜라

l Ignatius Loyola, St.

이그나티우스 로욜라는 1491년에 기푸즈코아의 바스크 주에 있는 로욜라 성에서 태어났다. 그는 이니고 데 오나즈 이 로욜라(Inigo de Onax y Loyola)라는 세례명을 받았고, 여러 해 후에 이냐시오(Ignacio)라는 이름을 취했다. 그는 원래는 교회 안에서 생활하려는 의도를 가지고 기초 교육을 받았지만, 궁궐과 군대에서 일하기 위해서 교육을 포기했다.

하지만 나바르의 팜플로나 전투에서 심하게 부상을 당한 후(1521년 5월 20일), 그의 삶은 크게 변화되었다. 여러 달 동안 요양하고 나서 거의 1년 동안 몬테세랏과 만레사에서 보내는 동안, 그는 그리스도를 지도자로 따르며, 프랜시스와 도미니크를 사모하는 사람으로 변화되었다. 그는 만레사에서 『영신수련』(*Spiritual Exerecises*)*을 저술하기 시작했다. 1523년 8월 말에, 그는 여생을 보내기 위해 성지에 갔지만 그곳에 머무는 것을 거절 당했기 때문에, 베니스를 거쳐 스페인으로 돌아왔다. 그는 33세 때에 영혼들을 돕기 위해서 공부를 시작했다. 그는 바르셀로나, 알칼라, 살라만카 등지의 학교를 검토해 보았지만, 그의 욕구를 충족시켜 주는 학문 과정을 발견한 것은 파리 대학에서였다. 그는 1528년부터 1535년까지 파리대학에서 철학과 신학을 공부했다. 파리에 있는 동안, 이그나티우스 주위에는 대학에서 공부하면서 서로의 삶과 갈망을 털어놓으려는 제자들이 모여 들었다.

1535년에 이그나티우스는 여섯 명의 동료들과 함께 성지 순례를 위해 이탈리아로 갔다. 1537년에 이그타니우스와 몇 명의 친구들은 베니스에서 사제가 되었다. 베니스와 오트만 제국 사이의 전쟁 때문에 그들은 성지에 가지 못했다. 그들은 1538년 11월에 바오로 3세를 섬겼고, 1539년 여름에 교황에게 새로운 교단의 설립을 허락해 달라고 청원했다. 1540년 9월 27일에, 교황 바오로 3세는 예수회의 설립을 허가하는 교서를 발표했고, 이그나티우스는 예수회의 초대 총장이 되었다. 그는 죽을 때까지 15년 동안 로마에서 새로운 교단의 수장으로 활동했다. 그는 이 기간에 수천 통의 편지를 썼고, 자신의 사도적인 사역에 대한 지원을 확보하

이레네우스 | Irenaeus of Lyons

기 위해 노력하고, 예수회 규약을 작성했다. 그는 유럽, 아시아, 아프리카, 아메리카 등에 선교사들을 파견했으며, 그가 세상을 뜰 무렵에는 세계 각처에 천 명의 회원이 있었다. 막중한 업무로 인해 건강이 좋지 않았지만, 그의 신비한 기도 체험은 평생 지속되고 증가되었다. 1556년 7월, 그는 로마에서 갑자기 세상을 떠났고, 1622년 5월 22일에 교황 그레고리 15세에 의해 성인으로 시성되었다.

G. E. Ganss (ed), *The Constituions of the Society of Jesus*, 1970; J. O'Callaghan (ed), *The Autobiography of St. Ignatius Loyola*, 1974; H. Rahner (ed), *St. Ignatius Loyola: Letters to Women*, 1960; W. J. Young (ed), *Letters of St. Ignatius Loyola*, 1974; *The Spiritual Journal of St. Ignatius Loyola*, 1958.

GERARD J. CAMPBELL, SJ

이레내우스 | Irenaeus of Lyons

리용의 감독 이레내우스(c. 130-200)는 소아시아에서 태어나서 성장했으며, 이그타니우스의 동료인 서머나의 폴리캅을 알고 있었다. 그의 주요 관심사는 영지주의에 맞서 가톨릭 전통을 보호하는 것이었다. 『이단 논박』(*Against the Heresies*)과 최근에 재발견된 『사도적 선포의 증명』(*Demonstration of the Apostolic Preaching*)은 그 목적을 위해 저술된 것이다.

이레내우스는 하나님께서 인간의 삶에 동참하시는 목적은 우리로 하여금 신적 생명에 참여하게 하기 위해서라는 사실을 분명히 한 최초의 기독교 저술가이다(*Heresies* IV. 52). 만일 하나님께서 예수 안에 완전히 성육하시지 않는다면, 우리는 구원을 받지 못한다. 즉 우리의 생명이 썩지 않고 불멸하는 하나님의 생명으로 변화되지 못한다. 우리는 하나님의 빛과 영광에 동참하도록 피조되었다(*Heresies* II. 47, IV 25, 34, V. 27). 우리는 하나님의 형상으로 지음을 받았으므로, 하나님의 모양으로 변화되어야 한다. 신적 생명(안정, 사랑, 그리고 자유)을 누릴 수 있는 우리의 잠재력이 실현되어야 하며, 우리의 육이 영화롭게 되어야 한다. 하나님은 마치 어린 아이들을 다루시듯이 점진적인 교육 과정에 의해 인간들을 다루신다(*Heresies* IV. 62).

옛 언약에서 하나님은 의를 명하심으로써 사람들을 하나님 가까이로 이끄시지만, 새 언약에서는 실질적으로 자기의 생명을 인간에게 나누어 주신다. 우리와 같이 시험을 받으시는 인간 예수 안에서, 하나님은 인간의 동기와 선택과 행위를 내면에서부터 재형성하시며, 아담의 비극적인 역사를 재현하시고 해결하신다(*Heresies* VI; *Epideixis* 33). 따라서 인간의 자유가 회복되어 참된 방법으로 작용하고 하나님을 향하게 된다. 우리는 하나님이 자유하신 것처럼 자유하게 되는데, 그것은 우리 자신을 하나님의 뜻에 복종시키는 자유이다(*Heresies* IV. 24). 우리는 하나님이 만드신 질서에 순응함으로써 하나님의 영광에 동참한다(Ibid. 64). 따라서 우리의 신화(神化)는 아버지 하나님의 주된 형상이신 순종하신 아들의 형상으로 변화되는 것이다(*Heresies* V. 16). 그에 대한 보증은 우리가 성령 안에서 하나님께 "아바, 아버지"라고 외칠 수 있다는 것이다(*Heresies* IV. 8). 이레내우스의 글은 바울의 사상을 반영한다.

육의 구원에 대한 관심 때문에, 그의 저술은 다소 물리학적인 경향을 나타내며, 성찬 안에서 유형적인 몸이 부활하시고 영화롭게 된 예수의 몸과 결합함으로써 유형적인 몸에 "썩지 않음"이 전해지는 것을 강조한다(*Heresies*, II. 44, 47, IV. 31). 그러나 이것은 성령에 의해서 육이 영으로 변화된다는 강력한 의미의 제한을 받는다. 하나님의 영과 육적인 인간 실존 사이에 결혼적인 연합, 전인(全人)에게 하나님의 사랑의 영광이 주입되는 연합이 있다(*Heresies* V. 9, 10). 다시 말해서, 육이 영화롭게 되는 것을 순수히 유물론적으로 해석할 수 없다(이레내우스는 이것은 모든 신자들의 거룩한 변화를 나타내는 예표로 사용한 최초의 기독교 저술가이다).

이레내우스는 우리는 결코 위대하신 하나님을 알 수 없으며 다만 사랑의 하나님만 알 수 있다고 주장했기 때문에 "부정의 방법"을 주장한 최초의 신학자라고 불린다. 그러나 이것의 핵심은 하나님은 아들을 통해서만 알려진다는 것, 따라서 영지주의자들이 주장하는 것처럼 성령의 역사와 성육신을 통해 하나님과 인류 사이에 확립된 "연합의 공동체"와는 상관이 없는 하나님에 대한 사변적 지식은 존재할 수 없다는 주장인 듯하다(*Heresies* I. 4, III. 6, II, IV. 11, 34). 요한의 전통에서처럼, 진리 안에서 산다는 것은 신적 생명과 빛 안에 참여하는 것, "하나님을 보고 그의 인자하심을 누리는 것"(*Heresies* IV. 34), 하나님의 아들에 대한 믿음과 사랑 때문에 말씀에 의해서 새로움 속에서 생활하는 것을 의미한다.

Vladimir Lossky, *The Vision of God,* 1963; G. Wingren, *Man and the Incarnation,* 1959.

ROWAN WILLIAMS

이슬람 | Islam

이슬람은 유일신에 대한 "복종"을 의미하며, 신자는 무슬림 또는 모슬렘이라고 부른다. 코란*은 "신이 보시는 종교는 이슬람이며, 나는 신께 복종해왔다"고 말한다(3, 17f.). 7세기에 선지자 모하메트가 아라비아에서 선포한 이 종교의 기원은 "유대인이 아니고 기독교인도 아니며 무슬림이었던" 아브라함에게로 거슬러 올라간다. 이 주장은 아브라함이 모든 신자들의 조상이라는 바울의 주장과 흡사하다.

무슬림들은 모하메트를 예배하는 것이 아니기 때문에 자기들의 종교를 모하메트교라고 묘사하지 않지만, 마호메드는 그들의 종교생활에서 특별한 위치를 차지한다. 신앙의 오주(五柱) 중 첫째는 신앙고백이다: "신이시여, 당신 같으신 분이 없습니다. 당신의 선지자는 모하메트입니다." 성전에서나 가정에서 기도할 때마다 이 신앙고백을 반복한다. 비-이슬람 세계에서는 모하메트를 비방하고 비난해왔으며, 그의 종교적인 중요성은 과소평가되어 왔다. 그러나 콘스탄스 패드윅(Constance Padwick)은 이슬람 세계에서 사용되는 기도문들을 모아 편찬한 *Muslim Devotions*에 "이슬람교에서 이 인물이 얼마나 사랑을 받고 있는지 고려하지 않는 사람은 이슬람의 힘을 평가할 수 없다"고 했다. 앤마리 심멜(Annemarie Schimmel)은 "회교도의 삶과 사상의 중심인 선지자 모하메트"를 말한다. 날마다 수백 만 명의 신자들이 모하메트와 그의 가족을 축복함으로써 "그 선지자가 항상 신실한 무슬림 가까이에 있다"는 느낌을 준다.

신앙의 오주는 신앙고백, 예배, 금식, 구제, 그리고 순례이다. 하루에 다섯 번—새벽, 정오, 오후, 저녁, 그리고 밤— 기도한다. 얼굴, 머리, 손, 팔, 발을 씻고 거룩한 모스크가 있는 메카를 향해 앉아서 기도한다. 처음에는 유대인들처럼 예루살렘을 향해 앉아서 기도했지만, 아브라함과 이스마엘이 지었다고 전해지는 거룩한 집(카바)을 향하도록 바꾸었다. 전 세계의 회교도들이 중심지를 향해 시계 바늘처럼 정해진 방향을 향하기 때문에, 유럽에서는 동쪽을 향하고, 인도에서는 서쪽을 향한다.

회교도들은 침묵으로 기도를 시작하여 "신은 가장 위대하시다"라고 되풀이하고, 코란의 첫 장을 낭송하고, 부복한다. 코란의 다른 부분을 낭송하거나 개인적인 기도를 추가하기도 한다. 대중 예배는 개인적인 기도의 형태

이슬람 I Islam

를 따른다. 언제든지 자발적으로 기도할 수 있다. 회교도들은 99개의 아름다운 신의 이름을 낭송하는 데 도움이 되기 위해서 염주를 사용한다. 염주는 인도의 힌두교와 불교에서 기원한 것으로서 이슬람교에서 받아들였으며, 십자군 원정의 결과로서 도미니크 수도사들이나 시토 회 수도사들을 통해 기독교에 전래된 듯하다.

그들은 어디에서든지 기도한다. 길가, 기차역, 배 위, 모스크, 집 등 어디에서나 멍석을 깔고 기도한다. 이슬람의 기도는 사적인 기도와 회중적인 기도가 있다. 여성들은 항상 가정에 머문다. 모스크는 메카와 카바를 향해 지어진 공적인 건물이다. 이슬람교는 성상을 중시하지 않으므로 모스크에는 조각이나 그림이 없고, 벽은 코란의 구절들로 장식되어 있다. 금요일 정오는 회중기도 시간이며, 남자들은 모두 모여 기도해야 한다. 이 기도회의 지도자는 이맘(imam)이라고 불린다. 모스크 안에는 설교를 위한 강단과 코란 낭송을 위한 목재로 된 단이 있다. 모스크의 바닥에는 양탄자가 깔려 있다. 모스크에는 대중 기도가 거행되지만, 종종 침묵 기도에도 사용된다. 이슬람교에는 사제직이 없지만, 교육을 받은 박사들이 일상 생활을 위해 율법을 해석해 준다.

오주의 세번째 요소는 구제이다. 이것은 친척, 고아, 가난한 사람들, 그리고 여행자들에게 행하는 의무적인 자선이다. 모스크 내에서는 돈을 걷지 않지만, 수입과 재산에 대해 구제세를 부과한다. 특별한 일이 있을 때에는 언제든 자유로이 헌금할 수 있다.

네번째 요소는 금식이다. 장성한 회교도들은 라마단 기간에는 새벽부터 해가 질 때까지 금식해야 한다. 이 기간에는 해가 지기 전까지는 음식이나 음료수, 담배, 성 관계 등이 허락되지 않는다. 어린이, 병자, 임산부, 여행자들은 금식하지 않아도 되며, 일부 국가에서는 공동의 노동자, 군인들과 학생들도 금식에서 제외된다. 라마단 기간에 설교자들은 종교적이고 사회적인 권면을 하면서 마을을 여행한다.

다섯째 요소는 메카 순례로서, 회교도들은 평생 한 번 이상은 메카를 방문해야 한다. 순례는 언제든지 할 수 있지만 이슬람 력으로 12월 초승달이 뜨는 기간이 대 순례일이다. 매년 수백만 명의 회교도들이 메카로 순례한다. 순례자들은 특별한 옷을 입는데, 남자들은 길이가 두 발 정도 되는 천을 걸치고, 여자들은 머리에서부터 발끝까지 가린다. 회교도가 아닌 사람은 메카

이슬람 | Islam

에 들어가지 못한다. 순례자들은 시계 반대 방향으로 일곱 번 카바 주위를 돌고, 그 모퉁이에 있는 검은 돌에 입을 맞추려 한다. 사파와 마르바, 아라파트 산으로 행진하여 그곳에서 밤을 지낸다. 제10일에는 함께 죄를 고백하고 짐승을 죽여 가난한 사람들에게 나누어 준다. 이슬람 세계 전체가 같은 날 죄를 고백하고 짐승을 죽이고 그 고기를 먹는다. 순례자들은 북쪽으로 약 200마일 떨어진 곳에 있는 메디나로 가서 모하메트의 무덤을 방문하며, 어떤 사람들은 모하메트가 방문했다고 간주되는 이슬람교의 세번째 거룩한 도시인 예루살렘으로 순례를 계속한다. 순례자들은 이스마엘과 하갈과 관련된 메카의 우물의 생수와 카바를 덮었던 큰 천의 조각들을 집으로 가져간다.

이슬람교에는 두 개의 주요한 축일이 있다: 순례의 달에 지키는 이드 알 카비르(Id al-Kabir), 그리고 라마단 달 마지막에 지키는 이드 알 피트르(Id al-Fitr). 일부 국가에서는 모하메트의 탄생일을 축일로 지키기도 한다. 많은 이슬람 성인들의 탄생일을 기념하며 기도와 행진을 한다. 모하메트 및 다른 성인들의 유물이 모스크나 다른 장소에 보관되어 있다. 이슬람에서는

엄격한 유일신 신앙을 가르치지만, 성인들, 수도자들, 신비가들, 또는 종교단체의 창시자들과 관련된 장소와 유물과 무덤을 존숭한다. 사람들은 이곳에서 기도하고 서원을 한다. 거룩한 사람들이나 신비가들과 관련된 거룩한 장소들이 많다. 또 사람들은 공동묘지를 찾아가서 죽은 자들을 위해 기도한다. 모하메트는 심판날에 모든 회교도들을 위한 위대한 중재자라고 받는다.

이슬람교에는 두 개의 교파가 있다. 주류는 신자들의 80퍼센트 이상을 차지하는 수니 파로서 이슬람 공동체의 관행을 따르며, 초기 칼리프들을 모하메트의 정통 후계자들로 인정한다. 그 다음은 시아파이다. 이들은 모하메트의 사위인 알 리가 최초의 칼리프라고 주장한다. 시아파는 다시 '12 이맘파'와 '7 이맘파'로 나뉜다. 이들은 이 이맘들(지도자들) 중 마지막 지도자들이 사라지거나 숨었다가 종말론적인 인물인 구세주(Mahdi)로서 다시 나타날 것이라고 믿는다. 대중 신앙에서는 메시아인 예수와 마흐디가 종말 때에 나타날 것이라고 믿는다. 시아파에는 이 외에도 여러 분파가 있으며, 가장 잘 알려진 것은 거의 신적인 인물인 아가 칸(Aga Khan)을 추종하는 코자 이스마일리스(Kohja Ismailis)이

이슬람 | Islam

다. 오늘날 이란의 아야톨라(Ayatollah)는 대중적인 종교 지도자들이지만 최고의 교리적 권위자는 아니다.

시아파의 예배는 수니파와 거의 동일한 형식을 따르지만, 시아파의 기도 지도자들은 겸손을 나타내기 위해서 모스크 안에서 회중들보다 조금 낮은 곳에 선다. 시아파에서는 기도할 때에 카발라에서 가져온 점토판에 이마를 댄다. 대부분의 회교도들은 성화(聖畵)를 소유하지 않지만, 시아파에서는 알리나 다른 성인들의 모습을 묘사한 성화를 비치하기도 한다.

시아파의 전통에서는 모하메트의 사촌이요 사위인 알리가 최초의 칼리프이고 그의 아들인 하산과 후사인이 그의 뒤를 이었다고 믿는다. 후사인은 680년에 카발라에서 경쟁자인 수니파 칼리프 야지드에 의해 살해되었다. 그의 순교를 기념하기 위해서 카발라에 거대한 성지가 조성되었다. 이곳은 메카보다 중요한 시아파의 성지요 순례지이다. 매년 시아파 국가, 특히 이란 및 인근 국가에서는 후사인이 죽은 무하람 달을 애도일로 지키는데, 그 절정은 후사인의 이야기를 묘사하는 40개의 장면을 연극으로 공연하는 것이다. 연극의 마지막 부분에서 대천사 가브리엘이 후사인에게 낙원의 열쇠를 준다. 그리하여 의로운 고난이라는 문제가 생생하게 묘사된다.

이슬람에서는 알라 신, 그의 천사들, 선지자들, 경전, 심판, 내세 등에 대한 믿음을 가르친다. 이슬람교는 단순해 보이지만, 실제로는 많은 분파와 신앙 형식을 지닌 복합적인 종교이다. 유대교나 기독교와 마찬가지로, 대중 예배와 사적인 예배가 행해진다. 이슬람에는 강력한 공동체 의식이 존재한다.

이슬람은 유대교와 기독교보다 늦게 등장했다. 기독교 수도사인 바히라는 젊은 마호메트를 선지자로 인정했으며, 그의 첫째 부인의 사촌인 와라카는 기독교인으로서 마호메트의 소명을 인정했다고 한다. 그러나 마호메트가 생활했던 메카나 메디나에는 체계적인 기독교 공동체가 없었고, 그 시대의 아랍어로 번역된 성경도 없었던 것 같다. 이슬람교는 동방의 기독교계로 급속히 전파되어, 예를 들면 성상파괴 논쟁과 같은 종교 생활에 영향을 주었고, 또 이슬람교의 신비 생활의 발달은 동방 기독교의 영향을 받았다.

Kenneth Cragg, *The Call of the Minaret*, 1956; Ahmad Kamal, *The Sacred Journey*, 1964; Constance Padwidk, *Muslim Devotions*, 1961; Geoffrey Parrinder, *Worship in the World's Religion*, ²1974; Annemarie

이집트 | Egypt

Schimmel and Abdoldjaved Falaturi (eds), *We Believe in One God*, 1979.

GEOFFREY PARRINDER

이집트 | Egypt

이집트는 기독교 영성과 경건의 발달에 강력한 영향을 주어왔다. 초대 시대에는 알렉산드리아의 신학 사상을 통해서, 그 다음에는 사막 교부들* 및 그 후계자들의 수도원 전통과 은둔 전통을 통해서 영향을 미쳤다. 이집트의 주된 기독교 전통은 콥트 교회(Coptic Church) 안에 표현된다. 콥트 교회는 동방 정교회에 속해 있으며, 그 기독론은 단성론이다. 현대 이집트에서 발견되는 영성의 전통들은 가톨릭 교회와 알렉산드리아의 그리스 정교회의 총대주교구에 의해 대표되며, 최근의 전통에 속한 것으로는 성공회와 개신교 공동체가 있다. 비록 이집트 내에는 콥트 기독교인들이 주로 거주하는 지역이 있기는 하지만, 이 전통들은 모두 회교 문화권 안에 존재하고 있다.

GEOFFREY ROWELL

이집트의 안토니 | Antony of Egypt

전통적으로 "수도사들의 아버지"라고 불린 안토니(251[?]-356)는 중부 이집트의 기독교인 농부의 아들이었다. 아타나시우스*가 저술한 그의 『전기』에 의하면, 안토니는 20세 쯤에 마태복음 19:21("네가 온전하고자 할진대 가서 네 소유를 팔아 가난한 자들을 주라 그리고 와서 나를 좇으라")을 봉독하는 것을 듣고, 아버지에게서 물려받은 땅을 사람들에게 나누어 주고, 마을 외곽에 있는 사막에서 살면서 은둔자들과 거룩한 사람들의 지도를 받으려 했다.

안토니는 쉬지 않고 기도하고 완전함에 이르려고 노력하면서 많은 시험을 받았다. 아타나시우스는 안토니의 전기에서 이러한 영적 전쟁에서 겪은 많은 갈등을 묘사했고, 또 안토니가 마귀들의 무력함 및 속이는 능력에 대해서 동료 금욕고행자들에게 준 가르침도 수록했다.

안토니는 말년에 잠시 아리우스 파와의 논쟁에서 아타나시우스를 지지하기 위해서 알렉산드리아를 방문했고, 그 후 동부의 사막으로 들어가 홍해에서 그리 멀지 않은 산속 동굴에서 살았다. 현재 그 근처에 안토니의 이름을 딴 수도원이 있다. 그의 전기에는, 그가 금식한 것, 도움을 받으려고 찾아온 사람들에게 충고하고 병을 고쳐준 것, 사막에 들어간 사람들을 지도해 준 것 등이 기록되어 있다. 아타나시우스의 주장에 의하면, 안토니는 최초의 은수사로서 많은 사람들을 설득하여 독거생활을 하게 했다. 그리하여 "산 속에도 수도원들이 세워졌고, 도시를 떠나온 수도사들에 의해 사막은 하나의 도시가 되었다." 이 수도 운동을 고취하고 지도한 안토니는 동방 기독교의 수도원 운동의 지속적인 특징인 카리스마적인 "아바"(abba), 원로, 장로의 원형이다.

안토니의 것이라고 간주되는 7개의 편지에서는 하나님의 구속 사역의 계속성, 인간의 분별력이 성장하기 위해서 회개의 영에 의해 교육을 받아야 할 필요성 등이 강조된다. 몇 가지 성경 본문(사 53:5; 롬 8:15-18:32; 빌 2:6-11)이 자주 언급되고 강조된다. 영적 전쟁이 존재하지만, 그것은 인간의 육체적 상태에 맞서는 싸움이 아니라 마귀의 세력과의 싸움이다. 아타나시우스는 안토니가 20년 동안 독거 생활을 하고 나서 나타났을 때 "이성의 지배를 받으며 본성적인 상태 안에 자리잡은 균형잡힌 사람"이었다고 기록한다. 아타나시우스의 『성 안토니의 생애』는 "최초의 수도적 이상의 선언"이었으며, 저술된지 얼마 안 되어 기독교계에 상당한 영향을 미쳤다.

St. Athanasius, *Life of Anthony* (tr R. T. Meyer in *Ancient Christian Wirters*, X), 1950; L. Bouyer, *La Vie de S. Antoine. Essai sur la spiritualité du monachisme primitif*, 1950; D. J. Chitty (tr), *The Letters of St. Anthony the Great*, 1975; D. J. Chitty, *The Desert a City*, 1966; Benedicta Ward (tr), *Sayings of the Desert Fathers*, 1975.

GEOFFREY ROWELL

이탈 | Detachment

이탈, 또는 무-애착은 기독교 영성사에서 매우 중요하면서도 난해한 개념이다. 종종 어떤 사물이나 관계를 포기하는 것으로 잘못 논의되기도 하며, 영성 생활에 있어서 이탈의 의미는 그러한 사물들과 관계들의 훼손으로 오해되어 왔다. 기독교 전통 뿐만 아니라, 다른 세계적인 종교에서 이탈을 요구하는 영적 지도자들의 권고의 배후에는 정서적으로나 상습적인 의존에 의해서 사물과 관계의 노예가 되면 하나님을 헌신적으로 사랑하고 섬길 수 없다는 통찰이 있다.

기독교 전통에서 이탈의 권면은 예수님과 사도 바울(예를 들면 골 3:9-10; 엡 4:22-24)의 가르침에서 발견되며, 교부 시대와 중세 시대 저자들의 현저한 특징이다. 개신교 개혁자들은 이탈의 개념을 비판하고 재해석했으

인문주의 | Humanism

며, 가톨릭 수도원 운동에서는 그것을 재확인했다. 오늘날 이탈의 중요성을 세속적으로 인정하면서 현대 사회의 공격적인 탐욕성에 대한 비판의 형태를 취한다. 이탈의 실천은 피조된 물건을 거부하는 것을 목적으로 하는 것이 아니며, 오히려 하나님에 대한 헌신적인 관계를 위해 자신을 해방시키기 위해서 탐욕스럽게 애착하는 태도를 바로잡는 것을 목표로 한다. 애착을 이해함에 있어서 특별한 사물이나 개인이 애착하는 관계를 일시적으로 희생하는 것이 중요한 단계일 수도 있지만, 집착하는 것을 막지 못할 사물이나 관계는 일찍이 포기해야 한다.

14세기 독일 신비가인 마이스터 엑하르트*는 이탈을 하나님을 경험하고 아는 장소인 "영혼의 핵" 또는 중심을 감추거나 옹호하는 모든 것을 벗어버리는 과정으로 묘사한다. 그가 습관, 의식, 관습, 사회적 조건, 감정, 개념들을 확인하고 포기하는 과정은 하나님 경험에 의해 이루어져온 자아의 새로운 중심을 기준으로 자발적으로 이것들을 다시 모아들이기 위한 예비 단계이다. 엑하르트에 의하면, 이렇게 벗어버렸다가 다시 모으는 과정을 마친 사람은 자신을 사물이나 관계들과 동일화하지 않을 것이다. 이탈의 의미와 중요성에 대한 엑하르트의 묘사는 많은 영적 지도자들의 묘사의 특징이기도 하다. 그는 사람이 특별한 형태의 생각이나 행위에 애착하지 않을 때에 피조된 것들은 더 이상 방해가 되지 않으며 실질적으로 하나님을 가리켜 준다고 강조하는데, 그것은 거부하려는 욕구가 피조물과 다른 인간들의 선과 아름다움에 대한 경멸적인 평가를 암시한다는 견해를 바로잡은 것이다.

'Depouillement', *DS*, III, cols 455-504; Owen Chadwick (ed), *Western Asceticism* (LCC), 1958; Donald Nicholl, *Holiness*, 1981.

MARGARET R. MILES

인문주의 | Humanism

이 단어는 다양한 의미로 사용되지만, 가장 유익하고 확실한 용례는 14세기 후반에 이탈리아에서 발생한 철학적이고 문학적인 운동을 지칭하는 것이다. 문예부흥 인문주의자들은 그리스-로마 고전들에 대한 연구를 부흥시키려 했고, 실제로 그 일에 성공했다. 그리스어(그리고 라틴어)를 아는 것은 이 새로운 계층의 구성원이 될 자격이 되었다. 문예부흥 운동은 인문과학 교육을 위한 기초를 제공하려는 의도를 가지고 있었다.

이들 문예부흥 인문주의자들은 자

기들이 선택한 고대의 본보기들을 기준으로 삼아 다음과 같은 일에 관심을 가졌다: 종교 문제에서의 관용 증대, 모든 위대한 종교들과 모든 이성적인 사람들이 공동으로 소유해야 한다고 생각되는 것을 나타냄, 이 세상에서의 인간의 복지와 만족을 강조하고, 동시에 모든 금욕적인 것과 순수히 신학적이거나 내세적인 유익에 반대했다.

에라스무스(Desiderius Erasmus, 1466-1536)는 종교개혁과 그 결과로 초래된 종교 전쟁들보다는 분열되지 않은 가톨릭 교회 내에서의 개혁에 찬성했다. 또 토머스 모어(Thomas More, 1478-1535)의 『유토피아』 (*Utopia*)는 모든 사람이 계시의 도움이 없이 소유한다고 생각되는 자연 이성에 기초를 둔 사회를 보여 준다. 로렌조 발라(Lorenzo Valla, 1407-1457)는 『자유의지에 관하여』(*On Freewill*)라는 저서 외에 *de Voluptate*를 출판했는데, 그 책은 본질적으로 쾌락에 관한 신-에피쿠로스적 논문이었다.

이러한 사람들은 자연과학의 발달에 크게 관심을 갖지 않았지만, 서유럽에서 현대 과학이 폭발적으로 발달하게 될 주요 원인들 중 하나는 고전 학문, 특히 그리스 학문의 부흥이었다. 플라톤을 다시 연구하기 시작한 사람들은 플라톤에게서 피타고라스의 음성을 듣고, 갈릴레오의 말처럼 "자연의 책은 수학의 언어로 기록된다"는 암시를 포착했다.

오늘날 스스로 인문주의자라고 자처하는 사람들, 또는 *The Humanist* (Buffalo), *New Humanist*(London)를 구독하는 과학적 인문주의자들, 그리고 미국 인문주의 협회나 영국 인문주의 협회에 속한 사람들은 모두, 또는 거의 모두가 무신론자이거나 불가지론자들이다.

한편, 르네상스 인문주의자들은 완전히 가톨릭 신자들은 아니었지만 거의 모두 유신론자들이었다. 현대 인문주의자들은 사실에 대한 질문들에 접근하는 방법을 철저히 자연주의적이고 과학적인 것으로 간주하지만, 중요한 문제에 있어서는 인간의 복지(때로는 살아 있는 다른 피조물의 복지)만 고려해야 한다고 주장한다. 그 좋은 본보기는 피임이다. 이러한 부류의 인문주의자들은, 전통적인 가톨릭 신자들이 세상적이고 실질적으로 존재하는 것보다는 그들이 섬기는 가상의 하나님이 원하신다고 생각하는 것들에 기초를 두고서 피임에 반대한다고 공격한다.

이 두 가지가 그 용어를 가장 분명하고 솔직하고 정당하게 사용한 것이다. 그러나 그것은 많은 다른 개념들의 체계나 수집에 적용할 수 있는 호칭으로 주장되어 왔고, 현재도 그렇게 주장된다. 제1차 세계 대전 이전에 실러(F. C. S. Schiller)는 실용주의(Pragmatism)를 위해 그것을 주장하면서 "인간은 만물의 척도이다"라는 프로타고라스(Protagoras)의 말을 표어로 채택했다. 1930년대에 자크 마리탱(Jacques Maritain)은 인간이 초월적 실재와의 관계에 들어갈 수 있다고 주장하는 개성주의(Personalism)를 위해 동일한 주장을 폈다. 제2차 세계 대전 직후, 쟝 폴 샤르트르(Jean-Paul Sartre)는 *L'Existentialism est une humanisme* (1946)에서 무신론적 실존주의를 주장하기 위해 비슷한 시도를 했다.

최근에 샤르트르를 비롯한 많은 학자들은 실질적으로 개인주의적 인간을 경멸하며 완전한 집산주의적(collectivist) 태도를 나타내는 체계를 지지하면서 이러한 시도를 되풀이했다. 그러한 주장을 하는 지적 근거는 마르크스(Karl Marx)의 *The Economic and Philosophic Manuscripts of 1844*에서 발견되는데, 거기서는 인간은 사유 재산에 의해서 자신의 본질로부터 소외된다고 주장한다. 이 은밀하고 비인간화하는 무질서가 사회화에 의해서 얼마나 완화될 수 있는지를 결정하기 위해서, 소외 목록을 작성하여 그것을 먼저 노동자들에게 적용하고 그 후에 국가 소유의 대량 생산 공장에 적용해야 한다고 주장되지는 않았다.

A. J. Ayer, *The Humanist Outlook*, 1968.

ANTONY FLEW

인지 | Inge, W. R

윌리엄 랠프 인지(1860-1954)는 세인트 폴 대학의 학장이었고, 그 시대에 가장 유능한 기독교 교사요 논쟁적인 성직자였다. 그는 저서와 설교와 강의에서 기독교의 신비적 요소를 강조했다. 1899년에 뱀프톤에서 행한 강연 내용을 출판한 『기독교 신비주의』(*Christian Mysticism*)는 종교적 경험의 핵심, 수백 년 동안 상이한 문화권의 사람들이 어렴풋이 파악한 하나님을 추적한다. 그는 역사적인 방법을 사용하며, 노리지의 줄리안*처럼 그 당시에 거의 알려져 있지 않았던 종교적인 인물들을 영국 독자들에게 소개했다. 그는 믿음의 기초를 경험에 둠으로써 제도적 교회와 성경의 권위에 대한 그 시대의 비판에 대응했다. 기포드 강연집인 『플로티누스의 철학』(The Philosophy of Plotinus, 1917-1918)에서는 플라톤주의가 기독교에 공헌한 것을 찬양하면서, 선한 생활을 상급으로 받게 해 주는 절대적인 진리 외에 모든 진리는 그림자에 불과하므로 믿음은 절대적인 가치에 대한 신념이라는 가치의 철학을 약술했다. 그는 서문에서 "스핑크스의 수수께끼"를 참되고 고귀한 것을 보존하는 방법에 관한 것이라고 묘사했다. 그러면서도 종교를 세속화하거나 자기가 만든 피조물의 운명에 실질적으로 개입된 신을 가정하지 않았으며, 자신이 정통적인 교의와 제도와는 구분되는 플라톤주의의 영향을 받았음을 나타냈다.

그는 개인적으로 서재, 대학의 예배실, 또는 마을 교회에 있을 때 가장 편안함을 느꼈다. 그가 저술한 경건 서적들, 특히 『개인적인 종교와 경건 생활』(Personal Religion and the Life of Devotion)은 사려깊은 사람들로 하여금 종교적 경험, 특히 그리스도의 고난에 동참하는 것으로 간주되는 비탄과 관련된 경험을 보다 잘 이해하게 해 주었다. 인지의 가장 훌륭한 사상은 어려서 죽은 딸 파울라와 제2차 대전 때에 전사한 아들 리처드에게 감화를 받은 것들이었다.

그는 훌륭한 요한복음 해석자로서, 영생을 신비가의 엄격한 관상에 상응하는 것으로 묘사했다. 그는 로마 가톨릭 교회와 성공회의 권위를 미심쩍게 여겼다. 그는 같은 시대 사람인 폰 휘겔*과 에블린 언더힐*의 신비적인 연구서들을 받아들이기를 주저했다. 그는 평생동안 계속 강연과 설교와 저술을 했고, 청중에게 믿음이란 절대 진리, 미, 그리고 선을 관상하는 것이라고 설명해 주었다. 그는 자만하는 제도적 교회의 공동 예배는 가치가 없다고 여겼고, 그리스도께 대한 충성은 교회와 국가의 변화를 요구했으며, 따라서 무산자들에게 정의를 행할 수 있다고 주장한 윌리엄 템플*을 신뢰하지 않았다. 천박한 세속적 낙관론의 몰락에 대한 그의 예언적인 통찰들은 종종 계급에 관한 편견으로 인해 손상되었다.

인지는 독설적인 기지와 자기 표현의 재능 때문에 교회의 비 주류의 교사가 되었다. 그의 유명한 논문의 주제였던 사도 바울처럼, 그에게 있어서 복음은 하나의 종교가 아니라 가장 보편적인 의의를 지닌 종교 자체였다. 그는 자신을 기독교적인 플라톤주의자, 캠브리지 대학의 기독교 플라톤주의자들*의 후계자, 교회 내에서 가톨릭이나 개신교에 못지 않게 합법적인 제3의 학파라고 보았다.

그는 자신의 신앙고백서에 다음과 같이 썼다:

"믿음의 주장들을 실질적인 것으로 만들려면 상상력의 도움이 필요하다…우리에게 있어서 참된 종교는 우리가 실현할 수 있고 삶의 기준으로 사용할 수 있는 실재에 대한 가장 영적인 견해이다."

그는 세인트 폴에서 꾸준히 논평을 계속했다(그는 징세와 노동조합을 싫어했고, 우생학을 옹호했다). 그는 철학적인 관념론을 주장하면서도, 끊임없이 신약성서의 성육신과 예수님에게 돌아오곤 했다. 그는 플라톤주의자들처럼 우리의 인격의 핵심은 천국에 있는 하나님의 제단의 불티, 우리의 존재 전체를 밝혀 줄 수 있는 내면의 빛이라고 주장했다. "나는 성인들의 증거를 절대적으로 신뢰할 만한 것으로 여긴다. 만일 내가 스스로 가치가 있다고 느낀다면, 나의 희미한 시각이 동요할 것이다. 참 기독교 안에는 불가지론의 요소가 있다." 그는 기독교와 과학과 철학을 화해시키려고 노력하면서 이러한 주제들에게로 돌아가곤 했다.

Adam Fox, *Dean Inge*, 1960.

ALAN WEBSTER

일요일 | Sunday

1. **명칭.** ① 유대교 전통과 복음서(막 16:2; 요 20:19)에서는 일요일을 "첫 날"이라고 칭한다. 기독교력에서 한 주일은 일요일에서부터 시작된다. 오늘날 일요일을 한 주의 마지막으로 간주하려는 경향이 있지만, 일요일이 한 주의 첫 날이라는 사실을 강조해야 한다. ② 일요일을 지칭하는 새로운 기독교적 명칭인 "주의 날"(The Lord's Day)은 계시록 1:10에 등장하며, 슬라브 어와 로망스 어에서도 사용된다. 이 명칭은 일요일은 부활하신 주님에게 속한 날이라는 사실, 그리고 그 날에 주님의 만찬이 거행된다는 사실(고전 11:20 참조)을 나타낸다. ③ 고대에 요일들의 이름은 일곱 행성의 이름을 따라서 붙여졌고, 기독 교회는 주저함이 없이 이러한 이교적 명칭을 받아들였다. 일요일이라는 명칭을 채택함으로써 그리스도가 참 태양이라는 상징을 나타낼 수 있었다. ④ 종종 "여덟째 날"이라는 명칭도 발견된다.

2. **그 날을 지키게 된 기원 및 내용.** ① 기독교에서 일요일을 지키는 것은 이교(태양 숭배)에서 기원한 것이거나, 유대교(쿰란)에서 기원한 것이라고 주장되기도 한다. 그러나 지금까지 이것을 뒷받침하는 증거가 발견되지 않

았다. 그러므로, 일요일을 지키는 것의 기원은 기독교에 있다고 볼 수 있다 (고전 16:2; 행 20:7 참조). 그것은 부활의 사건에 직접적으로 뿌리를 두고 있다. ② 기독교에서는 원래 일요일 저녁에 예배를 드렸다. (부활하신 주님이 제자들에게 나타나셔서 함께 식사하신 것을 기념하여) 일요일 저녁을 기념했는지, 토요일 저녁(안식일이 끝나는 때)을 기념했는지에 대해 역사가들은 의견을 달리한다. 어쨌든 두 경우 모두, 식사라는 틀 안에서 성찬이 거행된다(행 20:7; 디다케 9-10; 14; 소 플리니의 편지 X, 97, 7). ③ 2세기에 점차 일요일 아침 일찍 예배를 드리는 것으로 변화되었다. 순교자 저스틴(165년 사망)은 성경 봉독, 설교, 기도, 성만찬, 헌금 등으로 이루어지는 예배에 대한 최초의 상세한 묘사를 제공한다.

3. 휴일로서의 일요일. 초대 교인들은 일요일에는 다른 사람들처럼 일을 해야 했다. 그렇기 때문에 그들은 일요일 저녁이나 아침 일찍 모였다. 그러나 콘스탄틴 대제가 기독교로 개종하면서 변화가 생겼다. 321년에 콘스탄틴 대제는 일요일을 로마 제국의 공식적인 휴일로 선포했다(Cod. Justinian III, 12, 2). 그로 인해, 사람들은 편리할 때 모여 예배할 수 있게 되었다. 그러나 이에 병행하여 게으름이라는 위험도 초래되었다. 이 문제를 제거하기 위해서, 구약성경의 안식일 규정을 일요일에 적용했다. 그러나 역사가 흐르면서 이것은 일요일을 지키는 것을 율법적인 것으로 만들었고, 원래 이 날의 중심적 특징이었던 예배하는 날의 즐거움을 억제했다. 오늘날 일을 하지 않고 조직적으로 쉬는 데 대한 관심은 원래 부활하신 날을 기념하면서 느끼는 기독교적 기쁨과는 관련이 없었다는 것을 기억해야 한다.

S. Bacchiochi, *From Sabbath to Sunday*, 1977; R. T. Beckwith and J. W. Stott, *This is the Day: The Biblical Doctrine of the Christian Sunday*, 1978; P. K. Jewett, *The Lord's Day: A Theological Guide to the Christian Day of Worship*, 1971; F. A. Regan, *Dies dominica and dies solis. The Beginning of the Lord's Day in Christian Antiquity*, 1961; W. Rordorf, *Sunday*, 1968.

W. RORDORF

자연 신비주의 | Mysticism, Nature

세상의 실체나 선함을 부인해온 사람들, 영지주의자들이나 마니교도들과는 달리, 기독교 전통에서는 세상은 하나님의 로고스인 창조적이고 사랑하는 지혜로 이루어진 솜씨라고 확인해

자연 신비주의 | Mysticism, Nature

왔다. "하나님이 그 지으신 모든 것을 보시니 보시기에 심히 좋았더라"(창 1:31).

기독교 신비가들은 이 진리를 자신의 경험에서 강력하게 경험했다. 신비적 회심 안에는 세상의 풍부한 생명에 대한 의식이 존재한다: 빛, 사랑, 그리고 창조의 순수한 생명력이 실질적이고 즐거운 경험의 계기가 된다. 그러나 기독교 신비주의에서, 이것은 종착점이 아니라 출발점으로 간주되어왔다. 재너(R. C. Zaehner)는, 기독교 신비가는 자아에서 이탈하여 반투명의 창조를 거쳐 초월하시는 창조주와의 사랑의 관계 속에 들어간다고 강조했다. 신적인 것과의 이러한 관계를 가지려면 훈련이 필요하며, 그 결과는 자연 안에서의 새로운 조명과 새로워진 기쁨이다. 그러나 이것은 대가가 따르는 비극적인 기쁨이다. 아씨시의 성 프란시스*의 *Canticle of the Creatures*은 자연의 질서에 대한 중요한 통찰을 나타낸다. 그는 십자가에 달리신 그리스도의 고통 속에 들어가면서 오상(五傷)을 받았다.

폰 휘겔*은 이 기독교적 자연 신비주의를 "만유재신론적" 신비주의라고 정의했다. 기독교 자연 신비가는 만유재신론자이며, 모든 피조물 안에서 하나님의 "에너지들"을 보며, 동시에 초월적 "본질"을 향해 이동한다. 이러한 이해는 영혼이 자연과 하나가 되지만 더 이상 앞으로 나아가지 않는 상태인 불교나 힌두교의 광범위한 만유재신론적, 일원론적 경험과는 다르다. 왜냐하면 영혼과 하나님은 하나이기 때문이다. 그러나 그 차이가 완전한 것은 아니다. 일부 기독교 신비가들은 그러한 방향을 지향하는 경향이 있는데, 그 중에 마이스터 엑하르트*가 포함된다. 그러나 전반적으로 전통에서는 그러한 인물들을 반대한다.

또 다른 차이점은 기독교 신비주의의 중심적 특징을 가리킨다. 헉슬리(Huxley)의 *Doors of Perception*은 각성제가 기독교 자연 신비가들의 경험과 비슷한 상태를 유도할 수도 있다고 주장한다. 그러나 그는 그 글에서 신비주의를 현실 도피와 동일시하면서, 주로 "도피"에 대해 말한다. 하나님과 그의 피조물과의 사랑의 관계가 기독교적 경험의 핵심이다. 그러나 많은 사람들은 자연에는 하나님의 사랑의 지혜가 부재한다고 보았다. 테니슨(Tennyson)은 자연은 맹렬히 싸운다고 보았고, 워즈워드(Wordsworth)는 동생이 바다에서 익사한 후에 자연적 종교를 버리고 계시된 제도적 종교를 받아들였다. 그러나 다른 사람들은 자연 안에서의 인간의 고난을 그리스도의 고난에 들어가는 입구로 보았다. 제랄드 맨리 홉킨즈(Gerard Manley Hopkins)*는 1875년에 다섯 명의 프랜시스 회 수녀들이 바다에서 죽은 것을 그리스도의 비극적인 기쁨에 동참한 것으로 보았다.

E. Underhill, *Mysticism*, 1911; R. C. Zaehner, *Mysticism Sacred and Profane*, 1957.

JOHN H. DAVIES

전례적 영성 | Liturgical Spirituality

이것은 회중 내에서의 집단적인 예배 행위, 기독교의 초기에 시작되었으며 대대로 전해 내려온 의식들에 초점을 둔다. 프리드리히 하일러*는 『기도』(*Das Gebet*)에서, 기도를 예언 기도와 신비 기도로 구분했다. 램지(A. M. Ramsey)는 다음과 같이 주장한다:

"그가 그리스도의 기도와 그리스도의 구속의 관계를 논하지 않는다는 사실, 그리고 그리스도를 자기 이전 사람들의 기도를 요약하시며 그리스도를 통해서 하나님께 나아가는 사람들의 기도의 중심이요 초점이 되시는 구속자로서 언급하지 않고, 다만 기도에 관해 가르친 교사요 기도의 사람으로만 다루었다는 사실에 그의 논제가 지닌 어려움이 있다…만일…주님의 기도와 '예수 그리스도로 말미암아' 라는 구절을 신약성서에 비추어 해석한다면, 기독교의 기도는 본질상 신비적인 것도 아니고 예언적인 것도 아닌 전례적인 것이다. 그것은 사람들이 하나의 몸에 결합하면서 자신의 이기주의에 대해 죽음으로써 그리스도의 행위에 동참하는 것이다."

이것은 기독교의 개인주의를 가톨릭 교회나 개신교회의 의미에서의 경건으로부터 해방시켜 준다. 그리스도 안에서 하나님께 대한 개인적인 헌신은 몸된 교회 안에서 행해질 것이다. 그 몸은 단순히 신비한 존재론적인 실체가 아니라 신자들의 교제이다.

전례 기도는 "세상에서 대대로 끝없이" 행해지는 교회의 기도이다. 그것은 어느 위원회가 고안한 것이 아니며, 어느 교회에 속한 것도 아니고, 새로운 의식서를 편찬하는 전례식문 편집자들의 것도 아니다. 그것은 나 자신이 세상과 천국에서 계속되는 그리스도의 백성들의 예배에 참여하는 것이다. 그것은 하나님의 활동에 기초를 두고 있으며, 나의 감정과 관계가 없고, 나의 반응보다 선행한다. 그것은 나와 동료 예배자들을 높은 하늘로 들어올려

"천사들과 대천사들 그리고 천국의 무리들"과 함께 거하게 할 것이다. 그러나 "하나님께서 행하신 것에 대한 확실한 사실은 항상 기독교의 기도가 비상(飛翔)했다가 돌아오는 장소이다"(C. F. D. Moule).

전례 기도는 인류의 형언할 수 없는 공포와 고난과 타협할 수 있는 수단일 수도 있다. 이것은 그것이 단순한 의식이라는 의미도 아니고, 십자가의 그리스도가 전례적 드라마를 상연하고 계셨다는 의미도 아니다. 과거의 전쟁 안에 일종의 전례적인 형태가 있었을 수도 있다. 전쟁은 "종교적 불신앙의 성례, 스스로 상징하는 것을 초래하는 상징"일 수도 있다(Thomas Dilworth). 기독교적 전례는, 인간의 비극에 대한 유일한 반응은 기도, 즉 그리스도의 고난의 교제에 참여하는 기도라는 의미를 함축한다. 그 기도를 통해 악이 정복되며, 죽음과 실패는 영생과 무한한 사랑의 가능성을 제거하지 못한다.

그러나 전례 영성은 성찬의 전례에 한정되는 것이 아니다. 매일의 성무일과는 오래 전부터 이 성례에 동반되어 왔다. 성찬은 영원한 모습 아래서 우리의 삶을 보는 데 도움을 주는 반면, 성무일과는 시간의 전례로서, 특히 아침과 저녁 시간을 거룩하게 해 준다. 이것은 의무이기 때문에 소중하며, 즉흥적인 영감이 부족할 때에 그 단순하고 기본적인 구조는 "건조한 시기"에 처한 우리를 지탱해 준다. 또 표면적인 보상이나 위로를 획득할 수 없을 때에 하나님을 향한 순수한 사랑의 행위로서 성무일과를 바칠 수 있을 것이며, 성무일과도 성찬처럼 객관적인 것이다. 현대의 어떤 교사들은 성무일과가 시편을 낭송하는 수도원의 방식과 지나치게 결합되었다고 느낀다. 어떤 사람들은 복음적 기독교와 조화를 이루며, 찬양이 더 많이 포함된 형태의 성무일과로 돌아가려 한다. 아침기도와 저녁 기도 때에는 오랫동안 성구를 읽는다. 영국 교회에서는 그러한 관습이 쇠퇴하면서 전례 영성이 쇠퇴했고, 새로운 성찬 질서와 함께 묵상이 감소되었다. 그러나 어떠한 교화가 성무 일과의 목표가 되어야 하며, 종교개혁 이후로 예배에서의 교훈적인 경향이 지나치게 두드러진 것이 아닌지에 대한 논의가 계속될 것이다. 특히 영국의 일부 가톨릭 신자들은 교육이 케리그마를 축출할 수도 있으며 전례는 주로 그리스도의 신비에 참여하는 것이 되어야 한다고 느낄 것이다. 전체 기독교 회중을 위한 주일 아침 프로그램을 고안하는 것으로는 전례 영성을 육성할 수 없을 듯하다.

뉴먼*은 "경건한 예배, 흥분의 치료책"에 관해 설교했다. 그 설교는 반-열광주의적이고, 반-감리교적인 설교이다. 그러나 종교적인 병적 흥분 상태가 성행할 수 있는 반이성주의와 혼란의 시대에, 그 설교는 세속적인 근심에 젖어 있는 사람들과 종교적인 스릴을 추구하는 사람들을 대상으로 하면서, 성무일과는 영혼에 위로를 가져다 주며 우리 마음에 그리스도의 임재를 느끼게 해 주며, "세상을 위한 가장 고귀하고 영광스러운 봉사"를 수행한다고 주장했다: "너희 중에 고난 당하는 자가 있느냐 저는 기도할 것이요 즐거워하는 자가 있느냐 저는 찬송할지어다"(약 5:13).

P. F. Bradshaw, *Daily Prayers in the Early Church*, 1891; Thomas Dilworth, *The Liturgical Parenthesis of David Jones*, 1979; R. C. D. Jasper (ed), *The Daily Office*, revd edn 1978; Nathaniel Micklem, *Prayers and Praises*, ³1975; A. M. Ramsey, *The Gospel and the Catholic Church*, ²1956; Ulich E. Simon, *A Theology of Auschwitz*, ²1978.

편집자

정교회 영성 | Orthodox Spirituality

정교회 영성의 필수 요소들은 거룩한 전례 때에 주기도문을 소개하는 말에 요약되어 있다: "주님, 우리를 귀하게 여기사 정죄함을 받지 않고 담대하게 하늘에 계신 하나님이신 당신을 아버지라고 부르게 하옵소서."

인간은 타락하고 죄악된 피조물이다. 하나님은 완전히 초월하시며 절대적으로 거룩하시며 "가까이 가지 못할 빛에 거하신다"(딤전 6:16). 그러나 하나님은 인간을 불러 자신과 하나가 되게 하시며, "신의 성품에 참예하는 자"가 되게 하시고(벧후 1:4), 양자가 되게 하신다(롬 8:15; 갈 4:5). 성육하신 말씀에 의해서 하나님과 인간 사이의 근본적인 분리가 폐지되었다. 왜냐하면, 성 이레내우스*의 말에서 "만일 말씀이 인간이 되셨다면, 그것은 인간이 신들이 되게 하기 위해서"이기 때문이며, 구속함을 받은 죄인인 인간은 "말의 자유", 담대함, "친밀한 교제" 또는 그리스어로 사랑하는 아들들의 *parrhesia*를 가지고 하나님의 위엄에 접근할 수 있게 하기 위해서이다. 따라서 정교회 영성은 주님의 기도의 영성, 찬양과 회개, 사랑과 신뢰, 앞에 간 사람들과 현재 세상에서 세례와 성례를 통해서 그리스도의 몸 안에서 성령의 생명에 참여하는 모든 아버지의 자녀들과 연합하여 성 삼위일체와 교제함의 영성이다. 체계적으로 말하자면, 정

정교회 영성 | Orthodox Spirituality

교회 영성은 성경적이고, 신학적이고, 수덕적이고, 성례전적이고, 전례적이고, 교회적이다.

1. **성경적.** 성경, 특히 복음은 정교회 영성 생활의 핵심이다. 이것은 복음서에 대한 존경에 의해 상징적으로 표현한다. 복음서는 항상 제단에 놓이며, 사람들 가운데 살아계신 말씀의 성상(icon)으로서 존숭된다. 전례 때에는 복음적 생활을 요약한 팔복의 가르침을 노래하면서 복음서를 엄숙하게 회중 가운데로 가져간다. 이와 같이 복음서에 대한 표면적인 존경은 상징에 불과한 것이 아니라, 창조와 성육신 안에 있는 하나님의 경륜에는 영적인 것과 물질적인 것 등 창조 전체가 포함된다는 매우 성경적인 확신에서 솟아난다. 사도신경이 "하늘과 땅을 지으신 유일하신 하나님"에 대한 신앙을 선포한다면, 그 이유는 기독교 신앙은 항상 모든 형태의 영지주의, 마니교, 이원론을 거부해왔기 때문이다. 영광으로, 하나님의 형상과 모양으로 변화되라는 부름을 받는 것은 전인, 즉 몸과 영혼이다. "우주는 세상이 끝난 후에 하나님의 영원한 나라로 변화되기 위해서 교회 안에 들어가며, 그리스도의 교회가 되라는 부름을 받는다"(V. Lossky).

동방 교회에서는 서방에서보다 정경으로서의 위치를 확립하는 데 오랜 세월이 걸린 계시록을 제외하고는, 신약 성서 전체를 매년 거룩한 전례 때에 낭독한다. 일년을 4복음서 기자의 네 시대로 구분하여 낭독하는데, 부활절에 요한복음에서부터 시작하여 사순절에 마가복음을 읽는 것으로 끝이 난다.

복음서 다음으로 즐겨 사용되는 책은 시편이다. 특히 시편 51편과 아침기도로 시작되는 여섯 개의 시편, 그리고 장례식이나 매일의 완전한 성무일과 때에 사용되는 119편은 정교회 신자들의 영혼 속 깊이 들어와 있다. 구약성서가 사순절 때에만 광범위하게 읽힌다 해도, 그 언어와 상징과 이미지들은 교회의 찬송과 기도에 깊이 관련되어 있기 때문에 정교회 신자의 기도 생활 전체는, 때로 무의식적이기는 하지만, 매우 성경적이다. 게다가 찬송에서 구약성서를 예표론적으로 사용한 것은 구약성서가 현대 기독교적 경험의 일부로서 살아 있음을 의미한다.

2. **신학적.** 정교회 영성은 매우 신학적이고, 삼위일체적이고 기독론적이다. 이것은 단순한 주지주의가 아니라, 에큐메니칼 공의회들과 교부들의 거룩한 전통 안에서 성령이 교회에게 주시는 성경에 대한 이해가 기독교인의

내면 생활에 관여하며 그의 행동과 생각을 지도해야 한다는 정교회 신앙의 결과이다. 만일 말씀이 "우리를 위해서, 그리고 우리의 구원을 위해서" 인간이 되셨다면, 신학은 순수히 학문적인 활동이 아니라, 우리가 살고 행동하는 방법에 영향을 미친다. 만일 당신이 참되게 기도한다면, 당신은 신학자이다"(*On Prayer* 61, cf. *The Philokalia* vol I, ET 1979, p. 62).

하나님은 자신을 삼위일체로서, 세 위격의 삼위일체 안에 계신 신격의 통일체로서 계시하셨으며, 이러한 하나님의 자기 계시가 기독교적 기도의 핵심이다. 기독교인이 예배하는 하나님은 철학자들이나 학자들의 하나님이 아니라 성부와 성자와 성령으로 자신을 나타내시는 하나님이시다. 따라서, 거의 모든 기도와 찬송의 끝을 장식하는 정교회의 표준적인 송영은 삼위일체적이다. 그러나 하나님은 자신을 인간으로서 인간에게 계시하셨으므로, 성육신의 신비 역시 정교회 영성, 특히 성모 마리아에게 바치는 헌신과 존숭에서 중심적인 위치를 차지한다. 마리아는 항상 그 아들의 경륜과 관련하여 이해되며, 그녀의 가장 위대한 호칭인 테오토코스(하나님의 모친)는 그녀가 낳은 아기가 하나님의 말씀이셨다는 기독론적인 주장을 나타낸다. 정교회 영성에서 마리아에게 주어진 중심적인 위치는 항상 그 믿음의 중심적인 진리—하나님이 타락한 인간을 사랑하셨기 때문에 자기를 비워 인간이 되셔서 십자가 위에서 죽으시고 인간을 자기에게 데려가셨다는 진리—를 상기시켜 준다. 정교회 영성은 인간을 향한 하나님의 사랑에 대한 놀라움과 감사의 영성이다.

3. 수덕적. 정교회의 생활과 기도는 수덕적이고, 수도원적인 전통의 영향을 받아왔고, 지금도 계속 그 영향을 받고 있다. 4세기 이후, 동방 교회에서는 수도원 운동이 활발히 전개되었고, 대체로 수도적인 영향력 아래서 영적 전통이 형성되어왔다. 교회의 의식들 역시 수도원적이다. 수도 생활은 회개의 생활, 죄로부터 돌이켜 아버지께로 돌아가는 생활이다. 정교회 신자들이 거룩한 성찬을 받을 준비를 하면서, 그리고 사순절 동안 부활의 밝음 앞으로 나아가면서 만나는 회개한 죄인들 중에는 다윗, 므낫세, 탕자, 세리, 죄 많은 여인, 베드로 등이 있다. 이렇게 죄와 회개에 집중하는 것은 병적인 정서가 아니라 현실의 상황을 사실적으로 인정하는 것이다. 죄가 없으신 분은 하나님뿐이다. 하나님만이 거룩하시다. 기

독교인은 하나님의 거룩을 의식하면 할수록, 자신과 하나님 사이의 거리를 그만큼 더 의식하게 된다. 그것이 바로 예수기도*가 자비를 구하는 기도인 이유이다. 그러나 본질적으로 수덕주의는 목적이 아니다. 그것은 기도 생활에 필요한 훈련이요 준비로서, 하나님과의 연합의 생활로 인도해 준다. 그것은 전문가들, 수도사들과 수녀들을 위한 것이 아니다. 『필로칼리아』*의 번역자의 말을 빌면, "수도 생활과 세상에서의 생활의 구분은 상대적인 것에 불과하다. 모든 인간은 하나님의 형상으로 지음을 받았다는 사실 때문에 마음과 혼과 정신을 다하여 하나님을 사랑하라는 부름을 받는다"(*The Philokalia*, p. 16). 수덕주의는 그리스도와 순교자들의 고난에 참여하는 것으로도 간주된다. 모든 신자는 어두움의 세력과 싸우는 경기장으로 부름을 받으며, 그는 자기보다 앞서 그리스도께서 그곳에 들어가셔서 승리하셨으며 그도 그 승리에 동참하게 된다는 확신을 가지고 그 안에 들어간다.

4. 성례전적. 신 신학자 시므온(St. Simeon the New Theologian)에 의하면, 신비가들이 몰아의 상태에서 미리 맛보며 궁극적으로 하나님과의 끊임없는 교제 안에서 받게 될 새 시대의 실체들은 이미 모든 신자 안에 현존한다. 왜냐하면 그것들은 세례의 은혜이기 때문이다. 모든 신자는 세례에 의해서 죽었다가 그리스도와 함께 부활하며, 성찬에 의해서 하나님의 생명에 참여하는 자가 되며, 하나님과 하나가 된다. 이런 까닭에, 교회의 성례전적인 생활과 신비적이고 관상적인 생활이 분리될 수 없다.

한 수도원에 속한 모든 수도사들이 성 주간과 부활절 때에 수도원으로 돌아오는 전통에는 심오한 의미가 있다. 신화(神化), 하나님과의 연합에 이르는 길은 교회의 성례전 생활에 참여하는 것이다. "만일 어떤 사람이 '어떻게 해야 신이 될 수 있습니까?'라고 묻는다면, 그 대답은 간단하다: 교회에 가서 규칙적으로 성례에 참여하고 신령과 진정으로 하나님께 기도하고, 복음서를 읽고, 계명을 준행하라"(Kallistos Ware).

정교회, 특히 러시아 정교회의 영성에서는 세례와 성찬 외에 고해 성사도 중요한 위치를 차지하며, 영적인 아버지, 헬라어로는 *geronta*, 러시아어로 *starets*라고 불리는 인물에게 주어지는 중요성과 연결된다. 영적인 아버지나 어머니는 사제가 아닐 수도 있으며, 그런 경우에 그는 자신의 영적 자녀를 사제에게 보내어 성례전적인 면죄를 받게 한다. 개인의 죄는 그 죄인 뿐만 아니라 그가 속한 집단 전체에게 영향을 미친다. 따라서 교회는 하나님 뿐만 아니라 형제들에게도 범죄했음을 공개적으로 인정한 참회자를 공개적으로 다시 받아들인다. 이것이 정교회에서 다른 예배자들이 보는 가운데 사제가 회개자의 죄고백을 듣는 이유이다.

5. **전례적**. 정교회 영성은 본질적으로 전례적이고 교회적이다. 왜냐하면, 사적인 기도가 권장되고 자주 행해지지만, 신앙의 힘의 주된 근원은 교회의 대중 예배에서 나오며, 사적인 예배 지침서에 수록된 대다수의 기도문은 사실상 공식적인 예배 의식서에서 취한 것이기 때문이다. 사적인 기도는 교회의 공식적인 기도에 의해 육성된다. 정교회 신자들은 날마다, 매년, 성경과 교부들의 말씀을 사용함으로써 믿음의 신비 속에 더욱 깊이 들어간다.

"그리스도께서 제자들에게 기도하는 법을 가르치지 않았다는 것은 이상한 생각이다. 성 요한도 기도를 가르쳤다. 제자들은 조급하게 예수님께 기도를 가르쳐 달라고 요구했다. 그리고 그들은 하나의 공식적인 대답을 얻었다"(Mother Maria of Normandy).

만일 정교회 영성 안에 공식적인 묵상의 전통이 없다면, 그것은 성무일과의 본문들이 매우 풍부하며 거기에 포함된 기도문과 찬송들, 그리고 특별한 이미지들과 표현의 반복이 그것을 불필요하게 만들기 때문이다. "정교회에서 그것의 위치는 집단적인 전례 예배가 차지한다. 정교회 신자는 축일을 위한 철야 기도나 평일의 예배 때에 교회 안에서 끊임없이 강조되는 동일하게 필요하고 유익한 진리들을 소유한다…교회에서 노래되거나 낭독되는 말씀만으로도 그리스도 안에 있는 그의 삶을 위해 풍성한 양분을 제공해 준다"(Kallistos Ware).

6. **교회적**. 마지막으로, 모든 신자는 세례에 의해서 그리스도의 몸의 지체가 되며 그 몸의 지체로서 신화를 향한 길을 나아가므로, 정교회 영성은 결코 개인주의적인 것이 아니다. "누구도 홀로 구원을 받는 것이 아니다. 그는 교회의 지체로서, 그리고 교회의 다른 모든 지체들과 연합하여 교회 안에서 구원을 받는다"(A. Khomiakov). 여기에는 우리 전에 존재했던 모든 사람들과 우리 이후에 존재할 모든 사람들이 포함된다. 정교회 신자들은 성도들의 교제를 생생하게 의식한다. 그들은 자기의 수호성인들과 수호천사에 특별한 애착을 가지며, 믿음 안에서 자

기보다 앞서 간 모든 사람들, 아담과 하와에서부터 족장들과 선지자들, 그리고 므낫세와 아하스를 포함하여 옛 언약에 속한 모든 왕들을 통해서, 세례 요한과 사도들과 선지자들과 교부들을 통해서, 그들 자신의 가족들과 친구들, 현재 살아있는 사람들과 그리스도와 함께 잠자는 사람들에 이르기까지 하나님을 기쁘게 한 모든 사람들과 연결되어 있다고 믿는다.

다메섹의 요한(St. John of Damascus)은 "우리는 세상을 떠난 신자들을 죽었다고 말하지 않고 잠 잔다고 말한다"고 했다. 세상을 떠난 사람들은, 첫 열매이신 그리스도께서 "죽은 자들 가운데서 부활하시고, 사망에 의해 사망을 짓밟으시고 무덤 안에 있는 자들에게 생명을 주셨으므로" 완전한 확신을 가지고 마지막 부활을 기다리면서 그리스도 안에서 잠 잔다.

Orthodox Spirituality, by A Monk of the Eastern Church, ²1978; Kallistos Ware, *The Orthodox Way*, 1979; V. Lossky, *The Mystical Theology of the Eastern Church*, 1957; Sister Thekla, *Mother Maria. Her Life in Letters*, 1979.

SYMEON LASH

정신적 · 육체적 특질을 공유하는 비정상적인 현상
Abnormal & Psycho-Physical Phenomena

성경이나 성경 외의 문헌들은 정상적이고 일반적인 경험과는 아주 다르지만 환상이나 망상으로 간주할 수 없는 인간적 경험들을 묘사한다. 전통적으로, 신학자들과 영적 저술가들은 그처럼 특별하거나 과학적으로 알 수 없는 경험의 근원이 초자연적이거나 불가사의한 것, 또는 자연적인 데 있다고 간주해왔다. 초자연적인 현상(기적)은 본질적으로 하나님만이 일으키실 수 있으며, 인간 행위자들을 통해서 작용한다. 불가사의한 현상은 신적인 영향력이 아니지만 천사나 마귀처럼 초인간적인 영향력에서 기인하는 것으로 간주된다. 자연적이지만 특별한 현상은 인간의 능력이 특별한 방식이나 특별히 강력하게 작용한 데 따른 결과로 간주된다. 이것은 모든 사람들이 공통적으로 가지고 있지만 보통은 활동하지 않거나, 또는 특별한 일부 사람들만 소유하고 있다고 간주된다.

전통적으로 신비 신학에서는 초자연적이고 불가해한 능력과 경험의 위치, 중요성, 의의 등을 체계적으로 다루어왔다. 자연적이지만 특별한 경험 역시 신비 신학에 속할 것이다. 19세기 말 이후로 윌리엄 제임스(Wil-liam James), 헨리 베르그송(Henri Bergson), 브로드(C. D. Broad)와 같은 과학자들과 철학자들이 이러한 경험들 및 그와 관련된 비종교적인 경험들을 연구해 왔다. 초심리학(parapsychology)과 초물리학(paraphysics)은 과학적으로 알 수 없는 특별한 인간의 능력과 경험들을 탐구하는 학문 분야로 인정받고 있다. 심령 연구에서는 실험 분야 및 그러한 현상들의 현상 조사에 대해 폭넓게 언급한다.

진실로 카리스마적인(본질적으로 초자연적인) 현상, 불가해한 현상, 그리고 과학으로 설명할 수 없는 현상은 모두 일반적인 형태를 취한다. 즉 준(準) 감각적인 인식(지식), 또는 운동 신경의 특이한 작동 형태를 취한다. 그러한 경험의 내용이나 목적은 다양하다.

1. 준-감각적 인식(초감각적 인식* 또는 ESP라고 언급된다)은 정신과 정신의 접촉일 수도 있고, 정신과 물체의 접촉일 수도 있다. 전자는 정신감응(telepathy)이라고 하며, 물리적인 중재가 없이 공간적, 시간적 한계를 초월하여 이루어지는 의사소통을 의미한다. 시간을 초월하여 이루어지는 의사소통은 사전인지(precognive: 장래의 일들에 대한 지식)이거나, 역행인지(retrocognitive: 과거의 사건들에 대한 지식)이다. 깨어 있는 상태나 수면 상태에서 그러한 정보를 획득할 수 있다. 시각적이거나(투시), 청각적이거나(투청), 촉각적인(초인적인 감각) 준 감각적 경험에 의해서 멀리서도 현재의 사건들을 알 수 있다. 또 다른 형태의 준 감각적 경험에는 냄새나 맛이나 온도에 민감한 것도 포함된다. 일반적으로, 일상적인 감각 경험의 매체는 준 감각적 인식의 도구가 될 수 있다. 준 감각적 인식은 인식 대상의 존재나 활동을 인식 주체나 관찰자가 현장에서 즉각적으로 확인할 수 없다는 점에서 일상적인 인식과 다르다. 나중에 확인될 수 있는 사건은 진실한 것이라고 말할 수 있다.

정신과 대상의 접촉은 흔히 정신측정학(psychometry)이라 묘사되며, 다른 방법으로는 알 수 없는 물질적인 대상과의 접촉이나 근접에 의해서 정보를 획득하는 것을 언급한다. 잃어버린 물건, 도둑맞은 물건, 귀금속 등의 위치를 찾아내는 것과 같이 점지팡이로 수맥을 찾는 것이나 방사 감지는 흔한 예이다.

2 운동 신경의 특이한 작용. 육체적인 개입이 없이 물질적인 환경에 영향을

정신적·육체적 특질을 공유하는 비정상적인 현상

주는 능력을 염력(念力)이라고 한다. 여기에 해당되는 현상들은 세 가지로 분류할 수 있을 것이다: 정지된 물체를 움직이는 것, 움직이는 물체를 정지시키는 것, 그리고 살아 있는 세포에 미치는 영향. 공중부양(空中浮揚)이란 자신의 몸이나 다른 유형적인 대상을 안정된 표면에서 떠오르게 하는 것을 말한다. 그밖에 유사한 운동 활동에는 특별한 힘이나 인내심을 발휘하는 것, 알지 못하는 외래어로 말하는 것(배운 일이 없는 언어로 말하고 이해하는 능력*), 빛이 나거나 피부에 특별한 흔적이 생기는 것, 고통이나 상처는 느끼지 못함, 오랫동안 먹을 것이나 마실 것을 삼감, 환희나 자동 기록이나 영매가 되는 것 등의 몽환적인 행위 등이 포함된다. 시끄러운 소리를 내는 요정 같은 행위나 되풀이 되는 염력, 그리고 강박관념 등은 정신적 장애에 따른 무의식적인 결과로 간주된다.

3. 정서적인 결과. 넓은 범주의 정신적인 반응은 과학적으로 알 수 없는 경험에 수반되거나, 선행하는 것이거나, 또는 그 결과이다. 적극적으로 종교적인 것이라고 느껴진 경험에는 기쁨과 평화가 가득하다. 유령이나 귀신을 보는 것처럼 정신적으로 불건전한 경험은 두려움, 혐오감, 공포 등을 낳는다.

정서적 가치가 부족한 정보에 대한 준 감각적인 인식은 놀람이나 온건한 흥분을 일으키는 듯하다. 특별한 경험에 대한 최근의 연구에 의하면, 선한 것으로 인식되건 악한 것으로 인식되건 간에, 하나의 종교적인 차원은 해석의 기능이며, 그 현상들은 폭넓은 의미의 범주에 예속된다. 그러한 경험들의 의미, 가치, 부수조건 등은 높은 기대, 스트레스, 종교적 열심 등과 같은 사회적 압박과 밀접하게 연결되어 있다. 이것은 17세기에 유럽과 뉴잉글랜드 지방에서 마술에 몰두한 것, 19세기의 신앙 부흥적 경험들, 전쟁 중에 유령이 출현한 것 등에서 분명히 알 수 있다.

실질적인 측면에서 불가사이한 것이나 자연적인 것을 성령의 은사와 식별하는 일을 어렵거나 불가능하지만, 특별한 인간의 능력과 경험으로 식별할 수는 있다. 가톨릭, 정교회, 개신교 등의 영적 권위자들은 그러한 현상들을 조심스럽게 다루었으며, 그런 현상에 몰두하거나 나타내는 것을 억제했다. 일반적으로 특별한 현상들은 영성 생활에 반드시 필요한 것이 아니라, 영적인 발달 과정에서, 특히 다소 고등한 단계에서 초래된 강력한 정신 생리학적 적응에 따른 부산물로 간주된다. 그러한 사건들이 발생할 때에 검증하는 궁극적인 방법으로는 첫째, 그것들이 공동체 내에서 공동체에 대한 사랑의 봉사를 증가시키는가를 살펴 보는 것이고, 둘째, 교리적 순수성을 보존하는지—부정적으로는 공동체의 본질적인 신념들로부터 분명히 결별하지 않는 것, 긍정적으로는 사회정의를 증진하고 예언적인 활동을 하여 참된 가르침을 행하는지—를 살펴 보는 것이다.

E. Arbman, *Ectasy of Religious Trance*, 3. vols, 1963-1970; R. Haynes, *The Hidden Springs*, 1973; E. Mitchell, *Psychic Exploration*, 1974; H. Thurston, *The Physical Phenomena of Mysticism*, 1952; A. Wiesinger, *Occult Phenomena in the Light of Theology*, 1957.

RICHARD WOODS, OP

정적주의 | Quietism

"이것은 관상에 대해 다른 저자가 인정하지 않는 것을 가르칠 때에 사용되는 듯하다"(Owen Chadwick). 1937년에 출판된 『가톨릭 신학사전』(*Dictionnaire de Theologie Catholique*)에는 루터*를 포함한 많은 이단자들이 포함되어 있다. 아마 이 운동은 17세기에 활동한 작은 집단을 지칭하는 것으로 여겨야 할 것이며, 거기에는 몰리노스*, 페트루치(1636-1701), 기욘 부인*, 페넬론* 등이 포함된다.

편집자

정화 | Catharsis

정화 | Catharsis

카타르시스, 정화, 영적 정화란, 개인이 참된 실존과 하나님과의 연합을 추구하는 일을 가로막는 방해물들—감각적인 것, 지적인 것, 영적인 것—로부터 정화되고 해방되는 과정과 사건들을 언급한다(이 정화를 아리스토텔레스가 비극이 제공해 준다고 생각한 것, 즉 심미적인 수단을 통해서 다양한 감정들로부터 풀려나고 정화되는 것과 혼동해서는 안 된다). 기독교 작가들과 비 기독교 작가들 모두 영성 생활의 진보에서 정화가 근본적으로 중요하다고 강조한다. 플라톤의 동굴이라는 알레고리는 비 기독교적인 구조 안에 있는 정화의 표준적인 묘사이다. 플라톤의 경우, 철학은 영혼을 정화하여 불의로부터 정의로 회복시켜준다.

영성 생활에서의 진보는 전통적으로 세 단계를 따르는 것으로 묘사된다. 첫 단계인 정화의 단계(purgative way)는 인간이 세상적이고 감각적인 것들에 대한 애착에서 해방되며 감각과 감각적인 욕망이 극복되는 단계이다. 다음 단계인 조명의 단계(illuminative way)의 특징은 관상이

정화 | Catharsis

나 하나님에 대한 지식이다. 어떤 사람들의 경우에 이 단계에 이어 연합의 단계(unitive way)*가 온다. 이것은 영혼이 근본적으로 하나님 안에서 변화되어 하나님만이 영혼 안을 비추게 되는 것, 무지의 어두움 속에서의 영혼과 하나님의 몰아적 연합이다. 조명에서 연합으로의 이동의 특징은 더욱 큰 정화, "영혼의 어두운 밤"이다. 이 때 인간은 모든 지적인 작용, 의지, 욕망에서 해방되며, 궁극적으로는 자아-의식에서 해방된다.

하나님 안에서 완전하고 철저하게 변화되지 않는 한, 기독교인은 이 세 단계 사이에서 동요할 것이다. 또, 하나의 단계에 속한 요소들은 다른 단계에도 어느 정도 존재한다. 예를 들면, 정화의 단계에 있는 사람도 어느 정도 조명과 하나님과의 연합을 경험한다. 정화의 단계는 윤리적인 완전의 과정과 신비 생활에도 존재한다. 영혼의 어두운 밤은 신비 생활에만 존재한다. 하나님을 관상하면서 큰 진보를 거둔 사람이 갑자기 정체와 절망, 그리고 하나님으로부터 버림받고 있다는 느낌을 받는 것은 정화의 단계에서보다 더 두려운 일이다.

정화에 관한 십자가의 요한*의 가르침은 기독교 신학, 특히 가톨릭 교회의 신학에서 중요한 역할을 하므로 간단히 요약해볼 필요가 있다. 영혼이 죄로 인한 무질서에서 해방되려면 정화가 필요하다. 그러한 사람이 하나님이 아닌 사물에 대한 애착에서 벗어날 때에는 고난과 고통이 따른다. 항상 은혜가 동반되는 정화는 사람이 하나님께만 초점을 두도록 도와준다. 정화는 두 가지의 밤—감각의 어두운 밤과 영혼의 어두운 밤—에 발생한다. 감각의 어두운 밤은 주로 정화의 단계에서 조명의 단계로 옮겨갈 때에 발생하며, 영혼의 어두운 밤은 조명의 단계에서 연합의 단계로 이동할 때에 발생한다. 이러한 밤에 이루어지는 정화는 두 종류이다: 적극적인 것과 수동적인 것. 적극적인 정화 때에, 사람은 죄악된 습관들을 제거하기 위해서 노력하며 자신을 연단하여 오직 하나님의 뜻을 행하려 한다. 수동적인 정화 때에, 사람은 하나님이 행하시는 정화를 경험한다. 그러한 정화는 하나님으로부터 버림을 받았으며 하나님과의 연합을 이룰 수 없다는 무력감과 절망을 낳는다. 그러한 종종 정화에는 정화의 관상이 수반되는데, 이 때 그는 하나님 앞에서 자신의 비참함에 대한 의식과 아울러 하나님의 사랑의 지식을 경험한다.

JOHN D. JONES

제2의 여정 | Journey, Second

이것은 삼사십 대, 또는 오십 대의 사람들에게 발생할 수 있는 중년기의 경험이다. 그것 자체는 자연적인 현상이지만(고전적으로 아에네아스와 율리시즈의 중년기의 여정에 의해 예증된다), 우리의 영적 성장과 결합될 수 있다. 그것을 단테, 디트리히 본회퍼*, 이그나티우스 로욜라*, 존 헨리 뉴먼*, 존 웨슬리*와 같은 기독교인들의 이야기에서 찾아볼 수 있다.

제2의 여정의 형태에는 다음과 같은 여섯 가지 특징이 포함된다.
1. 한 사람의 실존 방식을 파괴하는 일이 발생한다. 그 촉매 역할을 하는 사건은 유배, 질병, 큰 실망, 또는 일련의 목표들을 성공적으로 달성한 데 따른 따분함 등의 형태를 취할 수 있다.
2. 하나의 외적인 여정은 실질적인 내적 여정을 표현해 주며 그러한 환경을 만들어준다.
3. 제2의 여정의 표식은 고독이다.
4. 심오한 감정적인 위기가 수반된다.
5. 새로운 의미와 가치관, 상이한 목표 추구가 포함된다. 이제까지 삶을 지탱해온 가치관들이 더 이상 여행자를 만족시키지 못한다.
6. 제2의 여정이 끝날 때에는 사람들은 자기 인식 및 자기의 실존을 조종하고 세상을 풍성하게 하려고 노력할 수 있는 힘을 소유하게 된다.

이러한 중년기의 순례는 하나의 아에네이드나 오딧세이로 판명될 것이다: 새로운 환경에서의 제2의 인생으로 이어지거나, 자신의 원래의 소명을 새로운 방법으로 재확인하게 된다. 다시 말해서, 여정이 끝날 때에 순례자들은 아브라함, 아에네아스, 또는 이그나티우스 로욜라처럼 새로운 장소로 이동하거나, 모세나 율리시스처럼 고향으로 향하고 있을 것이다.

브리젯 푸존(Bridget Puzon)은 1973년에 하바드 대학 영문학 연구 논문에서 "제2의" 여정, "중년의 여정"이라는 용어를 만들어냈고, 존 번연, 조셉 콘래드, 토비아스 조지 스몰렛 등의 저서에서 그러한 특징들을 식별해냈다.

성 바질(St. Basil)이나 다른 교부들의 저술에서도 종종 첫번째 계획에 실패하고 다른 계획으로 이동하는 사람들에게 "제2의 여행"이라는 용어가 사용된다. 그러한 "제2의 여행"은 일종의 아에네이드, 또는 상이한 장소와 계획으로의 이동이라는 형태를 취할 것이다.

"제2의 회심"이라는 주제의 기원은 루이 랄르망(Louis Lallemant, 1587-

1635)을 거쳐 알렉산드리아의 클레멘트(c. 150-215)로 거슬러간다. 본회퍼, 뉴먼, 웨슬리와 같은 사람들의 경우에, 제2의 여정은 제2의 회심과 동시에 발생했다. 그들은 십대, 또는 이십 대 시절에 첫번째 회심을 경험했다. 그 후 중년기에 경험한 새로운 소명이 그들로 하여금 새로 강력한 헌신을 하게 만들었다. 그러나 이그나티우스 로욜라의 경우는 제2의 여정이 반드시 제2의 회심의 형태를 취하지 않는다는 것을 보여 준다. 로욜라의 중년기의 일은 그의 첫번째 회심이라고 부를 수 있는 결정적인 헌신의 사건 뒤에 발생한 것이 아니었다.

H. Pinard de la Boullaye, 'Conversion, secondes conversions' *DS*, II-2, cols 2259-65; G. O'Collins, *The Second Journey*, 1978.

GERALD O'COLLINS, SJ

제2차 바티칸 공의회 영성
| Vatican II Spirituality

제2차 바티칸 공의회는 로마 가톨릭 교회의 현대화(*aggiormento*)를 목표로 했다. 공의회 이후, *aggiormento*는 현대 세계에 대해 보다 책임감 있고 희망적인 태도를 취하는 것을 의미하게 되었다. 가장 영향력 있는 공의회 관련 문서들—*Lumen Gentium, Gaudium et Spes, Dignitatis Humanae*—은 이 주제를 전개하고, 모든 신자들은 봉사와 선교의 역할을 발휘해야 한다고 강조했다. 그 결과 로마 가톨릭 신앙의 자세에 중요한 변화가 초래되었고, 가톨릭 교회를 통해서 기독교계 전체의 자세에도 중요한 변화가 이루어졌다. 성경과 전례적 근원으로의 복귀와 병행하여, 현대 세계에 대한 제2차 바티칸 공의회의 개방성은 성례전적 영성의 윤곽을 개략적으로 묘사했다.

공의회로부터 20년이 지난 후, 이 성례전적 영성의 윤곽은 한층 분명해졌다. 경험에 의해서 그 영성이 깊은 믿음의 생활과 동의어가 되어야 한다는 것, 그리고 깊은 믿음의 생활은 하나님에 대한 관상적 사랑과 이웃에 대한 정치적 사랑을 통합한다는 것이 드러났다. 교회의 신비를 면밀히 조사하며, 성경에 의해 조직을 새롭게 하며 거룩한 전례에 보다 완전히 참여하다는 권면을 받아들이면서, 기독교 수도자들과 평신도들은 깊은 기도 생활을 갈망했다. 이제 기도는 사제와 수녀들만의 특권이 아니다. 성경을 연구하는 기독교인들은 모두 항상 기도하라는 명령, 주님의 선하심을 보고 맛보라는 초청을 발견한다.

세월이 흐르면서, 깊은 기도생활에

대한 갈망은 피정*, 영적 지도*, 『무지의 구름』*처럼 단순한 관상에 관한 고전적인 저서들에 대한 관심의 증가로 이어졌다. 동양 종교들과의 접촉이 많아지면서, 요가와 선(禪)의 영적인 능력이 드러났고, 서방의 주류 교회들은 교회 연합을 위한 접촉을 통해서 예수 기도*와 같은 동방 정교회의 관습을 가까이 접하게 되었다. 종교 교육은 세상 한복판에서 거룩을 획득할 수 있다는 제2차 바티칸 공의회의 직관을 지지했고, 결혼한 일반인의 직업에 대한 새로운 견해를 발달시켰다. 그리하여 뒤늦게 로마 가톨릭 교회는 16세기 개신교 종교개혁자들의 직관적 통찰들을 받아들이고 세상은 주님의 것이 되어야 한다는 성경적 의식으로 복귀했다.

정치적인 측면에서, 제2차 바티칸 공의회는 사회 정의를 증진하라는 소명으로 간주했다. 인종, 성, 경제, 전쟁 등의 문제에 있어서, 공의회는 보상을 요구하는 많은 불의를 드러냈다. 칼 마르크스의 통찰에 대한 이해가 증가함에 따라, 유럽의 정치 신학자들과 라틴 아메리카의 해방신학자들은 기독교 신앙의 초점을 가난한 사람들에 대한 봉사에 두는 운동을 주도했고, 하나님을 알려면 이웃을 공정히 대해야 한다고 주장했다. 가톨릭 성직자들은 해방 신학을 불편하게 여겼지만, 교황 바울 6세와 요한 바울 2세는 사회 정의를 자기들이 실천해야 할 우선적인 의무로 여겼다. 정치 신학이 초월성과 은혜의 영역을 무시하지 않는 한, 교회는 그것이 산상수훈의 참된 메시지, 세상의 물건들은 지구 상의 모든 사람들을 위한 것이라는 참 기독교적 전통에 대해 말하고 있다고 인정했다.

1980년대 초에는 핵 전쟁이 정치의 초점이 되었다. 기독교인들은 전쟁의 위협이 현대 생활 전체에 영향을 준다는 것을 깨닫고서, 전반적인 회심을 통한 화해를 추진하기 시작했다. 그들은 철야 기도와 정치적인 행진을 결합했고, 하나님의 생명을 주시는 성품과 많은 현대적 제도들이 지닌 죽음을 초래하는 특성을 비교했다. 이 운동에는 많은 세속적 인문주의자들이 합류했는데, 그들은 하나님의 죽음과 기술의 축복에 대한 현대적 가정들에 대해 의심을 품었다. 경제적인 불균형, 환경의 위기, 핵무기 비축 등이 비등함에 따라, 전 세계의 영적으로 의식이 있는 사람들은 새로운 우선 사항들을 요구했다.

그러나 대대적으로 새로운 우선 사항들에게로 복귀하는 것은 중요한 정

제노바의 캐더린 | Catherine of Genoa, St.

권들에 대한 위협으로 간주되어 큰 반대에 직면했으므로, 기독교인들과 각성한 인문주의자들은 새로운 차원에서 악과 고난에 대항해 싸우기 시작했다. 그들은 세상에 대한 사랑을 철회하지 않은 채 예수님께서 십자가에 달리신 일을 상기하기 시작했다. 전 세계적으로 그리스도의 몸, 은혜의 모임들이 희망을 가지고 기도하며 노력할 것이다. 그들은 하나님의 생명을 발견하기 위해서 이 세상의 많은 보호장치들을 잃어야 할 것이다. 따라서 제2차 바티칸 공의회 영성은 대항 문화적 시련과 고난의 한복판에서 하나님을 발견하려면 깊이 믿고 열심히 생활하라고 도전한다.

J. Carmody, *Reexamining Conscience*, 1982; L. S. Cunningham, *The Meaning of Saints*, 1980; J. Deretz and A. Nocent, *Dictionary of the Council*, 1968; R. P. McBrien, *Catholicism*, 2 vols, 1980; K. Wojtyla, *Sources of Renewal*, 1980.

JOHN CARMODY

제노바의 캐더린 | Catherine of Genoa, St.

1447년 5월(또는 6월)에 제노바에서 태어나 1510년 9월 14일(또는 16일)에 그곳에서 운명한 신비가요 성녀이다.

캐더린의 가문은 제노바에서 가장 훌륭한 가문이었다. 캐더린의 부친은 나폴리의 총독이었으나, 그녀가 태어나기 전에 사망했다. 캐더린은 키가 크고 아름답고 지적이면서도 신경질적이고 예민한 성질을 가지고 있었다.

그녀는 16살 때에 기울리아노 아도르니(Giuliano Adorni)와 정략결혼을 했다. 남편은 성실하지 못하고 그녀를 소홀히 했다. 10년 동안 불행하게 지내던 캐더린은 종교적인 회심을 하고 (1473년 3월), 두 가지 수행을 시작하여 평생 동안 계속했다. 그 두 가지는 날마다 성찬을 받는 것, 그리고 그 도시에서 가장 큰 팜마토네(Pammatone) 병원의 환자들을 간호하는 것이었다. 이 무렵, 방탕한 생활을 하던 남편 기울리아노는 가난해졌고, 예기치 않게 아내가 회심한 직후 기울리아노도 회심했다. 두 사람은 금욕 생활을 하기로 합의하고 팜마토네 근처의 작은 집에서 생활했는데, 후일 그곳을 두 개의 방으로 나누었다. 기울리아노는 프랜시스 회의 제3회원이 되었고, 1497년에 사망했다.

캐더린은 1493년에 전염병이 돌 때에 병원에서 열심히 봉사했다. 1490년에 캐더린은 여자 병동의 책임을 맡아 훌륭한 관리 능력을 발휘했다. 그녀는 1493년부터 제노바의 변호사인 에토

제노바의 캐더린 | Catherine of Genoa, St.

레 베르나자(Ettore Vernazza)와 절친하게 지냈다. 그러나 그녀는 1499년까지 이상하게도 영적으로 고립되어 있었다. 그녀는 매일 성찬을 받으면서도, 고해성사를 행하지 않았고 영적 지도도 받지 않았다. 그러나 1499년에 카타네오 마라보토(Cataneo Marabotte) 사제를 만나면서 그녀는 마음을 거리낌없이 털어 놓을 수 있게 되었다. 그는 1510년 9월에 그녀가 많은 육체적인 고통을 겪은 후 사망할 때까지 그녀의 고해 신부요 영적 지도자가 되어 주었다.

캐더린 및 그녀가 저술했다고 알려진 책들에 대한 주요한 정보의 원천은 그녀의 사후에 편찬되어 1551년에 『생애와 가르침』(Life and Teaching)이라는 제목으로 제네바에서 출판된 책이다. 『생애』는 마라보토가 저술한 듯하다. 교리적인 부분에는 "연옥에 관한 논문"이 포함되어 있다. 폰 휘겔(F. von Hügel)은 현재 우리가 소유하고 있는 형태의 이 책들은 캐더린이 저술한 것이 아니지만 "논문"의 내용은 신빙성이 있다고 주장했다. "대화"(Dialogue)는 에토레 베르나자의 딸 바티스타(Battista)가 쓴 것이다. 본지다 제노바(U. Bonzi da Genova)는 전체 주제를 검토했다. 그는 "논문"에 대해서는 대체로 휘겔의 견해에 동의하지만, 캐더린이 "대화" 제1부의 저자라는 견해를 취한다. 이 마지막 관점은 그 자체로 흥미롭지만, 연옥에 관한 작은 저서의 신빙성에 관해 두 명의 중요한 학자의 의견이 동일하다는 점이 보다 중요하다. 왜냐하면 이것이 신비가요 신학자로서의 캐더린의 명성의 토대가 되기 때문이다.

캐더린은 연옥을 이 세상에서 시작되는 과정―하나님 사랑과 자아 사랑에 의해 동시에 이끌리는 모든 영혼이 겪어야 하는 고난의 과정―의 계속이요 완성이라고 보았다. 그녀는 이 고난에 대해서, 조건이 허락된다면 그것이 필요하다는 것, 그리고 자아보다 하나님을 향한 갈망을 가지고 내세에 들어가는 모든 영혼에게 있어서 이 고난은 완전한 기쁨으로 끝이 난다고 말한다. 자아를 내어주는 절대 선과 영혼 사이에는 과거의 자아-사랑에서 남은 결과 외에 아무 것도 없기 때문이다.

Catherine of Genoa: Purgation and Purgatory, The Spiritual Dialogue (Classics of Western Spirituality), 1980; U. Bonzi da Genoa, OMCap in *DS*, II, cols. 290f.; *S. Caterina da Genoa*, 2 vols, 1960-1962; F. von Hügel, *The Mystical Element of Religion*, 2 vols. ²1923; R. Ombres, OP, 'The Theology of Purgatory', *Theology Today*, No. 24, 1978.

KENELM FOSTER, OP

제롬 | Jerome, St.

제롬 | Jerome, St.

제롬(331[또는 c. 345]-420)은 서방 교회의 네 명의 박사들 중 한 사람이다. 그는 원래 라틴어 권의 사람으로서 그리스어, 히브리어, 시리아어 등을 배우고 동방에 정착했으므로, 성경적인 학문과 수도원 운동의 범주에서 동방의 업적을 서방에 전달하는 데 적합한 인물이었다. 그의 주요한 업적은 성경의 대부분을 재번역하여 벌게이트 역본을 남긴 것이다.

제롬은 아킬레이아(Aquileia) 근처에서 태어나 로마에서 공부했다. 그는 370년경에 친구들과 함께 아킬레이아에서 수덕 생활을 했고, 그 후 시리아의 사막에서 은둔생활을 하면서(374-376) 히브리어를 배웠다. 그는 안디옥과 콘스탄티노플에서 지내면서 아폴리나리우스(Apollinarius)와 나지안주스의 그레고리(Gregory of Nazianzus, 329-389)의 성경 강의를 들었다. 382년부터 385년까지는 로마에서 교황 다마수스(Damasus)의 비서로 활동하면서 강력한 수덕주의*를 옹호했다. 다마수스는 제롬에게 라틴어 복음서의 개정을 요청했고, 그의 수덕 생활로의 소명에 관심을 가진 로마의 귀족 부인들은 자기들과 함께 성경을 읽고 해석해 달라고 요청했다. 이러한 요구들이 그 후 그가 행하는 일에 자극이 되었다. 로마에서 인기가 없었고 수치스러운 소문 때문에, 제롬은 385년에 로마를 떠나 팔레스타인과 이집트를 여행하고 베들레헴에 정착했다. 그는 이곳에 수도원을 세우고, 여생을 이곳에서 주로 성경공부를 하면서 지냈으며, 동시에 활발하게 서신 왕래를 하면서 이탈리아와 고올 지방에 사는 많은 사람들에게 수덕적인 권고를 해 주었다.

수덕 생활 육성과 성경 공부라는 제롬의 두 가지 관심사는 서로 관련이 있었다. 이해력을 가지고 성경을 읽는 것은 매우 중요한 일이었다. 신자는 기도하면서 하나님께 말을 하듯이, 성경을 읽으면서 하나님의 말씀에 귀를 기울인다. 따라서 성경을 읽는 것과 기도는 상호 관련되어 있으며, 신자는 하나님과 대화할 때에 성경을 읽는 데서부터 기도로 나아간다. 수덕 생활은 이 대화를 촉진하기 위해 존재한다. 결혼한 사람은 바울이 명한 것처럼 쉬지 않고 기도할 수 없다. 이 점에서 제롬은 결혼 생활을 멸시하고 독신 생활을 존귀하게 여기기 때문에 우리의 공감을 얻지 못한다. 그러나 그는 순결, 금식, 독거, 가난 등은 영혼과 하나님의 대화라는 목표에 이르기 위한 수단이

"이 성경의 책들 가운데서 생활하는 것, 그것들을 묵상하며 그 외에 다른 것을 알지 아니하고 다른 것은 추구하지 않는 것—이것은 세상에서 이미 하늘나라 모퉁이에 거하는 것—이라고 여겨지지 않습니까?"(Ep. 53, 10)

그는 성경 연구에 몰두하여 현존하는 70인역 라틴어 역본을 개정했을 뿐만 아니라 히브리 성서를 토대로 구약성서를 재번역했다. 그는 성경 주석에서 먼저 문자적인 의미를 확립해야 한다고 주장했고, 거기서부터 영적 의미를 추구하려 했다. 우리는 수덕주의, "모세와 함께 구름속으로 들어감"에 의해 활력을 얻는 영혼과 더불어 기도를 통해서 이것을 추구해야 한다. 성경 묵상은 수덕자의 영혼을 양육해 주며, 하나님을 향하게 해 준다.

제롬은 성인전, 파코미우스(Pachomius)의 규칙, 그리고 무엇보다도 권면과 조언의 편지들을 통해서 수덕적인 이상을 보급했다. 거기에는 의복, 은둔, 독서 등에 관한 실질적인 조언이 혼합되어 있고, 수덕 생활에 관한 감동적이고 열정적인 문장과 세속성에 대한 독설이 포함되어 있다. 제롬은 이집트의 수도적 관습들을 가정에서의 수덕 생활의 다양한 욕구에 맞추어 조정했다. 그는 시편에 기초를 둔 여섯 가지 수도원적 일과, 성경읽기와 묵상(*lectio divina*)으로 이루어진 수도 생활 내에서의 기본적인 역할, 그리고 손 노동에 대한 긍정적인 평가를 서방 세계에 대중화시켰다. 그의 서신들 중 다수는 이탈리아는 물론이요 고올 지방에 널리 유포되어 많은 사람들로 하여금 수덕주의를 받아들이게 했다. 그는 사후에도 사람들에게 감화를 주었다.

English tr. of *The Principal Works of St. Jerome* by W. H. Fremantle in *A Select Library of Nicene and post-Nicene Fathers*, 2nd series, vol 6, 1893, repr 1954; D. Gorce, *La lectio divina des origines du cénobitisme*, vol I, Saint Jérôme, 1925; P. Antin, *Essai sur Saint Jérôme*, 1951; *Rucueil sur Saint Jérôme*, 1968; E. P. Burke, 'St. Jerome as a Spiritual Director', in F. X. Murphy (ed), *A Monument to St. Jerome*, 1952, pp. 145-69; P. Rousseau, *Ascetics, Authority, and the Church*, 1978.

C. E. STANCLIFFE

존슨, 새무얼 | Johnson, Samuel

새무얼 존슨(1709-1784)는 리치필드에서 태어났고, 1737년에 런던으로 이사했다. 런던에서 그는 글을 써서 생계를 유지했다. 그의 저서에는 비극, 시, 문학 비평, 수필, 전기, 사전 등이 포함되어 있다. 사춘기에 그는 종교적인 회의를 느꼈지만, 로(Law)의 『경건하고 거룩한 삶으로의 진지한 소명』(Serious Call to a Devout and Holy Life)을 읽고 압도되었고, 그 후 계속 종교에 깊은 관심을 가졌다. 그는 철저한 국교회 신자로서 로마 가톨릭 교회와 비국교도에 대해 비판적이었다. 그리고 그 자신도 강력한 종교적 감정을 가지고 있었음에도 불구하고, 종교적인 열광에 대해 회의적이었다.

존슨은 영성을 "영혼의 순수한 행동들"이라고 정의한다. 그는 말년에 자신의 기도문과 묵상문을 모은 원고를 스트래헌(G. Strahan)에게 주었고, 스트래헌은 1785년에 그것을 출판했다. 존슨은 그것들이 자신의 인생에 있었던 특별한 사건들에서 기원한 것들이지만 다른 사람들에게 유익을 줄 수 있다고 생각했다. 그는 새 해 첫날, 자신의 생일, 성 금요일, 부활절, 아내의 추도일에 기도문을 짓곤 했다. 친한 친구들과 하인들의 죽음 앞에서 지은 기도문들은 매우 감동적이다.

존슨은 심판을 매우 두려워했고, 자신의 실수들을 병적으로 의식하고 있었기 때문에 자신의 영성 생활에 대한 그의 논평은 읽기에 매우 고통스럽지만, 그가 지은 기도문들은 대부분 보편적이고 기독교적인 갈망을 당당하게 표현한다. 그는 기도는 "나 자신이 하나님을 의지하는 것이요 모든 것을 그 분의 거룩한 손에 맡기는 것"이라고 간주한다. 존슨은 종종 자신이 무가치하지 않을까 염려하며 자비의 필요성을 예리하게 의식했지만, 결국은 큰 확신을 표현한다.

16세기와 17세기의 신학자들과 설교자들, 특히 후커(Hooker), 제레미 테일러*, 새무얼 클락(Samuel Clarke)과 같은 사람들은 존슨의 글을 즐겨 읽었다. 존슨은 약 40편 이상의 설교를 지었는데, 그 중 다수는 존 테일러(John Taylor)를 위해 쓴 것이었다. 테일러는 성 마가렛의 웨스트민스터에서 그 원고로 설교했다. 존슨은 원고료를 받았고, 그 설교들의 저작권을 요구하지 않았다. 그의 설교들은 분명하고, 권위가 있고, 도덕적이었으며, 주로 회개의 필요성을 강조했다. 그는 하나님의 자비를 깊이 믿었고, "하나님의 자비는 하나님의 뜻대로 행한 사람들 뿐만 아니라…고의적이고 계획적인 사악함으로 더럽혀진 사람들에게도 미친다"고 강조했다(Sermons). 어떤 설교에서는 사랑의 필요성을 강조한다: "형제가 왜 궁핍해졌는지 호기심을 가지고 알려 할 필요가 없다…기독교인이 자비를 행하지 않는 것은 아주 좋지 못한 일이다." 존슨은 두려움, 주저, 우울함 등을 느끼고 있었지만, 거룩한 교제에 관한 설교에서 "죄와 싸우다가 죽은 사람들은 천국에 접근할 수 있을 것이다"라고 확언한다. 존슨의 기도와 설교에는 편안한 기쁨, 평온함은 거의 없으며, 무가치하다는 느낌과 믿음이 강력하게 표현되어 있다.

The Yale Edition of Works of Samuel Johnson, 1958–, esp vols I and XIV; W. J. Bate, *Samuel Johnson*, 1978; C. F. Chapin, *The Religious Thought of Samuel Johnson*, 1968; J. Gray, *Johnson's Sermons*, 1972; G. B. Hill (ed), *Boswell's Life of Johnson*, 6 vols, 1934-1950; M. J. Quinlan, *Samuel Johnson. Layman's Religion*, 1964.

ELUNED BROWN

종교적 열광 | enthusiasm

"enthusiasm"이라는 단어는 헬라어 *entheos*에서 파생된 것으로서 이성의 한계를 초월하여 정신적인 흥분 상태에 사로잡히는 것을 말한다. 일반적으로 감정의 자극과 발산인 종교적 열광은 활기찬 믿음의 부산물이다. 종교의 역사에서, 억제되지 않는 감정적 에너지의 흐름이라는 현상은 흔히 찾아볼 수 있다. 신약 시대부터, 기독교 영성은 항상 감정적 열정의 대상을 식별하며, 그것이 개인이나 집단의 균형을 위협할 경우에 이러한 현상을 통제해야 할 필요성에 관심을 가져왔다.

종교적 열광이라는 용어는 특히 영성에 있어서 몰아적인 본질을 지닌 추가 계시를 요구하려는 성향을 나타내기 위해서도 사용된다. 이것을 보여 주는 본보기는 요한계시록, 허마스의 목자(*Shepherd of Hermas*), 안디옥의 이그나티우스(에베소 서신 20, 빌립보 서신 7) 등이다.

A.D. 2세기에 몬타누스주의는 세상으로부터의 도덕적인 분리와 예언의 말씀에 의지할 것에 호소함으로써 교회의 제도와 이성적인 신학에 도전했다. 그로 인한 오랜 투쟁의 결과로서, 과도하게 감정적인 국가들은 교회에 실망했고, 이러한 상태는 오늘날까지 지속되고 있다. 이러한 특수한 의미에서 종교적 열광주의자들은 보통 세상의 종말에 대한 상세한 환상적인 계획에 몰두하거나(12세기, 피오레의 요아힘*), 사회적 불의에 대한 심판이라는 환상에 몰두하거나(토머스 뮌쩌, 1525년 사망), 또는 당대의 계시를 받아들이지 않는 신자들로부터의 분리를 주장했다(조셉 스미스와 말일성도들).

아프리카에서는 새로운 형태의 토착적인 열광주의적 기독교가 급격히 증가하고 있어, 선교적인 교회의 문제

종교적 열광 | enthusiasm

거리가 되고 있다. 또 일부 은사 운동에서 과학적으로 설명할 수 없는 종교적 경험에 지나치게 관심을 기울이는 현상은 유럽과 아메리카의 주류 교회를 염려하게 하고 있다. 일반적인 의미에서나 특수한 의미에서, 종교적 열광이라는 현상은 20세기 기독교의 중심적인 관심사이다.

성경, 교부들의 저술, 그리고 신비가들의 위대한 전통 안에서, 영성은 일관성있게 정신과 마음, 생각과 경험, 영과 진리의 연합의 필요성을 주장해왔다. 그러므로, 객관적인 믿음과 주관적인 마음의 작용 사이에는 상호관계가 있다. 후자는 정신이 전혀 알지 못하는 이유를 가진 애착과 집착이라는 강력하고 뜨거운 감정을 일으킨다. 그리스도 안에 계시된 하나님이 애착과 열정의 초점이요 중심이다. 열정의 근원은 하나님의 성령이다. 특히 성령은 그리스도 안에 있는 사랑에 의해서 우리를 인도하여 정신을 다할 뿐만 아니라, 마음을 다하여 하나님을 사랑하게 한다. 그러한 열정과 진심에서 우러난 신앙이 다른 대상을 취할 때, 예를 들면 특별한 교리나 교회, 또는 어느 종교 지도자나 특별한 환상을 따를 때, 그들은 비이성적인 우상숭배에 사로잡히거나 성령의 표식을 소유하지 못할 위험에 처한다. 이러한 상태는 종교적인 병리학의 영역에 속하는 것으로서, 보통 오만함과 교회에 복종하지 않는 고집센 태도를 동반하며, 교회 내의 분열을 야기한다.

종교적 열광주의자들의 역사는 예수 그리스도의 계시에 초점을 두지 않은 억제되지 않은 열정이 지닌 위험, 그리고 순전히 제도적이거나 이성적인 권위의 부적합성을 증명해 준다. 기독교인들이 이 억제되지 않은 열정과 개신교나 가톨릭 교회의 권위주의적이고 영감되지 않은 정통주의 중 하나를 선택해야 할 때에, 믿음은 위험에 처한다.

하나님의 영은 사랑과 공동체의 영, 깊은 생각과 통제의 영이시다. 하나님의 영을 떠난 종교적 열광은, 육적인 사람이 교회와는 상관없이, 궁극적으로 교회를 파괴하면서 표면적인 성장과 활력이라는 좋지 못한 상태로 나아가는 종교적인 능력의 작용에 불과하다. 이것은 궁극적으로 인민사원의 집단 자살과 같은 비극으로 이어질 수도 있다. 과거 십 수 년 간 은사 운동의 영향을 받는 기독 교회 안에서는 지역 집단이나 교구 차원에서 영들이 하나님께 속한 것인지를 분별해야 할 필요성에 대한 의식이 발달해왔다.

자연적인 열광과 초자연적인 열광의 차이점을 상세히 설명하려고 노력해온 동방 정교회의 수도원 전통에서 도움을 발견하는 신자들이 점차 증가하고 있다. 이 전통에서는, 미숙한 종교적 열광은 하나님 사랑과 이웃 사랑에 대한 헌신에서 생기는 것이 아니라 심리적으로 혼란스러운 감정적인 근원에서 생긴다고 본다. 열광주의가 종교를 대상으로 삼으면, 타락한 인간의 정념들은 한층 더 위험한 것이 된다. 이러한 정념들은 회개와 자기 인식을 싫어한다. 그것들은 우리와 일치하지 않는 사람들이나 견해를 거부하게 만들고, 노여움과 교만함을 낳으며, 종종 진리의 영향을 받지 못하게 한다. 우리가 신뢰할 수 있는 불은 하나님 사랑의 불과 이웃 사랑의 불, 그리고 깨끗하게 하는 회개의 불이다. 이것들은 성령의 불이다. 이 전통에서 순교는 자기를 내어주는 사랑의 참되고 신령한 열광의 절정이라고 간주된다.

Ignatius Brianchninov, *Arena,* 1970; R. A. Knox, *Enthusiasm,* 1951; G. R. Stratton, *The Psychology of Religious Life,* 1911; Leon-Joseph Suenens, *Ecumenism and Charismatic Renewal,* 1971.

ROLAND WALLS

종말론 | Eschatology

현대 신학에서는 복음과 믿음의 종말론적인 차원을 재발견해왔다. 실질적인 문제의 범위 전체에 주목하지 못한 데서부터 하나의 유행어가 과장되어 왔다는 불평이 생겼을 수도 있다.

종말론이라는 용어는 19세기에 만들어진 것이지만, 그 이전의 서방 신학에는 죽음과 심판, 천국과 지옥으로 이해된 "마지막 일들"에 관한 소논문이 포함되어 있었다. 20세기의 학계에서는 예수님의 사역과 전파에서 하나님 나라의 중심성을 강조해왔고, 단순히 연대기적인 의미에서의 끝에 한정되지 않는 결과를 지닌 하나님의 통치와 영역의 결정적인 실체에 상응하는 형용사로 "종말론적"이라는 단어가 사용되었다.

주석가들은 예수님의 인식에 따른 하나님 나라의 실현 방식과 범위, 그리고 부활과 오순절 이후 교회에서 통용되고 있는 다양한 인식들에 대해 의견을 달리한다. 슈바이처(Schweizer)는 예수에게서 위로부터의 하나님 나라의 임박한 도래에 대한 희망이 완전히 깨져 버린 종말론자를 보았다. 슈바이처가 이 "일관성있는 종말론"(consistent escahtology)으로부터 구할 수 있었던 것은 "생명 존중"뿐이었다. 다드

종말론 | Eschatology

(Dodd)는 예수님이 사역하시는 동안에 하나님의 나라가 도래했다고 강조했다. 그러나 "실현된 종말론" (realized eschatology)은 불트만(Bultmann)이 "모든 순간 안에 종말론적인 순간이 될 가능성이 있다: 당신은 그것을 깨워야 한다"고 표현한 현대적 실존주의로 이어질 수도 있었다. 풀러(Fuller)는 하나님 나라는 그리스도의 십자가와 부활과 함께 도래했다고 생각했다. 이것은 하나님 나라를 교회와 동등하게 여기는 교회론적인 관심을 허락할 수도 있다. 쿨만(Cullmann), 큄멜(Kümmel), 예레미아스(Jeremias) 등은 각기 다른 방법으로 예수께서 구원의 약속들을 성취하시는 데 사용된 "시작된 종말론" (inaugurated eschatology)을 선택했다. 그러나 그 약속들의 궁극적인 완성은 지연되고 있다. 종말은 부활하신 주님의 영 안에서 허락된 선제 행동에 의해서만 현존한다는 것, 그리고 사도적 교회에 대한 소망과 예수님의 약속에 따라서 하나님 나라의 완성을 위한 그리스도의 최종적인 재림을 여전히 기대할 수 있다는 것이 해석가들의 지지를 받고 있는 가장 전통적인 견해이다. 현재 이것이 의미하는 바는 무엇인가?

종말론적인 금언의 해석과 관련된 해석학적 질문에 상응하여, 옛 세상은 이미 오래 전에 지나가고 있었다는 사실에 종말론적인 생활 방식을 적응하는 실질적인 문제가 대두된다. 초기 기독교 역사에서는 반복되는 박해가 임박한 재림의 소망을 생생하게 보존해 주었다. 그러나 교회에 평화가 정착되면서, 새로운 세계에 대한 질문은 만성적인 것이 되었다. 로마 제국이 기독교로 회심함에 따라 교회는 시민으로서의 책임을 지게 되었고, 심판의 위협과 구원의 약속 아래서 세상과의 확실한 관계를 누릴 기회와 위험을 동시에 소유했다.

기도와 삶에 관련된 하나님의 나라의 선물과 요구는 항상 근본적인 것이었다. 주님은 "뜻이 하늘에서 이루어진 것같이 땅에서도 이루어지이다"라고 기도하라고 가르치시며, 사도 바울은 "무엇을 하든지 말에나 일에나 다 주 예수의 이름으로 하고 그를 힘 입어 하나님 아버지께 감사하라"(골 3:17), 어떤 상황에서든지 "항상 기뻐하라, 쉬지 말고 기도하라"(살전 5:17f)고 명한다. 바울은 온전하라고 하신 주님의 명령(마 5:48)을 자신의 목표로 인정했으며, 다른 사람들도 그것을 얻기 위해 노력해야 한다고 여겼

종말론 | Eschatology

다(빌 3:12-21). 하나님과 끊임없이 교제하는 이러한 삶을 성취하려면 어떻게 해야 하는가?

종말론적인 긴장은 타협이나 성례에 의해 명시되어야 하는가? 은둔자들, 잠을 자지 않은 사람들, 주상 성인들 등은 타협을 철저히 거부했다. 그러나 일반적으로 거룩한 손을 들고 기도하려면 옆 사람과 어깨를 부딪히거나 팔꿈치로 건드리게 된다고 주장되어 왔다. "사회적인 거룩 외에 거룩은 없다"(웨슬리). 또 어떤 사람들은 모든 사람이 행해야 할 의무인 복음적 명령과 선택받은 소수를 위한 완전에 관한 조언을 구분함으로써 타협을 합리화해왔다. 그러나 기독교인들의 계층을 구분하는 것은 용납할 수 없는 영지주의적인 것이다. 그보다 좋은 것은 성례전적인 관점이다. 그것은 처음부터 부분적인 것이 유효하게 존재하면서 완전한 것을 요청한다는 관점이다. 기도와 노동으로 이루어지는 수도원의 일과도 기도와 노동이 중단됨 없이 융합되는 상태를 표현한 것에 불과하다. 세례는 구속의 날까지 인치심을 받는 것(엡 4:30)으로서, 날마다 죄에 대해서 죽으며, 마지막 부활 때에 완성되어 영생에 이르게 될 새로운 생명 안에서 걸어가는 것을 나타낸다(롬 6장). 성찬의 양식은 순례자의 양식이며 천국 잔치를 미리 맛보는 것이다. 성례전의 확실한 실체는 지금 "육체 안에서" 행해진 것은 영원한 세상에서 우리의 상태를 확실히 결정해 준다는 사실을 분명히 한다. 때로 성례전적인 경기는 진지한 경기라는 것을 확신시켜 준다. 물세례는 피의 세례에 의해 완성되며, 선하게 믿음을 증거하는 신실한 종은 단번에 성찬으로부터 주인의 즐거움의 잔치로 옮겨진다.

기독교인들은 세상의 불의로부터 관심을 돌리게 할 천국의 소망을 반대하는 마르크스주의 비판에 주의를 기울여야 한다. 그러나 만일 천국은 죽음 너머에 있으며 장차 그곳에서는 눈물이 완전히 사라지고 시대와 장소에 상관없이 모든 사람이 즐거운 잔치에 참여할 것이라고 선포하지 못한다면, 가난한 사람들을 또 다시 속이는 것이 될 것이다. 모든 사람이 각기 나름의 아담이라는 의미에서 보면, 한 사람의 세상의 끝과 죽음은 일치한다. 그러나 인류는 하나의 역사를 소유하며 우주적인 과정의 일부라는 의미에서 보면, 종말론의 사회적 차원과 우주적 차원을 회피할 수 없다. 기독교의 대답은 시간과 공간을 포함하는 성도들의 교제 안에 있다. 그러나 천국의 성도들도 기다리고 있으며, 기도로 우리를 돕고 있다고 간주된다(눅 23:43; 빌 1:23; 계 6:9-11). 모든 사람이 구원받지 않는 한, 어떤 사람의 구원도 완전하지 못하며, 모든 사람이 완전하게 되지 않는 한 아무도 완전하지 못하다. 하나님 나라의 수령인들 모두가 도덕적으로나 영적으로 변화되어 하나님을 닮을 때에, 하나님의 나라가 임할 것이다. 우리가 몸의 구속을 받을 때까지, 모든 피조물은 우리와 함께 탄식할 것이다(롬 8:18-25).

성례전, 순교자들, 그리고 성인들은 모두 활동성과 수동성의 결합을 지적해 준다. 중요한 종말론적인 태도는 깨어 경계하는 것과 희망이요, 중요한 과정은 심판과 새로워짐이다. 지금은 잠에서 깨어야 할 때이다. 왜냐하면 우리의 구원이 처음 믿을 때보다 더 가까이 있기 때문이다(롬 13:1). "어두움의 일을 벗고 빛의 갑옷을 입는 것"(롬 13:12)이란 우리의 정신이 새로워져서 하나님의 선하시고 온전하신 뜻을 증명하며, 우리의 몸을 산 제물로 하나님께 바치는 것을 의미한다. 그것이 우리의 영적 예배이다. 소망의 하나님은 성령의 능력에 의해 우리에게 소망이 가득하게 만드실 수 있다(롬 15:13). 우리는 마음을 천국의 보물에 집중하지만(마 6:19-21, 24-34), 질그릇을 멸시하지 않는다(고후 4:7). 기독교인들이 세상에서의 생존에 대해 비교적 자유로운 것은, 세상은 심판의 위협 및 하나님 나라의 새로운 창조 안에 있는 구원의 약속의 제한을 받는다는 사실에서 비롯된다.

R. E. Brown, *New Tesament Essays*, 1968, ch. 12; E. Jüngel, *Death*, 1975; H. Küng, *Ewiges Leben?*, 1982; B. McGinn (ed) *Apocalyptic Spirituality*, 1979; H. R. Niebuhr, *Christ and Culture*, 1951; W. Pannenberg, *Theology and the Kingdom of God*, 1969; G. Rowell, *The Liturgy of Christian Burial*, 1977; G. Wainwright, *Eucharist and Eschatology*, ²1981.

GEOFFREY WAINWRIGHT

주님의 기도 | Lord's Prayer

예수님은 기도하는 법을 가르쳐 달라는 제자들의 요청을 받고 이 기도를 가르쳐 주셨다(눅 11:1-4). 제자들이 그러한 요청을 한 것은 세례 요한이 제자들에게 기도에 대한 가르침을 주었기 때문이었다. 그들은 요한을 따르는 자들과 비교하여 불리한 입장에 있다고 느끼고 싶지 않았을 수도 있다. 예수께서 특징적인 기도 방법이나 예수님 특유의 기도를 가지고 계셨으며, 제자들이 이에 대한 가르침을 받고자

했다는 의미를 지니고 있을 수도 있다.
　기독교인들은 주님의 기도를 예수의 정신을 따른 기도의 본보기요 예수님께서 직접 가르치신 것이요 가장 중요한 기도로 간주해왔다. 초대 교회의 신자들은 그 기도를 매우 자랑스럽게 여겼다. 그 기도의 두 가지 형태(마 6:9-13, 눅 11:2-4)가 지닌 차이점은 그것들이 A.D. 65년부터 80년 사이에 교회의 상이한 지역에서 생긴 데 기인할 것이다. 각각의 기도는 상이한 특징을 지닌다. 그 기도는 "나라가…아버지께 영원히 있사옵나이다"라는 찬양의 문장이 없는 형태로 주어졌을 수도 있다. 그러나 기도에 종종 찬양과 아멘이 추가되었고, 오래지 않아 주님의 기도에 그같은 친숙한 표현이 추가되어 사용되었다.
　그 기도는 예수께서 하나님께 말씀드리는 방법의 본보기라고 생각하신 것이므로, 하나님의 나라, 하나님의 뜻, 일용할 양식, 죄사함과 구원 등은 기도하면서 하나님께 접근할 가치가 있다고 생각하신 문제들이다. 그것들은 예수님의 가르침을 받는 사람들에게 생소한 것이 아니었다. 그 기도의 구절들은 그들의 종교적 전승의 일부였다. 거기서 새로운 것은 간명함과 직접성, 그리고 뜨거운 사랑과 하나님을 향한 신뢰의 태도였다.
　이 사랑과 신뢰는 기도의 첫머리에서 확립된다. 예수님은 보통 하나님께 대해 "아바"라는 단어를 사용하셨고, 기도를 하실 때에도 그 단어로 시작하셨을 것이다. 우리는 하나님, 이웃, 인생 자체를 다룰 때에 이 사랑과 신뢰의 분위기에서 다루어야 한다. 예수님의 믿음은 그것에 이르는 방법이요, 그것과 관련된 진리이다.
　"하늘에 계신"이라는 표현은 신비와 경외라는 요소를 공급해 준다. 하나님은 유일하신 아버지이실 뿐만 아니라 하나님이시다. 다시 말해서, 우리의 생각과는 아주 거리가 먼 생각을 가지신 분이시며, 부분적으로 이해될 수밖에 없는 분이시다. 따라서 우리는 사랑과 당혹감을 가지고 하나님을 "아버지"라고 부른다.
　하나님의 "이름"은 인간의 이름에 사용되는 단어, 우리가 그 사람을 부르거나 그의 관심을 끌고자 할 때에 사용하는 단어와 비슷한 것을 언급하지 않는다. 하나님의 "이름"은 하나님의 존재, 하나님의 보편적인 실재와 목적이다. 예수께서는 하나님의 목적은 세상에 하나님의 나라를 이루시는 것, 하나님이 모든 심령의 사랑과 존재하는 모든 것의 지도와 영감이라는 상황 안

주님의 기도 | Lord's Prayer

에 거하시는 것이라고 여기셨다. 하나님의 이름이 거룩히 여김을 받게 되기를 기도하는 것은 그의 목적이 완성될 시기를 초월하는 때를 위해 기도하는 것이며, 동시에 이 세상에서 사람들이 믿음으로 하나님을 알게 되며 그분을 삶의 거룩한 중심이요 의미로 인정하게 되기 위해 기도하는 것이다.

"나라이 임하옵시며 뜻이 이루어지이다…"는 실질적으로 이름이 거룩히 여김을 받기 위한 기도의 반복이다. 최종적인 나라의 도래는 하나님의 사역이 될 것이다. 예수님은 19세기의 관념론을 고취한 유토피아주의에 대해서는 알지 못하셨다. 삶의 성취는 인간이 이룩하는 것이 아니다. 예수님은 하나님께서 그것을 성취하실 것을 믿었고, 그것을 간절히 원하셨고, 그것을 위해 기도하셨다. 그것을 원하고 그것을 위해 기도하는 데에는 그러한 이상과 갈망에 일치하며 장차 보상으로 주어질 영광에 대한 가시적인 기대가 포함된다. 그러한 삶은 하나님의 뜻을 행하는 데서 요약된다. 예수님의 삶과 가르침은 하나님의 뜻을 행하는 것에 무엇이 수반될 것인지에 대한 기독교인의 생각을 상세히 설명해 준다.

"오늘날 우리에게 일용할 양식을 주옵시고"는 우리 아버지의 종말론적인 특성을 감추려는 경향을 띤다. "일용할"이라고 번역된 단어는 "다가오는 날의"를 의미하며, "다가오는 날의"는 하나님의 목적인 하나님 나라가 도래하는 특별한 마지막 날을 언급하는 것임이 분명하다. 그 나라의 양식이란 장차 하나님의 백성들이 누릴 사랑과 만족 안에 있는 하나님의 현존을 상징한다. 그 기도는 그 현존과 기쁨을 지금, 오늘 미리 맛보게 해줄 것을 요청한다. 따라서 그것은 본질적으로 현세의 삶에서 하나님을 갈망하는 것이다. 이 청원 안에 "양식"이라는 단어가 암시하는 다른 의미가 있다고 해석할 수도 있다.

예수께서 죄 사함을 요청하신 데에는 특별한 의미가 있었을 것이다. 왜냐하면, 그것은 예수님께서 일종의 해석적인 논평에 추가하신 구절이기 때문이다(마 6:14; 참조 막 11:25). 이 논평은 회개의 측면과 관련된 것이 아니라 죄인이 다른 사람을 용서하는 것과 관련되어 있다는 점에서 가장 중요하다. 예수님은, 하나님께서 우리를 용서해 주시는 것은 우리가 이웃을 용서하고 다른 사람들이 가한 손해로 인해 생긴 적대감과 분노를 제거하는 것과 연결되어 있다고 보셨다. 주님의 기도로 기도하는 것은 예수님의 개인적인 믿음을 받아들이는 것이며, 그럼으로써 삶의 의미와 화해에 있어서 용서가 차지하는 위치에 대한 심오한 지식을 갖는 것이다.

예수께서 믿음에 대해 배우신 영적 전통 안에서는, 하나님의 나라가 최종적으로 임하기 전에 하나님의 목적을 좌절시키려는 악의 마지막 시도가 있을 것이라고 간주되었다. 그 최종적인 싸움은 "시험"으로 언급되었다. 그러한 시도가 있으리라는 데 대해서는 의심이 없었다. 그러므로 만일 "시험에 들게 하지 마옵시고"가 표면적인 의미를 나타낸다면, 이 구절은 불필요한 구절일 것이다. 그러나 원래 그 구절은 "굴복하지 않게 하옵시고"를 의미했음이 증명되었다. 따라서, 그것은 신자가 마지막 큰 싸움을 통과할 수 있고 그 본질적인 악에서 구원받을 은혜를 달라는 기도이다. 본질적인 악이란 참 하나님을 부인하며, 현재 발생하거나 앞으로 발생할 모든 일을 섭리하시는 아버지에 대한 믿음을 부인하는 것이다.

J. Jeremias, *The Prayer of Jesus*, 1967; E. Lohmeyer, *The Lord's Prayer*, 1965.

J. NEVILLE WARD

죽은 자를 위한 기도 | Prayer for the Dead

살아있거나 죽은 모든 그리스도의 백성들의 통일성에 대한 의식과 죽음에 직면한 교회의 확신을 고려해 보면, 기독교 공동체가 처음부터 죽은 자들을 기념해왔다고 예상할 수 있을 것이다. 그러나 사실을 그렇지 않은 듯하다. 신약성서는 그 주제에 대해 침묵하며, 1세기에 그러한 관습이 있었다는 증거는 거의 없다. 죽은 자들을 위해 기도하는 관습이 보편적으로 행해졌으며(마카비하 12:43) 바리새인들의 인정을 받았던 유대교를 배경으로 하여 보면, 신약성서의 침묵은 한층 놀랍다. 그러나 그것은 부분적으로는 그리스도의 임박한 재림에 대한 교회의 기대에 따른 자연적인 부산물이다. 점차 많은 신자들이 세상을 떠나고, 죽어가는 세대의 마지막 시대에 살고 있다는 의식이 시들기 시작하면서, 교회는 죽은 자들의 신학을 분명히 표현하기 시작했다.

카타콤에 있는 많은 비문과 평화를 위한 기도문들은 신자들이 사랑하는 사람과 사별하게 되면서 교회의 중심에 죽은 자들을 위한 기도가 등장했음을 드러내준다. 이 초기의 "안식"을 위한 기도문들은 사후에 영혼의 평안에 관심을 가진 것이 아니라 안식의 휴식과 축제의 희망에 관심을 두고 있다. 기도는 긍정적이고 확신에 차 있었다: 죽은 자가 그 나라를 소유하게 됨을 축하하는 기도였다. 『폴리캅의 순교』(Martyrdom of Polycarp)는 순교자들이 죽음의 문을 통과한 "탄생일"을 기념하여 매년 애찬*이나 기념 성찬을 거행했음을 보여 준다.

죽은 자들을 위한 기도와 봉헌이 처음으로 교회의 공적인 생활에서 일반적으로 인정된 곳은 북아프리카인 듯하다. 예를 들어, 터툴리안(160-220)*은 기독교인 과부는 죽은 남편의 영혼을 위해 기도하며 첫째 부활에 참여하게 될 것을 구하며, 매년 남편의 기일에 그를 위한 제사를 드려야 한다고 말한다(De Monogamia 10). 초기 교부들(클레멘트*, 오리겐*, 키프리안*)의 저술, 그리고 초기 전례에서 죽은 자들을 자주 기념한 것(Didascalia, Sacramentary of Serapion, Cyril of Jerusalem)을 보면, 그 관습이 널리 퍼져 있었음이 확실하다. 실제로, 아리우스를 이단으로 평가한 기준 중 하나는 그가 죽은 자들을 위한 기도의 효용을 부인했다는 것이었다.

어머니의 죽음에 대한 어거스틴*의 묘사는 4세기 교회의 견해에 대한 특별한 통찰을 제공해 준다. "이제 내 마음이 그 상처로부터 치유되었으므로…하나님, 나는 당신께 당신의 하녀를 위해 아주 다른 종류의 눈물을 쏟아 놓습니다…그녀는 그리스도 안에서 살았지만…그녀가 세례를 받고 중생하는 순간부터 당신의 명령에 어긋나는 말을 한 마디도 하지 않았다고는 말할 수 없습니다"(Confessions 9, 13).

터툴리안은 의인이 죽은 후에 교정을 위한 징계를 받을 수 있다는 가능성을 언급했고, 알렉산드리아의 클레멘트는 정화의 불에 대해 말했다(Stromateis 7, 6). 그리하여 죽은 자들을 위한 기도에는 정화, 용서, 성화를 구하는 청원기도가 포함되었다. 이것은 화해의 제물이라는 이해, 공로라는 율법적 개념들, 그리고 참회 제도의 발달 등과 결합되어 서방 교회의 연옥 교리의 온상이 되었다.

보다 체계적인 방법을 취한 서방 교회는 얼마 동안은 성인들과 순교자들을 위해 기도하는 것을 거북하게 여겼다. 한편 연옥 교리를 분명히 표현하지 않은 동방 교회 역시 죽은 자들을 위해 기도하는 것이 신학적으로 적절할 수도 있으며, 하나님의 은총으로 인해 그들을 위해 기도하는 것이 합당하다고 여겼다. 중세 시대에 사후에 받을 형벌에 집착한 서방 교회의 전례에 대해서는 논평할 필요가 없다. 연옥의 교리가 비성경적인 것이라고 여겨 배격하고 죽은 자들을 위한 미사 및 다른 악습들의 증가에 반대한 종교개혁자들은 죽은 자들을 위한 기도도 배격했다. 죽은 자들을 위한 기도는 신학과 영성의 필수적인 부분이 되었다. 영국에서는 최근까지 죽은 자들을 위한 노골적인 기도가 행해지지 않았다. 사실상, 많은 사람이 죽은 제1차 세계대전 때에 죽은 자를 위한 기도가 받아들여졌으며, 목회적으로 필요한 것이 되었다. 이번에도 그 기원은 사별의 고통에 있었다. 그 이후로 장례 예배와 성찬 예배 때에 죽은 자들을 위해 기도하는 것이 규범이 되었다. 로마 가톨릭 교회 전례의 개혁은, 견해와 관습이 점차 변화되고 초대 교회의 영성이 회복되고 있음을 보여 준다.

Prayer and the Departed: A Report of the Archbishop's Commision on Christian Doctrine, 1971; Dom Gregory Dix, *The Shape of the Liturgy*, 1945; J. A. Jungmann, *The Early Liturgy*, 1960; Michael Perham, *The Communion of Saints*, 1980; Geoffrey Rowell, *The Liturgy of Christian Burial*, 1977.

ROBERT ATWELL

죽음의 기술 | Ars Moriendi

죽음의 기술(Ars Moriendi)이라는 용어는 일반적으로 임종의 순간을 대비하는 데 대해 다룬 글들을 말한다. 이것은 평신도들을 대상으로 하는 실질적인 경건 문학의 장르로서, 15세기 초에 처음 등장했으며, 다양한 형태와 여러 언어로 기록되어 1700년대까지 인기를 누렸다. 이 장르에 속하는 19, 20세기의 문헌들이 현존하고 있지만, 과거의 문헌들만큼의 인기는 누리지 못하고 있다.

종종 죽음의 기술은 장례식과 관련하여 중세 시대 말에 관심을 끌었던 죽음의 춤(danse macabre)이나 다른 특성들과 함께 언급되기도 하지만, 춤추는 해골들과 썩어가는 시체 등을 다루는 기괴한 내용이 아니다. 이러한 본문에서 제시하는 것은 위로이다. 임종하는 사람은 주로 사랑하는 하나님의 보장에 의해서 무덤 저편에서의 경험을 대비할 필요가 있는 신실한 기독교인으로 간주된다. 이러한 문헌에서는 형벌과 저주보다 은혜와 화해의 교리를 강조한다.

죽음의 기술이라는 장르의 기원은 종교회의 시대, 특히 콘스탄스 공의회(1414-1418) 시대로 거슬러 올라간다. 교회의 머리와 지체들의 개혁을 시도

죽음의 기술 | Ars Moriendi

했던 그 공의회는 평신도들에게 종교적인 일들을 교육하는 프로그램을 주도했다. 장 게르송*의 *Opus Tripartitum*(c. 1408) 제3부, *De arte moriendi*는 임종의 기술을 다룬 많은 초기 문헌들의 전거이다. 물론 그 밖에도 성경, 교부들, 중세 시대의 전례, 중세 시대 후기의 경건서적과 교리 서적들 등의 전거들도 있다.

죽음의 기술이라는 명칭은 *Tractatus*, 또는 *Speculum, artis bene moriendi*라고 알려진 본문의 두 가지 역본을 언급한다. 두 가지 역본 모두 동일한 기본 구조와 중심 주제를 갖는다. 현존하는 대부분의 사본들과 인쇄본들은 다소 상세한 것으로서 여섯 항목으로 나뉘어 있다: 1. 기독교 권위자들이 제시하는 죽음에 관한 질문 모음; 2. 신실하지 못함, 절망, 조급함, 교만, 세속성 등 다섯 가지 죄에 저항하는 데 관해 임종하는 사람에게 주는 충고; 3. 구원 받기 위해서 바르게 대답해야 하는 교리적 질문들; 4. 임종하시는 그리스도를 본 받는 데 도움을 주는 기도문과 규칙들; 5. 임종하는 자리에 모인 사람들에게 주는 충고; 6. 임종하는 자리에 모인 사람들이 해야 하는 기도문.

비교적 간략한 *Tractatus*는 상세한 판을 요약한 것으로 간주된다. 상세한 책의 1, 3, 4 항목과 5 항목이 압축되어 극적인 형태로 변화되어 있다: 임종하는 사람의 영혼을 두고 벌어지는 천사들과 마귀들의 싸움. 마귀들은 임종하는 사람을 유혹하여 상세한 책에서 언급된 다섯 가지 죄에 굴복시키려 하며, 천사들은 믿음, 소망, 사랑, 겸손, 이탈 등의 덕을 선택하도록 도와준다.

죽음의 기술을 다룬 초기의 본문들은 그 윤리적·신학적 내용 뿐만 아니라, 도상학적 가치 때문에도 연구된다. 1465년경에 목판본으로 출판되기 시작한 본문에는 임종의 싸움을 묘사하는 11개의 목판화가 수록되어 있다: 다섯 개는 마귀의 유혹을 묘사하고, 다섯 개는 천사들이 고취하는 다섯 가지 덕을 묘사하며, 나머지 하나는 임종하는 사람의 벌거벗은 영혼을 천사에게 인도하는 모습을 묘사한다.

죽음의 기술의 기본 구조와 내용은 16세기까지는 대체로 변화되지 않았다. 16세기에 인문주의, 개신교주의, 역종교개혁 등의 요인 때문에 몇 가지 혁신이 이루어졌다. 초기의 본문들은 사람의 영원한 운명은 임종하는 순간에 결정된다고 가정했다: "salus hominis in fine consistit." 그 논문의 목적은 임종하는 사람이 완전하고 참된 회개를 하도록 도와줌으로써 지옥, 또는 연옥에서 도망치는 것을 허락하는 데 있었다. 문예부흥은 여기에 또 하나의 차원을 추가했다: 죽음의 기술은 임종하는 순간에 천국 문을 열어줄 뿐만 아니라, 임종하기 전에 훌륭한 기독교적 삶을 사는 방법도 보여 주어야 한다. 따라서 죽음의 기술은 삶의 기술로 변화되며, 임종하는 순간 뿐만 아니라 평생 읽어야 하는 지침서가 된다. 이러한 주제는 사보나롤라(Savonarola)의 설교(Perdica dell'arte del bene morire, 1496)에 나타나 있었지만, 에라스무스의 *De morte declamatio*(1519)와 *De praeparatione ad mortem*(1533), 호세 클리크토프(Josse Clichtove)의 *Doctrina moriendi*(1520)에서 중요하게 다루어졌다. 이처럼 초점의 변화, 그리고 고전적인 이교 문헌을 인용하는 경향에도 불구하고, 이 인문주의 본문들은 특히 임종할 때의 시험과 관련하여 과거의 문헌들의 전반적인 형식을 모방했다. 에라스무스의 *De pareparatione*는 여러 지방의 방언으로 번역되었고, 유럽 전역에서 오랜기간 성공적으로 출판되었다.

개신교에서는 인간의 영원한 운명이 임종하는 순간에 결정된다는 것, 그리고 연옥의 존재 등에 대한 중세 시대 죽음의 기술의 주요한 가정을 거부했지만, 놀랍게도 임종의 기술이라는 장르 자체를 거부하지는 않았다. 개신교의 죽음의 기술 장르의 본문들은 인문주의적 주제에 관해 상술하며, 가장 중요한 것은 삶의 기술이라고 주장한다. 죽음을 가장 훌륭하기 준비하기 하려면, 평생 믿음을 지켜야 한다. 칼빈주의자인 토머스 베이컨(Thomas Bacon)이 *The Sicke Mannes Slave*(1561)에서 주장한 것처럼, 선한 삶은 "복된 종말"로 이어진다. 칼빈주의자들*은 예정론을 믿으며 연옥의 존재를 거부하기 때문에, 죽음은 결코 두려워할 대상이 아니며 영원한 기쁨으로 들어가는 문이라고 주장한다. 이러한 정서가 장 레스핀(Jean L'Espine)의 *Traicté pour oster la crainte de la mort et la faire désirer à l'homme fidele*(1583)에 드러나 있다. 개신교의 논문들 역시 논쟁적이고 실질적인 경향을 지닐 수도 있었다. 일부 본문들은 죽음에 관한 가톨릭 교회의 신앙과 관습을 비난하거나 정죄하기는 커녕, 유서 작성하는 방법, 유족들의 복지를 위한 대비 방법 등에 관한 충고도 다루었다.

가톨릭 교회의 역종교개혁은 죽음

의 기술과 관련된 전통적인 주제들을 정통적으로 재해석하면서 아울러 삶의 기술에 초점을 둔 문예부흥의 방법도 도입했다. 역종교개혁 논문들은 과거의 주제들과 극적인 형태를 사용하면서 의지의 자유, 성례전의 능력, 교회와 성인들의 중보 역할 등을 강조했다. 이그나티우스 로욜라*는 『영신수련』*에서 이러한 형태의 신앙을 처음으로 강조했다. 다른 예수회 수사들도 그의 선례를 따랐다. 1540년부터 1620년 사이에 예수회 수도사들은 죽음의 기술을 다룬 20권의 책을 저술했고, 1620년부터 1700년 사이에는 139권이 출판되었고, 1700년부터 1800년 사이에는 101권이 출판되었다. 그 중에서 인기가 있었던 것은 후앙 폴란코(Juan Polanco)의 *Methodus ad eos adjuvandos qui moriuntur*(1582)와 로버트 벨라민(Robert Bellarmine)의 *De arte bene moriendi*(1620)이다. 이 두 권은 여러 나라 언어로 번역되고 여러 번 재판되었다.

학자들은 연대 추정하기 위해서 주로 중세 시대의 책들, 그리고 영국과 프랑스에 초점을 두었고, 주로 죽음의 기술의 두 가지 용도에 초점을 두고 연구가 이루어져 왔다: 1. 문학적 장르로서의 용도; 2. 대중 영성에서 유행하는 성향들의 목록으로서의 용도. 이 방대한 경건 문학의 신학적・윤리적 내용에 관해서는 앞으로도 많은 연구가 이루어져야 한다.

H. Appel, *Die anfechtung and ihre Uberwindung in der Trostbüchern und Sterebebüchlein des späten Mittelaters*, 1938, pp. 63-104; P. Ariès, *The Hour of Our Death*, 1981; N. L. Beaty, *The Craft of Dying. A Study in the Literary Tradition of the* Ars Moriendi *in England*, 1970; T. S. R. Boase, *Death in the Middle Ages. Mortality, Judgement, and Remembrance*, 1972; Sister M. C. O'Connor, *The Art of Dying Well. The Development of the* Ars Moriendi, 1942; A. Tennenti, *Il Senso della morte e l'amore della vita enl Ricascimento (Francia Italia)*, 1958, pp. 62-120.

CARLOS M. N. EIRE

지복 | Beatitude

복음서 기자들은 예수께서 가르치신 지복을 기록하면서 *makarios*라는 그리스어를 사용했는데, 그것은 일상적인 행복이 아니라 신들의 행복을 의미하는 단어이다. 예수께서 자기를 따르는 사람들에게 약속하시는 것은 성취된 즐거움의 행복이 아니라 하나님과의 교제의 더할 나위 없는 행복이다. 이렇게 이해할 때, 팔복의 개념은 기독교적 삶을 신과의 동화, 즉 신화*로 간주하는 것과 직접 연결된다. "마음이

지복 | Beatitude

청결한 자는 복이 있나니 저희가 하나님을 볼 것임이요…그가 나타내심이 되면 우리가 그와 같을 줄을 아는 것은 그의 계신 그대로 볼 것을 인함이니"(마 5:8, 요일 3:2). 이것이 기독교 전통에서 지복에 대한 전통적인 이해였다. 예를 들어, 닛사의 그레고리와 어거스틴*은 마태복음의 산상수훈(마 5:1-12)에 기록된 팔복을 기독교인이 회개와 믿음 안에서 지복을 아는 상태, 하나님을 보는 상태로 올라가는 것을 요약한 기사로 간주한다. 즉 "선한 갈망이 요구하는 것이 전혀 결여되지 않으며 선하다고 생각되는 모든 것을 소유하는 것"(닛사의 그레고리)이다. 연속적으로 이어지는 지복 안에서 하나님을 향한 욕구를 인정하는 데서부터 하나님의 화해의 사랑에 참여하는 상태("화평케 하는 자는 복이 있나니")로의 진보를 탐지하기 위해서 독창성이 발휘되었고 또 계속 발휘되어야 했다(토머스 아퀴나스*의 『신학대전』 II-I.69를 보라). 그러나 가난한 자, 애통하는 자, 온유한 자, 주리고 목마른 자, 박해를 받는 자가 복이 있다고 선언하시면서, 예수께서는 기독교적인 복의 역설적인 특징, 가장 깊은 의미에서 십자가의 역설을 반영하는 역설을 지적하신다. 왜냐하면 "팔복의 교제는 곧 십자가에 달리신 분의 교제이기 때문이다"(본회퍼). 팔복은 십자가의 길의 즐거움, 그리스도를 위해서 실패와 고난을 받아들이는 데 포함되어 있는 기쁨에 대해서 말하기 때문이다. 또한 영혼이 하나님이 아닌 모든 것으로부터 초탈하여 하나님 안에서 유일한 기쁨을 발견하게 하는 포기에 대해서도 언급한다.

지복에 대한 이러한 이해는 구약성서, 특히 시편에서 발견되는 복의 개념을 취하며 사도 바울, 특히 고린도후서에서 발달된다. 시편에서는 하나님 외에 의지할 사람이 없는 가난한 사람이 복되다고 말한다(시편 1, 34, 40, 84, 112을 보라). 고린도후서에서 하나님은 바울에게 "내 은혜가 네게 족하도다 이는 내 능력이 약한 데서 온전하여짐이라"(고후 12:9)고 계시해 주신다. 지복은 완전히 종말론적인 것이다. 다시 말해서, 그것은 궁극적인 종말에 속한다. 그러나 신약성서는 현재 부분적이고 불완전한 방법으로 알려지는 복에 대해 말한다. 팔복은 간결하고 분명하게 성성(聖性)을 위한 헌장을 주장하며, 그 역설적 특성에 대한 성찰을 자극해왔다. 그러한 성찰을 보여 주는 현대의 인물은 키에르케고르*와 본회퍼*이다.

찬송 | Hymns

ANDREW LOUTH

찬송 | Hymns

찬송의 기원은 시편; 신약성서의 찬송들(마리아의 노래, 빌립보서 2:6-11 등); 영광송, *Te Deum*과 같은 후대의 찬송으로 거슬러 올라간다. 4세기의 기독론 논쟁 때에는 오늘날 경기에서 응원가를 부르는 것과 같은 형식으로 찬송을 불렀다. 중세 시대에 동방과 서방에서는 클레르보의 버나드*, 성 프랜시스*, 그밖의 이단 집단들이 사용한 주관적인 형식의 찬송은 물론이요, 객관적인 성무일과 형식의 찬송과 미사 때 사용하기 위한 속창(續唱)이 많이 만들어졌다. 종교개혁 시대의 찬송은 신자들이 찬송하는 신앙고백이요(전형적인 예는 종교개혁의 마르세이유라고 불리는 마틴 루터의 "내 주는 강한 성이요"이다), 모든 주류 개혁주의 교회 안에 흘러들어간 제네바의 운율적인 시였다. 영국 국교회에서는 시편의 옛 역본과 새 역본인 *Sternhold and Hopkins*(1562)와 *Tate and Brady*(1696)가 오랫 동안 공동기도서를 보충해오다가, 1861년에 영국의 영성사에서 중요한 *Hymns Ancient and Modern*이 출판되었다.

종교개혁의 전통에서는 후대의 루터교(예를 들어 Rinkart, Gerhardt), 경건주의와 모라비아 운동에서 많은 찬송이 배출되었는데, 그 중 많은 찬송이 웨슬리의 신앙 부흥에 사용되면서 영국에 도입되었다. 이 찬송들은 예수님, 특히 갈보리의 예수님께 대한 개인적인 헌신을 강조하는데, 이것은 클레르보의 버나드와 오늘날의 예수 성심 숭배를 연결해 준다. 가톨릭 교회와 개신교회에는 "수난 신앙"의 깊은 흐름이 존재한다. 영국에는 조지 허버트(George Herbert, 1593-1633)*, 리처드 백스터(Richard Baxter, 1615-1691)*, 존 메이슨(John Mason, 1645-1694) 등이 대표하는 풍부한 시적 영성이 있었다. 후일 웨슬리 형제 및 여러 사람들은 이 찬송들을 회중 찬송에 적합한 것으로 간주했다.

영국에서의 제대로 된 찬송은 아이작 왓츠(Isaac Watts, 1674-1748)*에게서부터 시작되었다. 그는 처음에는 시편을 사용했지만, 나중에는 "주 달려 죽은 십자가"처럼 자기 나름의 찬송가 형태를 만들었다. 필립 다드릿지(Philip Doddridge, 1702-1751)*는 노스햄튼에 있는 자신의 회중을 위해 찬송을 지었다. 찬송은 비국교파의 영성에서 중요한 역할을 발휘했다. 매닝(B. L. Manning)은 비국교파에서 사용한 찬송에 대해서 언급했다. 비국파 교회 예배에서 찬송은 국교회의 전례(여기에서는 찬송이 대중적으로 사용되기는 하지만 본질적이거나 꼭 필요한 것은 아니다)에서 사용되는 것과는 전혀 다른 방법으로 헌신의 깊이와 높이를 분명히 표현해 주며 신앙고백적인 틀을 제공해 주었다. 찬송이 개인적인 신앙 생활에서도 사용되었음에 주목해야 한다. 감리교도들은 은밀한 장소와 공동 예배를 잇는 연결고리였다.

옥스포드 운동*은 다양한 형식의 많은 찬송을 배출했는데, 거기에는 존 메이슨 닐*(John Mason Neale, 1818-1866)의 찬송을 번역한 것들 뿐만 아니라, 존 헨리 뉴먼*의 것도 포함되어 있다. 이것들은 원래 찬송으로 의도된 것이 아니었다. 미국의 전통에서는 목화 농장의 노예들이 부르던 것으로서 오늘날 흑인 영가라고 불리는 해방과 갈망의 노래가 자주 사용되었다. 최근에 제임스 콘(James Cone)은 흑인 영가, 흑인 영성, 흑인 음악, 그리고 해방 신학 사이의 관계를 증명했다. 생키(I. D. Sankey, 1840-1908)의 음악은 빅토리아 시대 말기에 대중적인 개신교 운동에 깊은 영향을 주었다. 그것은 위로와 안전과 희망의 영성이었다. 그것은 개인주의적인 정서를 지나치게 많이 사용했고, 18세기의 무책임한 엑스타시보다는 연약했다. 그러나 대중적인 종교를 진지하게 다루어야 한다면, 이것은 기독교 찬송에서 중요한 요소라고 볼 수 있다.

대영제국 전통이 강성한 시대에, 찬송은 영국에서 국가적인 경건의 일부가 되었다. 최근에 사회적 저항 운동에서는 찬송과 성가를 내던졌고, 주류 종교의 카리스마 운동들은 현재 소그룹이나 공식적인 예배에서 많이 사용되는 간단하면서도 효과적인 성경적 합창을 공급해 왔다.

찬송학의 발달에서 각각의 시대는 각기 특징적인 음악을 수반한다: 합창곡, 루이 부르조아(Louis Bourgeois, 1510-1561)와 관련된 제네바의 시편 찬송, 초기 감리교의 찬송, 크로프트(Croft)와 레이븐스크로프트(Ravenscroft)의 고상하고도 풍성한 곡조, 건틀렛(H. J. Gauntlett)과 존 다익스(John B. Dykes)의 강인한 곡조, 생키의 서민적인 곡조, 카리스마적 합창의 활기 등은 모두 대중적인 시에 근본적인 음악적 지원을 제공했다. 여기에 교회의 대중적인 음악이 존재한다. 순수 음악을 주장하는 사람들에게는 감상적이고 하찮게 보이겠지만, 이것은 대중적인 종교 문화이며, 기독교 영성사에서 매우 중요한 것이다.

J. Cone, *The Spiritual and the Blues,* 1972; N. P. Goldhawk, *On Hymns and Hymn Books,* 1979; C. P. M. Jones, G. Wainwright, E. J. Yarnold (eds), *The Study of Liturgy,* 1978, esp. pp. 454-64; C. Northcott, *Hymns in Christian Worship,* 1964; E. Routley, *A Panorama of Christian Hymnody,* 1979; G. Wainwright, *Doxology,* 1980, pp. 198-217.

J. MUNSEY TURNER

찰스 1, 2세 시대의 신학자들
| Caroline Divines, The

17세기 초 스튜어트 왕조가 통치하던 영국을 분열시킨 정치적 · 조직적인 문제들의 배후에는, 거룩한 사람들과 저술가들과 사상가들의 무리가 있었다. 그들은 영국 국교회주의가 지향해야 한다고 생각하는 것을 선포하기 시작했다. 이 사람들은 Caroline Divines 라고 알려졌다. 그들은 샐리스베리의 주교인 존 쥬얼(John Jewel), 그리고 엘리자베스 1세 통치 때에 로마와 청교도주의에 맞서 교회를 옹호한 리처드 후커(Richard Hooker)의 사역에 충성했다. 이 신학자들은 저술 뿐만 아니라 자신의 삶에 의해서 그 시대의 영국 교회에 힘과 우수성을 부여했다.

19세기에 옥스포드를 중심으로 고교회주의 원리가 부흥한 것은 흥미로운 일이다. 17세기에 그 운동은 캠브리지를 중심으로 이루어졌었다. Caroline Divines 라고 부르는 무리에 속한 사람들은 모두 캠브리지 대학의 학자들이었다: 랜슬롯 앤드류즈*, 리처드 몬테뉴(Richard Montague, 1577-1641), 존 커즌(John Cosin, 1594-1692), 토머스 풀러(Thomas Fuller), 제레미 테일러*, 조지 허버트(George Herbert, 1593-1633)*, 니콜라스 페라르* 등. 윌리엄 로드(William Laud, 1573-1645)는 유일하게 옥스포드 출신이었다. 이 무리와 관련된 사람들 중에는 안토니 스패로우(Anthony Sparrow), 허버트 손다이크(Herbert Thondike), 토머스 켄(Thomas Ken) 등이 있다. 이들은 옥스포드 운동*을 주도한 사람들과는 달리 하나의 팀이 아니었다. 그들은 거의 서로 만나지 않았지만, 각기 나름의 방법으로 개인적인 성성, 학문, 시, 헌신적인 삶을 결합했다. 그들의 영성에는 엄격함, 헌신, 단순성, 훈련 등이 결합되어 있었다.

이 신학자들은 처음에는 영국 교회 내의 고교회 원리의 근원, 교리적인 일관성과 통일성의 근원을 옥스포드 운동에서 찾으려 했다. 이들은 교리의 발달에 관한 학문적인 저서들을 배출했다. 옥스포드 운동주의자들도 이 신학자들의 영적인 경건 서적들을 읽었다. 캐롤라인 신학자들의 저술들은 P. E. More and F. L. Cross (eds), *Anglicanism* (1935)에서 발견할 수 있으며, 보다 완전한 판은 *Lebrary of Anglo-Catholic Theology*에서 발견할 수 있다. 영적인 관점에서 보거나 문학적인 관점에서 볼 때, 이 신학자들의 설교는 영국 문학의 자랑거리이다.

이들은 기독교 훈련은 교회의 전례와 의식서에 의해 규제된다고 생각했다. 존 커즌은 『개인 기도 선집』(*A Collection of Private Devotions*, 1627)에 교회의 교훈들을 요약했다. 그들은 정해진 축일과 성일 준수, 금식일, 기존의 교회의 관습과 의식 준수, 매일 예배에 참석함, 자주 성찬을 받는 것 등을 포함시켰다.

윌리엄 로드는 이들 중에서 유일하게 캔터베리 대주교가 된 사람이요, 교회 정치의 음모에 대해 알고 있었던 사람으로서, 항상 영국 교회를 위해 기도했다(*Private Devotions*, ed. F. W. Faber, 1838): "자비하신 하나님, 제가 속해 있는 이 특별한 교회를 축복해 주십시오. 이 교회와 모든 교인들이 온전하나 믿음과 거룩한 삶을 영위하게 해 주십시오…" 그는 성직자들이 훈련의 모범이 되기를 기대했다. 로드는 "주님, 나에게 은혜를 주시사, 그들이 나를 방해할 때마다 내가 임명한 사람들로 하여금 그들을 기억하게 하여, 그들 안에 있는 하나님의 은사를 북돋우게 하여 주십시오…"라고 기도했다.

제레미 테일러는 『거룩한 삶의 규칙과 훈련』(*The Rule and Exercise of Holy Living*, 1650)에서 실질적이면서도 힘든 영적 훈련을 기대했다: "…거의 모든 시간을 직접적인 헌신과 신앙의 행위에 보내라고 명할 수는 없지만, 힘이 닿는 한 하나님을 섬기며 성령의 일을 위한 시간을 할애하는 것은 의무일 뿐만 아니라 커다란 섭리가 될 것이다…자신의 시간을 하나님께 바치고 재물을 가난한 사람에게 주는 사람이 가장 훌륭한 장사꾼이다."

교회의 기도서에 의해 규제되는 공적인 생활이나 개인적인 생활에서, 인내하며 거룩한 삶을 실천하는 것이 크게 존중되었다. 『앤드류즈 주교의 헬라어 기도집』(*Greek Devotions of Bishop Anerewes*, tr. J. H. Newman, 1843)은 개인 기도 때에 사용되는 공식 기도문들이다. 그 책은 아침기도, 저녁기도, 그리고 죄고백, 은혜를 구하는 기도, 신앙고백 중보, 찬양 등 다섯 가지 표제 하에 한 주일 동안 실천해

찰스 1, 2세 시대의 신학자들 | Caroline Divines, The

야 할 기도문의 순서로 구성되어 있다. 신학자이기도 한 조지 허버트는 "순종"이라는 제목의 시에 Caroline 파의 정신을 담았다:

오, 당신의 거룩한 뜻,
내 안에서 당신의 즐거움을 성취하십시오.
나로 하여금 나 자신의 방법으로 행동하게 마시고,
당신의 사랑이 주관하는 대로 맡기게 하시며,
당신의 인도하심에 맡기게 하옵소서.

이 신학자들의 삶에서 몸과 정신의 훈련은 준엄함으로 이어졌다. 그들의 영성 안에는 진리와 겸손을 향한 탐구를 말해 주는 진지함이 있다. 그들은 하나님께 영광을 돌리는 데 필요한 것들만 원했다. 제레미 테일러는 『거룩한 생활』에서 궁핍을 구하는 기도를 한다: "주님, 나의 궁핍함을 덕으로 변화시켜 주시며, 본성의 일들을 규모있고 절제있고 그 본래의 효력을 넘어서는 유익한 목적에 사용되게 함으로써 은혜의 일들로 변화시켜 주십시오… 내 몸을 내 영혼의 종이 되게 하시며, 몸과 영혼을 예수의 종으로 삼으소서…"

영성 생활은 즐거움이었지만 동시에 수고였다. 앤드류즈 주교(1555-1626)는 『라틴어 기도집』(*Latin Devotions*, tr. J. M. Neale, 1844)에서 "다른 사람들을 위해서 기도하는 사람은 자신을 위해 수고한다"고 말했다. 기도에는 학문의 준엄함이 포함되며, 학문에는 기도의 준엄함이 포함되어 있었다. 앤드류즈는 성경을 읽기 전에 이렇게 기도했다: "내 눈을 열어 주사, 당신의 율법 안에서 기이한 일들을 보게 해 주소서. 주님, 성경을 읽는 동안 내 마음의 천을 벗게 해 주소서." 그는 하나님만 의지했다. 『토머스 풀러의 시와 번역』(*The Poems and Translations of Thomas Fuller D D*)에는 적나라함을 구하는 기도문이 수록되어 있다: "주님, 우리가 어떤 특별한 것들을 얻기 위해 기도하는지 우리는 알지 못하며, 그렇게 하지도 못합니다. 우리는 전능하신 하나님의 손에 백지를 바칩니다. 주님, 그 종이에 당신이 원하시는 사람을 사용하여 당신이 원하시는 여백에 당신이 원하시는 것을 기록하십시오…" 그는 다른 기도문에서도 동일한 적나라함의 추구를 표현한다. 로드의 준엄함에는 교회 정치가의 기민함이 포함되어 있다. 그의 개인적인 기도문에는 형통함을 구하는 기도가 포함되어 있는데, 거기서 그는 자신이 맡은 교회에서의 지위에 합당한 사람

찰스 1, 2세 시대의 신학자들 | Caroline Divines, The

이 되게 해 달라고 기도한다.

> "내가 행하는 모든 일을 통해서 진리와 평화가 충족되게 해 주십시오. 그 과정에서 원수들을 발견할 수 있는 지식을 주시고, 그들을 예방할 수 있는 지혜를 주십시오…"

그러나 금주와 금식과 회개는 자기 인식도 가져다 준다. 로드는 "나는 많은 사람에게 괴물같이 되었습니다. 그러나 당신은 내가 의지할 확실한 분이십니다. 주여, 영원히 나의 닻이 되어 주십시오"라고 기도했다.

니콜라스 페라르(1592-1637)가 세운 작은 공동체인 리틀 기딩에서의 삶의 준엄함은 1631-1632년 성탄절에 낭송된 종교적인 대화에서 발견할 수 있다. 『리틀 기딩의 이야기 책』(The Story Books of Little Gidding)에 수록된 종교 훈련의 기원은 페라르가 가족들을 위해 계획한 막간극, 대화, 설교 등을 편집한 것이었다. 그들은 만성절에 고대 역사가들과 현대 역사가들에게서 취한 기독교 역사를 상연하기 시작하여 성탄절 휴가 때에도 반복하여 상연했다.

이 신학자들은 기독교적 경건의 전통들을 받아들여 거기에 준엄함을 가미했다. 그들의 경건의 모태는 성찬이었다. 리처드 몬테뉴 주교는 성찬에 대한 캐롤라인 신학자들의 태도를 『늙은 거위를 위한 새로운 개그』(A New Gag for an Old Goose, 1624)에 표현했다: "…복된 성례 안에서…우리 구주 그리스도의 몸과 피가 실제로 우리에게 전해진다고 인정하고 고백합니다. 그러한 진정한 참여에 의해서, 그에게서 나온 생명, 그리고 그분 안에 있는 생명이 우리 영혼 안에 전해집니다."

참된 참여는 몸과 영혼의 참여이다. 이런 까닭에 그들은 표면적인 경건의 몸짓을 옹호했다. 로드는 교회 의식에 관한 연설에서 다음과 같이 증거했다. "나는 하나님을 예배하는 곳에 갈 때마다 영혼 안에서, 몸으로 예배한다… 쥬얼 주교는…무릎을 꿇고 절하는 것, 복음서 앞에 일어서는 것 등 모든 것을 인정한다…사람들이 그 의미를 깨닫기만 한다면, 그것들은 모두 칭찬할 만한 몸짓이며 경건의 표식이다."

그들은 성인들에게 드리는 기도를 유지했다. 1642년에 행한 어느 설교에서, 커즌은 성인들의 기록이 귀중한 것이므로 그들의 인격을 영화롭게 하고, 그들을 찬양하며, 그들의 덕을 존경해야 한다고 말했다. 그러나 그들보다 하나님과 예수 그리스도의 이름을 더 귀중하게 여겨야 한다. 『리틀 기딩의 이야기 책』에는 복음서 기자 요한의 날을 위한 찬송이 수록되어 있다. 그것은 페라르가 쓴 것으로서 캐롤라인 신학자들의 성인 숭배를 나타내준다.

캐롤라인 신학자들의 경건 서적들은 성육신의 중심성을 강조했다: 성육신은 예수 그리스도 안에서 성육하신 말씀, 그리스도의 몸과 피의 성례, 성인들이 거룩한 분 안에 계속 임재하시는 그리스도의 계시 안에서 사람들에게 계시된다. 따라서 그들의 경건은 추상적인 것을 피했고, 사랑의 열매 안에 스스로를 나타내려 했다. 캐롤라인 신학자들은 목사요 주교였으며, 그들의 신앙은 목회적 봉사로 이어졌다. 조지 허버트의 『기도』라는 시에 표현된 것처럼, 기도는 천국 뿐만 아니라 세상적인 것들과도 관련되어 있었다: "기도는 교회의 잔치요 천사들의 시대이며, 인간을 탄생하게 하는 인간 안에 있는 하나님의 호흡이다. 영혼은 의역하고 마음은 순례한다. 기도는 천국와 세상을 측량하는 기독교의 다림추이다."

학식과 교회에 대한 영향력을 가지고 있던 캐롤라인 신학자들의 영성은 창조주이신 하나님과 피조물인 인간 사이의 단순한 관계를 찬양한다. 테일러는 『거룩한 삶』에서 "모든 사람은 창조의 권리에 의해서 하나님의 소유이듯이, 우리의 수고와 염려, 능력과 기능도 모두 하나님을 섬기는 데 사용되어야 한다"고 말한다. 하나님은 사랑의 줄로 묶여 모든 곳에 거하신다. 기독교인은 자신의 존재로부터 떨어질 수 없듯이 하나님의 임재로부터 떨어질 수 없다. 앤드류즈는 『라틴어 기도집』에 "믿음은 기도를 쏟아냅니다. 기도 안에서 믿음이 발휘되기를 기원합니다"라고 기록했다.

캐롤라인 신학자들의 영성에서, 믿음은 정신이 지나치게 활동하지 못하게 억제한다. 인간에게는 합리성이라는 은사, 하나님을 찾는 데만 사용해야 하는 도구가 주어져 있다. 인간은 유한한 것을 어렴풋이 보는 능력을 받은 유한한 피조물이다. 이 점에 있어서 그들의 영성은 초대 교회 교부들의 영성과 흡사하다. 그들은 초대교회 교부들의 글을 읽었고 잘 알고 있었다.

몬테뉴 주교가 『늙은 거위를 위한 새로운 개그』에서 성찬 신학에 대해 가한 논평은 학식과 단순성을 결합하고 있다: "우리는 계시된 것들은 우리를 위한 것이고, 은밀한 것들은 하나님을 위한 것임을 배웠다. 그러므로 세상이 공재설과 화체설이라는 설명할 수 없는 미로 때문에 괴로워하거나 즐거워하는 이유를 알 수 없다. 그것은 경건함이나 정보에는 전혀 기여하지 못하고 오직 세상을 분열시키는 데 기여할 뿐이다." 여기에는 지적 겸손이라는 덕의 열매를 맺는 실용주의가 존재한다.

토머스 풀러의 짧은 기도는 캐롤라인 신학자들의 영성의 특징을 훌륭히 묘사한다:

> 주님, 내 마음이 완악하여
> 나를 슬프게 합니다.
> 당신이 자석이 되시면,
> 내 마음은 철이 되리이다.
>
> R. D. TOWNSEND

창조 중심의 영성
Creation-Centered Spirituality

창조 중심의 영적 전통은 원죄라는 주제가 아니라 원래의 축복(original blessing)이라는 주제를 가진 영성이다. 타락/구속의 전통과는 달리, 그것은 심리학적 내성(內省)보다 우주적 은혜와 인류의 신화(神化)를 강조한다. 그것은 모든 존재의 성결을 기뻐하며, 만유내재신설(panentheism)의 상징들—하나님은 우리 안에 계시고 우리는 하나님 안에 있다—에 의해서 이원론적인 유신론을 피한다.

이 영성의 기본적인 심리학은 육체와 상상력과 우주를 신뢰하는 것으로서, 자아 심리학(ego psychology)보다는 우주와의 소우주적/대우주적 동시성에 기초를 둔다. 정념들은 축복이며, 겸손은 우리의 현실주의적인 성질에 친근해지는 것을 의미한다.

이 영성의 목표는 관상(contemplation)이 아니라 누가복음 6:36에 표현된 자비(compassion)이다: "너희 아버지의 자비하심같이 너희도 자비하라." 이 영성은 자비를 윤리적인 의무나 동정심을 느끼는 것으로 이해하는 것이 아니라, 정의—엑하르트*는 "자비는 정의를 의미한다"고 했다—와 찬양으로 이해한다.

이 전통에서의 주된 묵상 훈련은 "외향적인 묵상", 즉 생산에 의한 집중이다. 따라서 예술은 가장 근본적인 묵상의 형태이다. 인류가 지닌 근원적인 예술가요 창조주이신 하나님의 형상은 창조 활동에 의해서 가장 훌륭히 기억된다. 예술은 *anawim*에게 자기 표현과 해방의 능력을 부여해 주는 "선지자들의 방법"이다. 모든 죄의 배후에는 이원론이라는 죄가 있다. 뒤틀린 창조성의 표현—사디즘(sadism)과 마조히즘(masochism)—은 하나님의 형상을 가장 악하게 사용하는 것으로 간주된다. 즉 축복하기 위해서가 아니라 저주하기 위해서 인간의 창조 능력

창조 중심의 영성 | Creation-Centered Spirituality

을 사용하는 것이다.
 창조 중심의 영적 전통에서는 플로티누스*가 사용한 정화와 조명과 연합이라는 세 단계 대신에 네 단계의 영적 여정을 말한다: 긍정의 길(Via Positiva)-창조(Creation), 부정의 길(Via Negativa)-무관심(Letting go)과 그대로 내버려 둠(Letting be), 창조의 길(Via Creativa)-출산(birthing), 변화의 길(Via Transformativa)-자비와 사회 정의의 새로운 창조. 이 네 단계의 길은 하나의 사다리를 올라가는 것이 아니라, 창조의 핵—dabar 또는 하나님의 창조적 에너지—에서부터 전체론적으로 나선형으로 방사되는 것이다.
 이 전통에서는 맛봄(savouring), 무관심(letting go), 창조(creation), 사회 정의의 지속 등의 훈련이 중요한 반면, 수덕주의는 그렇지 못하다. 마이스터 엑하르트는 "수덕주의는 그리 중요하지 않다"고 말한다. 그 이유는 "그것은 자의식과 자아를 감소시키기는 커녕 더 많이 산출하기 때문이다." 이 전통에서는 유머, 역설, 변증 등이 중요한 요소이다. 창조 중심의 영적 전통에서는 부정의 길을 수덕주의와 동일시하지 않고, 근본적으로 "하나님이 이름이 없이" 거하시는 어두움 속으로 들어가기 위해서 근본적으로 모든 심상, 모든 이름, 모든 역할, 소행을 버리는 것이다. 왜냐하면 영혼의 근저는 어두움이기 때문이다(엑하르트).
 창조 중심의 영적 전통은 성경에서 가장 오래된 영성이다. 히브리 성경의 야웨(J) 문서는 역사서와 예언서와 지혜서, 욥기, 아가서와 마찬가지로 창조 중심이다. 신약성서에도 창조 신학이 가득하다.
 일반적으로 서방의 창조 중심의 영적 전통의 옹호자들의 기원은 동방 정교회의 영성이다. 서방의 창조 중심의 영적 신학자들 중에는 다음과 같은 사람들이 포함된다: 이레내우스*, 베네딕트*, 펠라기우스(켈트 영성*은 매우 창조 중심이다), 빙겐의 힐데가르트, 아씨시의 프랜시스*, 토머스 아퀴나스*, 마그데부르크의 메히틸드, 마이스터 엑하르트*, 노리지의 줄리안, 십자가의 요한*, 조지 폭스*, 테이야르 데 샤르뎅*, M. D. 체누, 토머스 베리, 로즈매리 류터, 존 소브리노.
 뉴턴 이후로 서방의 창조 중심의 전통은 신학자들보다는 예언적인 시인들, 음악가들, 그리고 예술가들에 의해서 생명을 유지해 왔다. 그러나 아인슈타인이 다시 소우주와 대우주의 신비함을 드러내면서부터, 물리학자와 환경학자 등은 창조 영성의 예언적 신비주의를 열망하는 듯하다. 라틴 아메리카의 해방 신학자들은 창조 중심의 영성과 많은 공통점을 지니고 있다. 성경적 전통에서 벗어난 창조 중심의 영성의 예로는 미국 인디언 영성과 도교*를 들 수 있을 것이다. 류터, 리치, 달리, 해리슨, 스타헉 등이 여권주의에 대해 연구한 데서 분명히 나타나듯이, 창조 중심의 영성은 가부장적 전통 이전의 전통에 뿌리를 두고 있다.

R. Bly, *News of the Universe*, 1980; M. Fox, *Breakthrough: Meister Eckhart's Creation Spirituality in New Translation*, 1980; *Original Blessing: A Primer in Creation-Centered Spirituality*, 1983; (ed) *Western Spirituality: Historical Roots, ecumenical Routes*, 1979; R. Reuther, *New Woman, New Earth*, 1975.

MATTHEW FOX, OP

채찍질 고행자 | Flagellants

자기 몸을 채찍질하는 관습의 기원은 초대 교회에서 비롯되며, 참회 및 그리스도의 고난에 참여하는 것으로 이해되었다. 그러나 채찍질하는 관습이 널리 행해진 것은 13세기였다. 전설에 의하면, 그 관습은 1260년에 프랜시스 수도사인 라니에로 파사니(Raniero Fasani)가 사순절에 행한 설교를 계기로 페루지아에서 시작되었다고 한다. 시민들은 자기 몸을 채찍질하고 참회의 시편과 찬송을 부르면서 도시를 행진하기 시작했다. 그 운동이 절정에 달했을 때에는 시민들 전체가 거의 반나체로 길게 줄지어 거리를 행진했다. 그 운동은 남쪽으로는 로마, 북쪽으로는 투스카니와 롬바르디 지방에까지 전파되었다. 1260년 말경에 그 운동은 점차 세력이 약화되었지만, 알프스를 넘어 프랑스, 독일, 오스트리아, 폴란드까지 전파되었다.

그 운동의 형태는 지방마다 달랐지만, 몇 가지 공통된 특징이 나타났다. 그것은 본질적으로 도시 운동이었고; 모든 계층의 남성들이 포함되었고(여성들은 사적으로 참회를 실천하도록 권장되었다); 비록 교회가 공식적으로 그 운동을 고취하지는 않았지만, 그 운동은 반-교권주의가 아니었으며, 가끔 지방 성직자들도 합류했고; 참회에 초점을 두었지만, 종종 파당들을 화해시키고 포로들을 해방하며 도시들을 화해시키려는 시도를 했다. 이와 같이 종교적인 감정이 비등한 배경은 심판이 임박했다고 보았기 때문이다. 현대의 작가들은 이 현상을 신비하고 당혹스러운 것이라고 생각한다. 1258-1259년에 지역적인 가뭄과 전염병이 창궐

챌러너, 리처드 | Challoner, Richard

했고, 이탈리아가 교황당과 황제파의 투쟁으로 분열되었지만, 이것들이 알프스 북부에서 그 운동이 성행한 이유를 설명해 주지는 못한다.

1260년이 요아힘 파의 계획에서 중요한 해였기 때문에, 이 운동을 요아힘주의(Joachi-misn)와 연결하려는 시도가 있었지만, 둘 사이에는 공통점이 거의 없다. 그러나 요아힘*의 제자들은 채찍질 고행자들이 배출된 배경인 종말론적인 기대의 분위기를 형성하는 데 기여했다.

유일하게 영속적인 결과는 중세 후반에 이탈리아 도시들의 전형적인 현상인 조합들, 특히 수호 성인들과 동정녀 마리아를 그 지방의 언어로 찬양하는 일을 하는 조합의 결성이었다. 1296년, 1334년, 1340년에 지역적으로 그 운동이 성행했지만, 전반적으로 확대된 것은 흑사병이 창궐한 1348-1349년이었다. 당시 헝가리에서 시작된 행진은 서쪽으로 저지대 국가들과 피카디까지 퍼졌다.

채찍질 고행자들은 감정적으로 고조되기는 했지만 엄격한 훈련과 의식을 맹세했다. 그럼에도 불구하고 후대에는 반 교권적인 행동과 무절제한 행동들이 발생했다. 이런 까닭에 1349년에 클레멘트 6세는 그 운동을 정죄했다. 후일(1369년) 투린지아에서 콘라드 슈미트(Conrad Schmidt)와 관련하여 다시 그러한 현상이 등장했다.

J. Henderson, 'The flagellant movement and Flagellant confaternities in central Italy 1260-1400', *Religious Motivation: Biographical and Sociological Problems for the Church Historian* ed D. Baker, [15]1978; G. Leff, *Heresy in the Later Middle Ages,* 1967, II, pp. 48-93.

MARJORIE REEVES

챌러너, 리처드 | Challoner, Richard

챌러너(1691-1781)는 서섹스 주에서 태어났다. 그의 아버지는 양조장을 운영하는 개신교도였고 어머니는 가톨릭 신자였다. 존 고더(John Gother)는 그로 하여금 첫 성찬을 받게 해 주었고, 1705년에는 그를 사제로 만들기 위해 두아이(Douai)에 보냈다. 그는 1730년 그곳에서 교수가 되었고, 그 해에 선교사가 되기 위해 런던으로 갔다. 그는 곧 유능한 관리자요 영혼의 지도자가 되었다. 1741년 성 프랜시스 드 살*의 축일(1월 29일)에 런던의 교황대리 주교의 부제가 되었고, 1758년에는 교황 대리 주교가 되었다.

챌러너의 사역은 자기의 수호성인인 성 프랜시스 드 살*의 사역, 그리고 성 빈센트 드 폴(St. Vincent de Paul)

의 사역을 모방한 것이었다. 그는 빈센트의 이상을 사제들에게 강조했다: 엄격한 개인적인 수덕주의, 가난한 자들이 쉽게 접근할 수 있는 사람이 되는 것, 고해를 통한 영적 지도와 가르침의 강조. 그는 논쟁, 교훈, 기도서, 요리문답, 성경의 번역과 의역, 묵상집, 순교자 전기와 성인전 등 60권이 넘는 책을 저술했다.

그가 저술한 교훈적인 경건 서적들은 17세기에 교구 성직자들이 발달시켰고 고더가 그에게 전해 준 드 살의 방식을 따른다. 그는 『경건 생활 입문』(Introduction to the Devout Life, 1762)을 번역했고, 그 책을 모방한 몇 권의 묵상집을 출판했는데, 그 중에서 유명한 것은 Think Well on't(1728)와 Meditations for Every Day in the Year(1754)이다. 이 책들은 단조롭고 시적인 표현이 부족하지만, 유럽 대륙의 저자들과 과거의 영국 저자들을 인용한 것으로서 상당한 종교적인 힘을 가지고 있다. 그 책들은 그 다음 세기 중반까지 계속 출판되었다. 그는 자신의 가장 유명한 저서인 『영혼의 동산』(The Garden of the Soul, 1740)에 프랜시스 드 살의 글을 발췌하여 실었다. 『영혼의 동산』은 윌리엄 클리포드의 『가난한 사람의 매일 기도를 위한 소지침서』의 전통 안에 있는 기도와 묵상집이다. 이것은 2백 년 동안 영국 가톨릭 신앙의 특징을 이루어온 건전한 신앙의 정수였다. 그 책은 그의 생전에 10판이 인쇄되었고, 금세기에도 옛 모습을 찾아볼 수 없을 정도로 수정된 상태로 출판되고 있다. 그가 저술한 다른 경건 서적들은 국교 거부 신앙의 주요 강조점을 반복한다. 그가 현대화한 두아이 성경(Douai Bible, 1749-1750)은 흠정역을 많이 인용했으며, 1950년대까지 가톨릭 교회의 표준 성경이었다. 그는 토머스 아 켐피스*, 성 어거스틴*의 『고백록』, 성녀 테레사의 전기 등을 번역했는데, 이 책들은 모두 국교 거부자*들이 좋아하는 책이었다. 그는 『지침서』(Manual)을 비롯하여 고더의 저서 다수를 다시 출판했다. Britannia Sacnta(1745)와 Memorial of Ancient British Piety(1761)는 영국 성인전을 제공했다. Memoirs of Missiinary Priests(1741-1742)에서는 종교개혁 이후에 처형된 가톨릭 신자들에 대한 역사적으로 소중한 감동적인 이야기를 제공하기 위해서 MSS 자료를 많이 인용했다.

챌러너의 경건은 강력하지만 논조가 약하며, 그 시대의 도덕주의에 물들어 있지만 매우 기독론적이고 성경에

천사 | Angel

굳게 뿌리를 두고 있다. 그의 저서는 일반인을 대상으로 하며, 논조는 실질적이다: "묵상을 대신하는 정신적인 기도는 능력이 없는 사람도 쉽게 할 수 있다. 거기에 필요한 것은 단지 선한 의지, 하나님을 생각함으로써 하나님과 대화하려는 진지한 갈망, 그리고 하나님을 사랑하는 것이 필요하다. 정신적 기도에서 가장 큰 일은 생각하는 것과 사랑하는 것이다. 생각하고 사랑함이 없이 살 수 있는 사람이 어디 있는가?"

Edwin Burton, *The Life and Times of Bishop Challoner*, 1909; E. Duffy, *Challoner and his Church*, 1981.

EAMON DUFFY

천사 | Angel

이 단어의 의미는 "사자"(messenger)이다. 성경, 그리고 후대의 유대교 전통과 기독교 전통에서, 천사들은 하나님의 사자요 대리인이다. 바벨론 포수 이후, 천사에 대한 유대인의 생각에는 돌연하면서도 완전히 설명되지 않는 현상이 있었다. 하나님의 초월성에 대한 새로운 의식 때문에 하나님과 인간 사이에 중개자들의 체계에 대한 절실한 욕구, 그리고 하나님의 위험에 대한 강조를 초래한 듯하다.

하나님을 예배하는 무수한 천사들은 하나님의 위엄을 증언한다. 후일 대천사라고 알려진 힘있는 인물들이 다니엘서와 위경의 책에 등장하며, 천사들에게 이름을 붙이는 과정이 시작된다. 천사들의 명칭과 기능의 다양성이 발견되는데, 그 이유는 대중 신앙에서 천사들이 중요했기 때문일 것이다. 그러나 일반적으로 천사들은 하나님을 예배하며, 사람들에게 메시지를 가져다 주고, 하나님과 함께 인간을 위해 기도한다. 많은 특별한 형상이 등장하는 이사야의 환상(이사야 6장)이 천사들에 대한 대중적인 개념을 형성하는 데 크게 기여한 듯하다. 천사들의 찬송(계 4:8을 보라)은 회당의 예배에서 사용되었고, A.D. 4세기에는 공식적으로 기독교 찬양에 통합되었다. 오늘날도 *Sanctus*에서는 세상에서의 예배와 천국에서의 예배가 연결되어 있음을 전례적으로 주장한다. 날개 달린 스랍 천사는 천사들에게 날개가 있다는 대중 신앙의 근원인 듯하다.

신약 성서 기자들은 구약성서의 배경을 받아들이지만, 천사들에 대해서는 그다지 관심을 나타내지 않으며, 주로 그들의 한계를 강조한다. 따라서 히브리서 1장에서 보면 천사들은 아들보다 열등하다. 고린도전서 13:1에서는 천사의 말보다 사랑이 우월하다고 하며, 베드로전서 1:12에서는 기독교적 경험의 실체와 천사들에 대한 기대와 비교되어 있다. 골로새서와 에베소서에 사용된 특징적인 표현인 정사(principalities)와 권세(powers)는 대부분의 경우 천군들의 일부인 듯하다(타락한 천사들에 대해서는 '마귀'를 보라). 골로새서 2:18은 천사들의 숭배를 암시할 수도 있지만, 천국에서 천사들과 함께 예배하려는 종교적인 소원을 언급하는 것일 수도 있다. 종종 천사들이 성도들과 혼동되어 사용되며, 대중 신앙에서 생긴 성인 숭배에서도 천사들을 숭배한다. 미가엘, 거룩한 용사, 가브리엘 등은 특히 중요하다.

천사들의 위계는 A.D. 500년 위-디오니시우스로 알려진 아레오파고의 디오니시우스*가 묘사했다. 그의 저서는 중세 시대 사상의 기초가 된다. 그러나 스콜라주의 신학은 궁극적으로 천사들 자체보다는 하나님과 인간을 이해하는 데 있어서 그들의 존재가 의미하는 바에 더 관심을 갖는다. 따라서, 페르시아에서 기원했으며(토빗 5:2) 예수님이 인정하셨다고 생각되는(마 18:10) 수호천사의 개념은 개인적인 보호보다는 인간 영혼의 권위 인정과 관련된 것이다. 종교개혁자들은 그 문제로 인해 그다지 고민하지 않은 듯하다. 천사들은 최근에 비로소 대중 신앙의 특징이 되었고, 종종 신학적인 사변보다는 묵시적 매력의 특징이 되었다.

G. A. 'Demons and Spirits (Hebrew)' *ERE*, IV, pp. 594ff.; Wesley Carr, *Angels and Principalities*, 1981; W. Grundmann, G. von Rad and G. Kittel, '*angelos*', TDNT, I, pp. 74f.; H. L. Pass, "Demons and Spirits)Christian)', *ERE*, IV, pp. 578ff.; O. Proksch, '*hagios*', *TDNT*, I, pp. 88ff.

WESLEY CARR

청교도 영성 | Puritan Spirituality

"청교도"(Puritan)라는 용어는 1559년의 종교통일령(Act of Uniformity)을 따르지 않은 개신교도들에게 붙여진 별명이었다. 그러나 이 별명에 의해서 암암리에 중세 시대의 알비 파나 카타리 파의 후계자로 간주된 사람들은 하나의 분파에 속하지 않았으며, 국교회 밖에서 당파를 구성하지도 않았다.

원래 롤라드 전통, 그리고 메리 여왕 시대에 추방되었다가 제네바와 취리히에서 귀환한 사람들의 열심에 의해 고취된 청교도 운동은 창시자가 없고, 인정받은 지도자도 없으며 합의된 정책도 없었다. 그 운동은 중백의(中白衣)를 입는 것, 세례 때 십자 성호를 사용하는 것, 교구 교회에서 성찬을 받기 위해 무릎을 꿇는 것 등을 거부한 것에서부터 국교회로부터 분리된 회중의 모임을 거부한 것에 이르기까지 엘리자베스 시대의 교회에 대한 여러 가지 형태의 불만을 포용했다. 청교도 운동의 특징은 개혁된 교회 정치의 보급, 그에 대한 논쟁, 그리고 그러한 본보기들을 계승한 사람들 사이의 경쟁이다.

장로교주의는 월터 트래버즈(c. 1548-1635)와 토머스 카트라이트(1535-1603)와 같은 사람들이 주도한 초기 청교도들의 목표였다. 그 갈망은 장기 의회(Long Parliament)의 공식적인 정책이 되었다. 장기의회에서는 1642년에 감독제도를 폐지하고 1643년에는 새로운 교회 정착을 위해 웨스트민스터 신학자 회의를 소집했다. 그 회의에서는 일련의 표준적인 장로교 의식서들을 출판했지만(*Directory of Church-Government*[1644], *Directory of Public Worship*[1645], *Confession of Faith*[1647], *Larger and Shorter Catechism*[1647]), 그들의 시도는 청교도 운동 내부의 반대로 좌절되었다. "양심의 자유"를 내세운 새로운 군대(New Model army)는 원래 "독립 조합교회 제도"(Independency)라고 알려져 있었지만 뉴잉글랜드와 잉글랜드에서는 "조합 교회주의"(Congregationalism)로 알려진 올리버 크롬웰의 후원을 받는 조직을 옹호했다(cf. John Cotton, *The Way of Congregational Churches*, 1648). 이 조직의 원리들은 존 오웬의 책임 하에 작성된 *The Savoy Declaration of Faith and Order*(1658)에 구체화되었다. 따라서 윌리엄 브래드쇼가 *English Puritanism*(1605)에서 말하는 청교도는 독립 조합교회 신자였고, 존 그리(John Geree, 1601?-1649)가 *The Character of an Old English Puritan*에서 말하는 청교도는 장로교인이었다.

장로교 진영 안에도 토머스 에드워즈(1599-1647)처럼 종교적 관용은 종교적으로나 세속적인 무정부 상태를 지향한다고 보는 엄격한 장로교인들과, 교회의 타협을 선호하는 장로교인들이 있었다. 후자의 지도자인 리처드 백스터*는 "나를 감독교인-장로교인-독립조합교인이라고 불러야 한다"고 선언했고, "화해자"라는 말을 선호했다.

찰스 1세와 의회의 분쟁으로 인한 고조된 분위기와 관련하여 크롬웰이 양심의 자유를 보장하면서 급진적인 분파들이 다수 출현했다. 엘리자베스 시대 이후로 국가적인 개혁을 위한 입법적인 노력을 포기한 소규모 분리파 회중들이 존재했다(cf. Robert Browne[c. 1550-1633], *Of Reformation without Tarrying for Any*[1582]). 주로 하류층 출신들로서 "브라운 파", "배로우 파"(Henry Barrow의 이름에서 따온 명칭), "재세례파", 또는 "광신자들" 등 다양한 명칭으로 불린 이 분파들은 "천하를 어지럽게" 하는 경향을 지녔다는 비난을 받았다(행 17:6). 그들 중에는 존 릴번(John Lilburne, 1614?-1657)이 중심이 된 평등론자들(Levellers), Ranters(초기 메도디스트 파), Seekers, Diggers 처럼 조직이 없이 단명한 그룹들이 포함되어 있었지만, 그들에서부터 침례교*와 조지 폭스*를 추종하는 퀘이커 파*가 생겼다.

감독교회의 임명을 받은 사람만 교회를 맡아야 한다는 것 및 공동기도서에 대한 진실한 동의를 요구한 The Restoration Act of Uniformity(1662)는 청교도들을 고의적으로 교회로부터 축출했다. Black Bartholomew Day(1662년 8월 24일)에 쫓겨난 2,029명의 성직자, 강사, 대학 교수들은 반항적인 비국교도들이었다. 관대한 국교회 안에 포용되기를 원하는 그들의 희망은 결국 Toleration Act(1689)에 의해 실현되었다. 이 법은 비-감독파 회중들 안에서 예배할 수 있는 법적 권리를 허락함으로써 향후 비국교도들이 국교회와 구분되는 종교적 전통을 형성하는 것을 보장해 주었다. 그리하여 "퓨리턴"(Puritan)이라는 과거의 일반적인 용어 대신에 보다 구체적인 "국교 반대자"(Dissenters)라는 용어가 사용되었다.

청교도의 교회학이 변화되듯이, 청교도 교리도 변화되었다. 오웬과 존 번연*과 같은 청교도들은 윌리엄 퍼킨즈와 윌리엄 에임즈(William Ames, 1576-1633)와 같은 영국인 청교도 조상들에 대한 칼빈주의적 충성을 계속 유지했지만, 토비아스 크리숩(Tobias Crisp, 1600-1643)과 같은 사람들은 그리스도의 공로 없이 주시는 값 없는 은혜를 지나치게 강조했기 때문에 칼빈주의자들로부터 도덕률폐기론자라는 비난을 받았다. 디도서 1:15은 급진적인 사람들로 하여금 종교 상의 자유 사상 안에 도덕률폐기론을 도입하게 만들었고, 특히 모든 청교도 사상의 특징을 이루는 천년왕국설이 함께 선포되었다. 반면에, 존 굳윈(John Goodwin, 1594?-1665)과 같은 신학자들은 칼빈주의*를 거부하고 알미니안주의를 받아들였다. 백스터와 같은 사람들은 아미롯(Moise Amyraut)의 "가상적 보편구제설"(hypothetical universalism)에 찬성했고, 피터 스터리(Peter Sterry, 1613?-1672)는 칼빈주의와 켐브리지 플라톤주의*를 결합했다. 지적 독립을 유지한 청교도주의에는 야곱 뵈메*의 제자들, 존 밀튼의 이단적인 신학, 존 비들(John Biddel, 1615-1662)의 일신론 등이 포함되었다.

이러한 다양성 때문에, 일부 역사가들은 "청교도주의"라고 부를 수 있는 역사적인 운동이 존재했다는 것을 부인하려 했지만, 그러한 견해는 청교도적 헌신이 표현된 다양한 형태를 헌신 자체로 오해한 것이다. 청교도주의는 영적·도덕적 개혁이라는 목적을 달성하기 위한 수단으로서 교회적·정치적·지적 개혁을 추구했다. 그러므로 청교도주의의 본질은 교회 조직, 전례적 관습, 또는 신학적 교의에 있는 것이 아니라, 이러한 것들에 대해 가르쳐 줄 수 있는 기독교적 삶에 대한 청교도적 개념에 있다. 밀튼은 시편 85:11을 언급하면서 "성경에서 진리는 솟아나는 샘으로 비유된다. 그 샘의 물이 영구히 흐르지 않으면, 일치와 전통이라는 진흙탕 연못에 갇힐 것이다"라고 기록했다.

청교도주의의 특징은 영적 조명과 발달의 지속적인 과정에 대한 헌신이다. 백스터는 "참 기독교인은 저급한 수준의 은혜에 만족하지 않고 천국을 향해…완전함을 향해 전진한다"고 기록했다. 이 가장 중요한 일은 의무나 교의를 통해서 성취되는 것이 아니라, 개인이 의무를 수행하고 교의를 신봉할 때에 발휘하는 확신을 통해서 성취된다. 청교도주의는 가톨릭교회의 사제 제도에 대항하여 강조한 개신교의 설교를 강화했고, 그것은 다시 개인의 책임과 믿음의 우선성을 강조했다(살전 5:21). 가톨릭 교회는 신자들에게 맹목적인 믿음만 허락한다는 것이 반-가톨릭 논쟁의 주제였다. 이것이 "사람은 진리 안에서 이단자일 수도 있다"는 밀튼의 역설에 압축되어 있었는데, 이것은 번연의 말을 토대로 하여 해석될 수 있을 것이다: 우리는 "사람이나 사물에 대한 신뢰에 기초한 진리를 택해서는 안 되며, 하나님께서 거룩한 말씀의 영에 의해서 우리에게 그것에 관한 실체를 확신시켜 주시고 우리를 그 안에 자리잡게 해 주실 것을 구해야 한다." 개인적인 확신을 종교 생활의 중심에 두는 성령의 사역에 대한 이 심오한 의식은 청교도 신학자들이 구세론, 회심의 과정과 성도의 표식에 전념한 것, 그리고 빛과 어두움이라는 바울의 상징을 즐겨 사용한 것을 설명해 준다(예: 엡 5:8; 골 1:12-13, 살전 5:4-5; 참조. Thomas Goodwin, *A Child of Light walking in Darkness*, 1636, Bunyan, *Light for them that Sit in Darkness*, 1675). 개인주의와 분열은 피할 수 없는 결과였다. "국교 신봉의 엄청난 어리석음" "표면적인 국교 신봉이라는 멍에"—한 마디로 위선—라는 밀튼의 표현에서, 외적인 권위의 옹호를 받는 특별한 정체(政體)나 의식이나 교의에 만족하는 것이 가장 심각한 장애물로 인식된다. 따라서 청교도주의의 다양성은 그 운동의 특징적인 영적 열심을 증명해 준다.

기독교적 삶에 대한 이 역동적인 개념은 행위와 노력과 관련된 상징으로 표현된다. 1630년대에 윌리엄 로드의 박해를 피해 뉴잉글랜드로 도피한 사람들, 또는 폭스처럼 영적 확신을 구하려고 잉글랜드를 여행한 사람, 또는 찰스 1세와 의회와의 싸움에 참여했던 사람들에게 있어서, 여행과 전쟁은 일종의 영적인 경험이었다. 그 밖에도 기독교적 삶을 성경에 등장하는 전쟁과 여행, 요한복음 14:6에서 절정에 달하는 "길"이라는 단어를 문자적이고 비유적으로 사용한 것, 바울이 인류에 대해 사용한 상징(고전 9:24; 히 12:1), 갑옷과 싸움의 비유(엡 6:11-13; 딤전 6:12) 등에 의해 표현하려는 자극이 있었다. 존 다우네임의 *The Christian Warfare*(1609), 윌리엄 구즈의 *The Whole Armour of God*(1616), 존 프레스톤의 *The Breast-Plate of Faith and Love*(1630), 아더 덴트의 *The Plain Man's Path-way to Heaven*(1601), 로버트 볼튼의 *Directions for a Comfortable Walking with God* (1625) 등에 사용된 상징들은 번연의 『천로역정』과 『거룩한 전쟁』(1682)에서 풍유적으로 사용되었다.

그러나 청교도의 이상적인 인물은 『실락원』에서 분명히 거부된 이상, 즉 중세 시대의 기사도를 추구하는 기사와는 전혀 비슷하지 않았다. 청교도주의는 모든 사람이 평범한 가사나 상업적인 거래의 상황에서 기독교적인 영웅이 되라고 촉구한다. 밀튼은 공주 수도원운동과 은둔적 수도원운동을 경멸했다: "나는 도피적이고 은둔적인 덕목, 기운차게 출격하여 자기의 대적을 보지 못하고, 인류에게서 도망치는 것을 찬양할 수 없다." 그는 탁발운동 역시 비난했다. 청교도의 가르침은 결혼과 고용에 새로운 권위를 부여했고,

평민들로 하여금 자신의 삶의 상황 속에서 기독교적 봉사의 기회를 보도록 격려했다. 그것은 실용적으로 현실적이고, 인간의 본성과 경험의 복잡함을 예리하게 의식한 말이었다. 스콜라주의도 수도원운동과 마찬가지로 배격되었다.

청교도 신학의 특징은 추상적인 명제나 전통적인 권위를 분석하지 않고 회심과 유혹의 심리, 그리고 직접적인 결의론적인 문제들을 분석한 것이다. 청교도 신학이 결과적으로 체계적인 것이라기보다 도덕이라면, 도덕적·수덕적 신학과 신비 신학의 구분들 역시 청교도 경건 행위에 적용하지 못할 것이다. 청교도 경건에서는 기도와 묵상이라는 사적인 의무들을 적극적인 믿음의 공적인 의미로부터 분리하지 않는다. 청교도 논문들은 "경건"이라는 포괄적인 용어를 즐겨 사용하며, 일상적인 사회생활로부터 분리된 영성생활이나 종교생활이라는 개념을 표현하지 않는다.

평가의 기준은 개인의 성실함이었기 때문에, 가장 자주 요구되는 영적 활동은 단호한 자기 성찰이었고, 예레미야 17:9이 자주 인용되었다: "만물보다 거짓되고 심히 부패한 것은 마음이라." 실질적으로 모든 청교도 신학자들이 예정(election)이라는 중요한 문제를 결정하는 것에 대해 충고했다. 이러한 자기 분석에 수반되는 위험은 자만과 위선, 불안과 우울함(낙심)이었다. 신학자들은 견인과 확신이라는 문제에 대해서는 의견을 달리했지만, 고립시키는 믿음의 위험에 대해 경고하는 데에는 일치했다(잠 23:26; 갈 5:22-23; 빌 2:12-13). 그러나 성찰이 내향적인 것만은 아니었다. 청교도들은 섭리*의 의식을 가지고 개인적인 일과 지역적인 일과 국가적인 일을 관찰하고 해석했다. 그러므로 청교도는 자신의 내면 생활에 대해 호기심을 가지듯이 주변 세계에 대해서도 호기심을 가진다. 토머스 테일러(Thomas Taylor, 1576-1633)는 "그리스도에 대한 참된 지식은 경험적인 지식이다"라고 기록했다. 청교도들은 사람들을 격려하고 인도하기 위해서, 그리고 감사와 찬양의 제물로서, 하나님께서 자기 영혼을 위해 행하신 일에 대한 경험을 대화나 회중 앞에서의 간증을 통해서 표현하거나 자서전에 기록했다. 여기에서 번연의 *Grace Abounding*(1666), 폭스의 *Journal*(1694), 백스터의 *Reliquiae Baxterianae*(1696), 에드워드 테일러의 시와 같은 청교도 영성의 고전들이 생겼다.

청교도주의는 결국 사회적이고 동지적인 운동이다. 모든 가정이 "하나의 작은 교회"가 되어야 했듯이 (Perkins), 청교도 집회소는 표면적으로 가정집과 같은 모습이었고, 회중석과 성단석의 구분이 없는 내부는 만인 제사장설을 존중하는 사회, 의회의 법이나 교회법이 아니라 회원들이 공통적으로 소유하는 영적 경험과 자발적인 헌신에 의해 구성되는 사회 안에서의 동등한 교제를 반영했다(벧전 2:9; 계 1:6; 5:10). 디도서 2:14은 "영생으로 예정되고 그리스도와 하나가 된 사람들의 특별한 교제"인 교회라는 퍼컨즈의 정의를 낳았다. "성찬"과는 달리 친밀하고 가정적인 "주님의 만찬"이라는 용어에 나타나듯이, 예배자들은 신비한 제물을 수동적으로 바라보는 것이 아니라, 영적 교사인 목사의 인도에 따라서 전례 기도문보다는 즉흥적인 기도를 선호하는 의식에 참여했다. 의식에서는 예식적인 것은 최소한으로 줄이고, 평범하고 실질적인 설교에 중심을 두며, 비성경적인 찬송보다는 토머스 스턴홀드(Thomas Sternhold)와 존 홉킨스 등이 지은 운율적인 시편을 사용했다. 이와 같은 간소한 예배는 문학이나 예술 등에서 화려한 바로크 양식보다는 단순함을 선호한 청교도적 성향의 특징이었다. 그러나 성상파괴론, 안식일 엄수주의, 반-지성주의, 실리주의 등은 비교적 희박했다. 금욕과 고행이 아니라 세상과 육을 제대로 인정하고 절제있게 활용함으로써 완전함에 이를 수 있다는 것이 청교도 사상의 요점이다. 청교도들은 세상과 육을 과소평가하지도 않고 과대평가하지도 않았으며, 그것들을 성화시켰다.

P. Collinson, *The Elisabethan Puritan Movement*, 1967; G. R. Cragg, *Puritanism in the Period of the Great Persecution 1660-88*, 1957; H. Davies, *The Worship of the English Puritans*, 1948; *Worship and Theology in England from Andrewes to Baxter and Fox*, 1975; W. Haller, *The Rise of Puritanism*, 1938; C. Hill, *The World Turned Upside Down*, 1972; U. M. Kaufmann, *The Pilgrim's Progress and Traditions in Puritan Meditation*, 1966; M. M. Knappen, *Tudor Puritanism*, 1939; P. Miller, *The New England Mind: The Seventeenth Century*, 1939; G. F. Nuttal, *The Holy Spirit in Puritan Faith and Experience*, ²1947; G. S. Wakefield, *Puritan Devotion*, 1957; M. R. Watts, *The Dissenters: From the Reformation to the French Revolution*, 1978.

N. H. KEEBLE

청년 기독교 노동자 동맹 | Jocist

이 명칭은 벨기에에서 시작된 청년 기독교 노동자 동맹(Jeunesse Ouvière

Chrétienne)이라는 프랑스어의 머리글자를 따서 만든 것이다. 그것은 요셉 카르딘(Joseph Cardijn)이 세웠다. 그는 1924년에 대체로 소외된 청년 노동자들에게 기독교를 전파하려 했다. 그 목적은 기독교의 도덕적 원리들이 현대 산업에 영향을 미치게 하며, 청년 노동자들을 가톨릭 교회 안에 붙들어 두려는 데 있었다.

제1차 세계 대전으로 인해 교회에 대한 노동자들의 적대감이 증가했다. 교황 피우스 3세는 공산주의의 발흥으로 말미암아 이 사실을 분명히 깨달았고, 카르딘이 주도한 Catholic Action을 지원했다. 그 운동은 프랑스에서 신속하게 보급되었다.

프랑스에서 가톨릭 청년 기구라는 개념은 새로운 것이 아니었다. 1880년대에 앨버트 데 문(Albert de Mun) 백작이 Association Catholique de la Jeunesse를 세웠었다. 그 운동은 외부에서 주도했으며, 자발적인 내면 생활을 일으키는 데 실패했다. 청년 기독교 노동자 동맹의 본질은 청년들에게서 행동의 근원이 되는 개인적인 생각을 일으키려는 데 있었다. 청년들에게 해야 할 일을 말해 주는 것이 아니라, 그들 스스로 할 일을 발견해야 했다.

청년 기독교 노동자 동맹은 지역 별로 결성되며, 그 안에 여러 지부가 있다. 각 지부는 40명으로 구성된다. 그들의 표어는 "보라, 판단하라, 행동하라!"이다. 지부의 모임에서는 회원이면 누구든지 문제를 제기할 수 있다. 회의 안건은 노동 조합과 비슷하다. 문제에 대해 거리낌없이 토론하며, 회원들은 개인적인 믿음 및 복음서를 읽음으로써 문제를 기독교적 가치관에 비추어 볼 수 있게 된다.

지부들이 모여 지역 연맹을 이루며, 이러한 연합 체제는 국가적인 차원으로 확대된다. 그러나 강조되는 것은 일반 대중이다. 각각의 지회들은 전문화된다: 모든 회원들이 동일한 직업을 갖는다. 모두 전례 참여, 복음에 대한 토론, 사회와 개인 생활에서의 개인적인 노력 등이 본질적인 것이라고 여긴다. 지도자들은 나름의 특별 모임을 갖는다. 카르딘의 표현을 빌자면, "모든 청년 노동자와 노동계 전체로 하여금 그 신적 근원과 운명을 실현하게 한다." 따라서 이 운동의 본질은 세 가지이다: 청년 노동자들을 교육하고, 그들을 섬기며, 그들을 대변하는 것.

청년 기독교 노동자 동맹은 1940년대에 영국에 정착했으며, 곧 영국과 미국에서 중요한 세력이 되었다. 이렇게 성공한 것은 패트릭 케간(Patrick

Keegan)의 노력 덕분이다.

Roger Aubert, *The Christian Centuries*, vol. 5, *The Church in a Secularized Society*, ET 1978; Maisie Ward, *France Pagan?*, 1949.

EDWIN ROBERTSON

초감각적 지각 | Extra-Sensory Perception

이것은 지금 우리가 거의 부정적으로 묘사하려는 실제 현상이나 진위가 의심스러운 현상을 지칭하기 위해 사용하는 가장 흔한 표현이다. 그러한 현상들은 전문적으로 ψγ(*psi gamma*)라고 언급되며, 전반적으로 프시(ψ) 현상보다 하위의 것으로 분류된다. "텔레파시"나 "투시력" 등의 용어는 이제 사용되지 않는다.

편견을 갖지 않고 조심스럽게 정의한다면, 초감각적 지각(ESP)은 사람들이 특이하고 부정적인 환경에서 참된 신념들을 소유하게 되는 것이라고 정의할 수 있을 것이다. 주체들이 믿게 된 사실들은 그들이 이러한 신념들을 소유하게 되는 필연적인 조건이 되어야 한다. 만일 이러한 신념들이 그와 일치하는 사실들과 우연히 일치한다면, 그것은 초감각적 지각에 해당된다고 할 수 없다. 이것은 ψγ를 일종의 지각으로 분류하는 데 찬성하는 것은 아니다. 병행하는 인과적 조건이 충족되지 않은 곳에서 누군가가 무엇을 감지했다고 주장하는 것은 잘못된 일일 것이다.

이러한 긍정적인 규정 외에, 부정적으로 상술된 근본적인 상황이 있다. 참된 ESP의 경우, 주체가 소유하게 된 참된 신념들은 친숙한 정상적인 수단에 의해 획득된 것이 아닐 것이며, 이용할 수 있는 정보로부터 추론한 것도 아니며, 오관을 사용하여 얻은 것도 아니다.

초감각적 지각은 두 종류로 구분할 수 있다. 만일 주체가 문제의 신념들을 소유하는 데 필요한 조건이 다른 의식적인 존재나 존재들이 관련된 정보를 소유하는 것이라면, 초감각적 지각은 정신 감응과 관련된다. 전통적으로 정보는 정신에서 정신으로 전달된다고 한다. 만일 그러한 신념을 소유하는 데 필요한 조건이 무의식의 세계 안에 관련된 정보가 존재해야 하는 것이라면, 초감각적 지각은 투시와 관련된다.

이러한 현상들과 영성 사이에 가능한 관계는 두 가지이다. 1. 초감각적 지각 기능들은 본질적으로 무형적이고 비육체적인 본질로 인식되는 정신이나 영, 또는 혼에 속한 것으로 여길 수 있다. 2. 그러한 존재들은 유형적인 수단을 사용하지 않고서도 서로 의사소

초월명상 | Meditation, Transcendental

통을 할 수 있거나, 생명을 가진 피조물에 의해 이해될 수 있는 듯하다.

C. E. Hansel, *ESP and Parapsychology: A Critical Revaluation*, 1980.

ANTONY FLEW

초월명상 | Meditation, Transcendental

이 방법은 동양에서 주로 힌두교 신자들이 수천 년 동안 사용해온 방법이다. 힌두교 신자들은 이것을 절대자와 하나가 되는 상태에 도달하는 방법으로 사용한다.

1957년 말에, 힌두교 수도사인 마히라시 마헤시 요기(Maharishi Mahesh Yogi)가 미국에서 체계적인 방법으로 초월명상을 가르치기 시작했다. 초월명상은 특히 젊은 사람들과 서방의 종교나 문화에 환멸을 느낀 사람들 가운데서 크게 유행하여 일종의 종교와 같은 지위를 획득했다. 그 방법의 도입을 둘러싸고 논쟁이 있었으나, 그것은 지금도 여러 국가에서 널리 실천되고 있다. 숙련된 교사들은 주의깊게 계획된 일련의 개인 교습을 통해서 제자들에게 그 방법을 전수한다.

초심자들은 보통 한 번에 20분씩 하루에 두 차례 명상을 하도록 권장된다. 그들은 내면에서 들려오는 산스크리트 어 음절에 주의를 집중하여 일상적인 의식을 초월하여 정신적으로나 육체적인 정적의 상태―의식과 무의식의 중간 상태이다―에 이르도록 가르침을 받는다.

지원자들이 명상을 하는 동안에 많은 과학적인 관찰이 행해졌다. 그 결과, 명상을 하는 동안 호흡과 맥박의 감소, 혈액 내의 젖산의 감소, 그리고 깨어서 쉬거나 잠잘 때와는 상이한 깊은 휴식 상태를 나타내주는 뇌파의 변화 등 분명한 정신적 변화가 증명되었다. 명상하는 사람 자신은 이러한 육체적인 변화를 의식하지 못하지만, 명상을 마친 후에는 전반적인 행복, 활력의 증가, 환경과 이웃과의 조화 등을 경험한다. 규칙적으로 명상하는 습관을 형성한 사람들은 명상이 자신의 건강에 미치는 유익을 계속 경험하기 위해서 자신의 생활 방식을 바꾼다.

마하리시 마헤시 요기는 초월명상은 종교가 아니라고 주장했다. 어느 종교에 속한 사람이든지, 선한 양심을 갖지 않은 사람이라도 초월명상을 할 수 있다. 그럼에도 불구하고, 교사들은 분명히 힌두교 영성에 기초를 두고서 의식적인 준비를 했다. 많은 사람들은 이것을 받아들이지 않았고, 이 방법을 수정한 많은 상이한 방법들이 유행하게 되었다.

일부 기독교인들은 초월명상과 『무지의 구름』*의 저자와 같은 신비가들이 가르침 단순한 기도에 대한 가르침 사이에 유사성이 있음을 인정해왔다. 이런 사람들은 초월명상을 기도를 위해 긴장을 풀고 준비하는 방법으로는 사용하지만 결코 기도를 대신하는 것으로 사용하지는 않는다.

초월명상 자체는 지혜롭게 절제하여 사용하면 해로운 것이 아니지만, 처음에 이 방법을 사용하려면 훌륭한 교사와 숙련된 영적 지도자와 의논하는 것이 좋다.

Una Kroll, *TM–A Signpost for the World*, 1974; Maharishi Mahesh Yogi, *On the Bhagavad Gita*, 1969; *The Science of Being and the Art of Living*, 1963.

UNA KROLL

축복 | Benediction

이 단어는 축복(blessing)에 상응하는 라틴어이다. 그러나 일반적으로 공식적인 축복이나 전례적인 축복을 나타내기 위해서 이 단어를 사용한다. 이 용어는 흔히 두 가지로 사용된다.

1. 사람들이 모여서 예배를 볼 때, 사제나 모임의 인도자는 하나님의 이름으로 사람들을 축복하며, 종종 예배를 마치고 폐회할 때에도 그리 한다. 아론과 그의 후계자들은 다음과 같이 백성들을 축복하라는 가르침을 받았다: "여호와는 네게 복을 주시고 너를 지키시기를 원하며 여호와는 그 얼굴로 네게 비취사 은혜 베푸시기를 원하며 여호와는 그 얼굴을 네게로 향하여 드사 평강 주시기를 원하노라"(민 6:24-26). 기독교 예배에서는 세 부분으로 이루어지는 공식이 흔히 사용된다. 친근한 예는 공동기도서에 수록된 성찬식을 마치면서 행하는 축복 기도이다: "모든 이해를 초월하는 하나님의 평화가 여러분의 심령과 정신을 하나님과 그의 아들 우리 주 예수 그리스도의 사랑과 지식 안에 지켜 주시며, 전능하신 하나님, 성부와 성자와 성령께서 여러분 가운데 계시기를 축원합니다."

2. 가톨릭 교회와 일부 성공회 회중에의 축복 기도(또는 성체 강복식)는 엄숙한 경모 의식이다. 신학적으로, 그것은 성찬의 연장으로 이해될 수도 있다. 종종 저녁 기도 뒤에 그것을 행함으로써 그 기도에 성례전적인 차원을 추가하기도 한다. 준비된 성찬을 성막에서 가져다가 제단 위의 성체 현시대에 둔다. 성체 현시대는 이 용도로 사용하기 위해서 특별히 만들어진 그릇으로서 흔히 광선으로 둘러싸인 태양

축사 | Exorcism

의 표면 모양이다. 그 중앙에는 유리잔이 있고, 그 잔 안에 사람들이 볼 수 있도록 성체가 모셔져 있다. 성찬 찬양이 행해지고, 성례전적으로 임재하시는 그리스도가 찬양되고 찬미된다. 그 후에 사제가 성체 현시대를 손에 든다. 그리고 성찬이 예배되는 동안 사람들에게 십자 성호를 긋는다. 그 후 다시 기도와 찬양을 하고 나서 성찬을 제자리에 놓는다. 이 단순하지만 아름다운 의식은 신의 임재를 일상적으로 전달해 주며, 또한 성찬의 축복을 교회의 모든 사람들에게 확대하는 선교적인 기능을 지닌다.

J. Macquarrie, 'Benediction of the Blessed Sacrament' in *Paths in Spirituality*, 1972.

JOHN MACQUARRIE

축사 | Exorcism

교회는 처음부터 세례 의식과 목회적 돌봄을 행하면서 귀신을 쫓는 일을 행해왔다. 물론 선과 악의 우주적 싸움이라는 개념을 받아들이는 이교에서도 귀신을 쫓는 일을 해왔다. 개신교회에서는 이성주의가 등장하면서 축사 사역을 행하지 않게 되었고, 후일 낙관적인 신학들은 이미 마귀와의 싸움에서 승리했으므로 더 이상의 싸움이 있을 수 없다는 신앙에 기초를 두었다. 19세기에 낙관주의가 쇠퇴하면서 치유 사역의 범주 안에서, 즉 정신의학과 의학 등 일반적인 치유 학문 안에서 축사 사역에 대한 관심이 회복되었다. 축사는 마술적인 능력을 가진 사람의 활동이 아니라 교회를 통해서 활동하시는 그리스도의 사역으로 이해된다.

사탄과 귀신의 세력에 대한 성경적인 묘사나 "그림자"에 압도된다는 현대의 심리학적 묘사가 사용되는 신화나 본보기, 또는 악을 의인화하거나 우주의 부정적인 힘을 의인화하는 등의 신학적 표현을 사용하는 것은, 고통 받는 사람들을 위한 목회적 돌봄에는 그리 중요하지 않다. 치유 사역에는 안수기도나 기름을 바르는 것 외에도 죄고백과 용서, "묶고 푸는 것"이 포함된다. 축사는 속박을 받고 있는 사람들에게 자유를 주시는 부활하신 주님의 치유 능력을 요청하는 것이다. 그것은 장기적인 목회 상담이 아니고, 정신 요법도 아니다. 그것은 속박하고 있는 것을 놓아 주라고 그리스도의 이름으로 명령하는 것이다. 축사는 (흔히 고집 센 이기심 때문에) 하나님께서 주신 자유를 잃어버린 사람을 향한 목회적 돌봄의 첫 단계에 불과하다. 목회적 돌봄에서는 축사를 행한 후에 기독교적인 교제 안에서 그리스도의 몸 안에 들어가도록 덕을 세워 주는 것이 한층 중요하다.

어떤 정신병은 귀신들림의 징후라고 알려진 것과 비슷하기 때문에, 축사는 숙련된 사람이 정신과 전문가들 및 후원하는 기도 모임과 긴밀하게 협조하면서 행해야 한다. 축사를 행하는 사람들은 정신과 의사와 함께 일하면서 그 사람이 나타내는 증세를 조사해야 한다. 정신과 의사의 견해와 반대되는 주관적인 느낌이나 분별에 의지하는 시술은 대부분의 경우 그릇된 것으로서 비극을 초래해왔다.

간단히 말해서, 축사는 세 부분으로 구성된다: 축사가 "예수 그리스도의 이름으로" 이루어진다는 언명; 속박하는 힘에게 해를 끼치지 말고 떠나 다시 돌아오지 말라고 가르침; 떠나라는 명령. 실제의 축사 의식은 공식적인 것일 수도 있고 비공식적인 것일 수도 있으며, 관련된 사람들이 교회에서 차지하는 위치와 환경에 따라서 변화될 수 있다.

고등한 축사와 저급한 축사를 구분해야 한다. 전자는 완전한 의식으로 이루어지며, 분명히 귀신 들렸을 경우에 엄격한 통제 하에서 이루어진다. 후자는 실제로는 간단한 중보기도이다.

장소와 관련하여 축사 사역을 할 때에도, 원래 의도하지 않았던 상황에서 축사를 사용해서는 안 된다. 영적인 현상이 아닌 순수한 정신적인 현상인 시끄러운 소리를 내는 요정들은 악한 세력이 아니며, 따라서 축사의 대상이 아니다.

ALAN HARRISON

춤 | Dance

춤은 보편적인 신앙의 표현이다. 선사시대의 춤을 보여 주는 증거는 동굴 벽화에서 발견된다. 신앙의 표현인 춤은 이집트 종교와 고대 그리스 종교의 정상적인 특징이었다. 셰이커 파의 관습에서도 중심적인 위치를 차지하며, 힌두교 예배에 빠질 수 없는 요소였다. 오늘날도 춤은 아프리카, 호주, 북아메리카 등 세계 각처에서 발견된다. 이스라엘에서는 유대인들이 토라를 가지고 춤을 추며, 스페인에서는 성가대원들이 미사 때에 제단 앞에서 춤을 춘다. 춤 추는 사람의 입장에서 보면, 춤은 유희가 아니라 눈에 보이지 않는 영의 움직임을 눈에 보이게 표현하는 것이다. 예를 들어, 미국 남서부의 원주민인 프에블로 족은 금식과 기도를 통해서 철저하게 준비를 한 후에만 춤

춤 | Dance

을 춘다.

과거에 춤에 대한 기독교의 태도가 어느 정도 유동적이었다. 구약성서에는 다윗이 언약궤 앞을 빙빙 돈 것(삼하 6:14)—이것은 즐거움을 위해 뛰어논 것이 아니라 엄숙한 의식적 행위였다—을 비롯하여 많은 예가 기록되어 있다. 특히 시편에서는 춤을 정상적인 예배의 일부로 다룬다(149:3). 그러나 후일 로마 제국에서는 춤이 음탕한 구경거리로 전락했는데, 이 시대의 교부들은 광신적인 태도를 취하지 않았다. 그들은 육체보다 영혼을 고귀하게 여기는 경향을 지닌 신플라톤주의의 영향을 받아 춤을 추는 관습에 찬성하지 않았지만, 그것을 억제하지 못했다. 중세 시대, 그리고 19세기에 이르기까지, 교회에서는 춤이 일상적으로 행해졌다.

20세기에 춤은 점차 단순한 오락의 수단이 아니라 영성의 수단으로 인정되고 있으며, 하나님을 향한 내적인 존경심을 외적으로 표현하는 종교적 행위로 이해된다. 춤은 찬양, 탄원, 영적인 기쁨 등을 표현할 수 있다. 그것은 언어가 아니라 몸 전체의 움직임에 의해서 표현되는 기도가 될 수 있다. 예배는 하나님께 우리의 몸을 제물로 드리는 것일 뿐만 아니라(롬 12:1), 우리가 할 수 있는 최상의 것을 제물로 드리는 것이므로, 춤을 추는 재능도 음악, 그림, 건축과 같은 창조적인 재능과 마찬가지로 봉헌물이 될 수 있다.

회중이 모이는 곳에서, 춤은 그 자체가 예배의 도구라는 의미에서 전례의 일부일 뿐만 아니라, 비유나 구약 성서 이야기들의 의미를 탐구하고 제시하는 춤-드라마의 형태를 취할 수도 있다. 이것은 춤이 지닌 모방적인 측면에 관심을 끌기 위한 것으로서, 발레의 형식을 취할 수도 있지만 현대적인 춤이나 자유로운 춤도 사용할 수 있다. 특히 구상되는 것이 춤-합창과 전체 회중을 포함할 때에 그러하다.

춤이 대중 예배에 기여할 수 있다면, 개인적인 기도에서도 나름의 역할을 할 수 있을 것이다. 이러한 영성은 하나님을 살아 계신 분, 정적이신 분이 아니라 역동적이신 분, 유대교의 종말론에 의하면 하나님의 나라가 임할 때에 백성들을 인도하여 승리의 춤을 주실 분으로 간주하는 성경적 견해와 일치한다.

Doug Adams, *Congregational Dancing in Christian Worship*, 1976; E. L. Backman, *Religious Dances in the Christian Church and in Popular Medicine*, 1952; J. G. Davies, *The Secular Use of Church Building*, 1968; (ed), *Worship and Dance*, 1975.

충성선서 거부자 | Nonjurors

J. G. DAVIES

1689년에 오렌지의 윌리엄(윌리엄 3세, William of Orange)과 메리에게 신하로서의 서약을 거부하여 성직록을 박탈당한 주교들과 성직자들을 말한다. 그들은 나름의 교회 조직을 세워야 했으며, 그것을 합법적인 영국 국교회로 간주했다. 여기에는 찰스 1, 2세 시대의 신학자*들 다수가 포함되어 있었다. 그들 및 18세기의 그들의 후계자들은 다른 일에 있어서는 물론 영성에 있어서도 찰스 1, 2세의 전통을 지속했지만, 기성 교회 내에서는 그것이 거의 사라졌다. 그러므로 충성선서 거부자들의 영성은 일반적으로 17세기 국교회 성직자들의 영성과 별 차이를 나타내지 않는다. 그러나 충성선서 거부자들 중에 극단적인 성직자들은 성례전 신학과 예전과 헌신에 있어서 국교회가 점유하고 있는 위치를 크게 초월했다.

후대의 충성선서 거부자들 중에서 가장 유명한 사람은 윌리엄 로이다. 로는 여러 면에서 전형적인 충성선서 거부자들과는 거리가 멀었으며 많은 형제들에게 인기가 없었지만, 금욕적이고 신비적인 저술로 유명해졌다. 로는 타협을 모르는 충성선서 거부자들 중에서도 두드러진 사람이며, 기독교인에게 필요한 생활 방식에 관한 확고하고 타협을 모르는 엄격한 가르침을 위해서 필요한 대가를 치를 각오가 되어 있었다. 이것은 그가 1705년에 켐브리지의 엠마누엘 대학에 들어가기 전에 작성한 "나의 장래의 행동을 위한 규칙들"(Rules for my Future Conduct)에 분명히 나타나 있다. 그는 1711년에 부제로 임명되고 대학의 특별 연구원으로 선출되었지만 조지 1세에 대한 충성선서를 거부하여 특별 연구원 자격을 박탈당하고, 충성선서 거부 교회에 합류했다. 그는 거기서 1728년에 사제 서품을 받았다. 같은 해에 그의 가장 유명하고 영향력이 있는 저서 『거룩하고 경건한 삶으로의 진지한 소명』(A Serious Call to a Devout and Holy Life)이 출판되었다.

*ODDC*에서는 이 책은 "도덕적이고 금욕적인 기독교적 삶을 받아들이라는 강력한 권면, 저자는 도덕적인 덕목들과 묵상과 수덕적인 관습들의 실천을 추천한다. 그러나 공동예배는 그리 강조되지 않는다. 그는 특히 일상 생활에서 실천되는 덕목들, 즉 절제, 겸손, 자기 부인 등 하나님을 영화롭게 하려는 의도에 의해 활력을 얻으며 모든

인간적인 활동이 지향해야 하는 덕목들을 강조했다"고 훌륭히 묘사했다. 『진지한 소명』은 영적인 고전이기는 하지만, 로의 엄격함 때문에 손상되어 있다. 로의 견해에 의하면, 하나님의 영광을 지향할 수 있는 인간적 활동의 비율은 극히 제한되어 있다. 순수한 즐거움이나 휴식은 없으며, 학문은 의심스러운 것이며, 문화라는 범주에 속하는 것은 거의 모두가 위험하다. 오스틴 워렌(Austin Warren)은 그 책의 최근 판에서 다음과 같이 요약한다: "활 시위는 항상 팽팽한 상태로 유지되어야 한다."

로는 1740년에 노스햄프턴셔의 킹스 클리프에 있는 고향집으로 은퇴하여, 허치슨 부인, 1727년부터 1737년까지 그가 가르친 역사가의 고모인 헤스터 깁슨과 함께 일종의 종교적 공동체 생활을 했다. 이전에 특히 타울러*, 루이스브렉*, 토머스 아 켐피스* 등의 영향을 받았던 그는, 이번에는 야곱 뵈메*의 저술에 흠뻑 빠져들었다. 그는 뵈메의 색다른 신비적 가르침을 열광적으로 지지하여 "하나님이 택하신 도구인 야곱 뵈메 안에서 하나님에 의해 열려진 모든 것의 신비"라는 말을 했다. 로는 『진지한 소명』에서 현저하게 강조했던 도덕적이고 수덕적인 덕목에는 점차 관심을 두지 않고, 완전히 정통적인 것도 아니고 완전히 정상적인 것도 아닌 모험적인 신학적 사변과 과장된 신비주의를 더욱 강조했다. 『진지한 소명』을 소중히 여겼던 사람들—예를 들면, 존 웨슬리*와 새무얼 존슨*—은 로의 말년의 저술들에 대해 각기 상이한 반응을 나타냈다. 그 중에서『기도의 영』(*Spirit of Prayer*, 1747년과 1750년에 2부로 출판되었음)과『사랑의 영』(*The Spirit of Love*, 1752년과 1754년에 출판되었음)이 가장 두드러진 저서이다.

A Serious Call to a Devout and Holy Life and *The Spirit of Love*(Classic of Western Spirituality), 1979; S. H. Hobhouse, *Selected Mystical Writings of William Law*, 1939; J. H. Overton, *The Nonjurors: Their Lives, Principles and Writings*, 1902; A. K. Walker, *William Law: His Life and Thought*, 1973.

W. JARDINE GRISBROOKE

침례교 영성 | Baptist Spirituality

침례교 운동은 시작된 이후 거의 4세기 동안에 시간적으로나 공간적으로 크게 발달했다. 현재 전 세계 거의 모든 국가에서 침례교인들을 발견할 수 있다. 그들의 경건은 주요한 신앙과 문화의 영향을 받아왔다. 침례교 영성에는 다양성이 있지만, 여러 시대 여러

침례교 영성 | Baptist Spirituality

장소에 적용되는 다섯 가지 특징을 가지고 있다.

1. 믿음을 강조한다. 즉 그리스도께 대한 개인적인 응답이 요구된다. 청교도 영성의 고전으로서 1678년에 존 번연이 베드포드 감옥에서 저술한 『천로역정』*은 한 개인의 이야기이다. 주인공인 순례자는 여행하는 동안 내내 영혼의 구원에 관심을 갖는다. 이러한 관심이 침례교 신앙의 특징이다. 침례교인들은 회심을 위해 기도하고 설교한다. 회심의 절정인 침례는 개인적인 응답을 실천한 사람들을 위한 것이다. 그들은 믿음과 침례를 통해서 신자들과의 교제에 들어간다. 믿음, 침례, 그리고 교제는 침례교 영성의 특징이다.

2. 예수님은 친밀하고 자유롭게 아버지와 대화하셨고, 하나님은 우리 마음에 그 아들의 영을 보내 주셨다. 기도의 자유가 영국 국교회로부터의 분리파의 특징이었다. 그들의 예배는 주로 카리스마적이었다. 책을 읽는 것은 억제되고 자발성이 소중히 여겨졌다. 오늘날, 전형적인 침례교인은 기도서를 사용하지 않는다. 그는 매일 아침이나 저녁에 상황에 따라 기도하며, 그 기도는 즉흥적이다. 한 때 가정 예배—성경 한 장을 읽고 자유로이 기도함—가 널리 행해졌다. 오늘날 일부 가정에서는 아침 식사를 한 후에 식탁에 둘러 앉아 성경을 읽고 기도한다. 경건한 부모는 잠 자리에 들기 전에 자녀들과 함께 기도한다. 침례교회에서는 매 주 기도회 때에 모범 기도문을 사용하여 기도한다. 참석한 모든 사람이 기도하도록 권장한다. 주일 예배 때에 모범 기도문을 사용하는 것에 대한 비판이 많았다. 그런 기도는 장황하고 지루하고 교훈적이고 진부하고 두서 없는 것이 될 수 있다. 결과적으로, 현재 그런 기도는 신중하게 사용되고 있지만, 다른 기도로 대치되지는 않았다. 영의 자유의 표현인 그 기도는 침례교 예배에서 보증된 소중한 위치를 차지하고 있다.

3. 침례교인들은 성경을 사랑하며, 그들의 경건은 성경 읽기에 뿌리를 두고 있으며, 그것에 의해 성장한다. 분리파에서는 모든 것을 성경에 의해 판단했으며, 성경을 예배의 중심으로 삼았다. 18, 19세기에는, 주일 예배 때에 성경을 읽는 것 뿐만 아니라, 성경 한 장에 대해 연속적으로 설명이나 주석을 하는 일이 흔했다. 주일에만 성경을 읽은 것이 아니었다. 오늘날 대부분의 교회에서는 주중에 성경공부를 위한 모임을 갖는다. 이러한 모임에서는 목회자나 지도자가 정해진 성경을 설명하거나, 참석한 사람들이 서로의 견해

를 나눈다. 성경은 기독교인들이 항상 휴대하는 책이었다. 어떤 사람들은 지금도 필요할 때에 사용하기 위해서 성경책을 가지고 다닌다. 침례교인들은 매일 성경 읽는 시간을 배정한다. 어떤 사람들은 주석을 사용하기도 한다. 매일 정해진 분량의 성경을 읽고 모범 기도를 하는 것이 경건한 침례교인의 기본 일과이다.

4. 성경과 설교는 병행한다. 『천로역정』에서 기독도는 "손에는 가장 훌륭한 책을 들고, 입에는 진리의 법이 기록되어 있는 훌륭한 사람의 모습을 보았다." 목사는 성경을 토대로 설교한다. 옛 교회 내의 중앙 높은 곳에 위치한 강단은 말씀의 위치를 나타내는 상징이었다. 지금도 침례교 예배에서 관심의 초점은 설교이다. 말씀 선포에 의해서 믿음이 야기되고 경건이 성장한다. 19세기와 20세기의 위대한 설교자들—예를 들면, 로버트 홀, 찰스 스펄전, 알렉산더 맥클래런, 존 클리포드, 해리 포스딕*, 빌리 그래험—은 설교의 중요성을 강조했다. 구두로 행한 것이든 글로 기록된 것이든, 설교자의 말은 침례교인들의 주요한 믿음의 양식이었다. 스펄전의 설교집은 많은 사람들의 영적 양식이었다. 후일 보어험(F. W. Boreham)과 포스딕(H. E. Fosdick)은 많은 가정과 심령에게 감명을 주었다. 침례교인들은 기록된 말씀이든 구두의 말씀이든 말씀에 의해 산다.

5. 번연은 기독교 목사에 대한 묘사를 "그는 사람들과 함께 변론하는 것 같은 모습으로 서 있었다"는 말로 마친다. 침례교 영성의 깊이는 복음 전도의 열정에 의해 측량할 수 있다. 구두 수선공인 윌리엄 캐리의 작업장 벽에는 세계 지도가 걸려 있었다. 그의 『이교도들의 회심을 위한 수단들을 사용해야 하는 기독교인들의 의무에 대한 고찰』(1792)이라는 글은 세계 선교를 알리는 나팔소리였다. 그 직후에 그가 노팅험에서 행한 설교를 계기로 침례교 선교회가 구성되었다. 침례교의 기도회는 경건과 선교의 관계를 보여 주는 본보기이다. 19세기와 20세기 초에 활발했던 주중 기도회는 주일 저녁의 전도 예배의 서곡이었다. 사람들은 죄인들의 회심을 위해 모여서 기도했다. 침례교회가 전례없이 성장한 미국 개척지에서도 동일한 관계를 찾아볼 수 있었다. 예배와 복음전도는 동전의 양면과 같았다. 천막 집회와 신앙부흥 예배에서는 활기찬 찬송, 자발적인 기도, 성경 봉독에 이어 개인적인 응답을 호소하는 감정적인 설교가 행해졌다. 여러 지역에서 부흥회는 침례교 예배에

심오하고 영속적인 영향을 주었다.

위의 다섯 가지 특징은 서로 밀접하게 관련되어 있으며, 그것들이 합하여 침례교 영성의 특징이 된다.

STEPHEN F. WINWARD

침묵 | Silence

"일곱째 인을 떼실 때에 하늘이 반 시 동안쯤 고요하더니"(계 8:1). 이 구절은 쉽게 설명할 수 없지만 하나님의 현존 안에서의 경의를 암시한다. 토머스 머튼*은 자신이 트라피스트 수도사의 삶에서 침묵을 선택한 데 대한 자서전적인 기사에 『선택된 침묵』(*Elected Silence*, 1949)이라는 제목을 붙였다. "침묵은 금이다"라는 표어는 침묵의 가치를 잘 드러내준다.

라디슬라우스 보로스(Ladislaus Boros)는 『우리와 함께 계신 하나님』(*God is With Us*, 1967)에서 예수님이 사용하신 세 종류의 침묵을 언급했다. 1. "시험": 요한복음 8:1-11에서 침묵이 사람들을 부끄럽게 만들었다; 2. "지식": 누가복음 22:63-65에서는 사람들이 "너를 친 자가 누구냐"라고 조롱할 때에 침묵으로 대처하셨다; 3. "자비": 누가복음 22:54-62에서 베드로가 예수님을 부인했을 때, 예수님은 돌이켜 말없이 그를 바라보셨다.

침묵은 예배에 반드시 필요한 요소였다. 중세 시대에는 전례에 "침묵기도"와 개인적인 기도가 추가되었다. 성찬 기도 전체를 영어로 소리내어 낭독한 종교개혁자들은 이 두 가지를 모두 없앴다. 옥스포드 운동*에서는 "은밀한 기도"(secret prayer)를 재도입했다. 예배 때에 침묵하는 목적은 하나님께 주의를 집중하기 위한 것이다. 프랑스의 떼제 수도사들은 성경을 읽은 후에 침묵한다. 머필드에 있는 부활의 공동체에서도 성경을 읽은 후에 침묵한다. 이러한 침묵은 활동적이고 역동적인 것으로 느껴진다. 침묵은 공동 기도를 하면서 순수하게 하나님을 모시는 것이다. 오늘날 젊은 사람들이 예배에 관심을 느끼지 못하는 이유는 부분적으로 예배에서 침묵을 창조적으로 이용하지 않기 때문일 수도 있다. 우리는 말을 많이 함으로써 하나님과 성공적인 관계를 형성할 것이라고 생각하지만, 사실은 그렇지 않다. 영국 국교회와 비국교파 교회의 예배는 번잡하다. 가톨릭 교회는 침묵기도 사용하는 법을 배워야 할 것이다.

침묵이 인간 생활의 일부가 될 때에 영성 생활과 성장이 활발해진다. 영적 훈련과 회복을 위한 피정(수양회)*은 침묵을 경험할 수 있는 특별한 기회를 제공해 준다. 성 베네딕트*는 절대적인 침묵(silentium)과 상대적인 침묵(tacturnitas)을 구분했다. 우리는 하나님의 신비한 현존을 의식함에 따라 서서히 깊은 침묵으로 이동한다. 그 때에 기도에는 고요함과 말이 결합되며, 마침내 묵상과 관상*이 자리를 차지하며, 영성 생활은 "하나님 안에 그리스도와 함께 감추인 것"이 된다.

오늘날 많은 사람들은 세속 세계의 소음과 혼잡을 피하기 위해서 동양의 종교들 및 그 종교의 스승들을 의지한다. 침묵에 대한 공동의 관심 때문에 동방 기독교와 서방 기독교가 서로 가까워졌다. 뜻이 있는 사람들은 기독교 및 다른 종교의 영성의 대가들에 대해 공부할 수 있다. 관상의 기술은 모든 종교에서 배울 수 있다. 십자가의 요한*, 프랜시스 드 살*, 페레 그루우(Père Grou), 에블린 언더힐*, 실루안(Staretz Silouan), 서머세트 워드* 등은 모두 영혼의 내면생활에서 침묵을 강조했다. 하나님은 이 기도를 가르치기 위해서 영적 지도자들과 조언자들을 세우신다. 마이클 램지는 다음과 같이 기록한다: "침묵으로 들어가는 유일한 비결은 침묵이다. 침묵이 지속되면, 그것은 단순히 부정적인 것—말을 하지 않는 것—에 그치지 않고 깊이를 지니기 시작한다."

침묵은 실질적인 방법으로 영성 생활에 도입되어야 한다. 퀘이커 파의 예배는 이렇게 하는 방법을 터득했다. 우리는 침묵 속에서 하나님에 대해서, 세상에 대해서, 그리고 우리 자신에 대해서 올바른 질문을 하는 법을 배운다. 침묵이 없으면, 우리는 "소리 나는 구리와 울리는 꽹과리"가 된다.

William Johnston, *Silent Music*, 1974.

N. W. GOODACRE

카데날, 에르네스토 | Cardenal, Ernesto

에르네스토 카데날(1925년 출생)은 특이하게도 사제, 시인, 신비가이자 정치 활동가이다.

그는 고향인 니카라과와 멕시코에서 교육을 받았고, 1947년부터 1949년 사이에 뉴욕의 콜롬비아 대학에서 문학 석사 과정을 밟았다. 이곳에서 그는 토머스 머튼*의 저술을 접했다. 머튼은 콜롬비아 대학 재학 중에 가톨릭 신자가 되었고 1941년에 켄터키 주 겟세마니에 있는 트라피스트 수도원*에 들어간 사람이다.

에르네스토는 그의 표현을 빌자면 제2의 회심을 경험했다. 즉 "하나님께

카데날, 에르네스토 | Cardenal, Ernesto

서 인간적인 사랑이 필적할 수 없는 사랑으로 자신을 계시하신다는 것"을 깨달았다. 그리하여 그는 1957년에 겟세마니 수도원에 들어갔고, 머튼을 영적 지도자로 삼았다.

머튼은 에르네스토이 하나님과 가장 확실하게 의사를 소통하는 것은 트라피스트 수도사의 고독한 관상이 아니라 사람들과의 접촉을 통해서 이루어진다고 확신했다. 겟세마니 수도원에서 2년을 지낸 후, 카데날은 트라피스트 수도원을 떠나 니카라과로 돌아갔고, 1965년에 사제가 되었다. 1년 후, 그는 니카라과 호수 안에 있는 바위섬들로 이루어진 솔렌티나메―이곳 주민들은 가난한 농부들과 어부들이었다―에 기독교 공동체를 세웠다.

니카라과는 라틴 아메리카에서 가장 잔인한 독재정권인 소모사 가문의 개인적인 영지였다. 농부들과 어부들은 성경을 묵상하면서 헤롯을 소모사와 동일시했다. 세상에 있는 하나님의 나라에 대한 이상은 그들로 하여금 정치적인 혁명을 꾀하게 했다. 농부들의 성경적인 묵상을 모은 책이 스페인어로 출판되었고, 이어 영어와 독일어로 번역되었다. 카데날의 시집도 여러 나라 언어로 번역되었다. 1977년 10월, 소모사의 방위군은 솔렌티나메를 약탈하여 주택들을 태우고 무장하지 않는 많은 농부들을 살해했다.

카데날은 코스타리카로 피신했다. 그는 자유롭게 여행하면서 북아메리카와 서유럽에서 자신의 시를 낭독하면서 니카라과의 독재자의 부패와 야만성을 사람들에게 알렸으며, 소모사 정권을 전복시키는 데 헌신한 혁명군인 산디니스타의 이해를 얻었다.

소모사 정권을 1979년 7월 19일에 전복되었다. 에르네스토 카데날은 새로운 국가 재건 정부의 문화부 장관이 되었다. 이 직책은 주로 "시, 음악, 출판, 영화, 스포츠를 통한" 전체적인 인간 발달을 다루었기 때문에, 그는 이 직책이 근본적으로 사제적인 직책이라고 묘사한다. 잔인한 혁명은 끝났지만, 무지와 문맹, 개인적·사회적 이기주의라는 큰 적을 대상으로 새로운 전쟁을 시작해야 했다. 카데날은 "만일 혁명이 다른 방향을 취하려 했다면, 모든 것을 호전적인 무신론자의 수중에 두어야 했을 것이다"라고 말했다. 1980년 10월 12일, 에르네스토 카데날은 남아메리카인으로서는 처음으로 독일출판인 협회가 주는 평화상을 수상했다. 그가 수상식에서 행한 연설에는 피조된 만물은 하나님의 사랑을 통해서 하나님과 연합된다는 그의 영적인 이상이 요약되어 있다. 그러므로 혁명도 성질상 사회적인 변화, 사랑으로 이어지는 회개가 되어야 한다.

이러한 이상은 해묵은 것이지만, 에즈라 파운드의 영향을 받아 시로 표현된 것, 그리고 혁명과 그 여파에 의해 적절히 조절된 수사학은 외관상으로는 새로운 것이다.

Ernesto Cardenal, *Apocalypse and Other Poems*, 1977; *Love*, 1981; *Psalms*, 1981; *The Gospel in Solentiname*, 4 vols, 1982.

PHILIP SCHARPER

카르타고의 키프리안
| Cyprian of Carthage

키프리안은 카르타고의 부유한 변호사였는데 중년이 되어 회심했다. 그는 주교로서 제국의 박해에서 비롯된 규율 상의 문제들을 지혜롭게 다루었고, 전염병이 창궐할 때에는 용감하게 대처했다. 그는 258년에 순교했다. 이러한 사실은 그가 쓴 59개의 편지, 6개의 종교회의와 관련된 명령, 『타락한 사람들에 관하여』(*Concerning the Lapsed*), 『교회의 일치에 관하여』(*On the Unity of the Church*), 『주기도문에 관하여』(*On the Lord's Prayer*) 등의 논문, 그리고 그의 순교를 목격한 사람들의 증언에서 증명된다. 키프리안은 12년 동안 기독교인으로, 그리고 10년 동안은 주교 생활을 했다.

그는 세례를 받을 때에 가진 돈을 모두 가난한 사람들에게 주고, 부동산은 공적인 용도로 사용하게 했다.

데키우스 황제의 박해 때에(249), 사람들은 키프리안에게 교회를 유지하기 위해서 은신하라고 설득했다. 신앙을 지킨 신자들은 죽음을 당하거나, 고문을 당하거나, 감옥에 갇히거나, 강제노동을 했다. 어떤 신자들은 배교하여 황제에게 제물을 드리거나 성경을 내버렸다. 박해 때에 신앙을 지키고 살아남은 사람들이 배교자들에게 다시 성찬을 허락하는 증명서를 발행해야 한다고 주장하면서 배교자들의 문제가 첨예화되었다. 키프리안은 평화가 오면 배교자들과의 화해가 이루어질 것이며, 각각의 사건을 공의회에서 주교가 검토하게 될 것이라고 주장했다. 때가 되지 않았는데 성급하게 행동하는 것은 무질서를 초래하며, 성찬을 더럽히고 주교를 불명예스럽게 만들 것이다.

한편 키프리안은 참회자들이 임종할 때에 성찬을 받는 것은 허락하려 했다. 그는 배교의 심각함, 공적인 철회의 필요성, 오만한 독선에 따른 분열의 위험 등을 고려하여 판단했다. "교

카르타고의 키프리안 | Cyprian of Carthage

회를 어머니로 소유하지 않는 사람은 하나님을 아버지로 소유할 수 없다" (*On the Unity*, 6).

데키우스가 사망하고 전염병이 돌면서 박해가 잠시 중단되었다. 키프리안은 신자들에게 "그들의 생득권에 합당하게 행동하라"고 하고, 그 자신은 구제 사역을 주도했다. 이 시기에 그는 주기도문을 해석라면서 어느 정도 터툴리안의 것을 받아들였다. 주기도문은 교회의 공동 기도문이다. "우리는 하나님의 자녀이므로, 우리의 행동과 말이 일치해야 한다." 우리는 하나님의 이름이 거룩히 여김을 받으며 그의 나라가 우리 안에 임하게 해달라고 기도한다. 하나님이 우리 안에서 다스리시지 않고 어디서 다스릴 수 있겠는가? "뜻이 이루어지이다"는 행해지고 잉태된다는 의미이다. 우리는 그리스도 외에 다른 것을 택하지 않게 해달라고 기도한다. 왜냐하면 그리스도는 우리 외에 다른 것을 택하지 않으셨기 때문이다. 우리는 일용할 양식과 죄 사함, 즉 육신과 영의 근본적인 욕구를 위해 기도한다. "기도할 때에 꼭 필요한 것이 아닌 것을 구하지 말라." 마지막 청원, 즉 시험과 악한 자의 권세에서 구해 달라는 청원은, 우리가 너무나 피곤하거나 병이 들어 더 이상 기도할 수 없을 때에 요청해야 할 청원이다. 성찬에 관한 편지(63)와 세례에 관한 편지(73)는 같은 시기에 쓴 것이다. "우리가 드리는 희생제물은 사랑의 열정이다…유아를 은혜에서 제외해서는 안 된다. 유아는 아담 안에서 육을 입고 태어났기 때문에 옛 사망에 전염되었다는 것 외에는 범죄한 일이 없다." 키프리안은 이단자들이 베푸는 세례의 정당성을 부인했지만, 아프리카의 극도의 엄격함은 로마의 견해에 굴복했다. 즉 세례를 베푸는 사람의 비정통주의 때문에 성례의 효용이 방해를 받지는 않는다.

발레리안 황제의 박해(257) 때에는 교회의 지도자를 멸함으로써 교회를 파괴하려 했다. 키프리안은 258년 9월 14일에 참수되었다. 그는 총독이 카르타고에 부재하는 동안에 체포되는 것을 피해 자기 백성들 사이에서 죽고자 했다. "하나님은 우리의 피를 요청하시는 것이 아니라 믿음을 요청하신다." 순교 자체가 성성(聖性)의 증거는 아니다. 키프리안은 순교하기 1년 전에 자신이 순교할 것을 알았다. 그가 마지막에 저술한 글 중에 포르트나누스에게 쓴 글이 있다: "하나님의 군사가 순교를 획득하지 못한 채 죽어도, 이미 순교를 영접할 준비를 하고 있는

카르투지오 회의 영성 | Carthusian Spirituality

믿음은 그 상을 잃지 않을 것입니다. 박해 때에 진중에 근무한 공로로 인해 그에게 면류관이 주어집니다. 평화의 시절에는 하나님의 말씀을 확신하는 사람에게 면류관이 주어집니다." 교수대에 선 키프리안은 사람들이 기대한 감동적인 말을 하지 않았다. 그의 침착한 태도 자체가 그의 메시지였다.

어거스틴*은 *De Baptismo* 끝 부분에서 키프리안을 크게 찬양했다: "이 사람에게서는 기독교적 사랑의 빛이 빛난다."

E. Wallis (ed), *Cyprian's Works*, Ante-Nicene Fathers, vol 5, 1978; E. W. Benson, *Cyprian*, 1897.

MAX SAINT

카르투지오 회의 영성
| Carthusian Spirituality

카르투지오 수도회는 11세기에 프랑스에서 수도 생활 개혁의 일환으로 세워졌으며, 특히 독거를 선호했다. 이것은 오늘날까지 지속된 사도적 열심과 결합되었다. 여기에서는 이웃 사랑이 하나님 사랑에 기초를 둔 기도의 필수적인 부분이 되었다. 카르투지오 영성은 놀라운 힘과 연속성을 소유하고 있다.

카르투지오 수도회는 성 브루노(St. Bruno)가 설립했다. 브루노는 1030년 경에 쾰른에서 태어났다. 그는 라임스(Rheims)에 있는 대성당 학교의 교사였으며, 후일 그 성당의 상서관이 되었다. 1077년 경에 그는 직업을 버리고 독거와 기도 생활 속에 하나님을 섬기기로 결심했다. 그리하여, 그는 같은 이상을 가진 몇 명의 친구들과 함께 랑그레스 주교주에 있는 몰레스메스로 갔다. 그곳에서 그들은 장차 시토 회*의 창립자가 될 성 몰레스메스의 로버트와 합류했다. 그 후 그들은 콜란 숲 속에서 은수사 생활을 해온 사람들과 함께 살았다. 이집트 수도원 운동의 이상과 실천에 대한 이야기를 듣고 깊이 감명을 받은 브루노는 그 사람들과 헤어졌다. 그 사람들은 장차 시토 회의 모태가 될 수도원을 세우는 일에 열심이었고, 독거자들이 서로 지원해 줄 수 있을 정도의 거리를 두고 개별적으로 생활한 니트리아와 스케티스의 이상을 탐구하려 했다. 브루노와 여섯 명의 동료들은 그레노블의 주교 휴(Hugh)의 보살핌을 받았다. 휴는 그들이 샤르투르즈(Chartreuse)의 산 속에 정착하도록 해 주었다. 이들은 은둔자들과 금욕자들의 수호 성인인 세례 요한의 축일에 해발 3,136피트나 되는 곳에 있는 예배당 근처의 오두막집들에서 공식적으로 수도 생활을 시작했다. 그들은 스스로 "예수의 이름을 사랑하여 샤르투르즈의 사막에 거주하는 그리스도의 가난한 사람들"이라고 묘사했다. 은수사들의 고립을 유지하기 위해서, 한 무리의 평신도 수사들이 교단에 들어와 함께 살면서 은수사들의 시중을 들었다. 은수사들은 수실에서 성무일과를 행했고, 혼자서 음식을 먹고, 혼자서 일했다. 그들은 저녁기도, 그리고 주일과 축일에 성찬식에 참여할 때만 함께 모였다. 가난과 엄격함과 침묵이 독거와 단순이라는 그들의 이상을 지탱해 주었다. 그들은 외부인들의 방문, 특히 여인들의 방문을 엄격하게 배제했고, 소작료와 교구세를 사용하지 않았다.

카르투지오 수도사들 중에는 학자로서, 또는 위대한 신비적 저술로서 유명해진 사람이 없다. 그러나 그들 중에는 기독교의 영적 전통에 공헌한 사람들이 있다. 예를 들어 『묵상집』(*Meditations*)을 저술한 귀고 1세(Guigo I), 『수도사들의 사다리』(*The Ladder of Monks*)를 저술한 귀고 2세, 『수실의 네 가지 훈련』(*Fourfold Exercise of the Cell*)을 저술한 드라이버러의 애덤(Adam of Dryburgh), 데니스(Denis), 링컨의 휴(St. Hugh of Lincoln) 등이 있다. 『무지의 구름』*의 저자도 카르투지오 회 수사였을 수 있다고 주장된다. 그의 저서들은 다른 신비한 저술들과 함께 카르투지오 회 수사들에게 인기가 있었다. 그러나 카르투지오 회는 글이 아니라 생활에 의해서 기독교 영성에 기여했다. 그들의 묘비에 새겨진 *"Laudabiliter vixit"*라는 간단한 문장은 카르투지오 회의 소박하고 감정에 흔들리지 않는 특성을 지적해 준다. 그들이 요양소에서 아무도 모르게 죽든지, 모리스 천시(Maurice Chauncy)가 묘사한 영국 카르투지오 수사들의 순교처럼 극적인 죽음을 당하든지 간에, 그들의 가치는 영원한 세계를 가까이에 두고 생활한 삶에 있었다. 그들은 초기의 수도사들처럼 각 사람의 마음에 있는 내적 고독의 경험을 삶 전체의 중심으로 삼고, 자기들의 구원의 유일한 근원이신 하나님을 찾으면서 외적인 환경을 내면의 현실에 일치시키려 한 사람들이었다. "하나님이 함께 하시는 사람은 홀로 있으나 외롭지 않다"(William of Thierry, *The Golden Letter*, IV). 이것은 찢어지고 상한 인류가 하나님 앞에 가기만 하면 그분의 대속하시는 활동을 이용할 수 있다는 확신 속에서 영위된 삶이다. 십자가의 요한*은 "하나님이 보시기에는 한 순간의 순수한 사랑이 모든 선행을 합한 것보다 더 귀중하고 교회에 유익하다"고 했다.

카르투지오 수도회에는 몇 개의 수녀원이 포함되어 있지만, 교단은 비교적 규모가 작고, 일반적으로 한 수도원의 수용 인원은 12명 정도이다. 12세기 사람들, 예를 들면 가경자 피터(Peter the Vernerable), 노젠트의 기베르(Guibert of Nogent), 클레르보의 버나드*, 성 티에리의 윌리엄* 등은 카르투지오 회 수도사들을 존경했다. 티에리의 윌리엄은 듀(Dieu) 산에서 생활하는 카르투지오 수도사들의 독거와 기도에 관한 논문인 *Golden Letter to the Brethren of Mount Dieu*를 저술했는데, 그 논문의 첫 부분에서는 그들의 독창적인 영성과 이상을 요약한다: "하나님의 산의 형제들에게, 당신들은 동방의 빛과 고대의 빛과 고대 이집트의 종교적 열정—다시 말해서 독서 생활 양식과 거룩한 대화의 형태—을 서방 세계의 어두움과 프랑스의 냉혹함 속에 가져다 주었습니다." 카르투지오 수도사들은 자기 교단이 "한 번도 변형된 적이 없으며, 그렇기 때문에 개혁된 적이 없다"고 주장한다. 영국에 있는 카르투지오 수도원은 서섹스 주의 파크민스트에 있는 것뿐이다.

Dom Maurice Laporte, *Aux sources de la Vie cartusienne*, 8 vols., 1960-70; Maurice Chauncy, *The Passion and Martyrdom at the Holy English Carthusian Fathers: The Short Narration*, 1935; David Knowles, *The Monastic Order in England*, 1963, pp. 374-91; J. Leclercq, 'St. Bruno, Guigo and the Chartreuse', in *The Spirituality of the Middle Ages*, Vol. 2 of *A History of Spirituality*, ed Leclercq, Vandenbroucke and Bouyer, 1968, pp. 150-61; E. M. Thompson, *The Carthusian Order in England*, 1930.

BENEDICTA WARD, SLG

카마라 헬더 | Camara, Dom Helder

헬더 카마라(1909년 출생)는 브라질 동북부의 올린다와 레치페에서 활동한 가톨릭 교회의 대주교이다. 그는 1923년에 신학교에 입학하여, 1931년에 사제로 서임되었으며, 1952년에 리오데자네이로의 부주교가 되었다.

제2차 바티칸 공의회 기간에(1962-1965), 헬더는 교회는 가난한 자들의 교회, 하인 교회가 되어야 한다는 자신의 주장에 동조하는 전 세계 주교들의 비공식적인 모임을 조직했다. 그 모임은 처음에는 규모가 작았지만 점차 성장하여 공의회가 끝날 무렵에는 수백 명이 참석했고 교황 바울 6세에게 큰 영향력을 미쳤다.

1964년에 브라질과 카톨릭 교회에

카마라 헬더 | Camara, Dom Helder

영향을 미친 두 가지 사건이 발생했다: 군사 정권이 세력을 장악했고, 헬더는 브라질에서 가장 빈곤한 지역인 올린다와 레시페의 대주교로 임명되었다.

거의 20년 동안, 그 두 세력은 계속 충돌했다. 여러 장군이 연속적으로 통치한 군사정권은 헬더가 하는 일을 "공산주의적이고 파괴적"인 시도로 규정했다. 그러나 가난한 사람들의 옹호자요 비폭력 사회 변화의 주창자인 헬더는 세계적인 인물이 되었다. 그는 1970년에 마틴 루터 킹 목사 국제 평화상을 수상했고, 두 번이나 노벨 평화상 후보에 올랐다. 1973년, 헨리 키신저와 레덕토(Le Duc Tho)가 월남전을 종식시킨 공로로 평화상을 받았을 때, 헬더는 인민 평화상(People's Peace Prize)―노벨상 심사 위원회의 결정에 분노한 유럽인들이 모금한 30만 달러의 상금―을 받았다.

그러나 브라질 내에서 헬더는 공식적으로 정치적으로 말살된 인물이었다. 언론에서 그의 이름을 언급하는 것이 금지되었다. 그가 자신이 맡은 교구의 일백만 신자들 외에 다른 사람들과 접촉할 수 있는 유일한 방법은 매일 오전 6시에 라디오 방송국에서 행하는 5분 동안의 설교였다. 정부에서는 감히 헬더를 해하지 못했지만, 그와 가까운 사람들을 통해서 그를 박해할 수 있었고, 실제로 박해했다. 사제들과 수녀들이 투옥되어 고문을 받았고, 수백 명의 평신도들과 함께 살해되기도 했다. 1982년에 민주 정권이 들어서면서 억압은 완화되었다.

발언권이 없는 사람들의 대변인이었던 헬러의 주장은 세계 각처에서 받아들여졌다. 노련한 조직가인 그는 먼저 조국인 브라질에 주교들의 집단을 구성했고, 다음에는 라틴 아메리카 전체에 지역적인 주교들의 집단을 구성했다. 그러한 지역적인 주교들의 집단은 제2차 바티칸 공의회의 인정을 받았고, 공의회 이후 교회의 특징이 되었다.

헬더에게 큰 감명을 준 사람은 폭력적인 세상에서 비폭력을 전파하고 그러한 생활을 하도록 이끌어준 간디*와 마틴 루터 킹 목사*, 그리고 "항상 가장 중요한 것은 희망"이라는 것을 깨닫게 해 준 테이야르 데 샤르뎅*이었다.

헬더는 국제적으로 유명한 인물이었지만, 극도로 단순했고, 모든 계층의 사람들에게 인기가 있었다. 그의 영성의 핵심에는 다른 사람들을 통해서, 사건들을 통해서, 작은 동산의 덤불 속에

카시안, 존 | Cassian, John

사는 개미들을 통해서, 별빛과 폭풍을 통해서 말씀하시는 성령의 말씀을 들을 수 있는 능력이 있다. 모든 위대한 신비가들이 그렇듯이, 그에게 있어서도 창조세계 전체는 창조주의 솔기없는 예복이었다.

그의 영적 유산은 그가 신학교 시절부터 매일 새벽 2시부터 4시 사이에 기록한 묵상집에서 발견된다. 이 묵상집은 여러 나라 언어로 번역되었다. 심오한 내용을 단순한 어법으로 시의 형태로 표현한 이 묵상집은 기독교 영성의 보배이다.

Helder Camara, *The Desert is Fertile*, 1976; *A Thousand Reasons for Living*, 1981; Mary Hall, *The Impossible Dream: The Spirituality of Dom Helder Camara*, 1979.

PHILIP SCHRPER

카시안, 존 | Cassian, John

존 카시안은 360년 경에 로마의 속주인 스키티아에서 태어났으며 유복하고 경건한 가정에서 자란 듯하다. 392년 경에, 그는 친구 게르마누스(Germanus)와 함께 예수께서 탄생하신 동굴 근처에 있는 베들레헴의 수도원에 들어가려 했다. 그들은 그 수도원을 방문한 사람과 함께 수실을 사용했는데, 나중에 그 사람이 명성과 칭찬이 두려워 파네피니스에 있는 수도원에서 도망친 이집트 출신의 유명한 금욕고행자 피누피우스(Pinufius)라는 것이 알려졌다. 카시안과 게르마누스는 피누피우스에게서 큰 감명을 받았다. 그들은 385년에 이집트를 방문하기 위해서 수도원을 떠나게 해달라고 요청했다. 그들은 7년 동안 이집트의 수도사들을 방문하고 그들과 대화하면서 지내다가 베들레헴으로 돌아왔다. 그 후 그들은 수도원을 떠나 사막으로 갔다가, 오리겐주의 논쟁 때에 그곳을 떠났다. 카시안은 로마를 방문한 후에 수도사로서 마르세이유에 정착했고, 그곳에서 이집트에서의 경험을 토대로 하여 『강요』(*Institutes*)와 *Conferences*를 저술했다. 그는 435년에 사망했다.

서방 세계에 네스토리우스(Nestorius)의 견해를 제시한 성육신에 관한 카시안의 저서는 이단으로 정죄되었지만, 수도원 운동에 관한 저서는 널리 읽혔고 서방 수도원 영성의 형성에 주요한 영향을 미쳤다. 그는 고올 지방 수도원들의 요청을 받아, 자신이 이집트 수도원 운동에 대해 알고 있는 것을 표현했고, 또 사막 생활의 원리와 관습을 서방에 친숙한 용어로 전달하려 했다. 그는 스승인 에바그리우스의 뒤를 이어 수도사들의 행위 뿐만 아니라 그 행위의 이유에도 관심을 가진, 위대한 수도원주의 이론가였다.

그의 저서에는 수도 생활의 실질적인 측면과 이론적인 측면이 뒤섞여 있다. 카시안은 내적 여정이라는 표현을 사용하여 수도사들의 생활 방식의 배후에 놓인 이론을 제시했다. 내적 여정은 하나님에 대한 두려움에서부터 시작되어, 가책을 통과하여 자기 부인에 이르며, 사막으로의 도피로 이어진다. 그곳에서 수도사는 내면에 그리스도의 삶을 확립함으로써, 사랑의 완전함과 하나님만을 추구하는 단순한 마음을 가지고서 평생 지속될 정욕과의 싸움을 시작한다.

카시안은 이 목적에 도달하는 수단은 쉬지 않고 드리는 기도라고 제시하는데, 그것은 첫 단계인 묵상에서부터 시작하여 하나님이 주시는 선물인 "불의 기도"(prayer of fire)에 이른다. "수도사가 자기 자신을 의식하거나 자기의 기도를 이해하는 상태의 기도는 완전한 기도가 아니다"(*Conferences* IX, 31). 이 기도는 성경, 특히 시편에 의해 육성된다. 카시안은 수도사의 수덕 생활을 복음의 제자도의 관점에서 본다. 수도사는 제자도에 의해서 십자가에 달리신 그리스도와 결합한다. 성경에 계시된 이 성육하신 주님과의 결합을 통해서, 수도사는 하나님만을 목표로 보는 바른 눈을 갖는 법을 배운다.

카시안이 서방 수도원 운동에 미친 영향은 아무리 강조해도 지나치지 않을 것이다. 그는 에바그리우스가 사용한 헬라어 용어들을 라틴어로 번역하면서, 기도를 위한 영구적인 어휘를 제공했다. 그가 간단히 요약한 기도의 발전을 위한 구조 역시 영성의 논의를 위한 영속적인 기초를 제공했다. 베네딕트의 규칙(73장)에서는 『강요』와 *Conferences*를 추천했으며, 그럼으로써 수세기 동안 서방의 수도적인 독서의 주요한 목록을 제공했다.

Cassian, *Institutes* and *Conferences*, ET by E. C. S. Gibson, 1894(incomplete); *Institutes*, Fr tr by J. C. Guy, 1965; *Conferences*, Fr tr by E. Pichery, 1964-1965; Owen Chadwick, *John Cassian*, 1968; L. Cristinai, *Cassian*, 2 vols, 1946; J. C. Guy, *Jean Cassien, vie et doctrine spirituelle*, 1961.

BENEDICTA WARD, SLG

카타리 파 | Catharism

카타리 파라는 명칭은 중세 시대에 서유럽에서 이원론—두 개의 본질상 상반되는 창조적 원리들: 선한 창조자는 적극적인 영을 만들고, 부정적인 물질을 존재하게 한 악한 창조주와 전쟁을 한다—을 믿은 사람들에게 붙여진 이

카타리 파 | Catharism

름이다. 이 신앙의 기원과 전달 경위에 대해서는 많은 논란이 있었으며, 지금도 문제가 되고 있다.

그러나 이원론적 이론은 3세기 페르시아의 영적 지도자인 마니(Mani)의 가르침 안에 있으며 영지주의의 종교적 신화 안에서 초대 기독교에 도전했던 기독교 이전의 고대 전통을 소유하고 있었음이 분명하다. 힙포의 어거스틴(A.D. 354-430)이 주도한 정통주의의 공격 때문에 이원론 사상은 고대 지중해의 기독교계를 벗어나서 발칸반도와 근동 지방에서 자리를 잡았다.

10세기 중엽에, 불가리아의 사제 보고밀(Bogomil)이 이원론적 신학을 가지고 추종자들을 모았다. 그는 하나님께서 배반한 자기의 아들과 그 추종자들을 천국에서 몰아 내셨다고 가르쳤다. 이 어두움의 왕자는 물질 세계를 창조하고, 타락한 천사들의 영혼을 인간의 육체 안에 가두었다. 보고밀은 자기의 추종자들에게 그들이 살고 있는 물질 세계의 사악함으로부터 이탈하기 위해서 단순한 생활을 하라고 촉구했다.

이원론은 11세기 중엽에 서유럽에서도 출현했다. 이 이원론을 믿는 신자들은 카타리 파라고 불렸다. 카타리 파가 보고밀 파의 직접적인 영향을 받았는지, 아니면 독창적인 분파인지에 관해서 오랫동안 학문적인 논란이 있었다. 대부분의 학자들은 최소한 보고밀의 가르침의 일부가 카리티 파에 영향을 미쳤으며, 12세기 중엽에는 이 두 집단 사이에 긴밀한 유대가 있었음을 인정한다.

중세 시대에 이원론의 두 가지 주요 경향이 발달했다. 보고밀이 채택한 이원론은 중도적 이원론, 군주적 이원론, 또는 완화된 이원론이라고 불린다. 여기에서는 선한 창조자인 하나님이 악한 창조자인 사탄을 만들었다고 주장한다. 절대 이원론, 급진적 이원론, 또는 Dragovitsan 이원론이라고 알려진 또 하나의 체계에서는 긍정적으로 두 창조자가 모두 영원하므로 그 중 하나가 나머지 하나에서 파생된 것이 아니라고 가정한다. 절대 이원론은 프랑스 남부의 랑그독(Languedoc)에서 전반적인 지지를 받았다.

12세기 중엽에, 카타리 파가 랑그독에 도착했는데, 그 추종자들의 다수가 알비(Albi)에 살았기 때문에 랑그독의 카타리 파는 일반적으로 알비 파라고 알려졌다. 카타리 파는 모든 계층의 주민들 사이에 급속히 퍼졌고, 정통 기독교 신앙을 위협한다고 여겨졌다. 처음에는 시토 회 설교자들이 공개적으

카타리 파|Catharism

로 카타리 파 신자들과 논쟁을 벌이려 했다. 그러나 그들의 노력이 성공하지 못했기 때문에, 1208년에 교황청 대사인 카스텔노의 피터(Peter of Casternau)의 암살에 자극을 받은 교회는 그들을 무력으로 억압하기 시작했다. 1209년에 교황 이노센트 3세는 알비 파를 대적하기 위해 시몬 데 몽포트(Simon de Monfort)가 이끄는 십자군 전쟁을 선언했다. 1245년에 몽테세구르(Montesêgur)라는 산 속의 은거지를 점거하면서 알비 파를 대적한 십자군 전쟁은 끝이 났다. 이 전쟁은 북부 십자군들의 종교적 신념과 탐욕이 현저하게 드러난 잔인한 원정이었다. 1233년에 랑그독에 설립된 종교 재판소는 카타리 파에 동조하는 사람들을 근절하는 일을 촉진했다. 그리하여 13세기 말에 랑그독과 이탈리아 북부에 생존한 카타리 파 신자들은 극소수에 불과했다.

카타리 파 신자들은 영혼을 물질이 속박에서 해방하기 위해서 수덕 생활을 신봉했다. 채식주의자로서 힘든 금욕생활을 한 사람들과 consolamen-tum의 성례를 받은 소수만이 카타리 파의 엘리트―가톨릭 교회에서는 완전한 자로 부르고, 카타리 파에서는 선한 사람이라고 부른다―가 되었다. 완전해진 여인들은 주로 카타리 파 수녀원으로 들어갔고, 완전해진 남자들은 둘씩 짝을 지어 여행하면서 설교하고 가르치고 세례를 베풀었다. 그러나 대부분의 카타리 파 사람들은 그다지 엄격한 생활을 하지 않으며 완전해진 사람들의 설교를 듣고 임종 때에 consolamen-tum을 받으려 하는 "신자들"이었다.

가톨릭 교회가 카타리 파를 공격한 이유는 그들이 성육신과 같은 핵심 교리와 성례전을 거부했기 때문이기도 하지만, 간접적으로는 그들이 여성을 일반 신자들과 완전한 자에 포함시킴으로써 가부장적 권위에 위협을 가한 것, 그리고 교회의 점증하는 부와 세속성에 도전했기 때문이었다. 중세 시대가 끝날 즈음, 세속 군대와 종교적 군대가 결합하여 카타리 파를 서유럽에서 완전히 제거했다.

E. L. R. Ladurie, *Montaillou: The Promised Land of Error*, 1978; M. Lambert, *Mediaeval Heresy*, 1977; S. Runciman, *The Mediaeval Manichee*, 1961; W. L. Wakefield, *Heresy Crusade and Inquisition in Southern France 1100-1250*, 1974.

PENELOPE D. JOHNSON

카파도키아 교부들
I Cappadocian Fathers

전통적으로 카파도키아 지방의 기독교가 전파된 것은, 오리겐의 제자이면서 두 명의 카파도키아 교부―바질(Basil, 330-379)과 닛사의 그레고리(Gregory of Nyssa, 330-395)―의 조모인 마크리나(Macrina)의 믿음의 스승이었던 그레고리 타우마투르구스(Gregory Thaumaturgus, 213-270)의 선교적 열심 덕분이다. 세번째 카파도키아 교부인 나지안주스의 그레고리는 두 형제의 친구였으며 아테네에서는 바질과 함께 공부했고(351-356), 또 그와 함께『필로칼리아』(Philokalia)*라고 알려진 오리겐의 저술들을 모아 편집했다. 이 세 사람이 자연, 그리고 영적 완전함을 얻는 데 사용되는 수단을 다룬 것을 보면, 이들에게 오리겐이 미친 영향력을 알 수 있다.

1. 그들은 각 사람의 내면에는 하나님께서 모든 수덕적이고 신비한 노력을 방출하시고 실현해 주시기를 바라는 본성적인 갈망이 존재한다고 가정한 다(cf. Basil, *Regulae Fusius Tractatae* 2. i; Gregory of Nazianzus, *Oratio* 32.21; Gregory of Nyssa, *De Instituto* VIII, 1.40, 7ff.). 정화 과정의 종착점은 신화라고 불린다(cf. Basil, *De Spiritu Sancto* ix.23; *Naz. Or.* 2.22; 73 and *passim*). 닛사의 그레고리는 신화라는 표현을 사용하지 않으며, 드물게 그러한 개념만 사용한다. 그 이유는 그것은 창조주와 피조물 사이의 이어질 수 없는 틈을 흐리게 만든다고 생각했기 때문일 것이다.

2. 신화는 (1) 하나님을 닮게 해 주는 도덕적인 완전함, (2) 영적이고 초월적인 실재로 인식된 하나님에 대한 지식으로 생각된다.

(1) 첫번째 단계는 흔히 "정화"(purification)라고 불리며 마태복음 5:8("마음이 청결한 자는 복이 있나니 저희가 하나님을 볼 것임이요")과 하나님과의 닮음을 향한 플라톤주의자들의 요구(cf. Plato, *Theaetutus* 176b and Plotinus, *Ennead* i, 2, 5; i, 6, 9)의 표현에 묘사되어 있는데, 이 단계는 대단히 큰 노력을 필요로 한다(cf. Basil, Prologue to *Reg. Fus. Tra.* 2; Nyssa, *De Instituto* VIII, i, 45, 3). 정화의 필요성을 다루는 데 있어서 기초가 되는 가정은 성경적 자료나 플라톤주의 자료에서 표현된 원리, "비슷한 것들은 서로에 의해서만 알 수 있다"는 것이다(고후 3:18과 요일 3:2을 *Republic* 490ff.와 비교하라). 닛사의 그레고리의 *De Virginitate*에서도 종종 그러한

표현이 나타나지만, 이 세 사람 중에서 가장 플라톤주의에 가까운 나지안주스의 그레고리의 글에는 특히 그러한 표현이 가득하다(cf. *Or*. 2.72; 7.17; 16.14; 18.4). 나지안주스의 그레고리는 *Second Theological Oration*(s. 2)에서, 닛사의 그레고리는 『모세의 생애』(*Life of Moses*)에서, 인간 영혼이 하나님에 대한 지식을 추구하는 상승 운동과 정화를 묘사하기 위해서 산이라는 상징을 사용한다.

(2) 바질은 나머지 두 사람과는 달리 상승 과정의 절정인 신 지식을 성령이 제공하는 조명과 밀접하게 연결한다. 그는 이러한 성령의 조명과 신화와 활동은 거의 뗄 수 없는 것이라고 여긴다(cf. *De Sp. S*. ix.22-23; xvi.38; *Epp*. 226.3; 233.1). 나지안주스의 그레고리는 도덕적 정화 과정의 절정을 매우 지적인 용어로 묘사하며, 육체에게는 분명한 역할을 부여하지 않는다. 제자인 에바그리우스와 마찬가지로, 그에게는 신학을 기도와 융합하는 경향이 있다. 이것은 참된 신학자는 수덕자와 같은 방법으로 자신을 정화하고 "지적인 영"으로서 신 지식에 도달해야 한다는 사실에서 분명히 드러난다(*Or*. 7.17; 21을 *Or*. 28.2; 3:32.15: 39.8과 비교하라). 이런 점을 비롯하여 여러 면에서, 나지안주스의 그레고리는 카파도키아 교부들 중에서 가장 오리겐에 가깝다. 두 사람 모두 "정신"(mind)으로서의 하나님의 성품을 강조했고(Origen, *De Principiis* i.I.6과 Gregory of Nazianzus, *Or*. 16.9; *Ep. Theol*. 1.49를 비교해 보라), 아리스토텔레스가 사용한 전통적인 방법을 사용하여 하나님을 향한 성장을 "활동"과 "관상"이라는 두 단계의 과정으로 묘사한다(cf. Origen *In Lucam*. i.3: *In Jn*. fr. 80 and Gregory of Nazianzus *Or*. 4.113). 이러한 표현 방법이 에바그리우스에게 영향을 미쳤음은 그의 저서 *Praktikos*의 첫 부분에서 분명히 드러난다. 닛사의 그레고리가 초기에 저술한 영적 저서인 *De Virginitate*와 후기의 저서인 *De Instituto*에서, 영적 실재에 대한 관상과 덕이라는 두 단계 형식이 재현된다. 그는 *De Virginitate* 11에서, 영혼의 눈을 깨끗이 씻은 사람은 영적인 아름다움을 지각할 수 있으며, 따라서 몸에 속한 것들에 대한 애착을 버릴 수 있다고 주장한다. 이 글에 사용된 표현과 형식은, 영혼이 육체적인 아름다움에서 영적인 아름다움으로 상승하는 것에 대해 간략히 묘사한 플라톤의 *Symposium*(210-212)을 연상시킨다. 두 경우에, 욕망의 대상과

상승 운동의 절정은 절대적인 아름다움으로 정의된다.

3. 바질과 닛사의 그레고리는 기독교인의 완전에 대한 플라톤주의적이고 정신적 의의로 해석하는 이야기를 세 가지 중요한 측면에서 수정한다. (1) 금욕적인 수덕자였던 바질은 흑해 연안의 안네시에 수도원을 세웠고(cf. *Ep.* 2), 수도사들을 위해서 두 개의 규칙집, 상세한 규칙집(*Longer*)과 간략한 규칙집(*Shorter*)을 작성했다. 이것들은 안토니*와 파코미우스의 이집트 수도원주의, 그리고 그의 친구인 세바스테의 유스타티우스(Eustathius of Sebaste)와 구분되는 현저한 중용 때문에 중요하다. 바질은 행위와 기도의 필요성을 강조하며, 사랑과 순종의 중요성을 역설한다. 수도원 운동의 장래를 위해 중요한 것은 그가 공동체의 중요성, 그리고 완덕의 이상을 실현하기 위해 홀로 노력하는 것의 위험을 강조한 점이다(마지막 두 가지 요점에 대해서는 *Longer Rule* 6, 7을 보라).

(2) 닛사의 그레고리는 말년에 *De Virginitate*에서 선호했던 플라톤주의를 포기했고, 신 아리우스주의자들의 도전에 대한 답변의 기초가 된 피조물과 창조주의 구분의 중요성을 진지하게 다루는 영성을 선호했다(cf. *Contra Eunomism* i. 270ff.). 인간은 영적인 측면에 있어서도 필연적으로 피조된 질서의 일부이기 때문에, 창조가 부과하는 시간적인 순서에서 벗어날 수 없다. 그는 스스로 영원하게 될 수 없으며, 또 시간의 영역에서 벗어날 수도 없다(cf.*Hom. VII on Ecclesiastes*). 이 설교들은 하나님의 타자성, 그리고 인간이 하나님을 대면하여 볼 수 없음을 깨닫게 해줄 뿐만 아니라, 우리가 덕 안에서 성장함으로써 하나님을 닮아야 할 필요성을 강조한다. 그레고리는 하나님을 덕으로 여기는데, 이것은 플로티누스가 찬성하지 않는 견해이다(cf. *Ennead* i.2.1 with *Eccel, Hom.* VII. V. 407.1: *De Vita Noysis* i. 7). 『모세의 생애』와 『아가서 주해』에서는 하나님의 무한하심의 교리를 전개하며, 하나님이 무한하시기 때문에 우리가 하나님처럼 되는 유일한 방법은 덕 안에서 영원히 쉬지 않고 성장하고 진보하는 것이라고 주장한다. 때로 그는 이러한 이상을 빌립보서 3:13("뒤에 있는 것은 잊어버리고 앞에 있는 것을 잡으려고 좇아가노라")과 연결한다. 다니엘루(Daniélou) 추기경은 이것을 *epektasis*의 하나라고 부른다. 『모세의 생애』에서, 산에서 하나님을 본 것은, 이러한 봄을 실현하

는 유일한 방법은 끝없이 하나님을 따르는 것이라는 결론으로 이어진다. 그 책(ii. 152ff.)에서는 하나님을 보는 것과 영원히 따르는 것이 동일시된다.

(3) 이러한 구조에 의해 완전의 개념에 도입된 심오한 차이점에도 불구하고, 그것은 여전히 고전적인 틀 안에 존재한다. 그러나 재거(W. Jaeger)와 스타츠(R. Statts)와 같은 학자들은, 그레고리의 *De Instituto*와 거의 확실히 메살리아 파에서 유래한 문서인 마카리우스*의 *Great Letters* 사이에 현저한 유사성이 있다고 주장해왔다. 그레고리가 영향력을 발휘했다기보다 영향을 받았음을 지지하는 많은 증거가 있다. 이것은 그에게는 통상적인 헬레니즘과는 매우 생소한 사상의 흐름, 성령을 느끼고 경험하는 것이 기독교인의 삶의 중심이라고 강조하는 사상이 존재한다는 것을 의미한다. 스타츠 역시 *De Virginitate* 제1장에서 메살리아 파의 영향을 발견할 수 있다고 주장해왔다. 그레고리가 이러한 광신적인 종교를 받아들였다는 사실을 감안하여 그의 저술에 대한 지나치게 지성주의적인 평가를 수정해야 한다.

4. 몸, 부활, 성례전 등은 카파도키아 교부들의 영성에서 중요한 역할을 하지 않는다. 그 부분적인 이유는, 현존하는 그들의 저술들은 명백하게 이러한 문제들과 관련되어 있지 않기 때문이다. 그러나 그들은 오리겐의 영향을 강력하게 받았음에도 불구하고 영혼의 선재설을 주장하지 않았으며, 특히 닛사의 그레고리는 그리스도의 부활의 결과인 육체적인 완전을 강조했다 (cf. *Oratio Catechetica* 16). 그렇더라도, 나지안주스의 그레고리가 몸의 궁극적인 종말에 대해 논한 것은 단지 몸이 영혼에 의해 변화되어 일반적으로 몸과 결합되어 있는 요소들로부터 해방될 것—육이 이성의 날개를 타고 위로 들려 올라가는 것—이라는 의미이다(*Or.* 16.15; cf. *Or.* 2.17). 닛사의 그레고리는 *Oratio Catechitica* 33-37에서 세례와 성찬에 대해 논의하지만, 그가 믿음의 영적 특성들, 회심, 그리고 그것들의 선행 조건인 자유 의지—이것이 없으면 하나님을 향해 성장할 수 없다—을 강조하지 않았다고 주장하는 것은 공정하지 못할 것이다(cf. *Or. Cat.* 39; *De Vita Moysis* i.1-5).

카파도키아 교부들의 영성에 대한 일반적인 연구서는 존재하지 않는다. 그들을 가장 훌륭하게 다룬 것은 *Dictionnaire de Spiritualité*, Paris 1937이다. 바질에 관한 책: W. K. L. Clarke, *St. Basil the Great, A Study in Monasticism*, 1931; *The Ascetic Works of Basil the Great*, 1925. 나지안주스의 그레고리에 관한 책: Anna-Stina Ellverson, *The Dual*

Nature of Man, A Study in the Theological Anthropology of Gregory of Nazianzus, 1981; D. F. Winslow, *The Dynamics of Salvation, A Study in Gregory of Nazianzus*, 1979. 닛사의 그레고리에 관한 책: D. L. Balas, *Metousia theou*, 1966; H. U. von Balthasar, *Présence et Pensée, Essai sur la philosophie religieuse de Gregoire de Nysse*, 1942; J. Daliélou, *Platonisme et Theologie Mystique. Doctrine spirituelle de Saint Gregoire de Nysse*, ²1944; W. Jaeger, *Two Rediscovered Works of Ancient Christian Literature: Gregory of Nyssa and Macarius*, 1954.

ANTHONY MEREDITH, SJ

칼빈, 존 | Calvin, John

칼빈은 개신교 종교개혁자들 중에서 가장 지적인 사람이며, 후대의 칼 마르크스만큼 큰 영향을 미쳤다고 해도 과언이 아니다. 칼빈(1509-1564)은 수줍은 성격의 소유자요 "가난하고 소심한 학자"였지만, 뜨거운 우정을 나눌 수 있었다. 그 시대의 많은 반대자들이 그를 존경하고 존중했지만, 그는 엄청난 비난과 중상을 받았다. 그는 종종 가톨릭 교회의 교리이기도 한 이중 예정의 교리 때문에 공격을 받았다. 그를 독재자라고 말하는 것은 역사적인 넌센스이다. 그는 그 시대의 가장 위대한 교부적 학자와 성경으로부터 많은 것을 배웠고, 법학을 공부했으며, 탁월한 조직자였다.

피카르디(Picardy)에서 태어난 칼빈은 사제가 되려 했지만, 삭발식을 하는 데서 그쳤다. 그는 1533년에 교회 본래의 순수함을 회복시켜야 한다는 영적 각성과 소명을 받았다. 그는 몇 년 동안 갈등하고 노력했으며, 얼마 동안 추방되어 스트라스부르그에서 지내다가 1541년에 제네바로 돌아왔다. 제네바에 돌아온 그는 의회와 불화를 일으켰고, 때로는 무법자들에게 괴로움을 당했다. 그의 권위는 정치적인 것이라기보다 목회적인 것이었다. 그는 한 회중의 목사였고, 탁월한 설교자로서 말씀과 성례의 통일성을 굳게 믿었다. 만일 의회가 허락했다면, 그는 매주 성찬식을 거행했을 것이다. 그는 제네바 성시집(Geneva Psalter)을 권장했는데, 그것의 대부분은 칼빈의 지원을 받아 루이 부르조아(Louis Bourgeois)가 지은 것이었다. 그는 교육과 산업과 개신교 에큐메니즘을 양성했으며, 트렌트 공의회 이전 아직 화해의 희망이 있을 때에 가톨릭 신자들과의 회의에 참여하기도 했다.

그의 저서 『기독교 강요』는 1536년에 라틴어로 초판이 출판되었고, 그 후 개정되고 증보되어 1559년에 최종판이 출판되었다. 그 책은 지금도 조직신학의 고전으로 남아 있다.

그는 엄격한 윤리관을 소유하고 있었으며, 특히 성적인 난잡함과 신성모독을 반대했다. 그러나 그의 신학을 후일 스코틀랜드의 안식일 엄수주의, 뉴잉글랜드의 마녀 사냥, 서양의 자본주의, 또는 남아프리카의 인종차별주의 등에서 발견되는 것과 같은 불쾌한 것이라고 비난해서는 안 된다.

John Calvin, *Institute of the Christian Religion* ed J. T. McNeill(XX-XXI), 1961; *Theological Treatises* ed J, K, S. Reiad(LCC XXII), 1954; G. E. Duffield(ed), *John Calvin*, 1966; R. N. Carew Hunt, *Calvin*, 1933; J. Mackinnon, *Calvin and the Reformation*, 1934; T. H. L. Parker, *Portrait of Calvin*, 1954.

편집자

칼빈주의 영성 | Calvinist Spirituality

기독교적 삶은 하나님의 주도 하에 예수 그리스도를 우리의 성화요 선지자요 제사장이요 왕으로 주시는 데서부터 시작된다. 중요한 것은 예정(predestination), 또는 선택이 아니라 그리스도와의 연합이다. 전자는 근본적인 전제이며, 하나님의 주권, 즉 우리의 완전한 구원은 하나님의 은혜와 더불어 시작되어 그의 영광과 함께 끝난다는 것을 인정한다. 그러나 영성이란 하나님께서 그리스도 안에서 우리를 위해 행하신 것에 우리가 참여하는 것이다. 크랜머의 감사 기도에 기록된 것처럼 우리는 "그 아들의 신비한 몸에 결합된 지체들"이 된다.

그리스도와의 연합은 대단한 신비이다―이것이 개혁주의 신학에서 "신비"라는 용어가 의미하는 바이다. 칼빈의 영향을 받은 저자들은 한결같이 그것의 실체에 대해서 말한다. 그것은 분리된 것들의 상호 관계가 아니다. 우리는 "그리스도의 뼈 중의 뼈요, 살 중의 살이다." 신약성서는 매우 친밀한 비유―포도나무와 가지, 떡과 물―를 사용하여 그것에 대해 말한다. 그것은 신성 안에 있는 아버지와 아들의 위격적 결합과 같다. 영화롭게 되신 그리스도는 하늘에 계시며 우리가 그분과 결합된다는 사실 때문에 그 신비는 한층 더 엄위하다. "공간적으로 우리로부터 멀리 계신 그리스도의 육이 우리에게 양식이 된다는 것은 믿을 수 없는 일처럼 보이지만, 우리는 성령의 은밀한 덕이 우리의 인식을 초월한다는 것, 그리고 우리의 연약한 능력으로 그 엄청남을 측량하려는 것이 얼마나 어리석은 일인지를 기억해야 한다. 그러므로 성령은 우리의 지성으로 이해하지 못하는 것을 믿음으로 생각하게 하며, 공간적으로 분리된 것들을 결합하신다"

(Inst. 4.17). 인간의 편에서 보면, 연합은 믿음에 의해 성취되지만, 믿음은 성령이 인간의 마음 속에 만들어낸 것이므로, 이것은 삼위일체 중 제3위의 사역을 시인하는 또 다른 방법에 불과하다. 칼빈은 믿음에 대해서 점차 서정적이 된다. 그것은 신비적이고 관상적인 가톨릭 전통 안에 있는 하나님의 사랑을 보완해 준다. 그것은 우리로 하여금 천국을 관통할 수 있게 해 주며, 그리스도의 생명을 우리 영혼 속에 가져다 준다. 그것은 우리가 세상에 사는 동안 천국 생활을 누릴 수 있음을 의미한다.

성례전들도 이 신비한 연합의 도구들이다. 세례와 성찬은 그리스도께서 교회의 생활 안에서 연합을 성취하기 위해 제정하신 성례전이다. 그것들은 신비의 가시적인 상징이요, 연합의 실체를 상기시켜 주는 유형적인 것이요, 그리스도께서 자신의 영속적인 임재, 그리고 주님의 존재와 소유가 완전히 우리의 것이라는 사실을 보장해 주시는 방법이다. 유아 세례를 거부해서는 안 된다. 왜냐하면 아이들은 할례에 의해서 옛 언약 안에 있었던 것과 같이 새 언약 안에 있기 때문이다. 또 예수님의 종교를 유대인의 종교보다 편협하게 만들어서는 안 된다. 유아세례는, 연합이 우리의 사역이 아니라 성령의 사역이라는 것을 보여 주는 상징이다. 중생의 초기 단계에 우리는 수동적이다. 믿음은 언약을 만들어 내는 것이 아니라 언약이 믿음을 만들어 낸다. 그러나 세례가 눈에 보이게 행해지는 것은 중요한 일이다. 세례는 언제나 회중 안에서 거행되어야 하며, 그것을 목격하는 예배자들의 내면에 엄숙한 생각을 고취시키며 그들로 하여금 기독교적인 삶 안에서 그들의 세례를 개선하도록 격려하는 것이 되어야 한다.

성찬에 대한 칼빈주의 교리는 토런스(T. F. Torrance)가 "종말론적인 차이"라고 묘사한 것, 그리스도는 지금 천국에 계시며 마지막 날까지 그곳에 계실 것이라는 칼빈주의 교리에서 가장 중요한 사실을 요구한다. 성찬 안에서 성령은 우리를 들어 올려 그리스도와 함께 있게 해 준다. 그분의 임재 방법을 설명할 수 없지만(그렇기 때문에 화체설이 생긴다), 비밀은 그리스도의 하강에 있는 것이 아니라, 우리가 들려 올려져 그분과 함께 거한다는 데 있다. "그는 여기 계시지 않고 살아 나셨느니라." 그러나 우리는 그분이 가신 곳으로 갈 수 있을 것이다. 성례전 신학 안에도 성령의 절대적인 사역, 그리고 그가 우리 안에 심는 믿음의 효과가 나란히 등장한다. 성례는 우리가 하늘로 올라갈 때에 사용하는 수단이다. 실제로, 그것은 기독교적 삶 전체의 묘사 또는 상연이다. 이 성례에는 믿음이 필요하다. "그리스도는 성찬의 본질이시다. 그러나 사람들이 성례전으로부터 받는 것은 믿음의 그릇으로 받는 것만큼 많지 않다."(*Inst.* IV 14.9.17). 악인들은 그리스도를 받지 않는다. 성찬은 택함을 받은 사람들 안에서만 유효하다. 성찬은 교회를 구성하며, 교회는 성찬의 공동체이다. 그러나 말씀과 성찬을 분리해서는 안 된다. 왜냐하면 말씀은 성찬에 능력을 주어 무언의 쇼 이상의 것으로 만들며 신자들의 교제를 이루어내기 때문이다.

"교회 밖에는 구원이 없다"는 말은 키프리안*의 교의인 동시에 칼빈의 교의이다. 그러나 16, 17세기의 칼빈주의 신학자들은 신비적 연합과 세상에서의 제도적 교회의 정확한 관계에 대해 약간 혼동을 일으켰다. 칼빈주의는 가시적인 교회와 불가시적인 교회— "하나님 앞에서의 교회"—양자됨의 은사에 의해서 하나님의 자녀가 되고 성령의 성화에 의해서 그리스도의 참된 지체가 된 사람들만이 들어갈 수 있는 교회의 구분을 고수한다. 그러나 우리는 재판관이 아니며, 따라서 항상 가시적인 교제의 결점을 의식하고 개혁의 필요성을 의식하겠지만, 그러한 교제와의 관계를 끊어서는 안 된다. 실제로, 가시적인 교회의 지체들 모두가 불가시적 교회에 속하는 것은 아니지만, 그것의 역도 참은 아닌 듯하다. 거룩한 보편 교회를 믿는 것은 표면적인 교회, 역사적인 신조들을 인정하며 말씀과 성례전에 충실하며 정당한 권위를 인정하는 사람들의 세계적인 교제와 관계가 있는데, 여기에는 칼빈이 사역을 감독하는 것이라고 부른 것도 포함된다. 이것은 말씀 선포에 대한 복종, 사도들처럼 신앙의 주로 부름을 받은 것이 아니라 기쁨의 조력자로 부름을 받은 사람들의 말을 예배하는 마음을 경청하는 것을 의미한다.

훈련(치리)*은 교회에 반드시 필요한 요소이다. 장로들의 질서는 감독이나 사제들의 질서보다 더 성경적이지만, 어쨌든 훌륭한 질서가 유지되어야 한다. 논리적으로 치리는 설교와 목회적 돌봄 다음에 오며, 대체로 양심과 관련된 문제들을 해결하는 것과 관련된다. 칼빈주의에서는 고해신부로서의 목사의 역할을 폐지하지 않는다. 그것은 "모든 사람이 각기 자신의 사제"가 되는 것이 아니라 신자들의 왕 같은 제사장직과 관련된 것이다. 교도소와 참회의 성례는 사라져도, 죄를 사하

칼빈주의 영성 | Calvinist Spirituality

고 보류시키는 권위는 사라지지 않는다. 칼빈주의 역사 전체에서 이 기간에 잔인하고 가혹했다는 비난을 부인할 수 없다. 칼빈은 범죄자들을 처벌할 때에 구약성서를 지나치게 많이 의지했다. 그러나 그는 초대교회의 참회의 제도가 너무 가혹하다고 생각했으며, 엄수주의자가 아니었다. 진지하게 공개적으로 회개하면 충분히 교회의 교제 안에 다시 들어갈 수 있었다. 초대교회가 죄인들을 여러 해 동안, 때로는 평생 동안 성찬에 참여하지 못하게 한 것은 지나친 일이었다. 그것은 그들을 위선과 절망으로 몰아 넣었다.

기도는 주요한 신앙의 발휘요 표현이다. 이교도들도 때로 기도의 응답을 받지만, 기독교인들은 하나님의 은혜에 대한 응답으로 기도하되, 기도가 응답될 것을 확신하면서 기도한다. 칼빈과 그의 후계자들은 기도의 요소들 및 문제들에 대해 자세히 다루었다. 감사의 중요성이 강조되었다. 성경의 표현으로 하는 기도, 하나님 자신의 거룩한 표현으로 하나님께 드리는 기도가 가장 훌륭한 기도이다. 칼빈주의 경건은 "광신적"으로 흐르지 않도록 규제된다. 그러나 가톨릭 교회와 성공회의 기도서들은 기도라기보다는 소원으로서 하나님을 하찮게 다루는 것으로 간주

되기 쉬웠다. 설교가 사람들에게 호소하는 것이라면, 참된 기도는 진지하고 치열하게 하나님과 씨름하는 것, 또는 하나님께 탄원하는 것이다. 때로 칼빈주의의 기도문들은 "전능하신 하나님께 행하는 설교"로 전락했는데, 이것은 마음을 쏟아내려는 갈망과 필요성에서 비롯된 안타까운 현상이었다. 중보기도에서는 연민이 논리보다 우선한다. 영국의 칼빈주의 주교는 "당신의 복음이 자유롭게 온 세상을 통과하여 당신의 예정과 당신의 나라에 속한 사람들이 회심할 수 있게 해 주십시오"라고 기도했다. 캠브리지 대학의 칼빈주의자인 윌리엄 퍼킨스는 우리가 특히 인류를 위해서, 심지어 악한 사람을 위해서 기도해야 한다고 말했다. 겉으로 드러난 것들과는 상관없이 하나님은 그들의 구원을 원하실 수 있기 때문이다. 그러나 우리는 총체적으로 모든 종류와 상태의 사람들을 위해서 기도해서는 안 된다. 왜냐하면 구원의 범위 너머에 있는 사람들이 있기 때문이다. 이것은 매우 미묘하고 만족을 주지 못하는 논리이다. 윌리엄 구즈(William Gouge, 1575-1653)는 보다 훌륭한 주장을 제시한다. 즉 기도의 기초는 확실성의 판단이 아니라 사랑의 판단이라고 주장한다. 그리고 그는

"당신께서 모든 사람을 불쌍히 여기시기를 기원합니다"라는 영국의 연도를 인용하고 인정한다. 기도는 우리와 그리스도의 연합의 상징이다. 기도는 그리스도의 이름으로 드려야 한다. 택함을 받은 자들은 결코 기도에서 제외되지 않는다. "그리스도인의 기도의 향기는 영원히 위로 올라가며, 그는 최대한으로 구원을 이룰 때까지 중보기도를 행할 것이다"(Thomas Goodwin).

가톨릭 신자들은 칼빈주의가 겨울처럼 장엄하지만 냉혹하며, 영적인 풍경을 서리로 덮는다고 생각했다. 칼빈주의 영적 작가들 전체를 연구해 보면, 이러한 주장은 지지할 수 없다. 그들은 창조의 경이와 아름다움과 기쁨을 깨닫지 못한 것이 아니며, 특히 음악과 시를 억제하지 않았으며, 가정 생활과 가정에서의 기도를 지속했다. 번즈(Burns)의 "농부 가족의 토요일 밤"을 참조하라. 칼빈주의 작가들에게는 심오한 기쁨, 용기, 영혼의 담대함, 사람이 아니라 하나님에 대한 두려움 등과 결합된 진지함이 있었다. 칼빈주의 영성에서는 그래엄 그린(Graham Greene)이 묘사한 변덕스러운 사제들, 또는 술과 담배를 가지고 다니면서 복음을 전파한 제프리 뷰몬트(Geoffrey Beaumont)와 같은 사람에게서는 성성(聖性)을 찾을 수 없다고 본다(Harry Williams, *Some Day I'll Find You*, 1982을 보라). 세속적인 지혜자들은 칼빈주의자들을 위선자들이라고 생각할 것이며, 이러한 생각이 옳을 수도 있다. 그러나 그 이유는 칼빈주의자들은 세상을 정죄하고 악한 양심을 자극하기 때문일 것이다. 그리스도께서 우리를 악과 악한 습관의 노예 상태에서 구원하시며 "더럽고 가혹한 거처"를 사랑의 가정으로 변화시키실 것이라고 믿는 사람들은 세리와 창녀들이 각별히 근엄한 신자들보다 먼저 천국에 들어갈 수 있다는 것을 믿기 어려울 것이다. 기독교적 삶은 자유와 훈련이라는 양극 사이를 오가야 한다. 칼빈주의 전통이 때로 지나치게 관대하지 못했다면, 칼빈주의와는 상반된 면에서 실패해온 가톨릭 전통 역시 관대하지 못했으며 사람들에게 도덕적 혁명의 거대한 홍수를 흘러보내기보다 아주 작은 은혜를 남겨 주었다고 볼 수 있다.

J. D. Benoit, *Direction Spirituelle Protestantisme: Étude Sur La Légitimité d'une Diriction Protestante*, 1940; *Calvin, Directeur d'Ames*, 1944; J. C. McClelland, *The Visible Words of God: A Study in the Theology of Peter Martyr*, 1957; Walter Marshall, *The Gospel Mystery of Sacntification*, 1962; T. F. Torrance,

Kingdom and Church, 1956; R. S. Wallace, *Calvin's Doctrine of the Christian Life*, 1959; B. B. Warfield, *Calvin and Calvinism*, 1931.

편집자

캔터베리의 안셀름
| Anselm of Canterebury

안셀름은 1033년경에 오스타(Aosta)에서 태어났다. 그는 활동적인 청년 시절을 보낸 후에 벡(Bec)에 있는 수도원에 들어갔고, 란프랑(Lanfranc)의 뒤를 이어 부원장이 되고, 마지막에는 수도원장이 되었다. 그는 윌리엄 루퍼스와 헨리 1세 때에 캔터베리 대주교가 되었다. 그의 공적인 삶은 그와 국왕 사이의 불화로 가득했다. 그는 두 번이나 유배되었고, 1109년에 캔터베리에서 사망했다.

안셀름은 탁월한 신학자요 철학자로 알려져 있지만, 그 시대의 영성에 심오한 영향을 미친 인물이기도 하다. 그는 수도 생활 초기에 저술한 『기도와 묵상』(*Prayers and Meditations*)에서, 개인적인 침묵 묵상에서 사용할 새로운 종류의 시, 기도 시를 만들어냈다. 그의 기도문들은 길었고, 11세기에 유행하던 압운 산문 형식을 취했다. 그것들은 치밀하게 구성되었고, 기도에 사용하려는 의도에 맞추어 단어들을 선택했다. 안셀름은 처음에는 내면에 죄에 대한 두려움, 회개 및 하나님께 도움을 청하는 기도로 이어질 가책의 감정을 일으키기 위해서 단어들을 사용했다. 그 다음에는 자신과 그리스도와의 대화에 의해서 내면에 하나님의 자비하심에 대한 감사하는 마음을 일으키고, 그리하여 하나님을 계속 섬기려는 의지의 결단을 증가시키기 위해서 단어들을 사용한다.

현재 안셀름의 것이라고 인정되는 18개의 기도문과 3개의 묵상문 안에는, 새롭고 역동적인 기도 방법이 담겨 있으며, 성경에 관한 묵상과 기도에 이르는 통로인 가책에 대한 기본적인 가르침이 개인적이고 흥미로운 형태로 제시되어 있다. 안셀름의 생전에 많은 친구들이 그것을 복사하여 사용하길 원했으며, 원래 그것은 수도사들을 위한 것이었지만 평신도들도 사용했다. 예를 들어 중세 시대의 영어로 번역된 것도 있고, 토머스 벡켓(Thomas Becket)이 사용했던 것도 있다.

안셀름은 자신의 기도서의 사본과 함께 그 책을 사용하는 데 대한 지시를 첨부했다. 그가 저술했다고 간주되는 서문에서도 그 기도문들의 사용법을 설명한다. 그것들은 "조용히…깊고 사려깊게 묵상하면서 읽어야 한다…

그것의 목적은 독자의 정신을 자극하여 하나님에 대한 사랑이나 두려움, 또는 자기 성찰을 일으키려는 것이다"(서문). 그것들은 하나의 출발점으로서, 정신을 집중하고 가다듬어 무기력한 상태에서 끌어내어 하나님의 역사를 받아들일 수 있는 상태로 만들기 위한 기초로 사용되어야 한다.

소위 "존재론적인 논증"이라고 불리는 것을 담고 있는 것으로 유명한 논문인 *Proslogion*도 이러한 형태의 묵상이며, 그 첫 부분은 안셀름의 묵상 방법을 잘 나타낸다:

"작은 자여, 이제 오라. 그대의 일상적인 일을 버리고, 잠시 생각의 소용돌이에서 벗어나며, 무거운 염려를 내려놓으라. 그대를 산만하게 하는 것들로부터 벗어나, 잠시 하나님을 위하여 자신을 해방시키고, 잠시 하나님 안에서 안식하라. 네 영혼의 내실에 들어가, 하나님 및 하나님을 찾는 데 도움이 되는 것들 외에 다른 것을 들어오지 못하게 하라. 문을 닫은 후에 하나님을 찾으라. 이제 마음을 다하여 하나님께 '주님, 나는 당신의 얼굴을 찾습니다. 내가 찾는 것은 당신의 얼굴입니다' 라고 말하라"(서문).

이 논문에는 기도에 대한 안셀름의 근본적인 개념이 "이해를 추구하는 믿음"이라는 말로 훌륭하게 표현되어 있다. 그는 영혼은 사변적인 지성의 노력에 의해서 뿐만 아니라, 심오한 방법으로 이해를 추구하는 믿음이 포함된 기도의 역사에 의해서 하나님을 찾는다고 여긴다.

Anselm, *Opera Omnia*, ed. F. S. Schmitt, 6 vols, 1938-1961; tr by B. Ward of *Prayers and Meditations* with the Proslogion, 1973; G. Evans, *Anselm and Talking about God*, 1978; R. W. Southern, *St. Anselm and his Biographer*, 1963.

BENEDICTA WARD, SLG

캠브리지 플라톤주의자들
| Cambridge Platonists

캠브리지 플라톤주의자들이 교회 내의 한 당파였는지는 분명치 않지만, 그들은 어거스틴의 전통보다는 플라톤주의 전통 안에 있는 집단이었다. 다시 말해서, 그들은 인간의 본성은 제도적인 교회를 통해서 은혜의 기적을 받아 재창조와 구속되어야 할 멸망의 덩어리라고 생각한 것이 아니라, 정화된 이성이 영혼으로 하여금 하나님을 볼 수 있게 한다고 믿었다. 벤저민 위치코트(Benjamin Whichcote, 1609-1683), 존 스미스(John Smith, 1618-1652), 헨리 모어(Henry More, 1614-1688),

랠프 커드워스(Ralph Cud-worth, 1617-1688) 등이 여기에 포함된다. 그리 중요하지 않은 인물로 나타나엘 컬버웰(Nathanael Culverwell, 1615-1651)과 플라톤주의자라기보다 칼빈주의자에 가까운 피터 스터리(Peter Sterry, 1613-1672)가 있다. 존 노리스(John Norris, 1657-1711)는 옥스포드 출신이지만, 후일 캠브리지의 기질을 많이 나타냈다.

그들은 이성에 대한 불굴의 믿음을 가지고 있었다. "사람의 영혼은 여호와의 등불이라"(잠 20:27). 하나님께서 친히 등불을 붙이셨으므로, 이 말씀은 선행적 은혜를 부인하는 것이 아니다. 또 이 말씀은 신비를 제거하지도 않는다. 등불의 깜박임은 등불이 비추는 방 안에서의 직접적인 지각을 초월하여 미지의 것에 대한 의식을 강화해 준다. 그러나 캠브리지 플라톤주의자들은 비합리주의, 미신(그러나 모어는 마술을 믿었다), 그리고 교회 제도의 독재를 두려워했다. 기독교는 "신비적이고 상징적이고 불가해한 것이 아니라, 실체가 없고 지적이고 이성적이고 영적인 것이다"(위치코트). 이성과 그 개념들은 부정적인 방법으로 망각되는 것이 아니며, 또 그것들이 "무지의 구름"에 들어가는 것도 아니다—등불을 꺼서는 안 된다.

신학은 신적인 학문이라기보다 신적인 생활이며(스미스), 기독교 신앙의 위대한 진리는 하나님이 사랑이라는 사실이다. "하나님은…온 세상을 그 펼친 팔 안에 안으신다. 그의 영혼은 우주만큼 넓고, 어제와 오늘과 영원만큼 크시다"(커드워스).

캠브리지 플라톤주의자들은 아가페와 에로스를 구분하려 하지 않는다. 에로스는 신플라톤주의 개념이고, 아가페는 신약성서에서 유래된 개념이다. 하나님을 분명히 보는 것은 "강력하게 사랑하는 영원들의 특권이다"(알렉산드리아의 클레멘트). 존 스미스는 플로티누스*의 말을 고쳐 사용한다: "태양의 형태를 취하며 태양을 닮지 않은 눈(目)이 태양을 볼 수 없듯이, 인간의 영혼도 하나님을 닮고 그 안에 형성된 하나님을 소유하며 신적 본성에 참여하는 자가 되지 않으면, 하나님을 볼 수 없다." 신화(神化)*가 중심적인 개념이다. 육화(incarnation)는 인간 본성에 가해질 수 있는 가장 큰 영광이다. 인간의 본성을 가능한 최대한의 완전함으로 끌어올리기 위해서 "하나님의 아들이 그 안에 들어오셨다."(위치코트).

캠브리지 플라톤주의자들은 철저히

윤리적인 신학자들이다. 신비한 엑스타시가 그들의 목적이 아니다. 신화는 하나님 안에서 상실되는 상태가 아니라, 하나님이 사랑하시는 것처럼 사랑하는 것, 하나님이 자비하신 것처럼 자비하게 되는 것이다. 그것이 플라톤주의자들이 의견이 다른 신학자들에 대한 반감을 비교적 덜 나타낸 이유이다. 모어의 반-가톨릭 논쟁은 어떤 때는 순전한 신앙상의 편협함에 불과했고, 노리스는 퀘이커 파를 공격했는데, 퀘이커 파의 "내면의 빛"을 플라톤주의자들의 등불과 혼동해서는 안 된다. 왜냐하면 그것은 어느 철학적 엘리트의 개념에서 유래된 것이 아니라 소박한 삶에서의 성령 체험에서 유래된 영적인 개념이기 때문이다. 그러나 그들의 시대를 위해서, 플라톤주의자들은 탁월한 도량을 드러낸다. 특히 존 스미스는 누구보다 탁월한 도량을 나타낸다.

이 신학자들은 특별한 플라톤주의의 주제를 강조한다. 커드워스는 그것을 하나님의 "명랑함과 축제"(Gayety and Festivity)라고 말한다. 피터 스터리는 "영적인 기쁨은 신적 사랑의 웃음, 우리의 영 안에 있는 영원하신 성령의 웃음이다"라고 말한다. 컬버웰은 종교를 엄격하고 준엄한 것으로 간주하는 것을 개탄하면서, 은혜는 기쁨을

제거하기 위한 것이 아니라 순화하기 위한 것이며, 불을 끄기 위한 것이 아니라 바람을 불어 그 불이 더 밝고 분명하게 타오르게 하기 위한 것이라고 말했다. 하나님께서 우리 마음을 완전히 발휘될 수 있는 행복으로 채우시게 만들게 하려면, 우리 마음을 하나님께 드려야 한다.

Rosalie L. Colie, *Light and Enlightment. A Study of the Cambridge Platonists and the Dutch Arminians*, 1958; H. R. McAdoo, *The Spirit of Anglicanism*, 1965, pp. 121-96; C. A. Patrides (ed), *The Cambridge Platonists*, 1969, 1980.

편집자

케노시스 | kenosis

케노시스라는 개념은 기독론에서만큼 영성에서도 중요한 개념이다. 바울은 빌립보서 2장에서 성육신을 자기 비움의 과정, 즉 사랑 안에서 자기를 내어 주심의 과정으로 묘사하며, 희생의 과정의 헌주에 쏟아붓는 행동에 기초를 두고 묘사한다. 바울이 말한 그리스도를 본받음은 그리스도의 역사적인 생활이 아니라 성육신의 과정 안에서 식별된 하나님의 겸손과 희생의 본보기로 언급된다. 빌립보서 2장의 배후에는, 옛 아담과는 달리 하나님과 동등

케노시스 | kenosis

하게 되는 것은 자신을 비우는 것이라고 생각하신 새 아담이신 그리스도를 제시하기 위한 기초가 되는 예수의 역사적 삶에 대한 언급이 있는 듯하다.

케노시스는 나사렛 예수 안에서의 성육신의 교리를 해석하기 위한 범주, 그리고, 특히 그 과정의 최종 산물이 참된 한 인간이었음을 강조하기 위한 범주로 사용되어왔다. 러시아 정교회 신학에서, 케노시스는 하나님의 창조와 인간의 창조성을 해석하는 방법으로 사용되어왔다: 하나님의 창조는, 하나님께서 시간과 공간에 속한 유한한 실체들을 실존하게 하시고 인간에게 진정한 자유를 부여해 주심으로써 자신을 제한하신 것이라고 간주된다. 러시아 사상에서 케노시스는 인간의 창조성을 설명하는 데 적절한 용어이다. "예술가는 창조적인 작업을 하면서, 자기 자신, 자신의 인격에 대한 것을 망각하며, 자신을 부인한다"(N. Berdyaev).

현대 신학에서는 창조와 성육신 안에서 하나님의 활동인 케노시스를 옹호해왔다. 특히 디트리히 본회퍼는 "하나님은 세상에서 쫓겨나 십자가에 달리신다. 우리는 우리로 하여금 하나님을 유익한 원리로 사용하지 않고서 이 세상에 살게 하신 하나님 앞에 선다"고 말했다. 케노시스는 테이야르 데 샤르뎅*의 신학과 영성에서도 중요한 범주이다. 샤르뎅은 "물질 안으로의 케노시스"로서의 역사적 성육신에 대해 말하며, 성찬은 이것의 상징으로 생각한다.

이기주의와 자존심으로부터의 점진적인 이탈에 의해 점진적으로 자기를 비우는 것이 기독교 영성의 특징 중 하나였다. 이것을 힌두교와 불교에서 진아(眞我)가 존재할 수 있게 하기 위해 필요한 자기 부인과 자기 비움에 점진적으로 애착하는 것 및 거짓 자아에 의해 촉발된 이기적인 욕망의 제어를 중요시하는 것과 비교해 보는 것도 흥미롭다. 은혜 안에 있는 기독교적 삶은 성령의 케노시스로 간주할 수 있으며, 나사렛의 역사적 예수는 성령께서 영원하신 아들의 형상을 따라 인간의 본성을 만드시는 방법으로 등장한다. 그러므로 말할 수 없이 다양한 기독교적 삶은 성령께서 다함이 없는 그리스도의 형상의 새롭고 개별적인 형태들을 주조하시는 케노시스적인 방법이다.

D. Bonhoeffer, *Letters and Papers from Prison*, ³1971; N. Berdyaev, *Destiny of Man*, 1973; Teilgard de Chardin, 'My Universe' in *Science and Christ*, 1965.

E. J. TINSLEY

케블, 존 | keble, John

존 케블(1792-1866)은 시인이자 사제였으며, 옥스포드 운동*의 창시자들 중 한 사람이었다. 그는 왕당파의 배경을 지닌 고교회 신자였다. 케블은 찰스 1, 2세 시대의 신학자들*, 윌리엄 3세와 메리에 대한 충성 선서를 거부한 성직자들*, 버틀러 주교 등의 영성의 영향을 받았다. 그는 옥스포드 대학의 우등생이었고, 오리엘(Oriel) 대학의 특별 회원이었고, 얼마 동안 옥스포드 대학에서 시를 강의했다. 그는 생의 대부분은 햄프셔 주 윈체스터 근처에 있는 허슬리 교구의 교구 사제로 보냈는데, 그곳에서 17세기의 조지 허버트*처럼 목회적 돌봄의 탁월한 본보기가 되었다. 그는 리처드 후커(Richard Hooker)와 토머스 윌슨(Thomas Wilson)의 저서들을 편집했다.

오리엘의 특별회원이었던 케블은 존 헨리 뉴먼*, 아이작 윌리엄즈, 로버트 아이작 윌버포스 등에게 큰 영향을 미쳤다. 그의 시선집인 『기독교력』(*The Christian Year*, 1827)으로 인해, 케블의 영향력은 널리 퍼졌다. 이 시들 및 다른 그의 다른 저술에서는, 기독교 영성의 성례전적인 특성이 강조되었고, 성경의 예표론적 해석에 대한 관심이 되살아났다. 케블은 그 시대의 상징과 이미지에 대한 낭만주의적 관심의 영향을 받았지만, 대체로 교부들과 캐롤라인 신학자들에게서 감화를 받았다. 그는 『교회의 교부들의 신비주의에 관해서』(*On tne Mysticism attributed to the Fathers of the Church*)에서 성경에 대한 교부적 이해를 옹호했다. 그는 1857년에 저술한 *On Eucharistical Adoration*에서 그리스도께서 성찬의 떡과 잔 안에 실제로 현존하신다는 교리, 그리고 그러한 현존을 예배하는 것의 정당성을 주장했다: "그리스도는 어디에 계시든지, 계신 그곳에서 경모되어야 한다."

케블은 동생인 토머스와 함께 성무일과 훈련을 강조했고, 성무일과의 부흥과 성찬을 자주 행할 것을 장려했다. 그는 기독교적 삶의 정상적인 부분인 성례전적 고백의 중요성을 강조했고, 그 자신도 퓨지(Pusey)*의 고해 신부가 되었다. 케블은 뉴먼과 퓨지와 함께, 그리스도인들이 하나님의 신적 생명에 참여할 수 있게 하기 위해서 하나님께서 은혜를 나누어 주시는 통로가 되는 훈련과 경건으로서의 기독교적 삶을 강조했다.

G. Batticombe, *John Keble: a Study in Limitations*, 1963; W. J. A. M. Beck, *John Keble's Literary and Religious Contribution to the Oxford Movement*, 1959; B. W. Martin,

John Keble, Priest, Professor and Poet, 1976; S. Prickett, *Romanticism and Religion: the Tradition of Coleridge and Wordsworth in the Victorian Church*, 1976; G. Rowell, *The Vision Glorious*, 1983.

GEOFFREY ROWELL

켈트 영성 | Celtic Spirituality

오늘날 켈트족은 유럽의 대서양 연안의 황량한 일부 지역을 점유하고 있으며 그들의 고대 언어와 특징적인 문화는 사라질 위험에 처해 있다. 소위 중세 "암흑 시대"에, 켈트족의 영역에 기독교적 학문과 경건의 전통이 살아 있었다고 믿기는 어렵다. 당시 아일랜드는 "성인들과 학자들의 나라"였다. 또 삼천 년 전에 켈트족이 유럽 대륙의 광대한 지역들을 소유하고 있었다고 믿기는 더욱 어렵다.

일찍부터, 켈트 족은 매우 종교적인 민족이었던 듯하며, 현재 그들의 신화를 비롯하여 많은 이교도 제의의 유물이 남아 있다. 그들은 농업 민족이었고, 그들의 종교는 자연 종교였다. 켈트인들에게는 샘물, 강, 호수, 산, 숲 등이 모두 성소였으며, 따라서 다른 고대 민족들처럼 그들도 신성한 환경에 거주했다. 바꾸어 보면, 이것은 일상 생활의 모든 행위에 종교적인 의의를 부여했음을 의미한다. 일부 고대 신들의 이름이 보존되어 왔다. 중요한 신은 루(Lugh)인데, 그는 모든 기술의 거장이었다고 한다. 리용과 같은 서 유럽의 지명에서 그의 이름을 식별할 수 있다. 여신들 중에서 브리지타(Brigitta)는 강력한 지지를 받았다.

기독교가 켈트족의 영토에 들어왔지만 과거와의 결별은 없었다. 과거의 성소가 지녔던 신적인 특성들은 이교도 신들보다 그 지역의 기독교 성인들에게 주어졌지만, 사람들은 계속 과거의 성소들을 방문했다. 그 좋은 예가 기독교로 개종한 켈트족 사회에 널리 퍼진 성 브리짓(St. Bridget) 제의이다. 브리짓은 이교도 신 브리지타가 지녔던 특권을 물려받았음이 분명하다. 현재 글래스고에 있는 고반 교회에는 과거의 방법에서 새로운 방법으로의 원활한 이동을 보여 주는 흥미로운 증거들이 있다. 이미 오래 전에 원형의 교회 부속 뜰에서 돌들은 사라졌지만 고대의 돌로 만든 형태를 유지하고 있다. 교회 안에 있는 오래된 돌의 옆면에는 십자가가 조각되어 있고, 뒷면에는 태양의 원반이 표현되어 있다.

켈트족 기독교가 고대 종교로부터 받아들인 가장 중요한 유산은 하나님이 세상에 내재하신다는 의식이었을 것이다. 혹 기독교의 창조 교리가 (일부 신학자들이 주장하는 것처럼) 자연 세계를 신화할 것이라고 기대된다고 해도, 켈트족 사회에서는 이러한 일이 발생하지 않았다. 그들은 자연 안에서 신적 임재를 의식했으며, 만물 안에 침투해 있는 임재 의식이 그들의 기독교 신앙의 특징이다.

하나님이 우주에 내재하신다는 영성의 신학적 기초는, 켈트족 교회가 배출한 가장 위대한 사상가인 존 스코투스 에리우게나(John Scotus Eriugena, 810-877)가 제공했다. 그의 주요한 저서인 *De Naturae Divisione*는 하나님과 피조물을 포용한다고 주장되는 "자연"이라는 포괄절인 개념에서부터 시작한다. 이 견해에 입각해서 보면, 하나님과 그의 세상 사이에 이원론적인 분리가 있을 수 없다. 하나님은 만물 안에 계시며, 만물의 참된 본질이다. 하나님의 입장에서 "만드는 것"은 "존재"와 동일하므로, 그것들은 하나님에게 있어서 비본질적인 것이 아니다. 에리우게나는 "신현현"(theophany)이라는 단어를 즐겨 사용했으며, 그는 이 세상을 하나의 신현현으로 보았다고 해도 과언이 아니다. 그는 신플라톤주의의 영향을 크게 받았지만, 그의 신학은 참된 켈트족 신학이었다고 말할 수 있다. 그의 사후에 그의 가르침은 범신론적인 경향이 있다는 이유로 정죄되었지만, 현대 학자들은 그를 화이트헤드(Whitehead) 및 하나님과 세상의 관계를 이해하는 변증적 방법을 추구해온 현대 사상가들의 선구자로 평가한다.

하나님의 초월성과 타자성에 대한 의식을 하나님의 내재성의 의식과 결합한 것 역시 켈트 족의 사회 조직을 반영한다. 아일랜드에서는 지고한 왕(종종 하나님에게 부여되는 호칭)은 평야보다 높지만 켈트족의 삶에 동참하기에 충분히 가까운 타라(Tara) 언덕에 거처를 두고 있다.

켈트 기독교 영성의 표현은 시와 찬송을 통해서 전해져 왔다. 가장 단순한 시는 병이나 불행이 다가오지 못하게 하는 주문에 불과하며, 어디까지가 마술이고 어디서부터 경건이 시작되는지 결정하기가 어렵다. 그 밖에 자연의 힘, 아름다움, 신비를 찬양하는 시가 있고; 출생, 결혼, 새 집 마련, 임종 등 인생의 중요한 시기에 하나님의 축복을 기원하는 시가 있고; 일상 생활에서 발생하는 사건들과 일—잠에서 깨어나는 것, 불을 붙이는 것, 출근, 귀가, 가족 식사, 잠자리에 드는 것 등—을 표현한 시들도 있다. 그것은 매우 현실

코란 | Koran

적인 영성이다. 이처럼 단순한 사건들 안에, 하나님과 성인들이 임재한다는 의식이 있다. 그들이 고깃배를 타고 있을 때에 베드로와 요한과 그리스도께서 그들과 함께 계신다. 밤에 잠자리에 들 때에 삼위일체 하나님이 그들과 함께 눕는다. 스코틀랜드와 아일랜드에서는 지금도 그리스도나 성인들을 보았다고 주장하는 사람들을 만날 수 있다.

켈트 영성은 현재는 실질적으로 사라진 생활 방식과 연결되어 있지만, 오늘날 그 영성으로부터 배울 것이 없다거나 그것이 역사적인 호기심거리에 불과한 것은 아니다. 우리는 종종 일상생활을 침해하게 될 영성에 대한 호소를 듣는데, 켈트 영성이 그러한 경우이다. 컴퓨터화된 산업사회에서의 일상 생활은 과거 농사와 어업을 하면서 생활하던 사람들의 일상 생활과는 거리가 멀다. 그러나 그러한 과거의 영성, 즉 하나님이 자신의 창조 세계에 깊이 개입되어 있다는 이해의 신학적 기초는 새로운 사회적 조건에 알맞은 새로운 영성을 만들어 낼 수 있다.

A. Carmichael (ed), *Carmina Gadelica*, 5 vols. 1900ff.; M. Dillon and N. K. Chadwick, *The Celtic Realm*, 1967; P. MacCanna, *Celtic Mythology*, 1970; G. R. D. McLean (ed), *Poems of the Western Highlanders*, 1961.

JOHN MACQUARRIE

코란 | Koran

회교도들은 이슬람의 경전인 코란을 신의 말씀으로 여기며, 코란의 구절을 인용할 때에는 "신이 말씀하시기를" 이라는 표현을 덧붙인다. 그 명사의 어근은 "읽기" 또는 "낭송"인 듯하며, 선지자 마호메드가 소명을 받을 때에 주어진 신의 가르침이 코란 구절에 등장한다. "창조하신 네 주의 이름으로 읽으라"(96). 코란은 "능력의 밤"에 신으로부터 직접, 또는 대천사 가브리엘을 통해서 마호메드에게 주어졌다고 한다.

회교도들은 마호메드가 문맹이었으며, 후일 양피지, 뼈, 도자기, 나뭇잎 등에 기록된 것을 서기관들이 모아 낭송했다고 믿는다. 일부 학자들은 코란이 마호메드에 의해 기록된 것이라고 간주하는데, 만일 그렇다면 그것은 세계적인 대 종교의 경전의 기록에서 필적할 것이 없는 업적일 것이다. 코란에서는 유대교와 기독교의 성서, 하나님이 그들의 공동체에게 주신 토라와 복음을 언급하며, 신의 말씀이 아랍어로 아랍 민족들에게 주어졌다고 언급한다. 이것은 모든 참된 성서들이 기원한 하늘의 근원, 또는 원형이 있다는 주장일

코란 | Koran

수도 있다. 회교도들은 유대인들과 기독교인들은 하나님의 말씀을 받았으며, 코란과 일치하지 않는 곳은 오해하거나 왜곡되었다고 생각한다.

코란은 114장으로 이루어져 있다. 처음에 짧은 기도문이 있고, 그 다음에는 긴 것부터 순서대로 배열된다. 그러나 후반에 위치한 짧은 심판의 장들은 처음에 메카에서 계시되었다고 여겨지며, 믿음과 심판에 관한 성경의 예언들과 흡사하다. 내용이 긴 장들은 마호메드가 말년에 메디나에서 성장하는 공동체를 다루면서 처한 상황을 반영하며, 종교적인 가르침을 비롯하여 도덕적, 사회적 가르침을 포함한다. 하나의 장을 제외한 모든 장은 신을 찬미하는 표현으로 시작된다: "자비하시고 긍휼하신 신의 이름으로." 영어로 번역하면 "알라"(Al-lah)는 신이며, 단수형이고 대문자로 시작된다.

코란의 제1장은 자비하고 긍휼한 신, 심판 날의 주이신 신을 찬양하고, 바른 길로 인도하심을 구하는 기도로 시작된다. 코란의 후반부에는 잡다한 상황과는 관련이 없는 장과 구절들이 있다. 보좌에 관한 구절에서는 "살아 계시고 영원하신 알라 외에 다른 신은 없다… 그의 보좌는 하늘과 땅에 미친다"(2, 256)고 선포한다. 빛의 구절은 사막에 있는 수도원의 빛에 의해 제안되었다고 해석되어왔다: "신은 하늘과 땅의 빛이다. 그의 빛은 등불이 놓이는 장소이다…그곳에서 신이 찬양받으시고, 그의 이름이 기억되며, 아침과 저녁으로 신께 영광을 돌린다"(24, 35f.).

코란에 의하면 참 신앙은 동쪽을 향하거나 서쪽을 향하는 것이 아니라 신, 마지막 날, 경전, 천사들과 선지자들, 기도 등을 믿으며; 친척들, 고아들, 나그네, 거지, 궁핍한 사람, 노예 등을 구제하는 데 있다(2, 172). 신의 신비한 뜻 안에 종교의 차이점들이 있다고 간주되며, 인간들은 서로 선행을 위해 경쟁해야 하며, 부활 때에 그들에게 진리가 알려질 것이다(5, 53).

코란에서는 마호메드의 삶에 대한 몇 가지 개인적인 언급이 있지만, 하나의 전기는 아니다. 부모를 잃은 마호메드의 어린 시절이 본보기로 제시된다: "그가 고아인 너를 발견하여 쉴 곳을 주지 않았느냐…그러므로 고아를 학대하지 말라"(93, 6f.). 초기에 본 환상들에 대한 묘사도 있다. 마호메드는 "신의 사자요, 선지자들의 인"이라고 불린다. 아마, 이것은 그가 과거의 선지자들을 확인하고 보증했다는 의미인 듯하다.

코란은 아담에서부터 예수에 이르

기까지 18명의 성경적 선지자들을 열거하며, 그들을 존중한다. 모세, 다윗, 그리고 예수는 책들을 가져다 준 사람들로 선발된다. 예수에게는 가장 존경하는 호칭들이 주어지며, 15개의 장과 93개의 구절에서 언급된다. 그의 모친 마리아는 코란에서 고유명사로 불리는 유일한 여성이다. 동정녀 탄생이 두 번 언급되며, 기적과 가르침들도 언급된다. 그러나 코란에서는 십자가 처형을 부인하는데, 이것은 가현설의 영향 때문이거나 유대인 비평가들에 맞서 예수가 메시아이심을 옹호하려는 의도인 듯하다: "그들은 그를 죽이지 않았고, 십자가에 처형하지도 않았다… 신께서 그를 자기에게로 들어 올리셨다"(4, 156). 오늘날 역사적인 성향을 지닌 회교도들은 이 진술을 문제 삼는다. 카멜 후세인(Kamel Hussein)은 *City of Wrong*(1959)에서, 예수는 의도적으로 십자가에 달리셨지만, 어두움의 구름이 갈보리에 내려 덮였을 때에 하나님께로 들려 올라가셨다고 주장한다. 이슬람의 대중 신앙에서는 예수께서 장차 세상에 다시 오셔서 의로운 왕으로 다스리실 것이라고 믿는다.

코란에는 기도문이 거의 없으며, 종교적인 가르침과 도덕적인 교훈을 준다. 코란은 신앙과 삶을 위한 으뜸되는 권위이며, 전통들과 주석서들도 나름대로 권위를 지닌다. 그러나 회교도 신앙에서, 코란은 성구집이며 찬양집이다. 회교의 영적 저술들에는 코란 본문들이 가득하며, 문체 역시 코란의 지배를 받는다.

Arthur J. Arberry, *The Koran Interpreted*, 1964; Geoffrey Parrinder, *Jesus in the Qur'ān*, 1965; W. Montgomery Watt, *Bell's Introduction to the Qur'ān*, 1970.

GEOFFREY PARRINDER

코사드, 쟝 피에르 | Caussade, J.-P. de

쟝-피에르 드 코사드(1675-1751)는 1693년에 툴루즈에서 예수회 수련수사가 되었고, 1705년에 사제로 임명되었으며 1708년에 서원했다. 그는 평생 교사이자 설교자요 고해신부로 인정을 받았다. 그는 몇 해 동안 낭시에 있는 방문 수도회 수녀들과 회의하고 그 중 몇 사람의 영적 지도를 맡았다. 이 회의의 기록과 그가 쓴 많은 편지들이 보존되었지만 출판되지 않다가, 1861년에 라미에레(H. Ramière)가 *L'Abadon à la Providence Divine*이라는 제목으로 출판했다.

코사드는 1741년에 *Instructions spirituelles, en forme de dialogues, sur le diverse états d'oraison, suivant* *la doctrine de Bousset*이라는 책을 출판했다. 이 책은 일련의 대화, 관상기도를 주제로 한 상세한 요리문답서이다. 이 책에서는 관상기도가 정적주의*에 대한 당시의 공식적인 비판에 해당되지 않지만, 제대로 이해해 보면 정적주의를 반대한 Meaux의 주교 보수에*의 가르침과 일치한다는 것을 보여 주려 했다. 그 책에는 간단한 침잠과 하나님께 집중하는 기도를 실천하는 데 대한 보수에의 가르침이 포함되어 있다. 그의 가르침은 프랜시스 드 살*(특히 *Treatise of the Love of God*)의 영성에서 유래된 것이며, 십자가의 요한*과 갈멜 학파와 많은 공통점이 있다. 그의 가르침의 실용성은 그 자신의 신앙 생활의 경험 및 그가 참회자들과 상담하면서 배운 것들에서 기인한다.

그는 기도의 특별한 상태들이나 완전에 이르는 경로에 대한 분석에는 그다지 관심을 나타내지 않는다. 이 세상에서 완전은 하나님의 은혜에 의해서 모든 사람에게 개방되어 있다. 왜냐하면 그것은 우리가 자신을 하나님의 섭리에 맡기며 우리에게 나타난 하나님의 뜻을 행하는 데 거하기 때문이다. 우리의 현재 상태가 어떻든지 그것이 현재 우리가 하나님을 섬기는 상황이 되게 하신다는 것이 제한된 의미에서 우리를 위한 하나님의 뜻으로 여겨진다. 하나님은 우리로 하여금 하나님을 위해서 행하거나 결실을 맺거나 즐기게 한다는 이유로 모든 상황 안에 현존하시기 때문에, 하나님께서 원하시는 것을 우리가 행하는 것이 우리를 위한 하나님의 뜻이라고 여겨져야 한다. 드 코사드는 지나가는 순간 순간은 하나님의 베일이며, 그렇기 때문에 믿음에 의해 자세히 조사하고 해석해보면 하나님의 자가 계시라고 말했다. 그는 시간을 이렇게 이해하는 것을 "현재의 성례"(sacrament of the present moment)라는 용어로 표현했고, 기독교적인 삶은 매 순간 하나님과 더불어 행하는 능동적이고 수동적인 협력이라고 해석했다. 그가 권장한 기도는 단순히 하나님을 의지하는 기도, 그분의 임재를 분별하는 기도, 그분의 뜻을 행하면서 그분과 협력하는 기도이다.

J. P. de Caussade, *Self-Abandonment to Divine Providence*, tr. Aglar Thorold, 1959; *On Prayer*, tr. Algar Thorold, 1949.

J. Neville Ward

코이노니아 | *Koinōnia*

1. 역사. 기독교 영성에서 코이노니아는 항상 중요한 것이었으며, 특히 오늘

코이노니아 *Koinōnia*

날은 더욱 그렇다. 그것은 많은 의미를 함축하고 있기 때문에, 간단히 번역하기 어렵다: 교제, 참여, 나눔. 이 단어의 근본적인 의미의 뿌리는 "누군가와 함께 무엇을 나누어 갖는 것"이다. 히브리 성경과 그리스어 구약성경에서는 하나님과 인간의 교제를 나타내기 위해 이 단어를 사용하는 것을 피한다. 바울은 구약성서의 "통일된 인격"이라는 개념들을 합성하여 사용했다.

바울은 그 용어를 가장 독특하고 영향력있게 사용했다. 바울이 사용한 코이노니아라는 개념은 단순히 교제나 공동체가 아니고, 교회나 지역적인 회중과 동의어도 아닌 그리스도 중심적인 것이었다. 그것은 성령 안에서 이루어지는(고후 13:13; 빌 2:1) 그리스도와 신자들의 연합(특히 고전 1:9; 10:16-22; 빌 3:10)을 의미했고, 따라서 신자들의 연합을 의미했다(갈 2:9; 참조 롬 11:17). 예루살렘에서 헌금을 거둔 것은 이 코이노니아를 구체적으로 표현한 것이었다(고후 8:14; 롬 15:26-27).

요한일서 1:13에서는 처음으로 코이노니아를 그리스도를 통한 하나님과의 연합에 적용했다. 사도행전 2:42-27 및 다른 구절에서는 오순절 공동체의 공동 생활에 관심을 기울였다. 따라서, 사도행전 4:32-33(그리고 히 13:16과 시 133:1)은 수도원적으로 물건을 공유하는 것 및 기도와 성찬을 통해 하나님께 초점을 두는 공동 생활을 뒷받침하는 주요한 본문이 되었다. 수도사들 이전에, 교부들은 구원을 하나님과의 코이노니아로 보았고, 특히 성찬 안에서 이루어지는 다른 교회들과의 교제를 강조했다. 5세기의 사도신경은 "성도들의 교제"에 의해 그리스도에게 연합된 사람들의 교제를 묘사했다. 중세 시대 서방 교회의 영성에서는 완전하지 못한 상태에서 세상을 떠난 사람들을 위해서 천국에 있는 성도들의 중보와 도움을 강조했다. 종교개혁가들은 이러한 태도에 반대했다.

종교 개혁 이후의 분열로 인해 결국 교회들 간의 새로운 코이노니아를 추구하는 에큐메니칼 운동이 생겼다. 오늘날 코이노니아는 새로워진 전례를 소유하며, 사회 활동 집단, 은사 집단, 기초 공동체, 서원한 종교인들의 공동체 등 다양한 형태를 취한다.

2. **신학**. 이소크라테스(Isocrates 3, 10)는 결혼 관계 안에 있는 한 사람의 삶의 코이노니아를 가장 포괄적인 코이노니아로 다루었다. 그러나 18세기의 개인주의적 운동과 20세기의 집산주의적 운동은 가정과 국가 사이에

있는 중간 위치의 공동체들을 파괴했고, 가정 코이노니아를 손상시켰으며, 오늘날의 삶을 이름없는 삶으로 만들었다. 그에 따라 야기된 공동체에 대한 갈망 때문에 어떤 사람들은 쉽게 집단의 지배를 받아들였다. 코이노니아의 남용을 피하려면, 공동체는 인간의 인격이 아니라 하나님께 중심을 두어야 한다. 공익과 개인의 존엄성, 권위와 공동의 책임 사이의 균형을 이루어야 한다. 대형 교회 지도자들의 교제는 주요한 안전장치이다.

성경에서 인간은 고립된 개인으로서 구원받는 것이 아니라 하나님의 백성의 한 사람으로서 구원을 받는다. 하나님과의 교제 및 이웃들과의 교제는 인간의 잠재 능력을 발휘하게 해 준다. 영적인 나눔은 종종 물질의 나눔으로 이어진다. 하나님의 계획에 이바지하기 위해서, 교제가 공동의 정치적 행동으로 표현될 수도 있다(폴란드와 라틴 아메리카를 예로 들 수 있다).

종종 신자들은 참된 공동체 안에서의 교제가 심오한 회심의 원천이 된다는 것을 발견한다. 그들은 하나님의 사랑으로 부름을 받은 이웃들과 함께 하나님의 양자됨을 경험한다. 코이노니아를 보존하기 위해 필요한 자기 희생과 용서가 오늘날 문화가 지닌 자기를 강조하는 개인주의와 일부 영성이 지닌 자기 도취적 내향성을 중화해준다. 서로 책임을 지고 잘못을 고쳐줌으로써 영적 기만을 피할 수 있으며, 기독교적인 성숙, 하나님과의 연합, 이웃들을 위한 봉사에 도움을 받을 수 있다.

F. Hauck, 'Koinōnos', TDNT, III, 789-809; L. T. Johnson, Sharing Possessions: Mandate and Symbol of Faith, 1981; G. Paniculam, Koinōnia in the New Testament: A Dynamic Expression of Christian Life, 1979; H. Seesemann, Der Begriff Koinōnia im Neuen Testament, 1933; H. J. Sieben et al.,'Koinōnia', DS, VIII, cols 1743-69.

WILLIAM S. KURZ, SJ

콜롬바누스 | Columbanus, St.

콜롬바누스, 또는 소 콜룸바(Columba the Younger, 540년 경에 태어나서 615년에 사망. Columba of Iona와는 다른 인물이다)는 뱅골(Bangor)의 성 컴갈 수도원에 들어갔고, 후일 그 수도원 학교의 교장이 되었다. 몇 년 후에 그는 수덕적인 포기의 순례, 즉 고향인 아일랜드를 떠나 외국에서의 유랑 생활을 갈망했다. 그리하여 그는 591년에 고올 지방으로 가서 엔그레이에 있는 보스게 광야에 정착했고, 몰려드는 제자들을 수용하기 위해서 Luxeueil과 폰테인에 수도원을 세웠다. 그는 아일랜

콜룸바누스 | Columbanus, St.

드의 관습을 그대로 유지했는데, 그것이 고올 출신 주교들의 반감을 일으켰다. 후일 그는 자신의 후견인이었던 왕의 축첩을 묵인하지 않음으로써 왕의 노여움을 샀다. 610년에 국왕 튜데릭은 그에게 추방을 명했다. 콜룸바누스는 추방을 피했지만, 결국 이탈리아로 갔다. 그는 그곳에 보비오(Bobbio)에 수도원을 세웠고, 그곳에서 사망했다.

콜룸바누스의 삶은 그의 수덕적 가르침을 표현해 준다: 그는 현세의 삶은 내세로 이어지는 여정에 불과하다고 보았다. 순례자인 우리는 멸망할 세상을 중시하지 말며, 천국에 있는 참 고향을 향해 서둘러 나아가야 한다. 그의 기독교 신앙은 성경에 기초를 둔 것이다. 그는 성경은 영적으로 해석해야 할 신비들을 고취하는 것이 아니라 삶의 기준으로 삼을 규범을 제공해 준다고 본다. "그리스도의 참 제자들은 십자가를 지고 그분을 따라야 한다는 것이 복음의 진리이다." 그들은 그리스도처럼 가난하고 겸손해야 하며, 세상의 욕망과 소유를 버려야 한다. 세상의 일들을 버리면, 하나님의 영속적인 사랑이 그 자리에 들어설 것이다.

콜룸바누스의 가혹한 수덕적 요구에도 불구하고, 그의 가르침은 여러 면에서 인간에 대한 낙관적 견해를 반영한다. 하나님과 인간 사이는 크게 벌어져 있지 않다. 콜룸바누스는 하나님께서 자신의 형상과 모양으로 인간을 지으셨으며 인간은 자기 안에 심겨진 덕을 올바르게 사용함으로써 하나님의 모양을 획득할 수 있다고 강조한다. 중요한 것은 사랑이다: "인간의 하나님 사랑은 하나님의 형상의 회복이다. 그러나 그는 하나님의 명령—특히 이웃을 사랑하라는 명령—을 지키시는 하나님을 사랑한다. 콜룸바누스는 이처럼 문자 그대로 그리스도와 그의 명령을 준행하는 것을 강조하는데, 그 명령은 호된 수고를 요구하기도 한다. 그러나 "만일 우리가 그분과 함께 고난을 받으면, 그분과 함께 다스릴 것이다." "죽음이 곧 생명이 되는 사람, 그리스도의 생명을 소유한 사람보다 더 행복한 사람…그 앞에서 천국 문턱이 낮아지고 낙원의 문이 열리는 사람…슬픔 대신에 기쁨을 얻는 사람…죽을 운명 대신 천국을 소유한 사람보다 행복한 사람은 누구인가?" 이것이 예증해 주듯이, 콜룸바누스는 수덕주의를 하나의 목표에 이르기 위한 수단으로 간주한다. 초점은 하나님에게 있으며, 그의 설교는 감동적인 기도가 된다.

콜룸바누스는 고올 지방, 특히 게르만 족의 침입 이후로 명목상으로만 기독교를 신봉하던 지역에 영속적인 영향을 주었다. 그의 제자들은 고올 지방 북부에서 수도원 운동의 회복을 계획했고, 콜룸바누스의 규칙과 베네딕트의 규칙을 결합한 것을 보급했다. 그의 솔직한 기독교적 증거에 의해서, 그리고 개인적인 참회의 도입에 의해서(공적인 참회는 사용되지 않았다) 평신도 신앙이 자극을 받았다. 개인적인 죄 고백과 참회는 평신도들로 하여금 자신의 죄를 생각하게 함으로써, 그들의 기독교적 의식을 형성하는 데 기여했다.

G. S. M. Walker, *Sancti Columbani Opera*, 21970; *Colubanus and Merovingian Monasticism*, ed. H. B. Clarke and M. Breman, 1981; J. F. Kenny, *The Sources for the Early History of Ireland*, vol I, 1929; F. Macmanus, *Saint Columban,*1962.

C. E. STANCLIFFE

콥트 영성 | Coptic Spirituality

성 마가를 창시자라고 주장하는 전통을 가진 콥트 교회(Coptic Church)는 알렉산드리아 기독교의 유산(특히 성 키릴의 영향력)에 의해, 그리고 사막의 수도원 운동의 전통들에 의해 형성되었다. 은둔 생활의 창시자인 성 안토니*와 공주 수도 생활의 창시자인 성 파코미우스는 이집트 출신이었는데, 이 사실 때문에, 콥트 교회에서는 은둔자와 수도 공동체가 특별한 역할을 한다. 콥트 교회의 주교들은 모두 수도원 사제 출신이다. 수도원에서 행하는 성무일과 및 그것들과 관련된 찬송, 성찬식이 이 교회의 전통적인 예배의 중심을 이룬다. 그리고 비잔틴 전통에서보다 자주 성찬 예배가 거행된다. 회중은 성찬 예배와 성가와 찬송에 철저히 참석하며, 이 때 사용되는 음악은 고대 이집트 신전에서 사용되던 음악과 연속성을 지닌다고 한다.

회교도가 지배하게 되면서, 특히 박해의 시기에, 사막의 수도원들은 피난처였으며 콥트 신앙의 근원요 초점이었다. 그러한 역할은 오늘날까지도 계속되고 있다. 최근에 콥트 교회에 놀라운 신앙 부흥이 있었는데, 그것의 주요한 특징은 수도 생활의 갱신과 성장이었다. 사막 교부들, 그밖에 초기의 기도에 관한 교사들의 저술의 감화를 받아, 교황 키릴로스 6세, 교황 쉬노우다 3세, 마타 엘-메스틴 신부와 같은 영적 지도자들은 기도에 관해 새롭게 가르치고 저술했다. 이러한 가르침은 매우 성경적이며, 어느 정도는 매튜 헨리와 같은 이전 세대 개신교 주석가들의 저서의 영향을 받은 것이다. 콥트 교회의 오랜 순교의 역사 때문에, 예배와 경건에서 순교자들과 그들의 유물이 중요한 위치를 차지하며, 수도원이 순례 장소가 되고 있다.

아기 예수가 애굽으로 도피했다는 성경의 전통은 대중 신앙에서 중요한 위치를 차지하며, 나일 계곡과 델타에는 동정녀 마리아와 성 가족과 관련된 순례의 장소들이 많다. 알렉산드리아의 키릴(Cyril of Alexandria)이 Theotokos라는 칭호를 강력하게 옹호했기 때문에 콥트 교회 내에 마리아 숭배의 전통이 자리잡았다. 마리아를 찬양하는 많은 찬송은 구약성서의 풍성한 예표론을 인용하며, 성육신의 신비 및 그 안에서 마리아가 차지하는 위치를 찬양한다. 1968년부터 1970년 사이에 자이툰(Zeitoun)에 마리아가 출현한 것은 콥트 신앙에서 마리아가 차지하는 위치를 상기시켜 줄 뿐만 아니라, 콥트 교회의 대중 신앙에서 환상과 빛의 신비주의의 중요성도 상기시켜 준다. 또 기적, 치유 사역, 그리고 축사 사역에 대한 강력한 믿음이 존재한다.

A.S. Atiya, *A History of Eastern Christianity*, 1968; O. Meinardus, *Christian Life and Thought in Egypt*, 1970; *Monks and Monastries of the Egyptian Desert*, 1961; I. H. el Musri, *The Story of the Copts*, 1978; De Lacy O'Leary, *The Saints of Egypt*, 1937.

GEOFFREY ROWELL

쿠사의 니콜라스 | Nicholas of Cusa

니콜라스는 1401년에 모젤 계곡에 위치한 쿠사에서 태어났다. 그는 하이델베르크(1416)에서 공부하고, 후에 파두아(1417-1423)에서 교회법 박사 학위를 받았다. 그는 쾰룬(Cologne) 대학에서 공부하면서, 헤르메릭 데 캄포(Herymeric de Campo), 대 알버트(Albertus Magnus), 아레오파고의 디오니시우스*, 레이몬드 룰(Raymond Lull) 등을 알게 되었고, 그로 인해 그의 신학은 신비적이면서도 역동적인 경향을 취하게 되었다. 보나벤투어*의 *Itinerarium mentis in Deum*과 게르송*의 *De mystica theologia*는 초기에 그에게 영향을 준 책들이다. 마이스터 엑하르트*의 저서들 역시 그의 초기의 글에 큰 영향을 주었다. 젊은 니콜라스는 데벤터에서 학교에 다니면서 공동 생활 형제단의 영향을 받았는데, 현대 경건운동*은 실증되지 못하여 비판을 받았을 것이라고 종종 언급된다.

그는 초기에 저술한 실용주의적이고 잘 알려진 저서인 *De docta ingnoratia*(1440)에서 "하나님 안에 포용되어 있는 모든 것의 전개"라는 세계관을 요약한다. 절대적 최대(Absolute Maximum)이신 하나님은, 인간의 가

공품들과 그것을 만들어낸 인간 정신의 관계처럼 창조주와 관련된 모든 창조의 *complicatio*이시다. 절대적 초대와 실체 사이의 관계의 직접성과 계속되는 본질이 그것으로부터 전제되므로, 니콜라스의 영적 이상은 세상과 인간의 활동에 긍정적인 가치가 된다. 그것들의 관계적 지위는 그것들의 궁극적인 가치를 부인하며, 다만 정신으로 하여금 경험에 의해서 아는 순수한 통일체-동등체의 관계(분리되지 않는 신적 삼위일체)를 추구하면서 보다 높이 올라가도록 촉구한다. 따라서 하나님에 대한 지식은 사변적인 것이기보다는 직관적인 것이지만, 니콜라스는 하나님을 향한 신비적 등정은 감정적인 것이거나 지적으로 맹목적인 것일 수 없다고 주장한다. 그것은 자체가 추구하는 대상이 미지의 것임을 아는 지식, 어둠을 보는 지식—불가능의 필요성을 인식하는 지식—이다. 이처럼 상반되는 것들, 즉 이성과 논리적 혐오의 동시 발생은 영혼이 하나님을 발견하는 것 너머에 위치한 장벽이다. 그러한 지식은 "유식한 무지"요, 또 책에서나 학문적인 논란을 통해서 발견되는 것이 아니므로 무지한 평민들도 접근할 수 있는 지식이다.

그리스도는 신인 동시에 인간이시므로 반대되는 것들의 동시 발생을 반영하신다. 그분 안에서 인간적 본성과 모든 본성이 최대 가치에 도달한다. 세상에서 들을 수 있고 볼 수 있게 된 이 신적 말씀을 통해서, 말씀의 양분을 받아들이는 정신들은 믿음 및 그분과의 연합에 의해 생명을 얻는다. 이런 사람들이 최초의 영광에 도달할 것이다.

하나님의 직접성과 현존에 대한 니콜라스의 경험은 그의 논문 *De visione dei*에 표현된다. 그 글에서, 그는 하나님의 현존을 움직이지 않고서 모든 것을 동시에 보는 그림의 시선으로 비유한다. 이 "봄"은 하나님의 창조 능력이며, 예수의 위격 안에서 인간 지성에게 진리를 가져다 주는 사랑이다. 따라서 니콜라스의 영성은 그의 삶 자체만큼이나 지적이다.

Nicolai de Cusa Opera Omnia, vol I, *De docta igorantia*, ed E. Hoffmann and R. Klibansky, 1932; Nicholas of Cusa, *The Vision of God*, ET 1960; R. Haubst, *Die Christologie des Nikoluas von Kues*, 1956; E. Vansteenberghe, *Le Cardinal Nicolas de Cues(1401-1464) –L'Action–La Pensée*, 1920.

JAMES E. BIECHLER

퀘이커 영성 | Quaker Spirituality

퀘이커 운동(Society of Friends라고도 한다)은 영국 찰스 1세와 의회와의 분쟁 및 공위(空位) 기간에 생긴 종교적인 운동이며, 창시자는 조지 폭스*이다. 그 시대의 모든 종교 형태에 대해 환멸을 느끼던 폭스는 1646-1647년에 일련의 환상을 경험했다. 그 환상을 통해서 그는 유급 사역은 모두 속임수이며 참 종교는 모든 사람의 내면에 있는 "그리스도의 신적인 빛" 안에 존재한다고 확신하게 되었다. 그 빛을 인정하며 그 능력 안에서 사는 사람들은 "그 빛의 자녀가 되지만, 그 빛을 미워하는 사람들은 그 빛에 의해 정죄를 받는다"고 확신했다. 그는 "Seekers" 및 그와 비슷한 급진적인 무리에게 전파하기 시작했다. 1652년부터 잉글랜드 북서 지역에서 행한 그의 설교를 통해서 많은 사람들, 특히 소지주들과 장인 계층 사람들이 회심했다. 그들은 펠(Fell) 판사의 보호 하에 스워트무어 홀(Swarthmore Hall)에 기지를 두었다. 1654년에 60명 내지 70명의 선교사들이 둘씩 짝을 지어 새로운 메시지를 가지고 파송되었으며, 런던, 브리스톨, 이스트 앵글리나 등 여러 도시에 이들의 무리가 생겼다.

여성들을 포함하여 많은 지도자들이 출현했는데, 이들 중 어떤 사람들은 폭스 못지않게 중요한 인물들이었다: 제임스 네일러(James Nayler), 프랜시스 하우길(Francis Howgill), 아이작 페닝턴(Isaac Pennington), 에드워드 버로우(Edward Borrough), 존 어드랜드(John Audland), 토머스 앨담즈(Thomas Aldams), 마가렛 펠(Margaret Fell).

그들의 경험에는 공통된 유형이 있었다.

1. 고민하며 진리와 거룩을 찾으며 죄를 자각하는 시기—"이 용광로 속에서 나는 수고하고 노력했지만, 누구도 내 슬픔과 애통함을 알지 못했다."

2. 현존하는 교회들의 무가치함의 인정—"그리스께서는 그러한 교회들을 기대하거나 믿지 말라고 하셨다. 왜냐하면 천국은 우리의 내면에 있기 때문이다."

3. 내면에 있는 신적인 빛에 노출되는 변화의 경험. 이것은 죄악된 자아를 타도하는 동시에 능력과 치유와 기쁨의 새로운 생명을 준다. "최초의 진리의 발표자들"은 이 경험을 예언적으로 표현하여 일종의 "내면화 된 아마겟돈"으로 묘사했다. 프랜시스 하우길은 다음과 같이 기록했다: "내가 주님의 분노를 경험하고 있을 때, 뱀의 머리가 상하고, 죽임을 당한 증인들이 부활했다…내가 모든 것을 심판에 맡겼을 때, 포로들이 감옥에서 나왔다. 나는 기쁘

고 내 마음은 즐거움이 가득찼다. 창에 찔리신 분을 볼 때에 내 마음이 아팠고, 죽임을 당한 예언자들의 피를 볼 때에 나는 슬펐다. 내가 그리스도의 십자가를 보고 그 안에 설 때에, 그 십자가 위에서 나의 원한도 죽임을 당했다. 그리하여 나는 새 사람이 되었다."

4. 이 내면화된 싸움과 승리는 불의한 자들, "타락하여 하나님으로부터 분리된" 모든 사람들에 대한 "어린 양의 전쟁"을 선포함으로써 그 시대 사회를 변화시키려는 사명으로 이어졌다. 그리스도께서 자기들의 내면에 살아 계시면서 말씀하시며 자기들이 "신앙을 고백하는 사람들이 아니라 신앙을 소유한 사람들"이라고 확신한 "친구들"(Friends)은 그 시대 종교의 형식주의와 사회적·경제적 불의, 부도덕함을 비난했고, "원수의 무리를 완전히 몰아내며, 피조물로 하여금 새 사람, 새 마음, 새 생각과 새로운 순종"을 형성하게 하려 했다. 이와 같이 내면에 있는 하나님의 능력에 대한 확신 때문에 그들은 탁월한 권위인 성경까지도 배격하고 자기들 및 지도자들의 메시아적 언어를 사용했다. 그들은 설교를 방해하고, 재판관과 재판을 공공연히 비난하고, 자비와 긍휼을 촉구하며, 예언적이고 상징적이며 때로는 매우 기괴한 행동을 했다. 어느 제자는 폭스에게 다음과 같이 편지했다: "당신은 생명과 능력을 지니신 신이십니다. 누가 감히 당신에게 저항할 수 있겠습니까?"

1656년에 제임스 네일러는 추종자들이 "다윗의 아들에게 호산나"라고 노래하는 가운데 노새를 타고 브리스톨 시내로 들어감으로써 이 운동에 재앙을 초래했다. 잔인한 보복이 행해졌다. 그들은 맹세, 십일조, 사회적으로 높은 지위의 사람들에게 경의를 표하는 것 등을 거부했기 때문에 의심을 받았다. 하지만 박해에도 불구하고 그들은 왕정복고 시대 이후까지 살아 남았다.

퀘이커 운동의 기본 요소들과 비슷한 요소들이 다른 운동에서 발견된다: 평등론자들이 사회적인 인사들에 대한 경의 표시를 거부한 것, Seekers들의 침묵 예배, 침례교도들이 요일과 달의 명칭에 이교적 명칭 사용을 거부한 것 등. 그러나 퀘이커 운동에는 이 모든 요소들이 강력하게 혼합되어 있다.

1660년대에 폭스는 그 운동을 확실히 장악하고, "교회 업무를 위한 모임들"(Meeting for church affairs)을 구성했다. 매월 목회적 돌봄, 회원 관리, 그리고 훈련을 위한 모임이 있고, 분기별로 가난한 사람들을 구제하는 일을

크리스찬 사이언스 | Chriatian Science

다루는 모임이 있고, 연례 모임이 있었다. 1675년에는 박해에 저항하고 기록하기 위한 고난의 모임(Meeting for Sufferings)이 제정되었다. 폭스의 행정적인 조처들은 "성령을 방해한다"고 간주되어 저항을 받고 분열로 이어졌지만, 그 운동이 살아남은 것은 그러한 조처들 덕분이었다.

그러나 그 운동의 정서에 변화가 있었다. 초기의 예언적인 열심은 식고, 교만과 탐욕과 불의에 대한 거룩한 분노는 서서히 개인적인 고결함과 단순함과 절제로 변화되었다. 이들은 여전히 의에 관심을 가졌지만, 1700년대에는 메시아적인 급박성은 대부분 사라졌다. 이러한 경향들은 윌리엄 펜*의 저술들, 그리고 스코틀랜드의 퀘이커 교도인 로버트 바클레이(Robert Barclay, 1648-90)의 『참 기독교를 위한 변증』(Apology for the True Christian Religion)에서 발견할 수 있다. 바클레이는 내적인 빛의 교리를 완화했다. 1700년에, 폭스의 미망인은 편협함과 엄격함이 퀘이커 교도들을 괴롭히고 있다고 불평했다. 퀘이커 파의 예배는 이미 오래 전에 권면이나 기도를 동반하는 침묵의 모임 형태로 정착되었다.

퀘이커 운동은 브리튼 뿐만 아니라 아메리카에도 전파되었다. 그 운동은 18세기에 선교적인 열심을 거의 상실하고 정적주의에 굴복했다. 그러나 퀘이커 교도들은 노예제도 반대 운동에서 중요한 역할을 했다. 18, 19세기의 존 울먼, 엘리자베스 프라이, 조셉 랭카스터 등의 사역, 20세기에 있었던 로운트리 가문과 캐드베리 가문이 행한 사역은 퀘이커 교도들이 사회정의와 관련된 복음에 개입해왔음을 증명해 준다.

Fox's *Journal* (best edn by J. L. Nickalls, 1952); H. Barbour and A. P. Roberts, *Early Quaker Writings*, 1973; Hugh Barbour, *The Quakers in Puritan England*, 1964; A. N. Bradshaw, *The Quakers*, 1921; W. C. Braithwaite, *The Beginnings of Quakerism*, ²1955; *The Second Period of Quakerism*, ²1961; G. F. Nuttall, *Studies in Christian Enthusiasm*, 1948.

EAMON DUFFY

크리스천 사이언스 | Chriatian Science

크리스천 사이언스를 창시한 사람은 메리 베이커 에디(**Mary Baker Eddy, 1821-1920**)이다. 그녀는 뉴잉글랜드에서 성장했다. 1866년에 얼음판에서 넘어진 후에 겪은 놀라운 치유의 경험을 통해, 그녀는 건강해지는 방법과 다른 사람들을 치유하는 방법을 발견하게 되었다고 한다. 그녀는 이러한 관점에서 성경을 해석했고, 1875년에 *Science and Health with Key to the Scriptures*라는 책을 출판했다. 그 책은 여러 차례 개정되었으며, 현재 흠정역 성경과 함께 크리스천 사이언스의 중심적 권위로 존재한다.

1875년에 최초의 크리스천 사이언스 협회가 조직되었고, 1879년에는 보스턴에 본부를 둔 "크리스천 사이언스 교회"가 설립되었다. 이 "모 교회"는 지금까지도 그 운동의 세계 본부로 존재하며, 다른 크리스천 사이언스 교회들은 지파들이다. 이 교회에는 안수받은 성직자들은 존재하지 않으며, "봉독자들"(readers)이 예배를 인도하고, 시술사들이 기도에 의해서 치료를 행한다.

크리스천 사이언스는, 하나님이 만물 안에 계시다는 것, 하나님은 신적인 정신이라는 전제에 기초를 둔다. 정신(영과 동의어), 영혼, 생명, 진리, 사랑, 원리는 존재하는 모든 것이다. 정신의 표현이 인간이며, 하나님의 형상이요 사상인 인간은 불멸하며 완전하다. 가장 중요한 것은 영이므로, 물질은 실재하는 것이 아니요 무(nothing)요 망상이다. 물질과 관련을 갖는 악도 질병과 죄와 사망과 마찬가지로 실체가 아니다. 죽음은 유한한 감각의 망상이며, 영적 감각에 의해서 파괴되지 않는 한 계속 모습을 나타낼 것이다. 죄는 신적 정신(divine Mind)이 아닌 다른 정신의 실질적인 존재에 대한 믿음이다. 질병 역시 거짓된 믿음이며, 고난은 유한한 정신 안에만 존재한다. 크리스천 사이언스 신자들에게 있어서, 치유는 종교적인 기능이다. 왜냐하면 인간 정신의 미망(迷妄)인 질병과 병마는 영적 이해의 기도에 의해 파괴할 수 있기 때문이다. 크리스천 사이언스의 신앙은 주로 육체적인 질병의 치유하는 것이 아니라 영적 이해를 통해서 인간의 생각을 거듭나게 하는 것이라고 주장된다.

Sidney E. Ahlstom, 'Mary Baker Eddy', *Notable American Women, 1607-1950: A Biographical Dictionary*, vol. i. pp. 551-61, 1977; Charles E. Braden, *Christian Science Today*, 1958; Robert Peel, *Mary Baker Eddy: The Years of Authority*, 1977.

ROBERT T. HANDY

클레르보의 버나드
| Bernard of Clairvaux, St.

초기 시토 회에서 가장 재주 많고 유력한 지도자였던 버나드(1090-1153)는 관상과 영혼의 순례에 관해 많은 글을

클레르보의 버나드 | Bernard of Clairvaux, St.

저술했다. 그의 교리의 핵심은 『하나님을 사랑하는 것에 관하여』(*On Loving God*)나 『묵상에 관하여』(*On Meditation*)과 같은 짧은 저서에서도 발견할 수 있지만, 아가서에 관한 설교집에 가장 잘 묘사되어 있다. 아가서는 오리겐*과 닛사의 그레고리*가 영성 생활의 알레고리로 취급한 책이다. 물론 어거스틴*과 대 그레고리*가 그의 생각과 용어 사용에 중요한 영향을 주었지만, 그는 오리겐*이나 다른 동방의 교부들을 알고 있었다. 버나드의 생전에 클레르보 수도원의 장서에는 그리스 작가들의 저서의 번역본들이 상당수 있었다는 증거가 있다. 버나드가 아레오파고의 디오니시우스*의 저술들을 알고 있었을 수도 있지만, 그들의 글을 크게 의지했다는 실질적인 증거는 없다.

따라서 종종 버나드에게 적용되는 "마지막 교부"라는 칭호를 충분히 이해할 수 있다. 그는 이성과 믿음이 하나의 직관적인 사랑의 행위 안에 융합되어 있다고 보는 오랜 전통의 마지막 지점에 서 있다. "이성적"이라는 것은 자신의 내면에서 하나님의 형상을 활성화하는 것, 거룩한 원형이요 유일하게 이성적인 영원한 말씀과 지혜와 조화를 이루는 능력을 활성화하는 것이었다. 이런 까닭에 버나드는 이성을 변증적 기술로, 믿음을 "판단"으로 축소한 것처럼 보인 아벨라르(Abelard)를 신랄하게 공격했다(*Against Some Errors of Abelard*를 보라).

버나드는 자기보다 앞서 동방이나 서방에서 활동한 대부분의 사람들처럼, 기독교의 제자도와 기도가 자기 인식—이것은 신의 형상에 대한 지식이요 또한 이 형상의 실현으로부터의 경험적인 거리에 대한 지식이다—에서부터 시작된다고 생각한다. 이것은 겸손이지만, 그 자체로는 변화시키거나 구원하지 못하는 냉랭한 겸손이다. 그것은 예수 안에 있는 거룩한 긍휼을 우리에게 나타냄으로써 뜨거움과 사랑의 불이 붙어야 한다. 하나님은 겸손하고 자애롭게 자신을 우리의 수중에 맡기셨으며, 그럼으로써 우리에게 믿음의 성숙한 겸손—하나님에게, 그리고 서로에게 자유롭게 감사하면서 자기를 복종하는 것(이것이 수도 생활에서 순종의 핵심적인 의미이다)—을 보여 주시고, 우리 안에 그러한 겸손을 만들어 내셨다. 그리하여 두려움은 사랑에게 복종하고, 겨울은 여름에게 복종한다(*Sermons* LVII.2, *on the Song og Songs, de dil*. III.8, *Letter* 109, etc.).

긍휼은 하나님 때문에 사랑하고 갈망하며 하나님을 관상하는 것으로 이어진다. 우리가 하나님에 대해 많은 것을 발견할수록, 발견해야 할 것이 아직 많다는 것을 발견한다. 따라서 우리는 결코 하나님 안에 흡수되거나 그의 본성과 연합되지 못하며, 그분의 사랑의 의지와 연합된다. 이것이 "신화"(deification)의 의미이다(*de del*. X. 27): 우리가 아버지와 아들의 사랑을 반영할 때—은혜와 의지에 의해서 그 영원하고 자연스러운 조화를 반영할 때, 우리는 하나님의 형상인 우리의 본성으로 복귀된다. 고백자 막시무스와 같은 그리스 작가들의 주장처럼, 그 과정은 영원한 사실을 표현하는 일시적인 유비로 간주된다. 우리는 성장하여 아들이신 하나님의 영원하고 불변의 상태가 되거나 그러한 상태를 획득한다. 버나드는 예수의 인성 숭배를 장려하거나 강화했다는 평을 받고 있지만, 이것은 그의 구속 신학의 초점이 예수의 영원한 아들됨이라는 것을 상기시켜 준다.

버나드도 대 그레고리처럼(그리고 성 티에리의 윌리엄*과 같은 그 시대의 시토 회 수도사들처럼) 관상과 활동을 쉽게 분리하는 것을 피했다. 관상의 열매는 교회 전체의 양육이며, 자애롭고 긍휼한 활동의 열매는 관상의 은혜를 받으려는 갈망의 증가이다. 관상 생활은 교회 안에서 교회를 위해서 행해져야 한다.

Various works in the *Cistercian Fathers* series; B. Scott James (tr), *The Letters of Saint Bernard of Clairvaux*, 1953; E. Gilson, *The Mystical Theology of Saint Bernard*, 1940; Benedicta Ward (ed), *The Influence of Saint Bernard* (esp. articles by A. Louth and M. Smith), 1976.

ROWAN WILLIAMS

클리마쿠스, 존 Climacus, John

존 클리마쿠스(c. 579-649)는 시내 산의 수도사요『거룩한 등정의 사다리』(*The Ladder of Divne Ascent*)의 저자이다. 그는 7세기 이후 정교회 세계에서 가장 유명한 영적 작가였다. 그는 16살 때에 수도원에 들어갔고, 마르티루스 사부(Abba Martyrius)라는 영적 아버지의 가르침을 받았다. 마르티루스가 사망한 후에, 그는 시내산 기슭에 있는 모 수도원에서 약 5마일 떨어진 톨라스(Tholas)의 은거지로 갔다. 존은 톨라스에서 약 40년 동안 독거생활을 하다가, 모 수도원의 원장으로 선출되었다. 이 시기에 그는 인근에 있는 라이투의 존(John of Raithu) 수도원장의 요청을 받아『사다리』를 저술했

클리마쿠스, 존 Climacus, John

다.

존은 수도사들을 위해 저술했다. 그러나 수도사란 복음의 요구를 완전히 성취하는 생활을 하기 위해 노력하는 평신도이므로, 그의 저서는 항상 넓은 독자층에게 호소해왔다. 그는 세상으로부터의 분리, 덕의 실천과 하나님의 모양 등에 대해 다루면서, 야곱의 사다리라는 상징을 사용하여 글을 썼다(창 28:12 참조). 존 이전에도 작가들은 사다리라는 상징을 사용해왔지만, 존은 그것을 더 크게 확대하여 사다리의 가로장을 30개로 만들었는데, 각각의 가로장은 그리스도께서 공생애에 나서기 전의 30년을 나타낸다.

수도원 영성의 중심은 죽음을 기억하는 것인데, 그것은 세상적인 관심을 올바른 관점에 둔다. 수도사는 항상 죄로 인해 애통해 하지만, 벌집 안에 꿀이 스며들어 있듯이 그의 슬픔에는 기쁨이 스며들어 있다. 어떤 사람의 경우, 양심의 가책이 육체적으로 눈물의 은사에 의해 표현된다. 육체적인 것과 영적인 것은 서로 상반된 것이 아니다. 그러나 타락한 것과 타락하지 않은 것은 상반되는 것이다. 수도사가 해야 할 일은 영혼과 몸의 성화이다. "모든 사람은 자신의 진흙을 하나님의 보좌 위의 장소에 올려 놓으려고 노력해야 한다." 수도사를 방해하는 것은 정념들인데, 『사다리』에서, 정념은 뒤틀렸기 때문에 하나님을 향해 방향을 수정해야 하는 본성적 충돌들을 말한다. 이 투쟁의 목표는 단순한 무감각이 아니라, 자애(自愛)의 방해를 받지 않고 사랑에 대해 전적으로 개방하는 것이다.

기도 생활을 할 때에는 영적 아버지가 매우 중요하다. 왜냐하면 스스로 방향을 결정하면 재앙에 이르기 때문이다. 영적 아버지—존은 목자, 또는 치유자라고 표현한다—는 제자들을 인도할 뿐만 아니라, 그들의 죄 짐을 지기도 한다. 존은 기도할 때에 말을 많이 하는 것과 감각적인 이미지를 사용하는 것에 찬성하지 않는다. 그는 특수한 공식을 규정하지는 않았지만, 예수의 이름을 부르면서 되풀이하는 짧은 기도에 "예수기도"라는 표현을 최초로 사용한 사람이다. 그러한 기도에 의해서 말 없이 쉬지 않고 기도하는 상태에 도달한다. 삶 전체가 기도가 된 상태에 이른 헤시카스트, 혹은 정적의 사람에게는 하나님의 사랑이 홍수처럼 밀려오며, 심지어 창조된 것이 아닌 빛을 받아 변화되기도 한다. 이 상태는 정적인 상태가 아니다. 왜냐하면 하나님의 사랑은 다함이 없으므로 완전함에서의 발달 역시 영원하기 때문이다

(헤시카즘을 보라).

존의 저서는 과거의 수도원적 가르침을 종합한 것으로서, 폰투스의 에바그리우스(Evagrius Ponticus)의 지성주의적 전통과 마카리우스의 설교집에서 말하는 영혼과 몸의 일치를 결합했고, 포티케의 디아도쿠스(Diadochus of Photice), 수덕자 마크(Mark the Ascetic), 존 카시안* 등의 글을 인용했다. 그러나 그 저서 전체에는 존 자신의 경험의 열매, 인간 영혼에 대한 예리한 통찰, 그리고 유머에 대한 수도적 감각 등이 주입되어 있다.

The Greek test of *The Ladder of Divine Ascent* and of a second, shorter work of Climacus, *To the Shepherd*, is in *PG*, 88, cols 632-1208; ET by Lazarus Moore 1959, revd, with the addition of *To the Shepherd*, 1978; *ET* by C. Lubheid and N. Russell of *The Ladder* only(Classics of Western Spirituality), 1982, with introduction by Kallistos Ware; G. Couilleau, *DS*, VIII, cols 369-89.

NORMAN RUSSELL

키에르케고르, 죄렌 | Kierkegarrd, Søren

죄렌 키에르케고르(1813-1855)는 자신을 기독교를 믿는 시인이라고 묘사했다. 그러나 그는 시 외에 매우 다양한 장르의 글을 저술했다. 그 중에는 철학(*The Concept of Anxiety, The Sickness Unto Death*)과 문학 비평(*Either/ Or, Vol I, Two Ages*), 철학적 논증(*Philosophical Fragments, Concluding Unscientific Postscript*), 성경 주석(*Works of Love, Christian Discourses, Practice in Christianity*) 등이 포함되어 있다. 그는 코펜하겐의 파수꾼(Watchman of Copenhagen), 등산가 존(John the Climber), 제본사 힐라리우스(Hilarius Bookbinder) 등의 가명을 사용하여 많은 글을 저술했다. 그의 주장에 의하면, 그의 목적은 단지 "기독교계에 기독교를 재도입하는 것"이었다.

최근까지 케에르케고르는 "실존주의의 아버지"로 간주되었고, 하이덱거(Martin Heidegger)와 사르트르(Jean-Paul Sartre)와 같은 철학자들에게서 기원한 개념들의 도움을 받아 해석되었다. 그러나 최근의 학계에서는 키에르케고르와 실존주의자들 사이의 근본적인 차이점들을 인정했고, 키에르케고르가 자신을 해석한 것과 같은 방식—주로 영적인 것에 관심을 갖는 기독교 저술가—으로 해석하려 하고 있다.

키에르케고르는 조직적인 신학자나 철학자가 아니고, 학문적인 성경 해석자도 아니었다. 물론 그는 현대인이 받

키에르케고르, 죄렌 | Kierkegarrd, Søren

아들일 수 있는 새로운 신학을 만들어 내지도 않았다. 그는 자신이 기독교인으로서 해야 할 일은 기독교계의 영적으로 잘못된 방향을 수정하는 것이라고 여겼다. 자신을 하나님께 대해 책임 있는 개인으로 여기기보다 하나의 인종, 국가, 또는 세대에 속한 사람으로 생각하는 사람들은 죄와 은혜라는 개념을 분명하게 인식하지 못하고 있다. 윤리학과 기독교에 대한 지식을 포함하여 모든 지식을 강연과 철학 체계, 그 밖의 지적인 호기심을 위한 정보로 삼으려는 사람들에게는 영적인 것들을 직접 전할 수 없게 되었다. 키에르케고르의 표현대로, 사람들은 존재한다는 것의 의미를 망각했다. 그들은 영적 피조물됨의 의미를 상실했다.

따라서 그의 저술들 중 다수—윤리적, 심리적, 문학 비평적, 철학적, 성경적 저술들—는 사람들로 하여금 하나님과의 관계를 위해 지음받은 존재이므로 중요한 실존의 소유자인 자신의 인간적 본성을 깨우치게 하는 것을 목표로 했다. 키에르케고르는 사람들이 자신의 실존의 긴급한 것들을 잘 이해한다면, 기독교의 메시지를 잘 이해할 것이라고 생각했다. 왜냐하면 기독교의 메시지는 진지한 영적 관심사에 대해 언급하기 때문이다.

키에르케고르는 그 시대 사람들로 하여금 자신을 깨우치게 하는 일을 위해 엄청난 시적·지적 능력을 기울였다. 그는 단지 인간의 본성에 대한 이론을 제시하는 데 만족하지 않았다. 그는 자신의 사상이 독자에게 되도록 심오한 인상을 주게 만들려고 노력했다. 그러기 위해서, 그는 아이러니와 유머를 사용하고, 매우 미학적인 문맥 안에 영적 진리를 끼워 넣고, 과장법과 비유와 은유를 사용하고, 가명을 사용해서 간접적으로 저술했다.

키에르케고르는 신학적인 저술도 했다. 헤겔의 철학으로 인해 많은 기독교의 중요한 개념들이 왜곡되었다. 특히, 죄와 구원이라는 개념, 그리고 구주 예수라는 개념이 크게 변화되었기 때문에, 그러한 개념들을 표준으로 하여 살리려고 노력하는 사람의 사고방식은 기독교적 사고방식과 비슷한 것이 될 수 없었다. 키에르케고르의 *Philosophical Fragments*—이 책에서 그는 그리스도와 관념론적인 교사의 개념의 차이에 대해 설명한다—는 기독교에 유익한 신학적 교정책의 본보기이다.

그러나 키에르케고르의 주요 저술들은 독자들에게 주는 영향을 고려하여 세심하게 저술되었는데, 그 영향이란 그리스도 안에 있는 하나님의 부르심에 정신과 마음을 일치시키는 것이다.

ROBERT C. ROBERTS

킹, 에드워드 | King, Edward

에드워드 킹(1829-1910)은 옥스포드의 오리엘 대학의 옥스포드 운동*의 전통에 속한 고교회 신자였다. 그는 오리엘 대학(Oriel College)의 특별연구원이요 뉴먼*의 제자인 찰스 매리오트(Charles Marriott, 1811-1858)의 영향을 받았음을 인정했고 그에 대해 "내가 만난 사람 중 가장 복음을 닮은 사람"이라고 말했다. 킹이 커데스던 대학(Cuddesdon College)의 교목(1858)과 학장(1863)으로 사역할 때, 그리고 옥스포드 대학에서 목회신학 교수로 사역한 시기(1873-1885)에는 학문, 목회적 돌봄, 가난한 사람들에 대한 관심, 경건 훈련 등을 결합한 옥스포드 운동이 한창이었다. 그는 옥스포드를 떠나 링컨 교구의 주교가 되었고, 그곳에서 생의 마지막 25년을 보냈다. 그는 그곳에 부임하면서 "이곳은 웨슬리*의 교구이다. 나는 가난한 사람들의 주교가 되기 위해 노력할 것"이라고 했다.

킹의 특징은 그의 심오한 보편성에 있었다. 그것은 옥스포드 운동을 손상시킨 지나친 엄격함과는 다른 것이었다. 그의 철저한 영국적 영성은 그를 리보의 아엘레드*, 노리지의 줄리안*, 조지 허버트*, 니콜라스 페라르*의 전통 안에 위치하게 했다. 교리와 경건, 겸손과 거룩을 혼합함에 있어서 매우 목회적이었던 이 전통은 킹의 생애와 가르침 안에서 활발하게 작용했다: "나는 거룩함의 자연스러운 성장, 각 사람을 위해 하나님께서 섭리하신 환경을 겸손히 감사함으로 받아들이는 것을 소중히 여긴다. 그리고 부자연스럽고 강요되고 답답한 교회의 거룩함을 두려워한다. 그것은 아주 신속하게 만들어지지만 너무나 인간적이고 보잘 것 없는 거룩이다"(*Spiritual Letters*). 킹의 원만하고 정상적인 성품 안에는 "은혜가 그의 본성과 섞여 하나가 되어 있었다. 은혜가 자연스러운 것이 되었다"(H. Scott Holland). 이러한 성품은 사람들에게 감명을 주었다.

킹의 내면에 본성과 은혜가 혼합되어 있었던 것처럼, 그의 영국적인 특성과 보편성도 혼합되어 있었다. 특수한 것에서 보편적인 것으로 초점이 주어졌다. 그는 성경, 교부들, 스콜라 신학자들, 캐롤라인 신학자들*, 옥스포드 주의자 등을 의지했을 뿐만 아니라, 19세기의 가톨릭 학자인 Lacordaire, Dupanloup, Döllinger, Sailer 등도 의지했다. 세일러는 그의 도덕적·목회적 신학의 특별한 지도자였다. 그는 웨슬리와 비국교파 전통도 알고 있었다. 그는 신앙고백자들에게 성경과 좋은 소설을 권했다.

그는 국교도와 비국교도들 사이의 분열을 치유하기를 갈망했고, 특히 감리교도들에게 공감했다. 그리고 "교회 안에 영성 생활과 형제애의 부족이 그들을 분리하게 만들었다"고 고백했다. 그러나 그의 착실한 고교파 국교회 신앙은 성찬 신앙, 고해성사, 서원, 신앙생활의 부흥 등을 포용했다.

킹의 얼굴에는 기쁨과 선함이 드러나 있었다. 그의 친절과 자비는 연약함의 표시가 아니라 절제된 힘의 표현이었다. 그는 생전에도 성인으로 인정되었지만, 1935년 5월 24일 공식적으로 성인으로 인정되었다. 랭(Lang) 대주교는 링컨 대성당에서 거행된 엄숙한 성찬식에서 "주교요 성인인 에드워드 킹"에 관해 설교했다.

Lord Elton, *Edward King and Our Times*, 1958; Eric Graham (ed), *Pastoral Lectures of Bishop Edward King*, 1932; John A. Newton, *Search for a Saint: Edward King*, 1977; B. W. Randolph (ed), *Spiritual Letters of Edward King DD*, 1910.

JOHN A. NEWTON

타울러, 요한네스 | Tauler, Johannes

타울러는 1300년 경에 스트라스부르그에서 태어나 1361년 6월 16일에 사망했다. 그는 마이스터 엑하르트*와 하인리히 수소*와 더불어 독일 신비주의를 대표하는 중요한 인물이다. 그는 15살 때에 도미니크 수도회에 들어갔고, 1330년 경에는 스트라스부르크에서 설교자요 수도적 교사로 활동했다. 몇 년 동안 바슬레(Basle)에서 지냈지만, 이후 설교와 목회의 중심지는 스크라스부르그였다. 그는 그곳을 중심으로 하여, 네덜란드를 포함한 여러 지역을 여행했다. 아마 네덜란드의 그뢰넨달에서 신비가인 얀 반 루이스브렉*을 만났을 것이다. 타울러는 스트라스부르그에서 룰만 메르스빈(Rulman Merswin)을 포함하여 소위 "하나님의 친구들"(Friends of God)과 관계를 가졌다. 룰만은 적극적인 행동주의자로서 타울러를 자신의 영적 지도자로 삼았다.

타울러는 약 40세 때에 내적 회심을 경험했다. 그의 존재 전체를 근본적으로 바꾸어놓은 이 회심은 무식하지만

타울러, 요한네스 | Tauler, Johannes

대단히 영적인 평신도였던 "오버랜드 출신의 하나님의 친구"로 인한 것이었다고 한다. 1498년에 라이프치히에서 출판된 타울러의 설교집 초판에는 이 이야기가 *Historia Tauleri*라는 제목 하에 수록되어 있다. 그러나 타울러에 대한 연구에서는 그 사실을 확인하지 못했다. 특히 그 본문의 초기 형태에서는 익명의 "신학 석사"에 대해서만 이야기할 뿐, 요한네스 타울러에 대해서는 이야기하지 않는다. 그렇다고 해서 타울러가 중년기에 그러한 내적 회심을 경험했을 가능성이 배제되지는 않는다.

마이스터 엑하르트가 독일의 사변적 신비주의를 대표하는 가장 중요하고 담대한 인물이며, 하인리히 수소는 그 감정의 깊이에 있어서 탁월한 인물이라고 본다면, 타울러는 삶을 가까이 한 신비가라고 볼 수 있을 것이다. 그는 활동적인 삶(vita activa)과 명상적인 삶(vita meditativa)이라는 두 가지 길을 증명하는 데 관심을 기울였다. 어느 설교에서, 그는 약 40년 이상 일상생활에만 몰두해온 농부에 대한 이야기를 했다. 이 사람이 하나님께 자신이 일을 그만 두고 교회에 가야 하느냐고 물었다. 하나님을 그렇지 않다고, 그렇게 해서는 안 된다고 말씀하셨다. 그는 그리스도께서 흘리신 보혈을 기리기 위해서 이마에서 땀을 흘리면서 양식을 얻기 위해 일해야 했다. 여기에서, 타울러는 적절한 희생을 하면서 행해지는 인간의 활동이 지니는 고귀한 가치를 보여 주었다. 따라서 타울러의 설교들은 내적인 묵상의 여정과 일상 생활의 의무에 대한 적극적인 관심이 항상 평형 상태를 이루어야 한다는 것을 증명한다. 타울러의 설교는 수세기 동안 여러 판이 인쇄되어 많은 사람들에게 읽혀졌다.

특히 마틴 루터*는 타울러를 알리는 데 관심을 기울였다. 그는 타울러에 대해서 다음과 같이 말했다: "나는 모든 대학의 모든 박사들에게서보다 더 참된 신학을 그에게서 발견했다." 루터는 익명으로 편집한 『독일신학』*에서 타울러의 영성에 접할 수 있었다. 루터를 반대한 토머스 뮌처(Thomas Muntzer)나 예수회의 페트루스 카니시우스(Petrus Canisius)와 같은 사람들도 타울러의 설교를 소중히 여겼다. 루터의 종교개혁과 16세기 가톨릭 교회는 독일 신비주의의 정신을 의지했다. 그에 따른 결과가 타울러의 영향과 아울러 오늘 우리에게도 미치고 있다.

Johann Tauler, *Predigten*, ed Georg Hofmann, 1980; *Theologia Deutsch. Eine Grundschrift deutscher Mystik*, ed Gerhard Wehr, 1980;

Louis Cognet, *Gottes Guburt in der Seele. Einführung in die deutsche Mystik*, 1980; Friedrich Wilhelm Wentzlaff-Eggebert, *Deutsche Mystik zwischen Mittelalter und Neuzeit*, 1969; Gerhard Wehr, *Deutsche Mystik. Gestalten und Zeugnisse religiöser Erfarung von Meister Eckhart bis zur Reformationszeit*, 1980.

GEHARD WEHR

터툴리안 | Tertullian

터툴리안(c. 160-225)은 서방 기독교 교의신학과 변증학의 아버지라고 할 수 있다. 그는 문학적 재능에 의해서 서방 전통에 항존하는 요소인 수덕적 요소 안에 자신의 근원적인 종교적 · 윤리적 가르침의 풍미와 내용을 새겨 넣었다. 이런 관점에서, 그가 몬타누스파로 개종한 것은 죄의식, 두려움, 보상, 그리고 보속이라는 영성을 그리 강화해 주지 못했다.

1. 터툴리안은 그리스 변증가들과 알렉산드리아 학파와는 반대의 입장에 서서, 철학과 복음 사이의 적응("아테네 사람이 예루살렘과 무슨 관계가 있는가?")을 거부하지 않는다. 그러나 그는 논쟁적인 내용의 균형을 이루었으며, 또 그리스 사상과 기독교의 유사점들은 구약성서의 개념들을 절취한 데 따른 결과라고 확신하지 않았다. 특히 하나님, 영혼, 그리고 윤리적인 원리와 관습에 관한 가르침에 있어서, 터툴리안은 거의 분명한 스토아주의자였다. 또 인간의 철학이 복음과 소원해야 할 이유도 분명하지 않다.

2. 유명한 *testimonium animae naturaliter Christianae*는 영혼을 소우주로 보는 스토아의 교리를 암시한다. 그리고 기독교인들은 태어나는 것이 아니라 만들어진다는 터툴리안의 주장과 그리 일치하지는 않지만, 그것은 기독교적 증거의 기초를 손상되지 않은 소박한 직관 안에 두려 한다. 『영혼에 관하여』(*On the Soul*)라는 논문에서, 터툴리안은 플라톤주의자들과는 달리 영과 혼의 정체성이 본질상 유형적이라는 스토아주의자들의 주장을 받아들인다. 그러나 그는 종교적인 면에서 의지의 자유와 양심의 자유를 강조한다. 터툴리안은 *Adversus Praxean*에서 영혼과 성 삼위일체의 기능들의 유사성을 제시한다.

3. 터툴리안의 죄와 용서에 대한 교리는 그가 후대에 저술한 글에서 특히 엄격하게 나타난다. 터툴리안은 *De Pudicitia*에서 "용서 받을 수 있는 죄"와 "용서 받지 못할 죄"(간음, 우상숭배, 살인: 이것들은 교회나 순교자들의 중보로도 용서받지 못한다)를 구분

한다. 그는 기독교인들이 우상숭배에서 기원한 경기나 시합에 참여하는 것을 금한다(*De Spectaculis*). 공직을 맡는 것은 물론이요, 군대에 복무하는 것도 금했다. 터툴리안은 이교의 시설을 의지하는 예술이나 직업을 교회에서 축출했다(*De Idolatria*). 여인들의 음란한 복장은 기독교인들과 이교도의 구분을 흐리게 한다. 세상에 죄가 들어오는 근원이 된 하와의 딸들에게 적합한 복장은 참회의 복장이다(*De Cultu Feminarum*). 터툴리안은 처녀들은 교회 안이나 밖에서 베일을 써야 한다고 강조한다(*De Virg. Vel*). 결혼에 관한 그의 가르침은 점차 엄격해져서, 재혼을 금지했고, 결혼 생활보다 동정과 절제를 찬양했다(*Ad Usorem, De Exhortatione Castitatis, De Monogamia*). 긍정적인 면에서, 터툴리안은 기독교적 인내를 칭찬했으며, 자신에게 인내와 회개가 부족하다는 것을 인정했다(*De Patientia*).

4. 터툴리안은 『변증』(*Apology*)에서 희망과 심판이 적절히 혼합된 상태에서 예배하며 가난한 사람들과 종들과 죄수들을 위해 자발적으로 헌금하는 기독교인들을 묘사한다. 그 밖에 기도와 세례에 관한 글도 저술했다. 세례에 관한 글에서, 그는 유아세례에 대해 반대의 의도를 표현했으며, 물세례를 받지 않아도 되는 유일한 경우—"피의 세례", 또는 순교—를 제시했다. 그는 *Ad Martyras*에서 순교를 극찬했다. 그것은 세상을 부인하는 것의 절정이다. 터툴리안은 이그나티우스와 『퍼페투아와 펠리시타스의 수난』(*Passion of Perpetua and Felicitas*)처럼 이 "세상이라는 감옥으로부터의 도피"를 찬양한다.

5. 터툴리안의 기독론, 마리아론, 교회론, 종말론, 그리고 성령론 등은 그의 영성과 윤리를 간접적으로 증거해 준다.

ANCL vols VII, XI, XV, XVIII, 1868-1870; T. D. Barnes, *Tertullian,* 1971; R. D. Sider, *Ancient Rhetoric and the Art of Tertullian,* 1971.

BENJAMIN DREWERY

테이야르 데 샤르뎅 | Teilhard de Chardin

피에르 테이야르 데 샤르뎅은 예수회 사제요 고생물학자이다. 그가 1955년 부활절에 사망한 이후 그의 종교 사상은 기독교 영성에 큰 영향을 미쳐왔다. 샤르뎅은 1881년에 클레르몽의 경건한 가톨릭 가정에서 태어났다. 그는 17세 때에 예수회에 들어가서, 13년 동안 교육을 받은 후에 사제로 임명되었다.

테이야르 데 샤르뎅 | Teilhard de Chardin

그는 연구를 계속하다가 제1차 세계대전에 참전했고, 파리에서 지리학과 고생물학을 연구하고 가르쳤다. 얼마 후, 예수회 원로들은 그의 가톨릭 교회의 교의에 대한 해석 때문에 그를 프랑스에서 추방했고, 그의 종교적 견해를 출판하는 것을 금지했다. 그의 영적 가르침은 그다지 호응을 받지 못하다가, 그가 사망하고 나서 20년이 지나 그의 신학적 저술과 영적 저술들이 출판되면서 널리 호응을 받게 되었다.

샤르뎅은 생전에는 교회 당국자들로부터 비정통적이라 간주되었지만, 후일 성육신, 부활, 원죄, 자연과 은혜의 관계 등의 교리에 관한 견해로 인해 많은 기독교인들로부터 인정을 받았다. 그는 궁극적으로 영적 가르침 때문에 기독교 사상사에서 중요한 영적 저술가로 등장했다.

사제요 과학자였던 샤르뎅은 과학의 세계와 현대의 과학적 문화, 그리고 공식적인 교회 세계라는 두 세계가 교차하는 지점에서 살았다. 그는 이 두 세계의 유형과 특질을 알고 있었으며, 두 세계 모두에서 편안함을 느꼈다. 그는 현대 세계에 기독교를 설명하며 전통적인 기독교의 가르침을 현대 세계의 삶과 연결할 수 있는 특별한 능력을 구비하고 있었다.

테이야르의 영성은 그가 우리 시대의 으뜸 가는 종교적 문제라고 생각한 것, 서로 반대 되는 것처럼 보이는 두 가지 믿음—세상에 대한 믿음과 예수 그리스도에 대한 믿음—의 문제에 대한 해답을 제공한다. 그 문제는 다음과 같다: 기독교적인 이탈과 인간적인 발전에 대한 애착이 조화를 이루려면 어떻게 해야 하는가? 십자가의 교리와 인간의 잠재 능력의 최대한의 발달에 대한 믿음은 어떻게 조화를 이루어야 하는가? 테이야르는 이것을 "두 가지 믿음의 문제"라고 한다.

그것은 특히 기독교인들에게 적용된다. 현대의 모든 기독교인의 내면에서 이루어지는 갈등 안에서 거의 항상 이 두 가지 믿음을 발견할 수 있다: 하나님에 대한 믿음, 예수 그리스도에 대한 믿음, 예배와 경모의 믿음을 향하는 상승적 충동; 인류, 그리고 인류가 발전하면서 건설하고 있는 세상에 대한 믿음을 지향하는 전진적 충동. 이 두 가지 충동—상승적 충동과 전진적 충동—은 우리가 추구하고 헌신할 가치가 있는 듯하다. 그러나 그것들은 서로 다른 방향을 지향한다. 현대 기독교인들은 영적 이원론에 사로잡혀 있다. 어떤 사람은 세상에 전념함으로써 갈등을 종식시킨다. 또 다른 사람들은 하나

테이야르 데 샤르뎅 | Teilhard de Chardin

님께 완전히 헌신하기 위해서 세상을 완전히 부인한다. 대부분의 사람들은 절뚝거리면서 한꺼번에 두 가지 방향으로 나아가려 하지만, 두 믿음 사이의 종합을 이루지 못한다.

세상에 대한 믿음과 그리스도에 대한 믿음이 서로 적대적인 것이 아니라 서로에게 필요하고 보완적인 것으로 보이게 하려면 어떻게 해야 하는가? 그 문제에 대한 해답을 제시하려는 테이야르의 노력은 세 단계로 이루어진다. 그는 동시에 세 단계에 종사하지만, 그것들은 그의 사상의 세 가지 차원을 형성한다. 그것들이 모여 그의 전반적인 기독교적 이상을 형성한다.

테이야르는 먼저 부활하신 예수 그리스도의 신학의 틀을 제공하는 진화론을 전개한다. 그는 두번째 단계에서 기독교 교리에 비추어 볼 때에 인간 역사와 진보를 포함하여 장래의 모든 진화의 초점은 부활하신 그리스도에게 있다는 것을 발견한다. 세상의 전진적 운동의 초점이신 부활하신 그리스도는 전진적 운동과 상승적 운동의 초점이시다. 그러므로 세상에 대한 믿음과 하나님에 대한 믿음 사이에 있는 것처럼 보이는 반대가 해결된다. 부활하신 예수 그리스도는 세상에서의 기독교적 삶을 종합하는 개인적인 원리이다. 왜냐하면 모든 개인적인 역사와 전체 역사는 그분을 향해 진보하기 때문이다. 부활하신 그리스도는 그 초월성 때문에 기독교인의 궁극적인 장래를 지금 현존하게 하신다. 그러므로 그리스도는 기독교인의 장래에 대한 희망의 기초가 되신다.

세번째 단계에서, 테이야르는 자신의 기독론에 기초하여 현대 기독교 영성, 사랑과 일치, 그리고 그리스도 안에서 이루어지는 만물의 점진적 화해를 통해 세상에 개입하는 신비주의의 형태를 취하는 적극적인 도덕적 가르침을 제시한다. 십자가는 단순한 속죄의 상징이 아니라, 고난 안에서, 그리고 고난을 통해서 성취된 성장과 발전의 상징이다. 이탈이란 거부하는 것이 아니라 철저히 노력하는 것을 의미한다. 체념은 악을 대적하는 싸움의 궁극적인 형태, 그리스도 안에서의 불가피한 패배의 궁극적인 변형이다. 기독교의 믿음에는 세상에 대한 믿음이 포함된다. 기독교적 소망은 우리를 현세에 더욱 깊이 개입시킨다. 그리고 기독교적 사랑은 우리로 하여금 보다 좋은 세상을 건설하게 만든다. 기독교 영성에 대한 테이야르의 공헌은 기도와 활동의 대조라는 해묵은 문제에 대한 현대적 이해, 그리고 그 문제에 대한 해결책—부활하신 예수 그리스도를 향해 움직이고 있는 세상에서 그분에게 중심을 두는 기독교적 삶의 이상—을 제공한 데 있다.

P. Tielhard de Chardin, *Le Milieu Divin*, 1960; *Hymn of the Universe*, 1965; Robert Faricy, *All Things in Christ: Teilhard de Chardin's Spirituality*, 1981; Ursula King, *Towards a New Mysticism: Teilhard de Chardin and Eastern Religions*, 1980.

ROBERT FARICY, SJ

테일러, 제레미 | Taylor, Jeremy

제레미 테일러(1613-1667)는 켐브리지에서 교육을 받았다. 1633년에 안수받았고, 1638년에 업핑엄(Uppingham)의 교구 목사가 되었다. 그는 로드 덕분에 찰스 1세 가정의 지도 신부가 되었다. 1645년에 그는 의회파에 의해 투옥되었고, 석방된 후 10년 동안 카르베리 백작의 후원을 받으면서 카르만텐셔의 골든 그로브에서 지냈다가, 1658년에 아일랜드로 옮겨갔다. 왕정복고 후에, 그는 다운과 콘놀의 주교로 임명되었고, 그 후 도로모어 교구의 민생(民生) 의원으로 임명되었다. 불행히도, 그는 아일랜드에서 지내는 동안에는 논쟁에 휩싸였다.

테일러는 자신이 "외롭고 힘들게 질문의 바다를 헤쳐 나갔다"고 고백한다(*The Great Exemplar*, 1649). 그의 경건 저서들 안에는 그의 기질과 문학적인 재능이 잘 나타나 있다.『위대한 본보기』(*The Great Exemplar*)는 부분적으로는 그리스도의 전기요, 부분적으로는 경건한 설명과 묵상과 적용에 대해 다룬 책이다. 테일러는 예수님의 탄생 이야기를 서술하지만, 성모 마리아 찬양에서부터 적용에 관한 내용인 "자녀 양육에 대하여"(Of Nursing Children)로 이동하면서 분위기가 기이하게 변화된다.

그는 독자들을 감동시키고 기쁘게 하는 넓은 범주의 상징들을 사용하여 다양한 형식의 문장들을 구사하는 동시에 품위있는 행위를 위한 현명한 산문체의 충고도 했기 때문에, 그의 글 중 일부를 발췌한 것들은 항상 오해를 받는다.

『거룩한 삶』(*Holy Living*, 1650)과 『거룩한 죽음』(*Holy Dying*, 1651)은 기독교의 저술은 물론이요 고전을 광범위하게 인용한 실질적인 지침서이며, 각 장은 기도문을 제시하는 것으로 끝난다. 근본적으로 평화를 사랑한 테일러는 영어로 기도문을 지은 가장 위대한 사람들 중 한 사람이다. "분노는 정신을 기도로부터 완전히 소외시킨다"(*Sermons*, 1653). 테일러는 인간의 집중력이 퇴보한다는 것을 알고 있으며, 그에 대적하는 데 대한 지혜로운 제안들을 한다. 『거룩한 죽음』에는 죽음에 대한 묵상들만 수록된 것이 아니라 병자를 위한 실질적인 "심리적" 충고도 수록되어 있다. 테일러의 통찰은 *Doctor Dubitantium*(1660)에서 그에게 크게 도움이 되었다.

그는 사적인 기도와 성무일과는 바가지로 정원에 물을 주는 것과 같지만, 성도들과의 공적인 교제 안에서 하나님을 섬기는 것은 하늘에서 비가 내리는 것과 같다고 생각한다(*Great Exemplar*). 금지된 공동기도서를 대신하기 위해 고안된 테일러의 전례기도들은 그가 동방 전통의 영향을 받았음을 보여 준다. 그는 성찬에 대한 의견이 여러 가지로 나뉘어져 있음을 알고 있었고 용어들의 차이점을 분석했지만, 그의 주된 목표는 "누군가를 논박하는 것이 아니라, 시끄럽게 행하지 않고 신앙을 자극하는 방법을 가르치는 데 있었다"(*The Worthy Communicant*, 1668).

H. Heber (ed), rev C. P. Eden, *Whole Works of Jeremy Taylor*, 10 vols, 1841-1872; L. Pearsall Smith (ed), *The Golden Grove* (selected passages from Taylor), repr 1955; H. T. Hughes, *The Piety of Jeremy Taylor and the Great Rebellion*, 1970; H. R. McAdoo, *The Structure of Caroline Moral Theology*, 1949; C. J. Stranks, *Life and Writings of Jeremy Taylor*, 1952.

ELUNED BROWN

템플, 윌리엄 | Temple, William

윌리엄 템플(1881-1944)은 위대한 사람이요 선한 사람이었다. 그는 여러 가지 재능과 선천적인 장점들 지녔기 때문에, 어떤 분야의 일을 했든지 그 분야에서 최고가 되었을 것이다. 그러나 그는 전혀 교만하거나 자기를 과시하지 않았으며, 그의 인품 때문에 어디를 가든지 많은 친구들이 그를 존경하며 따랐다.

그는 주교의 가정에서 태어나서 최고의 교육을 받았고, 옥스포드 대학의 철학 연구원을 거쳐 교장이 되었고, 웨스트민스터 대성당 참사회 의원이 되었다. 그 후 맨체스터의 주교, 요크의 대주교직을 거쳐, 그의 부친인 프레데릭 템플처럼 켄터베리 대주교가 되었다. 그러나 그는 자신에게 기대되었던 일을 성취하지 못한 채 사망했다. 그럼에도 불구하고, 그는 설교자요 강사요 교구 전도사요 저자로서 많은 사람들, 특히 젊은 사람들에게 영향을 미쳤다. 그는 많은 상이한 관점들을 이해하고

템플, 윌리엄 | Temple, William

공감했으며, 분명히 상충되는 신념이나 주장들을 종합하거나 조화를 이루게 하는 능력을 가지고 있었기 때문에, 항상 회의나 협의회의 의장으로 인기가 있었다. 그는 교회 연합운동의 선구자요, 헌신적인 교회 개혁자였다.

그는 폭넓은 관심과 포용력을 가지고 있었기 때문에, 그를 특별한 사상학파나 교회의 관점과 동일시할 수 없다. 그는 철학적인 신학자로서 자신이 에드워드 캐어드(Edward Caird)의 형이상학적 관념론, 그리고 그가 젊었을 때에 옥스포드 대학에서 유행하던 찰스 고어(Charles Gore)의 성육신 신학의 혜택을 입었다고 고백했지만, 그의 가르침과 사고 방식은 결코 고정되지 않았으며, 그는 죽을 때까지 새로운 사상이나 발달된 현상들과 조화를 이루기 위해 노력했다. 그의 예언적 자질은 19세기 중엽에 모리스와 킹슬리의 역할, 그리고 그 이전 세대에 고어와 스토트 홀랜드의 역할과 비슷한 역할을 한 기독교 사회운동을 지도하는 데서 분명히 드러났다.

그의 가르침의 특징과 연결해서 보면, 그는 아리스토텔레스주의자라기보다는 플라톤주의자였으며, 사도 바울보다는 사도 요한의 제자였다고 말할 수 있다. 게다가 그도 콜리지처럼 사람들은 자기들이 부인하거나 인정하는 것은 대체로 옳다고 주장했다. 따라서 그는 "우리는 자신과 의견이 다른 사람들을 논박하거나 우리의 전통을 강요하기보다는 그들을 이해하려고 노력해야 한다"고 말했다. 그의 영성을 가장 훌륭하게 소개해 주는 저서는 *Readings in St. John's Gospe* (1945)이다. 이 책에는 그의 통찰들, 특히 우주의 성례전적 본질에 대한 의식 및 그리스도의 보편적 주권에 대한 의식이 훌륭하게 표현되어 있다. 그는 요한복음의 로고스-교리를 중시했다. 그는 "비 기독교적 사상이나 행동이나 예배 체계들 안에서, 또는 그것들에 대해 작용하는 그리스도의 사역을 감지할 수 있다"고 기록했다.

그에게는 나름의 한계가 있었다. 그는 매우 통합된 인격이요 확고한 신자였기 때문에, 많은 지성인들을 당황하고 혼란하게 만든 회의주의에 진정으로 공감할 수 없었으며, 선천적인 선하고 친절한 성품 때문에 사람들을 지나치게 관대하게 판단했다. 그는 기독교 지도자에게 필요한 엄격함과 엄중한 성품을 배양하기가 어렵다는 것을 발견했으며, 또 그렇게 하려고 노력하지도 않았을 것이다.

Joseph F. Fletcher, *William Temple, Twentieth-*

Century Christian, 1963; F. A. Iremonger, *William Temple, Archibishop of Canterbury*, 1948.

A. R. V<small>ILDER</small>

토머스 아 켐피스 | Thomas à Kempis

토머스 아 켐피스(1379/80-1471)는 쾰른 근처에서 태어났고, 일생 동안 네덜란드에서 살았다. 그는 게르트 그루테(Geert Groote)가 설립한 비공식적인 수도 공동체인 공동 생활의 회중(Congregation of the Common Life)의 영향을 많이 받았다. 그는 수도 생활을 찬양하는 많은 글을 썼지만, 그것들보다는 그가 저술한 것으로 간주되는 『그리스도를 본받아』(*The Imitation of Christ*)가 더욱 중요하다. 이 저서는 14세기 말부터 15세기에 유행한 영적 지도의 장르에 속하며, 기독교 영적 고전이 되었다. 그러나 이 책은 그리스도를 본받는다는 이상을 다룬 것이 아니며, 특히 기독교적 삶의 유형을 독창적으로 제시한 것도 아니다. 그 책은 수도원적인 기원과 내용을 가지고 있음에도 불구하고, 꾸준히 평신도들 사이에서 인기를 누려왔다. 조지 엘리오트의 *The Mill of the Floss*에서 매기 털리버는 그 책을 "인간의 욕구와 인간적인 위로에 대한 불후의 기록"이라고 말한다.

우리는 그리스도의 삶, 특히 그의 고난과 죽음에 대해 묵상함으로써 그를 본받아야 한다. 저자는 "그리스도의 삶 전체가 십자가요 순교이다"라고 말한다. 기독교적 삶은 "거룩한 십자가라는 지름길"의 형태를 취한다. 이것은 체념과 내세성으로 이르는 길로서, 그 책에서는 세상을 부인하는 방식으로 해석된다.

『그리스도를 본받아』는 4권으로 이루어져 있다. 제1권("영성 생활에 관한 조언")은 그리스도를 따르는 사람의 자기 인식의 성장, 그리고 세속적인 것들로부터의 점진적인 이탈에 관심을 둔다. 저자는 특히 사랑없는 학문과 지식에 관해 혹평한다. 제2권("내면 생활에 관한 조언")에서는 그리스도의 수난을 모방하는 내면 생활이라는 주제를 전개한다. 제3권("내적 위로에 관하여")은 그리스도와 제자 사이에 이루어진 일련의 대화이다. 이것은 그리스도를 본받는 것은 과거 역사의 인물인 예수에 기초를 두는 것이 아니라 현재 신자의 영성 생활의 성장에 형성적 영향을 발휘하는 현존하는 실체로서의 예수에 기초를 둔다는 것을 보여준다는 점에서 중요하다. 제4권 역시 그리스도와 제자 사이의 일련의 대화

토머스 아퀴나스 | Thomas Aquinas

로서 성찬에 관심을 두며, 주의 깊고 규모있게 성례전을 준비해야 할 필요성과 자주 성찬을 받는 것의 가치를 강조한다. 성찬에 관한 이 부분은 편협한 성례전 중시주의를 나타내지 않는다. 실제로 성경과 성찬은 "거룩한 교회의 보물 창고 안에 나란히 설치된 두 개의 식탁"으로 묘사된다.

『그리스도를 본받아』는 명쾌한 문제와 심리학적인 통찰 때문에 원래 의도되었던 수도 단체들을 초월하여 널리 인기를 누렸다.

E. J. TINSLEY

토머스 아퀴나스 | Thomas Aquinas

토머스 아퀴나스(c. 1225-1274)는 도미니크 수도회의 신학자이다. 그는 자기의 스승인 성 앨버트(St. Albert, c. 1200-1280)처럼 삶에 대해 지성주의적인 견해를 취했다. 하나님과 우리의 궁극적인 연합은 본질적으로 우리의 정신이 사랑 안에서 제1 진리(First Truth)와 연합하는 것이다. 형이상학을 포함하여 일반적인 인간의 사고 방식들은 성령과 계시에 의해 계발되지만, 관상은 정신이 하나님께로 올라가는 것이다. 그것은 인간 안에 내재해 있는 호기심에서부터 자라나온다. 아퀴나스는 "관상자들"은 "활동가"들보다 하나님을 사랑하지 않을 가능성이 있다고 경고하지만, 그들은 인생의 목표인 "하나님을 아는 것"에 보다 가까이 있다. 모든 일이 그렇듯이, 관상의 동기는 사랑이어야 하지만, 아퀴나스는 아레오파고의 디오니시우스*의 해석과는 달리 사랑만으로는 우리를 하나님과 연합시키지 못한다고 주장한다. 사랑은 정신에게 자극을 주어 하나님께 가까이 가게 만든다. 토머스는 또한 하나님의 불가해성도 강조한다. 우리는 이해할 수 있는 모든 것을 분명하게 설명함으로써, 하나님의 신비를 대면한다. 토머스는 죽기 직전에 이상한 경험을 했는데, 그 후 그는 글을 쓰는 것과 가르치는 것을 포기했고, 자신이 본 것과 비교하면 자신의 글들은 "지푸라기"에 불과하다고 선포했다. 그러나 이것은 그가 이전에 행한 모든 것을 부인한 것이 아니라 그것의 성취였다. 말로 표현할 수 없는 단순한 환상은 지적인 작업을 전제로 한다.

토머스의 견해에 의하면, 완전이란 사랑의 완전을 의미한다. 그는 "완전의 상태들"에 대해 순수히 기능적인 설명을 제공한다. 외적인 상황 자체는 완전을 이루지 못한다. 사람은 서원에 의해서 세 가지 복음적 권고에 공적으

토머스 브라운 | Browne, Sir Thomas

로 헌신함으로써 하나의 "상태", 사랑의 완전을 향하는 데 도움을 주는 세 가지 귀중한 보조물을 실천하는 상태에 놓인다. 그러나 가난과 순결과 순종은 목적이 아니라 수단이다.

기도(주로 청원기도를 의미한다)는 정신이 자신의 계획들을 하나님께 복종시키며 모든 선한 것이 하나님에게서 온다는 것을 인정하려는 태도의 표현으로 간주된다. 원칙적으로, 그것은 우리가 행하려 하거나 획득하고자 하는 모든 것 안에 존재해야 한다. 실질적으로 우리가 항상 기도할 수는 없으므로, 토머스는 간단한 기도를 자주 행할 것을 권한다. 그는 기도를 너무 오랫동안 하여 관심을 상실하게 되는 것에 대해 경고한다. 그리고 육체적인 기도와 예배의 가치를 강조한다.

토머스는 어렸을 때 선생님에게 "하나님이 어떤 분이냐?"고 질문했었다. 그의 영성은 신-중심적이며, 그의 사상에서는 특히 창조의 교리가 중심이 된다. 우리의 자유로운 행동들 안에서의 하나님의 행위의 절대적 우월성은 그로 하여금 내면에서부터 우리의 의지를 움직이는 강력한 은혜의 교리를 발달시키게 했다.

그는 성례전 신학에 중요한 공헌을 했고, 성찬에 대한 헌신 때문에 유명해졌다. 그는 그리스도 성체 축일을 위한 성무일과를 지었다.

K. Foster, *The Life of St. Thomas Aquinas–Biographical Documents*, 1959; E. Schillebeeckx, *Christ the Sacrament*, 1963; G. Vann, *Morals makyh Man*, 1937; J. A. Weisheipl, *Friar Thomas d'Aquino*, 1975.

SIMON TUGWELL, OP

토머스 브라운 | Browne, Sir Thomas

브라운(1605-1682)은 런던에서 태어났지만 일생의 거의 노리지에서 생활한 의학박사로서 *Religio Medici*(1636)이라는 저서로 유명하다. 콜리지(S. T. Coleridge, 1772-1834)는 이 책을 "향기로운 책"이라고 묘사했다. 또 브라운의 자기 중심주의가 "자연스럽고 적절한 것"이며 브라운을 개성과 활력이 넘치는 문예부흥 시대의 인물이 되는 데 도움을 준다고 언급했다. 브라운의 철학은 자연과 인간의 상태를 예리하면서도 관대한 태도로 관찰하는 사람의 철학이었다. 그는 자신이 방문하는 사람들의 얼굴이 어떻게 변화되는지를 관찰했는데, 특히 조상이나 친척들의 임종에 참여했을 것이다. 로마인(실제로는 앵글로 색슨인)의 유해가 담겨 있다고 여겨지는 유골함이 월싱험에서 발굴되었을 때에, 그는 매우 흥

토머스 브라운 | Browne, Sir Thomas

분했다. 그는 과학적 시대가 시작되는 시기의 사람으로서 "통속적이고 흔한 오류들"에 관한 해설서인 *Pseudodoxia Epidemica*를 저술했다. 그러나 그는 몇 가지 미신을 신봉했다. 그는 마술을 믿었고, 마술을 믿지 않는 것은 무신론이라고 확신했다.

브라운은 적절한 찬양 예식을 존중했지만, 예배의 순서와 아름다움에 일치하는 한도 내에서 자신의 지성의 활동을 허락했으며, 구원의 길을 "구세주께서 만드신 것보다 더 좁게 만드는 것"을 거부했다. 믿음에는 성유물이나 기적이 필요하지 않다. 그는 그리스도의 무덤 앞에 있었기를 갈망하지 않았고, 또 육체 안에 계신 그리스도를 보았기를 원하지도 않았다. 그는 보지 않고서도 믿은 사람들의 축복을 부러워했다.

그는 신비 사상을 즐겨 받아들였고 그것을 신비한 산문으로 표현했지만, 강력한 개인적이고 신앙적인 열정을 가진 신비가는 아니었다. 모든 화음—심지어 술집에서 부르는 노래까지도—은 그로 하여금 신앙심을 느끼게 했다. 그러나 그 이전에 노리지에서 활동한 줄리안*이 누린 것과 같은 "계시", 직접성, 직접적인 계시, 내면의 음성은 받지 못했다. 그 역시 십자가에 달리신 하나님을 응시하여 그분에게 몰입할 때에 풀이 왜 초록색이고 피가 왜 붉은 색인지 알아내는 데 관심을 가졌다.

그를 "경건한 인문주의자"라고 부를 수 있을 것이다. 보나벤투어나 여러 사람의 사상을 좇아, 그는 인간이란 동시에 두 가지 세계에 거하는 위대한 이중의 존재, 놀라운 존재, 하나의 소우주"라고 보았다. "우리 안에는 아프리카 전체, 그리고 그 대륙의 경이들이 존재한다." 그러나 세상은 매력적이지만 병원, 말기 환자들을 수용한 곳, "살기 위한 장소가 아니라 죽음을 맞이할 장소"이다. 그곳에서는 기이하게도 낡은 사상과 새로운 사상이 서로 가까이 존재한다. 그는 지혜롭고 훌륭한 도덕적 격언들을 해설하며, 진정한 기독교 전통 안에서 다음과 같이 기록한다: "나는 하나님을 위해 하나님을 사랑하며, 하나님을 위해 이웃을 사랑하는 것이 진정한 사랑이라고 생각한다."

Geoffrey Keynes (ed), *works*, 4 vols, 1964; *Selected Writings*, 1968; R. H. Robbins (ed), *Pseudodoxia Epidemica*, 2 vols, 1981.

편집자

토머스 머튼 | Merton, Thomas

토머스 머튼은 1915년 1월 31일에 프

토머스 머튼 | Merton, Thomas

랑스에서 태어났다. 그의 유년 시절은 불우했다. 그가 6살 때에 어머니가 돌아가셨고, 그 후 아버지는 이리 저리로 그를 데리고 다녔으며, 종종 그를 혼자 지내게 하다가, 머튼이 15살 때에 세상을 떠났다. 십대와 이십 대 초반까지, 머튼은 육욕적이고 혼란스러운 가운데서도 엄격한 생활을 했다. 콜롬비아 대학 재학 중이던 이십 대 중반에 머튼은 회심하고 가톨릭 신자가 되었다. 그리고 26세 때에 켄터키 주에 있는 겟세마니 수도원에 들어가서 53세 때인 1968년에 사망할 때까지 트라피스트 수도사로서 생활했다.

1946년에 머튼은 『칠층산』(The Seven Storey Mountain)이라는 자서전을 출판했다. 이 책은 그 시대의 영적 상태에 대해 감명깊게 언급했기 때문에 전 세계적으로 유명한 책이 되었다. 이 책만으로도 머튼은 수도적 영성에 대한 중요한 진술을 한 최초의 미국인 작가로서 영속적인 명성을 획득했을 것이다. 그러나 이어 많은 저서들이 저술되었고, 그 책들은 머튼에게 20세기 교회의 주도적인 관상가이자 예언가로서의 지위를 확보해 주었다.

머튼의 저술에서 다룬 다양한 범주들은 그의 구도의 범위와 깊이를 증명해 준다. 그의 저술들 중에는 개인적인 일지들(예를 들면, *The Sign of Jonas*), 경건 묵상(예를 들면 *The Seeds of Contemplation*), 신학적 논문(예를 들면 *The Ascent of Truth*), 동양 영성 탐구(예를 들면, *Zen and the Birds of Appetite*), 성경 연구(예를 들면, *Bread in the Wilderness*), 시(예를 들면, *Emblems of a Season of Fury*), 논문과 평론 모음집(예를 들면 *Raids on the Unspeakable*)이 있다. 세월이 흐르는 동안에 나타난 머튼의 저술의 일반적인 변화는 청년 시절에 회심하여 열광적이지만 제한된 가톨릭 신앙에서부터 다른 영적 전통들 및 수도원 외부 세계에게까지도 포용하는 성숙한 머튼의 근본적인 개방성에 이르는 그의 영적 성장을 반영한다.

머튼은 영적으로 매우 폭넓게 추구했지만, 근본적으로는 그리스도 안에 있는 개인적인 하나님 체험에 기초를 두고 있었다. 머튼의 영적 추구는 매우 내면적인 것, 우리의 참된 자아이시며 우리 안에 계신 그리스도를 향한 것이었다. 우리는 독거와 관상 속에서 이 그리스도를 만난다. 그러나 그러한 생활은 수도사들의 특권이 아니다. 모든 기독교 신자들이 그러한 삶으로 부름을 받았다. 머튼은 세상에 사는 사람들을 위해 수도적 영성을 분명히 표현했고, 수도사들도 역시 세상 안에 있음을 상기시켜 주었다. 우리는 모두 세상 안에 있으며, 세상이 우리 안에 있다. 우리는 우리 안에서 구속 사역을 행하고 계신 그리스도를 만날 때에도 내면에서 세상의 모든 문제와 가능성을 만난다. 머튼은 우리의 자아와 하나님 사이, 교회와 세상 사이, 기도와 정치 사이의 그릇되고 왜곡된 분리를 극복했기 때문에, 그의 삶과 사상은 많은 사람들에게 매우 강력하게 호소한다.

Monica Furlong, *Merton: A Biography*, 1980.

PARKER J. P. PALMER

토머스 트래헌 | Thomas Traherne

토머스 트래헌(1637-1674)은 잉글랜드 북부의 헤리퍼드에서 태어났고, 1650년대에 옥스포드의 Brasenose 대학에 진학했다. 그리고 1660년에 성직자로 임명되었고, 1661년에 헤리포드 외곽에 있는 그레덴힐의 교구 사제가 되었다. 1667년에 런던으로 와서 국세상서인 올랜도 브리지먼 경의 지도 신부로 활동하면서, 테딩턴의 성직자로 시무하다가 1674년에 사망하여 그곳에 묻혔다.

트래헌은 생전에는 저서를 출판하지 않았다. 그의 저서인 『기독교 윤리』(*Christian Ethicks*)는 그가 사망하고 나서 몇 달 후 1675년에 출판되었다. 그가 지은 시들은 1903년까지 원고 상태로 남아 있었고, 그의 유명한 저서인 『묵상의 세기』(*Centuries of Meditation*)는 1908년에야 출판되었다.

"쾌활하고 명랑한 기질"의 소유자라고 묘사되는 트래헌의 영성에는 낙관론이 배어 있으며, 그 때문에 비판을 받기도 하고 주목을 받기도 한다. 칼빈주의적 청교도주의의 관점에서 보면, 그러한 비평은 정당화될 수 있을 것이다. 그러나 트래헌은 르네상스 플라톤주의자인 피코 텔라 미란돌라(Pico della Mirandola)의 글을 인용하며, 신플라톤주의자인 허미스 트리스메기스투스(Hermes Trismegistus)의 저술들을 알고 있었지만, 기독교적 플라톤주의의 오랜 전통, 그리고 플라톤주의 사상을 위해서 성경을 희생시키지 않는 전통 안에 서 있다. 그의 저서 『기독교 윤리』에서는 "거룩의 아름다움"에 몰두하며, 인간이 영적인 온전함을 회복하는 것을 "죄의 정복이 아니라 이상의 회복"으로 이해한다. 『묵상의 세기』에서, 트래헌은 자신이 성 어거스틴*과 같이 욕구와 갈망을 인간을 하나님께로 인도하는 길로 이해한다는 것을 나타낸다. 마르츠(Martz)는 트래헌이 보나벤투어의 *Itinerarium mentis ad Deum*의 영향을 받았음을 지적했다. 트래헌도 어거스틴처럼 반복이라는 방법에 의해 자신의 의미를 전달하고, 신적인 이미지를 드러내고, 인간을 내면의 낙원으로 인도하려 했다. 십자가는 하나님의 사랑을 계시하고 전해 주는 것으로 간주된다. 트래헌은 여러 면에서 그 시대의 켐브리지 플라톤주의자들*및 헨리 버건* 같은 시인들과 공유하는 것이 많았고, 긍정의 길을 탁월하게 설명한 사람이다. 그의 풍부하고 감동적인 산문에는 피조세계를 변화시키는 하나님의 영광에 대한 그의 생생한 의식이 표현되어 있다.

Thomas Traherne, *Poems, Centuries and Three Thanksgivings* (ed A. Ridler), 1966; *The Way to Blessedness* (ed M. Bottrall), 1962; L. L. Martz, *The Paradise Within: Studies in Baughan, Trahern and Milton*, 1964; G. I. Wade, *Thomas Traherne, A Critical Biography*, 1944.

GEOFFREY ROWELL

트라피스트 수도사들 | Trappists

이 명칭은 아르망(Armand-Jean de Rancé, 1626-1700)이 개혁한 라 트라페(La Trappe) 수도원에 기원을 두고 있다. 아르망은 1657년에 회심하여 1664년에 대 수도원장이 되었다. 그는 법적으로는 엄수파 시토 수도회에 속해 있었지만, 곧 자기 수도원에만 적용할 수 있는 규칙(*Réglements de la Trappe*)을 작성했다. 이 자율성은 계속 유지되었다. 프랑스 혁명 때에 프랑스의 시토 회 공동체들 중에서 라 트라페의 공동체만이 추방되었는데, 그들의 지도자는 Augustin Lestrange(1794년에 수도원장으로 선출됨)였다. 이 집단은 시토 회 생존의 중심이 되었으며, 러시아와 아메리카까지 갔다가 1815년에 방랑생활을 하는 동안 형성된 다른 공동체들과 함께 라 트라페로 돌아왔다. 1898년에 시토에 사람들이 다시 거주하면서 모 수도원으로서의 위치를 회복하기 전까지, 라 트라페는 전 세계로 확대되는 시토 회의 중심지였다. 1892년에 최종적으로 연합한 다양한 수도원들의 집단은 랑세(Rancé)가 원래 작성한 규칙을 부분적으로 수정하여 사용했다. 그리하여 랑세의 최초의 개혁의 놀라운 성공, 그것이 그의 사후에도 지속된 것, 그리고 Lestrange의 영웅적인 지도—1794년에 작성한 그의 비상 규칙은 시토 수도회를 구했다—등으로 인해 항상 지나치다는 공격을 받아왔지만 여러 가지 사건들에 의해 정당화되어온 수도적 이상의 주장들이 강화되었다.

그 규칙의 표면적인 특징들은 잘 알려져 있으며 매우 분명하다: 육류, 생선, 계란을 완전히 금함(병자는 제외됨), 엄격한 침묵과 봉쇄, 하루 약 7시간 동안 찬양함, 밤중에 일어나 기도함, 육체 노동, 수실이 아닌 기숙사 생활 등. 랑세는 이것들은 목적이 아니라 수단이라고 여겼고, 표면적인 계율 준수가 영적 교만으로 이어질 수도 있다고 경고했다.

트라피스트 수도회 생활의 핵심은 참회, 육체적 고행을 통해 이기적인 사랑을 죽임으로써 형성되는 단순한 하나님 사랑, 지적인 겸손, 그리고 세상의 모든 유대를 영적으로 부인함 등이다. 그러한 규칙이 제공하는 이 세상에서의 평화와 내세에서의 기쁨이 강조되지만, 부정적이고 염세적인 측면이 더욱 강조된다. 그러나 19세기에는 엄격한 계율 준수 자체가 목적인 된 듯하다.

랑세는 항상 베네딕트*의 규칙, 그리고 시토 회의 창시자들, 특히 성 버나드*가 자신의 관습을 정당화하기 위해서 그것을 갱신한 것을 의지했지만, 그의 영성에서는 사막 교부들*, 특히 존 클리마쿠스*의 수덕적 가르침이 결정적인 역할을 했다. 그의 신학은 어거스틴*의 신학이었지만, 그는 자기 수도회에서 신학을 억제했고, 또 그것을 기도에 관한 특별한 가르침으로 보충하지도 않았다. 금세기에는 랑스에 대한 반작용이 매우 강력하여, 트라피스트 수도사들은 본래의 시토 회 유산을 의지하며, 심지어 선(禪)과 같은 비기독교 체계까지 의지한다.

A. J. Krailsheimer, *A.-J. de Rancé, Abbot of la Trappe*, 1974.

A. J. KRAILSHEIMER

파러 | Farrer, Austin Marsden

오스틴 파러(1904-1968)는 많은 저서를 통해서, 전통적이면서 혁신적이며 수덕적인 이론과 사변적(혹은 학구적) 이론의 틈을 이어주는 기독교적 일신론의 이상을 나타냈다. 그가 뱀프톤 강연(*The Glass of Vision*, 1948)에서 표현한 것처럼, 그는 성경과 형이상학을 동등하게 연구했다. 완전히 이질적인 것처럼 보이는 이 두 가지는 그의 경건 서적들 및 150편의 설교에 나타나 있는 동일한 영성에 기초를 두고 있다.

파러의 철학적 신학은 창조주이신 하나님에 대한 스콜라주의의 견해와

파러 | Farrer, Austin Marsden

현대의 언어학적 분석으로부터 자체의 위치를 확인하지만, 동시에 자아를 창조하는 피조물의 역설적인 경험으로부터도 그 위치를 확인한다. 이것의 훌륭한 예는 기도할 때에 "하나님의 뜻을 원하는 것"이다. 따라서, 그의 『유한과 무한』(*Finite and Infinite*, 1943)에서 하나님의 실존의 "증거"는, 정신이 무한한 목표에 접근할 뿐 결코 도달하지 못하는 본성적이고 유한한 유비들을 단계적으로 정화함으로써 하나님께 올라간다고 말한 보나벤투어의 형태를 취한다.

파러의 해석학적 연구에서는 집중되는 상징들이 강조된다. 그는 마가복음의 비약적인 결론은, 마가가 상상할 수 없는 현실―그리스도의 부활―을 지적하기 위해서 상상력을 발휘하여 예수님께서 행하신 치유의 기적들을 배열한 표식이라고 해석한다. "많은 치유의 기적들을 사용한 것은 하나의 구원 행위가 지닌 풍성함과 다양성을 나타내기 위한 것이다. 이것은 많은 피조물들이 하나의 창조 능력이 지닌 여러 형태의 생산 능력을 나타내는 것과 같다"(*A Study in St. Mark*, 1951). 이런 방식으로, 신약성서와 피조된 우주는 상호보완적인 비유들, 신적인 것을 흐릿하지만 참되게 반영하는 거울이 된다.

파러는 원래 침례교인이었지만, 대학생 때에 영국 국교회 신자가 되었다. 그는 그 시대에 가장 유능한 설교자들 중 한 사람으로 간주되었다. 그의 설교에는 보편적인 영성 안에 있는 복음주의적 열심이 담겨 있다. 그는 거의 모든 설교에서 개인적이고 실질적인 것을 강조하지만, 교리적인 것에 기초를 두고 설교했고, 그 때문에 그의 설교는 종종 시간을 초월하는 영원한 특성을 지닌다. 『삼중의 승리』(*The Triole Victory*, 1965)와 『주님, 나는 믿습니다』(*Lord, I Believe*, 1958)와 같은 저서에서는 학문적인 설명과 경건한 충고를 분명히 구분할 수 없다. 『삼중의 승리』는 마가복음에 기록된 그리스도께서 시험을 받으신 사건의 파러의 해석이 복음서의 이야기를 묵상하면서 읽는 것을 어떻게 보완해 주는지 보여 준다. 『주님, 나는 믿습니다』는 "탄원할 수 없는 교의는 합당하지 못하며, 자신의 교의를 달라고 기도하지 않는 사람은 교의를 소유할 자격이 없다"는 주제를 전개하며, 상상으로 복음서의 사건들에 참여하는 것과 전통적인 예수기도를 결합한 묵주기도를 적절히 고쳐 사용함으로써 결론을 내린다.

Austin Farrer, *Reflective Faith* ed Charles C.

파스칼, 블레이즈 | Pascal, Blaise

Conti, 1972; Jeffrey C. Eaton, *The Logic of Theism: An Analysis of the Thought of Austin Farrer*, 1980; Charles C. Hefling, *Jacob's Ladder: Theology and Spirituality in the Thought of Austin Farrer*, 1979.

CHARLES C. HEFLING

파스칼, 블레이즈 | Pascal, Blaise

블레이즈 파스칼(1623-1662)은 탁월한 과학자요 수학자였다. 그의 사후에 우연히 발견된 종이 조각에는 1654년의 회심 체험이 기록되어 있었다. 1646년에 그와 그의 가정은 얀센주의 평신도들에 의해 회심했으며, 교회와 관습에 관한 한 그는 두번째 회심을 통해서 새로운 것을 배우지는 않은 듯하다. 그러나 첫번째 회심과는 달리, 그의 두번째 회심은 그리스도와의 직접적이고 개인적인 접촉으로 느껴졌다. 그는 그리스도의 고난에 대한 자기 몫의 책임을 인정했으며, 그리스도의 사랑이 값없이 자기를 용서해 주셨음을 인정했다. 이 경험은 파스칼의 영성의 기초이며, 출판을 의도한 것이 아닌 사적인 묵상인 『예수의 신비』(*Mystery of Jesus*)에서 그 탁월한 예를 찾아볼 수 있다.

회심의 직접적인 결과로서, 그는 포트 로와이얄에 은거하면서 그곳의 영적 지도에 복종했다. 그러나 그를 얀센주의자로 간주하는 것은 잘못이다. 이듬 해에 얀센주의 지도자인 안토안 아놀드(Antoine Arnauld)의 지원으로 『프로뱅시알 서신』(*Provincial Letters*, 1656-1657)이 출판되었다. 그러나 파스칼과 그의 친구들은 이것을 합법적인 권위에 대한 도전으로 여기지 않았으며, 자기들이 교황까지도 속여온 부도덕한 혁신가들의 공격에 맞서 옛 진리를 수호한다고 생각했다. 논쟁적이고 풍자적인 내용을 지닌 그 서신들은 예수회 궤변가들의 냉소주의와 경박함을 강조했지만, 파스칼이 지닌 긍정적인 측면을 흐리게 만드는 경향이 있다. 그는 마지막 편지가 출판되기 전에 이것을 깨닫고서, 그것을 보완하기 위해서 *Apology for the Christian Religion*—완성되지 않은 이 책의 내용들 중 일부가 그의 사후에 출판된 『팡세』에 보존되어 있다—을 계획했다.

그 변증서는 특히 파스칼 자신이 속한 계층의 지적이고 세속적인 회의론자들을 겨냥한 것으로서, 지성과 감성에 호소한다. 논거는 타락한 인간 본성이라는 사실에서 출발하지만, 파스칼은 계시와 타락에서부터 시작하지 않고 본성에서부터 시작한다. 그는 인간

파스칼, 블레이즈 I Pascal, Blaise

의 상태를 죄에 의거하여 분석하지 않고 불안, 불일치, 근심 등에 의해 분석한다. 또 죄책에 대해 말하기보다는 하늘의 광대함과 소우주에 의해 계시된 극히 작은 우주의 광대함에 의해 야기된 어지러움에 대해 말한다. 그는 위대한 사람들의 표면적인 화려함과 권위와 그들의 인간적인 연약함, 철학자의 이성적으로 확실한 사실과 윙윙거리는 파리 때문에 야기되는 당황함을 대조한다. 그는 사람들이 근심이나 걱정 등의 감정들을 쫓아낼 때에 사용하는 기분전환이 얼마나 하찮은 것인지를 보여 준다. 간단히 말해서, 그는 뻔한 결점들과 고귀한 갈망이 결합되어 있는 본성, 개인이 무서울 정도로 고립되어 있는 본성, 인류가 부주의하게 미지의 심연으로 돌진하고 있는 본성에 대한 심리적인 분석을 제공한다. 그는 이 상태의 특징을 "하나님이 없는 인간의 비참함"이라고 규정한다. 하나의 적대적인 우주와 소외시키는 사회에 대한 현대의 많은 반응들에 대한 그의 예상 때문에 그는 계속 큰 인기를 얻고 있다.

인간의 역설적인 상태를 설명하기 위해서, 파스칼은 타락이라는 가설을 제공하지만, 기독교에서 타락과 구속을 뗄 수 없이 연결하기 때문에, 그는 엄격하게 그리스도 중심적인 방법으로 믿음을 설명한다. 그의 가장 특징적인 논거들 중 하나는 "감추어진 하나님"이라는 현상에 관심을 둔다. 기독교인들이 주장하듯이, 만일 계시가 확실하다면, 유대인들을 포함하여 많은 사람들이 그 진리를 인정하지 못하는 이유는 무엇인가? 그는 대답하기를, 그들은 잘못된 "질서" 안에서, 즉 유대인들은 ("육적인 질서" 안에서) 세상의 왕을 기대하는 데 반해, 참 메시아는 그들을 정치적 압제자들로부터 구원하기 위해서가 아니라 죄로부터 구원하기 위해서 "사랑의 질서" 안에서 오셨기 때문이라고 말한다. 이것은 철학자들이 일상 생활은 본능과 어림셈에 의해서 꽤 행복하게 살면서 "정신의 질서" 안에서 이성적으로 완벽한 증거들을 주장하는 것과 흡사하다. 성경의 진리는 올바르게 "상징들"에 접근하는 사람들을 위해 존재하며, 이성의 주제넘은 요구를 초월하여 자기의 (사랑의 질서와 연결된) "마음"에 귀를 기울이는 사람들은 그리스도를 발견할 것이다. 그들은 사랑에 빠지면 이성의 요구를 무시하지만, 영생에 관심을 가질 때에는 그것을 탁월한 것으로 간주한다.

성경에 대한 파스칼의 근본주의적

패밀리스트 파 | Familists

인 접근 방법, 특히 예언에 대한 비역사적인 해석은 그 시대의 전형적인 방법이며, 그의 논거의 가치를 심각하게 해치지는 않는다. 그는 자신의 논거가 항상 한 점을 향하며, 그리스도께로 돌아가는 경향을 지닌다고 묘사한다. 그는 종종 인간 본성의 어두운 측면을 과장하고 어거스틴적인 염세주의를 지향한다는 비판을 받아왔지만, 고통 중에서도 구하는 사람들을 기다리고 있는 기쁨, 그리고 기독교적 헌신이 이 세상에서 이웃의 운명을 개선할 수 있는 구체적인 방법도 중시했다.

마지막으로, 파스칼은 가톨릭 교회의 교인이 되는 것이 그리스도를 따르는 데 있어서 필수적인 것이라고 여겼다. 그는 신앙무차별론도 이신론과 마찬가지로 대적하며, 무신론과 다를 바 없다고 여겼다.

Pascal, *Œuvres complètes,* ed L. Lafuma, 1963; *Pensées and Provincial Letters,* tr A. J. Karilsheimer, 1966, 1967; J. H. Broome, *Pascal,* 1965; J. Mesnard, *Pascal, His Life and Works,* ET 1952.

A. J. KRAILSHEIMER

패밀리스트 파 | Familists

이것은 헨리 니콜라스(Henry Nicholas, c. 1501-c. 1580)가 세웠다. 니콜라스는 경건한 로마 가톨릭 가정에서 태어났다. 그는 일찍부터 신앙심이 깊은 이상가였으며, 그리스도의 구속의 죽음이 아직도 세상의 죄를 정복하지 못한 것으로 인해 슬퍼했다.

그는 40세때에 새로운 교파인 "사랑의 가족"(Family of Love)을 세우라는 하나님의 음성을 들었다. 그는 엠덴에 이 교파를 세웠는데, 그 조직은 가톨릭 교회의 성직 제도를 토대로 했다. 그의 가르침은 재세례파의 가르침이었고, 존 에버라드*와 조지 폭스*와 유사하게 내면의 종교를 전파했다. 그러나 그의 가르침에는 신비적인 범신론적 경향이 있었다. 패밀리스트 신자들은 퀘이커 교도들처럼 표면적인 의식을 믿지 않았다. 그들은 도덕률폐기론을 주장한다는 비난을 받았지만, 생활이 부도덕했다는 증거는 없다. 그들 중에는 그리스도를 진지하게 받아들이려는 갈망과 변덕스러움을 결합함으로써 완전함이나 무과오성을 주장한 사람들도 있었다. 그들은 개인적으로나 공적으로 행동할 때 전쟁과 폭력을 거부했다. 그들은 1552년에 영국에서 출현했으나, 100년이 넘도록 많은 의심을 받았다. 그들은 비천한 사람들과 장인(匠人)들을 중심으로 지하 운동을 형성했고, 성직 제도에 반대하고 삼위일체론에 반대했다. 그들은 순교자가 될 자질을 갖지 못했고, 심문을 받으면 신앙을 철회하는 척하여 목숨을 부지했다. 크롬웰은 그들에게 출판의 자유를 허락해 주었지만, 17세기 말에 그들은 퀘이커 파를 비롯한 여러 분파에게 이끌려 갔다.

Christopher Hill, *Milton and the English Revolution*, 1977; Gertrude Heuhns, *Antinomianism in English History with special reference to 1640-60*, 1952; Rufus M. Jones, *Studies in Mystical Religion*, 1909.

편집자

패트릭 | Patrick, St.

성 패트릭(c. 390-460)은 영국 기독교인으로서 영국에서 사역을 위한 교육을 받고 주교로 파송된 사람이다. 그가 라틴어로 저술한 두 저서─『코로티쿠스에게 보낸 편지』(*Letter to Coroticus*)와 말년에 하나님께 감사하고 자신의 평판과 생애를 옹호하기 위해 저술한 『고백록』(*Confession*)─의 본문이 현존해 있다. 후자는 그다지 알려지지 않았지만, 그의 자기 현시, 그리고 부수적으로 그의 영성을 보여 주는 걸작이다. 그 책의 주요한 목적은 패트릭이 하나님으로부터 메시지를 통해서 특별한 지도를 받거나 기도와 묵상 중에 특별한 내적인 경험을 한 사건들을 열거하는 데 있다. 그의 말에 의하면, 그가 아일랜드에서 포로로 잡혀 있을 때에 하나님은 꿈 속에서 "너는 곧 고국으로 돌아가게 될 것이니 금식해야 한다"고 말씀하셨고(*Conf.* 17.2, 3), 얼마 후에 "보아라. 네 배가 이미 준비되어 있다"(17.4, 5)고 말씀하셨다. 몇 년 후, 영국에서 가족들과 함께 지낼 때, 그는 꿈 속에서 빅토리쿠스(Victoricus)라는 사람이 아일랜드로부터 편지를 가져 오는 것을 보았고 "보코룻 숲 속의 사람들"(그가 포로생활을 한 장소)이 그에게 돌아와 달라고 요청하는 음성을 들었다(*Conf.* 23). 그는 아일랜드에서 주교로 사역하면서 감옥에 갇혀 있는 동안 자신이 얼마 동안 감옥에 갇혀 있을지 정확하게 예고해 주는 메시지를 받았다(*Conf.* 21). 언젠가 영국에 있는 친구의 배신으로 망신을 당하게 되었을 때, 그는 하나님이 자기 편이라는 확신을 주는 환상을 보고서 기운을 얻었다(*Conf.* 29). 그는 감옥에서 도망쳐서 영국으로 돌아가는 도중에, 태양이 떠오르고 있는데 자신이 *Heliam, Heliam*라고 부르고 있는 이상한 체험을 했다. 또 그는 정교회 전통에서 "기독교인 안에 있는 성령의 기도"를 상기시켜 주는 일을 두 번 경험했다. 한 번은 "너를 위해 자기 목숨을 내어 주신 분, 그분은 너를 위해 자기 자신을 주신 분이시다"라는 음성을 들었고 (*Conf.* 24), 그를 위해 탄식하시며 기도하시는 성령의 음성을 듣고 모습을 보았다(*Conf.* 25). 패트릭이 받은 메시지와 환상들은 초현실적인 분위기를 지니고 있으며 전통적인 성인적 자료를 전혀 암시하지 않기 때문에, 그것들에 대한 패트릭의 기사는 매우 설득력이 있다. 그의 저술 전체가 지닌 직접성, 자발성, 신선함을 그것들도 지니고 있다.

패트릭의 믿음은 매우 복음적이다. 그는 하나님께서 자신을 환난에서 구해 주시기를 기대하지 않았고, 오히려 순교를 바랐다(*Conf.* 59). 그는 자신의 부족함, 특히 제대로 교육을 받지 못한 데 대한 깊은 강박관념을 가지고 있었다. 그는 세 번이나 자신을 "매우 무식한 사람"이라고 칭했다. 코로티쿠스와 그 일당을 파문하면서도 그러한 표현을 사용했다(*Conf.* 12.1; *Letter* 1.1). 그러나 그는 기쁨과 감사와 신뢰와 확신으로 가득했다. 그는 고대 영국 교회의 영성에 대한 최초의 유일한 묘사를 제공한다. 그의 믿음은 성경에 의해 양성되었다. 그는 끊임없이 성경을 인용했다. 특히 시편과 로마서를 자주 인용했다. 그는 아일랜드의 수도사들과 수녀들을 조직화했다. 그는 영국에 있는 동안 일종의 수덕생활의 서원을 했고, 고올 지방의 수도원 제도를 찬양했다. 잘 알려진 "성 패트릭의 흉배"라는 찬송은 그가 지은 것이 아니다.

R. P. C. Hanson, *St. Patrick: his Origins and Career*, 1968; *The Life and Writings of the Historical St. Patrick*, 1983; A. B. E. Hood, *St. Patrick*, 1978.

R. P. C. HANSON

페기, 샤를 | Péguy, Charles

페기는 1873년 1월 9일에 오를레앙에서 태어났고, 1914년에 마른(Marne) 전투에서 전사했다. 그는 천한 가문 출신이었지만, 오를레앙과 파리에서 고전과 문학 교육을 받았으며, 평생 동안 그리스와 라틴 작가들, 파스칼*, 코넬, 위고 등에게서 감화를 받았다. 그는 일찍부터 고난과 구원에 전념하여 가톨릭 교회의 지옥의 교리를 거부하고 교회를 떠나 사회주의자가 되었고, 반 교권주의 가문의 딸과 결혼했다.

그는 사회주의자로서 드레퓌스를 위해 싸웠지만, 사회주의 정당 지도자들이 드레퓌스 사건을 자신들의 목적을 증진하기 위해 이용하는 데 환멸을 느껴 정당을 떠났다. 1900년에 그는 「반월수첩」(*Cahiers de la Quinzaine*)을 창간했다. "오직 진리", 그리고 "사회적 혁명은 도덕적인 것이어야 할 것이다"라는 「반월수첩」의 모토는 이 잡지의 목표와 정신을 요약하여 나타낸다. 그는 그 시대의 악습들을 공격하기 위해 일단의 유능하고 젊은 기고가들을 모았다. 페기의 생전에 출판된 작품들은 모두 「반월수첩」에 수록되어 있다.

그는 사회주의자인 동시에 애국자였다. 1905년에 그는 『우리의 조국』(*Notre Patrie*)을 출판했는데, 이 작품에서 독일과 프랑스 사이의 전쟁의 불가피성을 예견했다. 이 무렵 그는 장차 그의 문학 작품을 형성하는 데 작용하게 될 영적 통찰의 출현과 내면 생활의 성장을 경험했다. 그는 1908년에 어느 친구에게 "나는 믿음을 다시 찾았다. 나는 가톨릭 신자이다"라고 말했다. 그는 젊은 사회주의자로서 단결 안에서 구원을 찾으려 했지만, 이제 성도들의 교제와 구속함 안에서 구원을 발견했다. 그러나 이러한 믿음의 발견으로 인해 그의 개인 생활에 큰 긴장이 초래되었다. 그의 아내는 계속 가톨릭 교회를 반대했기 때문에 그의 결혼 생활은 인정받지 못했고, 자녀들은 세례를 받지 못했다. 그가 파문 당했다는 사실은 그의 영성의 깊이와 능력을 파악하는 데 있어서 중요한 역할을 한다. 성례전에 대해서 그만큼 존경심과 통찰력을 가지고 글을 쓴 사람은 거의 없었다. 그러나 그는 그 시대의 프랑스의 교권주의를 불신했고, 결혼한 평신도들을 찬양했다. 그는 "반쯤은 반역적이면서도 완전히 유순한 교회의 자녀"라는 거의 불가능한 평가를 받았지만, 그는 기도의 사람이었으며, 하나님의 뜻에 모든 것을 맡기고 신뢰하며 소망을 갖는 시인이었다.

그가 새롭게 발견한 믿음에 따른 첫 번째 문학 작품은 *Clio*로서, 이것은 1955년에 출판되었다. 이 작품에는 그의 가장 잘 알려진 저서에서 전개되었던 대부분의 철학적, 종교적 주제들이 담겨 있으며, 그 중심은 감람산에서의 예수님의 번민에 대한 묵상으로서 모어(More)와 파스칼과 비견할 수 있다. 그는 중요한 영적 저술들을 남겼다: 세 권의 *Mysteries, Tapestries of Our Lady, Saint Geneviene, Joan of Arc*, 그리고 그가 죽기 직전에 출판된 위대한 시 *Eve*가 있다.

Mysteries 중 첫 권인 *Mystery of the Charity of Joan of Arc*에서, 페기는 1897년에 어느 연극 공연에서처럼 잔

페기, 샤를 | Péguy, Charles

다르크의 입을 빌려 전쟁과 가난과 저주에 대한 자신의 고민에 대해 말한다. 그러나 여기에서 그는 십자가에 달리신 그리스도의 신비와 성모 마리아가 겪은 수난을 지적하는 프랜시스 회 수녀를 등장시켜 대답한다. 두번째와 세번째 책, *Porch to the Mystery of the Second Virtue*와 *Mystery of the Holy Innocents*는 희망의 찬송이다. 그 작품들의 영성과 불가분의 관계에 있는 시적인 아름다움은 그것들의 전례적인 특성에 있다. 많은 변형문들이 반복되고 기원문이 되풀이 되는 것은 일종의 연도와 흡사하다. 페기는 교회의 전례를 사랑하여 "편안한 신학"이라고 불렀다. 그의 시들은 성무일과처럼 소리내어 낭독해야 한다. 이러한 정서에 비추어 보면, 페기의 11개의 본문이 프랑스 일과기도서에 포함된 것은 적절한 일이었다(1973). 이 작품들 안에는 상징과 이미지로 표현된 신학이 가득하다: 기도의 함대, 잠자러 가는 아이, 선한 정원사로 비유된 프랑스 사람들, 성인과 선한 죄인, 누가의 세 가지 희망의 비유들. 가장 두드러진 것은 하나님께서 자기의 딸인 밤(Night)에게 부탁하는 것으로서, 이것만으로서 페기가 신비주의 시인이라는 주장이 정당화된다.

그의 마지막 시들은 규칙적인 운율을 가진 운문으로 저술되었다. *Tapestries*는 프랑스의 성인들, 특히 샤르트르의 성모에 대한 페기의 믿음을 드러내준다. *Eve*는 주석서인 *Durel*을 참고해야 이해할 수 있다. 그러나 그의 영성은 항상 현재의 요구에 뿌리를 두고 있었다. 그는 마지막까지 그 시대 교회의 강박 관념을 개탄했다. *Note conjointe*는 그의 철학적 스승인 베르그송을 옹호한 글이다.

페기는 40세 때에 전사했고, 그의 영적 여정은 짧았다. *Porch*를 쓸 때 (1911) 그는 깊은 절망에 빠져 있었지만, 그럼에도 불구하고 그 시는 하나님에 대한 신뢰와 희망을 나타내고 있다. 그 시에서는 쓸쓸한 숲에서 일하는 사람, 나무를 베면서 병든 자녀들을 성모 마리아의 보호에 맡기는 방법에 대해 묵상하는 사람을 묘사한다. 페기는 이 시를 지을 때에, 일 년 후에 자기의 아들 피에르를 위해 자기가 똑같은 일을 하며 샤르트르로 순례하게 될 것을 예견하지 못했다. 그의 믿음과 영성의 단순함, 그리고 그의 영향력 중 적어도 한 가지 측면에는 중세 시대의 것과 비슷한 것이 있다: 30년이 넘도록 매년 성령강림절 주간에는 수백 명, 주로 학생들이 걸어서 파리에서 샤르트르로 순례를 한다.

Charles Péguy, *Oeuvres in Prose*, 2 vols 1959, 1968; *Oeuvres poétiques complètes*, 1975; *Men and Saints* ET 1947; *The Mystery of the Charity of Joan of Arc*, ET 1950; *The Portico of the mystery of the second virtue*, ET 1970; *The Holy Innocents and their poems*, ET 1956; Alan Ecclestone, *A Staircase for Silence*, 1977; Daniel Halévy, *Péguy and the Cahiers de la Quinzaiene*, 1946; Bernard Guyon, *Péguy, the pursuit of salvation*, 1953.

ANNIE BARNES

페넬론

| Fénelon, François de Salignac de Lamothe

페넬론(c. 1651-1715)은 프랑스 남부의 카오르(Cahors)와 파리에서 수학했고, 1675년에 사제가 되었다. 그는 17세기 고전주의의 이성적이고 상식적인 강조점을 보완해준 직관적이고 자발적이고 신비적인 성향을 나타내고 있었는데, 결국 그러한 성향들은 고전주의에 의식적으로 반대하며 거기서 벗어났다.

페넬론은 곧 설교와 영적 지도와 교육 사역을 통해서 유명해졌다. 1688년에 의심스럽게 여겨오던 기욘 부인*과의 만남은 위기로 이어졌다. 고요한 기도와 순수한 사랑의 연합에 관한 그녀의 가르침을 완전히 이해하게 되면서, 그는 그것이 비록 표현은 부적절하지만 근본적으로 전통적인 가르침이라고 간주했다. 그의 영향력은 계속 커졌으며, 1695년에는 캉브레(Cambrai)의 대주교가 되었다. 그러나 1695년에 보슈에*의 주도 하에 기욘 부인의 가르침을 정죄하면서 논쟁이 시작되었다. 기욘 부인이 대표하는 영성이 매우 가톨릭적인 영성이라는 것을 변호하기 위해 페넬론이 저술한 *Explication des Maximes des Saints sur la Vie Intérieure*(1697)는 1699년 교황청에 의해 위험한 책으로 정죄되었다.

이 논쟁에 참석한 사람들은 페넬론의 책이 정적주의의 은혜의 교리를 요약하고 있다고 보았다. 페넬론의 주장에 의하면, 하나님의 사랑은 구원이나 개인적인 상급에 대한 기대가 섞이지 않은 채 오직 하나님 자신 때문에 하나님이 사랑받는 상태로 이동한다. 모든 일에 있어서 하나님을 기쁘시게 하려는 소원으로 가득찬 사람은, 하나님의 뜻이라면, 영원에 대한 소망도 포기할 것이다. 영혼은 하나님의 손 안에서, 완전히 고요한 상태에서, 완전히 수동적이 되며, 영혼 자체와 자신의 행동들을 의식하지 못한다.

이 가르침이 암시하고 있는 하나님의 은혜에 대한 인간의 반응의 가치를

페라르, 니콜라스 | Ferrar, Nicholas

경시하는 것은 고행이나 시령의 표면적인 행동들을 의심스러운 것으로 만든다고 간주할 수도 있으며, 심지어 개인적으로 죄가 없어도 죄악된 행동을 할 수 있다는 주장으로 이어질 수도 있었다. 1687년에 교황 이노센트 11세가 이 점에 관해서 몰리노스에게 불리한 판단을 내린 배후에는 파리와 로마에서의 반발이 있었다.

페넬론은 교황청의 결정을 받아들이고, 루이 14세가 정해준 주교구에서 여생을 보냈다. 그의 목회적 가르침은 얀센주의*나 자유 사상가들의 세대와는 다른 방향을 취했으며, 루소와 샤토브리안의 방법과 시적인 형식을 미리 보여 주는 듯한 방법과 형식을 취했다.

말년에, 인격과 저술의 매력 때문에 페넬론과 기온 부인은 브리튼에 폭넓은 영향을 미쳤다. 특히 램지(A. M. Ramsey)의 저술과 번역본을 통해서 18세기까지 많은 영향을 주었다. 하나님의 사심없는 사랑을 강조하는 영성 생활을 육성하려는 갈망은 고교회, 감리교회, 퀘이커 파로부터 인정과 존경을 받았다. 알렉산더 낙스(Alexander Knox)는 "가톨릭 신자로서 개신교 진영에서 페넬론만큼 인기가 있었던 사람은 없었다"고 했다.

Oeuvres et Correspondance, 35 vols, 1820-1830; *Correspondance*, ed Jean Orcibal, to comprise 15 vols, 1972-; an edition of the Querelle du Quiétisme; Fénelon 1651-1951: a special number of the review *XVIIe Siècle*, 12-14, 1951-1952; L., Cognet, *Crépuscule des Mystiques. Bousset, Fénelon*, 1958; M. Raymond, *Fénelon*, 1967.

MICHAEL RICHARDS

페라르, 니콜라스 | Ferrar, Nicholas

페라르(1592-1637)는 캠브리지 학자로서, 젊었을 때에는 건강 때문에 유럽 대륙을 널리 여행했고, 귀국해서는 버지니아 회사에서 6년을 보냈는데, 이것을 계기로 정치에 개입했다. 그의 친구인 조지 허버트*가 궁궐을 떠난 것처럼, 페라르도 완전히 하나님께 헌신하기 위해서 정치를 그만 두고 세상을 버렸다. 그는 헌팅던셔에 있는 리틀 기딩의 고독한 생활 방식을 택했다. 1626년에 윌리엄 로드는 페라르를 부제로 임명했다. 그러나 페라르는 사제가 되지 못했다. 그는 어머니, 남동생, 처남과 그 가족들 등 30여 명과 함께 리틀 기딩의 은거지로 들어갔다. 청교도들은 그곳을 "아르미니우스 수녀원"이라고 비웃었지만, 그곳의 규칙은 결코 수도원적이라 할 수 없었다. 주중에는 매일 성무일과를 행했고, 매일 성시집 전체를 낭송하고, 매달 복음서를 통독

했다.

니콜라스 페라르는 복음서를 연속적으로 읽기보다는, 조화를 이루어 복음서들이 그리스도의 삶에 대한 연속적인 이야기를 제공할 수 있게 하려 했다. 이것은 20세기 말의 신약학자들을 경악하게 할 방법이었다. 주일 아침에는 아침 기도를 드렸고, 성찬식은 매달 첫째 주일과 주요한 축일에만 거행했다.

그 외에도 여러 가지 활동을 했다. 가난한 사람들에게 오트밀과 우유를 나누어주고, 어린 아이들을 가르치고, 책을 제본하고, 단지를 조성하고 농사를 지었다. 매일 밤 9시부터 새벽 1시까지 남녀 두 사람이 짝을 지어 철야 기도를 했다. 페라르는 항상 새벽 1시에 일어나서 기도했다. 그는 침착하고 조직적이고 경건했을 뿐만 아니라, 훌륭한 영적 지도자였다. 공동체 내에 개인적인 어려움, 말다툼, 그리고 그러한 모험적인 일에 따르는 좋지 않은 관계들이 없었던 것이 아니지만, 이들은 왕의 관심을 받았고, 아울러 개신교도들의 비방도 받았다. 국왕 찰스 1세는 두 번 이상 방문했다. 1637년에 페라르는 건강을 잃었다. 그가 사망한 후에도 공동체는 찰스 1세와 의회와의 전쟁 기간까지 명맥을 유지했지만, 1646년에 약탈당하고 해산되었다.

A.L. Maycock, *Nicholas Ferrar of Little Gidding,* ²1963.

편집자

페이버 | Faber, F. W.

페이버(1814-1863)는 런던 오라토리오 수도회의 초대 수도원장이었으며, 유명한 찬송가와 경건 서적을 저술한 사람이다. 그는 청년 시절에는 복음주의자였지만, 옥스포드 대학을 다니면서 옥스포드주의자들의 영향을 받게 되었다. 그는 1839년에 영국 국교회의 사제로 임명되었고, 1843년에는 헌팅턴 주 엘튼의 교구 목사가 되었다. 설득력이 뛰어난 그는 유럽 대륙의 가톨릭 교회의 기도와 관습 중 다수를 엘튼에 소개했다.

1845년에, 페이버는 13명의 제자들과 함께 뉴먼을 좇아 가톨릭 신자가 되었다. 그는 처음에는 새로운 교단을 세울 생각을 했지만, 1848년에 제자들과 함께 뉴먼이 버밍험 근처에 새로 세운 오라토리오 수도회에 들어갔다. 이듬해, 뉴먼은 그를 런던으로 보내어 새로운 오라토리오 수도회를 세우게 했다. 킹 윌리엄 가의 회의실에서 시작한 이 모험은 성공을 거두어 1853년에는 수

페이버 | Faber, F. W.

도원과 교회 건축을 위해 브롬튼에 땅을 구입했다. 약간 독재적이기는 했지만 페이버의 열정적인 통치 하에, 런던 오라토리오 회는 번영했다. 두 수도원 사이의 관계에 대한 뉴먼과 페이버 사이의 갈등으로 인해, 잉글랜드에는 더 이상 오라토리오 수도회가 세워지지 않았다.

페이버는 런던에 살고 있는 일반인들에게 영성 생활을 소개하려 했다. 그는 뉴먼과 같은 심오한 사상가는 아니었지만, 고전적인 수덕적 가르침을 현대 도시 생활에 적용하는 방법을 알고 있었다. 1853년부터 1860년 사이에 투병 생활을 하면서 저술한 8권의 경건 서적은 주정설(emotionalism), 이탈리아식 문체, 진부한 표현 등으로 비판을 받았다. 그러나 그것들은 아빌라의 테레사*와 프랜시스 드 살*과 같은 영적 저자들의 글, 인간 심리학에 대한 지식, 그리고 신자들과 그리스도의 연합을 위한 성육신의 결과들에 대한 심오한 이해를 나타낸다.

게다가 페이버는 세속 문화 안에 있는 긍정적인 것들에 대해 개방적인 태도를 취했다. 그는 자연의 아름다움을 한껏 즐겼고, 과학의 발달을 하나님의 부분적인 계시로 여겨 환영했다. 무한히 초월하시는 분이신 하나님은 우리 중에 거하신다. 그분은 성육신을 통해서 자신을 세상과 섞으셨고, 성례전 안에서 성육신의 축복들을 모든 곳에 영속적으로 존재하게 하셨다. 그리하여 세상은 계속 하나님의 사랑에 의해 변화된다.

페이버가 하나님의 사랑의 경험을 가로막는 장애물들을 모두 제거하려 한 강한 욕구에서 그의 장점과 단점이 비롯된다. 우리가 노력하기만 하면 쉽게 기도할 수 있다. 우리가 하나님의 사랑의 흐름을 받아들이려고 하면, 하나님의 사랑은 이미 물밀듯이 우리에게 흘러 들어온다. 그러나 그는 수덕적 노력의 필요성도 강조하며, 편안함과 일상적인 것들이 우리로 하여금 하나님에 대해 장님이 되게 한다는 것을 훌륭하게 분석한다.

페이버는 성례전과 하나님의 사랑을 강조하면서 평신도 영성을 제시한다. 몇 가지 문장은 오늘날의 취향에 맞지 않을 수도 있지만, 그가 기록한 많은 문장들은 재치와 설득력이 있다. 그의 저서인 *Growth in Holiness*와 *The Creator and the Creature*는 지금도 훌륭한 책으로 인정되고 있다.

R. Addington, *Faber, Poet and Priest*, 1974; Ronald Chapman, *Father Faber*, 1961; Louis Cognet, *DS*, V, cols 1-13.

NORMAN RUSSELL

펜, 윌리엄 | Penn, William

펜(1644-1718)은 윌리엄 펜 제독의 장남이다. 그는 비국교도였기 때문에 1661년에 옥스포드 대학에서 퇴학당했다. 그는 한동안 여행한 후에, 코르크(Cork)로의 군사 원정에 참여했고, 그곳에서 퀘이커 신자인 토머스 로(Thomas Loe)의 설교를 듣고 회심했다.

그는 퀘이커 파를 옹호하는 글을 쓰고 설교를 하였다. 그는 삼위일체, 성육신, 칭의 등 그 시대의 가르침에 반하는 논문 Sandy Foundation Shaken (1668) 때문에 런던 탑에 갇혔다. 그곳에 갇혀 있으면서, 그는 『십자가가 없으면 면류관도 없다』(No Cross, No Crown, 1669)를 저술했다.

1670년에 올드 베일리에서 열린 그의 재판은 배심원들의 자유를 지지하는 선례를 남긴 사례가 되었다. 펜은 양심의 자유를 실천하기 위해 아메리카에 식민주를 세울 계획을 세웠고, 1682년에 펜실베니아를 세웠다. 그는 1684년에 영국으로 돌아왔고, 종교의 자유에 관심을 가지고 있던 제임스 2세의 절친한 친구요 옹호자가 되었다. 명예 혁명이 끝난 후, 그는 제임스 2세 파로 의심을 받았고, 1692년에는 펜실베니아 총독직을 박탈당했다. 1693년에 『독거의 열매들』(Fruits of Solitude)이라는 격언체의 책을 출판했다. 1696년에는 『원시 기독교』(Primitive Christianity)에서 퀘이커교의 원리들이 초대 교회의 원리들과 동일하다고 주장했다. 그는 트위포드 근처의 러스콤에서 사망했다.

펜의 회심과 저술들은 퀘이커 역사의 새로운 국면을 상징했다. "최초의 진리의 출판자들"과는 대조적으로 상류층인 그는 폭스의 허락을 받아 얼마동안 계속 칼을 착용했다. 그의 성격은 폭스보다 더 냉정하고 이성적이었다. 퀘이커 교도들에게 발언의 기회를 주어야 한다는 그의 호소는 진리 소유에 대한 확실성보다는 종교적 관용의 일반적인 원리에 기초를 두고 있었다. 그는 늙은 퀘이커 원수들을 대할 때에는 폭스와 비슷한 열정을 나타냈다: "나는 심판 날에 리처드 백스터가 되기보다는 차라리 소크라테스가 되기를 바란다." 그러나 1678년에 펜이 퀘이커 교도들은 "근본적이고 긍정적인 신앙의 조항에 관한 한 국교회와 동일한 믿음을 가지고 있다"고 양보한 것처럼, 폭스도 양보했다고 상상해서는 안 된다. 펜에게 있는 내적인 빛은 내주하

평신도 영성 | Lay Spirituality

시는 그리스도, 하나님의 능력이라기보다는 양심과 흡사한 것이었다. 『십자가가 없으면 면류관도 없다』는 고난받는 제자도를 권하는 강력한 저서이지만, 폭스의 『일지』(Journal) 도처에 나타나 있는 신비적인 분위기를 나타낸 곳은 단 한 곳뿐이다.

여기에서 그는 역사적인 퀘이커 경험에 대해 묘사하고 있다. 펜은 폭스처럼 성경은 인간의 영혼 안에서 벌어지는 빛과 어두움의 싸움을 열거한 것, 모방해야 할 것과 피해야 할 본보기들이 저장되어 있는 창고라고 보지 않았다. 펜은 『십자가가 없으면 면류관도 없다』의 제2부에서 아가시클레스에서부터 크세노폰에 이르는 옛 이교도 출신의 위대한 도덕적 인물들에게 호소함으로써 논거를 인정하는데, 이것은 폭스 세대의 퀘이커 교도들에게는 없었던 일이다. 『독거의 열매들』의 어조에서 드러나듯이, 펜은 고전주의 작가이다. "만일 우리가 잃어버린 것만 바라본다면, 스스로 무질서를 필요로 할 것이다. 그러나 우리가 남겨진 것을 받을 자격이 거의 없다는 것을 고려한다면, 우리의 정념은 식을 것이며, 우리의 불평은 감사로 변할 것이다."

그럼에도 불구하고, 펜의 삶과 저술에는 퀘이커 파의 메시지의 능력이 살아 있다. 그리고 『십자가가 없으면 면류관도 없다』는 박해 문학의 고전으로 간주될 수 있다. 펜이 근본적으로 퀘이커 파의 방식에 충실했음은 폭스를 향한 그의 사랑에 반영되어 있으며, 또 펜을 향한 폭스의 자비함에 나타나 있다. 펜이 폭스의 『일지』 초판에 써 준 머리말은 폭스에 대한 근본적으로 묘사한 탁월한 글이거나 초기 퀘이커주의 정신을 탁월하게 분석한 글이다.

No Cross, No Crown ed N. Penney, 1930; selections of his works in F. B. Tolles and E. G. Alderfer, *The Witness of William Penn*, 1957, and in H. Barbour and A. O. Roberts, *Early Quaker Writings*, 1973; M. R. Brailsford, *William Penn*, 1930; M. M. Dunn, *William Penn; Politics and Conscience*, 1967.

EAMON DUFFY

평신도 영성 | Lay Spirituality

기독교회에 평신도들이 가장 크게 영향을 미친 것은 수도원 운동이었다. 그 운동은 비록 성직자들의 권위 아래 있었지만 평신도 운동이었음을 잊어서는 안 된다. 교단과 성직자들 사이의 관계는 결코 쉬운 것이 아니었으며, 흔히 전자는 세속적인 성직자들과 주교들보다 더 에큐메니칼하고 덜 엄격했다. 그러나 이것을 제외하고는, 예수님 및 그 시대의 평신도였던 그의 제자들의 시대 이후로 기독교적 삶은 성직자들의 지배 아래에 있었다고 주장할 수 있을 것이다. 이것이 교회가 세상에서 진보하며 거룩한 전통을 유지하고 파괴적인 혼돈이나 이단이나 확고한 보수주의로부터 해방될 수 있는 유일한 방법일 수도 있었겠지만, 이것은 영성에 영향을 미쳐왔다. 성직자들이 보존하지 않았다면, 성찬이 그 지배적인 위치를 유지하거나 발달할 수 있었겠는가? 또 사람들은 온정주의적인 엘리트들 때문에 자기들에게 적절한 영적 자유를 획득하지 못하여 낙심하지 않았던가? 중세 시대와 종교개혁 시대의 억압된 운동들은 주로 평신도 운동이었지만, 그 운동들은 가난한 사람들의 경건과 갈망이 표출된 것이었기 때문에 탁월한 운동이었다. 교회사에서 가장 큰 죄악은 평신도와 성직자들이 부자들과 권세있는 사람들과 결탁한 것이었다. 감리교에서는 평신도들이 설교하고 회원들을 보살펴왔다. 그러나 1932년 이전까지 웨슬리 대회는 평신도가 아니라 순회 설교자들의 지배를 받았다. 퀘이커 파의 경우처럼, 평신도 운동은 곧 권력 복합체가 되며, 변화에 대한 저항으로서 자기들이 이미 획득한 권세를 유지하려 한다.

어떤 사람이 종교에 전념하는 사람이 되면, 그는 평신도로 머물지 않으려 한다. 우리 시대 평신도 영성의 가장 훌륭한 열매는 사이몬 윌(Simone Weil)의 저술들, 그리고 닥 함마슐드*의 *Markings*, 또는 나치나 소련이나 남아프리카의 독재 치하에서 순교한 사람들의 증언들이다. 이들을 모두 고등 교육을 받았거나 자신의 생각을 분명히 말할 수 있었거나, 매우 영웅주의적 환경에 처해 있었다.

평신도 영성은 거리나 매스 미디어로 전파되지 않을 것이다. 그것은 책에 기록되지 않고 영혼에 기록될 것이다. 어머니들, 특히 사제와 목사들의 어머니들의 영향을 고려한다면, 교회 안에서 평신도 영성은 중요한 것이었다고 주장할 수 있을 것이다. 그것의 최종적 판단과 불멸성은 4세기에 소아시아의 묘비에 새겨진 말에서 찾아볼 수 있을 것이다: "여기 복된 피오네가 잠들다. 그는 자신이 기도하면서 구하던 예루살렘을 발견하였다"(*The Shape of the Liturgy*, 1945).

편집자

평화 | Peace

"평화"라는 단어는 일반적으로 전쟁

평화 | Peace

으로부터의 자유, "전쟁을 하지 않는 국가나 공동체의 상태"를 의미한다. 개인에 대해 사용될 때에는, 혼란이나 불화가 없는 자유로운 상태를 의미한다. 영성에서, 평화는 신의 진노의 종식, 혼란스러운 죄의식으로부터의 자유, 또는 내적인 동요와 갈등으로부터의 자유를 지칭한다.

이처럼 평화라는 개념이 지닌 부정적인 의미는 고전적인 유산의 일부이다. 특히 그리스어에서 평화는 주로 전쟁의 반대, 로마 제국의 황금시대인 *pax Romana* 시대, 아우구스투스 치세 때에 제국 내에 갈등의 부재로 표현된 상태를 의미한다.

그러나 히브리 사상에서 평화는 훨씬 긍정적인 개념이었다. 그것은 전쟁의 부재(신 20:12; 삿 4:17; 삼상 7:14, 왕상 2:5; 사 36:16), 또는 전쟁에서의 승리(삿 8:9; 대상 22:18; 렘 43:12; 미 5:5)라는 사상을 포함한다. 그러나 그 단어의 기본적인 의미는 "복지"와 비슷한 것이었다. 고대 이스라엘인들에게 있어서 샬롬(평화)은 온전함과 형통함에 소용이 되는 것이었다(신 23:6; 시 72:3, 7; 147:14; 사 48:18; 55:12; 슥 8:12).

평화에는 특별히 주목할 만한 두 가지 측면이 있다.

1. 샬롬(*Salôm*)은 단순히 영적인 상태를 의미하지 않았다. "평화는 농업과 가정에서의 성장과 확장과 다산이며, 평생 동안의 건강과 힘이다"(J. Pedersen). 그렇다고 해서 그것이 하나님의 은사가 아닌 것은 아니었다(민 6:26; 삿 6:24; 시 29:11; 사 66:12; 렘 29:11). 오히려, 그것은 완전한 평화를 염두에 둔 "영적인 것"과 "물질적인 것"의 상호관계였다(시 85). 단순히 전쟁이나 개인적인 죄 뿐만 아니라 불의와 압제가 평화를 파괴한다(사 59:8; 렘 6:14; 슥 8:16).

2. 히브리 사상에서, 평화는 주로 관계적이고 사회적인 개념이었다. 따라서 그것은 우호적인 협동이나 상호 유익의 관계에 사용될 수 있었으며(왕상 5:12; 슥 6:13), 반면에 개인의 내면적인 평화 의식을 지칭하는 분명한 본문은 없다(G. von Rad). 평화는 가시적인 것이었고, 주로 사람들(가족, 계약 당사자들, 국가들) 사이의 생산적이고 조화로운 관계라는 개념을 포함했다.

이보다 풍부한 개념이 초기 기독교 어휘에서 사용되었다: 영적이고 육적인 온전함으로서의 평화(눅 7:50; 8:48), 믿음의 공동체 내에서(롬 14:17, 19; 고전 14:33; 엡 4:3), 그리고 그 공동체를 초월하여(고전 7:15) 이웃에 대한 이타적이고 적극적인 관심이라는 특징을 지닌 평화. 일부 저자들은 이처럼 유익한 관계들을 발달시키고 유지하는 것을 최초의 기독교인들의 의무로 여겨 촉구했다(롬 12:18; 딤후 2:22; 히 12:14; 벧전 3:11). 그러므로 예수께서 "복이 있다"고 하신 "화평케 하는 자"는 단순히 싸움을 예방하거나 중지시키는 것이 아니라, 싸움의 원인을 제거하는 영적·사회적인 관계를 증진시킨다(약 3:18).

최초의 신자들은 특히 자기들이 전파하는 좋은 소식이 평화의 복음이라는 것을 중히 여겼다(눅 2:14; 10:5-6; 행 10:36; 엡 6:15). 그들은 그리스도에 대한 믿음을 통해서 하나님과 인간 사이(롬 5:1; 골 1:20), 인간과 인간 사이(엡 2:14, 17)의 장벽이 무너짐을 발견했다. 이런 까닭에 부활하신 그리스도는 "너희에게 평강이 있을지어다"라고 인사하셨고(눅 24:36; 요 20:19, 21, 26), 바울은 편지의 서두의 인사와 작별의 축복에서 독자들을 위한 진심에서 우러난 희망을 요약하기 위해서 평화라는 단어를 사용했다.

기독교인들에게 있어서 평화의 특징은 내면적이고 영적인 평온함의 의식, 온갖 환란과 압박 속에서도 은혜에 의해 유지되는 하나님과의 안전한 관계의 평온함이라는 의미에서의 평화였다(요 14:27; 16:33; 롬 15:13; 갈 5:22; 빌 4:7; 골 3:15). 이와 같이 하나님의 평화의 수용자라는 의식이 최초의 신자들로 하여금 평화의 복음을 선포하고 유대인들이나 이방인들과 화목할 수 있게 해 주었을 것이다(롬 8:6 참조).

교회사에서, 평화에 대한 사상은 두 가지 요소로 나뉘어 왔다: 의로운 전쟁의 교리에 초점을 두는 전쟁과 평화라는 문제에 대한 정치적인 관심, 그리고 개인의 영혼의 평화에 대한 영적, 신비적, 또는 경건주의적인 관심. 그러나 우리의 생각이 성경적 개념의 지도를 받는다면, 영적인 것과 사회적인 것이 분리될 수 없으며, 개인의 평화와 보다 넓은 범주의 공동체의 복지가 분리될 수 없다. 그렇게 되어야만 기독교인은 진실로 평화롭게 살며, 기독교의 축복의 풍부함이 유지될 수 있다.

"평강의 주께서 친히 때마다 일마다 너희에게 평강을 주시기를 원하노라."(살후 3:16)

R. H. Bainton, *Christian Attitude toward War and Peace,* 1960; J. I. Durham, '*Sālôm* and the Presence of God', in J. I. Durham and J. R. Porter (eds), *Proclamation and Presence: Old Testament Essays in Honour of G. H. Davies,* 1970, pp. 272-92; J. Pedersen, *Israel: its Life* and Culture I-II, 1926, pp. 263-335; G. von Rad and W. Foerster, 'eirēnē, TDNT, II pp. 400-420.

JAMES D. G. DUNN

포기 | Abandon

이 용어는 17세기에 프랑스 작가들이 하나님의 섭리를 믿고 받아들이며 순종함으로써 하나님과 협력하는 것—이 두 가지는 기독교 신앙의 핵심으로 간주되었다—을 나타내기 위해서 사용된 것이다. 그것은 이그나티우스 로욜라*, 보슈에*, 프랜시스 드 살*, 드 코사드* 등의 가르침과 관련된다. 코사드의 *L'Abandon à la Providence Divine*은 그것을 상세히 설명한다. 코사드의 가르침에서 "자아 포기"(self abandonment)는 전통적인 수덕 신학에서 흔히 강조되는 자기-의지의 포기를 의미하는 것이 아니다. 그는 영성 생활에 대한 특징적인 견해—즉, 믿음으로 모든 아름다운 것과 불행을 수반하는 보편적인 과정을 활동하는 하나님의 사랑으로 여겨야 한다는 견해—에서 그것을 당연하게 여긴다. 특정한 순간에서의 우리의 개인적인 위치는 이 과정의 일부이므로, 하나님의 사랑하시는 돌봄의 표현이다. 하나님은 현재 우리가 하나님의 뜻을 행하는 데 알맞은 상황으로서 그 일의 발생을 허락하셨다. 기독교적인 삶은 현재의 사물의 배열이 사랑의 하나님에게서 온 것으로 여겨 받아들이며, 그의 뜻대로 행함으로써 적극적으로 그분과 협력하는 것이다. 이런 식으로 영위된 삶은, 무한히 다양한 사랑의 그물을 구성하는 수많은 끈으로, 하나님께서 우리를 자신에게로 이끄시는 것으로 간주될 것이다. 드 코사드는, 정상적으로는 이 일이 극적인 거룩을 낳는 것이 아니라, 종종 하나님의 임재나 은혜의 확실성을 인식하지 못한 채 일상적인 경험의 기회와 주장에 충실하게 만든다고 가르친다. 그러나 "포기"라는 습관에 도달한 사람은 사태가 불리하게 바뀌어도 자신의 내면이나 환경과 관련된 모든 것을 하나님의 지속적인 이끄심과 연결하고 포함시키는 예민한 믿음을 발달시킨다. 코사드가 관상적인 형태의 기도, "무지의"(unknowing) 믿음의 기도, 단순히 하나님을 기다리는 것, 그리고 되풀이하여 자신을 제물로 바치는 것을 권한 것은 그리 놀라운 일이 아니다. 그는 종종 그러한 기도가 건조하고 굴욕적인 것이 된다는 것, 그리고 기도가 올바른지 하나님이 받으실 만한 것인지 등에 대해 불안해하거나 염려하지 말고 이러한 상태를 받아들여야 한다고 경고한다. 그러한 상태가 지속되면, 그것은 쉬지 않고 드리는 기도, 정신이 일상적인 일이나 고통, 또는 행복에 몰두해 있을 때에도 의도 안에 내재하는 계속되는 관상기도가 될 것이다. 그리하여 "어떤 상태에서든지 누구에게 속하기를 원하느냐"는 질문을 받을 때, 진심에서 '하나님'이라고 대답하게 된다.

하나님은 모든 경험 안에 현존하시며, 자신의 뜻을 나타내시고 그 뜻을 행할 수 있는 은혜를 주시므로, 하나의 경험과 다른 경험 사이에 본질적인 차이란 존재하지 않는다. 포기는 우리가 습관적으로 불쾌한 것보다 유쾌한 것을 소중히 여기는 것을 부적절한 일로 여기게 만든다. 드 코사드는 곤경 속에서 평화를 찾는 방법에 대한 권고에서 '무관심'을 많이 사용했다. 또 기독교인은 완전을 찾는 과정에서 그러한 실망, 즉 본성적인 자아를 좌절하게 하는 모든 것이 하나님으로부터 특별한 관심을 받을 기회가 된다는 것을 발견할 것이라고 가르쳤다. 그러한 경험들은 하나님의 부재를 지적하는 듯이 보이지만, 믿음에 의해 뚫고 나가면 하나님의 현존을 나타내는 극적인 증거가 되며, 그 자체가 우리의 하나님 사랑을 정련하여 하나님의 은사를 사랑하는

것이 아니라 하나님 자체에 대한 사랑으로 승화시키고 이탈(detachment)하는 효과적인 훈련이 된다. 우리가 특별한 종교 체험, 기도의 상태, 또는 봉사의 기회를 바라는 데에는 이유가 없다. 하나님의 섭리적인 목적이 사람들이 처한 상황에서 전개됨에 따라 정상적으로 임하는 어려움은 "특별한 상태나 사역보다 훨씬 더 확실하고 신속한 길을 열어 준다."

포기(abandon)를 단순한 받아들임(acceptance)이나 체념(resignation)과 혼동해서는 안 된다. 우리는 자신을 하나님께 드릴 때에 어떤 상황에서든지 하나님의 뜻을 행하려 하며, 현재의 상황을 받아들일 뿐만 아니라 적극적으로 원하게 된다. 왜냐하면 믿음은 그것을 우연한 것으로 해석하지 않고 하나님의 섭리로 해석하기 때문이다.

J. Neville Ward

포스딕, 해리 에머슨
| Fosdick, Harry Emerson

포스딕(1878-1969)는 수십 년 동안 미국에서 가장 유명한 설교자였다. 그의 사역은 여러 면에서 탁월했다. 그는 국가가 위기에 처했을 때에 예언자적이고 도덕적인 지도력을 발휘했다. 호전

포스딕, 해리 에머슨 | Fosdick, Harry Emerson

적인 시대에, 그는 인간적인 문제와 국가적인 문제에 대해 평화적인 접근 방법을 취할 것을 주장했다. 사회적인 대격변의 시대에, 그는 인간적인 가치관의 방향 전환을 도왔다. 또 종교와 과학의 갈등 시대에, 그는 종교의 진리가 과학의 진리를 보완할 수 있는 공통의 근거를 발견했다. 인간적인 스트레스의 시대에, 그는 목회 상담 사역을 중시했다. 또 수백 만 명의 사람들이 삶의 목표를 얻기 위해 갈등하고 있을 때, 그는 그리스도 중심의 사역을 적절하고 매력적인 것으로 만들었다.

학자였던 포스딕은 중요한 성경 해석서를 저술했다. 또 목회 심리학자였던 그는 목회 사역 과정을 제시하는 책들을 저술했다. 또한 그는 신학 교수로서 젊은 설교자들이 인간 중심의 설교를 이해하는 데 도움을 주었다. 그는 한 인간으로서 용기, 성실, 이타심의 표준을 세웠다.

그의 사역의 기초에는 기도와 믿음과 봉사로 표현되는 영성이 있었다. 이러한 주제들을 다룬 그의 저서들은 금세기 초에 수십 년 동안 영적 탐구의 지도서로 사용되었고, 12권의 설교집은 여러 해 동안 설교의 척도로 사용되었다. 이 설교들은 간단하면서도 예리한 예화를 사용한 것이 특징이었으며, 사람들이 제기하는 기본적인 질문들을 제시하고, 삶을 위한 기독교의 표준과 고귀한 목적을 염두에 두고 그 문제들을 다루었다. 포스딕의 설교 내용에서 중요한 것은 전기였다. 예수, 루터, 바울, 루퍼스 존스(Rufus Jones) 등에 대한 연구서들은 인간적인 동기를 탐구한 책들이다. 신학 연구서들 중에는 불멸, 기독교와 발전, 종교에 관한 현대적인 관점, 기독교에 중요한 것들을 다룬 책이 포함되어 있다. 목회적 돌봄에 관한 책에서는 긴장, 인격 발달, 개인적인 인간 관계들, 그리고 사회 생활에 대해서 다룬다.

제1차 세계 대전이 끝난 후, 종교와 사회적 과정에서의 반작용으로 반-사회적인 반 지성주의, 인종 갈등, 그리고 과학의 배격, 근본주의적인 성경 해석, 그리고 과거의 신학적 관점으로의 후퇴가 대두되었다. 포스딕은 이러한 반작용의 복판에 굳건히 서서 이성, 인내, 기독교적 관용, 개인적인 용기를 옹호했다. 갈등의 시대를 살았던 포스딕은 뉴욕에 있는 제일 장로교회에서 해임되었는데, 이 사건으로 인해 갈등의 분위기에 초점이 주어졌고, 그의 모든 말과 행동이 주의를 끌게 되었다. 그의 견해를 받아들이거나 거부하는 것이 좋지 않은 논쟁 거리가 되었지만,

그의 정신은 그에 물들지 않았으며, 또 그 자신이 그러한 분위기에 물드는 것을 허락하지 않았다. 그는 자신이 유명해진 것을 기회로 삼아 가르치고 지도하며 미국 장로교회 안에 새롭고 적절한 관점을 고취하려 했다. 1930년에 그는 자신의 사역 이상을 촉진하기 위해 세운 아름다운 새 교회에 부임하여 사역하다가 1946년에 은퇴했다.

또 한 번의 반작용과 반지성주의 시대에, 포스딕은 저급한 도덕적 표준과 사회복음의 거부에 맞서 사리에 맞는 발언을 했고, 보수적인 복음주의 뿐만 아니라, 동양의 신비주의와 반-제도적인 호기심의 피상적인 영향에 대해 의문을 제기했다. 그는 목적과 인간적인 감수성을 가지고 사회 생활을 뒷받침해 주는 구속의 예배 공동체에 대해 말한다. 그는 설교자가 많은 사람들의 삶에서 발휘할 수 있는 역할을 입증한다. 매스 미디어가 편협하고 이기적인 목적을 위해서 잘못 사용될 수 있는 시대에, 그는 매스 미디어를 남용하거나 메시지를 생략하기를 거부하는 교사로서의 위치를 굳혔다.

The Manhood of the Master, 1913; *The Meaning of Prayer*, 1915; *The Modern Use of the Bible*, 1924; *Successful Christian Living*, 1937; *Living under Tension*, 1941; *A Faith for Tough Times*, 1952; *Living of These Days* (autobiography), 1956; *Riverside Sermons* (a collection issued in honour of his 80th birthday), 1958.

EDGAR N. JACKSON

포콜라레 | Focolare

포콜라레(이것은 "작은 불"이라는 뜻을 가진 명사이다)는 2차 대전이 끝날 무렵 이탈리아의 가톨릭 교회 내에서 시작되어 전 세계로 퍼진 영적 갱신운동이다. 이 운동의 원래 명칭은 *Opera di Maria*("마리아의 사역들")이다.

이 운동의 창시자인 키아라 루비치(Chiara Lubich)는 1920년 1월 22일에 이탈리아의 트렌트에서 태어났다. 19살 때에 로레토에서 심오한 체험을 하고 집에 돌아온 그녀는 세상 속에 있는 하나님의 가정의 일부로서 거룩한 생활에 몰두했다. 몇 년 후에 트렌트가 폭격을 당할 때, 그녀는 방공호에서 몇 명의 여인들과 함께 모여 신약성경을 읽고 그 가르침대로 살려 했다. 그들은 서로 의지했고, 가난한 사람들을 위해 봉사했다. 그녀의 가족들은 트렌트를 떠났지만, 그녀는 영적인 가족들과 함께 지내기 위해서 폭격받은 도시에 머물렀다. 처음에는 이처럼 단순하게 시작한 운동은 점차 성장했지만, 항상 가족 공동체에 초점을 두었다.

포콜라레 | Focolare

그 운동은 처음에는 동정녀 마리아에게 헌신한 처녀들의 모임이었고, 그들의 신앙 생활은 성찬에 초점을 두고 완전히 교회에 순종하는 생활이었다. 이지노 지오다니(Igino Giordani)가 이 운동에 합류하면서, 결혼한 사람들도 회원이 될 수 있게 되었다. 이미 남성들도 그 운동에 참여한 상태였으며, 남성들의 공동체와 여성들의 공동체가 형성되었다. 어떤 사람들은 공동체 안에 살면서 세상에서 일상적인 일을 계속하고 세상의 재물을 나누어 썼다. 또 어떤 사람들은 결혼했지만 공동체에 소속되어 공동체의 집회에 참석했다. 남편과 아내는 각기 다른 공동체에 배정되었다. 그러나 영적 서약을 한 지원자들도 있었다. 그 운동은 전 세계적이며 매우 조직적인 운동이 되어 삶의 모든 측면을 꿰뚫게 되었다. 매 달, 그 달을 위한 "생명의 말씀"으로 성경 말씀을 선정한다. 회원은 한 달 동안 그 말씀을 기준으로 하여 생활해야 하며, 날마다 그 말씀을 암송하고 그것에 의해서 삶을 검증해야 한다. 일반적으로 「새 도시」(*New City*)라는 제목으로 여러 나라 언어로 출판되는 그 운동의 기관지를 통해서, 이 생명의 말씀에 관한 주석이 보급된다.

처음부터 그 운동의 회원들은 서로를 위로하고 힘을 주기 위해서 여름에 모임을 가졌는데며, 이 모임은 *Mariapoli*("마리아의 도시들")라고 불린다. 하나님을 따른 이후로 예수님이 어떤 의미를 갖게 되었는가에 대한 경험의 공유와 간증, 대화, 토론 등을 통해서 강력한 교제와 헌신 의식이 형성된다. 그들은 "두세 사람이 내 이름으로 모인 곳에는 나도 그들 중에 있느니라"고 하신 예수님의 약속을 종종 인용한다. 포콜라레에서는 자기들이 모일 때에 "예수님을 한 가운데 모신다"고 말한다.

포콜라레 운동의 비밀은 "트렌트 출신 처녀"의 단순한 경험이다. 키아라는 그 운동의 영감의 중심이다. 세월이 흐르면서 경험이 많고 유식한 사람들이 그 운동에 합류했고, 그 운동이 국제적으로 중요한 운동이 되었지만, 그 운동의 영성의 근원은 키아라의 경험에서 찾을 수 있다. 키아라는 친구에게 보낸 편지에 "엘레나, 우리가 이 작은 가슴으로 하나님을 사랑할 수 있다는 사실을 생각해 보세요."라고 썼다. 그녀는 처음부터 그 운동이 사랑과 일치의 운동이 되어야 한다고 생각했고, 계속 교회로부터 인정을 받기 위해서 노력해왔다. 가톨릭 교회 안에서, 그녀는 그 운동을 사제들, 교구, 신학생, 교단,

대학, 교육 기관 등에 적용시켰다.

이 운동은 로카 디 파파를 본부로 하여 전 세계적인 조직을 갖추고 있다. 키아라는 여행을 하고 새로운 공동체를 건설하면서, 정교회, 루터교회, 영국 국교회 등과 중요한 접촉을 가졌으며, 최근에는 기독교 공동체의 범위를 벗어나서 일본의 불교도들과도 접촉했다. 이렇게 행하면서도, 그 운동의 영성의 중심은 가톨릭 교회의 전통—성찬, 마리아, 성경, 성직제도 등—에 두고 있다.

Edwin Robertson, *Chiara*, 1978.

EDWIN ROBERTSON

폭스, 조지 | Fox, George

프렌드 교회(Society of Friends, 퀘이커 파*)의 창시자인 조지 폭스(1624-1691)는 레스터 주 페니 드레이톤의 청교도 가정에서 태어났다. 그의 어머니는 순교자 집안 출신이었다. 1643년에 그는 주위에서 보는 종교의 형태들 및 그러한 신앙을 고백하는 사람들에 대해 심각한 환멸을 느꼈다. "젊은 사람들은 허영에 빠져 지내며, 노인들은 세상에 빠져 지냈다." 그는 한동안 공동 예배에 참석하지 않고 홀로 걸어 다니면서 슬퍼하고 번민했지만, 자신을 그리스도에게 결합시켜 주는 하나님의 "빛, 영, 능력"을 의식함으로써 그러한 번민에서 해방되었다.

"나는 하나님의 낙원으로 올라갈 듯이 기운을 되찾았다. 모든 것이 새로워졌고, 모든 피조물은 말로 표현할 수 없는 것, 전과는 다른 냄새를 풍긴다. 나는 오직 순수, 순결, 의, 예수 그리스도에 의해 새롭게 하나님의 형상이 되는 것 외에 다른 것은 알지 못했다. 그리하여 나는 타락하기 전에 아담이 누린 것과 같은 상태에 도달했다고 할 수 있다. 심지어 예수 그리스도 안에서 다시는 실족하지 않을 상태에 이르렀다고 말할 수 있다."

폭스는 노팅엄에서 그리스도의 내주하심과 습관적인 예배의 거짓됨을 전파했다. 그는 자주 감옥에 갇히고 매를 맞기도 했지만, 결코 타협하지 않았다. 그의 선교는 1652년에 잉글랜드 북서부에서 불붙기 시작했다. 그는 울버스톤 근처의 스와트무어에 있는 윌리엄 펠 판사의 집에 기지를 두었다. 펠은 이 운동에 합류하지는 않았지만, 이 운동을 보호해 주었다. 왕정이 복고되면서, 퀘이커 운동이 종식되었을 수도 있었다. 폭스는 지나친 개인주의적 표현을 억제하고, 지금까지 유지되고 있는 구조를 부여했다. 1669년에 폭스는 펠의 미망인과 결혼했다. 그 후 그는 열정적으로 선교 여행을 했다. 1964년에 출판된 토머스 엘우드(Thomas Ellwood)에게 헌정한 그의 일지는 17세기의 가장 훌륭한 문서들 중 하나이다.

폭스는 매우 독창적인 사람이었다. 그의 종교는 직접적인 종교, 그리스도이신 내면의 빛을 소유하는 것이었다. 그것은 아무리 신성한 것이라도 모든 외적인 권위를 초월하는 곳에 신자를 위치하게 한다. "당신은 그리스도께서 이렇게 말씀하셨다. 사도들이 이렇게 말했다고 할 것입니다. 그런데 당신은 무엇이라고 말하렵니까?" 그 시대 사람들 중 많은 사람들은 그러한 내적인 빛을 소유했다고 주장했으며, 그럼으로써 광신주의와 도덕률폐기론을 정당화했다.

신자들이 현세에서 의, 순결, 진리, 자비, 빛 등을 소유한다는 것을 계속 강조했고, 빛에 대한 단순한 헌신도 계속 유지되었다. 폭스는 크롬웰의 딸인 콜레이폴 부인에게 "시험, 혼동, 부패를 바라보지 말고, 그것들을 드러내 주는 빛, 그것들을 분명히 밝혀 주는 빛을 바라보십시오. 그 빛이 있으면, 그것들을 극복할 수 있으며, 그것들에게 저항할 힘을 얻을 것입니다"라고 말했다. 그는 위선과 불의를 미워하고 가난한 사람들을 불쌍히 여기면서, 17세기 영국에서 자신을 노하게 만드는 것들을 발견했고, 솔직함 때문에 많은 사람들을 적으로 만들었다. 그러나 그의 본성은 부드러웠다. 울버스톤에서 매를 맞아 기절했을 때, 그는 "하나님의 영원한 능력" 안에서 일어섰고, "나를 박해한 모든 사람들을 하나님의 사랑으로 대했다."

그의 가르침에는 개인적인 특성이 철저히 배어 있지만, 많은 전거들을 인용한 것이었다. 찰스 1세와 의회와의 분쟁으로 인해 현대적인 기준에서 기괴한 것들을 포기하게 되었다. 그의 메시지는 리처드 십즈와 같은 청교도들에게서 발견되는 신비주의의 흐름으로부터 많은 혜택을 입었지만, 완전히 인습에서 벗어난 시각을 가지고 성경을 읽음으로써 가장 큰 유익을 얻었다. "나는 모세의 정신을 갖지 않고서는 모세의 글을 제대로 읽을 수 없다는 것을 분명히 깨달았다."

그가 찰스 1세와 의회가 분쟁하는 동안에 경험한 것과 같은 심오한 경험들을 묘사하기 위해서 사용한 표현은 종종 이원론적인 것으로서, 빛과 어두움의 싸움, 하나님의 자손과 마귀의 자손 사이의 싸움을 반영한다. 심지어 그는 성경의 역사적인 부분을 인간의 내면 생활에 적용하기도 하지만, 모두가 세상적인 지혜요 철저히 그 자신의 지식이며, 기독교의 중심은 그리스도의 사랑과 빛이라는 것을 강조했다.

그를 따르는 사람들은 지위의 고하에 상관없이 그에게 충성하고 헌신했다. 로버트 위더즈(Robert Widders)라는 농부는 감옥에서 "당신을 생각하면 힘이 솟고 마음이 뜨거워집니다"라고 편지를 썼다. 폭스가 죽은 후, 윌리엄 펜(William Penn)*은 다음과 같이 썼다: "오늘날 많은 사람들이 고결하게 행동해 왔지만, 사랑하는 조지 폭스는 그들 중 으뜸이었습니다."

Journal, ed. by J. L. Nickalls, 1952, with introductory essay by G. F. Nuttall and Preface by Penn; H. J. Cadbury, *George Fox's Book of Miracles*, 1948.

EAMON DUFFY

푸가 문디 | *Fuga Mundi*

이것은 기독교인으로서 완전한 생활을 하기 위해서는 세상으로부터의 정서적·실질적인 도피가 필수적이라고 여기는 영성을 말한다.

이런 점에서, 그것의 강력한 선례는 신약성서의 문서들보다는 플라톤 철학과 신플라톤주의 철학에서 찾아볼 수 있다. 313년 이전의 기독교인들은 항상 박해의 위협 아래 있었다. 소수파인 그들은 사회의 주류에 합류하는 것을 경멸했기 때문에 사회의 가치관으로부터의 감정적인 도피가 기독교적 완전의 규범이 되었다. 순교는 기독교적인 가치관과 현세 사회의 가치관의 차이점을 궁극적으로 증거하는 것이라고 간주되었다.

313년 기독교에 공식적인 지위를 부여해 준 밀라노 칙령이 발표되면서, 세상에서의 기독교인들의 지위는 극적으로 변화되었고, 기독교인들은 사회에 대해 새로운 자세를 취하게 되었다. 완전을 추구하는 사람들은 도시에서 떠나 사막이나 한적한 지역으로의 실질적인 도피를 택했다. 그들은 이곳에서 순결과 수덕과 기도의 "피흘림이 없는 순교"를 스스로에게 부과했다. 최초의 은둔자들은 그들 자신의 박해자가 되었고, 순교하지 않고서 성성(聖性)을 획득하기 위해서 자신의 악이라는 마귀들과 싸웠다.

성 아타나시우스의 저서로 간주되는 『성 안토니의 생애』는 이러한 삶을 탁월하게 묘사한다. 폰투스의 에바그리우스(346-399)는 이 현세 도피(*fuga mundi*)의 영성의 발전을 다룬 가장 심오한 연구서이다.

결국, 고독하게 생활한 사람들이 모여 공주생활 공동체를 이루었다. 이것은 현세 도피의 영성을 제도화했으며, 이것이 12세기 중반까지 수도원적 정서의 주도적인 특성으로 존속했다.

Zoltan Alszeghy, 'Fuite du monde', *DS*, V, cols 1575-1604; L. Bouyer, *The Spirituality of the New Testament and the Fathers*, 1963.

NANCY C. RING

퓨지, 에드워드 부베리

| Pusey, Edward Bouverie

에드워드 퓨지(1800-1882)는 존 케블*과 존 헨리 뉴먼*과 함께 옥스포드 운동*의 지도자였다. 뉴먼이 1845년에 가톨릭 교회로 귀의한 후, 퓨지는 성공회 내의 신앙부흥을 지도한 신학적이고 영적인 안내자였다. 매우 유식하고 신령했던 그는 일찍이 독일 신학에 접했고, 경건주의 전통 안에 있는 독일 신학자들과 관계를 가졌다. 그러나 후일 독일의 비평적 신학의 이성주의적인 가정들을 거부했다. 그는 동양의 언어들을 잘 알고 있었으며, 1828년에 옥스포드 대학의 히브리어 흠정강좌 담당교수로 임명되어 생을 마칠 때까지 그 직위를 유지했다.

그가 기고한 글들 때문에 *Tracts for the Times*는 비중있는 신학적인 문서가 되었고, 옥스포드 운동의 지지자들은 "퓨지 파"(Puseyites)라고 알려졌다. 그는 예표와 예언(Types and Prophecies)에 관한 출판되지 않은 강연집에서 기독교 진리의 성례전적이고 상징적인 특징을 강조했고, 설교나 다른 저술에서 이에 대해 설명할 때에는 그리스 교부들과 라틴 교부들은 물론이요 시리아 전통에 대한 자신의 특별한 지식에 의지했다. 퓨지의 신학과 영성의 중심은 성령의 내주하심, 변화, 신화 등의 교리이다. 세례는 신자가 그리스도 안에서 거듭나는 성례전적인 신비였고, 성찬은 그리스도의 참된 현존의 선물이었다. 세례에 대한 그의 가르침은 *Tracts for the Times* 67-69호에 설명되어 있고, 성찬에 대한 가르침은 1843년과 1856년에 행한 주요한 설교에 포함되어 있다. 1843년에 행한 설교 때문에 옥스포드 대학 당국자들은 그가 설교하는 것을 금지했다. 성찬 교리에 있어서, 퓨지는 알렉산드리아의 키릴의 가르침을 따랐다. 교부들의 가르침에 관심을 가졌던 그는 *Library of the Fathers*에 수록된 일련의 글을 번역했다.

그의 설교들은 성경, 교부들, 성 버나드*, 루이스브렉*, 시에나의 캐더린, 시렝과 아브릴론(Avrillon) 등의 영적 작가들의 글을 인용하여 엮은 일종의 태피스트리였다. 시렝과 아브릴론 때문에, 퓨지는 자신이 부분적으로 그리스도를 위한 어릿광대의 전통 안에 있는 것으로 간주되어야 한다고 주장했다.

퓨지는 자기를 비하하고 무가치한 존재로 표현했기 때문에 생존했을 때와 사후에 비판을 받았다. 퓨지에게 있어서 성례전적인 죄고백은 참된 회개를 배우고 성화의 은혜가 갱신되는 곳이었다. 많은 사람들이 그를 고해신부요 영적 지도자로 삼으려 했다. 그는 국교회 내의 종교적 질서의 회복에 중요한 역할을 했다. 브릴롯은 그를 옥스포드 운동의 *doctor mysticus*라고 표현했다. 그의 설교집은 옥스포드 운동의 영성의 혈관과 같은 것으로서 아주 풍성하지만 놀랄 정도로 등한시 되어 왔다.

Y. Brilioth, *The Anglican Revival*, 1933; P. Butler (ed), *Pusey Rediscovered*, 1983; O. Chadwick, *The Mind of the Oxford Movement*, 1960; E. R. Fairweather, *The Oxford Movement*, 1964; H. P. Liddon, *The Life of Edward Bouverie Pusey*, reissued 1982; G. Rowell, *The Vision Glorious*, 1983.

GEOFFREY ROWELL

프랜시스 | Francis of Assisi, St.

아씨시의 프랜시스(1181/2-1226)는 프랜시스 형제회, 가난한 클라라 회, 평신도들을 위한 참회의 수도회 등을 창시한 사람이다. 그의 부친 피에트로 베르나도네는 부유한 포목상이었다. 프랜시스는 젊은 시절을 방탕하게 지냈지만, 23세쯤 되어 근본적인 회심을 경험했다. 그것은 많은 신비 체험들과 관련이 있는데, 그 중에서 중요한 것은 문둥병자와의 만남과 산 다미아노 성당의 십자가 고상이었다.

1209년 성 맛디아 축일 미사에서 마태복음 10:7 이하의 말씀을 봉독하는 것을 들으면서, 프랜시스는 그리스도의 말씀에 문자 그대로 순종하여 완전한 가난의 생활을 받아들였다. 그 순간, 그의 삶에서 복음이 절대적인 것이 되었고, 그의 삶은 일종의 복음의 주석서와 같이 전개되었다. 그는 복음주의적 운동을 발견했는데, 그것의 감화력은 공관복음 뿐만 아니라 신약성서 전체에 포함된 복음의 감화력이었다. 그는 그리스도의 가르침을 준수하고 아울러 교회를 깊이 사랑했다. 왜냐하면 그는 교회 안에서, 그리고 교회를 통해서 복음을 알게 되었기 때문이다. 그의 저술들, 그리고 특히 그가 지은 기도문들에는 삼위 하나님에 대한 경모와 우

프랜시스 | Francis of Assisi, St.

리의 형제이신 그리스도에 대한 뜨거운 사랑이 가득하다. 그는 "하늘에 계신 아버지를 소유한다는 것은 얼마나 영광스러우며…양을 위해 목숨을 내어 놓으신 형제를 소유하는 것은 얼마나 거룩하고 사랑스러운 일인가!"라고 기록한다.

그의 철저한 가난은 원칙적으로 금욕적인 것이 아니라, 복음적이고 그리스도적인 것이었다. 프랜시스가 볼 때에, 그리스도께서 자원하여 선택하신 가난은 하나님의 겸손의 계시였다. 이런 까닭에, 그는 특히 구유에 누우신 예수, 십자가에 달리신 예수, 그리고 하나님의 무력함과 취약함과 비천함의 표현인 성찬을 사랑했다. 그의 최초의 전기를 저술한 첼라노의 토머스(Thomas of Celano)는 "그는 항상 예수에 대해서 생각하고 있었다. 예수는 그의 입과 귀와 눈과 손에 있었다. 예수는 그의 존재 전체 안에 계셨다"고 말했다.

그의 복음적인 운동은 형제애와 가난에 헌신했고, 평화를 전파하기로 서약했다. 교황 이노센트 3세는 약간 주저했지만, 그의 생활 방식을 구두로 승인했다. 1223년의 규칙에서 성 프랜시스는 형제들의 생활과 규칙을 복음을 준수하는 것과 동일시했다.

프랜시스의 글, 특히 승인되지 않은 1221년의 규칙과 권면의 주요 주제는 가난과 형제애였다. 자유로이 선택한 물질적인 가난과 영적으로 그와 대등한 겸손의 생활에는, 하나님의 영의 은사들을 통해서 다시 살기 위한 자아에 대한 신비한 죽음이 포함된다. 소유가 없으면 그것을 지키기 위한 무기가 필요 없으며, 따라서 우리는 가난에 의해서 하나님의 평화의 도구가 된다. 형제가 된다는 것은 곧 그리스도 안에서 모든 피조물과 관계를 갖게 되며, 그것들 모두를 온유하게 대하게 되는 것이다. 프랜시스는 모든 피조물을 자기의 형제, 또는 자매라고 불렀다. 심지어 죽음을 자매라고 불렀다. 이것은 단순한 자연 신비주의가 아니라, 창조주 하나님의 부성애와 그리스도 안서 하나 됨의 은사에 대한 믿음의 표현이었다.

1224년 9월, 프랜시스는 라 베르나 산에서 기도하던 중 그리스도가 받으신 것과 같은 오상(五傷)을 받았으며, 죽을 때까지 그것을 지니고 살았다. 그것은 그가 죽기 전에 경험한 최후의 변화였다. 성 프랜시스의 견해에 의하면, 하나님을 향한 영혼의 여정의 종착점은 가난과 겸손과 온유의 삶을 사신 그리스도의 발자취를 따름으로써 그리스도와 완전히 일치하는 것이며, 그로써 제자들은 스승을 보여 주는 살아 있는 상징이 된다.

Regis Armstrong, OFMCap and Ignatius Brady, OFM (eds) *Francis and Clare: The Complete Works,* 1982; Auspicius van Corstanje, OFM *The Covenant with God's Poor,* 1966; *Francis's Bible of the Poor,* 1977; Eric Doyle, OFM, *St. Francis and the Song of Brotherhood,* 1980; Omer Englebert, OFM, *St. Francis of Assisi,* 1965, including extensive research bibliography by Raphael Brown; David Flood, OFM and Thadée Matura, OFM, *The Birth of a Movement: A Study of the First Rule of St. Francis,* 1975; Marion A. Habig, OFM, *St. Francis of Assisi. Writings and Early Biographies. English Omnibus of the Sources,* 1972.

Eric Doyle, OFM

프랜시스 드 살 | Francis de Sales, St.

사부아 출신인 프랜시스 드 살(1567-1622)은 사제가 되기 위해서 장남의 권리를 포기했다. 그는 아주 젊었을 때에 예정에 대한 어거스틴*의 무서운 가르침을 깨닫고 회심했다. 그는 토머스 아퀴나스를 통해서 그 가르침을 받았는데, 그것은 당시에 유행하던 칼빈주의의 중심 주제였다. 그는 자신의 운명도 그와 비슷할 것을 알고서, 평생 동안 하나님을 사랑하고 섬기기로 결심하고 몇 주일 동안 "사심없는 사랑"의 번민 속에서 지냈다. 어느날, 세인트 에티엔 드 그레 교회의 검은 성모상 앞에 무릎을 꿇고 있던 중, 그는 영원한 섭리를 무효화하는 천상의 음성을 들었다. "나는 나 자신을 저주하는 자라고 부르지 않는다. 내 이름은 예수이다."

그는 제네바 호 남쪽 해안에 살고 있는 가톨릭 신자들의 선교사로 첫 사역을 시작했다. 그 후에 당시 안네시에 추방되어 있던 제네바 주교에게 청산인으로 임명되어, 1602년에 파리로 파견되었는데, 그곳에서 종교개혁 및 탐험과 발견의 새로운 세상에서 후유증을 앓고 있는 프랑스 종교생활의 갱신을 간절히 원하는 베륄(Bérulle) 및 여러 사람들의 감화를 받았다. 이곳에서 프랜시스는 설교자요 탁월한 영적 은사의 소유자로 등장했다. 그는 칼빈주의가 지배하는 제네바 교구에서 전임 감독의 후임이 되었고, 생의 마지막 20년 동안 두 권의 경건 고전을 저술하고, 설교하고 영혼들을 지도했다. 그리고 여성들을 위해 방문회라는 새로운 교단을 세웠는데, 그는 주로 샨달(Jane Francis Fremyot de Chandal)이라는 미망인과 교제했다(1572-1641). 그들의 관계는 영적 교제의 훌륭한 본보기이다.

프랜시스 드 살 | Francis de Sales, St.

프랜시스의 대표적인 저서는 『경건생활 입문』(Introduction to a Devout Life, 1608)과 『하나님의 사랑에 관한 논문』(Treatise on the Love of God, 1616)이다. 전자는 세상에서, 도시에서, 가정에서, 궁중에서, 그리고 일상적인 환경 속에서 생활하는 사람들도 거룩에 이를 수 있다고 주장하기 때문에 『영신수련』*과 더불어 중요한 책이다. 그 책은 기초적인 지침서에 불과하다. 그것은 이그나티우스의 책과 마찬가지로 묵상 방법을 가르치지만, 이그타니우스보다 더 유연하게, 그리고 마귀의 세력들과의 무서운 싸움에 대한 생각에 지배되지 않고 인간 영혼의 선함을 의식한다. 처음에는 하나님에 대한 집중적인 이해와 기원(祈願), 즉 "신비의 공표"가 이루어지는데, 여기에는 상상력의 사용, 장소의 구성, 사랑과 행동하려는 결단, 감사와 봉헌의 자극을 이루기에 충분한 묵상이 포함된다.

그 다음에는 영적 꽃다발이 제시된다. 모든 행동은 동산을 산책하는 것과 같으며, 우리는 그곳에서 특히 모양과 향기에 의해서 기분을 상쾌하고 기쁘게 해줄 꽃을 꺾는다. 그것은 처음에는 부드럽고 상쾌하고 유약한 것처럼 보일 수도 있지만, 자아를 그리스도께 완전히 헌신할 것을 요구한다. 그 책은 아주 기초적인 것이라고 가정되지만, 훌륭한 독서와 거룩한 생각과 세련된 관찰에 헌신하는 생활을 요구한다는 점이 지적되어 왔다. 프랜시스의 친구인 벨리의 카뮈 주교는, 어린 아이같은 평범한 영혼이 사랑이라는 단순한 본능에 의해서 고지에 오르는 것을 방해하는 방법론에 대한 자신의 비평이 『입문』에 적용될 수도 있다는 것은 생각하지 못했다.

『논문』은 프랜시스의 위대한 저서이다. 그것은 성모상 앞에 엎드려 있는 동안에 예상되었던 것이었다고 생각할 수도 있겠지만, 여러 해 동안 친구인 샨달 부인과의 교제를 통해서 완성되었다. 그는 그 책을 "우리의 책"이라고 불렀고, 그녀가 그 책의 모델이었다. 프랜시스의 견해에서 사랑의 중심은 상호성이며, 에로스와 아가페는 분리될 수 없다. 완전하신 하나님은 우리의 가난을 필요로 하신다. "하나님은 무한한 존경과 아울러 우리의 사랑을 얻으려 하신다"(트래헌). 그리스도 안에서의 하나님과 인간의 연합은 죄의 치료책일 뿐만 아니라, 그 자체가 창조의 목적이다. 프랜시스는 "만물은 기도를 위해 창조된다"고 하지만, 하나님을 향하는 성향과 세상을 향하는 성향 사이의 이원론의 표식인 삶으로부

프랜시스(회)의 영성 | Franciscan Spirituality, Franciscans

터의 경건한 도피나 영성 훈련을 향한 갈망으로서의 기도가 아니다. 기도는 그리스도의 삶, 그분과 아버지의 교제, 그분의 사랑의 완전한 표현이며, 그 대가는 십자가이다. "갈보리 산은 사랑의 학교이다." 그럼에도 불구하고, 프랜시스 드 살의 영성은 보다 호전적인 학파들의 준엄하고 음울한 훈련과 대조된다. 그는 정중한 태도로 영혼들을 가장 깊은 곳에 놓고자 했다. 브레몽(Bremond)*은 그가 모든 것을 달콤하게 만들었고, 아무 것도 쇠약하게 만들지 않았다고 말한다. 여기에 그의 독창성이 있다.

Henri Bremond, *A Literary History of Religious Thought in France,* Vols I & II, 1928, 1930; John Burnaby, *Amor Dei,* 1938, pp. 277-86; K. E. Kirk, *The Vision of God,* 1931, pp. 414-13; Elisabeth Stopp (trs and ed), *St. Francis de Sales: A Testimony by St. Chantal,* 1967; *Selected Letters,* 1965.

편집자

프랜시스(회)의 영성

| Franciscan Spirituality, Franciscans

아씨시의 성 프랜시스는 영성의 학교를 세우지 않았고, 체계적인 프랜시스의 영성도 존재하지 않는다. 프랜시스가 형제 레오에게 보낸 편지에 잘 나타나듯이, 그는 각 사람이 지닌 하나님과의 연합으로의 소명이 지닌 특성을 예리하게 파악하고 있었다. 프랜시스 영성은 다양한 방법으로 기독교 신비에 접근한다. 그것은 그리스도 중심적 영성, 복음적 영성, 실존적 영성, 부드러운 영성, 헌신적인 영성, 실질적인 영성 등으로 불려왔다. 이 모든 묘사는 성 프랜시스의 믿음과 거룩에 기원을 두고 있다는 점에서 정당화된다.

프랜시스는 초월하시는 신비요 거룩한 사랑이신 하나님에 대한 심오한 의식을 가지고 있었다. 그러한 의식에서부터 구세주에 대한 열렬한 사랑이 솟아나왔다. 그는 위엄을 지니신 존귀하신 하나님이 겸손하게 우리 가운데 오셨다는 데 대한 경외심으로 가득했다. 그의 소원은 "우리 주 예수 그리스도의 가르침과 발자취"를 따르는 것이었다. 모든 것은 우리를 위해 죽으셨다가 부활하신 가난하고 겸손하며 순종하시며 고난받으신 종이신 그리스도에게 초점을 두었다.

하나님을 향한 그의 여정에서는 성경과 전례가 유일한 안내자였다. 그는 복음을 문자 그대로 지키려 했다. 그것은 결코 근본주의나 율법주의적 사실주의가 아니었다. 문자 그대로 준행한다는 것은 복음이 선포하는 영적인 가치관에 대한 전적 헌신을 의미했다. 이 간단하면서도 직접적인 방법이 프랜시스의 신학과 경건을 형성하고 영향을 주었다. 성 보나벤투어(St. Bonaventure)*는 그리스도는 모든 것 안에서 중심적인 위치를 차지하는 우리의 형이상학이요 올바른 도리라고 가르친다. 왜냐하면 그분은 하나님과 인간 사이의 중재자이시기 때문이다. 지적인 활동이 지식에 머물지 않고 지혜에 이르려면 그 중심에서부터 시작되어야 한다. 하나님께로 가는 영혼의 여정에서 이성도 그 나름의 위치를 차지하지만, 그것은 믿음에 종속된다. 이성이 한계에 이르며, 의지가 하나님께로 넘어가는 지점이 있다. 보나벤투어는 자신의 스승인 성 프랜시스를 기독교적 행위와 관상의 완전한 본보기로 제시한다. 특히 베르나 산에서 그가 십자가에 달린 분과 동화된 것을 관상의 본보기로 제시한다. 보나벤투어의 견해에 의하면, 신학은 주로 성경 연구로서, 이것은 그로 하여금 인간을 추상적인 상황이 아니라 타락했다가 구속함을 받은 역사적 상황 안에 있다고 여기게 만든다.

둔스 스코투스의 그리스도의 절대적 예정의 교리에서 그리스도의 위치는 한 걸음 더 나아가는데, 이것이 프랜시스 영성과 신학의 특징이 되었다. 후일 위대한 교회 박사인 브린디시의 로렌스(Lawrence of Brindisi)는 이것의 성경적 기원을 증명했다. 하나님의 계획에서 으뜸은 그리스도이며, 성육신은 죄 때문에 섭리된 것이 아니다. 하나님은 공식적으로 사랑이시며 주권적으로 자유하시기 때문에, 하나님의 사랑이 유일한 이유이다. 구속은 하나님의 사랑이 악의 세력들을 정복하는 방법이다. 이 가르침은 성경에서 직접 취한 것이며(골로새서, 에베소서 참조), 성 프랜시스의 저술에서 풍부하게 표현된다. 하나님은 자신의 사랑 안에서 함께 사랑할 사람을 소유하고자 하시기 때문에 성육신을 섭리하셨다. 성육하신 주님의 사랑은 다양한 형태의 헌신 행위로 표현된다.

그레치오에 있는 성 프랜시스의 구유는 성탄절에 구유를 만드는 관습에 영향을 주었을 수도 있다. 어쨌든, 아기 예수에 대한 헌신은 대부분의 프랜시스 회의 영적 저술가들에게서 발견되는 주제이다. 성녀 클라라는 프라하의 아그녜스에게 편지하면서 구유에 누워 계신 천사들의 왕에 대해 날마다 묵상해야 한다고 말했다. 보나벤투어는 아기 예수가 영적으로 잉태되고 태어나고 이름이 주어지고 동방 박사들의 경배를 받은 것 등에 대해 설명하는 『아기 예수의 다섯 절기』라는 소 논문을 저술했다.

성 프랜시스가 수난에 헌신한 것, 그리고 『주님의 수난의 성무』(Office of the Passion of the Lord)는 그리스도의 고난에 관한 풍성한 문학에 감화를 주었다. 그 신앙은 십자가의 길을 재현하는 관습에 큰 영향을 주었다. 이 관습을 지지한 사람은 프랜시스 수도사인 포트 모리스의 성 레오나르드(St. Leonard of Port Maurice)였다.

부활하신 주님에 대한 프랜시스의 사랑은 침묵의 성찬으로 표현되었으며, 성찬 신앙을 프랜시스 영성의 중심으로 만들었다.

프랜시스는 하나님의 이름들을 숭배했고, 특히 예수의 거룩한 이름을 존중했다. 13, 14세기에 프랜시스 수도사들은 예수의 이름에 대한 신앙을 장려했지만, 그것을 철저하게 옹호한 사람은 15세기에 활동한 엄수파 소속인 시에나의 베르나디네(Bernadine of Siena)였다. 그는 예수의 이름은 구원의 복음의 요약이라고 설교했다(행 8:12 참조). 프랜시스 회 전통에서 예수의 인성에 대한 사랑은 예수의 성심에 대한 신앙을 장려했다. 그것이 보나벤투어의 신비적 저술의 주제이다.

성 프랜시스는 예수의 모친에 대한 예민한 신앙을 가지고 있었는데, 그것은 결코 감상적인 것으로 전락하지 않았다. 그의 전기를 저술한 셀라노의 토머스는 다음과 같이 썼다: "그는 예수님의 모친을 향한 말로 표현할 수 없는 사랑으로 가득했습니다. 왜냐하면 예수님의 모친은 엄위하신 주님을 우리의 형제로 만드셨기 때문입니다." 프랜시스는 처음으로 마리아를 "성령의 배필"이라고 부른 사람인 듯하다. 그녀는 영성 생활의 모범으로 제시된다: "우리가 순수하고 성실한 양심을 가지고 사랑에 의해서 그분을 우리 마음과 영혼의 보좌에 앉게 하며, 선을 행함으로써 그분을 탄생시킬 때에, 우리는 우리 주 예수 그리스도에게 어머니들이 된다." 영적인 모성애와 그에 따르는 부드러움이 모든 기독교인 제자들의 표식이 되어야 한다. 프랜시스의 견해에 의하면, 영성 생활에서 장성하려면, 인간의 본성 안에 있는 여성적인 요소와 남성적인 요소가 균형을 이루어야 한다. 프랜시스 수도회는 성모의 원죄없는 잉태라는 교리가 공식적으로 부인되기까지 수세기 동안 그 교리를 신봉해왔다. 둔스 스코투스는 그 교리를 옹호했기 때문에 마리아 박사라는 호칭을 얻었다. 그 교리는 그리스도의 절대적인 예정에 관한 그의 가르침에 비추어 이해되어야 한다. 마리아의 구속은 그리스도의 예견된 공로로 인해 이루어졌다. 프랜시스 수도회는 성모 마리아 방문 축일과 결혼 축일을 도입했다. 15세기 초에는 마리아의 일곱 가지 기쁨을 기념하는 묵주의 기도가 확립되었다.

성 프랜시스는 모든 피조물을 우주라는 방대한 수도원 안에 연합되어 있는 형제 자매로 보았다. 그는 별들을 자매라고 불렀다. 그는 『형제 태양의 노래』(*The Canticle of Brother Sun*)에서 이러한 이상을 신비하게 표현했다. 모든 피조물은 혼동거리가 아니라 하나님의 무한히 풍성하심의 계시이다. 그러므로 그의 영성 안에는 환경적인 요소가 존재한다. 피조물을 향한 이러한 태도는 보나벤투어의 표본주의라는 교리에서 신학적인 형태를 취했다. 그 교리에 따르면, 모든 피조물은 하나님의 성례전으로 간주된다.

프랜시스 수도회는 관상적-활동적 수도회로 묘사되어 왔다. 그것은 사도적인 활동은 기도에서 흘러나와 기도로 돌아가야 한다는 의미에서 뿐만 아니라, 프랜시스가 그 수도회 내에서의 은둔 생활을 위한 규정을 마련했기 때문에 정확한 묘사이다. 프랜시스는 『은둔 생활을 위한 규칙』을 저술했는데, 그것은 이러한 생활 방식의 역사에서 새로운 발달을 나타낸다. 은둔 생활의 소명을 느끼는 사람들은 4명 미만이 모여 소규모 은둔 생활을 해야 했다. 그 중 두 명은 어머니로서 아들들, 즉 완전히 기도에 몰두하는 사람들을 보살피는 의무를 지녔다. 따라서, 프랜시스는 은둔 생활이라는 개념 안에 형제애와 기도를 결합한다. 그는 성녀 클라라와 그의 자매들에게 감화를 주어 나사렛에서의 예수님의 감추어진 삶을 본받아 봉쇄의 관상 생활을 하게 했다. 프랜시스는 참회의 수도회라고 불리는 평신도 운동을 창시했다. 그 회원들은 참회의 보속을 행하며 단순한 삶을 살기로 서약했다. 그 운동은 중요한 사회적인 결과를 낳았다. 형제 자매들은 여러 자선 사업에 착수했고, 궁핍한 형제들을 돕기 위한 기금을 만들었다. 그들은 무기를 들지 않았고, 공직을 맡지도 않았다. 프랜시스는 이 교단을 위한 규칙을 작성했다. 그 규칙의 사본은 남아 있지 않지만, 그가 『신실한 형제들에게 보낸 편지』가 그것의 변형판일 가능성이 많다. 거기에는 순수한 평신도 영성이 포함되어 있다.

프랜시스 영성 안에서 배양된 덕목은 지혜, 가난, 겸손, 그리고 사랑이었다. 지혜란 개인적인 진리에 대한 복종으로서, 프랜시스는『덕에 대한 찬양』(Praises of the Virtues)에서 처음으로 그것을 언급했다. 그것은 모든 신학 연구와 영적 노력의 목표이다. 가난은 우리를 그리스도와 일치하게 해 주며 정신과 마음에 신적 은사가 가득차는 것을 허락하는 자기-비움을 요구하므로, 가난을 받아들이는 것이 최고의 지혜이다. 프랜시스는 가난을 "청빈 양"(Lady Poverty)이라고 불렀다. 그것은 그 수도회 역사에서 열띤 논쟁의 주제가 되어 왔고, 분열의 원인이 되었다. 물론 가난에는 여러 가지 측면이 있다. 프랜시스 영성은 수백 년 동안 프랜시스의 철저한 가난을 준행하는 것을 거의 불가능하게 만든 영향력과 발달 현상들에 맞추어 조정되어야 했지만, 항상 이탈과 무력함과 나눔을 강조해왔다. 이런 것들이 없는 물질적인 가난은 우상이나 독재자가 된다. 겸손은 물질적인 가난의 내면이라고 볼 수 있다. 성 프랜시스가 "인간은 하나님 앞에 자신의 존재 그대로를 가지고 선다"고 했듯이, 겸손은 근본적으로 진리를 인정하는 것이다. 프랜시스는 그 진리 안에서 우리 모두가 형제와 자매임을 발견했다. 우리의 우선적인 의무는 그리스도 안에서 지극히 높으신 하나님을 사랑하고 이웃을 사랑하는 것이다. 사랑은 자유로운 의지의 행위이다. 프랜시스 영성은 항상 의지와 사랑의 우선성을 가르쳐왔다.

Ewart Cousins (ed), *Bonaventure: The Soul's Journey into God. The Tree of Life, The Life of St. Francis,* 1978; Christian Duquoc and Casiano, Floristán (eds), 'Francis of Assisi Today', *Concilium* 149, November 1981; Kajetan Esser, OFM, *Repair My House,* 1963; *Rule and Testament of St. Francis. Conferences to Modern Followers of St. Francis,* 1977; Kajetan Esseer, OFM and Engelbert Grau, OFM, *Love's Reply,* 1963; Agostino Gemelli, OFM, *The Franciscan Message to the World,* 1934; Zachary Hayes, OFM, *The Hidden Center: Spirituality and Speculative Christology in St. Bonaventure,* 1981; Duane V. Lapsanski, *The First Franciscans and the Gospels,* 1976: Damian McElrath (ed), *Franciscan Christology,* 1980.

ERIC DOYLE, OFM

프란케, 아우구스트
| Francke, August H.

경건주의를 보라

프랑스 영성 | French Spirituality

영성을 다루는 역사가에게 있어서, 프랑스만큼 다양하고 풍부한 영성의 경험을 제공해 주는 국가는 없을 것이다. 이와 같은 풍부함은 프랑스의 영성을

프랑스 영성 | French Spirituality

요약된 형태로 파악하려는 역사가에게 중요한 도전을 제공한다.

1. 초기 기독교 시대. 1-4세기의 프랑스에 대해서는 비교적 알려진 것이 없다. 기독교가 서방으로 전파되면서, 기독교적 삶은 다른 토착 종교 전통들을 밀어내기 위해 노력했다. 교회가 유럽 전역의 주요한 교역과 군사 중심지에 자리를 잡음에 따라, 지리적으로 프랑스는 현재 기독교 제국 내의 어느 곳보다 더 큰 영향력을 발휘할 수 있는 위치를 차지했다.

4세기에 동방 영성이 프랑스에 영향을 미쳤다. 프랑스 내에서는 특히 동방의 사막 교부들*의 수덕적 전통을 지지하는 사람들이 생겼다. 투르의 마틴(Martin of Tours)은 수덕 생활을 그리스도의 군사인 기독교인들에게 주어진 영적 전투에 참여하라는 소명이라고 간주했다. 5세기에 수덕주의는 수도 생활이라는 환경에서 보다 세심하고 방법론적인 형태를 취했다.

이 시기에 초기의 수도 생활의 형태들은 프랑스에서 기독교 영성을 형성하는 데 강력한 영향력을 발휘했다. 레렝(Lérins)의 수도원에서는 평신도들이 쉽게 접근할 수 있도록 수도 규칙을 수정했다. 이와 같이, 진보하는 영성은 보다 목양적인 표현을 취했다. 수도적 전통 안에서 양성된 감독들은 이 수도적 영성을 제대로 교육을 받지 못한 성직자들에게 전달했다. 이러한 성직자들 중 다수는 공동체 내에서의 삶을 목회적 노력을 위한 기초로 삼았다. 예를 들어 사순절의 영적 훈련은 수도원 운동이 교회 전체의 영성 생활에 미친 지속적인 영향을 보여 주는 증거이다.

2. 중세 시대. 샤를마뉴 시대에 성 콜룸바누스(St. Columbanus)*를 비롯한 아일랜드 수도사들의 영향으로 프랑스 내의 수도 생활은 분명히 참회의 분위기를 지니게 되었다. 게다가, 야만족들의 유입으로 인한 사회적인 혼란 때문에, 수도 생활은 보다 강력한 목회적 책임을 지니게 되었다. 이런 까닭에 프랑스의 수도원 영성은 계속 강력한 목회적 경향을 나타냈다. 이 평범한 영성에 마리아 숭배와 성찬 숭배라는 두 가지 요소가 추가되었다.

샤를마뉴 이후의 쇠퇴의 시기에 봉건주의의 몰락이 시작되었고, 평신도 제후들은 교회를 한층 더 통제하기 시작했다. 역설적으로, 이 사회적인 붕괴의 시대는 클뤼니 개혁을 불러 일으켰다. 클뤼니와 로마 교회와의 긴밀한 유대 덕분에, 이 수도원 개혁은 교회가 기독교적 삶과 재결합하는 계기가 되

프랑스 영성 | French Spirituality

었다. 전례 생활이 풍성해졌고, 기도 생활은 평신도들도 이용할 수 있는 구조를 갖추었다. 클뤼니가 프랑스 및 그 외의 지역에서의 기독교인들의 삶에 영향을 미침에 따라, 경건과 학습이 결합되었다.

다른 관점에서 보면, 기사도 제도의 제정은 악의 세력과의 싸움인 기독교인의 삶을 묘사하기 위한 군사 생활의 은유들을 제공해 주었다. 그런 식으로 묘사된 영성은 십자군 원정에 의해 행동으로 옮겨졌다. 십자군 원정 때에 기독교인 기사들은 불신자들을 정복하기 위해 먼 나라로 여행함으로써 자기들의 영적 탐구를 실천에 옮겼다. 기사이든지 농부든지 제후이든지, 영성은 자신에게 주어진 생활 상태에 적합한 의무를 충실히 실천할 것을 요구했다.

이번에도 수도원 개혁은 프랑스 내에서의 영성의 방향의 혁신을 초래했다. 클레르보의 버나드*는 12세기 내내 많은 저자들의 시금석이 된 기독론적 경건을 서정적으로 설명했다. 버나드는 신비적인 경향을 가지고 있지만, 그럼에도 불구하고 목회적이었다. 목회적 돌봄이 결실을 얻으려면 내면 생활의 발달이 필요하다고 강조한 것은 성직자들의 삶에 방향을 제시해 주었다.

12세기에 대성당 학교들이 유명한 대학으로 변화되었다. 파리는 지적인 노력의 중심지가 되었으며, 유럽 각처에서 지식인들이 파리로 몰려 들었다. 스콜라주의 신학은 기독교적 삶에 보다 많은 지적 질서와 응집력을 부여했다. 파리를 비롯한 학문의 중심지들은 탁발 수도회, 특히 설교자 수도회의 영향을 받았다.

중세 시대 말기의 영성을 이야기하려면 탁발 수도회들의 발흥을 인정해야 한다. 아씨시의 프랜시스는 정치적 긴장과 종교적인 대격변 속에서 단순한 형제들과 자매들의 무리를 이끌었고, 아울러 교회의 복음적인 근원을 영적으로 갱신하는 위험한 길을 이끌었다. 도미니크 수도사인 구즈만과 그의 추종자들은 프랑스 및 다른 지역에서의 이단 운동에 맞서기 위해 단결했다. 파리 대학 강사인 토머스 아퀴나스*와 대 앨버트(Albert the Great)와 같은 도미니크 수도사들은 기독교 신학교 영성의 역사에 막대한 공헌을 했다. 때맞춰 갈멜 수도회, 십자군, 기타 여러 종교 공동체들의 독특한 유산이 이 시대의 영성에 추가되었다. 탁발 수도사들은 그리스도의 인성에 초점을 둔 것 외에 마리아 숭배와 심오한 신비주의를 프랑스의 영적 환경에 도입했다.

프랑스 영성 | French Spirituality

백년 전쟁 이후, 탁발 수도사들과 베네딕트 수도사들이 프랑스 내의 종교적 갱신을 주도했다. 파리 대학이 중요한 위치를 차지했다. 파리 대학의 영적 지도자요 신학자인 쟝 게르송*은 신비주의에 대한 이론을 발전시켰는데, 그 이론은 장차 신비주의에 대한 신학적 이해에 큰 영향을 주었다.

3. 종교개혁과 가톨릭 교회의 갱신. 16세기에 에라스무스 및 여러 사람들이 주도한 인문주의의 영향은 프랑스에서도 감지되었다. 이 사상가들은 거의 헛된 것이 된 스콜라주의에 반대했고, 유럽에서 새로 등장한 덜 제도화된 기독교 생활에 적합한 실질적이고 정서적인 신학을 발달시켰다. 후일, 동일한 인문주의 전통의 지지자인 이그나티우스 로욜라(Ignatius Loyola)*와 그를 따르는 예수회 수사들은 내적인 개혁과 외적 구조의 갱신 작업을 위한 영적 기초를 형성했다. 종교개혁에 대한 가톨릭 교회의 반작용은 내면 생활과 기본적인 성례전 관습에 초점을 두었다. 트렌트 공의회가 기회를 제공했지만, 가톨릭 교회 내에서의 진정한 구조적 변화가 이 시대의 특징은 아니었다.

프랑스 내에서의 갱신을 위한 자극은 대체로 이탈리아와 스페인에서 왔다. 이번에도 수도회들이 지도적 역할을 했다. 그 이유는 수도회들과 로마 교회와의 밀접한 관계는 트렌트 공의회의 개혁 칙령들을 준수해야 한다는 것을 보장했기 때문이다. 평신도들을 위해 제안된 영적 갱신은 죄 고백, 성찬, 기도 등 기본적인 수행을 강조했다. 안타깝게도 16세기 말에 가톨릭 신자들과 프랑스의 칼빈주의자들 사이에 일어난 무서운 종교 전쟁은 이 풋내기 영적 개혁을 대부분 제거하는 결과를 가져왔다.

4. 16세기: 프랑스 영성의 절정기. 17세기 프랑스의 영적 천재를 위한 온상은 강의실이나 수도원에서 발견된 것이 아니라, 아카리 부인의 면회실에서 발견된다. 이러한 환경에서 한 무리의 기독교인들이 정규적으로 모였는데, 그 중에는 잘 알려져 있는 그 시대의 영적 저술가들도 포함되어 있었다: 리처드 뷰카즌(Richard Beaucousin), 깡펠드의 베네딕트(Benedict of Canfeld), 예수회 수사인 피에르 코통(Pierre Couton), 젊은 피에르 드 베륄* 등. 라인란트-플랑드르 지방의 신비가들을 통해서 아레오파고의 디오니시우스*의 정신을 받아들인 이 재능있는 무리는 위대한 기독교 신비주의 시대를 열었다.

깡펠드의 『하나님의 뜻 훈련』(Exercise of the Will of God)은 거룩을 모든 사람이 접근할 수 있는 것으로 제시했다. 깡펠드의 견해에 따르면, 거룩에 필요한 것은 삶에서 발견되는 하나님의 뜻을 고수하는 것이었다. 예수 그리스도께서 아버지의 뜻을 따르기 위해 고난을 받으시고 죽으신 것처럼, 기독교인도 하나님의 뜻과의 연합을 위해 나아가려면 "무"가 되어야 했다. 이 "무"의 신비주의는 17세기에 신비주의에 대해 저술한 많은 위대한 저술가들이 택한 주요 주제가 되었다.

피에르 베륄 추기경의 저술은 많은 영향력을 반영한다. 그는 아카리 부인을 중심으로 하는 무리들 외에, 스페인 출신인 아빌라의 테레사*의 개혁에 참여한 갈멜 회 수녀들, 그리고 제수잇들과 접촉이 있었다. 그의 저서들, 특히 Les Grandeurs de Jésus는 매우 독창적이고 기독론적인 차원, 그리고 교회의 사제직에 대한 큰 존경 등의 특징을 지니고 있다. 베륄은 후일 교구 주교들의 공동체인 오라토리오 회를 세웠는데, 이 공동체는 그의 풍부한 영성을 반영했다. 베륄은 프랑스 영성에 지대한 영향을 주었으며, 이것은 샤를 르 드 콘드렌(Charles de Condren), 장 자크 올리에(Jean Jacques Olier), 장 유드(Jean Eudes)와 같은 후대의 그의 추종자의 창조성에 의해 증거된다.

17세기 초에 30년 동안 활동한 또 다른 위대한 인물은 프랜시스 드 살*이다. 그의 『경건 생활 입문』은 오늘날까지도 많은 신앙 공동체에서 사랑을 받는 기독교의 고전이다. 목회적인 인물인 드 살의 접근 방법은 신비주의보다는 일상 생활에서의 거룩함 추구에 초점을 두었다. 방문 수녀회의 창시자인 쟌느 드 샨달(Jeanne de Chantal)과 그의 접촉을 통해서, 프랑스 영성 안에서의 그의 영적 지도의 영향력은 계속될 것이었다.

17세기 중엽에 포트 로와이얄 수도원에 중심을 두었던 초기 얀센주의*는 그 시대에 가장 복잡하고 논쟁적인 영적 운동 중 하나였다. 생 시랑(Saint-Cyran) 수녀원장, 안젤리크 아르노 수녀원장, 블레이즈 파스칼* 등은 중요한 신학적 문제는 물론이요 정치적인 문제와 경제적인 문제도 포함된 상황에 연루되어 있었다. 후일 얀센주의와 제휴된 도덕주의와 영적으로 무절제한 행위가 17세기 중반에 그 운동이 지녔던 진정한 중요성을 물들였다.

1660년대에 포트 로와이얄에서 그 운동이 금지된 것은 17세기 후반의 특징인 반-신비주의의 전조였다. 기온 부인*의 정적주의를 정죄한 것, 자크 보슈에와 프랜시스 드 페넬론*을 둘러싸고 벌어진 논쟁, 예수회 수사인 시렝과 갈멜 수도사인 장 세롱(Jean Chéron)이 벌인 논쟁 등은 모두 전통 신학과 기존의 정치적이고 사회적인 교단들과 신비주의 사이의 심오한 긴장을 지적해 주었다. 이 갈등의 시대의 결과는 내면생활에 대한 공공연한 논의를 억제한 것으로서, 이러한 태도는 20세기까지 지속되었다.

5. 18, 19세기. 프랑스에서의 18세기는 차용된 영광의 시대라고 할 수 있을 것이다. 17세기처럼 훌륭한 저술가들은 등장하지 않았다. 그 대신에 드살, 페넬론 등의 저서들을 재발행함으로써 기독교인들의 영성 생활에 활력을 주었다. 그럼에도 불구하고, 영적인 생활에 관해 경계하는 경향이 팽배했다. 그것은 영성 생활 자체가 쇠퇴하고 있었다는 의미가 아니라, 이 시대에 영성은 책을 통하기보다는 행위를 통해서 강력하게 표현되었다고 보아야 한다.

실제로, 이 시기에 프랑스 기독교의 생명력은 평신도들의 신앙을 표현한 새로운 구조와 사람들을 향한 자비에서 풍부하게 입증된다. 종교 단체들이 증가했고, 깊은 영적 경험을 추구하는 사람들을 위한 환경과 지도가 제공되었다. 성심의 자매회(Sisters of the Sacred Heart)와 클뤼니의 성 요셉 자매회(Sisters of St. Joseph of Cluny)와 같은 새로운 수도회들이 생겼다. 빈센트 드 폴의 추종자들 및 그와 유사한 여러 단체들은 가난한 사람들의 욕구에 부응하려고 노력했다. 프랑스 혁명 시대는 제도적 교회의 생활에서 최악의 시대로 간주할 수 있다. 그러나 그 시대에 종교 개혁 내에 존재하는 파괴적인 요인들을 대적하는 담대한 영적 저항이 있었다. 옛 교단들이 억제됨에 따라, 상황에 부응하기 위해 새로운 교단들이 생겼다. 이 영적 저항에는 많은 사람들의 희생이 따르기도 했다.

19세기의 영성의 경향들은 그 시대의 사회-문화적 환경에 비추어 논의되어야 한다. 프랑스 계몽주의의 무신론적인 사람들이 일으킨 회의주의로 인해 프랑스의 지적·학문적인 집단 내에 반 종교적인 분위기가 형성되었다. 그 시대의 종교적 무관심 때문에 노동자 계층에서는 종교적인 관습이 점차 쇠퇴했다. 이러한 19세기 초반의 분위기 속에서, 영성의 영역에서의 창조성은 보잘것 없었다.

19세기 후반에는 세 가지 주요 주제가 프랑스 가톨릭 교회의 경건을 주도했다. 가장 눈에 뜨이는 것은 기독론적인 주제로서, 성찬 숭배나 예수의 성심을 숭배하는 많은 종교적 회중들을 일으켰다. 이 기독론적 경건에 속한 하나의 경향은 기독교적 삶의 본보기인 예수님의 삶에 초점을 두었다. 이런 점에서 샤를르 드 푸꼬오와 예수의 작은 형제회와 자매회의 삶은 특히 주목할 만하다.

프랑스에서의 19세기는 "성모 마리아의 세기"라고 불려왔다. 1846년에 라 살레(La Salette)와 1858년에 루르드에 마리아가 출현한 사건은 대중이 기도와 순례를 통해 신앙을 표현하는 계기가 되었다. 이러한 신앙은 20세기까지 계속되었다.

기란게(Guéranger)와 솔레스메(Solesmes) 수도원의 베네딕트 수도사들 덕분에, 이 시대의 가톨릭 공동체의 전례 생활은 큰 자극을 받았다. 그레고리 찬가에 대한 새로운 관심, 그리고 전례력에 중심을 둔 경건 생활의 재발견이 이 운동에 기여했다.

대중적인 차원에서, 레온 오르멜(Léon Hormel)과 레오 드온(Léo Dehon) 같은 사람들은 활동, 자선 사업, 노동계의 기독교화 등에 적합한 영성을 발달시켰다. 겸손한 아르스의 본당 신부*의 삶과 거룩은 20세기에 전체 가톨릭 교회에 의해 공적으로 인정되었다. 활동적인 사역에 적합하게 조정된 이 영성은 Congregation of the Holy Cross, Little Sisters of the Poor와 같은 새로운 종교 공동체를 존재하게 했다.

6. 20세기. 19세기 후반에 시작된 가톨릭 교회의 삶과 영성의 갱신은 20세기 초까지 계속되었다. 모리스 블론델(Maurice Blondel), 루이 디쉐스네(Louis Duschesne), 그보다 후대의 인물인 자크 마리탱(Jacques Maritin)과 레자 마리탱(Raïssa Maritin) 등의 사상가들은 프랑스의 지적인 집단들 내의 회복된 기독교적 삶에 신빙성을 부여해 주었다. 그들이 심은 신학적인 씨앗들은 20세기 중반에 가톨릭 교회 전체에 영향을 미친 영적 갱신의 꽃을 피웠다.

이러한 독창적인 사람들 중에서 으뜸이 되는 사람은 과학자요 신비가인 피에르 테이야르 드 샤르뎅*이었다. 자신이 속한 예수회의 유산인 기독론적인 신앙에 고취되어 있던 테이야르는 진화론적인 과학의 세계와 전통적인 기독교 영성을 연결하려 했다. 공식적인 가톨릭 집단 내에서의 현대 과학을 의심하는 분위기 때문에, 테이야르의 행동은 종종 논란이 되었다. 그는 많은 글을 저술했으며, 독창적인 방법

프랑스 영성 | French Spirituality

으로 영성에 대한 자신의 이상을 제시했다. Le Milieu Divin은 여러 나라 언어로 번역되어 그 시대 영성의 고전이 되었다. 그는 1955년에 그리 알려지지 않은 채 세상을 떠났지만, 그의 심오한 기독교적 인문주의는 제2차 바티칸 공의회(1961-1965)*에 강력하고 결정적인 영향력을 미쳤다.

두 차례의 세계 대전에서 비롯된 정치적·문화적인 위기로 인해 프랑스는 유형적으로나 영적으로 피폐해졌다. 그러나 이러한 상황에서 Suhard 추기경, 도미니크 회 신학자인 체누(M. D. Chenu)와 Yves Congar, 시몬 윌*, 예수회 학자인 앙리 드 뤼박(Henri de Lubac), 앙리 불라드(Henri Boullard), 장 다니엘루(Jean Daniélou) 등 영적인 천재들이 등장했다. 이 사람들의 통찰은 새로운 갱신의 출발점이 되었는데, 그 갱신을 통해 훌륭한 성경적, 교부적, 스콜라적 사상이 20세기 기독교적 삶에 영향을 미쳤다.

제2차 세계 대전 이후에 교회는 대중적인 차원에서 기독교적인 삶에 새로운 활력을 부여하기 위해 노력했다. 한 예로, Priest-Worker 운동은 노동자 계층을 대상으로 했으며, 1945년부터 1960년 사이의 시대에 가톨릭 교회는 크게 부흥했다. 기독교 청년 노동자 운동과 기독교 청년 학생 운동을 통해 평신도 독자들의 세대가 예비되었다. 파리에 있는 술피스(Sulpice) 교구는 교구에서의 전례 생활 회복을 위해 계속 지도력을 발휘했다.

20세기 중반에도 신비주의에 대한 관심이 요구되었다. 프랑스인 영적 저술가들과 영성 사가들은 17세기를 돌아보았고, 그렇기 때문에 아레오파고의 디오니시우스를 의지하게 되었다. 역사가 장 오르키발(Jean Orcibal)의 얀센주의 연구서들은 프랑스 영성의 역사에서 논란이 되었던 에피소드를 새롭게 조명해 주었다. 루이 코그네(Louis Cognet)는 17세기의 풍부한 영성을 활용하여 현대 영성을 위한 새로운 접근 방법들을 제시했다.

에큐메니즘의 시대에 떼제 공동체*는 조용히 현대 에큐메니칼 영성을 돌이켜 보는 일을 선도했다. 많은 국가와 신앙공동체에서 모여온 수도사들은 다양한 전통 안에 있는 정직한 대화와 사랑의 정신 안에서 연결된 기독교적 삶의 생명력을 증거해 준다.

7. 요약. 여러 세기 동안 프랑스 내에서 증거된 영적 이상의 다양성은 프랑스인들의 복합성과 재능을 말해 준다. 유럽 사회가 합류하는 시대에 하나의

국가로 형성된 프랑스인들은 전쟁과 전염병과 심각한 문화적 격변에도 살아 남아서 기독교에 가장 독창적인 영적 운동들을 공급해왔다. 복잡한 장면을 지나치게 단순화하는 위험이 있지만, 우리는 수세기 동안의 프랑스 영성을 구분해 주는 세 가지 특징을 식별할 수 있을 것이다.

1. 투르의 마틴에서부터 떼제에 이르기까지 수도적 형태의 관상 생활이 규칙적이고 결실있게 등장한다.
2. 프랑스 영성은 그리스도에게 초점을 둔다. 실제로 클레르보의 버나드, 베륄 추기경, 마가릿-마리 알로코크, 피에르 테이야르 드 샤르뎅 등은 가톨릭 교회 전체의 기독론적 경건의 역사에서 특별한 위치를 차지한다.
3. 마지막으로, 프랑스 영성은 결코 목회 생활을 무시하지 않았다. 신학적으로 아무리 해박하다고 해도, 평신도들에게 구체적인 영적 양분을 제공하고 도전해야 할 필요성은 어느 시대에나 인정되어왔다. 농부들도 영성 생활을 할 수 있게 하려 한 클뤼니 수도사들의 관심은 19세기에 아르스의 교구 신부의 생활에 반영되어 있다.

DANIEL DIDOMIZIO

프로클루스 | Proclus

신플라톤주의 철학자인 프로클루스 (412-485)는 생의 대부분을 플라톤이 아테네에 세운 아카데미의 학장으로 지냈다. 그의 제자였던 마리누스 (Marinus)는 그의 전기에서 그를 정력적이고 지적이고 금욕적인 인물로 묘사했다. 그는 지적으로는 플로티누스*의 계보에 속해 있었다.

플로티누스의 경우처럼, 프로클루스의 신비주의는 그의 형이상학에 따른 당연한 결과이다. 일자(the One)는 모든 것 중에서 가장 고귀하며 존재를 초월한다. 그에게서부터 만물이 방사되면서 규모와 복잡성이 증가된다. 프로클루스는 이 체계가 작용하는 인과 관계의 과정을 플로티누스보다 상세하게 조사했다. 그는 보다 고등한 능력들이 낮은 차원에서 활동하여 결과를 생산하는 경위를 설명해 주는 원리들의 위계 질서를 예시했다. 그는 이 원리들과 전통적인 만신전을 일치시킬 수 있었다.

또한 그는 진지한 사람들은 자기 영혼을 정화시키며, 고귀하고 단순한 존재의 차원으로 들어올리며, 일자와 연합해야 한다고 생각했다. 프로클루스는 플로티누스가 옹호한 관상에 마법(theurgy)—이것은 단순한 마술이나 기초적인 정화 의식이 아니라, 분명한 목적, 즉 지성을 초월하는 믿음에 의해서 인간과 신의 접촉 가능성을 창출하려는 목적을 가지고 거행되는 하나의 전례이다—이라고 알려진 관습을 추가했다.

프로클루스는 헌신적인 이교도였다. 기독교인들이 아테네에 있는 아크로폴리스에서 아테나 신상을 제거했을 때에, 아테나 신이 꿈에 그에게 나타나 앞으로는 그와 함께 거하겠다고 말했다. 그러나 기독교인들은 그의 영향을 크게 받았다. 특히 그의 사후에 아레오파고의 디오니시우스*는 그가 제시한 개념들의 위계 질서를 일종의 형이상학적인 지도로 사용했다. 그것은 중세 시대에 서방 교회와 비잔티움에서 세심하게 연구된 영적 지도서들 중 하나이다.

Proclus, *The Elements of Theology*, ed and tr E. R. Dodds, ²1963; *Théologie Platinicienne*, ed with French tr H. D. Saffrey and L. G. Westerink, 4 vols so far, 1968-. L. J. Rosán, *The Philosophy of Proclus*, 1948; J. Trouillard, *L'Un et l'Iâme selon Proclu*, 1972.

OLIVER NICHOLSON

프리드리히 폰 휘겔
| Hügel, Friedrich von

프리드리히 폰 휘겔 남작(1852-1925)은 신성 로마제국의 남작인 오스트리아 외교관과 스코틀랜드인 어머니 사이에서 태어났다. 어린 시절에는 토스카나와 벨기에에서 지냈고, 1867년에는 잉글랜드에 정착했다. 여러 가정 교사에게서 지도를 받은 그는 그 시대에 가장 유식한 사람들 중 하나가 되었다. 그는 문화적으로는 국제적이고, 종교적으로는 교회의 통일을 원했다. 그는 철학, 역사, 신학, 성경 비평, 지리학 등 다양한 분야에 해박한 지식을 가지고 있었으며, 이 엄청난 학식을 깊은 영성 생활과 가톨릭 교회에 대한 헌신과 결합했다.

그는 앙리 위벨렝* 대수도원장으로부터 영적 지도를 받았다. 그는 전통에 굳게 뿌리를 두고 있으면서도, 다른 학문들에서 나타나는 새로운 사실들을 참작했다. 그는 이러한 개방적인 태도에 포함된 긴장들이 건전하고 유익한 것이라고 간주했고 실제로 그러했다. 그리하여 그는 어찌할 바를 모르는 많은 신자들과 구도자들에게 도움을 줄 수 있었다.

휘겔은 1890년부터 1910년까지 지속된 근대주의 운동에서 주도적인 역할을 했다. 그러나 교황청이 그 운동을 정죄한 후, 그는 많은 친구들과 동역자들이 주장하는 우주 내재론이라고 생각되는 것들을 멀리 했다. 그는 지칠 줄 모르고 하나님의 초월성을 증거했다. 그의 말에 의하면, 종교는 경모(adoration)이며, 하나님을 경모하지 않는 종교는 마치 한 면이 없는 삼각형과 같다. 그는 근대주의와 관련되었기 때문에 자신의 교회에서도 의심을 받게 되었다. 그리고 제2차 바티칸 공의회에서 실질적으로 그가 바라고 실천하던 것이 실현되기까지 그의 영향력은 제한되었다.

출판된 그의 주요 저서는 『종교의 신비적 요소』(*The Mystical Element of Religion*, 1908)로서, 제노바의 캐더린*을 언급한 종교 체험에 관한 권위있는 해설서이다. 폰 휘겔은 종교 안에서 신비적-감정적인 요소, 역사적-제도적인 요소, 그리고 지적-학문적인 요소를 구분하고, 그 요소들은 보완해 주고 교정해 주는 것으로서 서로를 필요로 한다고 주장했다. 특히, 그는 조직된 교회 안에서의 삶의 중요성을 강조했으며, 동시에 교회가 그의 행복이라고 고백했다. 그의 또 다른 저서로는 『영생』(*Eternal Life*, 1912), 『종교 철학에 관한 논문과 제언』(*Essays and Addresses on the Philosophy of Religion*, 1921), 『하나님의 실재와 종교와 불가지론』(*The Reality of God and Religion and Agnosticism*, 1931) 등이 있다. 영성 생활에 관한 그의 가르침에 대한 가장 훌륭한 글은 버나드 홀랜드(Bernard Holland)의 회고록이 첨부된 『서신집』(*Selected Letters*), 특히 『어느 조카에게 쓴 편지』(*Letters to a Niece*, 1928)이다. 그의 문체는 특별하여 잊을 수 없다. 즉 어색하고 복잡하면서도 수수하며 구어체의 표현과 감동적인 예증이 삽입되어 있다. 그는 거의 평생 동안 귀가 들리지 않았고 건강도 좋지 않았지만, 이것이 영국 및 해외의 많은 학자들과 구도자들을 만나고 서신교환을 하는 데 장애가 되지는 않았다.

M. de la Bedoyère, *The Life of Baron von Hügel*, 1951; P. F. Chambers, *Baron von Hügel, Man of God*, 1946; D. V. Steere (ed), *Spiritual Counsels and Letters of Baron Friedrich von Hügel*, 1961; Joseph Whelan, *The Spirituality of Friedrich von Hügel*, 1974.

A. R. VILDER

프리드리히 하일러 | Friedrich Heiler

프리드리히 하일러(1892-1967)는 원래 가톨릭 신자였다가 루터교인이 되었고, 마르부르그에서 교수로 활동했다. 영성에 있어서 그의 주된 저서는 『기

프리드리히 하일러 | Heiler, Friedrich

도』(Das Gebet)라는 방대한 서적이다. 그 책에서는 기도를 다양한 유형으로 분류하고, 많은 종교에서 폭넓게 인용한 문장들에 의해서 그것들을 예증한다. 그의 주요한 업적은 신비적 경건과 예언적 경건을 구분한 데 있다. 그는 제5판 서문에서, 프리드리히 폰 휘겔*, 인지(Inge)*, 에블린 언더힐* 등의 영향을 받아 신비주의에 대한 자신의 견해가 약간 바뀌었으며, 이전 판에서 표현했던 리츨의 견해로부터 완전히 벗어났다고 했다. 기술적인 이유 때문에 본문을 바꾸지 못하고 수정된 내용은 부록에 실었다. 그렇지만 본문 전체는 신비주의에 대한 그의 견해를 정확히 알려준다. 안타깝게도 일부 영국인 작가들이 본문과는 동떨어진 문장들을 인용함으로써 그가 신비주의를 완전히 대적한 것처럼 보여 주었다.

그의 견해에 의하면, 신비주의는 근본적으로 세상을 부인하며 수덕적인 것이다. 그것은 신격과의 동일화라는 극단적인 행위로 이어지지 않으며, 신격과의 동일화는 매우 논리적인 결과이다. 신비주의의 하나님에 대한 개념은 정적(靜的)이고 부정적(否定的)이다. 역사 안에 있는 하나님의 계시라는 개념은 신비주의에는 매우 이질적인 개념이다. 신비주의에서는 오직 주관적인 내적 계시만 인정한다. 죄는 삶과 세상 안에서의 즐거움으로 구성된다. 구원은 하나님과의 연합을 향한 어려운 등정이다. 그것은 개인주의적이며, 영혼과 하나님에만 관심을 둔다. 그것은 수도사들이나 은둔자들의 이상으로서 문화적인 가치관에는 관심을 두지 않는다. 그것의 목표는 하나님과의 연합 및 하나님을 보는 몰아적 상태의 영속성이며, 현세에서 그것을 얻기 위해 노력한다. 그것은 일원론적이다.

그러나 이 모든 것은 하나의 이론적인 구조이다. 신비주의는 외부로부터 기독교에 도입된 것이지만, 기독교 안에서 아주 상이한 특성을 지닌 예언적 종교와 혼합되었다. 신비주의는 자체를 표현하기 위한 수단으로 기독교의 상징들을 사용했으며, 하나님과 구원이라는 개념을 수정해왔지만, 자체의 순수함을 상실하지는 않았다. 신비주의를 기독교의 본질로 간주하는 것은 옳지 않지만, 기독교 안에서 신비주의는 가장 세련되고 아름다운 형태를 취해왔다. 신비적인 기도는 일반적으로 대중 종교나 예언적 형태의 기도와 밀접한 관계 안에서 발견되므로, 그것을 묘사하기 어렵다. 그러므로, 기독교 신비가는 성경적 어휘와 예언적 경건에 속한 용어를 사용한다. 그러나 정신의 신비한 상태들은 예언적인 열정과 결합된다. 신비주의와 계시 종교는 보다 고등한 경건의 양극으로서 서로를 피하면서도 항상 서로 이끌린다.

Friedrich Heiler, *Prayer*, ET 1932.

A. RAYMOND GEORGE

프와티예의 힐라리
| Hillary of Poitiers, St.

힐라리는 310년 또는 320년에 태어났으며, 350년경부터 367년까지 프와티예의 주교였다. 그는 흔히 아리우스주의를 반대한 것, 그리고 니케아 신앙을 옹호하다가 350-360년까지 프리기아에서 유배생활을 한 것으로 알려져 있다. 그러나 영성사에서 그의 중요성은 다른 곳에 있다. 즉 성경 주석, 찬송가 저술, 그리고 성 마틴이 수도원을 세우는 일을 지원하고 지도한 데 있다. 이 모든 일을 하는 데 있어서 유배 생활을 하는 동안 획득한 동방 교회의 지식이 유익하게 사용되었다.

힐라리의 『삼위일체』(*Trinity*)의 첫 부분은 그가 삶의 목적을 찾기 위해 노력한 것에 대한 자서전적인 기사이다. 그러한 노력을 통해서 그는 마침내 기독교 신앙을 받아들였다. 어떤 면에서, 이 부분은 어거스틴의 『고백록』과 비슷하다. 이교도 출신인 힐라리는 곧 부와 여가를 추구하는 것의 무익함을 깨달았고, 이교 철학자들의 윤리적 가르침의 부당함을 느꼈다. 힐라리는 하나님을 알기를 갈망했다: "내 마음은 하나님을 분별하고 알려는 뜨거운 갈망으로 타고 있었다." 힐라리는 여러 형태의 이교 신앙에 만족하지 못하다가 구약성서를 접했다. 하나님의 신비에 대한 구약성서의 "나는 스스로 있는 자니라"(출 3:14)가 정말인 것처럼 느껴졌다. 계속 구약성서를 읽으면서 하나님에 대한 이해가 증가했지만, 여전히 성육신과 영생에 대한 약속을 깨닫지 못하다가 신약성서의 저술들, 특히 요한복음 1:1-14을 읽게 되었다. 이 말씀은 하나님에 대해 힐라리가 가지고 있던 인식을 충족시키고 확대해 주었다. 그는 믿음으로 성육신을 받아들이며, "나 자신의 인식 능력이 아니라 무한한 믿음으로" 하나님의 크신 능력을 측량할 수 있게 되었다. 그리하여 힐라리는 마음의 평화를 얻고 세례를 받았다.

주교가 된 힐라리는 교사로서의 자신의 역할을 진지하게 받아들였다. 그는 모든 것의 기초를 성경에 두었다. 힐라리는 성령의 감동으로 기록된 성경에는 표면적(문자적) 의미가 포함

플라톤주의 | Platonism

되어 있을 뿐만 아니라, 기독교의 중심이 되는 신비를 증거해 준다고 생각했다. 원래의 말씀을 감동하셨던 성령의 도움을 받는 신실한 주석가는 이 감추어진 의미, 또는 영적인 의미를 끌어낼 수 있을 것이다. 따라서 성경은 보다 고귀한 하나님의 일들에게로 올라가는 사다리를 제공해 준다(cf. *In ps.* 120, 4). 그리고 인간의 능력으로 그리스도의 "영원한 탄생"과 같은 신비를 헤아릴 수 없을 때, 성경 공부를 통해서 이해에 이를 수 있다(cf. *De Trin.* I, 34). 따라서 성경을 이해하고 설명하는 것은 주로 종교적인 활동이며, 신약성서와 구약성서는 영적인 의미로 해석할 경우에 기독교적인 통찰을 낳을 수 있는 자료를 제공해 주었다. 힐라리는 이런 식으로 성경을 체계적으로 해석한 최초의 라틴 교부였다. 그는 오리겐의 저서를 접하기 전, 유배 생활 중에 저술한 『마태복음 주석』(*Commentary on Matthew*)에서도 그러한 방법을 사용했다. 보다 후대에 저술한 『시편 주석』(*Commentary on Psalms*)에서는 오리겐을 크게 의지했다. 그러나 오리겐과 비교해 보면, 힐라리는 관상 생활이나 신비적 절정에 대한 관심을 나타내지 않았고, 이 세상에서는 수덕 생활을 하는 사람들이라도 하나님을 볼 수 없다고 간주했다(*In ps.* 118, 5-8). 힐라리는 모든 것에 적용할 수 있는 기독교적 가르침에 집중했다. 힐라리의 주석들은 그리 많이 읽히지 않았지만, 그의 방법과 해석을 암브로스와 어거스틴이 받아들였고, 그럼으로써 중세 시대 내내 성경적 사고의 자료를 제공하는 데 도움이 되었다.

힐라리는 회중들이 사용할 찬송가를 라틴어로 저술한 최초의 인물이기도 하다. 현재 남아 있는 세 개의 찬송은 그리스도에게 초점을 둔 것으로서, 힐라리가 자신의 회중들로 하여금 자신의 신학의 주요 주제들을 잘 알게 하려고 노력했음을 보여 준다.

Hilary, *On the Trinity,* in A Select Library on Nicene and post-Nicene Fathers, 2nd series, vol 9, 1899; C. F. A. Borchardt, *Hilary of Poitiers' role in the Arian Struggle,* 1966; *Hilaire et son temps:* Actes du Colloque de Poitiers 29 sept.–3 oct. 1968, introduction by E.-R. Labande, 1969; P. T. Wild, *The Divinization of Man according to Saint Hilary of Poitiers,* 1950.

C. E. STANCLIFFE

플라톤주의 | Platonism

아주 초기부터 플라톤(Plato)과 그 후계자들의 영향은 기독교 영성에 분명히 나타났다. 특히 초월자에 대한 관심이 있는 곳, 또는 형이상학적인 실재들이 인간의 의식과는 상관없이 스스로 존재하는 것을 강조한 것, 그리고 영적인 노력과 이성적인 사고를 결합하거나 관상과 지식에 의해서 영성 생활을 상상하려 한 데서 분명히 나타났다. 기독교의 용어, 특히 영혼에 대한 용어들은 플라톤주의의 혜택을 크게 받았다.

플라톤(c. 429-437 B.C)은 20개 내지 30개의 대화집을 저술했는데, 거기서 그의 스승 소크라테스가 아테네의 친구들과 대화하는 것으로 묘사된다. 그 대화의 교리는 세상의 본질에 대한 영적 설명을 제공한다는 점에서 이전의 그리스 철학과 매우 다르다. 우리가 보는 것은 모두 이상적인 원형, 이데아의 그림자이다. 우리는 이 이데아들을 회상함으로써 학습한다. 특히 중요한 것은 선의 이데아로서, 어떤 의미에서 그것은 존재를 초월한다. 그것과 이데아들의 세계의 관계는 태양과 물질 세계의 관계와 같다. 『공화국』(*Republic*)에서, 그것은 동굴 입구를 비추는 밝은 빛으로 비유된다. 동굴 안에 있는 사람들은 벽에 비친 그림자를 바라보지 말고 빛을 향해 나와야 한다. 『향연』(*Symposium*)은 사랑, 즉 아름다운 것을 낳으려는 갈망이 물질적인 것들을 누리는 데서부터 나아가 보다 고등한 아름다움을 관상하게 되는 방법을 보여 준다. 대화집의 사상 중 어디까지가 플라톤의 사상이고 어디까지가 소크라테스의 사상인지는 분명하지 않다. 그러나 극적인 기술은 분명히 플라톤의 것이다.

플라톤이 사망한 후, 그의 교리는 그가 세운 아카데미에서, 그리고 보다 넓은 세계에서 계속 발달했다. 그의 교리는 후대의 전통들, 특히 그의 제자인 아리스토텔레스(384-322 B.C.)와 스토아주의 학자들의 전통과 혼합되었다. 스토아주의자들은 모든 사물을 결속시켜 주는 힘인 ´로고스라는 개념을 발달시켰다.

플라톤주의가 유대교에 미친 영향은 구약성서의 지혜 문학과 필로에게서 찾아볼 수 있을 것이다. 그리스도의 시대에, 플라톤주의는 지중해 지역의 유식한 사람들이 형이상학적인 일들을 고찰할 때에 사용되는 언어를 제공했다. 그 시대에 저스틴 마터, 알렉산드리아의 클레멘트, 오리겐* 등의 지적인 신자들은 오늘날 중기 플라톤주의라고 알려진 그 시대의 철학에 의해 자신의 새로운 믿음을 설명하려 했다.

3세기에 플로티누스*는 플라톤주의의 주제를 새롭게 변형시켰다. 기독교인이 아닌 제자들을 통해서 신플라톤

플라톤주의 | Platonism

주의*라고 알려진 이 철학은 5세기의 프로클루스에게 전달되었다. 플로티누스와 같은 사상을 지닌 신자들 중에는 카파도키아 교부들*도 포함되어 있었다.

신플라톤주의는 플로티누스가 사망하고 나서 1세기 후에 어거스틴*과 암브로스와 같은 서방 사상가들에게 극적인 영향을 미쳤다. 플라톤주의는 어거스틴을 통해서, 보에티우스와 아레오파고의 디오니시우스*를 통해서 중세 시대 초기에 영향을 미쳤다. 12세기에 비로소 플라톤의 한 권의 저서 일부분이 라틴어로 번역되었지만, 서유럽의 유식한 사람들, 특히 9세기의 존 스코투스 에리우게나와 샤르트르 학파와 성 빅톨 학파 사람들의 사상은 종종 플라톤주의적인 동시에 기독교적인 영성에 의해 동기를 부여받았다. 비록 12, 13세기의 학자들은 아리스토텔레스를 재발견했지만, 중세 시대 내내 플라톤주의 전제들이 지속되었다.

플라톤주의의 영향은 비잔틴 세계에서 더욱 널리 확산되었다. 내적인 빛(Inner Light)의 전문가가 빛이신 하나님에 대해서 말할 때, 또는 영원을 보는 창문 역할을 하는 이콘에 대해서 말할 때마다 플라톤주의적 표현이 감지될 수 있었다. 그러나 플라톤의 글은 프셀루스(M. Psellus), 이탈루스(J. Italus), 플레토(G. G. Pletho)와 같은 세속적인 학자들에 의해 더 많이 읽혔다.

르네상스 시대의 인문주의자들은 플라톤의 영향을 받아 자연적인 종교를 생각했다. 플로렌스에 있는 새로운 아카데미의 학장인 파치노(M. Ficino, 1433-1499)는 플라톤의 저서 전체와 신플라톤주의 저서 일부를 라틴어로 번역했다. 그는 자신의 저술에서 고대인들의 자연적인 지혜와 기독교의 계시 사이의 조화를 보여 주었다. 그를 찬미하는 사람들 중에는 존 콜렛(John Colet), 에라스무스, 토머스 모어 등이 있다.

16, 17세기에, 플라톤주의 사상은 스펜서, 시드니, 헨리 버건, 마벨, 트래헌, 토머스 브라운 경* 등 영국의 많은 시인들과 영적 작가들에게 감화를 주었다. 17세기 중반에, 켐브리지 플라톤주의자*라고 알려진 학자들은 그 시대의 청교도들의 신랄한 논증법과 토머스 홉스가 대표하는 유물론에 반발했다.

그 이후로도 계속 플라톤은 영향을 발휘해오고 있다. 플라톤이 영혼의 감정을 진지하게 다루기 때문에, 낭만주의자들은 플라톤을 좋아했다. 셸리는 플라톤의 글 일부를 영어로 번역했다. 빅토리아 여왕 시대의 사람들은 모리스(F. D. Maurice)와 조윗(B. Jowett)과는 달리 인간의 능력에 대한 플라톤의 긍정적인 평가를 존중했다. 기독교인이 아닌 브래들리(F. H. Bradley)가 주도했으며 신비주의에 관해 저술한 인지*나 켄터베리 대주교인 윌리엄 템플*과는 달리 지성에 영향을 준 19세기 말의 관념론은 헤겔의 특성과 플라톤의 특성을 모두 지니고 있었다. 월터 페이터(Walter Pater)와 루이스(C. S. Lewis)와 같은 문학자들, 그리고 예츠와 케틀린 레인과 같은 시인들 역시 각기 다른 방법으로 플라톤주의의 영향을 받았다. 최근의 비평가들 중에는 플라톤의 정치 철학이 권위주의적이라고 주장한 사람들, 형이상학은 언어 사용의 실수에서 생긴다고 생각하는 사람들, 기독교는 고대 그리스·라틴에서 기원한 종교가 아니라 셈족의 종교라고 생각하는 사람들이 포함된다.

A. E. Taylor, *Plato: The Man and His Work*, ³1929; F. M. Cornford, *Before and After Socrates*, 1932; J. Burnaby, *Amor Dei: A Study of the Religion of St. Augustine*, 1938; H. Chadwick, *Early Christian Thought and the Classical Tradition*, 1966; M.-D. Chenu, *Nature, Man and Society in the Twelfth Century*, 1968; J. Dillon, *The Middle Platonists*, 1977; A. Louth, *The Origins of the Christian Mystical Tradition*, 1981; F. J. Powicke, *The Cambridge Platonists*, 1926; W. R. Inge, *Christian Mysticism*, ⁷1933; K. Kirk, *The Vision of God: The Christian Doctrine of the Summum Bonum*, 1931; P. Shorey, *Platonism Ancient and Modern*, Sather Classical Lectures 14, 1938.

OLIVER NICHOLSON

플로티누스 | Plotinus

플로티누스(205-270)는 오늘날 신플라톤주의*라고 불리는 학파의 시조로서 "자신이 어떤 존재이며, 어디에서 와서 어디로 가야 하는지를 생각하는 사람"을 위해 글을 썼다. 그는 공동체의 구성원 전체가 인정해야 하는 의무인 공적인 종교를 바꾸려 한 것이 아니라, 철학적인 생활에 헌신하기로 결심한 사람들을 가르치려 했다. 그는 큰 영향력을 발휘했다. 그의 가르침은 제자들을 통해서 프로클루스*에게 전해졌고, 결국은 중세 시대의 이슬람 철학과 결합되었다. 카파도키아 교부들*도 프로클루스를 알고 있었다. 신플라톤주의는 어거스틴*과 보에티우스를 통해서 중세 시대 초기에 서방의 주도적인 사상이 되었다.

우리가 플로티누스에 대해 알고 있는 것은 그의 마지막 15년 동안의 성숙한 사상으로서, 54편의 논문에 설명되어 있다. 그의 사후에 제자인 포르피리(Porphyry)가 그것들을 편집하여 『엔네아데스』(Enneads)로 출판했다. 따라서 그의 성숙한 형이상학적인 신념들을 만들어낸 정신 구조를 상세히 알 수는 없다. 포르피리가 저술한 그의 전기에는 관심을 끌게 하는 정보가 있다. 플로티누스는 이집트 출신의 헬라인이었다. 그는 20대 후반에 철학에 귀의하고 알렉산드리아에서 스승을 찾아 다니다가 암모니우스 사카스(Ammonius Saccas)를 발견하여 그와 함께 11년을 지냈다. 암모니우스는 아무 것도 저술하지 않고 자신의 사상을 제자들에게만 전수한 사상가였다. 그로부터 얼마 후에 그는 동방의 종교적 전통들을 조사하기 위해서 고르디안 황제와 함께 페르시아를 방문한 후, 로마에 정착했다. 그는 로마 황제의 총애를 받았고, 적극적으로 자선 사역을 행했다. 그는 고아들의 보호자요 중재자로 활동했다. 플로티누스는 철학자들 뿐만 아니라 원로원 의원들, 박사들, 시인들이 정규적으로 모이는 세미나에서 강의했다. 활발한 토론이 벌어졌으며, 다른 철학자들의 저서들 및 동료들의 반대는 플로티누스의 철학 형성에 도움이 되었다.

플로티누스의 형이상학과 신비주의는 서로 뗄 수 없이 연결되어 있다. 우리의 정신이 사물을 형성하며 존재하게 만드는 인식에 참여하기 때문에, 우리는 세상을 이해하게 된다: "완전한 지식 안에서는 주체와 객체가 동일하다." 물질에 대한 지성의 작용에 의해서 사물은 존재한다; 물질이란 지성이 작업을 행하는 어둡고 형태가 없는 원료를 지칭한다. 그것은 적극적으로 악한 것이 아니며, 가능성으로만 존재한다. 지성이 그것을 조금이라도 건드리는 순간, 그것은 단순한 물질로 존재하지 않게 된다. 우리가 확인할 수 있는 모든 사물은 "물질과 형성 원리의 복합체"이다.

사물에는 고등한 차원과 저급한 차원이 있다. 그것들의 위상은 그것들 안에서 지성이 물질을 지배하는 정도에 의해 결정된다. 저급한 차원일수록 복잡하고 어둡지만, 적극적으로 악한 것은 아니다. 플로티누스는 영지주의자들과는 달리 물질적인 차원과 영적인 차원을 예리하게 구분하지 않았다. 모든 것은 일자(the One)로부터 끊임없이 흘러내린다: "이 영역 및 그 안에 있는 신들, 또는 사랑스러운 모든 것을 무시하는 것은 선에 이르는 길이 아니다"(Enn. 2.9.16).

대부분의 사람들은 물질적인 사물

에 대한 지성의 작용을 감시하는 것 이상의 수준으로 올라가지 못한다. 그러나 전체 우주의 영을 포함하여 모든 영혼들(souls)을 연합하는 영(Soul)의 고등한 원리가 있다. 이 원리는 지적-원리(Intellictual-Principle), 또는 누스(Nous)―이것은 그 자체 안에 이데아들을 지니고 있다―에 대한 관상 안에 존재하기 때문에 물질로부터 사물을 형성할 수 있다. 이 영-원리(Soul-Principle)는 누스의 지혜가 현실화 되는 통로이다: "그것은 본질 안에 내재하는 열을 지닌 불의 출현이다"(*Enn.* 5. 1. 3). 이처럼 무한하고 완전히 초월하는 원리들 위에 일자(the One)―선(the Good)이라고도 불린다―가 존재한다. 우리는 그것의 속성을 정의할 수 없다. 일자는 존재하지 않는다는 의미에서만 존재한다고 말할 수 있다. 그것은 만물의 근원이지만, 의식적으로 창조하지는 않는다. 샘이 넘쳐 흐르듯이, 우주는 그것으로부터 넘쳐 흘러나온다.

플로티누스의 우주 안에는 정적인 것은 하나도 없다. 사물들은 일자로부터 흘러내리며, 철학자들은 다시 일자에게로 올라가려고 노력한다. 그들은 마치 호머의 시에서 고국으로 돌아가기를 원하는 영웅들과 같다: "그 때에 사랑하는 고국으로 도피하자"(*Illiad* 2. 140 = *Enn.* 1. 6. 8). 그들이 취한 첫 번째 조처는 그들을 억제하고 있는 것을 제거하는 것이다. 영혼에게서 장애물을 제거되면, 영혼은 빛이 되어 누스 안에 있는 사상들을 보고 이해할 수 있게 되며, 이러한 봄(vision)을 통해서 일자와 결합할 수 있게 될 것이다. 포르피리가 플로티누스를 알고 지낸 6년 동안, 플로티누스는 이러한 엑스타시를 네 차례 경험했다고 한다. "이렇게 볼 때에 우리는 하나의 대상을 취하지 않으며, 구분을 시도하지도 않는다…인간은 최상의 존재와 융합되고, 그 안에 빠져들며, 그와 하나가 되며, 동심원들이 된다"(*Enn.* 6. 9. 10).

기독교적 신플라톤주의자들은 플로티누스가 주장한 일자를 기독교의 하나님과 융합하기 쉽다는 것을 발견했다. 플로티누스는 사후 약 1세기 경에 라틴 사상가들에 의해 발견되었다. 암브로스는 밀란에서 제국의 조신들 앞에서 설교하면서 플로티누스의 글을 발췌하여 인용했다. 그의 설교를 들은 사람들 중에는 어거스틴도 포함되어 있었다. 어거스틴에게 미친 신플라톤주의의 영향력은 깊고 미묘했다. 『고백록』에서 그가 기독교로 개종한 후에 오스티아에서 본 환상은 비록 플로티누스의 일자와의 연합에서 절정에 달하지 않고 낙원의 초장에서 선한 목자와 교제하는 데서 절정에 달하지만, 신플라톤주의 사상과 매우 흡사하다.

중세 시대에 서방에서는 기독교 묵상가들을 통해서 신플라톤주의가 알려졌다. 르네상스 시대에 피치노(M. Ficino)가 『엔네아데스』를 라틴어로 번역함으로써 플로티누스는 다시 알려졌다. 그 후로 윌리엄 블레이크(William Blake)의 친구인 토머스 테일러(Thomas Taylor)에 의해서, 예츠(W. B. Yeats), 맥겐나(S. MacKenna), 다즈(E. R. Dodds) 등의 문학적 대가들에 의해서, 그리고 제1차 세계 대전 때에 『엔네아데스』에서 위로를 발견한 세인트 폴 대학의 학장 인지*에 의해서, 플로티누스는 거듭 발견되었다.

Editio major of the *Enneads* by P. Henry and H.-R. Schwyzer, 3 vols, 1951-73; text with translation, ed A. H. Armstrong in the Loeb Classical Library, 3 vols so far, 1966-. S. Mackenna, *Plotinus: The Enneads*, 1917-30, 41969; A. H. Armstrong, *Plotinus*, 1953; P. Hadot, *Plotin ou la simplicité du regard*, 21973; J. Trouillard, *La purification plotinienne*, 1955; J. M. Rist, *Plotinus: The Road to Reality*, 1967; E. R. Dodds, 'Tradition and Personal Achievement in the Philosophy of Plotinus', *JRS* 50, 1960, p. 1-7.

OLIVER NICHOLSON

피정, 수양회 | Retreat

이 용어는 예배를 인도하고 강연을 하고 죄고백이나 상담이나 토론을 원하는 피정자들과 약속을 하는 지도자 밑에서 묵상과 영적 훈련을 행하며 보내는 침묵의 시간을 말한다. 마이클 램지(Michael Ramsey)는 피정의 핵심은 "침묵 속에서 하나님과 함께" 거하는 것이라고 정의한다. 예수님께서 광야에서 보낸 40일은 기독교인이 피정을 하는 전거가 된다. 가톨릭 교회에서는 경건한 사제나 평신도는 매년 피정을 행한다.

에블린 언더힐*은 『예배』(*Worship*)라는 책에서 "1913년에 영국 국교회에는 하나의 피정의 집이 있었다. 1932년에는 22개의 주교 관구 소속의 피정의 집이 있었고 종교 공동체에 속한 피정처가 30곳이 넘었다"고 지적했다. 20세기 전반부에 영국의 영성 생활은 놀랍게 성장했는데, 그것은 새로 세워진 종교 단체 안팎에서 행해진 피정에 의해 육성된 것이다. 미국의 경우도 동일하다. 그 운동은 가톨릭 전통에 속하지 않은 기독교인들도 받아들인다.

제임스 웨어험(James Wareham)은 피정을 촉진하고 인도하는 사역에 전념했다. 그의 저서인 『피정 인도』(*The Conducting of Retreats*, 1950)는 결정적인 연구서이다. 역사적으로 피정은 역종교개혁 때에 예수회 회원들이 피정을 규칙에 포함시킴으로써 도입되었다. 그 후 가톨릭 교회가 피정을 발달시켰고, 19세기에 옥스포드 운동*에서 그것을 채택했다.

주말 피정이나 몇일 동안 행하는 피정 프로그램에서, 피정하는 사람들은 피정 장소에 도착하는 즉시 지도자를 만난다. 그 다음에 식사, 저녁 찬송, 그리고 첫번째 연설이 행해진다. 그리고 나서 마지막 식사를 하기 전까지 침묵한다. 매일 예배의 초점은 성찬이다. 연설을 한 후에, 예배당이나 휴게실이나 정원에서 조용히 지낼 기회가 주어진다. 오늘날은 전통적으로 식사 때에 영적 고전을 소리내어 읽는 것을 음악으로 대신하기도 한다. 피정에서 침묵 경험은 특별한 것이다.

사람들은 갑자기 침묵하는 것을 고통스럽게 여길 수도 있기 때문에, 공개적인 피정 실험이 행해지고 있다. 중심되는 교구 교회가 장소로 사용된다. 사람들은 매일 그곳에 와서 침묵과 묵상을 하면서 시간을 보낸다. 음악을 사용하는 실험도 행해져왔다. 왜냐하면 많은 사람들에게 있어서 음악은 기도로 이어지는 다리가 되기 때문이다. 연극, 무언극, 춤, 요가 등도 사용되어왔다. 오늘날 동양의 종교나 오락에 매력을 느끼면서 몸과 정신과 영을 완전히 하나님께 바치는 것을 강조한다.

과거의 피정에는 영적 성장이 지닌 두 가지 다른 측면이 결합되어 있었다: 의사소통과 훈련. 기도와 영적 성장의 능력을 지닌 많은 사람들은 피정에서 "변화의 경험"을 발견하며, 피정 때에 행해지는 전통적인 연설에서는 그리스도의 변화를 다룬다. 오늘날에는 훈련, 구제, 존재 등에 대해 말하면서 과거에 교훈적인 연설에서 사용되던 훈련, 희생, 고행 등의 단어를 설명한다. 이처럼 옛 것과 새 것을 연결함으로써 장차 피정에 임할 새로운 고객을 육성한다. 그들은 단순히 하나님에 대해서 말하는 것이 아니라 하나님을 만나는 데서 만족을 얻을 것이다.

Association for Promoting Retreats, *Retreats Today,* 1962; *Retreats Our Common Concern,* 1969; N. W. Goodacre, *Experiment in Retreats,* 1970.

N. W. GOODACRE

필, 노먼 빈센트 | Peale, Norman Vincent

노먼 빈센트 필(1898년 출생)은 뉴욕에서 오랫 동안 탁월한 사역을 한 사람이다. 그는 오하이오 웨슬리안 신학교와 보스톤 신학 대학을 졸업했으며,

필, 노먼 빈센트 | Peale, Norman Vincent

잠시 브루클린에 있는 감리교회에서 시무한 후에 브루클린에서 가장 큰 네덜란드 개혁주의 교구인 마블 대학 교회(Marble Colletiate church)에 부임했다. 그는 이곳에서 수십 년 동안 많은 회중에게 설교했다. 그는 출판을 통해서 효과적으로 메시지를 전파했고, 매 주 수십 만 명에게 그의 설교집을 우송했다. 그 외에도 그는 널리 읽혀지고 있는 몇 권의 책을 저술했다. 그 중에는 『긍정적인 사고의 능력』(The Power of Positive Thinking, 1952), 『자신있는 삶의 지침』(A Guide to Confident Living, 1948), 『믿음이 대답이다』(Faith is the Answer, 1974), 『진정한 행복의 기술』(The Art of Real Happiness, 1966), 『열심이 변화를 가져 온 다』(Enthusiasm Makes the Difference, 1967) 등이 포함되어 있다. 필은 거의 사십 년 이상 라디오와 텔레비전을 통해서 적극적으로 사역했다.

필은 보수적인 가치 체계에 의거하여 측정되는 성공을 동반하는 개인적인 성취를 지향하여 저술하고 설교했다. 그는 논쟁적인 발언이나 예언적인 발언을 피했고, 사람들에게 인생의 위험 요소들을 극복하고 개인적으로 성취해야 할 목표를 향해 용감하게 돌진하라고 권했다. 그의 메시지의 내용은 본질적으로 억압적이면서도 고무적이었다. 그는 청중에게 삶에서 긍정적인 것을 강조하고 부정적인 것을 제거하라고 촉구했다. 그의 설교에는 역경 속에서 인내하고 성공한 이야기들이 가득하며 고무적인 주제들을 강조했다. 그는 매일 매일을 살아가는 단순한 공식들을 공급해 주었다. 『긍정적인 사고의 능력』의 각 장의 제목들은 인생과 사역에 접근하는 그의 방식을 보여준다: "당신 자신을 믿으라", "평화로운 정신이 능력을 만들어 낸다", "꾸준한 에너지를 얻는 방법", "기도의 능력을 시험해 보라", "최상의 것을 기대하여 성취하라", "개인적인 문제를 해결하는 능력", "새로운 생각들의 유입은 당신을 새롭게 만들어줄 수 있다". 이 메시지는 격렬한 것이 아니고 복잡한 것도 아니며, 끊임없이 스트레스와 압박을 받는 삶에 대해 강력한 호소력을 지닌다. 필은 자신의 저서를 다음과 같은 말로 끝맺는다:

"나는 여러분을 도우려는 갈망 때문에 이 책을 저술했습니다. 이 책이 여러분에게 도움이 되었다는 것을 알게 된다면, 나는 매우 행복할 것입니다. 나는 이 책의 요약되어진 원리들과 방법을 확신합니다. 그것들은 영적 경험의 실험실과 실질적인 증명에 의해서 검증된 것들입니다. 그것들을 실천하면 효과를 나타낼 것입니다. 우리들은 실제로는 만난 적이 없지만, 이 책 안에서 이미 만났습니다. 우리는 영적인 친구들입니다. 나는 여러분을 위해서 기도합니다. 하나님께서 당신을 도와주실 것이라고 믿고 살아 가십시오."

필은 기업체에서도 매우 인기 있으며 감화를 주는 연사였다. 판매원과 부유한 사업가들을 향한 그의 메시지는 당황스러운 도전이나 사회적인 책임에 대해 언급하지 않았다. 그의 신학은 긍정적이다. 하나님은 올바른 생각을 가지고 중산층의 기본적인 요구를 준수하는 사람들의 소망을 이루어 줄 준비를 갖추고 기다리고 계시는 분으로 간주된다. 그는 자신의 교구 내의 정신적인 장애자들이 상담이나 중재를 받을 수 있는 병원을 지원했다. 그는 인생에서 성공할 가능성이 있다는 생각을 가지고 낙담한 사람들을 치료하고 보살폈다. 필은 나이가 팔십 대가 되어서도 적극적으로 사역함으로써, 자신의 생각이 정당하다는 것을 증명했다. 아마 미국 강단에서 이처럼 오랫동안 한결같은 주장을 해온 사람은 없을 것이다.

EDGAR N. JACKSON

필로칼리아 | Philokalia

*philokalia*라는 단어는 그리스어로서 "아름답거나 선한 것을 향한 사랑"을 의미하며, 특히 두 권의 그리스 저서의 제목이기도 하다:

1. 오리겐*의 『필로칼리아』: 358년부터 359년 사이에 대 바질과 나지안주스의 그레고리가 선별하여 발췌한 글 모음집으로서 성경 해석, 섭리, 자유의지 등을 다룬다.

2. 18세기 그리스 교회의 영적 갱신운동인 Kollyvades(죽은 사람을 추모하는 예배 때에 먹는 삶은 보리라는 kollyva에서 파생된 단어)라는 집단의 주도적인 인물인 코린트의 성 마카리우스(St. Macarius of Corinth, 1731-1805)와 성산의 성 니코데무스 (St. Nicodemus of the Holy Mountain, 1749-1809)의 『필로칼리아』. 원래 1782년에 출판되었으며, 4세기부터 5세기에 활동한 약 30명의 저술가들의 글을 발췌하는 데 그치지 않고 완전하게 수록하고 있다. 여기에는 에바그리우스(4세기), 포티케의 디아도쿠스(5세기), 고백자 막시무스(7세기), 신 신학자 시므온(11세기), 다마스쿠스의 피터(12세기), 시나이의 그레고리, 그레고리 팔라마스*, 칼리스토스, 이그나티우스 크잔도 포울루스

필립 네리 | Neri, St. Philip

(14세기) 등의 글이 수록되어 있다. 원래 본문의 선택은 마카리우스가 했고, 니코데무스가 그 자료를 개정하고, 머리말을 추가했다.

수덕 신학과 신비 신학의 모든 측면을 다룬 『필로칼리아』는 헤시카즘*이라고 알려진 정교회의 영적 전통을 알려주는 주요한 원전이다. 그 책에서는 여덟 가지 악한 "생각"과 덕목, 정념들과 무정념; 성경 해석과 자연적 창조에 대한 관상; 마음의 기도와 예수 기도, 그리고 호흡 조절을 포함한 육체적인 방법을 다룬다.

『필로칼리아』는 현대 정교회 영성에 큰 영향을 미쳤다. 1793년에 파이지 벨리코프스키(Paisii Belichkovskii)가 편집한 슬라브어 요약판이 *Dobrotolubiuye*라는 제목으로 출판되었다. 이그나티 브라인카니노프(1857)와 은둔자 테오판(1877년, 5권)은 러시아어 번역본을 출판했다. 그것이 19세기의 러시아 신앙에 미친 영향은 익명의 러시아 농부—그는 배낭 안에 *Dobrotolubiuye*를 넣어 가지고 다녔다—의 저서인 『순례자의 길』(*The Way of a Pilgrim*)에 의해 증명된다. 1947-81년에 두미트루 스타닐로에가 루마니아어 판을 출판했다(총 10권). 제2차 세계 대전 이후, 영어, 프랑스어, 독일어로 번역되었다.

The Philokalia of Origen ed J. Armitage Robinson, 1893; *Philokalia ton Ieron Neptikon*, reissued in 5 vols 1957-1963; E. Kadloubovsky and G. E. Palmer, *Writings from the Philokalia on Prayer of the Heart*, 1951; *Early Fathers from the Philokalia*, 1954; G. E. Palmer, P. Sherrard and K. Ward, *The Philokalia: The Complete Text*, vols I, II, 1979-1981 (3 vols forthcoming); *The Way of a Pilgrim*, ET 1954.

KALLISTOS WARE

필립 네리 | Neri, St. Philip

성 필립 네리(1515-1595)는 16세기에 가톨릭 교회의 영적 부흥을 주도한 인물이었다. 그는 플로렌스에서 태어났으며, 젊어서 로마로 와서 여러 해 동안 단순한 기도와 수덕 생활을 했다.

그는 플로렌스 사람들이 모이는 산 지롤라모 델라 카리타 교회에서 페르시아노 로사(Persiano Rosa)를 만났고, 로사는 그의 고해신부가 되었다. 페리사아노는 필립의 도움을 받아 가난한 순례자들을 돕기 위한 자선 단체를 만들었으며, 이 단체는 1550년에 큰 일을 했다. 1551년에 필립은 페르시아노의 명령을 받아 사제가 되어, 산 지롤라모로 갔다. 곧 그에게는 날마다 기도하고 영적 독서를 위해 모이는 제자들이 생겼다. 이들 중 몇 사람이 1564

필립 네리 | Neri, St. Philip

년에 사제로 임명되었을 때에 오라토리오 회가 존재하게 되었다. 그 무렵, 필립은 영적 지도와 사순절에 일곱 장소의 바실리카를 순례한 것으로 유명해져 있었다. 오라토리오 회는 급속하게 성장했기 때문에, 1575년에는 발리첼라에 있는 산타 마리아 교회로 옮겨갔다. 1593년에 그는 수도원장직을 사임했지만, 사망할 때까지 엄청난 영향력을 행사했다.

필립의 영성 형성에 기여한 저서들 중에는 야고폰 다 토디(Jacopone da Todi)의 *Laudi*, 복자 존 콜롬비니(John Colombini)의 생애, 사막 교부*들의 전기 등이 있다. 그는 사막 교부들을 "나와 같은 노인들"이라고 부르기도 했다. 그는 책을 출판하지 않았기 때문에, 그의 가르침은 그가 시성되는 과정에서 발견된 증언들에서 발견된다. 그는 많은 사람들을 여러 교단에 파송했지만, 그는 주로 것은 사람들의 외적인 환경을 변화시키지 않으면서 그들을 신령한 생활을 하도록 도와 주려 했다. 이것을 성취하는 수단은 잦은 고해 성사와 성찬이었다. 사람들은 그의 관대함, 쾌활한 낙천주의, 마음을 읽는 초자연적인 능력 때문에 고해신부인 그를 찾았다. 그에게 중요한 것은 육체적인 엄격함보다는 영적인 고행

이었다. "그리스도를 위한 어릿광대"의 전통 안에서 행한 그의 기괴한 행동은 겸손과 이탈을 획득하기 위한 고행이었다. 한동안 그는 날마다 미사를 행했다.

필립은 모든 계층의 사람들이 기도에 매력을 느끼고 접근할 수 있게 만들었다. 특별한 기법이나 훈련은 없었다. 그가 가장 즐겨 사용한 격언은 "겸손하고 순종하라. 그러면 성령께서 기도하는 방법을 가르쳐 주실 것이다"였다. 그는 기도를 위한 준비로서 묵상, 특히 그리스도의 수난에 대한 묵상을 권했다. 그는 어린 아이에게 주기도문을 암송하고 한 구절씩 묵상하게 함으로써 기도하는 방법을 가르쳤다. 또 다른 사람들에게는 짧은 화살 기도를 여러 번 반복하라고 권했다. 건조한 시기에는 성인들을 찾아가서 영적인 구제를 요청하라고 충고했다. 필립의 노력 덕분에, 로마의 가정에 가정 기도가 널리 도입되었다. 그러나 하나님의 사랑은 행동으로도 표현되어야 했다. 필립은 참회자들을 병원에 보내어 환자들을 간호하게 했다. 임종할 무렵, 그의 영향력은 매우 커서 그는 "로마의 사도"라고 불렸다.

Louis Bouyer, *The Roman Socrates*, ET 1958; Louis Ponnelle and Louis Bordet, *St. Philip Neri and the Roman Society of his Times*, ET

²1979; Meriol Trevor, *Apostle of Rome*, 1966.

NORMAN RUSSELL

하나님을 봄 | Vision of God

이것은 영성 생활의 목표인 지고선(*summum bonum*)을 지칭하는 고전적 정의이다. 이 용어는 거의 모든 세계적인 종교들에서 발견되지만, 원래 기독교보다는 플라톤주의에서 기원한 것이다. 어떤 사람들은 이것이 지고선을 나타내는 데 부적절한 표현이라고 간주했다.

커크(K. E. Kirk)는 "마음이 청결한 자는 복이 있나니 저희가 하나님을 볼 것"이라는 것은 공관적 전통에서 반복되지 않지만, 구약성서에서 여호와는 "내 얼굴을 보는 날에는 죽으리라"고 말씀하신다는 것을 인정했다. 그러나 욥은 오랜 시련을 통해서 새롭게 깨우친 후에 "내가 주께 대하여 귀로 듣기만 하였삽더니 이제는 눈으로 주를 뵈옵나이다"라고 결론지었다. 이사야가 성전에서 하나님을 보고 회개했듯이, 욥도 하나님을 봄으로써 회개했다.

성경신학의 전성기에 "말씀"은 최고의 상징이었다. 사회학자인 데이비드 마틴(David Martin)이 신비주의가 종교에 대한 절대적인 정의를 제공한다는 것을 거부했듯이, 지금도 그렇게 주장되고 있다. "인간은 내면의 성으로 들어가거나, 조명에 의해서 사는 것이 아니다. 그는 말씀—로고스, 이성, 구현—에 의해서 살아간다. 말씀은 의지의 행위인 순종을 요구한다. 철학에서도 비슷한 논의가 이루어져 왔다. 무어(G. E. Moore)는 선을 고찰하면서 봄(vision)을 나타내기 위해 준-심미적인 상징을 사용했고, 그것을 아름다운 것에서 유추하여 생각하며, 도덕적 행위자를 관상자로 간주했다. 한편 어떤 사람은 관상자란 본질적으로 불가피하게 선을 원하고 행하는 행위자라고 간주하려 한다. 아이리스 머독(Iris Murdoch)은 『선의 주권』(*The Sovereignty of Good*, 1970)에서 봄(vision)이라는 표현과 시각(sight)이라는 은유를 회복시키려 했다. 왜냐하면 인간은 단순히 하나의 의지가 아니라 "보는 통일체"이며 철학적 편견이 없는 사람은 시각에 의해서 태도의 변화를 묘사할 것이기 때문이다. 우리는 이전에 싫어했던 사람을 다른 시각으로 봄으로써 사랑하고 사모하게 된다.

지고선을 하나님을 보는 것으로 묘사하는 것에는 우리가 눈에 보이지 않는 분을 보게 될 것이라는 약속이 함축되어 있다. 그것은 육체적인 것이 아니라 지적인 시각이며, 감각에 속한 욕망들로부터 이탈함에 의해서만 획득되는 것이다. 거기에는 정신적 훈련 뿐만 아니라 육체적인 금욕과 윤리적으로 엄격한 판단이 포함된다. 기독교 신학자들은 이에 대해 이의를 제기한다. 그것은 매우 히브리적일 뿐만 아니라 반-성육신적일 수도 있으며, 인간 예수는 하나님께로 가는 하나의 단계요 갈보리는 긴 여정의 한 장소에 불과하게 되며, 모든 인간 관계가 하나님께 집중하지 못하며 이웃 사랑이 부차적이고 종속적인 명령이 된다. 이것이 기독교 영성의 역사에서 실제로 이루어져 온 현상이다.

그러나 현대의 철학적 논의를 통해서 우리는 새로운 확신을 얻어야 한다. 아이리스 머독은 언어철학자들, 극단적인 논리에 의거하여 단순히 종교를 반대하는 데 그친 것이 아니라 허무주의와 무의미함을 선도해 온 사람들을 논박하려 한다. 그녀는 행동주의에 반대하여 자신의 도덕 철학의 기초를 인간 심리학에 두며, 과학 뿐만 아니라 심미적 경험을 의지하려 한다. 심미적 경험은 우리를 감각적인 것 안에 가두어 둘 수도 있다. 아이리스 머독은 플라톤이 예술가들을 추방했다는 불편한 사실에도 대항했다(*The Fire and the Sun*, 1978).

기독교만이 지고선인 봄(vision)의 개념을 공정하게 다룰 수 있을 것이다. 하나님을 보는 것은 우리를 초월하는 곳으로 이끌어간다. 우리는 자신을 보지 않고 하나님을 본다. 특히 기독교인들의 경우에 그것은 그리스도 중심적인 것으로서 자신의 기이한 경험 안에서 예수를 보는 것이 아니라 세상을 향한 사랑 안에서 예수를 본다. 그것은 예배 안에서 우리의 전인(全人)을 통일시켜준다. 그것은 단순히 무엇이 진리인지 말해 주는 것이 아니라 우리 자신의 통찰을 추구하는 것, 단순한 "바라봄"(gaze)이 아니라 참여하는 것을 의미한다. 그것은 우리로 하여금 아직 성취할 수 없는 것을 향해 나아가게 해 준다. "하나님을 보려는 갈망에 만족하지 않는 것, 그것이 하나님을 보는 것이다. 그러나 인간은 자신이 볼 수 있는 것을 바라봄으로써 더 많은 것을 보려는 갈망의 불을 다시 일으켜야 한다. 하나님을 발견하는 데에는 한계가 없으며, 선을 향한 갈망이 충족되었기 때문에 그 갈망의 성장이 종식되는 것이 아니므로, 하나님을 향해 올라가는 데 있어서 성장을 중단하게 만드는 한계도 없다"(Gregory of Nyssa, *Life of Moses* 239).

하나님의 뜻에 일치함| Confirmity to the Will of God

Dorothy M. Emmet, *The Moral Prism*, 1979;
Kenneth E. Kirk, *The Vision of God*, 1931;
Vladimir Lossky, *The Vision of God*, 1963;
John Macquarrie, *Paths in Spirituality*, 1972,
pp. 120-6.

편집자

하나님의 뜻에 일치함
| Confirmity to the Will of God

사도 시대 이후로 사람들은 예수 그리스도 안에 계시된 하나님께 충성하는 생활을 하려고 노력해왔다. 이것이 "하나님의 뜻에 일치함"이라는 표현에 내재되어 있는 의미이다. 이러한 노력은 이 사람들이 살았던 기독교 공동체 내에서 작용하는 세계관의 특이성에 의해서 조정되었다.

그러한 공동체들 중 신플라톤주의적 사고 방식을 사용한 공동체들은 하늘에 계신 아버지가 완전하신 것처럼 그리스도의 메시지도 완전하며(마 5:48), 물질에 대한 관심보다는 삶의 비물질적인 측면에 관심을 갖기를 촉구한다고 해석했다. 따라서, 성욕을 성적으로 표현하는 것보다는 금욕을, 부유함보다는 자발적인 가난을 선호했다. 그러한 공동체들은 예수 그리스도 안에서 하나님께 충성하는 사람들을 배출했다. 예를 들면, 알렉산드리아의 클레멘트, 힙포의 어거스틴*, 그리고 아레오파고 사람 디오니시우스*를 들 수 있다.

아리스토텔레스의 사고방식에서 행동하는 공동체들은 완전하라는 명령에는 몸과 영의 결합이 수반된다고 해석했다. 토머스 아퀴나스*가 그러한 견해를 지닌 주요한 기독교 해석가였지만, 그가 활동한 중세 시대의 상황은 이전의 기독교가 지녔던 영적 관습들로부터의 분명한 결별을 배제했다. 이러한 사실 때문에 이러한 세계관의 변화로 인해 초래된 동기와 태도의 주요 변화를 중요하지 않은 것으로 여겨서는 안 된다.

개신교 종교개혁은 이 세상의 현실에 개입하는 것이 하나님께서 원하시는 것이라는 성육신적인 견해를 복원했다. 따라서, 수도원적 영성에, 이 세상을 완전하게 하기 위해서 일상적인 세계에서 일하라는 소명 의식이 보완되었다. 칼빈*과 그의 후계자들이 이 영성의 본보기적인 인물들이다.

오늘날 철학이 그러한 주제를 향함으로써, 앎과 사랑, 자기-초월을 향한 인간적인 충동의 요구에 충실하는 것이 하나님의 뜻에 일치하는 것이라고 여기는 하나님의 뜻에 일치함의 영성을 양성되었다. 그러한 상황에서, 가톨

하나님의 죽음 | Death of God

릭 교회에서 전형적으로 수도원적 이상을 모방한 영성을 강조하는 것과 개신교회에서 세상적인 개입에 기초를 둔 영성을 강조하는 것으로 구분하는 전통적인 이분법이 다시 활력을 얻었다. 완전함이란 믿음에서 생겨나는 신지식에 대해 사랑으로 응답할 수 있게 해주는 생활방식을 받아들이는 것이라고 간주된다. 그러한 영성에서 배출된 인물이 도로시 데이(Dorothy Day), 디트리히 본회퍼*, 모리스 블론델(Maurice Blondel), 그리고 떼제*의 수도사들이다.

한 사람의 세계관과 종교적 전통은 그리스도 안에서 하나님께 대한 충성을 표현하는 데 막대한 영향을 미치지만, 하나님의 뜻에 자신의 삶을 일치하고자 하는 사람들에게는 몇 가지 공통된 요소가 있다. 따라서 기독교적 삶이 한 사람의 역사적인 상황으로 전락하지 않는다.

첫째 요소는 기도이다. 기도는 하나님과 개인 사이의 의사소통 방식으로 간주되어왔다. 성경에 의해 조성되는 기도는 하나님께서 자기 백성을 향해 품으신 압도적인 사랑을 드러내주며, 그에 대한 응답을 이끌어낸다. 이 응답은 기도하는 사람의 특별한 역사적 관점의 영향을 받지만, 그러한 관점에서 생겨난 여러 가지 편견과 한계에서 그가 해방될 수 있게 해 준다. 이러한 자유 안에서, 그 사람은 마음을 다하여 하나님을 사랑하는 것의 의미를 결정한다.

하나님의 뜻에 따라 살려고 노력하는 사람들이 공통적으로 지닌 둘째 요소는 이웃사랑이다. 이것은 하나님 사랑에 부수되는 것이 아니라 그 나름대로 고유한 사랑으로 간주되어야 한다. 따라서 중세 시대의 영성은 환대를 강조했고, 종교개혁 영성은 사업에서의 공정한 거래를 강조했고, 현대 영성은 모든 집단들에 대한 조직적인 억압을 인식하게 하는 이웃 사랑의 개념을 강조하기 시작했다. 개신교와 가톨릭 교회와 정교회에서 공통적으로 지니고 있는 이러한 인식에서 정치 신학과 해방신학*이 생겨났다.

마지막으로, 하나님의 뜻에 일치하여 살려는 모든 시도의 특징은, 하나님의 뜻에 일치하여 생활하는 데 요구되는 자기-초월에 의해 요구되는 내면성의 계발을 위한 훈련이다.

NANCY C. RING

하나님의 죽음 | Death of God

"하나님의 죽음"이라는 슬로건은 1963

하나님의 죽음 | Death of God

년부터 1967년 사이에 미국에서 극적이고 다양하고 열띤 논쟁을 일으켰다. 역사적으로 이 표현은 구속(Atonement)이라는 상황에서 사용되어야 하지만, 프리드리히 니체(Friedrich Nietsche, 1844-1900)의 저서에서 신경을 거스르는 특징적인 의미가 주어졌다. 니체가 "하나님의 죽음"을 말하게 된 것은 청년 시절의 신앙에서부터 후대의 불신앙으로 나아간 그의 개인적인 여정에 대한 고찰에서 비롯되었을 것이다. 17, 18세기의 무신론은 순수히 논리적인 근거에 입각하여 하나님에 대한 믿음이 거짓임을 증명할 수 있다고 가정했다. 니체는 그러한 접근 방법에는 관심을 갖지 않았다. 그는 "지금 기독교를 거스리는 결정을 하게 하는 것은 우리의 이성이 아니라 우리의 취향이다"라고 말했다. 그 시대에 유럽에서는 경험과 의식의 변화가 있었으며, 그 결과 하나님에 대한 믿음이 사라졌다. "하나님의 죽음"이라는 충격적인 표현은 논리적인 결론을 묘사하는 것이 아니라 문화적인 사실을 묘사하는 비유이다.

현대에 그 표현이 사용된 것은 1961년에 가브리엘 바하니언(Gabriel Vahanian)이 『하나님의 죽음』이라는 책을 출판한 데서 비롯되었다. 바하니언은 니체의 주장을 옹호하지 않았지만, 전후에 아메리카에서 전개된 문화 운동을 다루면서 그 비유를 사용했다. 그는 당시 유행하던 신앙에서의 우선적인 피해자는 참된 종교임을 보았다. 바하니언은 니체의 강경 노선에 찬성하지 않았고, 일찍이 자본주의와 전쟁을 정당화했던 바르트가 하나님을 거부하면서 사용한 것처럼 그 표현을 온건하게 사용하려 했다. 바르트는 "지금은 하나님과 관련하여 우리 자신을 철저한 회의주의자, 의심하는 자, 조소자, 무신론자로 선포해야 할 때이다… 하나님은 죽었다"고 주장했다. 1960년대에 배출된 "하나님의 죽음"을 다룬 많은 서적, 논문, 강연, 설교에서는 하나님에 대한 그릇된 개념이나 하나님을 향한 그릇된 태도의 죽음을 선포하기 위해서 이러한 용어를 사용했다.

"하나님의 죽음의 신학"이 미친 영향은 이와 같은 온건한 용도에 입각했을 때와는 달랐을 것이다. 그것이 미친 영향은 그 용어를 원래의 강경한 의미로 사용한 세 사람의 신학자에 의해서 결정되었다. 그들의 주장은 각기 달랐지만, 그들은 모두 동일한 전제, 즉 니체의 문화적 예언, "과거의 하나님은 죽었다는 보고"의 성취에서 시작하는 듯하다.

이 세 신학자 중 가장 독창적이고 복합적인 사람은 토머스 알타이저(Thomas Altizer)이다. 그는 영문학 교수요 종교학 교수였는데, 그의 철저히 변증적인 저서에서 블레이크(Blake), 헤겔, 니체, 엘리아드(Eliade) 등의 영향을 발견할 수 있다. 현대의 세속적인 문화 안에서 많은 사람들이 하나님 임재의 의식을 상실했다면, 시계 방향을 되돌림으로써, 과거의 신앙 생활의 조건들을 재확립함으로써 현재의 상황을 바로잡으려는 생각이 들 것이다. 알타이저는 이러한 시도가 성공할 수 없다고 생각할 뿐만 아니라, 하나님이 왜 죽으셨는지, 세속적인 것을 통해서 거룩한 것을 추구해야 하는 방법을 보여 주는 성육신 해석을 제안한다. 하나님이 인간이 되신 것이 함축하는 완전한 의미를 받아들이는 것은 결국 하나님에 대한 새로운 의식으로 이어진다.

윌리엄 해밀턴(William Hamilton)은 하나님의 죽음을 묘사하면서 형이상학적인 모델을 만들지 않는다. 그는 본회퍼*의 영향을 받았다. 그의 저술들은 자서전적이다. 그는 자신의 신앙생활이 점차 변화되어 더 이상 하나님에 대한 의식이나 경험을 소유하지 않고 있음을 인정하게 된 과정을 묘사한 다. 그는 자신의 주장을 입증하지 않으며 옹호하지도 않지만, 그가 사용한 표현은 많은 신자들의 경험을 표현해 주었다. 오늘날처럼 하나님의 재림을 기다리는 시대에, 그는 여전히 자신이 기독교 공동체 내에 속해 있음을 느낀다.

이렇게 하나님의 죽음이라는 표현을 비교적 온건하게 사용한 것과는 달리, 폴 반 부렌(Paul van Buren)은 다소 귀에 거슬리는 주장을 한다. 그는 "하나님"이라는 단어가 죽었다고 선언한다. 그는 자신이 비트겐스타인의 기능적 분석을 채택하고 있다고 주장하지만, 그의 실증주의적 지침은 플류(Flew)와 브레이스웨이트(Braithwaite)의 것이다. 후일 그는 이 스스로 좋아서 부과한 억압에 대항하여 싸우면서 인생에서 "예수-이야기"를 위한 특별한 규범적 기능을 정당화하려 했다.

하나님의 죽음의 신학에 기여한 주요한 인물들은 모두 널리 받아들일 수 있는 해결책을 제공하지 못했다. 그들은 각기 하나님에 대한 믿음의 상실이 교회 안에 널리 퍼져 있으며, 그렇기 때문에 새로운 형태의 영성이 요구된다고 주장했다. 그들의 사역에 대한 성직자들과 평신도들의 놀라운 반응, 사회 전체와 매스 미디어의 반응은 이러

하우, 존 | Howe, John

한 주장이 지닌 중요성을 보여 주는 척도이다.

Thomas Altizer, *The Gospel of Christian Atheism*, 1967; *Radical Theology and the Death of God*, 1968; Paul van Buren, *The Secular Meaning of the Gospel*, 1963; William Hamilton, *Radical Theology and the Death of God*, 1968; Alistair Kee, *The Way of Transcendence*, 1971; Bernard Murchland (ed), *The Meaning of the Death of God*, 1967; Friedrich Nietzsche, *The Complete Works of Freidrich Nietzsche*, ed Oscar Levy (vol 10 *The Joyful Wisdom*, vol 11 *Thus Spake Zarathusta*); Gabriel Vahanian, *The Death of God*, 1961.

ALISTAIR KEE

하시딤 | Hasidism

유대교 영성을 보라

하우, 존 | Howe, John

존 하우(1630-1705)는 장로교 목사이자 저술가로서, 교회가 다투던 시대에 관용을 나타낸 것으로 널리 알려졌다. 유능한 저술가들이 이성주의적 회의주의를 받아들이고 있는 시대에, 그는 비중있는 저서인 『살아있는 성전』(*Living Temple*)에서 독특한 기독교 영성의 중요성을 강조했다. 하우는 심미적 이상의 인기와 그 시대의 종교적 불화의 증오가 연결될 수도 있음에 주목했다. 그는 그 시대가 어느 시대보다 "종교들은 많지만, 참된 경건은 찾아 보기 어려운 시대"임을 깨달았다. 그의 주장에 의하면, 하나님의 실존 및 하나님이 죄악된 인간과 대화할 수 있다는 것을 뒷받침하는 효과적인 논거는 변화된 삶, "하나님이 내면에 거하시는 데 합당한 모양과 행동으로 하나님의 내주하심을 표현하며, 하나님의 영광을 불신자들에게 나타내는 것이다. 하우의 설교는 하나님의 가장 친근한 역사인 성화는 우리가 복종해야 할 주요 즐겨야 할 부분이신 하나님 안에서 즐거워함으로써 계발된다는 견해를 설명한다. 영혼을 하나님과 연합하게 하기 위해서 성경의 발견되지 않은 경이들, 하나님의 진리의 아름다움, 그것의 생생한 광채와 목적 등에 대한 묵상을 사용한다. 이 설교의 문맥은 망각되어서는 안 된다.

박해의 시대에 활동한 신실한 사역자였던 하우는 내세의 중요성을 거룩을 위한 유인으로 강조했다. 그의 『의인의 축복』(*The Blessedness of the Righteous*)은 천국의 영광과 그것을 위한 우리의 준비에 대해 설명한다. 장래의 축복의 본질은 하나님의 성품과 동화되는 데 따른 말할 수 없는 만족이다. 천국이 없다면, 인간은 만족시킬 수 없는 욕망으로 가득차며, 제대로 사용할 수 없는 능력을 부여 받으며, 행복에 대해 실현할 수 없는 개념들을 형성할 것이다"(*The Vanity of Man as Mortal*). 1680년대 초에 비국교도들에 대한 무서운 박해가 가해졌다. 하우의 목회적 관심은 *Of Thoughtfulness for the Morrow*와 그 부록인 *Concerning the Immoderate Desire of Forenowing Thing to Come*에 반영되어 있다. 신자들은 역경 속에서 장차 일어날 일을 미리 걱정하지 않고 기도하며, 영원에 대해 더 많이 생각할 것이다. 하우는 *Self-Dedication*과 *Yield Yourselves to God*라는 설교에서 거룩에 대한 자신의 가르침의 중심 요소들을 설명한다. 기독교인들은 자신의 복음주의적 책임을 깨달아야 한다. 기독교의 메시지를 불신자들에게 전파할 때에 "우리의 말이 그들에게 전달되지 못하고 중간에서 소멸된다"(*The Redeemer's Tears Wept over Lost Souls*). 교회의 일치를 향한 그의 관심은 *Concerning Union Among Protestants*에 반영되어 있다. 거기서 그는 "우리의 분열이 우리의 멸망이 되지 않기 위해서, 개신교인들 사이의 증오를 완화시키는 시도로서 가장 바람직한 것"에 대해 논한다.

John Howe, *Works,* with memoir of his life by Edmund Calamy, 1832; R. F. Horton, *John Howe,* 1905; H. Rogers, *The Life and Character of John Howe,* 1863.

RAYMOND BROWN

하월 해리스 | Howel Harris

하월 해리스(1714-1773)는 웨일즈 지방에서 일어난 감리교 신앙부흥 운동의 지도자였다. 그는 브레콘셔의 탈가트 교구에서 목수의 막내 아들로 태어났다. 그는 그 지방 학교에서 교육을 받았다. 옥스포드 대학에 진학할 기회가 있었지만, 그는 자신의 개종이 미친 영향 때문에 그곳에 머물지 못하고 고향으로 돌아왔다. 해리스는 사역을 시작하고픈 소원을 표현했지만, 1735년 봄의 회심을 계기로 그는 트레페카 인근에서 복음을 전했는데, 이 특이한 행동 때문에 주교는 몇 가지 이유를 들어 그가 성직에 지원하는 것을 거부했다.

신앙부흥 운동 초기에 해리스는 잉글랜드와 웨일즈에서 활동하는 감리교 운동의 지도자들을 만났다. 그 후 그들은 긴밀하게 협력했는데, 그 동안에 해리스는 그 일을 조직하는 탁월한 능력을 나타냈다. 그는 많은 감리교 지도자들을 모아 일반적인 정책을 논의하고, 여러 가지 문제를 해결하고, 필요한 경우에는 규율을 강화하기도 했다. 1740년대 중반에, 해리스와 대니얼 로우랜드(Daniel Rowland) 사이에 견해 차이가 생기게 되었고, 결국 그들은 1750년에 결별했다.

2년 후, 해리스는 순회 사역에서 은퇴하고, 트레페카에서 자신을 따르는 사람들을 모아 기독교적 공동체 생활을 시작했다. 이 공동체는 "트레페카 가족"이라고 알려졌으며, 19세기 중반까지 존속했다.

잠시 그를 반대하는 가톨릭 신자에 맞서 자신의 개신교 신앙을 옹호한 후, 1763년에 해리스와 로우랜드는 재결합했다. 그러나 그는 자신이 다시 감리교인들의 지도자가 되기 어렵다는 것, 그리고 젊은 시절과 같은 공헌을 할 수도 없다는 것을 깨달았다. 그는 주로 트레케파의 공동체를 보살피면서 지냈다. 그는 1768년에 헌팅던(Huntingdon) 백작 부인이 대학을 세우는 일에 깊이 관여했다. 그는 1772년에 건강이 악화되어, 1773년 7월에 55세로 세상을 떠났다.

해리스는 매우 신령한 사람이었다. 그는 항상 하나님 가까이에 있어야 할 필요성을 깊이 의식하고 있었으며, 그렇기 때문에 그의 삶에서 기도는 필수적인 것이었다. 하나님 앞에 거하는 것이 가장 큰 일이었다. 그는 자신의 영적인 상태나 결혼 문제를 위해 헌신적으로 기도했듯이, 트레페카의 상태에 대해서 열심히 기도했다. 그는 기도의 결과로서 하나님께서 직접 개입하신다고 믿었다. 그리고 하나님의 인도하심을 믿을 뿐만 아니라, 어떤 사람에게는 특별한 방법으로 하나님의 뜻을 인식하고 전달하는 은사가 주어진다고 믿었다. 해리스는 평생 영국 국교회 신자로서 그 신조들을 옹호했고, 어떠한 형태로든 국교회로부터 분리하는 것을 반대했다. 그는 자신을 연단하기 위해서, 그리고 자기의 삶 속에서 하나님의 손을 보기 위해서, 회심한 순간부터 죽을 때까지 일기를 기록했다. 그는 일기에 자신의 운동, 설교, 기도, 생각, 편지들을 기록했고, 자신의 일상 생활에 대한 상세한 내용 뿐만 아니라 그와 같은 경건한 인물이 직면하는 어려움에 대한 통찰도 기록했다. 능력 있는 설교자이자 조직가였던 해리스는 사람들에게 신앙부흥의 문자적인 측면을 남겨 주었고, 사적인 논문들과 간단한 자서전을 남겼다.

Richard Bennett, *The Early Life of Howell Harris*, 1962; Tom Beynon, *Howell Harris, Reformer and Soldier*, 1958; *Howell Harris's Visits to London*, 1960, *Howell Harris's*

Visits to Pembrokshire, 1966; Hugh J. Hughes, *Life of Howell Harris*, 1892; M. H. Jones, *The Trevdcka Letters*, 1932; G. F. Nuttall, *Howel Harris, 1714-73. The Last Enthusiast*, 1965.

GERAINT TUDUR

함마슐드, 닥 | Hammarskøld, Dag

UN 사무총장이었던 닥 함마슐드(1905-1961)는 콩고의 평화를 위해 노력하던 중 잠비아에서 비행기 사고로 사망했다. 그는 8년 전에 뉴욕에 도착했을 때에 라디오 방송으로 자신의 믿음에 대해서 밝혔었지만, 실질적으로는 불가지론적 인문주의자인 듯했다. 따라서, 그의 사후에 뉴욕에 있는 그의 아파트에서 *Markings*—그는 이것을 "나 자신과의 협상, 그리고 하나님과의 협상들에 관한 보고서"라고 했다—의 원고(1964년 출판됨)가 발견된 것은 매우 놀라운 일이었다.

그의 아버지 가문에는 군인들과 정치가들이 많았고, 어머니의 가문에는 성직자들과 학자들이 많았다. 그는 웁살라 대학 시절에 신앙을 잃었다. 그 후에 사업과 정치를 하게 되었고, UN 역사상 가장 어려운 시기에 사무총장이 되었다.

그가 다시 신앙으로 복귀하는 여정은 길었다. 그는 "가장 오랜 여정은 내면을 향한 여정이다"라고 기록했다. 그는 획기적인 약진을 했지만, 그리 극적이지는 않았다. 따라서 그는 "나는 누가—또는 무엇이" 문제를 제기했는지 또 언제 제기되었는지 알지 못한다. 그 답변도 기억하지 못한다. 그러나 어느 순간에 나는 미지의 그분에게 "예"라고 대답했으며, 그 순간부터 실존은 의미있는 것이며 자기를 포기하는 나의 삶에 목표가 있다는 것을 확신했다"라고 기록했다.

그는 신비가들의 직접적인 하나님 경험에 관해 깊이 생각하기 시작한 듯하며, 토머스 아퀴나스*, 엑하르트*, 십자가의 요한* 등을 인용한다. 그 다음에 그는 예수님이 하나님과 나누신 교제에 관심을 두었다. 후일 그는 무한히 다양하고 풍부한 하나님 경험을 다룬 시편을 반복하여 성찰했다. 그는 "믿음은 정신과 영혼의 상태이다…종교의 언어는 기본적인 영적 경험을 등록하는 일련의 공식들이다. 그것이 우리의 감각으로 접근할 수 있으며 논리학의 도구를 사용하여 분석할 수 있는 실체를 묘사한다고 간주해서는 안 된다"고 했다.

그는 교회의 집단적인 전례 생활이나 성례전 생활에는 참여하지 않았다.

해방영성 | Liberation, Spirituality of

아마 특정 교회의 신자라고 공개하면, 자신이 서방 측 정책의 지지자로 여겨질 것을 염려한 듯하다. 어쨌든 Markings는 그러한 헌신을 원했다는 부분은 나와 있지 않다. 실제로 그는 "하나님을 사랑하는 사람들을 종교를 소유하는 것이 아니라 하나님만을 소유한다"는 신비한 금언을 인용한다.

그러나 그는 스스로 어려운 신학적 사유를 행해야 했다. "장성함에 이르는 방법을 가르쳐 주는 공식은 없다. 그리고 내면 생활의 언어에 적용할 문법도 없다"고 학생들에게 말했다. 그는 지적인 사람이나 거룩한 사람들을 막론하고, 누구에게서든지 신앙의 패턴을 받아들이려 하지 않았다. 그는 "나는 경험에 비추어서 개인적인 신앙을 양성하려는 노력을 한 번도 포기한 적이 없다"고 했다. 그는 정직한 생각이 마침내 그를 청년 시절의 신앙으로 돌아가게 해 주었다고 주장했다. 결국 그는 "과거에 나에게 전해졌던 신앙들을 인정하고 무조건 받아들였다."

오늘날 사람들은 고요한 생활이 기도 생활의 진보를 가져온다고 말한다. 그러나 Markings에서 가장 놀라운 부분은 함마슐드가 믿음과 기도를 향해 큰 걸음을 내딛은 곳이다. 반 두센(van Dusen)은 "그의 믿음과 기도가 가장 급속히 진보한 시기는 UN에서 세계의 정치적 사건들과 문제들로 인해 시달리던 시절이었다"고 말했다. 함마슐드는 Markings에서 "이 시대의 많은 사람들에게 있어서, 거룩으로 나아가는 길은 행동의 세계를 통과해야 한다"고 기록했다.

행동에서 솟아나는 이 관상은 그가 케네디 공항에서 콩고로 가는 비행기에 토머스 아 켐피스의 『그리스도를 본받아』를 가지고 탔다는 사실에서 증명된다. 그 책에는 그가 UN 사무총장으로서 선서한 내용이 기록된 엽서가 들어 있었다.

G. Aulen, *Dag Hammrskjøld's White Book*, 1970; H. P. van Dusen, *Dag Hammarskjøld: a Biographical Interpretation*, 1967.

MARK GIBBARD, SSJE

해방영성 | Liberation, Spirituality of

해방신학의 기초가 되는 동시에 그 신학에서 성장해나온 기독교적 복음을 실천하는 하나의 방식이다. 해방신학은 1965년에 제2차 바티칸 공의회가 끝난 후 라틴 아메리카에서 시작되었다.

제2차 바티칸 공의회는 "현대 세계에서의 교회"에 관한 목회 헌장에서 기독교인들을 이 시대 사람들, 특히 가난하고 고통받는 사람들의 근심과 걱정과 연결지었다.

라틴 아메리카의 가톨릭 교회의 입장에서 보면, 가난하고 고통받는 사람들을 위한 이 특별한 관심을 실천하려는 시도는 말을 넘어서는 것이어야 했다. 한 가지 예를 들어보자: 대다수의 사람들이 실질적으로 가난하고 무식하며 정치적으로 무력한 명목상으로는 기독교 대륙의 가난한 사람들에게 복음을 전하는 것, 그리고 억압적인 군사 독재에 시달리는 국가의 가난한 사람들에게 복음을 전한다는 것은 어떤 의미를 갖는가?

이처럼 가난한 사람들이라는 프리즘을 통해서 성경을 읽으려는 노력을 통해, 주교들과 사제들과 신학자들은 가난과 학대라는 실존의 상황 안에서 해방영성과 해방신학의 뿌리를 보게 되었다. 구약성서는 여호와께서 이스라엘 백성을 속박에서 해방시켜 주시고 한 국가로 만드시는 것을 보여 준다. 또한 가난과 학대는 "하나님의 뜻"이 아니라, 여호와와 백성들이 협력하여 제거해야 할 악이라는 것을 보여 준다. 신약성서는 예수를 그리스도, 생명을 주고(요 10:10), 사랑을 전하며(요일 4:20), 자유를 전파하는(요 8:32) 해방자로 본다.

그러나 유일하게 가톨릭 신앙을 지닌 대륙인 라틴 아메리카는 성경이 거짓임을 입증한다. 수백 만의 하나님의 백성들이 가난과 학대로 고통을 받는다. 복음이 말하는 생명과 사랑과 자유보다 죽음과 미움과 억압이 더욱 많다.

제2차 바티칸 공의회가 라틴 아메리카의 가톨릭 교회에 심오한 영향을 주었듯이, 라틴 아메리카의 교회는 전체 교회에 심오한 영향을 주었다. 1971년에 "세상에서의 정의"라는 주제에 대해 토의하기 위해 로마에서 개최된 주교 회의에서 라틴 아메리카의 주교들은 큰 영향력을 발휘했다. 그 회의에서는 다음과 같이 강력한 진술을 발표했다: "우리는 정의를 위한 행동, 그리고 세상의 변화에 참여하는 것을 복음 전파, 다시 말해서 인류의 구속과 모든 학대받는 상황으로부터의 해방을 위한 교회의 사역의 건설적인 차원으로 본다." 그러나 "정의를 위한 행동"과 인간 가족의 해방에 동참하려면 회개가 필요하다. 이 회개에 대한 이해는 라틴 아메리카의 특징이다. 구스타보 귀티에레즈(Gustavo Guitierrez)는 "회개한다는 것은 가난하고 학대받는 사람들을 해방시키는 과정에 분명하고, 현실적으로, 그리고 구체적으로 헌신하는 것을 의미한다."

해학 | Humour

이와 같이 라틴 아메리카에서 이루어진 수백 만 명의 "현실적이고 구체적인" 헌신의 주요한 결과는 기독교 기초 공동체들(Basic Christian Communities)이라는 현상이었다. 이 공동체들(브라질에서만 80,000개 이상의 공동체가 있다)의 특징은 농촌, 공장지대, 도시의 슬럼 등 어디에 위치하든지, 대부분의 구성원들이 비참할 정도로 가난하다는 점이다. 이 사람들은 인간 이하의 생활을 하는 상황에서 정기적으로 모여 성경을 읽고 그 말씀을 묵상한다. 이 공동체들의 지도자는 성직자가 아니라 평신도이며, 임명하는 것이 아니라 그 집단에서 선출한다. 이 공동체들은 성경적 묵상의 결과로서 사회적-정치적 의식을 갖게 되며 개혁을 요구하기 시작한다.

브라질, 칠레, 우르과이, 볼리비아와 같은 국가에서는 이러한 기초 공동체들이 많고 강력하다. 이들 국가에서는 주교들과 사제들과 수녀들이 가난한 사람들의 편에 서왔기 때문에, 군사 정권들이 교회를 대적한다. 이 억압적인 정권들의 경제 정책 때문에, 가난한 사람들은 계속 가난하게 살게 된다.

라틴 아메리카에서, 해방영성의 기초는 가난한 사람들이 선택할 수 있는 것은 성경의 중심에 있다는 확신에 있다. 그렇다면, 그러한 영성은 모든 지역의 기독교인들에게 적용할 수 있을 것이다. 왜냐하면 지구 상의 거의 모든 국가가 가난과 학대에 시달리고 있기 때문이다. 그러므로, 해방영성은 사회 개혁에 헌신하는 관상적인 사람들, "나라에 임하옵시며 뜻이 이루어지이다"라고 기도하는 정치적 성도들을 기대한다.

Leonardo Boff, *Way of the Cross-Way of Justice,* 1980; Segundo Galilea, *Following Jesus,* 1981; Gustavo Guitierrez, *A Theology of Liberation,* 1973.

PHILIP SCHARPER

해학 | Humour

이 단어는 오래되고 복잡한 역사를 가지고 있다. 이 단어는 다양하게 정의되는데, 모두 이 단어의 내용이 문화와 시대에 따라 변화된다는 것을 보여 준다. 그러나 전체적으로, 그것은 "습기찬 것"과 관련된 어원학적 의미를 지닌다. 경이와 신중이라는 의미가 결합된 것으로서 일종의 정신적인 상쾌함을 일으키므로, 항상 모든 사람들이 동일하게 감지하는 것은 아니다. 해학은 기분 좋게 떠들어 대는 것이 아니다. 그것은 순간적인 공범 관계를 암시하며, 소리내어 웃게 하기보다는 미소짓

해학 | Humour

게 만든다.

이와 같이 아이러니나 풍자와는 매우 다른 것으로서 절제가 있으면서도 자연스러운 농담의 형태는 기독교의 영적 전통에서 발견되어야 한다. 역사상 모든 시대의 영적 문헌들은 저자들 및 그들의 저서를 읽는 독자들에게는 종종 해학의 재능이 주어졌음을 증명해 준다. 성상학*, 그리고 교회 교부들, 사막 교부들*, 중세 시대의 저자들, 현대 작가들의 글에서 발견되는 다양한 문학 장르에서 많은 예를 인용할 수 있다. 해학은 미술 작품, 조각, 본문 안의 예화 등에서도 발견된다. 성인들은 해학을 지닌 특별한 사람들이었다. 이것을 그들에 대한 글에서 발견할 수 있다. 그러나 다른 모든 은사들과 마찬가지로, 해학도 각 사람의 능력에 따라 주어지며, 모두에게 동일하게 주어지는 것이 아니다. 해학의 은사를 지닌 사람들이 다양하듯이, 그 표현 역시 다양하다.

해학의 경험의 기원은 인간이 하나님의 초월성과 내재성 안에 참여하는 데 있다. 하나님은 세상에 현존하시지만, 동시에 멀리 계시는 분이시다. 그리스도, 인간이 되신 하나님, 아버지의 품을 떠나지 않은 채 우리 가운데서 종종 미묘한 해학을 지니시고 가르치시고 전파하시는 말씀에 대해서도 같은 말을 할 수 있다. 모든 참 기독교인들은 하나님이 아니거나 하나님께로 인도하지 않는 것을 멀리하며, 하나님께서 사랑하시며 가까이 이끌고자 하시는 모든 피조물에게 현존하시는 것에 동참한다.

근본적으로 해학은 이탈(detachment)에서 생긴다. 이것은 심리학적인 무관심이 아니고, 무가치함이나 불합리함의 의식도 아니다. 이것은 모든 피조물의 상대성, 그리고 중요한 것과 중요하지 않은 것을 식별하는 능력과 관련된 경험이다. 우선적으로, 이것은 자신으로부터 한 걸음 물러나는 것, 진지함, 진지하게 행동하지만 자신을 진지하게 여기지는 않는 것, 자신을 절대적으로 중요한 존재로 간주하지 않는 것을 의미한다. 다시 말해서, 해학은 일종의 겸손이며, 겸손의 열매이다. 겸손은 우리로 하여금 죄인, 의롭다함을 얻고 용서받았기 때문에 하나님을 의지하며 기쁘게 살아가는 죄인으로 여기게 해 준다. 어떤 환경에서나 무슨 일을 당하든지 기뻐하며, 시련과 어려움의 한 복판에서도 미소를 짓는다. 모든 것이 잘못되고 있고 상황이 심각한 것처럼 보일 때에, 가장 정교한 형태의 해학이 번뜩인다. 해학은 하나님을 향

허버트, 조지 | Herbert, George

한 갈망, 소망에 기초를 둔 낙관주의를 육성해 준다. 모든 것이 절망스러울 때, 해학은 참고 인내할 수 있게 해 준다. 기도는 해학의 가장 훌륭한 표현이다: 어떠한 상황에서든 하나님의 뜻에 만족하여 동의하고 찬양하는 것; 자신감을 가지고 도움을 호소하는 것; 감사와 기쁨과 평안 등의 표현이다. 이러한 초연함은 겸손히 봉사하는 성향에 하나님이 주신 은사들을 사용할 수 있는 능력으로 꽃피운다: 해학은 자선을 낳는다.

이처럼 즐겁고 헌신적인 초연함은 다양한 영적 활동 분야에 모습을 나타낸다. 기도 생활, 자신의 소명에 따른 덕목의 실천, 해학은 선천적인 것이 아니다. 그것은 하나의 은혜로서, 일단 그것을 받은 사람은 그것을 지키기 위해 노력해야 한다. 이런 까닭에, 해학의 고행이 존재한다. 모든 신자는 개인적으로 증거함으로써 기독교적 기쁨을 전파해야 하며, 모든 목사와 교사들은 그것을 가르쳐야 한다. 그것은 이미 비교 영성 연구의 대상이다. 예를 들면, 선(禪), 유대교와 수피 교사들은 자기들의 종교적 전통 안에서 이와 비슷한 태도를 반영한다. 해학이 이 종교들이 만나는 지점이 될 수 있을까?

예수, 기독교 전통, 그리고 모든 영감된 작가들은 해학이 영속적으로 필요한 것임을 보여 준다. 그러나 특히 우리 시대처럼 두 가지 주요한 사실―기독교 전통 안에서의 문화적인 변화, 그리고 전 세계적인 두려움의 팽배―을 특징으로 지닌 시대에는 해학이 더욱 필요하다. 우리 자신의 편협한 시각에서 한 걸음 물러나면, 사물에 대해 보다 넓고 세계적이고 우주적인 견해를 가질 수 있다. 따라서 우리의 작은 생각들을 전체적인 그림 안에 배치하며, 하나님의 관점에서 역사를 볼 수 있다. 모든 일이 순조롭지 않지만 현대의 커뮤니케이션의 수단으로 인해 감수성이 고조된 시대, 모든 사람들의 취향에 맞출 수 없을 정도로 신속하게 발달하는 시대에, 근심과 불만의 균형을 이루기 위해 선한 해학의 복음을 전파하는 것은 위험한 일이다.

Andre Derville, 'Humour', *DS*, VII, i, cols 1188-91; Conrad Hyers (ed), *Holy Laughter*, 1969, pp. 150-207; Walter J. Ong, SJ, *The Barbarian Within*, 1962, pp. 88-130; J. Roi, *L'humour des saints*, 1980.

JEAN LECLERQ, OSB

허버트, 조지 | Herbert, George

귀족 출신인 허버트(1593-1633)는 온갖 사회적 안전의 혜택과 세상에서의 성공을 보장받은 사람이었다. 그는 1620년에 켐브리지 대학의 대표 변사(Public Orator)가 되었지만 자기의 의무를 소홀히 하곤 했다. 아마 그가 타고난 학자가 아니었기 때문이거나 궁중에 대한 관심 때문이었을 것이다. 그는 항상 하나님을 경외했고 결코 방탕하지 않았다. 그러나 두 명의 후원자와 1625년의 국왕 제임스 1세의 죽음을 계기로, 그는 한층 진지하게 생각하게 되었고, 많은 영적 갈등 끝에 5년 뒤 사제가 되었다. 이렇게 되는 데에는 니콜라스 페라르*의 영향이 컸다. 그는 죽기 전 3년 동안 샐리스베리 근처 베머튼에서, 그 다음에는 어느 작은 마을에서 사역했다. 그가 사역 기간은 짧았지만, 그는 항상 모범적인 목회자로 간주되었다. 그가 기록한 영국 성직자에 대한 유명한 기사인 *A Priest to the Temple: or the Country Parson*은 1652년에 출판되었고, 그의 시집은 그가 사망한 해에 출판되었다. 그의 시들은 그의 서정적인 재능을 보여 주며, 그 중 몇 편은 찬송으로 사용되고 있다.

허버트의 영성은 탁월하게 영국 국교회의 중립적인 방향을 나타낸다. 예배는 로마 교회의 예배처럼 지나치게 꾸민 예배가 되어서는 안된다. 그러나 "색깔과 빛"은 소중한 보조 역할을 하며, 무식한 사람들에게는 설교보다 더 큰 도움을 줄 수도 있다. 설교가 중요하지만, 기도가 더 중요하다. 그리고 그가 헌팅던셔에서 섬기던 교회에서처럼 기도할 때에 사용하는 단도 강단만큼 눈에 띄어야 했다. 표면적인 몸짓은 내면의 은혜, 그리고 조화를 이룬 몸과 영혼을 나타냈다. 허버트의 경우에 복장은 매우 신령한 행동, 자신의 무가치함을 덮기 위해 그리스도를 입는 것이었다. 그는 신비가가 아니었다. 오딘(W. H. Auden)은 허버트의 시는 성공회 영성을 표현한다고 했다. 그러나 「희생」(*The Sacrifice*)이라는 시에는 수난이라는 중세 시대 서방 예표론이 가득하다. 그의 시적 외침들은 정교회의 예수기도*와 비교되어 왔다. 그의 시는 항상 그가 하나님을 친밀하게 대한 것, 그리고 방대한 우주 안에서 십자가에 달리신 분이 그를 안전히 붙들어주신다는 확신을 증거한다. 리처드 백스터*는 그에 대해 이렇게 말했다: "허버트는 진정으로 하나님을 믿는 사람, 세상에서 주로 하나님과 관련된 일을 하는 사람처럼 하나님께 이야기한다. 그의 책들은 마음의 작업이며 천국의 작업이다."

The English Works of George Herbert ed G. H.

Palmer, 3 vols, 1920; *George Herbert: The Country Parson, The Temple*, ed John N. Will(Classics of Western Spirituality), 1981; Margaret Bottrall, *George Herbert*, 1954.

편집자

헤시카즘 | Hesychasm

이 용어는 "고요", "정적", "평온" 등을 나타내는 그리스어 *hysyciha*에서 파생된 것이다. 따라서 헤시카스트(*hesychast*)는 고요함 속에서 생활하는 사람이다. 그 용어는 세 가지 방법으로 이해할 수 있다.

1. 일반적인 의미에서, 헤시카즘은 4세기 이후 동방 기독교에서, 특히 수도적 단체 안에서 가르치고 실천해온 내적 기도 방법을 의미한다:

① 때로 헤시키아는 외적이고 물질적인 의미로 이해된다: 헤시카스트는 공동체에서 생활하는 수도사들과는 대조적인 은둔자이다.

② 그러나 헤시키아의 보다 보편적인 의미는 내적인 것이다: 헤시카스트는 "자신 안으로 돌아가는" 사람, "내면의 천국"을 찾으며(눅 17:21 참조), "깨어 마음을 지키는 사람"(잠 4:23), 방문객들이 들어오지 못하도록 수실 문을 닫을 뿐만 아니라, 악한 생각과 분심이 들어오지 못하도록 마음의 문을 닫는 사람이다. 따라서 존 클리마쿠스*는 헤시카스트를 "역설적인 말처럼 들릴 수 있지만 자신의 영적 자아를 육신이라는 집 안에 가두기 위해 애쓰는 사람"이라고 정의한다(*Ladder* 27).

③ 보다 특수한 의미로, 헤시키아는 종종 심상들과 개념들로부터 해방된 기도, 상상력과 추론적인 이성을 필요로 하지 않는 기도—닛사의 그레고리, 에바그리우스, 고백자 막시무스, 니느웨의 아이작 등이 권하는 순수한 기도—를 의미한다. 클리마쿠스의 말처럼, "헤시키아는 생각을 버리는 것"(*Ladder* 27)이다. 시나이의 그레고리의 말에 의하면 헤시카스트는 "생각을 삼가는" 사람이다(*PG* 150, 1333B).

2. 좁은 의미에서, 헤시카즘은 특별히 호흡 조절을 포함하는 육체적 방법을 동원하여 예수기도를 사용하는 것을 지칭한다.

3. 한층 제한적인 의미에서, 헤시카즘은 1337년부터 1347년 사이에 그레고리 팔라마스*가 발람(Barlaam), 아킨디노스(Akindynos), 니세포로스 그레고라스(Nicephorus Gregoras) 등과

논쟁하면서("헤시카스트 논쟁") 발달시킨 신학을 지칭한다. 팔라마스는 자기 이전의 그리스 교부들을 의지했으며, 내적인 기도, 그리고 특히 예수기도는 신적인 빛을 보는 것으로 이어진다고 믿었다. 그는 이 빛을 다볼 산에서 변화하신 그리스도를 둘러싼 영광과 동일시했다. 그 빛은 성인들이 육체적인 눈을 통해서 보지만, 그 자체는 물질적인 피조된 빛이 아니라 하나님의 피조되지 않은 빛, 다가올 세대의 광채이다. 그러나 팔라마스는 신적인 에너지와 신적 본질을 구분한다. 인간은 은혜로 인해 하나님의 에너지들 안에 참여하지만, 하나님의 본질은 다음 세대에서조차 모든 지식과 참여를 초월한다. 팔라마스는 예수기도에 동반되는 육체적인 기법에는 별 중요성을 부여하지 않은 채 그 정당성을 옹호했다. 인간은 정신 신체적인 통일체이며, 따라서 영혼은 물론 육체도 적극적으로 기도의 작업에 참여한다. 팔라마스의 가르침은 1341년, 1347년, 1351년에 콘스탄티노플에서 개최된 세 차례의 공의회에서 인정을 받았고, 그리하여 인정받는 정교회 전통의 일부가 되었다. 오늘날에도 정교회에서 팔라마스의 신학이 현저하게 부흥해왔다.

헤시카스트 전통에 속한 주요한 문서들 중에는 마카리우스와 니코데무스의 『필로칼리아』*가 있다.

헤시카즘을 "정적주의"로 번역하는 것은 어원학적으로는 가능하지만, 역사적으로나 신학적으로는 오해의 소지가 있다. 17세기 서방의 정적주의자들의 교의들은 헤시카즘과는 차이가 있다.

A. Adnès in *DS*, VII, cols 381-99; M. Jugie in *DTC*, XI, cols 1735-1818, J. Meyendorff, *A Study of Gregory of Palamas*, 1964; *St. Gregory Palamas and Orthodox Spirituality*, 1974; K. Ware in B. Pennington (ed), *One Yet Two: Monastic Tradition East and West* (Cistercian Studies 29), 1976.

KALLISTOS WARE

현대 경건 운동 | Devotio Moderna

현대 경건 운동은 14세기에 네덜란드에서 시작되어 라인란트를 거쳐 프랑스 북부와 독일, 그리고 스페인과 이탈리아로 전파된 신비적 경건 운동이다. 이 운동은 주로 네덜란드와 독일어를 사용하는 지역의 공동 생활 형제단(Brethren of the Common Life)과 어거스틴 수도회의 참사회원들과 관련되어 있었다. *devotio*라는 단어는 '하나님을 섬김'이라는 일반적인 의미를 지니고 있다. 그것은 베네딕트 회나 탁발수도회*들, 특히 엑하르트*와 타울

현대 경건 운동 | Devotio Moderna

러* 등과 결합된 신비신학 학파들과 구분하기 위해서 현대 경건 운동이라고 했다.

이 운동의 창시자는 게르트 그루테(Geert Groote, 1340-1384)이다. 그는 데벤터(Deventer)에서 태어나, 파리에서 예술과 교회법, 신학을 공부했고, 서품은 받지는 못했지만 유트레히트와 아헨에서 성직록을 보유했다. 그의 주요 주제는 교회법이었으며, 그의 저술들은 법학 교육의 영향을 나타내준다. 1374년에 회심한 그는, 교회법 학자의 길을 포기하고, 최초의 공동 생활 자매단이 된 여인들에게 자신의 집을 주고, 그는 아른헴 근처의 모니쿼젠에 있는 수도원으로 들어갔다. 겸손한 그는 사제직을 거절했고, 1377년에 설교를 하기 위해서 부제가 되는 데 동의했다. 그는 말년에는 순회 선교사요 전도자 생활을 했다. 그러나 그의 강력한 표현을 좋아하지 않았던 교회의 당국자들은 그가 설교하는 것을 금지했다. 그는 이듬 해에 사망했다.

그는 짧은 삶을 살았지만, 많은 제자들을 모아 훈련했다. 그의 편지를 보면 그가 얼마나 넓고 깊은 영향력을 발휘했는지 알 수 있다. 그는 자전적이고 수덕적이고 실질적인 글을 많이 남겼다. 그는 사변적이라기보다 실질직인 사람이었다. 그는 지성보다는 의지를 중시했고, 이론 자체에는 그다지 관심을 나타내지 않았다. 그는 라인란트 신비가들의 글을 읽으면서도, 하나님과의 존재론적인 연합을 향한 그들의 갈망에 대해 회의적이었다. 그는 교회 생활 내의 도덕적인 악습의 개혁에 더 관심을 가졌다.

그루테는 관상에 대해 라인란트 신비가들보다 더 단순한 견해를 가졌다. 관상은 지적인 측면을 상실하고, 실질적으로 사랑의 완성과 동일시된다. 더욱이 그루테는 모든 사람이 그러한 완성이 가능하다고 인정하지는 않는다고 인정했다. 그는 이 문제를 그 이상 더 자세히 다룰 필요가 없다고 여겼다. 그가 강조한 것은 하나님께 대한 예비 순종, 영적 가난, 덕의 정서적인 실천의 필요성이었다(이 점에 있어서 그는 라인란트 신비주의와 어느 정도 유사성을 나타낸다). 하늘의 예루살렘으로 가는 신실한 영혼은 그리스도의 인성을 본받아야 한다. 관상 생활을 활동적인 삶보다 우위에 두어서는 안된다. 두 가지 길 모두 그리스도의 인성을 통해서 그의 신성으로 이어진다.

현대 경건 운동은 평신도 운동으로 시작되었다. 그루테는 친구들을 모았고 그들의 영적 지도자 역할을 했다.

현대 경건 운동 | Devotio Moderna

그루테의 최초의 제자는 플로렌트 라데윈즈(Florent Radewijns, 1350-1400)였다. 그는 그루테의 명령을 받아 사제가 되었다. 그루테가 사망하면서, 그는 데벤터에 세워진 최초의 공동 생활 형제 자매단의 지도자가 되었다. 공동 생활 형제단은 공동 생활의 순수히 자발적인 특성을 강조하는 점에서 탁발 수도사들이나 다른 수도회들과 달랐다. 그들의 생활 방식은 탁발 수도사들의 생활 방식과 거의 구분할 수 없었지만(즉, 그들은 가난과 독신과 순종의 생활을 받아들였다), 수도 서원에 의해 그러한 생활을 한 것이 아니었다. 따라서 그들은 언제든지 수도원을 떠나도 벌을 받지 않았다. 그들의 영성 생활의 특징은 의식적인 내적 헌신, 하루 동안 짧게 자주 묵상하는 것, 특히 새로운 행동을 하기 전에 묵상을 하는 것, 그리고 꾸준한 내적 묵상을 통해서 교회의 전례 예배가 형식적인 것으로 전락하는 것을 막으려고 노력한 것 등이다.

그루테를 반대했던 성직자들은 공동 생활 형제단의 수도원들을 반대했다. 그러나 형제단이 이단적이며 베가드나 베긴들과 비슷한 점이 있다는 소문이 항상 있었음에도 불구하고, 라데윈즈는 수도원들의 기반을 견고히 하려고 꾸준히 노력했다. 1387년에 빈데스하임에 참사회원의 수도회를 세우면서 새로운 조처를 취했다. 라데윈즈는 하나의 커다란 회중의 수장이 되었는데, 그 회중은 그로엔다엘의 수도원 및 독일과 프랑스에 있는 그 수도원의 지회들을 흡수했다. 참사회와 공동 생활 자매단은 공동 생활 형제단보다 더 엄격한 생활을 갈망했다. 이 갈망은 빈데스하이머 사람들과 이전의 탁발 수도회의 엄수파 회중 사이에 공감대를 형성했다.

현대 경건 운동의 대표적인 작가는 게에르트 제르볼트 반 주트펜(Geert Zerbolt van Zutphen, 1367-1398), 겔락 피터즈(Gerlac Peters, 1387-1411), 요한네즈 보스 데 호이스덴(Joannes Vos de Heusden, 1391-1424), 헨드릭 만데(Hendrik Mande, 1360-1431), 요하네스 몸바에르(Johannes Mombaere, 1460-1501) 등이며, 가장 유명한 저서는 오늘날 일반적으로 토머스 아 켐피스(1380-1471)*의 것으로 알려진 『그리스도를 본받아』(The Imitation of Christ)이다. 우리는 이 저서에서 특이하게 이 운동의 전반적인 특징인 감성적인 헌신과 그리스도의 인성에 대한 관상을 강조한 것을 발견한다.

토머스는 이 세상에서 잠시라도 신

홀, 조셉 | Hall, Joseph

적 본질을 볼 수 있다는 것을 인정하지 않는 듯하다. 일부 특혜를 받은 영혼이 세상에서 누리는 관상은, 천국에 있는 영혼들이 누리는 것과는 본질적으로나 지속되는 시간적으로 다른 열등한 시각이다. 토머스는 신적 진리를 신비적으로 보는 것에 대해 알고 있고 또 묘사하지만, 그의 관심은 다른 곳에 있었다. 토머스에게 있어서 중요한 것은 순종, 제자의 의지와 하나님의 의지의 연합, 그리스도를 본받음 등이었다. 간단히 말하자면, 원칙적으로 모든 기독교인에게 열려 있는 영성 생활의 형태였다. 『그리스도를 본받아』는 15세기 기독교 영성의 주요 경향들을 요약한다. 지나치게 많은 사색을 한 후에, 분명하고 단순한 이상으로 복귀한다. 사랑의 절대적인 우월성, 그리스도와의 단순한 일치, 그리고 겸손과 관련된 덕의 실천 등으로 복귀한다.

일부 학자들은 공동 생활 형제단과 북유럽의 인문주의의 관계를 강조해 온 듯하다. 현대 경건 운동은 에라스무스를 제외하고는 네덜란드 인문주의자들과 거의 접촉하지 않았다. 형제단에서는 학교를 운영하고 필사본을 만들었고, 나중에는 인쇄소를 운영했지만, 그들은 대학에 다니지 않았고 학문 생활과는 관계를 갖지 않았다. 고흐의 존 퍼퍼(John Pupper of Goch), 베젤 그란스포르트(Wessel Gransfort), 가브리엘 비엘(Gabriel Biel) 등은 예외이다. 고흐의 존 퍼버는 재속 사제였고, 그란스포르트는 형제들과 우호적인 관계를 유지했지만 회원은 아니었고, 비엘은 대학에 다니고 성당 설교자로 일하다가 형제단에 가입했다. 16세기에 에라스무스 파, 예수회, 베네딕트 수도사, 그리고 탁발 수도회들이 현대 경건 운동의 경건을 받아들였다. 형제단의 마지막 수도원은 19세기까지 문을 닫지 않았지만, 독립된 운동으로서의 현대 경건 운동은 종교개혁 시대에 실질적으로 종식되었다. 이 운동이 가장 활발했던 시기는 14, 15세기이다.

Albert Hyma, *The Christian Renaissance*, 1925; R. R. Post, *The Modern devotion* (Studies in Medieval and Reformation Thought 3), 1968.

DAVID C. STEINMETZ

홀, 조셉 | Hall, Joseph

조셉 홀(1574-1656)은 레스터셔에서 태어나 캠브리지의 임마누엘 대학에서 교육을 받았고, 1595년에 특별 회원이 되었다. 그는 일찍이 문학적 재능과 연설 솜씨로 명성을 얻었고, 풍자와 서신 등 고전적인 장르를 있는 그대로

홀, 조셉 | Hall, Joseph

설명함에 있어서 선구자라고 간주할 수 있다. 홀은 1600년에 성직에 임명되었고, 호스테드와 월텀 성 십자가에서 생활했다. 그는 헨리 공작 가정의 지도 신부였고, 도르트 종교 대회(Synod of Dort)에서 설교를 했으며, 1627년에는 액지터의 주교가 되었고, 1641년에 노리지로 전임되었다. 그는 의회파의 반-감독주의의 희생자가 되어, 감옥에 갇혔고, 1643년에는 자신의 교구에서 축출되었다. 그 후 그는 사망할 때까지 노포크의 힉험에서 지냈다.

홀은 신학적으로는 칼빈주의자였으며 감독제도와 성례전과 전례를 옹호했다. 따라서 그는 로드(Laud)로부터 의심을 받았고, 밀튼의 조소를 받았다. 그러나 토머스 풀러(Thomas Fuller)는 그를 이렇게 찬양했다: "그는 논쟁할 때에도 불행해 하지 않고, 논평을 할 때에는 더욱 행복하며, 성품이 선하며, 설교에 능하고, 특히 묵상에 가장 뛰어난 사람이다"(*Worthies of England*).

『거룩한 묵상의 기술』(*The Arte of Divine Meditation*, 1606)은 영국 국교회의 경건 문학의 공백을 채워 준 책이다. 1605년에 저지대 국가들을 방문한 일은 홀의 관심을 자극했으며, 그는 유럽 대륙의 경건, 특히 "약 112년 전에 익명의 수도사가 쓴" 글에서 많은 자료를 얻었다. 이 책은 일반적으로 마버너스(J. Mauburnus)의 것으로 간주된다. 그의 *Rosetum*은 간스포트(Gansfort)의 글을 인용한 것이다. 홀은 벨라민(Bellamine)의 비평을 받아들일 수 있는 본보기로 인정된 장 게르송(Jean Gerson)*에게서도 유익을 얻었음을 인정한다. 『기술』(*The Arte*)은 강력한 전통적인 뿌리를 가지고 있지만, 예수회 관습들과의 공식적인 제휴를 피했다. 홀은 단순화하는 경향을 지니고 있었다. 그는 묵상과 기도를 분리하지 않는다. 그것들은 "서로 사랑하는 두 마리의 거북과 같다." 따라서 "하나님이 마음에 말씀하시려면, 마음이 하나님께 말해야 한다." 그는 장소, 시간, 자세, 특히 묵상의 주제 전체를 조사하고 조심스럽게 선택함으로써 자아를 준비하는 것에 대해 논한다. 이것들은 하나님과 그의 속성들, 그리스도의 죽음과 영광, 하나님의 위대하심에 대해 말하지 않는 것이 가장 사랑스러운 일인 "피조물의 책"이다. 묵상은 즉흥적이고 외적일 수도 있고 사려 깊고 내면적일 수도 있다. 인간에게는 물질 세계를 보기 위한 감각, 지적인 것을 이해하기 위한 이성, 그리고 영적인 것을 이해하기 위한 믿음이 필요하다. 홀은 묵상의 단계들을 분석하지만, 독자를 통제하지는 않는다. 묵상의 목적은 감정들을 하나님께 대한 감사와 하나님의 뜻의 실천으로 이동하는 것이다.

홀이 초기에 출판한 묵상집 (*Meditations and Vowes*, 1606-1606)은 경구적이고 실질적이고 도덕적이지만, 그의 관습과 저술은 영적으로 치밀해졌으며 문체는 유연해졌다. 가장 풍부한 묵상집은 *Occational Meditations*(1630)이다. 보잘 것 없는 사물들이 묵상의 출발점이 된다: 거미, 들쥐, 거리의 소음, 만종 등. 그러나 그의 묵상들은 대부분 몰아적인 분위기를 지니고 있다. 홀은 종교개혁자들이 수난에 대한 묵상을 소홀히 해왔다고 여겼으며, 자신은 뜨겁고 열렬한 반응을 나타냈다. 이것은 *An Holt Rapture of Patheticall Meditation on the Love of Christ*(1647)에서 분명히 드러난다. 홀은 은퇴한 후로는 정규적으로 묵상집을 출판했으며, 특히 그의 묵상에 관한 저서들은 사람들에게 널리 읽혔다.

Philip Wynter (ed), *The Works of the Right Revd Joseph Hall,* 10 vols, 1863; F. L. Huntley, *Bishop Joseph Hall,* 1979; R. A. McCabe, *Joseph Hall,* 1980.

ELUNED BROWN

홉킨즈, 제럴드 맨리
| Hopkins, Gerard Manley

홉킨즈(1844-1889)는 영국 국교회 신자였으나, 옥스포드 대학에서의 마지막 해에 가톨릭으로 개종하여 예수회* 회원이 되었다. 그에게는 특출하고 독창적인 시적 재능이 있었다. 그러나 그의 작품은 그의 사후에 당시 계관시인이었던 그의 친구 로버트 세이모 브릿지스가 출판함으로써 세상에 모습을 나타냈다. 자기 교단에 순종한 홉킨즈의 영성은 이그나티우스의 영성 훈련에 의해 형성되었다. 그는 둔스 스코투스의 영향을 받아 자신의 시와 순종 사이의 화해를 이룩했다. 개성과 인격의 중요성에 대한 스코투스의 가르침은 홉킨즈로 하여금 교회를 섬기라는 자신의 소명은 자신이 가지고 있는 독특한 재능을 사용함으로써 성취될 수 있다고 생각하게 했다. 그는 자연의 모습과 소리를 묘사하기 위한 새로운 언어와 이미지와 운율을 발견하는 놀라운 능력을 가지고 있었다. 그는 세상에는 하나님의 영광이 가득차 있으며 동정녀 마리아는 우리가 호흡하는 공기로 비유할 수 있다고 믿는 자연 신비가(Nature Mystic)였다. 그리스도의 부활을 통해서, 보잘 것없는 질그릇 조각이나 성냥개비와 같은 유한한 존

재가 불멸하는 금강석처럼 된다.

그의 가장 방대한 작품은 *The Wreck of the Deutschland*로서, 독일의 반-가톨릭 법에 따라 추방된 다섯 명의 프랜시스 회 수녀들의 용감한 죽음에서 영감을 받아 지은 것이다. 그들은 1875년 12월에 익사했다. 이것은 그 비극의 품위를 떨어뜨리거나 용감한 믿음을 모욕하려는 의도가 아니었다. 재난은 누구에게나 임한다. 그리스도는 십자가에 달리셨고, 프랜시스는 오상을 입었다. 이런 일이 없다면, 기쁨도 없을 것이다. 자연의 영광과 고난과 죽음의 공포는 분리되어서는 안된다. 스티그마의 그리스도와 의의 태양은 한 분이시다. 그 시에는 루터에 대한 가톨릭 신자의 증오심이 내포되어 있다. 그러나 그 시는 루터가 "하나님의 의"라고 말하면서 의도했던 것을 표현한 가장 훌륭한 시이다.

편집자

화이트, 알렉산더 | Whyte, Alexander

알렉산더 화이트(1836-1921)는 스코틀랜드 독립교회의 목사였다. 그는 1870년부터 제1차 세계대전이 한창일 때까지 에덴버러에 있는 세인트 조지 웨스트 교회(St. George's West Church)를 중심으로 활동했다. 화이트는 스코틀랜드 북서 지방에서 태어났으며, 시적 상상력이 풍부한 인상적인 설교자였다. 그는 로버스튼 스미스를 지원했는데, 그는 구약에 대한 비평적인 견해 때문에 논쟁에 휘말렸고, 결국 1881년에 해임되었다. 그러나 화이트는 항상 진리 추구에서의 학문적인 자유를 옹호했지만, 그의 설교는 고등 비평의 결과를 거의 반영하지 않았다. 그는 "인간, 인간의 마음, 그리고 인간적인 생활"을 다루기 위해서 성경을 사용했고, 성경의 인물들을 그 시대 사람들의 영혼을 들여다보는 창으로 사용했으며, 그의 사역 태도는 과학적이기보다 문학적이었다. 이런 까닭에, 그의 영성은 매우 보편적이었으며, 시대나 교파와는 상관없이 하나님에 대한 의식과 이웃의 궁핍함에 대한 의식을 가진 모든 사람을 따뜻하게 대했다. 스코틀랜드 개혁주의의 엄숙한 전통 안에서 성장한 그는 일찍이 영국의 청교도인 토머스 군윈*을 알게 되었고, 그의 저서를 연구하는 것이 사역을 위한 가장 훌륭한 준비라고 생각했다. 그는 새무얼 루터포드*와 존 번연의 글을 주석했다. 그는 살면서 스코틀랜드 장로교회의 범주를 초월하여 뉴먼*, 헨리 브레몽드*, 그리고 러시아 정교회의 사

회개 | Penitence

제인 크론스타트의 존(John of Kronstadt) 등과 교제했다. 그는 단테, 야곱 뵈메*, 윌리엄 로, 아빌라의 테레사* 등의 명문집, 렌슬롯 앤드류즈*의 *Preces Priatae* 등을 출판했고, 유명한 강의에서 매년 여러 전통에 속한 영적 지도자들의 삶을 다루었는데, 그 중에는 정통성을 의심받는 사람들도 있었다. 그가 공적으로 행한 설교들 중에서 1890년대에 행했고 그의 사후에 출판된 『주여, 기도하는 법을 가르쳐 주소서』(*Lord, Teach um to Pray*)가 유명하며, 겟세마네 동산에서의 그리스도에 대한 묵상은 기독교 설교사 전체에서 가장 위대한 설교로 간주되어야 한다.

G. F. Barbour, *Life of Alexander Whyte DD*, 1923.

편집자

회개 | Penitence

구약성서에서, 인간은 자신을 지으신 창조주에게 계속 등을 돌리며, 그 결과로서 하나님께서 계속 은총을 나타내심에도 불구하고 개인적인 생활과 정치적인 생활이 크게 파괴되는 피조물로 여겨진다. 이런 까닭에, 구약성서 전체에서 회개의 필요성, 즉 사태의 참된 상태를 인식하고 그로 인해 애통해하며 하나님의 뜻대로 행하려는 새로운 결심을 가지고 돌아와야 할 필요성이 강조된다. 하나님께서 계속 반응이 없는 인류에게 손을 내미시는 이 형태는 예수 안에서 절정에 달하고 성취된다. "때가 찼고 하나님 나라가 가까왔으니 회개하고 복음을 믿으라"(막 1:15). 예수님은 구약성서를 받아들이셨지만, 특히 죄가 지닌 내적인 차원(막 7:15), 우리에 대한 도덕적 요구가 지닌 무조건적인 본질(마 5:48), 자신의 신앙이나 도덕을 자랑하는 사람들은 문제의 핵심에서 벗어날 것(눅 18:10-14; 15:11-32) 등을 강조하셨다.

회개의 필요성에 대한 사도의 가르침은 교회 밖에 있는 사람들을 향한 것이었지만, 곧 신자가 된 후에 범죄한 사람들의 문제가 대두되었다. 3세기에는 공적인 회개의 체계가 출현했다. 이것은 "두번째 세례"로 간주되었으며, 기도와 금식과 구제를 요구했다. 죄인은 통회자들의 대열에 합류해야 했으며, 평생 결혼을 하거나 군인이 될 수 없었다. 후일 켈트 족과 앵글로색슨 족 선교자들의 고해 규정서의 영향으로 이러한 조건들은 사라졌다. 제4차 라테란 공의회(1215) 때에 5세기 이후로 실천되어온 개인적인 회개가 인정되었고, 모든 신자들에게는 적어도 일년에 한 번은 회개하면서 죄를 고백할 것이 요구되었다.

개신교 개혁자들은 회개와 관련된 악습들 때문에 회개의 성례를 반대했다. 그러나 루터*와 멜란히톤은 그것을 권했고, 영국 국교회는 그것을 위한 규정을 만들었다. 개혁주의 교회는 사적인 기도와 공적인 예배에서 회개의 위치를 강조했다. 감리교의 반과 속회는 회개의 모임이었다. 포스딕*과 레슬리 웨더헤드*와 같은 현대 개신교인들은 사적인 죄고백의 가치를 가르쳤다. 키에르케고르*가 말한 것처럼 "고해성사의 폐지는 사제와 신자들의 공장 작업이었다…그것은 종교를 지나치게 현실적인 것으로 만들었다." 본회퍼*는 학생들로 하여금 기독교인 형제 앞에서 하나님께 죄를 고백하라고 장려했다. 그리고 일부 복음주의 진영에서 이러한 관습이 성장하고 있다는 증거가 있다. 근래에 로마 가톨릭 교회의 고해성사 관습은 크게 변화되어 왔다. 1973년에 발표된 *ordo Poenitentiae*에는 화해를 위한 세 가지 의식이 포함되어 있다. 이것들은 죄와 화해의 집단적인 차원과 회개하는 자의 삶을 새롭게 하시는 성령의 사역을 새롭게 강조한다.

19세기 이후로 마르크스, 니체, 까뮈 등은 기독교에서 회개의 태도를 강조하는 것을 공격했다. 대신 독단적이고, 반역적이고, 자부심이 강하고, 자기 자신과 인류를 형성해야 할 책임을 지니며, 자신이 하나님과 같은 권위를 지녔다고 의식하는 이미지가 제공되었다. 이러한 도전들은 도덕적인 열정에 의해 유지되어왔다. 그러나 기독교인은 이러한 공격들이 지닌 진리를 부인하지 않으면서 그것을 대신할 수 있는 도덕적인 이상을 제시한다. 거기서는 회개가 하나님과의 교제를 위한 필수적인 전제 조건이 된다. 정신 분석은 회개에 대한 기독교의 가르침을 혼란스럽게 하기도 하고 풍성하게 해 주기도 했다. 기독교인들은 한편으로는 선하고 의로운 것과 그릇된 것에 대한 단순한 견해들에 대해 의심을 가져야 했다. 반면에 그들은 지혜로운 상담자의 도움을 받아 행동의 근원을 보다 깊이 이해하기도 했다.

Dietrich Bonhoeffer, *Life Together*, 1954, ch 5; Richard Harries, *Turning to Prayer*, 1978, ch 4; Eric James, *The Double Cure*, 1957; Kenneth Leech, *Soul Friend*, 1977. pp. 194-225; Kenneth Ross, *Hearing Confessions*, 1974; Max Thurian, *Confession*, 1958.

RICHARD HARRIES

회심 | Conversion

도덕적-종교적 현실인 회심에 대한 기독교적 이해의 근원은 구약성서에 있다. 이스라엘의 역사는 거듭 회심하라는 부름을 받는 백성, 불의하게 내버린 하나님과의 언약으로 돌아오라는 부름을 받는 백성의 이야기이다. 다윗은 이러한 회심으로의 부름이 죄인인 그의 삶에서 어떻게 작용하는지 보여 주는 본보기이다(삼하 11-12). 하나님의 비밀을 깨달은 욥의 이야기는 의인도 회심으로의 부름을 받는다는 근본적인 진리를 강조한다.

신약성서에서 세례 요한은 회심을 촉구하는 선지자의 부름을 계속한다. 요한이 체포된 후에, 예수께서 그 부름을 맡으셔서 자신이 전파하는 메시지의 핵심으로 만드셨다: "때가 찼고 하나님의 나라가 가까왔으니 회개하고 복음을 믿으라"(막 1:15).

성경에서 회심을 지칭하는 단어는 *naham*과 *shub*, 히브리어로는 *metanoia*와 *epistrophe*이다. 회심이 삶의 근본적인 전환, 방향의 재설정이라고 볼 때, 이 단어들 중에서 회개(뉘우침)를 강조하는 첫번째 단어는 죄로부터의 돌이킴을 말하며, 두번째 단어는 하나님을 향한 돌이킴을 말한다. 죄로 인한 회개로서의 회심을 강조하면, 신자들은 예수께서 요한에게 세례를 받으셨음에도 불구하고 예수가 회심을 경험했다고 생각하지 않게 된다. 신약성서에서(특히 사도행전의 기사에서) 회심에 대한 기독교인의 생각을 지배해온 것은 바울이 다메섹 도상에서 겪은 특별한 경험이었다. 그러나 도덕적 차원을 초월하는 회심의 종교적 깊이를 깨달은 현대의 많은 신학자들은 예수님이 삶의 위기에 대한 반응과 사역 안에서 믿음의 변화, 종교적 회심의 본질을 정의해 주는 예수님과 아버지 하나님과의 관계에 대한 재조명을 발견한다.

비록 구약성서의 예언적 부름에 뿌리를 두고 있으며, 신약성서 가르침에 절대적으로 필요한 것이지만, 회심은 결코 유대교와 기독교에만 해당되는 것이 아니다. 스토아주의와 영지주의는 물론이요 중기 플라톤주의와 신플라톤주의*와 *epistrophe*라는 용어를 함께 사용하며 상호 영향을 주는 문화적 환경에 처한 초기 기독교에서 이 근본적인 실체의 의미는 힘들게 수정되었다. 노크(A. D. Nock)가 주장하는 것처럼, 지중해 지역의 종교들 중에서 유대교와 기독교만이 회심을 요구했을 수도 있지만, 교육의 목적인 철학적 회심, 영혼의 도덕적-지적 돌이킴은 이미 플라톤에게서 확립되었다(*Republic* VII, 518D).

성 어거스틴*에게 철학적인 진리 탐구는 하나님을 향한 기독교적인 동경이 되었다. 어거스틴의 『고백록』에서는 그의 지적, 도덕적, 종교적 회심에 대해 자세히 이야기한다. 실제로 『고백록』에서 내적 변화의 심오한 경험을 설득력있게 표현했기 때문에 어거스틴은 기독교 영성에서 탁월한 위치를 차지한다. 마이스터 엑하르트*와 같은 중세 시대의 영적 작가들도 계속 기독교적 삶의 경험에 초점을 두었지만, 주도적인 스콜라적 신학에서는 믿음과 은혜와 칭의를 형이상학적으로 분석하면서 회심의 경험을 상실했다. 루터는 회심의 경험이 기독교적 삶에 관한 깊은 묵상에서 중요한 위치를 차지하는 것으로 간주한다. 루터와 이그나티우스 로욜라*는 서로 다른 점을 가지고 있지만 영성 생활의 분석과 개인적인 경험 안에서 회심의 실체를 공유한다. 이그나티우스의 『영신수련』*이 개인의 삶에 엄청난 영향을 미쳤지만, 약 4세기 전에 공식적인 로마 가톨릭 신학은 회심의 경험 안에서 개신교 신학의 주된 특징이 된 중요성을 파악했다.

독일의 경건주의와 필립 스페너, 영국의 존 웨슬리*와 감리교 운동의 설립, 뉴잉글랜드 지방의 대각성 운동과 조나단 에드워즈* 등은 개신교 운동 내의 회심에 대해 완전하게 개관할 때에 반드시 언급되어야 할 인물이며 사건이다. 이들은 19세기에 진행된 대중적인 신앙부흥 운동에 대해 책임을 져야 할 인물들이다. 세례 때의 중생을 주장한 퓨지*와 같은 성공회 신학자들조차도 확고하고 완전한 회심의 필요성에 대해 그리 논하지 않았다.

20세기 초, 심리학이 아직 학문으로서는 시작단계에 있을 때에 윌리엄 제임스는 『다양한 종교적 경험』(*Varieties of Religious Experience*, 1902)에서 청년기가 일반적인 회심의 시기에 적합하다는 가정을 세웠다. 후일 칼 융은 중년의 위기가 지닌 종교적 특성을 강조했지만, 회심에 관한 대부분의 심리학 연구서들은 제임스의 견해를 따라 그것이 본질적으로 청년기의 현상이라고 간주해왔다.

최근 수십 년 동안, 발달 심리학—특히 에릭 에릭슨(Erik Erikson)의 심리학적 생활 주기 방법—은 청년기의 회심과 관련된 정체성의 위기를 단순히 라이프 사이클이라는 보다 넓은 개인적 맥락 안에 있는 몇 개의 중요한 전환점들 중 하나라고 규정함으로써 회심에 대한 심리학 연구의 방향을 수정했다. 이러한 관점에서 보면, 청년기의 회심은 (종교적으로 표현된 것까지도) 분명히 도덕적인 강조점을 가지고 있는 듯하다. 동시에, 성인이 경험하는 성실함과 낙심이라는 위기는 융의 견해를 반영할 뿐만 아니라, 예수 그리스도 안에서 하나님께 무조건 복종하는 것—자신의 요구를 절대적인 자율성에 복종시키는 것—을 통해서 인생의 방향을 완전히 전환하는 종교적인 회심에 대한 현대의 신학적 분석들과 밀접하게 상호 관련되어 있다. 만일 복음이 이러한 내적 변화가 정의와 이웃 사랑 안에서 실현되어야 한다는 것을 분명히 한다면, 현대 신학자들은 이것들이 개인과 개인 간의 형태를 취할 뿐만 아니라, 사회적 구조적 형태를 취해야 한다는 것을 분명히 밝혔을 것이다.

성경과 역사적 전거에 뿌리를 두고, 개인적이고 사회적인 경험에 대한 신학적 감수성에 의해 양성되며, 개인적인 발달과 자아-초월의 가능성에 맞춘 심리학적 방법의 지원을 받는 현대의 기독교 영성이라는 학문에서는 회심이 참된 기독교적 삶의 기초로서의 자리를 되찾고 있다.

P. Aubin, *Le problème de la 'conversion'*, 1963; E. H. Erikson, *Childhood and Society*, ²1963; C. G. Jung, *Modern Man in Search of a Soul*, 1933; J.-M. LeBlond, *Les conversions de saint Augustin*, 1950; A. D. Nock, *Conversion*, 1933.

WALTER E. CONN

훈련 | Discipline

이 단어는 좁은 의미에서 사용되면 고행*, 엄격함, 특히 수도원 제도의 엄격함을 언급한다. 때로 경건한 사람들이 자신의 죄를 징계하거나 정욕을 몰아내기 위해 매듭이 있는 밧줄로 자신을 채찍질하여 징계하는 것을 언급하기도 한다. 그들을 채찍에 맞으신 그리스도와 보다 더 동일시하는 것도 도움이 될 것이다. 폰 휘겔*이 아는 어느 수녀는 불륜의 사랑에 빠진 과거의 제자를 바로잡기 위해서 매일 자신의 몸을 피가 흐를 때까지 채찍질했다고 한다.

훈련(discipline)이란 어떤 단체의 회원 자격을 지배하는 규칙을 언급하기도 한다. 『힙폴리투스의 사도적 전승』(*The Apostolic Tradition of Hippolytus*)에서는 기독교인들이 해서는 안되는 특수한 기술이나 직업을 열거하며, 예비 신자들이 경건하게 살며 미망인들을 존중하라고 기대한다. 칼빈주의 교회와 감리교회는 배교할 경우에 출교시킬 권세를 가진 규칙을 준수할 것을 요구한다. 종종 이러한 칼빈주의 전통에 속한 교회내에서는, 세속 권력에 의해 부과되는 형벌, 그리고 회중 앞에서의 고발이 엄격했다. 목회자의 막중한 치리의 권세는 스코틀랜드 교회에서처럼 그 직무가 두려움의 대상이 되는 이유를 설명하는 데 도움을 준다. 웨슬리 형제의 시대 이후, 감리교 역사는 만나지 말아야 할 사람들의 예와 그에 대한 논쟁으로 가득하다. 그리고 매년 교회들이나 "사회"는 적절한 위원회를 통해서 회원 명부를 검토하여 최소한의 자격 조건에 미달하는 사람들의 이름을 삭제해야 한다. 진보적인 시대에, 모든 사람을 적으로 만들지 않고 친구로 삼기로 약속한 기독교인들 사이에서는 이것은 실천하기 힘든 일이다. 교회의 교인됨의 조건, 그리고 형식주의와 자유, 엄수주의와 인문주의 사이에 놓은 긴장관계, 신약성서에서 발견되는 긴장 관계에 대해 많은 질문이 제기된다. 일반적으로 예수님보다 더 편협하게 해서는 안된다는 것, 그리고 시(詩)가 절대적인 학문인 것처럼 기독교적인 삶은 미지의 자유 중 하나가 될 수 없으며, 하나님의 사랑이 후하기 때문에 그에 대해 절대적인 헌신으로 반응해야 한다는 것을 인정한다.

J. H. S. Burleigh, *A Church History of Scotland*, 1960; F. P. Harton, *The Elements of the Spiritual Life*, 1931; Ronald Knox, *Enthusiasm*, 1950, pp. 422-548; Methodist Conference Office, *The Constitutional Practice and Discipline of the Methodist Church*; R. C. Mortimer, *The Duties of a Churchman*, 1951.

편집자

흑인 영성 | Black Spirituality

영성의 서구적인 개념은 그 원래의 문화적 상황이 아닌 곳에서 사용될 때에 항상 적절하게 사용될 수 있는 것은 아니다. 그것은 그리스인들로부터 유전되었고 아리스토텔레스와 플라톤에 의해 형성된 특별한 철학 체계의 영향을 크게 받은 것이다. 그 개념은 영적인 실체와 물질적인 실체를 대조한다는 점에서 은연 중에 대조적이다. 그러나 지식은 특별한 문화의 조건과 자연과 관련을 가지며 그것에 의지한다(문화적 상대주의). 그러므로 철학적 진리, 윤리적 진리, 그리고 형이상학적 진리 등은 그것들을 지탱해 주는 집단들로부터 생긴다. 그리스의 이원론을 인간의 논리와 합리성의 보편적인 패러다임으로 간주해서는 안된다(De Queiroz). 확실히 영성이라는 이 서구적인 개념은 아프리카의 현실을 정의하는 데 적당하지 못하다.

흑인 영성 | Black Spirituality

　　서양에서 이 개념은 기독교인이 개별적으로 하나님과 맺는 개인적인 관계들을 묘사하며, 영혼에 관심을 둔다. 아프리카의 체계에서는 영적인 것과 유형적인 것(몸), 영적인 것과 물질적인 것(물질)이라는 이분법을 주장하지 않는다. 아프리카인들은 두 가지 실체를 하나의 완전체로 파악한다. 아프리카 신화에서는 삶과 죽음은 존재라는 씨앗의 양면이라고 말한다. 세상은 하나의 통일체로 인식되며, 상호 작용하는 부분들로 재구성된다.

　　아프리카의 전체론(holism)은 내면 세계와 외부 세계를 구성하는 각 부분들을 하나의 완전한 전체로 간주한다. 따라서 하나의 생명을 생산하기 위해 남성과 여성은 그들의 존재를 합한다. 이것이 아프리카의 신화적인 알을 생산한다. 아프리카에서 알은 우주적인 발생, 자웅동체, 완전함 등을 상징한다. 난황은 여성적인 실체를 나타내고, 난백은 남성적 구성요소를 나타낸다. 알 껍질과 속의 얇은 막은 태반을 상징한다. 자웅동체는 처음이요 끝이요, 알파와 오메가이다. 따라서 소우주인 인간은 자웅동체, 또는 통합된 상태로 세상에 온다. 성년식은 성적인 요소들을 분리시키고, 각 사람에게 남자다움이나 여성다움을 수여해 준다.

　　아프리카의 자웅동체의 본질은 아리스토텔레스와 플라톤의 이원론과 반대가 된다. 자웅동체는 통합적이고 포괄적이며 내면적인 데 반해, 이원론은 분석적이고 외면적이다. 신과의 관계에서 볼 때에 그 결과들은 다음과 같다: 남성인 동시에 여성인 신은 문(phylum)의 창시자인 조상에게서 분명히 나타난다. 그 조상은 신화적으로 신의 자웅동체를 반영한다. 사람들은 중재자인 조상들이 설정한 윤리적, 종교적 패러다임에 순응함으로써 신과 교제한다. 인간은 기독교 신화에서 주장하듯이 내적인 분열(원죄)과 더불어 태어나는 것이 아니다. 인간은 내면적으로 통일된 상태로 태어난다. 통과의례들은 표면적이고 우주적인 틈을 이어주는 역할을 한다. 그것들은 개인들을 시간과 공간 안에 삽입해 준다. 공간과 역사 안에서의 조상의 삶의 연속인 공동체는 개인의 운명이 결정되는 틀이다. 각 개인은 태반과 탯줄을 땅에 묻는 의식, 출산한 후의 집안 청소, 처음으로 아기의 머리를 자르는 것, 산모와 아기의 첫 외출, 이름을 짓는 것 등의 탄생 의식들을 통해서 시간과 공간 안에 삽입된다. 악, 그리고 특히 마법은 우주적 통합과 공동체의 복지에 대한 위협으로 정의될 수 있을 것이다. 아프리카의 공동체에서는 화해의 의식들이 매우 중요하게 간주되기 때문에, 갈등은 반드시 해소되고 통일성이 회복되어야 한다.

우주의 규제하는 힘인 신은 영들을 통하여 계시된다. 이 영들은 남성이 아니며, 세상의 관리자들이다. 그들에게 바치는 헌신 의식들은 계속되는 우주의 질서를 재구성하고, 새롭게 하며 강화하는 것을 목표로 한다. 헌신 행위는 결코 자기 중심적인 것이 아니다. 헌신의 주체들은 우주적 질서, 또는 공동체의 질서의 갱신으로부터 유익을 얻는다. 천당과 세상 사이의 신화적인 틈을 메우는 것 안에 인간의 완전함이 놓여 있는 것이 아니다. 대우주가 회복될 때에 소우주인 인간도 회복된다. 다시 말해서, 인간은 개인적인 금욕주의를 통해서 완전함에 이르는 것이 아니라 우주와의 결합을 통해서 완전함에 이른다. 인간적인 행복은 통일체인 우주와의 전체론적인 상호작용에서 파생된다.

결과적으로, 아프리카 사상의 중심은 인간이 이 세상에서 어떻게 사는가에 있다. 생명은 아주 중요하기 때문에, 매우 정교한 장례 의식들을 통해서 죽음 자체가 생명으로 전환된다. 이러한 의식들은 죽은 사람이 공동체와 조상들의 세계에 환생하게 해 준다. 따라서 이러한 장례 의식들은 반전된 탄생을 말한다.

아프리카 신비주의의 본질적인 차원은 그것이 삶에 뿌리를 두고 있다는 점이다. 영성과 관련하여, 신비주의는 신과의 직접적인 교제가 궁극적인 실체요 진리라고 언급한다. 아프리카인은 삶의 여러 단계에서 이러한 실체와 접촉하게 해 주는 여러 가지 의식에 참여한다. 의미론적으로, 신비주의는 신비를 궁극적인 진리로 언급한다. 이 새로운 지식은 침묵과 묵상, 겸손과 피정을 통해서 생성된다. 신비주의는 또한 로고스(logos), 우주의 질서를 만들어낸 자웅동체인 말에 대해 언급한다. 아프리카 신비주의에서 이러한 범주들은 근본적인 것이다. 로고스는 특히 입문자들이 신비의 공간을 나타내는 숲 속에서 침묵하며 내면 세계와 교제하는 성년식을 통해서 경험된다. 질서를 명하신 힘인 로고스는 매개체들의 제거를 통한 영들의 현현 의식들을 통해서도 발생한다. 이 현현, 또는 신들림—이것들은 모두 (새로운 인격)의 제거이며 부활이다—은 개인주의적인 행동이 아니다. 그것은 공동의 통찰, 진리, 식견을 생성하며 그 초우주적 차원에서 삶을 강화해 주는 공동체 내에

흑인 영성 | Black Spirituality

서 중요한 의미를 소유한다. 현세와 접촉하지 않고 다만 불가지한 말(로고스) 안에서 영들과 조상들의 내면 세계만 다루는 족장들은 아프리카 신비주의의 이상을 절정에 달하게 한다. 인간의 생존 전체에서 과거의 각각의 의식은 이 이상을 규정한다. 이러한 의식들은 공동체와 내면 세계 사이의 의사 소통을 발달시킨다.

아프리카인들은 헬라 철학적이고 신학적 구조를 지닌 기독교 신화를 받아들임으로 말미암아 이러한 조상들의 유산을 상실했다. 그것은 "고대 종교 체계들을 지탱해 주던 일관성있는 세계관의 상실"이다(Mweng). 아프리카인들은 구조적으로 매우 중요한 신화들과 의식들을 상실하면서, 더불어 사회적이고 미학적이고 정서적이고 형이상학적인 소중한 것들과 업적들도 상실했다. 비전적인 교의, 상징, 비유 등을 가진 기독교 교리의 접근할 수 없는 특징 때문에 기독교는 아프리카 세계에서 계속해서 이국적인 것으로 남아있다. 이슬람*은 아프리카인들의 삶에 보다 잘 적응하고 더 깊이 침투해 들어간다.

아프리카 세계에서 기독교는 검은 대륙에 예언적인 종교들을 탄생시켰고, 아메리카에서는 흑인 분파주의를 낳았는데, 그것들은 모두 저항의 종교이다. 흑인 예언주의와 분파주의(= 아프리카적인 로고스의 재-실현)는 아프리카 본토나 디아스포라 내에서의 비 개인화를 중단시키는 것을 목표로 한다. 그것들은 흑인 메시아인 그리스도를 통한 새로운 종합을 산출하면서 흑인으로서의 책임감을 고취한다. 기독교의 근본적인 개념들, 즉 하나님은 흑인 하나님으로(래스터패리언파*: 에티오피아 황제 하일레 셀라시에를 신으로 신봉하는 자메이카 흑인들); 메시아는 흑인 메시아로(Cleage); 그리스도는 검은 그리스도로 (Kimbangu); 천사들은 흑인 천사들로(Harris) 변화되었다. 이 과정은 기독교를 탈-기독교화(= 탈-서구화) 하려는 아프리카적인 시도이다. 그것은 역사적으로 아프리카의 이미지들과 패러다임들의 가치를 재평가하려는 시도이다. 아프리카 로고스를 다시 긍정하는 것은 조상들과 영들의 영적 대체물로서의 그리스도에 대한 새로운 이상을 통해서 아프리카의 옛 우주론적 질서를 새롭게 해 준다. 이것이 하나의 새로운 우주 발생과 새로운 질서의 기원이다.

L. Barret, *The Rastafarians*, 1977; R. Bastide, *Les Amérques noires*, 1967; *Le sacré sauvage*, 1975; J. Beattie and Middleton (eds), *Spirit, Mediumship and Society in Africa*, 1969; G. Bond, W. Johnson and S. S. Walker (eds), *African Chiristianity; Patterns of Religious Continuity*, 1979; H. A. Carter, *The Prayer Tradition of Black People*, 1975; A. B. Cleage, *The Black Messiah*, 1969; G. M. Hailburton, *The Prophet Harris*, 1973; A. Hastings, *History of African Christianity, 1950-1975*, 1979; P. M. Hebga (ed), *Personalité Africaine et Catholisme*, 1963; B. Holas, *Le séparitisme religieux en Afrique noire*, 1965; C. E. Lincoln, *The Black Muslime in America*, 1961; A. A. Mazrui. *World Culture and the Black Experience*, 1974; J. S. Mbiti, *Concepts of God in Africa*, 1970; K. A. Popku, *West African Traditional Religion*, 1978; G. E. Simpson, *Black Religions in the New World*, 1978; S. S. Walker, *Ceremonial Spirit Possession in Africa and Afro-America*, 1972; G. S. Eilmore and J. H. Cone (eds), *Black Theology: A Documentary History, 1966-1979*, 1979.

GUERIN C. MONTILUS

희망 | Hope

인간의 보편적인 경험인 희망에는 영성과 관련된 두 가지 측면이 있다. 첫째, 사람이 장래에 대해 느끼는 소망이 있다. 그것은 개인적인 경험, 정신의 태도, 장래의 목표를 기대하면서 삶에 접근하는 방법이다. 예를 들어, 사랑하는 사람은 연인을 만날 때 누릴 관계에 대한 큰 소망을 가진다. 둘째, 희망 자체의 본질, 확신을 가지고 바라고 기다리는 목표나 대상이 있다. 이 두 가지 측면은 밀접하게 연결된다. 왜냐하면 정신적으로 기대하는 희망과 신자의 경험의 궁극적인 신빙성은 기대하는 목표가 실제로 성취될 것이라는 확신에 의존하기 때문이다.

기독교 영성에서, 어떤 사람이 자신의 삶, 자신의 미래, 우주 전체에 대해 지니는 희망적인 태도라는 의미의 희망은 믿음과 사랑과 함께 하나의 "신학적인 가치"로서 신자가 지녀야 할 본질적인 표식이다(고전 13:13). 믿음의 기초로서 하나님을 신뢰하는 경험은 최종적인 성취의 소망에 확신의 근거를 제공해 주므로, 희망은 믿음과 밀접하게 연결된다. 신약성서의 서신서의 여러 곳에서 이러한 개념을 탐구한다. 바울은 예수 그리스도를 통한 하나님의 은혜에 대한 믿음은 다가올 "하나님의 영광"에 대한 즐거운 희망으로 이어진다고 믿었다(롬 5:1f.). 히브리서의 저자는 "믿음은 바라는 것들의 실상이요 보지 못하는 것들의 증거"라는 말로써 구약 성서의 인물들의 믿음에 대한 묘사를 시작한다(히 11:1). 또 아들을 통해서 세상에 개입하시는 사랑의 하나님께서 영생의 가능성(요 3:16f.)과 그분과의 사랑의 연합의 가

힌두교 | Hinduism

능성을 바랄 근거를 주시기 때문에, 희망은 사랑과도 밀접하게 연결된다.

그러므로 희망적으로 기대하는 목표라는 의미에서의 희망은 사랑의 하나님 자신이다. 이 희망에는 하나님의 영원한 사랑의 목적들 안에서 신자가 자신을 위해 기대하는 소망(살전 5:8-10)과 신자들의 공동체를 위한 소망(고전 1:1-9; 롬 8:38f.), 인류를 위한 소망(요 12:32), 우주를 위한 소망(롬 8:22-25)을 연결하는 요소들이 많다. 이 희망은 궁극적으로 장래에 하나님 안에서의 성취를 바라지만, 하나님의 영원하신 사랑과 행위의 표식으로서 세상에서 의와 사랑과 정의가 점차 더 많이 나타나기를 바라는 희망도 포함한다. 기독교적 희망의 목표이신 사랑의 하나님은 사랑이 표현되는 모든 곳에서 부분적으로 만날 수 있다.

하나님의 영원하신 목적 안에 있는 기독교인의 희망은 예수 그리스도의 부활에 굳게 세워진다(벧전 1:3). 역사적인 사실로서의 부활은 예수의 삶과 가르침을 옹호해 주며, 하나님은 그리스도 안에서 세상을 자기와 화목하게 하신다는 희망에 신빙성을 제공한다. 여기에서부터 부활하신 그리스도 안에 있는 신자의 경험은 하나님 안에 있는 소망은 정당화될 수 있다는 확신을 제공한다. 하나님의 은혜로우신 행위에 뿌리를 둔 희망은 미래에 대한 근심이나 개인적인 상급의 예측을 희망의 근거로 삼지 않는다.

Teilhard de Chardin, *The Future of Man*, 1968; John Macquarrie, *Christian Hope*, 1978; Jürgen Moltman, *Theology of Hope*, 1967; G. B. Caird, *The Revelation of St. John*, 1966; J. A. T. Robinson, *In The End, God*, 1968.

REX CHAPMAN

힌두교 | Hinduism

힌두교란 대부분의 인도 민족들의 복잡한 종교들을 지칭하는 명사이다. 인도 사람들은 자기들의 종교를 *sanatana dharma*, 법, 진실, 정의라고 부른다. 그것은 모든 실존의 삶과 종교 체계의 길을 다스린다.

B.C. 1500년 경에 아리안 족이 중앙 아시아로부터 침입하여 인더스 계곡을 유린하고, 고대 문명에 속한 건물들을 파괴했다. 그러나 그 문명의 종교는 평민들 사이에서 계속 존속해 왔다. 약 천 년 후, 원래 존재했었던 것으로 보이는 그 종교의 요소들이 아리안 종교에 다시 등장하여 힌두교가 되었다. 고대 인도 아리안 족의 종교적 신앙과 관습들은 수세기 동안 기억으로 전해지다가 성문화된 리그 베다(Rig

힌두교 | Hinduism

Veda)의 1,028개의 찬송 안에 보존되어 있다. 이 찬송들은 아리안 족 귀족들의 제사 때에 사용되었고, 다른 두 개의 베다, 즉 사마(Sama)와 야주르(Yajur)는 반복적이고 전례적인 것들이었다. 네번째 베다인 아타르바(Atharva)는 사색과 비-아리안적 요소들이 섞여 있는 주문과 저주로 이루어진다. 베다 문헌에는 의식적이고 종교적인 논문인 브라마나(Brahmanas)와 아란야가(Aranyaks), 그리고 철학적인 우파니샤드(Upanishads)*가 포함된다. 이 경전들의 기원을 확실히 추정하기는 어렵지만, B.C. 1500년부터 500년 사이로 추정한다.

아리안 족은 많은 신들(devas), 주로 남성으로서 하늘과 관련된 "천체들"을 섬겼다. 인드라(Indra)는 천둥과 비를 관장하는 신이다. 바루나(Varuna)는 하늘의 신, 미트라(Mitra)는 계약의 신, 아그니(Agni)는 불의 신이다. 인도-아리안 족의 언어와 사상은 이란, 호머 시대의 그리스, 로마, 기타 다른 유럽 민족들과 관련이 있었다. 그들은 다신론주의자들이었다. 베다 본문에는 "그들을 그것을 인드라, 미트라, 바루나 등으로 부른다. 그것은 현인들이 다양한 용어로 지칭한 하나의 존재인 태양-새이다."

베다 제의에서 중요한 것은 불과 거룩한 음료인 소마(Soma)를 사용하며 짐승을 죽이는 일이 동반되는 희생제사이다. 사제들은 사회적인 의식을 주관하며, 가장들은 자기 집 화덕에서 소규모 제사를 행한다. 신들이 내려와서 예배자들과 함께 먹고 마시며, 그들에게 필요한 것을 공급해 준다고 믿었다.

베다 중 몇 가지 본문(만트라)은 일반적으로 널리 사용되게 되었고, 대부분은 사제들만 사용했다. 그들은 신비한 힘, 브라만, 신성한 말, 에너지, 마술 등에 대해 말했다. 사제는 브라마나라고 알려졌으며, 특히 우파니샤드에서 브라만은 우주적인 중성의 신적 능력이었다. 그 밖에 거룩한 사람들로는 침묵하는 마술사들(munis), 또는 도시 외곽이나 숲이나 산에서 살면서 금욕적으로 세상을 부인하는 사람들이 있었다. 이곳에서 그들은 고요와 평온을 추구하며, 종종 초자연적인 능력을 소유할 것을 목표로 하면서 요가를 실천했다.

우파니샤드 이후 많은 신성한 문헌들이 배출되었는데, 아리안 족의 신앙과 인더스 계곡 및 다른 지방의 신앙과 관습들이 여기에 혼합되어 힌두교를 형성했다. 위대한 서사시인 마하마라타(Mahabharata)와 라마야나

힌두교 | Hinduism

(Ramayana), "옛 이야기들"의 집록, 푸라나(Purana), 그리고 거룩한 법전 등은 교훈과 본보기를 제공했다. 베다는 신들에게서 들은 것으로서 높은 신분 계층의 인도인만 사용하는 스루티(shruti)였지만, 훨씬 후대의 문헌은 스미리티(smriti), 즉 기억된 것으로서 여인들 및 다른 신분 계층에서도 사용할 수 있었다. 대부분의 사람들은 무식했지만, 본문들을 낭독해 주거나 그 이야기를 연극으로 공연했다.

이제 위대한 신들이 등장했다. 비수뉴 파 신자들은 베다에서는 하위 신이었던 비수뉴(Vishnu)를 위대하고 유일한 신으로 섬겼는데, 그 신은 열 개 이상의 권화(權化)를 통해 영향을 미친다. 비수뉴는 우주의 근원이요 통치자이며, 그의 몸에서 윤회의 과정에서 세상이 등장한다. 그의 권화들 안에는 물고기, 거북, 멧돼지 등의 신비한 동물들이 포함되며, 난쟁이, 도끼를 든 라마, 라마야나 서사시에 등장하는 라마 왕자, 바가바드 기타와 푸라나의 크리슈나, 붓다, 그리고 다음에 임할 종말론적인 권화인 칼키 등이 포함된다. 종종 권화는 기독교의 성육신과 비교되었지만, 그 둘이 서로 영향을 미쳤다는 증거가 없으며 인도의 권화들은 복수이며 역사적인 존재가 아니다. 대중 신앙에서는 비수뉴보다 크리슈나와 라마가 헌신과 순례의 중심이다.

비수뉴와 비근한 신이 시바 신이다. 시바 신은 폭풍 신 루드라(Rudra)와 관련이 있으며 인더스 계곡의 종교에서 기원했음에도 불구하고 베다에는 등장하지 않으며, 풍요의 신이다. 이 신은 죽음의 신으로서 공동묘지를 배회하거나, 요가 명상을 하며 앉아 있거나, 우주가 붕괴될 때에 세상을 뒤흔드는 춤을 춘다. 시바 신은 권화들을 소유한다고 전해지지 않지만, 그를 따르는 사람들이 곤경에 처해 있을 때 나타난다고 한다. 많은 사람들은 이 신이 친절하고 도덕적이라고 생각한다. 시바 숭배는 인도에서 가장 순수한 형태의 일신론이라고 주장되어 왔다.

비수뉴 파와 시바 파는 때에 따라 상대방의 신앙을 관용하기도 하고 박해하기도 했다. 조화를 이루려는 노력은 트리무르티(Trimurti)라는 개념—비수뉴, 시바, 그리고 인격적인 창조자인 브라마—을 낳았다. 인도 종교에서 세 번째로 위대한 신은 시바의 부인으로서 사키, 우마, 파르바티, 두르가, 또는 칼리 등 다양한 이름으로 알려져 있다. 칼리로 등장할 때에는 벌거벗은 사나운 흑인 여자 용사로서 주로 캘커타에서 숭배된다.

힌두교 I Hinduism

그 밖에도 힌두교에는 많은 신들이 있다. 베다에 등장하는 인드라, 바루나, 미트라 등은 거의 사라졌다. 오늘날 인도에는 창조 신인 브라마를 섬기는 절이 하나뿐이지만, 그의 부인인 사라스바티를 예술의 후원자로서 널리 알려져 있다. 비슷하게, 비슈누의 배우자인 락시미(Lakshmi)는 행운의 여신으로서, 특히 새해에 빛의 축일에 이 신에게 기원한다. 게네사(Ganesha) 또는 가나파티(Ganapati)는 시바와 파르바티 사이에서 태어난 코끼리의 머리를 한 아들로서, 과거에는 숲의 신이었던 것 같으나, 현재는 문학과 행운의 수호신이다.

우파니샤드를 따르는 힌두교 철학자들은 정교한 체계를 발달시켰다. 9세기 초에 샨카라(Shankara)는 엄격한 불이일원론(不二一元論)을 가르쳤다. 2세기 후, 라마누자(Ramanuja)는 제한불이론(制限不二論)을 제안하고, 비슈누처럼 인격화된 중성의 브라만을 섬기는 것을 허락하려 했다. 보다 후대에 마드바(Madhva)는 하나님과 영혼들이라는 노골적인 이원론을 가르쳤다. 기독교 시대 초기에 상키아 학파(수론학파) 철학은 영(Purusha)과 자연(Prakriti)이라는 이원론—이것은 실천을 위한 이론으로서 요가와 병합되었다—을 제의했다. 자기 훈련에 의해서 구원을 얻을 수 있지만, 신적인 본보기인 이스바라(ishvara)를 존숭함으로써도 얻을 수 있었다.

대중적인 힌두교에는 약 천만 명에 달하는 많은 교사들(guru)이 있다. 통찰력을 가진 구루는 학생들을 가르치며, 사춘기의 힌두교인들에게 거룩한 실을 수여한다. 구루와 제자의 관계는 존경 내지는 헌신의 관계이다. 우파니샤드의 박티(bhakti), 사랑의 헌신에 대한 최초의 언급에서는 "신께 최고로 헌신하며 구루에게도 하나님께 하듯이 헌신하는 사람"에게 경전의 비밀이 주어져야 한다고 말한다. 구원에 이르는 가장 넓은 길 중 하나인 박티* 요가에서는 신과 구루에 대한 복종을 강조했다.

상위 세 계층의 힌두교인들, 입문에 의해 다시 태어난 사람들은 개인적인 신앙 형식을 따른다. 경건한 힌두교인은 새벽이 되기 전에 일어나 옴(OM)이라는 신성한 모음을 발음하며, 자신이 택한 신의 이름을 반복하고, 자기의 스승을 기억한다. 그는 "우리는 사랑스러운 사비트리(태양)의 빛을 명상합니다. 그분이 우리의 생각을 감화해 주기를 기원합니다"라는 베다의 구절을 암송한다. 그는 허리 위로는 아무

힌두교 | Hinduism

것도 걸치지 않고 거룩한 실을 몸에 걸고 이마에는 자기가 속한 파의 표식으로 재나 반죽을 붙이고 예배한다. 그는 멍석 위에 결가부좌하고 호흡을 조절하면서 신의 이름을 부른다. 신의 형상이나 그림이나 상징 앞에 물이나 꽃을 바치고 기도한다. 신상들에게 과일이나 향을 바치고, 매년 의식을 행하면서 씻어준다. 신의 이름을 부르는 데 도움을 주기 위해 염주를 사용하기도 한다.

힌두교도는 전통적으로 아쉬람이라고 불리는 세 단계나 네 단계의 영성 생활을 통과한다. 첫 단계는 가정에서 베다 경전을 공부하는 학생의 단계이다. 그 다음에는 가장의 단계이다. 그 다음은 명상을 위해서 가족을 떠나 숲 속에서 거주하는 단계이다. 자신을 보살펴 줄 제자나 부인을 동반하기도 한다. 네번째 단계는 산야시(Sannyasi), 모든 돌봄을 완전히 포기하는 단계이다. 그러나 산야시라는 용어는 종종 종교적인 금욕자나 거지, 그리고 그러한 사람들이 몰려 있는 거룩한 장소에도 적용된다. 특히 거룩한 도시에서 죽거나, 그 장소에서 직접 천국에 가려는 소망을 가지고 산야시들이 모여드는 베나레스(Benares)에 그러한 용어가 사용된다.

아쉬람*은 은퇴한 성인들이나 고행자들을 위한 은둔처였다.

개인적인 예배와 가정 예배, 그리고 가정 생활의 성례전들이 가정에서 행해진다. 그러나 인도의 유명한 사원들은 종교 의식들이 거행되며 많은 사람들이 찾아오는 순례의 장소이다. 일반 신자들은 사원에 등(燈)을 바치거나, 독경을 해 주는 데 대한 대가로 시주를 하고, 공양을 받기도 한다. 사원에는 작은 성소들이 있으며, 의식에 사용되는 커다란 수조가 있다.

사원의 축일들은 대중적인 헌신을 위한 행사이다. 주요한 신상들을 모시고 사원 주위를 돌며, 거리를 행진하여 강이나 바다로 가서 씻는다. 순례자들이 끄는 코끼리나 장식된 커다란 마차에 신상을 싣고 가기도 한다. 가장 유명한 축일은 봄철의 홀리(Holi)인데, 이 때 구경꾼들에게 물감이나 가루를 뿌리고, 악마들의 형상을 불태운다. 9-10월에 지키는 다세라 축일에는, 아바타르 라마와 라바나라는 악마의 싸움을 나타내는 인형극을 공연하는데, 그 절정은 라바나 인형을 불에 태우는 것이다.

신들이나 거룩한 사람들과 관련된 성지들이 많다. 델리 남쪽에 있는 브린다반(Vrindaban)에는 천 개의 사원과 사당이 있으며, 크리슈나와 관련된 사건들을 기념하는 순례자들이 끊임없이 찾아온다. 스리랑카의 카타라가마에 있는 시바 신의 사당에는 많은 힌두교 고행자들이 수련을 하고 있다.

오늘날 기독교의 영향을 받은 힌두교 개혁 운동들이 진행되고 있는데, 브라모 사마즈는 그 둘을 종합하려는 경향을 나타낸다. 그러나 아리아 사마즈와 마하사바는 보다 전통적인 힌두교 신앙을 고집한다. 라마크리슈나 선교회는 각 종교들의 통일을 강조한다.

A. L. Basham (ed), *A Cultural History of India*, 1975; Peter Brent, *Godmen of India*, 1972; Mariasusai Dhavamony, *Love of God according to Śaiva Siddhānta*, 1971; Klaus Klostermaier, *Hindu and Christian in Vrindaban*, 1969; Geoffrey Parrinder, *Avatar and Incarnation*, ²1982; R. C. Zaehner, *Hinduism*, 1962; *Hindu Scripture*, 1966.

GEOFFREY PARRINDER

영어색인

Abandon	656	Baxter, Richard	103
Accidie	98	Beatitude	538
Affective Spirituality	35	Bede	223
African Spirituality	351	Benedict of Nursia	193
American Spirituality	335	Benedictine Spirituality	194
Ancrene Riwle, The	388	Benediction	563
Andrewes, Lancelot	361	Benson, Richard Meux	202
Angel	552	Bernadette of Lourdes	134
Anglican Spirituality	254	Bernard of Clairvaux	615
Anima Christi	330	Bérulle, Peirre de	197
Animals and Spirituality	120	Bhagavad Gita	181
Anselm of Canterebury	594	Bhakti	186
Antony of Egypt	496	Bible, Spirituality of the	248
Apatheia	163	Biographies, Spiritual	416
Apophthegmata	232	Black Spirituality	727
'Ars, Curé d'	334	Boehme, Jakob	361
Ars Moriendi	535	Bonaventure	205
Arts, Spirituality and the	433	Bonhoeffer, Dietrich	213
Asceticism	287	Borromeo, St Charles	207
Ashram	342	Bousset, Jacques-Bénigne	209
Asian Spirituality	343	Bremond, Henri	222
Athanasius of Alexandria	358	Browne, Sir Thomas	633
Augustine of Hippo	363	Buber, Martin	215
Ave Maria	271	Buddhism	218
Baillie, John	200	Bunyan, John	191
Baker, Augustin	199	Calvin, John	588
Baptist Spirituality	568	Calvinist Spirituality	589

Camara, Dom Helder	578	Devil	141
Cambridge Platonists	595	Devotio Moderna	715
Cappadocian Fathers	584	Direction, Spiritual	417
Cardenal, Ernesto	572	Discernment of Spirits	400
Carmelite Spirituality	30	Discipline	726
Caroline Divines, the	542	Disciplina Arcani	224
Carthusian Spirituality	576	Disinterested Love	235
Cassian, John	580	Doddridge, Philip	105
Catharism	581	Dominican Spirituality	108
Catharsis	515	Donne, John	119
Catherine of Genoa, St	520	Drugs	148
Catherine of Siena, St	309	Ecclesiology and Spirituality	54
Caussade, Jean-Pierre de	604	Eckhart, Meister	378
Celibacy	111	Ecstasy	383
Celtic Spirituality	600	Ecumenical Spirituality	374
Challoner, Richard	550	Edwards, Jonathan	371
Charismatic Movement	480	Egypt	496
Chriatian Science	614	Eliot T. S.	384
Cistercian Spirituality	310	English Mystics	394
Climacus, John	617	English Spirituality	397
Cloud of Unknowing	165	enthusiasm	525
Columbanus, St.	607	Ephrem Syrus, St.	381
Communes	49	Eschatology	527
Confirmity to the Will of God	700	Eucharist	262
Contemplation	52	Evangelical Spirituality	210
Conversion	724	Everard, John	373
Coptic Spirituality	609	Exorcism	564
Covenant	47	Experience	44
Creation-Centered Spirituality	547	Extra-Sensory Perception	561
Cross	325	Faber, F. W.	649
Cyprian of Carthage	574	Faith	180
Dance	565	Familists	642
Dark Night, Darkness	367	Family Spirituality	21
Death of God	701	Farrer, Austin Marsden	638
Deification	322	Fasting	74
Denys the Areopagite	331	Feminine Spirituality	386
Desert, Desert Fathers	229	Fénelon, François	
Detachment	497	de Salignac de Lamothe	647

영어 색인

Ferrar, Nicholas	648	Holiness	36
Fire	217	Hope	731
Flagellant	549	Hopkins, Gerard Manley	720
Focolare	659	Hours	271
Fosdick, Harry Emerson	657	Howe, John	704
Foucauld, Charles Eugène de	238	Hügel, Friedrich von	682
Fox, George	661	Humanism	498
Francis of Assisi, St	665	Humility	40
Francis de Sales, St	667	Humour	710
Franciscan Spirituality	669	Huvelin, Henri	471
French Spirituality	674	Hymns	540
Friendship	459	Iconography	276
Fruit of the Spirit	266	Icons	287
Fuga Mundi	663	Ignatius of Antioch, St.	487
Gandhi, Mohandas Karamchand	29	Ignatius Loyola, St.	489
Gerson, Jean	38	Images	274
Gifts of the Spirit	268	Imitation of Christ	67
German Spirituality	114	Impassibility	161
Gilbert of Sempringham	96	Incarnation	277
Glory	391	Indifference	168
Glossolatia	187	Inge, W. R	500
Gnosticism	419	Irenaeus of Lyons	490
Goodwin, Thomas	60	Irish Spirituality	349
Grace	482	Islam	492
Greek Spirituality	69	Jansenism	362
Gregory I, St	64	Jerome, St.	522
Griffiths, Bede	72	Jesus, Experience of	423
Guyon, Jeanne-Marie Bouvier de la Motte		Jesus, Name of	428
95		Jesus, Prayer to	421
Hagiography	279	Jesus, Society of	429
Hall, Joseph	718	Jewish Spirituality	473
Hammarskøld, Dag	707	Joachim of Foire	453
Howel Harris	706	Jocist	559
Heiler, Friedrich	684	Johannine Spirituality	456
Herbert, George	712	John of the Cross, St.	327
Hesychasm	714	John XXIII	454
Hillary of Poitiers	685	Johnson, Samuel	523
Hinduism	732	Journal, Spiritual	406

Journey, Second	517	Neri, St. Philip	696
Julian of Norwich	98	Newman, John Henry	100
keble, John	599	Nicholas of Cusa	610
kenosis	597	Nonjurors	567
Kierkegarrd, Søren	619	Oratorians	437
King, Edward	621	Origen	439
Koinōnia	605	Orthodox Spirituality	507
Koran	602	Oxford Movement	444
Ladder, Spiritual	413	Palamas, St. Gregory	66
Laurence of the Resurrection	130	Pascal, Blaise	640
Lay Spirituality	652	Patrick, St.	643
Leighton, Robert	131	Pauline Spirituality	183
Lent	233	Peace	653
Liberation, Spirituality of	708	Peale, Norman Vincent	693
Liturgical Spirituality	505	Penitence	722
Lord's Prayer	530	Penn, William	651
Love	226	Pentecostalsim	441
Love-Feast	359	Perfection	445
Martin Luther	153	Philokalia	695
Macarius the Egyptian	151	Pietism	41
Manichaeism	143	Pilgrimage	302
Marian Devotion	145	Platonism	687
Marriage, Spiritual	410	Plotinus	689
Martyrdom, Martyrs	301	Poverty	19
Meditation, Mental Prayer	172	Prayer	80
Meditation, Poetry of	175	Prayer for the Dead	533
Meditation, Transcendental	562	Prayer of the Heart	150
Merton, Thomas	634	Prayer Meeting	93
Methodist Spirituality	33	Prayer, Prophetic	436
Molinos, Miguel de	160	Preaching and Spirituality	240
Monastic Spirituality, Monasticism	294	Proclus	681
Moravian Spirituality	158	Providence	242
Mortification	76	Psalms	312
Music and Spirituality	485	Puritan Spirituality	553
Mysticism	314	Pusey, Edward Bouverie	664
Mysticism, Nature	503	Quaker Spirituality	611
Neale, John Mason	102	Quietism	515
Neoplatonism	320	Radical Spirituality	77

Rasterfarianism	122	Teilhard de Chardin	625
Reading, Spiritual	412	Temple, William	629
Recusancy, Recusants	55	Teresa of Avila	340
Regula Fidei	318	Tertullian	624
Retreat	692	Theologia Germanica	112
Rolle, Richard	133	Thérèse of Lisieux	140
Roman Catholic Spirituality	24	Thomas Aquinas	632
Rosary	176	Thomas à Kempis	631
Rules	61	Thomas Traherne	636
Russian Spirituality	125	Transfiguration	203
Rutherford, Samuel	137	Trappists	637
Ruysbroeck, Jan van	135	Underhill, Evelyn	370
Sacramentalism	283	Unitive Way	389
Sacred Heart	426	Upanishads	462
Saints, Sanctify	260	Vatican II Spirituality	518
Sangster, William Edwin	236	Vaughan, Henry	190
Scottish Spirituality	303	Victorines	273
Sexuality	245	Vision of God	698
Song of Songs	326	War, Holy	281
Holy Spirit	263	Ward, Reginald Somerset	463
Spiritual Canticle	414	Watts, Issac	450
Spiritual exercises	409	Weatherhead, Leslie Dixon	465
Spiritualism	477	Weil, Simone	472
Spirituality	402	Welsh Spirituality	465
Sufism	298	Wesley, Charles	469
Sunday	502	Wesely, John	468
Suso, Heinrich	297	Whyte, Alexander	721
Syrian Spirituality	306	William of Saint-Thierry	284
Taizé	106	Yoga	451
Tauler, Johannes	622		
Taylor, Jeremy	628		